suhrkamp taschenbuch
wissenschaft 2297

Die Mauer sicherte nicht bloß eine Grenze, sie definierte Deutschland im Kalten Krieg. Von der aktiven Befürwortung über die stille Akzeptanz bis hin zum Widerstand einte die geteilte deutsche Gesellschaft, dass sie sich ihrer Existenz nicht entziehen konnte. In seiner brillanten und faktengesättigten Studie zeichnet der Historiker Frank Wolff diese Verhältnisse auf beiden Seiten der Grenze im Detail nach und zeigt unter anderem, dass die in der Aufarbeitung der DDR-Vergangenheit eher stiefmütterlich behandelte Forderung nach Reisefreiheit, der sich darum in der Bevölkerung entwickelnde Menschenrechtsdiskurs sowie die Ausreisebewegung selbst entscheidend für den Fall der Mauer waren.

Frank Wolff, geboren 1977, ist Privatdozent für Neue und Neueste Geschichte an der Universität Osnabrück.

Frank Wolff
Die Mauergesellschaft

Kalter Krieg, Menschenrechte
und die deutsch-deutsche Migration
1961-1989

Suhrkamp

Bibliografische Information der Deutschen Nationalbibliothek
Die Deutsche Nationalbibliothek verzeichnet diese Publikation in
der Deutschen Nationalbibliografie; detaillierte bibliografische Daten
sind im Internet über http://dnb.d-nb.de abrufbar.

Erste Auflage 2019
suhrkamp taschenbuch wissenschaft 2297
© Suhrkamp Verlag Berlin 2019
Umschlag nach Entwürfen
von Willy Fleckhaus und Rolf Staudt
Druck: Druckhaus Nomos, Sinzheim
Printed in Germany
ISBN 978-3-518-29897-8

Inhalt

»Übrigens war dieses Land [...] vor Zeiten noch keine Insel. Vielmehr hat erst Utopus, der als Eroberer die Insel nach sich benannt hat, [...] das Land zur Insel gemacht. Kaum war er nämlich dort gelandet und Herr des Landes geworden, so ließ er eine Strecke von 15 Meilen auf der Seite, wo die Halbinsel mit dem Festlande zusammenhing, ausstechen und führte so das Meer ringsherum. Da er zu dieser Arbeit [...] nicht nur die Eingeborenen zwang, sondern außerdem alle seine Soldaten hinzuzog [...], wurde das Werk mit unglaublicher Schnelligkeit vollendet. Bei den Nachbarvölkern aber [...] erregte der Erfolg Staunen und Schrecken.«

Thomas Morus, *Utopia* (1516)

»Eines der ersten Ziele der Disziplin ist das Festsetzen – sie ist ein gegen das Nomadentum gerichtetes Verfahren.«

Michel Foucault, *Überwachen und Strafen* (1975)

Einleitung

1963 feierte Berlin ein besonderes Weihnachten. Zum ersten Mal seit zweieinhalb Jahren hatten die Einwohner wieder das Gefühl, in *einer* Stadt zu leben. Kurzzeitig erschien die erzwungene Spaltung in zwei Teile wie ein böser Spuk. Mit dem Bau der Berliner Mauer war eine Demarkationslinie zur Barriere gemacht worden: Straßen und Bahnverkehr wurden unterbrochen, allen Berlinern wurde der Grenzübertritt verboten, sogar die Telefonleitungen wurden gekappt. Doch war man noch *ein* Berlin! Weihnachten 1963 erlaubten die Passierscheinregelungen den West-Berlinern, für ein paar Tage ihre Ost-Berliner Verwandten zu besuchen. Endlich fühlte sich die Stadtmitte wieder so belebt an wie das Herz einer Großstadt; an der Bruchstelle zwischen den Systemen, an der Friedrichstraße, herrschte wohliges Verkehrschaos. Aber war man wirklich noch *ein* Berlin? Der Journalist Dieter Hildebrandt von der *Frankfurter Allgemeinen Zeitung* (*FAZ*) wohnte einem Wiedersehen in Ost-Berlin bei. Über die Mauer hinweg hatten die Verwandten sich herzliche Briefe geschrieben, Päckchen geschickt und gegenseitig Mut und Kraft zugesprochen. Das emotionale Wiedersehen begann mit Umarmungen, Begrüßungen und Bewunderung für die Kleinen. Doch bereits nach fünf Minuten stritt die geteilte Familie. Freuten sich die West-Berliner Gäste über die Besuchserlaubnis, sehnte der Ost-Berliner Vater dasselbe Recht für sich herbei – oder »wenigstens für alte Menschen«. Seine westdeutschen Verwandten wiesen ihn »ein bißchen obenhin« zurecht. Er solle »nun aber nicht gleich zu viel auf einmal wollen, schließlich sei die Passierscheinvereinbarung doch schon eine großartige Sache«. Der Haussegen hing schief. Ging es darum, gemeinsam gleiche Rechte gegen die Existenz der Mauer einzufordern, oder vielmehr, Willy Brandt folgend, darum, die Mauer »transparent zu machen, so daß Westberlin sich mit ihr arrangieren kann und lernt, mit diesem verhaßten Monstrum zu leben«?[1] »Nie wurde«, vermerkte der ernüchterte Beobachter Hildebrandt, »daß man getrennt war und getrennt sein würde,

---

1 Zit. n. Peter Merseburger, *Willy Brandt: 1913-1992: Visionär und Realist* (München: Deutsche Verlags-Anstalt, 2002), 436 f.

so spürbar, wie in den Stunden des Beisammenseins.«[2] Glücklicherweise besänftigten sich die Gemüter an diesem Tag wieder. »Weißt du«, erklärte der sich eingesperrt fühlende Vater, »manchmal packt einen eben doch die Wut, wenn man gar nicht raus kann.«[3]

Bonn, 13. September 1973. Hinter verschlossenen Türen verhandelten Vertreter beider Deutschlands über die Ausgestaltung der jüngst aufgenommenen zwischenstaatlichen Beziehungen. Oft ging es dabei um Reisegenehmigungen, Familienzusammenführungen und den Transitverkehr zwischen dem Bundesgebiet und West-Berlin. Für den SED-Staat galt ein jedes Transitfahrzeug als potentielles Fluchtvehikel. Karl Seidel, Vertreter des Ministeriums für Auswärtige Angelegenheiten der DDR (MfAA), forderte unter vier Augen den Vertreter des Bundeskanzleramts Carl-Werner Sanne auf, darzulegen, was seine Seite gegen »Mißbrauchshandlungen im Transitverkehr«, also gegen Fluchthilfe, unternehme. Sanne hielt sich an seine vorbereiteten Notizen. Ihm seien unter den 12 Millionen Transitreisenden nur 257 derartige Fälle bekannt. Es liege an der DDR, diese Wege zu kontrollieren. Angetan notierte Seidel, dass Sanne hervorgehoben habe, er besitze »für eine stärkere Überwachung volles Verständnis«. Zudem habe Sanne besonders betont, dass die sozialliberale Bundesregierung zur Empörung der Opposition – also der CDU/CSU – mehrfach deutlich gemacht habe, dass sie ebenso wie die DDR »jeden Mißbrauch des Abkommens mißbillige«.[4] Mit dieser Klarheit ging Sanne weit über das in der Bundesöffentlichkeit Sagbare hinaus, Seidel jedoch empfand dies als unbefriedigend und den Aufruf, die Grenzsicherung bei Bedarf zu verschärfen, gar als bevormundend. Wohlwollend meldete er hingegen den versteckten Kern in Sannes Aussagen: »Die Bundesregierung und der Bundeskanzler persönlich hätten sich bemüht und werden sich weiter darum bemühen, auf die Presse und sonstige Stellen einzuwirken, daß grundsätzlich so wenig wie möglich über Republikflucht geschrieben werde. Es liege im Interesse beider Seiten, die öffentliche Diskussion zu beenden.«[5]

2 Dieter Hildebrandt, *Die Mauer ist keine Grenze: Menschen in Ostberlin* (Düsseldorf, Köln: Diederichs, 1964), 176.
3 Ebd.
4 PAAA, MfAA G-A 292, HG 2, L 35, 17.
5 PAAA, MfAA G-A 292, HG 2, L 35, 18.

Trotz aller Differenzen stimmten die Staatenvertreter darin überein, dass die erhoffte Stabilität der Beziehungen nur ohne eine hitzige öffentliche Diskussion über Migration zu erreichen sei.[6] Zu groß war die beiderseitige Unsicherheit, wie man mit den Ausreiseversuchen und den Berichten darüber umgehen solle. Schließlich waren selbst einfache Schilderungen mögliche Inspirationsquellen für weitere Übersiedlungswünsche. Bereits das bloße Thematisieren von Migration schien die zwischenstaatlichen Beziehungen zu gefährden, da die Frage der Freizügigkeit den neuralgischen Punkt der eingemauerten, aber instabilen DDR berührte.

Anfang 1984 in Hamburg arbeitete sich die Redaktion des *Spiegel* routiniert und sicherlich etwas bemüht an den Themen der Woche ab. Nach wilden Jahren voller Regierungskrisen, Neuwahlen, Aufrüstungsdebatten und Staatsaffären fehlten nun die Kracher. Das Magazin titelte mit zweitrangigen Skandalen: Horrorfilme als jugendgefährdende Schreckgespenster oder die Geschäfte der Bhagwan-Sekte. Doch im Frühjahr 1984 zeichnete sich etwas Unerhörtes ab. Ohne Ankündigung wanderten Zehntausende Ostdeutsche legal in die Bundesrepublik aus. Zwar war den Redakteuren bewusst, dass hinter der Mauer infolge der Schlussakte der Konferenz über Sicherheit und Zusammenarbeit in Europa (KSZE) in Helsinki zahlreiche Ausreiseanträge gestellt und durchgesetzt worden waren, doch im Gegensatz zu den sensationellen Grenzdurchbrüchen Anfang der 1960er Jahre waren diese »Mühen der Ebenen« nicht titelträchtig.[7] Nun aber herrschte Verwunderung, was erstens den

6 Den Begriff der Migration verwende ich als Terminus technicus und damit als ein Analyse erlaubendes, begriffliches Dach für die zahlreichen anderen und oft hochgradig normativ aufgeladenen Begriffe für die deutsch-deutsche Migration wie Flucht, Republikflucht, Übersiedlung, Ausreise, ungenehmigter Grenzübertritt usw. Die sich wandelnden Konnotationen dieser Quellenbegriffe sind Bestandteil der Analyse, die Nutzung von Migration als Phänomenbegriff dient der wissenschaftlichen Rahmung und der analytischen Normalisierung des Betrachtungsgegenstands.

7 In seinem Gedicht »Wahrnehmung« (»Die Mühen der Gebirge liegen hinter uns/ Vor uns liegen die Mühen der Ebenen«) sah Bertolt Brecht 1949 den Aufbau des Kommunismus nach dem Sturz des Nationalsozialismus als eine wenig spektakuläre, aber umso mehr Ausdauer und Stetigkeit erfordernde Aufgabe. In ironischer Verkehrung standen nun auch die Ausreiseantragsteller vor einer solchen Anstrengung.

SED-Staat zur schlagartigen Entlassung Zehntausender Staatsbürger bewegt haben mochte, wie zweitens diese Personen dies erreicht hatten – und vor allem drittens: was das für die Bundesgesellschaft bedeutete. Das Thema Ausreise brachte die DDR und ihre Bewohner auf das Cover des einflussreichen deutschen Wochenjournals. Auf dem Titelbild des *Spiegel* vom 2. April 1984 prangte flächendeckend ein Vorhang mit dem Emblem der Flagge der DDR: Mittig eingeschnitten, lüftete sich eine Ecke und durch diese strebten Ausreisende mit Leiterwagen gen Westen. Das Cover rekurrierte auf im kollektiven Gedächtnis eingebrannte Bilder von Heimatvertriebenen. Auch die Titelzeile rüttelte an den gerade verdrängten Erinnerungen und verwies verfremdet auf die Urangst des Kalten Krieges schlechthin: »Die Deutschen kommen«. Den nachfolgenden ausführlichen Bericht überschrieb die Redaktion, wie bei Migrationsthemen oft üblich, mit einem zitierten Angstausdruck: »Die nehmen uns die Arbeitsplätze weg!«

Auf den ersten Blick mögen diese drei Episoden nicht viel miteinander gemein haben. Aber die Szenen der weihnachtlichen Eintracht im Kreise der Familie, des zähen diplomatischen Ringens zwischen Vertretern zweier deutscher Staaten und der öffentlichen Thematisierung der deutsch-deutschen Migration durch eine führende Nachrichtenredaktion im Westen bilden den Rahmen eines für die gesamtdeutsche Nachkriegszeit prägenden Spannungsfeldes: Dem unbedingten Wunsch nach grenzüberschreitender Mobilität stand die Gewöhnung an unterschiedliche Rechte für Deutsche aus Ost oder West, verschiedenen Alters oder verschiedener Funktionen und teilweise sogar der Wille zur Abgrenzung gegenüber. Der Historiker Jürgen Kuczynski war nicht der Einzige, der den Bau der Mauer »[a]ls ein Glück« empfand, als »die einzige Möglichkeit der Weiterexistenz der DDR unter diesem Verhältnis«.[8] In der Tat stabilisierte die Mauer eine fragile Situation, indem sie die Abwanderung stoppte. Doch zugleich erhöhte sie den Abwanderungsdruck.

Im Schatten der Mauer gingen Politiker, die über die jeweils andere Seite triumphieren wollten, aufeinander zu – und sorgten sich vor einer öffentlichen Debatte über Ausreise und Freizügigkeit. Die Folgen dieser Annäherung schlugen sich auch medial nieder: Nach

---

8 Hoover Institution Archives, GDR Oral History Project, Box 13, 75, Interview Heinrich Bortfeld mit Jürgen Kuczynski, 10. Januar 1991, Typoskript, Bl. 3-4.

der Anfangsaufregung akzeptierten zahlreiche tonangebende bundesdeutsche Medien die gemauerte Teilung als einen auf Dauer angelegten Ausnahmezustand. Berichtenswert wurde dieser nur mehr, wenn sich Sensationelles ereignete. Damit übersahen sie lange Zeit das Sensationelle einer unkoordinierten Massenbewegung. Folglich nahmen sich andere Organisationen und Medien, die weniger journalistischen Standards als vielmehr einer Agenda verpflichtet waren, dieser an. Sie machten sich einen sehr spezifischen Menschenrechtsbegriff zu eigen und profilierten sich mit dem Thema Ausreise im Kalten Krieg und vor der bundesdeutschen Öffentlichkeit. In diesem grenzüberschreitenden Spannungsfeld entwickelte sich die Geschichte einer mehr als unwahrscheinlichen Massenmigration über die am besten gesicherte Grenze der Welt.

Dieses Buch versucht, die Dynamiken der Teilung (von der militärischen Grenzsicherung bis zur »Mauer im Kopf«) und der Verflechtung (von zwischenstaatlichen Verhandlungen bis zum unbezwingbaren persönlichen Übersiedlungswillen) gemeinsam in einer integrierten Zeitgeschichte Deutschlands zu betrachten. Diese Dynamiken bedingten sich gegenseitig und führten in eine Gesellschaftsgeschichte voller Widersprüche. Denn die Mauer zwang zugleich auseinander und zusammen. Auch wenn der Blick nach Moskau oder Westeuropa gerichtet war, im Kern blieben beide Staaten und Bevölkerungen durch die innerdeutsche Grenze geund verbunden. Fortwährend musste ausgehandelt werden, was die Präsenz der Mauer für die Politik, die Kultur und das Leben bedeutete. So rahmte die Mauer auf ihren beiden Seiten die Möglichkeiten dessen, was Deutschland im Kalten Krieg sein konnte. Sie wirkte weit über den Grenzraum hinaus; es entstand die Mauergesellschaft. Darunter verstehe ich grob gesprochen jenen gesellschaftshistorischen Zustand, in dem die durchgrenzte deutsche Gesellschaft aushandeln musste, ob und wie sie noch zusammengehörte. Dabei war die Nation eine großenteils entleerte rhetorische Verweisgröße. Antworten auf diese Fragen zeigten sich ohnehin nicht in Begriffen, sondern vor allem in sozialen Praktiken. Hierbei gab es kein Kontinuum der Teilung. Sie wurde immer wieder aufs Neue gefestigt und hinterfragt. Erachten wir dies als den Grundansatz für die deutsche Zeitgeschichte, fällt der Blick weniger auf die Geschichte eines »geteilten Landes«, wie es ein gängiger Terminus behauptet. Im Vergleich zum Handeln und Denken war die politische Teilung in zwei Länder bzw. Staaten verhältnismäßig einfach. Was – im doppelten Wortsinn – geteilt wurde, war die Gesellschaft. Und diese Teilung war komplizierter, kurzum kein Vorgang, sondern ein Prozess. Denn obwohl die Mauer die deutsche Gesellschaft physisch in zwei Teile schnitt, blieben wichtige Kontaktzonen bestehen. Aufgrund erleichterter Kommunikationsmöglichkeiten, verbesserter technischer Möglichkeiten und politischer Entscheidungen erweiterten sie sich im Laufe der Zeit sogar. Die deutsche Gesellschaft veränderte ihren Charakter entsprechend ihren Praktiken von Verflechtung und Teilung. Aber in ihren Formen und ihren Modi blieb sie durch die Grenze konstituiert. Diese Widersprüchlichkeit machte die deutsche Gesellschaft im Verlauf des Kalten Krieges zur Mauergesellschaft.

Nichts hinterfragte die Mauer so sehr wie der Wille, sie physisch zu überwinden. Neben Migrationsversuche traten rhetorische und politische Grenzüberschreitungen sowie Maßnahmen der Abgrenzung und Grenzsicherung. Dieses Wechselspiel schuf das, was in der Forschung ein »Migrationsregime« genannt wird: die grenzüberschreitende Aushandlung von Positionen und Machtbeziehungen zwischen allen involvierten Akteuren über die Möglichkeiten, Begrenzungen, Erleichterungen oder die Verhinderung von Migration.[9] Als eine »Arena« umfasste das deutsch-deutsche Migrationsregime dabei als *primäre Akteure* die potentiellen und prospektiven Migranten aus der DDR ebenso wie ihr persönliches oder weiteres Beziehungsgeflecht. Ohne sie hätte es das »Problem« und damit auch den Aushandlungsbereich »Migration« im internationalen Regime nicht gegeben. Daneben befanden sich vornehmlich staatliche Instanzen, die als *sekundäre Akteure* versuchten, teilweise in enger Beziehung zu Migranten und teilweise in den abstrakten Höhen internationaler Politik und Diplomatie, die Migrationsbedingungen der Mauergesellschaft zu regulieren. Dies geschah zunehmend eingebunden in internationale Beziehungen und Verpflichtungen. Die permanente Kollision zwischen migrantischem Handeln und gouvermentalem Regulierungsbedürfnis brachte immerfort unerwünschte Themen in die Öffentlichkeit, schuf Präze-

9 Ausführlich dazu Christoph Rass und Frank Wolff, »What Is In a Migration Regime?«, in: *Was ist ein Migrationsregime? What Is a Migration Regime?*, hg. von Andreas Pott, Christoph Rass und Frank Wolff (Wiesbaden: Springer VS, 2018), 19-64.

denzfälle und Raum für Eigensinn, inspirierte Gemunkel und Gerüchte und forderte Strukturen heraus. Hierbei kamen die *tertiären Akteure* des Migrationsregimes ins Spiel: jene, die das Thema in die Öffentlichkeit trugen und diskursiven Einfluss ausübten. Ihr Deutungsanspruch formte den Blick auf die Teilung und die Ausreise maßgeblich und nachhaltig. Dies hatte praktische Konsequenzen, sei es in der Verschiebung politischer Möglichkeiten, sei es ganz konkret, wenn prospektive Migranten die Medienöffentlichkeit nutzten, um ihren Ersuchen Vortrieb zu verleihen. Die Dynamik zwischen diesen Akteuren abzubilden und damit mittels eines neuen Blicks auf die deutsche Zeitgeschichte eine Methodik für die Tiefenanalyse eines Migrationsregimes zu entwickeln ist eines der zentralen Anliegen dieses Buches. Dabei dient der oft benannte »Querschnittscharakter« von Migration als Fokus, um letztlich die über Migration hinausgehende Geschichte einer durchgrenzten Gesellschaft zu ergründen.[10]

Die eingangs angeführten drei Episoden rahmen also das thematische Feld einer Zeitgeschichte der Mauergesellschaft stehen. Darüber hinaus geben sie dem Buch seine Struktur, indem sie für die drei entscheidenden Phasen der Mauergesellschaft stehen. In den Jahren nach dieser »›zweite[n] Teilung‹ Deutschlands« versuchten nicht nur Berliner, sondern Deutsche in Dresden und Kassel, Magdeburg und München auf zahllosen Familientreffen, in Briefwechseln oder im stillen Kämmerlein zu klären, was die Mauer für sie bedeutete.[11] Die staatlichen Akteure beiderseits der Grenze verhielten sich nicht anders. Auch für sie war der Bau der Mauer ein Novum. So mussten anfangs sowohl die Bevölkerungen als auch die – im Rückblick häufig als viel zu vorausschauende Akteure konzipierten – Staaten überhaupt erst einmal herausfinden, welche *Ordnung* sich inner- und zwischenstaatlich nach dem Bau der Mauer entwickelte und entwerfen ließ. Diese im ersten Buchteil untersuchte Phase klang Ende der 1960er Jahre mit der Einführung der Staats-

---

10 Zu den positiven Folgen der Verknüpfung zahlreicher sonst aufgrund disziplinärer Routinen weniger verbundener Felder durch die Betrachtung von Migration siehe z. B. für die Rechtswissenschaft Daniel Thym, »Migrationsfolgenrecht«, in: *Veröffentlichung der Vereinigung der deutschen Staatsrechtslehrer* 76 (2017), 173-6.

11 Zit. Klaus Schroeder, *Der SED-Staat: Geschichte und Strukturen der DDR, 1949-1990*, 3., vollständig überarb. und stark erw. Neuausg. (Köln, Weimar: Böhlau, 2013), 202.

bürgerschaft der DDR und der Amtsaufnahme der sozialliberalen Regierungskoalition aus. Ihr folgte mit der deutsch-deutschen Annäherung die im zweiten Buchteil betrachtete Kernfrage, wie sich in Zeiten staatlicher Teilung und gleichzeitiger gesellschaftlicher Verflechtung *Kontakte* gestalten ließen. Waren Anrufe, Briefe, Päckchen und Besuche legitime Ausdrücke der Lebensrealität der Teilung, scharf zu kontrollierende Privilegien oder untergruben sie sogar die Ordnung, indem sie letztlich zur Ausreise anstifteten? Und wer kommunizierte eigentlich: Mitglieder einer gemeinsamen Nation oder lediglich Angehörige zweier Staaten? So politisierte die Zweistaatlichkeit selbst sehr private Beziehungen. Alle involvierten Akteure waren bestrebt, das für sich zu nutzen, was die dritte Phase einläutete. Entsprechend verdeutlicht der dritte Buchteil, wie die Frage nach der praktischen Relevanz der *Menschenrechte* an Bedeutung gewann, vor allem, weil immer mehr Ausreisewillige diese einforderten. Auf der Basis internationaler Dokumente und individueller Kontakte versuchten sie, per Sprache und Lebensgestaltung im Unrechtsstaat die Menschenrechte als individuelles Recht zu mobilisieren. Ihre Anliegen wurden ein Thema für eine Vielzahl an Akteuren von der politischen Führung über den Sicherheitsapparat und die um die Aufnahmekapazitäten der BRD besorgten Bundesbürger bis zur DDR-Opposition, die angesichts ihres Wunsches einer innerstaatlichen Reform äußerst ambivalent auf die universelle Einforderung von Menschenrechten reagierte. Als »Ikonen des Kalten Krieges« waren die oft als »Mauerflüchtlinge« bezeichneten Ausreisenden von großer Relevanz für den globalen Bedeutungszuwachs der Menschenrechte ab Ende der 1970er Jahre.[12] Ihre Geschichte macht die Mobilisierungsdynamiken der Menschenrechte als »letzter Utopie« konkret nachvollziehbar, wobei sich an der Geschichte der Mauergesellschaft zeigt, dass die von dem Rechtswissenschaftler und Historiker Samuel Moyn als Retter der Menschenrechte gepriesenen NGOs vor allem den Handlungshintergrund schufen für die den Ausgang des Kalten Krieges mitentscheidende Beharrlichkeit Hunderttausender Individuen.[13]

12 Zit. n. Philipp Ther, *Die Außenseiter: Flucht, Flüchtlinge und Integration im modernen Europa* (Berlin: Suhrkamp, 2017), 249.

13 Zur »kurzen Geschichte« der Menschenrechte als letzte »überlebende« Utopie des 20. Jahrhunderts siehe v. a. Samuel Moyn, *The Last Utopia: Human Rights in History* (Cambridge/Mass.: Harvard University Press, 2010).

Entsprechend diesen drei Phasen – jener der *Ordnungssuche*, jener der Frage der *Kontakte* und jener der erfolgreichen Mobilisierung der *Menschenrechte* – gliedert sich diese Geschichte der Mauergesellschaft. In ihr schildere ich somit auch die überraschende Geschichte, dass ausgerechnet die mit der Mauer einhergehenden eklatanten Verstöße gegen die Menschenrechte auf lange Sicht die Debatte über diese stärkten. Der aggregierte Effekt war gewaltig, denn letztlich brachte die massenhafte »hartnäckige«[14] Berufung auf die Menschenrechte – und eben nicht auf die seit 1990 besungene Nation – die Mauer zum Einsturz.

Die Mauer – nicht nur Grenze, sondern Zustand

Diese Phase eint eine gemeinsame Voraussetzung: die Existenz der Berliner Mauer. Einerseits war sie der perfide letzte Baustein in einem knapp ein Jahrzehnt lang anwachsenden Grenzsystem des SED-Staates, das in erster Linie der Migrationsverhinderung von Ost nach West diente. Andererseits läutete die SED-Führung mit dem Mauerbau eine neue Epoche der Geschichte der DDR, beider deutschen Staaten und ihrer Beziehungen, der scheinbar getrennten Bevölkerungen, ja des Kalten Krieges ein. Anders als der schleichende Ausbau der innerdeutschen Grenze in den 1950er Jahren, der vor allem die unmittelbaren Grenzregionen zu Grenzgesellschaften transformierte, definierte die Berliner Mauer eine grund-

14 Bei dem Begriff der Hartnäckigkeit handelt es sich um eine zweischneidige Kategorie. Einerseits stellte die *Einschätzung* als »hartnäckig« ein wichtiges Element dafür dar, dass der SED-Staat eine Person als störend und nicht rückgewinnbar erachtete, damit sich die Rechnung des MfS zugunsten des Ausreisebegehrens verschob. Andererseits ging die *Einstufung* als »hartnäckig« mit einer erhöhten Wahrscheinlichkeit von Überwachung, Repressionen und vor allem nach Einführung des Strafgesetzbuches der DDR 1968 auch Strafverfolgung einher. Entsprechend verwende ich diesen Begriff in meinem Buch kontextabhängig als Analysebegriff einer Handlungsform zum Zwecke der Ausreise und als Quellenbegriff, der als Grundlage repressiver Herrschaftsausübung des Staates diente. Während ich bei Ersterem teilweise auch den Begriff der Unnachgiebigkeit verwende, dient mir die synonyme Nutzung von »hartnäckig« auch dazu, die Willkürlichkeit der Überwachungsentscheidungen und Strafverfolgung begrifflich abzubilden – eben gerade *weil* es im SED-Staatsapparat keine festen juristischen Regeln, sondern nur machtbasierte Entscheidungen gab, wann das eine in das andere überging.

sätzlich neue Situation für die gesamte Politik und Bevölkerung beider Seiten.[15] Mit Beton, Verhaltensregeln und Schießbefehl sollte die Mauer als hermetischer Grenzzustand eine bereits starken Zentrifugalkräften ausgesetzte Gesellschaft gänzlich zerteilen.

Als Primäreffekt verstummte die millionenfache »Abstimmung mit den Füßen«. Dies beruhigte die seit Beginn der zweiten Berlin-Krise 1958 hochbrisante Konfliktzone des Kalten Krieges. Doch der Rückgang der Grenzübertritte beendete keineswegs die Konflikte um die Abwanderung. Sie begannen vielmehr gerade erst. Denn die Mauer etablierte eine neue Norm: die volle Kontrolle des SED-Staates über seine Grenzen und damit über die Migrationsbewegung und letztlich selbst den Migrationsgedanken. Dieser Anspruch war ideell in die Mauer eingelassen. Eine jede Abweichung hinterfragte grundlegend ihre Existenz – und damit jene Macht, die zu schützen ja gerade der Auftrag der Mauer war.[16] So verkehrten sich als Sekundäreffekt die Bedürfnisse langsam in ihr Gegenteil: Hatte der SED-Staat die Mauer gebaut, um mit ihr die Migration zu kontrollieren, benötigte die Mauer nun stete Schutzmaßnahmen, um nicht durch Abwanderung destabilisiert zu werden. Damit drohte der Mauer nicht in erster Linie an der Grenze ihre Schwächung, sondern vor allem aus der Gesellschaft heraus. Je höher die Mauer wuchs, je breiter die Grenzstreifen wurden, je mehr Gesetze und Verordnungen sie absichern sollten, desto mehr Personen drängten allen Repressionen zum Trotz auf legalem Wege aus dem Staat. In der Trias aus Mauer, Migration und Menschenrechten schuf die Herrschaftstechnik der Mauer die Widerstandstechnik der Ausreisebemühungen.

Entgegen landläufiger Meinung sind die Zahlen der deutsch-deutschen Migration beeindruckend. In den 28 Jahren, in denen die Mauer Bestand hatte, verließen ungefähr 787 000 DDR-Bürger

15 Zum Wandel der Grenzregionen v. a. in den 1950er Jahren siehe insbesondere Edith Sheffer, *Burned Bridge: How East and West Germans Made the Iron Curtain* (Oxford u. a.: Oxford University Press, 2011); Sagi Schaefer, *States of Division: Border and Boundary Formation in Cold War Rural Germany* (Oxford: Oxford University Press, 2014).

16 Damit ist auch die Berliner Mauer von genau jener Ambivalenz aus Souveränitätsanspruch und Souveränitätsgefährdung gekennzeichnet, die Wendy Brown als das Kennzeichen der Mauern im 21. Jahrhundert ausmacht; Wendy Brown, *Mauern. Die neue Abschottung und der Niedergang der Souveränität* (Berlin: Suhrkamp, 2018), 68.

Tafel 1: Übersiedlungsstatistiken ost- und westdeutscher Institutionen im Vergleich 13. August 1961-31. Dezember 1988.

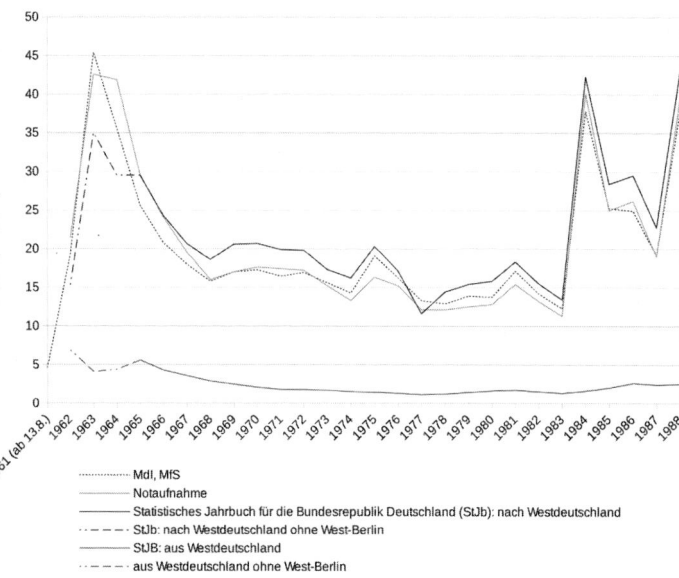

Quelle: Eigene Berechnung nach Statistisches Bundesamt (Hrsg.), *Statistisches Jahrbuch für die Bundesrepublik Deutschland*, Stuttgart, Mainz: Kohlhammer; verwendete Jahrgänge: 1962-1989; Bundesminister des Innern, *Bestandsaufnahme der Eingliederungshilfen von Bund und Ländern für Aussiedler und für Zuwanderer aus der DDR und Berlin (Ost): mit einer Analyse des Bedarfs* (Bonn: Bundesminister des Innern, 1988). BStU AdZ, ZAIG, 27 895, 102.

den mit rund 15 Millionen Einwohnern kleinen und zudem ständig schrumpfenden zweiten deutschen Staat (siehe Tafel 1, S. 19) ins Bundesgebiet oder West-Berlin.[17] Viele mehr kämpften für ihre Ausreise. So konnten sich im Jahr 1988 25 263 Ausreisewillige dieses Recht erstreiten, weitere 155 905 stellten einen Antrag. Die Zahl derer, die sich um eine Bewilligung bemühten, übertraf die derjenigen, denen eine Erlaubnis erteilt wurde, um das Sechsfache – ein

17 BStU AdZ, ZAIG, 27 895, 102.

massiver Unruheherd im immer fragiler werdenden SED-Staat. Allein 1988 wurden doppelt so viele Neuanträge gestellt wie alte genehmigt. Die »hartnäckig« für ihre Ausreise Streitenden wurden zur eigentlichen Last für den Staat. Während Frustration um sich griff und die Stimmung im Land kippte, artikulierten diese Menschen ihre Wünsche immer offener und stellten so die grundlegende Maxime des SED-Staates – die politisch, persönlich und moralisch unbedingte Bleibepflicht der Bürger – infrage. Das Jahr 1988 war dahingehend keine Ausnahme, sondern vielmehr das letzte »normale« Jahr vor der Selbstabschaffung der Mauergesellschaft im Jahr 1989. Die Antragsteller hielten einen immensen Verwaltungs- und Repressionsapparat auf Trab, der sie zu marginalisieren und zu unterdrücken hatte, um auch den Rest der Bevölkerung zu disziplinieren. Schließlich spielten ungleich viele mehr mit dem Gedanken eines Ausreiseantrags, scheuten aber (vorerst) die Gefahr oder die zu erwartenden harten Repressionen. Besonders deutlich wurde diese Situation in einer Antragswelle ab dem Spätsommer 1989, als die Autorität des SED-Staates bereits ins Wanken geraten, die Mauer aber noch geschlossen war.

Dabei ist zu berücksichtigen, dass die Ausreisestatistiken nicht nur zwischen Ost und West, sondern auch zwischen verschiedenen Institutionen schwanken.[18] Die Daten wurden mit unterschiedlicher Kenntnis und abweichenden Interessen aufgenommen, was die Werte beeinflusst.[19] Im *Statistischen Jahrbuch für die Bundesrepublik Deutschland* wurden etwa offizielle Wohnortummeldungen registriert. Die Ausreise mit Zwischenmeldung über Drittländer wurde nicht abgebildet, eine Feingliederung ist daher kaum möglich. Die bundesdeutschen Notaufnahmestatistiken enthalten nur jene Personen, die einen streng regulierten administrativen Prozess in den Notaufnahmelagern durchliefen. Die als Staatsgeheimnisse eingestuften und nur einer Handvoll Mitarbeitern zugänglichen

---

18 Siehe dazu auch Frank Wolff, »Deutsch-deutsche Migrationsverhältnisse: Strategien staatlicher Regulierung 1945-1989«, in: *Handbuch Staat und Migration in Deutschland seit dem 17. Jahrhundert*, hg. von Jochen Oltmer (Berlin, Boston: De Gruyter, 2016), 773-814.

19 Für eine Diskussion der westdeutschen Statistiken siehe Bettina Effner und Helge Heidemeyer, »Die Flucht in Zahlen«, in: *Flucht im geteilten Deutschland: Erinnerungsstätte Notaufnahmelager Marienfelde*, hg. von Bettina Effner und Helge Heidemeyer (Berlin: be.bra verlag, 2005), 31.

Zahlen des Ministeriums des Innern (MdI) und des Ministeriums für Staatssicherheit (MfS) spiegeln deren Kenntnisstand, der z.B. bei Fluchten oder dem Überziehen von Reisegenehmigungen immer erst postfaktisch entstand. Allen Statistiken ist gemein, dass sie Vorgänge abbilden und damit auch Mehrfachzählungen beinhalten. Im Gegensatz zu den früheren Jahren der Teilung ist dies aufgrund der in beide Richtungen erschwerten Wege quantitativ vernachlässigbar, verdient im Laufe des Buches qualitativ aber hin und wieder durchaus nähere Betrachtung. Zudem ist zu berücksichtigen, dass die vorliegenden westdeutschen Quellen keine verlässliche Statistik für das Restjahr 1961 nach dem Mauerbau anbieten[20] und dass ab Sommer 1989 keine der Institutionen den Überblick über die Bewegungen behielt. Diese Gegenüberstellung der Statistiken ist einführend wichtig, da zahlreiche Publikationen nur die Zahlen einer Quelle übernehmen.[21] Zwar gehen sie mit diesen oft kritisch um, indem sie die Perspektivität der Daten als Einschränkungen ihrer Aussagekraft begreifen.[22] In der Gegenüberstellung in Tafel 1 wird aber deutlich, dass der statistische *bias* eine Folge der Stellung der jeweiligen Institution im Migrationsregime ist. Durch ihre Erhebungswege und -arten sowie die Form

20 Die Schätzungen des MdI gehen von ca. 4000 Geflohenen aus und gerade einmal 594 legalen Ausreisen. Die Notaufnahmestatistik verzeichnet hingegen für den Rest des Jahres nach dem Mauerbau die Ankunft von 51 624 nicht genauer kategorisierten »Flüchtlingen«, worunter das Bundesministerium des Innern in dem vorliegenden Bericht sämtliche Übersiedler vor dem 31.12.1961 zusammenfasste. Diese immense (und unübliche) Abweichung zwischen den Zahlen in Ost und West lässt sich vermutlich durch den Registrierungszeitpunkt erklären, da im Sommer 1961 die Anlaufstellen massiv überfordert waren und zahlreiche Flüchtlinge ohnehin erst zu Verwandten z.B. in Westberlin strebten, bevor sie sich für die Notaufnahme registrierten; vgl. Bundesminister des Innern, *Bestandsaufnahme der Eingliederungshilfen von Bund und Ländern für Aussiedler und für Zuwanderer aus der DDR und Berlin (Ost): mit einer Analyse des Bedarfs* (Bonn: Bundesminister des Innern, 1988), 3.

21 Hartmut Wendt, »Die deutsch-deutschen Wanderungen: Bilanz einer 40jährigen Geschichte von Flucht und Ausreise«, in: *Deutschland Archiv* 24/4 (1991), 386-95.

22 Siehe z.B. Karl-Heinz Baum, »Die Integration von Flüchtlingen und Übersiedlern in die Bundesrepublik Deutschland«, in: *Materialien der Enquete-Kommission Überwindung der Folgen der SED-Diktatur im Prozeß der deutschen Einheit*, Band VIII/1 (Baden-Baden, Frankfurt/M.: Nomos, Suhrkamp, 1999), 511-706; Effner/Heidemeyer, »Die Flucht in Zahlen«.

der Aufbereitung positionierten sich die zahlenführenden Akteure im Kalten Krieg. Hinter den Statistiken standen verschiedene Nutzbarkeitsgedanken, die weniger die Aussagekraft der Zahlen korrumpieren, sondern vielmehr die Akteure als Träger der Zahlen in den Vordergrund rücken.

Dies gilt ebenfalls für die als hochvertraulich oder gar als Staatsgeheimnis eingestuften Ausreisestatistiken des SED-Staates. Auch diese kann man trotz der Akribie der Datenaufnahme nicht direkt übernehmen, da sich diese Zahlen bei genauerem Hinsehen zwischen den verschiedenen Ministerien, ja gar zwischen den verschiedenen Abteilungen des MfS, unterscheiden und teilweise im Detail widersprechen. Das liegt erstens in der internen und externen Abschirmung geheimdienstlicher Arbeit begründet und hängt zweitens damit zusammen, dass das MfS ab den späten 1970er Jahren dazu überging, vor allem die »rechtswidrigen« Ausreiseanträge zu analysieren, also die Anträge »arbeitsfähiger« DDR-Bürger. Stellten diese in den 1960er Jahren noch weniger als 10 % der Auswanderer, schnellte ihr Anteil in den 1980er Jahren auf 70 bis 90 % in die Höhe. In zahlreichen Aufstellungen für die 1980er Jahre fallen darum Rentner und als »nicht arbeitsfähig« Eingestufte unter den Tisch, obwohl sie als Mittler und als Argumente in den deutsch-deutschen Beziehungen eine ganz zentrale Rolle einnahmen. Darum ist es wichtig, das Datenmaterial nicht allein als Ausdruck der Bewegungs-, sondern auch der Verwaltungsrealität zu sehen.

Einführend und etwas verallgemeinernd gesprochen zerfällt diese heterogene Migrationsbewegung zur Zeit des Bestehens der Mauer in drei idealtypische Hauptgruppen.[23] Erstens siedelten ungefähr 187 000 Personen illegal in die Bundesrepublik über, indem sie z. B. ein Reisevisum überzogen oder unerlaubt eine Grenze überschritten, sei es nach West-Berlin, in die Bundesrepublik oder über einen Drittstaat wie beim Auslandsurlaub. Für die Höhe dieser Zahl ist vor allem das Jahr 1989 verantwortlich, in dem mindestens 110 000 Personen eine solche Option nutzten. Diesen Teil der Migration bzw. Migranten bezeichne ich nachfolgend als »Flucht«, »illegale Emigration« bzw. »Geflohene«. Weitere 27 000

---

23 Je nach Perspektive verwende ich im Laufe des Buches unter Auszeichnung der Quelle die Daten derjenigen Seite und Institution, die an dieser Stelle für den Gang des Arguments relevant ist und/oder den besten Überblick über das spezifische Kategorisierungsfeld besaß.

Personen wurden über die Wege der »besonderen humanitären Bemühungen« der Bundesregierung gegen Devisenzahlungen aus der Haft nach Westdeutschland entlassen.[24] Dies subsumiere ich im Folgenden unter dem Begriff des »Freikaufs« bzw. der »Freigekauften«. Die mit Abstand größte Gruppe von ca. 570 000 Personen erkämpfte sich eine staatliche Ausreisegenehmigung – und zwar obwohl lange Zeit und für eine überwiegende Mehrheit der Ausreisewilligen allein schon ein Antrag als »rechtswidrig« galt.[25] Mit großer Beharrlichkeit überzeugten sie den sich kompromisslos

---

24 Angaben der Bundesregierung nach Jan Philipp Wölbern, *Der Häftlingsfreikauf aus der DDR 1962/63-1989: Zwischen Menschenhandel und humanitären Aktionen* (Göttingen: Vandenhoeck & Ruprecht, 2014), 542. Die dafür getätigten Zahlungen erfolgten anfangs in barer Münze, dann in Geldwerten und letztlich in Sachwerten, die die DDR entweder selbst nutzte oder über den Bereich Kommerzielle Koordinierung des Ministeriums für Außen- und Innerdeutschen Handel auf dem Weltmarkt in dringend benötigte Valuta verwandelte. Die Entlassung in die Bundesrepublik erfolgte teils mit Zustimmung und teils gegen den Willen der Betroffenen. Unter den »Freigekauften« befand sich auch eine Zahl an in die DDR Entlassenen, die in dieser Studie nur in den Blick geraten, wenn sie später einen Ausreiseantrag stellten. Zu diesem Thema siehe v. a. Bernd Eisenfeld, »Der Freikauf politischer Häftlinge«, in: *Repression und Haft in der SED-Diktatur und die »gekaufte Freiheit«: Dokumentation des 14. Buchenwald-Gesprächs vom 22. bis 23. November 2004 in Berlin zum Thema »Häftlingsfreikauf«*, hg. von Günter Buchstab (Sankt Augustin: Wissenschaftliche Dienste Archiv für Christlich-Demokratische Politik der Konrad-Adenauer-Stiftung, 2005), 11-35; Matthias Judt, *Der Bereich Kommerzielle Koordinierung: Das DDR-Wirtschaftsimperium des Alexander Schalck-Golodkowski Der Häftlingsfreikauf aus der DDR 1962. Mythos und Realität* (Berlin: Ch. Links, 2013); Alexander Koch, *Der Häftlingsfreikauf: Eine deutsch-deutsche Beziehungsgeschichte* (München: Allitera-Verlag, 2014); Elke-Ursel Hammer, »Besondere Bemühungen« der Bundesregierung, Bd. 1: *1962 bis 1969: Häftlingsfreikauf, Familienzusammenführung, Agentenaustausch* (München: Oldenbourg Verlag, 2012); das Thema erregte nach Bekanntwerden als potentieller »Menschenhandel« die Gemüter. Wichtige Publikationen hierzu sind v. a. Michel Meyer, *Freikauf: Menschenhandel in Deutschland* (Wien, Hamburg: Zsolnay, 1978); Ludwig Geißel, *Unterhändler der Menschlichkeit: Erinnerungen* (Stuttgart: Quell-Verlag, 1991); Ludwig A. Rehlinger, *Freikauf: Die Geschäfte der DDR mit politisch Verfolgten, 1963-1989* (Berlin u. a.: Ullstein, 1991); Wolfgang Brinkschulte, Hans Jörgen Gerlach und Thomas Heise, *Freikaufgewinnler: Die Mitverdiener im Westen* (Frankfurt/M., Berlin: Ullstein, 1993); Detlef Kühn, »Häftlingsfreikauf [inkl. Operative Information der HA V/5]«, in: *Deutschland Archiv* 3 (2011), 381-4; Thomas von Lindheim, *Bezahlte Freiheit. Der Häftlingsfreikauf zwischen beiden deutschen Staaten* (Baden-Baden: Nomos, 2011).

25 BStU AdZ, ZAIG, 27 895, 102.

gebenden Staat davon, dass es für ihn besser sei, sie gehen zu lassen. Die dafür notwendigen Praktiken wandelten sich mit der Zeit stark und reichten vom Andienen an den Staat über die Mobilisierung von Privilegien und Fürsprechern über hartnäckige Insistenz bis zum offensiven Konflikt mit dem Staat. Diesen Komplex fasse ich unter dem Begriff der »Ausreise« bzw. der »legalen Migration« zusammen, wobei die Betroffenen als »Ausreisewillige«, »Antragsteller auf Ausreise« und nachfolgend als »Ausgereiste« bezeichnet werden.

Zudem wanderten ca. 72 000 Personen in die DDR ein. In den letzten Jahren wurde ihnen stärkere Aufmerksamkeit zuteil, weil sich unter ihnen bundesdeutsche Deserteure, Verräter oder auch RAF-Terroristen befanden.[26] Solche sensationellen Fälle mögen etwas über die Praktiken und etwas über das Propagandainteresse des SED-Staates aussagen, sozialhistorisch aber sind sie vernachlässigbar. Anders verhält es sich mit der weitaus größeren Zahl der Menschen, die aus rein privaten Motiven, z. B. zum Zweck der Eheschließung und unter teilweise falschen Versprechungen, in die DDR einwanderten.[27] In erster Linie handelte es sich bei den statistischen Einwanderern aber um gescheiterte Auswanderer, die in die DDR zurückkehrten. Die meisten von ihnen waren Geflohene, die spontan eine Gelegenheit beim Schopfe gepackt hatten und sich – im Gegensatz zu den nach Jahren des Kampfes erfahrungsgestählten Ausreisenden – der Konsequenzen ihres Handelns erst im Westen gewahr wurden.

All diese Migrationsarten sind deswegen bemerkenswert, weil der SED-Staat mit dem Mauerbau eine neue politische und soziale Realität erzwang. Konnten zuvor noch Hunderttausende Men-

---

26 Für eine anregende allgemeine Darstellung inkl. besonderer Fallbeispiele siehe Bernd Stöver, *Zuflucht DDR: Spione und andere Übersiedler* (München: C. H. Beck, 2009); weiterhin z. B. Thomas Weißbach, *Schwerer Weg: Übersiedlung aus der Bundesrepublik Deutschland und West-Berlin in die DDR 1961-1989* (Hamburg: Kovač, 2011); für eine grundlegende Betrachtung der Aufnahmepolitik siehe Tobias Wunschik, »Migrationspolitische Hypertrophien: Aufnahme und Überwachung von Zuwanderern aus der Bundesrepublik Deutschland in der DDR«, in: *IMIS-Beiträge* 32 (2007), 33-60.

27 Siehe z. B. den vom NDR aufgearbeiteten Fall Manfred Ebners: Carolin Kock, »Wie die Stasi Westdeutschen die Identität stahl: Die Geschichte der Ebners«, *Nordmagazin* (17. Dezember 2017), online verfügbar unter: ⟨https://www.ndr.de/kultur/geschichte/Identitaetsklau-in-der-DDR,identitaetsklau102.html⟩ (Stand März 2019).

schen pro Jahr durch das Schlupfloch der innerstädtischen Grenze in Berlin von Ost nach West entkommen (und innerstädtisch Zehntausende täglich pendeln), fesselte die gewaltsame Abgrenzung der sowjetischen von den anderen drei Zonen der Stadt sie ab dem 13. August 1961 an ihren jeweiligen Ort. Einige Autorinnen und Autoren erzählen die Geschichte des Mauerbaus als die einer langsamen Machtdurchsetzung Walter Ulbrichts,[28] andere als das Eingeständnis seiner Machtlosigkeit;[29] wieder andere legen den Fokus auf die Gewaltgeschichte eines 28 Jahre dauernden skandalösen Unrechts[30] oder sprechen von einem langen Scheitern.[31] In vielen Studien zum Leben in der DDR oder der Bundesrepublik wird die Existenz der Mauer indes einfach unkommentiert vorausgesetzt. Ich nehme in diesem Buch eine andere Perspektive ein. Die Existenz der Mauer soll hier als eine temporäre, aber prägende deutsche Realität begriffen werden. Ich löse die Geschichte der Mauer gewissermaßen von ihrem konkreten Ort an der Grenze, um ihre Position in der Gesellschaft zu bestimmen. Die Mauer war mehr als eine Staatsgrenze; sie schuf einen gesamtgesellschaftlich neuen Zustand. Als Grenze durch zwei Staaten formte sich um sie eine

28 Siehe z. B. Thomas Flemming, *Die Berliner Mauer: Geschichte eines politischen Bauwerks* (Berlin: be.bra verlag, 1999); Fred Taylor, *The Berlin Wall: 13 August 1961-9 November 1989* (London: Bloomsbury, 2006); Manfred Wilke, *Der Weg zur Mauer: Stationen der Teilungsgeschichte* (Berlin: Ch. Links, 2011); Gerhard Wettig und Manfred Wilke, »Der lange Weg zur Berliner Mauer 1952/53-1958/59-1961«, in: *Gedenkstätte Berliner Mauer*, 2015, 1-47.

29 Siehe v. a. Michael Kubina, *Ulbrichts Scheitern: Warum der SED-Chef nicht die Absicht hatte eine »Mauer« zu errichten, sie aber dennoch bauen ließ* (Berlin: Ch. Links, 2013).

30 Für diese lange westdeutsche Tradition siehe v. a. Bundesministerium für gesamtdeutsche Fragen (Hrsg.), *Verletzungen der Menschenrechte: Unrechtshandlungen und Zwischenfälle an der Berliner Sektorengrenze seit Errichtung der Mauer (13. August 1961-15. August 1962)* (Bonn: Bundesministerium für gesamtdeutsche Fragen, 1962); Rainer Hildebrandt, *Es geschah an der Mauer*, zweite, erg. und verb. Ausgabe (Berlin: Arbeitsgemeinschaft 13. August e.V., 1967); Michael Haupt, *Die Berliner Mauer: Vorgeschichte, Bau, Folgen – Literaturbericht und Bibliographie zum 20. Jahrestag des 13. August 1961* (München: Bernard & Graefe, 1981); Hans-Hermann Hertle und Maria Nooke (Hrsg.), *Die Todesopfer an der Berliner Mauer, 1961-1989: Ein biographisches Handbuch*, 2., durchges. Aufl. (Berlin: Ch. Links, 2009).

31 Hans-Hermann Hertle (Hrsg.), *Mauerbau und Mauerfall: Ursachen, Verlauf, Auswirkungen* (Berlin: Ch. Links, 2002).

Gesellschaftsgeschichte aus Abgrenzung und Kontakt, aus Kontrollsuche und -verlust, aus Gemeinsamkeit und Differenz. Dieser Umstand verleitete den Journalisten Dieter Hildebrandt nur wenige Monate nach dem Mauerbau zu der Behauptung, »die Mauer ist keine Grenze«.[32] Fürwahr – sie war weit mehr als das.

Hildebrandt verneinte ihren Grenzcharakter, weil er sie erstens nicht als solche akzeptieren wollte, und zweitens, weil sie zugleich trotz ihres noch jungen Alters bereits nicht nur eine Grenze, sondern eine historische Situation definierte. Es begann die Geschichte der Mauergesellschaft, an deren Ende, unter gänzlich anderen Bedingungen, die Künstlerin und Bürgerrechtlerin Bärbel Bohley noch 1989 in einem ähnlichen Stoßseufzer monierte, die Mauer sei eben keine Grenze, sondern »eigentlich eine Obsession, [sie] besetzt […] die Gedanken der Leute im Osten und im Westen«.[33]

Der Begriff der Mauer steht für den durch die versuchte Umsetzung einer hermetischen Grenze geschaffenen (und mit ihr gefallenen) Gesellschaftszustand. Daher fasse ich unter der »Berliner Mauer« einen konkreten Ort, während »Mauer« als Chiffre für den gewalthaften Teilungszustand steht, der aus Berliner Mauer, innerdeutscher Grenze, internationalen Verflechtungen, Regulierungen und zahllosen individuellen, kollektiven und politischen Beziehungen in einer geteilten Sprach- und Gedankenwelt bestand.

Die Mauer besetzte also keinen spezifischen Ort, sondern griff immer tiefer in die Gesellschaft aus und prägte sie konstituierend. Sie existierte aber nur in einem bestimmten Zeitraum. Dieser lässt sich sehr genau auf die Jahre und Tage zwischen den Nachtstunden und Morgennachrichten des 13. August 1961 und den Abendstunden des 9. November 1989 datieren. Die Mauer fiel nicht vom Himmel, und ebenso wenig löste sie sich nach der (un-)glücklich verlaufenen Pressekonferenz Günter Schabowskis in Luft auf.[34] Der durch die Mauer geschaffene und bedingte Gesellschaftszustand

---

32 Hildebrandt, *Die Mauer ist keine Grenze*.
33 Zit. n. Wilke, *Der Weg zur Mauer*, 10.
34 Dabei ist die Vorgeschichte der Mauer so gründlich erforscht, wie die Nachgeschichte des komplizierten Vereinigungsprozesses dessen harrt. Ein wichtiger Beitrag zur Erforschung des Letzteren ist Constantin Goschler und Marcus Böick, *Wahrnehmung und Bewertung der Arbeit der Treuhandanstalt* (Bochum: Ruhr Universität Bochum, 2017); Marcus Böick, *Die Treuhand: Idee-Praxis-Erfahrung, 1990-1994* (Göttingen: Wallstein Verlag, 2018).

ist allerdings als eine eigene Phase der deutschen Gesellschaftsgeschichte ernst zu nehmen. Historiker und Historikerinnen wie
Edith Sheffer und Sagi Schaefer haben für den unmittelbaren
Grenzraum nachgewiesen, wie tiefgreifend die Teilung bereits seit
den 1950ern die sozialen Beziehungen in den Grenzregionen veränderte.[35] Berlin aber blieb mehr als ein Schlupfloch. Die Stadt
war ein offener Verkehrsraum, und wie die Zehntausenden Menschen bezeugen, die in den Jahren vor dem Mauerbau jeden Monat
übersiedelten, eine breite Straße gen Westen für die gesamte Bevölkerung der DDR. Die Mauer setzte dieser Durchlässigkeit ein
Ende. Dabei war diese Art der Grenze, die nicht allein Territorium,
Zugehörigkeiten und administrative Zugriffe rahmte, sondern mit
dem Versprechen der vollen Bewegungskontrolle eine aktive bevölkerungspolitische Funktion einnahm, in dieser Radikalität ein
neuartiges Phänomen nicht nur in der deutschen, sondern allgemein in der Geschichte. Erstmals diente eine lückenlos militärisch
gesicherte und weit ins Ausland greifende Staatsgrenze mit herme-
tischem Anspruch ausschließlich dem Zweck, ihre Überquerung
durch Zivilisten zu verhindern.[36]

Dies ging mit einer Vielzahl kurz- und langfristiger, teils erwar-
teter, in der überwiegenden Mehrzahl aber überraschender sozialer
und politischer Konsequenzen einher. Den Anspruch vollständiger Kontrolle konterkarierten zahlreiche zeitgleiche Neuerungen,
allen voran die moderne Funk- und Fernsehtechnologie, die erleichterte private Fernkommunikation, der Massenverkehr sowie
der Massentourismus. So begann eine neue und komplexe Geschichte erwünschter und unerwünschter, aber persistenter grenzüberschreitender Beziehungen in einer sich zugleich auflösenden

35 Sheffer, *Burned Bridge*; Schaefer, *States of Division*.

36 Keiner ihrer baulichen oder ideellen Vorgänger, vom Limes über den Westwall
   bis zur russisch-deutschen Grenze, verfügte über eine derartige Bündelung an
   gewaltsamen Features. Anders als die Mauer war ihr Ziel auch nicht die vollständige Kontrolle der Zivilbevölkerung; vgl. Edgar Weinlich (Hrsg.), *Der Limes
   als antike Grenze des Imperium Romanum: Grenzen im Laufe der Jahrhunderte*
   (Würzburg: Ergon, 2014); Egon Schallmayer, *Der Limes: Geschichte einer Grenze*
   (München: C. H. Beck, 2016); Annemarie Sammartino, *The Impossible Border:
   Germany and the East, 1914–1922* (Ithaca u. a.: Cornell University Press, 2010);
   Christoph Rass, »Der ›Westwall‹ im Rheinland: Geschichte und Erinnerung«,
   in: *Burgen, Befestigungen, Bunker*, hg. von Winfried Heinemann (Potsdam: Mili-
   tärgeschichtliches Forschungsamt, 2012), 63–81.

und erhaltenden durchgrenzten Gesellschaft. Sie bildete zwar seit Längerem kein Ganzes mehr, zerfiel aber ebenso wenig in zwei autarke Teile. Dies erlebten beispielsweise Familien, die sehr schnell feststellen mussten, dass sie immer mehr trennte denn einte. Das ermöglichte Besuche, die wiederum ebenso wie das Radio- und Fernsehprogramm sowohl Gemeinsamkeiten als auch Unterschiede zunehmend stärker prononcierten. So wurde eine sich abwendende Bundesgesellschaft dazu gezwungen, immer wieder die »offene deutsche Frage« zu diskutieren.

Abgesehen von einem besonders interessierten Publikum aus Forschern und Zeitzeugen ist in der politischen Erinnerung an die Mauer heute allerdings überraschend wenig von dieser Komplexität zu spüren. 30 Jahre nach ihrem Fall hat sich in den öffentlichen Riten der Erinnerung an die Teilung ein besinnlicher einerseits und ein marktschreierischer Triumphalismus andererseits verfestigt, der die komplexe deutsch-deutsche Geschichte allzu oft auf eine Erfolgsgeschichte der sehnsüchtig erwarteten Befreiung reduziert – jüngst zunehmend ergänzt durch das nicht weniger holzschnitthafte Gegenbild einer trübsalhaften Vereinigungserfahrung Ostdeutschlands. Dieses öffentliche Narrativ unterscheidet sich jedoch vom Zungenschlag zahlreicher Einzelstudien zur Geschichte der DDR. Auf empirischer Basis verschließen sie sich, wie auch die leider raren aus der bundesdeutschen Perspektive geschriebenen Teilungsstudien, dieser tragischen Romanze. In oft akribischer Detailarbeit betonen sie die Vielfalt der Teilungserfahrung. Darauf aufbauend nähert sich dieses Buch der wechselhaften Geschichte des Umgangs mit der Teilung von beiden Seiten mit der Methodik der Migrationsforschung.

Dabei »springt« es immer wieder über die Mauer und zeichnet nach, wie die Geschichte der Mauergesellschaft nach ihrem Geburtsschock unter politischer Federführung als eine »doppelte Geschichte« (Christoph Kleßmann) begann. Indem sich aber die Gesellschaft auf die neue Situation einließ, setzten widersprüchliche soziale Dynamiken ein. Einerseits entfernten sich beide Seiten punktuell immer weiter voneinander. Andererseits konnten sie einander nicht loslassen. Gerade die schärfsten »Abgrenzer« verdankten ihre Existenz dem Teilungszustand.[37] Im politischen und

---

37 Entsprechend endet Christoph Kleßmanns wegweisende Erkundung der doppelten Geschichte Deutschlands mit dem Jahr 1970; vgl. Christoph Kleßmann,

sozialen Alltagsleben entwickelten sich durch Mobilisierung und Medialisierung zudem immer engere grenzüberschreitende Beziehungen und gar Abhängigkeiten, die sich in das Leben und in die Gedankenwelt einschrieben. Der emotionalen Absonderung beider Lebenswelten steht somit die gemeinsam ausgehandelte Realität des Lebens mit der Mauer zur Seite. Diese Ambivalenz charakterisiert die Mauergesellschaft.

Als Schlüssel zu dieser paradox anmutenden Situation dient mir keine akademische Studie, kein Werk der Aufarbeitung und auch kein historischer Essay, sondern Peter Schneiders Selbsterkundung in *Der Mauerspringer*. Zwischen Anekdoten und Zweifeln fasste Schneider grundlegende Gedanken über die geteilte deutschdeutsche Lebenswelt. »Wo hört ein Staat auf«, fragt er in seiner 1982 veröffentlichten Erzählung, »und wo fängt ein Ich an?«[38] Der Protagonist leidet darunter, dass »wir [...] nicht miteinander reden [können], ohne daß ein Staat aus uns spricht«, und schlussfolgert trocken: »Die Mauer im Kopf einzureißen wird länger dauern, als irgendein Abrißunternehmen für die sichtbare Mauer braucht.«[39] Damit erfand Schneider die für die 1990er Jahre entscheidende Metapher der »Mauer im Kopf«, deren lange Errichtungsgeschichte die der Mauergesellschaft ist.

Agency durch Sprache:
Mauern aus Papier und die Menschenrechte

Der Ausgangspunkt dieser Geschichte ist, dass nicht nur die schockierte Bundesrepublik, sondern auch der SED-Staat am Tage nach dem Bau der Mauer nahezu orientierungslos vor der neuen Situation stand. Dabei waren es weniger die in der Forschung oft disku-

---

Die doppelte Staatsgründung: Deutsche Geschichte 1945-1955, 5., überarb. und erw. Aufl. (Bonn: Bundeszentrale für politische Bildung [BpB], 1991); ders., *Zwei Staaten, eine Nation: deutsche Geschichte 1955-1970*, 2., überarb. und erw. Aufl. (Bonn: BpB, 1997); siehe hierzu auch Edgar Wolfrum und Günther R. Mittler, »Zwei Bücher, eine Idee. Christoph Kleßmanns Versuch der einen deutschen Nachkriegsgeschichte«, in: *50 Klassiker der Zeitgeschichte*, hg. von Jürgen Danyel, Jan-Holger Kirsch und Martin Sabrow (Göttingen: Vandenhoeck & Ruprecht, 2007), 162-5.

38 Peter Schneider, *Der Mauerspringer* (Darmstadt: Luchterhand, 1982), 92.
39 Ebd., 117.

tierte militärische Absicherung der neuen Grenze oder die erwartbaren internationalen Verwicklungen, die für Fragezeichen sorgten. Zeitgleich mit dem Bau der Mauer suspendierte die SED-Führung sämtliche reise- und migrationspolitischen Regeln und verfügte einen grundsätzlichen Stopp der innerdeutschen Grenzübertritte. Dieses Aussetzen aller einsehbaren, offiziellen oder inoffiziellen Regeln für die Beziehungen zwischen der eigenen Bevölkerung und jener des Weststaates war Neuland. Um den polnischen Titel des großartigen Buches des Historikers Dariusz Stolas zu zitieren: Die SED-Führung etablierte ein *kraj bez wyjścia*, ein »Land ohne Ausweg« im doppeldeutigen Sinne, da sie einerseits keine Auswanderungsmöglichkeit bieten wollte und sich andererseits so in eine ausweglose Situation manövrierte.[40] Das Ziel war die Unterbindung nahezu jedes unautorisierten grenzüberschreitenden Kontaktes. Denn in den Augen des SED-Staats schlummerte in jedem Paket, jedem Brief, jeder Wiedersehensfloskel potentiell »Hetze«, »Spionage« oder gar ein »Abwerbungsversuch«. So wurde die Kontrolle der Kontakte schnell zum Bestandteil der erweiterten Grenzsicherung.

Großenteils im Trial-and-Error-Verfahren suchte der SED-Staat bis Mitte der 1960er Jahre bar jeder Erfahrungswerte nach einem Ordnungssystem der Migrationsverwaltung mit dem Ziel der Migrationsverhinderung. Es folgten neue, stetig wachsende Papierberge an geheimen und vertraulichen Ordnungen, Anweisungen und Befehlen.[41] Die Mauer wurde ergänzt durch tief in die Gesellschaft hinein wirkende Papiermauern.[42] Auf beiden Seiten

---

40 Dariusz Stola, *Kraj bez wyjścia? Migracje z Polski 1949-1989* (Warschau: Instytut Pamięci Narodowej, Komisja Ścigania Zbrodni przeciwko Narodowi Polskiemu, 2012); siehe auch ders., »Das kommunistische Polen als Auswanderungsland«, in: *Zeithistorische Forschungen/Studies in Contemporary History* 2/3 (2005), online verfügbar unter: ⟨http://www.zeithistorische-forschungen.de/16126041-Stola-3-2005⟩ (Stand März 2019).

41 Ein entscheidender Schritt zur Ermöglichung der Aufarbeitung des Themas war die Publikation Hans-Hermann Lochen und Christian Meyer-Seitz (Hrsg.), *Die geheimen Anweisungen zur Diskriminierung Ausreisewilliger: Dokumente der Stasi und des Ministeriums des Innern* (Köln: Bundesanzeiger, 1992); für eine weniger bekannte, aber sehr frühe Quellenedition zum Mauerbau siehe Hartmut Mehls (Hrsg.), *Im Schatten der Mauer: Dokumente. 12 August bis 29. September 1961* (Berlin: Deutscher Verlag der Wissenschaften, 1990).

42 Abgeleitet aus David S. Wyman, *Paper Walls: America and the Refugee Crisis 1938-1941* ([Amherst:] University of Massachusetts Press, 1968).

der Grenze wurden Regeln und Gesetze erlassen, internationale Vereinbarungen getroffen, Einschätzungen und Kategorisierungen verfasst, Aufforderungen, Zusagen, Statistiken, Berichte sowie Merkblätter publiziert und vieles mehr. Solche Papiere waren nicht einfach Nebenprodukte der Mauer, sie stützten sie. Der Kultur- und Literaturwissenschaftler Ben Kafka hat diese stabilisierende Funktion von Papier und Dokumenten als Medium der Verstaatlichung von Ordnungsdiskursen sehr deutlich herausgearbeitet: »Pierre de Biasi hat Papiere als die ›fragile Stütze des Notwendigen‹ charakterisiert, aber wir täten wohl besser, wenn wir sie als die notwendige Stütze des Fragilen verstünden.« Neben Zahlen und Berichten, so fährt Kafka fort, drücken sich in ihnen wesentliche Wünsche und Bedürfnisse aus. In dieser Überlappung wurde manch ein Autor eines noch so sorgfältig formulierten Papiers von dessen gänzlich anderer Wirkung überrascht oder gar übermannt.

Die mit dem Mauerbau neu entstandene Migrationsverwaltung des SED-Staates stellte dabei schnell fest, dass sie den Herrschaftsanspruch der Partei nur dann festigen konnte, wenn sie zusätzlich zur Regulation von Migration auch entsprechende Wissensbestände produzierte.[43] Anträge wurden deswegen nicht nur verwaltet, es wurden Informationen zu ihnen zusammengetragen. Diese Machtausübung lag anfangs in den Händen des MdI und wurde vom MfS ergänzt, bis sich in den 1970er Jahren dieses Verhältnis langsam umkehrte. Nach der KSZE-Schlussakte übernahm das MfS endgültig die Federführung über die nun als »rechtswidrig« eingestuften Anträge – was sich 1989 jedoch teilweise wieder änderte, da der Anspruch, »alles wissen zu müssen«, aufgrund der Ereignisse des Jahres scheiterte.

»Die bürokratische Verwaltung«, schrieb Max Weber, »bedeutet: Herrschaft kraft Wissen.«[44] Die Migrationsverwaltung ist ein zent-

---

43 Vor dem 13. August 1961 widmete sich die Migrationsverwaltung des MdI legalen Anträgen und damit einem nachrangigen Problem. Erst mit der Abriegelung der Grenze wurde sie zum Dreh- und Angelpunkt der Migrationspolitik.

44 Max Weber, »Die Typen der Herrschaft«, in: *Wirtschaft und Gesellschaft* (Tübingen: J. C. B. Mohr, 1972), 129; weiterhin z. B. Gert-Joachim Glaeßner, *Bureaucratic Rule: Overcoming the Conflicts in the GDR* (Köln: Index, 1986); Peter Becker und William Clark (Hrsg.), *Little Tools of Knowledge: Historical Essays on Academic and Bureaucratic Practices* (Ann Arbor: University of Michigan Press, 2001); Jürgen Kocka, *Industrial Culture and Bourgeois Society: Business, Labor, and Bureaucracy in Modern Germany* (New York, Oxford: Berghahn Books,

raler Bestandteil von Herrschaft. Das Sammeln von Informationen ist darum immer auch ein Steuerungsversuch gesellschaftlicher Ereignisse und Tendenzen. Das gilt übrigens auch für die BRD, wo sowohl von staatlicher Seite wie auch durch zivilgesellschaftliche Organisationen mit dem Machtanspruch des Alleinvertretungsrechts oder der Schutzpflicht Informationen gesammelt und politisch nutzbar gemacht wurden. Das Erstellen eigener Kategorien, Berichte und Formulare ist als Reaktion auf gesellschaftliche Herausforderungen ein entscheidender Faktor in der Geschichte der Mauergesellschaft, weswegen die archivalisch auffindbaren Wissensbestände immer in ihrem Herrschaftsbezug, also als Gegenstände der Machtaushandlung zu verstehen sind. Darum ergänzten die Papiermauern die Mauer nicht nur, sie definierten ihre Bedeutung und formten sie. Ebenso waren die »Dokumentationen« der Verbrechen an der Mauer oder als Hilfestellung gedachte Merkzettel für Ausreisende keine simplen Informationsbroschüren oder Handreichungen an Individuen, sondern Ausdrücke im Machtkampf um die Präsenz und die Bedeutung der Mauer.[45] Ungeachtet ihrer Urheberschaft beispielsweise durch das MdI, die Staatssicherheit, das Bundesministerium für gesamtdeutsche Fragen (BMG)[46] oder diverser westdeutscher Nichtregierungsorganisationen spiegelten all die Auflistungen, Erhebungen und Statistiken die Mauergesellschaft viel weniger, als dass sie ihre Produzenten im deutsch-deutschen Macht- und Deutungskampf positionierten.

Trotz der unterschiedlichen Intentionen der Autoren trugen ihre Schriftstücke gemeinsam zur Vergesellschaftung der Mauer bei.

1999); Andreas Anter, Hinnerk Bruhns und Patrice Duran (Hrsg.), *Max Weber et la bureaucratie* (Paris: Maison des Sciences de l'Homme, 2011).

45 Siehe hierzu z. B. Franz Thedieck, »Dokumentation des brutalen Terrors«, in: *Bulletin des Presse- und Informationsamtes der Bundesregierung* 237 (Dezember 1961), 2229 f.; Kuratorium Unteilbares Deutschland, *Widerstand gegen die Teilung: Eine Dokumentation* (Berlin u. a., 1966); Hildebrandt, *Es geschah an der Mauer*; und im Gegenzug von der SED-Seite z. B. *Mißbrauch der Transitwege von und nach Westberlin: Dokumentation* (Berlin [Ost]: MfAA der DDR, Presseabt., 1964); *Was ich von der Mauer wissen muss: Merkblatt für Berlin-Besucher* ([Berlin Ost], 1964).

46 Das Bundesministerium für gesamtdeutsche Fragen wurde 1949 eingerichtet, 1969 wurde es mit einem neuen Zuschnitt und Aufgabenspektrum in das Bundesministerium für innerdeutsche Beziehungen umgewandelt; siehe Kap. 4 in Teil III.

Durch offizielle Sprache sickerten, wie Edith Sheffer betont, die offiziellen *mental maps* in die Köpfe der Bürger ein. So verwies das Wort »gesamtdeutsch« ebenso auf eine räumliche Realität der Teilung wie auf Stadtplänen und Postkarten die trotzige Bezeichnung »Berlin, Hauptstadt der DDR«.[47] Durch diese Sprache der Teilung sollte die Papierarbeit beider Seiten die Logiken der Mauergesellschaft zu sozialen Mustern verfestigen. Die Mauer war darum nicht nur ein tödliches Grenzbauwerk, sondern ein weit in die Gesellschaft hinein wirkendes Instrument der sozialen Disziplinierung.[48] Ihre Aufgabe war es, zu spalten, und dies erfüllte sie nicht nur in der DDR, sondern wie in der eingangs angeführten Episode bereits 1963 bei West-Berlinern. Aus Freude über ihre Reisemöglichkeiten gen Osten übersahen diese, dass damit ein System entstand, dass sie privilegierte und Verwandte und Freunde zu missmutigen Menschen, ja gar zu Zeugen ihrer eigenen Rückstellung machte, die auch noch zu Dankbarkeit verpflichtet waren.

Auch der Widerstand gegen die Mauer formte sich weniger im physischen Durchbrechen der Barrieren und nur äußerst selten in öffentlichen Demonstrationen oder Protestaktionen, sondern primär auf Papier: im Anschreiben gegen sie, das Millionen Bürgerinnen und Bürger in Ost und West betrieben. Teilweise mit und teilweise gegen die Sprache der Teilung entstand eine Sprache der Menschenrechte. Vor allem die durch westliche Merkblätter, Presseberichte und Ansprachen gestützten Briefe und Eingaben der Ausreisewilligen sind die grundlegenden Belege dafür, dass die Antragsteller sich eben nicht in einer »Resilienz« verloren, sondern dass sie sehr reflektiert und mit wohlüberlegten Mitteln die Mau-

---

47 Sheffer, *Burned Bridge*, 213; zur Funktion der Sprache als Medium der Herrschaftssicherung siehe Alf Lüdtke und Peter Becker (Hrsg.), *Akten, Eingaben, Schaufenster: Die DDR und ihre Texte. Erkundungen zu Herrschaft und Alltag* (Berlin: Akademie-Verlag, 1997); Rolf Bräuer, »Podtext: Versuch eines sprachlichen Psychogramms der Diktatur«, in: *Bürgersinn und staatliche Macht in Antike und Gegenwart: Festschrift für Wolfgang Schuller zum 65. Geburtstag*, hg. von Martin Dreher (Konstanz: UVK, 2000), 3-30.

48 Diese Sprache trug maßgeblich zur »Normalisierung« der Herrschaft der SED bei, ein Prozess, bei dem noch viele Fragen bzgl. der sozialen Durchsetzung und der langfristigen Effekte offen sind; vgl. Mary Fulbrook, »The Concept of ›Normalisation‹ and the GDR in Comparative Perspective«, in: *Power and Society in the GDR, 1961-1979: The »Normalisation of Rule«?*, hg. von Mary Fulbrook (Berghahn Books, 2013), 1-32.

er in ihren Grundfesten, also den Papiermauern, angriffen. Papier, so Ben Kafka, ist ein »aufsässiges Medium in dem Sinne, dass es unweigerlich (aber nicht unveränderlich) unkooperativ und unvorhersehbar ist«.[49] Das Papier der Mauergesellschaft schuf Regeln, die aufgrund des endlosen papiernen Antwortstroms ein Eigenleben entwickelten. Begrenzende Regeln konnten Schlupflöcher öffnen. Berichte über Ausreisen konnten zu Anleitungen für Ausreiseanträge mutieren. Ebenso konnten internationale Dokumente staatliche Souveränität garantieren und zugleich Handlungsoptionen jenseits des staatlichen Rechtsbereichs eröffnen. So entfalteten stolz präsentierte Absichtserklärungen wie die KSZE-Schlussakte, eigentlich individuell nicht einklagbare Statuten wie die Allgemeine Erklärung der Menschenrechte (AEMR) oder streng regulierend gedachte Einhegungen wie das Staatsbürgerschaftsgesetz der DDR aufgrund ihrer eigenwilligen Rezeption durch Ausreisewillige eine eigene Kraft fernab der ursprünglichen Intentionen ihrer Verfasser.

Damit war die Geschichte der Mauergesellschaft auch in ihren drei Phasen durch die Suche nach einer Sprache in ihr und über sie geprägt. Während der initialen Ordnungssuche nach dem Mauerbau verfügten die Betroffenen beiderseits der Grenze noch über kein Sprach- oder Stilarsenal, um mit dem neuen Zustand umzugehen. Öffentlich versuchte der Propagandaapparat der SED Berge zu versetzen, um dem Zerrbild des »antifaschistischen Schutzwalls« auch nur etwas Glaubwürdigkeit zu verleihen. Intern suchte er nach einer Sprache über die Ausreisebestrebungen, um sie zu beherrschen. Auf der antikommunistischen Seite lebten Metaphern wie die des »KZ-Staates« auf. Damit sollte nicht nur der sonst von Osten nach Westen geschleuderte Nazi-Vorwurf über die Grenze retourniert werden, sondern der DDR-Bevölkerung wurden so gezielt Handlungsmöglichkeiten abgesprochen.[50] In ihrer Absolutheit affirmierten solche Metaphern den Zustand aufs Neue, anstatt ihn zu bekämpfen.

Ironischerweise bot ausgerechnet der aggressive Abgrenzungsakt

---

49 Kafka, *The Demon of Writing*, 118.
50 Zur Mobilisierung diverser NS-Vergleiche als doppelter Modus der Fremdstigmatisierung und Selbstentschuldigung siehe Jeffrey Herf, *Divided Memory: The Nazi Past in the Two Germanys* (Cambridge/Mass.: Harvard University Press, 1997); Jon Berndt Olsen, *Tailoring Truth: Politicizing the Past and Negotiating Memory in East Germany, 1945-1990* (New York: Berghahn Books, 2015).

des SED-Staates, nämlich die Proklamierung einer eigenen Staatsbürgerschaft 1967, den Ausreisewilligen erste Begriffe und Referenzen, um sich dieser soeben definierten Zugehörigkeit zu entziehen. Nach diesem Gesetzeserlass folgten die Anerkennung der Staatlichkeit durch die Bundesrepublik, die Aufnahme beider Deutschlands in die Vereinten Nationen und die weitgehende Anerkennung der DDR auf internationalem Parkett. In dieser Übergangsphase stabilisierten sich die staatlichen Beziehungen. Aber hier begann ebenfalls bereits die Destabilisierung – und zwar auf zwei Ebenen. Erstens eröffneten die Abkommen und Eingeständnisse Handlungsspielräume für gesellschaftlichen Eigensinn in der DDR. Die Menschen strebten danach, Kontakte zu etablieren und zu gestalten. Dies stellte auch ohne eine intentionale politische Aufladung die Grenzordnung durch Lebenspraxis infrage. Zweitens spaltete sich die Mauergesellschaft zunehmend in eine ost- und eine westdeutsche Gesellschaft auf. Dabei handelte die Mauergesellschaft auch aus, was die andauernde Teilung für die Nation bedeutete. Existierte diese untrennbar weiter? Entstand nun eine gesonderte sozialistische deutsche Nation? Waren Briefe, Besuche oder gefühlte Zugehörigkeiten eine Klammer der Nation? Diese Fragen waren Gegenstand hitziger öffentlicher Debatten, internationaler oder bilateraler Verhandlungen und Verträge sowie der Rechtsprechung des Bundesverfassungsgerichts. Die internationale Integration beider deutscher Staaten gestand auch dem SED-Staat ein Recht auf seine Grenzen und ein Regelungsrecht »innerer Angelegenheiten« zu. Das passte wiederum nur schwer zu der im Grundgesetz der BRD verankerten Schutzpflicht für alle Deutschen. Eine wichtige Konzession der Regierungen Brandt und Schmidt war die sprachliche Abrüstung und das Schweigen bezüglich des steigenden Migrationswillens. All dies hatte konkrete Auswirkungen auf die Lebenswelten Ausreisewilliger. Zunehmend kollidierten nun Normen und Interpretationen von mehrdeutig auslegbaren Aussagen und Schriftstücken. Solche internationalen Dokumente waren für den SED-Staat der Teufelsfuß der internationalen Anerkennung. Sie sicherten nicht nur die Existenz der DDR sprachlich normiert ab, sie boten zudem kodifizierte Bezugspunkte, an denen sich der Eigensinn der Ausreisewilligen ausrichten konnte. Die Sprache der von der SED-Führung anerkannten internationalen Dokumente hielt Einzug in die Ausreiseanträge. Der Staat reagierte darauf mit immer neuen Repressionsmechanismen. Allerdings gingen diese mit steigenden finanziellen und diplomatischen Kosten einher, was den Staat zunehmend aus der Kontrollposition in die Reaktionsposition drängte.

Langsam, aber stetig wendete sich die Mauergesellschaft in den 1970er Jahren von ordnungspolitischen Fragen ab und einem Thema zu, das die letzte und längste Phase der Mauergesellschaft bestimmte: den Menschenrechten. Das Jahr 1975, und ganz konkret der 1. August 1975, der Tag der Unterzeichnung der KSZE-Schlussakte in Helsinki, gilt in diesem Zusammenhang als ein Schlüsseldatum in der Geschichte der DDR. Die Erforschung der Ausreise aus der DDR hat sich bislang auf den nachfolgenden Zeitraum konzentriert. Diese kurze Perspektive tendiert dazu, Repressionsmechanismen der späten 1980er Jahre rückblickend auf die gesamte Existenz der Mauer auszudehnen. Dabei geht die Sensibilität für die handlungsleitende Sammlung von Erfahrungen seit der »zweiten Staatsgründung der DDR« 1961 für die Dynamiken des damit entstandenen Migrationsregimes und der Ambivalenz des Etablierungsprozesses der Menschenrechte verloren.[51] Indes verdeutlichen diese beiden Aspekte, dass die Migrationsgeschichte der Mauergesellschaft alles andere als ein Sonderthema, sondern eine zentrale Ausformung des Kalten Krieges war.

Ohne zentrale Anleitung, ohne Federführer, ohne prominente Vorkämpfer entwickelte sich in der Mauergesellschaft ab den frühen 1970er Jahren eine fordernde, auf internationalem Recht basierende Sprache. Sie verschaffte dem Drängen auf das »Menschenrecht auf Ausreise« Legitimität, indem sie die faktische Rechtlosigkeit diskursiv durch einen völkerrechtlichen Rechtsanspruch zu untergraben versuchte.[52] Dabei ist es wichtig, dass sich weder die Allgemeine Erklärung der Menschenrechte noch die nachfolgenden Pakte an Individuen oder Gruppen, sondern allein an Staaten richteten. Sie sahen keine individuellen Beschwerde- oder gar Klagewege vor. So erfolgte in den ersten Jahrzehnten nach der

---

51 Werner Müller, »Die DDR und der Bau der Berliner Mauer im August 1961«, in: *Aus Politik und Zeitgeschichte (APuZ)* 33-34 (1986), 4.

52 Lora Wildenthal, *The Language of Human Rights in West Germany*, (Philadelphia: University of Pennsylvania Press, 2013); Joe Renouard, *Human Rights in American Foreign Policy: From the 1960s to the Soviet Collapse* (Philadelphia: University of Pennsylvania Press, 2016).

Kodifizierung des Menschenrechts auf Ausreise in Artikel 13 der Allgemeinen Erklärung der Menschenrechte, Familie oder Staatsangehörigkeitswechsel 1948 keine wirkungsvolle Aufrufung dieser Grundrechte durch die Betroffenen. Vielmehr okkupierten westliche Politiker die Begrifflichkeit als ihr Kampfmittel im Kalten Krieg. Die jüngere Forschung zeigt, wie insbesondere NGOs, Aktivisten und Verbände, die sich vor allem aus einer engagierten, weißen, oft amerikanischen Mittelschicht rekrutierten, die Menschenrechte ab den 1970er Jahren als Ankerpunkt einer neuen moralischen Ökonomie entdeckten. Sie versahen diese absichtlich schwach institutionalisierten und anfangs für Individuen nicht einklagbaren Rechte durch öffentliche Aufmerksamkeit mit Bedeutung und Schlagkraft.[53] In der Forschung geraten aber nur selten die direkt von massiven Menschenrechtsverletzungen Betroffenen in den Blick.[54] Schauen wir über den »Eisernen Vorhang«, zeigt sich, dass hier nicht Organisationen, sondern die unorganisierten Ausreisewilligen in der DDR oder auch die *refuseniki* in der Sowjetunion diesen Rechten Leben einhauchten. Unablässig – und durchaus widersprüchlich – forderten sie »ihr Menschenrecht« ein.[55] Vor allem eine nachwachsende Generation weigerte sich

---

53 Zum Thema Menschenrechte siehe Jan Eckel, *Die Ambivalenz des Guten: Menschenrechte in der internationalen Politik seit den 1940ern* (Göttingen: Vandenhoeck & Ruprecht, 2014); Steven L. B. Jensen, *The Making of International Human Rights: The 1960s, Decolonization and the Reconstruction of Global Values* (New York: Cambridge University Press, 2016); Mark Bradley, *The World Reimagined: Americans and Human Rights in the Twentieth Century* (New York: Cambridge University Press, 2016); Renouard, *Human Rights in American Foreign Policy*; wichtige empirische Vertiefungen in Wildenthal, *The Language of Human Rights in West Germany*.

54 Siehe z. B. Anja Mihr, *Amnesty International in der DDR: Der Einsatz für Menschenrechte im Visier der Stasi* (Berlin: Ch. Links, 2002).

55 Vor allem in Bezug auf AEMR, Art. 13, 15, 16.1; zu den *refuseniki* siehe Kerstin Armborst-Weihs, *Ablösung von der Sowjetunion: Die Emigrationsbewegung der Juden und Deutschen vor 1987* (Münster: LIT Verlag, 2001); Yaakov Ro'i (Hrsg.), *The Jewish Movement in the Soviet Union* (Washington, D. C., Baltimore: Woodrow Wilson Center Press/Johns Hopkins University Press, 2012); zur Bedeutung der KSZE-Schlussakte für die internationale Menschenrechtsbewegung siehe v. a. Daniel C. Thomas, *The Helsinki Effect: International Norms, Human Rights, and the Demise of Communism* (Princeton: Princeton University Press, 2001); Sarah B. Snyder, *Human Rights Activism and the End of the Cold War: A Transnational History of the Helsinki Network* (New York: Cambridge University Press, 2011).

zusehends, die Zukunftsversprechen des Sozialismus gegen individuelle Freiheiten einzutauschen. Dabei war es dienlich, dass sie die praktische Schwäche der sprachlich so starken Menschenrechte ebenso wenig kannten wie die Details der von ihnen immer wieder zitierten internationalen Pakte und Vereinbarungen. In Form eines »Rechtssprechs« und eines Verweissystems auf internationale Vereinbarungen entstand ein Epistem des Widerstandes gegen Menschenrechtsbrüche.[56] Es verlieh nicht nur Ausreisewilligen ein diskursives Arsenal, sondern auch den oppositionellen Friedens- und Menschenrechtsaktivisten oder erzkonservativen Kalten Kriegern in der BRD. Diese konnten anhand eines menschenrechtlichen Vokabulars ihre in den 1950er Jahren wurzelnden Praktiken der »Entlarvung« oder der »Demaskierung« des Kommunismus begrifflich aktualisieren und sich, wie z. B. in der Sendereihe »Hilferufe von drüben« des Journalisten Gerhard Löwenthal, nicht ohne jeden Paternalismus selbst als die Stimme der Bürgerrechtsbewegung der DDR inszenieren.[57]

Historiografische Ausgangspunkte

Dieses Buch ist gleichermaßen in der deutschen Zeitgeschichte und in der Migrationsforschung verankert. Einerseits geht es mir darum, Impulse in die jeweilige Fachrichtung zu senden, andererseits möchte ich diese beiden Themenfelder stärker miteinander verschränken. Einerseits lässt der migrationshistorische Ansatz in der Geschichte der Ausreise deutlich mehr erkennen als Forschungsansätze, die sich auf die Aufarbeitung des SED-Unrechts konzentrieren, bei denen meist die Repressionsmechanismen des MfS im Vordergrund stehen. Andererseits ermöglicht die Gesellschaftsgeschichte der Ausreise es der Migrationsforschung, das komplexe

56 Siehe hierzu auch Sylvia Sasse, »Den Staat an seine Gesetze erinnern: Dissidenz als Wissen vom Recht«, in: *Nach Feierabend: Zürcher Jahrbuch für Wissensgeschichte* 11 (2015), 107-32.

57 Wie deren selektiver Zugriff auf und ihre Nutzung der Menschenrechte als Delegitimierungsmittel dem MfS letztlich als Legitimierung für Repressionsmaßnahmen in der DDR in die Hände spielte, konnte westdeutschen Lesern spätestens mit dem Abdruck einer Geheimrede Erich Mielkes vom 17. Oktober 1978 im *Spiegel* klar werden; siehe »›Wer haßerfüllt die Hand hebt‹: Aus einer Geheimrede Erich Mielkes«, in: *Der Spiegel* 9 (26. Februar 1979), 30 f.

und langfristig wirkende Wechselspiel zwischen Grenzen, Wissen, Zugehörigkeiten und Handlungen, also die Prozesse eines Migrationsregimes vom Anfang bis zum Ende nachzuvollziehen – und zwar dank der Öffnung der gesamten Akten eines Staates in einer sonst nicht zugänglichen Quellentiefe. Dafür konnte ich auf ganze Bibliotheken an Forschungsliteratur zurückgreifen. Diese verdient einführend einen genaueren Blick, um aus den Publikationen der letzten zwei bis drei Jahrzehnte jene Linie herauszuschälen, an die dieses Buch anknüpft und die es adressiert.

Eine erste Annäherung an die Ausreisenden entwickelte ein noch in der alten Bundesrepublik entstandener Forschungszweig, der die Motive der Ausreisenden untersuchte.[58] Diverse Befragungen zielten darauf ab, die Stimmen der Beteiligten einzufangen, interessierten sich aber letzten Endes weniger für die Erlebnisse, Kämpfe oder die sich wandelnden Ansichten der Menschen, sondern für die sozialen Bedingungen in der DDR.[59] Individuelle Wahrnehmungen dienten dabei in erster Linie der Erkundung des politischen

58 Dietrich Storbeck, »Flucht oder Wanderung? Eine Rückschau auf Motive, Folgen und Beurteilungen der Bevölkerungsabwanderung aus Mitteldeutschland seit dem Kriege«, in: *Soziale Welt* 14/2 (1963), 153-71; Reinhard H. Koch, »Flucht und Ausreise aus der DDR: Ein Beitrag zum ›Wohlbekannten‹«, in: *Deutschland Archiv* 19/1 (1986), 47-52; Richard Hilmer, »Motive und Hintergründe von Flucht und Ausreise aus der DDR«, in: *Materialien der Enquete-Kommission »Aufarbeitung der Folgen der SED-Diktatur im Prozeß der deutschen Einheit«*, Band VII/1 (Baden-Baden, Frankfurt/M.: Nomos, Suhrkamp, 1995), 322-30, 430-49; Karl Schumann (Hrsg.), *Private Wege der Wiedervereinigung: Die deutsche Ost-West-Migration vor der Wende* (Weinheim: Dt. Studien-Verl., 1996), 67-93; Jörg Roesler, »*Rübermachen*«: *Politische Zwänge, ökonomisches Kalkül und verwandschaftliche Bindungen als häufigste Motive der deutsch-deutschen Wanderungen zwischen 1953 und 1961* (Berlin: Gesellschaftswissenschaftliches Forum e. V., 2004); Henrik Bispinck, »Motive für Flucht und Ausreise aus der DDR«, in: *Flucht im geteilten Deutschland: Erinnerungsstätte Notaufnahmelager Marienfelde*, hg. von Bettina Effner und Helge Heidemeyer (Berlin: be.bra verlag, 2005), 49-65.
59 Storbeck, »Flucht oder Wanderung? Eine Rückschau auf Motive, Folgen und Beurteilungen der Bevölkerungsabwanderung aus Mitteldeutschland seit dem Kriege«; Schumann, *Private Wege der Wiedervereinigung*; Bernd Eisenfeld, »Gründe und Motive von Flüchtlingen und Ausreiseantragstellern aus der DDR«, in: *Deutschland Archiv* 1 (2004), 89-105; Everhard Holtmann und Anne Köhler, *Wiedervereinigung vor dem Mauerfall: Einstellungen der Bevölkerung der DDR im Spiegel geheimer westlicher Meinungsumfragen* (Frankfurt/M., New York: Campus, 2015).

Gegners und galten primär als Symptome der missgeleiteten Macht der SED.[60] Auch in der DDR, insbesondere im MfS, widmeten sich ganze Abteilungen der Erforschung von Ausreisemotiven. Die Geheimdienstler wollten so nicht nur die Stimmung in der Bevölkerung ergründen, sondern suchten nach Möglichkeiten, um neue und laufende Anträge demotivieren oder unterbinden zu können. Als größter Zweifler an diesem Ansatz entpuppte sich jedoch kein kritischer Wissenschaftler, sondern ausgerechnet der Stellvertretende Minister für Staatssicherheit der DDR, Gerhard Neiber.[61] Er hatte gehofft, mit einer verbesserten Kenntnis der Motive die Ausreise möglichst effektiv bekämpfen zu können. Bereits 1981 bemerkte er allerdings auf einer Dienstkonferenz resigniert, dass nicht nur »die Möglichkeiten zur Nachprüfung von Aussagen über den Motivationsprozeß generell eingeschränkt sind«, sondern dass die

60 Ein weiteres Forschungsfeld war bereits vor dem Fall der Mauer das Thema Integration. Wie die Motivforschung diente diese aber weniger dazu, die Migrationsverhältnisse, sondern durch den vergleichenden Blick vielmehr die Bundesrepublik besser zu verstehen. Siehe v. a. Horst-Günter Kessler und Jürgen Miermeister (Hrsg.), *Vom »Großen Knast« ins »Paradies«? DDR-Bürger in der Bundesrepublik* (Reinbek bei Hamburg: Rowohlt, 1983); Manfred Gehrmann, »Zur sozialen Integration von DDR-Zuwanderern in der alten Bundesrepublik und Westberlin«, in: *Biographieforschung: Eine Zwischenbilanz in der deutschen Soziologie*, hg. von Peter Alheit und Wolfram Fischer-Rosenthal (Bremen: Universität, 1990), 295-309; Lutz Goldbeck, »Die Kinder der DDR: Deutsch-deutsche Integrationsprobleme am Beispiel von Übersiedlerfamilien«, in: *Jugend & Gesellschaft* 11 (1990), 1-4; Klaus J. Bade (Hrsg.), *Neue Heimat im Westen: Vertriebene, Flüchtlinge, Aussiedler* (Münster: Westfälischer Heimatbund, 1990); Werner Helsper, Mechthild Bertram und Bernd Stemaszyk, »Jugendliche Übersiedler zwischen vordergründiger Integration und Ausschlußerfahrung«, in: *Aufwachsen hüben und drüben: Deutsch-deutsche Kindheit und Jugend vor und nach der Vereinigung*, hg. von Peter Büchner und Heinz-Hermann Krüger (Opladen: Leske + Budrich, 1991), 267-85; Schumann, *Private Wege der Wiedervereinigung*; Baum, »Die Integration von Flüchtlingen und Übersiedlern in die Bundesrepublik Deutschland«.

61 Besonders aussagestark für seine unerbittliche, tief verbitterte Selbstermächtigung als standhafter »Tschekist« ist seine 13 Jahre nach Mauerfall erschienene Rechtfertigungsschrift in Reinhard Grimmer et al., »Sicherheitspolitik der SED, staatliche Sicherheit der DDR und Abwehrarbeit des MfS«, in: *Die Sicherheit: Zur Abwehrarbeit des MfS*, Bd. 1, hg. von Reinhard Grimmer (Berlin: Edition Ost, 2002), 44-238; für eine entsprechende Rechtfertigung des Kampfes gegen die Ausreise siehe Gerhard Niebling, »Gegen das Verlassen der DDR, gegen den Menschenhandel und Bandenkriminalität (zur Verantwortung der ZKG/BKG)«, in: *Die Sicherheit: Zur Abwehrarbeit des MfS*, Bd. 2, hg. von Reinhard Grimmer (Berlin: Edition Ost, 2002), 161-245.

Antragsteller die Neigung zeigten, »durch das Betonen bestimmter Motive und Beweggründe in einem ›günstigen Licht‹ zu stehen«, ja, dass es ihnen »selbst Schwierigkeiten bereitet, ihr eigenes Motiv verständlich zu rekonstruieren«.[62] Wie auch den Forschenden in Westdeutschland blieb dem MfS letztlich nichts anderes übrig, als sperrige Aussagen anhand vorgefertigter und nach politischen (Erkenntnis-)Interessen geformten Rastern zu kategorisieren, um zu quantifizierbaren Ergebnissen zu kommen. Aus heutiger Sicht sagt die Motivforschung darum mehr über die Motive des Forschenden aus als über die der Beforschten. Das macht sie aber alles andere als uninteressant. Ganz im Sinne der Koproduktion von Migration durch den Beobachter stellen sowohl die Ergebnisse der Untersuchungen als auch die Raster und Kategorisierungen selbst faszinierende Quellen für die hier vorliegende Geschichte der Ausreise dar. Wie Formulare, Berichte und andere Dokumente werden auch die Werkzeuge der Motivforschung im Laufe dieses Buches darum immer wieder zurate gezogen, um den Wandel des Umgangs mit Migration beiderseits der Grenze zu beleuchten.

In gewisser Nähe zur Frage der Motive entwickelte sich die nach dem Widerstandscharakter der Ausreise aus der DDR. Lange wurde das Verlassen der DDR fast ausschließlich entlang der Binarität von Abwanderung und Widerspruch, also Ausreise und Opposition diskutiert.[63] Im Zentrum stand dabei die Frage, ob, und wenn

---

62 BStU AdZ, HA IX, 3021, 55.

63 Grundlegend dazu Albert O. Hirschman, *Abwanderung und Widerspruch: Reaktionen auf Leistungsabfall bei Unternehmungen, Organisationen und Staaten* (Tübingen: Mohr, 1974).; ders., »Abwanderung, Widerspruch und das Schicksal der Deutschen Demokratischen Republik: Ein Essay zur konzeptuellen Geschichte«, in: *Leviathan* 20 (1992), 330-58; ders., »›Abwanderung‹ und ›Widerspruch‹: Weitere Anwendungsfelder«, in: *Entwicklung, Markt und Moral: Abweichende Betrachtungen* (München, Wien: Hanser, 1993), 168-91; Unter den zahlreichen nachfolgenden Publikationen hierzu siehe v.a. Walter Süß, »Perestrojka oder Ausreise: Abwehrpolitik der SED und gesellschaftliche Frustration«, in: *Deutschland Archiv* 22/3 (1989), 286-301; Rogers Brubaker, »Frontier Theses: Exit, Voice, and Loyalty in East Germany«, in: *Migration World* 18/3-4 (1990), 12-7; Christian Joppke, »Why Leipzig? ›Exit‹ and ›Voice‹ in the East German Revolution«, in: *German Politics* 2/3 (1993), 393-414; Norman Naimark, »›Ich will hier raus‹: Emigration and the Collapse of the German Democratic Republic«, in: *Eastern Europe in Revolution*, hg. von Ivo Banac (Ithaca u. a.: Cornell University Press, 1993), 72-95; Manfred Gehrmann, »Ausreise als soziales Muster: Zum Beitrag der DDR-Auswanderer der 80er Jahre zur Destabilisierung des SED-Regimes«, in: *Lebensverhältnisse und sozi-*

ja, inwieweit die Ausreisebewegung zum Untergang des SED-Staates beigetragen hatte. Je stärker dabei die Ausreisebewegung zur »Resistenz durch Sich-Entziehen« herabqualifiziert wurde, desto wichtiger erschien die numerisch kleine Oppositionsbewegung.[64] In diesem folgenreichen Bild verschwanden die einen aus dem Gesichts- und Geschichtsfeld, wohingegen die anderen durch ihr Bleiben die Diktatur zum Einsturz brachten. Diese Gegenüberstellung führte zwar zu lebhaften Debatten, beruhte aber auf einem unterkomplexen Verständnis der vielfältigen Dynamiken sozialer Bewegungen und Revolutionen.[65] Es marginalisierte die Relevanz

ale Konflikte im neuen Europa: 26. Deutscher Soziologentag, Bd. 2, hg. von Heiner Meulemann und Agnes Elting-Camus (Opladen: Westdeutscher Verlag, 1993), 69-72; Bernd Eisenfeld, »Die Ausreisebewegung: Eine Erscheinungsform widerständigen Verhaltens«, in: *Zwischen Selbstbehauptung und Anpassung: Formen des Widerstandes und der Opposition in der DDR*, hg. von Ulrike Poppe, Rainer Eckert und Ilko-Sascha Kowalczuk (Berlin: Ch. Links, 1995), 192-223; Werner Hilse, »Die Flucht- und Ausreiseproblematik als innenpolitischer Konfliktstoff in der DDR und innerhalb der DDR-Opposition«, in: *Materialien der Enquete-Kommission »Aufarbeitung der Folgen der SED-Diktatur im Prozeß der deutschen Einheit«*, Band VII/1 (Baden-Baden, Frankfurt/M.: Nomos, Suhrkamp, 1995), 390-7; BStU (Hrsg.), *Ausreisen oder dableiben? Regulierungsstrategien der Staatssicherheit* (Berlin: BStU, 1997); Stefan Wolle, »Flucht als Widerstand?«, in: *Widerstand und Opposition in der DDR*, hg. von Klaus-Dietmar Henke, Peter Steinbach und Johannes Tuchel (Köln: Böhlau, 1999), 309-26; Steven Pfaff und Hyojoung Kim, »Exit-Voice Dynamics in Collective Action: An Analysis of Emigration and Protest in the East German Revolution«, in: *American Journal of Sociology* 109/2 (2003), 401-44; Uwe Schwabe und Rainer Eckert (Hrsg.), *Von Deutschland Ost nach Deutschland West: Oppositionelle oder Verräter?* (Leipzig: Forum, 2003); Wolfgang Mayer, »Flucht und Ausreise als Form des Widerstands«, in: *Repression und Haft in der SED-Diktatur und die »gekaufte Freiheit«: Dokumentation des 14. Buchenwald-Gesprächs vom 22. bis 23. November 2004 in Berlin zum Thema »Häftlingsfreikauf«*, hg. von Günter Buchstab (Sankt Augustin: Wissenschaftliche Dienste Archiv für Christlich-Demokratische Politik der Konrad-Adenauer-Stiftung, 2005), 69-87; Heinrich-Böll-Stiftung Sachsen-Anhalt. (Hrsg.), *Vaterlandslose Gesellen oder Revolutionäre? Das Verhältnis von Ausreisebewegung und Oppositionsgruppen in der DDR der 1980er Jahre* (Halle [Saale]: Heinrich-Böll-Stiftung Sachsen-Anhalt, 2009).

64 Zit. n. Johannes Raschka, »Die Ausreisebewegung – Eine Form von Widerstand gegen das SED-Regime«, in: *Politisch motivierte Verfolgung: Opfer von SED-Unrecht*, hg. von Ulrich Baumann und Helmut Kury (Freiburg i. Br.: Edition Iuscrim, 1998), 273.

65 Für eine gelungene Kritik siehe Renate Hürtgen, *Ausreise per Antrag: Der lange Weg nach drüben. Eine Studie über Herrschaft und Alltag in der DDR-Provinz* (Göttingen: Vandenhoeck & Ruprecht, 2014), 318.

der Ausreise für die Lebensrealität in der DDR und die Dynamiken der friedlichen Revolution, was sich bis heute in Ausstellungen, in Schulbüchern und in der Besetzung von Ämtern niederschlägt.[66]

So mäandert das Stigma des Hasenfüßigen durch die DDR-Geschichtsschreibung.[67] Eines seiner wichtigsten Vehikel ist die sprachliche Darstellung der Ausreise. Wird die Opposition abwägend und individualisiert als eine bedeutsame Randerscheinung der Gesellschaft vermessen, so wird demgegenüber die Ausreise zumeist als Massenphänomen umrissen. Während die oft inselhafte Arbeit von Oppositionellen, ja teilweise ihre Vereinzelung, als individueller Ausdruck von Widerstand gesehen und geradezu betont wird, nimmt die teils schützende, teils von Staat und Gesellschaft erzwungene Vereinzelung der Ausreisenden diese von einer aktivistischen Charakterisierung aus. Dabei treten Oppositionelle als persönlich vernetzt Handelnde in der Diktatur auf, wohingegen die Forschung bei der Betrachtung der Ausreise schnell dem typischen migrationspolitischen Jargon verfällt. Die Studien sprechen von »den Antragstellern« oder »der Ausreisefrage«, dem »Flüchtlingsstrom« oder einem Diktum des Bundespräsidenten Theodor Heuss folgend, gar von einer »Sturmflut«, in der Flüchtlinge »strömten« oder »drängen« und dergleichen mehr.[68]

Zweitens wird Migration oft als Gefährdung und Verlusterfahrung dargestellt. Ein Beispiel ist die Kartierung der DDR-Opposition des Bürgerrechtlers und DDR-Forschers Ehrhart Neubert, nach wie vor ein Standardwerk zum Thema. Das Aufkommen der Oppositionsbewegung im Jahr 1984 stellt Neubert konkret anhand des Denkens und Handelns von Personen wie Guntolf Herzberg,

---

66 Wie wenig diese Binarität trägt, zeigen Studien, die sich um einen ausbalancierten Blick auf die Ausreise bemühen; vgl. an vielen Stellen die grundlegende Studie Ehrhart Neubert, *Geschichte der Opposition in der DDR 1949-1989* (Berlin: Ch. Links, 1998); dahingehend besonders anregend Karl Schlögel, *Grenzland Europa: Unterwegs auf einem neuen Kontinent* (München: Hanser, 2013), 109-66.

67 Dies betrifft auch zahlreiche ansonsten hervorragende Darstellungen wie z. B. Hans-Hermann Hertle und Stefan Wolle, *Damals in der DDR: Der Alltag im Arbeiter- und Bauernstaat* (München: Bertelsmann, 2004), 282; Jens Gieseke, *Die Stasi, 1945-1991* (München: Pantheon, 2011), 183 f.

68 Heuss zit. n. Bettina Effner und Helge Heidemeyer, »Flucht im geteilten Deutschland«, in: *Flucht im geteilten Deutschland: Erinnerungsstätte Notaufnahmelager Marienfelde*, hg. von Bettina Effner und Helge Heidemeyer (Berlin: be.bra verlag, 2005), 11.

Markus Meckel, Ulrike Poppe und Peter Eisenfeld dar.[69] Zwei der vier Genannten reisten aus. Guntolf Herzbergs »Weggang in den Westen« ist für Neubert nur dahingehend erwähnenswert, dass Herzberg danach seine Autorität und seine geistige Brillanz verloren habe.[70] Dabei bleibt unberücksichtigt, dass selbst Herzbergs Weggefährte Wolfgang Templin dessen Übersiedlung als unumgänglich erachtete, da die DDR für einen wie Herzberg »nur Denkverbote produzieren konnte«.[71] Ebenso bleibt bei Neubert Peter Eisenfelds langer Kampf für das Ausreiserecht unerwähnt, und das, obwohl sein oppositionelles Engagement seinem Ausreiseantrag sogar stilistisch ähnelte. Beides betrieb er per Protestbrief und Einschreiben, und seinen Ausreisewunsch verstand er explizit als das Resultat seines 1984 angestauten Frusts. Seine menschenrechtlich motivierten Eingaben verfolgten zunächst das Ziel, die Verhältnisse zu verändern, später dann ging es darum, seinen Wohnsitz zu verändern.[72]

Neuberts direkt anschließende Darstellung der Ausreisewelle im Jahr 1984 kommt ohne Akteure aus. Es heißt schlicht, dass »35 000 Menschen die DDR« verließen, »zahlreiche Menschen« sich an kirchliche Stellen wendeten, dass es »auch Hilfeersuchen an internationale Gremien« gab, ja mithin ist einfach von »vielen Reisenden« oder, in der migrationsrhetorisch gängigen Wassermetaphorik, einer »Antragsflut« die Rede.[73] Das ist gerade deswegen bezeichnend, weil Neuberts Buch innovativ und überlegt die Beziehung zwischen Opposition und Ausreise abwägt, ohne in normatives Schwarz-Weiß-Denken zu verfallen. Eine Stimme oder gar Agency erhalten die Ausreisenden jedoch bestenfalls kollektiv oder dank der Fürsprache durch bekannte Oppositionelle. Dabei ist die Ausreise selbst ein verblüffendes historisches Phänomen: das individuell legal errungene Überwinden einer für unüberwindbar gehaltenen Grenze. Es ist das große Verdienst der Historikerin Renate

69 Neubert, *Geschichte der Opposition*, 521-26.

70 Ebd., Zit. 522; Wolfgang Templin, »›Aufbruch und Abwicklung‹: Kein Problem mit Denkverboten«, in: *Der Tagesspiegel* (10. Februar 2001).

71 Wolfgang Templin, »›Aufbruch und Abwicklung‹: Kein Problem mit Denkverboten«, in: *Der Tagesspiegel* (10. Februar 2001).

72 Vgl. RHG, PE 05, 1-17; vgl. die Erwähnungen: ebd., 12, 346, 420, 472-73, 525, 549, 637; weiterhin Peter Eisenfeld, »*rausschmeißen* …«. Zwanzig Jahre politische Gegnerschaft in der DDR (Bremen: Edition Temmen, 2002).

73 Neubert, *Geschichte der Opposition*, 526-28.

Hürtgens, diese Perspektive in einer Mikrostudie zu den Ausreisenden in Halberstadt beispielhaft vertieft und sich tatsächlich und ausführlich für die Ausreisenden selbst interessiert zu haben. Das Resultat ihrer Arbeit ist ein revidiertes Verständnis des Verhältnisses zwischen Opposition und Ausreise. Aufgrund der extrem schwachen Oppositionsbewegung im Kreis Halberstadt erlaubt ihre Studie zwar nur im begrenzten Rahmen verallgemeinerbare Aussagen, aber sie eröffnet Anschlussmöglichkeiten für dieses Buch.[74]

Um das gewissermaßen neu vermessene Forschungsfeld »Ausreise« zugleich zu vertiefen und als deutsch-deutsche Geschichte auszuweiten, kann dieses Buch auf eine Vielzahl grundlegender Studien aufbauen. Nachdem die DDR selbst Geschichte geworden war, griff ihre anfängliche historiografische Analyse in Deutschland stark auf das bereitliegende Dogma der Totalitarismusforschung zurück.[75] Die kulturhistorische Wende der Geschichtswissenschaften erfasste spät, aber folgenreich auch die DDR-Geschichte, deren Erforschung indes nie den gesellschaftshistorischen Grundgedanken aufgab, sondern ihn als Dreh- und Angelpunkt für das Verständnis der internen Dynamiken in der DDR begriff.[76] Die oft institu-

---

74 Hürtgen, *Ausreise per Antrag*.

75 Für eine frühe Perspektive von außen siehe v. a. A. James McAdams, *East Germany and Detente: Building Authority after the Wall* (Cambridge: Cambridge University Press, 1985).

76 Siehe z. B. Beatrix Bouvier, *Die DDR – ein Sozialstaat? Sozialpolitik in der Ära Honecker* (Bonn: Dietz, 2002); Hagen Findeis, *Das Licht des Evangeliums und das Zwielicht der Politik: Kirchliche Karrieren in der DDR* (Frankfurt/M., New York: Campus, 2002); Patrice G. Poutrus, *Die Erfindung des Goldbroilers: Über den Zusammenhang zwischen Herrschaftssicherung und Konsumentwicklung in der DDR* (Köln: Böhlau, 2002); Clemens Vollnhals und Jürgen Weber (Hrsg.), *Der Schein der Normalität: Alltag und Herrschaft in der SED-Diktatur* (München: Olzog, 2002); Dorothee Wierling, *Geboren im Jahr Eins: Der Jahrgang 1949 in der DDR: Versuch einer Kollektivbiographie* (Berlin: Ch. Links, 2002); Franca Wolff, *Glasnost erst kurz vor Sendeschluss: Die letzten Jahre des DDR-Fernsehens (1985-1989/90)* (Köln, Weimar: Böhlau, 2002); Arnd Bauerkämper, *Die Sozialgeschichte der DDR* (München: Oldenbourg, 2005); Stefan Wolle, *Aufbruch als die Stagnation: Die DDR in den Sechzigerjahren* (Bonn: BpB, 2005); Katharina Kunter, *Erfüllte Hoffnungen und zerbrochene Träume: Evangelische Kirchen in Deutschland im Spannungsfeld von Demokratie und Sozialismus (1980-1993)* (Göttingen: Vandenhoeck & Ruprecht, 2006); Elke Stadelmann-Wenz, *Widerständiges Verhalten und Herrschaftspraxis in der DDR: Vom Mauerbau bis zum Ende der Ulbricht-Ära* (Paderborn u. a.: Schöningh, 2009); Heike Wolter, *»Ich harre aus im Land*

tionshistorischen Arbeiten beleuchten zahlreiche Einzelaspekte des Lebens, Arbeitens und Herrschens in der DDR und stellen damit für meine phänomengeschichtlich interessierte Arbeit einen unverzichtbaren Hintergrund dar.[77] Im Vergleich deutlich seltener, aber dennoch vermehrt erscheinen Publikationen, die grenzüberschreitende Kontakte oder Phänomene in den Blick nehmen, dabei aber das Erklärungsziel oft weiter an der DDR-Geschichte ausrichten.[78]

und geh' ihm fremd«: Die Geschichte des Tourismus in der DDR (Frankfurt/M., New York: Campus, 2009); Andrew I. Port, *Die rätselhafte Stabilität der DDR. Arbeit und Alltag im sozialistischen Deutschland* (Berlin: Ch. Links, 2010); Mary Fulbrook, *Dissonant Lives: Generations and Violence through the German Dictatorships* (Oxford u. a.: Oxford University Press, 2011); Mary Fulbrook (Hrsg.), *Power and Society in the GDR, 1961-1979: The »Normalisation of Rule«?* (New York: Berghahn Books, 2013).

77 Beispielhaft zu nennen sind hier Torsten Diedrich, Hans Ehlert und Rüdiger Wenzke (Hrsg.), *Im Dienste der Partei: Handbuch der bewaffneten Organe der DDR* (Berlin: Ch. Links, 2000); Thomas Lindenberger, *Volkspolizei: Herrschaftspraxis und öffentliche Ordnung im SED-Staat 1952-1968* (Köln, Weimar, Wien: Böhlau, 2003); Hans Ehlert und Matthias Rogg (Hrsg.), *Militär, Staat und Gesellschaft in der DDR: Forschungsfelder, Ergebnisse, Perspektiven* (Berlin: Ch. Links, 2004); Roman Grafe, »Die Grenztruppen der DDR«, in: *Militär, Staat und Gesellschaft in der DDR: Forschungsfelder, Ergebnisse, Perspektiven*, hg. von Hans Ehlert und Matthias Rogg (Berlin: Ch. Links, 2004), 337-52; Gerhard Sälter, *Grenzpolizisten: Konformität, Verweigerung und Repression in der Grenzpolizei und den Grenztruppen der DDR 1952 bis 1965* (Berlin: Ch. Links, 2009); Bernd Eisenfeld, *Bausoldaten in der DDR: Die »Zusammenführung feindlich-negativer Kräfte« in der NVA* (Berlin: Ch. Links, 2011); Jochen Maurer, *Dienst an der Mauer: Der Alltag der Grenztruppen rund um Berlin* (Berlin: Ch. Links, 2011); Peter Joachim Lapp, *Grenzregime der DDR* (Aachen: Helios, 2013); Jörn-Michael Goll, *Kontrollierte Kontrolleure: Die Bedeutung der Zollverwaltung für die politisch-operative Arbeit des Ministeriums für Staatssicherheit der DDR* (Vandenhoeck & Ruprecht, 2011); Christian Domnitz, *Kooperation und Kontrolle: Die Arbeit der Stasi-Operativgruppen im sozialistischen Ausland* (Göttingen: Vandenhoeck & Ruprecht, 2016); Uwe Krähnke et al., *Im Dienst der Staatssicherheit: Eine soziologische Studie über die hauptamtlichen Mitarbeiter des DDR-Geheimdienstes* (Frankfurt/M., New York: Campus, 2017); Astrid M. Eckert, »West German Borderland Aid and European State Aid Control«, in: *Jahrbuch für Wirtschaftsgeschichte* 58/1 (2017), 107-36, sowie das mehrbändige MfS-Handbuch und viele andere Publikationen.

78 Z. B. Jens Niederhut, *Wissenschaftsaustausch im Kalten Krieg: Die ostdeutschen Naturwissenschaftler und der Westen* (Köln: Böhlau, 2007); Heike Amos, *Die Vertriebenenpolitik der SED 1949 bis 1990* (München: Oldenbourg, 2009); Patrick Major, *Behind the Berlin Wall: East Germany and the Frontiers of Power* (Oxford, New York: Oxford University Press, 2010); Klaus Otto Nass, *Die Vermessung des Eisernen Vorhangs: Deutsch-deutsche Grenzkommission und DDR-Staatssicherheit*

Dadurch werden fortlaufend weitere Facetten des SED-Unrechts sichtbar gemacht, jedoch zeichnet sich hierbei vor allem aufgrund des Fokus auf den Repressionsapparat argumentativ eine gewisse Sättigung ab.

Unter den ebenfalls zahlreich erscheinenden Studien zur Geschichte der Bundesrepublik sind solche, die die Teilung als Handlungshintergrund analytisch ernst nehmen oder die sich sogar explizit mit der Teilung auseinandersetzen, deutlich seltener. Allerdings scheinen Arbeiten zur westdeutschen Geschichte für die Verknüpfung unterschiedlicher historischer Felder und Fragestellungen deutlich offener zu sein, weil ihnen kein Aufarbeitungsauftrag einen Relevanzrahmen vorzugeben scheint. Selbstverständlich gehören dazu wichtige Studien zu staatlichen und gesellschaftlichen Organisationen und Institutionen.[79] Doch Analysen umfassenderer gesellschaftlicher Phänomene – sei es die Geschichte sozialer Bewegungen, kollektiver Erinnerungs- und Identitätsprozesse oder auch der Migration – genießen eine zumindest ebenbürtige Bedeutung.[80] In ihnen ist allerdings oft das lange Erbe der Westin-

(Freiburg i. Br.: Centaurus, 2010); Anja Hanisch, *Die DDR im KSZE-Prozess 1972-1985: Zwischen Ostabhängigkeit, Westabgrenzung und Ausreisebewegung* (München: Oldenbourg, 2012); Judt, *Der Bereich Kommerzielle Koordinierung*; Heather L. Gumbert, *Envisioning Socialism: Television and the Cold War in the German Democratic Republic* (Ann Arbor: University of Michigan Press, 2014); Thomas Großmann, *Fernsehen, Revolution und das Ende der DDR* (Göttingen: Wallstein, 2015); Karsten Krampitz, *Der Fall Brüsewitz: Das Verhältnis von Staat und Kirche in der DDR* (Berlin: Verbrecher Verlag, 2016).

79 Siehe v. a. Bernd Stöver, *Die Befreiung vom Kommunismus: Amerikanische Liberation Policy im Kalten Krieg 1947-1991* (Köln, Weimar: Böhlau, 2002); Stefan Creuzberger, *Kampf für die Einheit: Das gesamtdeutsche Ministerium und die politische Kultur des Kalten Krieges, 1949-1969* (Düsseldorf: Droste, 2008); Gerd Wendt und Roland Curth, *Fluchtziel Berlin: Die Geschichte des Notaufnahmelagers Berlin-Marienfelde* (Berlin: Erinnerungsstätte Notaufnahmelager Marienfelde, 2000); Bettina Effner und Helge Heidemeyer (Hrsg.), *Flucht im geteilten Deutschland: Erinnerungsstätte Notaufnahmelager Marienfelde* (Berlin: be.bra verlag, 2005); Elke Kimmel, »… *war ihm nicht zuzumuten, länger in der SBZ zu bleiben*«: *DDR-Flüchtlinge im Notaufnahmelager Marienfelde* (Berlin: Metropol, 2009); Jürgen Wüst, *Menschenrechtsarbeit im Zwielicht: Zwischen Staatssicherheit und Antifaschismus* (Bonn: Bouvier, 1999); Baum, »Die Integration von Flüchtlingen und Übersiedlern in die Bundesrepublik Deutschland«; Stefan Winckler, *Gerhard Löwenthal: Ein Beitrag zur politischen Publizistik der Bundesrepublik Deutschland* (Berlin: be.bra verlag, 2011).

80 Beispielhaft hierzu Dieter Gosewinkel, *Einbürgern und Ausschließen: Die Nati-*

tegration spürbar. Nur selten lassen Studien zur bundesdeutschen Gesellschaftsgeschichte gedanklich, und noch seltener empirisch, den Blick nach Osten schweifen, um den zweiten deutschen Staat und seine Bevölkerung in die als autoritative »deutsche« Geschichte verstandene Betrachtung der Bundesrepublik einzubeziehen.[81] Auch Ansätze einer allgemeinen deutschen Geschichte sind trotz eines wachsenden Interesses an der DDR von einem integrierten Konzept weit entfernt. Oft taucht der ostdeutsche Staat in der als »Allgemeine Geschichte« gedachten bundesdeutschen Geschichte erst irregulär auf und tritt dann als Fremdkörper mit der Bundesrepublik in Beziehung oder fordert Westdeutschland »auf dem Weg in die neue Moderne« von außen heraus.[82] So nimmt die Absonderung der DDR-Geschichte als Subdisziplin der Zeitgeschichte letztlich auch der bundesdeutschen Geschichte Tiefe und wirkt wie ein Paradebeispiel des von den Anthropologen und Migrationsforschern Nina Glick Schiller und Andreas Wimmer kritisierten methodologischen Nationalismus[83] – ironischerweise steht hier auch

onalisierung der Staatsangehörigkeit vom Deutschen Bund bis zur Bundesrepublik Deutschland (Göttingen: Vandenhoeck & Ruprecht, 2001); Stöver, Die Befreiung vom Kommunismus; Creuzberger, Kampf für die Einheit; Dominik Rigoll, Staatsschutz in Westdeutschland: Von der Entnazifizierung zur Extremistenabwehr (Göttingen: Wallstein, 2013); Stefan Creuzberger und Dierk Hoffmann (Hrsg.), »Geistige Gefahr« und »Immunisierung der Gesellschaft«: Antikommunismus und politische Kultur in der frühen Bundesrepublik (München: Oldenbourg, 2014).

81 Inspirierende Ausnahmen sind z.B. Michael Schwartz, Vertriebene und »Umsiedlerpolitik«: Integrationskonflikte in den deutschen Nachkriegs-Gesellschaften und die Assimilationsstrategien in der SBZ/DDR 1945-1961 (München: Oldenbourg, 2004); Peter Ulrich Weiß, Kulturarbeit als diplomatischer Zankapfel: Die kulturellen Auslandsbeziehungen im Dreiecksverhältnis der beiden deutschen Staaten und Rumäniens von 1950 bis 1972 (München: Oldenbourg, 2010); Regina Wick, Die Mauer muss weg – die DDR soll bleiben: Die Deutschlandpolitik der Grünen von 1979 bis 1990 (Stuttgart: Kohlhammer, 2012); Matthias Stangel, Die Neue Linke und die nationale Frage: Deutschlandpolitische Konzeptionen und Tendenzen in der Außerparlamentarischen Opposition (APO) (Baden-Baden: Nomos, 2013); Creuzberger/Hoffmann, »Geistige Gefahr« und »Immunisierung der Gesellschaft«.

82 Diese Grundtendenz äußert sich insbesondere an den notwendigen pragmatischen Entscheidungen der Schwerpunktsetzung in Einführungswerken. Siehe z.B. Andreas Wirsching, Deutsche Geschichte im 20. Jahrhundert, 3. Aufl. (München: C. H. Beck, 2011), 95-98, 106, 110-11.

83 Andreas Wimmer und Nina Glick Schiller, »Methodological Nationalism and Beyond: Nation-State Building, Migration and the Social Sciences«, in: Global Networks 2/4 (2002), 301-34.

noch ein Forschungsgegenstand im Mittelpunkt, dem man die jeweilige nationalhistorische Eigenständigkeit (mit gutem Recht) verwehrt.

Dies betrifft auch jene Phase der deutsch-deutschen Geschichte, in der zeithistorische Perspektiven und die Migrationsforschung am deutlichsten zusammenfinden: die Jahre zwischen den beiden Staatsgründungen und dem Mauerbau. Das Meisternarrativ der »Abstimmung mit den Füßen« bedient sich dabei teilweise tradierter Push-Pull Modelle[84] oder gar Diffusionsmodellen von Wanderungsbewegungen,[85] teilweise greifen die Darstellungen stärker auf die von dem Historiker und Migrationsforscher Klaus J. Bade etablierte sozialhistorische Migrationsforschung zurück.[86] Ungeachtet dieser perspektivischen Unterschiede wird die Migrationsgeschichte aus der DDR als Bewegungsgeschichte von einem Staat in einen anderen geschildert.[87] Weitaus schwerer scheint sich der

---

84 Jan Lucassen und Leo Lucassen, »Alte Paradigmen und neue Perspektiven in der Migrationsgeschichte«, in: *Über die trockene Grenze und Über das offene Meer: Binneneuropäische und transatlantische Migrationen im Vergleich*, hg. von Mathias Beer und Dittmar Dahlmann (Essen: Klartext, 2004), 17-44.

85 Siehe v. a. den Klassiker der Migrationsgeschichte Alexander Kulischer und Eugene M. Kulischer, *Kriegs- und Wanderzüge* (Berlin u. a.: De Gruyter, 1932).

86 Vgl. Klaus J. Bade, *Sozialhistorische Migrationsforschung* (Göttingen: V & R Unipress, 2004). Vorbildhafte Studien einer bewegungszentrierten Migrationsgeschichte sind Klaus J. Bade, *Europa in Bewegung: Migration vom späten 18. Jahrhundert bis zur Gegenwart* (München: C. H. Beck, 2000); Harald Kleinschmidt, *Menschen in Bewegung: Inhalte und Ziele historischer Migrationsforschung* (Göttingen: Vandenhoeck & Ruprecht, 2002); Dirk Hoerder, *Cultures in Contact: World Migrations in the Second Millennium* (Durham: Duke University Press, 2002); Patrick Manning, *Migration in World History* (New York u. a.: Routledge, 2005); Jochen Oltmer, *Globale Migration: Geschichte und Gegenwart* (München: C. H. Beck, 2012).

87 Siehe z. B. Helge Heidemeyer, *Flucht und Zuwanderung aus der SBZ/DDR 1945/1949-1961: Die Flüchtlingspolitik der Bundesrepublik Deutschland bis zum Bau der Berliner Mauer* (Düsseldorf: Droste, 1994); Volker Ackermann, *Der »echte« Flüchtling: Deutsche Vertriebene und Flüchtlinge aus der DDR 1945-1961* (Osnabrück: Univ.-Verl. Rasch, 1995); Joachim Hohmann, *Lehrerflucht aus SBZ und DDR 1945-1961: Dokumente zur Geschichte und Soziologie sozialistischer Bildung und Erziehung* (Frankfurt/M.: Lang, 2000); Helge Heidemeyer, »Vertriebene als Sowjetzonenflüchtlinge«, in: *Vertriebene in Deutschland: Interdisziplinäre Ergebnisse und Forschungsperspektiven*, hg. von Dierk Hoffmann (München: Oldenbourg Verlag, 2000), 237-49; Patrick Major, »Abwanderung, Widerspruch und Loyalität: Die DDR und die offene Grenze vor dem Mauerbau«, in: *Die*

Transfer zwischen Zeitgeschichte und Migrationsforschung jedoch zu gestalten, wenn aufgrund kulturhistorischer Fragen komplexere, Interaktion berücksichtigende Migrationstheorien nötig werden. Denn wenn wir den Migrationsforschern Aristide R. Zolberg oder Adam McKeown folgend nicht nur die Bewegung, sondern auch ihre Regulation und individuelle oder kollektive Kreativität als ineinander verwobene Kernthemen der Migrationsgeschichte betrachten, stehen grenzüberschreitende Bewegungen direkt mit der Geschichte von Staaten, Gesellschaften, Denkkategorien und Handlungsformen in Verbindung.[88] Aufgrund dieser Verschiebung prägen jenseits der deutschen Geschichte Studien zu (versuchter) Migrationsverhinderung in den letzten Jahren das internationale migrationshistorische Feld.[89] Welcher Untersuchungsgegenstand

DDR: Analysen eines aufgegebenen Staates, hg. von Heiner Timmermann (Berlin: Duncker & Humblot, 2001), 199-209; Bernhard Meyer, »Von Deutschland nach Deutschland: Zur ›Republikflucht‹ der Mediziner von 1949-1961«, in: *Berlinische Monatsschrift* 10/3 (2001), 62-8; Christian Nieske, *Republikflucht und Wirtschaftswunder: Mecklenburger berichten über ihre Erlebnisse 1945 bis 1961* (Schwerin: Helms, 2001); Patrick Major, »Going West: The Open Border and the Problem of Republikflucht«, in: *The Workers' and the Peasants' State: Communism and Society in East Germany under Ulbricht 1945-1971*, hg. von Patrick Major und Patrick Osmond (Manchester u. a.: Manchester University Press, 2002), 190-208; Damian Melis, *»Republikflucht«: Flucht und Abwanderung aus der SBZ/DDR 1945 bis 1961; Veröffentlichungen zur SBZ-/DDR-Forschung im Institut für Zeitgeschichte*, Schriftenreihe der *Vierteljahrshefte für Zeitgeschichte* (München: Oldenbourg, 2006).

88 Siehe v. a. Aristide R. Zolberg, »Global Movements, Global Walls: Responses to Migration, 1885-1925«, in: *Global History and Migrations*, hg. von Gungwu Wang (Boulder: Westview Press, 1997), 279-307; ders., »The Archeology of Remote Control«, in: *Migration Control in the North Atlantic World: The Evolution of State Practices in Europe and the United States from the French Revolution to the Inter-War Period*, hg. von Andreas Fahrmeir, Olivier Faron und Patrick Weil (New York: Berghahn Books, 2003), 195-222; Adam McKeown, »Global Migration 1846-1940«, in: *Journal of World History* 15/2 (2004), 171; ders., *A Nation by Design: Immigration policy in the Fashioning of America* (Cambridge/Mass.: Harvard University Press, 2006), und ausführlich in Adam McKeown, *Melancholy Order: Asian Migration and the Globalization of Borders* (New York: Columbia University Press, 2008).

89 Wegweisend dazu Leo Lucassen, »The Great War and the Origins of Migration Control in Western Europe and the United States (1880-1920)«, in: *Regulation of Migration. International Experiences*, hg. von Anita Böcker et al. (Amsterdam: Het Spinhuis Publishers, 1998), 45-72; Andrew Gyory, *Closing the Gate: Race, Politics, and the Chinese Exclusion Act* (Chapel Hill u. a.: University of North

aber könnte hierfür schlagkräftiger und zugleich komplexer sein als die Mauer und ihre Überwindung?

In der Forschung hat sich dieser Umstand jedoch kaum niedergeschlagen. Die internationale Migrationsforschung hat die Ausreise aus der DDR noch nicht für sich entdeckt, die Historiografie zur Migrationsgeschichte Deutschlands scheint mit dem Mauerbau das Interesse an der Auswanderung aus der DDR zu verlieren (seltener hingegen an den weiteren Formen von durch den Kalten Krieg bedingter Migration).[90] Die bundesdeutsch dominierte Zeitgeschichte der Migration schwenkt mit den 1960er Jahren routiniert auf die Geschichte der »Gastarbeiter«, der Asylsuchenden oder auch der Spätaussiedler um.[91] Diese Engführung des migrationshistorischen

Carolina Press, 1998); Alan M. Kraut, *Silent Travelers: Germs, Genes, and the »Immigrant Menace«* (Baltimore u. a.: Johns Hopkins University Press, 1995); Brian N. Fry, *Nativism and Immigration: Regulating the American Dream* (New York: LFB Scholarly Pub., 2007); Andreas Fahrmeir, Olivier Faron und Patrick Weil (Hrsg.), *Migration Control in the North Atlantic World: The Evolution of State Practices in Europe and the United States from the French Revolution to the Inter-War Period* (New York: Berghahn Books, 2003); Barbara Lüthi, *Invading Bodies: Medizin und Immigration in den USA 1880-1920* (Frankfurt/M., New York: Campus, 2009); Peter Schrag, *Not Fit for Our Society: Nativism and Immigration* (Berkeley: University of California Press, 2010) Jeffrey Lesser, *Immigration, Ethnicity, and National Identity in Brazil, 1808 to the Present* (Cambridge: Cambridge University Press, 2012).

90 Vgl. Klaus J. Bade (Hrsg.), *Fremde im Land: Zuwanderung und Eingliederung im Raum Niedersachsen seit dem Zweiten Weltkrieg* (Osnabrück: Rasch, 1997); vgl. weiterhin z. B. Bade, *Europa in Bewegung*, 366; Jochen Oltmer (Hrsg.), *Migration steuern und verwalten. Deutschland vom späten 19. Jahrhundert bis zur Gegenwart* (Göttingen: V&R unipress, 2003); gänzlich ohne das Thema auskommend Hoerder, *Cultures in Contact: World Migrations in the Second Millennium*; teilweise wird das Thema explizit ausgelassen, weil die Auswanderung aus der DDR nicht mehr für den westdeutschen Arbeitsmarkt relevant erscheint; vgl. Ulrich Herbert, *Geschichte der Ausländerpolitik in Deutschland: Saisonarbeiter, Zwangsarbeiter, Gastarbeiter, Flüchtlinge* (München: C. H. Beck, 2001), v. a. 205 f.; Alexander Clarkson, *Fragmented Fatherland: Immigration and Cold War Conflict in the Federal Republic of Germany, 1945-1980* (New York: Berghahn, 2013); Douglas B. Klusmeyer und Demetrios G. Papademetriou, *Immigration Policy In The Federal Republic Of Germany: Negotiating Membership and Remaking the Nation* (New York: Berghahn Books, 2013), v. a. 83-84, 92; Dirk Hoerder, *Geschichte der deutschen Migration: Vom Mittelalter bis heute* (München: C. H. Beck, 2016), 105-15.

91 Exemplarisch: Jochen Oltmer, *Migration vom 19. bis zum 21. Jahrhundert*, 2. Aufl. (Berlin, Boston: De Gruyter, Oldenbourg, 2013), 52-9; Rita C.-K. Chin, *The Guest Worker Question in Postwar Germany* (Cambridge: Cambridge University

Blicks auf »Fremde im Land« hat zur Folge,[92] dass selbst Studien zum Migrationsregime der Bundesrepublik, in dem staatliche Akteure mit viel Aufwand co-ethnische Migration ermöglichten und von anderer abzugrenzen versuchten, die deutsch-deutsche Migration ausblenden und Migrationsgeschichte per se als »Ausländergeschichte« begreifen.[93] Erst jüngere Arbeiten, wie z. B. Philipp Thers luzide europäische Migrationsgeschichte, integrieren Flucht und Ausreise über die Mauer als »Ikonen des Kalten Krieges« nachhaltig in die Migrationsgeschichte.[94]

Auch jene wegweisenden Studien, die sich jenseits einer quantitativen Bewegungsgeschichte explizit den Regulationen der deutsch-deutschen Migration widmen, z. B. anhand der Aufnahme nach der Flucht oder gar dem Bau der Mauer selbst, scheinen mit dem Mauerbau das Interesse am Gegenstand zu verlieren und fol-

Press, 2007); Alexander Schunka, »Migration in the German Lands: An Introduction«, in: *Migrations in the German Lands, 1500-2000*, hg. von Jason Coy, Jared Poley und Alexander Schunka (New York, Oxford: Berghahn Books, 2016), 2, 14 f.; Deniz Göktürk (Hrsg.), *Transit Deutschland: Debatten zu Nation und Migration. Eine Dokumentation* (München: Konstanz University Press, 2011); Karl-Heinz Meier-Braun und Reinhold Weber (Hrsg.), *Deutschland Einwanderungsland: Begriffe – Fakten – Kontroversen*, 3. Aufl. (Stuttgart: Kohlhammer, 2017); Hoerder, *Geschichte der deutschen Migration*, 105-15.

92 Bade, *Fremde im Land*; Fremdheit als Relvanzkategorie der Migrationsforschung wird besonders deutlich in Manuela Westphal, »Die fremden Deutschen: Einwanderung und Eingliederung von Aussiedlern in Niedersachsen«, in: *Fremde im Land: Zuwanderung und Eingliederung im Raum Niedersachsen seit dem Zweiten Weltkrieg*, hg. von Klaus J. Bade (Osnabrück: Rasch, 1997), 167-212; zu den dahinter befindlichen Konstruktionsprozessen der Zugehörigkeit co-ethnischer Migration siehe v. a. Jannis Panagiotidis, »›The Oberkreisdirektor Decides Who Is a German‹: Jewish Immigration, German Bureaucracy, and the Negotiation of National Belonging (1953-1990)«, in: *Geschichte und Gesellschaft* 38/3 (2012), 503-33; Jannis Panagiotidis, »Germanizing Germans: Co-ethnic Immigration and Name Change in West Germany, 1953-93«, in: *Journal of Contemporary History* 50/4 (2015), 854-74.

93 Vgl. z. B. Jenny Pleinen, *Die Migrationsregime Belgiens und der Bundesrepublik seit dem Zweiten Weltkrieg* (Göttingen: Wallstein, 2012).

94 Ther, *Die Außenseiter*, 242-51. Knapp Berücksichtigung fand das Thema zudem in Klaus J. Bade et al. (Hrsg.), *Enzyklopädie Migration in Europa: vom 17. Jahrhundert bis zur Gegenwart*, 2., unveränd. Aufl. (Paderborn, München u. a.: Schöningh, 2008), und deutlich ausführlicher jüngst in Jochen Oltmer (Hrsg.), *Handbuch Staat und Migration in Deutschland seit dem 17. Jahrhundert* (Berlin, Boston: De Gruyter, 2016).

gen letztlich einer quantitativen Relevanzlogik.[95] Nur ganz selten erscheint der Bau der Mauer nicht als das Ende, sondern als Anfang von etwas Neuem. Nun ermöglichte aber erst gerade er, um mit dem Historiker Thomas Lindenberger zu sprechen, die »Diktatur der Grenze(n)«, in der durch die Außengrenze bedingt eine Gesellschaft voller Begrenzungen geschaffen werden sollte.[96] Der Kampf gegen den Abwanderungswillen stand dabei an vorderster Stelle, da eine jede Grenzziehung direkt Überwindungsversuche nach sich zog.[97] Ausgerechnet nach dem Mauerbau wurde Migration für den SED-Staat zur »Mutter aller Probleme«, da sein totaler Kontrollanspruch gesellschaftliche Mobilitätswünsche nun zur fatalen Subversion erklärte.

Dennoch beruht unser Wissen über diese lange grenzüberschreitende Beziehungsgeschichte großenteils auf Alltagswissen, Erinnerungen und Erzählungen und kaum auf Grundlagenforschung. Insbesondere die Geschichte der Ausreise zwischen 1961 und 1975 ist weitgehend unerforscht.[98] Unter spezifischer Schwerpunktsetzung ändert sich dies für die Zeit nach 1975. Scheinbar (oder angeblich) ausgelöst durch die KSZE-Schlussakte von Helsinki taucht nun die Ausreise als zentraler Aspekt der DDR-Geschichte ebenso unvermittelt auf, wie sie in den meisten Darstellungen mit dem 13. August 1961 aus ihr verschwindet. Unbeachtet bleibt dabei, dass den Zahlen des MfS zufolge in den dreizehn Jahren zwischen Anfang 1962 und Ende 1974 ungefähr gleich viele Personen (277 863) legal und illegal ausreisten wie in den vierzehn Jahren zwischen 1975 und 1988 (277 803) – und dies wohlgemerkt, ohne dass sie damals auf inter-

95 Ackermann, *Der »echte« Flüchtling*; Wendt/Curth, *Fluchtziel Berlin: Die Geschichte des Notaufnahmelagers Berlin-Marienfelde*; Elke Kimmel, »Das Notaufnahmeverfahren«, in: *Deutschland Archiv* 38/6 (2005), 1023-32; Effner/Heidemeyer, *Flucht im geteilten Deutschland*; Kimmel, *»... war ihm nicht zuzumuten, länger in der SBZ zu bleiben«: DDR-Flüchtlinge im Notaufnahmelager Marienfelde*; Wilke, *Der Weg zur Mauer*.

96 Thomas Lindenberger, »Diktatur der Grenze(n): Die eingemauerte Gesellschaft und ihre Feinde«, in: *Mauerbau und Mauerfall: Ursachen, Verlauf, Auswirkungen*, hg. von Hans-Hermann Hertle, Konrad Jarausch und Christoph Kleßmann (Berlin: Ch. Links, 2002), 203-13.

97 Siehe z. B. Marion Detjen, *Ein Loch in der Mauer: Die Geschichte der Fluchthilfe im geteilten Deutschland 1961-1989* (München: Siedler, 2005).

98 Einige grundlegende Charakterisierungen in Stadelmann-Wenz, *Widerständiges Verhalten und Herrschaftspraxis in der DDR*.

nationale Aufmerksamkeit hoffen konnten.[99] Die Zahlen des Bundesausgleichsamts vermerken für dieselben Zeiträume mit 292672 zu 271764 Personen sogar einen deutlichen Überhang zugunsten der frühen Periode.[100] Ebenso unbeachtet verbleibt der Fakt, dass nicht nur 1984 eine Rekordzahl ausreiste, die dann zum eingangs zitierten *Spiegel*-Titel sowie zur ersten deutsch-deutschen Überfremdungsangst führte und sich der Kontrollverlust des überforderten Migrationsrepressionsapparats in der DDR andeutete. Bereits zwei Jahrzehnte zuvor, im Jahr 1963, reisten fast genauso viele Personen legal aus. Anders als 1984 löste das aber weder hüben noch drüben Panik aus.[101] Diese Aspekte setzt dieses Buch in Beziehung.

Zu diesem Zweck kann ich für die spätere Zeit auf Arbeiten zurückgreifen, deren Hauptinteresse nicht der Migration, sondern dem DDR-Repressionsapparat gilt. Mit der Aufdeckung des umfassenden Unterdrückungssystems des SED-Staates ab den 1990er Jahren widmeten sich viele Detailstudien dem erschreckenden Ausmaß der Bespitzelungen, Kriminalisierung und »Zersetzung«[102] von Ausreisenden.[103] Besonders einflussreich ist herbei das Werk

99 BStU AdZ, ZAIG, 27859, 101-102.

100 Bundesminister des Innern, *Bestandsaufnahme*, 3.

101 Siehe beispielhaft für eine Fokussierung allein auf 1984 trotz der allgemein vorliegenden Zahlen: Effner/Heidemeyer, »Die Flucht in Zahlen«, 30.

102 Zu dieser stillen aber nachwirkenden Bekämpfung von Opposition und Ausreise siehe Sandra Pingel-Schliemann, »Zerstörung von Biographien: Zersetzung als Phänomen der Honecker-Ära«, in: *Die demokratische Revolution 1989 in der DDR*, hg. von Eckart Conze, Katharina Gajdukowa und Sigrid Koch-Baumgarten (Köln: Böhlau, 2009), 78-91.

103 Entscheidende Publikationen sind u. a. Wendt, »Die deutsch-deutschen Wanderungen: Bilanz einer 40jährigen Geschichte von Flucht und Ausreise«; Lochen/Meyer-Seitz, *Die geheimen Anweisungen*; Günter Jeschonnek, »Die Selbstorganisation von Ausreiseantragstellern in den achtziger Jahren in der DDR«, in: *Materialien der Enquete-Kommission »Aufarbeitung der Folgen der SED-Diktatur im Prozeß der deutschen Einheit«*, Band VII/1 (Baden-Baden, Frankfurt/M.: Nomos, Suhrkamp, 1995), 397-405; Hilmer, »Motive und Hintergründe von Flucht und Ausreise aus der DDR«; Hans-H. Lochen, »Das Vorgehen gegen Ausreisewillige«, in: *Materialien der Enquete-Kommission »Aufarbeitung der Folgen der SED-Diktatur im Prozeß der deutschen Einheit«*, Band IV (Baden-Baden, Frankfurt/M.: Nomos, Suhrkamp, 1995), 270-9; BStU, *Ausreisen oder dableiben?*; Baum, »Die Integration von Flüchtlingen und Übersiedlern in die Bundesrepublik Deutschland«; Inge Bennewitz, »Das DDR-Grenzregime und seine Folgen: Die Maßnahmen im Hinterland«, in: *Materialien der Enquete-Kommission »Überwindung der Folgen der SED-Diktatur im Prozeß der deutschen*

des Oppositionellen und Historikers Bernd Eisenfeld, der die Ausreise als einen zentralen Gegenstand der Erforschung des MfS etablierte.[104] Eisenfeld legt den Schwerpunkt auf staatliches Handeln und insbesondere die Arbeit der Zentralen Koordinierungsgruppe (ZKG) als Antwort des MfS auf die KSZE-Schlussakte von Helsinki.[105] Die Machtfülle der ZKG drehte die Verwaltungslogik um.

Einheit«, Band VIII/1 (Baden-Baden, Frankfurt/M.: Nomos, Suhrkamp, 1999), 707-52; Martin Liebernickel, *Erpressung ausreisewilliger DDR-Bürger* (Baden-Baden: Nomos, 2000); Johannes Raschka, *Zwischen Überwachung und Repression: Politische Verfolgung in der DDR 1971 bis 1989* (Opladen: Leske + Budrich, 2001); Henrik Bispinck, »»Republikflucht«: Flucht und Ausreise als Problem der DDR-Führung«, in: *Vor dem Mauerbau: Politik und Gesellschaft in der DDR der fünfziger Jahre*, hg. von Dierk Hoffmann, Michael Schwartz und Hermann Wentker (München: Oldenbourg, 2003), 285-309; Lasse O. Johannsen, *Die rechtliche Behandlung ausreisewilliger Staatsbürger in der DDR* (Frankfurt/M. u. a.: Lang, 2007); Hanisch, *Die DDR im KSZE-Prozess*.

104 Siehe u. a. Eisenfeld, »Die Ausreisebewegung: Eine Erscheinungsform widerständigen Verhaltens«; Bernd Eisenfeld, »Flucht und Ausreise. Macht und Ohnmacht«, in: *Am Ende des realen Sozialismus: Beiträge zu einer Bestandsaufnahme der DDR-Wirklichkeit in den 80er Jahren*, Bd. 3, hg. von Eberhard Kuhrt et al. (Opladen: Leske + Budrich, 1996), 381-423; Bernd Eisenfeld, »Strategien des Ministeriums für Staatssicherheit zur Steuerung der Ausreisebewegung«, in: *Ausreisen oder dableiben? Regulierungsstrategien der Staatssicherheit*, hg. von BStU (Berlin: BStU, 1997), 6-18; Bernd Eisenfeld, »Die Verfolgung der Antragsteller auf Ausreise«, in: *Politisch motivierte Verfolgung: Opfer von SED-Unrecht*, hg. von Ulrich Baumann und Helmut Kury (Freiburg i. Br.: Edition Iuscrim, 1998), 117-36; Bernd Eisenfeld, »Kampf gegen Flucht und Ausreise: Die Rolle der Zentralen Koordinierungsgruppe«, in: *West-Arbeit des MfS: Das Zusammenspiel von »Aufklärung« und »Abwehr«*, hg. von Hubertus Knabe (Berlin: Ch. Links, 1999), 273-83; Bernd Eisenfeld, »Ausreisebewegung«, in: *Lexikon Opposition und Widerstand in der SED-Diktatur*, hg. von Hans-Joachim Veen (Berlin: Propyläen, 2000), 58-61; ders., »Die Kriminalisierung der Antragsteller auf Ausreise«, in: *Recht und Rechtsprechung in der DDR? Vorträge in Der Gedenkstätte »Roter Ochse« Halle (Saale)*, hg. von Sachsen-Anhalt, Ministerium des Innern (Magdeburg: Ministerium des Innern des Landes Sachsen-Anhalt, 2002), 63-76; Eisenfeld, »Gründe und Motive von Flüchtlingen und Ausreiseantragstellern aus der DDR«.

105 Siehe v. a. Bernd Eisenfeld, »Die Zentrale Koordinierungsgruppe: Bekämpfung von Flucht und Übersiedlung«, in: *Anatomie der Staatssicherheit: Geschichte, Struktur und Methoden (MfS Handbuch)*, Bd. 3, 17 (Berlin: BStU, 1995); ders., »Reaktionen der DDR-Staatssicherheit auf Korb III des KSZE-Prozesses«, in: *Deutschland Archiv* 6 (2005), 1000-8; und das hervorragende Buch: Hanisch, *Die DDR im KSZE-Prozess*.

Während das MdI zuvor Informationen gesammelt hatte, um repressiv zu verwalten, sammelte das MfS nun Informationen, um verwaltend zu unterdrücken. Damit wurden die »Unterbindungsversuche« auf immer weitere Teile der Gesellschaft ausgedehnt. Übersah selbst die ZKG anfangs noch die Bedeutung der Ausreise – sie war vor allem zur Unterbindung der Fluchthilfe gegründet worden –, veränderte sich ab 1977 ihr Fokus. Nach Helsinki und mit dem Aufkommen der Opposition geriet die Ausreise als weitere Form der Insubordination ins Visier der Stasi. Vor diesem Hintergrund begreife ich den Bewegungscharakter der Ausreise nicht in Konkurrenz zur Opposition, sondern als einen aggregierten Effekt des massenhaft betriebenen Wunsches nach Ausreise.[106] Selbst wenn das Ziel des Aktivismus einzig im »Rübermachen« lag, formte sich in den Anträgen eine eigene politische Sprache heraus. Als Quellen dokumentieren sie nun den Prozess einer unterdrückten Willensbildung. Die lange Suche nach Ausdrucksformen und Gegenkategorien zur Verneinung des Rechts auf Ausreise, die über Flüsterkanäle und Gerüchte in der Sprache der Menschenrechte mündete, verankert die Ausreisebewegung fest in einer politischen Geschichte. Aufgrund des steten Transfers von Hoffnungen, Erfahrungen und Hinweisen muss diese deutsch-deutsch (bzw. international) gedacht werden. Die Antragsteller wurden, jeder für sich und zugleich im Kollektiven, Rechtsexperten in eigener Sache ohne jeden Rechtsanspruch. Damit trieben sie den SED-Staat vor sich her und in den Abgrund. Der Simplizität des Ziels steht damit die Komplexität des Prozesses gegenüber. Denn nicht nur die DDR-Führung erachtete das Ziel der Ausreiseersuchenden als staatsge-

---

106 Die Ausreise kann damit als ein Fall der »Stärke schwacher Verbindungen« gesehen werden. Diese schwachen Verbindungen stabilisieren soziale Bewegungen ab einer gewissen Größe besser als harte Verbindungen und feste Programmatiken, siehe v. a. Mark S. Granovetter, »The Strength of Weak Ties«, in: *The American Journal of Sociology* 78/6 (1973), 1360-80; weiterhin Joachim Raschke, *Soziale Bewegungen: Ein Historisch-Systematischer Grundriss* (Frankfurt/M., New York: Campus, 1987); W. Lance Bennett, »Social Movements beyond Borders: Understanding Two Eras of Transnational Activism«, in: *Transnational Protest and Global Activism*, hg. von Donatella della Porta und Sidney G. Tarrow (Lanham: Rowman & Littlefield, 2005), 203-26; Kléber Bertrand Ghimire, *Organization Theory and Transnational Social Movements: Organizational Life and Internal Dynamics of Power Exercise within the Alternative Globalization Movement* (Lanham u. a.: Lexington Books, 2011).

fährdend; in seiner Gesamtheit betrachtet war es dies aufgrund der inhärenten Schwächen des SED-Staates eben auch.

Von zentraler Bedeutung ist in diesem Zusammenhang die Frage, inwieweit die Antragsteller isoliert oder in Netzwerke eingebunden handelten. Der Soziologe Manfred Gehrmann hat die Relevanz interpersoneller, grenzüberschreitender Migrantennetzwerke betont.[107] Auf der Basis akribischer Quellenarbeit hat Renate Hürtgen diese Auffassung jedoch grundlegend infrage gestellt. Sie rückt vielmehr die Einsamkeit der Antragsteller in den Vordergrund. Die vorliegende Arbeit nimmt dabei eine Zwischenposition ein und widmet sich einerseits der großenteils erzwungenen Isolation der Antragsteller in ihrer lokalen Lebenswelt, zeichnet aber auch nach, wie sich lose verbundene Netzwerke formten, um Ausreisen zu erkämpfen. Immerhin ist es eine bemerkenswerte historische Entwicklung, dass in den ersten Jahren der Mauergesellschaft direkte persönliche Kontakte, z. B. durch Fürsprecher, einen viel größeren Stellenwert besaßen als bei späteren Ausreiseersuchen. Dementgegen wurde das

107 Eine besondere Rolle nimmt dabei Manfred Gehrmanns Arbeit ein, die die innerdeutsche Migration als ein Migrantennetzwerk erklären will. Manfred Gehrmann, *Die Überwindung des »Eisernen Vorhangs«: Die Abwanderung aus der DDR in die BRD und nach West-Berlin als innerdeutsches Migranten-Netzwerk* (Berlin: Ch. Links, 2009); Hürtgen, *Ausreise per Antrag*, 18 f. Aus migrationshistorischer Sicht ist zudem sein Ansatz fragwürdig, durchaus mit Patina überzogene Modelle der transkontinentalen Wanderung (v. a. von Europa nach Australien) auf co-ethnische Kurzdistanzmigration zu übertragen. John S. MacDonald und Leatrice D. MacDonald, »Chain Migration, Ethnic Neighborhood Formation and Social Networks«, in: *The Milbank Memorial Fund Quarterly* 42/, Nr. 1 (1964), 82-97; John S. MacDonald und Leatrice MacDonald, »Chain Migration, Ethnic Neighborhood Formation and Social Networks«, in: *An Urban World*, hg. von Charles Tilly (Boston, Toronto: Little, Brown and Company, 1974), 226-36; John S. MacDonald, »Chain Migration Reconsidered«, in: *Bolletino di Demografía Histórica* 16 (1992), 35-42; Simone A. Wegge, »Chain Migration and Information Networks: Evidence from Nineteenth-Century Hesse-Cassel«, in: *Journal of Economic History* 58, Nr. 4 (1998), 957-86. So resümiert Henrik Bispinck über Gehrmanns durchaus wichtigen Versuch, Ausreise und Migrationsforschung zusammenzudenken, enttäuscht: »Eine Gesamtdarstellung zu diesem Thema aus geschichtswissenschaftlicher Perspektive, die die unterschiedlichen Phasen gleichrangig berücksichtigt, bleibt daher nach wie vor ein Desiderat.« Henrik Bispinck, »Rezension: Manfred Gehrmann: Die Überwindung des ›Eisernen Vorhangs‹«, in: *Sehepunkte* 11/1 (2011), online verfügbar unter: ⟨http://www.sehepunkte.de/2011/01/17384. html⟩ (Stand März 2019).

Schlupfloch der Familienzusammenführung erst im Laufe der Zeit, genauer gesagt beginnend mit dem Grundlagenvertrag und dann in den 1980er Jahren, immer wichtiger. Zunehmend nutzten die Antragsteller über Verwandt- und Bekanntschaften hinausreichende Netzwerke, die anders als von Gehrmann betont nur selten den Charakter von Migrantennetzwerken besaßen, sondern diskursiver Art waren: Mit dem langsamen Aufblühen praktisch eingeforderter Menschenrechte gewannen die weichen Netzwerkverbindungen an Bedeutung; der lapidare Briefaustausch, das kursierende Gerücht, der nebenher gesagte Satz eines zurückgekehrten Westreisenden, die geteilte Frustration unter Kollegen, die Geschichten über erfolgreiche Ausreisen in den grenzüberschreitenden Massenmedien, ja die entfernte, aber als ganz nah empfundene Ermutigung durch den Bundeskanzler. Diese Netzwerke kann man als in den Diskurs eingebettete Faktoren begreifen, also als Ressourcen tertiärer Art im Migrationsregime. Immer wieder griffen Ausreisende gerade in ihrer Vereinsamung und in Ermangelung direkt kausal wirkender Netzwerke auf solche mental wirkenden Netzwerke zurück. Eine erklärende Geschichte der Ausreise kann sich also nicht allein auf abstrakte Modelle der Migrationsforschung beziehen, sondern benötigt einen komplementären zeithistorischen Ansatz.

Ansätze einer deutsch-deutschen Gesellschaftsgeschichte

Ein sehr fruchtbarer Ansatz für die von den Historikern Konrad Jarausch und Michael Geyer eingeforderte pluralistische Geschichte der »zerbrochenen Vergangenheit« Deutschlands entwickelt sich derzeit aus der Rückspiegelung der weiter gefassten Cold War Studies auf die deutsche Geschichte.[108] Ohne die durch die Teilung entstandenen Differenzen zu nivellieren und mit gleichem Interesse an Ost und West begreifen diese Studien beide Seiten als anhand der Wechselwirkungen verstehbare Akteure eines Konflikts.[109]

---

108 Konrad Jarausch und Michael Geyer, *Zerbrochener Spiegel: Deutsche Geschichte im 20. Jahrhundert* (München: Deutsche Verlags-Anstalt, 2005), 11.

109 Thomas Lindenberger, »Divided, But Not Disconnected: Germany as a Border Region of the Cold War«, in: *Divided, but Not Disconnected: German Experiences of the Cold War*, hg. von Tobias Hochscherf, Christoph Laucht und Andrew Plowman (London: Berghahn Books, 2010), 11-33; Snyder, *Human Rights Acti-*

Beispielhaft lassen sich hier etwa die Arbeiten von Edith Sheffer und Sagi Schaefer anführen. Detailliert legen sie dar, wie sich die deutsche Teilung in der Grenzregion extrem schnell und oft baulichen Grenzen vorausgreifend in Praktiken, Denkstrukturen und Sprache niederschlug.[110] Häufig ging die Initiative von der sowjetischen Besatzungszone und der jungen DDR aus, doch auch die Bundesseite trug zur Abgrenzung bei. Gerade die Bevölkerung in den grenznahen Bereichen sah Verluste und Chancen in der Verringerung der Durchlässigkeit der Zonengrenze, die in den 1950er Jahren nach und nach zur Staatsgrenze befestigt wurde. Auch die Historikerin Astrid Eckert hat innovativ gezeigt, wie dieser Prozess des »Otherings« das kulturelle Bewusstsein prägte. So sollte der westdeutsche Grenztourismus an die innerdeutsche Grenze im Harz, in der Rhön, im Eichsfeld und anderswo als staatlich subventionierter Bildungstourismus eigentlich als gesamtdeutsches pädagogisches Projekt unter dem Slogan »Auch drüben ist Deutschland« das nationale Zusammengehörigkeitsgefühl steigern. Als »Gruseltourismus« förderte er aber de facto die Differenz und verstärkte damit das Teilungsgefühl.[111] Durch den Blick in die Gesellschaft gehen solche Arbeiten über die klassische »doppelte« Geschichte zweier, widerwillig miteinander in Beziehung tretender Staaten ebenso hinaus wie über die »asymmetrisch verflochtene Parallelgeschichte«[112]

vism; Annette Vowinckel, Marcus M. Payk und Thomas Lindenberger (Hrsg.), *Cold War Cultures: Perspectives on Eastern and Western European Societies* (New York, Oxford: Berghahn Books, 2012); Jason B. Johnson, *Divided Village: The Cold War in the German Borderlands* (London, New York: Routledge, 2017); für die besonders eindrückliche integrierte Perspektive siehe Astrid M. Eckert, »Geteilt, aber nicht unverbunden: Grenzgewässer als deutsch-deutsches Umweltproblem«, in: *Vierteljahrshefte für Zeitgeschichte* 62/1 (2014), 69-100.

110 Siehe v. a. Sheffer, *Burned Bridge*; Schaefer, *States of Division*.

111 Astrid M. Eckert, »›Greetings from the Zonal Border‹: Tourism to the Iron Curtain in West Germany«, in: *Zeithistorische Forschungen/Studies in Contemporary History*, Online Ausgabe, 8/1 (2011), online verfügbar unter: ⟨http://www.zeithistorische-forschungen.de/16126041-Eckert-1-2011⟩ (Stand März 2019); siehe auch Sagi Schaeffer, »Re-Creation: Iron Curtain Tourism and the Production of ›East‹ and ›West‹ in Cold War Germany«, in: *Tel Aviver Jahrbuch für deutsche Geschichte* 40 (2012), 116-31.

112 Für die konzeptionelle Entwicklung, siehe v. a. Martin Sabrow, »Historisierung der Zweistaatlichkeit«, in: *APuZ* 3 (2007), 19-24; Udo Wengst und Hermann Wentker (Hrsg.), *Das doppelte Deutschland: 40 Jahre Systemkonkurrenz* (Berlin: Ch. Links, 2008); Frank Möller und Ulrich Mählert (Hrsg.), *Abgrenzung*

und erkunden mit dem Historiker Frank Bösch gesprochen »geteilte Geschichte«.[113]

Sie betraf nicht jeden, aber die durchgrenzte Gesellschaft im
Gesamten. Dabei galt gleichermaßen: Millionen Deutsche auf beiden Seiten fanden sich im Laufe der Jahre mit der Existenz der
Mauer ab; und Millionen Deutsche auf beiden Seiten fanden sich
im Laufe der Jahre nicht mit ihrer Existenz ab. Beides bedeutete
eine Positionierung in der Mauergesellschaft, und auf welcher Seite man sich sah, konnte sich situativ schnell ändern. Die Teilung
darum als die Geschichte der Mauergesellschaft zu historisieren,
hebt sich bereits im Gesellschaftsbegriff von der »Sozialgeschichte
der Väter« ab.[114] Diese wurde vor allem wegen ihres Desinteresses
an kulturellen Faktoren kritisiert, was letztlich zu einer kultursen-
sitiven Gesellschaftsgeschichte führte.[115] Auf der Basis dieser kern-

und Verflechtung: Das geteilte Deutschland in der zeithistorischen Debatte (Berlin: Metropol, 2008); Mary Fulbrook, *A History of Germany, 1918-2008: The
Divided Nation*, 3. Aufl. (Chichester, West Sussex, Malden: Wiley-Blackwell,
2009); Carsten Kretschmann, *Zwischen Spaltung und Gemeinsamkeit: Kultur
im geteilten Deutschland* (Berlin-Brandenburg: be.bra verlag, 2012); Andreas
Kötzing, *Kultur- und Filmpolitik im Kalten Krieg: Die Filmfestivals von Leipzig
und Oberhausen in gesamtdeutscher Perspektive; 1954-1972* (Göttingen: Wallstein-
Verl., 2013); Frank Bösch (Hrsg.), *Geteilte Geschichte: Ost- und Westdeutschland
1970-2000* (Göttingen: Vandenhoeck & Ruprecht, 2015); für eine Evaluation
der Empirie siehe Frank Wolff, »In Teilung vereint: Neue Ansätze der deutsch-
deutschen Zeitgeschichte«, in: *Archiv für Sozialgeschichte* 58 (2018), 353-91.

113 Christoph Kleßmann, *Zwei Staaten, eine Nation: deutsche Geschichte 1955-1970*
(Göttingen: Vandenhoeck & Ruprecht, 1988); Christoph Kleßmann und Peter
Lautzas (Hrsg.), *Teilung und Integration: Die doppelte deutsche Nachkriegsgeschichte als wissenschaftliches und didaktisches Phänomen* (Schwalbach/Ts.: Wochenschau-Verlag, 2006); Frank Bösch, »Geteilt und verbunden: Perspektiven
auf die deutsche Geschichte seit den 1970er Jahren«, in: *Geteilte Geschichte: Ost-
und Westdeutschland 1970-2000*, hg. von Frank Bösch (Göttingen: Vandenhoeck
& Ruprecht, 2015), 7-37.

114 Thomas Welskopp, »Die Sozialgeschichte der Väter. Grenzen und Perspektiven
der Historischen Sozialwissenschaft«, in: *Geschichte und Gesellschaft* 24/2 (1998),
173-98; Thomas Mergel, »Überlegungen zu einer Kulturgeschichte der Politik«,
in: *Geschichte und Gesellschaft* 28/4 (2002), 574-606.

115 Klassisch hierzu Thomas Mergel und Thomas Welskopp (Hrsg.), *Geschichte
zwischen Kultur und Gesellschaft. Beiträge zur Theoriedebatte* (München: C. H.
Beck, 1997); weiterhin Jürgen Osterhammel, Dieter Langewiesche und Paul
Nolte (Hrsg.), *Wege der Gesellschaftsgeschichte* (Göttingen: Vandenhoeck &
Ruprecht, 2006); Matthias Middell (Hrsg.), *Dimensionen der Kultur- und Ge-*

sanierten »Bielefelder Schule« hinterfragt dieses Buch nun eine andere Setzung, ohne jedoch mit dem Ziel zu brechen, per Gesellschaftsgeschichte soziale Ungleichheit und die soziale Wirkung von Machtverhältnissen zu erklären. Um eine gesamtgesellschaftliche Verfasstheit zu analysieren, verknüpfen gängige historische Gesellschaftsbegriffe die Existenz von Gesellschaften oft mit dem Territorium von Staaten.[116] Eine solche, scheinbar selbsterklärende, nationalstaatliche Rahmung von Gesellschaft von der – wie auch immer verfassten – Mehrheitsgesellschaft aus entwickelt, hat notwendigerweise Unschärfen an den für Sozial- und Kulturgeschichte eigentlich mitentscheidenden Rändern produziert, seien sie kulturell, sozial oder ethnisch bedingt. Daraus resultierte eine methodische Marginalisierung von Minderheiten,[117] weswegen in

sellschaftsgeschichte: Festschrift für Hannes Siegrist zum 60. Geburtstag (Leipzig: Leipziger Universitätsverlag, 2007); Thomas Welskopp, *Amerikas große Ernüchterung. Eine Kulturgeschichte der Prohibition* (Paderborn: Ferdinand Schöningh, 2010); Lutz Raphael und Clelia Caruso (Hrsg.), *Theorien und Experimente der Moderne: Europas Gesellschaften im 20. Jahrhundert* (Köln: Böhlau Verlag, 2012); dabei ist aber anzumerken, dass die angloamerikanische *social history* traditionell ohnehin ein erweitertes Feld abdeckt. Für eine anregende Reflexion siehe z. B. Geoff Eley, *A Crooked Line: From Cultural History to the History of Society* (Ann Arbor: University of Michigan Press, 2005).

116 Eine überzeugende Erklärung für die kaum ausgeprägte sozialhistorische Sensibilität gegenüber der Zweistaatlichkeit findet sich in Paul Nolte, *Hans-Ulrich Wehler: Historiker und Zeitgenosse* (München: C. H. Beck, 2015), 87-94; theoretisch grundlegend dazu Wimmer/Glick Schiller, »Methodological Nationalism and Beyond«; Angelika Epple, »The Global, the Transnational and the Subaltern: The Limits of History Beyond the National Paradigm«, in: *Beyond Methodological Nationalism: Research Methodologies for Cross-Border Studies*, hg. von Anna Amelina et al. (New York: Routledge, 2012), 155-75; Ulrich Beck, »Jenseits des methodologischen Nationalismus: Außereuropäische und europäische Variationen der Zweiten Moderne«, in: *Soziale Welt* 61 (2010), 187-216.

117 Dies erkannte auch Klaus-Jürgen Bade in seinen grundlegenden Arbeiten an einer prinzipiell interdisziplinär verfassten modernen Migrationsforschung in Deutschland; siehe v.a. Klaus J. Bade, »Sozialhistorische Migrationsforschung«, in: *Bevölkerungsgeschichte im Vergleich. Studien zu den Niederlanden und Nordwestdeutschland*, hg. von Ernst Hinrichs und Henk van Zon (Aurich: Ostfriesische Landschaft, 1988), 63-74; für einige Ansätze, anhand von Minderheiten bzw. marginalen Positionierungen zentrale Prozesse zu erkennen, siehe Shulamit Volkov, »Antisemitismus als kultureller Code«, in: *Jüdisches Leben und Antisemitismus im 19. und 20. Jahrhundert* (München: C. H. Beck, 1990), 13-26; Alexander Kraus und Andreas Renner (Hrsg.), »Ad marginem: Europäische

den zahlreichen Entwürfen deutscher Gesellschaftsgeschichte auch Migranten – seien sie Einwanderer, Auswanderer oder Auswanderungswillige – eine bezeichnend geringe Rolle spielen.[118]

Der sozialhistorischen Migrationsforschung war darüber hinaus lange auch ein starkes Interesse an Phänomenen kollektiver Bewegung zu eigen, kaum aber an Migranten selbst.[119] Der daraus erwachsende Analyseschwerpunkt der Sozialstrukturen der Industriemoderne unter (west-)deutschen Bedingungen führte schließlich zur Fokussierung auf die (sozial-)ökonomischen Aspekte von Migration und zu einem Mangel an Sensibilität für die doppelte deutsche Geschichte. Bekannterweise kanzelte Hans-Ulrich Wehler die DDR als eine »Sackgasse« der Geschichte ab, die nicht »durch eine ausführliche Analyse aufgewertet werden« sollte.[120] Wie Paul Nolte vermerkt hat, lag darin wohl der Versuch, ein historiografisches Konzept in die biografische Gegenwart des Autors zu übertragen, bei dem die Koexistenz zweier deutscher Staaten »zu lange nicht mitgedacht worden« sei.[121] Migration und DDR waren aber – auch in der Überschneidung – von grundlegender Bedeutung für die deutsche Nachkriegsgeschichte auf beiden Seiten der Grenze und gegenüber der Weltöffentlichkeit: Von John F. Kennedys Solidaritätsbekundung mit Berlin bis zu Ronald Reagans »Mr. Gorbachev, tear down this wall!« waren die oft in West-Berlin gestellten und an

Aufklärung jenseits der Zentren«, in: *Orte eigener Vernunft. Europäische Aufklärung jenseits der Zentren* (Frankfurt/M., New York: Campus, 2008), 9-28; Sebastian Conrad, »Double Marginalization: A Plea for a Transnational Perspective on German History«, in: *Comparative and Transnational History: Central European Approaches and New Perspectives*, hg. von Heinz-Gerhard Haupt und Jürgen Kocka (New York u.a.: Berghahn Books, 2009), 52-76; Frank Wolff, »Gangster, Sozialisten und Life Writing: Die Zentralität der Ränder in der amerikanischen Geschichte«, in: *Autobiographie zwischen Quelle und Text*, hg. von Volker Depkat und Wolfram Pyta (Berlin: Duncker & Humblot, 2017), 105-21.

118 Siehe dahingehend auch Michael Wildts Besprechung von Ulrich Herberts beeindruckender Geschichte der deutschen Industriemoderne: Michael Wildt, »Rez.: Ulrich Herbert: Geschichte Deutschlands im 20. Jahrhundert«, in: H-soz-Kult (22. September 2014), online verfügbar unter: ⟨http://www.hsoz kult.de/publicationreview/id/rezbuecher-22096⟩ (Stand März 2019).

119 Für eine wegweisende Kritik siehe Aytaç Eryılmaz (Hrsg.), *Projekt Migration* (Köln: DuMont, 2005).

120 Hans-Ulrich Wehler, *Deutsche Gesellschaftsgeschichte*, Bd. 5: *Bundesrepublik und DDR 1949-1990* (München: C. H. Beck, 2008), XVI.

121 Nolte, *Hans-Ulrich Wehler: Historiker und Zeitgenosse*, 103.

Ost-Berlin gerichteten Fragen der Freiheit, Migration und Freizügigkeit Kernfragen des Kalten Krieges. Sie versinnbildlichten die Essenz des Leidens der *captive nations*.

Abseits der großen politischen Bühnen stellte die Bevölkerung dieselben Fragen, allerdings auf eine andere Art. Um die Bedeutung der Mauer und der Freizügigkeit für die deutsche Gesellschaftsgeschichte zu ergründen, kann dieses Buch auf mittlerweile gut ausgearbeitete (und für einige Teildisziplinen geradezu konstitutive) Gesellschaftsbegriffe jenseits des Nationalstaates zurückgreifen.[122] So stehen z. B. in der britischen, schottischen, englischen und irischen Gesellschaftsgeschichte diverse Gesellschaftsbegriffe in produktiver Konkurrenz zueinander.[123] Diese Vielfalt hat sich in zahllosen sozialwissenschaftlichen Studien, z. B. zu Stadtgesellschaften oder Netzwerkgesellschaften, niedergeschlagen, die sich dem methodologischen Nationalismus oder der *territorial trap* national gerahmter Gesellschaftskonzepte entziehen, ohne dabei zwangsläufig den Nationalgedanken oder den Staat aus der Betrachtung auszuschließen.[124]

Was in diesen Studien Gesellschaft zusammenhält, ist weder eine Territorialgrenze noch eine einzige Regierungsinstitution oder eine

122 Vor allem Niklas Luhmann, *Die Gesellschaft der Gesellschaft*, 2 Bde. (Frankfurt/M.: Suhrkamp, 1997); John Urry, *Sociology Beyond Societies: Mobilities for the Twenty-First Century* (Routledge: London, 2000); ders., *Mobilities* (New York: Wiley, 2007); Ludger Pries, »Zwischen methodologischem Nationalismus und raumlosem Kosmopolitismus – die Transnationalisierung von Vergesellschaftung«, in: *Transnationale Vergesellschaftungen: Verhandlungen des 35. Kongresses der Deutschen Gesellschaft für Soziologie*, hg. von Hans-Georg Soeffner (Wiesbaden: Springer VS, 2010), 1037-46; Andreas Reckwitz, *Kreativität und soziale Praxis: Studien zur Sozial- und Gesellschaftstheorie* (Bielefeld: transcript, 2016).

123 Die Differenz zwischen den daraus folgenden Sichten wurde besonders in der Debatte zwischen Perry Anderson und E. P. Thompson deutlich. Für eine kritische Reflexion siehe Keith Nield, »A Symptomatic Dispute? Notes on the Relations between Marxian Theory and Historical Practice in Britain«, in: *Historiography: Society*, Bd. 3, hg. von Robert M. Burns (New York: Routledge, 2006), 91-111.

124 Siehe z. B. John Agnew, »The Territorial Trap: The Geographical Assumptions of International Relations Theory«, in: *Review of International Political Economy* 1/1 (1994), 53-80; Urry, *Sociology Beyond Societies*; Wimmer/Glick Schiller, »Methodological Nationalism and Beyond«; Manuel Castells, *Der Aufstieg der Netzwerkgesellschaft* (Opladen: Leske + Budrich, 2003); Urry, *Mobilities*; Marianne Rodenstein, »›Stadtgesellschaft‹ – Was ein Begriff über die Wirklichkeit unserer Städte aussagt!«, in: *Forum Stadt* 40/1 (2013), 5-19.

klare strukturelle Abgrenzbarkeit von anderen (Teil-)Gesellschaften, sondern skalierbare Fragen der *Vergesellschaftung* und nachfolgend die daran angebundene Raumproduktion und -ordnung.[125] Dadurch soll Gesellschaft von innen heraus erklärt und entwickelt werden, anstatt sie durch ein räumliches Außen zu rahmen und damit voranalytisch vorauszusetzen.[126] Eine solche Öffnung ist bereits bei Max Weber angelegt. Weber begreift Gesellschaft nicht nur als nationalstaatlich gerahmten »Container«, sondern als einen zu erklärenden Prozess der Vergesellschaftung im Rahmen einer andauernden Aushandlung überpersonaler »Interessensverbindungen«.[127]

Das Besondere am deutsch-deutschen Fall ist, dass dieser Aushandlungsprozess die Existenz von Nation und Gesellschaft selbst betraf, er verlief gewissermaßen ergebnisoffen. Nur aufgrund einer letzten Endes sehr spezifischen historischen Konstellation konnte Helmut Kohl den vorbeifliegenden »Mantel der Geschichte« ergreifen und ihn sich umwerfen. Allerdings war es nicht der ewiglich vom Paradiese her wehende Wind der Verheißung, der ihm diesen Mantel zutrieb,[128] sondern das Handeln der Deutschen beiderseits der Grenze über Jahrzehnte. 1990 wuchs damit, im Widerspruch zu Willy Brandts bekanntem Diktum, eben nicht »zusammen, was zusammengehört«, sondern der Einheitswille brach sich – nach Jahrzehnten des rhetorischen Herumdünkelns und einer bestenfalls subkutanen Präsenz – zu einem spezifischen Zeitpunkt und als ein überraschendes Resultat eines kontingenten Prozesses Bahn. Die

125 Sehr anregend sind hierbei die von Konrad Jarausch und Michael Geyer skizzierten Gedanken der Vergesellschaftung der Nation als eines Grundzugs der deutschen Geschichte des 20. Jahrhunderts, vgl. Jarausch/Geyer, *Zerbrochener Spiegel: Deutsche Geschichte im 20. Jahrhundert*, 25-32, 45 f.

126 Dies geschieht – wie am Beispiel Miamis ohne einen besonderen analytischen Bezug auf die Migrationsforschung herausragend exemplarisch dargelegt worden ist – auch in Städten vor allem durch Migration und soziale Differenzierung; vgl. Melanie Shell-Weiss, *Coming to Miami: A Social History* (Gainesville: University Press of Florida, 2009).

127 Max Weber, »Soziologische Grundbegriffe«, in: *Wirtschaft und Gesellschaft* (Tübingen: J. C. B. Mohr, 1972), 19; Nina Glick Schiller und Ayse Çağlar, »Towards a Comparative Theory of Locality in Migration Studies: Migrant Incorporation and City Scale«, in: *Journal of Ethnic and Migration Studies* 35/2 (2009), 180; Ulrich Beck, »The Cosmopolitan Perspective: Sociology of the Second Age of Modernity«, in: *The British Journal of Sociology* 51/1 (2000), 79-105.

128 Vgl. Walter Benjamin, »Über den Begriff der Geschichte«, in: *Illuminationen* (Frankfurt/M.: Suhrkamp, 1977), 255.

Einheit war keineswegs die ganze Zeit über in der Zweistaatlichkeit angelegt, sondern wurde wie auch die politische und soziale Teilung »gemacht«. Die Grundlage dafür war ein sich zuvor staatsübergreifend entwickelnder gesellschaftlicher Kommunikationsraum, der sich jenseits (aber nicht ungeachtet) von Staatlichkeit gebildet hatte, und dort spielte das Thema Freizügigkeit eine zentrale Rolle. Diese Beziehungsgeschichte war wesentlich bestimmt vom spezifischen und zeitgebundenen Handeln von Akteuren – und eben nicht von einer Nation,[129] die nur scheinbar und rückschauend bedingte, dass die Geschichte dann so und nicht anders ausging.

Um dies zu erkunden, verwende ich einen Praxisbegriff, der über individualistische, rationalistische oder voluntaristische Handlungstheorien hinausgeht. Als Ausgangspunkt dienen Ansätze, die zwischen Struktur und Handeln vermitteln.[130] In gebotener Kürze zusammengefasst, analysiert diese Gesellschaftsgeschichte die Entstehung sozialer Strukturen, die einerseits in sich häufendem, aber nicht koordiniertem individuellem Handeln aggregiert als soziale Praktiken zum Ausdruck kommen und die anderseits als Rechtsstrukturen, Machtformationen oder Episteme hervortreten und sich als Ergebnisse nachhaltiger Institutionalisierungsprozesse im Rahmen von Diskursen oder Dispositiven mit handlungsübergeordneter Kapazität verfestigen. Sich dabei herausbildende Institu-

---

129 Wozu auch die von Weber betonte Abgrenzung gegenüber Dritten gehört, die nicht nur auf der deutschen Sprache, sondern auch der Fortexistenz eines territorial fundierten nationalen Bewusstseins, dem Scheitern des Konzepts der »sozialistischen deutschen Nation« auf dem Boden der DDR und dem andauernden Berufen auf eine gemeinsame deutsche Staatsangehörigkeit beruht. Diese wirkte aber nicht durch ihre alleinige Codierung, sondern vor allem durch die Berufung auf sie als eine diskursiv mobilisierbare Rechtsstruktur von Gemeinsamkeit von der anderen Seite der Grenze aus und von Mitgliedern der ethnischen Mehrheitsgesellschaft gegen eine konfligierende Partikularstaatsbürgerschaft der DDR. Vgl. Weber, »Soziologische Grundbegriffe«, 21; Gerhard Naumann und Eckhard Trümpler (Hrsg.), *Der Flop mit der DDR-Nation 1971: Zwischen Abschied von der Idee der Konföderation und Illusion von der Herausbildung einer sozialistischen deutschen Nation* (Berlin: Dietz, 1991); Dieter Gosewinkel, *Schutz und Freiheit? Staatsbürgerschaft in Europa im 20. und 21. Jahrhundert* (Berlin: Suhrkamp, 2016), 445-9; Frank Wolff, »Rechtsgeschichte als Gesellschaftsgeschichte? Die Staatsbürgerschaft der DDR als Kampfmittel im Kalten Krieg«, in: *Kritische Justiz* 51/4 (2018), 413-30.

130 Anthony Giddens, *Die Konstitution der Gesellschaft. Grundzüge einer Theorie der Strukturierung* (Frankfurt/M., New York: Campus, 1988).

tionen stehen dann wiederum durch Aufrufung dem Handeln zur Verfügung, wobei Anwendungen oft auch mit Abwandlungen, also erneuten Veränderungen, einhergehen. Soziale Strukturen sind somit keine starren Gleise, auf denen sich eine Gesellschaft nach vorne bewegt, sondern sie bedürfen der Aktivierung durch Handeln und werden durch dieses weiter geformt. Durch die wiederholte (oder ausbleibende) Aufrufung sozialer Strukturen – von Praktiken bis zu Gesetzen – bilden sie infolge differenzierten Handelns immer neue soziale Strukturen aus, was dann wiederum neue Praktiken, von der Sozialdisziplinierung bis zur Rebellion, nach sich ziehen kann. Mit einem solchen Begriff sozialen Wandels wird Gesellschaft nicht als eine a priori existierende Einheit konzipiert, die nach Schichten analysiert werden kann.[131] Vielmehr wird sie als etwas betrachtet, das durch kollektive Praxis in einenden Aushandlungsprozessen – im Luhmann'schen Begriffskosmos: »Kommunikationen« – z. B. über Zugehörigkeit und Macht konstituiert wird.[132]

Die systemtheoretische Gesellschaftstheorie erweist sich in diesem Zusammenhang auch deswegen als eine wichtige Ressource, weil sie explizit über die von Weber bis Giddens methodologisch angelegte, aber nicht hinterfragte Gleichsetzung von Gesellschaft und Nationalstaat hinausgeht.[133] Wie bereits Niklas Luhmann moniert hat, macht eine solche Ineinssetzung den Begriff der Gesellschaft »überflüssig«, da dieser sich gedanklich der Nation unterordnet: »Bindet man den Gesellschaftsbegriff an herrschafts- oder

---

131 Siehe v. a. Alexander Hamedinger, *Raum, Struktur und Handlung als Kategorien der Entwicklungstheorie: Eine Auseinandersetzung mit Giddens, Foucault und Lefebvre* (Frankfurt/M., New York: Campus, 1998); Thomas Welskopp, »Die Dualität von Struktur und Handeln. Anthony Giddens' Strukturierungstheorie als ›praxeologischer‹ Ansatz in der Geschichtswissenschaft«, in: *Struktur und Ereignis*, hg. von Andreas Suter und Manfred Hettling (Göttingen: Vandenhoeck & Ruprecht, 2001), 99-119; Andreas Reckwitz, »Grundelemente einer Theorie sozialer Praktiken. Eine sozialtheoretische Perspektive«, in: *Zeitschrift für Soziologie* 32 (2003), 282-301; Rass/Wolff, »What Is In a Migration Regime?«; zu sozialem Handeln und sozialen Strukturen siehe Andrew Abbott, *Time Matters. On Theory and Method* (Chicago: University of Chicago Press, 2001), 258, aufbauend auf Weber, »Soziologische Grundbegriffe«.

132 Grundlegend dazu Georg Simmel, »How Is Society Possible?«, in: *American Journal of Sociology* 16 (1911), 372-91; David Frisby und Derek Sayer, *Society* (Chichester: Horwood, 1986); Luhmann, *Die Gesellschaft der Gesellschaft*.

133 Giddens, *Die Konstitution der Gesellschaft*.

wertezentristische Prämissen, unterschätzt man nicht nur die auch regional sichtbare Vielfalt und Komplexität kommunikativer Zusammenhänge, sondern auch, und vor allem, das Ausmaß, in dem die ›Informationsgesellschaft‹ weltweit dezentral und konnexionistisch über Netzwerke kommuniziert.« Auf Nationalstaaten beschränkte Gesellschaftsbegriffe seien »theoretisch nicht mehr satisfaktionsfähig«, was nach Luhmann zur Weltgesellschaft führt, die durch zu erläuternde und zu begründende Beobachterperspektiven skalierbar und damit auch für den Historiker untersuchbar gemacht werden kann.[134] Skalieren wir diesen Gesellschaftsbegriff auf die deutsch-deutsche Geschichte und im zweiten Schritt auf den Umgang mit der Mauer, blicken wir auf Kommunikationsprozesse, Wissensbestände und -mobilisierung als Bindeglieder der Gesellschaftsformierung, seien sie grenzüberschreitend oder nicht. Diese deutsch-deutsche Informationsgesellschaft entwickelte sich grenzüberschreitend und war supranationalen Wertediskussionen ausgesetzt. Wenn über Migration gesprochen wurde, ging es stets um mehr als Migration. So nutzte beispielsweise das Bundesministerium für gesamtdeutsche Fragen die Ausreise als Delegitimierungstopos im Kalten Krieg oder kamen konservative Organisationen in stete Begründungsnot ob ihres reduktionistischen Freiheits- oder Menschenrechtsbegriffs.[135]

---

134 Luhmann, *Die Gesellschaft der Gesellschaft*, Bd. 1, 31; entscheidend hierfür weiterhin Wimmer/Glick Schiller, »Methodological Nationalism and Beyond«; zu Scaling als Analysemodus jenseits des Methodologischen Nationalismus z. B. Schiller/Çağlar, »Towards a Comparative Theory of Locality in Migration Studies«; Rass/Wolff, »What Is In a Migration Regime?«

135 Siehe z. B. Georg Herde, »Im Dienste der Konfrontation: Die psychologische Kriegsvorbereitung am Beispiel von Organisationen wie ›Western Goals‹ und ›Internationale Gesellschaft für Menschenrechte‹«, in: *Blätter für deutsche und internationale Politik* 28/4 (1983), 617-31; AutorInnen-Kollektiv CoCo Piranha, »Die ›schwarze Internationale‹: Zur Geschichte und Politik der ›Internationalen Gesellschaft für Menschenrechte‹ (IGfM)«, in: *blätter des iz3w* 159 (1989), 44-6; Christa von Koeller, »Verhinderte Aufklärung: Die Arbeit der Internationalen Gesellschaft für Menschenrechte«, in: *Die neue Ordnung* 46/4 (1992), 354-64; Jürgen Wüst, »Die Internationale Gesellschaft für Menschenrechte (IGfM) im Visier von Antifa und Staatssicherheit«, in: *Jahrbuch Extremismus und Demokratie* 8 (1996), 37-53; Wüst, *Menschenrechtsarbeit im Zwielicht: Zwischen Staatssicherheit und Antifaschismus*. Als Beispiel für die Nachhaltigkeit dieses Legitimierungsdrucks siehe z. B. die Selbstdarstellung in Gerhard Löwenthal, *Ich bin geblieben. Erinnerungen* (München, Berlin: F. A. Herbig, 1987); Gerhard

Ausgerechnet jene Kommunikation, die das MfS als potentiell »feindlich« ansah, konstituierte maßgeblich den Fortbestand der Mauergesellschaft, wie in ihr ständig die Teilung ausgehandelt wurde. Auch hier zeigt sich, dass kein in die Zukunft gerichteter nationaler Wiedervereinigungswille diese Gesellschaftsgeschichte antrieb, sondern die erfahrungsbasierte, kommunikative Bewältigung von Gegenwart. Dieser Prozess warf das scheinbar Getrennte immer wieder aufeinander. Es liegt auf der Hand, dass eine derartige Gesellschaftsgeschichte sich nicht an Staatsgrenzen ausrichten kann, sondern diese vielmehr zum Gegenstand der Analyse machen muss.

Dies führt abschließend zur Frage der Geltungsweite eines solchen Gesellschaftsbegriffs. Die Crux eines statischen Gesellschaftsbegriffs liegt nicht allein in dessen (national-)staatlicher Bedingtheit. Er suggeriert zudem, Gesellschaft in Gänze zu erfassen. Dabei lässt der Begriff der »deutschen Gesellschaft« an vielen Stellen offen, inwieweit damit die Gesellschaft der Deutschen oder die sich in Deutschland formierende Gesellschaft gemeint ist. Analytisch geht die klassische Gesellschaftsgeschichte von Letzterem aus, was aber Fragen nach der Platzierung von Migration und Diversität in ihr aufwirft.

Die in der Mauergesellschaft konzeptionell zum Tragen kommende Perspektive thematisiert hingegen die dem Gesellschaftsbegriff innewohnende Ambivalenz, immer nur Teilmengen als expliziten Betrachtungsgegenstand vorzufinden, zugleich aber Phänomene mit umfassender Bedeutung zu untersuchen. Zur Erläuterung ist ein Blick auf Nachbarbegriffe hilfreich. Ähnlich wie die Migrationsgesellschaft, die industrielle Gesellschaft oder die digitale Gesellschaft erfasst die Mauergesellschaft gedanklich alle, aber nicht jeden. Bei Weitem nicht jedes Gesellschaftsmitglied hat Migrationserfahrung, auch Industriegesellschaften benötigen Ärzte, Verwaltungsangestellte und Lehrer. Die Bevölkerung beteiligt sich sehr unterschiedlich an der Digitalisierung des Lebens und der privaten Kommunikation. Dennoch sind Migration, Wirtschaftsstruktur und Kommunikationsformen gesamtgesellschaftlich kon-

Löwenthal, Helmut Kamphausen und Claus P. Clausen (Hrsg.), *Feindzentrale: Hilferufe von drüben* (Lippstadt: Hilferufe von drüben e. V., 1993); Karl Hafen, *Stationen der DDR-Arbeit der Internationalen Gesellschaft für Menschenrechte von 1972 bis 1989* (Frankfurt/M.: IGfM, 2009).

stitutiv. Ihr Wandel ist gesellschaftlicher Wandel. Dies gilt auch für Grenzen. Oberflächlich spielte die Mauer im Alltag vieler in Deutschland lebender Menschen keine Rolle. Sie bedingte aber grundlegend die Verfasstheit beider Staaten und Staatsgesellschaften bzw. -bevölkerungen, rahmte politische Möglichkeiten, offerierte und verhinderte Identitäten und schuf bzw. verhinderte soziale Räume. Nicht ohne Grund war die Welt nach dem Mauerfall auch für jene eine andere, die keine Verwandten oder Bekannten auf der anderen Seite hatten oder die zuvor auch keinen einzigen Gedanken an das Leben im anderen Deutschland verschwendet hatten.

So war die Mauer auch für jenes Drittel der Ostdeutschen und jene zwei Drittel der Westdeutschen, die keine Verwandten auf der anderen Seite der Grenze besaßen, systemisch dauerpräsent – und wohl deswegen immer weniger gefühlt. Ihre Präsenz drückte sich jedoch in sekundären Effekten aus: Ein Brigadeleiter in Görlitz konnte in der und für die DDR leben, dennoch spürte er auch ohne jeden Westbesuch oder Reisedrang die Existenz der Mauer, sei es durch das darauf ausgerichtete Staatswesen, sei es durch die an sie gebundene Ökonomie, sei es ganz konkret durch plötzlich auftretende Verpflichtungen. Dies konnte etwa die Pflicht beinhalten, eine »Aussprache« mit einem ausreisewilligen Brigadearbeiter zu führen. Oder sei es, dass er einfach nicht an knappe und andernorts benötigte Baumaterialien wie Kies und Zement kam. Die alternative Szene in Kreuzberg konnte die Mauer zwar ignorieren, aber nur in ihrem Schatten entstehen.[136] Die Bevölkerung in strukturschwachen Gebieten in der Pfalz, in Oberbayern oder im Saarland musste damit leben, dass andere strukturschwache Gebiete am »Zonenrand« Förderung erhielten, die ihnen verwehrt blieb – und konnte dies aus identitätspolitischen Gründen überraschend gut.[137] Und jeden Abend um 20 Uhr schauten (fast) alle die *Tagesschau*, die im Westen produziert wurde, aber im steten Bewusstsein, dass sie auch im Osten empfangen wurde.

In dieser kommunikativen Gemeinsamkeit schlummert aber jederzeit die lebensweltlich geprägte Differenz. So hörten die Men-

---

136 Für eine lebendige Szenebeschreibung siehe Jörg A. Hoppe, Klaus Maeck und Heiko Lange, *B-Movie: Lust & Sound in West-Berlin 1979-1989* (Hamburg: Edel, 2015).

137 Eckert, »West German Borderland Aid and European State Aid Control«.

schen in Ost und West zwar dasselbe, verstanden aber gänzlich Unterschiedliches, als Purple Schulz 1985 mit dramatischer Geste »Ich will raus!« in die Kameras der *Hitparade* im ZDF schrie. Die sozial- und kulturhistorische Bedeutung der Mauer lauerte hinter jeder Ecke. Wirkte der aus Köln stammende Schulz angesichts seines Klageliedes über sein »Unbehagen in der Gegenwart« für die westdeutsche Presse wie die »Heulboje der Nation«, mutierte der in Endlosschleifen laufende Song in den Ohren auf der anderen Seite der Grenze »zu einer Hymne der Ausreisewilligen in der DDR«.[138] »Ich wusste«, schreibt Schulz in der Rückschau, »dass er in den Knasthitparaden bei uns im Westen die Nr. 1 war, und dass er offenbar vielen aus der Seele sprach. Aber was der Song im Kontext einer DDR-Sozialisation anstellt, war mir nicht klar.«[139] Für die einen das Psychogramm eines introvertierten Verzweifelten, für die anderen die Hymne auf den Ausbruchswunsch aus der Diktatur der Grenzen.[140] Dass die Teilung auch Raum für Sehnsüchte schuf, befürchtete nicht nur der SED-Staat in seiner Angst vor dem Fantasma des goldenen Westens, sondern es galt ebenso für unzufriedene Geister in der Bundesrepublik. Auch Purple Schulz empfand, so räumte er später ein, die DDR als »das kleinere Übel«, gerade weil die Mauer ihn lange vor dem genaueren Blick bewahrte. Mit seiner ersten Tour durch die DDR löste sich diese Romantisierung »razfatz in Luft auf«.[141]

Das Konzept der Mauergesellschaft versucht, den Alltag und die Gedankenwelten ebenso wie die Zugehörigkeitskonzepte und Ordnungspolitik dieser entfernten Nähe empirisch zu fassen. Die ambivalente Teilung fungiert dabei als das Fundament der deut-

138 Purple Schulz, *Sehnsucht bleibt* (Köln: editionfredebold, 2015), 7, 118.
139 Ebd., 113.
140 Bei seinem triumphalen, vom Fernsehen der DDR ausgestrahlten Konzert im Palast der Republik Anfang 1989 und der nachfolgenden Rockpoeten-Tour im Sommer desselben Jahres durfte Purple Schulz seinen größten Hit »Sehnsucht« unbeanstandet spielen. Er erklärt sich dies mit den »ideologischen Ohren« der Kulturbeauftragten: »Ich denke mal, sie haben sich gedacht: Zeigen wir mal der Jugend in der DDR, wie verzweifelt ein junger Mann in der angeblich so goldenen BRD sein kann. Bis zu unserem allerersten Friedens-Konzert im Januar 1989 im Ost-Berliner ›Palast der Republik‹ hatte ich keine Ahnung, welche Rolle der Song in der DDR spielte.« Eine Anfrage bei der BStU über Bestände zu dem Konzert und der Tour verlief überraschenderweise ergebnislos.
141 Schulz, *Sehnsucht bleibt*, 114, 150.

schen Zeitgeschichte. So entwickelten sich z. B. die in der bundesdeutschen Geschichte wichtigen, aber nur selten aus einer deutschdeutschen Perspektive betrachteten Neuen Sozialen Bewegungen in Beziehung oder im Widerspiel mit ostdeutschen Positionen oder Bewegungen. Als kritische Stimmen über die Verhältnisse in der Bundesrepublik mussten sich Aktivisten zudem dauerhaft mit dem Vorwurf auseinandersetzen, im Sinne der »anderen Seite« zu agieren und die freie Gesellschaftsordnung zu gefährden. Selbst während des stellenweise zur öffentlichen deutsch-deutschen Gruppentherapie werdenden Konzerts Wolf Biermanns 1976 schallte der Ruf durch den Kölner Sportpalast, linke Kritiker sollten doch lieber »nach drüben« gehen, wenn es hier – beliebig deutbar als »Kapitalismus«, der »Westen« oder im engeren Sinne die Bonner Republik – so schlimm sei. Ob als Einschnitt, als Gespenst oder als Drohkulisse: Hüben wie drüben war die Mauer zugleich in der Alltagspraxis versteckt als auch omnipräsent. Für eine solche Vermessung der deutsch-deutschen Geschichte bietet sich das »Querschnittsthema« der Migration an wie kaum ein anderes.

Überlegungen zum Migrationsregime

Wie Gesellschaft ist auch Migration kein der Untersuchung vorgelagert existierender Gegenstand, der einfach seiner Analyse harrt. Mobilität wird durch Betrachtung zu Migration. Unter anderem soziale Bedingungen wie Ungleichheit, staatliche und politische Strukturen wie Grenzen, Staatsangehörigkeit, Ordnungskonzepte wie das Pass- und Visasystem oder des Flüchtlings sowie diskursive Wissensprozesse co-produzieren, was Migration bedeutet.[142] Diese

---

142 Reuben Fink, »Visas, Immigration, and Official Anti-Semitism«, in: *The Nation* 112 (22. Juni 1921), 870-2; Aristide R. Zolberg, »The Formation of New States as a Refugee-Generating Process«, in: *The Annals of the American Academy of Political and Social Science* 467/1 (1983), 24-38; Mervyn Matthews, *The Passport Society: Controlling Movement in Russia and the USSR* (Boulder: Westview Press, 1993); ders., »Global Movements, Global Walls: Responses to Migration, 1885-1925«; John Torpey, *The Invention of the Passport: Surveillance, Citizenship and the State* (Cambridge u. a.: Cambridge Univ. Press, 2000); ders., »The Great Wall Against China: Responses to the First Immigration Crisis, 1885-1925«, in: *Migration, Migration History, History. Old Paradigms and New Perspectives*, hg. von Jan Lucassen und Leo Lucassen (Bern: Peter Lang, 2005), 291-315; Mark B.

Deutungen werden vorgenommen von konkret fassbaren Akteuren, etwa der Verwaltungsbeamte, der über die Einordnung eines Antragstellers als Asylsuchender, Flüchtling oder Arbeitsmigrant entscheidet. Oder Politiker, die diskutierten, warum und inwiefern Heimatvertriebene aus den Gebieten östlich von Oder und Neiße als Flüchtling gelten sollten, DDR-Auswanderer aber nicht. Im Sinne der reflexiven Migrationsforschung sind auch Wissenschaftler derartige Akteure.[143] Durch wissenschaftlichen Austausch und eingebunden in öffentliche Diskurse handeln sie Kategorisierung und Segmentierung von Migranten und von Migration mit aus.[144] Aufgrund der eminenten Bedeutung der Staatsbürgerschaft gilt dies in der Mauergesellschaft z. B. für Rechtswissenschaftler beiderseits der Grenze.[145]

Migration ist zudem von einer Spannung gekennzeichnet. Einerseits wird sie als etwas Besonderes wahrgenommen. Sie ist geprägt von emotionalen Projektionen, die von Gewöhnung über Bereicherung und Pflichtgefühl bis hin zu Bedrohung reichen. Andererseits betont die Migrationsgeschichte, sie sei ein historischer »Normalfall«,[146] ein Bestandteil der »Conditio humana wie

Salter, *Rights of Passage: The Passport in International Relations* (Boulder: Lynne Rienner, 2003); McKeown, *Melancholy Order*; Frank Wolff, »Global Walls and Global Movement: New Destinations in Jewish Migration, 1918-1939«, in: *East European Jewish Affairs* 44/3 (2014), 187-204; Peter Gatrell, *The Making of the Modern Refugee* (Oxford: Oxford University Press, 2013).

143 Christina Boswell, *The Political Uses of Expert Knowledge: Immigration Policy and Social Research* (Cambridge, New York: Cambridge University Press, 2009); Boris Nieswand und Heike Drotbohm, »Einleitung: Die reflexive Wende in der Migrationsforschung«, in: *Kultur, Gesellschaft, Migration: Die reflexive Wende in der Migrationsforschung*, hg. von Boris Nieswand und Heike Drotbohm (Wiesbaden: Springer VS, 2014), 1-37; Andreas Pott, »Migrationsforschung beobachtet. Zur Veränderung der räumlichen Perspektive«, in: *Migrations- und Integrationspolitik heute*, hg. von Rat für Migration (Berlin: Rat für Migration, 2014), 61-73; Andreas Pott, »Kritik der Migrationsforschung«, in: *IMIS-Beiträge* 48 (2016), 25-34.

144 Bereits vor der »reflexiven Wende« demonstrierte Volker Ackermann dies anhand der Konstruktion des »echten Flüchtlings« im Rahmen der deutsch-deutschen Migration vor dem Mauerbau, siehe Ackermann, *Der »echte« Flüchtling*, 21-36.

145 Frank Wolff, »Rechtsgeschichte als Gesellschaftsgeschichte? Die Staatsbürgerschaft der DDR als Kampfmittel im Kalten Krieg«, in: *Kritische Justiz* 51/4 (2018), 413-30.

146 Klaus J. Bade und Jochen Oltmer, *Normalfall Migration* (Bonn: Bpb, 2004).

Geburt, Vermehrung, Krankheit und Tod«.[147] Auch wenn die Urheber dieser Zitate etwas anderes im Sinn hatten, erlaubt gerade diese sprachliche Naturalisierung den Brückenschlag zwischen beiden anscheinend widersprüchlichen Ansätzen. Geburt, Vermehrung, Krankheit und Tod mögen ewiglich menschlich erscheinen. In der sich ändernden menschlichen Vorstellungswelt sind sie es keineswegs, denn ihre historische Bedeutung entsteht aus ihrer zeitspezifischen kulturellen Codierung. Was als Krankheit gilt, was Tod bedeutet, ist beobachterabhängig.[148] Die Conditio humana ändert sich, wenn Viren entdeckt oder Krankheiten erklärt werden; wenn menschlicher Irrglaube Homosexualität als kurierbare Krankheit stigmatisiert oder die Empfängnis zum Beginn des Lebens deklariert wird oder wenn nach dem Tod das ewige Leben lockt, das Fegefeuer droht oder ein Mensch nur mehr zu Staub zerfällt. Die quasi überhistorischen Absoluta von »Geburt, Vermehrung, Krankheit und Tod« sind damit immer eingepfercht in einen orts- und zeitgebundenen Sinngedanken, der, wie der Historiker Jacques Le Goff am Beispiel des Fegefeuers demonstriert hat, »mit einem tiefgreifenden Wandel der Gesellschaft verbunden ist, in der er entsteht«.[149]

Migration ist kein unveränderlicher Fakt, sondern ein Produkt menschlicher Kategorisierung von Bewegung, Raum und Struktur. Damit spiegelt Migration als Prozess nicht nur Bewegung, sondern vor allem Macht. Im deutschsprachigen Raum führt dies zu einer fast schon obsessiven begrifflichen Kategorisierungswut, die mit rationalem Gestus, aber emotionalem Hintergrund sich wandelnde bevölkerungspolitische Dogmen in Subkategorien wie Arbeitsmigration, Bildungsmigration, Flucht usw. überträgt.[150]

---

147 Klaus J. Bade et al., »Die Enzyklopädie: Idee, Konzept, Realisierung«, in: *Enzyklopädie Migration in Europa: vom 17. Jahrhundert bis zur Gegenwart*, hg. von Klaus J. Bade et al., 2., unveränd. Aufl. (Paderborn, München u. a.: Schöningh, 2008), 19.

148 Michel Foucault, *Überwachen und Strafen: Die Geburt des Gefängnisses* (Frankfurt/M.: Suhrkamp, 1977), 72-5; z. B.: Philippe Ariès, *Geschichte des Todes* (München: DTV, 1982); Philipp Sarasin, *Reizbare Maschinen: Eine Geschichte des Körpers 1765-1914* (Frankfurt/M.: Suhrkamp, 2001).

149 Jacques Le Goff, *Die Geburt des Fegefeuers: Vom Wandel des Weltbildes im Mittelalter* (München: Klett-Cotta, 1990), 10.

150 Dabei ist z. B. die im Alltagsdenken übliche Abgrenzung zwischen Migration und Reise bzw. Tourismus nur vordergründig einfach. Historisch verschmelzen

Diese Alltagsnutzung des Migrationsbegriffs leitet sich aus einem Zweckdenken ab. Sie wird mit Kulturkontakt assoziiert,[151] was dazu führt, dass die meisten unter Migration etwas weitgehend Undefiniertes subsumieren, das Bevölkerungsteile voneinander unterscheidet. Dabei steht weniger die Bewegung und deren Regulation, sondern vielmehr die Identifizierung eines »Fremden« im Vordergrund. Als Folie dient er einer kontrafaktischen, aber emotional tragfähigen Konstruktion einer kulturell und traditionell einheitlich verfassten Mehrheitsgesellschaft, die *ex negativo* aus der Abgrenzung zum ethnisierten Zuwanderer erwächst.[152] Entsprechend widerwillig wird in Deutschland der Begriff der Migration auf co-ethnische Bewegungen angewendet,[153] da man, wie mir bei meinen Recherchen mehrfach von Zeitzeugen gesagt wurde, »doch kein Ausländer« sei.[154] Um dieser Denkfalle zu entgehen, kann die

beide Konzepte schnell zu einem, praktisch führt auch heute Reise oft zum Verbleib oder ermöglicht diesen durch Zugang, und auch rechtlich obliegt die Unterscheidung zwischen dem einen und dem anderen nationalen Rechtspraktiken, inter- oder binationalen Abkommen und der Sprachpraxis. Für zahlreiche Beispiele historischer Überschneidungen siehe: Bade et al., *Enzyklopädie Migration in Europa*; konzeptionell: Andreas Pott, »Die Raumordnung des Tourismus«, in: *Soziale Systeme* 17/2 (2011), 255-76; Nina Glick Schiller und Noel B. Salazar, »Regimes of Mobility Across the Globe«, in: *Journal of Ethnic and Migration Studies* 39/2 (2013), 183-200; Urry, *Mobilities*.

151 Zur *longue durée* des mobilitätsinduzierten Kulturkontakts siehe Hoerder, *Cultures in Contact: World Migrations in the Second Millennium*.

152 Am deutlichsten wird dies wohl am deterministisch exkludierenden »Migrationshintergrund«, für eine Kritik siehe Klaus J. Bade, »Kulturvielfalt, Kulturangst und Negative Integration in der Einwanderungsgesellschaft«, in: *Migration – Religion – Identität: Aspekte transkultureller Prozesse*, hg. von Kerstin Kazzazi, Angela Treiber und Tim Wätzold (Wiesbaden: Springer, 2016), 22; Klaus J. Bade, »Von Unworten zu Untaten. Kulturängste, Populismus und politische Feindbilder in der deutschen Migrations- und Asyldiskussion zwischen ›Gastarbeiterfrage‹ und ›Flüchtlingskrise‹«, in: *IMIS-Beiträge* 48 (2016), 71, 74.

153 Gänzlich anders sieht es z. B. in den USA aus, wo unter *great migration* nicht die in Europa betonte Zeit der Überseewanderung in die USA verstanden wird, sondern die Binnenmigration bzw. die Flucht befreiter afroamerikanischer Sklaven vor »Jim Crow«, den neuen Rassegesetzen des Südens, in den Norden des Landes. Siehe z. B. Isabel Wilkerson, *The Warmth of Other Suns: The Epic Story of America's Great Migration*, Reprint (New York: Vintage, 2011).

154 Ähnliche Erfahrungen sammeln auch Forscherinnen und Forscher zur Geschichte der (Spät-)Aussiedler. So proklamierte eine russlanddeutsche Mitarbeiterin eines russlanddeutschen Mitglieds des Bundestages auf der Berliner Tagung »Russlanddeutsche in einem vergleichenden Kontext: neue Perspek-

vorliegende Studie glücklicherweise auf die neuere Forschung zu Heimatvertriebenen und (Spät-)Aussiedlern zurückgreifen.[155] Mit sanftem, aber konstantem Druck entriss diese z. B. die Geschichte der Vertreibung der politischen Interessenvertretung, indem sie sie verwissenschaftlichte und in die Denk- und Begriffswelten der internationalen Migrationsforschung einfügte.[156] Dies ermöglicht es nun auch, die deutsch-deutsche Migration analytisch zu normalisieren.[157]

Der Begriff der Migration dient dabei wissenschaftlich recht umfassend als Terminus technicus für die Analyse diverser grenzüberschreitender Mobilitätsprozesse.[158] Im Gegensatz zu stark

tiven der Forschung« im Jahr 2015 empört, »Wir sind doch keine Türken«, weil Leo Lucassen entsprechende Vergleichsperspektiven für den historischen Erfahrungsaustausch angeregt hatte. Für die Schwierigkeiten, vergleichende und gleichsetzende Perspektiven voneinander zu unterscheiden, siehe z. B. den Beitrag des Präsidenten des Bundes der Vertriebenen, der – ganz im Gegensatz zu Charlotte Knobloch – jede Möglichkeit verneint, aus dem Gestern Schlüsse für das Heute zu ziehen; vgl. Bernd Fabritius, »Vertriebene: Eine Neiddebatte mit Tradition«, in: *Bayernkurier* (25. Mai 2017); »›Zeit der Zeitzeugen geht zu Ende‹«, Charlotte Knobloch im Gespräch mit Birgit Wentzien, Deutschlandfunk (25. Februar 2016), online verfügbar unter ⟨https://www.deutschlandfunk.de/charlotte-knobloch-zeit-der-zeitzeugen-geht-zu-ende.1295.de.html?dram:article_id=346703⟩ (Stand März 2019).

155 Siehe z. B. Jannis Panagiotidis, »Staat, Zivilgesellschaft und Aussiedlermigration 1950-1989«, in: *Handbuch Staat und Migration in Deutschland seit dem 17. Jahrhundert*, hg. von Jochen Oltmer (Berlin, Boston: De Gruyter, 2016), 895-930; Gesine Wallem, »The Name and The Nation: Banal Nationalism and Name Change Practices in the Context of Co-ethnic Migration to Germany«, in: *Everyday Nationhood: Theorising Culture, Identity and Belonging after Banal Nationalism*, hg. von Michael Skey und Marco Antonsich (London: Palgrave Macmillan, 2017), 77-96.

156 Grundlegend dazu Mathias Beer (Hrsg.), *Zur Integration der Flüchtlinge und Vertriebenen im deutschen Südwesten nach 1945* (Sigmaringen: Thorbecke, 1993).

157 Den für die innerdeutsche Migration entscheidenden Schritt leistete Gehrmann, *Die Überwindung des »Eisernen Vorhangs«*.

158 Dabei gehen die Definitionen weit auseinander. Einige verstehen Migration als internationalen Wohnortwechsel, andere legen dafür die Zeitspanne von mindestens einem Jahr Sesshaftigkeit in der Fremde an, wieder andere fragen nach der Intentionalität der Mobilität, also der Aus- bzw. Einwanderungsabsicht. Weitere werfen hingegen ein, dass weder die Dauer noch die Motive, sondern vielmehr die kategorisierenden Wissensprozesse definieren, was Migration ist und was sie z. B. von Langzeittourismus unterscheidet. Für eine klassische Definition siehe Bade et al., »Die Enzyklopädie: Idee, Konzept, Realisierung«, 21,

bewegungsprozessualen Ansätzen, die Migration in die Phase der Entscheidung, die der Reise und die des Ankommens bzw. der Integration unterscheiden, stehen in diesem Buch Regulation und Machtfragen gleichberechtigt neben der Mobilitätsvermessung, die in der sozialhistorischen Migrationsforschung oft vorrangig behandelt wird.[159] Den Begriff der Migration nutzte ich als Zugriff auf die gesellschaftsprägende Schnittstelle von Gouvernmentalität, Abgrenzungsdenken und dem Eigensinn des Handelns.[160] Mein Forschungsinteresse gilt damit weniger dem Ausmaß der Bewegung als vielmehr der komplexen Kausalität von Migration im Widerstreben zu ihrer Verhinderung.

aufbauend u. a. auf Bade, »Sozialhistorische Migrationsforschung«, 1988; Dirk Hoerder und Leslie Page Moch (Hrsg.), *European Migrants. Global and Local Perspectives* (Boston: Northeastern University Press, 1996); Bade, *Europa in Bewegung*; Kleinschmidt, *Menschen in Bewegung: Inhalte und Ziele historischer Migrationsforschung*; Hoerder, *Cultures in Contact: World Migrations in the Second Millennium*; Manning, *Migration in World History*; Jan Lucassen und Leo Lucassen (Hrsg.), *Migration, Migration History, History. Old Paradigms and New Perspectives* (Bern: Peter Lang, 2005).

159 Siehe z. B. Dirk Hoerder, Jan Lucassen und Leo Lucassen, »Terminologien und Konzepte der Migrationsforschung«, in: *Enzyklopädie Migration in Europa: vom 17. Jahrhundert bis zur Gegenwart*, hg. von Klaus J. Bade et al., 2., unveränd. Aufl. (Paderborn, München u. a.: Schöningh, 2008), 28-53.

160 Entsprechend meidet dieses Buch den in Bezug auf Praktiken teilweise naheliegenden, teilweise aber durch eine Kontrapositionierung von Staatlichkeit und Migration entgegenstehenden Begriff der Autonomie der Migration. Dieser ist m. E. auch begrifflich irreführend, denn angesichts der dauerhaften Kategorisierungsprozesse, die stetig Raum und Bewegung beeinflussen, ist Migration alles andere als »autonom«, sondern hochgradig interdependent. Siehe dazu Transit Migration Forschungsgruppe (Hrsg.), *Turbulente Ränder: Neue Perspektiven auf Migration an den Grenzen Europas* (Bielefeld: transcript, 2007); Sabine Hess und Vassilis Tsianos, »Ethnographische Grenzregimeanalysen: Eine Methodologie der Autonomie der Migration«, in: *Grenzregime: Diskurse, Praktiken, Institutionen in Europa*, hg. von Sabine Hess und Bernd Kasparek (Berlin: Assoziation A, 2010), 243-64; Sandro Mezzadra, »The Gaze of Autonomy: Capitalism, Migration and Social Struggles«, in: *The Contested Politics of Mobility: Borderzones and Irregularity*, hg. von Vicki Squire (London, New York: Routledge, 2011), 121-42; für einen Vermittlungsversuch innerhalb des Gedankens siehe Stephan Scheel, »Das Konzept der Autonomie der Migration überdenken? Yes, please!«, in: *movements. Journal for Critical Migration and Border Regime Studies* 1/2 (2015), online verfügbar unter: ⟨http://movements-journal.org/issues/02.kaempfe/14.scheel--autonomie-der-migration.html⟩ (Stand März 2019).

Um diese komplexe Beziehung zwischen Bewegung, ihrer Regulation und ihrer Rezeption zu erfassen, greift die Migrationsforschung derzeit auf den Begriff des Migrationsregimes zurück.[161] Der dabei verwendete Regimebegriff weicht von dem in Geschichtswissenschaft und Alltag üblichen ab. Dort dient er oft ohne größere theoretische Durchdringung zumeist als Abkürzung für totalitäre oder quasitotalitäre Staatlichkeit, was sich in Ausdrücken wie »NS-Regime«, »SED-Regime« usw. niederschlägt. Häufig wird er synonym mit »Apparat« oder einfach der »Macht« autoritärer Herrschaft benutzt. »Regime« erfasst dabei die lebensweltlich spürbaren Äußerungen zentralisierter staatlicher Unterdrückungsmacht, deren Rahmung sich weniger von innen heraus, sondern durch widerständiges Handeln offenbart. Zu Ende gedacht, setzt ein solches komplementär binäres Verhältnis von Regime und Widerstand aber Macht absolut. Sie wird nicht ausgehandelt, sie agiert.

In der Disziplin der Internationalen Beziehungen, die einen großen Einfluss auf die Migrationsforschung besitzt, hat sich indes ein anderer, offener und seit Jahrzehnten theoretisch reflektierter Regimebegriff etabliert, der Macht als Prozess versteht. Mit ihm sollten zunächst die dezentralen, internationalen Verständigungsprozesse im Kalten Krieg konzeptionialisiert werden. Der Politikwissenschaftler Stephen Krasner hat internationale Regime 1982 als »Zusammenhänge von Prinzipien, Normen, Regeln und Entscheidungsfindungsprozeduren, um die herum die Erwartungen unterschiedlicher Akteure in einem Bereich der internationalen Beziehungen zusammenfinden«, definiert.[162] Regime sind demnach keine eigenständigen Machtapparate, sondern intervenierende Variablen oder bildlich gesprochen: Arenen, die sich um Beziehungen und Handlungen im Rahmen eines spezifischen, international ausgehandelten Konfliktfeldes formen. Wenngleich ein Nachzügler in der Regimeforschung, sind Migrationsregime ein Paradebeispiel für solche Aushandlungen.[163]

---

161 Eine Bestandsaufnahme der Debatte findet sich in Andreas Pott, Christoph Rass und Frank Wolff (Hrsg.), *Was ist ein Migrationsregime? What Is a Migration Regime?* (Wiesbaden: Springer VS, 2018).

162 Stephen D. Krasner, »Structural Causes and Regime Consequences: Regimes as Intervening Variables«, in: *International Organization* 36/2 (1982), 186.

163 Entsprechend unüberschaubar ist die Literatur zu Migrationsregimen. Für eine

Denn erst als sich nach dem Ende des Kalten Krieges eben nicht das Ende der Geschichte, sondern eine immer komplexere und dezentrale Multilateralität abzeichnete, die sich auch in vielfältigen Migrationsbewegungen niederschlug, wurde die Suche nach einem Migrationsregime zu einem Kernthema der Sozialwissenschaften und -politiken.[164] Hierbei lassen sich drei Hauptströmungen identifizieren. Darunter ist erstens eine Forschungslinie zu erkennen, die das Migrationsregime als ein *missing regime* erachtet, als einen zu schaffenden Regulierungsgegenstand.[165] Vorbild sind dabei internationale Handelsabkommen wie das Allgemeine Zoll- und Handelsabkommen oder das Allgemeine Abkommen über den Handel mit Dienstleistungen.[166] Vater des Gedankens ist der (neo-) liberale Wunschtraum, per internationalem Abkommen nicht nur »die geordnete Bewegung von Menschen« einzuführen, sondern diese auch noch »vorhersehbar« zu machen.[167] Dazu traten, zweitens, vor allem im Feld der Fluchtforschung Ansätze, in denen bestehende Normen und Regulierungen als dezentrales Migrationsre-

Systematisierung und Auswertung von ca. 800 Publikationen siehe Rass/Wolff, »What Is In a Migration Regime?«.

164 Zu dieser Entwicklung und methodischen Ableitungen siehe ausführlich ebd.

165 James F. Hollifield, »Migration and the ›New‹ International Order: The Missing Regime«, in: *Managing Migration: Time for a New International Regime?*, hg. von Bimal Ghosh (Oxford: Oxford University Press, 2000), 75-109.

166 Entscheidende Publikationen hierbei sind Bimal Ghosh, »Movement of People: The Search for a New International Regime«, in: *Issues in Global Governance*, hg. von Commission on Global Governance (London, Boston: Kluwer Law International in association with the Commission on Global Governance, 1995), 405-25; Kathleen Newland und Demetrios G. Papademetriou, »Managing International Migration: Tracking the Emergence of a New International Regime«, in: *UCLA Journal of International Law and Foreign Affairs* 3/637 (1999); Bimal Ghosh (Hrsg.), *Managing Migration: Time for a New International Regime?* (Oxford: Oxford University Press, 2000), insbes. 6-26, 220-48.

167 James F. Hollifield, »New International Regime for Orderly Movement of People«, in: *Managing Migration: Time for a New International Regime?*, hg. von Bimal Ghosh (Oxford: Oxford University Press, 2000), 220-48; German A. Zarate-Hoyos, »Remittances and Livelihoods in Central America: Towards a New International Regime for Orderly Movements of People (NIROMP)«, in: *Transfers from International Migration: A Strategy of Economic and Social Stabilization at National and Household Level*, hg. von Béatrice Knerr (Kassel: Kassel University Press, 2012), 181; Bimal Ghosh, *The Global Economic Crisis and the Future of Migration: Issues and Prospects. What Will Migration Look Like in 2045?* (Houndmills, Basingstoke, Hampshire: Palgrave Macmillan, 2013), 293-307.

gime begriffen wurden. Das konnte dann kritisch und mehr oder weniger explizit beratend erkundet werden. Eine eher besondere Entwicklung dieser Analyselinie ist dabei die starke Fokussierung auf Nationalstaaten als Träger von jeweils eigenen nationalen Migrationsregimen.[168] Ungeachtet aller Unterschiede eint beide Strömungen ein normativer Fokus, der Staatlichkeit auf internationaler Ebene verortet. Sie lassen allerdings wenig Raum für menschliche Agency bzw. migrantischen Eigensinn. Entsprechend betont, drittens, seit einigen Jahren mit einem besonderen Fokus auf die EU-Außengrenze eine kritische, primär ethnografische Regimeforschung das vielfältige Handeln von Migranten als konstitutiven Faktor im europäischen Migrationsregime.[169] Durch den expliziten Akteursbezug bietet diese keineswegs kohärente Strömung zahlreiche produktive Ansätze für die Zeitgeschichte, wenngleich der Staat in einigen der Studien etwas holzschnittartig bleibt.[170] Eine

168 Vgl. z. B. Rey Koslowski, »European Migration Regimes: Emerging, Enlarging and Deteriorating«, in: *Journal of Ethnic and Migration Studies* 24/4 (1998), 735-49; Franck Düvell, »Grundzüge des europäischen Migrationsregimes«, in: *Flüchtlingsrat – Zeitschrift für Flüchtlingspolitik in Niedersachsen* 75-76 (2001), 32-7; ders., »The Globalisation of Migration Control«, openDemocracy.net, 2003, 1-6; Alexander Betts, »Institutional Proliferation and the Global Refugee Regime«, in: *Perspectives on Politics* 7/1 (2009), 53-58; Rey Koslowski (Hrsg.), *Global Mobility Regimes* (New York u. a.: Palgrave Macmillan, 2011); Alexander Betts, *Survival Migration: Failed Governance and the Crisis of Displacement* (Ithaca: Cornell University Press, 2013).

169 Wegweisend hierfür Transit Migration Forschungsgruppe (Hrsg.), *Turbulente Ränder*; Serhat Karakayali, *Gespenster der Migration: Zur Genealogie illegaler Einwanderung in der Bundesrepublik Deutschland* (Bielefeld: transcript, 2008); Dimitris Papadopoulos, Niamh Stephenson und Vassilis Tsianos, *Escape Routes: Control and Subversion in the Twenty-First Century* (London u. a.: Pluto Press, 2008); Sabine Hess (Hrsg.), *Grenzregime: Diskurse, Praktiken, Institutionen in Europa* (Berlin, Hamburg: Assoziation A, 2010); Marianne Pieper, Brigitta Kuster und Vassilis Tsianos, »Making Connections: Skizze einer net(h)nografischen Grenzregimeanalyse«, in: *Generation Facebook: Über das Leben im Social Net*, hg. von Oliver Leistert und Theo Röhle (Bielefeld: transcript, 2011), 221-48; Sabine Hess, »Caught in Mobility: New Zones of Precarity at the Margins of Europe«, in: *Behemot* 5/1 (2012), 8-29.

170 Widersprüchlich bleibt z. B., ob anhand dieses Ansatzes Migranten als Teil des Regimes und seiner Aushandlungsprozesse oder als Kämpfer gegen das Regime verstanden werden. Dabei führt jedoch die explizite politische Positionierung zu einer gewissen Abkapselung der deutschsprachigen Forschung, die bis zur Reduktion von Migration auf eine Kampfsituation reicht, was wohl gänzlich

Brücke schlägt darum der von dem Soziologen Giuseppe Sciortino eingebrachte Begriff der *double contingency* von Migrationsregimen, mit dem er am Beispiel irregulärer Migration verdeutlicht, wie sich im Widerspiel von Normen und Praxen Spielraum für die Agency von Migranten entwickelt.[171] Damit überträgt er Anthony Giddens' Konzept der »in soziale Systeme eingelassene[n] *Dialektik der Herrschaft*«, die gegenseitige Abhängigkeit von Handlungen und Struktur, in die Migrationsforschung und öffnet diese für historische Analysen.[172] Sciortinos Betonung der Kontingenz sowie die generelle Ausrichtung der kritischen Migrationsregimeforschung auf den prozessualen, also zeitgeprägten Charakter von Migration, ihrer Regulation und ihrer Bedeutung schafft die entscheidenden Schnittstellen zwischen Migrationsforschung und Zeitgeschichte.

Um einen entsprechenden Ansatz zu entwickeln, greife ich auf einige zentrale Ergebnisse der bisherigen Migrationsregimeforschung zurück und kombiniere diese mit einem historisch anwendbaren gestuften Akteursmodell.[173] Ausgangspunkt ist dabei

unbeabsichtigt zurück zur binären Alltagsnutzung des Regimebegriffs führen kann. Siehe bspw. Ilker Ataç et al., »Kämpfe der Migration als Un-/Sichtbare Politiken: Einleitung zur zweiten Ausgabe«, in: *movements. Journal for Critical Migration and Border Regime Studies* 1/2 (2015), online verfügbar unter: ⟨http://movements-journal.org/issues/02.kaempfe/01.ata%C3%A7,kron,schilliger,schwiertz,stierl--einleitung.html⟩ (Stand März 2019); für eine Kritik siehe z. B. Anna Lipphardt und Inga Schwartz, »Follow the People! Examining Migration Regimes through the Trajectories of Unauthorized Migrants«, in: *Was ist ein Migrationsregime? What Is a Migration Regime?*, hg. von Andreas Pott, Christoph Rass und Frank Wolff (Wiesbaden: Springer VS, 2018), 187-205; für eine kritische Weiterentwicklung siehe Martina Hess, Bernd Kasparek und Maria Schwertl, »Regime ist nicht Regime ist nicht Regime: Zum theoriepolitischen Einsatz der ethnographischen (Grenz-)Regimeanalyse«, in: *Was ist ein Migrationsregime? What Is a Migration Regime?*, hg. von Andreas Pott, Christoph Rass und Frank Wolff (Wiesbaden: Springer VS, 2018); für eine grandiose Ethnografie der Flucht über das Mittelmeer ohne politische Überladung und mit umso größerem kritischem Potential siehe Maurizio Albahari, *Crimes of Peace: Mediterranean Migrations at the World's Deadliest Border* (Philadelphia: University of Pennsylvania Press, 2015).

171 Giuseppe Sciortino, »Between Phantoms and Necessary Evils: Some Critical Points in the Study of Irregular Migrations to Western Europe«, in: *IMIS-Beiträge* 24 (2004), 17-44.

172 Vgl. Giddens, *Die Konstitution der Gesellschaft*, S. 67; Welskopp, »Die Dualität von Struktur und Handeln«.

173 Für eine ausführlichere Herleitung siehe Rass/Wolff, »What Is In a Migration Regime?«.

der unhintergehbare Internationalismus von Krasners Definition, erweitert durch die von Aristide R. Zolberg betonte Globalität von Regimen.[174] Wie die Weltgesellschaft begreife ich auch das Migrationsregime als ein Konzept, das von einer globalen Konstitution ausgehend durch eine Skalierung lokale oder regionale Untersuchungsfelder eröffnen kann. Diese können dann wiederum eingebunden in den globalen Kontext analysiert werden.[175] In der Betrachtung eines nationalhistorisch gerahmten Themas wie der deutsch-deutschen Migration lässt sich ein methodologischer Nationalismus vermeiden, indem sich die Reichweite der Analyse nicht an einem von außen gesetzten Rahmen, sondern an den Handlungen der Akteure definiert.[176] An diesem Punkt kommen also das in dieser Studie verwendete Gesellschaftskonzept und das des Migrationsregimes zusammen. Das Migrationsregime ist damit ein Interaktionsfeld, in dem Akteure machtbasiert aushandeln, wie Migration stattfindet und was sie bedeutet.[177] Der Historiker und Migrationsforscher Jochen Oltmer hat dies kurz und prägnant als »Arena« bezeichnet.[178] Hier werden die Formen des Handelns von Migranten oder von Regulatoren, die strukturbildenden Ge-

174 Krasner, »Structural Causes and Regime Consequences: Regimes as Intervening Variables«; ders., »Regimes and the Limits of Realism: Regimes as Autonomous Variables«, in: *International Organization* 36/2 (März 1982), 497-510; Zolberg, »Global Movements, Global Walls: Responses to Migration, 1885-1925«; ders., »Matters of State: Theorizing Immigration Policy«, in: *The Handbook of International Migration: The American Experience*, hg. von Charles Hirschman (New York: Russell Sage Foundation, 1999), 71-93; ders., *A Nation by Design.*
175 Siehe z. B. Schiller/Çağlar, »Towards a Comparative Theory of Locality in Migration Studies«; Glick Schiller/Salazar, »Regimes of Mobility Across the Globe«.
176 Siehe v. a. Düvell, »Grundzüge des europäischen Migrationsregimes«. Dies hebt sie von naheliegenden, in diesem Punkt aber divergierenden Ansätzen wie dem Foucault'schen Diskurs bzw. Dispositiv ab und führt die Diskussion näher an in Weiterentwicklung der Luhmann'schen Systemtheorie entstandene Modelle akteursbasierter struktureller Differenzierung heran. Siehe z. B. Uwe Schimank, *Differenzierung und Integration der modernen Gesellschaft* (Wiesbaden: VS Verlag, 2005); ders., *Theorien gesellschaftlicher Differenzierung*, 3. Aufl. (Wiesbaden: VS, 2007).
177 Sciortino, »Between Phantoms and Necessary Evils: Some Critical Points in the Study of Irregular Migrations to Western Europe«; Hess/Tsianos, »Ethnographische Grenzregimeanalysen«.
178 Oltmer, »Einführung: Europäische Migrationsverhältnisse«.

setze, Normen, Werte und Interessen sowie die Formierung des widerstreitenden Diskurses ausgehandelt. Dabei lassen sich drei regimebildende Praxisformen herausfiltern, die zusammen einen geschichteten Ansatz einer Migrationsregimeanalyse erlauben.

Die erste Ebene umfasst die *primäre Praxis* des Migrierens. Ohne Migration kann es kein entsprechendes Regime geben, da Mobilität stets in enger Beziehung zu anderen Regimen (z. B. Zugehörigkeitsregime, Schutzregime, Wohlfahrtsregime) steht. Als primäre Akteure verstehe ich jene, die selbst Migration planen oder vornehmen. Da Migration nicht autonom, sondern in vielfältige politische und soziale Strukturen eingebunden ist, umfasst dies weitere Bündel an Praktiken wie z. B. oppositionelle Tätigkeiten, internationale Vernetzungen usw. Diese werden im Rahmen einer geschichteten Migrationsregimeanalyse in die Betrachtung mit einbezogen, wenn sie in irgendeiner Form kausal für die Migrationsmöglichkeiten werden.

Als *sekundäre Praxis* verstehe ich die Regulation von Migration. Dies umfasst Praktiken, die sich auf den Besitz von Regulierungsmacht berufen oder diese herstellen wollen, um den Migrationsprozess jenseits des individuellen Falls zu beeinflussen. Als sekundäre Akteure des Migrationsregimes bezeichne ich sämtliche Individuen, Organisationen oder Institutionen, die versuchen, Migration zu verhindern, zu ermöglichen, zu erleichtern, in kreativer Art umzuleiten – oder sie zu kriminalisieren. Wie dargestellt, beinhaltet dies auch Versuche, mit regulatorischer Absicht Migration zu klassifizieren. Aufgrund dieser überindividuellen Verfasstheit finden sich dabei vor allem staatliche Stellen, aber auch inter- oder supranationale Organisationen sowie zivilgesellschaftliche Initiativen bis hin zu sogenannten Schmugglern oder Schleppern, die zur Zeit der deutsch-deutschen Teilung zumeist Fluchthelfer hießen.[179]

Daneben verstehe ich als *tertiäre Praxis* das öffentliche Sprechen über Migration und die Migrationsverhältnisse, also das Aufbauen, das Einfordern und das Betreiben diskursiver Präsenz im Migrationsregime. Tertiäre Akteure im Migrationsregime sind an der

---

179 Siehe hierzu Detjen, *Ein Loch in der Mauer*; dies., »Die propagandistische Ausrichtung der Strafverfolgung von Fluchthelfern in der DDR und ihre Wirkung im Westen«, in: *Inszenierungen des Rechts: Schauprozesse, Medienprozesse und Prozessfilme in der DDR*, hg. von Klaus Marxen und Annette Weinke (Berlin: Berliner Wissenschafts-Verlag, 2006), 101-20.

Ausbildung und am Wandel eines spezifischen Migrationsdiskurses beteiligt, entwerfen Konzepte und Kategorien als Denkmuster und bewerten Migration sowie ihre Regulation politisch und moralisch. Die tertiäre Praxis ist damit ganz entscheidend für die Interpretation der Bedeutung von Migrationsverhältnissen im Migrationsregime, was über den Umweg des öffentlichen Diskurses Einfluss auf die Möglichkeiten von Migration nimmt. Dies kann, wie z. B. beim Kategorisieren von Migration als Flucht oder ökonomische Abwanderung, schnell in sekundäre Praktiken übergehen. Ebenso häufig kam aber auch vor, dass sich Institutionen selbst als sekundäre Akteure erachteten und dabei ihre Bedeutung als tertiäre übersahen bzw. insgesamt den Wert des Diskurses aufgrund zu einfacher Steuerungsvorstellungen unterschätzten. Dies gilt z. B. für zahlreiche westdeutsche Regierungsstellen sowie für Organisationen wie der Internationalen Gesellschaft für Menschenrechte (IGfM)[180] oder den Verein Hilferufe von drüben (Hvd).

In einer solchen überlappenden Betrachtung dieser drei idealtypischen Praxebenen eines strukturierten Migrationsregimes tritt auch ein spezifisches deutsch-deutsches Migrationsregime hervor. Dieses Migrationsregime erkunde ich in diesem Buch als Kernthema der Mauergesellschaft. Dabei setze ich primäre Akteure, also die (prospektiven) Migranten, mit sekundären Akteuren in Verbindung, die von beiderseits der Grenze aus Migration zu steuern versuchten, und verorte diese Gemengelage mit einer Analyse tertiärer Praktiken im diskursiven Umfeld. Daraus ergibt sich einerseits der im Buch dominante Fokus auf Individuen und Episoden sowie auf Strukturierungsversuche von Migration z. B. durch Gesetzgebung oder statistische Analysen und die Relevanz weiterer Faktoren wie die des »KZ-Staats«-Diskurses, der Art der Berichterstattung über Ausreisende und der Suche nach einer Sprache der Menschenrechte. Themen wie diese spielten in den bisherigen, stark mobilitäts- oder repressionszentrierten Betrachtungen deutsch-deutscher Migration bestenfalls eine Nebenrolle oder fielen einfach unter den Tisch. Für den komplexen Nexus zwischen Migration und Regulation waren sie aber von entscheidender Bedeutung.

180 Die IGfM wurde 1972 unter dem Namen Gesellschaft für Menschenrechte gegründet. 1978 gab sie sich den Namen als Internationale Gesellschaft für Menschenrechte. Um Missverständnissen vorzubeugen, verwende ich jedoch durchgehend die Abkürzung IGfM; siehe Kap. 4 in Teil III.

Zwischen Chronologie und Schwerpunktanalyse

Wie oben beschrieben, lässt sich die Geschichte der Mauergesellschaft grob in drei Phasen unterteilen: Die Aushandlung einer neuen *Ordnung*, gefolgt von der Frage der Praktiken von *Kontakten* in Zeiten der sich stabilisierenden Teilung und abschließend dem erfolgreichen Aufkommen der *Menschenrechte* als Legitimierungsbasis für grenzüberschreitendes Handeln im geteilten Land. Begleitet wurden diese Phasen von Veränderungen des Migrationsregimes, wobei wechselnde Akteure und Strukturen hervortraten. Da sich meine Darstellung mit diesen Akteuren und Strukturen bewegt, wechsle ich für die Beschreibung je nach Themenlage und entsprechend den jeweils im Vordergrund stehenden Praktiken zwischen der primären, der sekundären und der tertiären Ebene. Dabei folge ich über die drei Buchteile hinweg einer expliziten Chronologie vom Bau der Mauer bis zu ihrem Fall. In den einzelnen Kapiteln tritt diese zeitliche Abfolge jedoch zugunsten aufeinander aufbauender Themenblöcke zurück, um eine genauere Betrachtung der charakteristischen Aspekte der jeweiligen Phase der Mauergesellschaft zu ermöglichen.

Jeder Teil beginnt mit einer verschränkten rechts- und sozialhistorischen Analyse der Interdependenz von Bewegung und Regulation. Hierbei verschmilzt die Sozialgeschichte der Ausreise mit einer Praxisgeschichte von Verwaltung und Bürokratie. Dabei geht es, vereinfacht gesprochen, nicht nur darum, die Regeln und Prozeduren von MdI, MfS, BMG bzw. BMiB neben deren Statistiken zu stellen. Ich lege auch dar, wie Mobilität und migrantisches Handeln, ergo gesellschaftlicher Eigensinn, diese Statistiken und Regeln beeinflussten und wie dies wiederum migrantische, regulationsinteressenbedingte oder diskursive Interessen und Praktiken veränderte. Auf dieser zugleich rechts- und sozialhistorischen Basis folgen jeweils tiefer gehende Betrachtungen der diskursiv und praxishistorisch entscheidenden Denk- und Handlungsmuster. Dabei verbinden sich kollektive Phänomene mit individuellen Episoden. Letztere verdienten während der Recherche und nun auch bei der Darstellung schon deswegen eine besondere Aufmerksamkeit, weil nur durch sie ein kollektivierender »Migrationssprech« vermieden werden kann, der in Bewegung eher Metaphern statt Menschen sieht. So dienen die zahlreichen Beispiele in diesem Buch dazu, das

Handeln und das Sprechen der berühmten, berüchtigten, großenteils jedoch vollkommen unbekannten Akteure der Mauergesellschaft als Ausdruck der jeweiligen Zeit ernst zu nehmen und als Ausgangspunkt der Migrationsregimeanalyse zu erachten.

Ich springe immer wieder zwischen den drei Ebenen migrationshistorischer Praktiken. Die dabei zutage tretenden Ungleichgewichte in der Betrachtung einzelner Akteure und Praktiken spiegeln deren Präsenz zu gewissen Zeiten. Ein Brief zwischen zwei Verlobten in Dresden und Hamburg war ein verzweifelter Ausdruck der Liebe in Zeiten der Teilung. Er konnte aber auch Ausdruck einer politischen Praxis sein, die bestehende Ordnung, die solche Liebe unterbinden wollte, nicht zu akzeptieren. Kontakte und Migration stellten also eine gouvernementale Ordnung infrage. Darum ist die stete Verschiebung, z. B. von den Höhen der internationalen Politik in die Hinterzimmer der Ministerien und dann zur Sprache der Migranten bis zur Selbstwahrnehmung von Redakteuren und Aktivisten, Ausdruck der sich im Laufe der Jahre ändernden Praktiken und Prioritäten in der Mauergesellschaft. Der Ebenenwechsel ist kein »Bug«, sondern ein »Feature« der Darstellung.

Der empirische Ausgangspunkt meines Buches ist der letztlich simple, historiografisch aber weitreichende Befund, dass die Berliner Mauer als Schlussstück eines landumfassenden Grenzsystems nur errichtet wurde, um die Abwanderung aus der DDR in die Bundesrepublik zu stoppen. So verband sich das Schicksal der Mauer mit dem des Staates. Dieser Versuch änderte aber auch das Leben im Westen, ob man es sich eingestand oder nicht. So wuchs die Mauer als Zentrum eines Migrationsregimes einerseits gleichermaßen langsam ins Gewebe des Alltagslebens und sogar des deutschen Nationalgefühls ein, wie sie andererseits aufgrund der steten Unruhe in der Bevölkerung ein Fremdkörper blieb. Das von ihr begründete Migrationsregime verknüpfte sich fest mit der Existenz der DDR. Dies brachte Jürgen Kuczynski, der Doyen der Schaffung eines historisch fundierten Selbstbewusstseins des SED-Staates, noch 1990 im schwermütigen Rückblick mit dem Slogan »entweder DDR oder keine Mauer« auf den Punkt.[181] Für ihn blieb, ganz auf Parteilinie, die Mauer ein konstitutiver Aspekt des »Arbeiter- und Bauernstaates« und ihr Bau im Sommer 1961 ein

---

181 Hoover Institution Archives, GDR Oral History Project, Box 13, 75, Interview Heinrich Bortfeld mit Jürgen Kuczynski, 10. Januar 1991, Typoskript, Bl. 5.

rein defensiver Akt – nun jedoch zugegebenermaßen nicht gegen äußere Feinde, sondern gegen den inneren Abwanderungsdruck durch die angeblich von der herrschenden Partei vertretenen Arbeiter und Bauern. Der Slogan galt aber auch umgekehrt: entweder Mauer oder keine DDR. Als sich die Schlagbäume im November 1989 für alle hoben, lösten sich in Kürze sowohl der Albtraum der Einparteienherrschaft als auch der Traum einer reformierten sozialistischen DDR auf. Die Mauer fiel, ein Migrationsregime zerbarst, ein neues trat auf, was Deutschland im Gesamten unwiederbringlich veränderte.

Die Konfliktlage im Jahr 1989 explodierte durch den ungarischen Zündfunken. Er entsprang aber nicht, wie häufig angenommen, aufgrund der Öffnung der Grenze zu Österreich im Sommer 1989. Diese war bereits ein Effekt; denn im Winter 1989 kündigte der neue ungarische Ministerpräsident Miklós Németh ohne Konsultation der Bündnispartner des Warschauer Pakts an, Ungarn werde der 1951 verabschiedeten Genfer Flüchtlingskonvention beitreten. Die Stützen der Mauer, die Papiermauern, brachen damit als Erstes im nichtdeutschen Ausland. Diese Risse weiteten sich auf die physische Grenze aus. Dazu kam, dass (entgegen oft zu vernehmenden Aussagen) die Abwanderung durch Ungarn keineswegs den »Auswanderungsdruck« in der DDR senkte. Sie kündete vielmehr von Hoffnung, so dass die massenhaften Erfolgsmeldungen von Fluchten die Ausreisebewegung in der DDR nur mehr weiter anstachelten, und die Anträge in Rekordhöhen schossen. In der langen Geschichte der Mauergesellschaft zeigt sich also auch, um die wichtige Beobachtung des Historikers und Migrationsforschers Peter Gatrell aufzugreifen, dass Flüchtlinge nicht nur Staaten schaffen, sondern eben auch zum Einsturz bringen können – und zwar durch Abwanderung, wohingegen sie die Position des Ziellandes stärken.[182]

Die Wurzel des Umsturzes in der DDR ruhte allerdings nicht allein im Faktum von Flucht und Migration. Ebenso wichtig war der Irrglaube, dass eine Grenze – also eine Mauer – auf Dauer Stabilität in ein hochgradig aufgeladenes Migrationsverhältnis bringt. Es braucht nicht einmal gesellschaftliche Mehrheiten, um diesen Steuerungstraum zunichtezumachen. Migration geschieht, und es

182 Gatrell, *The Making of the Modern Refugee*.

ist der staatliche Umgang mit ihr, der über kurz oder lang über das Schicksal des Staates entscheidet. Somit ist dieses Buch auch ein empirisches Plädoyer für die Erkenntnis, dass die Abschottung vor Migration durch hermetische Grenzen und menschenrechtswidrige Papiermauern dauerhaft weder Staaten stabilisieren noch Ökonomien schützen, noch Gesellschaften formen kann.[183] Aus sozialhistorischer Sicht besitzen sie vor allem destruktives Potential, das Bindungen zerschneiden will, aber keine konstruktiven Fähigkeiten, neue Gesellschaften ohne Zwang zu erschaffen. Es ist nicht so, dass sich ein Staat eine Grenze schafft, die seinen Idealen und Normen entspricht. Vielmehr fordert die Grenze eine ihrem Charakter entsprechende Gesellschaft ein. Grenzen verleihen keine Kontrolle – sie benötigen sie. Eine Mauer beruht auf Menschenrechtsverstößen und bedarf einer Gesellschaft, die diese akzeptiert.

Die Geschichte der Mauergesellschaft zeigt, wie ein Staat, der sein Schicksal an eine migrationsregulierende Grenze knüpfte, auf lange Sicht mit ihr fortgerissen wurde. Dabei waren die Reaktionen der Bevölkerung auf die Mauer sehr unterschiedlich. Einige Teile der Mauergesellschaft in Ost und West fügten sich ihrer Existenz durch Abkehr und Ignoranz, andere versuchten, teilweise durchaus mit hehren Zielen, diese Strukturen zu nutzen und kamen zugleich in komplizierte menschenrechtliche Fahrwasser. Sehr viele fanden sich auf die eine oder andere Art nicht mit ihr ab. Dadurch veränderte sich der Diskurs von den Abgrenzungsdogmen des Kalten Krieges über die internationale Einbindung beider Staaten zur Frage universeller Menschenrechte. Allerdings übersahen gerade jene Politiker im Westen, die eine Annäherung ermöglicht hatten, dass der erhoffte Wandel nicht von der DDR-Staatsführung, sondern von der Bevölkerung ausging. Somit brachten nicht nur die Demonstrationen im Herbst 1989, sondern auch eine vollkommen überlastete Administration, die Kostenfrage der Grenzsicherung im Ausland, ein durch Aktivismus geschaffenes internationales moralisches Minenfeld und ein der Parteiführung und den Annäherungsverfechtern entglittener Diskurs die Mauer zum Einsturz.

Die Idee einer Grenze, die nicht nur Territorium und Zuständigkeiten rahmt, sondern der Regierung volle Mobilitätskontrolle

---

183 Für das Argument der Unterwanderung von Demokratien durch rigide Grenzvorstellungen siehe Wendy Brown, *Mauern. Die neue Abschottung und der Niedergang der Souveränität* (Berlin: Suhrkamp, 2018).

verleihen sollte, entstand paradoxerweise erst im Zeitalter universeller Menschenrechte. Die Mauer war ein permanenter Verstoß gegen die Menschenrechte. Schon die Idee, die ihr zugrunde lag – die der hermetischen Abschottung –, war mit diesen Rechten inkompatibel. Das führte dazu, dass Ausreisewillige die Menschenrechte sogar zu Zeiten für sich mobilisieren konnten, als es auf internationaler Ebene rechtlich noch gar keine Klagewege für Individuen gab. Nicht der Gerichtssaal, sondern der öffentliche Diskurs und das internationale Parkett wurden aufgrund des unbedingten Wunsches der SED-Führung nach vollständiger internationaler Anerkennung zum Kampfplatz für die Menschenrechte. Die Geschichte des Widerstands in autokratischen Staaten und Diktaturen beschränkt sich darum nicht auf die der öffentlichen (und oft konstruktiven) oppositionellen Kritik, sondern besteht ganz wesentlich aus dem individuell motivierten und sich den Logiken des Staates gänzlich entziehenden Einfordern von Rechten. Dies machte die Frage der Freizügigkeit zur Gretchenfrage der deutschen Teilung. Dieser Tatsache Rechnung zu tragen bedeutet auch, migrationshistorisch Praktiken über Metaphern zu stellen. Nicht die pejorativ konnotierte »Flüchtlingswelle« und auch nicht irgendein unablässiger »Strom«, sondern das tausendfache Handeln, der stete Tropfen, höhlte den Zement.

I. Teil: Ordnung
(1961-1967)

1. »Vielleicht hätte ich mir nur Zigaretten geholt und wäre wiedergekommen«: Ordnungssuche nach dem Mauerbau

Am 15. November 1961 schlenderte der 16-jährige Elektrosignalschlosserlehrling Edgar Allert* längs des Berliner Heidekampgrabens durch den Baumschulenweg von seiner Ausbildungsstelle bei der Reichsbahn heim.[1] Sein Weg führte ihn entlang der Absperrungen der neu entstehenden Berliner Mauer. Das Wetter war neblig und trüb, bei Sprühregen lagen die Temperaturen nur knapp über dem Gefrierpunkt.[2] Der November hatte Besitz von Berlin ergriffen. Zwei Posten der seit dem 25. August mit der Sicherung der Innerberliner Grenze betrauten Grenzpolizei wärmten sich an einem offenen Feuer. Sie winkten ihn heran und baten den in der Nähe wohnenden Allert* um etwas zu trinken. Allert* kehrte mit einer Thermoskanne Kaffee zurück, woraufhin der angehende Schlosser und die zwei wohl nur etwas älteren Grenzposten ins Gespräch kamen.[3] Allert* krönte diese Runde mit ein paar Astra-Zigaretten, ein Geschenk seiner Schwägerin aus West-Berlin. Die sich einstellende Vertraulichkeit ermutigte Allert* eher im Scherz zu der Frage, »was sie sagen würden, wenn ich über den Zaun hopsen würde«.[4] Die Posten beharrten zuerst darauf, dass sie dies auf keinen Fall zulassen könnten, um später etwas weichherziger anzudeuten, dass sie ihn zwar nicht hindern, andere Posten aber wahrscheinlich auf ihn schießen würden. Dies war freilich keine besondere Ermutigung. Im Laufe des weiteren Gesprächs »über alles Mögliche« ließen die beiden Polizisten jedoch fallen, dass sie vielleicht ihre Kameraden zum Wegsehen überreden könnten. In der Tat, nach einer Weile informierte einer der beiden Grenzpolizisten Allert*, dass er um 19:00 Uhr zurückkommen solle. Von der

1 Mit * gekennzeichnete Namen sind anonymisiert.
2 »Wie wird das Wetter«, in: *Neues Deutschland* (15. November 1961), 6.
3 BArch Berlin, DO 1, 10 451, 27; Befehl zur Grenzsicherung ebd., 58 334, Befehl 32/61 vom 25. August 1961; die 1. und 2. Grenzbrigade, der auch diese Polizisten angehörten, wurde erst am 6. September 1961 (Befehl 38/61) geschaffen; siehe ebd., 58 340.
4 Sämtliche Zitate aus dem Vernehmungsprotokoll BArch Berlin, DO 1, 10 451, 27.

Hauswand schräg gegenüber aus solle er Routinewege der Streifen studieren und auf sein Zeichen warten.

Dies tat Allert*, obwohl er, wie er später zu Protokoll gab, Angst vor dem größeren der beiden Posten hatte. Als dann aber gerade dieser an der vereinbarten Stelle auf ihn zukam und nachfragte, ob er es immer noch versuchen wolle, fasste Allert* sich ein Herz und folgte ihm einige Meter in den Grenzbereich hinein. Plötzlich jedoch drehte sich der Posten zu Allerts* Überraschung um und verhaftete ihn. Innerhalb nur eines halben Tages war aus dem Lehrling der Reichsbahn ein des versuchten Grenzdurchbruchs schuldiger Straftäter geworden. Die Versuchung machte aus ihm, in den Worten Ulbrichts, Materns oder Grotewohls, einen »Verräter an der Arbeiterklasse« oder der Rektorin der Parteihochschule Hanna Wolf zufolge einfach »ein Schwein«.[5]

Die Grenzsicherung veranlasste Allert*, der offenkundig unproblematisch auf der Ostseite der Zonengrenze aufgewachsen war, überhaupt erst zur versuchten »Republikflucht«. Wenige Wochen nach dem Mauerbau verstand der Jugendliche die später brachial vor Augen stehende Undurchdringbarkeit der Mauer noch nicht. Er ließ es drauf ankommen. Warum, das konnte Allert* sich selbst kaum erklären. »Ich weiß nicht, woher der Gedanke kam, daß ich nach Westberlin wollte.« Der Wunsch sei erst im Gespräch mit den Grenzern in ihm entstanden und zudem sei er sich völlig unschlüssig, was er drüben hätte machen sollen. »Vielleicht hätte ich mir nur Zigaretten geholt und wäre wiedergekommen, eventuell wäre ich auch drüben geblieben. Ich sehe ein, daß es Quatsch ist, was ich machen wollte, da ich hier gut verdiene und meine Mutter hier habe.«[6] Was er »Quatsch« nannte, konnte ernste Folgen haben, solche Fälle wurden zumeist mit Freiheitsentzug von deutlich über einem Jahr bestraft, ganz zu schweigen von dem bleibenden Stigma im Überwachungsstaat.[7]

Aufsehen erregte der Vorfall innerhalb der Inspektion der Volkspolizei Treptow aber aus anderen Gründen. Deren Leiter Major Weber beschwerte sich bei Oberst Mendrella, der in der für die Volkspolizei zuständigen Adjutantur des Ministeriums des In-

---

5 Frank Roggenbuch, *Das Berliner Grenzgängerproblem: Verflechtung und Systemkonkurrenz vor dem Mauerbau* (Berlin: De Gruyter, 2008), 215, 219.

6 BArch Berlin, DO 1, 10 451, 27.

7 BArch Berlin, DO 1, 10 451.

nern diente. Denn erneut, so Weber, habe ein Volkspolizist der 6. Grenzabteilung der 1. Grenzbrigade »die Beeinflussung eines Bürgers vorgenommen«.[8] Trotz seiner vorherigen Hinweise an den verantwortlichen Kommandeur sei diesbezüglich keine Besserung zu verzeichnen. Für den Major war dies ein rechtswidriger Akt, er sah nicht nur Allert*, sondern auch die Polizisten als potentiell Schuldige. Sie sollten sofort vernommen werden, um »mitzuhelfen, daß auf dem schnellsten Wege derartige Vorkommnisse unterbleiben«.[9]

Disziplinierende Fallen

In der Tat häuften sich seit Anfang Oktober derartige Fälle aus Treptow auf des Majors Schreibtisch.[10] So wurde das Ehepaar Krempler* am Donnerstag, den 5. Oktober, direkt an der Staatsgrenze von jenen Posten festgenommen, die sie auf Absprache zuvor noch durch die zwei Kontrollen geschleust hatten. Frau Krempler* hatte sich und ihren schwerbehinderten Mann bis August 1961 als Grenzgängerin ernährt. Freunde vermittelten ihr den Kontakt zu einem Grenzpolizisten, mit denen die Kremplers* einen Termin zum illegalen Grenzübertritt vereinbarten. Eine dieser Freundinnen jedoch bekam »Gewissensbisse« und zeigte den Vorgang an. Als der Beihilfe Beschuldigte wurde sie angewiesen, weiter die Vermittlerin zu spielen. Daraufhin schnappte die Falle am benannten Donnerstag zu. Tags darauf verkündete das Zementwerk Rummelsburg stolz

---

8 BArch Berlin, DO 1, 10 451, 19; Lindenberger, der stärker auf die Rolle der Volkspolizei in der Gesellschaft abhebt, betrachtet die nur kurzzeitig existierenden Grenzbrigaden der Volkspolizei am Rande, Brey konzentriert sich auf die Rolle der Volkspolizei bei den Zwangsumsiedlungen an der Westgrenze der DDR; vgl. Thomas Lindenberger, *Volkspolizei: Herrschaftspraxis und öffentliche Ordnung im SED-Staat 1952-1968* (Köln, Weimar, Wien: Böhlau, 2003), 174 f.; Hans-Michael Brey, *Doppelstaat DDR: Menschenrechtsverletzungen der Deutschen Volkspolizei* (Frankfurt/M. u. a.: Lang, 1999); für strukturhistorische Einblicke vgl. Tobias Wunschik, *Hauptabteilung VII: Ministerium des Innern, Deutsche Volkspolizei* (Berlin: BStU, 2009), 47 ff.; Gerhard Sälter, *Grenzpolizisten: Konformität, Verweigerung und Repression in der Grenzpolizei und den Grenztruppen der DDR 1952 bis 1965* (Berlin: Ch. Links, 2009), 86-9.

9 BArch Berlin, DO 1, 10 451, 26.

10 BArch Berlin, DO 1, 10 451, 20-25, Bericht 9. November 1961.

im *Neuen Deutschland*, noch mehr Zement »für die Verteidigung unserer Republik« zu brennen.[11] Dieser war aus Sicht der SED-Machthaber dringend nötig, denn die Bürger der DDR schienen die Grenzposten als schwächstes Glied der Kette wahrzunehmen. Auch aus der Sicht leitender Grenzpolizisten wie Major Weber untergruben solche Menscheleien die Glaubwürdigkeit der Volkspolizei.

Ähnlich erging es dem Ehepaar Mürkler*. Dieses weilte am 13. August nicht in Berlin, und so mussten die Eheleute bei ihrer Rückkehr in ihre Stadt feststellen, dass sämtliche Verwandten und Bekannten am Tag des Mauerbaus noch schnell den Weg in den Westen gefunden hatten. Aus dem reichen persönlichen Netzwerk der beiden FDJ-Mitglieder, die laut Vernehmungsprotokoll »auf dem Boden unserer Gesellschaftsordnung« standen, war soziale Isolation geworden. Sie wurden am 22. Oktober 1961 von der Staatsgrenze verwiesen, kamen dabei jedoch mit einem Posten ins Gespräch, der ihnen eine Möglichkeit des Grenzübertritts am Abend versprach. Dabei wurden sie von genau diesem Posten in flagranti festgenommen.[12] Auch der Malermeister Köhler*, der mit etwas vorhandenem Kapital im Westen seine Selbständigkeit erhalten wollte, tappte in die Falle. »Beim Zechen« hatte er einen Grenzpolizisten kennengelernt, der sich seinem Ersuchen gegenüber offen zeigte. Der Volkspolizist machte nach dem Kneipenbesuch pflichtgemäß Meldung und wurde angewiesen, zum Schein auf das Angebot einzugehen. Er orderte Köhler* und seine Frau am 5. November 1961 an die Grenze in Berlin-Baumschulenweg, woraufhin dann aber nicht der mit 5000 Mark Bestechungsgeld teuer erkaufte Grenzübertritt, sondern die Verhaftung erfolgte.[13] Etwas anders – aber mit demselben Ergebnis – verhielt es sich bei dem angeblich vereinsamten Hilfsmonteur Detlef Dünn*. Dieser habe im Gesellschaftshaus Friedrichshagen einen Volkspolizisten kennengelernt, der dem Ortsfremden in Altglienicke sogar eine Lageskizze auf einen Bierdeckel gezeichnet habe. Dieser Plan führte aber nicht nach West-Berlin, sondern in Haft. Dünn* hatte unter großem Druck gehandelt, denn an seiner Arbeitsstelle im Volkseigenen Betrieb (VEB) Jachtwerk Köpenick stand er unter Mordverdacht. Am Tage

11 »»Wir brennen mehr Zement für die Verteidigung unserer Republik««, in: *Neues Deutschland* (6. Oktober 1961), 1.

12 BArch Berlin, DO 1, 10 451, 22, Bericht 9. November 1961.

13 BArch Berlin, DO 1, 10 451, 23 f., Bericht 9. November 1961.

des versuchten Grenzübertritts wurden seine Eltern dazu verhört.[14] Zu seinem Bruder in West-Berlin wollte er wohl vor allem, um sich der Strafverfolgung in der DDR zu entziehen. Wäre die Flucht erfolgreich verlaufen, hätte er von der Mauer profitiert.

All diese Vorgänge fand die Kontrollkommission der Treptower Volkspolizei unerhört, denn dies waren »Verstöße gegen die sozialistische Gesetzlichkeit« durch die Volkspolizei.[15] So machten sich die Posten der Anstiftung und der Beihilfe zu einer schwerwiegenden Straftat verdächtig. Die Aufgabe der Polizei sei es aber, jedweden Gedanken an eine Flucht zu zerstreuen, nicht diese zu wecken. Daraufhin berichtete der zuständige Oberleutnant der Volkspolizei Mund seinem empörten Vorgesetzten Major Weber, dass den verantwortlichen Offizieren nunmehr unmissverständlich vermittelt worden sei, dass dies »in strafrechtlicher wie auch politischer Weise nicht zu vertreten ist.« Es sei unbedingt zu verhindern, »daß dies zur Methode wird«.[16]

Das Problem lag allerdings darin, dass es Methode war. Alle Beteiligten hatten nach dem Erstkontakt den polizeilichen Bestimmungen folgend Meldung gemacht. Die weiteren Aktionen aber, also das Stellen der Fallen, erfolgte auf Anweisung von Offizieren der Staatssicherheit (»Abwehr-Offiziere«). Bis weit in die 1960er Jahre hinein war das Verhältnis zwischen Volkspolizei bzw. Innenministerium und Staatssicherheit alles andere als entspannt. Die in den 1950er Jahren degradierte Staatssicherheit strebte nun unter Mielkes Führung wieder nach mehr Macht und beanspruchte zunehmend die Anweisungshoheit in allen sicherheitsrelevanten Bereichen.[17] Schleichend besetzte das MfS darum nach dem Mauerbau die neuralgischen Punkte der Grenzsicherung, was anfangs nicht einmal den beteiligten Zöllnern auffiel.[18] Im MfS gehörten

---

14 Er selbst hatte behauptet, seine Eltern seien verstorben; BArch Berlin, DO 1, 10451, 26-27, Bericht 9. November 1961.

15 BArch Berlin, DO 1, 10451, 20-25, Bericht 9. November 1961.

16 BArch Berlin, DO 1, 10451, 20-25, Bericht 9. November 1961.

17 Wunschik, *Hauptabteilung VII*, 48.

18 Werner B., »Werner B., Jahrgang 1935, Zollrat a. D.«, in: *Grenzerprotokolle: Gespräche mit ehemaligen DDR-Offizieren*, hg. von Gisela Karau (Frankfurt/M.: dipa, 1992), 97; dies betraf vor allem die Paßkontrolleinheiten; siehe Jörn-Michael Goll, *Kontrollierte Kontrolleure: Die Bedeutung der Zollverwaltung für die politisch-operative Arbeit des Ministeriums für Staatssicherheit der DDR* (Vandenhoeck & Ruprecht, 2011), 37.

diffizile Taktiken wie Fallenstellen und Geheimbefehle zum üblichen Repertoire. Oberleutnant Mund, linientreuer Offizier eines bewaffneten Organs der DDR, sah dies jedoch als unvertretbar an, denn strafrechtlich gesehen sei die Volkspolizei in allen vier Fällen der Beihilfe schuldig und zudem sei »politisch großer Schaden eingetreten«.[19]

Ein Mitarbeiter des MdI setzte Ende November den Minister des Innern Karl Maron in Kenntnis. Es sei nicht verwunderlich, dass die Grenzbrigade in Treptow eine lobenswert hohe Zahl an Festnahmen zu melden hätte, »wenn sie die Beschuldigten regelrecht zu Grenzdurchbrüchen animiert. Doch dürfte ein solches Verhalten unserer Genossen nicht dazu beitragen, das Ansehen der Sicherheitsorgane und das Vertrauen zu den Staatsorganen zu erhöhen.«[20] Die Verantwortlichen im Innenministerium teilten die Bedenken hochrangiger Polizisten und der mittleren Kontrolleinheiten. Dazu kam ab Dezember 1961 tatsächlich ein strafrechtlicher Aspekt, denn nun nahm sich in Person des Staatsanwalts Schulz auch die Generalstaatsanwaltschaft von Groß-Berlin der Sache an.[21] Anhand weiterer detailliert beschriebener Fälle stellte er fest, dass sich zahlreiche Methoden etabliert hätten, mit denen Grenzpolizisten scheinbar harmlose Konversationen mit Bürgern zur Frage »Was würdest du bieten?« überleiteten.[22] Diese Anregung zur Bestechung und die nachfolgende Pseudobeihilfe hätten zur Festnahme ganzer Gruppen geführt. Die entsprechenden Truppenteile erhöhten dadurch gezielt ihre Festnahmestatistiken. Dies konnte wie am 21. September 1961 auch heikel werden. Zwei Frauen dachten, sie hätten sich das Wohlwollen eines Grenzpolizisten mit zwei Tafeln Schokolade erkauft. In der Nacht leitete dieser sie zur Staatsgrenze, dort aber folgten Rufe, Warnschüsse und die Verhaftung. Dabei ist nicht zu vergessen, dass die Berliner Mauer damals noch keine blickdichte Betonwand war, sondern ein schnell errichteter und vor allem durch Personen abgesicherter Grenzzaun. Diese Verhaftung lief so offensichtlich ab, dass von der West-Berli-

19 BArch Berlin, DO 1, 10 451, 20-26, Bericht 9. November 1961.
20 BArch Berlin, DO 1, 10 451, 18, Vermerk an den Minister, 29. November 1961.
21 BArch Berlin, DO 1, 10 451, 14-17, vertrauliches Schreiben Schulz, 4. Dezember 1961.
22 BArch Berlin, DO 1, 10 451, 14-17, vertrauliches Schreiben Schulz, 4. Dezember 1961., 2.

ner Seite ein Mannschaftswagen mit »Stummpolizisten«[23] auffuhr, die dem Bericht nach demonstrativ ihre Sturmgewehre durchluden und die Grenzposten mit Scheinwerfern blendeten.[24]

Das war ein Spiel mit dem Feuer; die Situation in der geteilten Stadt war extrem angespannt. In den ersten Wochen nach der Errichtung der Absperrungen war die Berliner Mauer noch porös und zahlreiche Menschen fanden Schlupflöcher.[25] Bis zu diesem Vorfall gab es schon die ersten vier Todesopfer zu beklagen. Während die meisten Fluchtversuche glimpflich abliefen, hinterließ der erste Mauertote, Günter Litfin, einen bleibenden Eindruck. Bereits am 24. August trafen ihn kurz vor dem Westufer der Spree, nach Warnschüssen mit dem Maschinengewehr ins Wasser, zwei Zielschüsse in den Hinterkopf. Als Ost-Berliner Grenztruppen seinen Körper bargen, wohnten ca. 250 West-Berliner dem grausamen Geschehen bei.[26] Litfin war damals 24 Jahre alt, die Mauer 11 Tage. Sein Tod blieb tagelang auf den Titelseiten der West-Berliner und westdeutschen Presse. Für die *BZ* wurden »Ulbrichts Menschenjäger« nun zu »Mördern«, und auch der *FAZ* nach zeigte diese Tat die »brutale Kaltblütigkeit« der Grenzposten.[27] Der SED-Staat hingegen verschleierte den Vorfall. Zeitungen wie die *Neue Zeit* der CDU (Ost) thematisierten ihn nicht, und weithin sichtbare Organe wie die *Berliner Zeitung* und das *Neue Deutschland* druckten in den Marginalia wortgleich nur eine kurze zynische Polizeimeldung, dass »auf dem Bahngelände unweit Bahnhof Friedrichstraße eine wegen verbrecherischer Handlungen verfolgte Person« nach igno-

---

23 Der SED-Staat bezeichnete die Westberliner Polizei nach ihrem Polizeipräsidenten Johannes Stumm als Stummpolizei (StuPo).

24 BArch Berlin, DO 1, 10 451, 14-17, vertrauliches Schreiben Schulz, 4. Dezember 1961, 2.

25 LA Berlin, C REP 303, 26.1, 239, Stab PDVP, Journal der Handlung; Marion Detjen, *Ein Loch in der Mauer: Die Geschichte der Fluchthilfe im geteilten Deutschland 1961-1989* (München: Siedler, 2005).

26 Zentrum für Zeithistorische Forschung (Hrsg.), »Transportpolizei/Abschnitt Berlin/Abschnittsleiter: Verhinderter Grenzdurchbruch an der Staatsgrenze unter Anwendung der Schusswaffe, 24. August 1961«, in: *Chronik der Mauer*, o. J., online verfügbar unter: ⟨http://www.chronik-der-mauer.de/system/files/dokument_pdf/58850_cdm-610824-Litfin1.pdf⟩ (Stand März 2019).

27 Christine Brecht, »Günter Litfin«, in: *Die Todesopfer an der Berliner Mauer, 1961-1989: Ein biographisches Handbuch*, hg. von Hans-Hermann Hertle und Maria Nooke, 2., durchges. Aufl. (Berlin: Ch. Links, 2009), 38.

rierten Warnschüssen gestellt worden und »wahrscheinlich ertrun-ken« sei.[28] Einen längeren, ebenso verfälschenden Bericht strahlte tags darauf die *Abendschau* aus. Erst durch diesen erfuhr Litfins Familie von seinem Tod. Sie war zuvor zwar sofort verhört, aber nicht aufgeklärt worden. Einerseits demonstrierte der SED-Staat mit der Tötung Litfins Entschlossenheit, deutete diese medial aber nur an, da er die Folgen seines Handelns in der angespannten Situation selbst kaum abschätzen konnte. Er nötigte die Familie Litfins sogar dazu, in Todesanzeigen und während der Begräbnisreden die tatsächlichen Todesumstände zu verschleiern.[29]

Solche individuellen Dramen reflektierten die politische Lage. Nach anfänglichem Zögern löste sich die Schockstarre der West-alliierten, und sie suchten Wege, mit der sowjetischen Politik des Fakten-Schaffens umzugehen. Im September 1961 stand das de-monstrative Säbelrasseln am Checkpoint Charlie und das einen atomaren Konflikt simulierende Manöver des Warschauer Pakts *Burja* (»Sturm«) zwar noch bevor, Letzteres war aber bereits für den Oktober 1961 angekündigt.[30] Beunruhigt hielt der Bundesnach-richtendienst in seinem Monatsbericht im September 1961 fest, das Manöver sei »nicht nur als spektakuläres Schauspiel militärischer Macht zu werten«, sondern es müsse vielmehr »im Westen ech-te Besorgnis erregen, da angebliche Manövervorbereitungen auch eine hervorragende Tarnung für Mobilisierungs- und Aufmarsch-maßnahmen sein können«.[31] Und seit dem ersten Aufmarsch briti-scher Truppen am 22. August 1961 in Staaken (Spandau) befanden sich sowohl westliche als auch ostdeutsche Einheiten an der Grenze in demonstrativer Wartehaltung.[32]

Günter Litfins Tod verdeutlichte, wie ernst die SED-Führung es mit der Mauer meinte. Im Gegenzug zur damaligen Wahrneh-

---

28 »Warnschüsse mißachtet«, in: *Neues Deutschland* (25. August 1961), 2; »Warn-schüsse mißachtet«, in: *Berliner Zeitung* (25. August 1961), 2; »Warnschüsse miß-achtet«, in: *Neue Zeit* (25. August 1961), 2.

29 Brecht, »Günter Litfin«, 38 f.

30 Zit. n. Matthias Uhl, *Krieg um Berlin? Die sowjetische Militär- und Sicherheitspoli-tik in der zweiten Berlin-Krise 1958 bis 1962* (München: Oldenbourg, 2008), 165-8.

31 Ebd., 180.

32 »Konjew liess aufmarschieren, Teil 1«, in: *Der Spiegel* 34 (15. August 1966), 22-32; »Konjew liess aufmarschieren, Teil 3«, in: *Der Spiegel* 36 (29. August 1966), 52-8., 52; LA Berlin, C REP 303, 26.1, 239. Stab PDVP, Journal der Handlung, 22. und 23. August 1961.

mung, in der Truppenaufmärsche, Manöver, Kontingentverstärkungen und die Angst vor einem atomaren Konflikt das Bild prägten, besaß die Krise ein militärisches Antlitz, forderte ihre Opfer jedoch im zivilen Bereich.[33] Darüber hinaus zeitigte Litfins Tötung auch militärische Folgen. Der amerikanische Außenminister Dean Rusk reagierte, indem er einen geplanten demonstrativen Truppenaufmarsch an der Grenze absagte, aus Angst, dass »irgendein Gefreiter an der Grenze« einen bewaffneten Konflikt auslösen könnte.[34] Diese Stimmung lag in der Tat in der Luft. Das Muskelspiel der West-Berliner Polizei bei der Verhaftung der beiden Frauen war darum keine »Provokation«, wie es der Berliner Staatsanwalt Schulz ausdrückte, sondern vielmehr eine Reaktion auf eine stressgeladene und hochgradig kontingente Situation.[35] Fast täglich hallten Warnschüsse aus dem Grenzstreifen in die Stadt.[36] Bis zum 21. September kam jedoch trotz zahlreicher Fluchtversuche und Desertionen nur ein weiterer Flüchtling durch die Truppen selbst ums Leben.[37] Ungeachtet der Verschleierungsversuche der Details in der

33 Dies zeigt sich auch an der Bewaffnung der Grenztruppen der DDR, deren Feuerwaffen zwar für einen militärischen Konflikt mit dem Westen ausgelegt waren, deren Opfer aber ziviler Art waren und aus dem Osten kamen; vgl. Jochen Maurer und Gerhard Sälter, »The Double Task of the East German Border Guards: Policing the Border and Military Functions«, in: *German Politics & Society* 29/2 (2011), 23-39; Uhl, *Krieg um Berlin?*, 144 ff.; zum unverhältnismäßigen Schusswaffeneinsatz siehe Volker Koop, *»Den Gegner vernichten«: Die Grenzsicherung der DDR* (Bonn: Bouvier, 1996), 124 f.

34 Zit. n. »Konjew liess aufmarschieren, Teil 3«, 52.

35 BArch Berlin, DO 1, 10 451, 16, vertrauliches Schreiben Schulz, 4. Dezember 1961.

36 In den ersten Tagen nach dem Mauerbau registrierte die Polizei der DDR täglich ungefähr ein bis zwei Vorfälle, wobei dazu zahlreiche Warnschüsse, anfangs teilweise mit Platzpatronen, gehörten. Zudem häufte sich durch die erhöhte Truppenkonzentration auch der fahrlässige Waffengebrauch; vgl. LA Berlin, C REP 303, 26.1, 239. Stab PDVP, Journal der Handlung.

37 Für das Jahr 1961 zählt die Gedenkstätte Berliner Mauer zwölf Todesopfer an der Berliner Mauer. Von diesen wurden vier gezielt erschossen, die weiteren starben durch Unfälle oder an Verletzungen, die sie sich während der gefährlichen Flucht zugezogen hatten. Bereits 1962, dem Jahr mit den meisten Mauertoten, drehte sich dieses Verhältnis um: Von insgesamt achtzehn Toten wurden vierzehn erschossen. Dazu kamen in diesem Jahr fünf, allesamt durch Schusswaffen getötete Grenzsoldaten. Dies war Ausdruck sowohl der wachsenden Gewaltbereitschaft als auch des zunehmenden Ausbaus der Anlagen. Eigene Berechnung nach Hans-Hermann Hertle und Maria Nooke (Hrsg.), *Die Todesopfer an der Berliner*

DDR hatte Günter Litfins Tod an der Berliner Mauer symbolische Wirkung. Der SED-Staat verkündete blutig, dass die Grenztruppen alle Mittel nutzen würden.

Aus dem demonstrativen Auftreten der Grenztruppen und der brachialen Rhetorik der SED- Organe sollte jedoch nicht geschlossen werden, dass der Apparat des SED-Staates einheitlich wusste, wie mit der Situation umzugehen sei.[38] Dies sah auch der Vertreter der Groß-Berliner Generalstaatsanwaltschaft Schulz so. Um die Klarheit des Handelns der Volkspolizei an der Grenze sicherzustellen, forderte er in Übereinstimmung mit der Kontrollkommission der Volkspolizei, jedwede Beihilfe zu einer Straftat durch die Grenzpolizei zu unterbinden.[39] Anhand zahlreicher Fälle schlussfolgerte er Anfang Dezember eindeutig: Erstens hätten die Grenzposten den ernsthaften Wunsch zur Flucht geweckt, anstatt jedweden vagen Gedanken daran zurückzuweisen. Dazu käme es, zweitens, zu unnötigem Schusswaffengebrauch an der Grenze, was, drittens, der westlichen »Stummpolizei« die Gelegenheit zu Provokationen böte, »die zu ernsten Zwischenfällen führen können«. Darüber hinaus befürchtete er, dass, viertens, die Westpresse dies »zur Hetze gegen die Grenzsicherungsmaßnahmen benutzt«. Letztendlich sei derartiges Verhalten weder geeignet, der Bevölkerung die unbedingte Unantastbarkeit der Staatsgrenzen zu vermitteln, noch stärke dies den Eindruck, dass die Grenzposten unbestechlich seien und treu zu Staat und Partei stünden.[40] Auch Schulz verdächtigte die Grenzposten damit der Beihilfe zum versuchten Grenzdurchbruch, wohingegen doch gerade sie der Gesellschaft gegenüber die Undurchlässigkeit der Grenze verkörpern sollten.

Eine Prüfung der Hauptverwaltung der Volkspolizei kam am 5. Januar 1962 allerdings zu einem gänzlich anderen Ergebnis. Mit der Kraft seiner Behörde, der Untersuchungsabteilung der Hauptab-

---

Mauer, 1961-1989: Ein biographisches Handbuch, 2., durchges. Aufl. (Berlin: Ch. Links, 2009), 502-508.

38 Dieses Bild wird hingegen oft durch eine Umsetzungsrhetorik evoziert, wobei dann aber nur nach den militärischen und nicht den weitreichenden regulierenden und administrativen Aspekten gefragt wird; siehe z.B. Brey, *Doppelstaat DDR*, 206.

39 BArch Berlin, DO 1, 10 451, 16-17, vertrauliches Schreiben Schulz, 4. Dezember 1961.

40 BArch Berlin, DO 1, 10 451, 16-17, vertrauliches Schreiben Schulz, 4. Dezember 1961.

teilung K (Hauptabteilung Kriminalpolizei) und – wohl noch viel bedeutender – nach Rücksprache mit den anderen Organen, allen voran der Staatssicherheit und dem Minister des Inneren als politische Kontrollinstanzen, befand Hauptmann Graichen erstens: »Das Verhalten der Grenzposten ist richtig«, und zweitens: »Es bestehen erhebliche politische Unklarheiten in der Leitung und der Abteilung der V[olks]P[olizei]-Inspektion Berlin-Treptow und in der Leitung der Abteilung K des PdVP [Präsidiums der Volkspolizei] Berlin.«[41] Es sei Auftrag der Grenzpolizei, mehrfach im Grenzgebiet erscheinende Personen festzunehmen, worauf die Grenzpolizisten allesamt sehr gut vorbereitet gewesen seien. Als Beweis für die Effizienz der Strafverfolgung verwies Graichen auf eine von einem Flüchtling mitgeführte Heckenschere –, die dieser jedoch gerade auf Empfehlung des »hilfestellenden« Polizisten bei sich trug und ohnehin nur wegen diesem an die Grenze gekommen war.[42] Die Grenzpolizisten zeigten dem Bericht nach so offensiv, »daß die RIAS-Nachrichten [RIAS kurz für: Rundfunk im amerikanischen Sektor] nicht stimmen«, nach denen sie Bürgern der DDR zum Grenzübertritt verhelfen würden. »Rührselige Geschichten« seien an der Grenze ebenso üblich wie Bestechungsversuche. Zwar wären diese schon Verhaftungsgrund genug, jedoch beweise die Erfahrung, dass dann »viele Täter im Hintergrund bleiben. Deren Festnahme und Überführung ist faktisch nur möglich, wenn klug, offensiv und mit politischer Klarheit gehandelt wird, wie es unsere Grenzpolizisten tun.«[43] Dies war faktisch unhaltbar, denn es gab offenkundig nirgendwo Hintermänner, sondern allein Fallen für jene, die sich bietende Gelegenheiten nutzen wollten.

An diesem Punkt ging die Abteilung in Gegenwart einer Führungsriege aus Polizei, Partei und Staatsanwaltschaft in einer Aussprache zum Angriff auf die teils hochrangigen Beschwerdeführer über. Diese hätten den Tätern geglaubt und seien nicht »offensiv an die umfassende Bearbeitung des Vorgangs« herangegangen. Es

41 BArch Berlin, DO 1, 10451, 2, Prüfbericht, Hauptverwaltung DVP, 5. Januar 1962.
42 Für den Widerspruch vgl. BArch Berlin, DO 1, 10451, 12, Anlage Hauptverwaltung DVP, 5. Januar 1962, und DO 1, 10451, 16, vertrauliches Schreiben Schulz, 4. Dezember 1961.
43 BArch Berlin, DO 1, 10451, 4, Prüfbericht, Hauptverwaltung DVP, 5. Januar 1962.

handelte sich dabei aber nicht nur um »Unklarheit des Genossen Mund«, sondern vieler Beteiligter. Nach langer Schelte konstatierten diese kleinmütig, dass ihnen ihr »politisch unklassemäßiges Verhalten« nun erst »bewußt geworden« sei. Diese Demütigung ereilte auch die Vertreter der Justiz, also den Ständigen Vertreter des Generalstaatsanwalts von Groß-Berlin Helmut Seidemann nebst Staatsanwalt Schulz sowie den Genossen Marquardt von der obersten Staatsanwaltschaft der DDR. Deren Position war im Rechtssystem des »demokratischen Zentralismus« hervorgehoben, stellten die diversen Staatsanwaltschaften doch »eine besonders effektive Schiene für die Steuerung ›nach unten‹« dar.[44] Ohne auch nur auf ihre rechtliche Einwände einzugehen, erfuhren diese nun, dass ihre Schlussfolgerungen »politisch falsch sind und nicht der Klassenkampfsituation entsprechen«, was vor allem Seidemann und Marquardt nicht einsahen. »Sie stellten darauf ab, daß die Taktik des Hinterhaltes nicht bekannt war. Jetzt sei klar, daß diese Taktik eine richtige Methode ist und damit sei alles geklärt.«[45] Mit anderen Worten: Der Sicherheitsapparat erläuterte dem Rechtsapparat die neuen Kompetenzen der Grenzsicherung und mit welchen Hierarchien diese in Zukunft zu rechnen hätten. Die Vertreter des Rechts waren dabei selbst auch Fürsprecher eines politisch determinierten Rechts, also alles andere als Widerständige. Sie stimmten mit der generellen Linie überein, was der Bericht von Schulz eindeutig ausdrückt, allerdings zweifelten sie die Praktiken an – wohl auch, da die neuen Regelungen der »Grenzsicherung« ihre Kompetenzen als Strafverfolgungsbehörde einschränkten.

Diese hochrangige Auseinandersetzung war nur die Krone einer Disziplinierungswelle. Es folgten weitere »Auseinandersetzungen und politische Aufklärung« und »die politisch falsche Einstellung« wurde Gegenstand von Schulungen für die Kontrollabteilungen der Volkspolizei und Parteisekretäre.[46] Anstatt also die Grenzpra-

---

44 Hubert Rottleuthner, »Zum Aufbau und zur Funktionsweise der Justiz in der DDR«, in: *Justiz im Dienste der Parteiherrschaft: Rechtspraxis und Staatssicherheit in der DDR*, hg. von Roger Engelmann und Clemens Vollnhals (Berlin: Ch. Links, 1999), 29.

45 BArch Berlin, DO 1, 10451, 4-6, Prüfbericht, Hauptverwaltung DVP, 5. Januar 1962.

46 BArch Berlin, DO 1, 10451, 8, Prüfbericht, Hauptverwaltung DVP, 5. Januar 1962.

xis an bestehenden gesetzlichen Regelungen auszurichten, die hier von Bestechlichkeit bis zur Beihilfe zur »Republikflucht« reichen, glich der SED-Staat mit ausschließlich politischen Argumenten die Praxis an die durch die Mauer entstandene Situation an. Die Leitung des Präsidiums der Volkspolizei beschloss daraufhin, dass dies alles als Kampf gegen den Menschenhandel gewertet werden müsse und dieser in den Arbeitsplan 1962 aufgenommen werde. Diese Neuausrichtung sollte in Schulungen und durch »entsprechende Auseinandersetzungen« auch den Zweigen der Partei und sämtlichen Inspektionen vermittelt werden, da man dort wohl weiteren Widerspruch erwartete.[47] Zudem sollte der gerade erst gemaßregelte Leiter der Kontrollkommission des Präsidiums der Volkspolizei, Oberstleutnant Keber, zusammen mit dem MfS und anderen Organen Maßnahmen erarbeiten, um geplante Grenzdurchbrüche rechtzeitig zu erkennen. Mit anderen Worten: Das eben noch monierte Verhalten wurde zur Doktrin.

Dabei offenbart der Bericht in einem beiläufig verfassten Satz, der für die weitere Argumentation dieses Buches jedoch zentral ist, all dies zeige, dass »keine Klarheit über die Bedeutung der Maßnahmen vom 13.8.1961 und die Gesellschaftsgefährlichkeit der Grenzdurchbrüche besteht«.[48] Die Mauer war am Jahresende 1961 bereits ein unumstößlicher Fakt. Aber was sie bedeutete, blieb unklar. Selbst die höchsten Organe des Staates besaßen keine Einigkeit über den Umgang mit ihr. Darin waren sie aber nur die Spitze des Eisberges. Der Bau der Berliner Mauer hatte dermaßen weitreichende Folgen, dass er schleichend die Rechts- und Zivilinstanzen der DDR erfasste und sie in einem ausgreifenden Prozess dem neuen politischen Dogma des Mauerstaates unterordnete. Die Grenze begann, sich ihren Staat zu formen.

Die Folgen des Mauerbaus im Staatsapparat

Diese einführende Episode verdeutlicht vier Punkte, welche die ersten Monate bis Jahre nach dem Bau der Mauer entscheidend

47 BArch Berlin, DO 1, 10451, 8, Prüfbericht, Hauptverwaltung DVP, 5. Januar 1962.
48 BArch Berlin, DO 1, 10451, 6, Prüfbericht, Hauptverwaltung DVP, 5. Januar 1962.

prägten. Erstens hatte die kleine wissende Elite um den Sicherheits-sekretär des Zentralkomitees der SED, Erich Honecker, zwar die militärische Abriegelung in einer Kommandooperation akribisch geplant, allerdings mussten Regeln für die daraus folgende Ord-nung hinter der Grenze erst noch gefunden werden. Dafür brauchte es neue Hierarchien und vor allem eine neue Sprache für die Ab-grenzung und die Ordnung hinter der Mauer. Beides wurde erst ab 1962 bis ungefähr 1964 über Arbeitspläne, Anweisungen und, viel wichtiger, »Aussprachen« und »Diskussionen« erfunden und ver-mittelt. Die Absenz an Regulierung betraf dabei genau jene Kräfte, die im Kontakt mit der Bevölkerung standen. Vor allem lokale Be-amte, Polizisten und Verwaltungsangestellte vertraten die Diktatur im täglichen Kontakt mit unzufriedenen Bürgern. Im Gegensatz zur oft erwähnten Zielgerichtetheit des Handelns von Ulbricht, Honecker und wenigen anderen Führungsfiguren der SED herrsch-te unterhalb dieser Elite Unklarheit, die von Kompetenzgerangel bis zum steten Verdacht der politischen Unzuverlässigkeit reichte.

Zweitens legte sich nun endgültig das amorphe Politische als »Als-ob-Recht« über die Kontroll- und Verwaltungsinstanzen des SED-Staates.[49] Die Mauer war darum ein zentrales Machtmittel der weiteren Zentralisierung und zur Absicherung der Macht der Partei in der DDR und nicht nur an deren Rändern. Die Aufwer-tung der Grenzsicherung zur Existenzsicherung der DDR führte zu einem deutlichen Bedeutungszuwachs der »Sicherheit«. Mit dem Mauerbau begann darum ein Prozess, in dessen Verlauf bis zum Ende der DDR in mehreren Schritten das Verhältnis zwischen dem MdI und dem MfS immer wieder neu austariert wurde, und zwar meist zugunsten der Macht des MfS. In dieser Kombination fand Grenzschutz von Anfang keineswegs nur an der Grenze, sondern vor allem in der Gesellschaft statt. Diese, im Foucault'schen Sinne, »Dressur« der Mauergesellschaft geschah durch eine disziplinieren-de Kommunikation, an deren Anfang im SED-Staat die sogenann-ten Aussprachen standen, also persönliche Zurechtweisungen, in denen mündlich Inhalte und Hierarchien vermittelt wurden. Sie erzeugten im Apparat Konformität.

49 Zu den Auswirkungen und Inhalten des »Als-ob-Rechts« siehe Klaus Marxens, »›Recht‹ im Verständnis des Ministeriums für Staatssicherheit«, in: *Justiz im Dienste der Parteiherrschaft: Rechtspraxis und Staatssicherheit in der DDR*, hg. von Roger Engelmann und Clemens Vollnhals (Berlin: Ch. Links, 1999), 23.

Diese Personalisierung der Disziplinierung sehen einige Forscher als modernisierten Rückgriff auf den frühneuzeitlichen Personenverbandsstaat.[50] Neben dieser phänotypischen Ähnlichkeit scheint mir jedoch der Bezug zu den sehr modernen sowjetischen Kontrollmechanismen betonenswert. Vor allem unter Nikita Chruschtschow lebte eine neue Mischung aus Bürokratie und Personalisierung auf, um die Entstehung institutioneller Eigenlogiken und die autopoietische Ausdifferenzierung des Staatswesens zu unterbinden. Ziel war es, im kommunistischen Staat auch ohne die Brutalität des Stalinismus durch persönliche Bindung vertikale Machtstrukturen zu erhalten.[51] An die Stelle der körperlichen Gewalt trat die diskursive. Auch der SED diente dabei der bürokratische Verwaltungsstaat, der nicht durch eine Verwaltungsgerichtsbarkeit gezähmt war. Verwaltung diente als eine Pufferzone zwischen Gesellschaft und Partei. Sie wurde nicht durch apparatsinterne Gewalt kontrolliert, wie es die gängige Rede vom stalinistischen SED-Staat suggerierte, sondern durch die von der Partei kontrollierte Politisierung der Lebensbereiche und Denksysteme. Es entstand ein System politisch bedingter Abhängigkeiten, in dem Weisungsbefugnisse schlagartig entgegen oder quer zu den offiziellen Hierarchien stehen konnten. Dies untergrub gezielt institutionsinterne Weisungsrechte und Berichtspflichten und bildete das Machtreservoir der seit 1957 langsam wieder aufsteigenden Staatssicherheit. Das MfS bedingte sich hinter der Mauer neben

50 Siehe z. B. Stephen Fischer-Galati, »Menschen, Staat und Gesellschaft in Osteuropa: Die kommunistische ›Machtübernahme‹ im historischen Kontext«, in: *Kommunismus und Osteuropa: Konzepte, Perspektiven und Interpretationen im Wandel*, hg. von Eva Schmidt-Hartmann (München: Oldenbourg, 1994), 36. Diese Parallele wird häufiger gezogen, so auch in Bezug auf die Vermischung von militärischen und polizeilichen Aufgaben, so z. B. in Maurer/Sälter, »The Double Task of the East German Border Guards«, 34 f. Auch hier liegt das Vorbild aber wohl weniger Jahrhunderte entfernt, sondern in der Militarisierung des russischen Zivilwesens während des Ersten Weltkrieges und daran anschließenden Praktiken der Bolschewiki; siehe Peter Holquist, »Violent Russia, Deadly Marxism? Russia in the Epoch of Violence, 1905-21«, in: *Kritika. Explorations in Russian and Eurasian History* 4/3 (2003), 627-52.

51 Vgl. Graeme Gill, »The Communist Party and the Weakness of Bureaucratic Norms«, in: *Russian Bureaucracy and the State: Officialdom from Alexander III to Vladimir Putin*, hg. von Don K. Rowney und Eugene Huskey (Houndmills u. a.: Palgrave Macmillan, 2009), 118-22, 127 f.

den offiziellen Eingriffsrechten in die Arbeit der Volkspolizei zunehmend aus, diese auch »inoffiziell auszuspionieren und indirekt zu steuern«.[52] Daraus folgten Konflikte zwischen der »Sicherheit« und der Innenverwaltung bzw. der Polizei. Auf der Führungsebene legten sich diese erst, nachdem Friedrich Dickel im Herbst 1963 das Amt von seinem zunehmend überforderten Vorgänger Maron übernahm.[53] Unterhalb dieser Ebene wirkten sie aber noch länger.

Drittens gewann nun das Gespenst des »Menschenhändlers« Kontur. Dieser Kampfbegriff deutete die Agency der prospektiven Migranten um und machte sie in der Sprachlogik des SED-Staates von Menschen, die sich durch »Republikflucht« individuell dem Staat entzogen, zu Opfern oder auch Tätern angeblicher von Westdeutschland ausgehender Verbrechen gegen die Bevölkerung der DDR. Dieser Deutungswandel hatte sich bereits vor dem Mauerbau abgezeichnet. So machte z. B. ein Gutachten, welches unter anderem vom Professor für politische Ökonomie Siegbert Kahn, vom Juraprofessor Peter Alfons Steiniger und von dem Völkerrechtler und CDU/Ost-Funktionär Gerhard Reintanz verfasst wurde, diverse »feindliche Kräfte« in der Bundesrepublik – von den Geheimdiensten über diverse Industrie- und Arbeitgeberverbände bis hin zur Gewerkschaft der Bahn – für die »Abwerbung« von Arbeitskräften verantwortlich.[54] Spätestens mit dem Mauerbau etablierte sich vollends die Rede vom »Klassenfeind«, der den SED-Staat mittels »Menschenhändlerpropaganda« angreife.[55] Dieses Feindbild des »Menschenhändlers« machte die Migranten vom »Dieb in der Nacht«, wie sie und Grenzgänger vor dem Mauerbau noch propagandistisch beschimpft wurden, zum Gegenstand des Systemkampfes – sei es als verführtes Opfer westlicher Agenten

---

52 Lindenberger, *Volkspolizei*, 76.

53 Vgl. Wunschik, *Hauptabteilung VII*, 52; Tobias Wunschik, »Rez: Schmalfuß, Karl-Heinz: Innenansichten«, in: *H-Soz-u-Kult* (25. November 2009), online verfügbar unter: ⟨http://hsozkult.geschichte.hu-berlin.de/rezensionen/2009-4-175⟩ (Stand März 2019); Lindenberger, *Volkspolizei*, 76 f.; Franziska Kuschel und Lutz Maeke, »Konsolidierung und Wandel: Die Personalpolitik des MdI bis 1969«, in: *Hüter der Ordnung: Die Innenministerien in Bonn und Ost-Berlin nach dem Nationalsozialismus*, hg. von Frank Bösch und Andreas Wirsching (Göttingen: Wallstein Verlag, 2018), 245.

54 BStU BV Berlin, BdL, 81, 1-85.

55 BArch Berlin, DO 1, 13 716, Prüfbericht Schreiber, Günther 1962, 2 f.

oder gar als Vertreter feindlicher Mächte, der den SED-Staat durch Migration bekämpfe.[56]

Viertens verlagerte die zunehmende Absicherung der Grenze gegen illegale Übertritte die Suche nach Migrationsoptionen ins Legale. Je gefährlicher die Flucht wurde, desto wichtiger wurde für Migrationswillige die staatliche Administration als Zielfläche ihrer Versuche, die Mauer zu überwinden. Wichtig waren dabei die über den RIAS und andere westliche Kanäle gen Osten dringenden Informationen. Da über diese Wege z. B. anhand von Erfolgsmeldungen auch geheime Informationen zu Migrationswegen an die Bevölkerung der DDR kommuniziert wurden, waren dem SED-Staat jegliche Berichte über die Abwanderung ein Dorn im Auge. Zum anderen wusste der SED-Staat dies aber auch zu nutzen, um individuelle Emigrationsmotivationen flächendeckend als feindlich gesteuert zu politisieren und so seinerseits private Abwanderungsinteressen zum Gegenstand des Systemkampfs zu verfälschen. Diese Codierung der Ausreise als feindlich und zugleich feige setzte sich langsam, aber nachhaltig in der DDR-Gesellschaft fest.

Schon damit deutete sich an, dass die Folgeprobleme des Mauerbaus für die SED nicht allein an der Grenze lagen, sondern ebenso hinter ihr und vor allem innerhalb der DDR. Das Undurchdringbarkeitsdogma der Mauer rief nach einer gesamtgesellschaftlichen Mauerdisziplin. Diese herzustellen benötigte langatmige Kraftanstrengungen. Stacheldraht, Bewaffnung und Befestigung markierten eine Linie mitten in Berlin als unpassierbar, gesichert durch Polizei und Militär. Jedoch ohne eine entsprechende Disziplinierung des Staatsapparates und der Gesellschaft und ohne eine diskursive und kulturelle Absicherung wäre sie unhaltbar gewesen.[57] Die Mauer brauchte von Anfang an die Mauer im Kopf. Lange

---

56 So ein berühmtes Propagandaposter, BArch Berlin Plak, 100, 53, 21 (1958); allgemein dazu Silke Satjukow und Rainer Gries, »Feindbilder des Sozialismus. Eine theoretische Einführung«, in: *Unsere Feinde. Konstruktionen des Anderen im Sozialismus*, hg. von Silke Satjukow und Rainer Gries (Leipzig: Leipziger Universitätsverlag, 2004), 13-74.

57 Dies resultierte aber, wie Klaus Schroeder bemerkt, auch darin, dass Kulturschaffenden kurzzeitig wieder größere Spielräume zugestanden wurden, was die SED-Führung nach Christa Wolfs *Der geteilte Himmel* und Kurt Maetzigs *Das Kaninchen bin ich* jedoch schnell wieder revidierte; siehe Klaus Schroeder, *Der SED-Staat: Geschichte und Strukturen der DDR, 1949-1990*, 3., vollständig überarb. und stark erw. Neuausg. (Köln, Weimar: Böhlau, 2013), 201.

vor westlichen Beobachtern verstand die SED-Führung, dass die Hauptgefahr für die Mauer nach den Anfangswochen nicht vom Westen, sondern von der Bevölkerung der DDR ausging. Die Lösung lag in einem repressiven Staatswesen. Allerdings sind auch Staatsdiener Mitglieder der Gesellschaft. Wie weit war auf sie Verlass – und was sollten sie überhaupt tun? Anstatt also der Selbstdarstellung des SED-Staates zu viel Glauben zu schenken und die volle Kontrolle der internen Situation anzunehmen oder zu stark auf die Staatssicherheit zu fokussieren, lohnt sich ein Blick in die Etablierung der internen Funktionsweise der Mauerdiktatur vor allem im für bevölkerungspolitische Fragen zuständigen MdI. Denn schnell zeigte sich, dass selbst die Disziplinierung eines erfüllungswilligen Staatsapparates eine komplexe Aufgabe war.

Nach außen drang von alldem nur wenig: Von außen gesehen hatte die SED-Führung die Lage nach dem Mauerbau überraschend gut im Griff. Pointiert schrieb bereits der französische Journalist US-amerikanischer Abstammung Curtis Cate in seiner Darstellung der Ereignisse im August 1961: »In Ost-Berlin hatten Erich Mielkes Agenten, Karl Marons Vopos, Walter Bornings Kampfgruppen, Erich Peters Grepos, Paul Verners Hilfsverbände mit den roten Armbinden und die sorgfältig ausgesuchten Einheiten der Nationalen Volksarmee die Lage unter Kontrolle«.[58] Im Gespräch mit Ulbricht äußerte sich selbst Chruschtschow verwundert darüber, wie ruhig und geheim die ganze Aktion abgelaufen sei. Ulbricht bestätigte dies mit stolzgeschwellter Brust, ohne allerdings zu erwähnen, dass er jenseits weniger Eingeweihter selbst die Parteispitze erst kurz vor Mitternacht während eines Gesellschaftsabends in seinem Bungalow mit der Nachricht von den Absperrungsmaßnah-

---

58 Curtis Cate, *Riss durch Berlin: Der 13. August 1961* (Hamburg: Knaus, 1980), 190; für weitere westzentrierte Außenperspektiven siehe z. B. Pierre Galante und Jack Miller, *The Berlin Wall* (London: Arthur Barker Limited, 1965); Jürgen Petschull, *Die Mauer August 1961-November 1989: Vom Anfang und vom Ende eines deutschen Bauwerks*, 3., aktualisierte und erw. Aufl. (Hamburg: Gruner + Jahr, 1990); Thomas Flemming, *Die Berliner Mauer: Geschichte eines politischen Bauwerks* (Berlin: be.bra verlag, 1999); Fred Taylor, *Die Mauer: 13. August 1961 bis 9. November 1989* (München: Pantheon, 2011). Die lange Zeit tonangebende Vermischung von Publizistik, Wissenschaft und Politik wird in der zeitgenössischen Literaturaufstellung sichtbar; siehe Michael Haupt, *Die Berliner Mauer: Vorgeschichte, Bau, Folgen – Literaturbericht und Bibliographie zum 20. Jahrestag des 13. August 1961* (München: Bernard & Graefe, 1981), siehe insbes. 91-112.

men überrumpelt hatte.[59] Er sprach von demokratischen Prozessen, misstraute jedoch selbst seinen engsten Parteigenossen. Letztere aber waren es, die sich nachfolgend mit der Sicherung des Mauerstaates abseits des Stacheldrahtes zu beschäftigen hatten.

Wie sie wurde der Großteil des Apparates von den radikalen Maßnahmen überrascht. Zwar verkündeten ab dem 14. August 1961 alle Organe den Fakt und dessen Legitimation. Doch inwieweit dies den Staatsdienern half, ist fraglich. Schließlich ging es ihnen nicht um die Akzeptanz der Mauer, sondern um die Frage, wie man mit ihr umzugehen hatte. Und in diesem Punkt herrschte Unklarheit.[60] Die Planung der Mauer kreiste um das Defensive, ausgerichtet auf befürchtete militärische Reaktionen des Westens und die Besorgnis vor Revolten im Innern. Beides geschah nicht. Aber der Bau der Mauer brachte auch das feine Geflecht aus einer Oberfläche an Gesetzen und einem Unterbau an geheimen Verordnungen, vertraulichen Bestimmungen, anweisenden Schreiben und mündlichen Anordnungen durcheinander.[61] Während die Mauer

---

59 Chruschtschow gegenüber behauptete Ulbricht, die Angelegenheit vorab diskutiert und die »Demokratie eingehalten« zu haben; siehe Gerhard Wettig (Hrsg.), »Gespräch Chruschtschow mit dem Ersten Sekretär des ZK der SED, Walter Ulbricht, am 2. November 1961«, in: *Chruschtschows Westpolitik 1955-1964: Gespräche, Aufzeichnungen und Stellungnahmen*, Bd. 3: *Kulmination der Berlin-Krise (Herbst 1960 bis Herbst 1962)* (München: Oldenbourg, 2011), 483 f.

60 Während die Verwaltung der DDR unter dem Totalitarismusparadigma der 1980er und 1990er Jahre den Kadern Omnipotenz zusprach, sank mit dem Wandel zur Gesellschaftsgeschichte bemerkenswerterweise das Interesse an diesem Gegenstand; vgl. Bernd Wunder, *Geschichte der Bürokratie in Deutschland*, 1. Aufl. (Frankfurt/M.: Suhrkamp, 1986), 187-94; Christoph Hauschild, *Die örtliche Verwaltung im Staats- und Verwaltungssystem der DDR auf dem Wege in den gesamtdeutschen Bundesstaat* (Baden-Baden: Nomos, 1991); Christoph Boyer, »*Die Kader entscheiden alles ...« Kaderpolitik und Kaderentwicklung in der zentralen Staatsverwaltung der SBZ und der frühen DDR (1945-1952)* (Dresden: Hannah-Arendt-Institut für Totalitarismusforschung, 1996).

61 Interessanterweise fokussierte die Literatur lange eher auf die Liberalisierungsmöglichkeiten infolge des Mauerbaus; siehe z. B. Roger Engelmann, »Staatssicherheitsjustiz im Aufbau: Zur Entwicklung geheimpolizeilicher und justitieller Strukturen im Bereich der politischen Strafverfolgung 1950-1963«, in: *Justiz im Dienste der Parteiherrschaft: Rechtspraxis und Staatssicherheit in der DDR*, hg. von Roger Engelmann und Clemens Vollnhals (Berlin: Ch. Links, 1999), 157-61; ähnlich Michael Stolleis, *Geschichte des öffentlichen Rechts in Deutschland*, Bd. 4: *Staats- und Verwaltungsrechtswissenschaft in West und Ost 1945-1990* (München: C. H. Beck, 2012), 294 f.; anders Thomas Lindenberger, »Diktatur der Grenze(n):

in einer Kommandoaktion errichtet werden konnte, brauchte es Monate und Jahre, die politischen, rechtlichen und sozialen Orientierungslinien anzupassen, sie durchzusetzen und die schärfere Zentralisierung nebst schleichender Stärkung der Staatssicherheit zu etablieren.[62]

In diesem Prozess verteidigte die Führungsriege immer wieder die Mauer und lieferte durch Presse und Dienstschreiben Argumentationsmaterial an die unteren Ränge des Apparates. Die mittleren Ebenen und lokalen Führungskader hatten diese rhetorischen Vorgaben in Praxis zu übersetzen.[63] Sie waren die Transmissionsriemen staatlicher Macht – mit ihnen stand und fiel die Funktion der Mauer als Machtinstrument des Staates gegenüber der Gesellschaft. Allerdings steckt die Erforschung der komplexen Beziehungen zwischen den Machtinstanzen sowie zwischen ihnen und der DDR-Gesellschaft noch in den Kinderschuhen.[64] Aufgrund des

Die eingemauerte Gesellschaft und ihre Feinde«, in: *Mauerbau und Mauerfall: Ursachen, Verlauf, Auswirkungen*, hg. von Hans-Hermann Hertle, Konrad Jarausch und Christoph Kleßmann (Berlin: Ch. Links, 2002), 203-13.

62 Zu den daraus folgenden noch offenen Fragen siehe Torsten Diedrich und Ilko-Sascha Kowalczuk, »Volksaufstand und Mauerbau im historischen Kontext«, in: *Staatsgründung auf Raten? Zu den Auswirkungen des Volksaufstandes 1953 und des Mauerbaus 1961 auf Staat, Militär und Gesellschaft der DDR*, hg. von Torsten Diedrich und Ilko-Sascha Kowalczuk (Berlin: Ch. Links, 2005), 6; ebenso blieb die Disziplinierung und (Selbst-)Überwachung der Grenztruppen ein Dauerthema, vom MfS bis zur moralisch-disziplinierenden Kunst; vgl. Koop, *Den Gegner vernichten*, 162-70; Roman Grafe, »Die Grenztruppen der DDR«, in: *Militär, Staat und Gesellschaft in der DDR: Forschungsfelder, Ergebnisse, Perspektiven*, hg. von Hans Ehlert und Matthias Rogg (Berlin: Ch. Links, 2004), 337-52; Frank Petzold, »Die ›Staatsgrenze Nord‹: Zur Entwicklung der Ostseeküste als Teil des DDR-Grenzregimes«, in: *Die DDR: Erinnerungen an einen untergegangenen Staat*, hg. von Heiner Timmermann (Berlin: Duncker & Humblot, 1999), 453-84; Sälter, *Grenzpolizisten*, 125-41, 211-52; Hendrik Thoß, *Gesichert in den Untergang: Die Geschichte der DDR-Westgrenze* (Berlin: Dietz, 2004); Michael F. Scholz, »Innerdeutsche Grenze und Berliner Mauer im Spiegel der DDR-Comics«, in: *Deutschland Archiv* 42/6 (2009), 1011-22.

63 Hierbei ist es bedeutend, dass anders als nach 1953 dies mit keinem übermäßigen Kadertausch einherging, sondern dass vielmehr das bestehende Personal seine Arbeit an die Situation anzupassen hatte; vgl. Mario Niemann, *Die Sekretäre der SED-Bezirksleitung 1952-1989*, Sammlung Schöningh zur Geschichte und Gegenwart (Paderborn u. a.: Schöningh, 2007), 96 f., 101 f., 108 ff.

64 Jens Gieseke, »Staatssicherheit und Gesellschaft – Plädoyer für einen Brückenschlag«, in: *Staatssicherheit und Gesellschaft: Studien zum Herrschaftsalltag in der*

anfangs überstarken Aufarbeitungsschwerpunkts auf dem MfS erfährt die Verwaltungsebene des Staates erst jetzt vermehrt Aufmerksamkeit.[65] Die durch »Gummiparagrafen« und vertrauliche Verschlusssachen (VVS) gerahmte Diktatur beanspruchte, die DDR-Gesellschaft von allen ihren Organen aus zu beherrschen – und jedem kam dabei eine jeweils besondere Rolle zu. Um diese zu verstehen, hilft uns die sonst äußerst anregende europäische Verwaltungsgeschichte leider wenig weiter. Ihr Forschungsschwerpunkt liegt auf der Etablierung moderner Staatlichkeit im späten 18. und im 19. Jahrhundert.[66] Im Osteuropa des 20. Jahrhunderts entstand allerdings im Fahrwasser der sowjetischen Geschichte eine eigene und gewaltbasierte Form der Moderne und damit auch eine auf ihre Eigenarten hin zu befragende Bürokratie.[67] Im langen Blick zurück standen diese in der DDR nach dem Mauerbau gefestigter da als zuvor. Thomas Lindenberger hat dahingehend festgestellt,

DDR, hg. von Jens Gieseke (Göttingen: Vandenhoeck & Ruprecht, 2007), 7-22; für eine detaillierte Mikrostudie ab den späten 1970er Jahren siehe Renate Hürtgen, *Ausreise per Antrag: Der lange Weg nach drüben. Eine Studie über Herrschaft und Alltag in der DDR-Provinz* (Göttingen: Vandenhoeck & Ruprecht, 2014).

65 Ilko-Sascha Kowalczuk, *Stasi konkret: Überwachung und Repression in der DDR* (München: C. H. Beck, 2013); wegweisend Lindenberger, *Volkspolizei*.

66 Vgl. Wunder, *Geschichte der Bürokratie in Deutschland*; Eugene Kamenka, *Bureaucracy* (Oxford: Basil Blackwell, 1989); Jürgen Kocka, *Industrial Culture and Bourgeois Society: Business, Labor, and Bureaucracy in Modern Germany* (New York, Oxford: Berghahn Books, 1999); Peter Becker und William Clark (Hrsg.), *Little Tools of Knowledge : Historical Essays on Academic and Bureaucratic Practices* (Ann Arbor: University of Michigan Press, 2001); Kevin MacLaughlin, *Paperwork: Fiction and Mass Mediacy in the Paper Age* (Philadelphia: University of Pennsylvania Press, 2005); Andreas Anter, Hinnerk Bruhns und Patrice Duran (Hrsg.), *Max Weber et la bureaucratie* (Paris: Maison des Sciences de l'Homme, 2011); Ben Kafka, *The Demon of Writing: Powers and Failures of Paperwork* (New York: Zone Books, 2012); ein weiterer Schwerpunkt ist selbstverständlich die Täterschaft der Bürokratie im Nationalismus; siehe z. B. Christiane Kuller, »›Kämpfende Verwaltung‹: Bürokratie im NS-Staat«, in: *Das »Dritte Reich«*, hg. von Dietmar Süß und Winfried Süß (München: Pantheon, 2008), 227-46.

67 Graeme J. Gill, *The Origins of the Stalinist Political System* (Cambridge: Cambridge University Press, 1990); Sheila Fitzpatrick, *Everyday Stalinism: Ordinary Life in Extraordinary Times. Soviet Russia in the 1930s* (New York, Oxford: Oxford University Press, 1999); Karl W. Ryavec, *Russian Bureaucracy: Power and Pathology* (Lanham u. a.: Rowman & Littlefield, 2003); Paul R. Gregory, *The Political Economy of Stalinism: Evidence from the Soviet Secret Archives* (Cambridge: Cambridge University Press, 2004).

dass die inneren Machtverhältnisse in der DDR ihre »diktatorische Wirkmacht auf Dauer ›der‹ Grenze schlechthin« verdankten.[68] Wenn er im selben Atemzug betont, die DDR sei als »großangelegte Mitmach-Veranstaltung mit von der SED festgelegtem Ausgang« zu verstehen, steht nun die Frage im Raum, in welcher Art die großenteils willigen, aber spärlich informierten Staatsangestellten der mittleren und unteren Ränge nach der großen Überraschung des Mauerbaus an dessen Vergesellschaftung mitwirkten.

Die entsprechenden Akteure des SED-Staates hatten seit 1953 zahlreiche, oft schlagartige Kurskorrekturen infolge des Machtkampfes innerhalb der SED er- und überlebt.[69] Im Rückblick ist schnell zu erkennen, dass der 13. August 1961 der Schlussstein im Machtgebilde über Partei und Gesellschaft war, das die harte Linie um Ulbricht, Verner und zunehmend Honecker und Mielke seit der Ablösung der als unzuverlässig geltenden Wollweber, Schirdewan und Oelßner errichtet hatte.[70] Es folgte der Übergang zum »lautlosen Terror« (Jürgen Fuchs).[71] Den Akteuren war dies nicht unbedingt oder in äußerst unterschiedlicher Art bewusst. Erst im Laufe der nächsten Monate und Jahre schliff sich eine Linie ein, die praktisch verdeutlichte, dass ein Zustand von Dauer geschaffen worden war. Langsam änderte sich nicht nur die Rechtslage, sondern das gesamte Gefüge, in dem das politische Recht der DDR gedacht und durchgesetzt wurde. Dafür war die Verwaltungsebene anfangs wohl wichtiger als die Staatssicherheit, besonders effektiv war aber freilich ihr Übereinklang. Nach August 1961 lag die Herausforderung darin, diesen Einklang herzustellen. Die Beziehung zwischen dem MdI und dem MfS war in Karl Marons letz-

---

68 Lindenberger, »Diktatur der Grenze(n): Die eingemauerte Gesellschaft und ihre Feinde«, 203 f.

69 Roger Engelmann, »Lehren aus Polen und Ungarn: Die Neuorientierung der DDR-Staatssicherheit als Resultat der Entstalinisierungskrise«, in: *Kommunismus in der Krise: Die Entstalinisierung 1956 und die Folgen*, hg. von Roger Engelmann, Thomas Großbölting und Hermann Wentker (Göttingen: Vandenhoeck & Ruprecht, 2008), 281-96.

70 Vgl. Michael Kubina, *Ulbrichts Scheitern: Warum der SED-Chef nicht die Absicht hatte eine »Mauer« zu errichten, sie aber dennoch bauen ließ* (Berlin: Ch. Links, 2013), 211 f.; Engelmann, »Lehren aus Polen und Ungarn«, 292.

71 Zit. n. Diedrich und Kowalczuk, »Volksaufstand und Mauerbau im historischen Kontext«; allgemein dazu Sandra Pingel-Schliemann, *Zersetzen: Strategie einer Diktatur* (Berlin: Robert-Havemann-Gesellschaft, 2002).

ten Jahren als Innenminister bis 1963 von größeren Spannungen geprägt. Einerseits setzte das MfS erneut an, sich als zentraler und vertrauenswürdiger Machtfaktor der SED-Führung zu etablieren, andererseits erachteten die Führungskader im MdI den Aufstieg der Staatssicherheit als Eingriff in ihre Kompetenzen.[72]

In der ersten Hälfte der 1960er Jahre durchlief die Administration einen wechselhaften Findungsprozess. Wie der Historiker Mario Niemann in seiner detailreichen Studie zur SED-Kaderpolitik dargelegt hat, drückte sich dies in den frühen 1960er Jahren auch in einer hohen Fluktuation unter den mittelrangigen Kadern aus, bei denen primär Fragen des »Aufbaus« des Sozialismus in der Landwirtschafts-, Konsum- und Produktionspolitik Dissonanz erzeugten.[73] Während die Mauer selbst nicht hinterfragt wurde, sah dies bei den Modi ihrer Vergesellschaftung anders aus. In einem längeren Prozess disziplinierten die oberen Entscheidungsträger des MdI, der unterstellten Volkspolizei oder der Generalstaatsanwaltschaft ihren Apparat erst in diese neue Situation hinein.[74] Der Durchsetzungsprozess der Mauer in der Gesellschaft war damit, ganz anders, als es sowohl die Führungsriege der SED als auch die Totalitarismustheorie deutete, keine reine Durchsetzungsfrage, sondern ein sozialhistorischer Prozess der Erfindung und Etablierung von Normen, die komplizierterweise fast nie schriftlich zugänglich oder kommunizierbar waren.

Hier kann die Migrationsforschung weitere Nuancen beitragen, um den Blick von Theorien der »Durchherrschung« zur asymmetrischen Aushandlung von Macht zu wenden. In dieser ist die sogenannte *gap thesis* ein etabliertes Modell, wonach sich zwischen Migrationspolitik und Migrationsverhalten immer ein Spalt mit politischem Steuerungsbedürfnis auf der einen und tatsächlicher Mobilität auf der anderen Seite auftut. Diese Kluft kann nur mit Blick auf heterogenes Akteursverhalten, hier also einer praxishisto-

72 Wunschik, *Hauptabteilung VII*, 47-52.
73 Niemann, *Die Sekretäre der SED-Bezirksleitungen 1952-1989*, 108-14; siehe auch Patrick Major, »Innenpolitische Aspekte der zweiten Berlinkrise (1958-1961)«, in: *Mauerbau und Mauerfall: Ursachen, Verlauf, Auswirkungen*, hg. von Hans-Hermann Hertle, Konrad Jarausch und Christoph Kleßmann (Berlin: Ch. Links, 2002), 97-109.
74 Wunschik, *Hauptabteilung VII*, 52-54.

rischen Gesellschaftsgeschichte, analysiert werden.[75] Da eine solche Spannung auch innerhalb des Staatsapparates der DDR herrschte, untersuche ich die Herrschaftspraxis weniger anhand der kodifizierten Normen und stärker anhand der langsam von innen nach außen vordringenden Durchsetzungsprozeduren.[76] Dies schafft Schnittstellen zu dem, was die Alltagsgeschichte als »Eigensinn« bezeichnet, bei dem Handeln in den Institutionen des Machtapparates Machtstrukturen herausfordern kann.[77] Dies geschieht, wie im Folgenden dargelegt wird, oft gar nicht intentional, sondern als Effekt von Lösungsversuchen unlösbarer Situationen. Für die Behörden war und blieb ein Hauptproblem im Mauerstaat, dass Migration nicht derart zu regeln war, wie die SED-Führung – und mit ihr die kommunistischen Verbündeten allgemein – sich dies vorstellten.[78]

75 Gallya Lahav und Virginie Guiraudon, »Actors and Venues in Immigration Control: Closing the Gap between Political Demands and Policy Outcomes«, in: *West European Politics* 29/2 (2006), 201-23.

76 Siehe dahingehend neuere Forschungen zur »implementation gap« zwischen Regel und Administration, Tobias Eule et al., *Migrants Before the Law* (Cham: Palgrave Macmillan, 2019).

77 Alf Lüdtke, *Eigen-Sinn: Fabrikalltag, Arbeitererfahrungen und Politik vom Kaiserreich bis in den Faschismus* (Hamburg: Ergebnisse-Verlag, 1993), 157 f.; Alf Lüdtke, »Geschichte und Eigensinn«, in: *Alltagskultur, Subjektivität und Geschichte: Zur Theorie und Praxis von Alltagsgeschichte*, hg. von Berliner Geschichtswerkstatt (Münster: Westfälisches Dampfboot, 1994), 139-53; zur Kritik an der Alltagsgeschichte siehe Thomas Welskopp, »Klasse als Befindlichkeit? Vergleichende Arbeitergeschichte als kulturhistorische Herausforderung«, in: *Archiv für Sozialgeschichte* 38 (1998), 301-36.

78 Mervyn Matthews, *The Passport Society: Controlling Movement in Russia and the USSR* (Boulder: Westview Press, 1993); Dariusz Stola, »Das kommunistische Polen als Auswanderungsland«, in: *Zeithistorische Forschungen/Studies in Contemporary History* 2/3 (2005), online verfügbar unter ⟨http://www.zeithistorische-forschungen.de/16126041-Stola-3-2005⟩ (Stand März 2019); ders., *Kraj bez wyjścia? Migracje z Polski 1949-1989* (Warschau: Instytut Pamięci Narodowej, Komisja Ścigania Zbrodni przeciwko Narodowi Polskiemu, 2012).

Verunsicherung und Verwirrung:
Die Verwaltung der Mauer

Vordergründig sollte mit dem Mauerbau die illegale Abwanderung bekämpft werden. Die Hintergründe sind mehrfach ausführlich beschrieben worden.[79] Weniger bekannt ist aber, dass die SED-Führung nach dem Mauerbau auch die legalen Ein- und Auswanderungsmöglichkeiten grundlegend veränderte. Ernsthaft als Problem wahrgenommen wurde die legale Emigration erst ab 1958, als Hermann Matern, sekundiert von Erich Mückenberger, auf der Sitzung des Politbüros am 11./12. Dezember polterte: »Monatlich gehen 4000 legal, d. h. bei uns sind gewisse Organe aufgeweicht.«[80] Nicht nur die »offene Grenze« allein war aus der Sicht der Hardliner das Problem, auch nicht unbedingt die nach außen drängende Bevölkerung, sondern das Verwaltungshandeln.[81] Selbstverständlich, so Mückenberger, läge das Problem »nicht in unserer Politik, sondern darin, daß man von Deutschland nach Deutschland gehen kann«.[82]

Dieses Problems nahm sich das MdI an. Infolge des 9. Plenums des ZK der SED im Juli 1960 verfasste der 1. Stellvertreter des Ministers des Innern Herbert Grünstein erstmals einen kombinierten Bericht zu »Republikflucht« und zur Frage der legalen Übersied-

---

79 Für unterschiedliche Interpretationen siehe Matthias Uhl und Armin Wagner (Hrsg.), *Ulbricht, Chruschtschow und die Mauer: Eine Dokumentation* (München: Oldenbourg Wissenschaftsverlag, 2010); Hope Millard Harrison, *Ulbrichts Mauer: Wie die SED Moskaus Widerstand gegen den Mauerbau brach* (Bonn: BpB, 2011); Kubina, *Ulbrichts Scheitern*; Gerhard Wettig und Manfred Wilke, »Der lange Weg zur Berliner Mauer 1952/53-1958/59-1961«, *Gedenkstätte Berliner Mauer*, 2015, 1-47.

80 Zit. n. Kubina, *Ulbrichts Scheitern*, 213 f.

81 Ebd.; Patrick Major, »Going West: The Open Border and the Problem of Republikflucht«, in: *The Workers' and the Peasants' State: Communism and Society in East Germany under Ulbricht 1945-1971*, hg. von Patrick Major und Patrick Osmond (Manchester u. a.: Manchester University Press, 2002), 190-208.

82 Zit. n. Kubina, *Ulbrichts Scheitern*, 214; die Aufmerksamkeit liegt bislang vor allem jedoch auf dem Massenphänomen der Republikflucht; vgl. Bettina Effner und Helge Heidemeyer (Hrsg.), *Flucht im geteilten Deutschland: Erinnerungsstätte Notaufnahmelager Marienfelde* (Berlin: be.bra verlag, 2005); Patrick Major, »Torschlußpanik und Mauerbau: ›Republikflucht‹ als Symptom der zweiten Berlin-Krise«, in: *Sterben für Berlin? Die Berliner Krisen 1948-1958*, hg. von Burghard Ciesla (Berlin: Metropol, 2000), 221-43; siehe z. B. Major, »Going West«.

lung. Dabei stellte Grünstein fest, dass im Jahre 1960 bis zum 10. Oktober 1540 Menschen legal die DDR verlassen hatten. Neben 221 Personen, die »auf Grund ihres Verhaltens ausgewiesen« wurden, waren dies in der Mehrzahl Rentner. Abgesehen von diesen wenig aussagekräftigen Zahlen gestand Grünstein ein, nicht in der Lage zu sein, den ganzen Komplex auch nur einschätzen zu können. In Zukunft solle man überhaupt erst einmal Analysen erarbeiten. Danach sei das Thema in Einsatzpläne einzubeziehen und im Kollektiv und auf Parteigruppenversammlungen zu erörtern. Dabei sah Grünstein schon damals erheblichen Disziplinierungsbedarf, da ihm zufolge Schulleiter und Rechtsanwälte die Relevanz dieser Frage oft grundsätzlich falsch bewerteten.[83]

Es mangelte freilich nicht an Regeln. Durch stetes Stückwerk hatten der Staat und vor allem das MdI bis zum Mauerbau einen Wust aus vertraulichen Direktiven, Schreiben und Dienstanweisungen produziert, mit denen die legalen deutsch-deutschen Migrationsbewegungen kontrolliert werden sollten. Der Mauerbau bot die Chance, aufzuräumen. Aufgrund fehlender Dringlichkeit berührte jedoch keine der direkt am 12. August erlassenen Weisungen des MdI die legale Aus- oder Einwanderung.[84] In den ersten Stunden konzentrierten sich alle Kräfte auf die Absperrung und Sicherung der Grenze innerhalb und um Berlin (siehe Tafel 2, S. 118).[85] In den ersten Tagen galt die Sorge jenen Verbänden, die die Undurchlässigkeit herstellen sollten und die im Falle von Protesten im Land oder Reaktionen der NATO bereitstanden.[86] Als beides ausblieb, ließ der Staat das Grenzregime ins Hinterland ausgreifen. Dies lässt sich an den zwischen dem 12. August (Samstag, 32.

---

83 BArch Berlin, DO 1, 9527: Grünstein an ZK der SED, Erich Honecker, 10. Oktober 1960.

84 Zu den bis dahin bestehenden Regeln siehe die Einleitung in diesem Buch.

85 BArch Berlin, DO 1, 58290, 58292-6; PAAA; MfAA G-A, 503, 2-11.

86 Die zweite Berlin-Krise zeigte endgültig, dass die beiden Großmächte die Existenz der jeweils anderen »akzeptierten«, denn sie »hielten sich strikt an die jeweiligen Einflussgrenzen und respektierten das Handeln der anderen Seite«. Hanns Jürgen Küsters, »Die Bedeutung der Entstalinisierungskrise für die Deutschlandpolitik«, in: *Kommunismus in der Krise: Die Entstalinisierung 1956 und die Folgen*, hg. von Roger Engelmann, Thomas Großbölting und Hermann Wentker (Göttingen: Vandenhoeck & Ruprecht, 2008), 231 f.; Lawrence Freedman, *Kennedy's Wars: Berlin, Cuba, Laos, and Vietnam* (Oxford, New York et al.: Oxford University Press, 2000), 75-8.

Kalenderwoche) und dem 31. Dezember 1961 (52. Kalenderwoche) ergangenen Weisungen des Stabs Organisation des MdI nachzeichnen. Sie umfassen die gesamte Bandbreite der Zuständigkeiten des MdI, von militärischen Befehlen und Tagesbefehlen an die bewaffneten Einheiten wie den Grenzbrigaden über grundlegende Direktiven bis zu administrativen Dienst- und Hausanweisungen sowie spezifischen Weisungen der Stellvertreter des Ministers. Sie offenbaren damit jene Felder, in denen das MdI in den Monaten nach dem Mauerbau Handlungsbedarf sah. Von den insgesamt 66 ergangenen Weisungen regelten mehr als die Hälfte (36) den militärischen Umgang mit der neuen Grenzsituation (v. a. Zuständigkeiten, Verlagerungen, territoriale Maßnahmen, Truppenorganisation). Dies beinhaltete sowohl Regelungen, um die in Berlin stationierten Grenzeinheiten des MdI effektiver zu organisieren (was sich bis Ende 1963 hinzog), als auch Ermächtigungen, um die Mauer jenseits des direkten Grenzstreifens zu sichern.[87] Dazu gehört auch Befehl 35/61, der im Rahmen der Aktion »Festigung« weitreichende Zwangsumsiedlungen an der Westgrenze der DDR anordnete.[88] Die Regelungen sind zudem sehr detailliert, so dass einzelne Befehle mehrere Aktenbände umfassen können. Ein weiteres reichliches Drittel (23) der ergangenen Weisungen hatte keinen direkten Bezug zu Grenzfragen und regelte Strukturfragen oder Arbeitsabläufe im Ministerium (horizontal schraffiert, Anzahl: 12, wie Regeln zu Dienstzeiten, Arbeitsbuchführung und Hierarchien, zudem Ehrungen und Festtage) oder Sonstiges (gewinkelt schraffiert, Anzahl: = 11, z. B. Versorgungsfragen, Telefonanschlüsse für Mitarbeiter oder den Herbstwaldlauf 1961).

Lediglich sieben der 1961 derart ergangenen Weisungen regelten explizit Fragen der Mobilität (vertikal schraffiert). Davon ergingen vier in der ersten Woche nach dem Mauerbau. Die erste

---

87 Vor allem Befehl 37/61 (5. September 1961), 38/61 (6. September 1961) und 44/61 (14. Oktober 1961) zur Schaffung und Ordnung der Grenzbrigaden, Befehl 36/61 (5. September 1961) zu Kaderveränderungen und 45/61 (18. Oktober 1961) und 48/61 (15. Dezember 1961) zu Sicherungs- und Baumaßnahmen auf dem Grenzstreifen; BArch Berlin, DO 1, 58 337-9; ebd., 58 347-8; ebd., 58 340; ebd., 58 351.

88 BArch Berlin, DO 1, 58 337, Befehl 35/61 vom 1. September 1961; ihm gingen die zentralen Weisungen des NVR voraus; siehe Koop, *Den Gegner vernichten*, 55 ff.; Brey, *Doppelstaat DDR*, 206-19; auch hier werden allerdings allein die primären Gewaltmaßnahmen und nicht deren diffizile Nachfolgen beschrieben.

Tafel 2: Weisungen des MdI August bis Jahresende 1961.

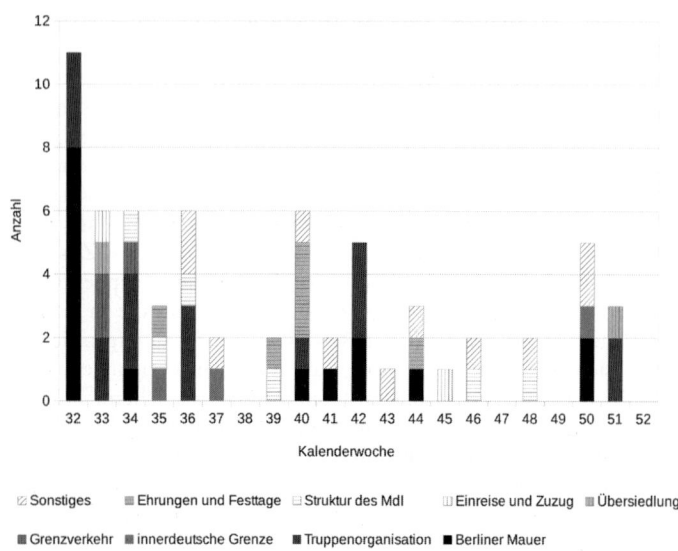

Quelle: Eigene Erhebung nach BArch Berlin, DO 1, 58 343-53; ebd., 59 464; ebd., 59 538; ebd., 59 561 f.; ebd., 59 780; ebd., 62 167-80; ebd., 62 378a; ebd., 64 151 f.; ebd., 64 153-6; ebd., 63 633 f.; ebd., 63 636-41; ebd., 63 813-5; ebd., 63 834. *Bestandsaufnahme der Eingliederungshilfen von Bund und Ländern für Aussiedler und für Zuwanderer aus der DDR und Berlin (Ost): mit einer Analyse des Bedarfs* (Bonn: Bundesminister des Innern, 1988). BStU AdZ, ZAIG, 27 895, 102.

davon verschärfte die Aufenthaltsregeln für Zuziehende (Befehl 30/61, 14. August 1961).[89] Die in den Folgetagen erlassenen und umfangreicheren Dienstanweisungen DA 17/61 (16. August) und DA 19/61 (18. August) regelten Fragen des Reiseverkehrs, z. B. die Prozedur für die wenigen privilegierten Kader, die einen Tagespassierschein nach West-Berlin besaßen.[90] Während das MdI in den Folgewochen an der Truppenstruktur und den Zuständigkeiten

89 BArch Berlin, DO 1, 58 332.
90 BArch Berlin, DO 1, 62 167, 62 169.

intensiv feilte, klärte es in Bezug auf Grenzbewegungen in der Kalenderwoche 45 noch Versorgungsfragen in den Aufnahmeheimen für Rückkehrer und Erstzuziehende und Möglichkeiten für deren Ausweisung.[91] Der Staat war also insbesondere bei Rückkehrern und Erstzuziehenden besorgt, allerdings betraf dies im Vergleich zu den legalen Antragstellern schon zu dieser Zeit nur eine geringe Anzahl an Personen.[92] Erst am 19. Dezember folgte mit der DA 29/61 (Maßnahmen gegen den Menschenhandel und das illegale Verlassen der DDR), einer der letzten Weisungen des Jahres überhaupt, eine Regelung, die die Bekämpfung der illegalen Abwanderung und deren Vorbereitung in breiterer Art anging.[93] Sie machte aus dem zuvor primär militärisch behandelten Gegenstand an der Grenze einen polizeilichen im Hinterland und verschärfte die Kriminalisierung der Flüchtlinge.

Lediglich eine der vielen innenministeriellen Weisungen 1961 widmete sich explizit der legalen Ausreise, dafür aber in grundlegender Art und Weise. Bereits fünf Tage nach dem Mauerbau stornierte der SED-Staat mit der DA 18/61 vom 18. August sämtliche erteilten einmaligen Reisegenehmigungen in die BRD, was Besuche ebenso mit einschloss wie Ausreisen.[94] Dies kappte mit einem Federstrich alle legalen Wege. Zudem zentralisierte die DA 18/61 die Bearbeitung neuer Anträge restriktiv, indem sie die Entscheidungskompetenzen über jeden einzelnen Ausreiseantrag in die höchsten Ränge des MdI verlagerte. Für die einmalige Ausreise, also die legale Übersiedlung, erhielten Übersiedler in der Regel das provisorische Identitätsdokument PM 12 a. Dieses war nun nur noch mit dem Siegel des Leiters der Hauptabteilung Paß- und Meldewesen (HA PM) gültig. Damit nicht genug, denn auch der Leiter der HA PM durfte dieses Siegel nur vergeben, wenn der Minister des Innern selbst oder seine Stellvertreter dies zuvor genehmigt hatten.

91 BArch Berlin, DO 1, 62175, DA 25/61 vom 9. November 1961.
92 Siehe dazu auch Tobias Wunschik, »Migrationspolitische Hypertrophien: Aufnahme und Überwachung von Zuwanderern aus der Bundesrepublik Deutschland in der DDR«, in: *IMIS-Beiträge* 32 (2007), 33-60; Gerhard Neumeier, »Rückkehrer‹ in die DDR. Das Beispiel des Bezirks Suhl 1961-1972«, in: *Vierteljahrshefte für Zeitgeschichte* 58/1 (2010), 69-91.
93 BArch Berlin, DO 1, 62179, DA 29/61 vom 19. Dezember 1961.
94 BArch Berlin, DO 1, 62168, DA 18/61 vom 16. August 1961; die bestehenden Erlaubnisse wiederholter Fahrten nach Westen für Reisekader hingegen blieben unberührt.

Ein jeder Antrag musste nun also erfolgreich den Schreibtisch der mächtigsten Innenpolitiker der DDR passieren. Dies entmachtete die in den Kreisen gebildeten und bislang zuständigen Kommissionen für den innerdeutschen Reiseverkehr. Die Anträge waren aber weiterhin in den Kreisen zu stellen.[95] Der entsprechende Arbeitsablauf dazwischen wurde vorerst nur schematisch geklärt. Kurz: Genehmigungen wurden kassiert, Befugnisse zentralisiert und Zuständigkeiten verschleiert.

Die DA 18/61 klärte damit die sensiblen Fragen der legalen Übersiedlung, mit der die lokalen Behörden nach dem Schließen der Tore erwartbar stärker konfrontiert sein würden, bereits im August 1961 mit dem Holzhammer. Was aber die Umsetzung anging, wurde mit heißer Nadel gestrickt. Im für den Mauerbau zuständigen Planungsstab gab es keine Konzepte für entsprechende Befehle oder Direktiven. Das Thema wurde im Vorfeld offenkundig einfach nicht behandelt. Dass der Minister des Innern Karl Maron durch DA 18/61 sämtliche bestehenden einmaligen Ausreisegenehmigungen annullierte und neu prüfen ließ, war in erster Linie eine Misstrauenserklärung an den eigenen Apparat. Der neuen Situation entsprechend wollte er sicherstellen, dass allein in besonderen Ausnahmefällen Genehmigungen zur Übersiedlung erteilt würden. Dies betraf neben Vertrauenspersonen des SED-Staates schon davor in erster Linie vereinsamte »Arbeitsunfähige« und Rentner. Nun war aber auch deren Ausreise nur in genau zu prüfenden Extremfällen erlaubt. Zudem seien die Regelungen von Reisegenehmigungen in beide Richtungen äußerst restriktiv auszulegen.[96] Mit einer knappen Dienstanweisung und einigen Nebenregelungen in anderen Anordnungen schuf das MdI nach dem 13. August für den Bereich Ausreise nahezu eine Tabula rasa und stoppte fast jede legale Bewegung gen Westen.[97] Daraufhin stellte sich aber die Frage,

95 Der Mauerbau erforderte eine solche Zentralisierung in zahlreichen Bereichen (wie auch bei den Befehlswegen der Volkspolizei) und bot zugleich den Anlass dazu; vgl. Lindenberger, *Volkspolizei*, 174.

96 BArch Berlin, DO 1, 62 168, DA 18/61 vom 16. August 1961; PAAA MfAA, G-A, 503, 29; siehe darüber hinaus z. B. auch die Regelungen der Eingliederung ehemaliger Grenzgänger, BArch Berlin DO 1, 13 854, Anordnung des Ministerrats, 14. August 1961.

97 In Kraft blieb vor allem die Direktive 1/58 vom 8. März 1958, welche die Kompetenz für Reisegenehmigungen den Räten der Kreise und denen der Bezirke sowie den darin bestehenden Kommissionen für den Reiseverkehr zusprach.

inwieweit sich das MdI auf die Reisekommissionen in den Räten der Kreise verlassen konnte, die für die Bürger ja weiterhin die Anlaufstellen für Reise- und Ausreiseanträge blieben. Zwar schwangen die lokalen Behörden recht schnell auf die neue Linie ein, die nun entstehende Mauergesellschaft durch defensiv legitimierte Abschottung zu gestalten. Allerdings hatten sie im Gegensatz zu den Weisungsbefugten im MdI die Konflikte mit den abgewiesenen Antragstellern persönlich auszufechten.

Dabei ist nicht zu vergessen, dass sowohl Bürger als auch untere Verwaltungsebenen in der ersten Zeit allein durch die Propagandaorgane Hinweise erhielten, wie mit dem Mauerbau umzugehen sei. Ganz im Sinne Lenins war die Presse für die SED »nicht nur ein kollektiver Propagandist und kollektiver Agitator, sondern auch ein kollektiver Organisator«.[98] Die Organe der DDR sahen sich seither in der Tradition des frühsowjetischen »Propagandastaates«.[99] Wie die *Pravda* übermittelte das *Neue Deutschland* neben Nachrichten und Anweisungen vor allem »Symbole, Selbstbilder und Geisteshaltungen« durch eine spezifische Sprache, die es den Führern des Staates erlaubte, ein »umfassendes System öffentlichen Lügens« zu etablieren.[100] Für die verunsicherten Untergebenen jedoch gab es

Nach der Beschneidung durch DA 18/61 regelte diese Direktive nun vor allem die Zusammensetzung und Arbeitsabläufe an der Basis nicht mehr gegebener Rahmenbedingungen. BArch Berlin DO 1, 59 546.

98 Wladimir I. Lenin, »›Womit beginnen?‹ (Mai 1901)«, in: ders. *Werke*, Bd. 5: *Mai 1901-Februar 1902* (Berlin [Ost]: Dietz, 1971), 11.

99 Vgl. Peter Kenez, *The Birth of the Propaganda State: Soviet Methods of Mass Mobilization, 1917-1929* (Cambridge: Cambridge University Press, 1985); Gleb J. Albert, *Das Charisma der Weltrevolution: Revolutionärer Internationalismus in der frühen Sowjetgesellschaft 1917-1927* (Köln: Böhlau, 2017). Siehe z. B. auch die Benennung des Wachregiments des MfS nach dem Gründer der Tscheka, dem »blutigen Felix« Feliks E. Dzeržinskij (Wachregiment Feliks Dzierzynski) und dem Festhalten an einer positiv besetzten Identität als Grenzverteidiger und »Tschekist« durch ehemalige Staatssicherheitsoffiziere auch lange nach dem Fall der Mauer; vgl. Hagen Koch und Peter Joachim Lapp, *Die Garde des Erich Mielke: Der militärisch-operative Arm des MfS; das Berliner Wachregiment »Feliks Dzierzynski«* (Aachen: Helios, 2008); Reinhard Grimmer (Hrsg.), *Die Sicherheit: Zur Abwehrarbeit des MfS*, 2 Bde., 3., korr. und erg. Aufl. (Berlin: Edition Ost, 2003).

100 Jeffrey Brooks, »Pravda and the Language of Power in Soviet Russia, 1917-28«, in: *Media and Revolution. Comparative Perspectives*, hg. von Jeremy D. Popkin (Lexington: University Press of Kentucky Press, 1995), 156 f.; Gleb J. Albert,

darin keine konkreten Informationen, sondern bloß markige Stimmungsmache. Das *Neue Deutschland* posaunte in die Republik, dass mit den Absperrungen in Berlin die »Tür für den Menschenhandel verriegelt« worden sei[101] und dass auf »Vorschlag der Regierungen der Warschauer Vertragsstaaten und entsprechend dem einmütigen Beschluß der Volkskammer [...] der Ministerrat jetzt jene Maßnahmen ergriffen [hat], die von der Bevölkerung der DDR seit langem gefordert worden sind«.[102] Einerseits wolle man so endlich »den Gefahrenherd Westberlin austreten«, andererseits wurde aber auch am Tag nach dem Mauerbau der Bevölkerung verkündet, dass am kommenden Morgen die Mitglieder der Kampfgruppen in Uniform am Arbeitsplatz erscheinen würden. Diese Ruheaufforderung durch implizite Gewaltandrohung war an alle DDR-Bewohner adressiert, weswegen das *Neue Deutschland* Stimmen aus der Bevölkerung sammelte und prominent abdruckte. »Sollte jemand frech werden«, warnte etwa das Mitglied der Kampfgruppe im LEW Hennigsdorf Richard Schmalwasser, »wird er unsere starke Hand zu spüren bekommen«.[103] Es ging also zuvorderst um Sozialdisziplinierung nach innen, die sich anders als die Anti-Menschenhändler-Propaganda nicht auf auswärtige Kräfte berief, sondern die Dissonanz im Innern durch die Militarisierung des Sozialen zu verhindern suchte. Diesen Druck versuchte das *Neue Deutschland* ins Moralische zu übertragen und beschrieb anhand von Arbeiterstellungnahmen eine sich angeblich entwickelnde Stimmung gegen Westreisen unter dem Motto: »Nein, in diesen Westen fahren wir nicht.«[104] Dahinter verbarg sich das größere Ziel, das sich nicht auf die Fluchtverhinderung beschränkte, sondern auf einen langfristigen Wandel der Mobilitätsmentalität der Bevölkerung abzielte.[105]

Das Charisma der Weltrevolution: Revolutionärer Internationalismus in der frühsowjetischen Gesellschaft, 1917–1927 (Bielefeld: Univ. Diss, Universität Bielefeld, 2014), Kap. 5.3.

101 »Ein schwarzer Tag für Kriegstreiber«, in: *Neues Deutschland* (14. August 1961), 2.

102 »Klare Verhältnisse«, in: *Neues Deutschland* (14. August 1961), 2.

103 Siehe diverse Wortmeldungen in »Ein schwarzer Tag für Kriegstreiber«.

104 Monika Thiel, »Nein, in diesen Westen fahren wir nicht: Werktätige wenden sich gegen Fahrten in Adenauers Unrechtsstaat«, in: *Neues Deutschland* (17. August 1961), 3.

105 Michel Foucault, *Überwachen und Strafen: Die Geburt des Gefängnisses* (Frankfurt/M.: Suhrkamp, 1977), 280.

Bis zum heutigen Tag insistieren Systemvertreter wie der frühere Oberst der Zentralen Auswertungs- und Informationsgruppe (ZAIG) des MfS Reinhard Grimmer darauf, dass »die Mehrheit der DDR-Bürger im August 1961 spontan die Maßnahmen« begrüßt habe.[106] Dies galt sicherlich für einen Teil der staatsnahen und -tragenden Eliten. Andere jedoch befürchteten durch den erwartbaren Wegfall des internationalen Austauschs berufliche Nachteile. Dies betraf auch den in Ost- und West-Berlin für die SED (und das MfS) tätigen Rechtsanwalt Wolfgang Vogel, der seinem Verbindungsoffizier Heinz Volpert gegenüber nun eine Sonderreiseregelung für Anwälte entwarf, deren Eckpunkte (Mitgliedschaft im Anwaltskollegium, Zulassung in West-Berlin, tatsächliche Prozessführung dort) allerdings nur er erfüllte.[107] Neben Anwälten traf die Aufhebung der Reiseprivilegien vor allem Wissenschaftler. Diese nahmen die Kaderverwaltungen darum mit dem Mauerbau noch genauer in den Blick.[108] In Andeutungen berichteten die Verantwortlichen des Meteorologischen und Hydrologischen Dienstes Mitte September 1961, dass »es keine wesentlichen Diskussionen zu den Maßnahmen der Regierung gegeben habe; lediglich einige Anfragen«. Insbesondere die Wissenschaftler, die man nicht genau im Blick habe, charakterisierte der berichtende Major Gliniorz als »beunruhigt«. Die Akademiker beherrschten zwar ihr Fachgebiet, könnten oder wollten aber »die gesellschaftlichen Kräfte und Prozesse in der ganzen Welt« nicht verstehen. Teilweise hätten die Professoren »sehr sauer reagiert«.[109] Nun schlug die Stunde Jürgen Kuczynskis, dem als führendem Historiker des Landes auch die Legitimation der Maßnahmen des SED-Staates zufiel.[110] Man musste ihn nicht zwingen. Er verfasste einen Propagandaartikel, der nur wenige Tage nach dem Mauerbau die Linie definierte, indem er

106 Reinhard Grimmer et al., »Sicherheitspolitik der SED, staatliche Sicherheit der DDR und Abwehrarbeit des MfS«, in: *Die Sicherheit: Zur Abwehrarbeit des MfS*, Bd. 1, hg. von Reinhard Grimmer (Berlin: Edition Ost, 2002), 171.

107 Vgl. Norbert F. Pötzl, *Basar der Spione: Die geheimen Missionen des DDR-Unterhändlers Wolfgang Vogel*, 3. Aufl. (Hamburg: Spiegel-Buchverlag, 1997), 97.

108 BArch Berlin, DO 1, 21265, Monatsberichte der Kaderverwaltungen zur Republikflucht, 1961-1963.

109 BArch Berlin, DO 1, 21278, Bericht Kaderverwaltung, Meteorologischer und Hydrologischer Dienst, 18. September 1961.

110 Zum komplexen Charakter Kuczynskis siehe z. B. Mario Kessler, »Jürgen Kuczynski – ein linientreuer Dissident?«, in: *Utopie kreativ* 171 (2005), 42-9.

offen gegen seine widerwilligen akademischen Kollegen als nicht vertrauenswürdige »Wanderer zwischen zwei Welten« wetterte. Diese verstünden nicht, dass sie sich nicht nur körperlich zwischen Ost und West bewegten, sondern vielmehr mental zwischen »Vergangenheit und Zukunft, zwischen Theorie und Praxis, zwischen Vernunft und Gefühl«.[111] Der Mauerbau legitimierte und bedingte also, in Martin Sabrows Worten, auch in der Wissenschaft den Übergang vom »vertrauten Feind« im Westen, der aus zahlreichen Kontakten bekannt war, zum »objektiven Gegner«, der in dieser Radikalität nur unter den Bedingungen der Abschottung konstruierbar war.[112] Und wer konnte diese Deutungsverschiebung besser vertreten als der vor wenigen Jahren noch als Abweichler angegriffene Jürgen Kuczynski, der als Personifikation der ungemütlichen systeminternen Kritik jeden Zweifel am Mauerbau zerschlug.

Solche öffentlichen Positionierungen waren de facto Forderungen. Sie begründeten nicht nur den Mauerbau aggressiv als einen rein defensiven Akt, sondern forcierten vor allem die Sozialdisziplinierung gegen jedweden persönlichen Kontakt mit dem westdeutschen Staat und seinen Bürgern. Im krassen Widerspruch zur eingangs beschriebenen Situation in Treptow stand dabei die mediale Darstellung des Grenzpostens als eines vertrauenswürdigen Aufklärers. Genau dort im Treptower Park, wo Grenzposten DDR-Bürger in Versuchung führten, habe ein »gut gekleideter Bürger« im Gespräch mit einem Grenzpolizisten philosophiert, dass er zu 99 % mit den Maßnahmen zufrieden sei, wobei das verbleibende Prozent seine Tante im Westen sei. »›Ein Prozent Tante gegen 99 Prozent Frieden ist ein guter Tausch‹, sagt der Angehörige der Kampfgruppe.«[113] In zahlreichen solcher wohl frei erfundenen Dialoge standen Onkel und Tanten im Westen für kriminelle Westkontakte. Sie betrieben Devisenvergehen, stifteten an oder sie galten Störenfriede als Ausreden für Westreisewünsche, obwohl jeder wisse, dass die Familie seit Jahren keinen Kontakt mehr habe.[114]

111 Jürgen Kuczynski, »Wanderer zwischen zwei Welten«, in: *Neues Deutschland* (20. August 1961), 5.

112 Martin Sabrow, *Zeitgeschichte schreiben: Von der Verständigung über die Gegenwart in der Gegenwart* (Göttingen: Wallstein, 2014), 72-82.

113 »Berliner Geschichten«, in: *Neues Deutschland* (14. August 1961), 2.

114 Siehe z. B. ebd.; »Berliner Geschichten«, in: *Neues Deutschland* (15. August 1961), 3.

Diese aggressive Verschiebung des Diskurses auf die Grenze und ihre Moral ist für den hier behandelten Gegenstand – die Reglementierung der legalen Ausreise – ganz wesentlich. Denn auf diese Weise entstand im Staatsapparat eine Stimmung, die ohne detaillierte Regeln und zugleich mit unklaren Hierarchien dazu führte, im Zweifelsfall lieber restriktiver vorzugehen, als sich des »Liberalismus« verdächtig zu machen. Dies wurde intern auch gefordert. Nicht lange nach dem Mauerbau stellte das MdI seinen Mitarbeitern eine vertrauliche »Argumentation« zu »Republikflucht«, Übersiedlung und Reiseverkehr zur Verfügung.[115] Darin wurde mit markigen Worten gegen jedwede »liberale Einstellung« gewettert. Als »Analyse« tituliert, war das 17 Seiten lange Dokument nichts anderes als eine Rechtfertigung des Mauerbaus, die den MdI-Unterstellten Argumente für Auseinandersetzungen mit der Bevölkerung lieferte. Begrifflich löste das Motiv der »Menschenhändler« das der »Republikflucht« endgültig ab. Die »Analyse« habe ergeben, dass die »Organisierung von Republikflucht« ein »Bestandteil des kalten Krieges gegen die Deutsche Demokratische Republik« sei. Die gesamte westdeutsche und West-Berliner Gesetzgebung sei dieser Frage untergeordnet. In zahlreichen Beispielen wurde sowohl dargelegt, mit welchen Mitteln die DDR dagegen vorgehe, als auch Abschreckungsszenarien aus den als »Vernehmungslager« bezeichneten Notaufnahmelagern im Westen geschildert. In erster Linie stellte das MdI dabei Argumente für die Kreisbehörden in der Auseinandersetzung mit Ausreisewilligen bereit: Da sämtliche Verbindungen und vor allem der Reiseverkehr allein der »Abwerbung« gedient hätten, sei es »verständlich, daß die Regierung der Deutschen Demokratischen Republik im Interesse eines jeden Bürgers und zum Schutze der Republik, diesem Treiben des Gegners nicht tatenlos zusehen konnte«. Um die Republik zu schützen, war es darum »erforderlich, alle Anschläge, die mit Hilfe des Reiseverkehrs durch die Bonner Machthaber gestartet werden, im Keime zu ersticken.«[116] Solche Berichte verdeutlichen aus heutiger Sicht vor allem den hohen Legitimationsbedarf der SED-Führung. Sie sollten damals aber vor allem den Staatsbediensteten und Parteitreuen Begriffe und Konzepte liefern, um bei lokalen und persönlichen Konflikten die Oberhand zu behalten. Orientierung im administ-

---

115 BArch Berlin DO 1, 13896, unpaginiert.
116 BArch Berlin DO 1, 13896, unpaginiert.

rativen Umgang mit dem Problem der freilich weiterhin bestehenden Reise- und Übersiedlungswünsche boten solche Materialien nicht. In der »großangelegten Mitmach-Veranstaltung« hatte die SED-Führung diesmal tatsächlich nur den Ausgang definiert, nämlich die Abschottung vom Westen.[117] Die zahlreichen Mitmachenden standen nun vor dem Problem, diesen auch herbeizuführen.

Die »Schuld« der Räte

Der mit der DA 18/61 schematisch gezeichnete Antragsweg sah vor, dass diese Anträge in den Kreisen gestellt und dort von den Kommissionen für den innerdeutschen Reiseverkehr behandelt werden sollten. Bewertete diese einen Antrag als möglicherweise begründet, leitete sie ihn an die Räte der Bezirke weiter, wo erneut eine Prüfung erfolgte. Bislang fiel hierbei auf der Basis der Empfehlung der Kommissionen die Entscheidung.[118] Die DA 18/61 degradierte diese jedoch zu einer weitgehend machtlosen Kontrollinstanz, die nur Empfehlungen an die Räte der Bezirke weiterleiten konnte. Die endgültige Bewilligung erfolgte jedoch erst nach weiteren Prüfstufen in der Hierarchie der Innenverwaltung (siehe Tafel 3, S. 127) im Büro des Stellvertreters des Ministers des Innern Richard Max Peter Wenzel und ab Anfang 1962 Herbert Grünstein.[119] Dabei darf nicht vergessen werden, dass bereits die auf niederer Ebene angesetzte Kontrolle in den Räten der Kreise und Bezirke derart restriktiv war, dass jährlich Hunderttausende Personen die DDR trotz weitreichender Folgen für sich, ihre Familien und ihren Besitzstand illegal verließen. Trotzdem galt dieses System nun aber als zu liberal, und es entstand ein Kontrollregime mit mindestens vier Ebenen, das in den Kreisen begann, sich in den Bezirken fortsetzte, zu Filterungen im MdI fortschritt und letzten Endes auf den Schreibtisch des 1. Stellvertreters des Ministers führte. Dieser prüfte in der Tat sorgfältig sämtliche Listen, in denen die von den Bezirken zur

---

117 Zit.: Lindenberger, »Diktatur der Grenze(n): Die eingemauerte Gesellschaft und ihre Feinde«, 203-4.

118 BArch Berlin, DO 1, 59 546, Direktive 1/58 vom 8. März 1958; ebd., 62 025a, DA 8/58 vom 8. März 1958.

119 Zur genaueren Prozedur siehe Kap. 1 in Teil I.

Tafel 3: Schema des Staatsaufbaus der DDR (Ausschnitt).

	Erster/Generalsekretär des ZK der SED (Walter Ulbricht 1950-1971, Erich Honecker 1971-1989)	**Staatsrat** (Walter Ulbricht 1960-1973, Willi Stoph 1973-1976, Erich Honecker 1976-1989)			
Staatsspitze				**Minister des Innern und Chef der Volkspolizei** (Karl Maron 1955-63, Friedrich Dickel 1963-1989)	
Führungsebene	**Politbüro des ZK der SED**	**Ministerrat** (Otto Grotewohl 1949-1964, Willi Stoph 1964-1973 u. 1976-1989)	**Minister für Staatssicherheit** (Erich Mielke 1957-1989)		
Zentrale Organe	**Zentralkomitee der SED** (ZK der SED), u. a. Abteilung für Staats- und Rechtsfragen (Klaus Sorgenicht 1954-1989)	**Volkskammer** (Johannes Dieckmann 1949-1969, Gerald Götting 1969-1976, Horst Sindermann 1976-1989)	**Ministerium für Staatssicherheit** (MfS), u. a. Hauptabteilung V (Staatsapparat, Kirche, Untergrund, Bruno Beater 1955-1964), Hauptabteilung VIII (Ermittlungen, Erich A. Schubert 1975-1984)	**Ministerium des Innern** (MdI), u. a. Hauptabteilung Innere Angelegenheiten (Georg Bergmann 1962-1976)	**Hauptverwaltung der Deutschen Volkspolizei** (HVDVP), u. a. Hauptabteilung Paß- und Meldewesen (Werner Reuther 1960-1970)
Regionale Ebene	**Bezirksleitungen der SED**	**Räte der Bezirke**	**Bezirksverwaltungen für Staatssicherheit**	**Abteilungen Innere Angelegenheiten**	**Bezirksdirektionen der Volkspolizei**, u. a. Abteilungen für Paß- und Meldewesen
Lokale Ebene	**Kreisleitungen der SED** Grundorganisationen und Parteigruppen	**Räte der Kreise** u. a. Kommissionen für den innerdeutschen Reiseverkehr	**Kreisdienststellen des MfS**	**Abteilungen Innere Angelegenheiten**	**Volkspolizei-Kreisdienstämter**, u. a. Abteilungen für Paß- und Meldewesen
	Partei (SED)	*Staatliche Gremien*	*Ministerien (Auswahl)*		

Stand 1963, Namen der Leiter bzw. Vorsitzenden oder Präsidenten in Klammern, teilweise inkl. Amtsnachfolgern.

Dem System des »demokratischen Zentralismus« gemäß besaßen die zentralen Organe nachgeordnete und berichtspflichtige Einheiten auf regionaler und lokaler Ebene, aus denen sich wiederum die Räte der Bezirke und Kreise zusammensetzten. Dabei ist zu berücksichtigen, dass einige Institutionen größere Macht besaßen, als es ihre nominelle Position aussagt (z. B. aufgrund der Hoheit der Partei oder der Rolle des MfS). Dies liegt auch daran, dass Amtsinhaber aufgrund ihres Postens oder ihrer Person auch Mitglied in anderen Institutionen sein konnten (z. B. Minister im Politbüro).

Übersiedlung Vorgeschlagenen zusammengeführt wurden.[120] Er kontrollierte aber nicht nur, er disziplinierte. Durch restriktive Anmerkungen auf den Listen kommunizierte er vor allem Ablehnungen zurück. Über diese Kommunikationsform etablierten er und sein Büro per Praxis die neue Entscheidungskultur, die auch die untergebenen Behörden zu erlernen hatten. In den ersten Monaten setzte sich die neue Ordnung mittels von oben nach unten geschaffener Erfahrungen durch.

Das war selbstverständlich ein langsames und arbeitsintensives Verfahren. Darum setzte sich Ende 1961 im MdI die Erkenntnis durch, dass die legale Übersiedlung einer strafferen Organisation bedurfte. Dessen nahm sich mit seinem Amtsantritt Anfang 1962 der neue Staatssekretär und 1. Stellvertreter des Ministers des Innern Herbert Grünstein an, ein jüngerer Aufsteiger im Apparat Ulbrichts.[121] Neben der Kontrolle der einzelnen Anträge beauftragte er die ihm direkt untergebenen Beamten Schreiber und Günther mit einer ersten internen Analyse der Situation der Übersiedlung und der Arbeitswege. Ganz im Sinne des polternden Hermann Matern im Jahr 1958 beurteilten auch sie die zuständigen Organe in den Kreisen und den Bezirken als zu weichherzig. So seien für arbeitsfähige Personen im Jahr 1959 2400 Anträge genehmigt worden (22145 insgesamt), im Jahr 1960 4600 und 1961 bis Juli bereits 2287 (11693 insgesamt).[122] Zwischen dem Mauerbau und dem 31. Dezember 1961 gingen in den Räten der Kreise und der Bezirke dem Bericht zufolge 7927 Anträge ein, wobei die beiden Prüfer betonen, dass die tatsächliche Zahl aufgrund sofort ausgesprochener mündlicher Ablehnungen deutlich höher lag. Der hier benannte Antragseingang spiegelt also nur Fälle, die die Zuständigen auf Kreisebene wenigstens als prüfungswürdig erachteten. Unter diesen waren 5742 Rentner und »Arbeitsunfähige« sowie 609 Kinder, von denen 242 zu »republikflüchtigen« Eltern wollten. Abgesehen von diesen wenigen Kindern, die großenteils Problemfälle waren, kamen also nur jene in das Positivraster, welche dem SED-Staat materielle Kosten verursachten. Unter den 1569 arbeitsfähigen Antragstellern

120 BArch Berlin, DO 1, 13522-13523.
121 BArch Berlin, DO 1, 13523, ab Liste 28, 4. Januar 1962.
122 BArch Berlin, DO 1, 13716, Prüfbericht Schreiber, Günther 1962, 1 f.; Gesamtzahlen aus ebd., DO 1, 14722, Analyse über die Entwicklungen der legalen Übersiedlung, 2.

waren nur 341 Männer und von den 1228 Frauen suchten 459 die Eheschließung im Westen. Von den zwischen Mauerbau und Jahresende 1961 eingegangenen Anträgen hatten die Räte der Kreise und Bezirke 6927 bearbeitet und davon bereits 5175 Anträge abgelehnt und 1752 an das MdI weitergeleitet.[123] Vor dem Mauerbau wäre zumindest diesen 1752 Personen wohl die Ausreise genehmigt worden.

Aber die Zentralisierung hatte den Wind verschärft. Von den 1752 eingegangenen Anträgen lehnte das MdI 958 direkt ab, lediglich 594 Individuen genehmigte es die Ausreise. Das waren gerade einmal ein Drittel der vorgeschlagenen und nur 7 % der zumindest prüfwürdigen Anträge.[124] Stolz betonten Schreiber und Günther, dass monatlich nur 116 Personen emigriert seien, was ein Rückgang von 91,5 % im Vergleich zu der Zeit vor dem 13. August 1961 sei. Sie bewiesen so die Macht des MdI und berauschten sich an der Effizienz des Zentralismus. Denn nachdem durch den 13. August der »Menschenhandel« eingedämmt worden sei, müsse die Kontrolle nun auch »auf dem Gebiet der legalen Übersiedlung verstärkt« werden.[125] Die insgesamt gestiegene Zahl der Anträge führte das MdI nicht auf das Eingesperrtsein hinter der Mauer zurück. Es handele sich zu »einem großen Teil nicht um Übersiedlung im üblichen Sinn«, sondern um Anträge, »aus denen eine organisierte Tätigkeit des Klassengegners zu erkennen ist«.[126] Da dieser mittels der legalen Übersiedlung den Zusammenbruch der DDR herbeiführen wolle, riefen sie zur Wachsamkeit auf.[127] Gegen die »straffe Entscheidungspraxis der staatlichen Organe der DDR« sei der »Klassengegner« machtlos, weswegen er nun das Deutsche Rote Kreuz (DRK) oder Kirchenorganisationen »unter dem Deckmantel der Menschlichkeit und der Familienzusammenführung« vorschicke. Dieser Befund, die »Organisierung der legalen Übersiedlung erfolgt über das westdeutsche Fernsehen und Rundfunk sowie über die gesamte Bonner Presse«, diente dabei nicht nur der Externalisierung der Gründe für das Migrationsgeschehen.[128] Wenngleich

123 BArch Berlin, DO 1, 13716, Prüfbericht Schreiber, Günther 1962, 1 f.
124 Bei 200 noch offenen Anträgen, die später großenteils abgelehnt wurden.
125 BArch Berlin, DO 1, 13716, Prüfbericht Schreiber, Günther 1962, 1 f.
126 BArch Berlin, DO 1, 13716, Prüfbericht Schreiber, Günther 1962, 1.
127 BArch Berlin, DO 1, 13716, Prüfbericht Schreiber, Günther 1962, 4.
128 BArch Berlin, DO 1, 13716, Prüfbericht Schreiber, Günther 1962, 5.

durch Feinddenken verzerrt, gestand sich das MdI damit gewissermaßen auch die Komplexität des Migrationsregimes ein, was eben nicht durch einseitige Regelungen definiert werden konnte. Die Schlussfolgerung war ein intensivierter Machtanspruch. Um die in den Anträgen zum Ausdruck kommende »organisierte Tätigkeit des Klassengegners« zu entlarven, sollten die Kreise mehr Hausbesuche und intensivere Prüfungen vornehmen.[129] All dies werde aber »besonders in den Kreisen noch nicht verstanden«, die ihre »liberalistische Praxis« nur langsam überwänden.[130]

Ein weiteres Problem sahen die Berichtenden Schreiber und Günther bei Vertretern der Blockparteien, die sich nun – angeblich stets auf Initiative des DRK – mit Bitten und teilweise ganzen Listen von abgelehnten Anträgen an das MdI wendeten. Explizit negative Erwähnung fand im Entwurf des Berichts ein Freund Honeckers, der Volkskammerabgeordnete der CDU-Ost Heinz-Wolfram Mascher. Kraft seiner Stellung versuche er, »Genehmigungen für arbeitsfähige Bürger zur Übersiedlung zu erwirken«. Dies ist schon deswegen skurril, da Mascher nach dem Mauerbau 1961 kurzzeitig ohne Erlaubnis nach West-Berlin ging, um seine dort lebende Frau nebst Neugeborenem zu besuchen. Bei seiner Rückkehr maßregelte Mascher dann den diensthabenden Offizier und beschuldigte ihn der mangelnden Wachsamkeit. Trotz dieses Tarnmanövers und der Verteidigung durch den SED-Staranwalt Friedrich Karl Kaul wurde der ranghohe FDJler Mascher anschließend als angeblicher Agent zu einer langjährigen Haftstrafe verurteilt.[131] Wie er sich im

129 Vgl. einen wiederkehrend zitierten Fall einer nachweisbar gefälschten Begründung in BArch Berlin, DO 1, 13 716, Prüfbericht Schreiber, Günther 1962, 1, 7.
130 BArch Berlin, DO 1, 13 716, Prüfbericht Schreiber, Günther 1962, 1, 7.
131 In Westberlin traf er sich auch mit dem aus der DDR geflohenen Heinz Lippmann. Nach seiner Freilassung arbeitete der dann in die SED übergewechselte Mascher als Justitiar im Konsumverband; siehe Ulrich Herrmann, *Protestierende Jugend: Jugendopposition und politischer Protest in der deutschen Nachkriegsgeschichte* (Weinheim, München: Juventa, 2002), 224 f., Fn 16; zu Mascher siehe Ernst von Salomon, *Die Kette der tausend Kraniche* (Reinbek bei Hamburg: Rowohlt, 1972), 77-94; Michael Herms, *Heinz Lippmann: Porträt eines Stellvertreters* (Berlin: Dietz, 1996), 70, 234 f.; Lippmann war ein enger Bekannter Hermann Webers, dessen Memoiren seine illustre Tätigkeit eingängig beschreiben; vgl. Hermann Weber und Gerda Weber, *Leben nach dem »Prinzip links«: Erinnerungen aus fünf Jahrzehnten* (Berlin: Ch. Links, 2006), z. B. 56-58, 133-143, 202-227.

zweiten Halbjahr für Ausreisewillige hätte einsetzen können, bleibt schleierhaft. Die Behauptung spiegelt wohl eher den Zeitverzug in der Antragsbearbeitung. In der Finalversion wurde sein Name gestrichen, und es blieb eine anonyme Bemerkung übrig, die auch Volkskammerabgeordnete als Maulwürfe erscheinen ließ.[132] Solche vermutete man auch im MdI. Der in die Bundesrepublik übergesiedelte Professor Dr. Gerhard Gloege habe von dort aus öffentlich erklärt, dass man sich mit einem Ausreisewunsch nur an Herrn Mondrella[133] im MdI wenden solle, »dann würde die Übersiedlung schon klar gehen«.[134]

Rein praktisch standen die gescholtenen Räte der Kreise dabei aber vor dem Problem, keine genauen Regeln zu besitzen und von oben unklare Ansagen zu bekommen. Denn die Gründe für eine Zusage oder Ablehnung wurden nicht nach unten kommuniziert. Dies kulminierte in den sich häufenden »Sondergenehmigungen«, mit denen Arbeitsfähigen aus nicht weiter benannten Gründen die Ausreise erlaubt wurde. Teilweise wurden diese Vorgänge gar von oben initiiert. Zumeist geschah dies auf Anregung der Staatssicherheit. Die »Sondergenehmigungen« dienten damit zwar der Staatsräson, konnten von den Kreisen und den Bezirken aber leicht als »Muster für die Entscheidungspraxis« missverstanden werden. Hier fiel dem System die eigene Verschwiegenheit auf die Füße. Das MdI befürchtete eine Symbolwirkung weniger auf die Bürger der DDR, sondern vielmehr auf die Kreise und die Bezirke, da durch die übermäßig vielen Sondergenehmigungen der Anschein entstand, es gäbe doch Mittel und Wege, die Genehmigung zu erbitten. Schlussfolgernd erachtete die Führungsriege des MdI die harte Hand weiterhin als das richtige Mittel, sowohl um die Übersiedlung einzudämmen als auch um die Räte der Kreise und die der Bezirke weiter zu disziplinieren. Schreiber und Günther schlugen vor, die Kommissionen für den innerdeutschen Reiseverkehr zu erhalten; ihre Aufgabe läge aber nunmehr allein darin, »Bürger zu beraten und zum Bleiben zu bewegen«. Über die Amtsstuben hinaus regten Schreiber und Günther zudem an, die Übersiedlung nicht

132 BArch Berlin, DO 1, 13716, Prüfbericht Schreiber, Günther 1962, 3; Mascher war als Kontaktmann zur Kirche auch stärker in Netzwerke mit dem Westen eingebunden.

133 Evtl. der zuvor benannte Oberst Mendrella, S. 92.

134 BArch Berlin, DO 1, 13716, Prüfbericht Schreiber, Günther 1962, 8.

mehr zu beschweigen. Sie solle vielmehr als Problem in der Presse »ausgewertet werden«, am besten mit Beispielen von legal Übergesiedelten, die dann wieder in die DDR zurückkehrten.[135] Dies blieb aber weitgehend aus. Die Propaganda konzentrierte sich weiterhin auf die Bekämpfung der Flucht; von der öffentlichkeitswirksamen Beschwerde des Ministers des Innern Maron beim Allgemeinen Studierendenausschuss der Freien Universität Berlin über dessen Unterstützung der Fluchthilfe bis zu zahllosen Beschwerden von Innenpolitikern bis zum Außenministerium über »westliche Kräfte« als Drahtzieher der zahlreichen Grenzverletzungen (seien es persönlich Willy Brandt oder Reinhard Gehlen, sei es der Berliner Senat oder seien es ganz allgemein »Menschenhändler«).[136]

Aus diesem referatsinternen Bericht, der trotz aller ideologischen Scheuklappen die erste Erkundung des Komplexes der legalen Übersiedlung durch das MdI nach dem Mauerbau war, ließ Grünstein eine Analyse erstellen, die sowohl Minister Maron informierte als auch die Bezirke anwies. Hier änderte sich der Ton, der Kalte Krieg wurde sichtbarer. Einführend berief sich die Analyse auf Walter Ulbricht, der auf der 33. Tagung des ZK der SED postulierte, »jede Flucht oder Übersiedlung nach Westdeutschland bedeutet eine Hilfe für die westdeutsche Militärbasis der NATO«, weswegen »kein Arbeiter, kein Angehöriger der Intelligenz, kein Bauer aus kleinlichen wirtschaftlichen Gründen nach Westdeutschland ziehen darf«.[137] Als Grund für die sprunghaft angestiegenen Anträge benannte die Analyse den RIAS, westdeutsche Zeitungen sowie den »forcierten Menschenhandel des Klassengegners«. Antragsteller charakterisierte sie zum Großteil als »Umsiedler, ehemalige Beamte und Offiziere der Nazi-Partei und Angehörige von Republikflüchtigen«, die sich durch die Übersiedlung allein »materielle Vorteile erhoffen«.[138] Dabei war sekundär, dass es

135 BArch Berlin, DO 1, 13716, Prüfbericht Schreiber, Günther 1962, 8 f.

136 PAAA, MfAA, G-A, 506, 5-9, 13; siehe z. B. »Das Spitzelsystem Brandts: BZ-Exklusivinterview mit Michael Gromnica (Teil I)«, in: *Neues Deutschland* (21. Dezember 1961), 4; »Studenten im Dschungel des Menschenhandels«, in: *Neues Deutschland* (19. Januar 1962), 2; Walter Ulbricht, »An alle Bürger der Deutschen Demokratischen Republik! An die ganze deutsche Nation!«, in: *Neues Deutschland* (28. März 1962), 3-4.

137 BArch Berlin, DO 1, 14722, Analyse über die Entwicklungen der legalen Übersiedlung, 1.

138 BArch Berlin, DO 1, 14722, Analyse über die Entwicklungen der legalen Übersiedlung, 2.

gar keine entsprechenden Untersuchungen gab. Die Analyse besaß nicht das Ziel, die Ausreise zu analysieren; sie definierte, wie die Räte der Kreise und der Bezirke die Antragsteller zu verstehen hatten. Und diese Charakterisierung der Antragsteller schlug letztlich auf die lokalen Behörden durch. In Verkennung der Lage seien die Räte der Kreise angeblichen Vermählungen auf den Leim gegangen, die allein durch westliche Medien arrangiert worden seien.[139] Die dabei zitierten »Briefkastenehen«, also nach Annoncen postalisch vereinbarte grenzüberschreitende Ehen, waren auch in den westdeutschen Medien ein Thema. Für diese verkörperten sie den Verzweiflungsgrad der Auswanderungswilligen und die Hilfsbereitschaft Westdeutscher. Der SED-Staat setzte sie nun jedoch ein, um den eigenen Apparat der Nachlässigkeit zu beschuldigen.[140]

Als administrative Leitregel wurde das Fernschreiben des Ministers des Innern vom 22. Juli 1961 benannt, welches zur striktesten Befolgung der Regeln aufrief und zugleich faktisch die DA 18/61 zum führenden Regularium erhob. Dies erzeugte jedoch mehr Unklarheit als Ordnung. Ein paar Beispiele: Vielen Bezirken erschienen nun die Kommissionen für den Reiseverkehr als »überflüssig«, der Bezirk Rostock löste sie gar auf. Das MdI schritt scharf ein, da es die Kommissionen weiterhin als Transmissionsriemen seiner unsichtbaren Macht benötigte. Da ihnen aber für die ihnen angetragene Funktion, Bürger vom Ausreisewunsch abzubringen, keine Mittel oder Kompetenzen zur Verfügung standen, musste diese Aufgabe den lokalen Verantwortlichen, die tatsächlich auf Ausreisewillige trafen, illusorisch vorkommen.[141] Im scheinbaren Durcheinander der Zuständigkeiten kursierten Gerüchte. Aufgrund zirkulierender Falschinformationen schickten einige Seelsorger Antragsteller zu den Kreisämtern der Volkspolizei, die jedoch gar nicht für die Bearbeitung der Anträge zuständig waren.[142] Weiterhin sahen die Räte der Kreise sich nun mit dem Vorwurf konfrontiert, den Raummangel für Wohnungen und öffentliche Ein-

139 BArch Berlin, DO 1, 14722, Analyse über die Entwicklungen der legalen Übersiedlung, 2.

140 Vgl. BArch Berlin, DO 1, 14722, Analyse über die Entwicklungen der legalen Übersiedlung, 2; Berliner Morgenpost vom 16. November 1961.

141 BArch Berlin, DO 1, 13716, Prüfbericht Schreiber, Günther 1962, 8 f.

142 BArch Berlin, DO 4, 367, 1. Quartalsanalyse 1962, Eingabeneingang beim Staatssekretär für Kirchenfragen.

richtungen »über die Genehmigung des legalen Verzugs lösen [zu] wollen«, was bis zur Korruption reiche.[143] In Berlin-Lichtenberg habe z. B. ein lokaler Kader die Wohnung einer Antragstellerin vor der Genehmigung zugebilligt bekommen, seien Spekulationen mit Umzugsgut aufgefallen und Ausreisegenehmigungen von Pachtverträgen abhängig gemacht worden.[144]

Um dessen Herr zu werden, ernannte das MdI auf jeder Ebene einen Verfahrensverantwortlichen. Angelehnt an das Ulbricht'sche »Regime der Stellvertreter«[145] hatte nun der Stellvertreter des Vorsitzenden der Abteilung Innere Angelegenheiten der Räte der Kreise bzw. der Bezirke, der jeweilige Vertreter des MdI, die Berliner Weisungen durchzusetzen. Er sollte sicherstellen, dass nur »Sonderfälle« gemäß den Weisungen des MdI jeweils eine Ebene höher gereicht wurden. Zudem sollten sie in den Kreisen für die »richtige politische Zusammensetzung« der Kommissionen für den innerdeutschen Reiseverkehr Sorge tragen.[146] Als kurz darauf die Kommissionen ganz wegfielen, verblieben diese Stellvertreter als die jeweils verantwortliche Instanz für Übersiedlungen, die Vorschläge nach oben weiterreichen. Langsam etablierten sich die dauerhaften Strukturen der Ausreisebearbeitung.

Bis ungefähr Mitte des Jahres 1962 beklagte das MdI in drastischer Wortwahl eine »sektiererische Auffassung« der Kreise, die nicht aus der Weisungsarmut, sondern aus dem Nichtbefolgen der Weisungen sowie sachlicher und politischer Inkompetenz folge.[147] Das MdI warf den Räten der Kreise damit erneut vor, ihre Lage im Kalten Krieg nicht korrekt einzuschätzen, was sich vor allem an der Frage eines Friedensvertrages ausdrückte. Seit Chruschtschows Ultimatum 1958 schwebte dieser zugleich als Verheißung und Drohung im

143 BArch Berlin, DO 1, 14722, Analyse über die Entwicklungen der legalen Übersiedlung, 3.

144 BArch Berlin, DO 1, 14722, Analyse über die Entwicklungen der legalen Übersiedlung, 3, 6.

145 Zum pseudodemokratischen »Regime of Deputies« siehe Carola Stern, *Ulbricht: Eine politische Biographie* (Köln: Kiepenheuer & Witsch, 1964), 125-9; Fred Taylor, *The Berlin Wall: 13 August 1961-9 November 1989* (London: Bloomsbury, 2006), 53; Peter M. Molloy, *The Lost World of Communism: An Oral History of Daily Life Behind the Iron Curtain* (London: BBC, 2009), 14.

146 BArch Berlin, DO 1, 14722, Analyse über die Entwicklungen der legalen Übersiedlung, 7.

147 BArch Berlin, DO 1, 13716, 2. Quartalsanalyse der Eingaben im MdI 1962.

Raum.[148] Während die SED-Führung vor dem Mauerbau darauf pochte, nutzte Chruschtschow einen separaten Friedensvertrag mit der DDR als Drohkulisse gegenüber US-Präsident Eisenhower, um in der deutschen Frage Bewegung nach seinem Wohlwollen zu erzwingen. Doch dieses Kalkül ging auch nach John F. Kennedys Amtsübernahme im Januar 1961 nicht auf. Als Chruschtschow dann Ulbricht nach dem für alle Seiten enttäuschenden vorzeitigen Ende des Wiener Gipfeltreffens im Juni 1961 grünes Licht für den Mauerbau gab, war dies auch ein Signal gegen den eigentlich für dasselbe Jahr versprochenen separaten Friedensvertrag.[149] Moskau beruhigte zudem die aufgeregten Gemüter seiner Alliierten im Warschauer Pakt, die im Falle eines unilateralen Friedensvertrages zwischen der DDR und der Sowjetunion massive Sanktionen des Westens fürchteten. Laut Chruschtschow stimmten die USA und die Sowjetunion nun darin überein, dass »de facto eine inakzeptable Situation [...] eintritt, wenn wir mit der DDR einen Friedensvertrag schließen«.[150] Allein der SED-Staat wollte sich mit dem Status quo nicht abfinden.[151] Ulbricht berief sich weiter auf

---

148 Freedman, *Kennedy's Wars*, 58 f.; Uhl, *Krieg um Berlin?*, 16 576; allgemein dazu Gerhard Wettig, *Chruschtschows Berlin-Krise 1958 bis 1963: Drohpolitik und Mauerbau* (München: Oldenbourg, 2006).

149 Siehe v. a. Matthias Uhl und Armin Wagner, »Einleitung: Ubricht, Chruschtschow und die Mauer«, in: *Ulbricht, Chruschtschow und die Mauer: Eine Dokumentation*, hg. von Matthias Uhl und Armin Wagner (München: Oldenbourg, 2010), 9–58; Petr Lunák, »Khrushchev and the Berlin Crisis: Soviet Brinkmanship Seen from Inside«, in: *Cold War History* 3/2 (2003), 68; Wettig, *Chruschtschows Berlin-Krise*, 205 ff.; Gottfried Zieger, *Die Haltung von SED und DDR zur Einheit Deutschlands 1949-1987* (Köln: Verlag Wissenschaft und Politik, 1988), 96.

150 Zit. n. Lunák, »Khrushchev and the Berlin Crisis«, 77; Chruschtschow kehrte im Gespräch mit dem bundesdeutschen Botschafter Hans Kroll darauf zurück, einen Friedensvertrag mit beiden deutschen Staaten abzuschließen und diese dann in eine Konföderation zwecks Annäherung zu überführen; siehe Gerhard Wettig (Hrsg.), »Gespräch Chruschtschow mit dem Botschafter der Bundesrepublik Deutschland, Hans Kroll, am 9. November 1961«, in: *Chruschtschows Westpolitik 1955-1964: Gespräche, Aufzeichnungen und Stellungnahmen*, Bd. 3: *Kulmination der Berlin-Krise (Herbst 1960 bis Herbst 1962)* (München: Oldenbourg, 2011), 501.

151 Michael Lemke, *Die Berlinkrise 1958 bis 1963: Interessen und Handlungsspielräume der SED im Ost-West-Konflikt* (Berlin: Akademie-Verlag, 1995); für eine besonders konnotierte Darstellung der daraus folgenden Konflikte zwischen DDR und Sowjetunion siehe Hermann Wentker, *Außenpolitik in engen Gren-

frühere Zusagen, noch im Jahr 1961 einen Friedensvertrag zu schließen. Nicht ohne Angriffslust bezeichnete er dies auf dem XXII. Parteitag der Kommunistischen Partei der Sowjetunion (KPdSU) im Oktober 1961 als »die vordringlichste Aufgabe«, woraufhin Chruschtschow ihm in einem Gespräch vorhielt, vordringlich sei vielmehr die desolate wirtschaftliche Lage der DDR.[152] Als Ulbricht weiterhin auf einem Friedensvertrag beharrte, hielt der Erste Parteisekretär der KPdSU ihm 1962 »Ignoranz gegenüber der problematischen Natur der Angelegenheit und eine dogmatische Haltung in der Sache« vor.[153] Angebliche negative« Folgen für die Wirtschaft der DDR waren für Chruschtschow »ein künstlich herangezogenes Argument«. So wiesen Chruschtschow und Außenminister Andrei Andrejewitsch Gromyko in einem Gespräch Ulbricht, Honecker, Verner und andere SED-Vertreter an, etwaige Vorschläge für einen Friedensvertrag könnten allein »auf propagandistischer Ebene« genutzt werden. »Eine andere gibt es derzeit nicht«, und das größte Problem der DDR, die Abwanderung, sei mit dem Mauerbau ja nun gelöst.[154]

In der Propaganda des SED-Staates blieb das Thema Friedensvertrag tatsächlich präsent. Aber nach dem Mauerbau änderte es sein Antlitz. Auch Walter Ulbricht forderte ihn nun seltener ein.[155]

---

zen: Die DDR im internationalen System; 1949-1989 (München: Oldenbourg, 2007), 212-5.

152 Zit. n. Walter Poeggel und Ingo Wagner, Der deutsche Friedensvertrag und die friedliche Wiedervereinigung: Völkerrechtliche Studie über die friedliche Wiedervereinigung als eine innere Angelegenheit des deutschen Volkes und der Regelung dieser Frage im deutschen Friedensvertrag (Leipzig: Karl-Marx-Universität, 1961), 7; Wettig, »Gespräch Chruschtschow mit dem Ersten Sekretär des ZK der SED, Walter Ulbricht, am 2. November 1961«, 474; sowohl im Stalinismus als auch Poststalinismus galt die Bevölkerungspolitik als wichtigster Schlüssel zum wirtschaftlichen Aufstieg, was Chruschtschow durch den Mauerbau als erledigt ansah. Vgl. grundlegend Mie Nakachie, »Population, Politics and Reproduction: Late Stalinism and its Legacy«, in: Late Stalinist Russia: Society Between Reconstruction and Reinvention, hg. von Juliane Fürst (London u. a.: Routledge, 2006), 23-45.

153 Lunák, »Khrushchev and the Berlin Crisis«, 77.

154 Wettig, »Gespräch Chruschtschow mit dem Ersten Sekretär des ZK der SED, Walter Ulbricht, am 2. November 1961«, 474.

155 Siehe v. a. Walter Ulbricht, »Nutzen wir die große Chance für den Friedensvertrag und die Wiedervereinigung«, in: Neues Deutschland (16. Juni 1961), 1, 3. Für einen prominenten späteren Versuch, bei dem Ulbricht allerdings nicht

Die DDR-Presse zitierte dahingehend immer häufiger Dritte, wie weitere Regierungen des Warschauer Pakts,[156] den Außenminister von Sierra Leone John Karefa-Smart,[157] die Bulgarische Kommunistische Partei,[158] Abgeordnete des indischen Parlaments[159] oder ganz einfach »107 Millionen Gewerkschafter«.[160] Diese Forderungen inspirierten einige lokale Staatsvertreter zu einem neuen Argument, um sich Konflikten mit Antragstellern zu entziehen. Während das MdI sie anhielt, in sämtlichen Aussprachen – ob mit Rentnern, Arbeitern oder Verlobten – klarzustellen, »daß eine Übersiedlung in den Staat der Militaristen und Revanchisten nicht erfolgen kann«, legten Beamte in den Kreisen Antragstellern immer wieder nahe, dass sie ihren Antrag doch »nach Abschluß eines Friedensvertrages stellen sollen«.[161] Dies war für das MdI ein grober Verstoß gegen DA 18/61 und vor allem das Fernschreiben des Ministers vom 22. Juli 1961.[162] Denn anstatt alle Anträge außer eng definierten »Sonderfällen« direkt abzuweisen, erkannte das Ministerium darin nicht zu Unrecht die Ermutigung neuer Versuche. Zudem sah das MdI im Falle eines Friedensvertrages keinerlei Konsequenzen für die Ausreiseregelungen. In entsprechenden Planspielen im Jahr 1962 deklinierte das Innenministerium alleine durch, wie in einem sol-

mehr die Wiedervereinigung als Aufgabe darstellte, siehe z. B. Walter Ulbricht, »Ansprache des Vorsitzenden des Staatsrates der Deutschen Demokratischen Republik, Walter Ulbricht, im Fernsehen und Rundfunk«, in: *Neues Deutschland* (19. August 1961), 1 f.; dieser wurde in den nächsten Wochen jedoch immer wieder aufgegriffen, z. B. in »Das letzte Risiko«, in: *Neues Deutschland* (22. August 1961), 1.

156 Z. B. sehr sichtbar »Deutscher Friedensvertrag unaufschiebbar«, in: *Neues Deutschland* (22. August 1961), 5.

157 »Riegel gegen ›Drang nach Osten‹«, in: *Neues Deutschland* (11. Oktober 1961), 5.

158 »Friedensvertrag wird abgeschlossen«, in: *Neues Deutschland* (18. August 1961), 7.

159 »Nasser und Nehru: Es gibt zwei deutsche Staaten«, in: *Neues Deutschland* (18. August 1961), 7.

160 »107 Millionen Gewerkschafter fordern den Friedensvertrag«, in: *Neues Deutschland* (24. September 1961), 1.

161 BArch Berlin, DO 1, 9527, Monatsbericht, September 1961, 7. Dezember 1961, ebd. 14722, Analyse über die Entwicklungen der legalen Übersiedlung, 12. Januar 1962, 3.

162 BArch Berlin, DO 1, 9527, Monatsbericht, November 1961, 7. Dezember 1961, 2; ebd., DO 1, 13716, 4. Quartalsanalyse 1961 der Eingaben zu Reise und Übersiedlung, Abteilung Innere Angelegenheiten, 4 f.

chen Falle die bestehenden Einreiseregelungen für Westdeutsche abgeändert werden müssten.[163] Den Grund für das Fehlverhalten sah das MdI wieder im Westen: Da der »Klassengegner verstärkt Druck auf örtliche Räte« ausübe, folge daraus, dass »eine Reihe Mitarbeiter der offensiven Auseinandersetzung mit den Antragstellern auswich« und auf den Friedensvertrag verwies.[164] Das war aber nur ein Beispiel ungeschickter Aussprachen vor Ort. Ebenso monierten die Analysten des MdI scharf, dass Vertreter der Kreise Ablehnungen mit dem Mauerbau selbst begründeten, anstatt ausreichend über die westdeutsche »Politik des Menschenhandels bei der Organisierung der Übersiedlung« aufzuklären.[165]

Galten die Räte der Kreise nicht nur als vom Westen in die Irre geführt, sondern auch als politisch unzuverlässig, kam obendrauf noch die emotionale Wankelmütigkeit. Selbst bei größter Linientreue waren die Ansprechpersonen bei den Räten der Kreise keineswegs an den Umgang mit verzweifelten Antragstellern gewöhnt. Bevor hier eine gewisse Abstumpfung gegenüber den menschlichen Schicksalen einsetzte, waren viele Geschichten der deutschen Teilung auch für Hartgesottene emotional aufwühlend.[166] Noch Jahre später gab es Situationen, in denen nicht nur verzweifelte Westbesucher auf der Leipziger Messe, denen die Weiterreise zu Familienangehörigen in der DDR verwehrt wurde, in Tränen ausbrachen, sondern auch die Sachbearbeiterin, die diese Ablehnung aussprach.[167] In zahlreichen Fällen, in denen z. B. das Vertrösten auf einen Friedensvertrag nicht weiterhalf, wurden Vertreter der Kreise weich und erläuterten, dass über Anträge final im MdI entschieden würde.[168] Das verstieß gegen die verfügte Vertraulichkeit der Weisungen. Beginnend mit der DA 18/61 wollte das MdI eine Blackbox der Migrationsverwaltung einrichten. Das untergruben die lokalen Dienststellen aber gleich zu Beginn der neuen Zeit, indem sie auf

163 Siehe BArch Berlin, DO 1, 13 711.

164 BArch Berlin, DO 1, 14 722, Analyse über die Entwicklungen der legalen Übersiedlung, 12. Januar 1962, 3.

165 BArch Berlin, DO 1, 13 716, Quartalsanalyse der Eingaben zu Reise und Übersiedlung, Abteilung Innere Angelegenheiten, 4. Quartal 1961, 4 f.

166 Siehe v. a. Kap. 2, Teil I.

167 BArch Berlin, DO 1, 14 722, Notiz, abgezeichnet Bergmann, 4/8, vermutlich 1967/8.

168 BArch Berlin, DO 1, 13 716, 4. Quartalsanalyse 1961 der Eingaben zu Reise und Übersiedlung, Abteilung Innere Angelegenheiten, 5.

die Verfahrenswege hinwiesen. Schnell bekamen westliche Medien und Regierungsvertreter Wind von den neuen Antragswegen und trugen diese in einer Mischung aus Wissen und Gerücht über Funk und Fernsehen auch in die DDR zurück.

Tafel 4: Eingabeneingang in der Abteilung Innere Angelegenheiten des MdI zu legaler Übersiedlung in die Bundesrepublik und nach West-Berlin Mai 1961-Dezember 1961.

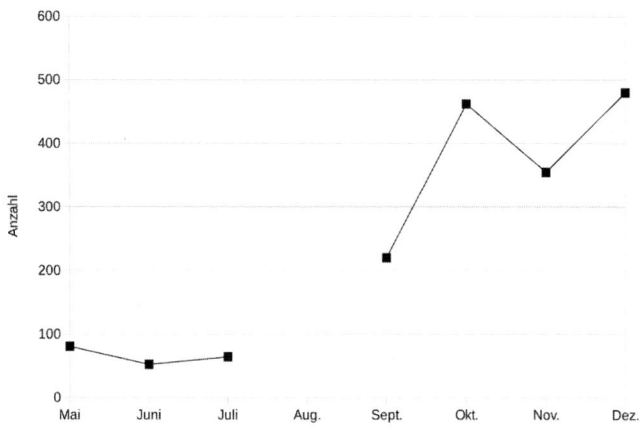

Quelle: Eigene Auswertung nach BArch Berlin, DO 1, 13 711; Aktennotiz zur am 5.2. in der AIA durchgeführten Kontrolle der Bearbeitung der an den Minister des Inneren gerichteten Eingaben, 9. Februar 1962; ebd., DO 1, 9527, Monatsbericht, November 1961, 7. Dezember 1961; ebd., DO 1, 13 716, Quartalsanalyse der Eingaben zu Reise und Übersiedlung, Abteilung Innere Angelegenheiten, 4. Quartal 1961, 2; für den August 1961 liegen keine Daten vor.

Der Effekt war, dass nach dem Mauerbau immer mehr verzweifelte Bürger Eingaben an das MdI richteten (siehe Tafel 4, S. 139). Zwischen Mai und Oktober 1961 verneunfachten sich die dort eingegangenen Eingaben, die damals allesamt den üblichen Weg der Eingabenbearbeitung zu durchlaufen hatten.[169] Die Zuständigen

169 Dieser bestand mindestens aus Abgabenachricht an Absender, Prüfung, Weiterleitung oder Bearbeitung, Antwort und eventuell Aussprache, jeweils inklusive

beklagten einen »übermässigen Arbeitsaufwand«, da »die Besetzung in einem nicht vertretbaren Verhältnis zum Arbeitsanfall steht«.[170] Es folgten massive Fristüberschreitungen, wozu beispielsweise im Dezember 1961 noch 210 persönliche Aussprachen mit Absendern solcher Eingaben kamen.[171] Gleichzeitig mit den Papiermauern entstanden also die bis 1989 dauernden Versuche der Bevölkerung, diese ebenfalls per Papier zu überwinden. Vor Probleme stellte die Verwaltung dabei nicht der Inhalt der einzelnen Anträge, sondern deren Masse.

Tatsächlich trugen dafür aber keineswegs nur Westmedien oder regionale Vertreter des Apparates die Verantwortung. Vielmehr suchten verzweifelte Ausreisewillige oder ihre Angehörigen nun den Weg durch den Apparat. Nach der Schließung der Lücken an der Grenze ging es um Lücken in den Papiermauern. Wegen der stark zunehmenden Bearbeitungsdauer und der schroffen Ablehnungen sandten die Antragsteller gleich mehrere Eingaben als Sonden aus, um Chancen aufzuspüren. Wenn Antragstellende über das entsprechende soziale Kapital verfügten, baten sie jetzt auch vermehrt Prominente und höhere Kader um Unterstützung.[172] Die Entmachtung der als unzuverlässig empfundenen Kommissionen für den innerdeutschen Reiseverkehr und das Einflechten mehrerer Kontrollebenen von der lokalen Amtsstube bis zu Grünsteins Schreibtisch sorgte aber auch dafür, dass teilweise zeitgleich Kreis, Bezirk und MdI denselben Fall bearbeiteten. Schlussfolgernd sah das MdI erneut allein die Lösung darin, den Antragsfluss selbst

Aktennotiz oder Vermerk, zuzüglich möglicher Weiterleitung an Sicherheitsorgane. Die Zahlen für August liegen leider nicht vor, die Beamten waren wohl anderweitig eingespannt, in den Zahlen enthalten sind auch Eingaben, die an andere zentrale staatliche Organe gingen und von dort aus dem MdI überstellt wurden; BArch, DO 1, 13 716, Quartalsanalyse der Eingaben zu Reise und Übersiedlung, Abteilung Innere Angelegenheiten, 4. Quartal 1961, 2.

170 BArch, DO 1, 13 716, 4. Quartalsanalyse 1961 der Eingaben zu Reise und Übersiedlung, Abteilung Innere Angelegenheiten, 5.

171 BArch, DO 1, 13 711; Aktennotiz zur am 5. Februar in der AIA durchgeführten Kontrolle der Bearbeitung der an den Minister des Inneren gerichteten Eingaben, 9. Februar 1962.

172 Besonders kirchliche Netzwerke waren hier von Anfang an bedeutend; siehe BArch Berlin, DO 4, 2586, Beratung zwischen MdI AI, Sektorenleiter Genosse Günther und Genosse Weise von Dienststelle des Staatssekretärs für Kirchenfragen, 12. Dezember 1961.

zu verringern, und pochte darauf, dass »die politische Aufklärung zum gesamten Problem der Übersiedlung« mehr publizistische Aufmerksamkeit bräuchte, um den Bezirken »die notwendige Orientierung zu geben«.[173] Reflexionen über den Regulierungsbedarf gab es vorerst nur in Detailfragen wie z. B. dem Umgang mit Umzugsgut.[174]

Ein Jahr nach dem Mauerbau fiel die Bilanz also gemischt aus. Das Jahr 1961 hatte eindrücklich bewiesen, dass mit Gewalt eine nahezu vollständige Abschottung möglich war. Es zeigte sich allerdings auch, dass die Politik der harten Hand Folgeprobleme schuf. Direkt mit dem Mauerbau deutete sich an, dass ein komplettes Abschneiden der Wege einen neuen Druck im Land schuf, und etwas später sah man, dass prospektive Migranten äußerst kreativ in der Suche nach Wegen waren. Ob also Fallen stellende Grenzbrigaden oder eine neu aufgebaute Migrationsverwaltung: Das MdI wollte disziplinierende Schnittstellen zwischen Staat und Bevölkerung schaffen, die lokal wirkten, aber zentral gelenkt wurden. Wie dabei eine Migrationsverwaltung unter den Bedingungen der Mauer aussehen könnte, schien den Staat beim Mauerbau vorerst nicht besonders zu interessieren. Das Thema brachte sich selbst auf die Tagesordnung, weil sich der Migrationsdruck von den Grenzen zunehmend in die Amtsstuben verlagerte. Ende 1961 war vorerst nur klar, dass die Mauer koordiniert und straff durchgeplant gebaut und gesichert werden konnte, dass die daraus folgenden administrativen Herausforderungen hingegen erst noch vor den Behörden lagen. Nach den Monaten der nahezu kompletten Migrationsunterbindung bis Ende 1961 folgte darauf bis ungefähr Anfang 1964 eine Phase des Ausprobierens.

Zentralisierungserfolge 1962-1964

Spätestens Anfang 1962 setzte sich die Erkenntnis durch, dass die Mauer bleiben und die weitere Geschichte der DDR bestimmen würde. Nach der Anfangsaufregung verhielt sich die NATO mili-

---

173 BArch Berlin, DO 1, 13 716, Quartalsanalyse der Eingaben zu Reise und Übersiedlung, Abteilung Innere Angelegenheiten, 4. Quartal 1961, 5.

174 BArch Berlin, DO 1, 14 722, Analyse über die Entwicklungen der legalen Übersiedlung, 12. Januar 1962, 3.

tärisch ruhig, die Proteste aus dem Westen waren massiv, aber einschätzbar, angedrohte Sanktionsverschärfungen blieben aus. Auch unter den Mitgliedsstaaten des Warschauer Pakts machte sich eine gewisse Erleichterung breit. Unruhe brachten vor allem westliche Medienberichte über illegale Grenzdurchbrüche, die noch heute spektakulär anmuten.[175] Die Medien des SED-Staates geißelten diese Fluchten als »Gewaltakt gegen die Staatsgrenze« durch »Agententunnel« oder gar »Mördertunnel«.[176] Allgemein gingen geglückte »Republikfluchten« aber deutlich zurück. Das Statistische Bundesamt bemühte sich, jeden einzelnen so genannten Sperrbrecher zu registrieren, also jene, die die DDR illegal unter Lebensgefahr über die innerdeutschen Grenzbefestigungen verließen. Deren Zahl sank nach dem Mauerbau von 8507 im Restjahr 1961 auf 3692 für das Gesamtjahr 1963 und schließlich auf 1203 im Jahr 1967. Danach überwanden nur noch wenige hundert oder Dutzend Personen pro Jahr die Grenzanlagen, und unter stets zunehmender Gefahr für Leib und Leben.[177]

Bis August 1962 lag die Hoheit über die Grenzbrigaden in Berlin beim MdI, danach ging sie, ähnlich wie bei den regulären Grenztruppen an der innerdeutschen Grenze, an das Ministerium für Nationale Verteidigung über, was dafür eigens eine Stadtkommandantur Berlin einrichtete.[178] Von nun an »sicherte« die Volkspolizei, vor allem aber die Abteilungen Innere Angelegenheiten und Paß- und Meldewesen der Innenverwaltung die Grenze durch den Griff ins Hinterland der DDR. In gewissem Sinne entwickelte das Innenmi-

175 So taugen sie zuvörderst als Gegenstand für Heldengeschichten, wie z. B. Thomas Henseler und Susanne Buddenberg, *Tunnel 57: Eine Fluchtgeschichte als Comic* (Berlin: Ch. Links, 2013).

176 So z. B. in »Gefährlicher Gewaltakt gegen Staatsgrenze: Westberliner Agententunnel entdeckt«, in: *Neues Deutschland* (2. Februar 1962), 1; »Das ist der Mörder«, in: *Berliner Zeitung* (21. Juni 1962), 1 f.; »Was ist normal, was Wahnsinn?«, in: *Berliner Zeitung* (22. Juni 1962), 3; »Agententunnel dichtgemacht«, in: *Berliner Zeitung* (8. Juli 1962), 1.

177 Bundesminister des Innern, *Bestandsaufnahme der Eingliederungshilfen von Bund und Ländern für Aussiedler und für Zuwanderer aus der DDR und Berlin (Ost): mit einer Analyse des Bedarfs* (Bonn: Bundesminister des Innern, 1988), 3, für eine Diskussion der Zahlen siehe unten; Marion Detjen hat zudem angemerkt, dass die Zahl der tatsächlichen Sperrbrecher deutlich höher liegen dürfte, da es eine reine *Ex-post*-Kategorisierung westdeutscher Ämter war, ohne dass eine verbindliche Definition existierte; Detjen, *Ein Loch in der Mauer*, 84.

178 Sälter, *Grenzpolizisten*, 87 f.

nisterium eine staatsinterne »Grenzkontrolle aus der Entfernung«: Die Aufgabe der Bewegungskontrolle wurde von der Grenze in die Amtsstuben verschoben.[179] Damit stärkte das MdI vor allem die repressiven Verwaltungsarme, die 1961 keineswegs derart etabliert waren, wie es sich das Ministerium wünschte. Der Mauerbau bot hier die Möglichkeit, die regionalen Verwaltungsinstitutionen stärker der zentralisierten und parteipolitisch determinierten Räson zu unterstellen.[180]

Entgegen der nach Westen gerichteten Defensivrhetorik richtete der SED-Staat also auch seine Papiermauern »freundwärts« aus. Ganz offensichtlich lag das Problem doch nicht bei den angeblich Abwerbenden, sondern bei den sogenannten Abgeworbenen. Um aber nicht nur diese an der Übersiedlung zu hindern, sondern die Bevölkerung im Gesamten zur Sesshaftigkeit zu erziehen, brauchte das MdI mehr als Fallen stellende Grenzpolizisten. Individuelle Maßnahmen konnte das Ministerium schnell anordnen, ein stabiles System einer auf Sesshaftigkeit ausgerichteten, repressiven Innenpolitik konnte es hingegen nur langsam entwickeln.[181] Am 1. Dezember 1961 legte das MdI z. B. in einem »Studienplan« fest, dass im folgenden Halbjahr leitende Sachbearbeiter den Weisungsstand im Gebiet der »Bevölkerungswanderung« evaluieren und Schulungen für die Kollegen anbieten sollten.[182] Dabei stellte sich schnell heraus, dass die bestehenden Regelungen voller Widersprüche waren, was jedoch weniger die Migrationserlaubnisse als die Zuständigkeiten in der Administration betraf.

Hier setzte das MdI in den Folgemonaten an. Auf der Basis der oben beschriebenen »Schuld« der Lokalbehörden, befand es, dass die Räte in den Kreisen und den Bezirken einer klaren Leitung

179 Aristide R. Zolberg, »Matters of State: Theorizing Immigration Policy«, in: *The Handbook of International Migration: The American Experience*, hg. von Charles Hirschman (New York: Russell Sage Foundation, 1999), 71-93; ders., *A Nation by Design: Immigration Policy in the Fashioning of America* (Cambridge: Harvard University Press, 2006), 224, 244, 267.

180 Christoph Boyer, »Der Beitrag der Sozialgeschichte zur Erforschung kommunistischer Systeme«, in: *Sozialgeschichtliche Kommunismusforschung: Tschechoslowakei, Polen, Ungarn und DDR, 1948-1968*, hg. von Christiane Brenner und Peter Heumos (München: Oldenbourg, 2005), 20.

181 BArch Berlin, DO 1, 13716, Prüfbericht Schreiber, Günther 1962, 2 f.

182 BArch Berlin, DO 1, 13896, Studienplan 1. Dezember 1961.

bedurften.[183] Am 25. Juli 1962 erließ das MdI die DA 27/62, damit von nun an »eine den staatlichen Erfordernissen gerecht werdende einheitliche Regelung in der Bearbeitung und Entscheidung von Anträgen auf Übersiedlung nach Westdeutschland und West-Berlin erfolgt.«[184] Die Weisung setzte die zuvor gültigen Regelungen (Fernschreiben des Ministers vom 22. Juli 1961, DA 1/58, DA 18/61) fast komplett außer Kraft. Sie war mit zwei Blatt Umfang noch sehr kurz, wuchs in den nächsten Monaten aber durch Folgeschreiben an. Auf Basis der im ersten Mauerjahr gesammelten Verwaltungserfahrung schematisierte die DA 27/62 den Antragsbearbeitungsablauf scharf und instruktiv und diente so als Ausgangspunkt für zahlreiche weitere Regelungen.

Sämtliche Anträge waren beim Rat des Kreises, Abteilung Innere Angelegenheiten zu stellen. Bevor sie dort bearbeitet würden, hatte dieser Informationen von der Volkspolizei und anderen Stellen einzuholen, womit in erster Linie die Kreisdienststellen des MfS gemeint waren. Die Weisung teilte die Antragsteller dabei in vier Kategorien ein. Diese waren den Antragstellern nicht bekannt, daher konnten sie ihre Anträge also nicht entsprechend formulieren. Dieser Wissensunterschied war erwünscht, denn er sicherte den Behörden Handlungsfreiheit, da die Kategorien sich allein aus der repressiven Verwaltungslogik und nicht dem Migrationsbedarf ergaben. Die erste Kategorie umfasste arbeitsfähige Personen inklusive deren Ehepartner ebenso wie Minderjährige, deren Eltern geflohen waren. Ihnen durften keine Genehmigungen erteilt werden. Das betraf den Großteil der Bevölkerung. Die Ablehnung sollte ohne Begründung direkt in den Kreisen erfolgen.

Genehmigungen konnten, das war die zweite Kategorie, bei Rentnern oder »arbeitsunfähigen« Personen in Betracht gezogen werden. Die erste Änderung der DA 27/62 am 12. Juli 1963 schränkte dies weiter ein auf Personen, die Rentner *und* »arbeitsunfähig« waren.[185] Den Effekt dieser drastischen Verschärfung werde ich später genauer beschreiben. Die dritte Kategorie bildeten Personen, die »unheilbar krank sind und auf Grund ihres körperlichen und geistigen Zustandes einer ständigen Pflege bzw. Aufsicht bedürfen«. Für

183 Boyer, »Der Beitrag der Sozialgeschichte zur Erforschung kommunistischer Systeme«, 20.

184 BArch Berlin, DO 1, 62207, DA 27/62.

185 BArch Berlin, DO 1, 62207, DA 27/62, 1. Änderung vom 12. Juli 1963.

sie war eine Ausreise möglich. Die Kategorien waren nicht sonderlich trennscharf, aber es zeichnet sich bereits hier die später tragfähig werdende Konstruktion der ausreiseberechtigten Rentner und »Invaliden« ab. Dabei ist es bemerkenswert, dass der SED-Staat mit dem »Arbeitsunfähigen« eine Wertung der Bevölkerung in produktive und unproduktive Menschen einführte, die spätestens seit der Weimarer Republik den sozialpolitischen Diskurs mitprägte und die in den Quellen begrifflich teilweise stark an die Stigmatisierung von »Arbeitsscheuen« bzw. »Asozialen« im Nationalsozialismus erinnert.[186] Diese Kategorisierung zielte jedoch in die gegenteilige Richtung: Im Gegensatz zur Exklusion von als »asozial« abgestempelten »Arbeitsunfähigen« aus der »NS-Volksgemeinschaft« war die SED-Führung darauf erpicht, möglichst wenige Menschen als solche anzuerkennen, da diese Einstufung nun nicht mit strafender Exklusion, sondern mit dem Sonderrecht auf Ausreise einherging. Deren Ausreise sparte nicht nur direkte Unterhaltskosten, sondern stellte auch mit der Pflege beschäftigte Familienangehörige wieder dem »Aufbau des Sozialismus« zur Verfügung.[187] Somit waren die Räte der Kreise nunmehr befugt, die Anträge letzterer beider Gruppen (»arbeitsunfähige« Rentner und »arbeitsunfähige Invaliden«) aufzunehmen, zu kontrollieren und sie nach sorgfältiger Prüfung und straffer Auslese dem Stellvertreter des Vorsitzenden für Inneres (Rat des Bezirks, RdB) vorzulegen. Dieser traf eine Vorentscheidung und leitete den Antrag im positiven Fall mit einer Stellungnahme des Vorsitzenden für Inneres (RdB) zur Endkontrolle an den 1. Stellvertreter des Ministers im MdI weiter, damals das Büro von Herbert Grünstein.[188] Das klingt redundant und aufwändig, und das war es auch. Nur die höchste Ebene konnte nach mindestens einer weiteren Prüfung das begehrte Ausreisevisum in Form

186 Grundlegend hierzu Wolfgang Ayaß, »Asoziale« im Nationalsozialismus (Stuttgart: Klett-Cotta, 1995), 13-18, 105-64; Julia Hörath, »Asoziale« und »Berufsverbrecher« in den Konzentrationslagern 1933 bis 1938 (Göttingen: Vandenhoeck & Ruprecht, 2017), 236, 294-317.

187 Hierzu siehe die Fallschilderungen in Kap. 2 in Teil I.

188 Ursprünglich war hier die Hauptverwaltung Deutsche Volkspolizei (HVDVP) vorgesehen. Das wurde durch die Weisung (und aufgrund der Auflösung der HVDVP 1962) auf die schon zuvor federführende Stelle im MdI geändert, was unterstrich, dass es um einen innenpolitischen Vorgang und nicht um eine polizeiliche Maßnahme ging; vgl. BArch Berlin DO 1, 62 207, Entwurf DA 27/62.

eines gesiegelten, zur einmaligen Ausreise befähigenden Übergangsidentitätsdokuments namens PM 12a ausstellen lassen.

Der Schwarze Peter der innenbehördlichen Arbeitsteilung fiel den Kommissionen für den innerdeutschen Reiseverkehr zu. In ausführlichen Aussprachen sollten sie die anderswo gefällten Ablehnungen nicht nur begründen, sondern die Antragsteller auch »von der Richtigkeit der getroffenen Entscheidung überzeugen«.[189] Da sie aber die einzige Kontaktzone zwischen Staat und Abgelehnten waren, entstanden zahlreiche hitzige Situationen, die zu den oben erwähnten Verstößen gegen die Regeln der Vertraulichkeit der Verfahrenswege führten. Dabei waren die Kommissionen nicht nur macht-, sondern auch kenntnislos. Sie erhielten keine Begründung über Entscheidungen, in ihnen durfte keine Beratung stattfinden, und ihnen wurden auch keine genehmigten Anträge vorgelegt. Damit verschleierte das MdI die Entscheidungswege nicht nur vor den Antragstellern, sondern auch vor dem Staatsapparat selbst.

Dies lag auch an der Existenz einer vierten Kategorie laut DA 27/62. Denn sämtlichen Personen konnte ungeachtet ihrer Arbeitsfähigkeit die Ausreise genehmigt werden, wenn dafür »ein zwingendes staatliches Interesse« vorlag.[190] Dies war das entscheidende Schlupfloch, welches den oberen Behörden ungeprüfte Willkürmaßnahmen im Staatsinteresse erlaubte. Die hier Zugelassenen wurden in der Regel von oben vorgeschlagen und nach unten kommuniziert. In diese Kategorie fielen Agenten des MfS ebenso wie privilegierte oder besonders heikle Fälle, die sich der Staat lieber schnell von den Schultern schaffen wollte. Wer arbeitsfähig war, dessen einzige Chance auf Ausreise bestand darin, es in diese hochgradig restriktive Kategorie zu schaffen. Entsprechend wichtig war es dem MdI, dass diese Kategorie außerhalb der entscheidungsbefugten Kreise geheim blieb. Auf diese »Sonderfälle« warf darum der am Ende prüfende Staatssekretär Grünstein ein besonders scharfes Auge.

Um endlich einen quantifizierbaren Überblick über das Antragsgeschehen zu bekommen, forderte die DA 27/61 zudem, dass die zuständigen Stellen in den Räten der Bezirke und der Bezirksdienststellen der Volkspolizei von nun an halbjährlich dem Innenministerium und Minister Maron persönlich Analysen und

189 BArch Berlin, DO 1, 62 207, DA 27/62 vom 25. Juli 1962, 2.
190 BArch Berlin, DO 1, 62 207, DA 27/62 vom 25. Juli 1962, 2.

Einschätzungen vorlegen sollten.[191] Wer genau wusste von solchen Regeln? Als Vertrauliche Verschlusssache und damit als Staatsgeheimnis gekennzeichnet ging die DA 27/62 erst an die üblichen 110 Stellen im Ministerium und in den Bezirken, nicht jedoch an die Kreise, obwohl deren Kompetenzen darin neu geregelt wurden. Erst sollten sie lediglich fernmündlich informiert werden, was wohl nur mehr Unklarheit schuf. So wurde die DA 27/62 für einen erweiterten Verteiler von 570 Stellen geöffnet, was vor allem 250 Empfänger in den Abteilungen Inneres und in den Kreisämtern der Volkspolizei in den über 200 Kreisen mit einschloss. Wie vertraulich solche Regeln waren, kann man allein daran erkennen, dass außer dem ZK der SED (4 Kopien) und dem MfS (2 Kopien) keine zentrale Stelle außerhalb des MdI eine Kopie der neuen, umfassend gültigen Dienstanweisung erhielt.[192] Unterm Strich kann man sagen, dass selbst mit dem erweiterten Verteiler nur jene die neuen Normen kannten, die selbst prüfungsbefugt waren. Während Willy Brandt von West-Berlin aus mit aller Kraft an seiner Forderung »Die Mauer muß transparent werden« arbeitete,[193] ging das MdI in Ost-Berlin den umgekehrten Weg und verschleierte jegliche Durchlässigkeit zugunsten des eigenen Machtausbaus.[194] Dies galt bereits für die Ausarbeitung der DA 27/62, die im kleinen Kreis ranghoher Vertrauter Grünsteins im MdI erfolgte. Neben einer parteilosen Sachbearbeiterin gehörten die Genossen Bergmann, Günther, Schreiber und Streb dazu, die durch ihre leitenden Stellungen im Büro Grünsteins bzw. der Abteilung Innere Angelegenheiten bereits tief in die finale Antragsbearbeitung eingebunden waren. Alle vorbereitenden Unterlagen inklusive der Rücksprachen mit dem MfS wurden noch im August 1962 vernichtet.[195]

Es war jedoch leichter, strikte Regeln zu verfassen, als diese umzusetzen. Seit 1960 führte das MdI regelmäßig in den Kreisen mehrere Tage oder Wochen dauernde Kontrolleinsätze durch, die

191 BArch Berlin, DO 1, 62 207, DA 27/62 vom 25. Juli 1962, 2.

192 BArch Berlin, DO 1, 13 711, Verteilerliste DA 27/62.

193 So Willy Brandt bereits im September 1961 in gewisser Anerkennung des Status quo, um diesen zu ändern. Zit. n. »Auf kleiner Flamme«, in: Der Spiegel 10 (1963), 38.

194 Dazu kam, dass das MfS bis 1967 zunehmend ein nicht zu hinterfragendes Vorschlagsrecht für ihm zuarbeitende Ausreisende durchsetzte, die folglich unter den »Sonderfällen« firmierten.

195 BArch Berlin, DO 1, 62 207, Dienstschreiben Streb, 2. August 1962.

sich vor allem der »Republikflucht« und der Wiedereingliederung von Rückkehrern widmeten. Im Staatssozialismus dienten solche Einsätze typischerweise dazu, die Schuld an systemischen Problemen den unteren Apparatsebenen zuzuschieben. So kann es wenig überraschen, dass diese Berichte auch Ende 1961 breit bemängelten, dass die Kreise sich ungenügend mit der Lage der Zeit beschäftigten, dass sie zwar Maßnahmen umsetzten, aber zu oft menschelnde Schwäche im Umgang mit Ausreisewilligen zeigten. Sehr hart, aber keineswegs untypisch wurde nach einem solchen Kontrolleinsatz beispielsweise der Kreis Gotha kritisiert, der sich weder vor noch nach dem Mauerbau ausreichend mit »den Fragen der Bevölkerungsbewegung« beschäftigt habe.[196] Die Verantwortlichen konzentrierten nach dem Mauerbau die Energie auf die »Wehrbereitschaft«, also die frühzeitige Unterdrückung missbilligender Stimmen. Das war die auch lokal gelernte Lektion von 1953. Die Lektion von 1961 war aber, dass der SED-Staat die deutschen Bevölkerungen physisch voneinander abgrenzen musste, um selbst zu überleben. In Gotha, befand indes das MdI, wurden »die ganzen Ereignisse vor und nach dem 13.8.61 auf dem Gebiet der Bevölkerungsbewegung dem Selbstlauf überlassen«. Dem fernab der Grenze gelegenen Kreis musste also erst noch per interner Kritik eingebläut werden, dass die Grenze nun überall »verteidigt« wurde. Als größten »Unsicherheitsfaktor« erachtete das MdI anfangs noch Rück- und Einwanderer in die DDR, deren Gefahrenpotential die Kreise sträflich unterschätzt hätten.[197] Doch nicht nur in den Kreisen verlangte die Lage nach dem Mauerbau nach einer straffen Führung. Im Frühjahr 1962 kamen Arbeitsgruppen zusammen, die den Stand der Ordnungen für Einreisen und Zuzüge evaluierten. Die vielen noch gültigen Regeln zum Umgang mit Rückkehrern und Einwanderern aus der Zeit vor dem Mauerbau passten oft nicht zu den nachher ergangenen Weisungen. Aus Sicht der Räte der Kreise war dabei die Kommunikation mit den Einwanderungswilligen schwierig. Den Verantwortlichen lag nicht einmal ein rudimentäres

---

196 BArch Berlin, DO 1, 13966, Auswertung Brigadeeinsatz im Bezirk Erfurt vom 23. November-2. Dezember 1961, Kreis Gotha, Wilke, Kafka und Staat (AIA RdK Meißen). 1 f.

197 Zit. n. BArch Berlin, DO 1, 13966, Auswertung Brigadeeinsatz im Bezirk Erfurt vom 23. November-2. Dezember 1961, Kreis Gotha, Wilke, Kafka und Staat (AIA RdK Meißen), 4.

Merkblatt vor, welches die aktuelle Form der Einwanderungsprozedur zumindest in Grundzügen charakterisierte.[198] Als das MdI ein solches doch eher triviales Informationswerkzeug Mitte 1962 endlich erstellte, pries es dieses als eine »beträchtliche Arbeitserleichterung« an. Die praktischen Herausforderungen der Verwaltungsarbeit zeigten sich jedoch bereits schon daran, dass die Arbeit mit diesem kleinen Merkblatt das Einverständnis des zuständigen ministerialen Abteilungsleiters benötigte, der zudem zuvor das fehlerhafte Deutsch seines Unterstellten korrigieren musste.[199]

Die Institutionen des Mauerstaates mussten also erst die Kommunikation über den neuen Zustand klären. Dabei spielte die Zeit den Regulatoren nicht unbedingt in die Hände. Denn bereits kurz nach ihrem Inkrafttreten am 1. August 1962 erwies sich die DA 27/62 als sehr schematisch. Sie vertrat eine harte Position der Migrationsverhinderung, wohingegen der SED-Staat ab Anfang 1963 in eine andere Richtung schwenkte. Im Vorfeld der sich abzeichnenden Gespräche über ein Passierscheinabkommen mit West-Berlin gab es Gründe für symbolisches Entgegenkommen. Dafür bot sich das Thema der durch die Mauer getrennten Familien an, wobei hier Familie im engstmöglichen Sinne zu verstehen ist. Die harten Regeln des MdI annullierten nach dem Mauerbau auch erteilte Ausreisegenehmigungen für Eheleute, fast alle Frauen, die gerade dabei waren, ihren Wohnsitz aus der DDR zu ihren frisch angetrauten Ehepartnern in der Bundesrepublik oder West-Berlin zu verlegen. Sie fanden sich nun verheiratet, aber getrennt wieder und galten für den SED-Staat aufgrund ihrer Arbeitsfähigkeit als nicht ausreisefähig. Diese Ehefrauen kämpften oft verzweifelt um ihr Recht, zu ihren Männern ziehen zu können. In Westdeutschland regte sich massiver Protest.[200] Für die SED war das eine Möglichkeit, Entgegenkommen zu zeigen, ohne am Dogma der Mauer zu

198 BArch Berlin DO 1, 13711, für diverse Anordnungen und Entwürfe siehe zudem ebd. DO 1, 13896, Studienplan 1. Dezember 1961, Merkblatt 30. März 1962.

199 BArch Berlin, DO 1, 13896, Schreiben Wilke an Günther, 29. März 1962, Einverständnis Günther, 31. März 1962.

200 Für das Herausschälen des Themas siehe z. B. »Lemmer fordert von Pankow Familienzusammenführung«, in: FAZ (9. September 1961), 1; »Über die Trennung von Familien empört«, in: FAZ (21. Dezember 1961), 3; »Pankow erlaubt nur wenigen die Ausreise«, in: FAZ (22. Dezember 1961), 4; »Schwierige Familienzusammenführung«, in: FAZ (24. Juni 1961), 3. Zum Passierscheinabkommen PAAA MfAA A, HG 2, L 35, 15842, 5-22.

rütteln. Über ein Jahr nach der forcierten Trennung, am 7. September 1962, wies das MdI darum die Bezirksebene an, Wiederanträge von verheiratet Getrennten wohlwollend zu prüfen. Auch weitere »Ehefälle« sollten eingehend geprüft werden, so in erster Linie getrennt lebende Eheleute ohne vor dem 13. August 1961 ausgestellte Ausreisegenehmigung und die wenigen vom SED-Staat genehmigten Neuehen zwischen Ost- und Westdeutschen. Grundsätzlich ausgeschlossen blieben aber sowohl Verlobte als auch Ehepaare, bei denen ein Fall illegalen Verlassens der DDR vorlag.[201] Dies reduzierte die Zahl der infrage Kommenden drastisch, insbesondere in Berlin. In den Einzelfallakten ist jedoch eine direkte Wirkung auf die Genehmigungspraxis zu erkennen. Viele zuvor aussichtslose Fälle verheirateter Arbeitsfähiger wurden nun recht zügig genehmigt, so sie denn bis ins MdI vordrangen.[202]

Probleme bestanden eher im Vorfeld. Waren die lokalen Behörden eben noch durch Staatsmedien und Maßregelungen auf strikteste Auslegung der Ausreiseregeln, die eher Nichtausreiseregeln heißen sollten, verpflichtet worden, sollten sie nun überlegt kleine Löcher in den Papiermauern nutzen. Wenngleich die Regeln des MdI die breite Bevölkerung von Auswanderungsoptionen abschnitten, gab es doch Nischen für Rentner und »Arbeitsunfähige«, die der diskursiven Stigmatisierung jeder Mobilität gen Westen entgegenstanden. Die Frage war also nicht nur, wie »liberal« die Kreisbehörden waren, sondern auch, wie restriktiv. Anfang 1963 wuchs sich dies in einigen Kreisen zu einem Konflikt zwischen den Abteilungen Innere Angelegenheiten der Kreise und den Kreisleitungen der SED aus. Die Parteivertreter drängten darauf, nach der vom Innenminister außer Kraft gesetzten DA 8/58 zu entscheiden und nicht nach der für Rentner und Invalide günstigeren DA 27/62 (was aber nur die Antragswege und nicht die letzten Endes arbiträren Entscheidungen auf Bezirks- und Ministeriumsebene betraf). Im Fahrwasser der aggressiven öffentlichen Rhetorik warfen sie lokalen Repräsentanten des MdI in den Abteilungen Innere Angelegenheiten gar vor, »die Mauer wieder durchlässig zu machen und die ›Republikflucht‹ legal zu organisieren«.[203] Sie hat-

201 BArch Berlin, DO 1, 62 207, DA 27/62, 1. Ergänzung vom 7. September 1962.
202 BArch Berlin, DO 1, 13 564; ebd., 13 649; ebd., 13 659, Anträge und Einzelfälle Spätjahr 1962 und 1963.
203 BArch Berlin, DO 1, 15 598, Aktennotiz Schreiber, 2. Januar 1963.

ten dabei zwei Gründe für ihre Insistenz. Erstens waren sie offiziell nicht über den Regelstand informiert, sondern erhielten bestenfalls durch personelle Überschneidungen davon Kenntnis. Zweitens schmeckte es ihnen sicher nicht, dass sie als Vertreter der Partei in den Kommissionen für den innerdeutschen Reiseverkehr nach deren Entmachtung keinerlei Einfluss mehr auf die Ausreisegenehmigungen besaßen. Die Abteilungen Innere Angelegenheiten fanden sich zwischen der politischen Deutungshoheit der Partei und der Weisungsbefugnis des MdI eingezwängt. In den Kreisen erzeugte dies weitflächige »Unsicherheit aufgrund gegensätzlicher Orientierung«, Antragsstau und aus Unsicherheit vermutlich noch mehr Signale an Antragstellende.[204]

Dieser Machtkonflikt zwischen Staat und Partei über die regionale Entscheidungshoheit eskalierte letztlich an der Frage der Parteimitgliedschaften. Rentner durften die DDR in der Regel nicht verlassen, solange sie Parteimitglieder waren. Die Kreisleitungen der SED weigerten sich, die Parteimitgliedschaft jener pflegebedürftigen Rentner zu streichen, denen das MdI die Ausreise genehmigt hatte.[205] Die Parteikreisleitungen blockierten damit die Migrationspolitik des MdI. In Berlin häuften sich nicht nur Beschwerden, sondern auch Selbstmorddrohungen verzweifelter hochbetagter, kranker und alleinstehender SED-Mitglieder mit Ausreisegenehmigung, die wegen der Sturheit der Parteikreisleitungen nicht das Land zu ihren pflegenden Angehörigen verlassen durften. Der Vertreter des MdI Schreiber forderte darum, die Kräfte zu konzentrieren – mit anderen Worten, die Weisungshoheit des MdI über die Räte der Kreise, die örtliche Polizei und die Partei durchzusetzen. Da das MdI hier alleine wenig erreichte, musste es im Parteistaat den damaligen Sektorenleiter für zentrale Staatsorgane des ZK der SED Waldemar Pilz hinzuziehen, um die widerwilligen Kreisleitungen der Partei von einem Kurs abzubringen, der noch härter war als der des MdI.[206]

Dem MdI ging es dabei nicht um eine moderatere Position, sondern um Berechenbarkeit. Es besaß kein Interesse an von unten nachvollziehbaren Entscheidungswegen, sondern nutzte gerade

204 BArch Berlin, DO 1, 15598, Aktennotiz Schreiber, 2. Januar 1963.
205 BArch Berlin, DO 1, 15598, Aktennotiz Schreiber, 2. Januar 1963, 2; ebd., DO 1, 15598, Eingabenanalyse MdI, November 1962, Januar 1963.
206 BArch Berlin, DO 1, 15598, Aktennotiz o. D. [vermutlich November 1962].

die Unklarheit der Bestimmungen über Rentner und »Sonderfälle« zur Stärkung des Zentralismus. Die Willkürlichkeit des Maßstabes, wer alt und körperbehindert genug war, um zur Staatsentlastung ausreisen zu dürfen, welcher »Sonderfall« wann anerkannt wurde und welches Kind doch zu seinen leiblichen Eltern durfte, war das migrationspolitische und damit disziplinarische Machtreservoir des MdI. Denn wenn auf der einen Seite die Parteikreisleitungen durch die Verweigerung, Personen aus der Partei zu entlassen, deren Emigration aufschob, gab es auf der anderen Seite genug Fälle, in denen Personen gerade wegen ihrer politischen Zuverlässigkeit – und dazu zählte auch die Zugehörigkeit zur SED – ausreisen durften. Dies betraf bis Ende 1962 vor allem Ehefrauen von systemzugewandten Bundesbürgern, die z. B. der Sozialistischen Einheitspartei Westberlins (SEW) oder ehemals der Kommunistischen Partei Deutschlands (KPD) angehörten oder in West-Berlin für die von der DDR betriebene S-Bahn arbeiteten.[207] Sie erhielten aus Vertrauensgründen Vorteile, die zahlreichen anderen Ehefrauen, die verzweifelt zu ihrem Mann wollten, nicht zukamen.[208]

Mit dieser Mischung aus genereller Verschließung und gezieltem Privileg ohne Rechtsbasis fand das MdI einen normativ gangbaren Weg, eine auf die Mauer geeichte Migrationsverwaltung aufzubauen. In den Folgemonaten brachte es die nachgeordneten Behörden auf Linie, ohne sich dabei den Handlungsspielraum zu nehmen. Der Anfangsbefund war dabei nicht zufriedenstellend, denn eine im Oktober 1962 erstellte Eingabenanalyse kam zu dem Ergebnis, dass in diesem Monat nur eine einzige Eingabe an das MdI die korrekte Auslegung der DA 27/62 durch die Kreise gegenüber den Antragstellern spiegelte.[209] In allen anderen Fällen wiesen die Eingaben Fehler der Behörden auf. Insbesondere gaben diese

---

207 Die S-Bahn gehörte im Gegensatz zu der von den (West-)Berliner Verkehrsbetrieben unterhaltenen U-Bahn bis 1984 zur Deutschen Reichsbahn, also zur DDR, operierte jedoch trotz zahlreicher durch den Mauerbau unterbrochener Strecken im gesamten Stadtgebiet; vgl. Burghard Ciesla, »Öffentlicher Nahverkehr in einer geteilten Stadt: Grundzüge der Entwicklung in Berlin von 1945 bis 1990«, in: *Mobilität für alle: Geschichte des öffentlichen Personennahverkehrs in der Stadt zwischen technischem Fortschritt und sozialer Pflicht*, hg. von Hans-Liudger Dienel und Barbara Schmucki (Stuttgart: Franz Steiner Verlag, 1997), 137-48.

208 Genauere Ausführungen hierzu in Kap. 2 in Teil I.

209 BArch Berlin, DO 1, 15598, Eingabenanalyse Oktober 1962.

Informationen über die Inhalte der DA 27/62 an Dritte oder gar über die Antragswege an Antragsteller weiter. Ein paar Monate später, Anfang 1964, klangen die Berichte anders. Erleichtert stellten Mitarbeiter des MdI fest, dass die Bezirke nun ihrer Leitungskompetenz grundlegend nachkamen.[210]

Das Ordnungssystem des MdI schien sich trotz der strikten Vertraulichkeit der Regeln einzuschleifen. Wie gelang dies ohne eine Offenlegung der Ziele, Wege und Normen? Die Antwort liegt in der oben benannten zugleich personalisierten und zentralisierten Führung der Bürokratie. Über Maßnahmen und hierarchische Kommunikation wurden die nachgeordneten Beamten weniger in ein Regelwerk, sondern in ein regulatives Gefühl diszipliniert. Als eine wichtige Maßnahme griff das MdI im Laufe des Jahres 1963 häufiger auf sogenannte »Orientierungen« zurück, also von der Zentrale aus geleitete politisierte Disziplinargespräche.[211] Bis weit ins Jahr 1964 wendeten sich Vertreter des Ministeriums und Grünstein persönlich kontinuierlich maßregelnd an Bezirke und Kreise, und auch die Bezirksvertreter kommunizierten zunehmend entsprechend mit den Bearbeitern in den Kreisen.[212] Diese »Orientierungen« zeigten vor allem Fehler auf, wohlgemerkt weniger zum Zweck der Schulung in der Normenanwendung, sondern als Belehrung über die Interpretation der politischen Lage und entsprechend »richtiger« Schlussfolgerungen für die Verwaltungspraxis. Nicht nur das größere Recht, selbst die vertrauliche Normeninterpretation unterlag primär politischen, nicht expressis verbis fixierten Vorgaben.

Ein zweite Maßnahme war, dass das MdI mit der ersten Änderung der DA 27/62 im Juli 1963 forciert begann, die eigentlich bereits seit Erlass der DA 27/62 im Vorjahr notwendigen Halbjahresberichte über das Antragsgeschehen einzufordern. In steter Kommunikation zurück in die Bezirke machte das Ministerium klar, dass es deutlich mehr als die zuvor formlosen Zahlenreihungen und informellen Kurzäußerungen einforderte.[213] Die Bezirke

---

210 Siehe z. B. BArch Berlin, DO 1, 15 598, Analyse 2. Halbjahr 1963.
211 BArch Berlin, DO 1, 15 598, div. Monatsberichte der Bezirke 1963.
212 BArch Berlin, DO 1, 15 598, Monatsbericht Eingaben, Februar 1962; ebd., Schreiben Grünstein an RdB, Stellvertreter für Inneres, 6. Mai 1964.
213 BArch Berlin, DO 1, 15 598, div. Monatsberichte der Bezirke 1963; ebenso BArch Berlin 15 598, formloses Schreiben an Sektorenleiter Erwin Günther, dass Halbjahresberichte bis 30. Januar 1964 und danach unaufgefordert regelmäßig vorliegen müssen.

sollten nicht nur Rechenschaft ablegen über die Anträge, sondern vor allem über ihre Kontrollmaßnahmen, um die Zahl der Anträge aktiv zu reduzieren. Die erstellten Statistiken dienten nicht allein der Überwachung der Vorgänge, sondern auch zur Disziplinierung der Berichtspflichtigen, die die Zentrale damit zwang, dem unliebsamen Thema der legalen Auswanderungsversuche mehr Aufmerksamkeit zu widmen. Drittens überarbeitete das MdI 1962 im Ministerium selbst die internen Arbeitswege, stockte das Personal in der Migrationsverwaltung deutlich auf und richtete die Stellenpläne gezielt auf die Bearbeitung entsprechender Anträge und Eingaben aus.[214] Auch hier zog eine hierarchische Berichtspflicht ein, denn nun war auch der Minister selbst, also ab Herbst 1963 Friedrich Dickel, aktiv über die Entwicklungen und Gegenmaßnahmen zu informieren.[215]

Neben diesen strukturellen Faktoren fällt beim Blick auf die Einzelantragsbearbeitung aber noch ein anderer disziplinierender Kommunikationsweg auf, der verdeutlicht, dass die Zentralisierung der Antragsbearbeitung bis auf Grünsteins Schreibtisch nicht nur der Nachkontrolle von Entscheidungen, sondern auch der reaktiven Kontrolle der Entscheider diente. Konstant gingen Anträge, die das MdI trotz der Empfehlung durch die Bezirke

---

214 Diverse Stellenpläne und -entwürfe aus den Jahren 1962/3 zeigen, dass die Hauptabteilung Innere Angelegenheiten des MdI fast nur mit Migrationsfragen beschäftigt war und dass ab der Ebene der Unterabteilungsleiter aufwärts alle Führungskräfte den entsprechenden sensiblen Bereichen zugeordnet waren. Die größte Aufmerksamkeit erhielt hierbei die verwaltungsintensive, numerisch aber eher kleine Zuwanderung. Von Mitte 1962 bis September 1963 stieg die Abteilung, die die legalen Ausreisegenehmigungen bearbeitete, auch aufgrund der etwas liberaleren Praxis und des damit einhergehenden stärkeren Kontrollbedarfs zu einem eigenen Sachgebiet auf. Von den leitenden Personen des MdI wurden ihr dabei vier statt vormals nur eine Person zugeordnet. Selbst von Sekretärinnen wurde dabei ein »mehrjähriges Studium in Zirkeln des Parteilehrjahres oder anderen gesellschaftlichen Schulen« verlangt. Die inhaltliche Schwerpunktsetzung spiegelt auch der entsprechende Rahmenplan der Abteilung Innere Angelegenheiten, der großenteils um Migrations- und Reisefragen kreiste. Abgesehen von den inhaltlichen Verschiebungen belegen die zahlreichen Entwürfe und Pläne der Jahre 1962 und 1963, dass es einen großen Bedarf gab, die Abteilung Innere Angelegenheiten umzuorganisieren, um sie an das neue und unerwartete Großthema der legalen Übersiedlung anzupassen. BArch Berlin, DO 1, 13 710, Struktur- und Stellenpläne 1962/3.

215 BArch Berlin, DO 1, 15 598, Adressierung der Analysen.

ablehnte, mit schroffen und disziplinierenden Bemerkungen an die Bezirke zurück. Die Art der »Erziehung« lässt sich am besten an konkreten Fällen verdeutlichen, wie z. B. mit an Tuberkulose (TBC) Erkrankten umgegangen wurde. Kreis und Bezirk Rostock befürworteten im Mai 1963 den Ausreiseantrag des emeritierten und an Lungen- und Nierentuberkulose leidenden Medizinprofessors Haase* mit seinen drei minderjährigen Kindern. Hilfreich war dabei sicher, dass sich der Staatssekretär für Gesundheitswesen und spätere Minister für Hoch- und Fachschulwesen Ernst-Joachim Gießmann für ihn verwand. Doch Grünstein sah die Sache anders. Mit schroffen Randbemerkungen versehen ging die Akte zurück zum Bezirk: »Sollen wir 3 DDR-Kinder dem Adenauer-Regime übergeben? Nieren Tbc kann man auch hier behandeln.«[216] Anders entschied er hingegen nicht nur bei mehreren Rentnern, sondern auch im Fall des 39-jährigen, alleinstehenden Johann Weger*, der wegen diagnostizierter Tuberkulose ausreisen durfte.[217] Unsicher war Grünstein sich im Fall des 17-jährigen Dieter Lödenburg*.[218] Dieser litt ebenfalls an TBC und wurde vom Bezirk als begrenzt arbeitsfähig eingestuft. Das MdI schickte den Antrag zurück; es sollte genau geprüft werden, »was L. bisher gearbeitet hat und welche Arbeitsmöglichkeiten auf Grund des Gesundheitszustandes u. der Bildung von ihm ausgeführt werden können«. Die Prüfung ergab, dass er nicht arbeiten könne und dass seine in der DDR verbleibende Mutter als »arbeitsunfähige Analphabetin« und Sozialrentnerin seine Pflege nicht gewährleisten konnte. Er durfte in den Westen gehen – und zwar entgegen verschärfender Regeln sogar zu seiner »republikflüchtigen« Schwester.[219] Bereits an diesen Beispielen ist zu erkennen, dass schwere Krankheiten wie TBC an sich kein Ausreiseargument darstellten, sondern Faktoren waren in einer größeren migratorischen Ökonomie des SED-Staates. Dies erklärt auch den Fall des gut vernetzten, aber letztlich an die DDR gebundenen Arztes Haase*: Während er als kranker und emeritierter Professor als Kostenfaktor das Land wohl hätte verlassen dürfen, änderte sich diese Rechnung durch seine drei Kinder. Der Staat prüfte in den

216 BArch Berlin, DO 1, 13 649, Liste 14, 20. Mai 1963.
217 Beispiel aus Stichprobe (siehe Kap. 2 in Teil I) BArch Berlin, DO 1, 13 527, Liste 80, 20. März 1962; ebd. DO 1, 13 560, Liste 3, 27. Juni 1962.
218 BArch Berlin, DO 1, 13 650, Liste 29, 18. April 1963.
219 BArch Berlin, DO 1, 13 650, Liste 29, 18. April 1963.

Genehmigungen keine Rechte von Bürgern, sondern seine eigenen Interessenslagen. So ballten sich in der Genehmigungspraxis Willkür und Kalkül.

Das war freilich nicht kodifiziert, sondern äußerte sich allein in der und durch die Praxis, indem solche Entscheidungskorrekturen nicht als Nachfragen oder Begründungen, sondern als Anweisungen an die Bezirke zurückgingen. Dies geschah auch bei den zahlreichen Anträgen, die die Bezirke dem MdI mit unzureichenden Angaben weiterleiteten; wenn z. B. die Bezirke zwar bestätigten, dass die Antragsteller »arbeitsunfähig« oder einfach »Fürsorgeempfänger« seien, ohne jedoch dem MdI weitere Unterlagen mitzuliefern. Diese wurden keineswegs immer angefordert – auch im Ministerium wollte man keine Extraarbeit –, sondern die Bezirke sollten lernen abzuschätzen, wann das MdI ein Interesse an weiteren Belegen haben könnte. Dabei ging es vor allem um das Vertrauen von oben nach unten. Das MdI sah die Gefahr, dass sich Kreise und Bezirke problematischer Fälle entledigen wollten, obwohl nicht unbedingt gesagt war, dass die Personen hundertprozentig »arbeitsunfähig« waren.[220] Solche Ablehnungen auf der obersten Ebene gingen mit entsprechender Kritik an die Bezirke zurück, die dann wiederum als weisungsbefugt mit den Kreisen kommunizieren konnten, den Druck also ihrerseits durchreichten. Doch das Verfahren war nicht nur auf Restriktion ausgelegt, denn an anderer Stelle wurde wiederum beispielsweise der Rat der Stadt Berlin dafür gerügt, zu bürokratisch vorzugehen. Er hätte Bearbeitungsdauern künstlich verlängert, da unverhältnismäßig viele Atteste eingeholt werden müssten, um auch in offensichtlichen Fällen die Arbeitsunfähigkeit zu attestieren.[221] Es war ein schmaler Grat, auf dem die Bezirke wanderten, denn letztlich legte der Rat der Stadt Berlin die verschärfende erste Änderung von DA 27/62 strikt wörtlich aus, nach der die Antragsteller darauf zu prüfen waren, ob sie im Rentenalter *und* »arbeitsunfähig« waren, wohingegen es in der Originalfassung noch »oder« geheißen hatte.

Letzten Endes bestimmten darum also nicht detaillierte Weisungen, wie mit dem Thema legaler Übersiedlung umgegangen wurde. Weisungen waren in nahezu allen entscheidenden Passagen im »Kann-Stil« gehalten, ermöglichten also Entscheidungen

220 BArch Berlin, DO 1, 15 598, Aktenvermerk Schreiber, 22. 4. 1963.
221 BArch Berlin, DO 1, 15 598, Analyse 2H 1963, 30. Januar 1964, 4.

und Maßnahmen, ohne definitiv Umsetzungspflichten zu schaffen. Diese entstanden aus der politischen Lageeinschätzung und damit letztlich aus dem situativen Gefühl der Bearbeitenden. Anhand dieser disziplinierenden Praktiken durch Revision von Entscheidungen lernten die Räte der Bezirke und nachfolgend die der Kreise die Interessen des MdI zu antizipieren. Es kann dabei kaum verwundern, dass insbesondere die kleinen und etwas abgelegenen Dienststellen schwieriger zu disziplinieren waren, da sich hier Antragsteller und Bearbeiter oft kannten. Besonders viel Schelte gab es aus dem MdI, wenn Beamte in solchen Kreisen »Hinweise, die den internen Dienstweg betreffen«, nach außen gaben.[222] Als sich dann im Frühjahr 1964 der Pfarrer Lehenberge* aus einem kleinen Dorf im Bezirk Leipzig mit den Worten »Man entließ mich mit dem Rat, mich an das Ministerium des Innern zu wenden«, da dieses in letzter Instanz entscheide, das Berliner Ministerium kontaktierte, sah sich das MdI gezwungen, erneut sämtliche Bearbeiter scharf darauf hinzuweisen, dass die DA 27/62 als vertraulich zu behandeln sei.[223] Doch selbst bei derartigen Maßregelungen forcierte das MdI die Befehlskette: Grünstein informierte danach mit Verweis auf ein Beispiel alle Räte der Bezirke, dass er von Regelverletzungen durch lokale Stellen erfahren habe. Das impliziere, dass die Abteilungen Innere Angelegenheiten der Bezirke ihrer Kontrollpflicht unzureichend nachkämen. Sehr offensiv betonte er, das MdI halte »Maßnahmen für erforderlich, um diese Mängel zu überwinden.«[224] Dies verfolgte zwei Hauptziele, nämlich erstens zu zeigen, dass das Ministerium keinen Spielraum für falsche Toleranz habe. Zweitens nahm Grünstein damit die Räte der Bezirke für die Räte der Kreise in Verantwortung, um die Berliner Zentrale besser vor Anträgen und Eingaben abzuschotten. So entwickelte nicht nur das MdI zwischen 1962 und 1964 ein funktionierendes Regelwerk, auch die Bezirke und Kreise erlernten die neuen Funktionsweisen und Interessen des Mauerstaates per Trial and Error.[225] Dies schliff sich durch Praxis ein. Obwohl in den Folgejahren immer wieder un-

222 BArch Berlin, DO 1, 15598, Garrasch an Grünstein, 24. April 1964.
223 BArch Berlin, DO 1, 15598, Garrasch an Grünstein, 24. April 1964; ebd., Grünstein/Streb an Räte der Bezirke, 6. Mai 1964.
224 BArch Berlin, DO 1, 15598, Grünstein/Streb an Räte der Bezirke, 6. Mai 1964.
225 Vgl. allgemein Boyer, »Der Beitrag der Sozialgeschichte zur Erforschung kommunistischer Systeme«, 20.

dichte Stellen in den Kreisen bemängelt wurden, stellte ein Kontrollergebnis Anfang 1964 fest, dass die DA 27/62 von den Räten der Kreise und denen der Bezirke »grundsätzlich eingehalten« werde.[226]

So wurden die Abteilungen Innere Angelegenheiten (AIA) der Bezirke sowie die der Kreise aus Sicht des MdI zuverlässiger, aber nicht vertrauenswürdiger. Immer wieder gab es angesichts des mehrere Ebenen umfassenden Kontrollverfahrens Initiativen mittlerer Verwaltungsebenen, Kompetenzen in vorgelagerte Instanzen zurückzuverlagern. Ende 1963 empfahl der Halbjahresbericht im MdI, dass die Bezirke aufgrund ihrer zuverlässigeren Arbeit wieder stärkere Entscheidungskompetenzen erhalten könnten.[227] In der Tat wurde das Verfahren etwas angepasst, vor allem was die Nachweise anging, an der Endkontrolle hielt das MdI aber fest. Die logische Folge war Mehrarbeit in den AIA der Bezirke. Als die Verantwortlichen aus den Bezirken Karl-Marx-Stadt und Cottbus im Sommer 1964 angesichts der Überlastung der Abteilungen Inneres und der Volkspolizei dem MdI vorschlugen, wieder Kompetenzen auf die Kreise zu übertragen, wischte Günter Giel als Leiter der Abteilung Paß- und Meldewesen des MdI dies dem Leiter der Hauptabteilung Innere Angelegenheiten Georg Bergmann gegenüber vom Tisch, da er dafür »keinen Grund« sehe.[228] Die Bezirke hatten zu verstehen, dass die Migrationsverhinderung nun einmal zu ihren zentralen Aufgaben gehörte und dass sich dies auf absehbare Zeit auch nicht ändern würde.

Der Erfolg des Verfahrens wurde auch daran gemessen, wie die Ablehnungsquoten auf den jeweils höheren Ebenen zurückgingen, da man dann davon ausging, dass die unteren Behörden nun restriktiv genug handelten.[229] In den ersten Monaten nach dem Mauerbau strich das MdI noch ungefähr jeden elften der eingegangenen Anträge (ca. 8,5 %), was in den beiden folgenden Halbjahren auf jeden vierzigsten (2,5 %) und dann jeden hundertsten (1,0 %) sank. Dabei ist anzumerken, dass dies nicht nur mit Verfahrensfehlern der Bezirke und Kreise zu tun hatte. Zwar pendelte sich die Arbeitsbeziehung zwischen dem MdI und den Bezirken ein, jedoch waren unter den Streichungen bis vor allem Oktober 1961 zahlreiche »Repub-

226 BArch Berlin, DO 1, 15 598, Analyse 2H 1963, 30. Januar 1964, 1.
227 Siehe z. B. BArch Berlin, DO 1, 15 598, Analyse 2. Halbjahr 1963.
228 BArch Berlin, DO 1, 15 598, Giel an Bergmann, 1. Juli 1964.
229 BArch Berlin, DO 1, 15 598, Analyse 2H 1963, 30. Januar 1964, 4 f.

likfluchten« (24% der Streichungen). Hier hatten also Migranten Fakten geschaffen und waren trotz eines laufenden Antrags durch eines der immer weniger werdenden Löcher in der Mauer illegal entwischt. Diese Streichungen gingen danach aber durch den Ausbau der Grenze schnell auf null. Für weitere Streichungen sorgten die Regeln selbst. In ihrer Striktheit ließen sie vor allem schwache und alte Menschen durch die Vorprüfung in den Kreisen kommen. Darum verstarben viele Antragsteller zwischen Einreichung der Unterlagen beim MdI und der endgültigen Bearbeitung. Der Anteil dieser Fälle stieg von knapp 10% der Gestrichenen im Restjahr 1961 auf 50% im ersten Halbjahr 1962 an. Das ist in erster Linie auf die Annullierung und Neuprüfung der bereits vor dem 13. August 1961 ausgesprochenen Ausreisegenehmigungen zurückzuführen, die besonders unter Hochbetagten einen Ausreisestau verursachten. Ab Mitte 1962 ging die Anzahl solcher Fälle aufgrund des natürlichen Versterbens und schnellerer Bearbeitung zurück.

Nachdem die Streichungen aufgrund monierter Verfahrensfehler im zweiten Halbjahr 1962 auf einen Restwert sanken, stiegen sie im ersten Halbjahr 1963 kurzzeitig auf bisher unerreichte 13,3%. Das lag vor allem daran, dass die Bezirke sich unsicher waren, wie sie mit der erwünscht liberaleren, aber eben nicht detailliert ausformuliert regulierten Übersiedlung bei Eheschließungen und Kindern umzugehen hatten, die ab Spätjahr 1962 einsetzte. Dass die obig benannten Konflikte mit den Kreisparteileitungen in diese Monate fielen, darf daher also keineswegs verwundern, denn nun widersprachen sich Diskurs und Praxis. Doch auch in diesem Fall gelang es letzten Endes, durch die »vorbildhafte« Praxis der Ablehnung nach unten Lerneffekte zu erzielen, woraufhin die Streichquote im MdI im zweiten Halbjahr 1963 auf 0,7% sank.[230]

Von Verunsicherung zu Unterdrückungseffizienz

Zweieinhalb Jahre nach dem Mauerbau hatte das Innenresort damit ein erstes funktionierendes System aus Papiermauern entwickelt, das die Mauer per Verwaltung absicherte. Nachdem dieses System aus Papiermauern im Staat selbst durchgesetzt worden war,

230 Eigene Auswertung der Basisprobe, siehe Kap. 2 in Teil I.

verfügte dieser nun als ein Ergebnis harter Kaderpolitik, eingeschärfter Vertraulichkeit und disziplinierender Kontrollmechanismen im politisch determinierten Zentralismus über eine neue Migrationsverwaltung mit bestmöglich verschleierten Zuständigkeiten. Die innenpolitische Verwaltung des SED-Staates war, trotz aller weiterhin bestehenden Kritik an einzelnen Kreisen und Personen, derart zufrieden mit den Entwicklungen der Migrationskontrolle, dass ab 1966 die vor allem aus Disziplinierungsgründen wichtigen Quartalsanalysen auf Referatsebene verblieben und dem Minister nur noch im Falle besonderer Entwicklungen vorgelegt werden mussten.[231] Der Weg wurde per Trial and Error gefunden, und der Apparat arbeitete entsprechend. In Grundzügen hatte dieses System der gestuften Antragsbearbeitung bis zum Ende der DDR Bestand, auch wenn es in seinen Ausformungen und Zuständigkeiten immer wieder an den Druck und die Kreativität der Antragsteller angepasst wurde.

Diese Phase des Aufbaus einer Migrationsverwaltung hinter der Mauer verlief in vier Phasen der inneren Stabilisierung der Mauer. In der ersten Phase vom Mauerbau bis Ende 1961 verfolgte der SED-Staat eine extrem restriktive Linie, die einerseits eine Null-Auswanderungspolitik anstrebte und zugleich als Kontrolle und Misstrauenserklärung an den eigenen Apparat alle operativ wichtigen Entscheidungskompetenzen an sich zog. Diese harte Hand kaschierte aber nur, dass der SED-Staat die Errichtung der Mauer und ihre direkte militärische Absicherung gut durchdacht hatte, er aber im gesamten Hinterland keine Ahnung hatte, wie der neue Zustand zu behandeln sei und was er für Chancen und Gefahren mit sich brachte. Dies ging einher mit einer Neufassung des undurchschaubaren und nach dem Mauerbau großenteils obsoleten oder widersprüchlichen Normengerüsts sowie mit massiven Eingriffen in die Verwaltungsstruktur. Aber die Migranten, die die Härte der neuen Regelungen zu spüren bekamen, zogen sich nicht einfach zurück, sondern suchten nach neuen Wegen der Aushandlung ihres Schicksals. Die beginnende Eingabenflut im MdI spricht dahingehend Bände.

In der zweiten Phase bis Mitte 1962 konzipierte das MdI in Abstimmung mit dem MfS, aber ohne dessen späteren Einfluss,

231 BArch Berlin, DO 1, 15598, Aktennotiz, Günther an Streb, 29. August 1966.

ein neues Normengerüst, das die nachgeordneten Stellen streng in Hierarchien einband und entmachtete, zugleich aber Spielraum für die oberste Entscheidungsebene schuf. Das Ziel bestand darin, Anträgen und Eingaben vorzubeugen. Dies resultierte in erster Linie in einem straffen Berichtswesen, verfeinerten Auswertungen und in Kontrolleinsätzen, die zu verwaltungsöffentlichen Anprangerungen von Abweichlern führten. Vor allem der aggressive Verteidigungsdiskurs, der Ausreisewünsche als Angriff des Westens stigmatisierte, erhöhte den Konformitätsdruck auf die untergebenen Stellen.

In der dritten Phase von Sommer 1962 bis Ende 1963 stabilisierte sich dieses System, indem es in der und durch die Praxis Schlupflöcher für Rentner, »Arbeitsunfähige« und »Sonderfälle« ausgestaltete, dabei aber Rechtssicherheit verhinderte. Erste Familienzusammenführungen von getrennten Ehepartnern stärkten nicht deren Rechte, sondern waren eine Konzession an den erwünschten Dialogpartner West-Berlin, wodurch sich der SED-Staat primär Schritte zu seiner staatlichen Anerkennung erhoffte. Diese punktuelle Liberalisierung zugunsten der Staatsräson führte aber zu Konflikten innerhalb des Systems, mit Hardlinern in den lokalen Behörden und der SED, die sich auf strikte Auslegungen der Normen beriefen und dem MdI zu große Flexibilität vorwarfen. Parallel dazu setzte der Einzug des neu erstarkenden MfS ein, welches dann in der vierten Phase ab 1964 die nun etablierte Migrationsverwaltung des MdI mitgestaltete, wobei sich der Einfluss der Staatssicherheit aber auf Prüfungen und insbesondere die quantitativ vorerst geringen, qualitativ aber bereits sehr bedeutenden »Sonderfälle« beschränkte.

2. Regulierungsfolgen und Agency: Sozialprofil der frühen Auswanderung

Im Frühjahr 1962 berichteten die Beobachter der CIA: »Die Schließung der Grenze zwischen den Berliner Sektoren hat Emigration im großen Maßstab unmöglich gemacht. Doch sie hat auch die Kontrollprobleme des Regimes vervielfacht, indem es den unzufriedensten und aufmüpfigsten Elementen der Bevölkerung die Möglichkeit zur Flucht nahm.«[1] Die Hoffnungen auf eine innere Rebellion zerschlugen sich jedoch rasch. Was folgte, war vielmehr der Ausbau der Kontrolle. Eine solche Sozialdisziplinierung benötigt, wie Michel Foucault dargelegt hat, nicht nur die sichtbare Brutalität der Grenze, sondern vor allem »[k]leine Hinterlistigkeiten von großer Verbreitungsmacht; subtile Maßnahmen von scheinbarer Unschuld, aber tiefem Mißtrauen, Einrichtungen, die uneingestehlichen Ökonomien gehorchen oder Zwänge ohne Größe ausüben«.[2] Allegorisch zitiert er Marschall Moritz von Sachsen, dem zufolge es für einen Baumeister nicht ausreicht, »Geschmack für Architektur zu haben. Man muß den Schliff der Steine kennen.«[3] Schauen wir in die DDR, sehen wir, wie die SED der Mauergesellschaft diesen »Schliff« verpassen wollte. Ihre Grenzsicherung bereitete das Terrain, doch die vielen Steinmetze saßen in der Staatsverwaltung. Ihr Umgang mit Einzelfällen und Aushandlungsprozessen prägte die Dynamiken eines neu entstehenden Migrationsregimes. Einerseits erlangten Menschen nur entsprechend einer administrativen Kategorisierung die Ausreise aus der DDR, andererseits war diese Kategorisierung Gegenstand von Aushandlung und Kommunikation. Der fehlende Rechtsanspruch zwang prospektive Migranten und Verwaltung in einen Dialog und forderte trotz asymmetrischer Machtverteilung beide heraus. Der Blick auf die damit verbundenen Prozesse und Schicksale ist darum ein entscheidender Baustein zum besseren Verständnis der Vergesellschaftung der Mauer.

1 National Archives, Washington DC, R 263, NIE 12.4-62, 9. Mai 1962, The Outlook in East Germany, 2.

2 Michel Foucault, *Überwachen und Strafen: Die Geburt des Gefängnisses* (Frankfurt/M.: Suhrkamp, 1977), 178.

3 Ebd.

Der Wandel tritt dabei besonders im Laufe der Zeit hervor. Da die Ausreise aus der DDR in erster Linie als Bestandteil des Untergangs der DDR befragt wird und selten als eine kontingente Migrationsgeschichte, konzentriert sich die Forschung auf die späten Jahre und die sogenannten »hartnäckigen Antragsteller auf Ausreise«. Dabei geraten z. B. Rentner weitgehend aus dem Blick, die zwar einen beachtlichen Teil der Übersiedler stellten, deren Ausreise in den 1980er Jahren jedoch weniger streng reguliert war, die Sicherheitsinteressen des MfS kaum berührte und darum weniger Quellen produzierte. Großenteils tauchen sie in den Statistiken zu den Ausreiseanträgen nicht einmal mehr auf, da sich das MfS auf die Rückdrängung der »rechtswidrigen Anträge« von jüngeren Menschen konzentrierte. Rentner prägten aber die Ausreise in den 1960er Jahren.[4] Vor allem an ihnen wurden die Techniken der Regulierung erfunden, erprobt und in die Gesellschaft eingeschliffen. Denn weder war die Antragstellung bereits illegalisiert, noch durften Rentner per se ausreisen. Im Gegenteil, ab 1963 mussten Rentner zeitweilig neben ihrer Bindung an Verwandte im Westen zusätzlich ihre »Arbeitsunfähigkeit« nachweisen, was zahlreiche Hochbetagte an der ersehnten Ausreise hinderte.[5]

Im Gegensatz zur öffentlichen Aufmerksamkeit führte auch in den 1960er Jahren der Weg der meisten Auswanderer weder durch Tunnel noch ins Grab. Sie fanden trotz aller Machtasymmetrien Wege durch den Apparat, durch die Papiermauern. Ihre Geschichte erschöpft sich nicht in einer *historia lacrimosa*, sondern ruft nach einer Praxisgeschichte des Migrationsregimes. Wer gelangte durch die mikroskopisch kleinen legalen Schlupflöcher in den Westen – und wie konnten die Migranten den SED-Staat überzeugen, dass ihre Auswanderung im Staatsinteresse liegt?

4 Siehe v. a. Karl Schumann (Hrsg.), *Private Wege der Wiedervereinigung: Die deutsche Ost-West-Migration vor der Wende* (Weinheim: Dt. Studien-Verl., 1996); Bernd Eisenfeld, »Die Kriminalisierung der Antragsteller auf Ausreise«, in: *Recht und Rechtsprechung in der DDR? Vorträge in Der Gedenkstätte »Roter Ochse« Halle (Saale)*, hg. vom Ministerium des Innern des Landes Sachsen-Anhalt (Magdeburg: Ministerium des Innern des Landes Sachsen-Anhalt, 2002), 63-76; Anja Mihr, *Amnesty International in der DDR: Der Einsatz für Menschenrechte im Visier der Stasi* (Berlin: Ch. Links, 2002); ins Detail gehend Renate Hürtgen, *Ausreise per Antrag: Der lange Weg nach drüben. Eine Studie über Herrschaft und Alltag in der DDR-Provinz* (Göttingen: Vandenhoeck & Ruprecht, 2014).
5 BArch Berlin, DO 1, 62 207, DA 27/62, 1. Änderung 12. Juli 1963.

Erstellung eines Datenprofils

Um dies zu beantworten, müssen wir zuerst grundlegend danach fragen, wer in den stark restriktiven ersten Jahren der Mauergesellschaft überhaupt die Ausreisenden waren. Einblicke erlaubt ausgerechnet das Akten gewordene Misstrauen der ministerialen Führung. Anfang 1964 begann das MdI mit der alphabetischen Einzelfallarchivierung. Dies schuf wichtige strukturelle Schnittstellen zum MfS und spiegelt damit den langsamen Übergang des MdI von einer weitgehend selbständigen Entscheidungseinheit zur immer enger an das MfS gebundenen Innenbehörde. Vor allem aber verschleierte die Ablage nach Namen Einblicke in zeitspezifische Dynamiken: Bis 1963 sind die Bestände nach ihrer Eingangsart abgelegt. Als Basis der Entscheidungen im MdI gingen bis Ende 1963 fast täglich in Listen gebündelte und von seinem Büro vorgeprüfte Anträge auf Ausreise über den Schreibtisch des 1. Stellvertreters des Ministers, Staatssekretär Herbert Grünstein. Akribisch arbeitete sein Büro die Listen ab, prüfte fallbezogen die anhängenden detaillierten Karteikarten und, bei komplizierteren Sachlagen, auch zahlreiche Dokumente. Abschließend prüfte er oder einer seiner engsten Mitarbeiter, merkte an, tadelte und öffnete Türen. Diese Letztbearbeitung der Anträge erlaubt darum eine zeitgebundene Analyse der legalen Migrationsbewegung vom Mauerbau bis Ende 1963, also für jene Zeit, in der der SED-Staat die Techniken seiner Ökonomie der Ausreise entwarf.[6]

Dieser Bestand spiegelt eindrücklich sowohl die Staatsräson der Regulierung als auch den Handlungsspielraum vieler Ausreisewilliger. Er erlaubt es mir, die Formierungsphase der Migrationsverwaltung anhand einer repräsentativen Stichprobe der legalen Ost-West-Bewegung zwischen Mauerbau und Ende 1963 zu untersuchen.[7] In dem äußerst umfangreichen Bestand des MdI sind in Hunderten Listen 6736 Fallakten der Letztbearbeitung zwischen dem 13. August 1961 und dem 31. Dezember 1963 überliefert. Zwar besteht eine Überlieferungslücke für die Jahresmitte 1963, insgesamt decken diese Listen aber die gesamte Breite der legalen Aus-

6 Dies wird zusätzlich dadurch begünstigt, dass das MdI erst nach 1963 von der Listensammlung auf eine fallbezogene und alphabetisch geordnete Archivierung der Vorgänge umstellte.

7 Daten aus BArch Berlin, DO 1, 13522-7; ebd., 13551-64; ebd., 13649f.

wanderung bis Ende 1963 ab. Wie die ab Mitte der 1960er Jahre erstellten zahlreichen Analysen und Berichte verdeutlichen, blicken wir dabei in die Entstehungsphase eines Systems, das in seinen Grundzügen bis Mitte der 1970er Jahre bestand.

Diese knapp 7000 Fälle bilden die Grundgesamtheit der analysierbaren Ausreisebewegung bis 1963, die ich zum Zwecke einer umfangreichen statistischen Auswertung (folgend: Basisdaten) vollständig anhand grundlegender Kategorien (Anzahl, Datum, Herkunftsbezirk, Ablehnungen, Gründe) ausgewertet habe (folgend: Basissample). Um zudem ein tiefenschärferes Sozialprofil der Emigranten zu gewinnen, habe ich daraus eine repräsentative geschichtete Zufallsstichprobe gezogen (folgend: Tiefensample).[8] Diese umfasst 539 Fälle, von denen sämtliche dem MdI zur Letztprüfung vorliegenden Daten in die Auswertung eingingen. Diese können sehr umfassend sein und reichen von grundlegenden Personendaten (Geschlecht, Alter, Wohnort, Personenstand, Arbeitsfähigkeit, etc.) über Daten zur Familie (»Republikflucht«, Besitz, etc.) bis zu sehr spezifischen individuellen Angaben (Krankheiten, Parteizugehörigkeit, Antragsverlauf, Einschätzungen etc.).[9] Da die Aussagesicherheit sehr hoch anzusetzen ist, also Falschaussagen über Wohnort, Familienstand, Migrationsziel, Parteizugehörigkeit, Alter usw. extrem unwahrscheinlich sind, verbleibt hier für die Ergebnisse der Stichprobe mit einer 99-prozentigen Wahrscheinlichkeit ein Restfehler von maximal 2 %. Mit anderen Worten, die Ergebnisse des Tiefensamples weichen mit einer 99-prozentigen Wahrscheinlichkeit um kaum mehr als 2 % vom Sozialprofil der Grundgesamtheit ab. Dieses Verfahren erfasst damit statistisch *alle* Auswanderer, *aber nicht jeden* und ermöglicht eine Auswertung der Aushandlung und Bewegung per Datenbankanalyse und historischer Kartierung.[10]

Aufgrund der extremen Ungleichverteilung zwischen Rentnern

---

8 Rainer Schnell, Paul B. Hill und Elke Esser, *Methoden der empirischen Sozialforschung*, 6., völlig überarb. u. erw. Aufl. (München u. a.: Oldenbourg, 1999), 247-59.

9 Per Zufallsgenerator wurden 1/10 der Fälle pro Liste (mind. 1) in die Analyse aufgenommen. Die Zahl von 539 ist damit ein methodisch abgesichertes Zufallsprodukt.

10 Nach Elisabeth Noelle-Neumann, *Umfragen in der Massengesellschaft: Einführung in die Methoden der Demoskopie* (Reinbek bei Hamburg: Rowohlt, 1963).

(mehr als 90% der Auswanderer) und jüngeren Personen lag eine Schichtung dieser Stichprobe in ein Tiefensample A (Rentner und »Invaliden«, tA) und B (»Arbeitsfähige« und Minderjährige, tB) nahe (siehe Tafel 5, S. 167).[11] Die Verteilung der Fälle in den beiden Schichtproben spiegelt dabei die Komplexität der Anträge. Während die Rentner und »Invaliden« nahezu vollständig »arbeitsunfähig« oder pflegebedürftig waren (die einzige Ausnahme ist ein vom MdI gestrichener Fall), galt bei den Kindern/Jugendlichen sowie den »Sonderfällen« nur eine Minderheit als pflegebedürftig. Da bei ihnen das mit Alter und Pflegebedürftigkeit einhergehende Kostenargument großenteils entfiel, mussten sie in wesentlich komplexeren Argumentationsstrategien darlegen, warum ihre Ausreise einen Vorteil für den Staat bedeutete. Eine Schichtung sichert eine fundierte Analyse beider Teilsample, da bei Minderjährigen und »Sonderfällen« die höhere Fallkomplexität mit einer deutlich breiteren Streuung der Variablen einherging. Streichungen in beiden Gruppen verdeutlichen, dass auch die Rentner bis in die letzte Instanz mit der Ablehnung rechnen mussten. Sie besaßen keinen Rechtsanspruch, auch sie befanden sich in einem Aushandlungsverhältnis. Während eine solche Schichtung also nicht das prozentuale Verhältnis zwischen beiden Teilsamples spiegelt, das ohnehin überwiegend unverzerrt vom Apparat selbst registriert wurde, ermöglicht sie grundlegende Einblicke in Konstruktion und Aushandlungsprozesse der jeweiligen Migrantengruppe, die dann wiederum gruppenübergreifend in Bezug gesetzt werden können. Die folgende Sozialprofilanalyse zeichnet damit ein genaues Bild jener Migranten, die zwischen dem 13. August 1961 und dem 31. Dezember 1963 legal die DDR verließen, und rekonstruiert Fallgruppen und Kategorisierungen, die zu großen Teilen bis Mitte der 1970er Jahre Bestand hatten.[12]

11 Daraus ergeben sich folgende Bezeichnungen: N = Basissample (6732, enthalten darin 6526 eindeutig Bezirken zuordenbare Bewilligungen, 21 nicht Bezirken zuordenbare Bewilligungen und 185 Streichungen auf Ministerialebene), n = Tiefensample A und B (539), na = Tiefensample A (420), nb = Tiefensample B (119); N', n', na' und nb' = abgeleitete Samplegröße zu spezifischer Auswertungen aufgrund fehlender Teilinformationen.

12 Nachfolgende nicht mit Quellenverweisen versehene statistische Aussagen beziehen sich auf diese Auswertung.

Tafel 5: Schichtung der Tiefensample, 13. August 1961-31. Dezember 1963.

	tA				tB			
	»Invaliden«		Rentner		Kinder und Jugendliche		»Sonderfälle«	
	Genehmigt	Gestrichen	Genehmigt	Gestrichen	Genehmigt	Gestrichen	Genehmigt	Gestrichen
Keine besonderen Angaben	8 (1,9%)			1 (0,2%)	43 (36,1%)	5 (4,2%)	63 (52,9%)	1 (0,8%)
»Arbeitsunfähig«		1 (0,2%)	40 (9,5%)	2 (0,5%)				
Pflegebedürftig	26 (6,2%)		342 (81,4%)		3 (2,5%)		4 (3,4%)	
Gruppengröße	35 (8,3%)		385 (91,7%)		51 (42,9%)		68 (57,1%)	
Gesamt	420 (100%)				119 (100%)			

Quelle: Eigene Erhebung, repräsentative Stichprobe der Ausreisenden zwischen dem 13. August 1961 und dem 31. Dezember 1963, n = 539, na = 420, nb = 119, Prozentwerte beziehen sich auf die jeweilige Tiefensample (tA oder tB).

Anfangs griff das Büro Grünstein noch massiv in diese Listen ein und entfernte viele Vorschläge aus heute oft unerfindlichen Gründen (siehe Tafel 6, S.169). Dies traf insbesondere viele Hochbetagte und andere Härtefälle. Die Anträge von »Sonderfällen« oder Kindern wurden zumeist bereits auf früheren Ebenen abgeblockt. Die Zahl der Eingriffe durch die Letztprüfung ging bis Ende 1962 zurück, durch Diskurs und interne Disziplinierung schien sich das Verfahren zu stabilisieren. Darauf aufbauend veranlasste das MdI Anfang 1963 eine gewisse Öffnung des Systems und deutete an, »Sonderfälle« anders zu behandeln. Einerseits benötigte es für wenige Einzelfälle tatsächlich nutzbare Lücken, andererseits wuchs das operative Bedürfnis, auch Staatsdiener legal gen Westen reisen zu lassen, ohne deren Identität als Systemgesandte zu offenbaren. Schnell stellte sich dabei aber heraus, dass auch die lokalen Behörden, deren Zuständige die Antragsteller oft persönlich kannten, dankbar über Nischen waren. Es entstand Unruhe im System, und das MdI griff erneut per Streichungen und Kommentaren disziplinierend ein. Die Streichungen betrafen nun in erster Linie Härtefälle unter Kindern, Jugendlichen und Verheirateten. In den ersten beiden Quartalen 1963 liegen sie mit 11,8 % und 16,5 % der eingegangenen Vorschläge deutlich über dem Vorjahr.

Die einziehende Routine erleichterte vor allem Rentnern die Ausreise. Im Gegensatz zur vorherig scharfen Endkontrolle, reichte ab 1963 bei den meisten über 70-Jährigen »siehe Alter« als Begründung. Der Nachweis der Invalidität war hingegen schwerer zu erbringen. Anerkannt werden sollten allein genauestens geprüfte Härtefälle. Die hier zurückgehenden Streichungen zeigen, dass die Bezirke allmählich besser verstanden, wer darunter fiel und wer nicht. Der Staat hatte verstanden, dass eine begrenzte Ausreise dieser Fälle seinem Interesse entsprach.

Die immer wichtiger werdende Variable waren die »Sonderfälle« (siehe Tafel 5, S.167). So marginal diese quantitativ waren, so bedeutsam waren sie qualitativ. Denn hier sammelten sich die »Arbeitsfähigen« – wozu der Großteil der DDR-Bevölkerung gehörte –, der nur diese Kategorie als Ausreiseoption blieb. Blicken wir auf die Genehmigungen bis Ende 1963, wanderten diese nicht nur im Staatsinteresse, sondern oft auch im Staatsauftrag aus, was die geringe Zahl an Streichungen durch das MdI erklärt. Die Genehmigungen wurden häufig schon vor der Antragstellung geklärt.

Tafel 6: Prozentualer Anteil der Streichungen von Anträgen im MdI je Quartal 13. August 1961-31. Dezember 1963.

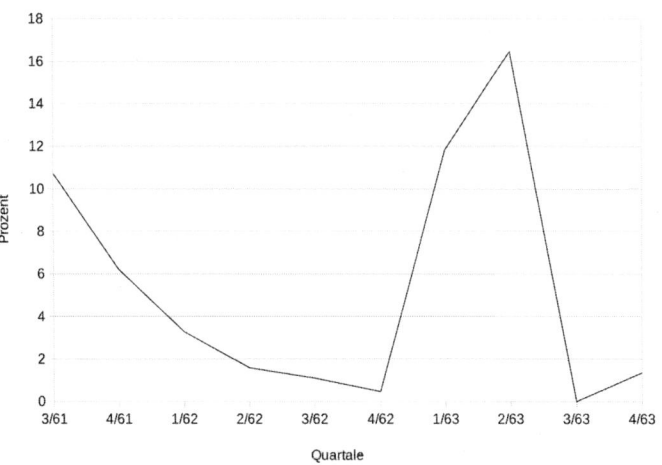

Quelle: Eigene Erhebung, Basissample N' = 177.

Dem stand die grundlegende Ablehnung dieser Emigration für die breite Bevölkerung entgegen, an der sämtliche Beteiligten, von den Angestellten der Kreise bis zum Minister, nicht rüttelten. Hier, also im Herzstück der für den Mauerfall so bedeutsamen Ausreisebewegung der jüngeren Generationen, gab es in der Frühphase der Mauergesellschaft kaum interne Differenzen oder komplizierte Fälle. Dies änderte sich aber langsam in dem Maße, wie sich herumsprach, dass Einzelne gehen durften, ohne dass die genauen Gründe dafür bekannt wurden. Die Geheimniskrämerei erzeugte eine Gerüchteküche.

Besonders deutlich zeichnete sich die Unsicherheit der Behörden bei Kindern und Jugendlichen ab. Das MdI strich 10 % der Härtefälle, die es durch die ohnehin schon kritischen Prüfungen der Bezirke schafften. Dies normalisierte sich erst 1963, als das MdI spezielle Kinderlisten erstellte und damit Sonderregelungen unter den Sonderregelungen etablierte. International verkaufte der SED-Staat dies als einen Tribut zugunsten der Verhandlungen mit

Tafel 7: Jährliche prozentuale Verteilung der Ausreisenden 1961-1963.

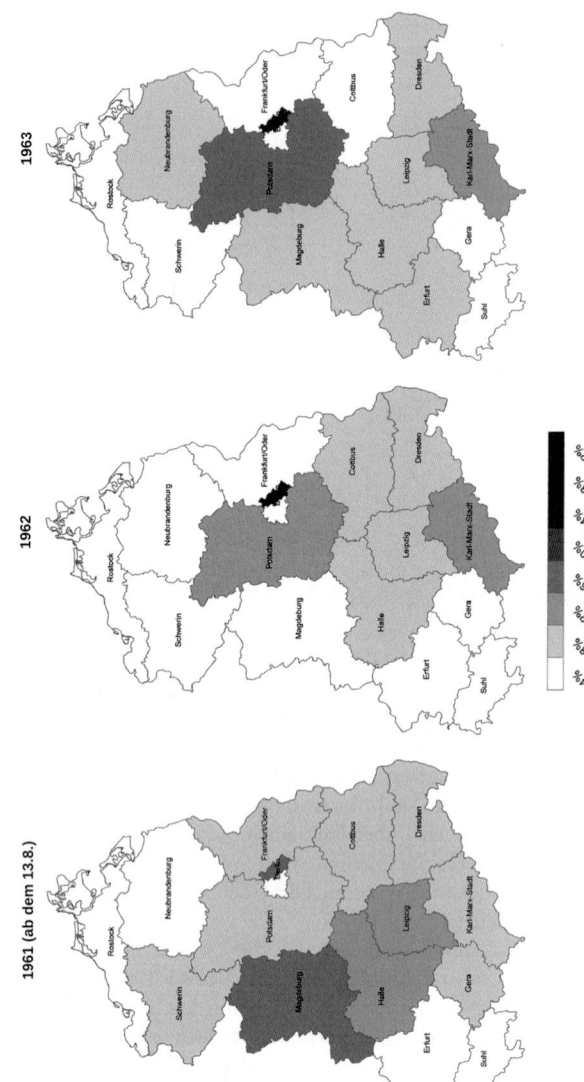

Quelle: Eigene Erhebung, Basissample, N' = 6526.

West-Berlin und die erhoffte diplomatische Annäherung an die Bundesrepublik. Die entscheidenden Motive waren jedoch weitaus egoistischer, denn wie ich weiter unten zeige, betraf dies überwiegend Extremfälle mit harten Familiengeschichten. Auch hier schaffte sich der SED-Staat Erleichterung bzw. befreite Arbeitskräfte, die andernfalls in die Fürsorge für diese Kinder eingebunden gewesen wären. Um die vier Grobkategorien Rentner, »Invaliden«, »Sonderfälle« sowie Minderjährige formte sich eine Verwaltungs- und Genehmigungspraxis, anhand derer wir genauer sowohl in die Funktionsweisen des Apparates als auch die Migrationsbewegungen der ersten Jahre nach dem Mauerbau blicken können.

Sozialprofil der Ausreise 1961-1963

Aus der Forschung zu Ausreiseantragstellern, die sich auf die Jahre nach 1975 konzentriert, geht deutlich hervor, dass die Mehrzahl der Ausreisenden aus den stärker industrialisierten und bevölkerungsreichen südlichen Bezirken der DDR kam, vornehmlich aus den Bezirken Dresden, Leipzig und Karl-Marx-Stadt. Anhand der ca. 7000 Fälle des Basissamples lässt sich zeigen, dass dies in den frühen Jahren anders lag.

Im Restjahr nach dem Mauerbau erreichten nur 594 Personen die legale Ausreise.[13] Ihre recht gleichmäßige Verteilung über die DDR spricht jedoch nicht für regionale Ausreisebedürfnisse, sondern für den Versuch des MdI, einerseits eine Null-Emigrationspolitik zu etablieren und andererseits den unterstellten Behörden in Absenz klarer Regeln per Praxis die Auswahlmechanismen zu verdeutlichen (siehe Tafel 7, S. 170). Nicht der Migrationsdruck, sondern allein die Entscheidungspraxis sorgte dafür, dass die Mehrzahl der Ausreisenden aus den Bezirken Magdeburg, Halle, Leipzig und Berlin stammte. So lagen z. B. Berlin und Magdeburg fast gleichauf, obwohl sie sich in der Bevölkerungsstruktur und den durch die Mauer unterbrochenen sozialen Beziehungen maßgeblich voneinander unterschieden. Eine Resonanz dieser fast kompletten Abriegelung war der Anstieg an Eingaben ab Ende 1961. Sie verdeutlichten die steigende Missstimmung, so dass es dem SED-Staat ab

13 BArch Berlin, DO 1, 13 716, Prüfbericht Schreiber, Günther 1962.

1962 als sinnvoll erschien, gewisse Ventile zu öffnen. Damit entwickelten sich aus dem administrativ produzierten relativen Gleichgewicht von 1961 an neue Zentren der Auswanderung. Die südlich gelegenen Bezirke Cottbus, Dresden, Halle, Karl-Marx-Stadt und Leipzig stellten jeweils zwischen 5 % und 10 % der Gesamtauswanderung von rund 13 000 Personen im Jahr 1962 und formten so ein statistisches Mittelfeld des Ausreisegeschehens. Als weiterer Flächenbezirk mit über 10 % Auswanderung fällt Potsdam auf. Er wird jedoch deutlich von Ost-Berlin übertroffen. 1962 stammte knapp ein Drittel aller Ausreisenden aus der geteilten Stadt. Sie war am unmittelbarsten von der Abschottung 1961 betroffen, und ihre Bewohner drängten am meisten darauf, individuelle Auswanderungsbegehren genehmigt zu bekommen. 1963 ließ der SED-Staat dann mit 40 000 legalen Ausreisenden Druck ab. Dies betraf vor allem ältere Personen aus Berlin und dem Bezirk Potsdam, die durch den Mauerbau ihres sozialen Fürsorgenetzwerkes beraubt wurden. Diese hohe Anzahl der Ausreisenden wurde erst im aufsehenerregenden Jahr 1984 wieder erreicht.

Das bis Ende 1963 im Detail untersuchbare Sozialprofil der Ausreisenden, was in den grundlegenden Tendenzen bis Anfang der 1970er Jahre derart bestand, besaß wenig Varianz. Es umfasste relativ konstant zu über 90 % Rentner und »Invaliden«. Davon waren wiederum 71,9 % weiblich, was nur leicht über dem generellen Durchschnitt von 69,4 % weiblicher Migranten aller Altersgruppen liegt (siehe Tafel 8, S. 173). Die Migration war also erstens primär weiblich. Zudem fällt auf, dass mehr als die Hälfte der Rentner über 70 Jahre alt war. Selbst die Gruppe der höchstbetagten und oft schwer kranken Personen zwischen 80 und 92 Jahren war mit 14,2 % aller Migranten noch größer als die aller Arbeitsfähigen zwischen 20 Jahren und Rentenalter (11,2 %). In der deutlichen absoluten Mehrheit bestand die damalige legale Ausreisebewegung darum zweitens aus kranken und hochbetagten Menschen, die keiner Erwerbsarbeit mehr nachgehen konnten. Darüber hinaus waren 69,1 % der Migranten aller Altersstufen pflegebedürftig (davon 72,6 % weiblich). Sie erzeugten also entweder direkte Kosten im Sozialsystem der DDR oder aber banden Familienangehörige, die pflegend keiner geregelten Arbeit nachgehen konnten. Dieses Argument wird in den Akten zunehmend offen und schamlos als Grund für einen positiven Bescheid angeführt.

Tafel 8: Verteilung der Migrantenkategorien nach Geschlecht je Altersstufe.

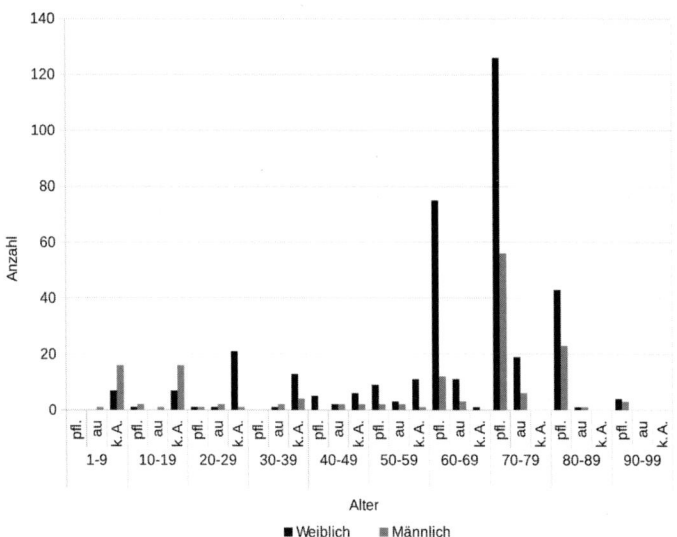

pfl. = pflegebedürftig, au = »arbeitsunfähig«, k. A. = keine Angabe, also arbeitsfähig/»Sonderfall«. Quelle: Eigene Erhebung, n' = 527.

Weitere wichtige Unterschiede ergaben sich beim Blick auf die Migrationsziele (siehe Tafel 9, S. 174). Die Ausreisenden ins Bundesgebiet[14] verteilten sich relativ homogen über die gesamte DDR, kaum ein Kreis stellte mehr als 2 % der Gesamtzahl. Die wenigen Ausnahmen waren südlich gelegene Ballungsgebiete in den Stadtkreisen Leipzig (5,8 %), Dresden (3,8 %), Halle (2,9 %), Görlitz (2,3 %), Karl-Marx-Stadt und Cottbus (je 2,1 %), ergänzt durch einen einzigen Landkreis Senftenberg (2,1 %) sowie die Hauptstadt Ost-Berlin (12 %).

Gänzlich anders sieht es für die Ausreisenden nach West-Berlin

14 Unter »Bundesgebiet« verstehe ich die alten Bundesländer ohne Westberlin, wohingegen ich das Bundesgebiet plus Westberlin mit »Westdeutschland« bezeichne.

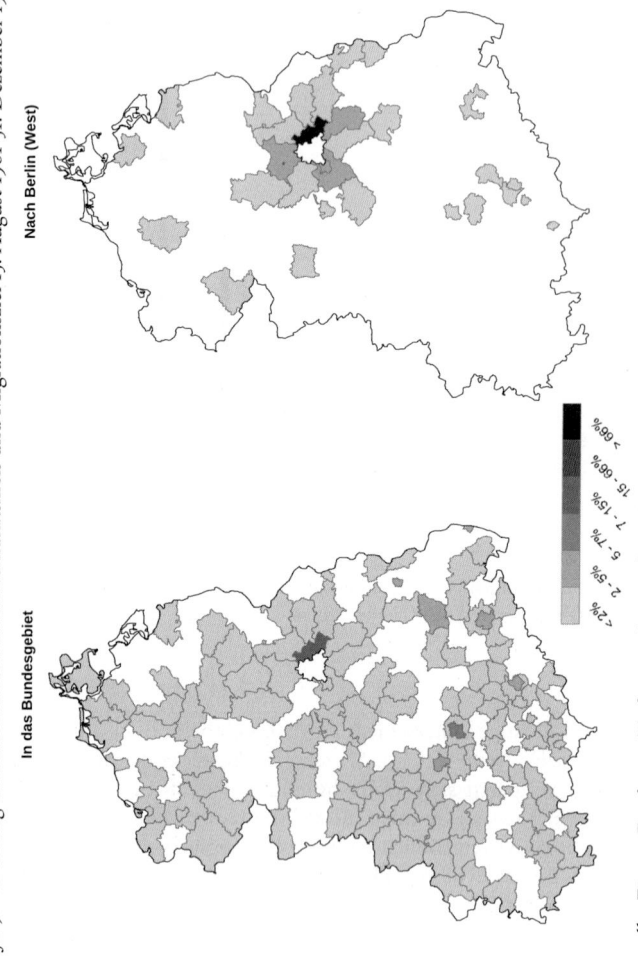

Tafel 9: Verteilung der Ausreisenden nach Herkunftskreis und Migrationsziel 13. August 1961–31. Dezember 1963

Nach Berlin (West)

In das Bundesgebiet

< 2%
2 – 5%
5 – 7%
7 – 15%
15 – 66%
> 66%

Quelle: Eigene Ergebung, Tiefensample A und B, n' = 506.

aus. Bis auf wenige Ausreißer mit marginalen Werten um 1 % formten 16 der 28 Herkunftskreise einen Ring um Großberlin, wovon neun direkt an die Großstadt angrenzten. Zahlreiche Ausreisende nach West-Berlin kamen aus dem Stadtkreis Potsdam (3,2 %), aber auch aus den Landkreisen Oranienburg (4,4 %), Potsdam-Land (3,2 %) und Königs Wusterhausen (2,5 %). Dies lag aber nicht nur daran, dass die Landkreise zufällig an Berlin angrenzten, denn der Großteil dieser Ausreisenden kam wiederum aus hauptstadtnahen und oft gar per Nahverkehr an Berlin angebundenen Orten wie Königs Wusterhausen, Oranienburg, Teltow oder gar aus Dreilinden, Glienicke oder Staaken, die direkt an der Grenze nach West-Berlin lagen und besonders durch die Abriegelung betroffen waren. Zudem waren fast alle von hier Ausreisenden als »arbeitsunfähig« und pflegebedürftig kategorisiert. Die zehnte an West-Berlin angrenzende und wichtigste Herkunftsregion war Ost-Berlin selbst, woher mit über 65,8 % zwei Drittel aller bis Ende 1963 nach West-Berlin Ausreisenden stammten. Insgesamt verließen damit 84,2 % der frühen Ausreisenden nach West-Berlin Heimatorte in Kreisen, die direkt an die Großstadt (Ost oder West) anschlossen. Daraus können wir schlussfolgern, dass die Primäreffekte des Mauerbaus Berlin und den Bezirk Potsdam am härtesten trafen. Hier wurden die meisten Familiennetzwerke zerrissen, Rentner isoliert und Arbeitsbeziehungen abgebrochen. Viele Familien, die seit 1952 an der innerdeutschen Grenze zerrissen wurden, hatten die größten Folgeprobleme bereits durch Auswanderung gelöst. Der überraschende Mauerbau beraubte die Familien in und um Berlin dieser Chance.

Ob nach West-Berlin oder ins Bundesgebiet, die Auswanderung war stark familiär geprägt (siehe Tafel 10, S. 176). 95,1 % aller Ausreisenden steuerten Verwandte oder Ehepartner an, besonders Rentner gingen zu 96,7 % zu ihren Kindern in Pflege. Zusammengenommen mit »Invaliden« suchten 89,8 % der vom SED-Staat als »arbeitsunfähig« Eingestuften ein neues Heim bei Verwandten ersten oder zweiten Grades. Die Mauer unterbrach erstens also essentielle Fürsorgenetzwerke. Zweitens beeinflusste sie Familienplanungen. Jeder Dritte der »Sonderfälle« wanderte zum Ehepartner aus, wohingegen im Teilsample A nur jeder Dreißigste diese anzielte, da die betreffenden Personen entweder gemeinsam ausreisten oder bereits verwitwet waren und darum alleinstehend ein Kostenfaktor zu werden drohten.

Anhand dieser Daten ist ersichtlich, dass die deutsch-deutsche Migration der frühen Jahre weder durch Flucht noch durch eine *betterment migration*, den Ruf nach einem besseren Leben durch ein sozioökonomisches Gefälle zwischen Herkunfts- und Zielort, erklärbar ist.[15] Vielmehr sollte man für das dominante Teilsample A von einer *family care migration* sprechen, bei der Notdürftige durch die Auswanderung zu Familienmitgliedern ihre eigene Grundversorgung sicherstellten. Das Teilsample B hingegen ist dominiert von einer genauer zu betrachtenden Familienzusammenführung und gewissenhaft geprüften »Sonderfällen«. Bestand aus Sicht des SED-Staates vor dem Mauerbau das sogenannte »Grenzgängerproblem«, folgte nun ein Pflege- und Beziehungsproblem in die andere Richtung. Diesem musste sich der SED-Staat letzten Endes anders annehmen als dem 1961 erprobten Auswanderungsstopp.[16]

Tafel 10: Verteilung der persönlichen Migrationsziele, je Samplegruppe 13. August 1961-31. Dezember 1963.

Persönliches Migrationsziel	Anzahl (Anteil)	
Teilsample	tA	tB
Verwandte 1. Grades (Kinder/Eltern)	311 (74,1%)	60 (50,5%)
Verwandte ab 2. Grad (Geschwister, Onkel/Tanten etc.)	66 (15,7%)	3 (2,5%)
Ehepartner	14 (3,3%)	40 (33,6%)
Sonstige	13 (3,1%)	6 (5,0%)
Keine Angabe	16 (3,8)	10 (8,4%)
Gesamt	420 (100%)	119 (100%)

Quelle: Eigene Erhebung, Teilsample na und nb getrennt.

15 Charles Tilly, »Migration in Modern European History«, in: *Human Migration. Patterns and Policies*, hg. von William H. McNeill und Ruth S. Adams (Bloomington: Indiana University Press, 1978), 48-72.

16 Wie bei nahezu allen die Rentner betreffenden Fragen hat sich die Forschung dieses Themas weder damals noch heute angenommen; vgl. im Gegensatz Frank Roggenbuch, *Das Berliner Grenzgängerproblem: Verflechtung und Systemkonkurrenz vor dem Mauerbau* (Berlin: De Gruyter, 2008).

Gruppenspezifische Aushandlungsprozesse

Auch wenn die Organe des SED-Staates die Auswanderung häufig als »angebliche Familienzusammenführung« verunglimpften, waren Familiennetzwerke unfraglich der Hintergrund der Auswanderung. Da ein bedeutender Teil der DDR-Bevölkerung familiäre Verbindungen nach Westdeutschland besaß, aber nur eine Minderheit auswandern wollte, stellte Familie selten eine Auswanderungsmotivation dar, fast immer aber die einzige Auswanderungsmöglichkeit. Besonders betraf dies freilich Kinder und Jugendliche bis 18 Jahre, die fast alle zu ihren Eltern auswanderten (siehe Tafel 11, S. 178). Die beiden einzigen Ausnahmen des Samples waren zwei männliche 17-Jährige. Den ersten ließ der Staat offensichtlich leichten Herzens ziehen, da er an TBC litt. Seine 51-jährige, »arbeitsunfähige« und analphabetische Mutter durfte ihn sogar gen Westen begleiten. Den zweiten, den später noch genauer zu betrachtenden Karl-Heinz Lucke*, entließ das MdI sogar ohne Migrationsziel, da er neben seiner Krankheit auch noch als besonders renitent galt und durch sexuelle Übergriffe aufgefallen war.[17] Seine Ausreisegenehmigung erging schnell.

Auch bei den anderen Migrantengruppen stand mit Kindern, Eltern und Ehepartnern die direkte Kernfamilie im Vordergrund (siehe Tafel 11, S. 178). Deutlich zu erkennen ist dabei die generationelle Brücke über die Mauer. Kinder gingen vornehmlich zu ihren Eltern (96 %), Erwachsene vornehmlich zu ihren Kindern (77 %). Die »Sonderfälle« mittleren Alters migrierten vornehmlich zu ihren Ehepartnern oder Verlobten, denn dies war abgesehen von besonderen Diensten für den Staat fast die einzige Möglichkeit, dem Staat die Ausreisegenehmigung abzuringen. Allein die sogenannten »Invaliden« bieten ein etwas durchmischtes Bild. Sie migrierten zu 56 % zur Kernfamilie und zu 29 % zur »weiteren Familie« ab dem zweiten Verwandtschaftsgrad (inklusive Geschwister). Diese ohnehin schon eng definierte Kategorie der ausreisefähigen Pflegebedürftigen umfasste in der Praxis fast nur unverheiratete und bettlägerige Personen, die zu sehr nahen Verwandten gingen. Ihre Ausreise spiegelt also eher das Pflegeproblem des SED-Staates denn einen humanistischen Zug der Auswanderungspolitik.

17 BArch Berlin, DO 1, 13 650, 49; um die Anonymität zu wahren, verweise ich in solchen Fällen allein auf die Listen, denen die Einzelfälle anhängen.

Tafel 11: Migrationsziele (Personen) nach Migrantengruppen 13. August 1961-31. Dezember 1963.

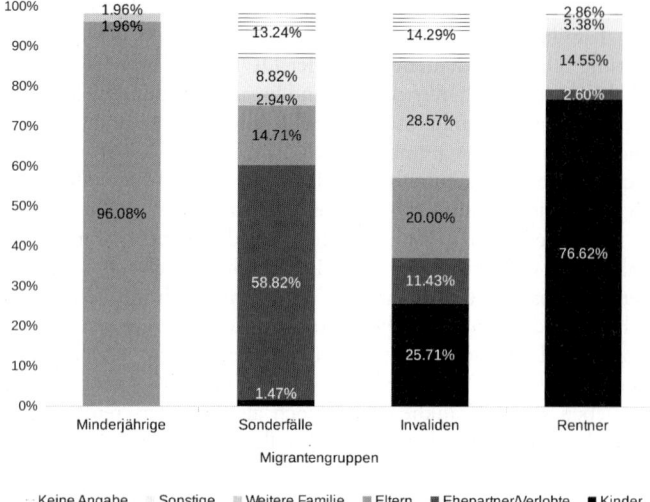

Quelle: Eigene Erhebung, Tiefensample A + B.

Die zahlreichen Interaktionen zwischen prospektiven Ausreisenden, ihren Angehörigen, den Bedingungen im Aufnahmeland und dem nach eigenen Bedürfnissen regulierenden Apparat prägten das deutsch-deutsche Migrationsregime. Sich bis Ende 1963 entwickelnde Tendenzen setzten sich in den Folgejahren fort (siehe Tafel 12, S. 179). Besonders wichtig war in diesem Zusammenhang die Aushandlung der Bedeutung der vom Staat geschaffenen, aber geheim gehaltenen Kategorien und die Versuche der prospektiven Auswanderer, diese zu erahnen und auf sich zu beziehen – und damit wiederum Reaktionen des Staates zu provozieren, dessen Kontrollbedürfnis in den Folgejahrzehnten stets wuchs. Dabei traten mit Rentnern, »Invaliden«, Kindern und Jugendlichen sowie den sogenannten »Sonderfällen« vier verschiedene Migrantengruppen hervor, die sich nicht nur in den Bewegungsprofilen, sondern auch in den Aushandlungsprozessen unterschieden. Deren Komplexität und auch deren Tragik zeigen sich am besten an Einzelfällen, die sich zusammen zu den Kategorien verdichten.

Tafel 12: Genehmigte Übersiedlungen aus der DDR nach Westdeutschland und West-Berlin 1961-15. Dezember 1966.

Jahr	Rentner und »Invaliden«	Nicht Rentner oder »Invaliden«	Gesamt
1961, bis zum 13. August	9406 (80,4%)	2287 (19,6%)	11693
1961, ab dem 13. August			594
1962	12689 (97,4%)	337 (2,6%)	13026
1963	40413 (97,4%)	1080 (26%)	41493
1964	31062 (98%)	633 (2%)	31695
1965	18332 (94,7%)	1032 (5,3%)	19365
1966	10527 (94,3%)	636 (5,7%)	11163

Quelle: Eigene Berechnung nach BArch Berlin, DO 1, 15598, Übersicht Streb, Garrasch, Dezember 1966; wobei die im Bericht angegebene Zahl für 1961 fälschlicherweise nur die Zahlen bis zum 13. August 1961 umfasst. Man hatte wohl bereits den Überblick verloren; daher wurde hier der Rest des Jahres ergänzt durch ebd., DO 1, 13716, Prüfbericht Schreiber, Günther 1962.

Rentner

Im Gegensatz zu den 1980er Jahren, in denen Rentner relativ einfach in den Westen abwandern durften, mussten damals auch sie dem Staat die Ausreisegenehmigung abringen. Dies konnte extreme Härten nach sich ziehen. So hatte etwa das Ehepaar Vlöttke* aus Kleinmachnow im Frühjahr 1961 endlich eine Übersiedlungsgenehmigung erhalten. Der 70-jährige Ehemann und seine 66-jährige Frau litten unter unheilbaren Krankheiten. Verwandte in Westdeutschland waren bereit, die nötige Pflege zu übernehmen, weswegen sie nach Erhalt der Ausreisegenehmigung im Sommer 1961 sofort ihr gesamtes Umzugsgut nach Westdeutschland verbrachten und den Rest in der DDR verkauften. Es blieb ihnen weder Besitz noch Schuld in der DDR, denn sie waren verpflichtet, eine Tabula rasa zu hinterlassen. Hart traf sie darum die mit dem

Mauerbau einhergehende Annullierung aller Ausreisegenehmigungen.[18] Das »Ehepaar haust[e] jetzt in der leeren Wohnung«. Erst Ende Oktober 1961 wurde ihrem Fall ungefähr 1,5 Jahre nach dem Erstantrag als einem der wenigen stattgegeben, und sie konnten die DDR vor Jahresende nach Monaten des entbehrungsreichen Lebens verlassen.[19]

Wie das Ehepaar Vlöttke* wurden ironischerweise genau jene von der Willkür des Apparates getroffen, die sich vor dem Mauerbau an die Regularien der Ausreise halten wollten und keine »Republikflucht« begingen. Auch das Ehepaar Oswald* aus Karl-Marx-Stadt musste monatelang zu Bekannten ausweichen, da es seine Wohnung bereits aufgegeben hatte.[20] Noch härter traf es Alleinstehende wie die 85-jährige Anna Meister* aus Bad Blankenburg bei Rudolstadt, die allein vom Nötigsten lebte, oder den 77-jährigen Emil Mürkel* aus Ribnitz an der Ostsee, der gezwungen war, monatelang auf dem Fußboden zu schlafen.[21] Mehr als jeder fünfte Ausreisende (21,1 %) des Restjahres 1961 gehörte den Tiefensamples folgend zu dieser Gruppe, die man als »Gestrandete« bezeichnen kann. Sie waren im Schnitt 72,5 Jahre alt, nahezu komplett pflegebedürftig und allesamt mittellos. Ihre Anträge drangen ab Mitte Oktober 1961 zum MdI durch, die Bearbeitung und Genehmigung konnte sich jedoch hinziehen.

Bereits im Januar 1962 nahm sich auch der Bundestag des für den SED-Staat peinlichen Themas an.[22] Zwar behauptete das BMG auf Nachfrage, das Thema aktiv zu bearbeiten, jedoch ist in den Akten des SED-Staates keine Reaktion auf ein angebliches westdeutsches ministeriales Drängen zu verzeichnen. Wohl aber zwang diese öffentliche Thematisierung den SED-Staat zum Handeln. Im ersten Halbjahr 1962 sank der Anteil der Gestrandeten auf 4 %, mit einem Durchschnittsalter von 72,3 Jahren und ebenfalls mittellos, überwiegend pflegebedürftig und komplett »arbeitsunfähig«. Im zweiten Halbjahr fiel diese Quote weiter auf 1,6 % ab, womit anderthalb Jahre nach dem Mauerbau diese extremen

18 Siehe dazu Kap. 2 in Teil I.
19 BArch Berlin, DO 1, 13 522, 6.
20 BArch Berlin, DO 1, 13 522, 10.
21 BArch Berlin, DO 1, 13 522, 11, 12.
22 BT-Drucks. IV/13, 17. Januar 1962, Kleine Anfrage betr. Familienzusammenführung.

Härtefälle der Rentner abgearbeitet waren. Das galt jedoch nicht für die ebenso gestrandeten Kinder und »Sonderfälle«, fast allesamt Ehefrauen, für die sich das Fenster erst jetzt ein wenig öffnete. Die Betroffenen sahen sich genötigt, erneut und nun unter verschärften Bedingungen die belastende Antrags- und Warteschleife aus Befragungen, Eingaben, Ernüchterungen und schikanierenden Amtsgängen zu durchlaufen. Dazu griff die durch Propaganda angeheizte gesellschaftliche Stigmatisierung aller Ausreiseersuchenden stark in deren Leben ein.

Vor allem die Länge der Verfahren traf die zahlreichen schwer kranken Neuantragsteller. Um den 74-jährigen und pflegebedürftigen Fritz Fürstler* kümmerte sich sein Pflegesohn, ein pflichtbewusster Angehöriger der Volkspolizei.[23] Fritz Fürstler* fiel damit in die unsinnig weit gefasste Kategorie der Geheimnisträger, denen die Ausreise eigentlich verwehrt blieb. Da ihn zu pflegen aber benötigte Arbeitskraft absorbierte und er zudem angeblich einen schlechten Einfluss auf den Pflegesohn ausübte, der sich der Kaderabteilung des Stadtbezirkes zufolge »im Schlepptau des Antragstellers befindet«, erachtete man eine Ausreise zu Fürstlers* Schwester in West-Berlin als dienlich. Wie die internen Begründungen verdeutlichen, wurde dabei kaum die Lage des Antragstellers, sondern die Situation des Pflegesohns evaluiert. Da man schlussendlich befand, »daß sich ein Verzug nur positiv auf die weitere Entwicklung auswirken kann«, so er sich denn bereit zeige, »alle persönlichen Beziehungen abzubrechen«, wurde Fürstlers* Antrag Ende März 1962 endlich positiv beschieden. Allein, dies war zu spät. Er verstarb nur sechs Tage nach der internen Bearbeitung und noch bevor der Staatssekretär den Antrag freigeben konnte. Die Prüfer notierten lapidar: »Am 29.3. verstorben. Unterlagen zurück.«

Fürstler* war kein Einzelfall. Vor allem im Jahr 1962 gingen zahlreiche Streichungen auf den Tod der Antragsteller zurück, ungeachtet ob diese bereits vor dem Mauerbau eine Ausreisegenehmigung erhalten hatten oder nicht. Auch abseits des Extremfalls des Todes stellte die Bearbeitungsdauer eine große Belastung dar. Für ungefähr die Hälfte beider Tiefensample liegen Daten zum Antrags- und Genehmigungszeitpunkt vor, wobei jedoch zu bedenken gegeben werden muss, dass die Bearbeitungsdauern Mindestwer-

23 BArch Berlin, DO 1, 13 526, 67.

Tafel 13: Mindestbearbeitungsdauer von Ausreiseanträgen.

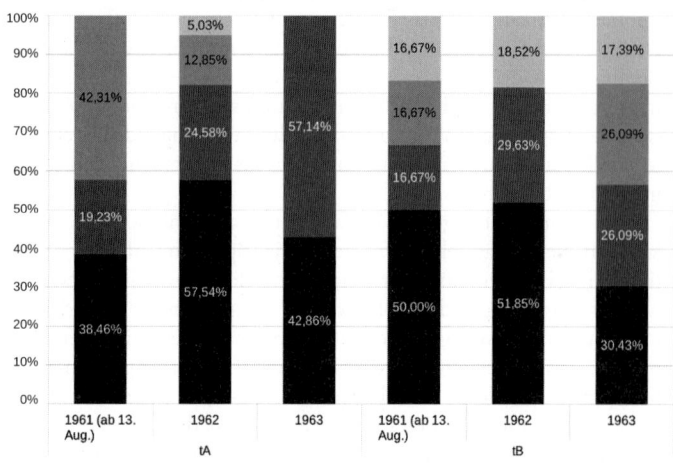

Quelle: Eigene Erhebung, tA und tB getrennt, na' = 212, nb' = 56, 13. August 1961-31. Dezember 1963.

te sind, da sich reihende Mehrfachanträge selten erkennbar sind. Trotzdem lässt sich feststellen, dass sich das Bearbeitungsprofil für Rentner und »Invaliden« (tA) anders entwickelte als für Minderjährige und »Sonderfälle« (tB). Die wenigen Rentner, die im Jahr 1961 ausreisen durften, hatten zumeist bereits 1960 oder früher ihren Antrag gestellt. Mit dem Mauerbau verlängerte sich die Bearbeitungszeit, was vor allem im Jahr 1962 zu einem Bearbeitungsstau führte, so dass einige Hochbetagte über zwei Jahre auf die Genehmigung eines Antrags warteten. Dies verbesserte sich dank der im Vorkapitel beschriebenen Zentralisierungserfolge, aber auch unter dem Druck der Tausenden Eingaben in den nächsten beiden Jahren deutlich. Bis Ende 1963 pendelte sich ein System ein, in dem Rentner und »Invaliden« ungefähr sechs bis zwölf Monate auf die Bewilligung warten mussten, so sie denn die hohen Hürden der Anträge in den Kreisen meisterten. Bedingung war hier oft die

Tafel 14: Streichungsgründe in der Letztbearbeitung.

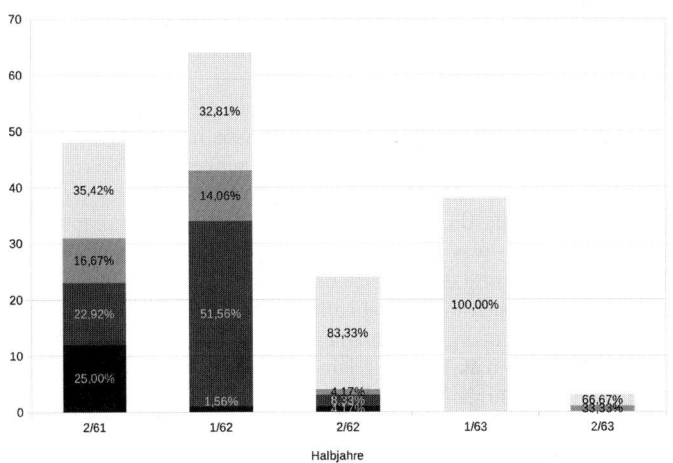

Quelle: Eigene Erhebung nach Basissample N' = 177.

eindeutig nachgewiesene Pflegebedürftigkeit in Kombination mit hohem Lebensalter.

Besonders frappierend ist im Gegensatz zur späteren Ausreise, wie kompliziert es anfangs auch für Rentner war, eine Ausreisegenehmigung zu erlangen. Zwar konnte das weit in seinen 70ern stehende Ehepaar Wollwitz* aus Frankfurt an der Oder, das Suhler »arbeitsunfähige« 68 und 69 Jahre alte Ehepaar Heinz* nebst behinderter Tochter oder die aus Gera stammende 70-jährige Maria Ralzer* die Bezirksbehörden von ihrer Ausreisewürdigkeit überzeugen, nicht jedoch die Ministerialbeamten.[24] Wie zahlreichen anderen gelang es ihnen trotz ihres hohen Alters nicht nachzuweisen, dass die Kosten ihres Verbleibs über der Erleichterung des Staates im Falle ihrer Ausreise lagen. Sie wurden wie viele andere noch im letz-

24 BArch Berlin, DO 1, 13 522, 7; ebd., 13 526, 183; ebd., 13 524, 43.

ten Schritt von den Ausreiselisten gestrichen. Dieser hürdenreiche Weg führte dazu, dass im ersten Halbjahr 1962 über die Hälfte der von den Listen gestrichenen Rentner nicht der Endkontrolle durch das MdI, sondern dem Tod zum Opfer fielen. Das Verfahren ließ sie vereinsamt sterben.

Ebenso bemerkenswert ist, dass bis Ende 1961 zahlreiche Ausreisende ihr Schicksal in die eigenen Hände nahmen und trotz des laufenden Antrags »Republikflucht« begingen. Ein Viertel der Gestrichenen 1961 hatte die letzten Schlupflöcher in der Grenze genutzt. Einige davon werden sich bereits in der Bundesrepublik befunden haben, was aber aufgrund der langen Prüfwege erst in der Letztbearbeitung der Anträge und teilweise nur zufällig auffiel. Andere nutzten sich lokal ergebende Chancen, vor allem wenn sie in der Nähe zur neu gebauten Mauer lebten. Der Potsdamer Karl Bergner* fand so trotz seiner 80 Jahre einen Weg nach West-Berlin, ebenso die 69-jährige Minna Austermann*. Sie floh just dann aus Prenzlauer Berg, als ihr Antrag genehmigt worden war und sie nach einem Passbild für den PM 12a gebeten wurde.[25] Ebenso fiel den lokal Bearbeitenden erst im September 1961 auf, dass die 78-jährige Bertha Mattäus*, die zwei Jahre auf die Genehmigung wartete und derweil von ihrem Nachbarn gepflegt wurde, nach einem langen Krankenhausaufenthalt in Stendal bereits im Juli 1961 illegal von ihrer Tochter nach West-Berlin geholt worden war.[26] Am deutlichsten wird der auf den Wartenden lastende Druck aber wohl am Fall der 69 Jahre alten Minna Walski* aus einem kleinen Dorf im Kreis Rathenow, also auch noch in der Nähe Berlins. Ihr Mann hatte die DDR bereits im Januar 1961 illegal verlassen, und sie wollte ihm nun mit ihren spärlichen Habseligkeiten folgen. Beide waren sehr religiös. Bis ihr Antrag Mitte 1962 endlich genehmigt wurde, unternahm sie aus Verzweiflung mehrere Selbstmordversuche. Das ministeriale Genehmigungsargument war aber nicht ihre persönliche Schicksalslage, sondern dass erstens ihr Mann ohnehin nicht in der DDR erwünscht sei und zweitens beide »schwachsinnig« seien.[27]

So ist festzustellen, dass bei Rentnern die Frage der Kosten die

25 BArch Berlin, DO 1, 13 522, 1; ebd., 16; PM 12a war der begehrte Übergangsausweis, der anstelle von zurückzugebenden Pässen oder Ausweisen innerhalb einer Frist von zwischen 8 und 10 Wochen zur einmaligen Ausreise befugte.

26 BArch Berlin, DO 1, 13 522, 4.

27 BArch Berlin, DO 1, 13 526, 67.

entscheidende Rolle im Genehmigungsverfahren spielte. Eigentlich schloss DA 27/62 eine Ausreise zu einem als »republikflüchtig« geführten Familienmitglied eindeutig aus. Dennoch reisten 13 % der Rentner zu genau solchen Familienangehörigen aus.[28] Ein in den Regelungen der DA 27/62 und Folgerichtlinien erwähnter, aber nicht genauer definierter »Staatszweck« konnte die im System angelegte Strafmaßnahme gegen Familien von Republikflüchtigen also überschreiben. Diesen konnten Rentner für sich geltend machen, wenn sie als besonders kostenintensiv galten. Hier sind die Argumente bemerkenswert, denn an diesen kann man erkennen, wie sich Ausreisewillige in ihrer Sprache die Logiken des SED-Staates zu eigen machten, um ihm zu entkommen.

Dabei lassen sich drei Rechtfertigungsstrategien herausarbeiten, anhand derer Rentner sich als Kostenfaktoren darstellten und so dem Staat die Ausreisegenehmigung abringen konnten. Die erste schloss an den Nachweis der Pflegebedürftigkeit an. Der Großteil der pflegebedürftigen Personen in der DDR wurde in den 1960er Jahren von Angehörigen betreut. Diese konnten ihre Chance auf eine Ausreise steigern, wenn sie belegten, dass sie als familiäre Last Verwandte vom gesellschaftlichen Wertschöpfungsprozess fernhielten. Laut Darstellung im MdI hielt etwa Emma Groß* aus Weißenfels ihre Nichte von der Arbeit ab, die 77-jährige Anna Althäuser* aus dem Spreewald wurde von ihrer 19-jährigen Enkeltochter gepflegt, die nun aber die Textilfachschule in Cottbus besuchen wollte, die 74-jährige Frieda Alger* aus Potsdam beanspruchte ihre Tochter, die nach einem tödlichen Unfall ihres Mannes die Fürsorge für die Mutter und eine Vollanstellung vereinbaren musste.[29] Noch deutlicher wird dies im Fall der gleichaltrigen Elisabeth Schader* aus einem kleinen Dorf in Neubrandenburg. Damit ihr im 100 Kilometer entfernten Doberan arbeitstätiger Sohn die Pflege nicht übernehmen musste, bekam sie die Ausreise zu ihrer Tochter genehmigt, obwohl diese 1953 »Republikflucht« begangen hatte.[30] Diese Entlastung von Werktätigen durch die Emigration der Gepflegten stand in zahlreichen Fällen im Vordergrund, so

---

28 Dies ist jedoch der geringste Anteil unter den vier Migrantenkategorien (Invaliden: 28,6 %, »Sonderfälle« 13,2 %, Kinder und Jugendliche 19,6 %), bei denen die sozialen Kosten noch intensiver berücksichtigt wurden.

29 BArch Berlin, DO 1, 13 527, 93.

30 BArch Berlin, DO 1, 13 522, 6.

auch beim Berliner Emil Drelas*, der bis zum Mauerbau von seiner Cousine aus West-Berlin versorgt wurde. Die pflegende Grenzgängerin war nun an der Einreise gehindert, weswegen es dem Staat als zweckmäßig erschien, weder den arbeitenden Sohn in Treptow noch seine Schwester zu belasten, sondern den 76-Jährigen nach West-Berlin ausreisen zu lassen. Derartige Fälle gab es zahlreiche, insgesamt war die Begründung der Belastung anderer Personen, ob Hausbewohner, Nachbarn oder von Verwandten, schlagkräftig, ganz besonders wenn es dabei um die Freistellung von Arbeitskraft der Betreuenden ging, was sogar in der extrem restriktiven Zeit bis Mitte 1962 ein Schlupfloch öffnete.

Neben der Belastung Arbeitstätiger stand zweitens das Argument entstehender oder drohender finanzieller Kosten für den Staat. Am schwersten wogen hier die Unterbringungskosten. Die bislang pflegende Tochter der 75 Jahre alten Emma Glössig* musste in eine Nervenheilklinik eingewiesen werden, wonach die Enkeltochter mit der Pflege massiv überfordert war. Die Ausreise der Großmutter zu ihrer anderen Tochter in Dinkelsbühl ersparte damit die Suche nach einem Heimplatz.[31] Ebenso lag es im Falle des 74-jährigen Christian Peutzke*, der als Lokführer einen schweren Unfall erlitten hatte. Seine ihn bislang umsorgende Frau wurde nun ebenso pflegebedürftig, weswegen die Ausreise zum Pflegesohn genehmigt wurde. Obwohl bei Rentnern weniger bedeutsam als bei Invalidenrentnern oder Kindern, stand bei einigen ein solcher Heimplatzbedarf im Raume, der durch eine Ausreise umgangen werden konnte. Die 75-jährige Johanna Gutenbach* aus Leipzig war nach Einschätzung des MdI zwar nicht pflegebedürftig, da sie sich trotz schwerer Krankheit noch auf zwei Stöcken fortbewegen konnte.[32] Sie lebte jedoch aufgrund des allgemeinen Wohnraummangels in der Stadt als Teilmieterin gemeinsam mit anderen Personen in einer Wohnung. In dieser kam es häufig zu Konflikten, da sie unter »Verwirrungszuständen« litt und ihr Zimmer nicht heizte, da sie keine Kohlen mehr schleppen konnte. Ihre Ausreise in ein Kölner Altenheim diente darum nicht ihr, sondern auch der Stadt und dem Staat als Entlastung. Ähnlich ging es dem hochbetagten Ehepaar Lubig* aus einem kleinen Dorf im Kreis Parchim, welches nicht mehr alleine für sich sorgen konnte. Die in Ost-Berlin lebende Tochter war

31 BArch Berlin, DO 1, 13561, 232.
32 BArch Berlin, DO 1, 13525, 45.

zwar bereit, die Eltern aufzunehmen, jedoch scheiterte dies erstens daran, dass den Eltern der Zuzug in die überlastete Teilstadt nicht genehmigt wurde und dass die Tochter aufgrund von »Wohnraummangel« auch keine andere Unterkunft erhielt. Nach Abwägung aller Optionen wurde daraus nach anderthalb Jahren des Wartens das schlagende Argument, ihr die Ausreise zur zweiten Tochter nach Westdeutschland zu genehmigen.[33] Noch deutlicher ausgesprochen wurde diese finanzielle Entlastung des Staates in Fällen wie dem 71-jährigen Hugo Leutzner* oder der 65-jährigen Jenny Jaßner*, die sich in ständiger Krankenhausbehandlung befanden.[34] Letztere musste im Spätsommer 1962 sogar im Krankenauto zur Staatsgrenze gebracht werden, um dort von ihrer einstig »republikflüchtigen« Schwester in Empfang genommen zu werden. Ebenso bedeutend ist, dass in solchen Biografien die direkte Wirkung der Mauer auf Berliner Familien spürbar wird, wie im Falle Johann Drägers*. Für ihn war 1961 ein Schicksalsjahr. Erst schnitt der Mauerbau ihn und seine Frau von seiner in West-Berlin lebenden Tochter ab, dann verlor er im November seine Ehefrau. Dies traf ihn so hart, dass er »aus Verzweiflung (Krankheit und Einsamkeit) einen Selbstmordversuch« unternahm. Ihm wurde ungefähr ein Jahr später die Ausreise erlaubt, auch da er seitdem das lokale Krankenhaus kaum noch verlassen konnte.[35] Ähnlich konnten zahlreiche Personen ihre Ausreise über die Kosteneinsparungen begründen. Anna Gutzel* bezog seit 1960 Invalidenrente, welche nach einer Ausreise zum Sohn in Westdeutschland eingespart würde.[36] Die antragstellenden Rentner lernten also, mit der Staatsräson zu denken, und entwarfen mögliche Anträge entsprechend, wobei in härteren Fällen die lokalen Behörden helfend unter die Arme griffen, da sie sich Erleichterung durch den Verzug versprachen, sei es aus sozialen oder finanziellen Gründen, oder weil nach einer Abwägung zwischen Ideologie und Praktik der Ausreise die Frage des Wohnraums an erster Stelle stand.

Drittens kam dazu ein ganzes Argumentenbündel weiter gefassten Staatsinteresses als Ausreisemöglichkeit in Betracht. Besonders wichtig war dabei die Frage, ob ein Verzug aus der DDR

33 BArch Berlin, DO 1, 13562, 243.
34 BArch Berlin, DO 1, 13563, 257; ebd., 13559, 211.
35 BArch Berlin, DO 1, 13527, 89.
36 BArch Berlin, DO 1, 13564, 264.

oder ein Zuzug von Pflegenden in die DDR eine größere Belastung darstellte. So heiratete die 66-jährige Vogtländerin Katharina Hofmeister* im November 1961 offenbar ohne Zustimmung der staatlichen Organe einen 72-jährigen Westdeutschen, der nun ihre Pflege übernehmen wollte. Den Regeln entsprechend argumentierten die Prüfer im MdI, dass im Falle einer solchen Eheschließung der Mann doch in die DDR verziehen solle. Dies lehnte Grünstein mit einem Machtwort ab, da es kein staatliches Interesse an der Übersiedlung eines 72-Jährigen in die DDR gebe. Frau Hofmeister* konnte innerhalb weniger Tage nach Antragstellung zu ihrem Mann übersiedeln.[37] In gewissen Fällen konnten sogar noch arbeitstätige Rentner als Last gelten. Der 68-jährige Arthur Börger* war weder »arbeitsunfähig« noch pflegebedürftig, wohl aber seine 35-jährige Tochter. Er bezog eine Altersrente, besaß einen Pkw und stockte sein Einkommen durch das Fortsetzen seiner Arbeit in den Buna-Werken auf. All dies hätte ihm kaum die Ausreise ermöglicht, jedoch bemerkte die Kaderleitung des Betriebes nun, dass Börger* seinen garantierten Arbeitsplatz räumen sollte, da er durch einen »jüngeren und fähigeren Fachkader ersetzt werden soll«, was ihm mit seiner Familie letztendlich die Ausreise ermöglichte.[38] Besonders kompliziert wurde es allerdings bei jenen seltenen Fällen, die eine explizit politische Aufladung hatten. Die 76 Jahre alte verwitwete und bettlägerige Rostockerin Anna Vögst* bat darum, zu ihren einzigen Angehörigen nach Westdeutschland ausreisen zu dürfen. Da ihr Migrationsziel, die Tochter mit ihrem Mann, aber Ende der 1950er »Republikflucht« begangen hatte und der Sohn zudem als SPD-Funktionär in der DDR inhaftiert gewesen war, lehnten die Abteilungen Inneres im Kreis und im Bezirk das Ersuchen kategorisch ab. In der Vorprüfung überwog damit das Interesse, die Familie zu strafen. Dem widersprach Anfang April 1962 Grünstein nach interner Beratung und entgegen den bestehenden Regeln, denn »obwohl er [der Sohn] bei uns eingesperrt war als Staatsfeind, sollten wir uns mit dieser alten Frau, die der Pflege bedarf, nicht belasten«.[39] Hier konnte die Rentnerin also einen Negativgrund zu ihren Gunsten in Stellung bringen und sich als nicht unterstützenswert darstellen.

37 BArch Berlin, DO 1, 13526, 74.
38 BArch Berlin, DO 1, 13558, 203.
39 BArch Berlin, DO 1, 13527, 90.

Ebenso nutzte der Staat sein Genehmigungsrecht zur Mehrung seines Landbesitzes. Die 63-jährige Katharina Meise* aus einem kleinen Örtchen im Kreis Teterow nahe der Ostsee steuerte ohne Rentenanspruch und aufgrund akuter Verarmung auf die Sozialfürsorge zu. Ihre Schulden hinderten sie an der Ausreise. Diese verschwanden jedoch als Hinderungsgrund, nachdem sie ihren Landbesitz der örtlichen Landwirtschaftlichen Produktionsgenossenschaft (LPG) überschrieben hatte.[40] Auch zwei 74 und 76 Jahre alte Damen aus Brielow erlangten eine seltene gemeinsame Ausreiseerlaubnis zweier Unverheirateter, da sich die zuständigen Bezirksvertreter explizit für sie verwandten. Eigentlich wäre Frau Wilgmeyer* aufgrund fehlender Familie im Westen chancenlos im Antragsverfahren gewesen, genauso wie die nicht pflegebedürftige Frau von Bergner*, die indes über einen aufnahmebereiten Neffen in Westdeutschland verfügte. Dies alles wog Frau Wilgmeyers* Landbesitz auf. Ihre 23 Hektar sollten nun nebst Gebäuden der örtlichen LPG »geschenkt werden«, wenn beide Damen nach Westen entlassen würden.[41] Die Rechnung war für die Staatsvertreter schnell gemacht, und so erkauften sie für die beiden Damen bereits im Januar 1962 eine ausgestellte Ausreisegenehmigung durch die Aufgabe des alten Familienbesitzes. Ganz ähnlich ging es dem weder pflegebedürftigen noch alleinstehenden Ehepaar Apelt* aus dem Kreis Neuruppin, welches für die Ausreise zu seiner Tochter seine lokale Molkerei an einen dem Staat genehmen Nachfolger abgab.[42] Wenn die Ausreise also langsam der Agrarreform und der Ausweitung des Volkseigentum genannten Staatsbesitzes diente, traten die sonst restriktiv eingesetzten Auswanderungsregelungen in den Hintergrund. Daran wird erneut erkenntlich, dass sich die Ausreise der Rentner nicht an Bedürfnissen ausrichtete, sondern einer staatlichen Ökonomie der Ausreise folgte. Wie die allgemeinen Auswanderungsregeln wurden deren Grundsätze aber nie explizit formuliert, vielmehr wägte der Apparat hier von oben gesteuert ab, lernte Fälle entsprechend einzuschätzen und vermittelte diese Abschätzung belehrend an die untergebenen Stellen.

Trotz allem öffneten diese drei Argumentationsstrategien das Tor nur für wenige Rentner. Dieses restriktive Handeln verbuchte

40 BArch Berlin, DO 1, 13 650, 33.
41 BArch Berlin, DO 1, 13 524, 41.
42 BArch Berlin, DO 1, 13 551, 103.

der Staat erst als Erfolg, bis er feststellte, dass die Anfang 1962 noch stolz festgestellte Reduktion jedweder legalen Auswanderung kontraproduktive Seiten besaß. Einerseits drängten immer mehr notleidende Hochbetagte durch zahllose Eingaben und Anschreiben, andererseits erzeugten sie vermeidbare Kosten. So gaben die Bearbeitenden zunehmend nach; die Auswanderung schnellte bereits Ende 1962 wieder deutlich über die 10 000er-Marke. Unter den Glücklichen waren fast nur Rentner, die in jedem einzelnen Fall aufgrund eines spezifischen Staatsinteresses gehen durften. 1963 belief sich die Zahl der legal Ausreisenden auf über 40 000, ein Rekord, der erst 1984 (und unter gänzlich anderen Bedingungen) fiel. Der Notstand an nicht versorgten Pflegebedürftigen in den Kreisen und Bezirken sowie die Einsicht des MdI, dass diese aus Staatsinteresse durchaus gehen könnten, liberalisierten die Altersemigration zwischen Mauerbau und Ende 1963 etwas. Stolz konnte Dickel darum 1966 dem ZK der SED berichten, dass ab 1965 die Genehmigungen für Rentner zurückgegangen seien, da der große Andrang in den Jahren zuvor abgearbeitet worden war. Zudem gestand er ein, dass sich auch die ersten Reiseerleichterungen für Rentner, die 1965 gültig wurden und Kontakte zur Westfamilie ohne Auswanderung erlaubten, sich positiv auswirkten.[43] Von den Familien getrennte Rentner waren nun nicht mehr in jedem Fall vor die Frage gestellt, ob sie lieber in Isolation leben oder ihre Heimat verlassen sollten. Eine liberalere Genehmigungspraxis für Rentner bedeutete also nicht nur für die Familienangehörigen, sondern auch für den Staat eine Entlastung auf mehreren Ebenen.

»Invaliden«

Dies gilt noch stärker für die sogenannten »Invaliden«. Für diese Kategorie galten zwar dieselben Regeln wie für Rentner, jedoch war es eine intensive Aushandlung, den Status zu erlangen. Die Regeln der DA 27/62 blieben reichlich unspezifisch und definierten die gemeinhin als »Invaliden« bezeichneten in Abschnitt I/2a als Personen, die »unheilbar krank sind und auf Grund ihres körperlichen und geistigen Zustandes einer ständigen Pflege bzw. Aufsicht

---

43 BArch Berlin, DO 1, 14 722, Bericht MdI Dickel an Leiter der Abtl. Sicherheitsfragen des ZK der SED, Borning, 26. Februar 1966.

bedürfen« und so sie nach I/1 nicht in irgendeiner Art »arbeitsfähig« waren.[44] Wer ein »Invalide« war – und zudem ein ausreiseberechtigter –, definierte nicht die betroffene Person oder ein unabhängiger Mediziner, sondern ein staatszentrierter Aushandlungsprozess, in dem individuell entstehende Kosten gegen die kategorische Auswanderungspolitik abgewogen wurden.

An einem konkreten Fall lässt sich der kafkaeske Konstruktionsprozess der Invalidität verdeutlichen. 1966 erkundigte sich die in Oschatz lebende Pfarrersfrau Rosa Halftermann* beim Rat des Kreises, ob für sie eine Übersiedlung nach Westdeutschland möglich sei, da sie erst vor wenigen Jahren von dort in die DDR gekommen sei. Ihr wurde versichert, dass dies mit einem ärztlichen Attest machbar wäre. Weisungsgemäß begab sie sich zum Kreisarzt, der ohne Zögern ihre Erwerbsminderung bestätigte. Darauf begab sie sich zur Volkspolizei und beantragte eine Genehmigung für den Besuch bei ihren Eltern in Westdeutschland, um die Umzugsmöglichkeit zu beraten. Den Antrag auf Übersiedlung wollte sie erst nach ihrer Rückkehr einreichen, und entsprechend sagte ihr der zuständige Polizeibeamte eine positive Bearbeitung bis Ende des Monats zu. Nach Ablauf dieser Bearbeitungsfrist erfuhr sie jedoch zu ihrem Entsetzen, dass ihre Besuchsreise abgelehnt worden sei. Der Grund war, dass sie einen Antrag auf Übersiedlung nach Westdeutschland gestellt habe, bevor sie ihre Invalidität attestieren konnte. Bei weiteren Nachforschungen ergab sich, dass der Rat des Kreises ihre Erstanfrage über die Möglichkeit der Antragstellung bereits als eine solche gewertet und die entsprechenden Stellen informiert hatte. Die Sachbearbeiterin berief sich darauf, dass sie damals ja nicht wissen konnte, ob Frau Halftermann* tatsächlich erwerbsgemindert sei, sie habe ja kein Attest gehabt. Mehrfach wurde sie nun zwischen Rat des Kreises, dem Kreisarzt und der örtlichen Polizeidienststelle hin- und hergeschickt, wobei sie immer wieder beteuerte, doch überhaupt keinen Antrag auf Übersiedlung gestellt zu haben, sondern nur Auskunft über das Verfahren gesucht habe, gerade um alles korrekt zu machen. Letzten Endes lehnte der Rat des Kreises sogar die Annahme des Attestes ab. Während sie bislang dort nur mit der Sachbearbeiterin gesprochen hatte, saß sie nun, ohne es zu wissen, vor der Kommission für den Reise-

---

44 BArch Berlin, DO 1, 62 207, DA 27/62.

verkehr, die ihr Anliegen schroff zurückwies. Der Abteilungsleiter Ketzschmar erklärte ihr kurz, dass sie nicht reisen dürfe, auch wenn sie »ein Krüppel von 80 % sei«. Sie wurde pro forma noch einmal zur Volkspolizei geschickt, denn »ich solle ihnen keine Scherereien machen«.[45] Dies führte erwartbar zu nichts.

Die Pfarrersfrau Halftermann* gab jedoch nicht auf und wendete sich unter Verweis auf ähnliche und positiv entschiedene Fälle an das Staatssekretariat für Kirchenfragen. Nach ihrer persönlichen Vorsprache verhandelte dieses intensiv mit dem Rat des Bezirkes, also über die Köpfe der bisher tätigen Kreisbeamten hinweg.[46] So umschiffte Frau Halftermann* erfolgreich die erste Hürde des Kreises, und ihr Fall lag dem vorschlagsbefugten Bezirk vor. Sie erhielt darauf jedoch »lediglich einen schlecht zu verstehenden Anruf«, der ihr verdeutlichte, »ich könne nicht übersiedeln, da meine Individualität [sic, gemeint war wohl Invalidität] nicht ausreiche«.[47] Die Frage nach ihrem Primäranliegen, dem vierwöchigen Besuch bei den Eltern, blieb unbeantwortet. So endete auch ihr Gesamtvorhaben, sie verblieb in der DDR. Frau Halftermann* war während des gesamten Prozesses irrigerweise davon ausgegangen, dass sie sich auf eine Rechtslage beziehen könne, die, wenn auch nicht öffentlich einsehbar, so zumindest per Absprache einforderbar wäre. Zudem hatte sie Aussagen von Behördenvertretern vertraut, die die Regeln selbst nicht alle kannten und die hinter den Kulissen beflissentlich ein anderes Spiel trieben. Anstatt sich selbst als Kostenfaktor für den Staat darzustellen, also negative Ausschlussgründe in den Vordergrund zu stellen, berief sie sich auf positive Argumente einer sauberen Antragstellung. Ihr Fall illustriert aber deutlich, dass diese nicht ausschlaggebend waren.

Dementsprechend wenige Menschen fielen in die Kategorie der »Invaliden« (8,3 % des Teilsamples A), von denen wiederum knapp drei Viertel nachwiesen, dass sie pflegebedürftig waren. Wenngleich wenige, gab es auch unter ihnen Gestrandete, so die 49-jährige Marianna Reuter*. Ihr wurde aufgrund der Aussichtslosigkeit einer Heilung ihrer Herz- und Kreislaufstörungen und dauerhafter Arbeitsunfähigkeit schon vor dem Mauerbau erlaubt, zu ihrer vormals »republikflüchtigen« Tochter nach Nürnberg auszuwan-

45 BArch Berlin, DO 4, 367, 282-4.
46 BArch Berlin, DO 4, 367, 279-81.
47 BArch Berlin, DO 4, 367, 281.

dern. Trotz unveränderter Sachlage wartete sie mit ihrem 80-jährigen Ehemann noch bis ins Spätjahr 1962, bevor sie ausreiste.[48] Die ebenso gestrandete und ans Bett gefesselte 43-jährige Maria Franzen* wartete gar bis ins Spätjahr 1963, bevor ihr die Ausreise zu ihrer ebenfalls »republikflüchtigen« Tochter erneut genehmigt wurde.[49] Während hier die Invalidität aus Staatsinteresse zur Wiedervereinigung getrennter Familien führte, zerriss sie in anderen Fällen ebendiese. So war der SED-Staat unfraglich bereit, die durch eine Gehirnoperation gelähmte Hilde Wusther* zu ihrem »republikflüchtigen« Vater nach West-Berlin zu entlassen. Sie war in München geboren und lebte in Oranienburg.[50] Ihr Vater wohnte als nächster Verwandter in West-Berlin. Da sie jedoch den Antrag gemeinsam mit ihrem Sohn stellte, verschob sich hier das Bild. Der Bezirk schlug beide zur Übersiedlung vor, jedoch überschritt der Sohn gerade das Erwachsenenalter und galt mit 19 Jahren als arbeitsfähig. In letzter Instanz lehnte Grünstein darum seine Übersiedlung ab. Frau Wusther* ging unbegleitet zu ihrem pflegenden Vater, ihr Sohn verblieb alleine in der DDR.

So überlagerten sich in der Kategorisierung als »Invalide« zwei Motive. Die Betroffenen mussten ihre Krankheit derart präsentieren, dass die Staatsvertreter sie erstens als »arbeitsunfähig« und zweitens als einen Kostenfaktor anerkannten. Dies führte zu entwürdigenden Überprüfungsakten. Nach einem Hausbesuch beurteilten die Amtsvertreter des Kreises Potsdam die 59-jährige Else Gatzik* als »sehr hinfällig« und den 25-jährigen Lothar Würzner* als »schwachsinnig«. Er durfte gar zu seinen »republikflüchtigen« Eltern ausreisen, denn ein »Heimaufenthalt müsste zeitlebens erfolgen«.[51] Auch den erst vor wenigen Monaten in die DDR gekommenen 24-jährigen Karsten Rückert* erachtete der Bezirk aufgrund einer »Nervenkrankheit« – eine Chiffre für eine große Bandbreite abweichenden Verhaltens – als »eine Gefahr, wenn er in der LPG weiterbeschäftigt wird«.[52] Den Ausschlag gaben selten eindeutige medizinische Befunde, vielmehr nahm die Sprache der Bearbeitenden den Ausgang der Fälle und den Ton der Atteste

48 BArch Berlin, DO 1, 13563, 260.
49 BArch Berlin, DO 1, 13650, 34.
50 BArch Berlin, DO 1, 13551, 117.
51 BArch Berlin, DO 1, 13524, 51; ebd., 13558, 8.
52 BArch Berlin, DO 1, 13557, 199.

fast schon vorweg. Während Rentner häufiger als »gehirnverkalkt« oder »hinfällig« beschrieben wurden, ging es bei den »Invaliden« noch weiter. Eine Mutter aus Karl-Marx-Stadt wurde mitsamt ihrer Kinder kurzerhand als »geistesgestört« charakterisiert.[53] Wie der benannte Würzner* wurden auch der 32-jähriger Werner Pitzorak* als Insasse der Krankenanstalt Großschweidnitz oder die erst 20 Jahre alte Margit Trutzfeldt* nebst Schwester als »schwachsinnig« erachtet. Sie alle durften trotz der noch wenigen Genehmigungen bereits Anfang 1962 gehen, der am meisten Kosten verursachende Pitzorak* gehörte mit einer Bewilligung am 3. Januar 1962 gar zu den ersten ausreisefähigen »Invaliden«.[54]

Um aufgrund des Invaliditätsvorbehalts die Ausreise zu erlangen, mussten sich die Personen vor den Ämtern entblößen. Es lag an ihnen, sich als Kostenfaktor darzustellen oder zumindest ihren fehlenden Beitrag zu Leistungsgesellschaft nachzuweisen. Sie selbst mussten sich förmlich in entwürdigende Kategorien wie »schwachsinnig«, »geistesgestört« oder »unproduktiv« hineinreklamieren. Dies umfasste auch Personen, deren Schäden auf eine berufliche Tätigkeit zurückgingen. Der Staat erachtete die 37-jährige Röntgenassistentin Margitta Mertoka* als verzichtbar, da sie sich während der Arbeit einen Röntgenschaden zugezogen hatte. Ihr Ehemann galt schlicht als »geistesgestört«.[55] Diese Einstufung als Last konnte im »antifaschistischen Staat« auch Opfer des Nationalsozialismus ereilen, so sie keine verdienten Kommunisten waren oder ihre Schäden ihre Produktivität beeinträchtigten. Die 45 Jahre alte Berlinerin Elisabeth Haltersteg* litt unter zahlreichen Spätfolgen einer Zwangssterilisierung durch den NS-Staat. Die Folgekrankheiten machten die Frau »erwerbsunfähig«, was sie nicht unbedingt zur Ausreise befähigt hätte. Da sie aber darüber hinaus als Geschiedene Pflegegeld bezog, willigte der Staat ohne lange Wartezeit in ihre Übersiedlung zu ihrer Tochter nach West-Berlin ein.[56]

Hier übte sich der Staat zudem in Weitsicht und erkannte stellenweise auch lediglich drohende Kostenbelastungen an. Die 54-jährige Berlinerin Erika Muschler* oder das Ehepaar Tetzlaff* konnten ihre baldige Pflegebedürftigkeit belegen, und der 49-jäh-

53 BArch Berlin, DO 1, 13 649, 3.
54 BArch Berlin, DO 1, 13 526, 79.
55 BArch Berlin, DO 1, 13 650, Zusatzliste.
56 BArch Berlin, DO 1, 13 560, 224.

rigen Werner Thadäus* wies in einem langen Prozess nach, dass mit der »Wiederherstellung seiner Arbeitskraft [...] nicht zu rechnen« sei.[57] Besonders belastend war die psychische Überforderung für Menschen wie der 28-jährigen Christel Waldner*.[58] Sie ging 1961 in der Hoffnung auf Nachzug ihres Mannes mit vier chronisch kranken Kindern zu ihren Schwiegereltern in die DDR. Wie alle anderen bei Mauerbau in der DDR sesshaften Deutschen galt sie den Behörden des SED-Staates damit als Bürgerin der DDR. Diese Zugehörigkeit bestand rechtlich zwar noch gar nicht, da beide Staaten bis 1967 an *einer* gemeinsamen deutschen Staatsangehörigkeit festhielten, sie drückte sich aber bereits praktisch durch Machtanspruch des SED-Staates aus. Ihr Mann war 1950 illegal aus der DDR ausgereist, die Wiedereinreise wurde ihm untersagt, so dass er seiner Frau nicht in die DDR folgen konnte. Der Mauerbau hatte die Familie zerschnitten. Als Frau Waldner* die Beziehung zu den Schwiegereltern unerträglich wurde und der Staat ihr weiterhin wegen der »Republikflucht« ihres Mannes die Ausreise verwehrte, unternahm sie aufgrund akuter Auswegloigkeit mehrere Selbstmordversuche. In einem letzten Schritt trug sie all die Geschehnisse zusammen und legte sie dem Amt als Beweise vor. Sie stellte sich Kreis und Bezirk gegenüber als eine solche Belastung für das lokale Sozialleben dar, dass ihre psychische Überforderung als invalidisierend eingestuft wurde und sie mit ihren Kindern nach zwei langen Jahren die Ausreisegenehmigung zu ihrem Mann erreichte. Hier zeigt sich, dass der Status des »Invaliden« Produkt einer asymmetrischen Aushandlung war, die den Antragstellern das Ziel vorgab, sich selbst in diese Außenseiterposition hineinzuschreiben. Sie mussten sich nicht nur aus der Gesellschaft herausdividieren, sondern sich gar als nicht soziabel darstellen. Gelang dies nur teilweise, wurde die Person erst gar nicht vom Kreis dem Bezirk vorgelegt und nicht vom vorentscheidenden Bezirk dem MdI zur Prüfung übermittelt. Doch auch an dieser letzten Stelle wurde noch einmal per Ferndiagnose aussortiert. Zwar erfüllte die 47-jährige Karl-Marx-Städterin Irmgard Alsterberg* nahezu alle Bedingungen der Invalidität, jedoch überzeugte die Aktenlage den ministerialen Bearbeiter Bergmann nicht komplett, da die Atteste eine Restarbeitsfähigkeit nicht unbedingt ausschlossen. Seine Maß-

57 BArch Berlin, DO 1, 1360, 26.
58 BArch Berlin, DO 1, 13 649, 3.

stäbe waren im zweiten Halbjahr 1962 härter als die des Bezirkes: Frau Alsterberg* blieb die Ausreise verwehrt.[59] Die Chance auf eine Ausreise als Invalide lag darin, sich ohne Erfolgsgarantie vorauseilend und selbsterniedrigend aus einer Gesellschaft herauszudividieren, die Hennecke-Aktivisten und »Helden der Arbeit« feierte und in der die Planübererfüllung als Ziel galt.

Kinder und Jugendliche

Grundsätzlich war die Ausreise für Minderjährige ausgeschlossen. Hier ging das MdI anfangs ohnehin von einer kleinen Zahl an Anträgen aus und konnte sich nur zwei Arten von Fällen vorstellen: erstens Minderjährige, die mit arbeitsfähigen Eltern ausreisen wollten, und zweitens Minderjährige, die zu ihren »republikflüchtigen« Eltern ziehen wollten. Beiden verwehrten die Geheimregeln den Weg nach Westen. Im Frühjahr 1962 betonte Minister Maron, dass »die nachträgliche Zuführung von Kindern zu ihren republikflüchtigen Eltern [...] zu verhindern« sei.[60] Dies unterstrich die etwas später erlassene DA 27/62, definierte aber keine Rechte oder Kriterien, sondern allein die Bearbeitungswege für Fälle, in denen »ein staatliches Interesse« bestand. Hier beanspruchte das MdI die alleinige Entscheidungsmacht, denn diese Formulierung bot der autokratischen Bürokratie das entscheidende Schlupfloch für personenbezogene Willkür.[61]

Denn die Realität zeigte, dass eine Vielzahl der Fälle nicht in das anfangs formulierte simple Raster passte. Im Restjahr 1961 schafften es nur sehr wenige Minderjährige auf die Ausreiselisten. Bis auf drei wurden sie alle wieder gestrichen. Diese drei jedoch folgten einem unerwarteten Muster. Diese zwischen 4 und 11 Jahre alten Kinder waren in Westdeutschland geboren und wurden als Kleinkinder von der dort verbliebenen Mutter aus beruflichen Gründen kurzzeitig an die Großeltern in der DDR gegeben. Nun forderten die Mütter nach der Heirat oder dem Ausbildungsende ihre Kinder zurück.

59 BArch Berlin, DO 1, 13558, 201.
60 BArch Berlin, DO 1, 13711, Maron an Abteilungen Inneres, Räte der Bezirke, 26. April 1962.
61 BArch Berlin, DO 1, 62207, DA 27/62, 25. Juli 1962, Absch. I.1, II.5.

Damit ist nicht gesagt, dass der SED-Staat dem Thema von ihren Eltern getrennter Kinder keine öffentliche Beachtung schenkte. Im Gegenteil, er polemisierte regelmäßig scharf gegen »Republikflüchtige«, die ihre Kinder zurückgelassen hätten und lieber den Lockrufen der »Menschenhändler« als der familiären Verantwortung folgten. In der Migrationsverwaltung jedoch arbeitete er sich, verstärkt ab Mitte 1962, stillschweigend an ganz anderen Fällen ab. Die Mehrzahl der bis Ende 1963 ausreisenden Kinder wuchs aufgrund der Überlastung der im Westen lebenden und arbeitenden Eltern bei ihren Großeltern auf, die rein zufällig in der DDR wohnten. Nun wurde aus dem familiären Hilfsnetzwerk eine vollständige Trennung, weswegen die Eltern die Rückkehr der Kinder wollten.[62] Die Hintergründe, warum die Großeltern in die Erziehungsrolle schlüpften, waren jedoch vielfältig und betrafen »Erziehungszwecke« ebenso wie harte Familienverhältnisse, in denen die Großeltern die Kinder strauchelnder Mütter zeitweilig aufnahmen. Dabei darf nicht vergessen werden, dass damals familiäre Netzwerke viel häufiger als heute Krisen und die Herausforderungen von Alleinerziehenden auffingen. Die in Mühlhausen lebenden Eltern des in Kanada geborenen Joachim G. Berger* litten ebenso wie die bei Esslingen lebende Mutter des Günter Meistermann* unter schweren Krankheiten. Nichtsdestotrotz forderten sie nun aufgrund des Mauerbaus und der Besuchsprobleme ihr Kind zurück.[63] Genau wie die Mutter der 6-jährigen Edith Schuster*, die Edith als eines von sechs Geschwistern kurz vor August 1961 zeitweilig zu ihren Großeltern gegeben hatte und sie nun wegen des anstehenden Schulbesuchs zurückhaben wollte.[64] Oft hatte sich die Lage der Mutter durch eine neue Heirat verändert,[65] oder die Großeltern sahen sich aufgrund des Alters, von Krankheiten oder des Todes eines Ehepartners nicht mehr in der Lage, das Kind zu umsorgen.[66] Wenn diese Überlastung der Großeltern mit »Erziehungsschwierigkeiten« einherging, zeigte der Staat eine höhere Bereitschaft, sich

---

62 BArch Berlin, DO 1, 13 650, 35, 29; ebd., 13 527, 95.
63 BArch Berlin, DO 1, 13 552, 128; ebd., 13 558, 210.
64 BArch Berlin, DO 1, 13 560, 225.
65 BArch Berlin, DO 1, 13 552, 13; ebd., 13 553, 147; ebd., 13 564, 266; ebd., 13 650, 32 (Labmann*).
66 BArch Berlin, DO 1, 13 649, 4; ebd., 13 650, 221; ebd., 13 558, 206, 210; ebd., 13 556, 182; ebd., 13 553, 147; ebd., 13 560, 221.

auffälliger Kinder zu entledigen.[67] Oft überlagerten sich mehrere dieser Aspekte, teilweise zum Missfallen des sich moralisch überlegen fühlenden Apparates. So optierten die Sachbearbeiter im Falle der 9-jährigen Gabriele Huguet* für eine Ablehnung der Ausreise, da ihnen weder der belgische Stiefvater noch die der Prostitution verdächtigte Kölner Mutter vertrauenswürdig erschienen. Sie sprachen sich gegen die Übersiedlung aus, da »die moralische Erziehung des Kindes« fraglich sei. Dies stand Bergmann entsprechend jedoch hintenan, ihm ging es um die Staatsräson, und dieser folgend entschied er knapp: »Nicht RF [republikflüchtig]. Keine Handhabe. Kind soll übersiedeln.«[68]

In Anbetracht dieser Individualisierung der Anträge suchten Angehörige nach Verbündeten. Am besten eigneten sich Fürsprecher im Staatsapparat. Symbolisch steht hierfür der Fall des 4 Jahre alten Rolf-Edgar Büstermann*. Sein Großvater kam 1960 als promovierter Mediziner in die DDR und holte kurz darauf seinen Enkelsohn nach, da dessen Mutter als Schwesternschülerin in der Bundesrepublik nicht genügend Zeit hatte, sich alleine um das Kind zu kümmern. Im Antrag fällt hier ein sehr verständnisvoller Ton auf, was vor allem am Fürsprecher lag, der niemand Geringeres als der Leiter der Hauptabteilung Innere Angelegenheiten des MdI Bergmann selbst war: »Er wollte damit seine Tochter entlasten, die seinerzeit noch in der Berufsausbildung stand. Sie hat unterdessen geheiratet und verlangt jetzt ihr Kind zurück. Gegenwärtig weilt sie zu Besuch hier und möchte nach den Osterfeiertagen ihr Kind mitnehmen. Da Dr. Büstermann* nach Einschätzungen des Rat des Bezirkes Neubrandenburg in seinem Wirkungsbereich einen positiven Einfluß ausübt, sollte dem Wunsch, das Kind unmittelbar nach Ostern mit der Mutter ausreisen zu lassen, stattgegeben werden.«[69] Hierbei lag das »staatliche Interesse« wie in zahlreichen anderen Fällen also nicht in einer Kosten-Nutzen-Abwägung, sondern in einer Privilegierung durch staatsdienliches Verhalten.

Die Antragsteller wussten um solche Belohnungsmaßnahmen, weswegen sie mit steigender Wahrscheinlichkeit der Ablehnung zu-

---

67 BArch Berlin, DO 1, 13556, 181; ebd., 13558, 206; ebd., 13560, 221; ebd., 13650, 25, 49 (Lucke*); oder als Kind mit schweren Behinderungen in Begleitung der Großeltern ebd., 13650, 20.

68 BArch Berlin, DO 1, 13525, 64.

69 BArch Berlin, DO 1, 13649, 18.

nehmend versuchten, Stimmen für sich zu mobilisieren. Während nur 2,3 % der Rentner und 2,8 % der »Invaliden« auf Fürsprecher zurückgriffen, waren sie für Minderjährige (11,7 %) von größerer und für »Sonderfälle« (45,6 %) von größter Bedeutung. Da die antragstellenden Eltern aber in der Bundesrepublik lebten, suchten sie im Westen nach Personen, deren Wort auch im MdI Geltung hatte. Darunter fielen vor allem KPD-Mitglieder, die für die gefällige Grundeinstellung der Eltern bürgten. Noch schlagkräftiger waren aber wichtige Figuren in der DDR selbst. Auch Staatssekretär Grünstein verwand sich dahingehend für einige Personen, wehrte aber den Eingriff anderer Staatsvertreter in seine Kompetenzen ab.[70] So ersuchte 1963 der profilierte und 1961 emeritierte Rostocker Professor und führende HNO-Arzt Walter Hesse um die Ausreise.[71] Da Ärzte, zumal derart hochrangige, auch nach der Pensionierung üblicherweise kaum legal den Weg in den Westen fanden, versammelte Hesse nicht nur den Zuspruch des Bezirkes, sondern zusätzlich auch der Abteilung Gesundheitspolitik und persönlich durch den damaligen Staatssekretär und späteren Minister für Hoch- und Fachschulwesen Ernst-Joachim Gießmann hinter sich. Geschickt hoben seine Fürsprecher Kostenargumente wie eine Krankheit und eine kostspielige Intelligenzrente[72] hervor. Sämtliche Bearbeiter sprachen sich für die Genehmigung aus und ließen sich von den Fürsprechern überzeugen, ihm und auch seinen drei vollkommen gesunden Kindern die Ausreise zu genehmigen. Grünstein allerdings strich ihn mit Verweis auf seine minderjährigen Kinder, die in der DDR zu verbleiben hätten.[73] Er sprach damit dem Staat faktisch einen übergeordneten Verfügungsanspruch über die »DDR-Kinder« zu und verneinte so implizit das Aufenthaltsbestimmungsrecht des Vaters. Professor Hesse starb 1984 in Rostock.[74] Wenn sich die Fürsprecher allerdings auf

70 BArch Berlin, DO 1, 13 650, Sonderliste; ebd., 13 563, 259.

71 Zur Person Hesse siehe Wolf-Axel Schumacher und Burkhard Kramp, »Wiederaufbau und Normalisierung des Klinikbetriebes unter Walter Hesse von 1946-1961«, in: *100 Jahre Universitäts-HNO-Klinik und Poliklinik Rostock: Die erste HNO-Fachklinik im gesamtdeutschen und nordeuropäischen Raum*, hg. von Burkhard Kramp (Rostock: Oehmke, 1999), 97-111.

72 Eine in der DDR vergebene, einzahlungsfreie Zusatzrente für Angehörige bestimmter Berufsgruppen, darunter Mediziner.

73 BArch Berlin, DO 1, 13 649, 12.

74 »Hesse, Walter«, in: *Catalogus Professorum Rostochiensium* (Rostock: Universität

die Kinder konzentrierten, führte der Weg häufiger in den Westen. Die in West-Berlin lebende und antragstellende Mutter des 12-jährigen Günter Haster* aus Strausberg benötigte keinerlei tiefer gehende Argumente für die Übersiedlung ihres 12-jährigen Sohnes, es reichte die Unterstützung mehrerer hoher Parteimitglieder, darunter Ellen Kuntz, die Frau des mythisch verehrten Weimarer Kommunisten Albert Kuntz.[75]

Die Wahrscheinlichkeit einer Ausreisegenehmigung erhöhte sich deutlich, wenn ein Parteiinteresse vorlag. Dies beinhaltete die Unterstützung treuer Genossen, so bei den Kindern der Familien Haffner* oder Schuster*, deren in Westdeutschland lebende Eltern der KPD angehörten, die ihre Kinder aber zwischenzeitlich zu den Großeltern in die DDR gegeben hatten.[76] Es konnte wie im Falle des nun 16-jährigen Hans Schuster* auch explizit »zum Zwecke der Erziehung« geschehen. Ebenso traf es die nun 17-jährige Sonja Zwirner*, deren Mutter im Staatsauftrag im Westen weilte, jedoch ihre Tochter 1959 »auf Betreiben von staatlichen Stellen« in die DDR gab. Das Mädchen litt offenbar hart unter dem Umzug und unternahm aus Heimweh zwei Selbstmordversuche, bevor ihrem Ausreiseersuchen nur wenige Wochen vor dem Erreichen der Volljährigkeit stattgegeben wurde.[77] Der 11-jährige Helmut Wustenhoff* hingegen profitierte davon, dass seine Mutter als SED-Mitglied von Oranienburg zum ebenfalls linientreuen Stiefvater nach West-Berlin umziehen konnte.[78] An diesen Fällen wird eine Privilegierung von elterlichen Parteidienern in Ost und West deutlich. Das unterschied sich jedoch vom direkten Staatsinteresse und gar dem Staatsauftrag. Letzteres betraf primär Kinder, die mit ihren Familien im Auftrag des MfS ausreisten. Dazu zählten mehrere hundert Kinder, bei denen das Staatsinteresse im Staatsauftrag der Eltern lag. Während diesbezüglich für die Jahre 1961 bis 1964 keine Zahlen vorliegen, betraf dies 1965 345 Erwachsene mit 191 Kindern

Rostock, 2012), online verfügbar unter: ⟨http://cpr.uni-rostock.de/metadata/cpr_person_00002949⟩ (Stand März 2019).

75 BArch Berlin, DO 1, 13562, 244, zu Kuntz siehe Hermann Weber und Andreas Herbst, »Albert Kuntz«, in: *Deutsche Kommunisten: Biographisches Handbuch 1918 bis 1945*, 2. Aufl. (Berlin: Dietz, 2008).

76 BArch Berlin, DO 1, 13650, Sonderliste; ebd., 13564, 275.

77 BArch Berlin, DO 1, 13551, 123.

78 BArch Berlin, DO 1, 13649, 11.

und 1966 347 Erwachsene mit 128 Kindern (siehe Tafel 19, S. 229). Darin spiegelt sich erneut, dass das MfS ab 1965 massiv in die Entscheidungspraxis des MdI eingriff.

Fehlte die Unterstützung, waren die Hürden sehr hoch. In zahlreichen Fällen, so bei der 17-jährigen Christel Stoszik*, versuchte der Staat eindeutig, die berechtigten Ausreisersuchen der Jugendlichen zu ihren Erziehungsberechtigten im Westen zu verschleppen, da sich mit dem Erreichen der Volljährigkeit dieses Fenster schloss. Die meisten Jugendlichen im Teilsample A konnten darum neben ihrer Minderjährigkeit noch ein anderes Motiv – wie die »Arbeitsunfähigkeit« aufgrund von Behinderungen oder eine Form der Staatsbelastung als ein »staatliches Interesse« an der Übersiedlung – geltend machen.[79] Dies gilt etwa für den bereits erwähnten 17-jährigen Dieter Lödenburg*. Mehrfach prüften Kreis und Bezirk auf Aufforderung des MdI seine »Arbeitsunfähigkeit« wegen einer TBC- und Spondylitis-Erkrankung, bis es ihm und seiner Sozialrente beziehenden und als »arbeitsunfähige« Analphabetin eingestuften Mutter gemeinsam eine Ausreisegenehmigung erteilte – und zwar ungeachtet der »Republikflucht« der Schwester, zu der beide verzogen.[80] Ebenso bemühte sich der Bezirk Magdeburg erfolgreich, den fast volljährigen Karl-Heinz Lucke* in Richtung Westen loszuwerden: »Hilfsschüler, war bereits in Heimerziehung u. Werkhof, wurde mehrmals straffällig wegen unzüchtiger Handlungen an Kindern u. aufgrund festgestellten Schwachsinnes sind weitere Delikte zu erwarten«.[81] Die Entscheidung folgte hier schnell.

Den Eltern von 13,8 % der ausreisenden Kinder gelang die Familienzusammenführung, da sie dem Staat die Kosten für ihre Kinder vorhielten. Dieses Kalkül überwog in der Ökonomie der Ausreise selbst dann, wenn, wie im Fall des 8-jährigen Matthias Schuhmacher*, gegen die Mutter aufgrund ihrer »Republikflucht« von 1959 Strafaktionen liefen und sie damit eigentlich von der Nachführung ihres Kindes ausgeschlossen war. Da ihr Sohn aber als »hochgradig schwachsinnig und bildungsunfähig« galt und die Großmutter nicht mehr zur Pflege in der Lage war, wurde dieser Antrag genehmigt, um das Kind im Westen in einer Anstalt unter-

---

79 BArch Berlin, DO 1, 13551, 107; ebd., 13650, 27, 29, 123.
80 BArch Berlin, DO 1, 13650, 29.
81 BArch Berlin, DO 1, 13650, 10.

zubringen.[82] Solche Ausnahmen waren derart geheim, dass Dickel sie in seinen Berichten ohne Nachfragen nicht einmal Honecker und dem Politbüro mitteilte. Er meldete vielmehr 1964, dass zwar immer mehr übersiedlungswillige Rentner oder »Invaliden« ihre Kinder oder Enkel mitnehmen wollten, dass solche gemeinschaftlichen Anträge aber allesamt abgelehnt würden.[83] Fälle wie Lödenburg* oder auch jener der 17-jährigen Christel Stoszik* widerlegen diese Aussage.[84] Christel Stoszik* wollte mit ihrer pflegebedürftigen Großmutter nach West-Berlin zu ihrer Mutter verziehen, und Grünstein persönlich verwand sich für ihre Übersiedlung, da ihre Mutter legal verzogen sei und Christel zudem bei der Reichsbahn arbeiten werde. Bei weiterer Prüfung ergab sich jedoch, dass die Mutter die DDR nach 1957 illegal verlassen hatte. So fiel Christel Stoszik* von der Privilegierung von Linientreuen direkt in die Kollektivbestrafung von Unfügsamen – ungeachtet ihrer Absicht, für den SED-Staat in West-Berlin bei der Reichsbahn tätig zu sein. Durch die Handlung der Mutter verlor auch Christel das Vertrauen des Staates. Nur die pflegebedürftige Großmutter erhielt knapp ein halbes Jahr später und mit der Volljährigkeit der Enkeltochter eine Ausreisegenehmigung.[85]

Besonders benachteiligt waren Ehefrauen mit Kindern, die mit einem Nichtdeutschen verheiratet waren. Die Mutter des dreijährigen Henry Dragestino* ehelichte vor dem Mauerbau einen in Hamburg lebenden, gut verdienenden italienischen Staatsbürger. Nun suchte sie unter Berufung auf die Ehe nebst Sohn und verrenteter Großmutter die Ausreise. Während der Bezirk die Übersiedlung wegen der Ehe befürwortete, strich Grünstein die gesamte Familie von der Liste. Ihr fehle ein Anspruch auf Familienzusammenführung, da der Vater kein Bundesbürger war.[86] Sie blieben dauerhaft in der DDR. Ähnlich erging es der damals einjährigen Ulrike Malpas*, deren Mutter seit 1961 ebenfalls mit einem in Westdeutschland lebenden Ausländer verheiratet war.[87] Auch ihr

---

82 BArch Berlin, DO 1, 13 650, 21; zu den Regelungen siehe ebd., 13 711, Schreiben Minister Maron, 27. April 1962.

83 BArch Berlin, DO 1, 17 283, Dickel an Honecker, 15/21. Mai. 1964.

84 BArch Berlin, DO 1, 13 650, 29, 259.

85 BArch Berlin, DO 1, 13 563, 259.

86 BArch Berlin, DO 1, 13 649, 9.

87 BArch Berlin, DO 1, 13 649, 7.

blieb die Ausreise verwehrt, Ulrike ging später beim VEB Minol in die Lehre, heiratete und arbeitete jahrzehntelang in Ost-Berlin als Tankwartin.[88]

Abgesehen von solchen seltenen Fällen spielte das Thema der »republikflüchtigen« Eltern eine große Rolle. Der SED-Staat erkannte in den zurückgebliebenen Kindern eine Chance, die Eltern zu strafen, besonders wenn diese nach der Revision des Passgesetzes 1957 gen Westen geflohen waren. Im Gegensatz zu getrennten Ehepartnern versuchte der Staat nicht, die im Westen Lebenden zur Übersiedlung in die DDR zu motivieren, sondern steckte die Kinder, so sie denn nicht bei Großeltern unterkamen, in Erziehungsheime. Nur wenn es den Eltern gelang, intensiven Druck aufzubauen, gab das MdI nach. Dies betraf aber in erster Linie, wie im Falle des 11-jährigen Ludwig Röckler*, des 6-jährigen Michael Storch* oder der gleichaltrigen Marina Labmann*, Eltern, die die DDR vor Inkrafttreten der Passverordnungen von 1957 illegal verlassen hatten.[89] Die einzige Ausnahme von später illegal Ausgereisten im Teilsample A bildet der obig benannte Fall des schwerbehinderten Matthias Schuhmacher*.[90] Erst nach 1963 stieg deren Zahl im Zuge der Passierscheinverhandlungen leicht an, bevor das MdI das Problem ab Mitte der 1960er Jahre als im Prinzip gelöst darstellte (siehe Tafel 15, S. 205).[91]

Nichtsdestotrotz blieb eine größere Zahl von Kindern allein zurück, wobei die Staatsvertreter (und in einer gewissen Zahl auch die Eltern) nicht dem Kindswohl entsprechend handelten. Mitte 1964 befanden sich noch mindestens 2500 Kinder »Republikflüchtiger« in Kinderheimen und 1500 bei Angehörigen in der DDR. Von Letzteren hatten knapp die Hälfte der Eltern (659 Fälle) die Übersiedlung beantragt, bei den Heimkindern jedoch nur rund 11 % (292).[92] In einem Schreiben an Honecker sprach Dickel gar von insgesamt mindestens 5400 in Heimen untergebrachten Kin-

88 Zur Wahrung des Personenschutzes stelle ich die Quelle nur auf Anfrage zur Verfügung.

89 BArch Berlin, DO 1, 13 649, 16; ebd., 13 650, 25, 32.

90 BArch Berlin, DO 1, 13 650, 21.

91 BArch Berlin, DO 1, 15 598, Anhang Genehmigte Übersiedlungen bis 15. Dezember 1966 an Entwurf: Ordnung zu Einreise und Übersiedlung, Garrasch, Streb, 14. Dezember 1966.

92 BArch Berlin, DO 1, 17 283, Dickel an Honecker, 15./21. Mai 1964.

dern von unter 14 Jahren. Bei einem Teil – die Quellen sprechen von wenigen Fällen, was aber nicht verifizierbar ist – erkannte der Staat das Sorgerecht ab.[93] Ihr Schicksal wurde zum Gegenstand öffentlicher Zeitgeschichte. Eine beachtliche Zahl aber wurde in der Tat zurückgelassen.

Noch 1965 machten im Bezirk Halle 209 Kinder von »republikflüchtigen« Eltern 7,8 % aller Heimkinder im Bezirk aus. Im Bezirk Magdeburg waren es 290 Kinder, stattliche 21,9 % aller Heimkinder in diesem Bezirk.[94] Gut erging es ihnen nicht. Die im Jahr des Mauerbaus neu verfasste Heimordnung bekräftigte das Ziel, die Heimkinder zur »sozialistischen Persönlichkeit« zu erziehen, »wobei der Schwerpunkt auf der Betreuung und Erziehung, sowie der politischen Beeinflussung lag«.[95] Als besonders kritisch erachteten die Heimleiter Kontaktaufnahmen von Eltern, die jedoch nicht allzu häufig vorkämen. Dabei bleibt freilich offen, inwieweit die Eltern überhaupt über den Unterbringungsort ihrer Kinder informiert waren. Im Falle ankommender Briefe sahen die Heimleiter es als ihre Aufgabe an, »bei negativen Äußerungen nur die familiären und persönlichen Gedanken des Briefes den Kindern zu übermitteln«.[96] In Anbetracht der Schwammigkeit von Begriffen wie »negativen Gedanken« oder »negativem Einfluss« dürfte von den Briefinhalten nur wenig an die Kinder gelangt sein. Besuche waren noch seltener, freilich auch weil zahlreiche »republikflüchtige« Eltern mit einem Einreiseverbot belegt waren. Die Heime in den Bezirken Halle und Magdeburg berichteten von nur zwei Fällen westdeutscher Verwandtenbesuche einer Mutter und einer Großmutter, die ohne notwendige Erweiterung, also der Reiseerlaubnis des Staates zum Heimort, erfolgt seien. Die Heimarbeiter unterbanden den Austausch der Kinder mit ihren Eltern. Aber das war dem MdI noch nicht genug, vielmehr unterstellte es den El-

93 BArch Berlin, DO 1, 17 283, Dickel an Honecker, 14. Februar 1964.

94 BArch Berlin, DO 1, 15 598, Bericht über Informationen zu staatlichen Kinderheimen [1965/6].

95 Hans-Ullrich Krause, *Fazit einer Utopie: Heimerziehung in der DDR, eine Rekonstruktion* (Freiburg i. Br.: Lambertus, 2004), 90; Rahel Marie Vogel, *Auf dem Weg zum neuen Menschen: Umerziehung zur »sozialistischen Persönlichkeit« in den Jugendwerkhöfen Hummelshain und Wolfersdorf (1961-1989)* (Frankfurt/M.: Peter Lang, 2010), 22.

96 BArch Berlin, DO 1, 15 598, Bericht über Informationen zu staatlichen Kinderheimen [1965/6].

tern, sich erst an die Kinder zu erinnern, sobald diese ins arbeitsfähige Alter kämen, weswegen die Referate der Jugendhilfe enger mit den Abteilungen Inneres zusammenarbeiten sollten, zur Gewährung »einer reibungslosen Erziehung und der Verhinderung einer unkontrollierten Westverbindung der Kinder mit ihren Eltern«.[97]

Tafel 15: Legal zu Eltern nach Westdeutschland und West-Berlin ausgereiste Minderjährige 1961-1966.

	Insgesamt	Davon zu »republikflüchtigen« Eltern
1961	4*	3**
1962	134	29 (21,6%)
1963	210	48 (22,9%)
1964	241	78 (32,4%)
1965	153	k. A.
1966 (bis 15. Dezember)	38	k. A.

Quelle: Eigene Berechnung nach BArch Berlin, DO 1, 14 722, Übersicht über Rückführungen von Kindern und Jugendlichen bis 18 Jahren; ebd., 15 598, Übersicht Streb/Garrasch, Dezember 1966.

* Nur November und Dezember 1961.
** Nur September, November und Dezember 1961. Auf eine prozentuale Angabe wird aufgrund der unbekannten Gesamtzahl für September verzichtet.

Ein großer Teil der Eltern von aus diversen Gründen in der DDR verbliebenen Kindern saß jedoch nicht still in Westdeutschland. Nachdem westdeutsche Stellen, u. a. das BMG, verkündeten, dass in Ost-Berlin das MdI für die Bearbeitung zuständig sei, wendeten sich immer mehr Bundesbürger an die Regierung der DDR. Aber auch hier gilt es zu unterscheiden. Einerseits überfluteten Hunderte Eltern das MdI mit Anträgen, andererseits waren sie in Anbetracht der hohen Zahl von Kindern in ostdeutschen Kinderheimen eine Minderheit. Auch hier weichte der SED-Staat seine Praxis im Zuge der Passierscheinverhandlungen auf. So errangen die Eltern von 100 Kindern im Jahr 1964 die Ausreisegenehmigung, gefolgt von 153 Kindern im nächsten Jahr. Offiziell begründet wurde dies aber nicht durch das Dauerfeuer an Eingaben, sondern durch unheilba-

97 BArch Berlin, DO 1, 15 598, Bericht über Informationen zu staatlichen Kinderheimen [1965/6].

re Krankheiten, fehlende Unterbringungsmöglichkeiten in Heimen oder die unzumutbare Belastung für berufstätige Angehörige.[98] Per Fernschreiben machte eine gewisse Zahl der Eltern so ihre schwache Agency geltend, so dass ab Mitte 1965 die Rückführung von Kindern zum Hauptproblem der eingehenden Eingaben wurde. Im vierten Quartal 1966 betraf dies mit 205 noch über ein Viertel der eingegangenen 775 Eingaben.[99] Insgesamt gingen die Rückführungen aber auf wenige Einzelfälle zurück, weswegen die Eltern nun vermehrt auch auf die Bezirke zukamen. Diese gerieten unter großen Druck und fragten »ständig nach der Klärung der Kinder-Übersiedlung« in Berlin an.[100] Ihr Problem bestand darin, dass keine festen Regeln für Genehmigungen vorlagen und dass die Beamten die Willkür des MdI nicht nachvollziehen konnten, das teilweise Kinder entließ und teilweise gleich wirkende Fälle strikt ablehnte.

Erst ab 1967 stabilisierten sich die Routinen, so dass das MdI die Anträge zu Minderjährigen schneller und unter vereinfachten Regeln bearbeiten konnte.[101] Grundlage war hier ein Schreiben Grünsteins an die Bezirke, welches erläuterte, dass über die bestehenden Anweisungen hinaus erstens Minderjährige ausreisen dürften, die zeitweilig in der DDR wohnten, aber in Westdeutschland geboren worden waren, wo noch beide Eltern mit Sorgerecht lebten. Zweitens durften solche auswandern, deren »Eltern, die DDR ungesetzlich verlassen haben«, die aber »schwere geistige oder körperliche Gebrechen haben und nachweislich nicht mehr geheilt werden können«, und drittens galt Nachsicht bei schulpflichtigen Kindern, die verwaist bei ihren Großeltern lebten, die nun einen Ausreiseantrag stellten. Die Kinder durften sie begleiten, wenn eine Heimunterbringung nicht möglich war und keine anderen Verwandten sich zur Sorge bereit erklärten.[102] In engen Grenzen

98 BArch Berlin, DO 1, 15 998, Anhang Genehmigte Übersiedlungen bis 15. Dezember 1966 an Entwurf: Ordnung zu Einreise und Übersiedlung, Garrasch, Streb, 14. Dezember 1966; ebd.; Übersicht der Übersiedlung 1964, Streb, 11. Januar 1965.

99 BArch Berlin, DO 1, 15 598, Eingabenanalyse 2. Halbjahr 1966, 9. Januar 1967.

100 BArch Berlin, DO 1, 15 598, Eingabenanalyse 1. Quartal 1966, 6. April 1966.

101 BArch Berlin, DO 1, 15 598, Analyse der Übersiedlung, 2. Halbjahr 1967, 8. Januar 1968.

102 BArch Berlin, DO 1, 17 283, Grünstein an 1. Stellvertreter der Vorsitzenden der AI der RdB: Übersiedlung von Bürgern der DDR nach Westdeutschland bzw. Westberlin im staatlichen Interesse.

verschriftlichte das MdI hiermit eine Genehmigungspraxis, die sich seit 1962 als unumgänglich erwiesen hatte. Den Impuls dafür gaben Reflexionen im Lichte des VI. Parteitages der SED im Jahr 1963. Nachdem es dem MdI bis 1963 gelungen war, ein relativ stabiles Regulierungssystem einzuführen, wurde dort festgestellt, dass zurückgelassene Kinder nach der Ablehnung mehrerer Anträge dazu neigten, straffällig zu werden. Dies beinhaltete implizit Fluchtversuche, Widerspruch gegen den SED-Staat und andere illegale Versuche der Übersiedlung nach Westdeutschland. Man befand darum, dass »eine Rückschleusung [...] in solchen Fällen festgelegt werden« sollte.[103] Faktisch gab der Staat hierbei bereits einem Typ Ausreisewilligen nach, der später als »hartnäckige Antragsteller auf Ausreise« die Gewährung von »Sonderfällen« legitimierte, ohne die grundlegenden Normen des Staates zu berühren. Dieses Verfahren war jedoch neu, weswegen Grünstein es, die Ressortgrenzen des Ministerium überschreitend, auch mit Honecker abklärte.[104] 1964 wurde damit nur kodifiziert, was seit spätestens 1963 Praxis war, nämlich dass erkrankte Kinder ebenso wie »Hilfsschüler« oder solche, deren weiterer Aufenthalt im Heim aus »politischen, pädagogischen und disziplinarischen Gründen nicht verantwortet werden kann«, zu ihren Eltern nach Westdeutschland ausreisen durften. Zwei Jahre und einen Minister später war dies der erste Schritt der Abkehr vom Paradigma der negierten Nachführung von Kindern an »republikflüchtige« Eltern.[105]

Dieser Linie folgte auch die von Renate Hürtgen als grundlegend erwähnte DA 42/71 (MdI) von 1971, die in erster Linie eine bestehende Praxis festhielt und das Regelwerk entsprechend den zuvor in der Verwaltung gesammelten Genehmigungserfahrungen verfeinerte.[106] Denn auf der Basis der hier dargestellten Verwal-

---

103 BArch Berlin, DO 1, 13 854, Auswertung des VI. Parteitages [1963].

104 BArch Berlin, DO 1, 13 854, Entwurf Günther, Grünstein an Honecker [1963].

105 BArch Berlin, DO 1, 13 711, Maron an Räte der Bezirke, 26. April 1962; ebd., 17 283, Dickel an Ministerin für Volksbildung, Margot Honecker, 2. Juli 1964; ebd., Staatssekretär im Ministerium für Volksbildung Lorenz an Räte der Bezirke, Abteilung Volksbildung, 16. November 1964.

106 Die entscheidende Verschiebung war hier die der Gleichsetzung »republikflüchtiger« Eltern bis 1957 und zwischen 1957 und 1961, deren Kinder nach wie vor nur im Falle schwerer Erziehbarkeit, körperlicher oder physischer Behinderungen usw. ausreisen durften, was zuvor im Geheimregelwerk (aber nicht

tungspraxis öffneten sich trotz der offiziell strikten Ablehnung der Ausreise Minderjähriger Schlupflöcher für Kinder und Jugendliche, die entweder Kosten verursachten, deren Eltern aus dem Westen ihr Sorgerecht geltend machen konnten oder die im Zwecke des Staates auswanderten. Diese Praxis der Ausreise Minderjähriger bestand nahezu unverändert bis Mitte der 1970er Jahre.

»Sonderfälle«

Während sich für minderjährige Ausreisewillige damit im Rahmen des elterlichen Sorgerechts im Falle der Trennung der Eltern von ihren Kindern zunehmend die Tore öffneten, blieb die Mauer für die Mehrheit der Bevölkerung, also die nicht als Reisekader geführten, arbeitsfähigen Bewohner des Landes zwischen 18 und 60 bzw. 65 Jahren, unüberwindbar. Sie stellten vor 1961 die Mehrheit der »Republikflüchtigen«. Um sie als Arbeitskraft unbedingt im Land zu halten, bekämpfte der Mauerbau in erster Linie ihre illegale Übersiedlung. Die Zahl der erfolgreichen Fluchten ging in den nächsten Jahren bis fast auf null zurück. Fehl geht jedoch die weit verbreitete Ansicht, dass dies auch die legale Auswanderung unterband. Zwischen Mauerbau und dem 15. Dezember 1966 erlangten immerhin mindestens 2325 als arbeitsfähig eingestufte Personen die ständige Ausreise nach Westdeutschland. Im Verhältnis zu den zeitgleich ausreisenden 113 023 Rentnern und »Invaliden« erscheint diese Zahl jedoch recht gering (1,8 % der Ausreisenden). Mit 692 Arbeitsfähigen siedelte knapp ein Drittel (29,8 %) auf staatliche Veranlassung, also vor allem im Staatsdienst Tätige, über.[107]

Ein genauerer Blick auf die im Tiefensample B aufgenommenen 68 »Sonderfälle« zwischen dem 13. August 1961 und Ende 1963 ermöglicht es, sechs verschiedene Typen an »Sonderfällen« zu identifizieren (siehe Tafel 16, S. 209). Dies sind erstens Privilegierte, also im Auftrag des MfS oder aufgrund von Kaderinteressen gesandte SED-Mitglieder oder, wie schon zuvor zu sehen, Personen die sich

unbedingt in der Praxis) für nach 1957 geflohene Eltern nicht möglich war; vgl. Hürtgen, *Ausreise per Antrag*, 63.

107 Eigene Berechnung nach BArch Berlin, DO 1, 15 598, Übersicht Streb/Garrasch, Dezember 1966; für das Restjahr 1961 ebd., 13 716, Prüfbericht Schreiber, Günther 1962.

Tafel 16: Typen an »Sonderfällen« je Jahr.

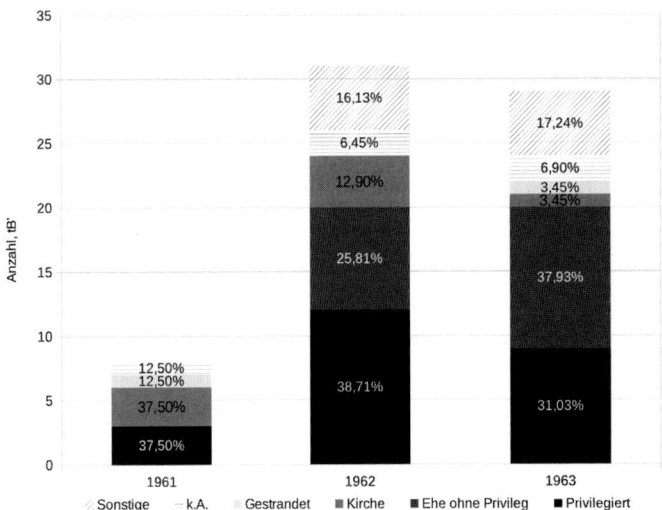

Quelle: Eigene Erhebung, 13. August 1961 bis 31. Dezember 1963; tB' = 68.

wegen anderer Zuverlässigkeit als vertrauens- und belobigungs-
würdig erwiesen hatten. Zweitens handelt es sich um Verheiratete,
die sich die Ausreise zu ihren Ehepartnern erstritten. Gemeinsam
formen diese beiden Gruppen die Mehrzahl der »Sonderfälle«. Ihnen folgen drittens mit gewissem Abstand Personen nach, die im
kirchlichen Kontext übersiedeln durften, und viertens wenige gestrandete Härtefälle, die nach dem Mauerbau erneut eine Ausreisegenehmigung erstritten. Daneben stehen fünftens einige wenige,
zu denen keine weiteren Informationen erhoben werden konnten.
Sechstens passt jährlich ca. ein Sechstel der »Sonderfälle« in keinen
der benannten Typen, konnte aber dennoch individuelle Gründe
derart vorbringen, dass das MdI ihnen die Ausreise erlaubte. Zusammen verdeutlichen diese sechs Typen die Heterogenität und die
Spezifika der üblicherweise kaum beachteten »Sonderfälle« in den
1960er Jahren.

Vor dem massenhaften Anstieg der Antragszahlen ab Mitte der 1970er Jahre bestimmten Privilegierte das Bild der ausreisenden »Sonderfälle«. Dies war jedoch facettenreich. Von besonderem Interesse wären hier freilich Spitzel des MfS, die im Teilsample B jedoch mit einem einzigen Fall noch kaum präsent sind. 1963 fungierte das MfS noch eher als Fürsprecher denn als genehmigende Institution, weswegen der MfS-Bedienstete Armin Ullmann, der später als MfS-Oberst den Kampf gegen die Internationale Gesellschaft für Menschenrechte anführte, im Auftrag seiner Diensteinheit dem MdI darlegte, »daß von dort ein besonderes Interesse an der Übersiedlung der Ingrid Melzig* besteht«. Als Vorwand berief man sich hier auf eine Polio-Erkrankung der Frau. Damit war Frau Melzig* keineswegs eine Invalidin, jedoch überprüfte das MdI diese Angabe nicht einmal, da das MfS klarstellte, dass es dies schon getan habe.[108] So meisterte der Antrag innerhalb sensationeller 19 Tage alle Instanzen, wobei weder das MdI noch die unteren Ebenen erfuhren, worin eigentlich das »staatliche Interesse« an ihrer Übersiedlung lag, was sie nach DA 27/62 eigentlich zu prüfen hatten. Es ist davon auszugehen, dass hinter den jährlich ca. 6 bis 7 % der Anträge, zu denen in den Akten des MdI keine weiteren Informationen verfügbar sind, ebensolche Vorgänge steckten, die MdI und MfS allein fernmündlich koordinierten. Ab 1963 formalisierte sich dieses Verfahren und solche Anträge erreichten Grünsteins Büro auf Sonderlisten, bevor sie zur Wahrung des Scheins zur Bearbeitung in die Kreise gereicht wurden.[109]

Diese Auftragsauswanderer sind jedoch von jenen zu unterscheiden, die aus eigenem Interesse ihren Status oder Einfluss geltend machen konnten. Besonders zu betrachten sind hierbei die SED-Mitglieder, die in diesen Jahren einen beachtlichen Teil unter den wenigen »Sonderfällen« stellten. Die Berliner SED-Bezirksleitung begründete bereits Ende 1961 die Übersiedlung der 27-jährigen Ursula Schaller*, da sie Kandidatin und ihr in West-Berlin lebender Mann Mitglied der SED-Westberlin sei.[110] Dieser sehr frühe Fall

108 BArch Berlin, DO 1, 13525, 56.
109 Siehe z. B. GM bzw. GI »Felix«, BStU AdZ, HA II/4633, 1-11; ebd. HA II/41375, 87-9.
110 BArch Berlin, DO 1, 13525, 54; den besser bekannten Parteinamen SEW führt

verdeutlicht, dass es bei Parteimitgliedern leichter war, das »staatliche Interesse« für sich zu beanspruchen. Auch die 29-jährige Berlinerin Walborg Schrempfmann* konnte dank ihrer Parteimitgliedschaft mit ihrer Tochter zu ihrem Mann im Westen übersiedeln, da sie neben der Zustimmung der SED-Bezirksleitung auch die der zersplittert im Untergrund in Westdeutschland tätigen Genossen der KPD erhielt. Sie beantragte die Umschreibung der Parteimitgliedschaft von der SED zur (1956 in Westdeutschland verbotenen und damit *de iure* nicht mehr existenten) KPD direkt mit.[111] Später verschob sich das Bild zumeist dahin, dass die im Westen lebenden oder bereits legal übergesiedelten Männer und Parteimitglieder ihre Frauen in den Westen nachholten. Die Ehepaare Schleberger*, Gurwitz* und Märzner* profitierten so von Schlupflöchern, die sich nur ergaben, weil die Männer im Parteiauftrag die Präsenz der SED in West-Berlin stärkten.[112] Eine Ausnahme war der 23-jährige Lothar Kurz*, der seiner Frau nachfolgte, die nach dem Abschluss ihres Studiums in der DDR bereits im Parteiauftrag in West-Berlin weilte.[113] Während, wie weiter unten dargestellt wird, die Ausreise für Ehepartner ohne Parteibezug nur sehr schwer zu erlangen war, gelang es Parteimitgliedern in einigen Fällen sogar, ihre Verlobten nachzuholen. So intendierte die 25-jährige Filmschnittmeisterin Christa Ohsek*, ihren in West-Berlin lebenden Verlobten im April 1962 in Treptow zu heiraten, als der Mauerbau ihnen einen Strich durch die Rechnung machte. Als West-Berliner durfte ihr Verlobter nun nicht in den Ostteil der Stadt einreisen, obwohl er SED-Mitglied war. Üblicherweise mussten sich solche gut ausgebildeten jungen Menschen mit der Trennung arrangieren, Frau Ohsek* konnte jedoch im Frühjahr 1962 ausreisen und die Eheschließung rasch nachholen.[114]

Diese Gruppe der Ehepartner mit Parteibezug ist im Vergleich zu anderen geradezu homogen. Sie besteht zu 92,8 % aus Frauen

die Partei ab 1969; siehe hierzu Thomas Klein, *SEW – die Westberliner Einheitssozialisten: Eine »ostdeutsche« Partei als Stachel im Fleische der »Frontstadt«?* (Berlin: Ch. Links, 2009); Olav Teichert, *Die Sozialistische Einheitspartei Westberlins: Untersuchung der Steuerung der SEW durch die SED* (Kassel: Kassel University Press, 2011).

111 BArch Berlin, DO 1, 13 564, 271.
112 BArch Berlin, DO 1, 13 522, 18, ebd., 13 527, 14; ebd., 13 649, 2.
113 BArch Berlin, DO 1, 13 564, 266.
114 BArch Berlin, DO 1, 13 551, 101.

(nur ein Mann, der seiner Frau nachzieht), 78 % gingen nach West-Berlin, und drei Viertel waren unter 30 Jahren alt. Der typische Fall einer partei- und ehebezogenen Ausreise ist also eine junge, gut ausgebildete Ehefrau oder Verlobte, die ihrem Mann in West-Berlin zur Seite steht, der dort im Sinne der SED und oft auch der Reichsbahn tätig war. Letzteres war über Parteimitgliedschaft hinaus ein starkes Argument, da die Reichsbahn unter Boykott und Arbeitskräftemangel litt. Deswegen gelang auch Irmgard Brüsnow* die Übersiedlung zu ihrem Mann nach nur kurzer Wartezeit, der zwar bei der Reichsbahn tätig war, aber weder Parteimitglied noch bereit war, in die DDR überzusiedeln.[115]

Neben der aktiven SED-Mitgliedschaft wirkte eine KPD-Mitgliedschaft oder -vergangenheit förderlich. Dies ging oft mit der Fürsprache von einflussreichen Personen des SED-Staates einher, bis auf höchste Staats- und Parteiebenen inklusive Grünstein selbst.[116] Darunter fällt auch Theodor Jakubowski nebst Ehefrau Katharina, die seit 1945 prominente KPD-Mitglieder waren. Nachdem sie privat oder mit Delegationen häufiger die DDR besucht hatten, wollten sie Anfang der 1960er Jahre dorthin übersiedeln.[117] Als Vorhut reiste die Ehefrau im April 1962 mit den Kindern über das Aufnahmeheim Barby ein und fing an, im VEB Buche zu arbeiten. Jedoch verwehrte der Restvorstand der KPD in Absprache mit dem ZK der SED dem politisch sehr aktiven und im Westen unverzichtbaren Mann die Übersiedlung. Die Frau ersuchte nun mit beiden Kindern erfolgreich die Rückkehr in den Westen, wobei die Abteilung Innere Angelegenheiten gar um die beschleunigte Bearbeitung des Antrags bat, da »die Familie hier hinreichend bekannt« sei.[118]

115 BArch Berlin, DO 1, 13649, 2.
116 BArch Berlin, DO 1, 13551, 116; ebenso bzgl. Kindern von in der Bundesrepublik lebenden KPD-Mitgliedern BArch Berlin, DO 1, 13564, 275 (Schuster*); ebd., 13650, Sonderliste (Haffner*).
117 In einem sehr ausführlichen Interview mit dem Holocaust-Gedenkmuseum der Vereinigten Staaten in Washington, D. C. (USHMM) spricht das Ehepaar jedoch kaum über die parteiliche Tätigkeit, seine Beziehung zur DDR und auch nur am Rande über seine Arbeit als Gewerkschaftler in Westfalen. Auch die Episode der zeitweiligen Übersiedlung bleibt unerwähnt, vgl. Oral history interview with Theodor Jakubowski and Katharina Jakubowski 12. Juli 2004, USHMM, Oral History Collection, RG-50.486*0038, 1999A.0310.38, insbes. Teil 4 von 4 (47:41 min).
118 BArch Berlin, DO 1, 13564, 274.

Eine KPD-Mitgliedschaft der Westangehörigen konnte aber auch in eine ganz andere Richtung ausschlagen. Der 19-jährige Lutz Dorst* wuchs in einem kommunistischen Elternhaus in Süddeutschland auf und ging in den 1950er Jahren ohne Wissen der Eltern oder der Partei in die DDR, wo er in Gera lebte und arbeitete. Nach dem Mauerbau blieb ihm eine Urlaubsreise zu seinen Eltern verwehrt, weswegen seine mittlerweile vom Glauben abgefallene Mutter zu drastischen Mitteln griff. Als langjährige Aktivistin der KPD verfügte sie nach deren Verbot 1956 über tiefgreifendes Wissen über die Partei und ihre Mitglieder in der Region. Ihr ausführliches Schreiben an Vertreter des SED-Staates Mitte Oktober 1962 mündete in einer Erpressung: »Ich möchte euch ganz nah ans Herz legen, wenn unser Sohn bis zum 15. November 1962 nicht zu Hause ist, so sehe ich mich gezwungen, das Vertrauen euch gegenüber völlig zu brechen und die Mitglieder der KP [ihrer Heimatstadt] vors Gericht zu führen. Außerdem werde ich Hilfe verlangen von der Bundesregierung und der Presse. [...] Es liegt bei euch die Entscheidung, entweder Ihr gebt meinen <u>Sohn frei</u> oder ich pack am 16.11.62 vor Gericht alles aus, denn ich weiß viel, die Verantwortung dafür müßt ihr tragen, denn ihr zwingt mich dazu. Mit Gruß, Gabi Dorst*«.[119] Angesichts der intensiven rechtlichen Verfolgung von Kommunisten in der Bundesrepublik wühlte dies die Gemüter in den Abteilungen Inneres auf. Befragungen ergaben, dass es der Frau ernst war.

Daraufhin baten Vertreter der SED den Sohn zur Aussprache. Dieser fühlte sich allerdings in der DDR nicht unwohl und hegte keinen Ausreisewunsch. Nun drehte sich das Spiel um. Nach einer »Aussprache« gab er zu Protokoll, dass seine Mutter es wohl nicht verwinden könne, dass einige seiner damaligen Begleiter in die DDR auf Besuch nach Hause durften, er aber nicht, weswegen »meiner Mutter die Nerven über gingen und [sie] dies dem Gen[ossen] Buschner schrieb. Nach einer kurzen Aussprache mit ihm habe ich mich entschieden eine Übersiedlung zu beantragen, um meiner Mutter nicht den Glauben an mich zu nehmen und das zu verhindern was meine Mutter im Sinn hat. Deshalb bitte ich für eine rasche Befürwortung der Übersiedlung, da ich nicht für eine Garantie meiner Mutter die Verantwortung übernehmen

---

119 BArch Berlin, DO 1, 13564, 271 (Hervorhebung im Original).

kann. Lutz Dorst*.«[120] Nach diesem auf parteiliches Betreiben hin gestellten Antrag ging alles sehr schnell. Die SED-Kreisleitung in Gera bat am 2. November 1962 nachdrücklich die Abteilung Innere Angelegenheiten des Kreises, den »Jugendlichen« Lutz Dorst* »auf schnellstem Wege wieder zu seinen Eltern zurück zu führen, da wir sonst die Gefahr laufen, daß die Mutter ihre Drohungen wahrmacht und die Genossen der KP […] dem Gericht ausliefert«. Diesem stimmten auch KPD-Vertreter zu und so schlug Bergmann im MdI die »unverzüglich[e]« Übersiedlung des Lutz Dorst* bereits am 10. November als »zweckmäßig« vor. Grünstein bestätigte dies noch am selben Tag und forderte eine schnelle Ausstellung einer PM 12a an. Der Sohn wanderte fristgerecht und nur einen Monat nach Beginn der Freipressungsaktion nach Süddeutschland aus.

Hier lag also in der Tat ein »staatliches Interesse« vor, da die Untergrundtätigkeit der KPD ein Bestandteil der Westarbeit des SED-Staates war. Dementgegen bleibt unklar, ob die Ausreise auch tatsächlich im Sinne von Lutz Dorst* geschah, denn in den Akten findet sich kein von ihm geäußerter Ausreisewunsch. So extrem dieser Fall auch erscheint, er war keine Ausnahme. Auch dem ebenfalls 19-jährigen Hans-Dieter Schubert* gelang die Ausreise nur, weil seine Eltern die Rückkehr des erst 1962 in die DDR gekommenen Sohnes einforderten. Sie drohten an, sie würden »in Westdeutschland der Presse und der Polizei Namen von Personen bekannt geben, die für uns arbeiten«. Während die Sachbearbeiter im MdI hier erst noch ablehnen wollten, machte ihnen Waldemar Pilz von der Abteilung Staats- und Rechtsfragen beim ZK der SED die Dringlichkeit des Anliegens klar.[121]

Dieser zugegeben extreme individuelle Krafteinsatz überwand die hohen Hürden, die der Staat aufstellte. Bessere Chancen hatten Menschen, die zwar nicht im Dienst der Partei, wohl aber in deren Interesse übersiedelten. Zuvörderst sind dabei wie bereits erwähnt Angestellte der Reichsbahn oder der Bahnpolizei zu nennen, aber hier gab es durchaus weiteren Spielraum. In den Genuss einer Belohnung kam die 49-jährige Berlinerin Betti Creutzig*, die seit Jahren um die Ausreise zu ihrem Ehemann ersuchte. Dieser hatte 1956 die DDR illegal verlassen und lebte nun zwar noch in geografischer Nähe zu seiner Frau, aber durch die Mauer von ihr getrennt in

120 BArch Berlin, DO 1, 13564, 271.
121 BArch Berlin, DO 1, 13649, 10.

West-Berlin. Nach über zwei Jahren unterstützte der Bezirk letzten Endes ihr Ersuchen, da sie sich »als SED-Unterstützer« erwiesen hatte.[122] Ebenso ambivalent lag der Fall bei dem 19 Jahre alten Helmut Wedekind*, der 1960 mit dem Einverständnis seiner Mutter in die DDR gegangen war, um eine landwirtschaftliche Lehre zu beginnen. Dort aber übertrat er das Gesetz und saß zwischen November 1961 und seiner vorzeitigen Entlassung im August 1962 im Gefängnis. Nur wenige Tage später begann er gemeinsam mit seiner Mutter aus dem Westen, wiederholt und unentwegt Anträge auf Übersiedlung zu stellen, da er im elterlichen Betrieb benötigt werde. Dieser Druck hätte kaum etwas bewirkt, hätte nicht der Aktenvermerk über die Eltern, sie »treten aktiv gegen Adenauerregime auf«, das Bild zu seinen Gunsten geändert.[123] Am deutlichsten wird die Beliebigkeit der Genehmigungen wohl im Falle der Hildegard Marszulka*, die als Haushälterin bei einem Professor gearbeitet hatte, bevor dieser mit seiner Frau legal in den Westen übersiedelte. Nach dem Tod seiner Frau wollte er nun vom Westen aus die etwas jüngere Marszulka* ehelichen. Ihre Ausreise wurde genehmigt, da beide als antifaschistische Widerstandskämpfer galten. Zudem konnte sie ohnehin keine schweren Arbeiten verrichten und hätte aufgrund einer fehlenden Versicherung »nach Eintritt in Rentenalter Fürsorgeunterstützung erhalten«.[124]

In keiner anderen Teilgruppe des Samples ist die Zahl der persönlichen Fürsprecher aus dem Staatsapparat (75 %) darum derart hoch wie unter jenen, die in irgendeiner Form ein Parteiinteresse für sich geltend machten. Dies konnte von der Bezirksebene ausgehend bis zu den Ministern des Inneren Maron oder Dickel persönlich reichen.[125] Im Vergleich zeigt sich zudem, dass die Privilegierung nicht nur die Ausreisegenehmigung betraf. So erlangte einerseits die gestrandete, fürsprachelose, alleinstehende und pflegebedürftige Rentnerin Martha Kraftner* im zweiten Anlauf die Ausreise. Der Kreis Wurzen untersagte ihr jedoch, ihren Schmuck mitzunehmen, »da eine Ausfuhr von Edelmetallen nicht gestattet ist«. Sie musste nicht nur ihre Familienerbstücke zurücklassen, sondern der Kreis widerrief auch die zuvor genehmigte Ausfuhr der

122 BArch Berlin, DO 1, 13 649, 6.
123 BArch Berlin, DO 1, 13 564, 270.
124 BArch Berlin, DO 1, 13 649, 8.
125 BArch Berlin, DO 1, 13 563, 28; ebd., 13 650, 30.

Wohnmöbel, denn es reiche »das, was sie am neuen Wohnort dringend benötigt«.[126] Die 39-jährige Helene Feistig* konnte sich andererseits auf die Fürsprache Grünsteins verlassen. Nach dem Tod ihres Mannes, eines bekannten Mediziners, siedelte sie ungeachtet ihres Alters nicht nur ohne Hindernisse in die Bundesrepublik über und führte ihren Geldbesitz mit. Auf »Anforderung des Stellvertretenden Ministers des Innern« bekam sie sogar ihren Wunsch erfüllt, den Mercedes ihres Mannes mitzunehmen.[127] Das in der DA 27/62 festgeschriebene »staatliche Interesse« war also sehr flexibel auslegbar.

Ehegrund

Auch unter jenen, die aus Ehegründen ausreisten, wurde fast die Hälfte wegen ihrer Biografie oder von Fürsprache privilegiert (siehe Tafel 17, S. 217). Hier fanden zwei Arten von Agency im Migrationsregime zusammen. Zum einen konnten die Ausreisenden ihr Umfeld in ihrem Interesse mobilisieren, zum anderen konnte der Staat diese Privilegierung trotz aller Willkürlichkeit als ein Staatsinteresse interpretieren. Dem lag freilich kein verifizierender oder falsifizierender Beurteilungsprozess der Verwaltung zugrunde, vielmehr richtete sich das Ergebnis am Rang des Fürsprechers aus. Wenn es ihnen gelang, Grünsteins Büro zu überzeugen, konnten ihre Worte gar untere Behörden überstimmen. Damit unterschieden sich die Einflussmöglichkeiten von der Ausreise in späteren Jahren, insbesondere nach 1975, in denen das MfS die entscheidende Rolle übernahm. Dies ist in den 1960er Jahren jedoch noch nicht zu beobachten. Das MfS konnte zwar unhinterfragt eigene Kandidaten für die Ausreise nominieren, kontrollierte aber noch nicht das Geschehen.

Die mehreren Ebenen der Aushandlung im Migrationsregime und die Grenzen der Möglichkeiten von Fürsprechern lassen sich an einem Beispiel illustrieren. Der bedeutende westdeutsche Journalist Ansgar Skriver, der auch in der DDR hohes Ansehen ge-

126 BArch Berlin, DO 1, 13 551, 123.
127 BArch Berlin, DO 1, 13 649, 2.

Tafel 17: Verteilung der ehebezogenen Ausreise aus der DDR 13. August 1961-31. Dezember 1963.

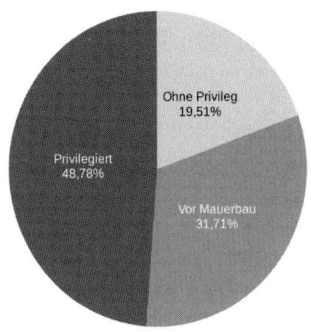

Quelle: Eigene Berechnung, n(tB') = 41.

noss, lernte auf einer DDR-Reise eine Frau kennen.[128] Beide wollten heiraten und ein Leben in West-Berlin aufbauen. Trotz seines West-Berliner Wohnorts weilte er 1963 als akkreditierter Journalist häufig in der DDR. Das MdI aber lehnte den Antrag auf Heirat ab, denn der Magistrat von Groß-Berlin erläuterte ihm, wie Skriver es in einem Schreiben an Walter Ulbricht im Februar 1964 wiedergab, »unsere Ehe werde nicht auf echter Liebe aufbauen, wenn ich mich nicht entschließen könnte, in die DDR überzusiedeln«.[129] Das war offensichtliche emotionale Erpressung, die der Autor geschickt konterte. In einem Brief an Ulbricht erläuterte er, dass er seine Verlagstätigkeit nicht aufgeben könne, da er an einer wichtigen Dokumentation über die gerichtliche Ahndung der nationalsozialistischen Gewaltverbrechen sitze, die nicht »aus privaten Gründen von mir im Stich gelassen« werden könne. So bat er Walter Ulbricht unter Berufung auf gemeinsame Bekannte beim *Stern* und der *Zeit*, sich »gutachtlich zu äußern«, was dieser freilich

128 BArch Berlin, DO 4, 367, Bl. 322-7, Ansgar Skriver an Walter Ulbricht, 21. Februar 1964.
129 BArch Berlin, DO 4, 367, Bl. 326, Ansgar Skriver an Walter Ulbricht, 21. Februar 1964.

unterließ.[130] Allerdings konnte Skriver zahlreiche andere Fürsprecher für seine Sache gewinnen, insbesondere ranghohe Repräsentanten aus dem kirchlichen Bereich. Der renommierte, jedoch für das MfS arbeitende Dresdner Pfarrer Walter Feurich versicherte, es sei »aus politischen Gründen kaum vertretbar, Herrn Skriver zu veranlassen, in die DDR überzusiedeln«.[131] Dies sekundierte einer der Gründerväter und damaliger Vizepräsident der um Ausgleich zwischen den Systemen bemühten Christlichen Friedenskonferenz, der spätere Theologieprofessor Albert Jan Rasker, indem er zu bedenken gab, »ob nicht die Anwesenheit und Tätigkeit eines Mannes wie Ansgar Skriver in der Bundesrepublik von großer politischer Wichtigkeit ist«.[132] Diese Eingaben leitete der Staatssekretär für Kirchenfragen Seigewasser an das MdI weiter. Zwar betonte er die Machtlosigkeit seines Staatssekretariats in Auswanderungsfragen, erbat aber mit besonderem Verweis auf das Schreiben Raskers eine erneute Prüfung und schnelle Entscheidung.[133] Die Ausreise gelang zum 31. Dezember 1964, fast acht Monate nach der Geburt der gemeinsamen Tochter.[134]

Die zweitgrößte Teilgruppe der ehebezogenen Auswanderer sind jene, die bereits vor dem 13. August 1961 und mit staatlicher Genehmigung eine Ehe mit einem Westbürger eingingen. Diese waren allesamt weiblich. Während sie bis Mitte 1962 kaum einen Weg aus der DDR fanden (7,3 % der Fälle), öffneten sich mit Erlass der DA 27/62 einige Schlupflöcher (92,3 %), solange keine »Republikflucht« involviert war. Die einzige Ausnahme im Sample ist dahingehend ein sehr früh »republikflüchtiger« Ehemann, den der Staat seit seiner Eheschließung im Jahr 1960 zur Rückkehr zu gewinnen versuchte. Im Lichte der DA 27/62 gab der Bezirk nun auf, die Sachbearbeiter im MdI stimmten dem zu. Grünstein wurde aus nicht nachvollziehbaren Gründen spät hinzugezogen, woraufhin er

130 BArch Berlin, DO 4, 367, Bl. 327, Ansgar Skriver an Walter Ulbricht, 21. Februar 1964.

131 BArch Berlin, DO 4, 367, Bl. 321, Walter Feurich an Seigewasser, 2. Juni 1964.

132 BArch Berlin, DO 4, 367, Bl. 318, Albert Jan Rasker an Seigewasser, 1. Juni 1964.

133 BArch Berlin, DO 4, 367, Bl. 317, Weise an Feurich, 10. Juni 1964.

134 Vgl. die redaktionelle Notiz in Ansgar Skriver, »Ein alter Brief«, in: *Deutschland Archiv* 7 (2005), 758. Mit bestem Dank an Christoph Nuhs vom Archiv der sozialen Demokratie, der nach einer ersten erfolglosen Recherche im dort verwahrten Nachlass Skriver auf eine entsprechende Notiz stieß; vgl. Archiv der sozialen Demokratie, Nachlass Skriver, Ansgar.

die Ausreise mit Verweis auf die »Republikflucht« des Mannes noch zu stoppen suchte. Dies gelang aber nicht, da der Bezirk bereits vom positiven Bescheid informiert und der PM 12a datiert und ausgestellt worden war.[135]

Zahlreiche dieser Frauen kamen einst aus dem Bundesgebiet in die DDR und suchten später einen Weg zurück. Zudem scheiterten in allen Fällen intensive Versuche des Staates, die Männer zur Übersiedlung in die DDR zu gewinnen.[136] Etwas anders lag die Sache, wenn der Staat kein Interesse an dem Mann hatte. Die 55-jährige Frieda Springert* ließ der Staat ziehen, da sie die Ehefrau des »1961 auf Beschluss d. Gemeindevertretung aus [ihrem Wohnort] nach Westdeutschland verjagten Faschisten Springert*« war. Dieser hatte sich bis 1945 als lokaler Nazi-Führer hervorgetan und verfügte im Ort über einen solchen Einfluss, dass er trotz ungeminderter NS-Sympathie nach Kriegsende LPG-Vorsitzender wurde. Man warf ihm vor, er versuche »in seiner Funktion eine Großraumwirtschaft aufzuziehen, wie es in kapitalistischen Ländern üblich ist«.[137] Mit anderen Worten, er widersetzte sich wie viele andere Bauern der fortschreitenden Kollektivierung. Erst im Zuge dieses Widersetzens wurde seine Vorgeschichte aufgedeckt und öffentlich angeprangert. Nur wenige Tage vor Mauerbau wurde er vom MdI in die Bundesrepublik ausgewiesen. Seine Frau folgte ihm, wobei in dem Antrag ihre »Arbeitsfähigkeit« oder Tätigkeit an keiner Stelle reflektiert wird. Sie galt lediglich als Anhang ihres unerwünschten Mannes.

Dies ist einer der wenigen Fälle, in denen Frauen bis Ende 1963 zu ihren Männern ausreisen durften, ohne dass sie ein Staats- oder Parteiinteresse oder eine Eheschließung vor Mauerbau geltend machen konnten (siehe Tafel 17, S. 217). Weitere Fälle sind eine 53-jährige Ehefrau, die bereit war, den Familienbesitz der lokalen LPG zu übergeben, sowie eine Frau, die aufgrund der Betreuung ihres Kindes mit schwerer Behinderung nicht arbeiten konnte.[138] Nur drei

135 BArch Berlin, DO 1, 13 649, 15.
136 Siehe z. B. BArch Berlin, DO 1, 13 649, 2, 4, 29.
137 BArch Berlin, DO 1, 13 650, 24; neben zahlreichen Berichten in der Karl-Marx-Städter *Volksstimme* siehe dazu ohne Verweis auf eine mögliche NS-Vorbelastung »Dorf gesäubert«, in: *Der Spiegel* 34 (16. August 1961), 19; aggressiv hingegen »Faschist Springert* wurde über die Grenze gejagt«, in: *Neues Deutschland* (9. August 1961), 7.
138 BArch Berlin, DO 1, 13 650, 22, 23.

Fälle greifen im weitesten Sinne der späteren Kategorie der »hartnäckigen Antragsteller auf Übersiedlung« voraus: Frau Übel*, die mit ihrem Sohn ihre Ausreise erstritt, da ihr Mann von jeher im Westen lebte und sie nun ihre kranke Mutter dort pflegen musste, und Frau Schröder*, die seit Jahren einen Bundesbürger heiraten wollte, dessen Übersiedlung die DDR aber ablehnte. Während eines seiner Besuche in der DDR schritten sie letztendlich eigenmächtig zur Tat und heirateten. Danach kämpfte sie hartnäckig für ihr Ausreiserecht, so dass der Kreis »zu dem Entschluß [kam], dem Antrag nunmehr zuzustimmen«.[139] Der dritte in dieser kleinen Runde ist der seltsame Fall einer Ehefrau, der zugutegehalten wurde, dass sie bei ihrer Eheschließung vor dem Mauerbau in Ost-Berlin nicht darauf aufmerksam gemacht worden sei, »daß eine Eheschließung nicht für eine Übersiedlung Gültigkeit habe«.[140] Mit dem Verweis auf mangelnde Information erstritt sie sich das Recht auf die Ausreise, wobei es sich als dienlich erwies, dass sie unter anderem als braves Mitglied im Freien Deutschen Gewerkschaftsbund (FDGB), der Gesellschaft für Deutsch-Sowjetische Freundschaft, der Volkssolidarität und im Demokratischen Frauenbund bekannt war. Ob in diesem Fall weitere Faktoren mitspielten, geht aus den Akten nicht hervor.

Die Sonderfälle der »Sonderfälle«

Die wenigen weiteren »Sonderfälle« betreffen in erster Linie zwei Gruppen, nämlich Künstler und Kirchendiener. Erstere reisten erst ab Anfang 1961 aus und verteilten sich über bislang benannte Gruppen: ein Fall der vom Staat unterstützten Ausreise zur künstlerisch tätigen Ehepartnerin, ein Paar Gestrandeter, das bereits im Sommer 1961 im Westen das Geschäft des Vaters übernehmen sollte, und ein Künstler, der kein Engagement mehr fand. Er gehörte zu jenen Künstlern, die dem MdI zufolge »keine Verwendung mehr fanden«.[141]

Besorgt registrierten hingegen das MdI und das Staatssekretariat

139 BArch Berlin, DO 1, 13564, 269.
140 BArch Berlin, DO 1, 13564, 268.
141 BArch Berlin, DO 1, 13649, 1, 3, 13; zudem ebd., 15598, Analyse der Übersiedlung, 1. Halbjahr 1964.

für Kirchenfragen (StsfK) bereits Ende 1961, dass die Zahl der Anträge von Geistlichen und ihren Angehörigen seit dem 13. August 1961 um 40 % gestiegen sei. In einer Beratung der beiden zuständigen Sektorenleiter Erwin Günther (MdI) und Hans Weise (StsfK) im Dezember vereinbarten beide darum eine Genehmigungspraxis, die in der Art typisch war, aber selten derart explizit ausgesprochen wurde.[142] Günther wies mündlich an, dass prinzipiell ausschließlich Anträge alleinstehender oder pflegebedürftiger Personen genehmigt würden, die keine Angehörigen in der DDR hatten und sich nicht selbst versorgen konnten. Dies empfahl er auch dem StsfK als Leitlinie, wobei er zugleich jedes Mitspracherecht des westdeutschen DRK oder kirchlicher Einrichtungen im Westen zurückwies. Direkt darauf kam er aber zu den entscheidenden Ausnahmen, die sich ergaben, wenn sich »Würdenträger, mit denen wir in einem guten Verhältnis stehen (wie z. B. bei Landesbischof [Moritz] Mitzenheim und Kirchenpräsident [Martin] Niemöller) für die Übersiedlung von Bürgern der DDR einsetzen«.[143] Dabei dürfe es sich »nur um Personen handeln, die im kirchlichen Dienst gestanden haben. Arbeitsfähigen und verheirateten Personen, bei denen ein Ehepartner in Westdeutschland oder in Westberlin wohnt, werden keine Übersiedlungen genehmigt. Hier gilt der Grundsatz, daß diese Personen zu ihren Ehepartnern in die DDR übersiedeln sollen.«[144] Wie oben bereits dargestellt, widersprach diese kategorische Leitlinie den Praktiken des MdI, welches sehr wohl Nischen für solche Personen öffnete, wenngleich noch sehr wenige. Letzten Endes ging es auch hier um eine Orientierung des Staatssekretärs bei gleichzeitiger Wahrung des Genehmigungsanspruchs des MdI. Um die Lage im Blick zu behalten, bedingte es sich darum aus, auf jeden Fall konsultiert zu werden, sobald sich ein Würdenträger für einen Übersiedlungsantrag einsetzte. »Im allgemeinen aber, betonte Genosse Günther, wird die Entscheidung des betr. Rat des Bezirkes zur Grundlage des weiteren Verfahrens gemacht«, was ein

---

142 BArch Berlin, DO 4, 2586, 719 f., Übersiedlung von Bürgern der DDR nach Westdeutschland, Vertrauliche Mitteilung an den Staatssekretär für Kirchenfragen Seigewasser, Weise, 12. Dezember 1961.

143 Eine entsprechende Liste von Würdenträgern im Westen, mit denen man im direkten und indirekten Kontakt stand, erstellte das StsfK bereits im Oktober 1961, BArch Berlin, DO 4, 2586, Vermerk, 2. Oktober 1961.

144 BArch Berlin, DO 4, 2586, Vermerk, 2. Oktober 1961.

galanter Weg war, die zeitweilige Entmachtung der Bezirke zu verschleiern, um mit dem Verweis auf ein »weiteres Verfahren« die Hoheit des MdI unbeeinträchtigt zu lassen.[145]

Tafel 18: Anzahl gemeinsam ausreisender Personen je Migrantengruppe.

	Fälle	Personen	Personen je Fall
Gestrichen	1	1	1
k. A.	4	6	1,5
MfS	1	1	1
Kirche	8	21	2,6
Privilegierte	23	31	1,4
Ehe ohne Privileg	17	33	1,9
Gestrandet	2	2	1
Sonstige	12	17	1,4
Gesamt	**68**	**112**	**1,6**

Quelle: Eigene Erhebung, n = tB' = 68 (»Sonderfälle«), 13. August 1961-31. Dezember 1963.

In der Tat sind im Teilsample B kirchliche Fälle sehr bedeutsam, auch wenn ihr Anteil im Laufe der Jahre sank. Darüber hinaus ist zu beachten, dass Anträge auf Basis kirchlicher Argumente im Schnitt die meisten Personen erfassten, also Familienanträge waren. Sie machten 11,8 % der »Sonderfälle« aus, umfassten jedoch 18,8 % der Personen (Berechnung nach Tafel 18, S. 222). Ein Durchschnitt von 2,6 ausgereisten Personen je Antrag ist bemerkenswert, da selbstverständlich auch die nicht unbedeutsame Gruppe religiös motivierter Alleinstehenden in diese Kategorie fällt, so z. B. Schwester Lödern*, Schwester Borgmann* und der Theologe Joachim Giers, der von einer Stelle am katholischen Priesterseminar auf eine Professur in München wechselte.[146] Der Staat zeigte sich nicht sonderlich bemüht, Letzteren zu halten. Ohne dass das Staatssekretariat für Kirchenfragen den sonst üblichen Austausch gegen einen anderen Theologen abklärte, konnte er binnen weniger Monate 1963 seine neue Stellung antreten. Ebenso alleine reiste die Ehefrau eines in Westdeutschland tätigen Pfarrers aus. Ihr kam zugute, dass ihr Mann ein naher Verwandter des Kirchenpräsidenten Martin Niemöller war, der sich auch der Hochachtung des SED-

145 BArch Berlin, DO 4, 2586, 720.
146 BArch Berlin, DO 1, 13525, 27; ebd., 13564, 267, 275; ebd., 13650, 38.

Staates erfreute und als Antifaschist zahlreiche Auszeichnungen bis zur Deutschen Friedensmedaille der DDR erhielt.[147] Er verwand sich für Ausreisewillige, und auch die vierköpfige Familie Kopp* profitierte davon, mit ihm »in Verbindung« zu stehen.[148] Insgesamt gehören mit institutionellen kirchlichen Motiven Ausreisende zu den wenigen, die verhältnismäßig leicht als komplette Familien die DDR verlassen durften. Pfarrer Frenkel aus Leipzig konnte kurz vor seinem Ruhestand mit seiner Frau und den drei Kindern nach Hannover zurückkehren, ebenso ging es dem Pfarrer und späteren Hochschullehrer Gerhard Kappner, dessen Anträge seit 1960 abgelehnt worden waren. Ende 1961 konnte der begeisterte Kirchenmusiker endlich genügend Fürsprecher hinter sich versammeln, um mit seiner fünfköpfigen Familie seine Versetzung nach Bremen wahrzunehmen.[149] Die andernorts ausschlaggebenden gesundheitlichen Gründe spielten in solchen Fällen eine bestenfalls nachrangige Rolle.[150] Das galt auch für den Fürstenwalder Gemeindevorsteher Raimund Eberhard. Als erster aus kirchlichen Gründen legal Ausgereister des vorliegenden Samples brachte er bereits im Oktober 1961 eine lange Krankengeschichte und Begründungen durch humanitäre Argumente vor. Er betonte also im obigen Sinne potentielle Kosten. Die Bearbeiter im MdI unterstrichen hingegen einzig das Wort »Pfarrer« und genehmigten den Antrag.[151]

Im Gegensatz zu anderen Ausreisewilligen verfügten Kirchendiener im Staatssekretariat für Kirchenfragen über einen im Staat verankerten Ansprechpartner. Entsprechend oft wendeten sie sich verunsichert an ihn, die Eingaben des ersten Quartals 1962 betreffen beispielsweise fast nur Fragen der Übersiedlung. Besorgnis löste dabei das »nationale Dokument« aus, in dem Walter Ulbricht unter dem Titel »Die geschichtliche Aufgabe der DDR und die Zukunft Deutschlands« einen Weg der schärferen Abgrenzung zu Westdeutschland skizzierte. Geistliche fürchteten, aufgrund der Zuordnung der Kirchen zu ihren Gemeinden letzten Endes als normale Staatsbürger der DDR kategorisiert zu werden, ohne dass

---

147 BArch Berlin, DO 1, 13564, 267.
148 BArch Berlin, DO 1, 13525, 62.
149 BArch Berlin, DO 1, 13523, 28.
150 Vgl. Heinz Wunderlich, »Gerhard Kappner 80 Jahre alt«, in: *Quatember* (1995), 50f.
151 BArch Berlin, DO 1, 13522, 11.

ihre Anwesenheit dort auf einer freien persönlichen Wahl beruhe. Diese Entwicklung bekräftigte der VI. Parteitag der SED 1963, sie mündete schließlich im Staatsbürgerschaftsgesetz der DDR im Jahr 1967. Die Pfarrer befürchteten zu Recht eine massive Einschränkung ihrer Bewegungsfreiheit, da sie, einst in das Gebiet der DDR entsendet, nun unwiderruflich zu Bürgern dieses Staates wurden. Die Antwort des Staatssekretärs lautete, dass bei weiteren derartigen Eingaben die Bezirke entsprechende »Aussprachen über Grundfragen« mit den Pfarrern zu führen hätten.[152]

Die Dynamik der Ausreisegenehmigungen 1961-1966

Angesichts der Heterogenität der Auswanderung, deren Existenz der Staat zu verstecken versuchte, lag die Herausforderung für die MdI-Beamten darin, überhaupt einen verlässlichen Überblick über die Auswanderungsbewegung zu bekommen. »Republikfluchten« zeichneten sich dadurch aus, dass sie sich der Kontrolle des Staates entzogen und darum auf der Ostseite nur schwer statistisch erfasst werden konnten. Sie waren am ehesten in ihren Effekten, den sogenannten Fehlanzeigen, also beispielsweise dem unerklärten Fernbleiben einer Person von seiner Arbeitsstelle, aufspürbar.[153]

---

152 BArch Berlin, DO 4, 367, 340 f., Eingabenanalyse beim StsfK, erstes Quartal 1962, Scheil.

153 Auf der Westseite wurden Statistiken dadurch geprägt, dass es für DDR-Auswanderer aufgrund der Flüchtlingsgesetzgebung deutlich attraktiver war, sich als verfolgt darzustellen. Zudem gab es auch hier Graubereiche, wer als »Sperrbrecher« galt. Hier lag das Staatsinteresse aufgrund propagandistischer Nutzbarkeit in einer hohen Zahl illegaler Grenzüberwinder, die konterkariert wurde durch das Interesse der stark belasteten Kassen, eine geringe Zahl an Ankommenden in die höchste Verfolgungs- und damit auch Leistungskategorie aufzunehmen. Für die Gesamtbewegung sind darum die Daten des statistischen Bundesamtes etwas verlässlicher als die der oft zitierten Notaufnahmestellen, die ihrerseits jedoch etwas feiner kategorisierten als nur die Ortsveränderung. Doch auch Erstere weisen eine beachtliche Dunkelziffer jener auf, da das Statistische Bundesamt nur jene registrierte, die ihren Wohnsitz ummeldeten, wovon bei betagten und schwer kranken Personen keineswegs ausgegangen werden kann. Weitere Verzerrungen entstehen durch verspätete Meldungen und nachholende Notaufnahmeverfahren. Die in der BRD registrierten Zahlen an legalen Auswanderern weichen darum deutlich von den akribisch notierten und unter anderen Interessensschwerpunkten erstellten Listen des SED-Apparates

Das Problem lag in der Breite, denn registrierte Dienstreisen machten sich fast nur Sportler- oder Künstlerkader zunutze. Zwischen Januar und Oktober 1966 bewilligten die Ministerien der DDR für ihre Spitzenkader 13 239 Dienst- und Besuchsreisen, von denen zwei Drittel auf das Ministerium für Kultur und den Deutschen Turn- und Sportbund entfielen. Insgesamt nutzten 38 Personen diese Gelegenheit zur Flucht (0,3 %), wovon wiederum 26 (68 %) für eine der beiden Institutionen tätig waren.[154] Während diese Fälle bekannt und oft gar prominent waren, blieb das Wissen um die größere Bewegung bruchstückhaft. Oft führten nur nachfolgende polizeiliche oder geheimdienstliche Untersuchungen dazu, dass eine Person als »republikflüchtig« kategorisiert wurde.[155] Dies beobachtete vor allem das MfS mit Argusaugen. Jedoch erst 1965, also nach der Etablierung der Regulierungspraxis, machte sich das MdI daran, die selbstverantwortete legale Bewegung genauer zu erkunden.[156]

ab. Während aufgrund des Zusammenhangs zwischen Registrierung und Migrationsbewegung also die in der Bundesrepublik registrierten Zahlen für illegale Emigranten verlässlicher sind, ist dies umgedreht für den Fall der legalen Auswanderer für die in der DDR selbst registrierten Zahlen der Fall; vgl. Marion Detjen, *Ein Loch in der Mauer: Die Geschichte der Fluchthilfe im geteilten Deutschland 1961-1989* (München: Siedler, 2005), 84; Jürgen Ritter und Peter Joachim Lapp, *Die Grenze: Ein deutsches Bauwerk*, 4. Aufl. (Berlin: Ch. Links, 2001), 167; Frank Wolff, »Deutsch-deutsche Migrationsverhältnisse: Strategien staatlicher Regulierung 1945-1989«, in: *Handbuch Staat und Migration in Deutschland seit dem 17. Jahrhundert*, hg. von Jochen Oltmer (Berlin, Boston: De Gruyter, 2016), 773-814. Dazu kommt, dass beide Seiten die Wanderung unter verschiedenen Gesichtspunkten registrierten. Das Statistische Bundesamt hielt primär Arten der Grenzüberwindung (legal, illegal, mit Lebensgefahr und Freikauf) fest, das für den Lastenausgleich zuständige Bundesministerium für Vertriebene die Verfolgungsart, wohingegen der SED-Staat seine Statistiken nach sozialen Gruppen unter dem Gesichtspunkt der Arbeitsfähigkeit aufstellte; vgl. BArch Berlin, DO 1, 15998, Übersicht Streb/Garrasch Dezember 1966, und Bundesminister des Innern, *Bestandsaufnahme der Eingliederungshilfen von Bund und Ländern für Aussiedler und für Zuwanderer aus der DDR und Berlin (Ost): mit einer Analyse des Bedarfs* (Bonn: Bundesminister des Innern, 1988).

154 BStU AdZ, HA XX, 18 883, 21.

155 BArch Berlin, DO 1, 21 265, Monatsberichte diverser Dienststellen, Kaderverwaltung, 1961; Zusammenfassungen von Republikfluchten, 13. Oktober 1961.

156 Lose periodische Berichte wurden erstmals zusammengeführt in BArch Berlin, DO 1, 15598, 1. Entwurf einer Analyse der Übersiedlungen, 1965; genauer in ebd., Übersicht Streb/Garrasch, Dezember 1966.

Bereits die ersten Datensammlungen verdeutlichten den gewünschten Effekt des Mauerbaus auch weit hinter der Mauer. Während vor dem Mauerbau auf jeden legal ausgereisten Arbeitsfähigen vier Rentner kamen (1:4), fiel diese Quote danach auf 1:50. Einerseits brach mit der Zentralisierung des Verfahrens die Zahl der Genehmigungen radikal ein, andererseits erhöhte der Mauerbau den Abwanderungsdruck vor allem Älterer in und um Berlin. Die zerschnittenen familiären Pflegeverbindungen machten die alleine wohnenden Rentner und »Invaliden« im grenznahen Bereich schlagartig zu alleinstehenden Pflegebedürftigen. Nach anfänglicher Radikalität auch in solchen Fällen arbeitete das MdI in den drei Folgejahren diesen Stau ab und entließ mehrere zehntausend Rentner und »Arbeitsunfähige« gen Westen, gefolgt von wenigen, aber schwerwiegenden Härtefällen der Ehepartner und Kinder. Das war einerseits Druckmanagement im Staat und diente aber zugleich der Entlastung der Staats- und Sozialkassen. Entscheidend war dabei, ob eine »Republikflucht« von Angehörigen einen Schatten auf den Antrag werfen konnte und inwieweit sich die Antragsteller auf eine Fürsprache verlassen konnten. Obwohl der SED-Staat nach dem scharfen Einschnitt 1961, nach dem nur wenige hundert Personen überhaupt legal die DDR verließen, ab 1962 mit über 10 000 Personen eine etwas liberalere Entlassungspolitik einführte, stand damit den von der Forschung kaum berücksichtigten Rentnern kein Ausreiserecht zu. Auch sie waren noch scharfen Ausreiseregelungen unterworfen.

Daneben konstruierte der Staat sogenannte »Sonderfälle«, die genau jene Gruppe umfasste, die üblicherweise die Mehrzahl der Migranten einer Gesellschaft stellt. Sie waren also »Sonderfälle« im Sinne des SED-Staates, nicht jedoch migrationshistorisch. Der Mauerbau stoppte nicht nur ihre Flucht, sondern reduzierte auch ihre legale Auswanderung auf ein Minimum. Während sie zuvor 87 % der Bewilligungen ausmachten, reduzierte sich dies 1962 auf 30 Personen pro Monat. Da die DDR Ende 1961 über eine arbeitsfähige Bevölkerung von 9 983 450 Personen verfügte, entspricht dies einem verschwindend geringen monatlichen Emigrationsverhältnis von 0,0003 % dieser Bevölkerungsgruppe, also monatlich 3 Personen pro eine Million Arbeitsfähige.[157] Etwas besser einordnen lassen

157 Wohnbevölkerung im arbeitsfähigen Alter, 31. Dezember 1961, aus Staatliche Zentralverwaltung für Statistik (Hrsg.), *Statistisches Jahrbuch der Deutschen*

sich diese Zahlen, wenn man sich die damalige jährliche Säuglingssterblichkeit in der DDR vor Augen hält. Anfang der 1960er Jahre verstarben 1,6 % der Säuglinge, eine im internationalen Vergleich geringe Rate und unter dem Bundesdurchschnitt. Dennoch lag sie 500-mal höher als die Wahrscheinlichkeit, als Arbeitsfähiger legal die DDR gen Westen verlassen zu dürfen.[158] Dazu kam freilich, dass diese wenigen Erlaubnisse nicht nachvollziehbar und auf Rechtsbasis, sondern nach Gutdünken des Staates vergeben wurden. Obwohl die nach Westen entsandten Spitzel eine größere Prozentzahl an diesen legalen Emigranten ausmachten, blieb ihre Zahl äußerst gering.

Mit diesen »Sonderfällen« feinjustierte das MdI die Migrationsbewegung. Doch dieses Vorgehen hatte eine Schattenseite. Zunehmend bezogen sich zurückgewiesene Antragsteller auf Informationen oder zumeist nur Gerüchte über die Kategorie der »Sonderfälle«.[159] Das Dilemma des MdI lag darin, dass es Sondergenehmigungen für den Machterhalt und die operative Arbeit des MfS benötigte. Da es jedoch den spezifischen Grund der Genehmigung verschleierte, zogen abgewiesene Antragsteller Parallelen zu ihren eigenen Anliegen und forderten diese Sondergenehmigungen in unzähligen Anträgen und Eingaben für sich ein. Sie schienen ihnen wie der Silberstreif am Horizont – auch wenn sie faktisch eher eine Fata Morgana waren. Das verschärfte die Diskrepanz zwischen der Selbstwahrnehmung der Ausreisewilligen einerseits, die versuchten, die Spezifika ihrer Anliegen zur Einmaligkeit zu verdichten, sowie den Verwaltungsbeamten andererseits, die so lange wie irgend möglich, ungeachtet aller persönlichen Besonderheiten, Antragsteller als Arbeitsfähige kategorisiert und vereinheitlicht.

Demokratischen Republik (Berlin [Ost]: Staatsverlag der Deutschen Demokratischen Republik, 1963), 32; dies ist zudem die größtmögliche Zahl, denn 1962 inkludierte diese Angabe noch einige Kinder und Minderjährige, die den Prozentsatz noch einmal drücken.

158 Säuglingssterblichkeit der DDR 1960; vgl. ebd., 61; andernorts wird die Zahl der in der DDR im ersten Lebensjahr Verstorbenen für 1960 mit 3,38 % angegeben (Bundesrepublik: 3,83 %). In den Folgejahren halbierte sich beidseits der Grenze dieser Wert; vgl. Eckhard Nagel, »Demographie und Gesundheitsstand«, in: *Das Gesundheitswesen in Deutschland: Struktur, Leistungen, Weiterentwicklung; mit 56 Tabellen*, hg. von Eckhard Nagel, 4., völl. überarb. und erw. Aufl. (Köln: Deutscher Ärzteverlag, 2007), 18 f.

159 BArch Berlin, DO 1, 15 598, 1. Halbjahresanalyse 1966 der Eingaben im MdI, Jaeger.

Verstärkt kam hierzu die Verwirrung der Kreisbehörden, die zwar den Antragstellern gegenübersaßen, jedoch keinen Einblick in die Entscheidungsfindung genossen. Da sich ihnen die Ratio der Prozedur nicht erschloss, verstießen sie häufig gegen die strikte Vertraulichkeit, indem sie Antragstellern von Angesicht zu Angesicht rieten, sich doch an höhere Behörden zu richten.

Um die Unsichtbarkeit der Sondergenehmigungen zu erhöhen, änderte Grünstein darum Mitte der 1960er Jahre in Dickels Auftrag das Verfahren.[160] Einerseits initiierte das MfS immer mehr Anträge, andererseits entschied sich das MdI aus unterschiedlichen Gründen, vorerst abgelehnte Ersuchen doch zu genehmigen. Es schneiderte zu bewilligende Anträge von »Sonderfällen« darum entsprechend zurecht und speiste sie zum Schein der regulären Bearbeitung von oben nach unten in die Kreise zur Neubearbeitung ein. Die Bezirke prüften die Anträge und entschieden aufgrund der vom MdI sichergestellten sauberen Inszenierung als »Sonderfälle« positiv und reichten sie an das MdI zur letzten Prüfung weiter.

Damit versuchte das MdI zu verhindern, dass nachgeordnete Stellen in Kreisen und Bezirken ein Gefühl oder gar einen Überblick über die von oben inszenierten »Sonderfälle« bekamen. Dies hing eng mit dem Aufstieg des MfS zusammen, was zunehmend linientreue Personen übersiedelte und auch mehrfach abgewiesene Antragsteller mit dem Versprechen der sofortigen Übersiedlung anwarb. Falls diese Personen noch gar keinen Antrag gestellt hätten, was vor allem später Zwangsausgesiedelte betraf, sollten sie Grünstein nach »durch die örtlichen Räte veranlaßt werden, den hierzu erforderlichen Antrag einzureichen«. Die Räte sollten zudem dafür Sorge tragen, dass weder die Bezirke noch Verwandte von der anstehenden Übersiedlung erfuhren. Das MdI schuf sich somit bereits Mitte der 1960er Jahre Schlupflöcher, da »abweichend von 27/62 [...] eine Genehmigung in Einzelfällen im staatlichen Interesse erforderlich« wurde.[161] Dies erhöhte die Divergenz der »Sonderfälle« (siehe Tafel 19, S. 229).

160 BArch Berlin, DO 1, 17 283, Dienstschreiben Grünstein, Übersiedlung von Bürgern der Deutschen Demokratischen Republik nach Westdeutschland bzw. Westberlin im staatlichen Interesse.

161 BArch Berlin, DO 1, 17 283, Dienstschreiben Grünstein, Übersiedlung von Bürgern der Deutschen Demokratischen Republik nach Westdeutschland bzw. Westberlin im staatlichen Interesse.

Tafel 19: Typen von »Sonderfällen« 1961-1966.

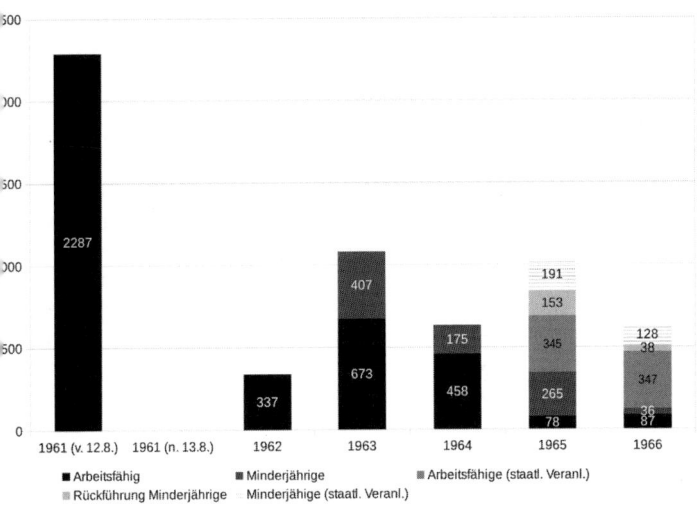

Quelle: BArch Berlin, DO 1, 15598, Übersicht Streb/Garrasch, Dezember 1966.

Für 1961 vereinheitlicht die Statistik des MdI alle »Sonderfälle« vor dem Mauerbau und schweigt zu ihnen für das Restjahr. Da nach dem Mauerbau aber insgesamt nur 594 Personen aller Kategorien (Rentner, »Invaliden«, Minderjährige, »Sonderfälle«) legal die Grenze überschritten, lag die Höhe der »Sonderfälle« nahe null. Diese erstrebte Null-Auswanderungspolitik war aber nicht aufrechtzuerhalten, da der SED-Staat nie die vollkommene Abschottung, sondern nur die vollkommene Kontrolle anstrebte. Folglich ist darum erstens ein drastischer Rückgang der legalen Auswanderung Arbeitsfähiger und zweitens die Zunahme der »Sonderfälle« zu vermerken. Mit dem Mauerbau lag das Interesse allein im Einschnitt. Danach und in der fortschreitenden Differenzierung der Verwaltung wurden eine feinere Regulierungspraxis und feinere Zahlen notwendig.

Neben dem Überblick über die eigene Praxis wirkte hier auch ein gewisser Außendruck. Der SED-Staat bemühte sich, national und international den eigenen Fortschritt sowie die Rechtmäßigkeit darzustellen, was anhand angeblich wissenschaftlicher Erkenntnisse, also in erster Linie Statistiken, geschah. Im Juli 1963 musste Bergmann als Leiter der Hauptabteilung Innere Angelegenheiten aber eingestehen, dass er auf eine Anfrage des DDR-Komitees für Menschenrechte, das gerade eine Pressekonferenz vorbereitete, nicht reagieren konnte.[162] Es lagen nur extrem oberflächliche Zahlen für in die BRD entlassene Kinder vor, und ihm fehlte jeder Überblick über Rückführungen z. B. von in die DDR entlaufenen Minderjährigen.[163] Das MdI fand sich in einer Zwickmühle zwischen interner Geheimhaltung und externem Ausdrucksbedürfnis wieder, da der um internationale Anerkennung ringende SED-Staat sich eben auch zunehmend der westlichen Presse und internationalen Menschenrechtsinstitutionen stellen musste. Schwieg der SED-Staat, erhärteten sich die Vorwürfe, er sei ein unmoralischer Staat; legte er hingegen Zahlen vor, machte er sich angreifbar. Mit dem notwendigen Erheben von Zahlen ging also die Frage der Kategorisierung einher, weswegen die Zahlen nun erstens erhoben und zweitens die Berichte immer wieder umorganisiert wurden.

Dies zwang die nachgeordneten Behörden in eine verfeinerte Berichtspflicht, was auch deren Kontrollierbarkeit erhöhte. Der Fokus lag hierbei auf legal ausgereisten Nicht-Rentnern, bei denen grundlegend zwei Haupttypen zu unterscheiden sind: Erwachsene im arbeitsfähigen Alter und Minderjährige (siehe Tafel 19, S. 229). Die größte Diversität erreichte deren Verteilung 1965. In einem äußerst vertraulichen und gar dem ZK der SED vorenthaltenen Überblick über die Ausreisen 1965 hielt das MdI fest, dass sich unter den 509 Ausreisenden im arbeitsfähigen Alter 42 Ehepartner befanden, die einem im Westen lebenden Partner bereits vor dem 13. August 1961 das Jawort gegeben hatten.[164] Dazu kamen zweitens 22 Personen, die nicht berufstätig waren und kurz vor der Rente

---

162 Das DDR-Komitee prangerte in erster Linie die Verfolgung von KPD-Angehörigen in der BRD an, organisierte aber auch einige wenige Rückführungen von Kindern aus Westdeutschland in die DDR. Dabei war hier bei der geplanten Pressekonferenz wohl die Intention, Zahlen und Argumente zugunsten der DDR zu nutzen; vgl. BArch Berlin, DZ 7, 1-4, 8, 32-44, 23, 24, 46.

163 BArch Berlin, DO 1, 15598, Bericht Bergmann an Grünstein, 1. Juli 1963.

164 Vgl. BArch Berlin, DO 1, 15598, 1. Entwurf einer Analyse, Übersiedlungen 1965, Günther, 5. Februar 1966; später wurde diese Zahl wohl aufgrund von Übertragungen am Jahresende auf 453 korrigiert; ebd., 14722, Übersicht.

standen, und drittens 25 Sondergenehmigungen auf staatliche Veranlassung. Zu Letzteren gehörten ironischerweise sowohl äußerst genehme und privilegierte Personen als auch besonders unangenehme, derer der Staat sich entledigen wollte, wie z. B. Künstler, die »keine Verwendung mehr fanden«.[165] Viertens waren dies 64 »Invaliden« oder aufgrund körperlicher oder geistiger Behinderungen nicht arbeitsfähige Personen, in der menschenverachtenden Sprache des berichtenden Abteilungsleiters im MdI Bergmann: »Geisteskranke, Krüppel«.[166] Dazu kamen fünftens 11 Kirchendiener, die Genossin Streb zufolge von geringem Interesse seien, da sie »im kirchlichen Dienst standen und keine nutzbringende Tätigkeit ausüben können«.[167] Die absolute Mehrzahl jedoch (354 Personen) überschritt die Grenze legal im Auftrage der Staatssicherheit. Obwohl solche Informanten, Spione und Agenten nur 1,8 % der Gesamtemigration ausmachten, stellten sie mit 70 % die absolute Mehrheit der Auswanderer im arbeitsfähigen Alter.[168] Das war neu, denn noch im ersten Halbjahr 1964 entließ das MdI beispielsweise 130 Kinder, aber nur 35 Arbeitsfähige aus der DDR, wovon lediglich zehn vom MfS vorgeschlagen worden waren.[169] Mit dem Bedeutungsaufstieg des MfS schlug es ab 1965 die große Mehrzahl der arbeitsfähigen Auswanderer vor. Im ersten Halbjahr 1966 erreichte diese Quote gar 91 %.[170] Dies spiegelte die steigende Verflechtung von Staatssicherheit und MdI ab 1964. Ab diesem Jahr öffneten sich die Kollegiumssitzungen des Innenministeriums für den Leiter der Hauptabteilung VII des MfS, der von dort aus direkten Einfluss

165 Damit gemeint waren meist Genehmigungen auf Veranlassung der Bezirksleitung Berlin, des Ministeriums für Nationale Verteidigung, des ZK der SED oder leitender Funktionäre für Ehefrauen, teils mit Kindern, deren Ehepartner in Westberlin oder Westdeutschland in der Partei aktiv tätig waren; siehe DO 1, 15 598, Halbjahresanalyse 1964, Günther; zu Künstlern siehe ebd., 15 598, 1. Halbjahresanalyse 1964, Günther; ebenso ebd., Jahresanalyse 1963, 20. Februar 1964.

166 BArch Berlin, DO 1, 15 598, Jahresbericht 1963 legale Übersiedlung, Bergmann.

167 BArch Berlin, DO 1, 15 598, Übersicht legale Übersiedlung 1964, Streb, 11. November 1965.

168 BArch Berlin, DO 1, 14 722, Entwurf, Analyse 1965, Günther, 5. Februar 1966.

169 BArch Berlin, DO 1, 15 598, 1. Halbjahresanalyse Übersiedlung, Günther.

170 So wurden im 1. Halbjahr 1966 von 184 Personen im arbeitsfähigen Alter 168 vom MfS vorgeschlagen; vgl. BArch Berlin, DO 1, 14 722, 1. Halbjahresanalyse 1966, Streb, 29. August 1966.

auf grundlegende Arbeitslinien im MdI nehmen konnte.[171] Der Agententransfer ist aber nur in den ersten Jahren offen aus den Akten des MdI ablesbar, danach setzte die Verschleierung ein, indem diese Personen unter jenen versteckt wurden, die mit staatlichem Interesse auswanderten (was auch zahlreiche Reichsbahnangestellte in West-Berlin oder Parteimitglieder umfasste).[172] Der Einfluss des MfS auf das MdI mündete aber in der privaten Vorteilsnahme des Leiters der Hauptabteilung VII Erich Jamin, der deswegen 1965 durch seinen Stellvertreter und »treuen Parteisoldat« Erich Kistowski ersetzt wurde.[173] Danach harmonisierte sich das Arbeitsverhältnis zwischen MfS und MdI deutlich, was aber auch daran lag, dass zunehmend Spitzel des MfS das MdI von innen beobachteten. Die hauptsächliche Arbeit der Hauptabteilung VII des MfS und auch der im MdI platzierten Offiziere im besonderen Einsatz konzentrierte sich damals aber noch auf die Überwachung des Ministeriums, die direkte Absicherung der Grenze und die »Verlässlichkeit« der Volkspolizei.[174]

Die zunehmende Kooperation zwischen dem MdI und dem MfS zeigte sich auch in der Emigration der 609 Minderjährigen im Jahr 1965. Sie profitierten nicht allein von den beschriebenen Lockerungen ab Mitte der 1960er Jahre, sondern wanderten zu über einem Drittel auf sogenannte staatliche Veranlassung aus. Diese Genehmigungen gingen primär auf Sonderanfragen von Parteigenossen zurück, oder sie gehörten zu einer Familie eines Zuarbeiters des MfS.[175] Ungefähr ein Viertel waren entlaufene Minderjährige, die zu den Eltern in die Bundesrepublik zurückgeführt wurden. Die Mehrzahl der Minderjährigen (43%) jedoch überschritt die Grenze als Begleitung von Ehepartnern oder im Sinne der Familienzusammenführung, nachdem z. B. die in der DDR lebenden Großeltern sich nicht weiter um das Kind kümmern konnten und es darum zu seinen Eltern ins Bundesgebiet oder nach West-Berlin

171 Tobias Wunschik, *Hauptabteilung VII: Ministerium des Innern, Deutsche Volkspolizei* (Berlin: BStU, 2009), 52.

172 Anders beim MfS; vgl. BStU AdZ, HA II, 41375, 1-162.

173 Wunschik, *Hauptabteilung VII*, 54.

174 Ebd., 54-8.

175 BArch Berlin, DO 1, 15598, 1. Entwurf einer Analyse, Übersiedlungen 1965, Günther, 5. Februar 1966, BArch Berlin, DO 1, 14722, Übersicht 1965.

ausreisen sollte.[176] Im Lichte der Konsolidierung der Mauergesellschaft ging deren Zahl in den Folgejahren zurück, da ab Mitte der 1960er Jahre Altfälle entweder abgearbeitet waren oder solche Minderjährige das Erwachsenenalter erreichten.

In der ersten Hälfte der 1960er Jahre gelang es dem MdI, ein Regulierungssystem zu etablieren und zu stabilisieren, auch wenn es zahlreiche Schlupflöcher aufwies, die der Staat zu seinem eigenen Zwecke schuf und die Antragsteller für sich zu nutzen suchten. Vorteile und Nischen ergaben sich durch Fürsprache oder Druck, Informationen und Gerüchte überquerten die Grenze. Der Verwaltungsstaat selbst konnte die verordnete Rigidität und Vertraulichkeit nicht einhalten. In dem Maße, in dem die Genehmigungspraxis zu einem zentralen Thema des Staatsapparates wurde, wuchs die Bedeutung des MfS in der Praxis des Migrationsregimes – erst als Nutzer von Schlupflöchern und dann zunehmend als ein operativer Akteur. Das bedeutet, dass die »Diktatur der Grenze« nur in Bezug auf eine nicht kontrollierbare Mauergesellschaft gedacht werden kann, in der sich Vernetzung und Abgrenzung gegenseitig verstärkten. Dies schuf die Heterogenität der Wanderung in der Mauergesellschaft zu einer Zeit, in der dem Common Sense nach faktisch gar keine Migration stattfand oder stattfinden durfte.

176 BArch Berlin, DO 1, 15598, Übersicht Streb/Garrasch, Dezember 1966.

3. Hektischer Attentismus:
Westdeutsche Deutungsansprüche

Am 13. August 1961 strömten Tausende West-Berliner an die Sektorengrenze. Wütend, ungläubig, aber dennoch bemerkenswert ruhig beobachteten sie, wie die bewaffneten Truppen des SED-Staates Absperrungen errichteten. Die Blockaden schnitten auch den West-Berlinern den Weg in den anderen Teil der Stadt ab. Der vom Osten gesendete Berliner Rundfunk mischte in verstörender Weise Banalität und Aggression. Die Morgensendung *Froh und heiter in den Sonntag* wiederholte zwischen Musik und Wetter regelmäßig die erstmals um 4 Uhr nachts veröffentlichte Erklärung der Warschauer Vertragsstaaten und des Ministerrates der DDR. Diese verbreitete offensiv und triumphalistisch die Kunde von den Absperrmaßnahmen. Dazwischen spielte der Rundfunk heile Welt, vom Morgenlied des Kinderfunks bis zu Kleingärtner Seybolds Ratschlägen zum organischen Düngen von Obst und Gemüse.[1]

Diese vorgehaltene Normalität kam bei den Berlinern jedoch kaum an. Von der Ostseite flohen in den nächsten Tagen und Wochen Tausende Menschen unter großem Risiko durch die letzten »Löcher« in der Mauer. Im Westteil der Stadt blieben trotz unbestreitbarer Empörung und Unruhe größere Proteste aus. Zu martialisch war das Auftreten der Grenzpolizei des SED-Staates, zu unsicher die Lage in der ohnehin seit Ausbruch der zweiten Berlin-Krise 1958 äußerst angespannten Stadt und zu reserviert die internationalen Reaktionen, zu zurückhaltend das Verhalten der westalliierten Militärs.[2] Obwohl Berlins Regierender Bürgermeister Willy Brandt und mit ihm zahlreiche Vertreter des Senats sofort zu klaren Worten griffen, hielt sich auch die West-Berliner Polizei zurück. Zumindest aus amerikanischer Sicht war diese Abriegelung kein Verstoß gegen die von Kennedy formulierten *three essentials*, welche die amerikanische Präsenz und deren freien Zugang zur

---

1 »Programm Berliner Rundfunk, 13. August 1961«, in: *Der Mauerbau im Hörfunk und Fernsehen der DDR* (Stiftung Deutsches Rundfunkarchiv, o. J.), online verfügbar unter: ⟨http://1961.dra.de/index.php?id=8&item[d]=13⟩ (Stand März 2019).

2 Stimmung dargestellt in Hans Georg Lehmann, »Mit der Mauer leben? Die Einstellung zur Berliner Mauer im Wandel«, in: *APuZ* B 33-34/86 (1986), 19-34.

Stadt sowie die Freiheit der West-Berliner, nicht aber die Freizügigkeit für alle Berliner einforderten.[3] Noch bevor das Bundeskabinett am 15. August zu einer Sondersitzung zusammenkam, erklärten Bundeskanzler Konrad Adenauer und Außenminister Heinrich von Brentano in einem Fernsehgespräch, dass die Absperrungen nur »Teil eines Nervenkrieges« seien, »zu einer Panikstimmung besteht kein Anlass«.[4] Während Vertreter Berlins im Schock auf Gegenmaßnahmen drängten, beschloss das Kabinett »keine Schritte zu unternehmen, um nicht weitere Provokationen mit unabsehbaren Folgen auszulösen«.[5] Implizit setzte sich so schnell die Erkenntnis durch, dass die Grenzabriegelung keine Provokation, sondern den neuen Status quo darstellte.

Am eindrücklichsten brachte sich die *Bild*-Zeitung in die öffentliche Erinnerung ein. Über Konzepte jenseits des Protestes verfügte sie zwar auch nicht, aber unter der Schlagzeilenreihung: »Der Osten handelt – was tut der Westen? Der Westen tut NICHTS! Präsident Kennedy schweigt … Macmillan geht auf die Jagd … und Adenauer schimpft auf Willy Brandt« warf sie am 16. August in einem berühmten Aufmacher der gesamten westlichen Welt Untätigkeit vor. Noch am Tage der Schlagzeile sah Adenauer sich in der Defensive und betonte, dass es ihm um Besonnenheit gehe.[6] Derart besonnen ließ das Bundeskabinett für das gesamte Restjahr jegliche Initiative missen. Es diskutierte lediglich zweimal kurz wirtschaftliche Sanktionen gegen die DDR, verwarf sie aber wieder. Auch im Folgejahr verblieben Wirtschaftsblockaden gegen den gesamten »Ostblock« nur Ideen.[7] Ein Mitte 1962 konzipiertes Gesetz zum

3 Erstmals formuliert bei seinem »Radio and Television Report to the American People on the Berlin Crisis« (25. Juli 1961); für eine zeitgenössische Einschätzung siehe z. B. Elisabeth Barker, »The Berlin Crisis 1958-1962«, in: *International Affairs* 1 (1963), 59-73.

4 »Kein Anlass zur Panikstimmung: Gespräch des Bundeskanzlers mit Außenminister Dr. von Brentano«, in: *Bulletin des Presse- und Informationsamtes der Bundesregierung* 151 (16. August 1961), 1461.

5 »Sondersitzung, 15. August 1961«, in: *Die Kabinettsprotokolle der Bundesregierung 1961*, hg. von Bundesarchiv und Hartmut Weber, Bd. 14 (München: Oldenbourg, 2004), 234.

6 »156. Kabinettssitzung, 16. August 1961«, in: *Die Kabinettsprotokolle der Bundesregierung 1961*, hg. von Bundesarchiv und Hartmut Weber, Bd. 14 (München: Oldenbourg, 2004), 236.

7 »158. Kabinettssitzung, 6. September 1961«, in: *Die Kabinettsprotokolle der Bun-

Schutze der Freiheit von Berlin wurde nie in den Bundestag eingebracht.[8]

Das Bundeskabinett gestand sich damit stillschweigend ein, dass es im Rahmen seiner kompromisslosen und jede Kommunikation mit dem SED-Staat kategorisch ausschließenden Nichtanerkennungspolitik der DDR machtlos gegenüber solchen Alleingängen war. Selbst politische Verhandlungen über Reiseerleichterungen lehnte die Regierung ab.[9] Sie befürchtete eine diplomatische Aufwertung der DDR, deren Existenz sie ja noch hartnäckig verneinte.[10] Während Bonner Politiker an diesen Dogmen festhielten, sah sich Berlin direkt bedroht. Entsprechend betroffen reagierte die dortige SPD um Willy Brandt in den ersten Wochen nach dem Mauerbau; und entsprechend kreativ schwenkte sie angesichts der Notwendigkeit größerer Flexibilität kurz darauf auf eine pragmatischere Linie um. Dies manifestierte sich vor allem in den Passierscheinverhandlungen zwischen dem West-Berliner Senat und dem SED-Staat, den konservative Bonner Politiker als Sündenfall erachteten, der fast schon die Anerkennung der DDR beinhalte.[11] In den folgenden Jahren rotierte die Bonner Politik, abgesehen von sehr konkreten und Berlin-politischen Fragen, deutschlandpolitisch um sich selbst, während West-Berlin zum Laboratorium der Neuen Ostpolitik wurde. Die Ironie war dabei, dass dieses Laboratorium dennoch auf massive Unterstützung durch den aus

desregierung 1961, hg. von Bundesarchiv und Hartmut Weber, Bd. 14 (München: Oldenbourg, 2004), TOP 2, 246 f.; »2. Kabinettssitzung, 23. November 1961«, in: *Die Kabinettsprotokolle der Bundesregierung 1961*, hg. von Bundesarchiv und Hartmut Weber, Bd. 14 (München: Oldenbourg, 2004), 264 f.; »42. Kabinettssitzung, 22. August 1962«, in: *Die Kabinettsprotokolle der Bundesregierung 1961*, hg. von Bundesarchiv und Hartmut Weber, Bd. 14 (München: Oldenbourg, 2004), 383.

8 »42. Kabinettssitzung, 22. August 1962«, in: *Die Kabinettsprotokolle der Bundesregierung 1961*, hg. von Bundesarchiv und Hartmut Weber, Bd. 14 (München: Oldenbourg, 2004), Tagesordnungspunkt C, Fn 16.

9 Ebd., 382 f.; »54. Kabinettssitzung, 20. November 1962«, in *Die Kabinettsprotokolle der Bundesregierung 1961*, hg. von Bundesarchiv und Hartmut Weber, Bd. 14 (München: Oldenbourg, 2004), 506 f.

10 Uta Rössel und Christoph Seemann, »Einleitung«, in: *Die Kabinettsprotokolle der Bundesregierung 1961*, hg. von Bundesarchiv und Hartmut Weber, Bd. 15 (München: Oldenbourg, 2005), 17.

11 Auch die Seite der SED befürchtete hierbei allerdings ein Einfallstor für Provokationen; vgl. PAAA, MfAA A, HG 2, L 35, 15842, 5-34-55, 84-92.

dem Abgrenzungsgedanken geborenen »gesamtdeutschen Auftrag« baute.[12]

Unter den dogmatischen Vorzeichen der Hallstein-Doktrin verfiel die Bundespolitik in eine skurrile Mischung aus Schockstarre und Aktionismus. Die westdeutschen Antworten auf den Mauerbau waren von einem hektischen Attentismus geprägt. Einerseits überboten sich Initiativen, Verbände und staatliche oder nichtstaatliche Organisationen geradezu in Protestbekundungen. Andererseits prägten Abwarten und Hoffen die praktische Deutschlandpolitik.[13] In einem von Wut, Aktionismus und Sturheit geprägten »rasenden Stillstand« debattierten westdeutsche Akteure auf der öffentlich-politischen Bühne über nichts Geringeres als den Deutungsanspruch über einen Raum, der als Deutschland verstanden wurde, der aber ihrem Zugriff entzogen war. Sie argumentierten dabei mit einer grenzüberschreitenden Geste, ihre Aussagen richteten sie indes auf eine westdeutsche Öffentlichkeit und Wählerschaft aus. Dies produzierte zahlreiche überzogene Aussagen und Charakterisierungen, die der SED-Staat wiederum dankbar für seine Propaganda aufgriff. Dieser paradoxe Zustand, der mit Abgrenzung auf Abgrenzung reagierte, um die Wiedervereinigung zu erreichen, prägte die Mauergesellschaft über viele Jahre.

Verflechtung durch Abgrenzung: Die Mauer als Propagandagegenstand

Die Vertreter beider deutscher Staaten nahmen bei der Rede über das andere Land kein Blatt vor den Mund. Wohlbekannt sind die Tiraden des SED-Staates und seiner Organe gegen einen angeblich »faschistischen Westen«, die »Bonner Terrortruppe«, die von dort ausgehende »Militäraggression« und »Kriegshetze«. Der SED-Staat ergötzte sich geradezu in einer Paranoia der steten Westbedrohung und inszenierte sich als Friedensstaat, dessen Militär, Polizei und Grenzanlagen allein der Abwehr der Bedrohung durch westliche

---

12 Siehe dazu Kap. 4 in Teil I.

13 Allgemein dazu Lehmann, »Mit der Mauer leben? Die Einstellung zur Berliner Mauer im Wandel«.

»faschistische Mächte« diene.[14] Und je massiver oder perfider die Unterdrückungsmethoden gegen die eigene Bevölkerung wurden, desto schärfer wurden entsprechende Vokabeln und Vorwürfe gen Westen geschleudert.

Aber nicht nur der Osten verwendete schärfste Vokabeln zur Stigmatisierung des Gegners. Wenn in der DDR die Bedrohung des Friedens das diskursive Hauptmotiv war, so trat in Westdeutschland der Raub der Freiheit an diese Stelle. Dieser Freiheitsbegriff blieb jedoch diffus und definierte sich *ex negativo* durch die Abwesenheit von Zwang. Kritische Zeitgenossen spotteten bereits Ende der 1960er Jahre sichtbar frustriert, im Indonesischen gäbe es einen Begriff von Freiheit, der wörtlich übersetzt »die Abwesenheit der Holländer« bedeute.[15] Selbstverständlich erhielt dieser negative Freiheitsbegriff keine Tiefe, wenn man Holländer nun durch Sowjets ersetzte. Zudem entglitt den konservativen Kalten Kriegern im Laufe der 1960er Jahre die Hoheit über den Freiheitsbegriff, der im Zuge der sich anbahnenden Studentenrevolte 1968 neue und teils auch radikal kollektivistische Facetten gewann.[16] In der Deutschlandpolitik diente er allerdings recht inhaltsleer vor allem der Selbstvergewisserung auf dem bundesrepublikanischen »Weg nach Westen«. Ähnlich wie die frühe Diskussion um die universellen Menschenrechte, monopolisierte der westliche Diskurs des Kalten Krieges den Freiheitsbegriff und positionierte unhinterfragt eine per se freie Welt des Westens gegen die per se unfreie Welt des Ostens. Das westdeutsche Denken verharrte überlange im Geiste der 1950er Jahre.[17] Der Freiheitsbegriff verwies unter dem Schlagwort des Kuratoriums Unteilbares Deutschland (KUD) »Dreigeteilt? Niemals!« darum lange Zeit auch auf eine revanchistische

14 Zum politischen Hintergrund der Hassrede siehe Heike Amos, *Die SED-Deutschlandpolitik 1961 bis 1989: Ziele, Aktivitäten und Konflikte* (Göttingen u. a.: Vandenhoeck & Ruprecht, 2015).

15 Gert Kalow, »Hitler, das gesamtdeutsche Trauma«, in: *Der Monat* 19/221 (1967), 14.

16 Zu den dahinter befindlichen philosophischen Figuren siehe Isaiah Berlin, *Freiheit: Vier Versuche* (Frankfurt/M.: Fischer, 1995); Charles Taylor, *Negative Freiheit? Zur Kritik des neuzeitlichen Individualismus*, 3. Aufl. (Frankfurt/M.: Suhrkamp, 1999).

17 Grundlegend dazu Klaus Schönhoven, »Aufbruch in die sozialliberale Ära: Zur Bedeutung der 60er Jahre in der Geschichte der Bundesrepublik«, in: *Geschichte und Gesellschaft* 25/1 (1999), 123-45.

Territorialpolitik, die sich weigerte, Polen in seiner heutigen Form anzuerkennen. Mit dem 13. August 1961 verschärften sich diese Motive. Verwies die Freiheitsvokabel zuvor auf allerlei politische, religiöse und ökonomische Aspekte, verschmolzen nun Freiheit und Bewegungsfreiheit zu einem Argument *ex negativo*. Es definierte sich aus seiner Antipode, der durch die Mauer erzwungenen und zugleich sichtbar gemachten Unfreiheit.

Von der »Kolonie« zum »KZ-Staat«

Schnell erhob Bundespräsident Heinrich Lübke in einer über alle deutschen Rundfunk- und Fernsehsender ausgestrahlten Ansprache die Berliner Mauer zum zentralen Symbol. Sei zuvor die Massenflucht die »Visitenkarte« der Ulbricht-Regierung gewesen, trete nun die Berliner Mauer an diese Stelle.[18] Damit änderte sich das Ziel der westdeutschen Empörung. Zuvor hatte sich diese an der Massenemigration orientiert, die als Sekundäreffekt der Diktatur gesehen wurde. Nun bekam deren Verhinderung, also ein Tertiäreffekt der Diktatur, primären Wert zugesprochen. Dabei ging es aber keineswegs um die prinzipielle Ermöglichung von Wanderung, sondern um den Freiheitsentzug als ein Defizit, das den Verlust deutschen Raumes an den SED-Staat greifbar werden ließ. Das Bewegungsbedürfnis der ostdeutschen Bevölkerung diente zudem als Indikator für dessen Insubordination. So galt Mobilität allein als ein Ergebnis von Zwang, gänzlich entkoppelt von dem generellen Bewegungsbedürfnis, das Gesellschaften von jeher prägt.[19] Die Unterbindung dieser erzwungenen Bewegung stand damit für den größtmöglichen Freiheitsraub. Anhand dieses Raubes konnte die Bundespolitik die Zweistaatlichkeit beklagen, ohne Interesse an der

18 Heinrich Lübke, »Eine menschliche Tragödie größten Ausmaßes«, in: *Bulletin des Presse- und Informationsamtes der Bundesregierung* 164 (2. September 1961), 1573.

19 Siehe v. a. Klaus J. Bade, *Europa in Bewegung: Migration vom späten 18. Jahrhundert bis zur Gegenwart* (München: C. H. Beck, 2000); Dirk Hoerder, *Cultures in Contact: World Migrations in the Second Millennium* (Durham: Duke University Press, 2002); Harald Kleinschmidt, *People on the Move: Attitudes toward and Perceptions of Migration in Medieval and Modern Europe* (Westport: Praeger Publishers, 2003); Sylvia Hahn, *Historische Migrationsforschung* (Frankfurt/M., New York: Campus, 2012).

Komplexität individueller Migrationsmotivationen zu zeigen.[20] So wurde die Migrationsthematik gerade durch ihre versuchte Verhinderung immer wichtiger und verlangte nach einem neuen kategorisierenden Begriff. Dieser war schnell gefunden. Nur wenige Stunden nach dem Mauerbau machte ein altbekanntes Wort die Runde: Aus der »Zone« mit vielen kleinen stalinistischen »Konzentrationslagern« sei nun ein großes »Konzentrationslager« geworden.

Damit wandelte sich die Metaphorik des Kalten Krieges. Zwar tauchte auch vor dem Mauerbau bereits der Topos des »Konzentrationslagers« DDR auf, doch handelte es sich um vereinzelte Äußerungen. Beliebter war der Bezug auf eine andere Form der Gewaltherrschaft: den Kolonialismus. Als US-Präsident Kennedy im Juli 1961 die »Woche der versklavten Nationen« proklamierte, griff er auf ein seit 1959 etabliertes Ritual zurück. Diese Woche war keine Besinnungswoche zugunsten der universellen Menschenrechte, sondern erfüllte eine spezifische Funktion im Kalten Krieg. Explizit benannte eine 1959 vom Kongress verabschiedete Resolution 22 Länder in Europa und Asien unter kommunistischer Herrschaft als »versklavte Nation«. Diese seien der »imperialistischen und aggressiven Politik des russischen Kommunismus« zum Opfer gefallen, was ein »riesiges Imperium« habe entstehen lassen, welches nun eine »düstere Bedrohung für die Sicherheit der Vereinigten Staaten und aller freien Völker der Welt« darstelle.[21] Auch die Bundesregierung beteiligte sich an dieser Rhetorik und veröffentlichte direkt nach dem Mauerbau eine globale Berechnung des neuen kommunistischen Kolonialreiches. Mit »48 Vasallenvölkern« übertraf sie die amerikanischen Einschätzungen deutlich.[22] Die Bundesregierung erklärte dadurch nicht nur in ahistorischer Argumentation alle Bewohner der angeführten Territorien und Staaten zu Versklavten, sondern verklärte den oft imperialistisch agierenden Antikommunismus der teilweise selbst noch kolonialistisch engagierten westlichen Staaten als antikolonialen Kampf. Sklaverei war

---

20 Siehe z. B. in der Aussprache zur Regierungserklärung, BT-Drucks. IV/6: Plenarprotokoll vom 6. Dezember 1961, Rede Willy Brandt, 54 f.

21 »Joint Resolution Providing for the Designation of the Third Week of July as ›Captive Nations Week‹«, Pub. L. No. 86-90, 73 U.S. Statutes at Large 212 (1959).

22 »Der Kolonialbesitz Moskaus«, in: *Bulletin des Presse- und Informationsamtes der Bundesregierung* 151 (16. August 1961), 1465 f.

demnach allein ein Merkmal kommunistischer Herrschaft. Auch Kennedys »Woche der versklavten Völker« klammerte die verbliebenen europäischen Kolonien aus, vom amerikanischen »Hinterhof« in Lateinamerika ganz zu schweigen. Diese ausdrücklich antikommunistische Aktion half »den versklavten Nationen« sicher nicht, »die Ausübung ihres Selbstbestimmungsrechts wiederzuerlangen«. Sie prägte aber Denkstrukturen, mobilisierte Emotionen, prägte Begriffe um und lenkte so zugleich auch vom kolonialen Handeln der westlichen Verbündeten gegen die aufbegehrenden Kolonialuntertanen ab.[23] In Deutschland blieb dies allerdings recht abstrakt, der Begriff des antikolonialen Kampfes war keineswegs positiv besetzt. So dürfte die Metapher mit einigen Verrenkungen und besonders viel Geschichtsblindheit in erster Linie Eroberungsängste durch »die Russen« wach gehalten haben. Noch am 12. August 1961 stellte die Bundesregierung die Sowjetunion als die letzte Bastion des Kolonialismus dar und betonte, die sowjetischen Machthaber gingen weitaus »raffinierter und brutaler« vor als die »alten Kolonialmächte«.[24]

Nur einen Tag später vereinfachte sich das Arsenal der delegitimierenden Rhetorik schlagartig. Mit dem Mauerbau trat die Ulbricht-Regierung in den Vordergrund. Bereits am 13. August sagte Willy Brandt in einer auch in der DDR zu hörenden RIAS-Ansprache, dass »mitten durch Berlin nicht nur eine Art Staatsgrenze, sondern die Sperrwand eines Konzentrationslagers gezogen wird«.[25] Viele Kommentatoren griffen diese Äußerung direkt auf. So schrieb etwa der Journalist Jens Feddersen am 14. August vom neu-

23 »›Woche der Versklavten Nationen‹: Ein eindrucksvoller Appell an die Öffentlichkeit der freien Welt«, in: *Bulletin des Presse- und Informationsamtes der Bundesregierung* 139 (29. Juli 1961), 1357 f.

24 »Letztes Bollwerk des Kolonialismus: Millionen von Menschen fremder Völker in der Hörigkeit der Sowjets«, in: *Bulletin des Presse- und Informationsamtes der Bundesregierung* 149 (12. August 1961), 1451 f.

25 RIAS, Erklärung des Regierenden Bürgermeisters Willy Brandt nach der Sondersitzung des Senats, 13. August 1961; ähnlich bei seiner Rede vor dem Berliner Abgeordnetenhaus am selben Tag: »Die Betonpfeiler, der Stacheldraht, die Todesstreifen, die Wachtürme und die Maschinenpistolen, das sind die Kennzeichen eines Konzentrationslagers.« Zit. n. Klaus Schroeder, *Der SED-Staat: Geschichte und Strukturen der DDR, 1949-1990*, 3., vollständig überarb. und stark erw. Neuausg. (Köln, Weimar: Böhlau, 2013), 196.

en »Konzentrationslager«,[26] auch Bundeskanzler Adenauer und Außenminister von Brentano verwendeten den Ausdruck am Abend desselben Tages in einem Fernsehgespräch.[27] Diese Gleichsetzung des Kommunismus mit dem Nationalsozialismus war nicht neu, sie wurde nun aber deutlich konkreter.[28] Es brach sich eine den Holocaust relativierende Sprache Bahn, die sowohl dem Grenzbauwerk als auch den Bewachern galt, den neuen »KZ-Wächter[n]« oder »KZ-Schergen«, die »schlimmer als die Nazis« seien.[29] Während der Christliche Gewerkschaftsbund das Ziel der SED darin sah, »die in ihrem Machtbereich lebenden Menschen weiter zu versklaven«, konstatierte der Untersuchungsausschuß Freiheitlicher Juristen (UFJ), dass sich für die Abriegelung der Grenze und das Bestrafen der »Republikflucht« »Vorbilder aus der Nazizeit finden«.[30] All dies

26 Jens Feddersen, in: *Neue Rheinzeitung* (14. August 1961), zit. n. Lehmann, »Mit der Mauer leben? Die Einstellung zur Berliner Mauer im Wandel«.

27 »Kein Anlass zur Panikstimmung« (16. August 1961); »Die notwendigen Konsequenzen«, in: *Bulletin des Presse- und Informationsamtes der Bundesregierung* 151 (16. August 1961), 1462. Der Stellvertretende Vorsitzende des Bundestagsausschusses für Gesamtdeutsche und Berliner Fragen Johann Baptist Gradl legte den Flüchtlingen vor Mauerbau in den Mund, sie würden davor fliehen, dass die SED-Machthaber »aus der Zone ein deutsches Sibirien« machten – obwohl die aus plötzlichem Desinteresse nicht veröffentlichten Forschungen des BMG gänzlich andere private und ökonomische Fluchtmotive betonten. Dennoch blieb das »Gulag«-Argument im Vergleich zum KZ-Argument eine Randerscheinung; vgl. Johann Baptist Gradl, »Ein gefährliches Abenteuer«, in: *Bulletin des Presse- und Informationsamtes der Bundesregierung* 152 (17. August 1961), 1471.

28 Zur komplexen Beziehungsgeschichte der Aufarbeitung des Nationalsozialismus in Deutschland und als gegenseitiger Abgrenzungsmodus siehe Jeffrey Herf, *Divided Memory: The Nazi Past in the Two Germanys* (Cambridge/Mass.: Harvard University Press, 1997); Anthony Kauders, *Democratization and the Jews: Munich, 1945-1965* (Lincoln: University of Nebraska Press, 2004); Konrad Hugo Jarausch, *After Hitler: Recivilizing Germans, 1945-1995* (Oxford, New York: Oxford University Press, 2006).

29 Vgl. z. B. »Das dritte Todesopfer der KZ-Schergen«, in: *Berliner Morgenpost* (30. August 1961); BStU AdZ, ZAIG, 510, 6; siehe auch Bericht des Kommandeurs der 5. Grenzbrigade der Deutschen Grenzpolizei (29. August 1961) und Augenzeugenbericht Thilo (14. September 1993), zit. in Christine Brecht, »Roland Hoff«, in: *Die Todesopfer an der Berliner Mauer, 1961-1989: Ein biographisches Handbuch*, hg. von Hans-Hermann Hertle und Maria Nooke, 2., durchges. Aufl. (Berlin: Ch. Links, 2009), 41 f.

30 Deutscher Gewerkschaftsbund, »Protest der Gewerkschaften«, in: *Bulletin des Presse- und Informationsamtes der Bundesregierung* 151 (16. August 1961), 1463 f.;

überbietend, diagnostizierten die Vereinigten Landsmannschaften Mitteldeutschlands, dass die Menschenwürde »noch niemals so unverhohlen in der Welt verhöhnt« worden sei, um »der totalen Vernichtung der Freiheit« näher zu kommen.[31] Das war Geschichtsrhetorik von Deutschen für Deutsche. Wie bewusst diese Sprache eingesetzt wurde, sieht man an Schreiben des KUD. Während dieses in seiner an die Bundesöffentlichkeit gerichteten Kommunikation immer wieder auf eine derart einschlägige Rhetorik zurückgriff, vermied es in seinen Schreiben an internationale Adressaten den KZ-Verweis und griff auf die Imperialismus-Rhetorik zurück.[32] In der Bundesrepublik aber war die assoziationsreiche Vokabel des »Konzentrationslagers« schlagartig in aller Munde.[33] Die Bundesregierung fasste die SED-Politik schlicht als »Methode Hitler« zusammen.[34]

»Methode Hitler«, in: *Bulletin des Presse- und Informationsamtes der Bundesregierung* 153 (18. August 1961), 1479.

31 »Für Freiheit und Selbstbestimmung: Tiefste Empörung über Zwangsmaßnahmen des sowjetzonalen Regimes«, in: *Bulletin des Presse- und Informationsamtes der Bundesregierung* 152 (17. August 1961), 1470.

32 »Selbstbestimmung auch in ganz Europa: Kuratorium ›Unteilbares Deutschland‹ an die Konferenz der blockfreien Staaten«, in: *Bulletin des Presse- und Informationsamtes der Bundesregierung* 164 (2. September 1961), 1572.

33 Damit soll keineswegs abgestritten werden, dass der Ausdruck Konzentrationslager nicht schon vor dem Mauerbau auf die DDR angewandt wurde. Nun aber setzte sich diese Begrifflichkeit in einer zuvor nicht existenten Breite durch. Für die Mengung sehr früher entsprechender Äußerungen direkt nach dem Mauerbau siehe z. B. »Kein Anlass zur Panikstimmung« (16. August 1961); Gradl, »Ein gefährliches Abenteuer«, 1471; »Die direkteste und gefährlichste Herausforderung der USA«, in: *Bulletin des Presse- und Informationsamtes der Bundesregierung* 152 (17. August 1961), 1471; Konrad Adenauer, »Anschlag der Gewalt: Erklärung vor dem deutschen Bundestag, 18. August 1961«, in: *Bulletin des Presse- und Informationsamtes der Bundesregierung* 154 (19. August 1961), 1487; vgl. die Ähnlichkeit der Erklärungen der Fraktionen auf der Sondersitzung des Bundestags am 18. August 1961 (CDU/CSU: Heinrich Krone, SPD: Erich Ollenhauer, für Berlin: Willy Brandt): »Der Bundestag zu den Vorgängen in Berlin: Erklärungen der Fraktionen«, in: *Bulletin des Presse- und Informationsamtes der Bundesregierung* 155 (22. August 1961), 1497 f. Der amerikanische Vizepräsident Lyndon B. Johnson fand in seiner Ansprache vor dem Berliner Abgeordnetenhaus klare Worte, vermied aber derartige Assoziationen; vgl. den Wortlaut der Rede: Lyndon B. Johnson, »Ansprache«, in: *Bulletin des Presse- und Informationsamtes der Bundesregierung* 155 (22. August 1961), 1495 f.

34 Weit gedeutet und bezogen auf die »Verordnung über die Beschränkung des

Auch der Buchmarkt wurde umgehend bedient. Bereits Ende 1961 legte der aus Dresden stammende und in West-Berlin lebende Autor Wolfgang Paul ein markiges Pionierwerk vor. Eine Doppelseite dieser Anklageschrift verdeutlicht sein Pathos. Betitelt mit »Fleißig am Sonntag – Ein Konzentrationslager darf keine Fenster haben«, zeigt eine ganzseitige Fotografie links einen arbeitenden Maurer, der ein höher gelegenes Fenster an der Bernauer Straße 37 zumauert. Auf der gegenüberliegenden Seite dichtet Paul aufgebracht: »Mitleidlose Nacht. Hier schlafen / Schuldlose in Ketten. / Bajonette pfählen Liebende / deren Umarmungen von gestern sind.«[35] Resigniert gab es für ihn nur mehr festzuhalten: »Dumpf hallt der Klang der Freiheitsglocke vom Rathausturm. Die Mauer wächst. […] Die Juden hatten ihre Klagemauer in Jerusalem. Nach der Zerreißung der Stadt fiel diese Klagemauer an Jordanien, aber die Israelis hatten nun ihren freien Staat. Sie bedurften der Klagemauer nicht mehr. Wir können unsere Klagemauer noch besuchen.«[36] So wie die Jerusalemer Klagemauer für den ewigen Bund der Juden mit Gott stehe, verkörpere nun die »Berliner Klagemauer« das deutsche Freiheitsstreben. Derart religiös überhöht verdrehte Paul den Mauerbau zum quasidiasporischen Weltschmerz. Vor allem aber legte er die Schlussfolgerung nahe, das Schicksal des geteilten deutschen Volkes sei unglücklicher als das der Juden nach dem Zweiten Weltkrieg, die letztlich in der eigenen Staatlichkeit doch ihr Happy End gefunden hätten. Deutlicher konnten sich Deutsche – keine zwei Jahrzehnte nach dem Holocaust – kaum als die neuen Juden und die wahren Opfer der Zeitgeschichte insze-

---

Reiseverkehrs mit Gebietsteilen des Großdeutschen Reiches« vom 20. Juli 1940 siehe »Methode Hitler«. In den nächsten Monaten trat vor allem Staatssekretär Thedieck in vom RIAS gesendeten Ansprachen als Ankläger gegen den neuen Stalinismus hervor, der jedoch nicht zögerte, stalinistische und nationalsozialistische Methoden in einen Topf zu werfen; vgl. v. a. Franz Thedieck, »Ulbricht will keine Entspannung«, in: *Bulletin des Presse- und Informationsamtes der Bundesregierung* 227 (6. Dezember 1961), 2133 f.; weiterhin ders., »Spiegelfechtereien und Täuschungsmanöver«, in: *Bulletin des Presse- und Informationsamtes der Bundesregierung* 208 (7. November 1961), 1953 f.; ders., »Die Sowjetzone ein Hort des Stalinismus«, in: *Bulletin des Presse- und Informationsamtes der Bundesregierung* 213 (14. November 1961), 1993 f.

35 Wolfgang Paul, *Mauer der Schande* (München, Eßlingen: Bechtle, 1961), Doppelseite 33, 71.
36 Ebd., 17 f.

nieren, ohne dabei allerdings öffentliches Interesse am Judenmord zu zeigen.[37]

Die Metapher des »Konzentrationslagers« und vor allem des »KZ-Staats« (Franz Thedieck) ermöglichte es, jeden Flüchtenden oder DDR-Bürger einem NS-Opfer gleichzustellen und in jedem Antikommunisten mindestens einen Graf von Stauffenberg zu sehen.[38] Die DDR-Bevölkerung mit den verfolgten Juden gleichzusetzen war ungleich mächtiger als Parallelen z. B. zu den afrikanischen Opfern der Gewaltherrschaften in Algerien, Angola oder Mosambik, die zeitgleich für ihre Unabhängigkeit kämpften. Diese Gleichsetzung entsprach in mehrfacher Hinsicht deutschen Sentimenten. Durch eine klare Schuldzuschreibung schob sie erstens die Schuld an der Teilung weit nach Osten, auf Ulbrichts Schreibtisch und nach Moskau.[39] Zur Sicherheit teilte das Wirtschaftsministerium zudem mit, dass laut Statistischem Bundesamt seit fünf Jahren kein Stacheldraht mehr in die Sowjetische Besatzungszone geliefert worden sei.[40] Zweitens verdeckte nun ausgerechnet die deutsche Teilung die Gräuel des Zweiten Weltkrieges. Nur im Rahmen einer solchen Bewertung konnte mit Konrad Adenauer ein deutscher Bundeskanzler auf dem CDU-Parteitag 1962 die Sowjetunion als den »aggressivste[n] kommunistische[n] Staat« und die »Russen« als »das kriegerischste Volk des letzten Jahrhunderts« geißeln.[41]

37 Beispielhaft sei hier an die Einsamkeit Fritz Bauers oder die lange Publikationsgeschichte von Raul Hilbergs Meisterwerk erinnert, welches erst 1982 und an marginaler Stelle in Deutschland erschien; Raul Hilberg, *Die Vernichtung der europäischen Juden: Die Gesamtgeschichte des Holocaust* (Berlin: Olle u. Wolter, 1982).

38 Franz Thedieck, »Sowjetzone größte Gefahr für den Frieden«, in: *Bulletin des Presse- und Informationsamtes der Bundesregierung* 195 (17. Oktober 1961), 1837.

39 Zur Funktionalisierung des NS-Gedenkens während der deutschen Teilung siehe v. a. Herf, *Divided Memory*; Bill Niven, »The Sideway Gaze: The Cold War and Memory of the Nazi Past, 1949-1970«, in: *Divided, but Not Disconnected: German Experiences of the Cold War*, hg. von Tobias Hochscherf, Christoph Laucht und Andrew Plowman (London: Berghahn Books, 2010), 49-62; Katrin Hammerstein, *Gemeinsame Vergangenheit – getrennte Erinnerung? Der Nationalsozialismus in Gedächtnisdiskursen und Identitätskonstruktionen von Bundesrepublik Deutschland, DDR und Österreich* (Göttingen: Wallstein, 2017).

40 »Kein Stacheldraht aus der Bundesrepublik«, in: *Bulletin des Presse- und Informationsamtes der Bundesregierung* 153 (18. August 1961), 1478.

41 Zit. n. Konrad Foschepoth, »Die Einheit Deutschlands in der Politik Konrad Adenauers«, in: *Als die Mauer wuchs: Zur Deutschlandpolitik der Christdemo-*

Eine solche Sprache ermöglichte eine machtvolle und aggressive Antwort auf jene NS-Vergleiche, die der SED-Staat unentwegt gegen die Bundesrepublik richtete. Die DDR sah sich als kommunistischer Staat und aufgrund des tatsächlich während der Zeit des Nationalsozialismus verfolgten Großteils der politischen Führungsriege als Vertreter der Opfer Nazi-Deutschlands. Presse und Politik verunglimpften die Bundesrepublik als inhaltlichen Nachfolger des NS-Staates, der geprägt von Revanchismus und Militarismus einen neuen Angriffskrieg vorbereite.[42] Der SED-Staat stilisierte sich so zu einem möglichen Polen 1939 hoch, was konservative Stimmen in der Bundesrepublik mit Warnungen zu kontern glaubten, dass die Akzeptanz der Mauer ein »Super-München« darstelle.[43] Hitler war, anders als es der Schriftsteller Gert Kalow skizzierte, jenes »gesamtdeutsche Trauma«, dessen man sich durch das Abschieben seines Schattens auf die andere Seite der Mauer entledigen wollte.[44]

Die Radikalität und Häufigkeit, mit der die Bundesrepublik die nationalsozialistischen Verbrechen zur Stigmatisierung der Gegner aufrief, und die Geschwindigkeit, mit der sie sich ausgerechnet der KZ-Vergleiche bediente, verdeutlichte, dass die Redner und ihre Zuhörer sehr wohl wussten, was vor 1945 geschehen war. Nun aber wurde die Ermordung der europäischen Juden und der Angriffskrieg gegen die Sowjetunion zu einer »usable past« – und zwar indem man allein die Sprengkraft ihrer begrifflichen Symbolik zum eigenen Zweck verwandte.[45]

kraten 1945-1970, hg. von Reinhard Hübsch (Potsdam: Verlag für Berlin Brandenburg, 1998), 115.

42 Siehe z. B. *Warum Mauer – wie lange Mauer?* (Berlin [Ost], 1963).

43 C. W., »Politik der Diktatoren«, in: *Bulletin des Presse- und Informationsamtes der Bundesregierung* 154 (19. August 1961), 1489.

44 Gert Kalow, *Hitler: Das gesamtdeutsche Trauma: Zur Kritik des politischen Bewußtseins* (München: Piper, 1967); später neu veröffentlicht als Gert Kalow, *Hitler – das deutsche Trauma: Zur Kritik des politischen Bewußtseins* (München: Piper, 1984).

45 Nach Robert G. Moeller, »War Stories: The Search for a Usable Past in the Federal Republic of Germany«, in: *The American Historical Review* 101/4 (1996), 1008-48; David G. Roskies, *The Jewish Search for a Usable Past* (Bloomington: Indiana University Press, 1999).

So wuchs die Mauer bereits am Tag ihres Baus als gesamtdeutsches Opfersymbol über sich selbst hinaus. Dem Begriff des »Konzentrationslagers« zufolge sei nicht allein Unterdrückung, sondern Mord die Essenz der Mauer. Westdeutsche Politiker betonten entsprechend vor allem ihre Symbolhaftigkeit und verbanden den Ort der Grenze mit dem gesamten politischen System sowie dessen »mörderischer Realität«.[46] Damit geriet der Alltag um die Mauer und vor allem das Leben hinter ihr in den Hintergrund. Die komplexen sozialen Realitäten der Teilung verschwanden wortwörtlich im Schatten der Mauer. Und je symbolischer ihre Gewalt inszeniert wurde, desto wichtiger wurde sie. Die Nachwirkungen dieser Zentrierung des Blicks auf den Tod sind noch heute in der Fokussierung auf die 140 Menschen (davon 101 Flüchtlinge) zu erkennen, die direkt an der Berliner Mauer starben.[47]

Diese Aufladung der Berliner Mauer resultierte allerdings bereits aus Vermittlungsarbeit. Wie wir heute an den kaum einen Aufschrei produzierenden, jährlich Tausenden ertrinkenden Flüchtlingen an der »tödlichsten Grenze der Welt« im Mittelmeer sehen können, ist nicht der Tod an der Grenze und auch nicht dessen quantitative Häufung, sondern seine Deutung dafür entscheidend, wie stark er wahrgenommen und problematisiert wird.[48] Im geteilten Deutschland wurde diese Deutung insbesondere bei Besuchen der Mauer gebildet. Wie Astrid Eckert für die innerdeutsche Gren-

---

46 Zit. Martin Sabrow und Axel Klausmeier, »Vorwort«, in: *Die Todesopfer an der Berliner Mauer, 1961–1989: Ein biographisches Handbuch*, hg. von Hans-Hermann Hertle und Maria Nooke, 2., durchges. Aufl. (Berlin: Ch. Links, 2009), 7.

47 Für eine weitere Lesart siehe v. a. Thomas Lindenberger, »Diktatur der Grenze(n): Die eingemauerte Gesellschaft und ihre Feinde«, in: *Mauerbau und Mauerfall: Ursachen, Verlauf, Auswirkungen*, hg. von Hans-Hermann Hertle, Konrad Jarausch und Christoph Kleßmann (Berlin: Ch. Links, 2002), 203-13; die Gesamtzahl übernommen aus: Hans-Hermann Hertle und Maria Nooke, *Die Todesopfer an der Berliner Mauer 1961-1989: Ergebnisse eines Forschungsprojektes des Zentrums für Zeithistorische Forschung Potsdam und der Stiftung Berliner Mauer* (Berlin: Gedenkstätte Berliner Mauer, 2017), 2 f., online verfügbar unter: ⟨https://www.berliner-mauer-gedenkstaette.de/de/uploads/todesopfer_dokumente/2017_08_08_hertle_nooke_berliner_mauer_todesopfer.pdf⟩ (Stand März 2019).

48 Siehe hierzu v. a. Maurizio Albahari, *Crimes of Peace: Mediterranean Migrations at the World's Deadliest Border* (Philadelphia: University of Pennsylvania Press, 2015).

ze beschrieben hat, diente der Grenzstreifen bereits ab seiner Markierung 1952 als Reisemagnet.[49] Kurz vor dem Grenzstreifen, also auf dem letzten Fußbreit »freie Welt«, meinten die Besucher den Horror des Ostens zu spüren. Ob als Privattouristen, ob im Rahmen von staatlich unterstützten Bildungsreisen: Deutsche strebten an die innerdeutsche Grenze, um von dort aus das Dunkle zu sehen – auch wenn sie dabei auf grüne und menschenleere Wiesen blickten. Es war weniger die Grenze, die schockierte, sondern die Vorstellung, zu jenen auf der anderen Seite zu gehören. Mitten im Niemandsland entstand darum eine touristische Infrastruktur, die an der innerdeutschen Grenze aus Gaststätten, Verkaufsstellen von Postkarten und später auch Grenzmuseen bestand.

Besonders ausgeprägt war dieser politisch motivierte Gruseltourismus in Berlin. Abstecher auf Aussichtsplattformen, von denen aus man auf und über die Berliner Mauer schauen konnte, waren Pflichtbesuche für private Reisende ebenso wie für Staatsgäste.[50] Man blickte nicht auf Grenzanlagen mit überwiegend versteckten Sicherungsmaßnahmen auf einem weiten Grünstreifen; man erspähte vielmehr ein gewaltsam durch eine Stadt getriebenes und in den Osten hinein stets wachsendes militärisches, mehrstufiges Sicherungssystem. Die erwartete Wirkung war auch hier ein aufrüttelnder Schock für die Besucher. Auch drüben, sollte der Blick mahnen, ist Deutschland. Die Nebenwirkung lag jedoch darin, dass ebendiese Blicke auf das Andere und dessen martialische Bauwerke die Grenze auch essentialisierten. So prägte sich im Westen gerade durch die Fokussierung auf die Berliner Mauer die Macht der SED ins Bewusstsein ein. Mauertourismus produzierte also sowohl die erwünschte Abschreckung vor dem Kommunismus als auch eine unerwünschte mentale Einschreibung der Teilung. Staatliche Stellen verzichteten darauf, durch z. B. ein Grenzmuseum oder einen offiziellen Mauerausblick eine eigene Infrastruktur der politischen Bildung zu schaffen. Anders als es die markige Rhetorik von West-Berliner und bundesdeutschen Politikern vermuten lässt

49 Astrid M. Eckert, »›Greetings from the Zonal Border‹: Tourism to the Iron Curtain in West Germany«, in: *Zeithistorische Forschungen/Studies in Contemporary History,* Online Ausgabe 8/1 (2011), online verfügbar unter: ⟨http://www.zeithistorische-forschungen.de/16126041-Eckert-1-2011⟩ (Stand März 2019).

50 Arbeitsgemeinschaft 13. August, *Die Mauer – The Wall – Le Mur: Katalog zu den Ausstellungen der »Arbeitsgemeinschaft 13. August e.V.«* (Berlin, 1965), [8].

und im Gegensatz zur sonstigen, stark vom BMG kontrollierten deutschlandpolitischen Bildungspolitik, überließ man die »Aufklärung« vor Ort privaten Initiativen.[51]

Bereits kurz nach dem Mauerbau hatte die neu gegründete Arbeitsgemeinschaft 13. August (AG 13. August) zwei Dauerausstellungen aufgebaut, die in Form von Bildern und Tageschroniken die Ereignisse zu dokumentieren versuchten, um zugleich das Thema politisch und touristisch zu vertreten. Mit großen Bildern und markigen Kommentaren stellte die Arbeitsgemeinschaft die Mauer als das Gewalt-, wenn nicht Mordinstrument eines Staates dar, der rot rede und braun agiere.[52] Solche Initiativen profitierten auf ihre Art davon, dass die Bundespolitik die Berliner Frage als die Essenz der deutschen Frage begriff und die geteilte Stadt als Schaukasten der bundesdeutschen Situation nutzte. Auch darum war Kulturpolitik in Berlin ein enorm wichtiges Anliegen des Bundes. 1961 hatte er gesamtdeutsche kulturpolitische Maßnahmen in Berlin mit 16 Millionen DM gefördert. Infolge des Mauerbaus wuchs dieser Betrag für 1962 auf über 21 Millionen an (siehe Tafel 20, S. 251).[53] Nach dieser Erstreaktion – und unter den Bedingungen allgemeiner Haushaltsknappheit und Kürzungen – pegelte sich diese Summe in den 1960er Jahren bei 12 bis 13 Millionen DM pro Jahr ein. Diese Leistungen im Ressort des BMG standen aber nicht allein. Auch das KUD wurde in den nächsten Jahren ein wichtiger Akteur dieses gesamtdeutschen Auftrags, der in erster Linie die Einbindung West-Berlins in die Kultur, Politik und Identität der Bundesrepublik sichern sollte.[54] Mit der wachsenden bundespolitischen

51 Siehe dahingehend vor allem Arbeitsgemeinschaft 13. August, *Die Mauer – The Wall – Le Mur*; Rainer Hildebrandt, *Es geschah an der Mauer*, zweite, erg. und verb. Ausgabe (Berlin: Arbeitsgemeinschaft 13. August e. V., 1967).

52 Ebenso die Bundesregierung in »Nur rot statt braun«, in: *Bulletin des Presse- und Informationsamtes der Bundesregierung* 169 (9. September 1961), 1611 f. Dieses Motiv hält sich im antikommunistischen Aktivismus; vgl. z. B. Albert H. Kraus, »Der rote ist so brutal wie der braune Faschismus«, in: *Hilferufe von drüben* 1/4 (1979), 2.

53 Bereits auf der Sondersitzung des Bundestags am 18. August 1961 bekannte sich die Bundesregierung zur Freude der Opposition (v. a. der FDP) zu erhöhtem deutschlandpolitischem Engagement, was aber erst im neuen Bundestag umgesetzt werden konnte; vgl. »Der Bundestag zu den Vorgängen in Berlin: Erklärungen der Fraktionen«.

54 Dr. H. H., »Im Schatten der Mauer: Arbeitstagung des Kuratoriums ›Unteil-

Symbolik Berlins regte der SPD-Abgeordnete Peter Jacobs im Namen des vom späteren Bundesminister für gesamtdeutsche Fragen Herbert Wehner geführten, überparteilich getragenen und in der Regel harmonisch arbeitenden Bundestagsausschusses für gesamtdeutsche und Berliner Fragen Mitte 1963 einen Sonderfonds für die Förderung von Reisen in die geteilte Stadt an.[55] Diese Initiative ging zurück auf Forderungen Brandts, der bereits 1961 die Zukunft Berlins vor allem von »mehr Reisen, Gruppenreisen, Tagungen, Kongresse« abhängig sah.[56] Nun erachtete auch der gesamtdeutsche Ausschuss des Bundestages die bisherige »Propaganda [als] viel zu oberflächlich, zu hektisch und zu primitiv«. Die zukünftige Bildungsarbeit solle sich weniger »um ›die Mauer‹ und ihre Probleme« drehen, sondern dafür sorgen, dass Mauerbesucher eine gestärkte »staatsbürgerliche Verantwortung als Ergebnis ihres Aufenthaltes aus Berlin« mitnahmen.[57] Das Ziel war also Demokratieschulung durch das im benachbarten Teilstaat sichtbare Gegenbeispiel. Um die Mauer pädagogisch dahingehend zu inszenieren, stand das BMG mit einem guten Teil seines Haushalts und zusätzlich mit einem Fonds der Allgemeinen Staatsaufgaben ein, der jährlich erstens die ca. 2-3 Millionen DM für gesamtdeutsche Publikationen und zweitens ab 1964 einen stetig wachsenden Topf für Reisen nach Berlin zur Verfügung stellte. Die Reiseförderung umfasste bei der Programmaufnahme 1964 3,5 Millionen DM, was sich bis 1967 – während andere Haushaltspunkte deutlich gekürzt wurden – auf 6,8 Millionen DM fast verdoppelte. Berlin, so der Bundestagsabgeordnete Peter Jacobs, diene der »Weltgeltung Deutschlands«.[58]

bares Deutschland‹ in Berlin«, in: *Bulletin des Presse- und Informationsamtes der Bundesregierung* 214 (15. November 1961), 2004 f.; »Grundsätze und Aktionen: Beschlüsse der Arbeitstagung des Kuratoriums ›Unteilbares Deutschland‹ in Berlin«, in: *Bulletin des Presse- und Informationsamtes der Bundesregierung* 215 (16. November 1961), 2013.

55 BT-Drucks. IV/1349: Mündlicher Bericht des Ausschusses für gesamtdeutsche und Berliner Fragen (4. Ausschuß) vom 20. März 1963.

56 Dr. H. H., »Im Schatten der Mauer: Arbeitstagung des Kuratoriums ›Unteilbares Deutschland‹ in Berlin«, 2004.

57 BT-Drucks. IV/1349: Schriftlicher Bericht des Ausschusses für gesamtdeutsche und Berliner Fragen (4. Ausschuß) vom 26. Juni 1963.

58 BT-Drucks. IV/1349: Schriftlicher Bericht des Ausschusses für gesamtdeutsche und Berliner Fragen (4. Ausschuß) vom 26. Juni 1963, 2.

Tafel 20: Besondere berlinpolitische Ausgaben des Bundes, in 1000 DM.

	»Kulturpolitische Maßnahmen gesamtdeutschen Charakters in West-Berlin«	Förderung von Reisen nach West-Berlin
1961	16000	-
1962	21050	-
1963	17000*	-
1964	12050	3500
1965	12860	3500
1966	12860	6000
1967	13119	6800

Quellen: Entwürfe der Bundeshaushaltspläne, BT-Drucks. IV/200 (7. März 1962), 57; IV/1700 (23. Dezember 1963), 52, 58; IV/2500 (17. August 1964), 52, 58; V/1000 (2. November 1966), 52, 58.

* Für das Jahr 1963 waren ursprünglich nur 12 050 000 DM vorgesehen, was nachträglich deutlich nach oben korrigiert wurde; vgl. BT-Drucks. IV/1121 (29. März 1963).

Die Weltgeltung wollten die Bundespolitiker aber nicht nur an deutschen Schulen und Redaktionstischen geltend machen. Während diese Schulungsreisen in Sachen Demokratie und Freiheitsliebe an den Gefühlshaushalt der Deutschen appellierten, fiel es internationalen Besuchern schwerer, sich derart emotional mit der Lage der Stadt zu identifizieren. Leicht hatten es dabei noch jene, die während der aufgebrachten Tage des Mauerbaus selbst in der Stadt waren. So erging es dem französischen Autor Pierre Galante. Sein größter Publikumserfolg war das später verfilmte Buch *Operation Walküre*, doch neben dem Widerstand der Generäle gegen Hitler lag ihm die Berliner Mauer besonders am Herzen. Ähnlich wie andere internationale Beobachter schildert Galante wortstark und reportagehaft individualisiert die Tage und Wochen um den Mauerbau. Sein Buch *Ein Franzose an der Mauer* lebte gleichermaßen vom Charme des Fremden und des Zeitzeugen.[59] Mit seiner französischen Autorschaft kokettierte er jedoch nur auf dem deut-

59 Pierre Galante und Jack Miller, *The Berlin Wall* (London: Arthur Barker Limited, 1965); Pierre Galante, *Le Mur de la Honte* (Paris: Presses de la cité, 1966); ders., *Ein Franzose an der Mauer* (Stuttgart: Seewald, 1967); ähnlich Curtis Cate, *Riss durch Berlin: Der 13. August 1961* (Hamburg: Knaus, 1980).

schen Buchmarkt. Die englische und die französische Ausgabe verzichteten auf einen solchen Titel. Die englische Erstfassung gab sich betont sachlich (*The Berlin Wall*), wohingegen die französische mit *Le Mur de la honte* (Die Mauer der Schande) ein Diktum Willy Brandts titeltauglich machte. Das war nicht unpassend, denn das Buch kreist um die damals schon etablierten Motive von Flucht, Verzweiflung und Gewalt und erzählt emotional die Geschichte des Fluchthelfers Harry Seidel. Spezifische Eindrücke eines »Franzosen an der Mauer« kommen darin kaum vor, der Titel galt vielmehr der Hoffnung der Deutschen auf internationale Beachtung.[60]

Diese gab es vor allem, wenn die große Politik zu Gast war. Wohlbekannt ist die Berlin-Reise John F. Kennedys 1963, der in seiner Rede und von Emotionen getragen zum Ärgernis Willy Brandts vom Manuskript abwich und scharfe Worte nach Osten sandte. Sein Ruf »Let them come to Berlin!« besorgte Berlins regierende Politiker, die hofften, mit einem pragmatischeren Ton Reiseregeln mit der SED auszuhandeln. Dennoch griffen sie gerne auf Kennedys Prominenz zurück, um die nationale und globale Bedeutung der Berliner Frage zu betonen.[61] Weitere hochrangige Besucher und ihre emotionalen Slogans prägten das Bild der Mauer. Von Kennedys »Ich bin ein Berliner« 1963 bis zu Reagans »Mr. Gorbachev, tear down this wall!« 1987 fügten sie sich nahtlos in die auf Abgrenzung und Symbolismus beruhende Systempolitik ein und stützten dabei den Geist der West-Berliner in ihrem exzeptionellen Selbstverständnis. Damit löste sich aber auch der Blick von den konkreten Folgen des Mauerbaus, der Unterbindung von Bewegung und der sowohl auf Unterdrückung als auch auf Zuspruch fußenden Entstehung einer DDR-Gesellschaft, und machte aus der Berliner Mauer vielmehr das Symbol für die Weltverständigung schlechthin.

Auf der Alltagsebene, die sich nicht in Slogans und Reden verfestigte, sah dies durchaus anders aus, wie ein Blick auf den deutsch-französischen Austausch in den 1960er Jahren offenbart. Schon länger brachte die bundesdeutsche Botschaft in Paris franzö-

---

60 Verfilmt 1988 unter dem Titel *Freedom Fighter*, Regie: Desmond Davis.
61 So z. B. der Berliner Wirtschaftssenator Karl Schiller in einer Rede vor dem Hamburger Übersee-Club 1962; Karl Schiller, »Politik und Wirtschaft in Berlin 1962«, in: *Berliner Wirtschaft und deutsche Politik: Reden und Aufsätze, 1961-1964* (Stuttgart: Seewald, 1964), 63 f.

sische Multiplikatoren, vornehmlich Bürgermeister, Lokalpolitiker und Journalisten, auf Annäherungsreisen nach Deutschland. Mit dem Mauerbau stand Berlin im Zentrum dieser Einladungen. Anfangs zögerten französische Teilnehmer noch, denn sie zweifelten am persönlichen Nutzen solcher Unternehmungen und fürchteten negative Rückwirkungen aufgrund einer übertriebenen Deutschlandsympathie. Dies änderte sich mit dem deutsch-französischen Freundschaftsvertrag 1963, fortan konnten französische Politiker solche Reisen unter europäischen Argumenten auch wahltaktisch nutzen. Vor Ort bemühten sich Botschaftsvertreter redlich, mit Bildungsvorträgen und Führungen das Drama der Stadt zu verdeutlichen. Sie kämpften allerdings gegen mediale Überzeichnungen, denn die Besucher merkten häufiger an, dass sie sich die Berliner Mauer »höher, dicker vorgestellt« hätten.[62] Die Berliner Mauer selbst wirkte hier weniger als abstrakte »Ikone der Abscheu«,[63] vielmehr empfanden zahlreiche Teilnehmer die Rhetorik der Bundesregierung und die Fetischisierung der Mauer als peinlich. So resümierte ein Abgeordneter aus dem Süden Frankreichs: »Die Mauer ist eine Wunde; man sollte sie nicht zeigen, wie ein um Almosen heischender Bettler.«[64] Die Propaganda verdrehte sich hier in ihr Gegenteil. Ein anderer bemerkte ironisch, dass »so ein ›machin‹ nur den Deutschen einfallen könnte«.[65] Er sah die Nachfolger der Nazis nicht auf der einen oder anderen Seite, sondern solch strukturierte, »maschinisierte« Brutalität als einen Ausdruck der Deutschen. Diese Fremdheit sei jedoch bei jenen Teilnehmern verschwunden, die den Schritt über die Grenze nach Ost-Berlin wagten. Wieder zurück, verkündeten ihnen die »Lichter West-Berlins« ein »zu Hause«. So konnten sie nach der Rückkehr nach Frankreich in der Lokalpresse ihre Reise als die Erfüllung einer europäischen Aufgabe darstellen, denn »diese ständige Bedrohung aus dem Osten!« verdeutliche: »Jetzt sind wir Freunde.«[66] So ginge aus dieser »bemerkenswerte[n] ›Entgermanisierung‹ des Problems« ein »europäisches Zusammen-

62 Eitel-Victor Couchoud, »Multiplikatoren aus Frankreich an der Berliner Mauer«, in: *Internationale Beziehungen: Ein Gegenstand der Sozialwissenschaft*, hg. von Dieter Danckwortt (Frankfurt/M.: Europäische Verlagsanstalt, 1966), 113.
63 Zit.: Sabrow und Klausmeier, »Vorwort«, 7.
64 Couchoud, »Multiplikatoren aus Frankreich an der Berliner Mauer«, 113.
65 Ebd.
66 Ebd., 112, 115.

gehörigkeitsgefühl« hervor.[67] Die Bewegung verhindernde Mauer brachte damit politische Touristen nach Berlin, die anhand der geteilten Stadt vor allem über das neue Europa reflektierten. Damit gewann die Mauer einen westdeutschen Sekundäreffekt, indem sie die Westintegration persönlich und emotional unterfütterte. Sie trennte Deutsche von Deutschen, öffnete dabei aber Kanäle, über die Deutsche und Franzosen innerhalb einer am Freiheitsbegriff ausgerichteten europäischen Gemeinschaft zusammenfanden. Der politisch genutzte Freiheitsbegriff ermöglichte also gerade wegen seines *Ex-negativo*-Charakters neue Verbindungen gen Westen. Der dafür zu zahlende Preis war die gedankliche Entkopplung der Mauer vom konkreten dahinter befindlichen Schicksal der DDR-Bevölkerung, die in keiner dieser Betrachtungen eine andere Rolle als die des anonymen Opfers spielte. Genau das war das Dilemma der Deutschlandpolitik bis weit in die 1960er Jahre hinein: Die Inszenierung der Mauer diente der Westintegration von den Spiegelsälen bis zur Alltagsebene, eine konstruktive Deutschlandpolitik ließ sich daraus jedoch nicht ableiten.

Bilderwelten der Mauer

Selbstverständlich widerstrebte diese aktive bundespolitische Deutungsarbeit dem SED-Staat, so stieg er selbst ins Deutungsgeschäft für Berlinbesucher ein. Auch er produzierte Artikel, Hefte und Broschüren, die im Unterschied zu den westdeutschen Publikationen bemerkenswert bilderlos blieben. Weder seine Presseorgane noch andere Publikationen zeigten – aus guten Gründen – Abbildungen der Mauer, der Truppen oder andere mit ihr verbundene Gegenstände. Aus dieser Textwüste stach eine sich betont locker gebende, inhaltlich jedoch aggressive Broschüre von 1963 heraus. Für westliche Besucher Ost-Berlins (also vornehmlich Bundesbürger) verfasst, fragte sie eingangs bemüht locker: »Lieben Sie Mauern? Blödsinn, werden Sie sagen, ich bin doch normal. Wir sind es ebenfalls.«[68] Nach diesem Vorgeplänkel gingen die Autoren schnell zur aus dem *Neuen Deutschland* bekannten defensiv-aggressiven

67 Ebd., 113.
68 *Warum Mauer – wie lange Mauer?*, 8.

Bedrohungsrhetorik über. Anhand kurzer phrasenhafter Pressezitate, die für die Aggressivität des gesamten Westens standen, sollten sich die Leser ihr eigenes Urteil bilden. Um dabei aber auf Nummer sicher zu gehen, erläuterten die Autoren dann doch, dass der SED-Staat »im Interesse der Erhaltung des Friedens diesem Bestreben [der westlichen Aggression] einen Riegel vorschieben« musste. Triumphalistisch und zynisch resümierten sie in Bezug auf den 13. August 1961: »Da schlug es dreizehn.« Warum aber ausgerechnet eine Mauer diesen Frieden sichere, wurde nicht erläutert. Vielmehr konstatierten die Autoren anhand einer NS-Gleichsetzung unter der Überschrift »Darum Mauern«: »[D]ieselben Kräfte des Militarismus, die heute Krokodilstränen über getrennte Familien vergießen, haben in zwei Weltkriegen in Millionen und aber Millionen Fällen deutsche Familien für immer und für alle Ewigkeit zerrissen. Das ist die Wahrheit!«[69] Erwartbar ist von der Fluchtbewegung und mehr überraschend auch von »Schleusern« und »Menschenhändlern« keine Rede.

Derartige Heftchen nutzten darüber hinaus eine bemerkenswerte Bildersprache. Die Berliner Mauer und ihr bauliches oder militärisches Begleitwerk blieben visuell absent, aber drastische Collagen und Zeichnungen priesen sie als friedensstiftendes Bauwerk an. Neben nicht unüblichen propagandistischen Schaubildern stechen zwei Abbildungen besonders hervor.[70] Eine Fotografie zeigt Richard Nixon während einer 1963 erfolgten Passkontrolle an der Berliner Grenze, bei der sogar das Gesicht eines Kontrolleurs und damit höchstwahrscheinlich eines Vertreters der Staatssicherheit zu sehen ist.[71] Dieses Bild sollte die Alltäglichkeit des Vorgangs betonen, stand aber im schroffen Kontrast zur Besuchspraxis für West-Berliner und den komplizierten Verhandlungen der damals nur temporär gültigen Passierscheinabkommen.[72] Die Autoren behaupteten, dass die DDR am 23. August im »Interesse ihrer Sicher-

69 Ebd., 9.

70 Ebd., 6 f.

71 Ebd., 18. Für diese Passkontrollen war seit 1962 die Arbeitsgruppe Passkontrolle und Fahndung des MfS zuständig; vgl. Roland Wiedmann, *Die Diensteinheiten des MfS 1950-1989: Eine organisatorische Übersicht* (Berlin: BStU, 2012), 217 f.

72 Siehe hierzu Eckart Huhn, *Die Passierscheinvereinbarungen des Berliner Senats mit der Regierung der DDR 1963 bis 1966: deutsch-deutsche Verhandlungen zur Überwindung der politischen Sprachlosigkeit und der Milderung menschlicher Härten als Folge des Mauerbaus* (Ludwigsfelde: Ludwigsfelder Verlagshaus, 2011).

heit gezwungen war, die Passierscheinpflicht einzuführen«, was die West-Berliner schlagartig ebenso am Übertreten der Grenze hinderte, wie zehn Tage zuvor Berliner der anderen Seite. Die eingerichteten Ausgabestellen habe die West-Berliner Polizei »gewaltsam geschlossen«. Mit keinem Wort ging man darauf ein, dass dies auf Befehl der alliierten Militärkommandanten in Berlin geschehen war, da solche Stellen auf West-Berliner Territorium der Stadtverwaltung den gültigen Rechtsnormen ebenso widersprachen wie dem Potsdamer Abkommen.[73] Die Autoren verschwiegen die tumulthaften Proteste vor den Stellen am Bahnhof Zoo, bei denen erregte West-Berliner die Schalterfenster mit »Eintritt in das KZ Ost-Berlin – 1 DM West« überklebten.[74]

Neben der angeblichen »Alltäglichkeit« des Grenzübertritts Nixons stand zweitens eine Collage, in der der ehemalige Minister für gesamtdeutsche Fragen Ernst Lemmer, als »Schutzpatron der Westberliner Spionageorganisationen« dargestellt, schreiend Saboteure durch ein Loch in der Mauer von Westen nach Osten treibt.[75] Der »antifaschistische Schutzwall« diente demnach der Abwehr gesamtdeutscher Politik aus Bonn. Während sich also die Propaganda der Bundespolitiker primär nach innen, sprich: die Bundesrepublik richtete, zielte diese Propaganda des SED-Staates nach außen, auf westliche Leser. Deren Erfahrungen standen diesen Legitimierungsversuchen allerdings meist diametral entgegen.[76]

Die chronische Schwäche des ostdeutschen Bildmaterials sollte durch provokante Collagen kompensiert werden – ein heilloses

---

73 *Warum Mauer – wie lange Mauer?*, 20, 23. Die Einrichtung zweier solcher Stellen wurde bereits im August 1961 von Ostberlin aus beim Westberliner Verkehrsamt vorgeschlagen, dort aber an den Senat verwiesen. Ohne dass dort je ein solcher Antrag gestellt wurde, lehnte der Senat jedes derartige Bestreben des Ostberliner Oberbürgermeisters Friedrich Ebert jr. strikt ab. Von einer gewaltsamen Schließung der Passierscheinstellen durch die Westberliner Polizei kann also keine Rede sein. Westberlin richtete aber Kontrollen ein zur Fahndung nach »unerwünschten Personen« beim »Zonenübertritt«; vgl. »West-Berliner Folgerungen«, in: *Bulletin des Presse- und Informationsamtes der Bundesregierung* 159 (26. August 1961), 1530.

74 »Eine zweite Sperrmauer«, in: *Bulletin des Presse- und Informationsamtes der Bundesregierung* 160 (29. August 1961), 1538.

75 *Warum Mauer – wie lange Mauer?*, 23.

76 Für eine lebendige Schilderung eines solchen Ostbesuchs Westdeutscher aus Kinderaugen siehe Hanns-Josef Ortheil, *Die Berlinreise* (München: Luchterhand, 2014).

Unterfangen gegenüber dem unmittelbar realitätsabbildenden Anspruch des westdeutschen Materials. Diese Schwäche der visuellen Propaganda fiel scheinbar sogar dem SED-Staat selbst auf. Ein weiteres offiziell autorenloses, jedoch wohl 1964 von DDR-Behörden erstelltes und westlichen Besuchern an der Grenze in die Hand gedrücktes »Merkblatt für Berlin-Besucher« blieb vollkommen unbebildert. Unter dem Titel »Was ich von der Mauer wissen muss« verbreitete auch dieses in zwanghaft locker wirkendem Stil die Kunde von der Mauer als zentralem Bestandteil der »Friedensdoktrin« der DDR.[77] Dem verfremdeten KZ-Begriff der Westdeutschen hielten die Autoren ihre eigene Verfremdung entgegen, denn die Mauer habe nicht »uns selbst eingemauert«, sondern West-Berlin, mit seinen »Agentenzentralen«, »faschistischen Soldatenbünde[n]«, »Jugendvergifter[n]« und, nicht zu vergessen, den feindlichen »Grenzkinos«. »Brandt jammert, daß die halbe DDR [...] bewaffnet sei. Was halten Sie von einem KZ, dessen Insassen selbst die Waffen in den Händen haben?«[78] Das Merkblatt rief dazu auf, den »Mauer-Rummel« nicht mitzumachen, sich KZ-Vergleichen zu verweigern und anhand des »gesunden Menschenverstands« endlich die »Bedingungen für eine friedliche und demokratische Entwicklung auch in Westdeutschland zu schaffen«.[79]

Westdeutsche Propagandisten nutzten eine ähnliche Tonlage, ersetzen jedoch die zynische Legitimierung durch eine nicht unbedingt inhaltsreichere Empörung. Beide Seiten mieden den komplexen Blick auf die DDR-Gesellschaft, unterschieden sich jedoch grundlegend in ihren Ausdrucksformen. Vor allem brauchte die westdeutsche Seite nicht auf Zeichnungen oder Collagen zurückzugreifen. Fotografien sprach sie eine quasinatürliche entlarvende Wirkung zu. Damit konnte die Ikonografie der Mauer als Bildsprache über eine ganze Stadt gestülpt werden, wobei Berlin als düster und verletzt und zugleich als bedroht und willensstark inszeniert wurde.[80] In den entsprechenden Büchern fanden sich lachende kommunistische Staatschefs an der Grenze, grimmig blickende

77 *Was ich von der Mauer wissen muss: Merkblatt für Berlin-Besucher* ([Berlin Ost], 1964), 18.

78 Ebd., 12.

79 Ebd., 18.

80 Für eine gänzlich andere Perspektive auf die Stadt in derselben Zeit siehe Will McBride, *Berlin im Aufbruch: Fotografien 1956-1963* (Leipzig: Lehmstedt, 2013).

Soldaten, der sterbende »Republikflüchtling« Peter Fechter oder auch nur gewissenhaft dreinblickende Maurer: In der Visualität der Berliner Mauer lag ihre größte Anklage. Über allem schwebte das Konterfei Ulbrichts. Direkt nach dem Mauerbau wurde am Diplomatenübergang Friedrichstraße eine mahnende Tafel mit dem Bild Ulbrichts neben seinem berühmten Zitat »Niemand hat die Absicht, eine Mauer zu errichten« aufgestellt, und noch heute heißt sein sängelnder Tonfall die Besucher in der 2011 eröffneten Ausstellung des »Tränenpalastes« mitten im neuen Berlin willkommen.[81] Obgleich diese Ikone der deutschen Teilung heute wohl eher eine tiefere Reflexion ihrer eigenen Memorialkultur verdient, beklagte damals das von westdeutschen Aktivisten an der Berliner Mauer aufgestellte Konterfei Ulbrichts empört auch die eigene Machtlosigkeit gegenüber den Aktionen des SED-Staates.

Drei visuelle Hauptakteure

Diese westdeutsche Bilderwelt gestalteten in den 1960er Jahren hauptsächlich drei Akteure: Erstens war das in Bonn ansässige und zum Ärger des SED-Staates mit einer Zweigstelle in West-Berlin vertretene Bundesministerium für gesamtdeutsche Fragen von entscheidender Bedeutung.[82] Es trat trotz der Unterschiede zwischen den teilweise in schneller Folge wechselnden Ministern offensiv auf und repräsentierte zeit seiner Existenz bis 1969 die Abgrenzungspolitik der Bundesrepublik gegenüber der DDR. Diese Linie setzte es in der kurzen, aber für die Migration aufgrund des anlaufenden »Freikaufs« wichtigen Amtszeit Rainer Barzels bis 1963 und etwas abgemildert auch unter Erich Mende und Johann Baptist Gradl großenteils fort. Diese »Zeiten des staatlich geförderten Antikommunismus« überdauerten, wenngleich gemildert, Herbert Wehners Ministerschaft ab 1966, auf Spur gehalten auch durch Kiesingers

---

81 Paul, *Mauer der Schande*, Doppelseite 8, 71.

82 Grundlegend vor allem für die 1950er Jahre Stefan Creuzberger, *Kampf für die Einheit: Das gesamtdeutsche Ministerium und die politische Kultur des Kalten Krieges, 1949-1969* (Düsseldorf: Droste, 2008); mit begrenzter Aussagekraft hingegen Gisela Rüss, *Anatomie einer politischen Verwaltung: Das Bundesministerium für gesamtdeutsche Fragen – Innerdeutsche Beziehungen 1949-1970* (München: C. H. Beck, 1973).

Regierungslinie.[83] Es arbeitete dabei oft eng mit dem etwas flexibleren, aber nicht unbedingt milder gestimmten Bundestagsausschuß für gesamtdeutsche und Berliner Fragen zusammen, der als überparteiliche Allianz zumindest bis Ende der 1960er Jahre konstruktiv arbeitete.

Eine solche unnachgiebige Überparteilichkeit spiegelte sich im zweiten großen Akteur, dem Kuratorium Unteilbares Deutschland, das sich aus höchstrangigen Parlamentariern und anderen Persönlichkeiten der westdeutschen politischen Öffentlichkeit zusammensetzte.[84] Unter dem langjährigen Vorsitz erst Paul Löbes und dann des Vordenkers der Neuen Ostpolitik Wilhelm Wolfgang Schützes kann diese »Volksbewegung für die Wiedervereinigung« als der außerparlamentarische und parteienübergreifende Zusammenschluss offizieller Vertreter der Bundesrepublik in Wirtschaft, Städten und Politik betrachtet werden.[85] So wundert es nicht, dass das KUD betont als eine gesellschaftliche Initiative auftrat, es dafür jedoch unüblicherweise regelmäßig Raum im *Bulletin* der Bundesregierung erhielt. Aufgrund der breiten Basis des KUD bewegte es sich in den 1960er Jahren zunehmend auf liberalere, den Austausch suchende Positionen zu und öffnete sich auch für Willy Brandts Annäherungskurs.

Drittens kamen dazu neu entstehende Zivilorganisationen, allen voran die Arbeitsgemeinschaft 13. August, die für sich beanspruchte, die Bevölkerungsöffentlichkeit zu repräsentieren. Sie formten sich ohne entscheidendes Zutun der Bundespolitik, fanden dort aber vor allem in den besonders konservativen Kreisen starke Unterstützung. Ging es den älteren Verbänden wie dem Bund der Mitteldeutschen und dem Verband der Sowjetzonenflüchtlinge eher um die Interessenvertretung der DDR-Auswanderer im Rahmen der Flüchtlings- und Vertriebenenpolitik der Bundesrepublik, war die AG 13. August ein konfrontatives Sprachrohr des Protestes gegen den Mauerbau. Sie entstand 1963 unter der Federführung des radikalen Antikom-

83 Creuzberger, *Kampf für die Einheit*, 482.

84 Siehe *Der Bürger und die deutsche Frage* (Bonn: Kuratorium Unteilbares Deutschland, 1967).

85 Kuratorium Unteilbares Deutschland, *Unteilbares Deutschland: Die Konstituierung des Kuratoriums der Volksbewegung für die Wiedervereinigung, Reden und Dokumente, Juni/Juli 1954* (Neuenahr, 1960).

munisten Rainer Hildebrandt.[86] Gemeinsam mit Unterstützern verdichtete er seinen öffentlichen Protest 1963 in einer Ausstellung in einer kleinen Privatwohnung direkt an der Bernauer Straße unter dem Titel »Es geschah an der Mauer«. Die Wohnung wurde zu einer Pflichtadresse für Berlinbesucher, vor allem nach der Erweiterung der Ausstellung am Checkpoint Charlie, dem späteren Mauermuseum. Diese rein privat entwickelte und auf wissenschaftliche Unterstützung verzichtende Unternehmung erlangte bereits Mitte der 1960er Jahre einen weit über Berlin hinausreichenden Ruf als edukative Anlaufstelle zur Berliner Mauer.[87] Ein neuer Ansatz der AG 13. August war die zu Bildungszwecken eingesetzte Kultur der anklagenden Dokumentation, die mit dem Anschein nach rein neutralen Quellen, also Fotografien, Listen, Datensammlungen usw., eine betont sachliche, aber auf Diskussionen und Graustellen verzichtende Anklage formulierte. Derartige Ausstellungen standen ganz im Geiste der »Wahrheitsoffensive« der antikommunistischen Kampfgruppe gegen Unmenschlichkeit (KgU), überführten diesen Kampf aber wesentlich effektiver aus der DDR ins Bundesgebiet, wo Hildebrandt und seine Unterstützer von nun an als diskursive Akteure des Migrationsregimes die Bundespolitik zur Härte gegenüber dem SED-Staat drängten.[88] Ihre zwei Ausstellungen verankerten die AG 13. August an den beiden bestbekannten Brennpunkten der Mauer, die folglich betont emotionalisiert und zugespitzt eine öffentliche Bildungsfunktion übernahm. Sie füllte die Bedarfslücke, die zu adressieren Wissenschaft und Senat unterließen.

86 Der erprobte Antikommunist hatte 1948 die Kampfgruppe gegen Unmenschlichkeit mitgegründet, ein hauptsächlich von amerikanischen Nachrichtendiensten finanzierter Kampfverband gegen die SED, der wohlgemerkt nach Hildebrandts Ausscheiden auch vor Sabotageakten nicht haltmachte; siehe dazu Bernd Stöver, *Die Befreiung vom Kommunismus: Amerikanische Liberation Policy im Kalten Krieg 1947-1991* (Köln, Weimar: Böhlau, 2002), 277-81; Enrico Heitzer, *Die Kampfgruppe gegen Unmenschlichkeit (KgU): Widerstand und Spionage im Kalten Krieg 1948-1959* (Köln u. a.: Böhlau, 2015).

87 Hildebrandt, *Es geschah an der Mauer.*

88 Zum Propagandaverständnis der KgU siehe Stöver, *Die Befreiung vom Kommunismus*, 276f.; Bernd Stöver, »Politik der Befreiung? Private Organisationen des Kalten Krieges. Das Beispiel der Kampfgruppe gegen Unmenschlichkeit (KgU)«, in: *»Geistige Gefahr« und »Immunisierung der Gesellschaft«: Antikommunismus und politische Kultur in der frühen Bundesrepublik*, hg. von Stefan Creuzberger und Dierk Hoffmann (München: Oldenbourg, 2014), 215-28.

Sachlichkeit als Kampfmittel

Im Sinne von »the medium is the message« ging es der »Arbeitsgemeinschaft« um Bilder im Kopf und nicht um eine textbasierte kritische Auseinandersetzung mit diversen Perspektiven auf die gegenwärtige Deutschlandpolitik. Sie bot nicht nur Überwältigungsdidaktik, sie strebte diese an. Genau das verkündete der reich bebilderte Katalog noch lange nach dem Mauerfall in über 20 Auflagen voll kurzer, markig formulierter mehrsprachiger Absätze neben großen aussagekräftigen Fotografien.[89] Zudem bot ein Kurzkatalog tendenziös kommentierte Bilderstrecken. Hinzu kamen Dia-Serien und bebilderte Mappen zum Grenzaufbau sowie eine »erregende Geschichte des längsten Fluchttunnels« in Bildern. All dies wurde ergänzt durch praktische Hinweise in der Broschüre »Was kann ich gegen die Mauer tun«.[90] Unter dokumentarischem Vorwand entwickelten die Kämpfer des »moralischen Widerstandes« mittels einer Bilderflut ein Empörungsgeschäft. Im indirekten Austausch mit der ostdeutschen Aggressionsrhetorik ließ man sich auf einen diskursiven Überbietungswettbewerb ein, wobei beide Seiten jedoch die prospektiven und tatsächlichen Emigranten ausblendeten.

Diese bildungspolitisch radikalen Berliner Pflichtstationen blieben für sich, nicht aber ihre Publikationen. In den ersten Jahren nach dem Mauerbau erschien eine regelrechte Flut sehr ähnlicher und reich bebilderter Dokumentationsbändchen, wobei die feinen Unterschiede zwischen ihnen bemerkenswert sind. Auch die Materialien des BMG trugen einen offensiv-anklagenden Charakter, ebenso emotionalisierten die Publikationen des KUD. In diesen Veröffentlichungen ist aber das Bestreben erkennbar, neben der Bildergewalt weiter reichende Fakten und Informationen zur Verfügung zu stellen, wovon in den Katalogen der Arbeitsgemeinschaft 13. August wenig zu entdecken ist.[91] Freilich wurde auch hier der Gegenstand nicht diskutiert, sondern angeklagt; die Dokumentationen liefen mit teilweise juristischem Ton auf eine Zusammenstel-

---

89 Hildebrandt, *Es geschah an der Mauer*. Die vorerst letzte und noch im Handel befindliche 22. Auflage des Bildbandes »Es geschah an der Mauer« erschien 2006.

90 Arbeitsgemeinschaft 13. August, *Die Mauer – The Wall – Le Mur*.

91 Siehe z. B. Bundesministerium für gesamtdeutsche Fragen, *Ulbrichts Mauer: Zahlen Daten Fakten*, 5. durchges. u. erg. Aufl. (Bonn, Berlin, 1965).

lung der Menschenrechtsvergehen durch den SED-Staat hinaus. Damit wurde auf textueller Ebene das fortgesetzt, was die AG 13. August mit Bildern anregte. Das KUD arbeitete ebenfalls häufig mit Fotografien, wobei sich das Bildmaterial stark mit dem der AG 13. August überschnitt. Jedoch reduzierte das KUD seine Aufgaben nicht auf die Anklage. Sicher auch dank der Präsenz von Vertretern des Städtetages im KUD wurde West-Berlin im Rahmen des »gesamtdeutschen Auftrages« als eine wirtschaftlich starke, architektonisch moderne und kulturell belebte Stadt dargestellt.[92] Dahinter steckte die Hoffnung auf eine sich selbst erfüllende Prophezeiung. Während das Narrativ der AG 13. August von aus Raum und Zeit gelöster verzweifelter Anklage geprägt war, deutete sich beim Kuratorium eher eine tragische Romanze an, die die Mauer verdammte, aber West-Berlin in die Bundesrepublik einband und die Hoffnung auf die Wiedervereinigung pries. Ost-Berlin oder die Bevölkerung der DDR blieben dabei marginal, es ging primär um Bundespolitik und die Bundesgesellschaft inklusive West-Berlins. Dabei darf die Wirkung solcher Hefte nicht unterschätzt werden. Sogar der britische Oppositionsführer Hugh Gaitskell von der Labour Party nutzte das Bilderbüchlein »Berlin, 13. August« des KUD zur Vorbereitung seines Berlinbesuchs 1963.[93]

Diese Visualkultur gründete sich auf die generelle Auffassung, dass nichts die DDR derart delegitimiere wie die von ihr produzierten Landschaften, Ansichten und Zitate. Westdeutsche Akteure »sammelten« diese Ausdrücke als selbstbeschuldigende Praktiken wie heute Sicherheitsdienste die Aussagen eines Hasspredigers. Die AG 13. August gab vor, ganz sachlich das durch den SED-Staat geschaffene Unrecht in Bildern, Statistiken und zahlreichen Darstellungen zu dokumentieren, arbeitete aber genau im Rahmen dessen, was das BMG schon in den 1950er Jahren als die Modi »psychologischer Kriegsführung« definiert hatte.[94] Wie Vertreter der historischen Bildwissenschaft angemerkt haben, sind solche Bilderwelten keine Abdrücke der Realität, sondern sie formen in der Kommu-

---

92 Kuratorium Unteilbares Deutschland, *Berlin, 13. August 1961* (Köln, 1963); dass., *Widerstand gegen die Teilung: Eine Dokumentation* (Berlin u. a., 1966).

93 UCL Special Collections, London, UK, 103, Gaitskell, D 61, Visit to Berlin 3-6 Januar 1962.

94 Grundlegend dazu Stöver, *Die Befreiung vom Kommunismus*; Creuzberger, *Kampf für die Einheit*.

nikation mit dem Betrachter eine visuelle Praxis, aus der sich, wie fraglos bei der Mauer der Fall war, Interpretationsroutinen zu einer neuen sozialen Realität verdichten.[95] Die bildhafte Skandalisierung der Berliner Mauer erlaubte das Schaffen einer emotionalisierten Öffentlichkeit, die, wenn man Frank Böschs Überlegungen zur Erzeugung erregter Öffentlichkeiten folgt, ebenso Machtverhältnisse stabilisierte, wie sie den antikommunistischen Akteuren in der Bundesrepublik half, ihr eher in den 1950er Jahren verharrendes politisches Selbst zu konsolidieren.[96] Eine derart skandalbasierte Politisierung der Öffentlichkeit ging jedoch mit einer Entpolitisierung der Inhalte einher – was am Fall der Mauer in erster Linie in einer radikalen und tendenziösen Vereinfachung resultierte.[97] Die zahlreichen Dokumentationen der Zeit kreierten eine soziale Realität, die durch schlaglichtartig eingebrachte Argumente Kompromisslosigkeit im Gesamten einforderte. Daraus erklärt sich der Umstand, dass sie sich mit den komplexen Realitäten in der DDR genauso wenig wie mit der Suche West-Berlins nach einem Modus Vivendi beschäftigten. Stattdessen schufen diese Dokumentationen eine verteufelnde Ikonografie. Das erste Opfer dieser Vereinfachung eines Systems auf seine radikalsten Ausdrücke war der Blick auf die Mobilität. Fast alle Bilder und Statistiken hatten die Verhinderung von Migration zum Gegenstand, reflektierten jedoch nicht die andauernde Mobilität oder die Lage in der DDR, da es dazu kaum verwendbare Fotografien gab. Diese frühen Bilderwelten prägen unsere Wahrnehmung der Mauer bis heute, indem sie den

95 Jens Jäger, *Fotografie und Geschichte* (Frankfurt/M., New York: Campus, 2009), 7 f., 98 f.; Regula Valérie Burri, »Bilder als soziale Praxis: Grundlegungen einer Soziologie des Visuellen«, in: *Zeitschrift für Soziologie* 37/4 (2008), 345 f.; grundlegend dazu William J. Thomas Mitchell, *Bildtheorie* (Frankfurt/M.: Suhrkamp, 2008).

96 Frank Bösch, »Limites de »l'État autoritaire« Médias, politique et scandales dans l'Empire«, in: *Das 19. Jahrhundert als Mediengesellschaft*, hg. von Jörg Requate (Berlin, Boston: De Gruyter, 2009), 100-15; ders., »Kampf um Normen: Skandale in historischer Perspektive«, in: *Skandale – Strukturen und Strategien öffentlicher Aufmerksamkeitserzeugung*, hg. von Kristin Bulkow und Christer Petersen (Wiesbaden: VS Springer, 2011), 29-48.

97 Martin Kohlrausch, »Medienskandale und Monarchie: Die Entwicklung der Massenpresse und die ›große Politik‹ im Kaiserreich«, in: *Das 19. Jahrhundert als Mediengesellschaft*, hg. von Jörg Requate (Berlin, Boston: De Gruyter, 2009), 116-30.

Ort über die Menschen stellten und den tausendfachen privaten Kampf in der DDR lange Zeit übersahen.

Die Einbindung des kindlichen Blicks

Die Aktionen der Arbeitsgemeinschaft 13. August wären prägend für das Berlinbild, aber ihr Fokus beschränkte sich auf die Arbeit in der Stadt. Darüber hinausgehend bewahrten das KUD und das BMG, gestützt durch den jährlich ca. 3 Millionen DM umfassenden Sonderfonds im allgemeinen Bundeshaushalt für »gesamtdeutsche Publikationen«, die emotionalisierende Informationshoheit. Auch in diesen Veröffentlichungen wirkten die Bilder weitaus stärker als die Texte. Sie »dokumentierten« aber nicht nur in zahllosen Heftchen, sondern riefen darüber hinaus zur kollektiven Reflexion auf. Deutlich wird das in zwei besonderen Katalogen. Erstens rief das KUD noch vor dem Mauerbau und unter der Schirmherrschaft des Bundespräsidenten Heinrich Lübke deutschlandweit zum Bilderwettbewerb »Jugend sieht das unteilbare Deutschland« auf.[98] Die 80 000 Einsendungen von Kindern und Jugendlichen standen noch nicht unter dem Eindruck des Mauerbaus und reichten von Märchenbildern über die Wiedervereinigung symbolisierende Plastiken bis zu einem Wachsfigurenensemble beim Trachtentanz im feinsten Erinnerungskitsch.[99] Wenn die Grenze überhaupt ein Thema war (es dominierten Beschäftigungen mit der Vertreibung aus den »Ostgebieten«), prägte ein teilweise stark abstrahierter Stacheldraht die Bildsprache. In äußerst heterogener Weise, von beschwingt bis beklemmend, stand damit nicht allein die deutsche Teilung im Vordergrund, sondern ebenso kulturelles »Deutschtum« und Kindersichten auf die jüngere deutsche Geschichte.

Gänzlich anders sah es bei der Neuauflage dieses Wettbewerbes 1967 aus. Unter dem normativen Titel »Wir gehören zusammen« ging es jetzt vor allem um die deutsche Teilung.[100] Die meisten Einsendungen thematisierten die Lage in Berlin um eine von Sta-

---

98 Kuratorium Unteilbares Deutschland, *Jugend sieht Deutschland* (München: Langen Müller, 1961).

99 Siehe z. B. ebd., 86, 150, 152, 154.

100 Kuratorium Unteilbares Deutschland (Hrsg.), *Wir gehören zusammen* (Frankfurt/M.: Societäts-Verlag, 1967).

cheldraht gekrönte Mauer. War er zuvor noch eher ein Symbol für einen diffus empfundenen Teilungszustand, charakterisierte der Stacheldraht nun eine konkret lokalisierbare Situation. Insgesamt war die Bildsprache düsterer, martialischer und militarisierter. Während die Kinder und Jugendlichen des ersten Wettbewerbs kaum Schuldige für die Teilung malten, waren die Bilder 1967 – ganz wie auf den ikonisierten Mauerfotografien – voller Soldaten und Grenzpolizisten. Das Böse hatte ein Gesicht bekommen. Vor allem aber lehnte sich die Bildsprache der Einsendungen nicht mehr an die volkstümliche Kunst an, sondern an Grafiken von Opfern des Nationalsozialismus. Viele Bilder ähneln verblüffend den Darstellungen nationalsozialistischer KZs und Ghettos.[101] Diese wurden damals gerade einem breiteren Publikum auch in Deutschland bekannt. Zahlreiche zwischen 1935 und 1961 entstandene Grafiken und Zeichnungen über die Gräuel der Nazis fanden den Weg ins öffentliche Bewusstsein und boten Stilmittel an. Zu erwähnen sind hier z. B. die Grafiken und Gemälde des in Dresden lehrenden Ehepaars Hans und Lea Grundig sowie William Groppers *Out of the Caves* (1943), Ben Shahns *Immigration No 2.* (1939) und *Concentration Camp* (1944), Yehuda Bacons *Mauthausen Concentration Camp* und *To the Camp* (beide 1945), Raymond Gids Coverbild von *Internés & Déportés Politiques* (1945) oder Leonard Baskins *Man of Peace* (1952). In Aufbau, Stil und transportierter Stimmung offerierten sie eine Bildsprache, die deutsche Kinder und Jugendliche scheinbar auf die Visualisierung der deutschen Teilung übertrugen.[102] Eingeschlossenheit, hohe Mauern und bewaffnete Wachen prägen diese düsteren Bilder der deutschen Teilung. Ein Aquarell zweier Achtjähriger aus Nürnberg zeigt z. B. zwei gebückt und gesichtslos kriechende DDR-Bewohner vor einem lachend stehenden bewaffneten Grenzposten nebst Wachturm und Stacheldraht.[103] Solche Imaginationen erzeugte die westdeutsche »Aufklärung« keineswegs nur

101 Ebd., 62, 137, 135, 100-2.
102 Christiane Fritsche, *Vergangenheitsbewältigung im Fernsehen: Westdeutsche Filme über den Nationalsozialismus in den 1950er und 60er Jahren* (München: Meidenbauer, 2003); vgl. z. B. die Darstellungen abgebildet in Ziva Amichai-Maisel, *Depiction and Interpretation: The Influence of the Holocaust on the Visual Arts* (Oxford: Pergamon Press, 1993), Abb. 35, 36, 41, 77, 108, 112, 143, 307, 311; zur Frage der stilistischen Repertoires siehe v. a. Jürgen Kaumkötter, *Der Tod hat nicht das letzte Wort: Kunst in der Katastrophe 1933-1945* (Berlin: Galiani, 2015).
103 Kuratorium Unteilbares Deutschland (Hrsg.), *Wir gehören zusammen*, 102.

in Kinderköpfen. Der Unterschied zu Lagerbildern beschränkt sich zumeist auf eine Ausgangsmöglichkeit, die Grenzübergangsstellen. Diese verkörperten als Nadelöhr jenen Ort, an dem Kontrollgewalt sichtbar und spürbar wurde.[104] Sie erlösten nicht durch die Möglichkeit des Ein- und Ausgangs, sondern fungierten als grausames Merkmal des Gesamten.

Zahlreiche Bilder entsprangen offensichtlich keinem persönlichen Erfahrungshintergrund der Kinder, sondern spiegeln ihre Rezeption des öffentlichen Diskurses. Das Mädchen Angelika Bürich sandte beispielsweise eine Zeichnung einer Häuserzeile mit zugemauerten Fenstern ein, zur besseren Erklärung mit dem imaginierten Straßenschild »Bernauer Str. West« beschriftet.[105] Merkmale, die vor Ort in Berlin die Betrachter stark beeindruckten, allen voran die Berliner Mauer selbst, fehlten hier. Angelikas Kinderfantasie verband eine Häuserzeile, die in jeder beliebigen deutschen Stadt stehen konnte, mit jenen öffentlich bekannten Bestandteilen der Berliner Mauer, die sie am meisten beeindruckten, also zugemauerten Fenstern und Türen. Den aufmerksamen Beobachter erinnert sie an eine, auch dem Autor dieses Buches vertraute, Häuserzeile am Marktplatz mitten in Osnabrück – dem Katalog zufolge Angelikas Wohnort.

Diese Lokalisierung markiert einen deutlichen Unterschied zu den Bildern von in Berlin lebenden Kindern und Jugendlichen. Weitab der Berliner Mauer beschäftigten sie sich emotional mit der Teilung und orientierten sich aufgrund fehlender eigener Eindrücke an den vorhandenen Bildern.[106] Ähnlich ist es mit den Bildern, die die Bilderwelten der Überlebendenkunst nationalsozialistischer Konzentrationslager auf die deutsche Teilung übertragen. Die Bilder ähneln besonders den Werken jener Künstler, die selbst keine Insassen nationalsozialistischer Konzentrationslager gewesen waren.[107] Künstlern wie Ben Shahn, der während des Zweiten Weltkrieges im United States Office of War Information angestellt war, Georg Segal, William Gropper oder Robert Morris arbeiteten unter dem Eindruck medialisierter und in ihrem Besitz befindlicher Fotografien von den Befreiungen Buchenwalds, Bergen-Belsens und

104 Ebd., 62, 66, 69, 81, 100, 101.
105 Ebd., 73, ähnlich 75.
106 Z. B. ebd., 80, 104.
107 Amichai-Maisel, *Depiction and interpretation*, 6-15.

anderer Lager. Diese Darstellungsformen bewusst oder unbewusst zitierend, vermengten vor allem die Jugendlichen in einer komplexen Gemengelage Bilder über den Nationalsozialismus, eventuelle eigene Erfahrungen an der innerdeutschen Grenze und prägende Fotografien und Filmaufnahmen der Mauer.[108] Im Rahmen des damaligen KZ-Staats-Diskurses verschmolzen diese Elemente zu einem Deutungszusammenhang, der stark emotionalisierte, ohne jedoch die Historizität der Beziehung zwischen Zweitem Weltkrieg und deutscher Teilung offenzulegen.

Vergleicht man die beiden Wettbewerbe miteinander, fällt zudem eine Bedeutungsverschiebung für das Motiv der Bewegung auf. Während die frühere Sammlung Migration insbesondere anhand von Flucht und Vertreibung thematisierte, fehlen Darstellungen von Bewegungen in der Neuauflage. Mauer und Steine stellen sich in den Weg, Stacheldraht trennt unüberwindbar, und sogar die Grenzübergänge sind charakterisiert durch Staus und Warten. Erneut ist Migration vor allem durch ihre Unterbindung präsent, durch die gezielte Verhinderung, die schlummernde Gefährlichkeit oder die extreme Kontrolle der Bewegung.[109] Kontakt zwischen Ost und West gibt es nur in Form von Blicken durch den Stacheldraht oder von Paketen, beispielsweise wenn die ostdeutschen Kinder vor leeren Tellern sitzend sehnsüchtig auf Orangen aus dem Westen warten. Damit dokumentiert der Wettbewerb weniger individuelle Kindersichten auf die Mauer, sondern kindliche Interpretationen der durch »Dokumentationen« und Bilderwelten vorgedeuteten Mauergesellschaft. An ihnen sehen wir die Fern- und Langzeitwirkung jener Bildbände und Ausstellungen, die Akteure wie die AG 13. August, das KUD, die vielen propagandistischen Arme des BMG und die westdeutschen Medien seit Jahren vorlegten. Bilder von der Mauer schufen Bilder über die Mauer, eingebettet in einen sich selbst reproduzierenden Diskurs über die Mauer im bildlichen Vokabular der Opfer des Nationalsozialismus.

Der SED-Staat scheint diese Kraft der Bilder als Projektionsflächen kollektiver Identität unterschätzt zu haben. Oder es mangelte ihm, wie die erwähnten hölzernen Collagen andeuten, an Kreati-

108 Ebd., 76; Glenn Sujo, *Legacies of Silence: The Visual Arts and Holocaust Memory* (London: Imperial War Museum, 2001), 77 f.
109 Siehe z. B. Kuratorium Unteilbares Deutschland (Hrsg.), *Wir gehören zusammen*, 79, 96, 115, 126.

vität, ihr eine eigene wirkmächtige Ikonografie entgegenzustellen. Anders als in Westdeutschland fügten die zentralisierten Visualisierungen im Dienste der SED dem Diskurs keine neue Ebene hinzu, sie reproduzierten die bereits bekannte Defensivrhetorik des SED-Staates nur visuell.[110] Selbst die wenigen DDR-Comics über die Mauer zeichneten sich dadurch aus, dass sie im Gegensatz zu populären Bildergeschichten wie dem »Mosaik« weder inhaltliche Tiefe zuließen noch sich im Laufe der Jahre grundlegend wandelten.[111] Sie fungierten als jugendlich daherkommende Wiederholungsorgane der Slogans der Machthaber. Mehr noch, in den ersten Jahren baute der SED-Staat geradezu auf den brutalen Bollwerkcharakter der Mauer, was durch markige Worte ergänzt wurde. So tönte der russische Kosmonaut German Titow nach seinem Besuch am Brandenburger Tor, dass ihn westliche Panzer in Berlin nicht schreckten, denn man habe ja Raketen.[112] Solch Säbelrasseln befeuerte nur die Gegenseite. Es trafen darum nicht nur Symboliken, sondern auch historische Deutungen aufeinander. In seinen Texten verwies der SED-Staat fortwährend auf die »antifaschistische« Funktion der Mauer und versuchte sie durch den historischen Rückgriff auf die Gewalt während des Zweiten Weltkrieges unter Umdeutung des Fluchtproblems bis 1961 als Maßnahme gegen einen feindlichen Angriff zu legitimieren.[113] Damit konnte der SED-Staat zwar zur Gemeinde der ohnehin Gläubigen predigen. Innerhalb der weiteren Mauergesellschaft verlor er jedoch an der Bilderfront schon sehr früh den moralisch wichtigen Kampf über die von der Mauer, die durch ihre Visualität eben nicht Schutz, sondern Bedrohung und Leid ausstrahlte, evozierten Gefühlswelten.

110 Dahingehend anregend Willibald Steinmetz (Hrsg.), *Political Languages in the Age of Extremes* (Oxford u. a.: Oxford University Press, 2011); stärker auf die DDR bezogen Rolf Bräuer, »Podtext: Versuch eines sprachlichen Psychogramms der Diktatur«, in: *Bürgersinn und staatliche Macht in Antike und Gegenwart: Festschrift für Wolfgang Schuller zum 65. Geburtstag*, hg. von Martin Dreher (Konstanz: UVK, 2000), 3-30; eher pauschalisierend Stephan Merl, *Politische Kommunikation in der Diktatur: Deutschland und die Sowjetunion im Vergleich* (Göttingen: Wallstein, 2012).

111 Michael F. Scholz, »Innerdeutsche Grenze und Berliner Mauer im Spiegel der DDR-Comics«, in: *Deutschland Archiv* 42/6 (2009), 1016-22.

112 Zit. n. Paul, *Mauer der Schande*, 33.

113 Siehe dazu Kap. 1 in Teil I.

Ein innerdeutscher Deutungskampf

Trotz eines sich ähnelnden Grundtons unterschieden sich die historischen und politischen Deutungen unter den westlichen Akteuren voneinander. Während unter den westdeutschen Akteuren wie dargestellt eher feine Unterschiede bemerkbar waren, hoben sich internationale Beobachter durch einen grundlegend anderen Zugang ab. Vertreter der amerikanischen Regierung, von den Präsidenten Johnson und Kennedy bis zum außenpolitischen Berater Chester Bowles sowie die Außenminister der vier Westmächte mahnten seit 1961 an, über Berlin nicht die globale Lage zu vergessen.[114] Dementgegen bemühten sich die westdeutschen Akteure, Berlin aus nationalpolitischen Gründen im Zentrum des Weltinteresses zu halten. Um dies zu erreichen, stellten sie dem bildlichen Dokumentieren ein textuelles zur Seite, allen voran in Form der Auflistung von Menschenrechtsverstößen.[115] Damit griffen sie auf Dokumentationspraktiken kommunistischer Rechtsverstöße von vor dem Mauerbau zurück und passten diese der neuen Situation entsprechend an. Die Initialzündung ging auch hier vom ressourcenreichen BMG aus. Es legte bereits am 7. September 1961 eine erste Dokumentation über Flucht und Mauerbau vor, die es Ende des Jahres durch einen weiteren Band ergänzte, dessen dokumen-

---

114 Dies wurde in den Organen der Bundesregierung eher als Fußnote behandelt; vgl. »Die direkteste und gefährlichste Herausforderung der USA«; Lyndon B. Johnson, »Versicherung einer gemeinschaftlichen Politik«, in: *Bulletin des Presse- und Informationsamtes der Bundesregierung* 156 (23. August 1961), 1506; »Die Außenministerkonferenz in Washington [Kommuniqué der Außenministerkonferenz der vier Westmächte]«, in: *Bulletin des Presse- und Informationsamtes der Bundesregierung* 175 (19. September 1961), 1668.

115 Siehe z. B. Bundesministerium für gesamtdeutsche Fragen (Hrsg.), *Verletzungen der Menschenrechte: Unrechtshandlungen und Zwischenfälle an der Berliner Sektorengrenze seit Errichtung der Mauer (13. August 1961-15. August 1962)* (Bonn: Bundesministerium für gesamtdeutsche Fragen, 1962); Präsidium des Kuratoriums Unteilbares Deutschland, *3. Beschwerde an die Menschenrechtskommission der Vereinten Nationen wegen der Verletzung von Menschenrechten jenseits der Berlin und ganz Deutschland trennenden Mauer und Bemerkungen über mögliche Lösungen* (Berlin, Bonn, 1963); Bundesministerium für gesamtdeutsche Fragen, *Ulbrichts Mauer: Zahlen Daten Fakten*; Arbeitsgemeinschaft 13. August, *Die Mauer – The Wall – Le Mur*; Kuratorium Unteilbares Deutschland, *Berlin, 13. August 1961*.

tarische Aufgabe es war, die Inhumanität der Grenzabsperrungen zu entlarven.[116]

In der internationalen Kommunikation, z. B. bei den Beschwerden an die UN-Menschenrechtskommission, beschränkten sich die deutschen Beschwerdeführer auf diese textliche Ebene und bemühten sich, mit Sprachbildern jene Emotionalität zu erzeugen, die die Fotografien transportierten.[117] Ebenso prangerte das BMG im Rahmen seiner »psychologischen Kriegsführung« in zahlreichen Dokumentationen die Menschenrechtsverletzungen des SED-Staates an. Seitenlange »Zeittafeln« suggerierten reine Sachlichkeit, zielten primär aber auf das Erhalten »gesamtdeutscher Gefühle«.[118] Darauf aufbauend, verschärfte das KUD mit dem Mauerbau den Ton. Während es zuvor ohne direkten Adressaten in Plakat- und Kerzenaktionen »Macht das Tor auf!« und »das heilige Recht auf Selbstbestimmung« forderte, standen Mauerschüsse nun für konkrete Menschenrechtsverletzungen, Tötungsakte, die in erster Linie die nationalpolitische Katastrophe symbolisierten.[119]

Anders sprach die bei der UNO als beratende NGO registrierte Internationale Juristenkommission. Das Gremium legte bereits Anfang 1962 eine sich ebenso dokumentarisch und beweisführend gebende, primär aber protestierende Publikation vor. Darin prangerte die Juristenkommission nicht die von deutschen Organisationen immer wieder betonte allgemeine Unrechtmäßigkeit der Grenze an, sondern vielmehr die Praxis der zahlreichen Maßnahmen gegen die »Republikflucht«.[120] In der Absenz eines gesamt-

116 Vgl. Franz Thedieck, »Dokumentation des brutalen Terrors«, in: *Bulletin des Presse- und Informationsamtes der Bundesregierung* 237 (Dezember 1961), 2229 f.

117 Präsidium des Kuratoriums Unteilbares Deutschland, *2. Beschwerde an die Menschenrechtskommission der Vereinten Nationen wegen der Verletzung von Menschenrechten jenseits der Berlin und ganz Deutschland trennenden Mauer* (Berlin, Bonn, 1963); Präsidium des Kuratoriums Unteilbares Deutschland, *3. Beschwerde an die Menschenrechtskommission der Vereinten Nationen wegen der Verletzung von Menschenrechten jenseits der Berlin und ganz Deutschland trennenden Mauer und Bemerkungen über mögliche Lösungen.*

118 Ein frühes Heft: Bundesministerium für gesamtdeutsche Fragen, *Verletzungen der Menschenrechte: Unrechtshandlungen und Zwischenfälle an der Berliner Sektorengrenze seit Errichtung der Mauer (13. August 1961-15. August 1962).*

119 Wilhelm Wolfgang Schütz und Kuratorium Unteilbares Deutschland (Hrsg.), *Macht das Tor auf!* (Bonn: Kuratorium Unteilbares Deutschland, 1958).

120 *Die Berliner Mauer: Eine Verhöhnung der Menschenrechte* (Genf: Internationale Juristen-Kommission, 1962), v. a. 14-8, 27-39, 46-52.

deutschen politischen Leitfadens rückten damit sofort die Facetten der Migration wieder in den Mittelpunkt des Interesses. Anhand konkreter Themen schlug die Publikation einen sachlicheren Ton an und hob sich an einem entscheidenden Punkt von den zahlreichen deutschen Anprangerungsschriften ab. Aus hochrangiger internationaler Perspektive – der Generalsekretär der Juristenkommission war niemand Geringeres als der ehemalige Präsident der UNO-Generalversammlung Sir Leslie Munro – fokussierte sie auf den selten benannten Kern des Problems, die Beschneidung der Bewegungsfreiheit. Die Migrationspolitik selbst war die titelgebende »Verhöhnung der Menschenrechte« und nicht das Verwehren der von deutschen Organisationen wiederkehrend eingeforderten nationalen Selbstbestimmung.

Dementgegen legte das KUD im Herbst 1962 erstmals bei der UN-Menschenrechtskommission in New York Beschwerde ein, gefolgt von einer zweiten Beschwerde im Frühjahr 1963. Diese Schriften versuchten in gesamtdeutscher Aufgabenstellung erneut, den SED-Staat allgemein zu delegitimieren. Eher kurz und im Stile eines emotionalen Plädoyers gehalten, griff die dritte Beschwerde im September 1963 explizit auf die Erkenntnisse der vorermittelnden Stellen zurück und listete Fälle von Gewalttaten des SED-Staates auf. Warum allerdings all die Mühe, wenn weder die DDR noch die Bundesrepublik eine Mitgliedschaft in der UN erreicht hatten? Als Ziel nannte das KUD, einen neuen Prozess für einen Friedensvertrag anzuschieben. Praktisch allerdings richtete sich die dahingehend aussichtlose Schrift wie ihre Vorgänger an die bundesdeutsche Öffentlichkeit und setzte die gesamtdeutsche Bildungsarbeit des KUD mit erweiterten Mitteln fort.[121]

Trotz der Aussichtslosigkeit auf internationalem Feld konnten diese »gesamtdeutschen« Unterfangen dabei wichtige Erfolge verzeichnen. Sie konnten die Berliner Mauer nicht beseitigen, aber als Framing-Versuche wirkten sie deutlich weiter als die entsprechenden Versuche des SED-Staates. Sie waren essentielle Bedingungen

---

121 Präsidium des Kuratoriums Unteilbares Deutschland, *2. Beschwerde an die Menschenrechtskommission der Vereinten Nationen wegen der Verletzung von Menschenrechten jenseits der Berlin und ganz Deutschland trennenden Mauer*, dass., *3. Beschwerde an die Menschenrechtskommission der Vereinten Nationen wegen der Verletzung von Menschenrechten jenseits der Berlin und ganz Deutschland trennenden Mauer und Bemerkungen über mögliche Lösungen*, u. a. III, 3.

für die Formung einer tertiären Ebene des Migrationsregimes, gerade weil sie allein die Migrationsbehinderung thematisierten. Der SED-Staat hingegen konnte »nur« agieren und Fakten schaffen, sich aber jenseits seiner Anhänger nicht überzeugend legitimieren. Kurzfristig mag dies aus Sicht des SED-Staates verschmerzbar gewesen sein, aber langfristig begann bereits hier die Niederlage. So verstiegen sich seine Publikationen zur Mauer in ermüdend repetitiven und verbal aggressiven, historischen Gleichsetzungen und Warnungen vor einem dritten Weltkrieg. Wie auch bei der antikommunistischen Westpropaganda spielte dies eine Beschäftigung mit dem anderen Deutschland nur vor. Die Hauptaufgabe lag nicht im Kampf um Meinungen, sondern in der Selbstbestätigung gegenseitiger radikaler Ablehnung und Ausgrenzung.[122] Lange verkörperte die Berliner Mauer dies auch visuell durch eine wilde und mehrfach überbaute Architektur. Erst in der Honecker-Ära überdachte der SED-Staat diese Visualität und wich von der zur Schau gestellten Martialität ab. Die Neukonstruktion der ab 1977 errichteten »Grenzmauer 75« sollte ihr Antlitz mit geweißten und fugenverkitteten Betonelementen entbrutalisieren. Dies gelang kaum. Die glatte Oberfläche forderte vielmehr das künstlerische West-Berlin zu Protest heraus. Dieser äußerte sich nun jedoch in linksalternativer Grundtendenz nicht in der düsteren »Dokumentation«, sondern in Verfremdungen und zur Schau gestellter ästhetischer Freiheit.[123] Erst jetzt und nur nach Westen gewendet entstand die später weltberühmte kunterbunt gestaltete Mauer. Auch die Grenzmauer 75 verdeutlichte damit, dass sich hinter der internationalistischen Rhetorik des SED-Staates nichts anderes verbarg als ein nur mit Gewalt zu erhaltender national-territorialer Selbstbehauptungsanspruch. Dabei überboten sich beide Seiten in einem Deutungskampf um die Territorialität, der die Menschen

---

122 Dementsprechend idiosynkratisch sind darum auch zahlreiche Aktionen des BMG zu deuten, denen Creuzberger wohlwollender attestierte, einen nicht genauer explizierten Zweck zu erfüllen, wenn den Kommunisten »eine Schlappe« zugefügt würde; vgl. z. B. Creuzberger, *Kampf für die Einheit*, 110, 157.

123 Z. B. Hermann Waldenburg, *Berliner Mauerbilder* (Berlin: Nicolai, 1993); Anke Kuhrmann, »An der Grenze. Künstler aus Ost und West sehen die Berliner Mauer«, in: *Die Berliner Mauer in der Kunst: Bildende Kunst, Literatur und Film*, von Anette Dorgerloh, Anke Kuhrmann und Doris Liebermann (Berlin: Ch. Links, 2011), 28 f., 82.

und die tatsächlichen oder prospektiven Auswanderer fortwährend marginalisierte und funktionalisierte. Diesen Kollateralschaden der gesamtdeutschen Praxis nahmen die Akteure aber hin, da wie der Ministerialrat Ewert von Dellingshausen in der Definition der »psychologischen Kriegsführung« freimütig bekannte, der antikommunistische Kampf die »Mittel, die der Gegner anwendet, für uns selbst nutzbar zu machen« hatte.[124] Auswanderer standen sozialhistorisch zwar im Zentrum des Geschehens, wurden politisch jedoch zu Symbolen einerseits der KZ- oder andererseits der Abwerbungsrhetorik degradiert.[125] Somit schufen die frühen Bilderwelten der Mauer die Grundlage dafür, dass westliche Beobachter auch später lange die Agency der Auswanderungswilligen übersahen.

124 Zit. n. Stefan Creuzberger, »Das BMG in der frühen Bonner Republik«, in: *APuZ* 1-2 (2009), 30.

125 Dieser Utilitarismus deckte sich mit der Lesart der CIA, die sich in einer internen Aufklärungsbroschüre für die Flüchtlinge nur bis zum Mauerbau und allein als dessen Grund interessierte; vgl. National Archives, Washington, D. C., RG 59, A1 3052, Records in Relation to the Berlin Crisis, 1961-1962, CIA Berlin Handbook 12/27/1961. Die Ausfragepraxis in den Notaufnahmelagern sprach dahingehend jedoch eine ganz andere Sprache, denn hier dienten sie als heterogene Quellen über die Lage in der DDR.

4. Der gesamtdeutsche Auftrag: Ein Sittengemälde

Direkt nach dem Mauerbau hagelte es bundesdeutschen Protest. Diverse Stimmen aus Politik, Gesellschaft und Sport verdammten auf allen Kanälen – von Lokalzeitungen bis zur ARD und dem RIAS – die neue Situation. Da außer dem Deutschen Turn- und Sportbund, der die Kooperation mit dem SED-Staat abbrach, aber kaum eine Institution ihren Protest auch in Maßnahmen überführen konnte oder wollte, überboten sie sich gegenseitig primär in der Wortwahl.[1] Der SED-Staat wiederum sammelte diese Botschaften und gab sie entkontextualisiert wieder, um in der eigenen Propaganda die bundesrepublikanischen Vertreter als »Ultras« oder »Kriegshetzer« darzustellen.[2] Insbesondere die erwähnten KZ-Synonymisierungen und Nazi-Vergleiche machten ihm dies denkbar einfach. Zugleich nutzten westdeutsche Politiker vor allem den RIAS, um über diesen zumindest monodirektional mit der Bevölkerung der DDR zu kommunizieren. Während in den ersten Tagen nach dem Mauerbau die oberste Ebene der bundesdeutschen Poli-

---

1 Ernst Lemmer, »An die Zonenbevölkerung [Ansprache WDR, 14. August 1961]«, in: *Bulletin des Presse- und Informationsamtes der Bundesregierung* 151 (16. August 1961), 1463; Deutscher Gewerkschaftsbund, »Protest der Gewerkschaften«, in: *Bulletin des Presse- und Informationsamtes der Bundesregierung* 151 (16. August 1961), 1463 f.; »Für Freiheit und Selbstbestimmung: Tiefste Empörung über Zwangsmaßnahmen des sowjetzonalen Regimes«, in: *Bulletin des Presse- und Informationsamtes der Bundesregierung* 152 (17. August 1961), 1470; Johann Baptist Gradl, »Ein gefährliches Abenteuer«, in: *Bulletin des Presse- und Informationsamtes der Bundesregierung* 152 (17. August 1961), 1471 f.; Wolfram von Raven, »Erziehung zum Haß [RIAS-Gespräch]«, in: *Bulletin des Presse- und Informationsamtes der Bundesregierung* 152 (17. August 1961), 1472; »Protest der Studentenschaft«, in: *Bulletin des Presse- und Informationsamtes der Bundesregierung* 152 (17. August 1961), 1472; »Schwere Verstöße gegen die Menschenrechte: Telegrammwechsel zwischen dem Internationalen Bund Freier Gewerkschaften und dem Bundeskanzler«, in: *Bulletin des Presse- und Informationsamtes der Bundesregierung* 153 (18. August 1961), 1477; »Abbruch der Sportbeziehungen«, in: *Bulletin des Presse- und Informationsamtes der Bundesregierung* 153 (18. August 1961), 1477, und viele mehr.

2 Eine allgemeine Reflexion bieten die zahlreichen Beiträge in Silke Satjukow und Rainer Gries (Hrsg.), *Unsere Feinde: Konstruktionen des Anderen im Sozialismus* (Leipzig: Leipziger Universitätsverlag, 2004).

tiker den gesamtdeutschen Geist im Hörfunk beschwor, traten in den Folgemonaten vor allem Mitarbeiter des BMG auf.

Besonders hervorzuheben ist hier Staatssekretär Franz Thedieck, der bis zu seinem Amtsabtritt im Jahr 1963 das BMG über alle Ministerwechsel hinweg prägte. Im Denkschema der »psychologischen Kriegsführung« arbeitend, sandte er unentwegt Durchhaltebotschaften über den Äther gen Osten – und sprach damit implizit vor allem in das Gewissen der Westdeutschen.[3] Bereits die eher gedankenexperimentelle, seit Minister Ernst Lemmer diffus im Raum stehende Politik der kleinen Schritte gesamtdeutscher Politik,[4] die selbstredend weit von Willy Brandts am 15. Juli 1963 in Tutzing formulierten Skizzen einer Neuen Ostpolitik entfernt war, stellte für den mächtigen Thedieck, den Leiter des Grundsatzreferats Politische Grundsatzfragen, Pflege des gesamtdeutschen Gedankens, Ewert von Dellingshausen und viele Nachrangige im Ministerium eine Herausforderung, wenn nicht ein Bedrohungsszenario dar. Mit öffentlichen Auftritten positionierten Thedieck und von Dellingshausen das BMG als Traditionswahrer des antikommunistischen Abwehrkampfes in der Bundesrepublik. Die damit einhergehende Verneinung der staatlichen Existenz der DDR verlor in den 1960er Jahren zunehmend die Unterstützung der Bundesbevölkerung, die sich mehr und mehr mit der Existenz eines zweiten deutschen Staates arrangierte, ohne sich damit abzufinden. Selbst das KUD schwankte nun zwischen der Fortführung der harten Linie und SPD-naher Kurskorrektor, um sich dann unter Schütz Letzterem zuzuwenden.[5] Die christdemokratisch geführte Bundespolitik hingegen verlor sich im hektischen Attentismus. Wie sie dabei die Mauer und damit die ihr von der SED aufgezwungene Ordnung vergesellschaftete und in ihrem Sinne einer auf Abgrenzung beru-

---

3 Ausdrucksstark vor allem seine RIAS-Ansprachen; vgl. Franz Thedieck, »Ulbricht will keine Entspannung«, in: *Bulletin des Presse- und Informationsamtes der Bundesregierung* 227 (Dezember 1961), 2133 f.; ders., »Werdet nicht zu Mördern an Deutschen!«, in: *Bulletin des Presse- und Informationsamtes der Bundesregierung* 236 (Dezember 1961), 2223 f.

4 Stefan Creuzberger, *Kampf für die Einheit: Das gesamtdeutsche Ministerium und die politische Kultur des Kalten Krieges, 1949-1969* (Düsseldorf: Droste, 2008), 75, 81, 85.

5 Christoph Meyer, *Die deutschlandpolitische Doppelstrategie: Wilhelm Wolfgang Schütz und das Kuratorium Unteilbares Deutschland (1954-1972)* (Landsberg am Lech: Olzog, 1997).

henden Deutschlandpolitik wandelte, zeigt sich vor allem an den folgend genauer untersuchten vier Themenfeldern: der Verteidigungsfrage, der West-Berlin-Politik, der Frage nach dem Wesen des »gesamtdeutschen Auftrags« und dem Umgang mit Migration.

Demonstrativmaßnahme Verteidigungsbereitschaft

In den ersten Wochen nach dem Mauerbau wechselten sich Lagebestimmungen und Folgenabschätzungen in schneller Folge gegenseitig ab. Dies mündete rasch und als nahezu einzige bundespolitische Maßnahme in einer verschärften Militärpolitik. Der erste Eckstein war hierbei die ohne größere Konflikte noch Ende 1961 durchgesetzte und am 22. März 1962 erlassene Erhöhung der Wehrdauer von 12 auf 15 Monate.[6] Dies war auch eine symbolische Antwort auf die Einführung der Wehrpflicht in der DDR zum 24. Januar 1962.[7] Bereits 1965 weitete der Bundestag diese Pflicht auf 18 Monate aus. Er senkte zudem das Wehralter auf 18 Jahre, beschloss die Wehrpflichtsentbindung für Bewohner der Sowjetischen Besatzungszone, die dem westdeutschen Rechtsverständnis nach ja als deutsche Staatsbürger galten und damit theoretisch wehrpflichtig waren, und versuchte, die Wehrflucht nach West-Berlin zu erschweren.[8]

Flankiert wurden diese Maßnahmen von einer entsprechenden Rhetorik. Direkt nach der Bundestagswahl 1961 prägten Defensivszenarien die westdeutsche Politik. Die christlich-liberale Koalition stellte Brandts berühmten Ausspruch, dass es »heute offensichtlich keinen erkennbaren Preis für die Wiedervereinigung außer dem der

---

6 »Zweites Gesetz zur Änderung des Wehrpflichtgesetzes, 22. März 1962«, in: *Bundesgesetzblatt (BGBl)* 10 (28. März 1962), 169-72.

7 Rüdiger Wenzke, »Die Nationale Volksarmee (1956-1990)«, in: *Im Dienste der Partei: Handbuch der bewaffneten Organe der DDR*, hg. von Torsten Diedrich, Hans Ehlert und Rüdiger Wenzke (Berlin: Ch. Links, 2000), 442-4.

8 Vgl. »Wehrpflichtgesetz in der Fassung vom 14. Mai 1965«, in: *BGBl* 20 (20. Mai 1965), 391-405; dort ist u. a. festgehalten, dass der Umzug nach Westberlin nur dann schütze, wenn er vor dem Einberufungsbefehl erfolgte; weiterhin Rudolf Kreutzer, »Folgen der Übersiedlung eines Wehrpflichtigen nach dem Ausland oder West-Berlin?«, in: *Monatsschrift für deutsches Recht: MDR – Zeitschrift für die Zivilrechtspraxis* 19/2 (1965), 99-101; »Wehrdienst mit Achtzehn«, in: *Die Zeit* (30. April 1965); »Großer Topf«, in: *Der Spiegel* 30 (1969), 38 f.

Aufgabe der Freiheit« gebe, das Arbeitsmotto »Der Preis der Freiheit soll Verantwortung heißen« entgegen.[9] Gemeint war damit die interne Absicherung gegen den Kommunismus und die Festigung einer Politik der harten Hand, die in erster Linie eine Politik der harten Worte war. Auch der FDP-Vorsitzende Erich Mende forderte, dass man sich nur zu den Westverträgen bekennen könne, wenn man »die schwierigen innenpolitischen Konsequenzen ebenfalls auf sich nimmt«.[10] Damit meinte er ganz konkret die in der Bevölkerung unpopuläre Wehrpflichtverlängerung. Mit der Mauer zog also auch in der Bundesrepublik eine straffe Ordnung und die verstärkte Präsenz des Militärs in der Gesellschaft und in den Lebensläufen junger Männer ein. Dies ermöglichte innenpolitische Attacken: Im Wahlkampf 1961 griffen sowohl CDU/CSU als auch die FDP intensiv auf das Stereotyp einer sich zu wenig um das Vaterland sorgenden SPD zurück. Vor Willy Brandts Neukonzeption der Ostpolitik lag die SPD deutschlandpolitisch zwar gar nicht allzu weit von den anderen beiden Parteien entfernt, jedoch eignete sich das Thema der Sicherheit und der Opferbereitschaft einerseits aufgrund althergebrachter Verratsvorwürfe, die Sozialdemokraten als Deutschland untreu darzustellen, und andererseits um die eigene Ohnmacht, auf die ostdeutsche Politik einzuwirken, zu verdecken.[11]

Diese Stigmatisierung der SPD als national unzuverlässig klang insbesondere im – von kritischer Seite als infam empfundenen – »alias Frahm«-Wahlkampf Adenauers gegen Willy Brandt an, setzte sich aber auch nach der Wahl im Herbst 1961 fort. Schon während der ungewohnten und darum länger dauernden Koalitionsverhandlungen 1961 drängte Verteidigungsminister Franz Josef Strauß, man möge sich nicht in kleinteiligen Verhandlungen verlieren. Der »Weltkommunismus« führe seinen »permanenten Krieg gegen die freie Welt« vom nun »endgültig ausbruchsicher« gemachten »Konzentrationslager« aus unentwegt weiter.[12] Thedieck bezeichnete den selbst ernannten Friedensstaat DDR als »die größte Gefahr für

9 BT-Plenarpr. IV/6, 6. Dezember 1961, Rede Dollinger, 91.
10 BT-Plenarpr. IV/6, 6. Dezember 1961, Rede Mende, 77.
11 Siehe z. B. BT-Plenarpr. IV/6, 6. Dezember 1961, Aussprache Erler, 101 f.
12 Franz Josef Strauß, »Politik der Territion: Der permanente Krieg gegen die freie Welt«, in: *Bulletin des Presse- und Informationsamtes der Bundesregierung* 193 (13. Oktober 1961), 1817.

den Frieden in Europa!«[13] Diese Äußerungen schlossen an markige Aussage der alten Bundesregierung an, die Chruschtschow vorgeworfen hatte, dieser denke, er könne »das NATO-Beefsteak weichklopfen, bevor er es in die Pfanne wirft. Zu seiner Überraschung wird er indessen feststellen müssen, daß er nicht ein Beefsteak weichklopfte, sondern ein Eisen hartschmiedete.«[14] Ob gewollt oder eher aufgrund sprachbildlicher Routinen – mit einer solchen Rhetorik knüpfte die Bundesregierung an nationalsozialistische Metaphern an und transferierte diese in ihre politische Gegenwart. Kühlere Köpfe erkannten hingegen schnell, dass der Mauerbau den Maximalanspruch Chruschtschows manifestierte, also auch eine Begrenzung des sowjetischen Vordringens markierte. Kurze Zeit später, infolge der Kuba-Krise, entstand ohnehin ein direkter sicherheitspolitischer Draht zwischen den Büros des amerikanischen Präsidenten und des Staats- und Parteichefs der Sowjetunion, was auch Berlin als möglichen Siedepunkt weiter entschärfte.

Die Wehrpflichtverlängerung begründete sich durch konkrete Sorgen im Kalten Krieg, wirkte aber in erster Linie nach innen. Denn von der Mauer ging ja keine Bedrohung für die von der Bundeswehr zu schützende Bundesrepublik aus, eher im Gegenteil: Sie markierte den territorialen Maximalanspruch der Sowjetunion. Explizit zur Stärkung der Moral (und implizit zur Rechtfertigung ihrer Existenz) gab die Führung der Bundeswehr regelmäßig Soldatenhefte zum Thema Mauerbau heraus. Diese präsentierten seitenlang Sensationsgeschichten über Fluchten und betonten zugleich, dass man aufgrund eines »moralischen Erzählverbot[s]« der Flüchtlinge »beileibe nicht die ›spannendsten‹ Geschichten« erzählen könne.[15] Flucht mutierte hier zu Abenteuergeschichten des Entkommens in die von Bundeswehrsoldaten geschützte freie Welt, die wiederum die Bundeswehr als Bestandsgarantie benötige.

Solche Texte liefen aber Gefahr, sich im Appell zu verlieren, ohne dauerhaft zu emotionalisieren. Kurz nach dem Inkrafttreten der Wehrpflichtverlängerung ging der Fliegerhorst im niedersäch-

13 Franz Thedieck, »Sowjetzone größte Gefahr für den Frieden«, in: *Bulletin des Presse- und Informationsamtes der Bundesregierung* 195 (17. Oktober 1961), 1837.

14 »Permanenter Krieg«, in: *Bulletin des Presse- und Informationsamtes der Bundesregierung* 185 (Oktober 1961), 1758.

15 »Freiheit kennt keine Mauer«, in: *Schriftenreihe Innere Führung, Soldatenheft* 62/2 (1962), 26.

sischen Diepholz einen Schritt weiter. Die dortige Kasernenführung ließ eine ca. 2. Meter hohe und ebenso breite Mauerattrappe zimmern, mit darüber gespanntem Stacheldraht, aufgezeichnetem Steinmuster, dem Berliner Wappen mit dem Datum 13. August 1961 und der großen Aufschrift »Täglich daran denken!«.[16] Diese ließ sie in wöchentlichem Wechsel durch die Gänge der Dienstgebäude und Unterkünfte wandern. Wo sie stand, gab sie nur einen schmalen Gang frei und verengte so auf nervige Art die alltäglichen soldatischen Routinewege. Die »Mauer« in der Kaserne erzwang täglich ihre Aufschrift. Betont emotional blockierte sie aber nicht nur die Wege der Dienenden, die daneben befindliche, spärliche Informationstafel zitierte vor allem großflächig Ulbrichts berühmtes »Niemand hat die Absicht« und lenkte möglichen Unmut direkt gen Osten. Die Attrappe war einer der kreativeren Versuche, den Betroffenen die verlängerte Wehrpflicht schmackhaft zu machen. Leider sind die Kommentare der Soldaten nicht überliefert. Indem die Kasernenführung zur Steigerung der Truppenmoral die »Mauer« nach Diepholz und damit symbolisch den Berg zum Philosophen holte, trug sie jedoch vor allem zur Vergesellschaftung der Ordnung der Mauer, des entsprechenden Feinddenkens, ja, ihrer wehrpolitischen Fetischisierung bei.

West-Berlin als Wirtschaftspatient und Kulturmetropole

Auch die Rede von der Wiedervereinigung drehte sich schon lange nicht mehr um ihren konkreten Gegenstand. Sprachen Politiker sie nach dem Mauerbau an, ging es selten um Wege zur Vereinigung der beiden deutschen Staatsgebiete, sondern zuvörderst um die dauerhafte Sicherung des Status von West-Berlin. Hier lag die Symbolhaftigkeit wortwörtlich auf der Straße, der Bernauer Straße und am Checkpoint Charlie – und das obwohl der Status West-Berlins viel mehr von den Transitstellen abhing. Das gründete in Kennedys *three essentials*, die Chruschtschow gegenüber die Grenze von Westen her definierten und Ulbricht in Absprache mit Mos-

---

16 Beschreibung inkl. Abbildung in »Berlin nicht vergessen!«, in: *Informationen für die Truppe (IdT)* 6 (1962), 444f. Mit bestem Dank an Klaus Schroeder für die Quelle.

kau so den Spielraum für den Mauerbau ließen.[17] Unantastbar sah Kennedy allein die Präsenz der Westmächte in ihren Sektoren der Stadt, ihr freies Zugangsrecht zur Stadt durch die DDR und die Überlebensfähigkeit West-Berlins.[18] In Bezug auf diese Maxime pochten westdeutsche Politiker darum auf den Schutz der Stadt.[19] Während die ersten beiden Punkte den Status des Militärs betrafen, formulierte der letzte mit der *viability*, also der Lebensfähigkeit der Teilstadt, die Grundlage für ein weitergehendes Handlungs- und Forderungsprogramm.

Um das Überleben West-Berlins zu garantieren, verlangte sein prominenter Wirtschaftssenator Karl Schiller nicht nur Bekenntnisse, sondern konkrete Maßnahmen.[20] Trickreich legte er die dritte *essential* Kennedys, die Zugänglichkeit Berlins, dahingehend derart aus, dass »die Berliner Wirtschaft [...] ein Teil der westdeutschen Volkswirtschaft« sei. Dies setzte Verbindungen und Mobilität zum Bundesgebiet voraus. Schiller betonte, Kennedy habe diese Interpretation während seines Besuches in Washington 1962 »besonders interessiert« aufgenommen.[21] Das hatte zwar kaum Auswirkungen auf die amerikanische Deutschlandpolitik, eignete

17 Matthias Uhl und Armin Wagner (Hrsg.), *Ulbricht, Chruschtschow und die Mauer: Eine Dokumentation* (München: Oldenbourg Wissenschaftsverlag, 2010); Hope Millard Harrison, *Ulbrichts Mauer: Wie die SED Moskaus Widerstand gegen den Mauerbau brach* (Bonn: BpB, 2011); Gerhard Wettig und Manfred Wilke, »Der lange Weg zur Berliner Mauer 1952/53-1958/59-1961«, in: *Gedenkstätte Berliner Mauer*, 2015, 1-47.

18 Formuliert in der Rundfunk- und Fernsehansprache am 25. Juli 1961.

19 Zahlreiche teilweise konkrete und teilweise rein symbolische Maßnahmen wurden im November 1961 auf einer wegweisenden Tagung des KUD in Berlin vorgestellt und zusammengeführt. Vgl. Dr. H. H., »Im Schatten der Mauer: Arbeitstagung des Kuratoriums ›Unteilbares Deutschland‹ in Berlin«, in: *Bulletin des Presse- und Informationsamtes der Bundesregierung* 214 (15. November 1961), 2004 f.; »Grundsätze und Aktionen: Beschlüsse der Arbeitstagung des Kuratoriums ›Unteilbares Deutschland‹ in Berlin«, in: *Bulletin des Presse- und Informationsamtes der Bundesregierung* 215 (16. November 1961), 2013.

20 Für eine nach wie vor anregende Perspektive auf die Baugeschichte Berlins als Spiegel der deutschen Geschichte und ihrer Aufarbeitung siehe Brian Ladd, *The Ghosts of Berlin: Confronting German History in the Urban Landscape* (Chicago: University of Chicago Press, 1997); Karl Schlögel, *Marjampole: Oder Europas Wiederkehr aus dem Geist der Städte* (Frankfurt/M.: Fischer, 2009), 155-201.

21 Karl Schiller, »Politik und Wirtschaft in Berlin 1962«, in: *Berliner Wirtschaft und deutsche Politik: Reden und Aufsätze, 1961-1964* (Stuttgart: Seewald, 1964), 68 f.

sich jedoch für West-Berliner Politiker, Zuspruch aus der Bundesrepublik einzufordern. Während auf dem internationalen Parkett die Sicherung des Transits und der Überflugrechte im Vordergrund standen, verhandelte die bundesdeutsche Öffentlichkeit primär die Frage nach der wirtschaftlichen Lebensfähigkeit der Stadt.

Das war eng mit dem Ende der innerstädtischen Freizügigkeit verbunden. Aufgrund des Viermächtestatus kannte die Berliner Wirtschaft besondere Belastungen. Dies führte nicht nur zur oft zitierten Insellage West-Berlins, sondern auch zu seiner Schaufensterfunktion. Beide Teilstädte blieben zeit ihres Bestehens Subventionsempfänger, was sie eng in die jeweiligen Wirtschafts- und Finanzsysteme integrierte. Dieser Prozess der Einbindung der Teilstädte in die jeweiligen Wirtschaftsgebiete begann noch vor der Gründung beider Staaten und kann Ende der 1950er Jahre als beendet angesehen werden.[22] Durch Direktinvestitionen des Landes und der Stadt, durch Unterstützung des Bundes und der Westalliierten im Rahmen des Marshall-Plans (Long-Term-Plan) etablierte die komplexe Förderung West-Berlins bis zum Ausbruch der zweiten Berlin-Krise ein relativ stabiles System der Wirtschaftsfinanzierung.[23] Da aber in West-Berlin Wohnraummangel herrschte, erhöhten die Grenzgänger das Potential an qualifizierter Arbeitskraft entscheidend.[24] Mit dem Mauerbau kam dieses fragile Gleichgewicht aus der Balance. Die Bundesregierung beschwichtigte nur wenige Tage nach dem Mauerbau, dass die wirtschaftliche Lage »nicht nennenswert berührt werde«.[25] Dies stellte sich in der Folgezeit als grandiose Fehleinschätzung heraus. Als ein erster Indikator fiel die Arbeitslosigkeit in der Stadt im September 1961 auf unbekannte 1,4 %, wohingegen die freien Stellen von zuvor 10 000

22 Frank Zschaler, *Öffentliche Finanzen und Finanzpolitik in Berlin, 1945-1961: Eine vergleichende Untersuchung von Ost- und West-Berlin* (Berlin: De Gruyter, 1995), 259.

23 Arthur Schlegelmilch, »Tendenzen der wirtschaftlichen und sozialen Entwicklung Berlins seit 1945: Gemeinsamkeiten und Unterschiede im Ost-West-Vergleich«, in: *Wirtschaft im geteilten Berlin, 1945-1990: Forschungsansätze und Zeitzeugen*, hg. von Wolfram Fischer und Johannes Bähr (Berlin, Boston: De Gruyter Saur, 1994), 12, 20-6.

24 Frank Roggenbuch, *Das Berliner Grenzgängerproblem: Verflechtung und Systemkonkurrenz vor dem Mauerbau* (Berlin: De Gruyter, 2008).

25 »Pankows Gewaltstreich – wirtschaftlich gesehen«, in: *Bulletin des Presse- und Informationsamtes der Bundesregierung* 153 (18. August 1961), 1479.

auf ungefähr 24 700 anstiegen.[26] Kämpfte der Berliner Senat in den 1950er Jahren noch gegen die Massenarbeitslosigkeit, bedrohte nun ein substantieller Arbeitskräftemangel die wirtschaftliche Prosperität. Durch den Mauerbau fehlten der West-Berliner Wirtschaft von einem Tag auf den anderen ungefähr 56 300 Grenzgänger.[27]

Die *viability* der Stadt hing nun umso mehr von Zuwanderung aus dem Bundesgebiet ab. Bereits 1962 wurden Programme aufgelegt, um Bundesbürger mit gezielten Privilegien wie einkommensteuerrechtlichen Vorteilen und einer Arbeitnehmerzulage zum Umzug nach West-Berlin zu locken.[28] Der Deutsche Industrie- und Handelstag mahnte zur gesellschaftlichen Kraftanstrengung und betonte, die Unterstützung Berlins sei keineswegs nur eine Aufgabe der Bundesregierung, sondern der gesamten deutschen Wirtschaft. Wenngleich ein gewisser Arbeitskraftverlust durch Rationalisierungen ausgeglichen werden könne, so der Deutsche Industrie- und Handelstag, benötige die Stadt immer noch einen jährlichen Zuwachs von ca. 20 000-25 000 Personen. Dies sei bislang durch Zuwanderer aus der DDR gedeckt worden, mit denen man in Zukunft indes schwerlich rechnen könne.[29] Aus dieser Sicht band nur eine gemeinsame Wirtschaftsstruktur West-Berlin fest an die Bundesrepublik.[30] Auch Willy Brandt wurde nicht müde, besonders die Auftragsvergabe nach West-Berlin und die Anziehung von Arbeitskräften anzumahnen, damit »Berlin so fest wie möglich in der Bundesrepublik Deutschland verankert wird«.[31]

Zugleich ergriff der Berliner Senat die Initiative und trat der Rezession durch ein neues Hilfsprogramm entgegen. Angebunden

26 »Der Berliner Arbeitsmarkt nach dem 13. August«, in: *Bulletin des Presse- und Informationsamtes der Bundesregierung* 180 (28. September 1961), 1715.

27 Zahl aus Johannes Bähr, *Industrie im geteilten Berlin (1945-1990): Die Elektrotechnische Industrie und der Maschinenbau im Ost-West-Vergleich: Branchenentwicklung, Technologien und Handlungsstrukturen* (München: De Gruyter, 2001), 217; der Deutsche Industrie- und Handelstag bezifferte dies gar mit 63 000; vgl. »Solidarität der Wirtschaft mit Berlin«, in: *Bulletin des Presse- und Informationsamtes der Bundesregierung* 178 (22. September 1961), 1694.

28 Bähr, *Industrie im geteilten Berlin*, 217 f.

29 »Solidarität der Wirtschaft mit Berlin«.

30 Vgl. Schillers Rede vor dem Hamburger Übersee-Club, Schiller, »Politik und Wirtschaft in Berlin 1962«, 74.

31 »Solidarität der Wirtschaft mit Berlin«; Dr. H. H., »Im Schatten der Mauer: Arbeitstagung des Kuratoriums ›Unteilbares Deutschland‹ in Berlin«.

an das zum 1. Juli 1962 in Kraft getretene Berlinförderungsgesetz des Bundes stellte Wirtschaftssenator Schiller dem Arbeitskräftemangel und dem Investitionsrückstand nun Steuererleichterungen und Investitionsanreize entgegen.[32] Diese Maßnahmen waren einer auf Berlin adaptierten keynesianischen Logik nach zwingend, zogen aber auch Kritik nach sich. Denn obgleich Schiller immer wieder die Relevanz des Mittelstands betonte, richteten sich diese Maßnahmen in erster Linie an größere Betriebe. Erstens fiel es ihnen leichter, dem Arbeitskräftemangel durch Rationalisierungen – vor allem durch die Zusammenlegung von Bereichen und Maschinisierung – entgegenzuwirken. Zweitens richteten sich die steuerlichen Anreize auf den Erhalt bestehender Wirtschaftszweige und nicht auf die Förderung neuer, innovativer Sektoren.[33] So setzte die Regierung Berlins mitten im rapiden Strukturwandel der deutschen und der Weltwirtschaft in den 1960er Jahren auf wirtschaftspolitisch progressive Maßnahmen zum Erhalt traditioneller Strukturen. Der massive Zufluss von Bundesmitteln sollte vor allem der Bestandssicherung dienen. Er veranlasste aber kaum aufstrebende mittelständische Unternehmen dazu, im unsicheren Berlin in neue Industriezweige oder Dienstleistungsfelder zu investieren.[34] So progressiv die von Willy Brandt geleitete Berliner SPD also in der geteilten Stadt neue Wege der Deutschlandpolitik erprobte, so traditionell denkend konzentrierte sie sich auf die Sicherung jener Wirtschaftssektoren, in denen von jeher die meisten SPD-Wähler tätig waren. Dies wurde noch dadurch verstärkt, dass Berlin durch die Insellage aufgrund geringerer Kapazitäten gerade für die Großindustrie auch nicht in den energieintensiven Wettbewerb eintreten konnte, der damals unter dem Zeichen des Atoms gänzlich neue Produktionswege eröffnete.[35]

Die Krise wirkte sich auch auf den Haushalt aus, und der *Spiegel* erblickte eine ernste Krise des Berliner Selbstbewusstseins.[36]

32 Bähr, *Industrie im geteilten Berlin*, 131.

33 Wolfram Fischer und Johannes Bähr (Hrsg.), *Wirtschaft im geteilten Berlin, 1945-1990: Forschungsansätze und Zeitzeugen* (Berlin, Boston: De Gruyter Saur, 1994), 222 f.

34 »Pankows Gewaltstreich – wirtschaftlich gesehen«; Bähr, *Industrie im geteilten Berlin*, 220-3.

35 Siehe Höhe der Energieproduktion in Bähr, *Industrie im geteilten Berlin*, 377-81.

36 »Das Glitzerding«, in: *Der Spiegel* 41 (1966), 44.

Denn während der Anteil von Bundeszuschüssen am West-Berliner Haushalt in den 1950er Jahren konsequent gesunken war, von 44,42 % des Haushalts im Jahr 1949 auf 26,13 % im Jahr 1961, steigerte der Bund ab 1962 sein Engagement als direkte Antwort auf den Mauerbau und die Herausforderungen Berlins wieder.[37] Bereits 1962 erhöhte sich der Bundesanteil am Berliner Haushalt auf 36,05 %, um bis 1966 bei stagnierenden und zeitweise gar drastisch sinkenden Verwaltungs- und Steuereinnahmen Berlins auf eine seit 1949 unerreichte Höhe von 47,88 % anzusteigen.[38] Nur fünf Jahre nach dem Mauerbau attestierte die *Berliner Morgenpost* den West-Berliner Unternehmen bereits eine Subventionsmentalität.[39] Trotz aller Bemühungen zogen darum weniger die ökonomischen Aussichten junge Bundesbürger nach Berlin, sondern eher unerwünschte Nebeneffekte des Sonderstatus wie die Wehrflucht oder die bald entstehende Jugend- und Protestkultur, die zwar keinen Mehrwert, wohl aber ein ganz besonderes Lebensgefühl im Schatten der Mauer entstehen ließ.

Die Mauer kappte keineswegs nur die Gewinnmargen West-Berliner Industriebetriebe, sondern primär die innerstädtischen Verbindungswege. Besonders litt darunter die in Berlin traditionell bedeutsame Unterhaltungsbranche. Vor dem Mauerbau dienten die zahlreichen Straßen zwischen Ost- und West-Berlin auch als kulturelle Austauschkanäle, die mit dem 13. August schlagartig zu Sackgassen wurden. Zahlreiche Bewohner Ost-Berlins stillten zuvor ihren Durst nach Kultur im östlichsten Arm Hollywoods, den West-Berliner Kinos. Aus Frust über diese Begeisterung für westliche Filme ging die Ost-Berliner Propaganda so weit, die Grenzkinos in ihrer Schädlichkeit für den sozialistischen Staat, ja den Weltfrieden auf eine Ebene mit »Agentenzentralen« und anderen West-Berliner »Jugendvergiftern« zu stellen.[40] Ein Kinobesuch im

37 Grundlage dafür »Gesetz zur Förderung der Wirtschaft von Berlin (West)«, in: *BGBl* (31. Juli 1962), 493-500.

38 Dies markierte den vorläufigen Höchststand und reduzierte sich im Folgejahr auf ebenfalls nicht unerhebliche 41,03 %. Trotz einiger Schwankungen blieb die Tendenz dann bis in die 1980er Jahre konsequent steigend und erreichte 1981 den historischen Höchstwert von 59,32 % Bundeszuschuss am Berliner Haushalt; detaillierte Zahlen in Zschaler, *Öffentliche Finanzen und Finanzpolitik in Berlin*, 302-4.

39 »Berlin – Weltstadt oder Provinz«, in: *Berliner Morgenpost* (3. April 1966).

40 *Was ich von der Mauer wissen muss: Merkblatt für Berlin-Besucher* ([Berlin Ost], 1964), 12.

Westen war für Ost-Berliner derart üblich, dass in den Straßen zwischen den beiden Teilstädten zahlreiche Grenzkinos aus dem Boden schossen. Selbst der Protagonist Gregor Bieneck in Jurek Beckers in der DDR veröffentlichtem Roman *Irreführung der Behörden* erwähnt eher im Vorbeigehen, dass ihn die Mauer »um ein Haar [...] auf der falschen Seite erwischt« hätte, da er den Abend in einem West-Berliner Filmpalast verbrachte.[41] Während dies für Bieneck in Beckers fiktionalem Berlin glimpflich ausgeht, sah dies für die echten Kinobetreiber anders aus. Vor dem Mauerbau kamen 30 % der Besucher der West-Berliner Lichtspieltheater aus dem Ostteil der Stadt, die Grenzkinos empfingen gar bis zu 90 % ihrer Besucher von dort.[42] Entsprechend brutal brachen die Umsätze nach dem Mauerbau ein. Gemeinsam mit vielen kleineren Warenläden und Kulturstätten fanden sich die Betreiber, die zuvor von der Grenzlage profitierten, nun in der absoluten Peripherie wieder.[43] Bereits Anfang September schlossen die ersten Lichtspielhäuser in diesen Lagen. Weitere folgten bald, so dass an den neuen Randlagen, der Berliner Schnauze nach mitten in der Stadt und doch am »Ende der Welt«, tatsächlich die Lichter ausgingen. Den Theaterbühnen erging es kaum besser. In diesen hatten 1960 noch 560 000 Besucher aus dem Osten die unzensierte Aufführungspraxis genossen, wozu 85 000 entsprechende Besucher der Konzerte der Musikhochschule kamen. Die West-Berliner Volkshochschulen freuten sich im selben Jahr noch über 20 % Kursbesucher aus der anderen Teilstadt und die Berliner Freie Volksbühne gar über 25 000 im Ostteil der Stadt sesshafte Fördermitglieder.[44] All diese fielen mit der Mobilität weg. Nicht nur der Wirtschaftsstandort, auch die Kulturmetropole Berlin lief Gefahr, ins Abseits zu geraten.

Mit dem Filme zeigenden driftete auch das in Berlin historisch gewachsene Filme schaffende Gewerbe in die Krise. Dieser drohende Niedergang galt als echte Kulturkrise und zog in der öffentlichkeitsbewussten politischen Landschaft des Kalten Krieges besonders viel Aufmerksamkeit auf sich. Trotz der deutschen Tradition

41 Jurek Becker, *Irreführung der Behörden* [Orig. 1973] (Rostock: Hinstorff, 1987), 190.

42 »Pankows Gewaltstreich – wirtschaftlich gesehen«.

43 Ebd.

44 »Berlin auch kulturell zerschnitten«, in: *Bulletin des Presse- und Informationsamtes der Bundesregierung* 165 (5. September 1961), 1582.

in der Filmproduktion lag diese Branche in der Bundesrepublik darnieder – ganz im Gegensatz zur aufstrebenden Deutschen Film AG (DEFA), die mit einigen Glanzstücken von Osten aus an das große Berliner Erbe anknüpfte. Dieser Prestigeverlust bekümmerte Landes- und Bundespolitiker weitaus mehr als die zahlreichen Pleiten der kleinen Grenzkinos und Warenläden. 1962 befürchtete die Bundesregierung bereits, »eine verkümmerte Herstellung des deutschen Filmes würde zu einer einseitigen geistigen Beeinflussung durch ausländische Filme führen«.[45] Dabei musste der Leser allerdings selbst interpretieren, ob Bonn sich mehr vor den Produkten der DEFA oder denen Hollywoods sorgte.

So konnte die westdeutsche Filmbranche den Mauerbau nutzen, um Aufmerksamkeit zu eigenen Gunsten zu erzeugen. Ihre Probleme gingen allerdings kaum auf diesen zurück. Die bundesweiten Besucherzahlen in den Kinos waren zwischen 1958 und 1961 um 26,7 % eingebrochen, darüber hinaus sank der Anteil deutscher Filme von 50 % auf 40,7 %, und die Spielfilmproduktion halbierte sich von 155 auf 73. Fünf der neun großen Verleiher deutscher Filme befanden sich in großen ökonomischen Schwierigkeiten, und zwischen 1959 und 1962 mussten 385 der westdeutschen Filmtheater aufgeben.[46] Alarmiert stellte die Bundesregierung die außenpolitische Dimension dieses Einbruchs fest, denn der deutsche Film diene »zur Abwehr der außerordentlich starken Kulturoffensive des Ostblocks in fast allen Teilen der Welt«.[47]

Der Mangel an Niveau, Unterhaltungswert oder eben schlicht an Erfolg des westdeutschen Films wurde damit direkt in die Frontstellung der Bundesrepublik im Kalten Krieg einbezogen. Besorgt stellte 1965 auch der Ausschuss für Kulturpolitik und Publizistik des Bundestages fest, dass der »gute Film« – womit zu dieser Zeit der sittliche Film gemeint war – allgemein ins Hintertreffen ge-

---

45 BT-Drucks. IV/366: Bericht der Bundesregierung über die Situation der Filmwirtschaft, 25. April 1962, 2; allgemein dazu Gerhard Stahr, »Die Entwicklungen des Filmgewerbes in Berlin nach 1945«, in: *Wirtschaft im geteilten Berlin, 1945-1990: Forschungsansätze und Zeitzeugen*, hg. von Wolfram Fischer und Johannes Bähr (Berlin, Boston: De Gruyter Saur, 1994), 317-32.

46 BT-Drucks. IV/366: Bericht der Bundesregierung über die Situation der Filmwirtschaft, 25. April 1962, 3 f.

47 BT-Drucks. IV/366: Bericht der Bundesregierung über die Situation der Filmwirtschaft, 25. April 1962, 2.

riet.[48] Die deutschen Produzenten litten erstens ökonomisch unter »reißerischen Filmen«, eine Chiffre für amerikanische Streifen, die allein das Überleben der Filmhäuser sicherten.[49] Unausgesprochen blieb, dass auch die ostdeutschen Besucher der Grenzkinos vor allem die amerikanischen Filme und nicht die deutschen Erzeugnisse sehen wollten. Schlimmer noch, der Kulturausschuss wähnte die bundesdeutsche Kultur allgemein angegriffen, denn die DEFA versuche nun »allein den deutschen Film zu repräsentieren«. Eine Erhöhung der Fördersätze sei darum die »wesentliche Voraussetzung für die Gesundung der deutschen Filmwirtschaft und die Aufrechterhaltung einer deutschen Filmproduktion überhaupt«.[50]

Fraglich war dabei, wie stark Berlin in diese Subventionen einbezogen werden sollte. Hier war die Filmproduktion von 47 Filmen 1958 auf nur 28 Filme 1961 eingebrochen, die Angestelltenzahlen sanken, und im Fernsehen mangelte es an Stellen.[51] Entgegen diesen langfristigen Trends erklärte der SPD-Abgeordnete des Bundestags Georg Kahn-Ackermann mit erhobenem Zeigefinger dem Hohen Haus, dass die Berliner Filmwirtschaft insbesondere durch den Mauerbau in Bedrängnis geraten sei.[52] Das ZDF und der Sender Freies Berlin (SFB), der 8 % des Sendeanteils der ARD zu stellen hatte, teilten sich in Tempelhof lediglich ein Mitte der 1960er Jahre angemietetes Studio für Eigenproduktionen.[53] Die Filmkrise war für die Opposition und die Bundesregierung also mehr als nur eine Krise der Unterhaltungsindustrie. Immerhin sei die DEFA, so Kahn-Ackermann, ein »politisches Propagandainstrument des Kommunismus« und der Film »eines der für den Staat billigsten und wirksamsten Mittel der Sympathiewerbung im Ausland«.[54] Entsprechend erklärte sich die Bundesregierung bereit, auf die Ber-

48 BT-Drucks. IV/3486: Schriftlicher Bericht des Ausschusses für Kulturpolitik und Publizistik (8. Ausschuß), 20. Mai 1965.

49 BT-Drucks. IV/3486: Schriftlicher Bericht des Ausschusses für Kulturpolitik und Publizistik (8. Ausschuß), 20. Mai 1965.

50 BT-Drucks. IV/3486: Schriftlicher Bericht des Ausschusses für Kulturpolitik und Publizistik (8. Ausschuß), 20. Mai 1965.

51 Stahr, »Die Entwicklungen des Filmgewerbes in Berlin nach 1945«, 329.

52 BT-Plenarpr. IV/6, 6. Dezember 1961, Rede Kahn-Ackermann, 423 f.

53 Stahr, »Die Entwicklungen des Filmgewerbes in Berlin nach 1945«, 329.

54 BT-Drucks. IV/366: Bericht der Bundesregierung über die Situation der Filmwirtschaft, 25. April 1962, 2; BT-Plenarpr. IV/6, 6. Dezember 1961, Rede Kahn-Ackermann, 424.

liner SPD zuzugehen und Sondermaßnahmen für West-Berlin vor allem im Bereich der steuerlichen Begünstigungen zu ergreifen.[55] Eine von der SPD eingebrachte Neuformulierung weitete zudem das Berlinhilfegesetz explizit auf den Bereich der Filmproduktion aus.[56] Ebenso sicherte der Geldfluss aus dem Bundesgebiet, dass der SFB 1970 in sein 63 Millionen DM teures neues Fernsehzentrum am Theodor-Heuss-Platz einziehen konnte.[57]

Bei dieser Mischung aus kultur- und strukturpolitischen Maßnahmen ging es nicht nur um Bestandsschutz unter Verweis auf die uneingestanden weitaus progressiveren DEFA-Filme, sondern auch um Innovation. Entsprechend erklärte der Berliner Senat die Kulturförderung zur Chefsache. Er formte bereits Ende August 1961 eine Kommission zur Stärkung der wirtschaftlichen Position Berlins unter der Leitung von Bürgermeister Franz Amrehn und eine weitere Kommission zum Ausbau Berlins zu einem »Ausbildungs- und Kulturzentrum« unter der Leitung des Regierenden Bürgermeisters Willy Brandt.[58] Die steuerlichen Erleichterungen zeitigten geringe Erfolge, denn der Umbau des Kulturwesens war – ganz wie der Umzug von Bundesbürgern nach Berlin – keine vornehmlich ökonomisch motivierte Angelegenheit. Vielmehr benötigte er Investitionen des Bundes in neue Strukturen. So stieg dessen Zuschuss zum Berliner Landeshaushalt für Bildungs- und Kulturaufgaben von 108,9 Millionen DM (31,8 % des Gesamtvolumens) im Jahr 1958 auf 232,5 Millionen DM (40,8 %) in 1963 an.[59]

Diese Unterstützung legte wichtige Wurzeln für den (weiter unten genauer betrachteten) Aufstieg West-Berlins zur alternativen Kulturstadt. Dabei darf aber nicht vergessen werden, dass die Berliner Mauer eine in beide Richtungen verbundene Stadt teilte. Die Berliner Mauer beraubte aber nicht nur die Ost-Berliner ihres John Wayne und ihrer Audrey Hepburn, sondern auch die West-

55 BT-Plenarpr. IV/6, 6. Dezember 1961, Rede Rommerskirchen, 424; BT-Drucks. IV/366: Bericht der Bundesregierung über die Situation der Filmwirtschaft, 25. April 1962, 8.

56 BT-Drucks. IV/146, Entwurf zur Änderung des Gesetzes zur Förderung der Wirtschaft von Berlin (West), 25. Januar 1962.

57 Stahr, »Die Entwicklungen des Filmgewerbes in Berlin nach 1945«, 329.

58 »Die Lage in Berlin«, in: *Bulletin des Presse- und Informationsamtes der Bundesregierung* 163 (1. September 1961), 1564.

59 BT-Drucks. IV/2429, 24. Juni 1964, Ausbau Berlins als Stätte der Bildung, der Wissenschaft und der Kunst, 2.

Berliner des durchaus attraktiven Musikangebots Ost-Berlins. Dies betraf neben dem Publikum der beliebten Ostbühnen auch mehrere hundert im Westen lebende, aber im Osten arbeitende Orchestermusiker. Ungefähr 70 % der Angestellten der Staatsoper Unter den Linden lebten im Westen und konnten ab dem 13. August 1961 nicht mehr zur Arbeit erscheinen. Darunter befanden sich auch Größen der Szene, wie die zwei Startenöre Gerhard Stolze und Gerhard Unger sowie der Generalmusikdirektor der Staatsoper Horst Stein. Dies verdeutlicht einerseits, dass der Wegfall der Grenzgänger in beide Richtungen den SED-Staat nicht nur politisch, sondern auch kulturell massiv beschädigte. Dass aber keiner der drei Stars in Berlin blieb, führt andererseits die Unattraktivität der damaligen Kulturlandschaft im Westteil der Stadt vor Augen.[60] Daher und aus Gründen der Inszenierung West-Berlins als kulturelles Bollwerk gegen den Kommunismus flossen die größten baupolitischen Unterstützungszahlungen des Bundes zuerst in den Neubau der Philharmonie und die Stiftung Preußischer Kulturbesitz. Ein weiteres Ziel war die neue Staatsbibliothek in direkter Mauernähe, deren Neubau vom BMG als einem der Sponsoren des Baus explizit nicht nur als kulturpolitische, sondern auch als »gesamtdeutsche Maßnahme« gesehen wurde. Sie sollte im Fall der Wiedervereinigung die Versorgung ostdeutscher Leser mit westlichen Publikationen sicherstellen.[61]

Hinter all diesen Fördermaßnahmen stand in erster Linie eine bevölkerungspolitische Frage. Schnell erkannte die westdeutsche Politik, dass die Lebensfähigkeit der Teilstadt vom Zuzug abhing und dass dieser nicht nur steuerliche Vergünstigungen, sondern ein attraktives Lebensumfeld benötigte. Im Bemühen, junge Personen anzuziehen, flossen größere Summen in den Ausbau der Bildungsstruktur.[62] Auch hierbei war die Filmbranche einer der Profiteure, und die Gründung der Deutschen Film- und Fernsehakademie

---

60 »Berlin auch kulturell zerschnitten«.
61 BArch Koblenz, B 137, 7791, Brief BMG an MdB Adolf Arendt wegen Bau der Staatsbibliothek, Berlin, 28. Dezember 1966; BT-Drucks. IV/2429, 24. Juni 1964, Ausbau Berlins als Stätte der Bildung, der Wissenschaft und der Kunst 3-5.
62 Die damalige Abgeordnete des bayerischen Landtags Hildegard Hamm-Brücher erachtete Berlin Mitte der 1960er Jahre darum als Vorposten progressiver Bildungspolitik, vgl. Hildegard Hamm-Brücher, *Auf Kosten unserer Kinder? Wer tut was für unsere Schulen. Reise durch die pädagogischen Provinzen der Bundesrepublik und Berlin* (Bramsche, Osnabrück: Naunen, 1965).

Berlin (DFFB) sollte die Attraktivität der Hauptstadt erhöhen. Die DFFB nahm 1966 unter sehr einfachen Bedingungen ihren Betrieb im Deutschlandhaus des SFB auf und zog sofort Studenten aus dem Bundesgebiet in die Stadt. Aus den gesamtdeutsch motivierten Förderprogrammen des Bundes hervorgegangen, wurde sie unintendiert zu einem wichtigen Sammelbecken der Außerparlamentarischen Opposition und damit zu einem der Vorreiter des linksalternativen West-Berlins.[63] Der erste Jahrgang der DFFB war in vielerlei Hinsichten revolutionär. Er sollte kulturpolitisch eine neue Phase der Bildungspolitik in Berlin einläuten, und er vereinte personell unter den Studierenden so unterschiedliche Geister wie die später international renommierten Filmemacher Wolfgang Petersen und Harun Farocki, kulturelle und politische Aktivisten wie Hartmut Bitomsky (der in den 2000er Jahren die Leitung der DFFB übernahm) und auch den späteren RAF-Terroristen Holger Meins.[64] Gemeinsam mit der sich wandelnden Freien Universität Berlin von einer eher konservativen Protestuniversität gegen die Ost-Berliner kommunistischen Hochschulen zum Zentrum einer linken Studentenschaft, inspirierte die DFFB eine besondere Bildungsmigration nach Berlin. Dazu kam ein durch die Studentenbewegung geschulter, neuer filmischer Blick, der vor allem im Bereich der Essay-, Kunst-, und Dokumentarfilme in den 1970er Jahren auf sich aufmerksam machte.

Die Insellage machte Berlin nun zu einem Labor für kulturelle Neuerungen. Das war freilich ein gänzlich anderes Ergebnis, als es die konservativen bundesdeutschen Kulturpolitiker in den 1960er Jahren mit ihrem Ruf nach kulturpolitischen Strukturen in der »Frontstadt« und der Forderung nach »guten Filmen« intendiert hatten. Letzten Endes belebten diese widerspenstigen Geister jedoch die traditionell kritische und progressive Berliner Filmlandschaft. Gemeinsam mit anderen Künstlern erfanden sie, und nicht die umsatzsteuerlichen Erleichterungen für traditionelle Fernsehstudios, in den 1970er Jahren den westdeutschen Film neu. Nicht ohne Ironie beruhte damit die kulturelle Insubordination der Studenten zu einem gewaltigen Maße auf der Integration West-Berlins

63 Tilman Baumgärtel, »Die Rolle der DFFB-Studenten bei der Revolte von 1967/68«, in: *Junge Welt* 27 (30. September und 2. Oktober 1996).

64 Jérémy Hamers, »Autour de Holger Meins. Documentaire et lutte armée dans l'entourage de la DFFB après 1969«, in: *Cahiers d'Etudes Germaniques* 64/1 (2013).

in die Bundesrepublik und war damit auch ein Effekt der unter anderem vom BMG geleiteten konservativ, antikommunistisch und antiamerikanisch motivierten Wirtschafts- und Kulturpolitik im Rahmen des »gesamtdeutschen Auftrags«.

Agieren ohne Änderungsoption: Der »gesamtdeutsche Auftrag«

All dies umnebelte die immer diffuser werdende Rede von der Wiedervereinigung, die als grundgesetzliches Dogma über allen oben benannten Punkten schwebte, Brandt zufolge aber bereits im Dezember 1961 »auf unabsehbare Zeit aussichtslos« war.[65] Das Thema könne in der Öffentlichkeit an Bedeutung verlieren, befürchteten viele Bundespolitiker, wobei für die meisten von ihnen galt, was der Historiker Josef Foschepoth dem Bundeskanzler Konrad Adenauer attestierte: »Adenauer mag vielleicht an die Wiederherstellung der Einheit geglaubt haben, aber ein praktizierender Gläubiger in Sachen Wiedervereinigung ist er nicht gewesen.«[66] Das Besondere an Willy Brandt war Ende 1961 also nicht, dass er an einer zeitlich nahen Wiedervereinigung zweifelte, sondern dass er seine Haltung äußerte und eine entsprechende Politik entwickelte. Denn im Gegensatz zu seiner von Frustration gekennzeichneten Rhetorik im Spätsommer 1961 begann er ab Ende des Jahres diese Erkenntnis zu einer pragmatischen Verständigungspolitik und damit eine Neupositionierung im Kalten Krieg zu entwickeln. Dies war seine Antwort auf die berechtigte Sorge, dass der Status quo der geteilten Stadt international auf Akzeptanz stoßen könnte. Mit großem Einsatz begegnete er damit dem, was die *London Times* als »West-Berlins Furcht« diagnostizierte: nach der Kuba-Krise links liegen gelassen zu werden.[67]

Nach dem 13. August 1961 wandelte sich die Wiedervereinigungsrhetorik endgültig zum hoffenden Bekenntnis, wobei jedoch selbst bei den ihrer Ansicht nach praktizierend Gläubigen im BMG

65 BT-Plenarpr. IV/6, 6. Dezember 1961, Rede Brandt, 54.
66 Josef Foschepoth, »Die Einheit Deutschlands in der Politik Konrad Adenauers«, in: *Als die Mauer wuchs: Zur Deutschlandpolitik der Christdemokraten 1945-1970*, hg. von Reinhard Hübsch (Potsdam: Verlag für Berlin Brandenburg, 1998), 124.
67 Zit. n. »Das Glitzerding«, 44.

Zweifel am Weg zur Erlösung aufkamen. Noch waren die Dogmen der Hallstein-Doktrin im zuständigen gesamtdeutschen Ministerium bis Mitte der 1960er Jahre fest verankert. Sie prägten die Denkmuster der deutschlandpolitischen Akteure derart dauerhaft, dass Rainer Barzel selbst Jahre nach der Wiedervereinigung den »Wandel durch Annäherung« als widersprüchlich zu seiner eigenen »behutsame[n] Pflege des Zusammenhalts der Nation« verstand.[68]

Im Rahmen dieses Denkens wurde die Wiedervereinigung vor allem zum Identitätsfaktor für politische Bewegungen, zahlreiche Vereine sowie Journalisten und auch Rechtsgelehrte. Ihre Versuche, für die Wiedervereinigung zu streiten, bestanden in erster Linie darin, fortwährend die westdeutsche Bevölkerung zu ermahnen, sich mental nicht in der Zweistaatlichkeit einzurichten. Sie fürchteten nicht nur die internationale Anerkennung der DDR, sondern auch eine schleichende Entsolidarisierung der westdeutschen Bevölkerung. Diese Ängste waren nicht unbegründet. Eine Infas-Umfrage ergab Ende 1966, dass die Wiedervereinigung für lediglich 22 % der Westdeutschen das dringendste politische Problem war, 72 % sahen anderes als wichtiger an.[69] Während nur 26 % der Bundesbürger die Teilung als unerträglich empfanden, gaben 57 % offen zu, sich daran gewöhnt zu haben. Ohnehin erwarteten 77 % keine persönlichen Vorteile durch eine Wiedervereinigung. Derart schemenhaft gefragt, schienen sich emotional bereits zwei voneinander getrennte Staatsgesellschaften zu formen. Das Ergebnis spiegelte aber die Schwerpunkte dieser Befragung, die sich mehr für den Glauben an die Wiedervereinigung als für die gelebte grenzüberschreitende Praxis interessierte. Die Mauergesellschaft aber blieb über zahlreiche politische und private Wege eng verflochten. 33 % der Befragten gaben an, Verwandte in der DDR zu haben. Allgemein erzeugte die migrationspolitische Abschottung der DDR großes Misstrauen. Deutlich über die Hälfte (57 %) bemängelte zudem die unzureichenden Informationen in der Bundesrepublik über die DDR, eine explizite Kritik an der »Aufklärungspolitik« des BMG. Denn

---

68 Rainer Barzel, »Die Deutschlandpolitik der CDU unter besonderer Berücksichtigung der 50er und 60er Jahre«, in: *Als die Mauer wuchs: Zur Deutschlandpolitik der Christdemokraten 1945-1970*, hg. von Reinhard Hübsch (Potsdam: Verlag für Berlin Brandenburg, 1998), 141.

69 BArch Koblenz, B 137, 4806, Umfrageergebnisse des Instituts für angewandte Sozialwissenschaft, Bad Godesberg, November/Dezember 1966.

entgegen der Intention des Ministeriums führte die Überzeichnung des SED-Staates als eine totalitäre Diktatur dazu, dass mehr als ein Drittel der Bundesbürger davon ausging, dass »jeder, der hier her kommt [in die Bundesrepublik], ein linientreuer Kommunist« sei.[70]

In dem Maße, in dem die Hoffnung auf eine baldige Wiedervereinigung in die Ferne der Zukunft entglitt, erklärte sich das Wiedervereinigungsgebot des Grundgesetzes *ex negativo*: Es blieb der Leitfaden politischer Bekenntnisse, litt aber unter der Reduktion politischer Maßnahmen auf die Furcht, dass schon kleine Schritte der Annäherung zur Anerkennung der DDR führen könnten. Dadurch wurden sämtliche öffentliche Tätigkeiten gehemmt, die den Verdacht auf sich ziehen konnten, durch Kommunikation mit dem SED-Staat diesem das Gefühl zu vermitteln, die Bundesrepublik akzeptiere implizit ein zweites Staatswesen auf deutschem Boden. Der sogenannte »gesamtdeutsche Auftrag« gab westdeutschen Politikern angesichts der ins Leere führenden Wiedervereinigungsrhetorik ein Gefühl der Gestaltungsmacht zurück.

Die Bedeutung des »gesamtdeutschen Auftrags« wuchs nach dem Mauerbau erneut deutlich an. Stetig versicherten Bundespolitiker sich gegenseitig, im »gesamtdeutschen Auftrag« zu handeln bzw. forderten dies von der Gegenseite ein. Das für diesen Auftrag eingerichtete Ministerium legte ihn unter Bezugnahme auf das grundgesetzliche Wiedervereinigungsgebot weitestmöglich aus: von der Absicherung der Bundespolitik über die »Aufklärung« der Bevölkerung und die Strukturförderung bis zu im Prinzip nachrichtendienstlichen Tätigkeiten z. B. in den Aufnahmelagern.[71]

---

70 Diese und die folgenden Zahlen aus BArch Koblenz, B 137, 4806, Umfrageergebnisse des Instituts für angewandte Sozialwissenschaft, Bad Godesberg, November/Dezember 1966; hieran zeigt sich auch die Schwerpunktsetzung der Meinungsforschungsinstitute. Während das eher der CDU zugeneigte Allensbach-Institut sehr generelle Umfrageergebnisse über die Zustimmung zu Kiesingers Kurs veröffentlichte, hob Infas als das Konkurrenzinstitut die Hoffnung der Bundesbürger auf eine Annäherungspolitik an die DDR hervor. Vgl. die einzelnen Umfragewerte in Martin Winkels, *Die Deutschlandpolitik der ersten Großen Koalition in der Bundesrepublik Deutschland (1966-1969)* (Bonn: Univ. Diss., 2009), 81, 119, 226; die Universität Bonn befand, dass diese Arbeit von Plagiaten durchzogen ist, wovon die hier zitierten Stellen aber nicht betroffen sind; siehe: ⟨http://de.vroniplag.wikia.com/wiki/Mw⟩ (Stand März 2019).

71 Zum Selbstverständnis des BMG siehe Creuzberger, *Kampf für die Einheit*, 49-61.

Überall entdeckten die Redner des Landes nach 1961 gesamtdeutsche Symbole; sei es die aus diesem Grund vom Bund mitfinanzierte Deutsche Oper in West-Berlin oder der sein 900. Jubiläum feiernde Speyerer Dom.[72] Als ob Kaiser Heinrich IV. bereits zum gesamtdeutschen Geiste gerufen habe, verkörperte dessen Grablege nun in den Augen der zahlreichen prominenten Gratulanten – vom ehemaligen Bundespräsidenten Theodor Heuss zu seinem Amtsnachfolger Heinrich Lübke bis zu Kanzler Konrad Adenauer, von Kardinal König bis zum Außenminister von Brentano – den »seit dem Mittelalter nicht mehr verstummten« Ruf nach der deutschen Einheit. Von Kaiser Heinrichs demütigem Gang nach Canossa sprachen die Gratulanten nicht – obwohl dieser vielleicht auch eine passende Symbolik für Verständigung nach größeren Machtkonflikten anbot. Vielmehr verkörpere der Kaiserdom als »Kraftquelle der Gegenwart« »in einzigartiger Weise« immer noch »den Gedanke[n] der Einheit und der Zusammengehörigkeit unseres Volkes« und fordere »vom Rhein her« dazu auf, »nicht zu ruhen, bis unser Vaterland wieder eins und einig sei«.[73]

Während also zahlreiche Politiker und Ministerien, die Ausstellungsmacher an der Berliner Mauer oder auch das KUD die Vokabel des »Gesamtdeutschen« als Hülle für ihre Arbeit nutzten, um an eine Gemeinsamkeit zu appellieren, die sie teilweise selbst durch eine Untermauerung des Abgrenzungsdenkens entflechtend infrage stellten, lag der Auftrag des BMG darin, diese Hülle zu gestalten und intakt zu halten. Der Anspruch war immens und entwickelte sich von primär propagandistischer Tätigkeit über Rundfunk und Fernsehen Anfang der 1960er Jahre hin zu einer »gesamtpolitischen Konzeption«. Der Bundestagsabgeordnete und Landesvorsitzende der Berliner FDP William Borm umschrieb 1966 die Aufgaben des BMG schlicht als »allumfassend«.[74] Das war Wasser auf die Mühlen des SED-Staates, der geradezu nach einer zentral verantwortlichen

---

72 Heinrich Lübke, »Fester Platz der freien Welt: Der Bundespräsident zur Eröffnung der Deutschen Oper Berlin (14. September 1961)«, in: *Bulletin des Presse- und Informationsamtes der Bundesregierung* 182 (28. September 1961), 1731 f.

73 »900 Jahre Dom zu Speyer: Geschichtliche Bedeutung – Symbol für die Gegenwart«, in: *Bulletin des Presse- und Informationsamtes der Bundesregierung* 171 (13. September 1961), 1634; siehe auch die entsprechenden Grußbotschaften und Reden, S. 1623 f.

74 BT-Plenarpr. V/44, 26. Mai 1966, Rede Borm (FDP), 2109.

Instanz für die westdeutsche Abgrenzung dürstete. Eine besondere Note dabei ist, dass sich nach Borms Tod herausstellte, dass dieser als »IM Olaf« im engen Kontakt mit der Hauptverwaltung A (HV A) des MfS stand, die viele seiner Reden verfasst hatte.[75]

Nichtsdestotrotz spiegelte diese Charakterisierung die Selbstwahrnehmung des Ministeriums. Es agierte trotz zahlreicher Ministerwechsel zwischen Kaiser, Lemmer und Barzel bis 1963 auch dank der Konstante Thedieck als der zentrale bundesdeutsche Vertreter der »psychologischen Kriegsführung« gegen den Kommunismus. Unter den Begriffen der Aufklärung und der »Entlarvung« betrieb es vor allem eine Propagandapolitik sowohl gegen den SED-Staat als auch gegen die allerorts vermuteten inneren Feinde.[76] Auch als mit Vizekanzler Erich Mende erstmals ein FDP-Mitglied auf diesen Ministerstuhl rückte, blieb das Ministerium dem eigenen Anspruch treu. Es öffnete sich jedoch mit der Aufnahme des »Freikaufs« ein höchstvertraulicher Kanal zum SED-Staat, der unter Mende und seinem Nachfolger Gradl das interne Selbstverständnis praktizierter Deutschlandpolitik flexibilisierte. Das galt indes weder für die Öffentlichkeitsarbeit noch für die Politikgestaltung, die sich Mitte der 1960er Jahre erneut verstärkt dem »gesamtdeutschen Auftrag« zuwandte. Dessen Bedeutungsgewinn zeigt sich beim Vergleich der Haushalte der zwei ungefähr gleich großen und thematisch verwandten Ministerien, dem Bundesministerium für Vertriebene, Flüchtlinge und Kriegsgeschädigte (BMVt) und dem Bundesministerium für gesamtdeutsche Fragen (siehe Tafel 21, S. 296). 1961 waren für das BMVt deutlich weniger Mittel veranschlagt als für das BMG. Das BMG besaß jedoch im Gegensatz zum BMVt kaum administrative Funktionen und verfügte entsprechend über keinen entsprechenden Personalunterbau. Sein Haushalt floss fast ausschließlich in »Maßnahmen«. Angesichts der Massenflucht 1961 und der sich etwas lockernden Anerkennungspraxis von SBZ-Auswanderern, also Auswanderern

75 Karl-Heinz Baum, »Stasi und Bundestag. Weitere Ex-Abgeordnete im Blickpunkt«, in: *Frankfurter Hefte* 5 (2007), 41-5.

76 Grundlegend dazu Gisela Rüss, *Anatomie einer politischen Verwaltung: Das Bundesministerium für gesamtdeutsche Fragen – Innerdeutsche Beziehungen 1949-1970* (München: C. H. Beck, 1973); Creuzberger, *Kampf für die Einheit*; ders., »Das BMG in der frühen Bonner Republik«, in: *APuZ* 1-2 (2009), 27-32.

Tafel 21: Haushalt BMVt und BMG im Vergleich 1961-1968.

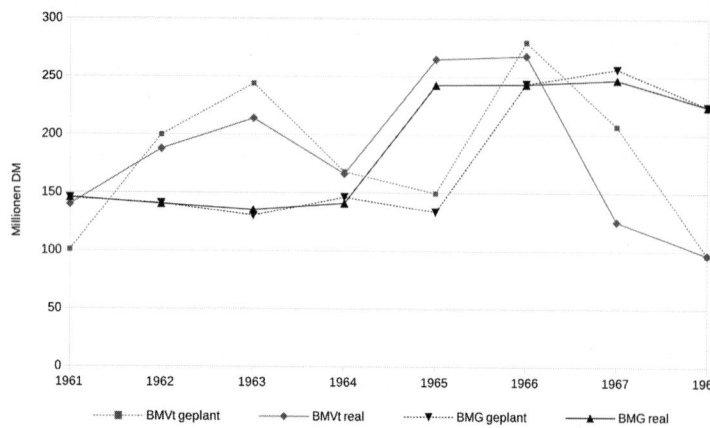

Quelle: Eigene Berechnung nach Bundeshaushaltsplänen der 3., 4. und 5. Wahlperiode.

aus der sowjetisch besetzten Zone, als Flüchtlinge der Kategorie C[77] stieg der Haushalt des BMVt außerplanmäßig um knapp die Hälfte

77 Trotz der gängigen Rede von »SBZ-Flüchtlinge« wurde im Gegensatz zu den Heimatvertriebenen nur eine Minderheit der Übersiedler aus der DDR als Flüchtlinge im Sinne der bundesdeutschen Gesetzgebung anerkannt. Für diese Kategorisierung genügte, wie Staatssekretär Nahm des BMVt kurz vor dem Mauerbau in einer Pressemitteilung erläuterte, »nicht die allgemeine Zwangslage, in der sich jeder mit dem kommunistischen System nicht übereinstimmende Bürger täglich befindet«, sondern es bedurfte des Nachweises einer Flucht »aus besonderen Zwangsgründen«. Danach erhielten die Anerkannten den Flüchtlingsausweis C (A und B waren für Vertriebene reserviert) und weiter reichende Hilfsleistungen nach dem Notaufnahmegesetz. Ein Grund für die Differenzierung zwischen Vertriebenen und SBZ-Flüchtlingen war, dass Erstere damit auch automatisch eingebürgert wurden, wohingegen Letztere ohnehin als Deutsche im Sinne des Grundgesetzes galten. Zit.: Peter Paul Nahm, »C-Ausweis, für Zonenflüchtlinge«, NDR, 10. Juni 1961, online verfügbar unter: ⟨http://www.berliner-mauer.de/c-ausweis-fuer-zonenfluechtlinge.html⟩ (Stand März 2019); grundlegend zur Vermischung von Einbürgerungspraktiken und Hilfsleistungen siehe Jannis Panagiotidis, *The Unchosen Ones: Diaspora, Nation, and Migration in Israel and Germany* (Bloomington: Indiana University Press, 2019).

an.[78] Diese Zunahme hielt bis 1964 an, als auch das BMVt die Folgen der allgemeinen Haushaltsknappheit spürte. In der Veranschlagung sanken die Mittel des BMVt zwischen 1963 und 1965 um knapp 40 %. Die Auflockerung (nachträglich zugestandener) Leistungen für SBZ-Flüchtlinge trieben den Etat 1965 faktisch aber wieder in die Höhe, was für 1966 auch in den Planungen anerkannt wurde, bevor er einbrach. Dies spiegelte den Bedeutungsverlust des BMVt im Lichte der sich reformierenden Deutschlandpolitik ebenso wider wie das Ausklingen seiner Tätigkeit aufgrund fehlender neuer Flüchtlinge.

Anders beim BMG, dessen Budget sich im Laufe des Jahrzehnts sprunghaft erhöhte (siehe Tafel 21, S. 296). Aufgrund seiner Arbeitsstruktur lagen die veranschlagten und die ausgegebenen Mittel des BMG üblicherweise ungefähr gleichauf. Mit dem Bedeutungszuwachs des »gesamtdeutschen Auftrags« 1965 stieg sein effektiver Jahreshaushalt jedoch schlagartig um knapp zwei Drittel an, was 1966 dann auch in die Planungen übernommen wurde. Das war Ausdruck eines doppelten Wandels im Ministerium. Erst baute Minister Gradl das BMG durch Maßnahmen des »gesamtdeutschen Auftrags« zu einer Verteilerinstitution für zahlreiche Maßnahmen weiter aus. Sein Nachfolger Herbert Wehner betrieb ab 1966, gestärkt durch einen umfassenden Personaltausch, jedoch einen Umbau hin zu einem stärker administrativen Ministerium. Er schuf einen bislang fehlenden personellen Unterbau und verhalf dem »Broschürenministerium« zu einem bundespolitischen Apparat.[79] Interessanterweise schwenkte die FDP auf diesen Kurs des ersten sozialdemokratischen gesamtdeutschen Ministers ein, und im Bundestag bestätigten Borm von der in die Opposition gedrängten FDP und von Walter Eckhardt von der CSU, dass »in diesem Hause in grundsätzlichen Fragen der Deutschlandpolitik keine ernsthaften Differenzen bestehen«.[80] Die tatsächliche Lage war ein wenig anders, denn einerseits ging die FDP damit auf die

78 Zum BMVt als migrationspolitischem Akteur siehe Mathias Beer, »Symbolische Politik? Entstehung, Aufgaben und Funktion des Bundesministeriums für Vertriebene, Flüchtlinge und Kriegsgeschädigte«, in: *Migration steuern und verwalten: Deutschland vom späten 19. Jahrhundert bis zur Gegenwart*, hg. von Jochen Oltmer (Göttingen: Vandenhoeck & Ruprecht, 2002), 295-322.

79 Creuzberger, »Das BMG in der frühen Bonner Republik«.

80 BT-Plenarpr. V/44, 26. Mai 1966, Rede von Eckhardt (CSU), 2112.

SPD zu, andererseits genoss zwar Wehner als langjähriger Leiter des Gesamtdeutschen Ausschusses einen guten Ruf, weil er in Sachen Wiedervereinigung überparteilich arbeitete, aber deutschlandpolitisch klaffte ein tiefer Spalt zwischen seinem Konkurrenten und Parteikollegen Brandt und Kanzler Kiesinger.[81]

Durch Gradls Aufschlag und Wehners Umbau weiteten sich die Tätigkeiten des BMG und seiner zahlreichen institutionellen Ableger aus. Auch wenn das Ministerium tunlichst bedacht war, seine An-Institute nicht unter den personalrechtlichen Schirm des Ministeriums kommen zu lassen (sowohl aus politischen Gründen der Verschleierung der Zugehörigkeit als auch, um aus finanziellen Gründen diese nicht in den Öffentlichen Dienst aufzunehmen),[82] stiegen die Verwaltungsaufgaben im Ministerium an. Die Personalkosten des zuvor chronisch unterbesetzten BMG explodierten auf jährlich über 6 Millionen DM.[83] Zudem standen nun mehr Sachmittel zur Verfügung, wodurch gesamtdeutsche Initiativen und Institutionen noch stärker gefördert werden konnten. Diesen Wandel flankierte Wehner mit einer inhaltlichen und personellen Absage an die alte Garde im BMG und einem Personalumbau zugunsten von SPD-Mitgliedern.[84]

81 Dirk Kroegel, *Einen Anfang finden! Kurt Georg Kiesinger in der Außen- und Deutschlandpolitik der Großen Koalition* (München: R. Oldenbourg, 1997), 167-77, 225-34; Anselm Tiggemann, *CDU/CSU und die Ost- und Deutschlandpolitik 1969-1972: Zur »Innenpolitik der Aussenpolitik« der ersten Regierung Brandt/Scheel* (Frankfurt/M.; New York: Lang, 1998), 24-42; Gottfried Niedhart, »Deeskalation durch Kommunikation: Zur Ostpolitik der Bundesrepublik Deutschland in der Ära Brandt«, in: *Deeskalation von Gewaltkonflikten seit 1945*, hg. von C. Hauswedell (Essen: Klartext, 2006), 99-114; Joost Kleuters, *Reunification in West German Party Politics from Westbindung to Ostpolitik* (New York: Palgrave Macmillan, 2012).

82 Deutlich wird dies an der Frage der Quittierung von Spenden im öffentlichen Auftrag, vgl. BArch Koblenz, B 137, 18553, BMF an BMG, 6. Januar 1966; internes Schreiben BMG, Liberich, 3. Mai 1966, Weihrauch an Abteilung II, BMG, 13. Mai 1966.

83 BT-Drucksache V/250, Haushaltsplan 1966, 16. Februar 1966.

84 Creuzberger sieht eine stärkere und frühere Flexibilisierung, betrachtet aber in erster Linie interne Prozesse und misst die Erfolge des BMG stark an dessen eigenen Zielvorgaben. Dies mündet in der Feststellung, Wehners personeller Umbau des Ministeriums sei primär parteipolitisch motiviert gewesen. Die hier entwickelte Perspektive, die in erster Linie nach Praktiken und Wirkungen im übergeordneten deutsch-deutschen Bezug fragt, erkennt darin eher ei-

Bei alldem vertrat Wehner nicht Brandts Neue Ostpolitik, sondern vielmehr einen gewandelten und weniger martialisch auftretenden Antikommunismus, der sich im Gegensatz zu seinen Vorgängern eher in der politischen Praxis der Länder und Kommunen absicherte als in der Ideologie der 1950er Jahre. Dabei griff er auf seine Erfahrungen im Führungsstab des KUD zurück, dessen Arbeit er deutlicher mit der des BMG synchronisierte. Folglich kehrte sich in seinem zweiten Amtsjahr das Verhältnis zwischen dem BMVt und dem BMG um: 1967 erhielt das BMG doppelt so viele Mittel wie das zuvor mächtigere BMVt. 1968 fiel dies noch drastischer aus. 1969 wurde das BMVt aufgelöst und seine Kompetenzen auf andere Ministerien, allen voran das Innenressort und das Bundesverwaltungsamt übertragen. Damit entschied sich auch die Frage nach der Hoheit über die Deutschlandpolitik zwischen den im BMVt traditionell auf Gehör stoßenden Interessenvertretungen der Heimatvertriebenen und der Etablierung des in erster Linie moralisierenden und eher implizit territorialpolitisch auftretenden »gesamtdeutschen Auftrags«. Dies bedeutet eine Verschiebung von der Integrationspolitik zur Frage des Umgangs mit dem SED-Staat, also von der Flüchtlingspolitik zur Deutschlandpolitik. Damit wurde das Portfolio ausgeweitet, aber bereits auch eine Marginalisierung der Migrationsfragen angedeutet.

Um diesen Wandel innerhalb der ministeriellen Logik genauer zu verstehen, muss man noch einmal auf den Mauerbau zurückblicken. Auf diesen reagierte das BMG mit der Schaffung oder Stützung zahlreicher Institutionen, die das BMG netzwerkartig um sich aufgespannt hatte, wobei die Verbindungen selten offensichtlich und teilweise persönlicher, großenteils jedoch geheimer Natur waren. Bedeutend ist, dass in den 1960er Jahren die oft radikalen Emigrantenorganisationen, die der Historiker Bernd Stöver als zentrale Akteure der *liberation policy* identifiziert hat, ins Hintertreffen

---

nen Versuch, mit der Autopoiesis des ideologisch durchdrungenen Teilsystems »Deutschlandpolitik« zu brechen. Dies stieß aber in der Gestaltungshoheit des Bundeskanzlers an enge Grenzen, erst der Systembruch vom Gesamtdeutschen hin zum Innerdeutschen Ministerium ermöglichte eine grundlegende politische Wende. Vgl. Creuzberger, *Kampf für die Einheit*; grundlegend für meinen Ansatz sind Überlegungen zum »Gedächtnis« politischer Systeme in Niklas Luhmann, *Die Politik der Gesellschaft* (Frankfurt/M.: Suhrkamp, 1998), 170-88.

gerieten.[85] Jene Verbände und Vereinigungen, die die SBZ/DDR-Auswanderer vertraten, fanden keine den Vertriebenenverbänden ähnelnde Geschlossenheit. Erst der 1969 unter Federführung des Gesamtverbandes der Sowjetzonenflüchtlinge gegründete Bund der Mitteldeutschen kann als ein Versuch in diese Richtung verstanden werden. Er konnte jedoch nie einen mit dem Bund der Vertriebenen vergleichbaren Einfluss entwickeln.

Das hatte auch damit zu tun, dass die wenigsten Übersiedler aus der DDR Energie aufwendeten, um organisiert Interessen zu formulieren und zu vertreten. Sie gingen beruflich und privat recht schnell – obgleich nicht ohne berufliche Rücksetzungen – in der Bundesgesellschaft auf. Der Historiker Immo Eberl hat die Schwäche des Einheitsdrangs der DDR-Flüchtlinge mit im Vergleich zu den Vertriebenen deutlich geringeren Gewalterfahrungen, der zeitlichen Staffelung der Ankunft und heterogeneren Emigrationsgründen begründet, die häufiger in individuellen Entscheidungen und nicht in kollektiv geteilten gewalthaften Vertreibungserfahrungen wurzelten.[86] So wichtig diese persönliche Ebene ist, bedarf dies aus deutschlandpolitischer Sicht eines weiteren Arguments. Schon Adenauer erachtete die Deutschlandpolitik als so bedeutend, dass er anfangs zögerte, diesbezügliche Kompetenzen aus dem Kanzleramt in ein gesondertes Ministerium zu übertragen.[87] Das BMG entstand als ein auf Publizität und Aufklärung zurechtgestutztes Ministerium, das im Schatten des grundgesetzlichen Wiedervereinigungsgebots seine Kompetenzen langsam ausweitete, um sie »gegen abweichende deutschlandpolitische Vorstellungen in der Bundesrepublik wirksam einzusetzen«.[88] Das BMG besaß im Gegensatz zum BMVt nie einen Verwaltungs-, sondern einen Interessenvertretungsauftrag. Es monopolisierte diesen Auftrag weitestgehend und bündelte so langsam, aber stetig die deutschlandpolitischen Kompetenzen unter seinem Dach und seiner Federführung. Einer Selbstorganisation der SBZ-Auswanderer blieb

85 Bernd Stöver, *Die Befreiung vom Kommunismus: Amerikanische Liberation Policy im Kalten Krieg 1947-1991* (Köln, Weimar: Böhlau, 2002), 283-7.

86 Immo Eberl, »Vertriebenenverbände: Entstehung, Funktion, Wandel«, in: *Zur Integration der Flüchtlinge und Vertriebenen im deutschen Südwesten nach 1945*, hg. von Mathias Beer (Sigmaringen: Thorbecke, 1993), 211.

87 Creuzberger, *Kampf für die Einheit*, 44-8.

88 Ebd., 53.

daher nur wenig Spielraum und weniger Platz auf der politischen Bühne, vor allem wenn sie wie die Vertriebenenverbände auf Bundesunterstützung hofften.

Das organisationelle Netzwerk des BMG und die Frage der Migration

Indem das BMG also für sich beanspruchte, Deutschlandpolitik zu gestalten und zu kontrollieren, integrierte oder schuf es seit den 1950er Jahren Organisationen, die unter vertraulicher ministerieller Federführung die öffentliche Interessenvertretung übernahmen. Aufgrund ihres scheinbar unabhängigen Charakters konnten diese deutlich rechts der Regierungslinie agieren. Zu den wichtigsten Figuren dieses Netzwerkaufbaus gehörte erstens Staatssekretär Franz Thedieck, der sich bereits in der späten Weimarer Republik als Beauftragter der preußischen Regierung für Eupen und Malmedy und später während des Zweiten Weltkrieges als Generalreferent der deutschen Militärverwaltung in Brüssel (»Flamenreferent«) hervorgetan hatte. Den Geist des BMG prägte zweitens Ministerialrat Ewert Freiherr von Dellingshausen, der unter dem Schlagwort der »psychologischen Kriegsführung« 1958 nicht vor dem Aufruf zurückscheute, »im Kampf gegen den Kommunismus ›Mittel, die der Gegner anwendet, für uns selbst nutzbar zu machen‹«.[89] Ungeachtet der personellen Wechsel in der Ministeriumsleitung war das BMG darauf bedacht, durch einen straff organisierten Antikommunismus kaum deutschlandpolitischen Platz rechts neben sich zu lassen. Durch ein Organisationsnetzwerk ordnete es den entsprechenden Aktivismus um sich herum an. Dies unterschied das BMG auch vom BMVt. Letzteres führte bei zahlreichen flüchtlings- und sozialpolitischen Versorgungs- und Verteilungsmaßnahmen die Feder, oft anleitend und in Arbeitsteilung mit anderen Ministerien und Behörden.[90] Bundespolitisch trat es in erster Linie als

---

89 Zit. n. ebd., 30; siehe weiterhin Stöver, *Die Befreiung vom Kommunismus*, 362.

90 Zu Struktur und Selbstverständnis des BMVt siehe Lothar Wieland, *Das Bundesministerium für Vertriebene, Flüchtlinge und Kriegsgeschädigte* (Frankfurt/M.: Athenäum, 1968), 23; Peter Paul Nahm, »Die Geschichte des Bundesministeriums für Vertriebene, Flüchtlinge und Kriegsgeschädigte«, in: *AWR-Bulletin* 2/20 (1973), 90-4; ders., »Lastenausgleich und Integration der Vertriebenen und Ge-

Interessenvertreter spezifischer Personengruppen auf, wohingegen das BMG als Interessenvertreter einer Idee fungierte, die immer mehr zu einer gesamtpolitischen Aufgabe heranwuchs.

Das BMG bildete die oft im Geheimen operierende, dirigierende Schnittstelle antikommunistischer Organisationen, die der Ministeriumsjargon nicht unpassend »Thediecks Kinder« taufte.[91] Ihre unsichtbare Verwurzelung im Ministerium beeinflusste ihre Funktion im Migrationsregime. Aufgrund dieser Bindung vertraten die wichtigsten Organisationen kaum Emigranteninteressen, sondern den antikommunistischen Kampf innerhalb der Bundespolitik. Die Themen Migration und ihre Unterbindung wurden nach dem Mauerbau zu einem Topos, interpretiert durch Ideen im Geist der 1950er Jahre. Eine der dahingehend wichtigsten Institutionen, die sich direkt dem entlarvenden Dokumentationsdenken verschrieben, war der aus der *liberation policy* geborene, zivil auftretende, aber staatlich finanzierte und quasigeheimdienstlich arbeitende Untersuchungsausschuß Freiheitlicher Juristen. Er sammelte Informationen über Vergehen der SED-Staatsmacht für »eine juristische Abrechnung im Stile des Nürnberger Prozesses« und beeinflusste dank seiner hervorragenden Vernetzung mit den Führungsfiguren des Landes durch wöchentliche drei bis fünfseitige »Situationsberichte« die bundespolitische Wahrnehmung des SED-Staats.[92]

Eine ähnliche Aufgabenstellung, aber einen anderen Charakter besaß die staatliche Zentrale Erfassungsstelle der Landesjustizverwaltungen (ZESt) in Salzgitter. Sie nahm im November 1961 ihre Arbeit auf, indem sie jene mutmaßlichen Straftaten am »Tatort DDR« dokumentierte, so der letzte Sprecher der Erfassungsstelle Hans-Jürgen Grasemann, die es nach einer Wiedervereinigung zu verfolgen gebe.[93] Die initialisierende Person war Willy Brandt. Im

flüchteten«, in: *Die zweite Republik: 25 Jahre Bundesrepublik Deutschland – Eine Bilanz*, hg. von Richard Löwenthal und Hans-Peter Schwarz (Stuttgart: Seewald, 1974), 817-42.

91 Creuzberger, *Kampf für die Einheit*, 141.

92 BArch Koblenz, B 137, 2457, zahlreiche »Situationsberichte« des UFJ 1962-1963; mit Fokus auf Grenzfragen: ebd., 2458, Situationsberichte 1964-1965; zit. n. Stöver, *Die Befreiung vom Kommunismus*, 169 f., 281 f.

93 Hans-Jürgen Grasemann, »Der Beitrag der Zentralen Erfassungsstelle Salzgitter zur Strafverfolgung – Beispiele menschlicher Schicksale«, in: *Die Kriminelle Herrschaftssicherung des Kommunistischen Regimes der Deutschen Demokratischen*

Sinne des Konzentrationslager-Diskurses stellte er im September 1961 in einem Schreiben an die Ministerpräsidenten der Bundesländer fest, »das SED-Unrecht sei vergleichbar mit dem NS-Unrecht«. Daher solle sich die 1958 in Ludwigsburg gegründete Zentrale Stelle der Landesjustizverwaltungen zur Aufklärung nationalsozialistischer Verbrechen beider annehmen.[94] Diese Gleichsetzung erzeugte jedoch Unbehagen, was nach der Zusage Niedersachsens in der Errichtung einer gesonderten Dienststelle in Salzgitter mündete. Hatte der Staat bislang die Registrierung von Vergehen der SED-Staatsmacht an den UFJ delegiert, übernahm dies nun ganz offiziell die ZESt.[95] Mit einem Schwerpunkt auf Gewalt an der Grenze erfassten die dort tätigen Staatsanwälte mutmaßliche Straftaten nach Bekanntwerden und leiteten Vorermittlung ein, die eine formelle Anklage nach der Wiedervereinigung ermöglichen sollten. Im Migrationsregime entstand so eine Überwachungsstelle für gewalthafte Übertretungen, die den Diskurs in der Mauergesellschaft maßgeblich formte. Da die Verfahren aber nicht eröffnet werden konnten, ruhten sie auf unbestimmte Zeit. Damit war die ZESt eine potentiell anklagende Sammelstelle im »gesamtdeutschen Auftrag«, ein Dokumentationszentrum mit rein strafrechtlichen Interessensetzungen, das sich später in einem Akt der Aneignung selbst als das »schlechte Gewissen der DDR« begriff.[96] Die ZESt stand in einem engen Informationsaustausch mit dem BMG. Für anfängliche Irritation sorgte allerdings die Auswahl der verfolgten

Republik. Dokumentation des 3. Bautzenforums, hg. von Friedrich-Ebert-Stiftung (Friedrich-Ebert-Stiftung, 1992), 55.

94 Ebd., 56; »Ermittlung aller SED-Verbrechen«, in: *Bulletin des Presse- und Informationsamtes der Bundesregierung* 166 (6. September 1961), 1586.

95 Dies zog die Aufmerksamkeit des MfS auf sich; vgl. Claudia Fröhlich, »Die ›Zentrale Erfassungsstelle Salzgitter‹ und die Stasi: Strafrechtliche Ermittlungen und Ermittler von DDR-Unrecht als Objekt des MfS«, in: *Stasi in Niedersachsen*, Band 2: *Tagungsband des Symposiums der Enquetekommission*, hg. von Enquetekommission »Verrat an der Freiheit – Machenschaften der Stasi in Niedersachsen aufarbeiten« (Göttingen: Wallstein, 2017), 73-86; Hans-Jürgen Grasemann, »Im Fokus von DDR-Spionage und Westarbeit der SED: Die Zentrale Erfassungsstelle Salzgitter«, in: *Stasi in Niedersachsen, Band 2: Tagungsband des Symposiums der Enquetekommission*, hg. von Enquetekommission »Verrat an der Freiheit – Machenschaften der Stasi in Niedersachsen aufarbeiten« (Göttingen: Wallstein, 2017), 87-102.

96 Hans-Jürgen Grasemann zit. n. Gerald Wiemers, »20 Jahre Friedliche Revolution und Deutsche Einheit«, in: *Freiheit und Recht* 3/4 (2010), 4.

Strafkomplexe, die erstens Tötungshandlungen durch Vertreter der Staatsmacht, zweitens systembedingte Misshandlungen von Gefangenen, drittens politische Verdächtigungen und Verschleppungen und viertens überharte oder unrechtmäßig verhängte Strafurteile umfasste.[97] Damit beschränkte sich der als justiziabel gedachte Blick auf die DDR auf rechtliche Vergehen, die damals auch dem Nationalsozialismus zugeschrieben wurden. Das Spezifikum des Ausreiseverbots, also der wahre Grund für den Bau der Mauer, blieb außen vor.

Dies fiel auch zeitgenössischen Beobachtern auf. Schon 1962 beschwerte sich der niedersächsische Vertreter des KUD Franz Hilffert beim BMG über den »zunehmenden Terror gegen die Bewohner der Ostzone und Ost-Berlins«. Damit meinte er allerdings nicht die oben gelisteten Exzesse, sondern die Unterbindung der Familienzusammenführung. Das Verbot des Fortzugs verstand er als eine »mittelalterliche Foltermethode« und forderte vom BMG einerseits die »Aufklärung der Öffentlichkeit« und andererseits die Einrichtung einer Strafverfolgungsbehörde für dieses alltägliche Unrecht.[98] Im Gegensatz zu offiziellen Politikvertretern stellte er Migration ins Zentrum, was nicht in die Denkschemen der Ministerialvertreter passte. Nach Eingang des Schreibens schoben sich zuerst die Referate des BMG den Schwarzen Peter zu, bevor das Ministerium das Bundesjustizministerium um Stellungnahme bat.[99] Dieses stellte fest, dass Hilffert erstens zu weit ginge, wenn er eine bürgerliche Anzeigepflicht für alle Bewohner in beiden Teilen Deutschlands einfordere. Zweitens käme dem Bundesministerium der Justiz (BMJ) nach »eine Justizbehörde nicht in Betracht« für eine Registrierung »jedweden in der SBZ begangenen Unrechts«.[100] Dies bedeutete schlicht, dass das BMJ die Migrationsproblematik mit der Begründung ausschloss, dass eine Verfolgung dieses Unrechts aufgrund seiner Alltäglichkeit nicht möglich sei. Anschließend informierte das BMG Hilffert von der Existenz der ZESt und des UFJ, der ja mit dem Flugblatt »Meldet Verbrechen gegen die

---

97 Grasemann, »Der Beitrag der Zentralen Erfassungsstelle Salzgitter zur Strafverfolgung«, 56.
98 BArch Koblenz, B 137, 2457, Brief Hilffert/KUD an BMG, 13 März 1962.
99 BArch Koblenz, B 137, 2457, Notiz, Referat I 3, 19. März 1962.
100 BArch Koblenz, B 137, 2457, Kopie des Schreibens Zorn, BMJ an BMG.

Menschlichkeit« in seinem Sinne tätig sei.[101] Inhaltlich aber entzog sich das BMG der Verantwortung und entschuldigte seine Untätigkeit in Fragen der Ausreise damit, dass nach dem Mauerbau »nichts mehr bekannt wird«. An der Aufdeckung von Straftaten sollten sich ohnehin vor allem jene beteiligen, »die sich zur Zeit in Ulbrichts Konzentrationslager ›DDR‹ befinden«. Weiterhin schrieb das BMG besänftigend an Hilffert, dass die Ablehnungen von Familienzusammenführungen und Übersiedlung »zweifellos Verstöße gegen die Menschenrechte« seien und dass das BMJ derzeit die strafrechtliche Verfolgbarkeit prüfe.[102] Das BMG verschwieg Hilffert damit, dass das BMJ seine Zuständigkeit bereits negiert hatte. Noch deutlicher fiel die Antwort des intern um eine Position gebetenen UFJ aus. Dieser fand die zahlreichen Ablehnungen auf Ausreise zwar bedauerlich, erkannte in ihnen aber nur repressive Verwaltungsakte. Ganz im Einklang mit dem damaligen Bürokratieverständnis und der Exkulpierung der Verwaltung nach dem Nationalsozialismus befand der UFJ: Eine »Verwaltungspraxis kann wohl kaum als ›Gewaltakte‹ bezeichnet werden« – und nur um diese kümmere sich die ZESt.[103] Eine entsprechende Anlauf- und Meldestelle für Ausreisefragen erachtete der UFJ darum nicht als notwendig. Kurzum, die Akteure des »gesamtdeutschen Auftrags« ignorierten die innerhalb der DDR virulent werdende Frage der Übersiedlung nicht nur, sie wischten sie vom Tisch, *weil* sie zu alltäglich war.

Öffentlich trat das BMG hingegen anders auf und inszenierte sich konsequent als der entscheidende Ansprechpartner in sämtlichen deutschlandpolitischen Fragen. Auch darum wendeten sich fortwährend Bürger mit der Bitte um Hilfe bei der Familienzusammenführung an das Ministerium. Dieses verwies dann gebetsmühlenartig darauf, sich nach der Ausschöpfung aller Mittel an das Rote Kreuz zu wenden, das als humanitäre Schnittstelle zwischen Ost und West fungiere.[104] Dies war jedoch Aktionismus und weck-

---

101 BArch Koblenz, B 137, 2457, Brief BMG an Hilffert/KUD, 12. April 1962.
102 BArch Koblenz, B 137, 2457, Brief BMG an Hilffert/KUD, 12. April 1962.
103 BArch Koblenz, B 137, 2457, UFJ, Leitungsbüro, Antwort auf Anfrage des BMG, 15. Juni 1962.
104 BArch Koblenz, B 137, 2457, BMG an BMJ, 19. Februar 1962; ebd. BMG an Poesche, 9. März 1962, BMG an Anderseck, 20. März 1962, und weitere Fallberatung.

te viele falsche Hoffnungen. Das BMG sprach öffentlich zwar von »Interventionen« des DRK, wusste aber um die brüchige Kommunikation zwischen dessen ost- und westdeutschen Ablegern. In interministerieller Kommunikation gestand es ein, dass die Vermittlungserfolge bestenfalls »recht bescheiden« seien.[105] Westdeutsche Vertreter des DRK wendeten sich deswegen zunehmend direkt an die Kreisbehörden in der DDR, die jedoch vom MdI strengstens angehalten waren, solche Kontaktaufnahmen abzulehnen.[106] Euphemisierend stellte der Leiter des in Hamburg ansässigen (und vom BMG maßgeblich finanzierten) Suchdienstes des DRK Ohlsen fest, dass das Rote Kreuz die Ausreisesuchenden moralisch unterstütze, dass jedoch keine Analyse der Erfolge der Interventionen vorläge.[107] Er hatte dahingehend also nichts vorzuweisen. Zudem mangelte es DRK, BMG und UFJ an Erkenntnissen über die Antragswege. Veralteten Informationen folgend erachteten sie noch ein Jahr nach dem Mauerbau die Kommissionen für den Reiseverkehr als zuständig.[108] Wie dargestellt waren diese aber nicht nur längst entmachtet, sondern darüber hinaus auch die Räte der Kreise seit Anfang 1962 weder antwort- noch entscheidungsberechtigt.[109] Erschwerend war weiterhin, dass das DRK-Ost immer weiter in die SED-Herrschaft eingebunden wurde und nach dem Mauerbau gezwungen war, jedwede Hilfe auf Zusammenarbeit abzulehnen. Sicher auch aus Selbstschutz verwies es bei Anfragen stets darauf, dass die Bewilligung der Übersiedlung keine Aufgabe des Roten Kreuzes, sondern eine »staatliche Angelegenheit« sei.[110]

105 BArch Koblenz, B 137, 2457, BMG, Entwurf einer Antwort auf Fragestunde (5./6. April 1962) des Deutschen Bundestags, 3. April 1962; BMG-Entwurf einer Antwort an Kühn BMVt, 3. Februar 1962, 6; ebd. BMG an BMJ, 19. Februar 1962.

106 Die SED-Führung intendierte so, direkte Kontakte auf der Ebene der Staatsführung zu erzwingen; vgl. Kap. 1 in Teil I.

107 BArch Koblenz, B 137, 2457, Schreiben des DRK Suchdienstes Hamburg, Ohlsen an BMG, Ministerialrat Dr. That, 9. Januar 1962.

108 Der UFJ klärte das BMG dahingehend auf, dass neu eingerichtete Kommissionen für den innerdeutschen Reiseverkehr Anträge zumeist ohne schriftliche Begründung bearbeiteten und ablehnten. Dieses Wissen war jedoch auf dem Stand von vor dem Mauerbau und verdeutlicht, wie wenig die bundesdeutschen Untersuchungsbehörden über die internen Vorgänge in der DDR wussten; vgl. BArch Koblenz, B 137, 2457, UFJ an BMG, 15. Juni 1962.

109 Vgl. Kap. 1 in Teil I.

110 BArch Koblenz, B 137, 2457, Mitteilung IWE, 21. Dezember 1963.

Obwohl sich das BMG also als deutschlandpolitischer Aktivpol verstand, erkannten die ihm zugeordneten oder mit ihm kooperierenden Akteure immer wieder die Diskrepanz zwischen Anspruch und Gestaltungsmacht. In einer kleinen Anfrage vom 17. Januar 1962 an die Bundesregierung formulierten insgesamt 43 CDU-Bundestagsabgeordnete um Friedrich Kühn (Hildesheim), Peter Horn (Hessen) sowie Josef Stingl und Johannes Müller (beide Berlin) ihre Sorgen über die zahlreichen beschriebenen »Gestrandeten«,[111] also in der DDR festsitzende Altersmigranten, deren erteilte Ausreisegenehmigung durch die Normenänderungen nach dem Mauerbau null und nichtig geworden war. Die Abgeordneten erfragten, welche Möglichkeiten die Bundesregierung sehe, um diesen (und anderen) Ausreisewilligen zu ihren »verfassungsrechtlich zugesicherten Menschenrechte[n] zu verhelfen«.[112] Diese Anfrage versandete auf bezeichnende Art und Weise: Das BMI leitete sie erst an das BMG weiter, dessen für Familienzusammenführung zuständiges Referat I die Bearbeitung aber ablehnte, da es nicht um Kinder, also »nicht um familienrechtliche, sondern um verwaltungsrechtliche Fragen« gehe.[113] Trotz der Dauerpräsenz und Heterogenität des Übersiedlungsthemas war im BMG keine Stelle für allgemeine Fragen zuständig. Letztendlich wurde der Referent für Familienzusammenführung Dr. Kurt Wagner in diese Rolle geschoben, der sich dahin flüchtete, dass sämtliche Ersuchen und bekannt werdenden Fälle an den DRK-Suchdienst in Hamburg weitergeleitet werden.[114] Unerwähnt blieb, dass Wagner um dessen Machtlosigkeit wusste. Es galt offenbar, durch Weiterleiten einerseits Verantwortung zu delegieren, um andererseits aber jeden Anschein ministerieller Untätigkeit zu vermeiden. Diese Verschleierung der Ohnmacht setzte Ministerialdirigent Udo Müller vom BMG auch dem BMI gegenüber fort. Erneut verwies dieser an das DRK, das sich bemühe, »die getrennten Familien nicht in Apathie« fallen zu lassen, da Anträge hin und wieder neu aufgenommen würden. Anstatt sich allerdings die Ohnmacht einzugestehen,

111 Vgl. Kap. 2 in Teil I.
112 BT-Drucks. IV/13, 17. Januar 1962, Kleine Anfrage betr. Familienzusammenführung.
113 BArch Koblenz, B 137, 2457, handschriftliche Notiz auf Vermerk, 20. Januar 1962.
114 BArch Koblenz, B 137, 2457, Vermerk, 20. Januar 1962.

was vielleicht ein realistischeres Bild der deutschlandpolitischen Optionen hätte nach sich ziehen können, erbat Wagner, von einer schriftlichen Antwort auf die Kleine Anfrage abzusehen. Von »einer öffentlichen Darstellung der Wege, deren sich das DRK bedient, oder gar von einer Veröffentlichung über Interessen und Mitwirkung des IKRK [des Internationalen Komitees des Roten Kreuzes] versprechen wir uns nur negative Auswirkungen«.[115] Wagners Bitte wurde Folge geleistet. Hinter den Kulissen unterstützte auch der Präsident des Bundestages Eugen Gerstenmaier dieses Vorgehen. Er wurde sekundiert vom Beauftragten des BMG Kühn, der galant unspezifisch versicherte, dass das Problem der Familienzusammenführung »mit größter Aufmerksamkeit von meinem Haus verfolgt wird«.[116] Die Kleine Anfrage wurde offiziell weder beantwortet noch zurückgezogen, sondern fiel dank eines allgemeinen Konsenses unter den Tisch. Auch die oppositionelle SPD hakte nicht nach. Dieser Vorgang ist sinnbildhaft für das wiederholte Vorgehen des BMG in den 1960er Jahren. Mit Verweis auf einen potentiellen politischen Schaden konnte es die parlamentarische Kontrolle aushebeln und Berichtspflichten umschiffen.[117]

Auch bei anderen Themen ging das BMG auf diese Weise vor. Zwei Jahre später widmete sich das Ministerium einem vermuteten »unterpreisigen Verkaufszwang« für Selbständige, also einer Art der Enteignung durch den SED-Staat. So habe z. B. ein Apotheker nur durch den Verkauf seiner Apotheke eine Ausreisegenehmigung bekommen. Sein Fall beschäftigte 1964 den Bundestagsabgeordneten Werner Mertes (FPD), der vor dem Stellen einer Anfrage im Bundestag sicherheitshalber beim BMG vorfühlte. Dort riet man ihm kategorisch von einer Kleinen Anfrage ab. Diese sei »nicht zweckmäßig«, denn eine Behandlung dieser Frage »an höchster Stelle im Bundesgebiet« könne nur negative Folgen haben.[118] Welche genau,

115 BArch Koblenz, B 137, 2457, Wagner BMG an Ministerialdirigent Müller, BMI 26. Januar 1962.

116 BArch Koblenz, B 137, 2457, Antwortschreiben Wagner BMG an Ministerialdirigent Müller, BMI 26. Januar 1962; zudem: Antrag auf Verlängerung der Antwortfrist und Entwurf einer Antwort, Kühn, BMG an Bundesminister für Vertriebene, 3. Februar 1962.

117 Dies geschah wohlgemerkt vor dem zögerlichen Beginn des Freikaufs, der überhaupt erst verdeckte Kanäle öffnete.

118 BArch Koblenz, B 137, 2458, Vermerk BMG, 5. November 1964; Zettelmeyer, BMG an MdB Mertes, 9. November 1964.

blieb ebenso unklar wie die Optionen, die dem BMG überhaupt zur Verfügung standen. In den 1960er Jahren war es geradezu ein Charakterzug des BMG, einerseits als wichtigster westlicher Ansprechpartner im Migrationsregime aufzutreten, andererseits aber das Thema abzublocken und es intern an kaum handlungsfähige Institutionen zu delegieren. Wie das DRK besaßen diese bestenfalls marginalen Einfluss oder sahen sich wie die ZESt und der UFJ außerstande, die Migrationsthematik außerhalb von Tötungsdelikten auch nur wahrzunehmen. Was blieb, war die geheime Registrierung von ausreisewilligen Personen, Namen und Fällen beim DRK in Hamburg und andernorts als Treibstoff des hektischen Attentismus.

Weitere Institutionen ergänzten den internen dokumentarischen Propagandazweig des BMG. Von besonderer Bedeutung war der Verein zur Förderung der Wiedervereinigung Deutschlands e. V. (VFWD). Ohne nach außen erkennbare Verbindung zum BMG war er in Bonn als eigenständiger Verein registriert;[119] das Verhältnis zum Ministerium regelte ein streng vertraulicher Vertrag.[120] Diesem zufolge hing der Verein komplett vom Ministerium ab: Das BMG verfügte nicht nur über die Finanzen, sondern wachte auch über die Aufnahme neuer Mitglieder, die nur nach einstimmigem Vorstandsentscheid beitreten konnten. Bis 1966 platzierte das Ministerium einige unabhängig wirkende Personen im Vorstand, ab 1966 bestand er aus vom BMG freigestellten Beamten.[121] Laut Kooperationsvertrag führte der VFWD »ausschließlich im Auftrage des BMG Aufgaben durch«, die laut Satzung das Verständnis für die Probleme und die Voraussetzungen der Wiedervereinigung fördern sollten.[122] Im Gegenzug verpflichtete sich das BMG, alle »zur Durchführung dieser Aufgaben erforderlichen Mittel zur Verfügung zu stellen«. Wie wenig der VFWD dem Bild eines Vereins entsprach, sieht man bereits an seiner Personalstruktur. Demnach hatte er zeit seiner Existenz insgesamt nur 22 Mitglieder (zeitgleich immer nur die nach Vereinsgesetz notwendigen

119 BArch Koblenz, B 285, 792, Vereinssatzung, 15. Juni 1961.
120 BArch Koblenz, B 137, 2779, Vertrag zwischen BMG und VFWD, 18. Juni 1952; BArch Koblenz, B 285, 792, Neufassung des Vertrags zwischen BMG und VFWD, 17. Mai 1966.
121 BArch Koblenz, B 285, 792, Vertrag BMG und VFWD, 17. Mai 1966, § 7.
122 BArch Koblenz, B 285, 792, Vertrag BMG und VFWD, 17. Mai 1966.

sieben), beschäftigte jedoch allein im Jahr 1965 224 Angestellte und 36 Arbeiter.[123] Der VFWD war also vor allem ein Dienstleister des BMG. Als solcher wurde er in den 1950er Jahren häufiger umstrukturiert, ab 1961 fand er eine dauerhaftere Form. Sein umfangreicher Apparat umfasste ab dann einen Forschungsbeirat, eine Auswertungs- und eine Filmstelle, das Büro für gesamtdeutsche Hilfe, den Besucher- und den Informationsdienst Berlin, die Flüchtlingsberatung in den Aufnahmelagern sowie die Herausgabe der primär mit Rechtsfragen befassten *Bonner Berichte aus Mittel- und Ostdeutschland*, wozu ab 1964 auch der *Pressespiegel der Sowjetzone* kam. So sie denn überhaupt sichtbar wurden, traten viele dieser Zweige in der Öffentlichkeit als zivile Vertreter gesamtdeutscher Interessen auf, waren aber wie der Verein komplett dem BMG verpflichtet und durften ohne dessen Einverständnis keinerlei Erkenntnisse an Dritte weitergeben. Selbst sämtliche Akten des angeblich eigenständigen Vereins blieben Eigentum des Bundes.[124] Das BMG schuf sich so einen Handlungsarm, der ministeriellen Anweisungen zu folgen hatte und zugleich der parlamentarischen Kontrolle weitgehend entzogen war.

Die Frage der Akten war zudem bedeutend, da sich hier Wissen formierte. An zentraler Stelle betrieb der VFWD bis 1957 das 60 Mitarbeiter umfassende Archiv Friesdorf, aus dem dann das in Bonn ansässige Archiv für gesamtdeutsche Fragen (GA) erwuchs. Dieses stellte dem »BMG und Dritten auf dem Dienstwege über das BMG« Materialien und Auskünfte zur gesamtdeutschen Lage zur Verfügung, womit in erster Linie die Bloßstellung der rechtlichen und ökonomischen Misere in der DDR gemeint war.[125] Anders als die strafrechtlich ausgerichteten ZESt und UFJ sammelte das GA im gesamtdeutschen Auftrag nominell jedwedes Material, das helfen könnte, die Wiedervereinigung vorzubereiten – also praktisch den SED-Staat »zu entlarven«. Das Resultat war ein ganz dem umfassenden antikommunistischen Kampf gewidmeter Wissensspeicher, der auch quasinachrichtendienstliche Datensammlung

123 BArch Koblenz, B 285, 792, Organisationsplan 1965; ebd., Mitgliedsliste des Vereins bis 1970.
124 BArch Koblenz, B 285, 792, Vertrag zwischen BMG und VFWD, 17. Mai 1966, aufbauend auf einen ähnlichen Vertrag von 1952.
125 BArch Koblenz, B 285, 792, Tätigkeitsbericht März 1957; ebd. Gliederungsübersicht, Struktur- und Stellenpläne des VFWD, 1952-1969.

betrieb. Zu diesem Zweck griff das Archiv auch auf die vorgeblich zivile Flüchtlingsberatung in den Aufnahmelagern zurück und überführte dort gewonnene Erkenntnisse und Stimmungsbilder in antikommunistische Publikationen des BMG und des Vereins.[126] Institutionelle Ratlosigkeit drängte somit die gesellschaftlich relevantesten Themen der Zeit in den Hintergrund: die Migration, ihre Verhinderung und die Wege, dem SED-Staat doch die Ausreise abzuringen.

Propaganda und Hilfe

Im Umfeld des BMG entfaltete sich ein breites Feld gesamtdeutscher Forschungen, die sich vor allem mit den (aus der Bundesrepublik sichtbaren) normativen Änderungen und den Rechtszuständen in der DDR beschäftigten.[127] Wesentlich besser für die Propaganda geeignet waren aber menschliche Schicksale. Seit Anfang der 1960er Jahre bemängelte das BMG, dass die bisherigen Publikationen des BMVt über die Fluchtmotive aus der DDR »sehr unzulänglich« seien.[128] Sie spiegelten tatsächlich in erster Linie die rein administrative Unterscheidung zwischen »echten« und anderen Flüchtlingen, also zwischen jenen, denen sich das BMVt stärker und weniger verpflichtet fühlte – und dabei geflissentlich einen flüchtlingsrechtlichen Unterschied zwischen Vertriebenen und DDR-Auswanderern installierte.[129] Für das BMG hingegen gehörten die DDR-Flüchtlinge, die zwar so genannt wurden, aber kaum die damit einhergehenden Rechte genossen, zu den wichtigsten Themen des antikommunistischen Kampfes.

Das zeigte sich auch in den Flüchtlingsbefragungen des BMG. Da es im Gegensatz zum BMVt vor allem Informationen und nicht

126 BArch Koblenz, B 137, 2842, Brief VFWD Berlin an VFWD Bonn, 1. März 1963, zum geheimdienstlichen Informationssammlungscharakter der Befragungen siehe ausführlich Keith R. Allen, *Interrogation Nation: Refugees and Spies in Cold War Germany* (Lanham: Rowman & Littlefield, 2017).

127 Siehe dahingehend vor allem die Zeitschrift *Recht in Ost und West*.

128 BArch Koblenz, B 137, 2076, diverse Schreiben im BMG und zwischen BMG und Bundeshaus Berlin, Büro Rehlinger, Juni/Juli 1961, zit. n. ebd., Referat I 9 an Warnke, 2. Februar 1961.

129 Volker Ackermann, *Der »echte« Flüchtling: Deutsche Vertriebene und Flüchtlinge aus der DDR 1945-1961* (Osnabrück: Univ.-Verl. Rasch, 1995), 149-70.

Finanzleistungen verwaltete, beauftragte es die in West-Berlin ansässige und von Ludwig A. Rehlinger geleitete Abteilung II damit, Informationen zu generieren.[130] Die Abteilung weitete den Begriff des »Politischen« weit aus, so dass auf einmal im Gegensatz zur Einstufung durch das BMVt die politischen Flüchtlinge den mit Abstand größten Teil der Ankommenden stellten.[131] Diese Einstufung geschah auf der Basis von Flüchtlingsbefragungen in den Notaufnahmelagern, wo entsprechende Antworten leicht zu gewinnen waren. Die Befragten in den Lagern besaßen größtes Interesse, als politische Flüchtlinge zu gelten. Neben dem damit verbundenen moralischen Kapital eröffnete diese Einstufung weitreichende staatliche Hilfen im Rahmen des Notaufnahmeverfahrens und des Lastenausgleichs. So produzierte das BMG die politisch nutzbaren Ergebnisse selbst, leitete sie bis 11. August 1961 aber vor allem an die Medien weiter, die diese Informationen dankbar und ohne größere Nachfragen über die Kategorien oder die Datengewinnung aufnahmen.[132] Seit Jahresbeginn 1961 hatte das BMG erkannt, dass Erkenntnisse über Fluchtmotive ein wichtiges Instrument der »gesamtdeutschen Arbeit« sein konnten, so dass es den Sommer über emsig an einer umfangreichen Publikation zu dem Thema arbeitete.[133]

Der Mauerbau brachte diese Tätigkeit schlagartig zum Erliegen.[134] Da sich nun die Zusammensetzung der Flüchtlinge massiv änderte, verlor sich zunächst das Interesse an deren Motiven. Erst im Herbst 1962 schloss man an die Diskussion an. Ein Student hatte über gute Kontakte dem BMVt seine Diplomarbeit zum Thema »Die Flucht aus der Sowjetunion« eingesandt, die zu veröffentlichen das BMVt nun dem BMG empfahl. Das BMG stellte nach einer Lageeinschätzung durch das GA jedoch fest, dass derzeit

130 BArch Koblenz, B 137, 2076, diverse Schreiben, v. a. Auftrag Dr. That BMG, Bonn an Referat II, 3. August 1961.

131 BArch Koblenz, B 137, 2076, Analyse Ref. II, August 1961, Gründe (Anzahl der Fälle): politisch (1522), wirtschaftlich (362), familiär und persönlich (764), Kriminelle/Strafenzug (162); die Methoden und Mehrfachnennungen bleiben unreflektiert.

132 BArch Koblenz, B 137, 2076, Sammlung an Presseerzeugnissen und vorbereitete Publikationen.

133 BArch Koblenz, B 137, 2076, div. interne Schreiben bis 11. August 1961.

134 BArch Koblenz, B 137, 2076, entsprechend lückenhaft wird die entsprechende Akte mit dem Mauerbau.

kein »politisches Interesse an der Veröffentlichung« der Arbeit bestünde.[135] Zugleich schraubte das BMG mit dem Wachsen seines zuarbeitenden Apparates das Sponsoring externer Forschungstätigkeiten, z. B. durch Promotionsstipendien oder Aufträge an das Osteuropa-Institut der Freien Universität Berlin, zurück. Wissenschaftler benötigten oft schlicht zu lange für ihre Studien.[136] Der »rasende Stillstand« ließ wenig Zeit für Hintergrundanalysen, deren Propagandawirkung ohnehin hinter den zahlreichen emotionalen »Dokumentationen« zurückblieb.

Aufgrund der zunehmenden Präsenz des BMG in der Öffentlichkeit wendete sich auch die Bundesbevölkerung immer öfter an das Ministerium. Parallel zu der steigenden Anzahl von Eingaben und Anträgen beim MdI stapelten sich ab Ende 1961 Hilfeersuchen in Bonn.[137] Zumeist baten enge Verwandte von Ausreisewilligen um Unterstützung. Anders als das sich selbst zur Einzelfallbetrachtung nötigende MdI im Osten bewältigte das BMG diesen Aufwand ab Mitte 1962 mit Merkblättern. Das Heikle daran war, den richtigen Ton zu treffen und die eigene Ohnmacht anzudeuten, ohne machtlos zu wirken, die Anfragenden zu verprellen oder Dienstgeheimnisse preiszugeben. Die erste Fassung eines solchen Merkblatts trug darum eine Doppelbotschaft: Das BMG führt erstens aus, dass nicht die eigenen Regeln, sondern die des SED-Staates galten. Damit sei es »wegen der völkerrechtswidrigen Interventionen der sowjetischen Besatzungsmacht« nicht möglich, »auf sowjetzonale Verwaltungsbehörden einzuwirken«, da diese nur bereit seien, »von Regierung zu Regierung« zu sprechen.[138] Zweitens aber legte das BMG die ihm bekannten Grundzüge des Antragswegs dar und betonte, dass es sich »als günstig erwiesen« habe, erst einen Antrag an den Rat des Kreises zu stellen, bei Ablehnung zum Rat des Bezirks fortzuschreiten, speziell an die Abteilung Innere Angelegenheiten, und danach zu ebendieser Stelle im Ministerium des Innern in Ost-Berlin. Das war unfraglich eine wichtige Informa-

---

135 BArch Koblenz, B 137, 2076, Schreiben Referat I 12 an Referat Z6, 1. Dezember 1962.

136 BArch Koblenz, B 137, 7791, diverse Schreiben an Osteuropa-Institut der FU Berlin bis 1967 und vom BMG direkt geförderte Doktoranden bis 1969.

137 Siehe zahlreiche Einzelanfragen in BArch Koblenz, B 137, 2457, 2458, 6403.

138 BArch Koblenz, B 137, 2457, Merkblatt zur Frage der Übersiedlung aus der SBZ in die Bundesrepublik, August 1962.

tion, die das MdI auf der anderen Seite unbedingt zu verschleiern versuchte. Zusätzlich seien mit dem Erstantrag persönliche Petitionen an die Volkskammer der DDR empfehlenswert – und erst danach an das Generalsekretariat des westdeutschen DRK.[139] Zwar konnte das BMG hier also noch nicht auf die später wichtige Form solcher Petitionen verweisen. Aber bereits in dieser frühen Phase der Mauergesellschaft etablierten sich die bundesdeutschen Anlaufstellen und die Praxis westdeutscher Verwandter, sich über bundesdeutsche Regierungsstellen Informationen bezüglich der Antragswege in der DDR einzuholen. Damit machte das BMG aber einen Ausweichschritt. Denn im Gegensatz zur routinehaften Selbstdarstellung als Zentrum deutschlandpolitischer Aktivitäten, verwies es bei konkreten Nachfragen zur Migrationspraxis, allein an die Institutionen des SED-Staates und appellierte an die Unnachgiebigkeit der Antragsteller bzw. ihrer privaten Unterstützer. Es nahm sich und andere bundesdeutsche Stellen also weitgehend aus der Pflicht, sich für die Belange der Ostdeutschen einzusetzen. In realistischer Einschätzung der Verbindungswege baute das Ministerium dabei vor allem auf familiäre Kontakte, diese Erkenntnisse in die DDR zu transportieren. Auf diese Weise erläuterte es einen Ausreiseantragsweg – erst durch die innenpolitisch zuständigen Institutionen der DDR, ergänzt durch Eingaben an weitere zentrale staatliche Stellen und letzten Endes an NGOs (und ab 1975 auch internationale Organisationen) –, der bis gegen Ende der DDR recht sicher dazu führte, zu einem im SED-Jargon »besonders hartnäckigen Antragsteller auf Ausreise« zu werden. Das BMG lieferte eine Anleitung zur Untermauerung der Anliegen durch eine Erhöhung der Sichtbarkeit, ohne allerdings die damit einhergehende erhöhte Wahrscheinlichkeit ernsthafter Repressionen zu erwähnen.

Dieses Merkblatt war mehr als nur ein beliebiges weiteres Faltblatt des »Broschürenministeriums.« Das Ministerium legte es den Antworten auf die zahlreichen Anfragen bei und gab so wichtige Informationen über die geheime Funktionsweise der DDR-Migrationsverwaltung an die Hilfe suchenden Angehörigen weiter. Das Merkblatt wurde dabei einerseits stetig an den durch Befragungen und Ermittlungen erweiterten Wissensstand angepasst, betonte andererseits aber gleichbleibend die begrenzten Einflussmöglichkeiten

139 BArch Koblenz, B 137, 2457, Merkblatt zur Frage der Übersiedlung aus der SBZ in die Bundesrepublik, August 1962.

des BMG.[140] Dabei wusste das Ministerium sehr wohl, dass es sich nach dem Verständnis der DDR in deren »innere Angelegenheiten« einmischte. Dies konnte die streng geheimen Verhandlungen über den »Freikauf« politischer Häftlinge gefährden. Als dieser situative Backchannel zu einer »regelmäßigen ›Sonderaktion‹« heranwuchs, versah es darum die ab 1964 in Umlauf gebrachten Merkblätter mit dem Aufruf »Nicht in die Sowjetzone versenden! In Briefen in die Sowjetzone das Bundesministerium für gesamtdeutsche Fragen nicht als Auskunftsquelle erwähnen!«[141] Ob dies jedoch tatsächlich Schutzwirkung hatte ober ob es nicht vielmehr bei den Empfängern das Gefühl der exklusiven antikommunistischen Kumpanei erzeugte, sei dahingestellt.

Dem Charakter nach waren diese Merkblätter eine Mischung aus Wissenszuleitung an Aktivisten und Hilfeleistungen für Angehörige und ein Feigenblatt für die eigene Einflusslosigkeit auf die Entscheidungsprozesse. Implizit berücksichtigte das BMG damit einerseits die tatsächlich unklaren Folgen westlichen Eingreifens. In der Willkür des SED-Staates konnten westliche Fürsprecher sowohl die Ausreise beschleunigen als auch die Repression verschlimmern. Zum anderen aber wurde hier – obgleich mit gewaltlosen Mitteln – das höhere kollektive Gut der in die Ferne entrückten Wiedervereinigung über die individuell geltende Sorgfaltspflicht deutscher Politik für sämtliche im Geltungsbereich des Grundgesetzes lebenden Deutschen gestellt.

Indem diese Merkblätter aber allein an Westdeutsche gerichtet waren, ja ihre Verbreitung an Ostdeutsche eine Gefährdung des politischen Handelns des BMG darstellte, untermauerten auch sie den »gesamtdeutsche Auftrag« und dessen Kommunikationsordnung in der Aushandlung der Bedeutung der Mauer, die aus grenzüberschreitender Nicht-Kommunikation bestand. So reproduzierte der »gesamtdeutsche Auftrag« die nach dem Mauerbau entstehende Ordnung der Abgrenzung, ohne dabei die alltäglichen Probleme

140 BArch Koblenz, B 137, 2457, Merkblatt zur Frage der Übersiedlung aus der SBZ in die Bundesrepublik, 16. Februar 1963.
141 BArch Koblenz, B 137, 2458, Merkblatt zur Frage der Übersiedlung aus der SBZ in die Bundesrepublik, 2. Januar 1964, zur schleichenden Verstetigung des Freikaufs ab 1964 siehe Jan Philipp Wölbern, *Der Häftlingsfreikauf aus der DDR 1962/63–1989: Zwischen Menschenhandel und humanitären Aktionen* (Göttingen: Vandenhoeck & Ruprecht, 2014), 161, 1966.

der Bevölkerung in diese Ordnung integrieren zu können. Denn diese Sorgen der Mauergesellschaft waren der größeren Frage der Abwehr des Kommunismus und damit Wiedervereinigungsstrategien untergeordnet, die in den Logiken der 1950er Jahre verharrten. Die gesamtdeutsche Politik wirkte ironischerweise entflechtend, förderte durch ihren antikommunistischen Unterbau die Westintegration der Bundesrepublik und schärfte die Front nach Osten.

Deutsch-deutsche Gespräche unter Vermittlung des DRK oder IKRK lehnte das BMG strikt ab. Die Chancen auf einen Dialog wurden von der Angst der Anerkennung der DDR durch die Hintertür verdrängt.[142] Auf der Tagung des Katholischen Flüchtlingsrats am 1. April 1963 in Speyer fasste ein Vertreter des BMG hektischen Attentismus des Ministeriums zusammen: Die Bundesregierung besitze keine »Retorsionsmöglichkeit«, denn Eingriffe des Westens in die DDR würden sich nicht auf die Machthaber, sondern auf die Menschen auswirken. Der Begriff der »Retorsion« verdeutlicht dabei die Begrenztheit der erachteten Antwortmöglichkeiten, da freilich weder der Rückbau der Mauer noch eine adäquate Vergeltung möglich waren. Auch biete der Interzonenhandel, fuhr der BMG-Vertreter fort, keine Verhandlungsbasis, da Walter Ulbricht eine Verknüpfung von Migration und Wirtschaft als ein »unsittliches Geschäft« ablehne. Zugleich den eigenen Handlungsrahmen schönfärbend und den »Freikauf« verschleiernd, deutete der Referent des BMG letztlich an, dass das DRK tätig sei, und »angeblich sollen bis Oktober 1962 einige hundert Fälle durch seine Mitwirkung positiv erledigt worden sein«.[143] Der Bundesregierung hingegen seien aus politischen und rechtlichen Gründen – die Hallstein-Doktrin – die Hände gebunden, und sie könne eben deswegen auch keine internationalen Institutionen mit der Familienzusammenführung betrauen. Dem BMG bleibe darum die dokumentarische und berichtende Arbeit, wobei das Ministerium öffentlichkeitswirksame Aktionen wie die Beschwerden des KUD bei der Menschenrechtskommission der UNO jedoch ablehne. In einem Vorgriff auf spätere Mantren »innerdeutscher Minister« konstatierte der Referent, diese wirkten rein symbolisch, denn »[e]inen Erfolg

142 BArch Koblenz, B 137, 2457, zahlreiche Besprechungsprotokolle, 1963.
143 BArch Koblenz, B 137, 2457, Vortragsscript, Tagung des katholischen Flüchtlingsrats, 1. April 1963.

können derartige Schritte ebenfalls nicht haben«.[144] Dass gerade ein Vertreter eines fast ausschließlich auf Öffentlichkeitsarbeit ausgerichteten Ministeriums solche Aussagen traf, deutet darauf hin, dass es hier weniger um Wirkungen als um Diskurshoheit ging. Als einzige Optionen blieben, »durch Einzelproteste und Dokumentationen usw. die Praxis des Zonenregimes aufs Neue anzuprangern. [...] Die Wirkung dieser Schritte scheint allerdings nicht groß zu sein.«[145] Haupteffekt des »gesamtdeutschen Auftrags« war mithin die Sackgasse der antikommunistischen Selbstbestätigung.

---

144 BArch Koblenz, B 137, 2457, Vortragsscript, Tagung des katholischen Flüchtlingsrats, 1. April 1963.
145 BArch Koblenz, B 137, 2457, Vortragsscript, Tagung des katholischen Flüchtlingsrats, 1. April 1963.

5. Neudefinition des deutschen Flüchtlings

Der Mauerbau zwang zum Überdenken der Behandlung deutscher Flüchtlinge. Wie der Historiker Volker Ackermann herausgearbeitet hat, war die davor liegende Zeit von der Rede über den »echten Flüchtling« geprägt. Darunter verstand die Bundespolitik vor allem Heimatvertriebene jenseits von Oder und Neiße. Diesen stand der gewissermaßen unechte Flüchtling gegenüber, womit in erster Linie Auswanderer aus der SBZ/DDR gemeint waren.[1] Die bundesdeutsche Gesetzgebung sprach Heimatvertriebenen und Aussiedlern den Flüchtlingsstatus allgemein zu und gewährte ihnen Zugriff auf Hilfeleistungen nach Notaufnahmegesetz und Lastenausgleichsgesetz, wohingegen Übersiedler aus der DDR individuell eine besondere Zwangslage und eine Notwendigkeit zur Flucht nachweisen mussten.[2] Während die SPD auf Bundesebene seit 1950 für eine weitgehende Gleichbehandlung eintrat, betonte die CDU die Überlastung der Bundesrepublik durch innerdeutsche Wanderungen. Mit dem Notaufnahmegesetz von 1952, so die CDU-Bundestagsabgeordnete Else Bröckelschen, verabschiede man schweren Herzens, doch reinen Gewissens »als Deutsche ein Gesetz gegen Deutsche«.[3]

Das Gesetz beruhte auf fragwürdig gewonnenen Statistiken

---

[1] Grundlegend dazu Volker Ackermann, *Der »echte« Flüchtling: Deutsche Vertriebene und Flüchtlinge aus der DDR 1945-1961* (Osnabrück: Univ.-Verl. Rasch, 1995), 96-8; Frank Wolff, »Deutsch-deutsche Migrationsverhältnisse: Strategien staatlicher Regulierung 1945-1989«, in: *Handbuch Staat und Migration in Deutschland seit dem 17. Jahrhundert*, hg. von Jochen Oltmer (Berlin, Boston: De Gruyter, 2016), 783-7.

[2] Im Frühsommer 1961 wurde für DDR-Übersiedler der Nachweis der Unabdingbarkeit der Flucht abgeschafft, die Nachweispflicht der besonderen individuellen Zwangslage blieb bestehen und Hilfeleistungen ohnehin eingeschränkt. Die Schwierigkeit der Anerkennung als Vertriebene bzw. Aussiedler lag im Nachweis der deutschen Staatsangehörigkeit im Sinne des Grundgesetzes; siehe Peter Paul Nahm, »C-Ausweis, für Zonenflüchtlinge«, NDR, 10. Juni 1961, online verfügbar unter: ⟨http://www.berliner-mauer.de/c-ausweis-fuer-zonenfluechtlinge.html⟩ (Stand März 2019); Jannis Panagiotidis, »Germanizing Germans: Co-ethnic Immigration and Name Change in West Germany, 1953-93«, in: *Journal of Contemporary History* 50/4 (2015), 854-74.

[3] Zit. n. Ackermann, *Der »echte« Flüchtling*, 97.

über das, was man heute wohl als »Aufnahmekapazität« bezeichnen würde. Der damalige niedersächsische Flüchtlingsminister Heinrich Albertz (SPD) wähnte unter den DDR-Auswanderern nur etwa fünf bis sechs Prozent »echte Flüchtlinge«, was Bundesjustizminister Thomas Dehler (FDP) dankbar aufgriff. Angesichts solcher Darstellungen von Ausreisenden aus der DDR als reine »Wirtschaftsflüchtlinge« sah sich die KPD bestätigt und jubilierte im Bundestag.[4] Pointiert betonte Dehler, dass es bei dieser Stigmatisierung der Ostdeutschen als unerwünscht nicht nur um befürchtete ökonomische Überlastung ging. Er sah auch einen »nationalpolitischen Grund«, da sonst »der Osten von Menschen entleert« würde und so »dieser deutsche Boden verloren« ginge.[5] Erregt hielt er dem selbst frisch aus der SBZ geflüchteten SPD-Abgeordneten Karl Bielig entgegen, dass man mit starker Zuwanderung zu rechnen habe, »[s]olange es in der Ostzone diese Form des politischen Terrors und solange es Konzentrationslager gibt«.[6] Die SPD konnte sich erwartungsgemäß nicht durchsetzen. So zielten die Aufnahmeregelungen in den 1950er Jahren noch auf die weitgehende Nichtanerkennung der DDR-Auswanderer als Flüchtlinge, was sie großenteils von Sonderleistungen der Notaufnahme und des Lastenausgleichs ausschloss. Mit dem Rückgang der Vertriebenenzahlen häuften sich jedoch Stimmen für eine grundlegende Gleichstellung.[7] Wirkliche Änderungen zeichneten sich aber erst ab, als mit dem Mauerbau im öffentlichen Diskurs aus der Ostzone »mit Konzentrationslagern« ein großes »Konzentrationslager«, ein »KZ-Staat« wurde.[8]

4 Albertz lag dennoch auf sozialdemokratischer Linie, die in einem eigenen Gesetzentwurf den Ausschluss nur von wenigen kriminellen Fällen forderte. Er intendierte in erster Linie aus landespolitischer Sicht eine gerechte Verteilung der Last unter den Ländern; vgl. BT-Plenarpr. I/27, 18. Januar 1950, Rede Dehler, 843; ebd., Rede Albertz, 845.

5 BT-Plenarpr. I/27, 18. Januar 1950, Rede Dehler, 844.

6 BT-Plenarpr. I/27, 18. Januar 1950, Rede Bielig, 843.

7 Schon vor dem Mauerbau plädierte der Berliner Vertriebenenvertreter, dass man früher zwar SBZ-Flüchtlingen die »ex definitione in keiner Zwangslage« waren, keine entsprechenden Leistungen zuerkennen konnte. Durch Gesetzesänderungen in der DDR trete aber eine Zwangslage ein, da sie nun nicht mehr zurückkehren könnten; vgl. in B 137, 2097, Der Vertriebene, 15. Februar 1961, 4; ebenso ebd., Gesetzesentwürfe der Fraktionen der FDP und SPD, 1961.

8 Franz Thedieck, »Sowjetzone größte Gefahr für den Frieden«, in: *Bulletin des Presse- und Informationsamtes der Bundesregierung* 195 (17. Oktober 1961), 1837.

Denn als im Spätjahr 1961 der vierte Bundestag zusammentrat, herrschte unter den Regierungsparteien CDU und FPD sowie der SPD auf einmal im Großen und Ganzen Einigkeit über die Ausweitung des Flüchtlingsbegriffs auch auf sogenannte SBZ-Auswanderer. Forderungen des SPD-Abgeordneten Fritz Erler nach einer Gleichstellung im Lastenausgleich unterstützte die FPD, was die CDU mit »Steht doch in der Regierungserklärung drin!« beiseiteschob. Und auch als Erler die Abschaffung des als Anachronismus empfundenen Notaufnahmeverfahrens einforderte, applaudierte die Regierungskoalition.[9]

Flüchtlingspolitik zwecks administrativen Selbsterhalts

Im BMG gab es jedoch keinen Beifall. Im Ministerium fürchtete man aus gesamtdeutschen Erwägungen Veränderungen an der Flüchtlingsgesetzgebung und stellte sich, unabhängig vom unerfahrenen Minister Barzel, quer. In einem Schriftwechsel zwischen den Staatssekretären Franz Thedieck und Peter Paul Nahm sprachen sich BMG und BMVt ab. Gemeinsam erachteten sie es Ende 1961 als »dringend notwendig, dem erneuten Versuchen auf Aufhebung des Notaufnahmegesetzes entgegenzutreten«. Thedieck ging davon aus, dass »ein aufklärendes Wort« ausreiche.[10] Dies war nicht der Fall, vor allem aus Berlin kamen folgend unentwegt Vorstöße, die bürokratischen Hürden und insbesondere die damit verbundenen geheimdienstlichen Befragungen zu beseitigen. Brandt forderte bereits am 8. Januar 1962 in der *Welt* die Aufhebung des Notaufnahmeverfahrens, und auch der zum Berliner Innensenator aufgestiegene Heinrich Albertz habe sich, stellte Herbert Warnke im BMG fest, über dieses »in abfälliger Weise« geäußert.[11] Thedieck und Nahm waren sich einig, dass einer Abschaffung nicht

---

9 BT-Plenarpr. IV/6, 6. Januar 1961, Rede Erler, 99; zudem BT-Drucks. IV/593 und BT-Plenarpr. IV/40, 11. Oktober 1962, 1671, hierin wurde dem Ausschuss für Inneres die Federführung in der Novellierung der Flüchtlingsgesetzgebung übertragen.

10 BArch Koblenz, B 137, 2078, Thedieck (BMG) an Nahm (BMVt), 22. Dezember 1961.

11 137/2078, Vermerk Warnke BMG, 10. Oktober 1962; siehe zudem weitere Vorstöße Brandts in dieser Akte, v. a. *Die Welt* vom 8. Januar 1962; zu Albertz *Süddeutsche Zeitung* vom 14./15. August 1962.

weiter qualifizierte »beachtliche Gründe« entgegenstünden. Ohnehin, so behauptete Thedieck kontrafaktisch, dauere die Aufnahme doch nicht länger als eine Registrierung.[12] Journalisten der *Zeit* kamen zu anderen Schlussfolgerungen und stellten Thediecks Einschätzung im August 1962 die Wahrnehmungen der Flüchtlinge entgegen. Eine frisch aus der DDR in Berlin-Marienfelde angekommene Frau widersprach der ministeriellen Selbstwahrnehmung: »Als ich die Grenzkontrolle hinter mir hatte, weinte ich vor Aufregung und Glück. Und dann mußte ich erkennen, daß es erst anfing mit der Tortur – hier in Marienfelde.«[13] Sie war damit nicht alleine. Ein Student fühlte sich »als Angeklagter vor Gericht«, ein ehemaliger Dozent aus Ost-Berlin beschwerte sich: »Hier fange ich von vorn an und der Anfang sind kaltes Mißtrauen und peinliche Verhörszenen«, und eine Kunststudentin sah sich in die Rolle als Informantin über ihre Professoren gedrängt, ohne Interesse an ihren Bedürfnissen zu erfahren.

Das bis zu drei Wochen dauernde Aufnahmeverfahren in den zu durchlaufenden Lagern bestand aus immergleichen Befragungen durch amerikanische, englische und französische Stellen, gefolgt vom Bundesnachrichtendienst und dem Verfassungsschutz – bevor es in die eigentliche Notaufnahme ging, angereichert durch Befragungen des BMG und BMVt, Dienststellen des Berliner Senats, des Ostbüros der SPD und der Gewerkschaften.[14] Während die Literatur oft die Rolle der Alliierten besonders betont, sind auch die deutschen Akteure nicht zu vernachlässigen. Die vom BMG durchgeführten Flüchtlingsbefragungen dienten einzig der Produktion von Material für dessen Wissensspeicher und der »psychologischen Kriegsführung«. Die Aufgabe bestand explizit darin, Informationen zur »Entlarvung des SBZ-Regimes« und »für die Aufklärung und Unterrichtung des Westens und vor allem der Bevölkerung der Bundesrepublik« zur Verfügung zu stellen.[15] Die Befragungen

12 BArch Koblenz, B 137, 2078, Thedieck (BMG) an Nahm (BMVt), 22. Dezember 1961.

13 »Willkommen in der Bundesrepublik?«, in: *Die Zeit* 31 (3. August 1962), 4.

14 »Willkommen in der Bundesrepublik?«; dazu auch Elke Kimmel, »Das Notaufnahmeverfahren«, in: *Deutschland Archiv* 38/6 (2005), 1026-31; Keith R. Allen, *Interrogation Nation: Refugees and Spies in Cold War Germany* (Lanham: Rowman & Littlefield, 2017).

15 BArch Koblenz, B 137, 2806, Vorprüfung B II Gießen, Köhler, an BMG ORR Dr. Furch über Archivleiter Dr. Leimbach, 27. März 1961.

dienten also ministerieller Intelligence. Die Befragten erkannten selbstverständlich, dass es nicht um ihre Belange, sondern um Informationsgewinn im antikommunistischen Kampf ging. Ab Frühjahr 1961 häuften sich darum Aussageverweigerungen, woraufhin das BMG im November 1961 kurzerhand anregte, den Hinweis auf die Freiwilligkeit der Aussagen in Zukunft zu unterlassen.[16] Dazu kam, dass sich infolge des Mauerbaus das Gewicht verschob. Die *Zeit* berichtete, dass Ankommende nun paradoxerweise unter der Unterforderung der Verwaltungsbeamten litten, denn »wenn [Beamte] keine Pflichten haben, dann schaffen sie sich welche. Sie werden zu Selbstversorgern«, die sich gegenseitig aus Langeweile »interessante Fälle« zuschanzen.[17]

Wie die Historikerin und Filmwissenschaftlerin Elke Kimmel anhand von Zeitzeugenaussagen dargestellt hat, empfanden die oft mittellosen und Hilfe suchenden Flüchtlinge die langen Befragungsprozeduren als repetitiv, entwürdigend und als einen denkbar schlechten Start in die Bundesrepublik.[18] Offiziell galt die Befragung jedoch in erster Linie der Einstufung der Ankommenden. Paragraf 3 des Bundesvertriebenengesetzes legte die Zwangslage als notwendige Voraussetzung für die Anerkennung als C-Flüchtling fest. Während der öffentliche Diskurs vorspielte, dieser Status würde für Emigranten aus dem »KZ-Staat« per se vergeben, sahen die Ankommenden sich weiterhin der Beweispflicht unterworfen. Zwar sanken die Hürden während der 1960er Jahre fortwährend, doch allen Lippenbekenntnissen nach der Bundestagswahl 1961 zum Trotz hielt die Koalition an der Flüchtlingsgesetzgebung fest.[19]

16 BArch Koblenz, B 137, 2806, B II Gießen an Leimbach AgF, 14. November 1961.
17 »Willkommen in der Bundesrepublik?«
18 Kimmel, »Das Notaufnahmeverfahren«; Elke Kimmel, »... *war ihm nicht zuzumuten, länger in der SBZ zu bleiben«: DDR-Flüchtlinge im Notaufnahmelager Marienfelde* (Berlin: Metropol, 2009).
19 Zuständig für die Novellen war entgegen dem Antrag der SPD der Ausschuss für den Lastenausgleich und nicht der von Wehner geleitete Bundestagsausschuß für gesamtdeutsche und Berliner Fragen, in dem die SPD ein stärkeres Wort mitsprach. Dieser erhielt allein beratenden Status; vgl. BT-Drucks. IV/2811, Schriftlicher Bericht des Ausschusses für Lastenausgleich, 5. November 1964, ergänzend dazu die Gesetzesentwürfe der CDU (BT-Drucks. IV/1288) und der SPD (BT-Drucks. IV/694), zudem die erhitzte Debatte im Bundestag, BT-Plenarpr. IV/64, 13. März 1963, 2976 f., 2986-9; BT-Plenarprokoll IV/69, 27. März 1963, 3153-8; zum Kampf um die Existenzberechtigung des BMVt siehe Lothar Wie-

Sie folgte damit dem Befragungsinteresse des BMG und vor allem den Wünschen des um seine Existenz kämpfenden BMVt. Auch wenn in den Lagern zivile Organisationen wie Barbara bittet ab 1965 unbürokratisch kleinste Soforthilfen anboten, fühlten sich die Ankommenden im »Schneckenhaus der Bürokratie« erst ausgehört und dann alleingelassen.[20]

Vor allem die Abhängigkeit des BMVt von der Flüchtlingsgesetzgebung kam nicht von ungefähr. Noch vor der Gründung der Bundesrepublik waren seine Vorläufer in erster Linie damit betraut, überhaupt einen Flüchtlingsbegriff zu erfinden, der eine strikte Unterscheidung etablierte zwischen einer kollektiven Vertreibung, wie sie bei Menschen östlich von Oder und Neiße angenommen wurde, und individuellen Motiven, wie sie den SBZ-Flüchtlingen unterstellt wurden.[21] Aus den Anpassungen nach dem Mauerbau entstanden neue Kategorien (Übersiedler, Flüchtlinge, Sperrbrecher und Sonstige), die sich an der Form der Grenzüberwindung orientierten und nicht an Auswanderungsmotiven.[22] Damit änderte sich auch das Selbstbild der Bundesrepublik. Obwohl sich der Terminus des KZ bereits Mitte der 1960er Jahre abgenutzt hatte, hinterließen die damit einhergehenden Implikationen lang wirkende Spuren. Im Widerspruch zur Praxis in den Aufnahmelagern, entstand die Imago einer allzeit aufnahmewilligen Bundesrepublik. Das ging so weit, dass eine die Flüchtlingsmaßnahmen betreffende »Bestandsaufnahme« des BMI 1988 sämtliche DDR-Auswanderer vor dem Mauerbau als »Flüchtlinge« aufführt – sie also einheitlich in ausgerechnet jene Kategorie steckte, die den Betroffenen zum Zeitpunkt ihrer Ankunft großenteils verwehrt geblieben war.[23]

land, *Das Bundesministerium für Vertriebene, Flüchtlinge und Kriegsgeschädigte* (Frankfurt/M.: Athenäum, 1968), 8 f., 29-32.

20 »Willkommen in der Bundesrepublik?«; W. Kinnigkeit, »Warten auf den Flüchtlingsausweis«, in: *Die Zeit* 12 (März 1964), 22; Haug von Kuenheim, »Marienfelde – fünf Jahre danach«, in: *Die Zeit* 35 (26. August 1966), 2; Hans Peter Bull, »Ein Vertrauensmann für den Bürger«, in: *Die Zeit* 47 (18. November 1966), 13.

21 Wieland, *Das Bundesministerium für Vertriebene, Flüchtlinge und Kriegsgeschädigte*, 8.

22 Zur Ambivalenz der angeblich eindeutigen Grenzüberwindung, siehe Kap. 3 in Teil II.

23 Bundesminister des Innern, *Bestandsaufnahme der Eingliederungshilfen von Bund und Ländern für Aussiedler und für Zuwanderer aus der DDR und Berlin (Ost): mit einer Analyse des Bedarfs* (Bonn: Bundesminister des Innern, 1988), 3.

Denn zwischen den 1960er und den späten 1980er Jahren hatte sich der politische Gehalt des auf Deutsche angewandten Flüchtlingsbegriffs grundlegend geändert.

Aushandlungsversuche von Übersiedlern

Die 1961 kursierenden Ankündigungen, die Flüchtlingsgesetzgebung zu begraben, weckten nicht nur Befürchtungen in den Ministerien, sondern auch Hoffnungen unter den Betroffenen. Diese wurden indes alsbald herb enttäuscht. Aufgrund der komplexen und langwierigen Verfahren verloren zahlreiche Menschen das Vertrauen in die kommunale Bürokratie, unter ihnen auch einflussreiche Personen.[24]

Im Sommer 1963 wendete sich Kommerzienrat C. A. Waldenfels sen. an das BMG. Nach seiner weitgehenden Enteignung in Plauen und im »Sudetenland« betrieb er nun im oberfränkischen Schauenstein eine Textilfabrik.[25] Noch Ende 1961 hatte der Staatssekretär des BMVt Nahm stolz eine Neuregelung der Flüchtlingsgesetzgebung hin zur »Gleichstellung auf allen sozialen Gebieten« angekündigt.[26] Nach langem Warten beschwerte sich nun das bestens vernetzte FDP-Mitglied Waldenfels in der Mitte der Wahlperiode – und im Lichte des Übergangs des BMG an seine Partei – über die fehlende Umsetzung. Empört diagnostizierte er, dass ausgerechnet die SPD, der er weder »in irgendeiner Weise nahestehe oder mit dieser sympathisiere«, die »einzige Partei ist, die für eine ›rechtliche‹ Gleich-

---

24 Vgl. z. B. Bull, »Ein Vertrauensmann für den Bürger«.

25 Die Textilfabrik C. A. Waldenfels im fränkischen Schauenstein bestand seit Ende des 19. Jahrhunderts. Sie wurde nach der Enteignung des in der sowjetischen Zone gelegenen Hauptsitzes zum neuen Firmenhauptsitz und bestand bis 1982 als Familienunternehmen in mehreren Generationen. Der Wert der enteigneten Güter belief sich auf ca. 10 Millionen Reichsmark. BArch Koblenz, B 137, 2125, Aufstellung Waldenfels, Ende 1965; siehe auch den Abdruck der im Stadtarchiv Plauen verwahrten Enteignungsakte in Andreas Krone, *Plauen 1945 bis 1949: Vom Dritten Reich bis zum Sozialismus* (TU Chemnitz-Zwickau: Univ. Diss., 2001), 328 f.

26 BArch Koblenz, B 137, 2097, Sendungsmitschrift: *Alte und Neue Heimat*, NDR, 16. Dezember 1961, ähnlich, Sendungsmitschrift: HR, *Der gemeinsame Weg*, 14. Januar 1962.

stellung der Zonenflüchtlinge mit den Vertriebenen eintritt«.[27] Waldenfels wähnte sich in einer »Schicksalsgemeinschaft« mit den Heimatvertriebenen und besaß als vermögender Industrieller kein Interesse an »sozialer Gleichstellung«.[28] Er forderte aber Rechtsgleichheit ein. »Alles auf einen Nenner gebracht, ist es doch ein paradoxer Zustand in der BRD, daß Geschädigte mit 85% ihres Restvermögens zu Abgaben herangezogen werden, die dann anderen Geschädigten zukommen.«[29]

Waldenfels wendete sich an seinen Parteifreund, Minister Mende, der ihm persönlich zustimmte.[30] Als sich aus dem BMG Regierungsdirektor Warnke des Falls dem BMVt gegenüber annahm, gab er zu bedenken, dass es hierbei auch um die aktive Steuerlast ging. Als anerkannter Heimatvertriebener hätte Waldenfels nur 240000 DM Vermögensabgabe zahlen müssen, als SBZ-Flüchtling schlugen aber 580000 DM zu Buche. Die Differenz forderte Waldenfels nun verzinst zurück. Das BMVt zuckte mit den Schultern und verwies auf die Rechtslage.[31] Mit Waldenfels bestünde »seit Jahren ein umfangreicher Schriftwechsel«, den man »wegen der unsachlichen Form« aber abgebrochen hatte.[32] Das FPD-geführte BMG konnte den Fall des einflussreichen Unternehmers jedoch nicht so leicht beiseiteschieben.[33] Warnke vertröstete ihn mehrfach darauf, dass die Bundesregierung sich »in nicht allzu ferner Zeit«

---

27 BArch Koblenz, B 137, 2125, Waldenfels an Mende, 25. April 1964.
28 BArch Koblenz, B 137, 2125, Waldenfels an Mende, 24. Juni 1964.
29 BArch Koblenz, B 137, 2125, Waldenfels an Mende, 24. Juni 1964, ebd. *Hofer Anzeiger*, 20/21. Juni 1964.
30 BArch Koblenz, B 137, 2125, Mende an Waldenfels, 20. Juni 1964.
31 Das BMVt konnte sich dabei gestärkt sehen, da auch das Bundesverfassungsgericht Waldenfels' Verfassungsbeschwerde gegen das Kriegsfolgenrecht als unbegründet abwies. Der Besitzer des ehemals als kriegswichtig eingestuften Betriebs focht jedoch einen langen Kampf, um perfiderweise als Opfer der Folgen des Zweiten Weltkrieges zu gelten. BVerfGE, »Regelungskompetenz hinsichtlich der Reichsverbindlichkeiten« 15 (14. November 1962), 126; Walter Leisner, »§ 173 Eigentum«, in: *Handbuch des Staatsrechts der Bundesrepublik Deutschland*, Bd. 8: *Grundrechte: Wirtschaft, Verfahren, Gleichheit*, hg. von Josef Isensee und Paul Kirchhof, 3. Aufl. (Heidelberg: C.F. Müller, 2010), 343.
32 BArch Koblenz, B 137, 2125, Warnke an BMVt, 20. Juli 1964, Antwortschreiben BMVt, 12. Oktober 1964.
33 Die entsprechende Akte läuft über mehrere Jahre und ist hundert Blatt dick, BArch Koblenz, B 137, 2125.

mit diesem Komplex beschäftigen werde.[34] Das geschah nicht. Weder Waldenfels' persönliche Vorsprachen in Bonn noch seine Klageankündigung beim Bundesverfassungsgericht in Karlsruhe, das jedoch am 22. Juli 1964 die prinzipielle Unterscheidung bekräftigt hatte, oder bei der Europäischen Kommission für Menschenrechte fruchtete.[35] Letzten Endes empörte sich Waldenfels über den fehlenden Fortschritt in der Flüchtlingsgesetzgebung und schrieb an den ihm bekannten Finanzminister a. D. Heinz Starke, er sehe in der Bundesrepublik »Züge einer Diktatur durch CDU und CSU«, die Parteiprogramme einfach zu Gesetzen umgossen.[36] Im Zorn kündigte er Anfang 1966 seinen Austritt aus der FDP an und verfolgte seine Ziele auf anderen Wegen, von Verfassungsbeschwerden bis zu einer Individualbeschwerde bei der Europäischen Kommission für Menschenrechte in Straßburg.[37] Unausgesprochen blieb dabei, dass die Firma Waldenfels bereits 1931 mit »Laßt deutsche Spindeln laufen!« geworben hatte und dass sein Besitz in Plauen 1946-1949 im Zuge der Beschlagnahmung von Gütern von NSDAP-Mitgliedern enteignet worden war.[38] Die Fragen nach Parteimitgliedschaft, NS-Verstrickung und wie er sein Vermögen in einem »kriegswichtigen Betrieb« in Thüringen, Oberfranken und im »Sudetenland« erworben hatte, blieben ungestellt.[39] Waldenfels war ein einflussreicher Mann in der FDP, und seine Austrittsankündigung brachte Minister Mende in Schwierigkeiten. In einem Schreiben an Finanzminister Rolf Dahlgrün (FDP) versicherte Mende vorsorglich, dass »für Herrn Waldenfels kein Grund bestand, in der angekündigten Art und Weise zu reagieren«, woraufhin er zur Sicherheit auch Exminister Starke »über die Vorgeschichte« des Konflikts informierte.[40] Spätestens jetzt ging es dem BMG nur noch um Schadenbegrenzung, ohne dass es offen zugab, dass BMG und

34 BArch Koblenz, B 137, 2125, Warnke an Waldenfels, 10. September 1965.
35 BArch Koblenz, B 137, 2125, Vermerk Brodeßer an Warnke, 22. Oktober 1964.
36 BArch Koblenz, B 137, 2125, Brief Waldenfels an Starke.
37 BArch Koblenz, B 137, 2125, Brief Waldenfels, 8. Febr. 1966; ebd., B 126, 39337-38338, Bd. 1-6.
38 Vgl. Werbekarte C. A. Waldenfels Aktiengesellschaft, Plauen, 11. August 1931, online verfügbar unter: ⟨http://www.papierania.de/homepage_auktion_9/lose_04 51-0600.pdf⟩ (Stand März 2019).
39 Vgl. die mündliche Verhandlung, BVerfg 15, 126; Krone, *Plauen 1945 bis 1949*, 113, 159, 232 f., 241, 328 f.; diese Frage stellt aber auch Krone nicht.
40 BArch Koblenz, B 137, 2125, Mende an Dahlgrün, 28. Juni 1966.

BMVt die treibenden Kräfte hinter der Beibehaltung der Flüchtlingsgesetzgebung waren.

Waldenfels fand aufgrund seiner Position mit seinen Beschwerden bei den höchsten Ämtern im Staate Gehör, er war aber keineswegs der einzige Übersiedler, der sein Recht einforderte. Auch die nach dem Mauerbau Ankommenden waren mitnichten nur Spielbälle bundesdeutscher Flüchtlingspolitik, sondern traten aktiv im Migrationsregime auf. Denn während die Bundespolitik vorsichtig am Flüchtlingsbegriff feilte und die Qualifikation ausweitete, war sie an spezifischen Gruppen besonders interessiert. Dies galt vor allem für gut ausgebildete Fachkräfte und Akademiker. Dabei begaben sie sich jedoch nicht, wie oft vom SED-Staat unterstellt, auf das Feld der »Abwerbung«, sondern suchten nach Wegen der staatsdienlichen Integration von Angekommenen. Selbstverständlich änderte die fortschreitende Ausweitung von Hilfeleistungen die Balance im Migrationsregime. Die Ausweitung der Notaufnahme und des Lastenausgleichs wirkte nicht nur integrationsfördernd, sondern erhöhte zeitgenössischen westdeutschen Einschätzungen nach auch die Anziehungskraft der Bundesrepublik.[41] Der tatsächliche sozialhistorische Effekt dürfte aber gering gewesen sein, denn solche – ohnehin spärlichen – Maßnahmen mögen die Übersiedlung abgefedert haben, übten jedoch den zahlreichen Quellen von Ausreisewilligen folgend angesichts eines aufgegebenen Lebens keinen nachweisbaren Anreiz aus.

Vor allem aber ersetzten solche Entschädigungsleistungen nicht die Integration. Diese fiel vor allem höher Ausgebildeten schwer, wie am Beispiel der Juristen zu erkennen ist. Abgesehen von inhaltlichen Unterschieden hatte die DDR bereits 1952 das Referendarexamen durch eine universitäre Abschlussprüfung ersetzt.[42] Durch diese Inkompatibilität der Bildungsgänge fielen Juristen nach der Übersiedlung trotz jahrelanger Praxis in ein Ausbildungsstadium zurück. Bei den zuständigen Stellen in der Bundesrepublik gingen in den frühen 1960er Jahren deswegen zahlreiche Beschwerden ein, woraufhin sich der Rechtsausschuss des das BMG beratenden Königsteiner Kreises dieser Frage annahm. Wenig überraschend über-

41 Joon-Young Hur, *Die Integration ostdeutscher Flüchtlinge in der Bundesrepublik Deutschland durch Beruf und Qualifikation* (Frankfurt/M. u. a.: Peter Lang, 2011), 40-4.

42 B 137, 1628, BMG Bewilligungsvermerk, 2. April 1964.

wog hier aber die Skepsis gegenüber größerem Entgegenkommen. Der Jurist Albert Zorn betonte, dass die gesetzlichen Regelungen hinzunehmen seien, und die CDU-Bundestagsabgeordnete Erika Wolf warnte, dass man gesetzliche Sonderregelungen »schwer bereuen« würde.[43] Der Protest der aus der DDR kommenden Juristen verhallte aber nicht gänzlich, immerhin wurden Stipendienprogramme aufgelegt, damit diese sich von Nebentätigkeiten freihalten und auf das Große Staatsexamen vorbereiten konnten. Monatlich kam ca. ein Dutzend Geförderte in den Genuss der knapp bemessenen 300 DM für den schweren Neuanfang in der Bundesrepublik.[44] Die Maßnahme hatte nur begrenzte Wirkung. Haushalterisch schlug sie im Jahr mit kaum mehr als 40 000 DM zu Buche, die das BMG zudem aus Mitteln des BMJ überwiesen bekam.[45]

Diese hochgebildeten Kräfte fehlten dem SED-Staat, der unentwegt gegen westliche »Abwerbungsversuche« und »Schlepperbanden« polemisierte.[46] Neben den bekannten aktivistischen oder kommerziellen Fluchthilfeunternehmen, die alles andere als im Sinne der Bundesregierung operierten, gab es jedoch kaum bekannte, feinere Gewinnungsaktivitäten des BMG. Durch sie öffnete sich eine weitere Ebene der gesamtdeutschen Logik. Demnach entkamen, erstens, die meisten Flüchtlinge dem »KZ-Staat« der SED unter Not und Gefahr. Dazu kam, zweitens, eine öffentlich kaum präsente, numerisch aber bedeutsamere Zahl jener, die wie bereits beschrieben vor allem ab 1962 legal übersiedelten. Drittens griff das BMG direkt in die Gewinnung einer kleinen Oberschicht ein. Dabei ging es jedoch weniger um die Abwerbung von Arbeitskräften, sondern, wie folgend beispielhaft dargelegt, um einen westlichen Prestigegewinn im Kalten Krieg.

Die prospektiven Migranten waren sich dieses beiderseitigen Interesses durchaus bewusst und hofften, dass sich dadurch der Raum für Aushandlungen eröffnete. Diese Verhandlungen fanden aber nicht gesellschaftlich, sondern auf höchster politischer Ebe-

43 BArch Koblenz, B 137, 1628, Tagung Rechtsausschuß des Königsteiner Kreises, 8. Januar 1963.
44 BArch Koblenz, B 137, 1628, div. Abrechnungen 1964-1965.
45 BArch Koblenz, B 137, 1628, Förderanträge BMG an BMJ, 1964-1965.
46 Vgl. Marion Detjen, *Ein Loch in der Mauer: Die Geschichte der Fluchthilfe im geteilten Deutschland 1961-1989* (München: Siedler, 2005), 163-96.

ne statt. Somit standen sie nur entsprechend vernetzten Personen zur Verfügung. Einer von ihnen war der Jenaer Medizinprofessor Walter Brednow. Dieser äußerst renommierte Internist verwandte sich in der DDR für den »freiheitlichen Menschen« und gegen die »bürokratisch autokratische Terrormaschinerie«.[47] Diese Haltung brachte ihn Anfang der 1960er Jahre in die Schusslinie von Parteiideologen, zu denen auch sein Jenaer Professorenkollege, der Philosoph und Hardliner Georg Mende gehörte.[48] Der Disput zwischen den beiden machte Brednow zu einer öffentlichen Person, und dem Historiker Matthias Steinbach zufolge steht er als »fast idealtypisch« für den Konflikt zwischen dem Menschenbild linientreuer marxistisch-leninistischer Philosophen und sich dem Individuum verpflichtet fühlenden »bürgerlichen« Intellektuellen.[49] Ebenso idealtypisch kann jedoch auch Brednows Verhandlungsführung in Sachen Übersiedlung für höchstqualifizierte Wissenschaftler gelten. Als sich das Gerücht verbreitete, dass seine Übersiedlung aufgrund des Konflikts direkt bevorstünde, wendeten sich zahlreiche hochrangige Fürsprecher Brednows (von Klinikleitern über diverse Professoren bis zu Vertretern der westdeutschen Rektorenkonferenz) an das BMG, um Brednow einen adäquaten Start in der Bundesrepublik zu ermöglichen. Immerhin, so der Ende der 1950er Jahre selbst aus Jena geflüchtete und damalige Leiter der Heidelberger Universitätshautklinik Prof. Dr. Josef Hämel, habe Brednow »als fast einziger« Mut und Tapferkeit bewiesen, gegen diesen »unmöglichen Professor Mende« das Wort zu erheben, was in der gesam-

---

47 BArch Koblenz, B 137, 1628, Weissenfels an BMG, 11. August 1964.

48 Siehe u. a. Dietfried Jorke, »Walter Brednow (1896-1976)«, in: *Medizinprofessoren und ärztliche Ausbildung: Beiträge zur Geschichte der Medizin*, hg. von Günther Wagner und Gerhard Wessel (Jena: Universitätsverlag Jena, 1992), 273-9. Mende war Jenaer Philosophieprofessor (für dialektischen und historischen Materialismus), Träger des Karl-Marx-Ordens, der Leninmedaille des Obersten Sowjets der UdSSR und des Nationalpreises der DDR; siehe dazu Tobias Kaiser, »Die konfliktreiche Transformation einer Traditionsuniversität«, in: *Traditionen, Brüche, Wandlungen: Die Universität Jena 1850-1995* (Köln, Weimar: Böhlau, 2009), 639 f.; Dietrich von Engelhardt und Heinrich Schipperges, *Die inneren Verbindungen zwischen Philosophie und Medizin im 20. Jahrhundert* (Darmstadt: Wissenschaftliche Buchgesellschaft, 1980), 139.

49 Matthias Steinbach und Michael Ploenus (Hrsg.), *Universitätserfahrung Ost: DDR-Hochschullehrer im Gespräch* (Jena: Bussert & Stadeler, 2005), 23.

ten »SBZ Bewunderung und Beifall ausgelöst« habe.[50] Brednow erschien als prädestinierter Flüchtling. In der DDR herrsche, so seine Fürsprecher, seit Januar 1962 ein »regelrechtes Kesseltreiben« gegen ihn und das »inzwischen vollkommen isolierte Ehepaar«.[51] Selbst seine Schüler erhielten keinen Ruf mehr. Nach zwei westlichen Radiosendungen über ihn sei der 65-Jährige zwangsemeritiert worden. Selbst Kanzler Adenauer teilte Minister Mende mit, dass er an »einer wohlwollenden und baldigen Prüfung des Falles Dr. Brednow sehr interessiert« sei.[52] Noch Ende 1964 stellte der Minister den Fürsprechern »seine Hilfe bedingungslos in Aussicht«, notfalls in irgendeiner Art über den Etat des BMG.[53] Brednow war nicht nur ein hilfsbedürftiger Mediziner in Bedrängnis, sondern auch eine bestens vernetzte Person öffentlichen Interesses, dessen Übersiedlung der Bundesrepublik gut zu Kleide gestanden hätte.

Die Verwaltung behandelte den Fall jedoch im Rahmen der ihr gesetzten Regeln. Gutachten ergaben, dass Brednow als SBZ-Flüchtling unter den bestehenden Rechtsmaßstäben der Zugang zu Ausgleichsleistungen verwehrt bleiben würde.[54] Auch bliebe er vom novellierten und vereinfachten Notaufnahmeverfahren ausgeschlossen, da bei ihm eine, ausgerechnet von der Regierungskoalition durchgeboxte, Stichtagsregelung griff.[55] Von Sonderfonds für Akademiker könne er nur profitieren, wenn er in absehbarer Zeit einen Ruf oder eine Krankenhausleitung erhalte, was in Anbetracht seines Alters mehr als unwahrscheinlich erschien. Brednow blieb demnach nur, auf einer Besuchsreise in die Bundesrepublik einen wenig Erfolg verheißenden Notaufnahmeantrag zu stellen und eventuelle Folgeschwierigkeiten für seine Familie in der DDR in Kauf zu nehmen. Die Diskrepanz zwischen der Darstellung Bred-

50 BArch Koblenz, B 137, 7780, Hämel an von Zahn, 21. Juni 1965; ähnlich ebd., Vermerk über Vorsprache Lohmeyers bei BMG (von Zahn), 30. November 1964.

51 BArch Koblenz, B 137, 7780, Weissenfels an BMG, 11. August 1964.

52 BArch Koblenz, B 137, 7780, Dr. Mercker, Bundeskanzleramt an Minister Mende, 24. September 1964.

53 BArch Koblenz, B 137, 7780, Vermerk v. Zahn, 30. November 1964.

54 BArch Koblenz, B 137, 7780, BMG I 6 an Chef des Bundeskanzleramts, 1. Oktober 1964; ebd., BMG I 6 an Westdeutsche Rektorenkonferenz, 24. September 1964, in Bezug auf Gutachten Prof. Martini und Prof. Werner Weber (Göttingen).

55 BArch Koblenz, B 137, 7780, Vermerk BMG I 12, 19. Mai 1965, handschriftliche Anmerkung (verm. Warnke).

nows als ein vom System Verfolgter und die Erwartung, dass ihm das große Privileg einer Besuchsreise zukam, schien niemandem aufzufallen. Schlussfolgernd hieß es aus der Verwaltung, dass ihn zu ermutigen ein »großes Risiko« sei.[56] Diese Bild verhärtete sich, als Brednow tatsächlich auf einer Besuchsreise in die Bundesrepublik im BMG vorsprach und zugeben musste, dass die Repressionen nun doch schon einige Zeit zurücklägen.[57] Mittlerweile sei er ohnehin regulär emeritiert worden.[58]

Ein Problem lag darin, dass Brednow in der DDR eine stattliche Pension von 3200 Mark erhielt.[59] In der Bundesrepublik hingegen standen ihm nur maximal 380 DM zu.[60] Der Sekretär der westdeutschen Rektorenkonferenz und Beauftragte der Kommission für mitteldeutsche Hochschulfragen E. Lohmeyer attestierte ihm, dass er nur deswegen keine vollen Pensionsansprüche mehr besaß, da er, wie »allerorts bestens bekannt«, als »absoluter Gegner« des Nationalsozialismus unter dem NS seine Göttinger Professur verloren hatte.[61] Dieser Spur folgte das BMG. Es befand aber, dass Brednow 1940 die Göttinger Professur nicht nachweislich als Systemgegner gegen eine ebenfalls attraktive Chefarztstelle getauscht hatte, auf deren Ernennungsurkunde ihm garantiert wurde, er könne sich »des besonderen Schutzes des Führers sicher sein«.[62] Lohmeyers Widerständlerthese widerlegte Brednow selbst, als er im Gespräch mit dem BMG Ansprüche als Verfolgter des Nazi-Regimes negierte.[63]

Als die Sache »an einem toten Punkt« ankam, identifizierte das BMG drei mögliche Wege für Brednow. Er könne erstens den üblichen, aber unsicheren Weg durch den Notaufnahmeausschuss gehen, worauf die Bundesregierung jedoch nur geringe Einflussmöglichkeiten habe. Zweitens könne er von der spärlichen Westrente

---

56 BArch Koblenz, B 137, 7780, BMG I 6 an Prof. Martini, 9. September 1964.
57 BArch Koblenz, B 137, 7780, Vermerk BMG I 12, 19. Mai 1965.
58 BArch Koblenz, B 137, 7780, Vermerk BMG I 6, 22. November 1965.
59 BArch Koblenz, B 137, 7780, Weissenfels an BMG, 11. August 1964.
60 BArch Koblenz, B 137, 7780, Vermerk BMG I 6, 6. August 1965; ebd., offizielle Auskunft BVA, 26. August 1962.
61 BArch Koblenz, B 137, 7780, Dr. E Lohmeyer an Ministerialrat Dr. Rohn, 24. September 1962.
62 BArch Koblenz, B 137, 7780, Abschriften einer Erklärung Brednows vom 28. März 1946 an Dekan der Medizinischen Fakultät Göttingen, zudem Ernennungsurkunde Cottbus 15. Mai 1940.
63 BArch Koblenz, B 137, 7780, Vermerk BMG I 6, 6. August 1965.

im Haus seiner Frau in Hamburg wohnen, und drittens könne das BMG selbst mit eigenen Mitteln einspringen. Dafür stand ihm der Haushaltstitel 600 zur Verfügung, eine verschleierte Kasse für sogenannte gesamtdeutsche Sonderausgaben. Das BMG verwies darauf, dass der Gesamtdeutsche Ausschuß des Bundestags einem solchen Vorgehen bereits kurz nach Mauerbau im Falle des Musikers Kurt Thomas zugestimmt hatte.[64] Dies wurde trotz der vorherigen Zusage Mendes nicht weiter verfolgt, eventuell weil selbst ein erfolgreicher Mediziner nicht die Strahlkraft der Übersiedlung des weltberühmten Dirigenten und Leiters des Thomanerchors besaß. Da das BMG diese Option 1967 unter Wehners Führung anders als bei Thomas 1961 nicht zog, war die Übersiedlung für Brednow unattraktiv. Er verblieb in der DDR und lebte, soweit nachweisbar, ein abgesichertes Leben.[65]

Brednow wurde damit wesentlich mehr Aufmerksamkeit zuteil als anderen prospektiven Übersiedlern, war jedoch alles andere als ein Einzelfall. Auch sein Medizinerkollege Prof. Dr. Peter Friedrich Matzen, eine Koryphäe seines Fachs und »unstreitig der führende Orthopäde der Ostzone«,[66] erhielt die Unterstützung zahlreicher prominenter Fürsprecher in der Bundesrepublik, da er von der Stasi bedrängt werde.[67] In der Tat opponierte Matzen als Präsident der Gesellschaft für Orthopädie 1967 im kleinen Kreis gegen das Umgreifen des MfS, als er monierte »z. Zt. ersaufen wir in Erlassen, die uns das Primat des Marxismus/Leninismus über alle andere Lebensäußerungen klar machen soll«.[68] Auch in diesem Fall überprüfte das BMG Optionen der Integration dieses prominenten Arztes, denn man solle »nichts unversucht lassen, Prof. Matzen aus seiner mißlichen Lage zu helfen«.[69] Das Ganze scheiterte erneut an der Rechtslage und an Verwaltungsregeln. Der Bayerische Staats-

64 BArch Koblenz, B 137, 7780, Vermerk, 25. Juni 1965.

65 BArch Koblenz, B 137, 7780, Vermerk, 10. Dezember 1967.

66 BArch Koblenz, B 137, 7780, Von Elmenau an v. Zahn, 12. September 1967; siehe dazu Markwart Michler, »Art. Matzen, Peter Friedrich«, in: *Neue deutsche Biographie*, hg. von Otto Stolberg-Wernigerode, Bd. 16 (Berlin: Duncker & Humblodt, 1990), 420 f.

67 BArch Koblenz, B 137, 7780, Dr. med. Hans Georg Kühn an BMG, 26. Juni 1967.

68 BArch Koblenz, B 137, 7780, Matzen an Kühn, 17. Juni 1967.

69 BArch Koblenz, B 137, 7780, v. Zahn, BMG an Direktor der Orthopädischen Klinik, FU Berlin, 13. Juli 1967.

minister für Unterricht und Kultur musste dem BMG mitteilen, dass man Matzen keinen Lehrstuhl als Kompensation anbieten könne, da dieser mit 58 Jahren das Berufungsalter überschritten habe.[70] Dies bedauerte er »umso mehr, als er einer meiner Schulkameraden vom Theresiengymnasium ist«.[71] Matzen stand damit vor ähnlichen Optionen wie Brednow und blieb ebenfalls in der DDR.[72] Auch nach dieser Episode eckte er immer wieder politisch an, so im öffentlichen Protest gegen die 3. Hochschulreform der DDR 1968. Seine Äußerungen brachten ihm eine zeitweilige Suspendierung und ein unbegrenztes Vorlesungs- und Prüfungsverbot ein, so dass der glänzende Mediziner seine Karriere nur außerhalb des Hörsaals fortsetzen konnte.[73]

Diese Ärzte, die unfraglich vom Staat gegängelt wurden, waren weder Widerständler noch Opportunisten oder »Wirtschaftsflüchtlinge«, die die Flüchtlingsgesetzgebung sorgfältig zu identifizieren suchte. Sie waren überdurchschnittlich begabte und öffentlich präsente, aber letzten Endes normale Deutsche, die Optionen in einem Leben suchten, das der SED-Staat immer stärker einschränkte. Ihre Fälle zeigen vor allem das administrative Eigenleben im Rechtsstaat – und damit im Unterschied zu den in den Vorkapiteln beschriebenen Verwaltungsentscheidungen in der DDR. Immer wieder widersprachen sich die Einschätzungen von Politikgestaltern und denjenigen, die mit der Umsetzung des Rechts betraut waren. Darin drückten sich vormalige politische Entscheidungen aus. So standen dem Staat zwar auch Sondermittel für die Versorgung älterer geflohener Professoren zur Verfügung, diese waren aber nur für Heimatvertriebene abrufbar. Eine Ausweitung dieser Maßnahmen auch auf ältere SBZ-Flüchtlinge lehnte die Ständige Konferenz der Kultusminister der Länder 1964 aufgrund einer engen Kapitaldecke ab.[74] Die eigene »KZ-Staat«-Rhetorik aushöhlend, standen sich

---

70 Entsprechende Fälle wurden häufig an das Bayerische Staatsministerium für Unterricht und Kultur herangetragen, weswegen es dem BMG prinzipiell absagte. Vgl. BArch Koblenz, B 137, 7780, BMG I 6 an BMI, 13. Januar 1965.

71 BArch Koblenz, B 137, 7780, v. Elmenau an v. Zahn, 12. September 1967.

72 BArch Koblenz, B 137, 7780, handschriftlicher Vermerk BMG, 23. Januar 1968.

73 Vgl. Eberhardt W. Knöfler, »Prof. Dr. Peter Friedrich Matzen zum 100. Geburtstag«, in: *Ärzteblatt Sachsen* 10 (2009), 538.

74 BArch Koblenz, B 137, 7780, Protokoll der Besprechung von Vertretern des BMwF, BMVt, BMG, Senatoren, Landesministern, Ständige Konferenz der

hier Kultusbeauftragte und die zuständigen Ministerien selbst im Weg. Einerseits wollten BMG und BMVt aus Existenzgründen die Flüchtlingsgesetzgebung um jeden Preis erhalten, andererseits behinderten sie sich durch die darin eingebetteten Regelungen und Kategorisierungen selbst und scheiterten mit ihrem Willen, exponierten Persönlichkeiten den als gesamtdeutsche Symbole deutbaren und damit politisch gewollten Start in der Bundesrepublik zu ermöglichen.

Der bundespolitische Einfluss beschränkte sich auf die Förderungen einsetzbarer Arbeitskräfte nach der Übersiedlung und deren Eingliederung in den akademischen Betrieb.[75] Ein besonderes Programm dafür war die »Förderung der gesamtdeutschen Aufgaben der wissenschaftlichen Hochschulen«. Dabei stellten das BMG und das Bundesministerium für wissenschaftliche Forschung (BMwF) auf zwei Förderlinien Mittel zur Verfügung. Dies betraf erstens die »Hochschullehrerreserve für den Tag der Wiedervereinigung« (siehe Förderlinie I, Tafel 22, S. 336). Mit diesen Geldern finanzierte die Bundesregierung an westdeutschen Universitäten einen Stellenüberschuss an Professoren, damit diese im Falle der Wiedervereinigung sofort an ostdeutsche Hochschulen berufen werden konnten. Diese Linie war eine der ganz wenigen Ideen, wie man überhaupt mit einer Wiedervereinigung umgehen sollte, so sie denn käme. Ab Mitte der 1960er Jahre wurde diese Linie massiv zurückgefahren – nicht, weil die dahinterliegende Übernahmefantasie als problematisch erachtet wurde, sondern da selbst der Wissenschaftsrat sie wegen »hunderter Vakanzen« auf regulären Lehrstühlen nicht weiter als nötig erachtete. Das bedauerte das BMG »unter Gesichtspunkten der Wiedervereinigungspolitik«, denn diese »Maßnahmen gehören zu den wenigen konkreten Vorbereitungen auf den Tag der Wiedervereinigung. Der Verzicht auf das Programm würde in der Öffentlichkeit mißverstanden werden; das Regime der Sowjetzone erhielte ein Argument, den Willen zur Wiedervereinigung in der Bundesrepublik anzuzweifeln.«[76] Das

Kultusminister der Länder im BMwF, 2.-4. Juli 1964; ebenso ebd., Besprechung im BMwF, Protokoll, 14. Dezember 1965.

75 BArch Koblenz, B 137, 7780; vgl. z. B. Einladung zu Besprechung mit noch nicht eingegliederten Wissenschaftlern im BMG, 19. Dezember 1965.

76 BArch Koblenz, B 137, 7780, BMG I 6 an BMwF, 19. August 1964, auch die Rek-

BMG fürchtete also um seine Mitspracherechte in der Hochschulpolitik unter gesamtdeutschen Motiven.

Die zweite Förderlinie waren die »Hilfsmaßnahmen für Wissenschaftler aus der SBZ« (siehe Förderlinie II, Tafel 22, S. 336).[77] BMG und BMwF verfügten hierfür über mehrere Millionen DM pro Jahr. Für all diese Maßnahmen war der Flüchtlingsstatus, also die Anerkennung als C-Flüchtling, irrelevant, da die Förderlinie als eine »gesamtdeutsche Maßnahme« und nicht als Ausgleichsleistung galt.[78] Doch auch an diesem Programm regten sich nach dem Mauerbau Zweifel. Kritiker sahen zwar den Bedarf an Habilitierten für den westdeutschen Hochschulbetrieb, äußerten aber »politische Bedenken«. Einige der Geförderten zeigten Charakterzüge, die nicht nach einer Berufung anmuteten, sondern bei denen vielmehr das »Bundesamt für Verfassungsschutz eingeschaltet werden« sollte.[79] Angesichts der komplizierter werdenden Migrationswege in den Westen und in einer ohnehin angeheizten politischen Stimmung der 1960er Jahre begannen auch Hochschullehrer und Kultuspolitiker Übersiedlern wegen ihrer Übersiedlung zu misstrauen.

torenkonferenz stritt für diese Ressource; vgl. ebd., Präsident der Westdeutschen Rektorenkonferenz Sieverts an Lenz, BMwF, 6. November 1964.

77 BArch Koblenz, B 137, 7780, Bericht BMwF, Förderprogramm I und II, 16. Januar 1967.

78 BArch Koblenz, B 137, 7780, Besprechungsvermerk im BMwF, 25. November 1965. Während die Mittel 1964 noch knapp 8 Millionen DM betrugen, sollte das Programm ab 1968 auslaufen. Veranschlagt wurden für 1967 4,8 Mio. DM, für 1968 3,8 Mio., für 1969 1,4 Mio., für 1970 0,5 Mio. und das Ende des Programms 1971. Doch das Programm wurde mit geringen Mitteln weitergeführt; vgl. BArch Koblenz, B 137, 7780, Mittelbewilligung BMG an BMwF, 18. Januar 1964, ebd., Schnellbrief BMwF, 5. Juni 1967; ebd., Vermerk BMG Ref. II 6 an Minister, 22. Juni 1966; ebd., BMG Ref. II 6 an M 6, 16. Januar 1973.

79 BArch Koblenz, B 137, 7780, Mitschrift der Besprechung von Vertretern des BMwF, BMVt, BMG, Senatoren, Landesministern, Ständige Konferenz der Kultusminister der Länder im BMwF, 2.-4. Juli 1964, BMG I 6 an BMwF, 19. August 1964; ebd., Mitteilungen des Hochschulverbandes 14, 6. November 1966.

Tafel 22: Förderung gesamtdeutscher Aufgaben der wissenschaftlichen Hochschulen, 1964 und 1967 im Vergleich.

	Zahl der Stellen nach Förderlinie				Förderbetrag in Millionen DM	
	I		II			
Förderjahr	1964	1967	1964	1967	1964	1967
Baden-Würt.	32	7	61	39	1,478	0,700
Bayern	29	4	41	23	1,112	0,394
Bremen	18	3	37	37	0,874	0,574
Hamburg	9	5	17	9	0,413	0,204
Hessen	20	3	34	18	0,858	0,290
Niedersachsen	19	2	35	25	0,858	0,394
NRW	29	7	53	39	1,303	0,642
Rheinland-Pfalz	9	1	17	19	0,413	0,292
Saarland	7	2	13	11	0,318	0,190
Schleswig-Holstein	7	0	12	3	0,302	0,070
Gesamt	**179**	**34**	**320**	**223**	**7,929**	**3.750**

Quellen: BArch Koblenz, B 137, 7780, Verteilungsplan BMwF 18. Januar 1964 und 16. Januar 1967.

Bei diesen Programmen ging es explizit um die Integration Hochgebildeter in den Arbeitsmarkt, ohne dass die Betroffenen ein Recht auf eine solche Förderung besaßen. Die Linien zielten auf Hochschulen ab, folgten aber deutschlandpolitischen und kaum sozial- oder wissenschaftspolitischen Zielen. So verdeutlichen die Aushandlungen hochqualifizierter und oft auch in der DDR einst privilegierter und dann zurückgesetzter Personen mit den bundesdeutschen Stellen, welche Ankommensoptionen sich ihnen boten, dass auch nach dem Mauerbau die Übersiedlung in den Westen keine Flucht aus dem »KZ-Staat«, sondern ein oft reflektierter und abgewogener Migrationsvorgang war. Dementsprechend wendeten sich bis weit in die 1980er Jahre hinein potentielle Auswanderer direkt oder über Bekannte an Ministerien, Sozialversicherer und Rentenkassen, um zu evaluieren, auf welche ökonomischen Bedingungen sie sich im Falle der Ausreise überhaupt einließen.[80] Für jene, die die daraus folgende Unsicherheit und den zu erwartenden sozialen Statusverlust scheuten, konnte es eine rationale Entscheidung sein, so lange wie möglich in der ungeliebten DDR zu bleiben.

Hilfe als Selbstzweck: Flüchtlingsberatung

Dabei war es nur wenigen vergönnt, aufgrund ihres Status in Aushandlungsprozesse auf ministerieller Ebene einzutreten. Für die Mehrzahl der Ankommenden verblieb nur die Flüchtlingsberatung, die der Verein zur Förderung der Wiedervereinigung Deutschlands in den Lagern anbot.[81] So sollten sie auf den Integrationsprozess in der Bundesrepublik vorbereitet werden. Damit ist in den Notaufnahmelagern ganz deutlich zwischen der offiziellen (und großenteils geheimdienstlich abgesicherten) Flüchtlingsbefragung und der freiwilligen und von Vereinsangestellten durchgeführten Flüchtlingsberatung zu unterscheiden. Obgleich die Flüchtlingsberater dem VFWD und damit dem BMG weisungsgebunden waren, besaßen sie keinerlei weiter gehende Kompetenzen. In dem Maße jedoch, in dem die Befragung durch den Rückgang der Flüchtlingszahlen an Bedeutung verlor, versuchten die Berater eine befragende Rolle einzunehmen und damit auch die Notwendigkeit ihrer Tätigkeit unter Beweis zu stellen.

Einen entsprechenden Vorstoß wagten die Marienfelder Flüchtlingsberater, die 1963 dafür plädierten, die nun in der Überzahl befindlichen »legalen Umsiedler« ernster zu nehmen. Anstatt primär nach skandalträchtigen Geschichten der Vertreibung und Flucht zu suchen, hoben sie hervor, »daß unter den Umsiedlern manche sehr gute Wissensträger sind, vor allem auch solche Leute, die aus ganz entlegenen Gebieten der SBZ kommen. Eine einfache Hausfrau ist sehr oft weitaus besser über die Verhältnisse im Alltag ihres Wohnbereichs unterrichtet, als ein junger Student oder ein an-

---

80 Siehe diverse Anfragen z. B. in BArch Koblenz, B 137 2315; ebd., 2458; ebd., 15 755.
81 BArch Koblenz, B 137, 2081, div. Statistiken.

derer Angehöriger der Intelligenz.«[82] Da im Dezember 1962 488 legale Umsiedler ankamen, in den Monaten Januar und Februar 1963 zusammen sogar nur 149 Flüchtlinge, schlugen die Berater zudem vor, die Beratung und Befragung in ihrer Obhut zusammenzulegen. Dagegen stemmte sich das BMG. Es vermutete, dass die Flüchtlingsberater zu einer »Schlüsselfigur« werden wollten, doch Regierungsdirektor Warnke zufolge sei eigentlich »unerheblich, ob 3 oder 3000 Flüchtlinge beraten wurden«.[83] Als angeblich nicht staatlich gebundene Berater sollten sie vertrauensvoll über die Bundesrepublik aufklären, wohingegen die direkt dem BMG und den Geheimdiensten unterstellten Befrager Informationen über die SBZ abschöpften.

Gerade die Marienfelder Berater litten jedoch unter dem Bedeutungsrückgang infolge des Mauerbaus und traten zunehmend forsch auf. Besonders der Flüchtlingsberater Krollinger* eckte häufiger an, da er die Aufgabe der Hilfestellung wohl etwas zu ernst nahm. So beschwerte sich das BMVt im Juni 1964 beim BMG, dass Krollinger* zu gut berate. Seine Hinweise, so das BMVt, führten dazu, dass die Flüchtlinge in den Befragungen alles das verschwiegen, was einen »ungünstigen Eindruck« hinterlassen könne. Das BMG attestierte, dass Krollinger* dazu neige, »sich allzuweit für die Belange der Flüchtlinge einzusetzen«. Er wurde offiziell diszipliniert und darauf hingewiesen, seine Tipps und Hinweise unbedingt zu unterlassen.[84]

Wenn die Berater aber weder materielle Hilfen verteilen konnten noch im hürdenreichen Antragsprozess zur Seite stehen durften, stellt sich die Frage, was denn ihre Aufgaben waren. Immerhin war 1952 der VWFD aus dieser Tätigkeit erwachsen und stellte 1965 trotz zurückgehenden Bedarfs immer noch sieben Berater fest an.[85] Antwort darauf – und ein gutes Stimmungsbild für den Umgang mit den Ankommenden aus der DDR nach dem Mauerbau – ge-

82 BArch Koblenz, B 137, 2842, Bericht VFWD Berlin an VFWD Bonn, 1. März 1963.
83 BArch Koblenz, B 137, 2842, Vermerk Archiv für gesamtdeutsche Fragen, 8. April 1963.
84 BArch Koblenz, B 137, 2842, BMG Ref I 12 und BMVt, Beschwerde über Flüchtlingsberater Krollinger*, 22. Juni 1964, Antwort auf Gegenschreiben vom 15. Mai 1964.
85 BArch Koblenz, B 137, 792, Organisationsplan VFWD 1965, ebd., Abschlussbericht VFWD, 1. Juli 1969, 2, 16.

ben die Monatsberichte der Flüchtlingsberater. Sie beschreiben ab Sommer 1961 den massiven Einbruch der Beratungszahlen, sprechen aber umso euphorischer über ihre eigene Rolle. Sie sahen sich in erster Linie als politisch Bildende, die die Flüchtlinge in durchaus paternalistischer Art auf die westliche Gesellschaft vorbereiteten. In den Berichten erscheinen vor allem die Berliner Berater Wellbrock* und Lodermann* als wohlwollende Humanisten, die verunsicherten, vielleicht auch etwas dümmlichen Flüchtlingen erklärten, wie die westliche Welt so funktioniere.

Anstatt individueller Hilfeleistungen rückten kollektive Tätigkeiten in den Vordergrund, also Rundtischgespräche über politische Zeitfragen, Vorträge und Filmvorführungen. Die Marienfelder Flüchtlingsberater sahen die Ankommenden als emotional aufgewühlte und bildungsbedürftige Menschen, denen sie darum regelmäßig ein »staatsbürgerschaftliches Quizz« anboten. Dabei kämen die Teilnehmenden »geistig ins Schwitzen«, vor allem bei »Bezeichnungen der westlichen Welt«.[86] Jegliche Informationen würden ebenso begierig aufgenommen wie auch die Buchpreise, die »gewissermaßen wieder der erste Anfang zu einer eigenen Bücherei« seien.[87] Filmvorführungen zauberten Wellbrock* und Lodermann* zufolge Freude in den tristen Flüchtlingsalltag, was »noch nach Tagen an den frohen Gesichtern deutlich spürbar« sei.[88] Doch sie wollten nicht nur beglücken, sondern bilden. So regierte auch bei den Filmabenden der Hintersinn, und die Berater zeigten Filme wie *Geliebte Genossin*, da dessen »sehr nett gemachte Story« sich »für unsere Arbeit schon deswegen gut eignet, weil sie durch den politisch sehr geschickt kaschierten Inhalt sehr zum Nachdenken anregt«.[89] Noch deutlicher wird ihre Rollenwahrnehmung im Bericht über die Filmvorführung von *Des Teufels General*. Dieser Film kläre nicht nur über die »unmenschliche[n] Methoden des vergangenen Hitlerregimes« auf, sondern dem »aufmerksamen

---

86 BArch Koblenz, B 137, 2089, Monatsbericht Flüchtlingsberatung Berlin-Marienfelde, August 1966, 3.

87 BArch Koblenz, B 137, 2089, Monatsbericht Flüchtlingsberatung Berlin-Marienfelde, Februar 1966.

88 BArch Koblenz, B 137, 2089, Monatsbericht Flüchtlingsberatung Berlin-Marienfelde, September 1965.

89 BArch Koblenz, B 137, 2089, Monatsberichte Flüchtlingsberatung Berlin-Marienfelde, Februar 1965, März 1965.

Zuschauer [werde] eine gewisse Parallele mit den Machthabern der SBZ deutlich«.[90] Es wundert darum kaum, dass einer der wenigen Verbesserungswünsche ihrer Arbeit sich auf den alten und angeschlagenen Fernseher richtete.[91]

Ähnliche Abende fanden 1960/61 in Friedland statt. Dort äußerten sich die Flüchtlingsberater jedoch zurückhaltender.[92] Den größten Rückgang der Beratungszahlen sah das Notaufnahmelager Gießen. Ab Winter 1962 kamen hier monatlich nur noch maximal 20 Personen in die Beratung, die zudem ständig von der Verwaltung aus Beratungsterminen und Rundtischgesprächen herausgerufen wurden.[93] Die Berichte zeichnen ein düstereres Bild als in Berlin. Während der Marienfelder Berater betont, dass die Ankommenden vor allem über das Desinteresse der Bundesbevölkerung empört seien, meint sein Gießener Kollege, das Interesse der übergesiedelten Jugendlichen an den Rundtischgesprächen sei nur sehr mäßig. Ein Uelzener Berater geht noch einen Schritt weiter und reproduziert in einem Bericht kurz nach dem Mauerbau Klischees der bildungsbürgerlichen Klassengesellschaft: »Das Niveau der Jugendlichen ist recht unterschiedlich, vor allem das Verhalten der Minderjährigen läßt manches zu wünschen übrig, während die Haltung der Abiturientinnen, Oberschülerinnen und Studentinnen einwandfrei ist.«[94] Zumindest diese seien auch an staatsrechtlichen Fragen interessiert. Ein paar Jahre später sieht dies der Gießener Flüchtlingsberater anders und betont die Wirkung der Mauer auf die nachwachsende Generation. Jugendliche unter 24 Jahren bereiteten ihm Sorgen. Die »kommunistische Bildung« produziere in ihnen »Zerrbilder über die Bundesrepublik«, da ihnen »absolut jede Vergleichsmöglichkeit« fehle.[95]

90 BArch Koblenz, B 137, 2089, Monatsbericht Flüchtlingsberatung Berlin-Marienfelde, August 1966.

91 BArch Koblenz, B 137, 2089, Monatsbericht Flüchtlingsberatung Berlin-Marienfelde, April 1966.

92 BArch Koblenz, B 137, 2089, Monatsbericht Flüchtlingsberatung Friedland, 1960-1961; Friedland nahm nur phasenweise Auswanderer aus der DDR an.

93 BArch Koblenz, B 137, 2089, Monatsberichte Flüchtlingsberatung Gießen, Januar, Februar/März 1962.

94 BArch Koblenz, B 137, 2089, Monatsbericht Flüchtlingsberatung Uelzen, September 1961.

95 BArch Koblenz, B 137, 2089, Monatsbericht Flüchtlingsberatung Gießen, Dezember 1965.

Unter dem Bedeutungsverlust nach dem Mauerfall litt besonders der Marienfelder Flüchtlingsberater, der seine Berichte nun auch für politische Positionierungen nutzte. Er forderte mehrmals ein politisch schärferes Fernsehprogramm, das sich ihm zufolge auch die Flüchtlinge wünschten. Demnach wollten sie eine anklagende und anprangernde Medienpolitik, da die Teilung der »Bevölkerung Mitteldeutschlands schon zu lange« dauere. Seinen Worten nach riefen die Ankommenden aus der DDR nach strikter Abgrenzung: »Nichts, aber auch gar nichts sollte man dem Regime liefern. Lieber will, so wurde mir lebhaft versichert, die Bevölkerung noch eine Zeit weitere Entbehrungen auf sich nehmen, wenn dadurch die wirtschaftlichen Grundlagen der Zone ernsthaft erschüttert werden.«[96] Sein Gießener Kollege verstand sich hingegen weniger als Transmissionsriemen für eine von den Flüchtlingen angeblich eingeforderte Befreiungspolitik, sondern eher als kultureller Demokratielehrer. Unter anderem organisierte er Exkursionen zu einer Theateraufführung des Götz von Berlichingen, zum Deutschlandfunk nach Köln oder in die Frankfurter Paulskirche zu einer Ausstellung über die Revolution 1848.[97] Sein anderes Rollenverständnis produzierte in seinen Berichten auch andere Flüchtlinge. Diese begrüßten in seinen Stimmungsberichten geradezu euphorisch die Annäherung zwischen der SPD und der SED. Die Bevölkerung der DDR erhoffe sich eine »Aufweichung der erstarrten Fronten und scheint aus ihrer Lethargie herausgerissen und neuen Mut zu schöpfen«.[98] Mitte der 1960er Jahre drang der Kampf um die Gestaltung der deutsch-deutschen Beziehungen selbst in die Monatsberichte der Angestellten des VFWD an das BMG vor. Die Flüchtlinge dienten nunmehr weniger als eine geheimdienstlich nutzbare Ressource im Sinne der Flüchtlingsbefragung, sondern vielmehr als argumentative Figur in der Diskussion um den Wandel des gesamtdeutschen Auftrags zu einer innerdeutschen Beziehungspolitik.

96 BArch Koblenz, B 137, 2089, Monatsbericht Flüchtlingsberatung Berlin-Marienfelde, zit. Januar 1965; zudem November 1965, August 1966.
97 BArch Koblenz, B 137, 2089, Monatsbericht Flüchtlingsberatung Gießen, u. a. Juli 1963, Juni 1965, November 1965, April 1966.
98 BArch Koblenz, B 137, 2089, Monatsbericht Flüchtlingsberatung Gießen, April 1966, 3.

Freizügigkeit: Die Abwesenheit des Allgegenwärtigen

Das Thema der Freizügigkeit – sowohl in seiner Erlangung als auch seiner Verhinderung – lag quer zu den hierbei dominanten Diskurslinien. Es wurde weniger in Bezug auf das Recht auf freie Ortswahl oder eine allgemeine Reise- oder Bewegungsfreiheit für die ostdeutsche Bevölkerung diskutiert, sondern es war vielmehr territorialen Gedanken untergeordnet. Vor allem bei konservativen Beobachtern weckte die massenhafte Übersiedlung Befürchtungen, durch die Abwanderung gesamtdeutsche Raumansprüche über die SBZ/DDR zu verlieren. Durch die Mauer war diese Sorge erst einmal vom Tisch. Die innerdeutsche Migration wurde nun zu einem Thema, weil sie (angeblich) nicht mehr stattfinden konnte. Damit wurde die Metapher des Konzentrationslagers verstärkt, die vergessen ließ, dass Ost-West-Migration nie komplett abriss und darum mit sehr komplexen Motiven und Bedürfnissen auf der migrantischen Seite einherging. Diese wurden allerdings deutschlandpolitischen Erwägungen untergeordnet, und so rief auch die Unterbindung von Migration wie zuvor deren massenhafte Ballung zum Kampf gegen den der Migration übergeordneten politischen Gegner. Dabei gelang es dem BMG vor allem Anfang der 1960er Jahre, trotz zahlreicher gesellschaftlicher Akteure im Feld Deutungen und Zuständigkeiten der Deutschlandpolitik weitgehend zu monopolisieren.

Begünstigend wirkte sich aus, dass der alternde Kanzler Adenauer sich auf die Westbindung zurückzog. Er betrieb die im Gegensatz zur Wiedervereinigung aussichtsreiche deutsch-französische Annäherung als Alterswerk. Seinen beiden christsozialen Nachfolgern Erhard und Kiesinger mangelte es an deutschlandpolitischer Kreativität.[99] So konnte das BMG Grundgedanken der 1950er Jahre weit

99 Stefan Creuzberger, *Westintegration und neue Ostpolitik: Die Außenpolitik der Bonner Republik* (Berlin: be.bra verlag, 2009); Joost Kleuters, *Reunification in West German Party Politics from Westbindung to Ostpolitik* (New York: Palgrave Macmillan, 2012); Lars Lüdicke, »Adenauer als Außenpolitiker und der Antikommunismus im Auswärtigen Amt«, in: *»Geistige Gefahr« und »Immunisierung der Gesellschaft«: Antikommunismus und politische Kultur in der frühen Bundesrepublik*, hg. von Stefan Creuzberger und Dierk Hoffmann (München: Oldenbourg, 2014), 105-22; Dirk Kroegel, *Einen Anfang finden! Kurt Georg Kiesinger in der Außen- und Deutschlandpolitik der Großen Koalition* (München: R. Oldenbourg, 1997), 284-309.

in die 1960er Jahre transferieren, die die Verbündeten, allen voran die USA, schon lange ad acta gelegt hatten. Zweitens gelang es dem BMG, die sogenannten »Kinder Thediecks«, die zahlreichen zivil auftretenden, aber verdeckt komplett vom BMG kontrollierten Organisationen und Vereine, vom direkten antikommunistischen Abwehrkampf der 1950er Jahre ohne großartigen Ideologiewandel zu Organisationen umzubauen, die propagandistisch erfolgreich in der Bundesrepublik wirkten. Sie formten Praktiken und Wissensbestände, die im Kampfmodus gefangen die Sprache der Teilung reproduzierten. Lediglich in der direkten Umgebung der Berliner Mauer, in West-Berlin, entstanden einflussreiche Organisationen wie die AG 13. August, die dem BMG zwar nicht ablehnend gegenüberstanden und dessen Politik weitgehend fortführten, die aber nicht an dessen Weisungen gebunden waren.

Die Mauergesellschaft prägten in dieser Formierungsphase stark definitorisch wirkende politische Kräfte beiderseits der Mauer. Diese sprachen oft von den Themen der deutsch-deutschen Migration, aber selten mit Migranten. Auch die Medien, allen voran die öffentlich-rechtlichen Programme und der RIAS, waren fest in dieses System eingebunden. Der gesamtdeutsche Auftrag der 1960er Jahre war darum ein geschicktes Ablenkungsmanöver, um einerseits verzweifelt konkrete Versuche der Wiedervereinigungspolitik aus den 1950er Jahren abzuschütteln und um andererseits weitreichende Deutungsansprüche des BMG in die Gesellschaft hinein zu entwickeln, aus denen jedoch keine einforderbaren Verpflichtungen erwuchsen.[100] So blieb auch Jahre nach dem Mauerbau unklar, wie der Einigungsauftrag des Grundgesetzes unter den Bedingungen der Hallstein-Doktrin umsetzbar war.

Statt der oft diagnostizierten Schockstarre nach dem Mauerbau verwickelte sich die Bundesrepublik darum in einen rasenden Stillstand zwischen Empörungsgeschäft und antikommunistischem Gestus. Staat und Gesellschaft klagten die radikale Abgrenzung des SED-Staates an und betrieben sie zugleich – wenn auch mit anderen Mitteln – von eigener Seite mit.[101] Die Folgen waren primär

100 Siehe z. B. Bernd Stöver, *Die Befreiung vom Kommunismus: Amerikanische Liberation Policy im Kalten Krieg 1947-1991* (Köln, Weimar: Böhlau, 2002); Enrico Heitzer, *Die Kampfgruppe gegen Unmenschlichkeit (KgU): Widerstand und Spionage im Kalten Krieg 1948-1959* (Köln u. a.: Böhlau, 2015).
101 Dieses Argument betont insbesondere Sagi Schaefer, *States of Division: Border*

diskursiv, an praktischen Konsequenzen mangelte es. Die sprachliche Einbettung der Flüchtlingssituation in den KZ-Diskurs führte zwar zu neuen Allegorien und Metaphern, politische Grundsatzentscheidungen wie eine Reform zumindest der Flüchtlingsgesetzgebung wurden jedoch abgeblockt. Trotz aller Rhetorik rüttelte niemand an der Mauer, die territoriale Definitionshoheit wurde dem von der Sowjetunion gestützten SED-Staat zugestanden. So verdeckte die scharfe Wiedervereinigungsrhetorik letztlich nur, dass sämtliche Akteure längst den Zustand der gemauerten Trennung zu gestalten begonnen hatten.

Derart wirkte auch die Deutschlandpolitik an jenem Ort, an dem sie tatsächlich strukturbildend wurde: West-Berlin. Berlin blieb Brennpunkt und Symbol des Kalten Krieges, auch wenn es nun nicht mehr als offene Wunde den SED-Staat durch Massenemigration destabilisierte. Die Bundespolitik fokussierte sich darum zuerst darauf, West-Berlin als Teil der bundesdeutschen Sozial-, Kultur- und Wirtschaftsordnung abzusichern. Der »gesamtdeutsche Auftrag« wandelte sich hier vom hektischen Attentismus zur sowohl symbolischen als auch materiellen und moralischen Stütze der Stadtbewohner, die sich mit einer beispiellosen Isolation abfinden mussten. Der dabei in bauliche Maßnahmen umgeleitete »gesamtdeutsche Auftrag« prägte die Stadt durch die Philharmonie, die Staatsbibliothek (West), die Deutsche Oper und viele weitere Stätten bis heute.

Dabei machten die spezifische Lage, lokale Notwendigkeiten und politische Kreativität die Teilstadt zum Labor einer flexibleren Deutschlandpolitik. Unter Willy Brandt gingen in der Stadt nach anfänglich äußerst radikaler Empörung immer mehr Akteure dazu über, durch eine Mischung aus öffentlichem Druck, klar westlich orientierter Strukturpolitik und grenzüberschreitenden Dialogversuchen mit Vertretern der DDR die Mauer »transparenter« zu gestalten.[102] Wenig überraschend drehte sich dieser Pragmatismus erneut direkt um das Thema der Freizügigkeit, 1963 führte er zum wegweisenden Passierscheinabkommen.[103] Aber auch andere An-

and Boundary Formation in Cold War Rural Germany (Oxford: Oxford University Press, 2014).

102 Zit. n. »Auf kleiner Flamme«, in: *Der Spiegel* 10 (1963), 38.

103 Eckart Huhn, *Die Passierscheinvereinbarungen des Berliner Senats mit der Regierung der DDR 1963 bis 1966: deutsch-deutsche Verhandlungen zur Überwindung*

näherungsversuche kreisen um Migrationsaspekte, ohne dass diese begrifflich oder inhaltlich hervorgehoben wurden, sei es die Familienzusammenführung, die der SED-Staat hinter verschlossenen Türen ab 1963 etwas liberaler gestaltete, oder der »Freikauf«, der als »besondere humanitäre Bemühungen« chiffriert wurde. Stets stand das Thema der Freizügigkeit im Zentrum der sogenannten menschlichen Erleichterungen, ohne dass es öffentlich derart dargestellt wurde. Doch die politische Selbstwahrnehmung der Bundesrepublik und die offizielle Deutschlandpolitik kreisen lange um alte Freiheitsbegriffe, bei denen das gegenseitige Anklagen im Vordergrund stand. So erwies sich ausgerechnet die mit Abermillionen geförderte gesamtdeutsche Politik des BMG in Bezug auf die Freizügigkeit als großenteils unbedeutend.

Das Ministerium hielt seine Version der »deutsche Frage« oben auf der Agenda und münzte sie in seine Existenzberechtigung des »gesamtdeutschen Auftrags« um. Dieses Vorgehen frustrierte zunehmend die westdeutsche Bevölkerung, die vor allem ab Mitte der 1960er Jahre immer weiter in Richtung Annäherungspolitik schwenkte. Selbst im BMG war man sich aber des Wandels der Zeit bewusst. Einer dort kursierenden Umfrage zufolge erachteten 1966 nur 19 % der Bundesbürger einen harten Abgrenzungskurs gegenüber der SED als den richtigen Weg, aber auch nur 10 % meinten, es bräuchte für die Wiedervereinigung zuerst eine Anerkennung der DDR.[104] Die absolute Mehrheit von 59 % forderte kleine Schritte der Annäherung. Dabei waren aber die Ergebnisse widersprüchlich, welche Zugeständnisse an die SED zu machen seien. Ganz prinzipiell nach ihrem Einverständnis zu Zugeständnissen gefragt, lehnten diese 57 % der Befragten rundweg ab, wohingegen nur 26 % sie befürworteten. Fragen nach Details, also letztlich nach »kleinen Schritten«, wiesen jedoch auf eine größere Varianz hin. So hielten 35 % die Anerkennung der Oder-Neiße-Grenze als ein mögliches Eingeständnis an die Ostseite, 37 % befürworteten aus diesem Grund die Zulassung der KPD, und eine Mehrheit von 60 % fand finanzielle Zugeständnisse an die DDR vertretbar. Überraschend

der politischen Sprachlosigkeit und der Milderung menschlicher Härten als Folge des Mauerbaus (Ludwigsfelde: Ludwigsfelder Verlagshaus, 2011).

104 Diese und die folgenden Zahlen aus BArch Koblenz, B 137, 4806, Umfrageergebnisse des Instituts für angewandte Sozialwissenschaft, Bad Godesberg, November/Dezember 1966.

klar wurde der Weg zu einer Verbesserung der deutschlandpolitischen Verhältnisse gesehen: 70 % der Befragten forderten in Abkehr
von der bisherigen Praxis Gespräche auf Regierungsebene. Dazu
kam eine frappierende Unkenntnis über die DDR: Nur 20 % der
Befragten kannten die Hauptstadt der DDR, mehr als die Hälfte
hatte keine oder sehr ungenaue Vorstellungen von der Flagge der
DDR. Sowohl deutschland- als auch informationspolitisch fiel die
Politik der CDU-geführten Regierungen durch.

In diesen Ergebnissen kam ein Umdenken in der Breite zum
Ausdruck, das Ende der 1960er Jahre nicht vom Himmel gefallen
war. Bereits wenige Tage nach dem Mauerbau forderten z. B. knapp
4000 Heidelberger Studenten die Bundesregierung zu Verhandlungen mit der DDR auf, was der Bundeskanzler in einem Antwortschreiben mit dem Verweis auf die Schuld der Sowjets vom Tisch
wischte.[105] Blicke auf die eigene Mitwirkung an der gegenseitigen
Isolation blieben unerwünscht. Das galt sogar für das Kabarett.
Während die Majorität der berühmten spitzzüngigen West-Berliner Kabarettkünstler gegen den SED-Staat schoss, beschuldigte
Hannelore Kaub 1964 im Club Bügelbrett die Westbevölkerung
der Heuchelei. Unter dem Slogan »Wir bauen an der Mauer mit
tränenfeuchtem Blick« konstatierte sie, »wir bauen für die Ewigkeit, und merken's nicht einmal«. Zur Empörung konservativerer
Programmhüter resümierte Kaub: »Wir woll'n das ganze Deutschland neu vereinen / ohne Opfer und reale Konzeption. / Doch
solange wir den zweiten Staat verneinen, / bleibt die Einheit eine
Illusion.« Damit überschritt die bis dahin sehr erfolgreiche Kaba-
rettistin die Grenzen des im ZDF Sagbaren. Die bereits produzierte
Sendung landete in der Mottenkiste, Kaubs Karriere erlitt einen
scharfen Knick.[106]

Doch sie war mit ihrem Frust nicht allein. Weil er sich einen
deutsch-deutschen Austausch wünschte, lud der damals sehr erfolgreiche Satiriker Wolfgang Neuss im April 1965 einen unbekannten
Liedermacher aus der DDR zu einem gemeinsamen Konzert nach

105 »Die Wiedervereinigung am sowjetischen Widerstand gescheitert«, in: *Bulletin
des Presse- und Informationsamtes der Bundesregierung* 165 (5. September 1961),
1579.
106 Zit. n. Christian Hörburger (Hrsg.), *Nihilisten, Pazifisten, Nestbeschmutzer: Gesichtete Zeit im Spiegel des Kabaretts* (Tübingen: Verein für Friedenspädagogik,
1993), 152-4.

Frankfurt am Main ein. Dieser hatte bereits in den frühen 1960er Jahren von der DDR aus den Mauerbau scharf kritisiert und durfte infolgedessen dort nicht mehr auftreten.[107] Das Konzert mit Neuss machte diesen Liedermacher, Wolf Biermann, im Westen schlagartig bekannt. Beide verstanden allerdings, dass die Kritik an der Mauer nicht als Brücke reichte. Provokant bemerkte Neuss, dass sich zwei Gesellschaften entwickelten, deren Gemeinsamkeiten nur noch in der Biederkeit des Alltags zu finden seien. Biermanns Lied über einen vollkommen belanglosen und monotonen »Kleinstadt-Sonntag« stellte Neuss den Zuhörern als »das wenige gesamtdeutsche, das Biermann bei sich und bei Neuss entdeckt hat« vor. Neuss schien jedoch mehr zu sehen und sprach ans Publikum gerichtet: »Hört Biermann den Kommunisten. Seht, wie das Gesicht eures Feindes euch entsetzt, weil ihr erkennen müsst, wie sehr es eurem eigenen ähnelt.« Die politische Ideenlosigkeit, so schloss er seine Gedanken und das Konzert, sei der auf allen »Duo-Deutschen« lastende Fluch von »Doppeldeutschlands Anti-Denkschablonen«, deren Hoffnungslosigkeit Neuss auf die Formel brachte: »[W]ir alle hoffen darauf, im Kopf irgendeines deutschen Staatsmannes einen Strohhalm zu finden, an den wir uns klammern können«.[108] Selbst der Humor, so scheint es, verzweifelte am langen Atem einer in den 1950er Jahren verhafteten Deutschlandpolitik.

Der hektische Attentismus sowohl des BMG als auch der sich oft noch lauter empörenden zivilen antikommunistischen Organisationen verdrängte die politischen Realitäten der Zweistaatlichkeit und verstärkte so die Entflechtung. Das dabei konsequent verbindende Thema der Freizügigkeit komplizierte das Bild zu sehr, als dass es in die einfachen Konzeptionen des antikommunistischen Engagements eingebunden werden konnte. Aufgrund seiner gesellschaftlichen Omnipräsenz war es jedoch trotz aller Abgrenzungsversuche faktisch nicht aus der deutsch-deutschen Realität zu verdrängen.

So entstand auch im Westen eine Ordnung der Mauergesell-

---

107 Siehe Biermanns frühe Lieder über die Mauer, allen voran »Die Ballade vom Ernährer«, »Ballade auf den Dichter François Villon« und das direkt nach Mauerbau verfasste »Lied von der Mauer«.

108 Wolf Biermann, *Kleinstadt-Sonntag*, Philips Schallplatte: Wolf Biermann zu Gast bei Wolfgang Neuss, Live-Aufnahme im Gesellschaftshaus im Zoo Frankfurt, 19. April 1965.

schaft, die Franz Thedieck bereits 1961 in einem Beitrag im RIAS ungewollt auf den Punkt gebracht hatte. Einerseits bemerkte er: »Ulbricht braucht die Spannungen mitten in Europa; sie sind die Grundlage seiner Existenz«. Andererseits befürchtete Thedieck indes, dass jeder offizielle Kontakt die »Legalisierung der Spaltung unseres Landes« bedeute und damit die Spaltung konsolidiere.[109] Damit sprach Thedieck am Anfang des Jahrzehnts noch der Mehrzahl der Bundesdeutschen aus dem Herzen. Während die 1960er Jahre jedoch eine Dekade der bundespolitischen Stagnation waren, wandelte sich die Empfindungswelt der Gesellschaft, die aus der Ordnung der Mauer neue Möglichkeiten erwachsen sah. So dauerte es fast zehn Jahre, bis Brandts Appell zu einem Regierungsprogramm führte. Vor dem Bundestag forderte er 1961: »Wir haben uns zu den Menschen in der Zone hinzuwenden. Das Herz der Nation schlägt hier, aber das Gewissen lebt vor allem in der Unterdrückung drüben.«[110] Seine Stunde sollte kommen, und, wie ich im folgenden Buchteil darstelle, mit ihr neue Wege, neuer Frust und neue Probleme, die Freizügigkeit zum Thema der Deutschlandpolitik zu machen.

109 Franz Thedieck, »Ulbricht will keine Entspannung«, in: *Bulletin des Presse- und Informationsamtes der Bundesregierung*, 227 (Dezember 1961), 2134.
110 BT-Plenarpr. IV/6, 6. Dezember 1961, Rede Willy Brandt, 54.

II. Teil: Kontakte
(1967-1975)

1. Kampfmittel der Abgrenzung:
Die Staatsbürgerschaft der DDR

Seit der doppelten Staatsgründung 1949 rang die SED-Führung um die internationale Anerkennung der DDR als souveräner Staat. Unter Souveränität verstand sie dabei die volle politische Inklusion in die internationale Politik, wobei sie jedoch viele daraus erfolgende Verpflichtungen als Eingriffe in ebendiese Souveränität erachtete. Ihr Souveränitätsbegriff war damit paradox. Die SED-Führung nutzte ihn in erster Linie zur Sicherung der eigenen Position.[1] Anfangs hing die Partei noch stark von deutschlandpolitischen Planspielen der Sowjetunion ab, die auch zur zweiten Berlin-Krise führten.[2] Deren Ende durch den Mauerbau schmälerte zwar nicht den Einfluss Moskaus auf die Politik der SED, reduzierte aber drastisch den Verhandlungswert der »deutschen Frage« für die Sowjetunion. In der SED wich die Rede von einer »Konföderation« zugunsten der »friedlichen Koexistenz«.[3]

Diese war geprägt von der Suche nach Gesprächsgrundlagen zwischen Ost und West im weiteren und zwischen der DDR und der Bundesrepublik im engeren Sinne. Im Lichte der deutschlandpolitischen Kurskorrektur der sozialliberalen Bundesregierung schwenkte die SED-Führung ab 1969 auf eine ambivalente Politik sowohl der Entspannung als auch der scharfen Abgrenzung ein. Es entstand eine wechselhafte Dynamik, welche die weiteren deutsch-

---

1 Für eine frühe Beschäftigung mit dieser Position siehe A. James McAdams, *East Germany and Detente: Building Authority after the Wall* (Cambridge: Cambridge University Press, 1985), 32 f.; besonders die Frage der Staatsbürgerschaft betonend ders., *Germany Divided: From the Wall to Reunification* (Princeton: Princeton University Press, 1993), 126 f.

2 Michael Lemke, »Idee und Planung einer deutschen Konföderation im Spannungsfeld von innerdeutschen Interessen der SED und deutschlandpolitischem Kalkül der UdSSR: 1954-1961«, in: *Die DDR: Erinnerung an einen untergegangenen Staat*, hg. von Heiner Timmermann (Berlin: Duncker und Humblot, 1999), 429-52; Lee Dong-Ki, *Option oder Illusion? Die Idee einer nationalen Konföderation im geteilten Deutschland 1949-1990* (Berlin: Ch. Links, 2010); Heike Amos, *Die SED-Deutschlandpolitik 1961 bis 1989: Ziele, Aktivitäten und Konflikte* (Göttingen u. a.: Vandenhoeck & Ruprecht, 2015).

3 Amos, *Die SED-Deutschlandpolitik*, 129.

deutschen Beziehungen auf Staats- und Bevölkerungsebene formte. Die damit verbundene weitere Vergesellschaftung der Mauer war geprägt von Versuchen, auf Basis der weiteren Absicherung und Integration des jeweiligen deutschen Staates Kontakte zu finden und zu gestalten; von Ministertreffen bis zum Reise- und Transitverkehr, von Regierungserklärungen bis zum Postverkehr, vom Diplomatenaustausch bis zur Familienzusammenführung. Diese Kontakte schufen die Grundlage für eine Dynamisierung der Geschichte der deutsch-deutschen Migration, wobei das Thema zugleich immer mehr aus dem öffentlichen Diskurs verschwand. Ausgangspunkt dieser Phase war jedoch nicht die Öffnung der Bundesregierung für den deutsch-deutschen Dialog 1969, sondern ein Akt der Abgrenzung vonseiten der SED, der die Herrschaft über die Menschen auf dem Territorium des SED-Staates intern und international absichern sollte: die Einführung einer eigenen DDR-Staatsbürgerschaft im Jahre 1967.[4]

Die Frage der Zweckmäßigkeit
eines unmöglichen Gesetzes

Auf der Suche nach Legitimation griff die DDR neben der leninistisch-stalinistischen Staats- und Klassentheorie auch auf das »bürgerliche« Völkerrecht zurück, namentlich Georg Jellineks Drei-Elemente-Lehre.[5] Ein Staat konstituiert sich dieser zufolge durch Staatsgewalt, Staatsgebiet und Staatsvolk.[6] Auf diese im Völkerrecht als elementar bezeichnete Lehre beriefen sich sowohl wichtige DDR-Juristen als auch die Führung des SED-Staates in den Bemühungen um international anerkannte staatliche Souveränität.[7] Dabei konnten sie davon ausgehen, dass die DDR seit 1949 die notwendigen Institutionen der Staatsgewalt, allen voran

4 Auszüge des folgenden Teilkapitels gingen bereits ein in Frank Wolff, »Rechtsgeschichte als Gesellschaftsgeschichte? Die Staatsbürgerschaft der DDR als Kampfmittel im Kalten Krieg«, in: *Kritische Justiz* 51/4 (2018), 413-30.

5 Jan C. Behrends, »The Stalinist Volonté Générale: Legitimizing Communist Statehood (1935-1952): A Comparative Perspective on the USSR, Poland, Czechoslovakia, and Germany«, in: *East Central Europe* 40/1-2 (2013), 37-73.

6 Georg Jellinek, *Allgemeine Staatslehre* (Berlin: Häring, 1900).

7 Gerhard Riege, *Zwei Staaten, zwei Staatsbürgerschaften* (Berlin: Staatsverlag der DDR, 1967), 29.

einen Regierungskörper, eine Polizei und eine Armee, besaß. Das Territorium war der DDR durch die Zonenaufteilung zugeschrieben, was die Staatsführung ab 1952 mit dem Beginn des Ausbaus der innerdeutschen Grenze auch markierte und wohinein sie die sowjetische Zone Berlins zunehmend integrierte.[8] Einzig die andauernde Auswanderung über Berlin stellte dabei die Staatsgewalt infrage. Dies endete 1961 mit der Absicherung durch den Mauerbau. Dem Selbstverständnis nach blieb es unerheblich, dass die DDR ein Staat von Moskaus Gnaden war, denn die Sowjetregierung unterstützte die SED-Führung in der Errichtung ihrer Souveränitätsfassade.

Das dritte Element der Lehre, das Staatsvolk, stellte hingegen ein Problem dar. Zwar konnte die DDR ihren Zugriff auf die Bevölkerung durch den Mauerbau maximieren. Doch die Fragen, welcher Personenkreis konkret das Staatsvolk konstituierte und wie sich die Staatsvölker der beiden deutschen Republiken voneinander abgrenzten, blieben offen. Denn sowohl in der DDR als auch der BRD galt trotz der doppelten Staatsgründung 1949 gleichermaßen das auf 1913 zurückgehende Reichs- und Staatsangehörigkeitsgesetz (RuStAG). Diesen Status bekräftigte die Verfassung der DDR von 1949 in Art. 1, Abschnitt 4 knapp und bündig: »Es gibt nur eine deutsche Staatsangehörigkeit«.[9] Zwar bedingte sich die DDR bereits bei Erlass der Verfassung unter anderem das Recht der alleinigen Gesetzgebung über »die Staatsangehörigkeit, die Freizügigkeit, die Ein- und Auswanderung, die Auslieferung und das Paß- und Fremdenrecht« (Art. 112, Abschn. 1, Verfassung der DDR 1949) aus, doch erst mit der Konsolidierung des Staatsterritoriums Mitte der 1950er Jahre regten sich Stimmen, diesen Anspruch in die Tat umzusetzen. Die Frage der Staatsangehörigkeit war migrationspolitisch von größter Bedeutung. Neben den offensichtlichen Themen wie Zuzug, Verzug oder Rückkehr betraf sie schließlich auch spezifischere Dinge wie die Anerkennung der Aus- und Einbürgerungen durch NS-Deutschland – dazu gehörte etwa der Status von Sudetendeutschen oder in der DDR wohnhaf-

---

8 Siehe v. a. Sagi Schaefer, *States of Division: Border and Boundary Formation in Cold War Rural Germany* (Oxford: Oxford University Press, 2014).

9 Zudem bedingten sich die Verfassungsgeber aus, alle Angelegenheiten zu entscheiden, die »für den Bestand und die Entwicklung des deutschen Volkes in seiner Gesamtheit wesentlich sind« (Art. 1, Abschn. 2, Verf. der DDR).

ten Österreichern –, das Personenstandsrecht bei Eheschließungen, der Zugriff auf im Ausland befindliche Bürger oder die Zu- und Aberkennung der deutschen Staatsbürgerschaft durch die DDR allein. Die Ambivalenz des Vorhabens lag darin, dass eine gesonderte DDR-Staatsangehörigkeit einerseits das Souveränitätsstreben der DDR untermauern, andererseits aber juristisch die deutsche Bevölkerung in zwei Rechtsgruppen schneiden würde. Das hätte sowohl die Wiedervereinigungsrhetorik der SED als auch das für die UdSSR eminent bedeutsame Friedensvertragsargument als Bühnenspiel entlarvt und den Schwarzen Peter der Teilung erneut der Ostseite zugespielt. Die Innen- und Außenpolitiker der DDR hatten darum nur geringes Interesse an einer Änderung des Status quo. Noch geringer war das Interesse lange Zeit in der Sowjetunion, für die die Offenheit der deutschen Frage ein wichtiges Druckmittel im Kalten Krieg darstellte.

Anders sah es in der Verwaltung der DDR aus. Deren Mitarbeiter betonten die Ungelöstheit praktischer Fragen, etwa in Bezug auf den Status einiger »Umsiedler« oder den staatsrechtlichen Umgang mit ehemaligen Österreichern in der DDR. Diese gesellschaftlich marginalen, rechtlich aber bedeutsamen Grenzfälle veranlassten die SED-Führung dazu, die »Notwendigkeit und Zweckmäßigkeit« eines eigenen Staatsbürgerschaftsgesetzes zu sondieren.[10] Wohl infolge des gesteigerten Souveränitätsgefühls aufgrund des »Staatsvertrags« zwischen der Sowjetunion und der DDR erteilte der Ministerrat 1955 Innenminister Karl Maron unter dem Siegel der absoluten Verschwiegenheit den Auftrag, die Möglichkeiten eines solchen Vorstoßes zu erörtern. Dass er und nicht Justizministerin Hilde Benjamin diesen delikaten Auftrag erhielt, mag im persönlichen Vertrauensverhältnis zwischen Walter Ulbricht und Karl Maron gelegen haben.[11] Vermutlich erhoffte Ulbricht sich von seinem

10 Zur Rolle von Grenzfällen für die Konstruktion von Staatsangehörigkeitsrecht siehe Jannis Panagiotidis, »›The Oberkreisdirektor Decides Who Is a German‹: Jewish Immigration, German Bureaucracy, and the Negotiation of National Belonging (1953-1990)«, in: *Geschichte und Gesellschaft* 38/3 (2012), 503-33; ders., »Germanizing Germans: Co-ethnic Immigration and Name Change in West Germany, 1953-93«, in: *Journal of Contemporary History* 50/4 (2015), 854-74.

11 BArch Berlin, DO 1, 7772, Maron an Benjamin, 1. Dezember 1955; entsprechende Fragen beschäftigten diverse Ministerien und deren Vorläufer von 1946 bis weit in die 1960er Jahre; siehe ebd., 6960; ebd., 9858, Briefwechsel Dickel und Rost (MR) April bis August 1965.

Chef des Innenresorts auch eine stärker praktisch denn juristisch fundierte Einschätzung.

Zum Jahreswechsel 1955/56 bestellte Maron den Juristen Herbert Kröger als Gutachter, der sich damals auf dem Höhepunkt seiner Laufbahn befand. Das einstige NSDAP- und SS-Mitglied saß seit einigen Jahren in der Volkskammer, beriet 1955 im Verbotsverfahren gegen die KPD die Verteidigung aufseiten des ZK der SED und war zudem frisch als Rektor der Walter Ulbricht Akademie für Staats- und Rechtswissenschaft in Potsdam-Babelsberg berufen worden.[12] In seinem Gutachten verwies Kröger nicht auf sowjetische, sondern in Westdeutschland lehrende Autoren, in erster Linie auf Walter Schätzel und Alexander N. Makarov.[13] So wägte Kröger ab zwischen dem destruktiven Charakter, den eine Negierung der allgemeinen deutschen Staatsangehörigkeit durch die DDR hätte, und dem administrativen Bedarf, gesetzliche Regelungen zu formulieren. Er schlug abschließend vor, zum einen die deutsche Staats*angehörigkeit* im Rahmen des RuStAG zu erhalten und bei Bedarf eigenmächtig zu erweitern, wie z. B. bereits im Rahmen der Gleichstellung der Frau geschehen. Dem solle man zum anderen eine eigene sozialistische Staats*bürgerschaft* der DDR zur Seite stellen. Kröger begründete diese Idee damit, dass die Staatsbürgerschaft der DDR de facto bereits durch die Auflösung des Reiches in zwei deutsche Staaten existiere. Sie sei aber inhaltlich auszuformulieren, worunter er vor allem die Definition spezifischer sozialistischer Rechte und Pflichten verstand. Diese ideologisch fundierte Parallelinstallation werde dem praktischen Bedarf gerecht, spiegele die staatliche Realität und verhindere zugleich, »dass das einheitliche Band der deutsche Staatsangehörigkeit zerrissen wird«.[14]

Die Entscheidungsträger im MdI sperrten sich jedoch gegen diese Quadratur des Kreises. Der aufstrebende kommissarische Leiter der Hauptabteilung Innere Angelegenheiten beim MdI Georg

---

12 Jeffrey Herf, *Divided Memory: The Nazi Past in the Two Germanys* (Cambridge/Mass.: Harvard University Press, 1997), 187.

13 BArch Berlin, DO 1, 7570, Gutachten Kröger, 14. Februar 1956, 7-11; siehe v. a. Walter Schätzel, *Die Regelung der Staatsangehörigkeit nach dem Weltkrieg* (Berlin: Stilke, 1927); Aleksandr N. Makarov, *Allgemeine Lehren des Staatsangehörigkeitsrechts* (Stuttgart: Kohlhammer, 1947); gefolgt von ders., *Deutsches Staatsangehörigkeitsrecht: Kommentar* (Frankfurt/M.: Metzner, 1966).

14 BArch Berlin, DO 1, 7570, Gutachten Kröger, 14. Februar 1956, 19.

Bergmann lehnte Krögers Grundgedanken ab, dem zufolge eine Staatsbürgerschaft der DDR bereits existiere und nur noch ausgeformt werden müsse. Die Souveränität der DDR habe doch alleinig den Zweck, dass »der westdeutsche Bundesstaat klar erkennt, daß der östliche Teil Deutschlands nicht als solcher in den westdeutschen Bundesstaat einverleibt werden kann«.[15] Im Gegensatz zu puristischen Vertretern der Drei-Elemente-Lehre erwies er sich damit als Machtpragmatiker. Er zog sich auf den Gedanken zurück, dass staatsangehörigkeitsrechtlich die beiden deutschen Teilstaaten jeweils den Rang eines Bundesstaates besäßen. Im Sinne der Anwendung des RuStAG in der Weimarer Republik seien sie – wie Bundesstaaten – Teilmengen eines Deutschlands, die jeweils unabhängig voneinander, aber gegenseitig ergänzend auf Länderebene die einheitliche deutsche Staatsangehörigkeit verwalten. So schlussfolgert er: »Man muß doch erkennen, daß über allem Deutschland als die Nation steht.« Nur wegen der Souveränität »die Fragen der Staatsbürgerschaft für die DDR zu regeln, wäre ungünstig und hätte keinen praktischen Nutzeffekt«.[16]

Diese aus der Rückschau durchaus überraschende Position stellte alles andere als eine Einzelmeinung dar. Minister Maron schloss ihr sich an, widersetzte sich aber Krögers juristischem Taschenspielertrick nicht derart eindeutig wie Bergmann. Instruktiv teilte er Ministerin Benjamin und dem Leiter des Büros des Präsidiums des Ministerrats Anton Plenikowski mit, dass Kröger die »Notwendigkeit und Zweckmäßigkeit einer solchen Regelung« als gut begründet erachte und dass dieser zwar zu »richtigen Schlussfolgerungen« käme, seine Auffassung jedoch nur eine »persönliche Meinung« darstelle, der andere Expertenstimmen zur Seite gestellt werden sollten. Letztlich solle dann eine zu bildende Kommission über die Frage befinden.[17] Er versuchte also, das Thema auszusitzen. In erster Linie fehlte ihm wohl das Interesse, in den unruhigen Zeiten der Machtkonsolidierung Ulbrichts, der Mitte der 1950er Jahre zahlreiche hochrangige Politiker zum Opfer fielen, am Sprengsatz der Staatsangehörigkeit zu zünden.

Es folgte eine längere Phase apparatsinterner Diskussionen, in

15 BArch Berlin, DO 1, 7570, Bergmann an Rechtsabteilung MdI, 9. April 1956.

16 BArch Berlin, DO 1, 7570, Bergmann an Rechtsabteilung MdI, 9. April 1956.

17 BArch Berlin, DO 1, 7772, Maron an Benjamin, 1. Dezember 1955; ebd., Maron an Plenikowski, 1. Dezember 1955.

der politische Bedeutung und Risiko evaluiert wurden. Das MdI wiederholte stets den Schluss, dass es nicht »zweckmäßig« sei, die geltende Regelung zu ändern, ohne nachhaltig darzulegen, was überhaupt das Handlungsziel, also der »Zweck«, sein könnte.[18] Stalinistisch geschulte Juristen wie Kröger führten hingegen praktische Erwägungen und Einzelfragen an, um eine grundlegende Entscheidung zugunsten eines Gesetzes zu forcieren.[19] Neben Kröger trat dabei zunehmend der etwas jüngere Horst Büttner, Direktor des dem Ministerium der Justiz (MdJ) unterstehenden Deutschen Instituts für Rechtswissenschaften, in den Vordergrund.[20] 1957 teilte er im Nachklang des KPD-Verbotsverfahrens mit, ihm kämen »im Hinblick auf die sich häufenden Fälle der Verurteilung von Bürgern der DDR durch Gerichte der Bundesrepublik Bedenken [...], ob der Standpunkt über eine einheitliche Staatsangehörigkeit heute noch aufrecht erhalten werden sollte«.[21] Die Zweckmäßigkeit einer eigenen DDR-Staatsangehörigkeit sah er nicht nur in der rechtlichen Bindung der Bevölkerung an den Staat, sondern im Schutz von DDR-Bürgern vor westdeutschen Gerichten. Ohnehin sei es »widersinnig«, angesichts zweier deutscher Staaten von einer Staatsangehörigkeit zu sprechen. Dem 1924 geborenen und damit noch jungen Institutsdirektor kam eine gewichtige Stimme zu, unterlag seinem Institut doch die »straffe Führung der staats- und rechtswissenschaftlichen Forschungsarbeit im Republikmaßstab«.[22] Eine DDR-Staatsbürgerschaft hätte seiner Karriere sicher einige Optionen eröffnet. Das MdI pochte jedoch in mehreren Schreiben darauf, dass Maron eine grundlegende Änderung ablehne.[23]

---

18 BArch Berlin, DO 1, 7570, Bergmann an Rechtsabteilung MdI, 27. März 1957; ebenso ebd., 7772, Rechtsabteilung MdI, Pawlak an HA IA, 28. Februar 1957.

19 Gert-Joachim Glaeßner, *Herrschaft durch Kader: Leitung der Gesellschaft und Kaderpolitik in der DDR* (Opladen: Westdeutscher Verlag, 1977), 308 f.; Michael Stolleis, *Geschichte des öffentlichen Rechts in Deutschland*, Bd. 4: *Staats- und Verwaltungsrechtswissenschaft in West und Ost 1945-1990* (München: C. H. Beck, 2012), 114.

20 Stolleis, *Staats- und Verwaltungsrechtswissenschaft in West und Ost 1945-1990*, 114.

21 BArch Berlin, DO 1, 7772, Rechtsabteilung MdI, Pawlak an HA IA, 28. Februar 1957.

22 Martin Otto, *Von der Eigenkirche zum Volkseigenen Betrieb: Erwin Jacobi (1884-1965): Arbeits-, Staats- und Kirchenrecht zwischen Kaiserreich und DDR* (Tübingen: Mohr Siebeck, 2008), 346.

23 BArch Berlin, DO 1, 7772, HA IA, Bergmann an RA, MdI, 27. März 1957, auch

Für das MdI wurde es dabei zu einer Herausforderung, seine Position durch berufene Juristen im Land zu untermauern, da deren wichtigste Vertreter sicher auch aus Eigeninteresse zu den Befürwortern einer Regeländerung gehörten. Dem Ministerium fiel es schwer, ein entsprechendes Rechtsgutachten aus berufenem Munde in der DDR einzuholen, am wenigsten von Hardlinern wie Büttner, der selbst der keineswegs zimperlichen Justizministerin Hilde Benjamin die »Unterschätzung der ideologischen Rolle der Justiz« vorwarf.[24] In einem bemerkenswerten Akt wich das MdI darum auf den Klassenfeind aus und kontaktierte vermittelt durch Büttner *die* staatsrechtliche Eminenz, den in Bonn lehrenden Walter Schätzel.[25] Wenig überraschend verwandte sich dieser eindeutig gegen eine neue Gesetzgebung, indem er das politische und das Zweckmäßigkeitsargument gegeneinander ausspielte. Es wäre »untunlich, an dieser vielleicht letzten und stärksten Bande durch eine einseitige Gesetzgebung zu rütteln«, schrieb Schätzel.[26] Einzelstaatlich unterschiedlich gelöste Fragen wie die Rechtsstellung der Frau, der Umgang mit Vertriebenen und die Frage der Anerkennung von Ein- und Ausbürgerungen durch die Nationalsozialisten seien allesamt »glücklicherweise« nicht so bedeutend, dass dadurch die »einheitliche Staatsbürgerschaft schon zerrissen würde«. So schloss er zur Zufriedenheit des MdI: »Das Staatsbürgerschaftsrecht hat sicher politische Bedeutung, aber andererseits handelt es sich bei den von mir aufgezählten Punkten im wesentlichen um rein technische Regelungen, deren Verschiedenheit meiner Ansicht nach keine allzu große Bedeutung zukommt.«[27] Das

---

in Bezug auf ein Schreiben von Maron an Otto Schön beim ZK der SED vom 14. Juni 1956.

24 Zit. n. Marianne Brentzel, *Die Machtfrau: Hilde Benjamin 1902-1989* (Berlin: Ch. Links, 1997), 275.

25 Dieser legte seit der Weimarer Republik fortwährend grundlegende Publikationen zum RuStAG vor, zum Staatsangehörigkeitsrecht v. a. Walter Schätzel, *Der Wechsel der Staatsangehörigkeit infolge der deutschen Gebietsabtretungen* (Berlin: Stilke, 1921); ders., *Die Regelung der Staatsangehörigkeit nach dem Weltkrieg*; ders., *Das deutsche Staatsangehörigkeitsrecht*, 2. Aufl. (Berlin: De Gruyter, 1958).

26 Für dieses Argument siehe auch Wilhelm A. Kewenig, »Die deutsche Staatsbürgerschaft – Klammer der Nation?«, in: *Europa-Archiv* 42/18 (1987), 517-22.

27 BArch Berlin, DO 1, 7772, Schätzel an Büttner, 12. März 1957; vgl. auch die dem grundlegend zustimmenden Antworten des MdI vom 10. April 1957, 12. Juli 1957 und 28. Februar 1958.

MdI blieb folglich bei der Position, es sei übertrieben, praktische Fragen unilateral durch die große Keule des Staatsangehörigkeitsrechts zu lösen, wenn dies auch durch nachrangige Verordnungen ginge. Hier sprachen die Vertreter der Innenverwaltung mit der Autorität der Erfahrung. Für sie war es eine erfolgreiche Praxis, derart entscheidende Fragen nicht auf der Gesetzesebene zu regeln, sondern auf der Ebene normativer Staatsgeheimnisse, allen voran in Vertraulichen Verschlusssachen.[28]

Während der zweiten Berlin-Krise schnupperten die Unilateralisten erneut Morgenluft. Chruschtschow spielte öffentlich mit dem Gedanken eines einseitigen Friedensvertrags mit der DDR, was auch Bewegung in die Staatsangehörigkeitsfrage brachte. Unter Federführung des Außenministeriums nahm im Sommer 1960 eine Arbeitsgruppe zur Regelung von Staatsangehörigkeitsfragen die Arbeit auf. Anders als das MdI intendierte das MfAA, das Thema voranzutreiben, denn aus seiner Sicht lag die Zweckmäßigkeit gerade in der völkerrechtlichen Abgrenzung. Es schlug zwar kein Gesetz vor, führte jedoch detailliert und offensiv den »Nachweis« des Bestehens einer eigenen Staatsbürgerschaft. Ein streng geheimes Positionspapier erachtete diese »von großer politischer Bedeutung«, denn erstens kennzeichne eine eigene Staatsbürgerschaft die DDR als ein »gleichberechtigtes Völkerrechtssubjekt«. Zweitens sei sie »von erheblichem politisch-ideologischem Wert bei der Erziehung zum Staatsbewußtsein« und ganz besonders in der »Praxis der Organe im Kampf gegen westdeutschen Imperialismus.«[29]

Dieser hochgradig explosiven »Panzerschranksache« lag ein Papier mit »Thesen zur Entstehung der Staatsbürgerschaft der DDR« bei. Dieses revitalisierte frühere juristische Argumente, aber nicht unter Berufung auf etablierte Staatsrechtler, sondern auf eine höhere Instanz. Schon Lenin habe in seinem Vortrag »Über den Staat« befunden, dass eine Staatsangehörigkeit unweigerlich mit dem Staat entstehe.[30] Aus der »Klassenfunktion der Staatsangehörigkeit« ergebe sich dem Papier zufolge, »daß kein Staat ohne eigene Staatsangehörige – ohne eine eigene Staatsangehörigkeit – exis-

---

28 Vgl. Kap. 1 in Teil I sowie Heidrun Budde, »»Vertrauliche Verschlußsachen«: Quelle des DDR-Unrechts«, in: *Recht und Politik* 35/1 (1999), 54-9.

29 BArch Berlin, DO 1, 7772, MfAA Kaudelka an Pawlak (RA MdI), 29. Juni 1960.

30 Gemeint ist Wladimir I. Lenin, »Über den Staat. Vorlesung an der Swerdlow-Universität, 11. Juli 1919«, in: *Lenin Werke* (Berlin [Ost]: Dietz, 1984), 460-79.

tieren kann«. Sie müsse jedoch nicht explizit kodifiziert werden, denn »[m]it der Gründung der DDR entstand auch automatisch ihre Staatsangehörigkeit«.[31] Die Diskutanten wagten sich also bis knapp unter die Grenze eines eigenen Gesetzes. Sie scheuten indes das Risiko eines eigenen Entwurfs und erhoben stattdessen Anklage gegen die Bundesrepublik. Zum einen stellte die Arbeitsgruppe die »Herausreißung Westdeutschlands aus dem deutschen Nationalverband« fest, weswegen alleinig die DDR sich zu Recht noch auf das RuStAG von 1913 berufe.[32] Zum anderen kämpfe man aber gegen die »völkerrechtswidrige Bonner Ausschließlichkeitsanmaßung« bzw. den »aggressiven expansionistischen Ausschließlichkeitsanspruch« der Bundesregierung, dem man eine eigene Staatsbürgerschaft entgegenstellen müsse.[33] Die Arbeitsgruppe kam so auf keinen grünen Zweig. Letztlich behielten erneut die Skeptiker die Oberhand. Die Akteure erkannten jedoch zunehmend, dass die Staatsangehörigkeitsfrage praktische Relevanz für die Migrationsthematik hatte. Der Wechsel der Staatsangehörigkeit erfolge »bis zu einer Neuregelung gegenwärtig durch Wohnsitzverlegung und Entzug des Personaldokuments des Heimatstaates«, also in erster Linie durch die Handlungen der »Republikflüchtigen« selbst und den Erhalt der bundesdeutschen Identitätsdokumente und nicht durch eine staatliche Entscheidung der DDR.[34] Der Massenexodus stellte also nicht nur die individuelle Zugehörigkeit, sondern insgesamt den Souveränitätsanspruch des Staates infrage. Dies zu ändern war dem SED-Staat rechtlich nicht möglich, wie das schikanierende, die Flucht aber keineswegs eindämmende Passgesetz von 1957 demonstrierte. Dafür musste er das Schlupfloch Berlin durch den Mauerbau schließen.[35]

31 BArch Berlin, DO 1, 7772, Thesen zur Entstehung der Staatsangehörigkeit der DDR, 29. Juni 1960, 10.
32 BArch Berlin, DO 1, 7772, Arbeitsgruppensitzung 1. August 1960, 2.
33 BArch Berlin, 2. Entwurf der Thesen zur Staatsangehörigkeit, Juli 1960; ebd., Sektorenleiter HA IA, Sektor II an RA MdI Henoch, 12. September 1960.
34 BArch Berlin, DO 1, 7772, Arbeitsgruppensitzung 1. August 1960, 7; ebd., überarbeitete Thesen zur Staatsangehörigkeit der DDR, 12. September 1960, 5.
35 Gerhard Wettig und Manfred Wilke, »Der lange Weg zur Berliner Mauer 1952/53-1958/59-1961«, in: *Gedenkstätte Berliner Mauer*, 2015, 1-47; in beiden Fällen verfolgte der SED-Staat aber keine geradlinige Politik der Etablierung eines Wunschzustandes, sondern versuchte vielmehr entsprechend der Opportunitäten die Souveränität zu unterstreichen; vgl. Matthias Uhl und Armin Wagner

Auch in dessen direktem Nachklang erschien eine Gesetzeseinführung als nicht opportun – und wäre vermutlich gegenüber der Sowjetunion nicht durchsetzbar gewesen. Intern ging die SED-Führung aber wichtige Schritte und begann im Rahmen der allgemeinen Anpassung der Verwaltung und Normen an den Mauerstaat, das begriffliche Durcheinander in den Anordnungen und Gesetzestexten der DDR durch »politisch richtige Begriffe« wie »Bürger der DDR« zu ersetzen. Die Kategorie des DDR-Bürgers wurde damit vor ihrer juristischen Kodifizierung in die Regeln des Staates integriert. Darüber hinaus verfolgte das MfAA mit dieser sprachlichen Vereinheitlichung das Ziel, »mit absoluter Notwendigkeit durch zielgerichtete Propaganda über die Klassengebundenheit der Staatsbürgerschaft beider deutscher Staaten […] die Konstatierung der Staatsbürgerschaft der DDR systematisch vorzubereiten«.[36] Was also vordergründig wie eine Ersatzhandlung der Sprachregelung anmutete, war eine wichtige Maßnahme, um die nun wirksam werdende Figur des »DDR-Bürgers« zu installieren, darüber die Teilung zu substantivieren und die Entwicklung getrennter Gesellschaften und Identitäten zu forcieren. Die Erfindung des DDR-Bürgers war damit ein sehr wirkungsvoller Schritt, Ausreisewillige als Abweichler, wenn nicht Verräter einer kollektiven Identität zu delegitimieren.

Gestärkt durch den Mauerbau und die nachfolgende Installation einer rigiden Migrationsverwaltung näherte sich die SED-Führung in den 1960er Jahren so der Proklamation einer eigenen Staatsbürgerschaft an. Es steht wohl auch für eine Schwäche der westlichen Geheimdienste, dass von diesem skandalösen Vorhaben über Jahrzehnte nichts in den Westen drang. Vor allem der mittlerweile entscheidend gestärkte Erich Mielke trat ab 1964 mit entsprechenden Bitten an Innenminister Friedrich Dickel heran. Es müsse ein Recht des Staates sein, betonte der Minister für Staatssicherheit, jenen Personen die Staatsbürgerschaft abzusprechen, die ihn ungesetzlich verlassen hätten. Vorerst wies Dickel jedoch noch entschuldigend auf Schwierigkeiten hin, da eine Aberkennung der Staatsbürgerschaft aufgrund der Existenz einer geeinigten Staats-

(Hrsg.), *Ulbricht, Chruschtschow und die Mauer: Eine Dokumentation* (München: Oldenbourg Wissenschaftsverlag, 2010).
36 BArch Berlin, DO 1, 7772, überarbeitete Thesen zur Staatsangehörigkeit der DDR, 12. September 1960, 6.

angehörigkeit »schwierig zu realisieren« sei.[37] Dies stellte aber im Rahmen der immer besser werdenden Zusammenarbeit der beiden Minister und Ministerien keine dauerhafte Hürde dar. Bereits am 21. August 1964 winkte der Staatsrat einen vom MdI erarbeiteten Erlass zu Zuzugsfragen durch. Dieser bot Dickel die benötigte Hintertür, um grundlegende Rechtsfragen, die weit über den Zuzug hinausgingen, auf der administrativen Ebene zu regeln. Im Falle der groben Verletzung der staatsbürgerlichen Pflichten ermächtigte der vertrauliche Erlass ihn, Personen nun aus der – noch gar nicht definierten – Staatsbürgerschaft zu entlassen. Die Definition der hierunter zusammengefassten Vergehen lag in Dickels Händen. Dieser zog einen weiten Rahmen. Neben Kriegsverbrechen, Staatsverrat und Spionage enthielt der Katalog für den SED-Staat typische Gummibegriffe (wie Diversion, Hetze im schweren Fall, Hetze gegen die DDR bei einem Auslandsaufenthalt) und explizit auch das Verleiten zum Verlassen der DDR.[38] Sogar Personen, die erneut straffällig wurden, bevor ihre letzte Strafe getilgt war, konnten ausgebürgert werden. Kurzum drohte die Ausbürgerung nun einer Vielzahl von Problemfällen, über die der Minister des Inneren »in eigener Zuständigkeit« entschied.[39] Ausbürgerung war demnach kein Rechts- oder Verwaltungsakt, sondern eine ministeriell verhängte individuelle Strafe, bei der die Hand des MfS durch ihr Informationsmonopol und mögliche operative Bearbeitungen stets mitdirigierte. Mit diesem Katalog definierte der Erlass auch erstmals spezifische staatsbürgerliche Pflichten *ex negativo*. Nachdem der Erlass ergangen war, erkannte der SED-Staat zahlreichen Personen, in erster Linie unerwünschten Rückkehrern und einigen Straffälligen, die Staatsbürgerschaft der DDR ab – und nicht etwa die deutsche Staatsbürgerschaft –, bevor diese überhaupt juristisch eingeführt worden war.[40] Die Folge war eine neue, in der Bundes-

---

37 BArch Berlin, DO 1, 17282, Dickel an Mielke, 30. April 1964.

38 Letzteres bezog sich nur auf Akte nach dem 13. August 1961, wohingegen Straffreiheit für das ungesetzliche Verlassen der DDR vor dem 13. August 1961 gewährt wurde; BArch Berlin, DO 1, 17282, Erlass über Aufnahme von Bürgern der Deutschen Demokratischen Republik, die gegenwärtig in Westdeutschland und West-Berlin leben, 1964.

39 BArch Berlin, DO 1, 17282, Erlass des Minister des Inneren, Entwurf angenommen vom Politbüro des ZK der SED, Beschluss 11/64.

40 BArch Berlin, DC 20 I/4, 1114, 47 f., Beschluss des Präsidiums des MR, 40. Sit-

republik jedoch kaum wahrgenommene Form der Ausweisungen aus der DDR.

Durch diese Praxis wurde die Diskrepanz zwischen dem machtsichernden Regulierungshandeln des SED-Staates und der gesetzlich existenten gesamtdeutschen Staatsangehörigkeit verschärft. Dabei überschnitten sich zwei Problemlinien: erstens praktische Fragen der Umsetzung der eigenen Staatsbürgerschaft bei gleichzeitiger Existenz einer deutschen Staatsangehörigkeit und zweitens die politische und ideologische Funktion einer eigenen Staatsbürgerschaft als »konsequente Zurückweisung der aggressiven Alleinvertretungsansprüche der westdeutschen Regierung«.[41] Unter dieser politischen Doktrin, der indes ein normatives Dach fehlte, verloren sich Mitte der 1960er Jahre die Beamten im zunehmenden Dickicht von Spezialregelungen. Dennoch scheiterten vorerst alle Versuche, einen Beschluss »zur Gewährleistung der einheitlichen Anwendung der gesetzlichen Bestimmungen in Staatsbürgerschaftsangelegenheiten« zu fassen, an der Inkompatibilität der Interessen und Regeln. Dazu kam der Widerstand einzelner Ministerien, die versuchten, ihren Machtbereich gegen den Einfluss des MdI zu sichern.[42] Nichtsdestotrotz legte das MdI einen Entwurf für eine Anweisung zur Bearbeitung von Anträgen auf Verleihung, Entlassung und Aberkennung der Staatsbürgerschaft der DDR vor. Dieser erneute oberflächliche Versuch, die Angelegenheit rein praktisch zu lösen, ging inhaltlich sehr weit, konnte aber keine der grundlegenden Fragen klären und wurde darum schnell wieder »zurückgestellt«.[43]

Durchsetzung im Schatten der Mauer

Dabei drängten keineswegs nur Ministerialvertreter auf ihren sekundären, regulativen Einfluss im Migrationsregime. Auch eine junge, aufstrebende Generation von Staatswissenschaftlern, allen

zung vom 22. April 1966; ebd., 2547, 57-9, Beschluss des Präsidiums des MR, 61. Sitzung vom 20. Januar 1966.

41 BArch Berlin, DO 1, 7672, Vorlage 31. Januar 1967.

42 BArch Berlin, DO 1, 9858, ausführlicher Briefwechsel Dickel (MdI) und Rost (MR), April bis August 1965.

43 BArch Berlin, DO 1, 9858, Anweisung 33/66; ebd., 62 521, Anweisung 33/66.

voran der 1930 geborene Gerhard Riege, forderten unter Berufung auf die Drei-Elemente-Lehre eine eigene Staatsbürgerschaft für den SED-Staat. Bereits im August 1963 unterbreitete Riege dem MdI auf Basis seiner entstehenden Habilitation Vorschläge für »Grundsätze für ein Staatsbürgerschaftsgesetz der DDR«. Um die antizipierten Widerstände im MdI zu kontern, berief er sich dabei auf den Staatsratsvorsitzenden:

Daß die Bearbeitung des Staatsangehörigkeitsrechts auch für die Wissenschaft eine aktuelle Aufgabe ist, haben die wiederholten Stellungnahmen Walter Ulbrichts zu dieser Problematik sichtbar gemacht. Genosse Walter Ulbricht hat außerdem in einer Äußerung [sic] vom 5.5.63 zum Entwurf eines Artikels von mir, der ihm durch Genossen Staatssekretär Winzer [Otto Winzer war zu jener Zeit Staatssekretär im MfAA und erster Stellvertreter des Außenministers] vorgelegt wurde, sein Einverständnis erklärt, daß die mit der Staatsangehörigkeit zusammenhängenden Fragen jetzt beantwortet werden.[44]

In der Tat zirkulierten im Frühjahr 1962 hinter verschlossenen Türen mehrere Entwürfe des MfAA für ein Staatsbürgerschaftsgesetz der DDR. Diese gehören jedoch in die Trial-and-Error-Periode der Mauergesellschaft, in der der SED-Staat Ordnung suchte und zahlreiche Maßnahmen zur Migrationsregulation ausprobierte. Das Vehikel der Staatsbürgerschaft erschien hierbei vorerst als nachrangig und wurde aufgrund seiner Brisanz schnell ausgeklammert.[45] So verfehlte auch Rieges Druck seine Wirkung und seine 1964 angenommene Habilitation blieb vorerst eine rein rechtswissenschaftliche Schrift.

Der entscheidende Impuls, die Sicherheit hinter der Mauer für den großen staatsrechtlichen Schlag auszunutzen, kam aus Westdeutschland. Im Dezember 1966 nahm in Bonn die große Koalition ihre Arbeit auf. Die Folge war eine erste zarte deutschlandpolitische Kurskorrektur. Um sich in Stellung zu bringen, zeigte die SED-Führung Härte. Eine eigene Staatsbürgerschaft sollte nun

44 BArch Berlin, DO 1, 7570, Riege an Franke (MdI), 2. September 1963; weiterhin Gerhard Riege, *Die Staatsbürgerschaft der DDR* (Jena: Rechtswissenschaftliche Fakultät, Habilitationsschrift vom 30. Juni 1964, 1964).

45 BArch Berlin, DO 1, 7570, Entwurf zum Gesetz der Staatsbürgerschaft der DDR, 15. Mai 1962; 2. Entwurf zum Gesetz der Staatsbürgerschaft der DDR, 1. Juni 1962; zur Charakterisierung der Phase siehe Kap. 1 in Teil I.

als Kampfmittel gegen den »westdeutschen Alleinvertretungsanspruch« eingeführt werden.[46] Bereits kurz nach Jahreswechsel informierte der Leiter der Abteilung Staats- und Rechtsfragen des ZK der SED Klaus Sorgenicht Generalmajor Graupner beim MdI, dass Walter Ulbricht Minister Dickel die Federführung für einen Gesetzesentwurf übertragen habe. Grundlage solle der derzeit im Panzerschrank lagernde Entwurf des MfAA sein, der nun »kurzfristig überarbeitet« in »ca. 4 Wochen« den Ministern für Justiz, Staatssicherheit und Auswärtige Angelegenheiten sowie dem Generalstaatsanwalt vorgelegt werden solle.[47] Nun wandelte sich das MdI vom Verteidiger des Status quo zum Hauptakteur der Neuerung: Da bereits seit 1949 eine Staatsbürgerschaft der DDR bestehe, hielten seine Vertreter fest, sei die »überholte Regelung« des RuStAG »mit der Souveränität der DDR nicht mehr vereinbar – sie negiert das Bestehen zweier deutscher Staaten mit unterschiedlicher Gesellschaftsordnung und damit zweier Staatsbürgerschaften«.[48] Keine zwei Wochen nach der Erstbeauftragung sprachen sich die entscheidenden Personen, darunter Dickel nebst Herbert Grünstein vom MdI, Mielke für das MfS, Winzer für das MfAA sowie Generalstaatsanwalt Streit am 30. Januar 1967 auf höchster Ebene ab. Besonders in Ausreisefragen einigten sie sich auf Sprachregelungen, um, wie seit 1961 etabliert, einerseits gesetzlich nahezu jede Ausreisemöglichkeit – und vor allem jeden Rechtsanspruch vonseiten der Bevölkerung – auszuschließen, um andererseits jedoch nutzbare Hintertürchen für Entlassungen einzurichten.[49] Die Verantwortlichen drückten aufs Tempo; zum ursprünglich anvisierten Termin für einen ersten Gesetzesentwurf, die Zeit zwischen dem 15. und dem 20. Februar, wurde der Gesetzestext bereits publiziert.[50] Die Öffentlichkeit hörte erstmalig von dem Gesetz, als die Volkskammer es am 20. Februar durchwinkte. Anstatt über den Inhalt zu diskutieren, erläuterte Anton Plenikowski auf dieser Sitzung die offizielle Lesart des Gesetzes. Demnach schaffe es »keine neuen historischen Tatsachen«, sondern beschreibe lediglich einen

46 BArch Berlin, DO 1, 9858, Aktenvermerk 10.12.1968.

47 BArch Berlin, DO 1, 7672, Vermerk Graupner, 18. Januar 1967.

48 BArch Berlin, DO 1, 7672, Konzeption für die Beratung der Arbeitsgruppe Staatsbürgerschaftsfragen, 21. Januar 1967.

49 BArch Berlin, DO 1, 7672, Vermerk über Beratung am 30. Januar 1967.

50 BArch Berlin, DO 1, 7672, Vermerk Graupner, 18. Januar 1967.

existenten Zustand, der als Ausdruck der »uneingeschränkten Souveränität« und wegen einiger juristischer Regelungen notwendig sei. Rechtmäßig sei demzufolge allein die Staatsbürgerschaft der DDR als »die Staatsbürgerschaft des deutschen Staates, der die imperialistische Vergangenheit endgültig überwunden, die Beschlüsse von Potsdam konsequent verwirklicht und die Volkssouveränität hergestellt hat«, wohingegen die Staatsangehörigkeit der Bundesrepublik »ein eklatanter Bruch des Völkerrechts« sei.[51] Während die Volkskammer und mit ihr die Öffentlichkeit vollmundig abgespeist wurde, erkennen wir beim Blick auf die Entstehung des Gesetzestextes die Unsicherheiten vor allem des MdI. In den Akten finden sich kaum inhaltliche Diskussionen zwischen den Ressorts. Der Begründung des Gesetzes kam allerdings viel Aufmerksamkeit zu. Massive Angriffe aus der Bundesrepublik antizipierend, verteidigte ein erster Präambelentwurf das Vorhaben ellenlang. Die Autoren des MdI wollten den Sinn des Gesetzes nach innen und nach außen verteidigten und spiegelten dabei die interne Debatte der letzten Dekade. Die Juristen des ZK der SED (Tord H. Riemann) und des Staatsrates (Julius Leymann) erkannten in diesen Formeln aber einen »defensiven« Ton, der nahelege, »daß die Existenz einer Staatsbürgerschaft der DDR besonderer Begründung bedarf«.[52] In einem längeren Prozess wurde die Begründung auf wenige Sätze gestutzt, in denen die Souveränität der DDR unterstrichen und von ihren Bürgern das Bekenntnis »zum ersten friedliebenden, demokratischen und sozialistischen deutschen Staat« eingefordert wurde.[53]

Das am 20. Februar 1967 veröffentlichte Gesetz widersprach der gültigen Verfassung der DDR, die erst im Folgejahr in ihrer kompletten Neufassung eine Anpassung erfuhr.[54] Es ernannte den Großteil der DDR-Bevölkerung einseitig zu Staatsbürgern der DDR, definierte Erteilungsmöglichkeiten dieses Rechts und be-

---

51 BArch Berlin, DA 1, 4633, Volkskammersitzung 20. Februar 1967, Rede Plenikowski.

52 BArch Berlin, DO 1, 7672, Leymann, Riemann an Dickel, o. D.

53 »Gesetz über die Staatsbürgerschaft der Deutschen Demokratischen Republik vom 20. Februar 1967«, in: *Gesetzblatt DDR I* (1967), Präambel.

54 »Gesetz über die Staatsbürgerschaft der Deutschen Demokratischen Republik vom 20. Februar 1967«; vgl. Ingo von Münch, *Die deutsche Staatsangehörigkeit: Vergangenheit, Gegenwart, Zukunft* (Berlin: De Gruyter, 2007), 91-6.

hielt sich im schwammigen Ton Entlassungs- und Ausbürgerungs-möglichkeiten vor. Da es hierbei konkrete Vorgaben mied, war der Entscheidungsspielraum nicht an rechtliche Prozesse, sondern an die Abwägungen der Verwaltung gebunden – also an das MdI, was dabei Unterstützung vom MfS erhielt. Die Regeln für Erteilung, Entzug und Entlassung aus der Staatsbürgerschaft konnten so situativ nach der politischen Interpretation des Einzelfalls durch den letztendlich verantwortlichen Innenminister vorgenommen werden, ohne dass sich daraus ein Rechtsanspruch für das Rechtssubjekt, den Bürger, ergab.[55]

Das Gesetz war indes mehr Plakat als Rechtsgrundlage. Weder regelte es die Bearbeitungswege und -arten neu, da dies den zahlreichen Geheimverordnungen vorbehalten blieb, noch führte es Ziel und Zweck seiner Existenz genauer aus, da eingehendere Begründungen als zu defensiv gestrichen worden waren. Das Gesetz sprach über das Innen der DDR als staatsbürgerrechtliche Machtzone, adressierte aber vielmehr das Außen, also die Bundesrepublik, und kann durchaus als ein Höhepunkt des nationalen Abgrenzungswillens des SED-Staates gegenüber seinem westlichen Gegenstück verstanden werden. Darüber hinaus diente es der Binnendisziplinierung im sich konsolidierenden Mauerstaat. Diese doppelte öffentliche Wirkung verstärkte das ZK der SED, indem es alle Chefredaktionen des Landes anwies, ausführlich über das Gesetz zu berichten und Begründungen auszuführen. Konzertiert sollten die Mittwochsausgaben der Presseorgane am 22. Februar 1967 die Bedeutung des Gesetzes hervorheben, wobei das ZK dem Schreiben gleich eine Blaupause beilegte.[56] Die Bedeutung sah das ZK der SED erstens in der Wahrung der Souveränität der DDR, schließlich sorge das Gesetz angeblich im Rahmen des Völkerrechts endlich für »klare Verhältnisse«. Zweitens diene das Gesetz dem Schutz der eigenen Bevölkerung, denn in Bonn sei ein ganzer »Ge-

55 Als ideologische Grundlage für eine Staatsbürgerschaft, die primär das Vertrauen des Staates gegenüber den Bürgern forderte, diente dabei das sowjetische Modell, insbesondere die zentralisierte sowjetische Staatsbürgerschaft, die Stalins Aufstieg und Machtsicherung begleitete; vgl. Eric Lohr, *Russian Citizenship: From Empire to Soviet Union* (Cambridge/Mass. u. a.: Harvard Univ. Press, 2012), 154-7, 166-74; Dieter Gosewinkel, *Schutz und Freiheit? Staatsbürgerschaft in Europa im 20. und 21. Jahrhundert* (Berlin: Suhrkamp, 2016), 337-45.
56 BArch Berlin, DO 1, 7671, Anweisung ZK der SED, Berlin 20. Februar 1967.

setzgebungszweig geschaffen worden, der der juristischen Aggression gewidmet ist«. Die Staatsbürgerschaft des »Friedensstaats« DDR stelle sich dieser Aggression entgegen. Ihr anzugehören bedeute darum »eine hohe Ehre und Verpflichtung«.[57]

Intendierte und unerwartete Reaktionen

Das Gesetz war ein Schlag ins Gesicht der völlig konsternierten Bundesrepublik. Wie die Diskussion um die Präambel zeigt, ging die Staatsführung der DDR von scharfen Reaktionen westdeutscher Politiker aus, wobei sie diese nicht nur billigend hinnahm, sondern zu einem gewissen Grad auch hervorzurufen beabsichtigte. Scharfe Angriffe aus dem Westen dienten der SED-Führung als Rechtfertigungen für die Abgrenzung wegen angeblicher Einmischungen in innere Angelegenheiten. Abgesehen davon kam es aber in der DDR selbst zu zahlreichen unerwarteten Reaktionen im Staatsapparat und der Bevölkerung, die den Bezug eines Propagandagesetzes zur Gesellschaftsgeschichte verdeutlichen.

Wie erwähnt hatte sich das MdI mit Hilfe des MfS bereits im August 1964 das Recht verliehen, Personen die Staatsbürgerschaft einseitig zu entziehen, also die ohnehin stattfindende Ausweisungspraxis normativ über den Begriff der Staatsbürgerschaft zu regulieren. Dies geschah auf der Ebene von Staatsgeheimnissen. So wurden vertrauliche Verordnungen erlassen, die in höheren Kreisen der Administration, nicht aber der Öffentlichkeit bekannt wurden.[58] Der Erlass von 1964 war dabei als ein Hintertürchen für ministeriale Maßnahmen gedacht. Aber der Apparat hatte seinen eigenen Willen, und so verleitete er auch die Abteilungen Inneres der Kreise und der Bezirke dazu, die Initiative zu ergreifen. Alarmiert teilte Dickel Mielke Anfang Januar 1965 mit, dass die Bezirke nach dem Erlass zu Zuzugsfragen von 1964 überraschenderweise »für eine Reihe straffällig gewordener DDR-Bürger Anträge auf Aberkennung der Staatsbürgerschaft gestellt haben«.[59] Unter anderem sei

57 BArch Berlin, DO 1, 7671, Anweisung ZK der SED, Berlin 20. Februar 1967.
58 BArch Berlin, DO 1, 17 282, Erlass über Aufnahme von Bürgern der Deutschen Demokratischen Republik, die gegenwärtig in Westdeutschland und West-Berlin leben, 1964.
59 BArch Berlin, DO 1, 14 739, Dickel an Mielke, 5. Januar 1965.

ein etwas zu kreativer Beamter des Bezirks Leipzig auf die Idee ge-
kommen, er könne sich auf diesem Wege unerwünschter Krimineller entledigen. Konkret ging es um sieben Fälle von Männern, die
allesamt vor dem Krieg in Orten geboren worden waren, die mitt-
lerweile Teil des Bundesgebietes waren, die in verschiedenen Ge-
fängnissen des Bezirks eine langjährige Strafe absaßen und nun vor
der vom Staatsrat verfügten Amnestierung standen. Neben Straf-
tätern, deren Vergehen von Unterschlagung und Betrug über Zu-
hälterei bis zu gefährlicher Körperverletzung reichten, befand sich
darunter auch ein wegen mehrfacher Fluchtversuche Verurteilter.[60]
Die Entlassung dieser Menschen in die DDR-Gesellschaft wollte
der Bezirk Leipzig durch die Entlassung aus der Staatsbürgerschaft
verhindern, was deren Ausweisung nach Westdeutschland zur Folge gehabt hätte. Die Bezirksbehörden suchten also nicht nur in
internen Regeln nach Vorteilen für sich, sondern wollten auch die
bundesdeutsche Verfassung für sich nutzen. Diese verbot es dem
westdeutschen Staat, jedweden Deutschen im Sinne des Grundgesetzes, wozu alle DDR-Bürger gehörten, ab- oder zurückzuweisen.
Bevor Dickel einschritt, erkundigte er sich bei Mielke. Dem Innenminister nach könne den Personen die Staatsbürgerschaft nicht
entzogen werden, da sie bereits mehrere Jahre in der DDR lebten.[61]
Vor allem wollte das MdI nicht den Weg in den Westen über die
Haftanstalten öffnen. Mielke stimmte dem umgehend zu. Er hielt
es »grundsätzlich nicht für zweckmäßig, daß Bürgern der DDR,
die auf dem Territorium der Deutschen Demokratischen Republik
leben, die Staatsbürgerschaft aberkannt wird. Nach meiner Auffassung sollte die Staatsbürgerschaft – bei Vorliegen der gesetzlichen
Voraussetzungen – nur solchen Bürgern aberkannt werden, die ihren Wohnsitz außerhalb der Deutschen Demokratischen Republik
haben.«[62] Mielke erachtete die Ausbürgerung in erster Linie als ein
Regulierungsinstrument nach der Flucht und bekräftigte Dickels
Einschätzung. Zugleich aber stichelte er, weil er die gesetzlichen
Voraussetzungen dafür in Form eines Staatsbürgerschaftsgesetzes
vorantreiben wollte.[63]
Aufgrund dieser Erfahrungen beobachtete das MdI das Verhal-

60 BArch Berlin, DO 1, 14739, Dickel an Mielke, 5. Januar 1965.
61 BArch Berlin, DO 1, 14739, Dickel an Mielke, 5. Januar 1965.
62 BArch Berlin, DO 1, 14739, Mielke an Dickel, 11. Januar 1965.
63 BArch Berlin, DO 1, 14739, Mielke an Dickel, 11. Januar 1965.

ten der Bezirke nach dem Gesetzeserlass besonders sorgsam. Das absichtlich schwammig formulierte Gesetz schuf zahlreiche Folgeprobleme und Nachfragen der Verwaltung. Deshalb erließ der SED-Staat im August 1967 eine Durchführungsverordnung zum Gesetz. Diese wurde aber weder in der breiten Öffentlichkeit vorgestellt noch in den Medien diskutiert.[64] Die Verordnung bestärkte die alleinige Entscheidungshoheit des MdI. Das Recht, einen Antrag auf Entlassung aus der Staatsbürgerschaft bei den AIA der Kreise zu stellen, wurde nur jenen Personen zugesprochen, die bereits über eine ministerielle Erlaubnis zur Wohnsitzverlegung nach außerhalb der DDR verfügten.[65] Es handelte sich also um nachgeordnetes Recht. Den regionalen Ämtern wurde kein Handlungsspielraum eingeräumt, wohingegen das Ministerium eine Entlassung selbst initiieren konnte. Das konkrete Vorgehen (insbesondere zur Verleihung der Staatsbürgerschaft) wurde in den als Vertraulichen Verschlusssachen deklarierten Anlagen expliziert.[66] Wie bei allen entscheidenden Migrationsregelungen hatte nur ein enger Kreis an Eingeweihten Zugriff auf diese Anlagen, primär den Abteilungen Inneres der Kreise und Bezirke, nicht aber der Bevölkerung. Selbst diese Regelungen formulierten jedoch keine eindeutigen Standards über die Entlassung, da dies nicht als Recht, sondern als eine Entscheidung von höchsten Staatsvertretern erachtet wurde. Abgesehen von den üblichen Beschwerden über Schlamperei stellte das MdI zwei Jahre später fest, dass die Kreise und die Bezirke ihrer Blockadefunktion nachkamen und die Verordnung stringent durchsetzten.[67]

Die Bevölkerung reagierte hingegen zunächst verunsichert auf die Gesetzeseinführung, was durch den erheblichen Propagandaaufwand nur verstärkt wurde. So stellten die Stimmungsberichte der Abteilung Parteiorgane des ZK der SED in üblicher Berichtsprosa weitgehende Zustimmung fest, erkannten aber einen

---

64 »Durchführungsverordnung zum Gesetz über die Staatsbürgerschaft der Deutschen Demokratischen Republik vom 3. August 1967«, in: *Gesetzblatt DDR* II (1967), 681.

65 Ebd., § 8 (2).

66 BArch Berlin, DO 1, 17 280, Beschluß des Ministerrats zur Durchführung des Gesetzes über die Staatsbürgerschaft der DDR, plus Anlagen, 23. August 1967.

67 BArch Berlin, DO 1, 7773, Einschätzungen auf dem Gebiet der Staatsbürgerschaft, 13. Dezember 1969.

dringenden Aufklärungsbedarf. Die Fragen der Bevölkerung kreisten um grundlegende Aspekte: Warum sind »Republikflüchtige«, die einen Pass besitzen, nun keine Staatsbürger mehr, wohingegen reisende Rentner dies blieben? Wie verhalten sich Nationalität und Staatsbürgerschaft zueinander? Ist die Bundesrepublik jetzt Ausland, und was bedeutet das für Besuchsreisen?[68] Eine noch 1967 von Riege veröffentlichte, populär gehaltene, inhaltlich aber aggressive Verteidigungsschrift verschaffte nur scheinbar Abhilfe.[69] Informationsveranstaltungen zogen Hunderte Personen an, insbesondere in den Grenzkreisen wie Klötze und Halberstadt, wo jeweils rund 700 Besucher erschienen.[70] Die Stimmungsbilder zu diesen Veranstaltungen folgten ganz der typischen Prosa sozialistischer Lageberichte.[71] Angebliche Meinungen aus dem Volke, hier ein Schornsteinfegermeister aus Schönebeck, reproduzierten Pressetexte: »Das Gesetz bekundet die Souveränität unseres Staates. Jeder Bürger muß sich heute im klaren sein, zu welcher Politik in Deutschland er steht.« Dem wurden »feindliche Argumente« gegenübergestellt, die Folgen der »Hetzpropaganda der BRD« seien.[72] Das Gesetz, so etwa eine Klage, vertiefe die Spaltung nur. Einwürfe wie »Die Nazis hatten solche Gesetze, und wir haben sie auch wieder« diskreditierten in den Augen der Berichterstatter allerdings die Beschwerdeführer, nicht den Gegenstand.[73] Diese Berichte erhoben nicht repräsentativ die Lage im Land, sondern bedienten das Selbstverständnis des SED-Staates und lieferten den Organen Aussagen, um nach Bedarf zustimmende Bürger zu zitieren, sich als sorgend zu inszenieren oder um zur Achtsamkeit aufzurufen, da der Feind im Land stehe.

Ein drängendes – und vom SED-Staat nicht antizipiertes – Pro-

---

68 BArch Berlin, DO 1, 9858, Abt. Parteiorgane des ZK, Information über Stellungnahmen und Argumente zum Gesetz Stb, 27. Februar 1967, inkl. Anhang, 2. März 1967.

69 Riege, *Zwei Staaten, zwei Staatsbürgerschaften.*

70 BArch Berlin, DO 1, 7773, Grünstein an Dickel, 20. März 1967.

71 Vgl. Gunter Gerick, *SED und MfS: Das Verhältnis der SED-Bezirksleitung Karl-Marx-Stadt und der Bezirksverwaltung für Staatssicherheit 1961 bis 1989* (Berlin: Metropol, 2013), 90-7, 105-21.

72 BArch Berlin, DO 1, 7773, Grünstein an Dickel, 20. März 1967.

73 BArch Berlin, DO 1, 9858, Abt. Parteiorgane des ZK, Information über Stellungnahmen und Argumente zum Gesetz Stb, 27. Februar 1967, inkl. Anhang, 2. März 1967.

blem erwuchs daraus, dass ein Gesetz, das ein »Innen« definiert, auch ein »Außen« produziert. Vor Gesetzeserlass hatten Vertreter des ZK der SED Sorgen angemeldet, dass Ausreisewillige eine eigene Lesart des Gesetzes entwickeln könnten. Diese sehr begründete Annahme zerstreute das MdI. Bergmann betonte selbstsicher, dass sich »die sozialistische Staatsmacht für jeden ihrer Staatsbürger in hohem Maße verantwortlich fühlt. Ein einseitiger Verzicht auf die Staatsbürgerschaft der DDR ist nicht möglich.«[74] Es war, so glaubte das MdI, alles eine Frage der Macht und nicht der Lesarten. Das sahen die Bürger anders. Erst vereinzelt und dann in größeren Zahlen drängten Menschen, die kurz zuvor als Bürger der DDR definiert worden waren, auf ihre Entlassung aus der neu geschaffenen Staatsbürgerschaft, nach der sie automatisch in die Klassifikation des RuStAG zurückfallen, also Bundesbürger werden würden. Dies überraschte die Staatsführung, die abgesehen von dem zitierten Kurzaustausch solche praktischen Migrationsfragen vorab nicht diskutiert hatte und sie auch während der Ausarbeitung des Gesetzes nicht weiter reflektierte. Die Bürger jedoch machten aus dem völkerrechtlich intendierten Gegenstand primär einen migrationsrechtlichen.[75] Nur einen Monat nach Gesetzeserlass beklagte Grünstein den Eingang Dutzender Ersuchen auf Entlassung aus der Staatsbürgerschaft der DDR. Einige forderten dies ein, da sie sich »noch als westdeutsche Bürger fühlten«,[76] andere argumentierten, dass sie bereits im Besitz einer weiteren Staatsangehörigkeit seien, also z. B. der Österreichs oder Westdeutschlands, und weitere verwiesen darauf, dass sie als Rückkehrer oder Erstzuziehende wieder in die Bundesrepublik zurückkehren können sollten.[77] Da die Bevölkerung der DDR gelernt hatte, Eingaben an mehrere Stellen zugleich zu richten, stand das MdI vor der schwierigen Aufgabe, das staatliche Vorgehen – und vor allem die neuen Sprachregelungen – in diesem Bereich über die Ministerien hinweg abzustimmen. Es führte zahlreiche Konsultationen mit den Eingabestellen der Kanzlei des Staatsrates sowie des Ministerrates,

---

74 BArch Berlin, DO 1, 7670, Bergmann an Köppen (ZK der SED., Abtl. Staats- und Rechtsfragen), 11. Januar 1967.

75 Vgl. BArch Berlin, DO 1, 7772.

76 BArch Berlin, DO 1, 7672, Grünstein an Dickel, 21. März 1967, 2; ausführliche Fallbearbeitungen in: ebd., 9614; 62 718; 62 552.

77 BArch Berlin, DO 1, 7672, Grünstein an Dickel, 21. März 1967, 2.

mit dem Ministerium der Finanzen, dem Ministerium der Justiz und dem Staatssekretär für westdeutsche Fragen, um die zahlreichen Unklarheiten in Bezug auf die Verleihung und die Entlassung aus der Staatsbürgerschaft zu klären.[78] Besonders das MdI und der Ministerrat erkannten besorgt, dass mit der Veröffentlichung des Gesetzes »eine bemerkenswerte Eingabentätigkeit zur Auslegung dieses Gesetzes« eingesetzt habe. Vor allem »alte Anliegen [werden] erneut vorgebracht«.[79] Das Gesetz schuf also nicht nur klare Fronten, es inspirierte auch Ausreisewillige, die Neuregelung zu ihren Gunsten auszulegen. Das Gesetz bot, vollkommen entgegen seiner Intention, die Bevölkerung abzugrenzen und einzuhegen, ein sprachliches Arsenal, das die Ausreisewilligen für sich mobilisieren konnten. Erstmalig konnten sie anhand des Staatsbürgerschaftsgesetzes (StBüG) rechtliche Argumente zugunsten ihrer Ausreise entwickeln.

Sie bezogen sich dabei in erster Linie auf § 10 Abs. 1 des Gesetzes.[80] Dort hieß es, dass ein Staatsbürger der DDR »auf seinen Antrag aus der Staatsbürgerschaft der Deutschen Demokratischen Republik entlassen werden« kann, wenn er seinen »Wohnsitz mit Genehmigung der zuständigen staatlichen Organe der Deutschen Demokratischen Republik außerhalb der Deutschen Demokratischen Republik hat oder nehmen will, er eine andere Staatsbürgerschaft besitzt oder zu erwerben beabsichtigt und der Entlassung aus der Staatsbürgerschaft der Deutschen Demokratischen Republik keine zwingenden Gründe entgegenstehen«.[81] Die Formulierung, es reiche bereits die Absicht, seinen Wohnsitz außerhalb der DDR zu nehmen oder eine andere Staatsbürgerschaft zu erwerben, bekräftigte die Antragsteller. Denn genau dies war ihre Absicht und nach Bundesrecht auch ohne große Hindernisse möglich. Sie konzentrierten sich fortan auf den Beweis, dass ihrer Ausreise keine »zwingenden Gründe« entgegenstehen konnten. Dieser gesetzgeberische Lapsus war keineswegs Ausdruck der Interessen der SED-Führung. Die lokalen Behörden waren von diesen Argumenten

78 BArch Berlin, DO 1, 7672, Grünstein an Dickel, 21. März 1967, 1.

79 BArch Berlin, DO 1, 7773, Auszug aus Bericht über die Hauptprobleme der Eingabenarbeit im 1. Vierteljahr 1967.

80 BArch Berlin, DO 1, 15598, Analyse 1. Halbjahr 1967, 17. Juli 1967.

81 »Gesetz über die Staatsbürgerschaft der Deutschen Demokratischen Republik vom 20. Februar 1967«, § 10, Abs. 1.

schlicht überfordert. Bis zur Jahreshälfte 1967 stiegen die neuartigen Ersuchen auf Ausreise stark an. Die Ausreisewilligen führten vor allem »Sondergenehmigungen« an, die ihnen durch Freunde oder Gerüchte bekannt geworden waren, um zu argumentieren, dass auch in ihrem Fall dem Staat kein Schaden durch die Ausreise entstünde.[82]

Nach der überschnellen Verabschiedung des Gesetzes kamen darum ab Ende Februar und im März 1967 unter Leitung des MdI Vertreter des MfAA, MdJ, MfS und der Generalstaatsanwaltschaft zusammen. Nach dem Beschluss müsse nun dessen Umsetzung ausgearbeitet werden. In Absenz einer Verwaltungsgerichtsbarkeit hatten sie dabei großen Spielraum. Sie richteten die Regeln zur Durchführung darum weniger am Gesetzestext selbst, sondern an ihren Zielerwartungen aus.[83] Diese führten zur benannten 1. Durchführungsverordnung des StBüG, die vor allem die Abteilungen Innere Angelegenheiten der Kreise und Bezirke erneut mit einem restriktiven Instrumentarium ausstattete. Dieses zeitigte seinen Effekt. Die lokalen Stellen lehnten nun unter Berufung auf die Durchführungsverordnung die Annahme zahlreicher Ersuchen ab, und die Zahlen gingen deutlich zurück. Die Kreise fungierten damit wieder als Wellenbrecher. Die dortigen Beamten wähnten das Heft des Handelns wieder in ihrer Hand und wiesen mit Bezug auf »geltende Regeln«, die den Bürgern nicht zur Einsicht vorlagen, die Annahme der Ersuchen ab.[84] Das wirkte sich auch auf die Eingaben an das MdI und andere Stellen aus. Die Beschwerden über die lokale Entscheidungspraxis gingen vom ersten zum zweiten Halbjahr 1967 um knapp ein Drittel zurück und näherten sich damit wieder dem Stand vor Gesetzeserlass an.[85] Diese erfolgreiche Zurückdrängung der Antragstellung spielte eine wesentliche Rolle für die Selbstwahrnehmung des SED-Staates, der folglich immer wieder auf diese Erfahrungen zurückgriff, um sich Schlupflöcher zu

82 BArch Berlin, DO 1, 15598, Analyse der Eingaben, 1.-3. Quartal 1967, 18. Oktober 1967.
83 BArch Berlin, DO 1, 7672, Maßnahmenplan zur Durchführung des Staatsbürgerschaftsgesetzes.
84 BArch Berlin, DO 1, 15598, Analyse der Eingaben, 1.-3. Quartal 1967, 18. Oktober 1967.
85 BArch Berlin, DO 1, 15598, Analyse, 2. Halbjahr 1967, 8. Januar 1968, vgl. ebd., Analyse der Eingaben, 3. Quartal 1966.

öffnen, sie aber gleichzeitig der Bevölkerung zu verschließen. Der SED-Staat versorgte sich so jedoch selbst mit einer Kontrollillusion über die Migration, die den Mobilitätswillen der Bevölkerung aus der politischen Arbeit verdrängte, nicht aber aus der Gesellschaft.

Auf den ersten Blick wesentlich schwerer zu begrenzen war indes der deutschlandpolitische Flurschaden des Gesetzes. 1967 – deutsch-deutsche Beziehungen gab es im Grunde nicht, weil die Bundesregierung die Existenz der DDR nicht akzeptierte – erschien der Parteiführung eine scharfe Abgrenzung erstrebenswert. Westdeutsche Medien und Politiker kochten vor Wut. Je nach Sichtweise zeigte der SED-Staat ihnen zufolge erneut sein wahres Gesicht oder er riskierte, die Keime der Annäherung zu zertrampeln.[86] Direkt nach Bekanntwerden des Gesetzes überschnitten sich zwei gegensätzliche Lesarten. Zum einen empörten sich zahlreiche Kommentatoren, die dem Gesetz weitreichende Wirkung zuschrieben. So hieß es im ZDF am 20. Februar 1967: »17 Millionen haben aufgehört, formal Deutsche zu sein«. Der *Frankfurter Rundschau* nach hob das Gesetz die Verfassung der DDR auf, und die *Welt* titelte einen Tag später das »Gesetz soll Spaltung vertiefen«. Auf der anderen Seite sprach die zweite Lesart von einem »Schubladengesetz« (*Bild*, *Tagesspiegel*, *Der Abend*, 21. Februar 1967), das, wie das *Handelsblatt* am 20. Februar betonte, ohnehin nicht viel ändern werde. In den ersten Tagen dominierte diese Uneinigkeit über die Wirkung des Gesetzes die Berichterstattung. Mit dem Wochenende – und den entsprechenden Rückblicken und Kommentaren in den führenden Presseorganen und Rundfunkanstalten – verschob sich die Perspektive. In einem altbekannten Reflex griffen die Kommentatoren tief in die NS-Vergleichskiste. In einer Samstagssendung sprach der RIAS am 25. Februar von Ausbürgerungen wie im Dritten Reich, die *Welt* betonte wie viele andere auch, die »SED spricht von Deutschen wie Hitler«. Der Deutschlandfunk entdeckte ebenfalls eine Parallele und betonte am 28. Februar, dass Walter Ulbricht durch das NS-Gesetz über den Widerruf von Einbürgerungen und die Aberkennung der deutschen Staatsbürgerschaft vom 14. Juli 1933 ausgebürgert worden sei, doch »[w]ie Hitler hat auch Ulbricht Vorschriften im Gesetz aufgenommen, die aus po-

---

86 Diese Stimmen sammelte das MdI aufmerksam, sowohl um die Lage zu überblicken als auch um propagandistische Gegenstimmen zu lancieren; vgl. BArch Berlin, DO 1, 7671.

litischen Gründen eine Ausbürgerung ermöglichen«.[87] In den folgenden Monaten und Jahren beschäftigte das Gesetz Wissenschaftler und Publizisten, ohne dass der SED-Staat den gewünschten Effekt der Anerkennung spürte. Vielmehr sah er sich dem Vorwurf des Bruchs des Völkerrechts gegenüber.[88] Wie stark dieses Gesetz den Annäherungsprozess in Gefahr brachte, drückte das frustrierte SPD-Mitglied des Bundestagsausschusses für Berliner und gesamtdeutsche Fragen Kurt Mattick am 25. Februar 1967 in einem auch in der DDR empfangbaren Radiointerview aus. Dies alles mute ihn wie ein Wettrennen an. Während die neue Bonner Regierung versuche, den durch die Mauer und den Schießbefehl entstandenen Graben zuzuschütten, reiße die andere Seite ihn immer wieder auf. Dabei fühle er sich moralisch überlegen: »In dieser Bundesregierung sind heute Männer in führender Verantwortung, die weder mit Hitler paktiert noch sich Stalin unterworfen haben«. Es sei enttäuschend, dass die DDR diese Neuerung mit einem Gesetz begrüße, das »ganz gewiss der Verschärfung gewidmet« ist.[89]

---

87 Siehe die ausführliche Sammlung an Pressematerialien in BArch Berlin, DO 1, 7671.

88 Siehe u. a. Dieter Blumenwitz, »Das neue Staatsbürgerschaftsgesetz der DDR«, in: *Jahrbuch für Ostrecht* 8/1 (1967), 175-209; Dieter Schröder, »Die völkerrechtliche Wirkung des ›Gesetzes über die Staatsbürgerschaft der DDR‹«, in: *Recht in Ost und West* 11/6 (1967), 233-9; Gottfried Zieger, *Das Staatsbürgerschaftsgesetz der DDR: Seine Auswirkungen auf die Rechtsordnung der Bundesrepublik* (Frankfurt/M.: Metzner, 1969); Herbert Krüger (Hrsg.), *Das Staatsangehörigkeitsrecht in Deutschland (Bundesrepublik und DDR): Textausg. mit Hinweisen und Übersichten sowie einem Vorwort von Herbert Krüger*, Sammlung geltender Staatsangehörigkeitsgesetze, Bd. 35 (Frankfurt/M.: A. Metzner, 1975); Dieter Schwartze, *Die Staatsangehörigkeit der Deutschen: Eine Untersuchung über den staatsangehörigkeitsrechtlichen Status der in der BRD und in der DDR lebenden deutschen Staatsangehörigen unter Einbeziehung der Bewohner Berlins* (Marburg: Univ. Diss., 1975); Hellmuth Hecker, *Die Staatsangehörigkeitsregelungen in Deutschland: Reg. d. innerstaatl. u. völkerrechtl. Vorschriften zum Staatsangehörigkeitsrecht d. dt. Länder sowie d. Zentralgewalt (Dt. Reich, Bundesrepublik Deutschland, Dt. Demokrat. Republik) seit 1806* (Hamburg: Institut für Internationale Angelegenheiten der Universität Hamburg, 1976).

89 BArch Berlin, DO 1, 7671, Mitschrift Kurt Mattick, SFB 25. Februar 1967.

Schadensbegrenzung

Diese Verschärfung lag ganz im Sinne führender DDR-Juristen. Riege, damals bereits Prorektor der Universität Jena, informierte pikiert das MdI, dass ihn das Gesetz »im Urlaub im Thüringer Wald überrascht« habe. Da er sich nun zahlreichen Anfragen ausgesetzt sehe, schlug er dem MdI einen offiziellen Kommentar aus seiner Feder vor.[90] Damit hätte er Kernstücke seiner Habilitation zur Staatsschrift aufwerten können, ja, vielleicht hoffte er gar, dies mache aus ihm einen Walter Schätzel oder Alexander N. Makarov des Ostens. Grünstein und Bergmann stimmten seinem Vorschlag freudig zu und erbaten ein Manuskript bereits bis Oktober 1967.[91] Riege hielt sich an diese Frist. Eine Prüfung durch Klaus Sorgenicht für das ZK der SED, den Stellvertreter der Ministers für Auswärtige Angelegenheiten Josef Hegen und dessen Kollegen Hans Ranke des MdJ schmetterte das Manuskript jedoch ab.[92] Es zergehe sich in »zu viel Juristerei über Begriffe« und lasse klare Aussagen über die »Bedeutung und Zielsetzung« missen. Zudem gingen einige grundlegende Interpretationen zu weit, wohingegen Fragen der »Zweckmäßigkeit« zu gering berücksichtigt seien.[93] Sie wünschten sich auch im Kommentar keinen juristischen Triumphmarsch, sondern ein weiteres politisches Kampfmittel. Daraus entwickelte sich eine lange, aber nicht zielführende Diskussion zwischen Riege und diversen Ministerien, allen voran Bergmann vom MdI. In deren Verlauf entfernten sich beide Seiten immer weiter voneinander, weil deutschlandpolitisch der Wind drehte, das Gesetz aber nur in eine Richtung treiben konnte.

Als sich zwei Jahre später die sozialliberale Koalition anbahnte, drifteten die Interessen des auf Annäherung hoffenden ZK und des innere Strukturen absichernden MdI und des MfS auseinander. 1969 versuchte Minister Dickel den Kommentar als Anhang zum StGB noch vor dem 20. Jahrestag der DDR durchzuboxen.[94]

90 BArch Berlin, DO 1, 9858, Riege an Klinger (MdI), 3. März 1967.
91 BArch Berlin, DO 1, 9858, Konzeption für einen Kommentar zum Staatsbürgerschaftsgesetz, bestätigt von Grünstein und Bergmann, o. D.; weiterer Briefwechsel ebd.
92 BArch Berlin, DO 1, 9858, Aktenvermerk 10. Dezember 1968.
93 BArch Berlin, DO 1, 9858, Vorschläge für Änderungen, o. D.
94 BArch Berlin, DO 1, 9858, Dickel an Sorgenicht, 2. Juni 1969.

Dies hätte dem Text zwar Eigenständigkeit genommen, ihn aber mit größter Sichtbarkeit publiziert. Das ZK der SED, in Person Sorgenichts als Leiter der Abteilung Staats- und Rechtsfragen, konterte in zunehmender Schärfe, dass auch die letzte überarbeitete Version nicht veröffentlichbar sei, denn »[ü]berhaupt sind die Ausführungen vielfach unverständlich, verschroben und abstrus«.[95] Er schlug neue Autoren oder ein Kollektiv vor. Dabei lag es vermutlich weniger an Rieges Text. Vielmehr erwies sich das Gesetz als Bürde für die erhofften deutsch-deutschen Verhandlungen, die das ZK und nicht das MdI oder das MfS führte. Dies konnte Sorgenicht so deutlich aber nicht ausdrücken, zudem gab es im Annäherungsprozess noch nichts vorzuweisen. Das ZK versuchte darum vorerst, angesichts der neuen Lage die Sichtbarkeit des Gesetzes einzudämmen. Ein offizieller Kommentar hätte diese Bemühungen konterkariert.

Das MdI verfolgte jedoch weiterhin den Plan eines Kommentars, obwohl es nun resümierte: »Eine weitere Überarbeitung des Kommentars durch Dr. Riege ist sinnlos.«[96] Vorerst pochte Riege auf seine alleinige Autorenschaft, weswegen das MdI auch ein mit MdI-Mitarbeitern bestücktes Autorenkollektiv in Betracht zog. Letzten Endes einigten sich alle Seiten darauf, dass Riege von Leymann unterstützt werden sollte, dem wiederum Alfons Schuba vom MdI und Riemann vom ZK zur Seite gestellt wurden.[97] Das MdI wollte also sein Gesetz mit einer wissenschaftlichen Aura umhüllen; das ZK spielte auf Zeit. In der Phase der Annäherung nach 1969 versiegten die letzten Ambitionen, und erst nach weiteren Verzögerungen suchte Leymann am 15. Januar 1972 Bergmann im MdI auf, um sich zu erkundigen, ob ein solcher Kommentar »im Zusammenhang mit der politischen Entwicklung (Verhandlungen BRD/WB) zweckmäßig« sei. Das MdI hatte sich längst umorientiert und teilte ihm mit, dass ein Kommentar »jetzt nach über 5 Jahren [...] absolut nicht geeignet ist und die vorhandenen Schritte im Zusammenhang mit der bekannten Entwicklung [den Verhandlungen zum Grundlagenvertrag] nur stören würde«. Leymann mö-

95 BArch Berlin, DO 1, 9858, Sorgenicht an Dickel, 19. Juni 1969.
96 BArch Berlin, DO 1, 9858, Vermerk MdI 27. Oktober 1969.
97 BArch Berlin, DO 1, 9858, Vermerk MdI 16. Juli 1969 über Besprechung am 15. Juli 1969; Riege an Dickel, 21. Juli 1969; Information Bergmann an Dickel 14. Oktober 1969, abgez. Dickel 16. Oktober 1969.

ge Riege darum bitte erläutern, dass ein Kommentar sich »ohnehin nicht mehr als notwendig« erweise, da das Thema ja im Lehrbuch Staatsrecht behandelt werde.[98] Auch dem ZK der SED gegenüber verkündete Bergmann, das MdI halte »eine Veröffentlichung zu dem gegenwärtigen Zeitpunkt nicht für zweckmäßig«. Obwohl Riege eigentlich nach wie vor der vom MdI Ende der 1960er Jahre vertretenen Linie folgte, bewertete Bergmann den Kommentar nun als eine von Riege geführte »Polemik«, die »in der gegenwärtigen Etappe des Kampfes um die Ratifizierung der Verträge [der] BRD mit der UdSSR und der V[olks]R[epublik] Polen unzeitgemäß« sei.[99] Im August 1972 erfuhr dann der Staatsverlag, dass es für die ehemals als sehr dringend angekündigte, in der Folge aber immer »aus sicher berechtigten, uns aber im einzelnen nicht mitgeteilten Gründen«, wie der Direktor des Verlags Manfred Tomuschat leicht angesäuert dem MdI vorhielt, immer wieder zurückgestellte Veröffentlichung »keinen praktischen Nutzen« mehr gebe.[100]

Damit war das Vorhaben eingestampft und die Debatte unter Verlusten an ihren Ausgangspunkt zurückgekehrt. Unter dem Schlagwort der Zweckmäßigkeit evaluierte die SED-Führung seit den 1950er Jahren die Einführung einer eigenen Staatsbürgerschaft und kam vorerst weniger aus praktischen als vielmehr aus politischen Gründen zu einem negativen Resultat. Dies änderte sich in den radikalen Jahren nach dem Mauerbau im Sinne der damals betriebenen Abgrenzungspolitik. Das 1967 erlassene Gesetz kategorisierte die Bevölkerung der DDR neu, konnte jedoch nur eine Normenkollision mit dem RuStAG hervorrufen, die Ausreisewilligen argumentative Handlungsoptionen bot. Auch in der bundesdeutschen Publizistik legte sich die Aufregung nach der ersten Empörung. Sie betonte stattdessen die Bedeutung der deutschen Staatsangehörigkeit des RuStAG als »Klammer der Nation«.[101]

Als Spätgeburt der Abgrenzungspolitik nach dem Mauerbau untergrub das Gesetz die zaghafte deutsch-deutsche Annäherung. Erst als die SED-Führung erkannte, dass Letztere mehr Erfolge in

98 BArch Berlin, DO 1, 9858, Information Bergmann an Dickel, 16. Februar 1972.
99 BArch Berlin, DO 1, 9858; Bergmann an Böhme (ZK der SED, Abtl. Staats- und Rechtsfragen), 16. März 1972.
100 BArch Berlin, DO 1, 9858; Tomuschat an Grünstein, 2. August 1972; Vermerk Pries (MdI), 11. August 1972; Vermerk o. N. (MdI), 11. August 1972.
101 Kewenig, »Die deutsche Staatsbürgerschaft – Klammer der Nation?«.

ihrem Souveränitätsstreben versprach, versuchte sie, das Gesetz im Stillen wirken zu lassen und nur punktuell aus legitimatorischen Gründen darauf zu verweisen.[102] Eine öffentlich sichtbare Remobilisierung des Gesetzes als Abgrenzungswerkzeug erfolgte durch Honecker in den frühen 1980er Jahren, als dieser versuchte, weitere deutsch-deutsche Verhandlungen an die gemeinsame Anerkennung der Staatsbürgerschaft der DDR zu knüpfen. Angesichts des eminent werdenden Ausreisedrucks ging er gegen das RuStAG vor. Er scheiterte in diesem Muskelspiel, denn Kredite und Valuta erwiesen sich als bedeutender als das aussichtslose Unterfangen, die Bundesregierung zur Abkehr von der gesamtdeutschen Staatsangehörigkeit zu bewegen. Der Druck der Antragsteller öffnete jedoch noch einmal eine Bedeutungsnische für Riege, der im letzten Drittel der Existenz der DDR zahlreiche Schriften zur Staatsbürgerschaft publizierte. Darunter befand sich sowohl seine umgearbeitete Habilitationsschrift als auch ein kleineres aggressives Büchlein, das den Antragstellern ein Verbotsschild vor Augen hielt.[103] All die Rhetorik konnte aber die für die Ausreise bedeutsame Normenkollision zwischen dem Staatsbürgerschaftsgesetz der DDR und dem bundesdeutschen Beharren auf dem RuStAG nicht beseitigen. Ausreisewillige versuchten, dies für sich zu nutzen, und griffen selbst auf die nach klaren politischen Zielvorgaben verfassten »Aufklärungsschriften« Rieges zurück, um ihre Ersuchen sprachlich und rechtlich zu untermauern. Das seltsame Leben der Staatsbürgerschaft der DDR inspirierte darum einerseits das MdI und das MfS fortschreitend zu weiteren geheimen Anordnungen, beschäftigte andererseits aber auch in der Bundesrepublik die Publizistik und die Gerichte, die die Normenkollision auszulegen und praktisch zu verwalten hatten.[104]

Dieses Gesetz und nachfolgend die Verfassungsänderung im

102 Gerhard Riege, *Der Bürger im sozialistischen Staat* (Berlin: Staatsverlag der DDR, 1973); ders., *Der Bürger im sozialistischen Staat* (Frankfurt/M.: Verlag Marxistische Blätter, 1974).

103 Gerhard Riege und Hans-Jürgen Kulke, *Nationalität deutsch, Staatsbürgerschaft DDR* (Berlin: Staatsverlag der DDR, 1979); Gerhard Riege, *Die Staatsbürgerschaft der DDR* (Berlin: Staatsverlag der DDR, 1982); ders., *Bürger im sozialistischen Recht* (Jena: Universität Jena, Sektion Staats- und Rechtswissenschaft, 1983).

104 BArch Berlin, DO 1, 17 105, Übersicht über Rechtsvorschriften und Weisungen usw., die für die Arbeit des Stellvertreters für Inneres bedeutsam sind.

Jahr 1968 können als Schlussstein des normativen Mauerbaus gesehen werden. Diese Papiermauer kam jedoch so spät, dass sie in die Zeit der Annäherung hineinreichte und ihr Hauptziel – die Abschaffung des »westdeutschen Alleinvertretungsanspruchs« – verfehlte.[105] Beide Seiten mussten erkennen, dass ohnehin viel besser hinter verschlossenen Türen verhandelt werden konnte als durch konfrontative Abgrenzungsmaßnahmen. Die größte Wirkung hatte das Gesetz darum auf jene, die es eigentlich einzäunen wollte, die Ausreisesuchenden. Diese beriefen sich fortan auf bestimmte Passagen, die sie zu ihren Gunsten auslegten, und versuchten den Staat durch »Hartnäckigkeit« davon zu überzeugen, dass ihre Ausreise im beiderseitigen Interesse lag.[106] Entgegen der eigentlichen Intention, nämlich die Bevölkerung der DDR rechtlich an den Staat zu binden, erwies sich das Gesetz letztlich als ein Baustein in der Argumentation von Ausreisewilligen.

---

105 Abgesehen von den Bündnispartnern erkannte als erster Staat Österreich die Staatsbürgerschaft der DDR 1975 an, die Bundesrepublik wie viele andere Staaten jedoch nie.

106 Für eine ausführliche Schilderung eines solchen Falles vgl. Horst Gundermann, *Entlassung aus der Staatsbürgerschaft. Eine Dokumentation* (Berlin u. a.: Ullstein, 1978); weiterhin Renate Hürtgen, *Ausreise per Antrag: Der lange Weg nach drüben. Eine Studie über Herrschaft und Alltag in der DDR-Provinz* (Göttingen: Vandenhoeck & Ruprecht, 2014).

2. Migration als Belastung
der Annäherungspolitik

Die Einführung der Staatsbürgerschaft stellte den verspäteten Versuch des SED-Staats dar, unilateral die Anerkennung ihrer Souveränität zu erzwingen, während sich in der Bundesrepublik die Akzeptanz für eine begrenzte Bilateralität im Rahmen einer Verständigungspolitik erhöhte. Um Letzteres zu erreichen, mussten beide Seiten die Gestaltung der innerdeutschen Beziehungen von der Ebene der Privatkontakte auf die der hohen Politik heben. Dies bedeutete für die DDR, die Kontrolle der Bevölkerung weniger offensiv anzugehen und (phasenweise) harte propagandistische Angriffe auf die Bundesrepublik zu reduzieren. Die sozialliberale Bundesregierung antwortete darauf, indem sie sich bemühte, die westlichen Kalten Krieger zu marginalisieren. Diese neue Linie schätzte ein nicht geringer Teil der Bundesbevölkerung als »Programm sozialistischer Neutralisten« ein, das letzten Endes zur bedrohlichen »Selbstaufgabe« führe.[1] Wie die Wahlen 1969 aber zeigten, erachtete die Mehrzahl der Bundesbevölkerung diesen kontroversen Kurs als pragmatisch und sinnvoll.

Direkt mit dem Regierungsantritt Brandts kam der Kurswechsel. Einer der wichtigsten Ausdrücke der neuen Zeit war seine Umstrukturierung des Bundesministeriums für gesamtdeutsche Fragen zum Bundesministerium für innerdeutsche Beziehungen. Dieser Umbau fußte auf den von Minister Wehner zu Zeiten der großen Koalition angegangenen internen Reformen und wandelte das Ministerium von einem Instrument des Kalten Krieges von den 1950er bis Mitte der 1960er Jahre zu einem stärker als Informationsministerium ausgelegten Interessenvertreter der Bundesregierung.[2]

---

1 Dieter Cycon in *Die Welt* (10. November 1972), zit. n. Lisa Mundzeck, *Auf Vertrauenssuche: Die Deutschlandpolitik der Regierung Brandt/Scheel in der bundesrepublikanischen Öffentlichkeit 1969–1973* (Hamburg: Kovač, 2008), 241.

2 Creuzberger interpretiert die unter Wehner stattfindende Personalumstrukturierung im BMG zwischen 1966 und 1969 als eine Installation von SPD-Getreuen, die gleichsam nötig erschien, um die notwendigen Bedingungen der (letztlich unmöglichen) Reform des BMG zu einem mit der Annäherungspolitik kompatiblem Ministerium zu schaffen; vgl. Stefan Creuzberger, *Kampf für die Einheit: Das*

Statt der Fortführung der »Befreiungspolitik« galt es nun, die Neue Ostpolitik praktisch zu einer neuen Deutschlandpolitik werden zu lassen. Das betraf eine Vielzahl an Themen, von der westdeutschen Bildungspolitik bis zum sich langsam entwickelnden Wirtschaftsaustausch mit der DDR. Die Staatsbürgerschaft der DDR blieb jedoch ebenso wie die Flucht- und Ausreiseproblematik ein heißes Eisen. Mit großem Energieaufwand beharrte die Bundesregierung darauf, die Staatsbürgerschaftsfrage aus sämtlichen deutsch-deutschen Annäherungsdokumenten auszuklammern, da hier eine Einigung politisch und grundgesetzlich unmöglich blieb. Die Ausreise hingegen belastete die Regierungsgespräche und wurde von beiden Seiten nur punktuell angesprochen. In der Öffentlichkeit waren Migrationsfragen ungleich präsenter, da sie die Privatleben des Großteils der Menschen in der Mauergesellschaft betrafen und sich mit ihnen hervorragend Parteienpolitik betreiben ließ. Aus dem seit Längerem laufenden »Freikauf« hatte die Bundesregierung indes gelernt, dass sich hinter verschlossenen Türen (und mit den richtigen Lockmitteln in der Hand) sehr wohl Einigungen mit dem SED-Staat erzielen ließen. Da sie sich dabei aber konsequent in einer rechtlichen Grauzone bewegte und zudem der SED-Staat keinerlei Interesse am Bekanntwerden dieses Auswegs aus der DDR hegte, bedeutete dies, dass das Thema Migration so weit wie möglich aus der Öffentlichkeit herausgehalten werden musste, um die instabilen Kanäle zwischen beiden Staaten nicht zu gefährden. Es entstand eine Diskrepanz zwischen politischem Annäherungspragmatismus und der Verflechtung beider Gesellschaften.

Ein entscheidender Schritt in Richtung Annäherung erfolgte vor 1969 aber nicht durch die in der großen Koalition gebundene SPD, für die Willy Brandt unermüdlich seit Jahren unter dem Slogan »Wandel durch Annäherung« durch die Lande zog, sondern durch die Berliner FDP. Die Liberalen konzipierten 1968/69 einen »Entwurf für einen Generalvertrag«, der hinter den Kulissen in Bonner Kreisen schnell die Runde machte. Darin etablierte die FDP die später für die Brandt'sche Annäherungspolitik zentrale Unterscheidung zwischen der abzulehnenden völkerrechtlichen und der möglichen staatsrechtlichen Anerkennung der DDR.[3] Der gerade

gesamtdeutsche Ministerium und die politische Kultur des Kalten Krieges, 1949-1969 (Düsseldorf: Droste, 2008), 396-402, 482-96, 505-28.
3 Wolfgang Benz, Günter Plum und Werner Röder, *Einheit der Nation: Diskussi-*

beim *Spiegel* ausgeschiedene Journalist Hans-Dieter Jaene leitete diesen Entwurf an den prominenten ZDF-Journalisten Hanns Werner Schwarze weiter, der bereits eine Liste der Gründe für und gegen die Anerkennung der DDR führte.[4] Wohl auch um einer unkontrollierten Veröffentlichung zuvorzukommen, legte die FDP den Entwurf am 24. Januar 1969 offiziell vor, was das BMG unter Wehner als Chance nutzte und ihn in seiner Publikation *Aktuelle Materialien zur Deutschlandfrage* veröffentlichte. Damit signalisierten sowohl die FDP als auch Wehner, dass sich die Freien Liberalen endgültig von der konfrontativen christliberalen Linie der frühen 1960er Jahre abkehrten und nach einem möglichen Wahlsieg der SPD für neue Wege bereitstanden. Der Dissens in der Bundesregierung lag offen. Denn während Kanzler Kiesinger es bereits als Eingeständnis verstand, nicht mehr vom Alleinvertretungsrecht, sondern nur mehr vom Alleinvertretungsanspruch zu reden, teilte Wehner dem Kanzler nun ganz generell mit: »Alleinvertretung geht nicht mehr«.[5] Egon Bahr resümierte später nicht ohne Grund, dass die Neue Ostpolitik die Vorlaufzeit der großen Koalition brauchte, in deren Schatten »das Gebäude auf dem Reißbrett« entworfen werden konnte.[6] Auf dieser Basis schritt nach der Bundestagswahl 1969 die erste deutsche sozialliberale Regierungskoalition auf Bundesebene sofort ans Werk, die friedliche Koexistenz beider deutscher Staaten durch Kommunikation bis »hart unterhalb der völkerrechtlichen Anerkennung« zu gestalten.[7]

---

onen und Konzeptionen zur Deutschlandpolitik der großen Parteien seit 1945 (Stuttgart-Bad Cannstatt: Frommann-Holzboog, 1978), 72-5.

4 BArch Koblenz, N 1442, 41.

5 BArch Koblenz, N 1442, 41; Karl-Heinz Janßen, »Ein deutscher Dialog«, in: *Die Zeit* 21 (26. Mai 1967).

6 Egon Bahr, *Zu meiner Zeit* (München: Karl Blessing, 1996), 247; zur zeitgenössischen Selbsteinschätzung der Bedeutung der Verträge siehe auch die Kommentare von Walter Scheel, Egon Bahr, Conrad Ahlers und Karl Moersch in *Die Verträge der Bundesrepublik Deutschland mit der Union der Sowjetrepubliken vom 12. August 1970 und mit der Volksrepublik Polen vom 7. Dezember 1970* (Bonn: Presse- und Informationsdienst der Bundesregierung, 1972), 35-63.

7 Janßen, »Ein deutscher Dialog«.

Transit als »Friedensgefährdung«

Der SED-Staat beobachtete entsprechende Regungen der Bundespolitiker aufs Genaueste. Außenminister Winzer wies am 1. November 1968 Erich Honecker darauf hin, dass Brandt bei einem Gespräch mit dem sowjetischen Außenminister Gromyko in New York im Oktober erwähnt habe, dass »seiner Meinung nach der Vorschlag über die Nichtanwendung von Gewalt dem Wesen der Frage über die Grenzen nahekommt«.[8] Verklausuliert konnte man das so verstehen, dass der spätere Bundeskanzler eine Initiative für einen Gewaltverzicht und gar eine Grenzanerkennung andeutete. Zudem stimmte Brandt einen neuen Ton an, da er die Grenzfrage in den Kontext von Krieg und Gewalt stellte. Damit behandelte er sie, dem Argument der DDR folgend, als internationale Grenze und nicht mehr als »Sperrmauer«, deren einzige Funktion im Einsperren der eigenen Bevölkerung lag. Indem Brandt implizit vom Teilungs- und Migrationsproblem abließ und die Friedensfrage in den Vordergrund stellte, spielte er dem SED-Staat und der UdSSR einen Steilpass zu. Denn damit bot der aussichtsreiche Anwärter auf die Kanzlerschaft eine Option an, auch von seiner Seite den Tonfall im Umgang mit der innerdeutschen Grenze zu mildern, um die Chancen auf einen konstruktiven Dialog mit der SED-Führung zu erhöhen. Willy Brandt wurde am 21. Oktober 1969 vom Bundestag zum Kanzler gewählt. Er stellte schnell ein passendes Kabinett für seine neue Politik zusammen und trat sofort in Verhandlungen mit der Sowjetunion und Polen, um mit den sogenannten »Ostverträgen« eine vertraglich gesicherte Koexistenz mit den osteuropäischen Staaten zu vereinbaren.

Die auf dieser Basis mögliche deutsch-deutsche Annäherung umzusetzen fiel den beiden führenden Unterhändlern zu, namentlich Egon Bahr für die Bundesregierung und Michael Kohl für den SED-Staat, wenngleich Bahr lange Zeit den Begriff der Verhandlungen mied und den unverbindlicheren Austauschcharakter in den Vordergrund stellte.[9] In frappierender Geschwindigkeit ging die neue Regierung den Wandel an. Beide deutsche Seiten vereinbarten bereits am 29. Oktober 1969 erstmalig offizielle Gespräche von Regierungsvertretern, maskiert als einen »Meinungsaustausch

8 PAAA, MfAA G-A, HG 2, L 35, 453, 28.
9 PAAA, MfAA G-A, HG 2, L 35, 214; ebd., 216, 49.

über alle Fragen«, gefolgt von den deutsch-deutschen Sondierungen im Frühjahr 1970, die Bahr im Nachhinein auch deswegen als essentiell für die späteren Vier-Mächte-Verhandlungen über Berlin erachtete, weil hierbei deutlich wurde, was zu verhandeln »sinnlos« wäre.[10] Dieser Annäherungsprozess ist in zahlreichen Facetten ausgiebig untersucht und beschrieben worden, so dass an dieser Stelle auf tiefere Ausführungen verzichtet werden kann.[11] Weniger Beachtung fanden jedoch die oft versteckten Auswirkungen auf das Migrationsregime, inklusive der in den Verhandlungen immer wieder aufkommenden Fragen von Migration und Mobilität, die einer eingehenderen Analyse bedürfen.

Beim ersten offiziellen Austausch, der im Spätjahr 1970 einsetzte, ging es um einen Transitvertrag.[12] Während die DDR den zwischenstaatlichen Verkehr regeln wollte, insistierte die Bundesseite darauf, vorerst allein den Transit zwischen der Bundesrepublik und West-Berlin zu verbessern.[13] Es stellte sich heraus, dass es vor den eigentlich zu diskutierenden Detailfragen vor allem Grundsatzfragen zu klären gab, ohne die der zwischenstaatliche Austausch trotz guten Willens beider Seiten zu scheitern drohte. Die wichtigste Grundsatzfrage der Bundesregierung war dabei, eine Art der Anerkennung zu finden, die weder dem Wiedervereinigungsgebot des Grundgesetzes widersprach noch innenpolitisch die Grenzen des Machbaren sprengte. Für konservative Stimmen im Lande überschritten bereits die Gespräche die rote Linie. Sie fürchteten, jede offizielle Kommunikation führe in die Akzeptanz der Zweistaat-

10 PAAA, MfAA G-A, HG 2, L 35, 215, 21; Bahr, *Zu meiner Zeit*, 353.

11 Jüngst siehe z. B. Gottfried Niedhart, »Ostpolitik: Phases, Short-Term Objectives, and Grand Design«, in: *GHI Bulletin Supplement* 1 (2003), 118-36; Mundzeck, *Auf Vertrauenssuche*; Jörn Petrick, *Egon Bahrs Kommunikationsoffensive: Die deutsch-deutschen Verhandlungen zum Transitabkommen, Verkehrsvertrag und Grundlagenvertrag 1970 bis 1973* (Erlangen u. a.: Palm & Enke, 2011); Joost Kleuters, *Reunification in West German Party Politics from Westbindung to Ostpolitik* (New York: Palgrave Macmillan, 2012); Margit Roth, *Innerdeutsche Bestandsaufnahme der Bundesrepublik 1969-1989: Neue Deutung* (Wiesbaden: Springer VS, 2014).

12 Diese Verhandlungen wurden ergänzt durch die Vorbereitung eines Abkommens zwischen der DDR und dem Senat von West-Berlin zur innerstädtischen Mobilität.

13 PAAA, MfAA G-A, HG 2, L 35/212/16, 27; ebd., 213, 17; ebd., 215, 22; ebd., 216, 2.

lichkeit und fixiere die Teilung.[14] In der Tat versuchte die SED-Seite in den Verhandlungen die Anerkennung ihrer Staatsbürgerschaft durch die Hintertür durchzusetzen. So pochte Michael Kohl z. B. auf die Anerkennung der DDR-Reisepässe für Lastkraftfahrer an den Bundesgrenzen ins westliche Ausland. Bahr ließ solche Versuche allerdings immer wieder ins Leere laufen.[15]

Die Vertreter der DDR stellten immer wieder die Friedensfrage in den Vordergrund. Spätestens seit dem geschickten Framing des Friedensbegriffs in der Stalinnote 1952 nutzten die Sowjetunion und ihre Satellitenstaaten den Begriff des »Friedens« flexibel zur Durchsetzung der eigenen Interessen.[16] Dieser kommunistische Friedensbegriff hatte drei Seiten. Erstens verwies er auf den Aktivismus zur Kriegsabwehr, was vor allem in nationalen und internationalen Kampagnen wie dem Weltfriedenstag zum Ausdruck kam und ein moralisches Bindeglied zwischen Ideologie, Staat und Bevölkerung darstellte.[17] In den 1970er Jahren ermöglichte dieser Deckmantel der Friedenspolitik auch den Kirchen ein gewisses gesellschaftliches Engagement. Zweitens war er aber ein Disziplinierungsbegriff. Da sich kommunistische Staaten als Friedensmacht zur Abwehr »revanchistischer« westlicher Kräfte, z. B. die oft benannten »Bonner Kriegstreiber«, verstanden, konnte jeder Dissens mit dem Staat oder der Partei als friedensgefährdend interpretiert werden.[18] Dementsprechend verwies die Chiffre des »Friedens« auf

---

14 Besonders hervorstehend in *Erste Beratung der Ostverträge im Deutschen Bundestag am 23., 24. und 25. Februar 1972. Mit dem Bericht zur Lage der Nation* ([Bonn]: Presse- und Informationsdienst der Bundesregierung, 1972).

15 PAAA, MfAA G-A, HG 2, L 35/216, 47 f.; ebd., 218, 22; für das Überschreiten dieser Grenzen stellte die Bundesrepublik einen sogenannten Bundesersatzpass aus, PAAA, MfAA G-A, HG 2, L 35, 215, 14.

16 Selbstverständlich beruht dies auf dem Selbstverständnis der Bolschewiki als Friedenspartei im Ersten Weltkrieg, jedoch entfaltete es nun in der Nachkriegsordnung eine unbekannte außenpolitische Wirkung, in der auch die Bewaffnung der Staaten und die gesellschaftliche Militarisierung als friedenssichernd verkleidet wurde; allgemein zu *speaking Bolshevik* siehe Stephen Kotkin, *Magnetic Mountain: Stalinism as a Civilization* (Berkeley u. a.: University of California Press, 1995); Jochen Hellbeck, »Speaking Out: Languages of Affirmation and Dissent in Stalinist Russia«, in: *Kritika: Explorations in Russian and Eurasian History* 1/1 (2000), 71-96.

17 Zur Wirkung der Massenagitation im Kommunismus siehe Malte Rolf, *Das sowjetische Massenfest* (Hamburg: Hamburger Edition, 2006).

18 Der SED-Staat baute hierbei auf einer kommunistischen Tradition auf; vgl. zur

die Stabilität der DDR durch die Integrität ihrer Grenzen und die »Nichteinmischung in innere Angelegenheiten«. Wer die Stabilität der DDR gefährdete, also sowohl Oppositionelle als auch unerwünschte Emigranten, gefährdete damit potentiell den Frieden.[19] Hinter den allgemeinen Beschwerden über solche Gefahren für den Frieden verbarg sich oft sehr Konkretes, wie die Präsenz von Bundesinstitutionen in West-Berlin, kritische Berichterstattung in der Bundesrepublik, die per Funk und Fernsehen auch die DDR-Bevölkerung erreichte, Fluchthilfe, die Einfuhr von Westliteratur. Frieden war drittens darüber hinaus eine Chiffre für die als Alleinherrschaft gedachten Souveränitätsansprüche der SED über die Staatsbevölkerung, weswegen die potentielle »Friedensgefährdung« sogar den unkontrollierten interpersonellen Kontakt umfassen konnte. Somit reproduzierte die selbsternannte Friedensnation DDR eine stete Kriegsangst in der Bevölkerung, da sich darüber repressive Maßnahmen rechtfertigen ließen. Das Gegenteil von Frieden war für den SED-Staat also nicht Krieg, sondern Staatsgefährdung. Da abgesehen von der punktuellen Erhebung 1953 bislang nichts den Staat derart ins Wanken gebracht hatte wie die Abwanderung, galt die besondere Aufmerksamkeit der ostdeutschen Verhandlungsführer diesem Thema. Besonders Fluchtversuche und die Fluchthilfe legten sie als »friedensgefährdende Aggressionshandlung« aus.[20] Dies wirkte sich auch auf die Betroffenen aus. So wurde der zum Fluchthelfer gewordene Radrennfahrer Harry Seidel 1962 nicht nur aufgrund üblicher Paragrafen gegen Fluchthilfe

Sowjetunion: Timothy Johnston, »Peace or Pacifism? The Soviet ›Struggle for Peace in All the World‹, 1948-54«, in: *The Slavonic and East European Review* 86/2 (2008), 259-82; zu Ceaușescus Verschmelzung von Friedensrhetorik und Personenkult siehe Lucian Popescu, »Ceaușescu și obsesia pentru pacea mondială«, Historia (17. Februar 2011), online verfügbar unter: ⟨http://www.historia.ro/exclusiv_web/general/articol/ceau-escu-i-obsesia-pacea-mondial⟩ (Stand März 2019); etwas weiter gehalten zur DDR Joachim Klose (Hrsg.), *Militarisierung von Staat und Gesellschaft in der DDR* (Leipzig: Leipziger Universitätsverlag, 2015).

19 Siehe z. B. die Verfolgung von kirchlichen Kontakten und Ausreisendenunterstützung als »friedensgefährdend«: BStU AdZ, HA IX, 11 377, 4, 218-20.
20 Karl Wilhelm Fricke, »Zur strafrechtlichen Ahndung von Flucht- und Fluchthilfedelikten in der DDR«, in: *Bürgersinn und staatliche Macht in Antike und Gegenwart: Festschrift für Wolfgang Schuller zum 65. Geburtstag*, hg. von Martin Dreher (Konstanz: UVK, 2000), 14.

zu einer langen Zuchthausstrafe verurteilt.[21] Unter Rückgriff der SED auf das rein propagandistische und zuvor kaum angewandte Gesetz zum Schutze des Friedens vom 15. Dezember 1950 erhielt er nach einem dreitägigen Schauprozess eine lebenslange Haftstrafe.[22]

Als Quelle für die Abwanderung erachtete die SED jede Art von Kontakt zwischen den Bevölkerungen. Gleich zu Beginn der Verhandlungen betonten die ostdeutschen Gesprächspartner darum, man könne ein geregeltes Transitsystem zwischen der Bundesrepublik und West-Berlin nur dann einrichten, wenn es die Bevölkerung der DDR möglichst hermetisch von den Transitreisenden abschirmte. Ihre sehr spezifische Furcht, dass Kontakt zu Aufstand und Ausreise führe, verkaufte sie als die natürlichste Sache der Welt. Um dies zu unterstreichen, griff der bestens vorbereitete Michael Kohl tief in die Trickkiste. Gleich bei der ersten Möglichkeit erteilte er dem überrumpelten Egon Bahr eine Bibelstunde:

Der Grundsatz der Friedlichkeit des Transits ist eine der ältesten Rechtsnormen des zwischenstaatlichen Verkehrs. Er gilt eigentlich seit Menschengedenken. [...] Ich zitiere aus dem vierten Buch Mose: »Und Mose sandte Botschaft aus Kades zu dem Könige der Edomiter: ... Lass uns durch dein Land ziehen; wir wollen nicht durch Aecker noch Weinberge gehen, auch nicht Wasser aus den Brunnen trinken; die Landstraße wollen wir ziehen, weder zur Rechten noch zur Linken weichen, bis wir durch deine Grenze kommen.« Damit waren die Edomiter immer noch nicht zufrieden, und darauf versicherte ihnen Mose: »Wir wollen auf der gebahnten Straße ziehen, und so wir deines Wassers trinken, wir und unser Vieh, so wollen wir's bezahlen; wir wollen nichts denn nur zu Fuße ziehen.«[23]

Damit nicht genug, von der Bibellesung schritt Kohl zur Geschichtslektion. Auch Tacitus habe »neben das Wort ›transitus‹ das Adjektiv ›innoxius‹ (friedlich, unschädlich)« gesetzt. Selbst der

---

21 Zu Seidel siehe Marion Detjen, »Die Mauer überwinden: Harry Seidel«, in: *Opposition und Widerstand in der DDR: Politische Lebensbilder*, hg. von Karl Wilhelm Fricke, Peter Steinbach und Johannes Tuchel (München: C. H. Beck, 2002), 340-4.

22 Karl W. Fricke, »Fluchthilfe als Widerstand im Kalten Krieg: Anmerkungen zu einem ungeschriebenen Kapitel DDR-Widerstandsgeschichte«, in: *APuZ* 38 (1999), 6; zu Seidels Aktivitäten siehe Marion Detjen, *Ein Loch in der Mauer: Die Geschichte der Fluchthilfe im geteilten Deutschland 1961-1989* (München: Siedler, 2005), 133-41, 181f.

23 PAAA, MfAA G-A, HG 2, L 35, 215, 14.

Rheinbund habe am 15. August 1658 »den Transit ›für solche, die gegen den Frieden verstoßen‹, ausdrücklich verboten«.[24] Mit diesen Ausführungen erwischte Kohl Bahr auf dem falschen Fuß, der nur anführte, dass es in der Bibel keineswegs heiße, dass »Leuten, denen beim Durchgang schlecht wird, nicht von den anderen geholfen werden kann«.[25] Implizit deutete er damit an, dass er dem grundlegenden Charakter des Transits zustimmte, der zwischen Deutschen und Deutschen unterscheide, dass man über die Details jedoch sprechen müsse.

Wesentlich restriktiver stellte er sich dem Friedensbegriff entgegen. Ihn wollte Bahr aus der Debatte heraushalten, er sei »doch ein Gummiband von einer Dehnbarkeit, die Gummi nicht hat«. Nun griff Bahr zum Bilde. Ihm gehe es zu weit, dass ein Knopf am Anzug seines Beraters Ulrich Sahm als friedlich gelte, wohingegen er an der Uniform eines Bundeswehrsoldaten »ein unfriedlicher werden« könne.[26] In der Tat nutzte die SED-Verhandlungsführung den Friedensbegriff je nach Opportunität und insbesondere, wenn es um Grundsatzfragen ging.[27]

Trotz einiger Fortschritte mussten beide Seiten die Verhandlungen im März 1971 unterbrechen, da Bahr untersagt wurde, parallel zu den Viermächteverhandlungen die Transitfrage zu besprechen. Angesäuert habe Bahr dem DDR-Unterhändler Kohl gegenüber sich sogar zu der Bemerkung hinreißen lassen, dass die Bundesrepublik gegenüber den Westmächten eben nicht souverän sei, was dieser mit Freuden aufnahm. Beide verbrachten den Tag mit vertrauensbildenden Maßnahmen, also im Pergamonmuseum.[28] Eingeständnisse über ihre Befugnisbeschränkungen rutschten der Ostseite nicht heraus. Im Gegenteil, Otto Winzer versicherte Bahr in den Verhandlungen zum Grundlagenvertrag 1972 eindring-

---

24 Ebd., 14.

25 Bahr entging auch Kohls geschickte Unterschlagung, dass Moses den Edomitern die Zahlung nur anbot, nachdem diese gedroht hatten, »Du sollst nicht durch mich ziehen, oder ich will dir mit dem Schwert entgegenziehen«, und dass selbst dieses Angebot scheiterte, da die Edomiter das leidende Volk Israels nicht durch ihr Land ziehen ließen, sondern sich ihm »mit mächtigem Volk und starker Hand« entgegenstellten. Kohls Bibelzitat ist also vielmehr ein Beispiel für gescheiterte Vertragsverhandlungen; vgl. Num., 20:18-21.

26 PAAA, MfAA G-A, HG 2, L 35, 215, 24f.

27 PAAA, MfAA G-A, HG 2, L 35, 215, 34f.; ebd., 216, 4, 6-8.

28 PAAA, MfAA G-A, HG 2, L 35/219, 6.

lich, dass die DDR in der Gestaltung ihrer Beziehungen zur BRD vollkommen frei sei.[29] Das stimmte keineswegs, Gromyko hatte in Vertretung Moskaus dem SED-Staat sehr enge Grenzen gezogen.[30] Auch die Verhandlungen zur Errichtung der Ständigen Vertretungen folgten Weisungen aus der Sowjetunion.[31]

Nachdem die Alliierten im Viermächteabkommen die Grundlagen von Transitregelungen geklärt hatten, gingen die deutsch-deutschen Verhandlungspartner an die praktischen Fragen. Letzten Endes setzten beide Seiten ihre zentralen Forderungen durch. Der SED-Staat erreichte umfassende Regelungen, um den Kontakt zwischen Bevölkerung und Transitreisenden möglichst zu eliminieren, und bedingte sich aus, diese Regelungen in eigener Hoheitsgewalt umsetzen zu können. Die extreme Minimierung von Kontaktzonen beinhaltete feste Wege unter Verbot von Ausweichrouten und eine kurze Liste mit für Transitreisende zugänglichen Parkplätzen, die das MfS intensiv überwachte. Damit wurde die Mauer als migrationsbedingter Überwachungszustand weiter ins Land getragen. Man einigte sich auf pauschal berechnete Nutzungsgebühren in Höhe von jährlich mehreren hundert Millionen DM. Für diese kamen nun die Bundesrepublik und nicht mehr die Reisenden auf. Dies sicherte der DDR ein hohes Valutaaufkommen und erleichterte den Reisenden den Transit erheblich. Die Bundesregierung hingegen beharrte erfolgreich darauf, dass die DDR keine Auswahl der Transitreisenden an den Grenzen vornehmen dürfe.[32] Grenzkontrollen wurden eingeschränkt und sollten fortan standardmäßig im Wagen erfolgen. Ein erweitertes Kontroll- und Durchsuchungsrecht erhielten die Grenzer nur im Falle eines begründeten Verdachts des »Missbrauchs der Transitwege«, was vor allem den Verdacht des Schmuggelns von Gütern und Menschen meinte.[33] Als Bahr in den Verhandlungen jedoch anmerkte, »[n]ur die Phantasten sind Realisten« und sich zu der Hoffnung verstieg, an den

29 PAAA, MfAA G-A, HG 2, L 35/460, 28.
30 PAAA, MfAA G-A, HG 2, L 35/455, 3-38, insbes. 8-12.
31 Vgl. zahlreiche Fälle in PAAA, MfAA G-A, HG 2, L 35, 291-6.
32 PAAA, MfAA G-A, HG 2, L 35/216, 12; hiervon wich der SED-Staat jedoch punktuell unter Verweis auf den »Missbrauch der Transitwege« ab.
33 Zur genaueren Methodik der Grenzkontrolle im Transit siehe Jörn-Michael Goll, *Kontrollierte Kontrolleure: Die Bedeutung der Zollverwaltung für die politisch-operative Arbeit des Ministeriums für Staatssicherheit der DDR* (Vandenhoeck & Ruprecht, 2011), 201-8.

Grenzen könne eventuell gar nicht mehr kontrolliert, sondern »nur identifiziert« werden, blockte Kohl schnell ab. Dies sei »bei dem Verhältnis« doch reine »Utopie«.[34] Durch die Grenzkontrollen verschaffte sich der Staat Geltung über die eigene Bevölkerung hinaus, was er weder aufgeben wollte noch konnte. Die Grenze, das merkte Bahr immer wieder, besaß eine nicht anzusprechende, in die DDR hinein gerichtete soziale Macht- und Kontrollfunktion, die er zu respektieren hatte, wenn er mit Vertretern des SED-Staates an einem Tisch sitzen wollte. Auf das Transitabkommen zwischen der Bundesrepublik und der DDR am 17. Dezember 1971 folgte nur wenige Tage später eine ähnliche Übereinkunft zwischen dem Senat von West-Berlin und der DDR, welches nach über 10 Jahren wieder dauerhaft einen streng geregelten innerstädtischen Reiseverkehr für West-Berliner ermöglichte.[35]

Der Transit schlug Schneisen durch die DDR, an denen Kontakt in der Regel im Stile der »gestreuten Masse« vorkam: Die DDR-Bürger sahen Westautos vorbeiziehen, die Transitreisenden kamen bei der geringsten Regelübertretung in den teuren Kontakt mit der Staatsgewalt.[36] Die daraus folgende Transiterfahrung charakterisierte der sensible Chronist der Teilung Friedrich Christian Delius.

Transit – das bedeutete ein Maximum an Geboten und Verboten. Man durfte die Transitwege nicht verlassen. Man durfte kein »Material verbreiten« und keine »Personen aufnehmen« wie es offiziell hieß. Dafür brachte man noch ein gewisses Verständnis auf. Verboten war, was auf allen Straßen der Welt möglich war: nach Wunsch anzuhalten oder zu wenden, an einem Ort länger zu verweilen oder mit den Einheimischen Kontakt aufzuneh-

---

34 PAAA, MfAA G-A, HG 2, L 35/216, 12.

35 »Abkommen zwischen der Regierung der Deutschen Demokratischen Republik und der Regierung der Bundesrepublik Deutschland über den Transitverkehr von zivilen Personen und Gütern zwischen der Bundesrepublik Deutschland und Berlin (West)«, in: *Gesetzblatt DDR* II (6. März 1972), 349-54; *Zehn Jahre Deutschlandpolitik: Die Entwicklung der Beziehungen zwischen der Bundesrepublik Deutschland und der Deutschen Demokratischen Republik 1969-1979, Bericht und Dokumentation* (Bonn: Bundesminister für Innerdeutsche Beziehungen, 1980), 178 f.

36 Dominik Schrage, »Von der Präsenzmasse zur statistischen Masse. Affekte und deskriptive Aspekte eines modernen Konzepts«, in: *Die Macht der Menge. Über die Aktualität einer Denkfigur Spinozas*, hg. von Gunnar Hindrichs (Heidelberg: Winter, 2006), 93-112.

men. [...] Aber wehe, jemand kannte sich bei der Terminologie nicht aus und ordnete sich bei Einreise ein statt bei Transit, wehe man folgte dem Schild Berlin und übersah das Schild Transit Westberlin oder wählte die falsche Spur.[37]

Der SED-Staat erlangte laut Delius also Macht, jedoch kein Prestige: »Der Staat, durch den man da fuhr, war schnell zu beleidigen. [...] Auf dem Weg zwischen Mauer und Mauer verließ einen nie das Gefühl, etwas falsch zu machen.« Dies prägte auch in Delius' Worten die Mauergesellschaft: »So gingen die Transitreisenden durch eine Schule der Diktatur. Und niemand soll sagen, das sei keine gute Schule gewesen: So etwas wie die DDR wollte keiner, auch nicht die linken Berliner Studenten (nicht ohne Grund kamen die wenigen Sympathisanten der DDR unter den 68ern von weither, aus Marburg, München oder Köln).«[38]

Als in den 1970er Jahren aber auch bundesdeutsche Polizei und Geheimdienste die Grenze zur Terroristenbekämpfung nutzten und damit schikaniert wurde, »wer jung, langhaarig oder studentisch aussah«, geriet die Grenze vollends zum identitätsstiftenden Unort. Delius charakterisierte diese prägende Erfahrung wie folgt:

Alle, denke ich, haben wir aufgeatmet, wenn wir die DDR, ihre Grenze und die westliche Kontrolle hinter uns hatten. Bei diesen Reisen gab es kaum etwas Schöneres als das berauschende Gefühl, hinter Helmstedt endlich Gas geben zu dürfen, bei Hof endlich die fränkischen Berge im selbstbestimmten Tempo zu nehmen oder auf der Avus den weit leuchtenden Funkturm zu begrüßen. Das westliche Freiheitsgefühl, was wäre es gewesen ohne die Transiterfahrungen?[39]

Das Schlupfloch Auslandsurlaub

Bis auf wenige Ausnahmen verschlossen Mauerbau und Regelwerk bis weit in die 1970er Jahre hinein der DDR-Bevölkerung

---

37 Friedrich Christian Delius, »Schule der Diktatur«, in: *Tanz durch die Stadt: Aus meinem Berlin-Album* (Berlin: Transit, 2014), 51 f.

38 Ebd., 51-3; weiterhin Friedrich Christian Delius und Peter Joachim Lapp, *Transit Westberlin: Erlebnisse Im Zwischenraum* (Berlin: Ch. Links, 1999).

39 Friedrich Christian Delius, »An der Grenze«, in: *Tanz durch die Stadt: Aus meinem Berlin-Album* (Berlin: Transit, 2014), 49.

alle Wege, dieses »berauschende Gefühl« des Ankommens im Westen zu teilen. Der geregelte Transit erleichterte nur das Leben der Westdeutschen. Die Bevölkerung der DDR profitierte spürbar in erster Linie von der dank westlicher Zuschüsse besseren Straßenqualität auf den Transitstrecken. Die Straßen waren darum von hybridem Charakter. Zum einen ermöglichten und vereinfachten sie die für West-Berlin lebensnotwendige Mobilität. Zum anderen überwachte der SED-Staat die entsprechenden Schnellstraßen und Parkplätze in der DDR scharf, da diese Verkehrswege praktisch Grenzcharakter trugen. Dies stärkte die Rolle des MfS im Land und in Migrationsfragen. Während es in den 1960er Jahren noch recht geringen Einfluss besaß, stieg es nun durch den omnipräsenten Missbrauchs- und Betrugsverdacht unhaltbar als Migrationskontrolleur auf.[40]

Den neuen Machtanspruch entwickelte das MfS aus den Erfahrungen der Fluchtbewegung nach dem Mauerbau. Da die erfolgreichen direkten Grenzdurchbrüche durch waghalsige Fluchtaktionen ab Mitte der 1960er Jahre gegen null tendierten, verlagerte sich die Fluchtbewegung von den innerdeutschen Grenzen in andere Bereiche. Ab den 1960er Jahren hofften zahlreiche Fluchtwillige, im Ausland Schlupflöcher durch den Eisernen Vorhang zu finden. Für den SED-Staat war der Auslandstourismus janusköpfig. Einerseits diente er als immer wichtigere Belohnungs- und Disziplinierungsstrategie im Staat, andererseits eröffnete er aber neue Fluchtmöglichkeiten. Um Letztere zu unterbinden, intensivierte das MfS seine Kooperation mit den Geheimdiensten anderer sozialistischer Staaten.[41] Es schuf sich damit sowohl einen Erfahrungsschatz an Überwachungstechniken als auch eine wachsende Existenzberechtigung als omnipräsenter Schutzschild des SED-Staates gegen die eigene Bevölkerung.

Die ausländischen Dienste gingen gemeinsam mit dem MfS scharf gegen immer kreativere Fluchtversuche über sozialistische Partnerstaaten vor, und rückwirkend schöpfte das MfS aus den Unterdrückungspraktiken der verbrüderten Organisationen Wissen zur Überwachung des Transits. Gerade der Urlaub im Süden

40 Monika Tantzscher, *Hauptabteilung VI: Grenzkontrollen, Reise- und Touristenverkehr* (Berlin: BStU, 2005).

41 Christian Domnitz, *Kooperation und Kontrolle: Die Arbeit der Stasi-Operativgruppen im sozialistischen Ausland* (Göttingen: Vandenhoeck & Ruprecht, 2016).

war kritisch, inspirierte er bei vielen doch den Wagemut. Allerdings waren diese Fluchtversuche keineswegs immer wohlüberlegt. Aber sie verliehen der DDR-Bevölkerung wieder Agency. Die nach ihrer Scheidung alleinstehende 32-jährige Berliner Ärztin Britta Schneiders* versuchte im August 1969, über die grüne Grenze von Bulgarien nach Jugoslawien und dann zu ihrer Familie in Kanada zu kommen. Uninformiert und ungeschickt, löste sie ein Lichtsignal aus und wurde verhaftet.[42] Auch der 25-jährige Motorenschlosser Heribert Kröger* fasste 1965 spontan einen Fluchtentschluss, als er seinen in West-Berlin lebenden Bruder in Budapest traf. Dieser brachte ihn in die Nähe der österreichischen Grenze, wo Kröger* beim Versuch, seinen Weg durch die grüne Grenze zu finden, gefasst wurde.[43] Ähnlich ging es im Sommer 1964 dem jungen Ehepaar Jollberg*, das sich im westdeutschen Konsulat in Maribor westdeutsche Pässe ausstellen lassen wollte. Die dortigen Mitarbeiter lehnten das Ersuchen ab, gaben den beiden aber Tipps und sogar eine Wanderkarte mit, die ihnen den Weg in eine Region wies, »in der ansässige jugoslawische Bürger Schleusungen vornehmen«. Auf der Zugfahrt dorthin erschien ihnen die Gelegenheit im Zug günstiger, und sie versteckten sich in einem Hohlraum im Wagon. Sie wussten jedoch nicht, dass die Grenzer diese wohlbekannten Verstecke routinemäßig prüften.[44]

Solche Fälle inszenierte der SED-Staat in seinen Organen als Angriffe auf seine Existenz und nutzte Verhaftungen als Warnungen an seine Bürger, die im Ausland Urlaub machten, sich nicht der Verlockung der Freiheit hinzugeben. Angesichts des immer engmaschigeren Kontrollnetzes erschien jungen Personen, die oft am Anfang des Berufslebens standen, die häufig durch westliche Verwandte oder Bekannte vermittelte Fluchthilfe als Alternative zu individuellen Versuchen. Das Risiko war hoch, denn der SED-Staat bestrafte selbst die Kontaktaufnahme zu als »feindliche Organisationen« geführten Personen oder Gruppen drakonisch. Die Fluchthilfe hatte sich seit den frühen 1960er Jahren von einer spontanen, eher studentisch organisierten Nothilfe zu immer weiter ausgefeilten und durchorganisierten, im Halbschatten des öffentlichen Bewusstseins operierenden Fluchthilfeorganisationen

42 BStU AdZ, MfS HA XX/AKG, 7104, 14 f.
43 BStU AdZ, MfS HA XX, 9634, 3.
44 BStU AdZ, MfS HA XX/AKG, 7104, 405 f.

verschoben. Anstelle der Tunnelbauer, die physisch die Grenze umgingen, traten nun recht typische Migrationsakteure auf, die wir heute unter umgekehrter moralischer Betrachtung meist einfach als Schlepper oder Schleuser bezeichnen. Migrationshistorisch waren sie jedoch in erster Linie private Experten des Kontrollregimes, die versuchten, einzelne Teile gegeneinander auszuspielen oder durch Blendung zu umgehen.[45] Sie boten ebenso gefälschte Dokumente und Methoden des Identitätswechsels an wie spezifische Fahrzeuge zum unentdeckten Personentransport. In vielen Fällen führte der Weg über das Ausland. Es entstand ein breites Portfolio an Fluchthilfe, wobei auch Angehörige in kreativer Art versuchten, mit gefälschten Pässen und zahlreichen Tricks Verwandte über Länder wie die Tschechoslowakische Sozialistische Republik (ČSSR), Ungarn, Bulgarien und Jugoslawien in den Westen zu holen. Das Ziel war es, einen Urlaubsreisenden unterwegs oder im Flugzeug mit einem neuen Pass auszustatten und den nichtdeutschen Grenzkontrolleuren zu suggerieren, diese Person habe ihre Reise bereits als Westbürger angetreten.[46] Meist geschah dies mit Hilfe westdeutscher Privatpersonen oder Fluchthelfer, die über Dokumente und eine entsprechende Logistik verfügten. Solche Unternehmungen waren riskant und bargen stets das Risiko, dass man an der Grenze verhaftet wurde.

Wie direkt sich politische Opportunitäten und transnationale Konstellationen auf Fluchtversuche wie die oben beschriebenen auswirkten, belegt eine kaum bekannte Episode aus dem Prager Frühling 1968. Noch 1967 hatten der SED-Staat und die ČSSR in einem Protokoll die Kooperation der Sicherheitsdienste bei der Grenzsicherung vereinbart.[47] Das Abkommen stand in einer Reihe ähnlicher Vereinbarungen mit den Geheimdiensten sozialistischer Staaten und diente dem Zweck, dass die Interessen des MfS an den Außengrenzen des Warschauer Blocks gewahrt wurden.[48] Alexander Dubčeks Versuche, einen »Sozialismus mit menschlichem Antlitz« zu etablieren, enthielten auch Reiseerleichterungen. Dies nährte die Hoffnung, das Tauwetter könne die Härten der tsche-

45 Für eine grundlegende Darstellung und Periodisierung siehe Detjen, *Ein Loch in der Mauer*, 249-310.
46 Siehe zahlreiche Fälle in BStU AdZ, MfS HA XX/AKG, 7104; ebd., 7105.
47 BStU AdZ, ZAIG, 17587, 56-61, 66-70.
48 Allgemein dazu BStU AdZ, ZAIG, 17587.

choslowakischen Grenzkontrollen abschmelzen. In der Tat ließ die Kontrollintensität an der tschechoslowakisch-westdeutschen Grenze im Frühling 1968 nach. Leonid Breschnew wies Dubček in einem ernsten Gespräch darauf hin, dass er zwar innere Angelegenheiten der ČSSR akzeptiere, die angebliche »offene Grenze« zur Bundesrepublik aber »keine rein innere Angelegenheit« sei, da man sich vertragsgemäß gegenseitig verteidigen müsse.[49] Diese kurze Periode verdient vor allem im Lichte der 1989 erfolgenden, sehr ähnlichen Maßnahmen Ungarns besondere Beachtung, denn obwohl freilich von einer offenen Grenze keine Rede sein konnte, taten sich in der Tschechoslowakei bis Sommer 1968 neue Wege durch den Eisernen Vorhang auf. Ein Schlupfloch war das an die französische Botschaft in Prag angeschlossene Bureau de Circulation pour L'Allemagne, welches zu Zeiten der Hallstein-Doktrin mit der Vertretung bundesdeutscher Handelsinteressen in der ČSSR betraut war. Die Büroleiterin Pascale Faleur* stellte im Frühjahr 1968 zahlreichen DDR-Bürgern einen »Vorläufigen Reisepass an Stelle eines Passes für deutsche Staatsangehörige« aus. Dieses Übergangsdokument stattete sie mit einer westdeutschen Wohnadresse und gegebenenfalls auch einem falschen Namen und Geburtsdatum aus.[50] Idealerweise sollten sie sich mit diesem Dokument bei der Fremdenpolizei der ČSSR Ausreisevisen einholen und sich dann einer westdeutschen Reisegruppe anschließen und mit dieser ausreisen. Auf diesem Wege konnte bis Ende Sommer 1968 eine unbekannte »größere Anzahl« an DDR-Bewohnern nach Westdeutschland entkommen.[51] Einige Flüchtende nutzten die sich bietende Option spontan, andere reisten bereits mit der Hoffnung auf eine erleichterte Flucht in die ČSSR oder erhielten vor Ort Nachricht von dieser Option. Hinter vorgehaltener Hand verbreitete sich die Kunde über Frau Faleurs* Service (der auch Adressen von zuverlässigen Passbildfotografen und das Entsorgen der originalen Personaldokumente beinhaltete) scheinbar recht schnell.[52] Sowohl

49 Jaromír Navrátil (Hrsg.), »Document 28: Stenographic Account of the Soviet-Czechoslovak Summit Meeting in Moscow, May 4-5, 1968«, in: *The Prague Spring 1968: A National Security Archive Documents Reader* (Budapest: Central European University Press, 1998), 118, 122.

50 BStU AdZ, Allg. S., 641/40, Bd. 1, 11-5.

51 BStU AdZ, Allg. S., 641/40, Bd. 1, 15.

52 BStU AdZ, Allg. S., 641/40, Bd. 1, 14.

westdeutsche Bürger als auch die holländische und die österreichische Auslandsvertretung verwiesen Fluchtwillige an das Bureau, bevor Sendungen im Radio Wien öffentlich darauf aufmerksam machten.

Dennoch schien das Ganze dem MfS zu entgehen. Erst die Invasion des Warschauer Pakts in der Nacht vom 20. zum 21. August und die Niederschlagung der Reformbewegung beendeten diese Möglichkeit. Was in der Betrachtung dieses Einmarschs oft übersehen wird, ist, dass die Sowjets den Einsatz der Roten Armee auch mit den angeblich offenen Grenzen begründeten, und zwar obwohl Dubček, wie er in einem Krisengespräch vermerkte, die Grenze seit Januar militärisch verstärkt hatte.[53] Selbstverständlich sprachen die Sowjets wie auch der SED-Staat dabei über die Grenzsicherung gegen Eindringlinge, meinten aber das Territorium verlassende Personen. Dies zeigte sich direkt mit dem Truppeneinmarsch. Besorgt erklärte Faleur* den Flüchtenden, die zwischen dem 23. und dem 29. August ihre Hilfe suchten, »daß es besser gewesen wäre, das Fluchtvorhaben am 21. und 22. 8. zu realisieren, da sich zwischenzeitlich die Kontrollsysteme an den Staatsgrenzen der ČSSR wieder stabilisiert hätten«.[54] Nach der Zerschlagung der Reformbewegung funktionierten diese spätestens ab dem 29. August tatsächlich wieder. In den folgenden zwei Wochen verhafteten die Grenzkontrolleure neun Personen, die mit gefälschten Dokumenten den Weg gen Westen suchten. Sie fielen auf, da ihnen entweder das Ausreisevisum fehlte oder weil die Behörden die Personendaten mit denen des »angeblichen Einreiseortes« nun wieder genau abglichen.[55] Jetzt erfuhr auch das MfS von den Vorgängen. So klein dieses Loch in der Mauer auch war, dem MfS erschien es als Bedrohung, da das Ministerium solche Lücken in den Papiermauern nicht einfach selbst regulieren konnte, sondern auf die Dienste befreundeter Staaten angewiesen war. Folglich baute es die Kooperationen aus. Letztendlich sicherte zudem die sich in deutsch-deutschen Migrationsfragen eigentlich bedeckt haltende Sowjetunion die Macht-

53 Jaromír Navrátil (Hrsg.), »Document 58: Transcript of Discussion between Alexander Dubček and Waldeck Rochet, July 19 1968«, in: *The Prague Spring 1968: A National Security Archive Documents Reader* (Budapest: Central European University Press, 1998), 262.

54 BStU AdZ, Allg. S., 641/40, Bd. 1, 15.

55 BStU AdZ, Allg. S., 641/40, Bd. 1, 15.

position des SED-Staates im deutsch-deutschen Migrationsregime durch ihre disziplinierende Gewalt im Ausland.[56]

Das MfS vermutete hinter jedem Fluchtversuch das Entstehen neuer Strukturen. Zahlreiche Vernehmungsprotokolle gescheiterter Flüchtlinge verdeutlichen, dass es grundlegend von systematischen Schleusungsaktionen ausging. Diese Interpretation verfolgten die Mitarbeiter sogar in Fällen, in denen einfache Fehler der Verhafteten sie widerlegten und die deutlich belegten, dass es sich um einmalige Versuche handelte, Verwandten den Weg nach Westen zu ermöglichen. Im Sommer 1966 wurde z. B. der 24-jährige Medizinstudent Werner Lässing* auf der Flucht zu seinem Bruder nach Köln an der bulgarisch-türkischen Grenze verhaftet. Sein Bruder hatte eine Kennzahl des Einreisevisums nicht richtig interpretiert und fehlerhaft in ein gefälschtes Dokument übertragen. Der Irrtum fiel auf, und nun wurde ihm organisierte Fluchthilfe vorgeworfen, obwohl die Brüder aufwändig gefälschte Dokumentvorlagen und sogar einen selbst geschnitzten bulgarischen Einreisestempel nach einmaliger Verwendung entsorgt hatten.[57] Der Verdacht der Organisation traf selbst die größten Amateure. Der junge Berliner Mediziner Bernd Vesper* wollte nach seiner »Republikflucht« 1963 seine Verlobte nachholen. In recht naiver Art baute er seinen Pkw für den einmaligen Schmuggelversuch um und tappte in eine vom MfS gestellte Falle. Danach sah er sich in harten Verhören den Verdächtigungen ausgesetzt, ins Schleusergeschäft einsteigen zu wollen.[58] Besonders herabwürdigend war, dass das MfS bei seiner Suche nach Netzwerken auf Gendermerkmale zurückgriff. Die 26-jährige Säuglingsschwester Hannelore Bieberling* geriet 1969 ins Fadenkreuz des MfS, weil sie auf einer Reise ohne erkennbaren Grund wichtige Dokumente wie Geburtsurkunden und Zeugnisse bei sich trug. Eine operative Bearbeitung durch das MfS stellte dann den »unehrlichen Charakter« der Frau fest und dass sie »einen Ausländer dazu bewegen [will,] sie zu heiraten mit dem Ziel, danach legal nach Westdeutschland zu verziehen«. Das erschien den MfS-Mitarbeitern schlüssig, da die Frau ein »ansprechendes Äußeres« besitze und »Männerbekanntschaften« ausnutze, um »sich

---

56 Siehe diverse Abkommen in BStU AdZ, ZAIG, 17587; sowie Domnitz, *Kooperation und Kontrolle.*

57 BStU AdZ, MfS HA XX/AKG, 7104, 317-41.

58 BStU AdZ, MfS HA XX/AKG, 7104, 7.

materielle Vorteile zu verschaffen«. Daraus schlussfolgerten die Spitzel: »Ihr ganzes Leben dreht sich um zwei Dinge, Männer und Republikflucht.« Diese Einschätzung führte dazu, dass das MfS sie völlig unbegründet der Verstrickung in eine professionelle Schleuserorganisation verdächtigte.[59]

Das MfS fürchtete kommerzielle Schleuser, aber es produzierte sie auch überhaupt erst. Der SED-Staat schuf nicht nur die Bedingungen, die eine immer weiter professionalisierte Fluchthilfe geradezu hervorriefen. Darüber hinaus benötigte er das Konstrukt des kommerziellen Schleusers, um vor den Augen der Bundesdeutschen jede Fluchthilfe zu diskreditieren. In der »heroischen Phase« der Fluchthilfe kurz nach dem Mauerbau wimmelte es von unbedarften Fluchthelfern, wie 1963 dem 23-jährigen Bernd Vesper*.[60] Sein Plan bestand darin, bei Dunkelheit in den Müggelbergen oder in einer Garage in Ost-Berlin Menschen »in dem Schleusungsfahrzeug zu verstecken« und »über die Transitstrecken nach Westdeutschland zu schleusen«, wobei es ihm weder gelang, eine entsprechende Garage zu mieten noch eine einzige erfolgreiche Flucht zu ermöglichen, bevor er ins Netz des MfS geriet.[61] Helfer wie er und die abenteuerlichen und oft politisch motivierten Tunnelbauer fanden in der Zeit unmittelbar nach dem Mauerbau in der Bundesrepublik öffentliche Unterstützung für ihren Kampf gegen den »KZ-Staat«.

Je enger sich jedoch die Netze des MfS zuzogen, je breiter der Grenzstreifen wurde und je höher die Papiermauern wucherten, desto mehr professionalisierten sich einige Organisationen. Gegen die Zahlung einiger zehntausend DM verwandelten einige von ihnen z. B. gegen Ende der 1960er Jahre jährlich einige hundert DDR-Bürger während einer Auslands- oder Flugreise mit vorbereiteten Dokumenten in bundesdeutsche Bürger.[62] Ab Mitte der 1960er Jahre bemühte sich der SED-Staat, den kommerziellen Fluchthelfern vor den Augen der deutsch-deutschen Öffentlichkeit niedere Motive anzuhängen.[63] Sie folgten angeblich nicht länger einem politi-

---

59 BStU AdZ, MfS HA XX/AKG, 7104, 68-107, v. a. 70, 74.

60 Zur Charakterisierung der Phase siehe Detjen, *Ein Loch in der Mauer*, 83.

61 BStU AdZ, MfS HA XX/AKG, 7104, 8-13.

62 BStU AdZ, MfS HA XX/AKG, 7104, 432-95, erfolgreiche Bsp. in ebd., 7105, 1-11, 20-5, 36-50.

63 *Missbrauch der Transitwege von und nach Westberlin: Dokumentation* (Berlin: MfAA der DDR, Presseabt., 1964).

schen Wertekompass (obwohl in Gerichtsurteilen gerade das politische Motiv und damit die Friedensgefährdung gegen sie verwendet werden konnte), sondern dem schnöden Mammon. Man sollte die Existenz einiger rein kommerzieller und an der Grenze zur Unterwelt agierender Unternehmen nicht negieren, aber man darf nicht übersehen, dass selbst sehr aktive Fluchthelfer wie Kay Mierendorff primär aus politischen Motiven handelten.[64] Sie kämpften in der Tat per Migrationsunterstützung gegen die DDR – aber für ihre Bevölkerung. Die sich wandelnde Fluchthilfe untergrub die Autorität des SED-Staates. Sie wurde entsprechend vom MfS bekämpft und von Institutionen wie der Arbeitsgemeinschaft 13. August heroisiert. Obwohl der Effekt der Fluchthilfe auf die breite DDR-Bevölkerung marginal blieb, rüttelten die professionalisierten Helfer an der Logik der Mauer. Das galt dem SED-Staat als profunde Gefahr, weswegen er viel Energie auf die Stigmatisierung der Fluchthelfer als Friedensgefährder verwendete. Mit der Unterstellung niederer Motive griff er sie in den eigenen Organen, in den deutsch-deutschen Verhandlungen und, wenn es glückte, in beeinflussten oder lancierten Meldungen in der Westpresse an. Nach und nach zeigten diese Attacken Wirkung. Im Laufe der 1970er Jahre empfand die westdeutsche Öffentlichkeit die Kommerzialität und Kriminalität, die notgedrungen mit der Fluchthilfe einhergingen, zunehmend als unlauter.[65] Die sich für Bundesbürger senkende Grenze gen Osten steigerte nicht unbedingt deren Mitgefühl für die fehlende Bewegung aus der anderen Richtung. Die um Annäherung bemühte sozialliberale Bundesregierung schwieg sich derweil aus. Auch sie erkannte in der Fluchthilfe in erster Linie ein Hindernis im Annäherungsprozess. Diese letztlich recht erfolgreiche Stigmatisierung der Fluchthilfe als kommerziellen Akt verschleierte, dass zumeist westdeutsche Angehörige aus privater Verzweiflung und nicht aufgrund eines politischen Kampfes auf die Unterstützung von Fluchthelfern zurückgriffen, um den komplizierten Identitätstausch im Ausland oder die unentdeckte Grenzüberquerung vornehmen zu können.[66]

64 Marion Detjen, »La complicità nella fuga degli abitanti della DDR dopo la costruzione del muro. Una storia al centro del conflitto tra le due Germanie«, in: *Ricerche di storia politica* 9 (2009), 355-68.

65 Ausführlich dargestellt in Detjen, *Ein Loch in der Mauer*, 285-310.

66 BStU AdZ, MfS HA XX/AKG, 7104, 30-5.

Der »Missbrauch der Transitwege«

Nur aus diesem Kontext heraus lässt sich das Verhalten der SED-Verhandlungsführer im Ringen um einen Transitvertrag erklären. Sie fürchteten, mit dem millionenfachen Autoverkehr zwischen der Bundesrepublik und West-Berlin würde ein neues Schlupfloch gerissen und vertraglich abgesichert. Nachdem es dem Staat durch intensive Kontrolle der Anträge auf Auslandsurlaube und durch den Ausbau der Kooperation mit den Geheimdiensten anderer Staaten des Warschauer Pakts gelungen war, die Fluchthilfe über das Ausland einzudämmen, sah das MfS in der Transitstrecke ein Hunderte Kilometer langes Einfallstor für »Menschenhändler«.[67] Auch der erleichterte innerstädtische Grenzübergang in Berlin bereitete dem Ministerium Sorgen, die sich jedoch eher auf den Schmuggel von Materialien denn von Menschen richteten. Schließlich wussten die Sicherheitsorgane des SED-Staates trotz aller Rede von »organisierten Menschenhändlerbanden« um die Gefahr der Spontaneität. Bereits vor dem Transitvertrag häuften sich Fälle, in denen Ausreisewillige auf Westbürger trafen, die aus offensichtlich individuellen Gründen, oft einer Mischung aus Humanität und Heldengefühl, eine Spontanbegegnung zu einem Fluchtunternehmen umwandelten. Ein wohl typischer Fall ereignete sich genau ein Jahr nach dem Mauerbau, am 13. August 1962. Der Marburger Lastkraftfahrer Werner Mieschmann* nahm auf seiner Fahrt von Berlin nach Hamburg die 32-jährige Bäuerin Gertrud Röllisch* und die 19-jährige Hausfrau Silke Taus* als Anhalter auf. Letztere hegte wohl schon länger Ausreisegedanken, zudem war ein Verfahren wegen Verstoßes gegen das Passgesetz gegen sie anhängig. Nach längeren Klagen über die Versorgungslage fassten die drei während der Fahrt gemeinsam einen spontanen Fluchtplan, woraufhin sich Frau Röllisch* und die im neunten Monat schwangere Frau Taus* kurz vor der Grenze in den Reserveradkasten des Lkw zwängten. Der Lastwagenfahrer flunkerte sie beruhigend an, dass dies bereits mehrmals funktioniert habe. Der geschulten Grenzkontrolle entging ein derart offensichtlicher Ort aber nicht. Alle drei wurden

67 Monika Tantzscher, *Die verlängerte Mauer: Die Zusammenarbeit der Sicherheitsdienste der Warschauer-Pakt-Staaten bei der Verhinderung von »Republikflucht«* (Berlin: BUStU, Abt. Bildung und Forschung, 2001).

verhaftet.[68] Die Versuchung schuf hier den Plan – und für den SED-Staat den Regulierungsbedarf für die Kontaktzone zwischen Transitreisenden und DDR-Bürgern.

Im Migrationsregime beeinflussten sich die Maßnahmen jedoch gegenseitig. Die Kontrollintensität steigerte die Kreativität der Fluchthelfer. In diesem Katz-und-Maus-Spiel standen die Fluchthelfer vor dem Dilemma, dass die Einbindung mehrerer Personen von Kurieren bis Fahrern bestimmte Unwägbarkeiten ausschalten konnte, dass dies zugleich aber die vom MfS überwachbaren Schnittstellen vermehrte.[69] Für Fluchten per Transit nutzten sie die kleinsten Hohlräume in Fahrzeugen, was bei den Flüchtenden mit extremem physischem und psychischem Stress einherging, die zudem mehrfach und plötzlich für den Beginn oder Abbruch eines Fluchtversuchs bereit sein mussten. Einige griffen auf Schlaf- und Beruhigungsmittel zurück, um Panikanfälle in den Verstecken zu vermeiden. Der angestaute Stress resultierte wiederum in einem erhöhten Gesprächsbedürfnis nach der Flucht, was das MfS für sich abzuschöpfen wusste.

Flucht entzog die Personen dem Auge des MfS. Aber zumindest viele West-Berlin-Flüchtlinge trieb es in ihren ersten Tagen im Westen an den utopischen Ort vieler DDR-Bürger: das KaDeWe in Berlin-Charlottenburg. Caroline Bergener* war keine Ausnahme. Einen Tag nach ihrer erfolgreichen Flucht mit ihren zwei Kindern löste sich ihre Spannung beim Bummeln durch die Warenregale. Von Emotionen überwältigt, schüttete sie einem Bekannten ihr Herz über die waghalsige Fluchtgeschichte in einem Campinganhänger aus. Detailliert berichtete sie, dass ihre Kinder trotz verabreichter Schlafmittel genau an der Grenze aufgewacht, zum Glück aber still geblieben waren. Die Grenzkontrolle habe die Wände des Campinganhängers abgeklopft und »alles in Ordnung« befunden. Erleichtert diskutierte sie mit ihrem Bekannten ihr Wissen, dass diese Methode viel sicherer sei als die Alternative »über Prag mit dem Hertie-Lkw«, der mittels manipulierter Verplombung auf dem Weg nach Wien bis zu acht Personen unbemerkt transportieren könne. Sie ahnte allerdings nicht, dass das MfS im KaDeWe mit Spitzeln zugegen war, sie belauschte und dieses Gespräch sorgsam

68 BStU AdZ, MfS HA XX/9634, 1 f.
69 Vgl. BStU AdZ, MfS HA XX/AKG, 7105/26-9; ebd., 7104, 432-95.

protokollierte.[70] Eine Person mochte entflohen sein, aber das Wissen um die Wege besaß für das MfS großen Wert. Die Spitzel berichteten zurück und wandelten damit eine erfolgreiche Flucht in Wissen über Fluchtwege um. Erkenntnisse wie diese führten zur steten Verschärfung der Kontrollen an der Grenze bis hin zum Einsatz der streng geheimen Gamma-Kanonen ab 1976. Mit diesen ließen sich selbst ausgeklügeltste Verstecke durchleuchten, da sie auch hinter Metall feinste organische Schwingungen aufzeichnen konnten.[71]

Neben solchen geheimen Methoden setzte der SED-Staat aber auch auf die Öffentlichkeit. Immer wieder wendete er sich warnend an die Westbevölkerung. So lautete beispielsweise der Text auf einer großen Tafel an der Grenzübergangsstelle Staaken:

Reisende in das Bundesgebiet
Nach dem Transitabkommen sind bestimmte Vorschriften der DDR zu beachten, u. a.
– kein Material verbreiten
– keine Personen aufnehmen
– die Transitwege nicht verlassen
– Strafvorschriften und die Straßenverkehrsvorschriften der DDR beachten!
Einzelheiten in dem hier erhältlichen Merkblatt[72]

Darüber hinaus drängten SED-Vertreter in Gesprächen und Pressemitteilungen fortwährend die Bundesregierung, »jegliche Tätigkeit, die vom Boden der BRD und Westberlins aus das Transitabkommen verletzt, wirksam zu unterbinden«.[73] Damit meinte die SED-Führung, dass die Bundesrepublik Gesetze oder zumindest Maßnahmen zum Schutz der Staatsgrenzen der DDR im Sinne der SED erlassen solle. Dies lehnten sämtliche Bundesregierungen ab, auch wenn Helmut Kohl später der SPD unterstellte, dass »gro-

70 BStU AdZ, MfS HA XX/AKG, 7105, 20 f.
71 Tantzscher, *Hauptabteilung VI*, 73 f.
72 Ullstein-Bild, 6. August 1974, online verfügbar unter: ⟨http://www.gettyimages.de/detail/nachrichtenfoto/warnung-vor-missbrauch-der-transitwege-am-nachrichtenfoto/550631859⟩ (Stand März 2019).
73 »Ein gefährliches Treiben: Schluß mit dem Mißbrauch der Transitwege!«, in: *Neues Deutschland* (8. Oktober 1973), 2; in Westdeutschland veröffentlicht unter »Dokumente der ZEIT – Mißbrauch der Transitwege«, in: *Die Zeit* (17. August 1973).

ße Teile der deutschen Sozialdemokratie am liebsten gleich alle diese Forderungen von Erich Honecker erfüllt hätten«.[74] Zwar erschwerten die Fluchthelfer die Verhandlungen, dennoch waren alle politischen Institutionen der Bundesrepublik weit von solchen Maßnahmen entfernt.

Dies galt mehrheitlich auch für die Rechtspraxis und die Rechtswissenschaft. Im Rahmen einer Fachdiskussion lehnten 1974 führende Juristen die Strafverfolgbarkeit der Fluchthilfe durch den Verweis auf den »Notstand« der deutschen Teilung ab.[75] Ein grö-ßeres Problem stellten indes sekundäre Straftaten der Fluchthilfe wie Urkundendelikte oder Betäubungsmitteleinsatz dar, die nach westdeutschem Recht strafverfolgbar waren. Hier ist die Bilanz des bundesdeutschen Umgangs mit Fluchthilfe gespalten. Einerseits nötigte das als legitim erachtete Unterfangen zu derartigen Delik-ten und damit auch zum Kontakt mit der kriminellen Szene. Ande-rerseits mussten die Gerichte über Taten urteilen, deren Motivation ideologisch und politisch im Einklang mit dem Grundgesetz stand. Solche Vergehen wurden zwar verfolgt, aber nur selten geahndet. Die Gerichte führten ebenfalls mit Verweis auf den Notstand im Sinne des Grundgesetzes Entschuldigungsgründe an. Je mehr im Laufe der 1970er Jahre aus der Fluchthilfe allerdings ein nischen-haftes Geschäftsmodell wurde, desto größer wurde die rechtliche Grauzone. Die Gerichte mussten nun abwägen, ob die sekundären Delikte allein zugunsten der Fluchthilfe oder auch zum Zwecke der eigenen Bereicherung begangen worden waren, wobei im Lichte der nötigen Professionalisierung das eine kaum ohne das andere möglich war.[76]

An diesem Punkt darf freilich nicht verschwiegen werden, dass

74 Helmut Kohl, *Erinnerungen: 1982 bis 1990* (München: Droemer, 2005), 164.

75 Friedrich-Christian Schroeder, »Zur Strafbarkeit der Fluchthilfe: Unter beson-derer Berücksichtigung der Notwehrprobleme«, in: *Juristenzeitung* 29/4 (1974), 113-7; Otto Kimminich, *Fluchthilfe und Flucht aus der DDR in die Bundesrepublik Deutschland* (Hamburg: Institut für Internationale Angelegenheiten der Univer-sität Hamburg, 1974); siehe auch die kaum wahrgenommene Kritik Peter Klo-se, »Kann Fluchthilfe strafbar sein?«, in: *Zeitschrift für Rechtspolitik* 9/2 (1976), 27-32.

76 Marion Detjen, »Die propagandistische Ausrichtung der Strafverfolgung von Fluchthelfern in der DDR und ihre Wirkung im Westen«, in: *Inszenierungen des Rechts: Schauprozesse, Medienprozesse und Prozessfilme in der DDR*, hg. von Klaus Marxen und Annette Weinke (Berlin: Berliner Wissenschafts-Verlag, 2006), 103 f.

der SED-Staat unter dem »Missbrauch der Transitwege« nicht nur die Fluchthilfe, sondern ebenso unerwünschte politische Aktivitäten verstand. Das betraf zum einen die (in den 1980er Jahren wichtiger werdende) Unterstützung der oppositionellen Bewegungen und zum anderen politische Aktivitäten in West-Berlin.[77] Der SED-Staat protestierte scharf gegen die Einrichtung bundespolitischer Institutionen wie dem BMG/BMiB untergeordnete Institute, gegen die Ansiedlung des Umweltbundesamtes in West-Berlin 1974 sowie gegen dortige Auftritte von Bundespolitikern oder Sitzungen des Bundestages.[78] Dabei versuchte die DDR vor dem Transitabkommen, das Nadelöhr der Durchreise für seine Zwecke zu nutzen. Nach dem Anschlag auf Rudi Dutschke im April 1968 beschuldigte der SED-Staat die Bundespolitik der »Renazifizierung und der reaktionären Pogromhetze«. Mit der Begründung, der rechtsradikale Attentäter Josef Bachmann sei »mit der Mordwaffe« über die Transitwege aus München nach Berlin gekommen, ordnete Innenminister Dickel an, dass Bundesministern und leitenden Beamten der Bundesregierung der Transit verwehrt werden könne.[79] Auch der Beschluss der CDU, ihren 16. Parteitag im November 1968 in West-Berlin abzuhalten, interpretierte der SED-Staat als »provokatorische Anmaßung« und verhängte ein Durchreiseverbot für potentielle Teilnehmer, um die Bundesregierung zur Aufgabe ihrer »Annexionspolitik« und »gegen den Frieden und die Sicherheit gerichteten Unrechtshandlungen« zu bewegen.[80]

Das waren politische Muskelspielchen der Abgrenzung, die das MfAA während der Initialphase der deutsch-deutschen Annäherung sehr schnell zugunsten eines milderen Tons aufgab. Während es einen Berlinauftritt von Bundeskanzler Erhard zum 8. Mai 1965 noch als Versuch einer »Neuordnung Europas a la Hitler« geißelte,[81] verwies es 1970 angesichts der in West-Berlin abgehaltenen »Bund-Länder-Konferenz« nur noch auf »Schwierigkeiten« im Annäherungsprozess, wenn West-Berlin »wie ein Land der Bundesrepublik« behandelt werde.[82] Diese Formulierung war Hone-

---

77 Siehe zahlreiche Erklärungen in PAAA, MfAA G-A, HG 2, L 35, 45 f.

78 PAAA, MfAA G-A, HG 2, L 35, 45, 135.

79 PAAA, MfAA G-A, HG 2, L 35, 45, 136 f.

80 PAAA, MfAA G-A, HG 2, L 35, 45, 180-2.

81 PAAA, MfAA G-A, HG 2, L 35, 45, 70 f.

82 PAAA, MfAA G-A, HG 2, L 35, 46, 117 f.

cker und Axen zu seicht, sie pochten darauf, die Integration West-Berlins in den Bundeskörper zumindest als »völkerrechtswidrig« zu bezeichnen.[83]

Nach Abschluss des Transitvertrags blieb die SED-Führung bei der Praxis entsprechender Protesterklärungen, hatte aber die Sanktionsmöglichkeit der kollektiven Durchreiseverbote aufgegeben. Als sie dann 1977 angesichts einer geplanten Sternfahrt der Jungen Union durch die DDR nach West-Berlin wieder zu diesem Mittel griff, traf dies offiziell auf schärfsten westdeutschen Protest, auch wenn das Bundeskabinett »die mit dieser Fahrt möglicherweise verbundenen Komplikationen« antizipierte und vergeblich versuchte, entsprechend auf die CDU einzuwirken.[84] Letztlich waren in den 1970er Jahren beide Staaten auf Verständigung angewiesen, da nur der Kontakt zwischen ihnen ihre jeweiligen Interessen sicherte. Das war doppelschneidig, denn einerseits beklagten konservative Stimmen in der Bundesrepublik den Annäherungsprozess als eine selbstgewählte Zahnlosigkeit gegenüber der DDR.[85] Andererseits transformierte genau das aus dem Grundlagenvertrag erwachsende Gesprächsbedürfnis in der Regelung von Alltagskonflikten die deutsch-deutsche Annäherung in einen dauerhaften Prozess, welcher der Bevölkerung durch aggregiertes Handeln – wie bei Flucht, Kontakten und Ausreisebewegung – Agency in der Gestaltung der Beziehungen verlieh. Nach Abschluss des Abkommens blieb es bei einzelnen, wenn auch demonstrativen Eingriffen in den Transitverkehr, der ansonsten zeitraubend, aber reibungslos verlief.

Allen Regulierungen zum Trotz stellte der Transit damit eine enorme Erleichterung dar. Er verband West-Berlin fest mit der Bundesrepublik. Der Bundesgrenzschutz stellte zwischen dem Inkrafttreten des Transitabkommens am 4. Juni 1972 und dem Berichtstag des 30. September 1974 mit 31 Millionen Transitreisen eine Vervielfachung des Reiseverkehrs in beide Richtungen fest. Die Nutzung der Luftwege (insgesamt 2,8 Millionen Reisen) ging hin-

83 PAAA, MfAA G-A, HG 2, L 35, 46, 119.
84 Anja Hanisch, *Die DDR im KSZE-Prozess 1972-1985: Zwischen Ostabhängigkeit, Westabgrenzung und Ausreisebewegung* (München: Oldenbourg, 2012), 218; »175. Kabinettssitzung, 11. August 1976«, Die Kabinettsprotokolle der Bundesregierung 1976, online verfügbar unter: ⟨http://www.bundesarchiv.de/cocoon/barch/ko/k/k1976k/kap1_1/kap2_32/para3_9.html⟩ (Stand März 2019).
85 Mundzeck, *Auf Vertrauenssuche*, 255 f.

gegen jährlich um über 10 % zurück. In demselben Zeitraum verhafteten die Organe der DDR 256 Personen wegen »Mißbrauchs der Transitwege«. Etwas verkompliziert stellte die Bundesregierung dazu fest, es lägen »keine Anhaltspunkte dafür vor, daß ein Reisender im Widerspruch mit den Bestimmungen des Transitabkommens festgenommen [worden] wäre.«[86] Dies bedeutete nichts weniger, als dass die Bundesregierung zugab, mit den Verträgen nicht nur den SED-Staat anerkannt zu haben, sondern hier auch auf ihr öffentliches Einspruchsrecht gegen das grundlegende SED-Unrecht bei der Unterdrückung der Fluchtbewegung zu verzichten. Obwohl die Verhaftungen im Vergleich zum Gesamtvolumen geringfügig waren, waren mehrere hundert verhaftete Bundesbürger ein heikles Thema für die Regierung. Darum versuchte sie die Veröffentlichung solcher Zahlen zu unterbinden oder zumindest zu erschweren. Wie das BMG unter Berufung auf den »gesamtdeutschen Auftrag« immer wieder öffentliche Diskussionen unterbunden hatte, vereinbarte nun die sozialliberale Regierung bei solchen Berichten an den Bundestagsausschuß für innerdeutsche Fragen Vertraulichkeit. Das hatte ganz pragmatische Gründe, denn in der Tat erschwerte die für die bundesdeutsche Demokratie essentielle Medienöffentlichkeit die deutsch-deutschen Gespräche. Wenn Magazine wie *Kennzeichen D* über Verhaftungen berichteten, nutzten dies die SED-Verhandlungsführer zu einer Zweckentfremdung der Verhandlungen und zur aggressiven Rechtfertigung. Von der zentralen Steuerung ihrer eigenen Medien ausgehend, verstanden sie solche medialen Berichte als bundespolitische Angriffe.[87] Die Bundesregierung ließ dies in der Öffentlichkeit meist unkommentiert, besprach in den deutsch-deutschen Kommissionen aber zahlreiche Fälle.[88] Immer wieder versuchte die SED-Seite dabei unter Vorlage von allerlei Beweisen, die Bundesregierung in die Verantwortung zu drängen, auch ihrerseits die Fluchthilfe zu unterbinden.[89] In diesem Zusammenhang gehört auch der später bekannt gewordene Fall des Politikerneffen Kay Mierendorff, der im Laufe der 1970er Jahre über 1000 Menschen zur Flucht verholfen haben will. Mierendorff wurde verdächtigt, für die CIA zu arbeiten, und

86 BArch Koblenz, B 137, 6389, Vermerk 31. Oktober 1974.

87 Vgl. PAAA, MfAA G-A, HG 2, L 35, 212, 2 f.

88 BArch Koblenz, B 137, 6389, Bericht der Transitkommission, 11. September 1974.

89 PAAA, MfAA G-A, HG 2, L 35, 461, 83-90.

hielt die Sicherheitsorgane der DDR immer wieder auf Trab. Ihn juristisch zu verfolgen lehnte die Bundesseite trotz offenkundiger Missbilligung jedoch kategorisch ab.[90]

Schweigen, um reden zu können

Die gesamten 1970er Jahre über blieb Migration der Sand im Getriebe der deutsch-deutschen Verhandlungen. Wiederholt nutzte die SED-Seite themenfremde Gesprächsrunden wie die Grenzkommission oder die Verhandlungen zur Einrichtung der Ständigen Vertretungen, um der Bundesseite den »Missbrauch der Transitwege« vorzuhalten und sie der Unterlassung von Gegenmaßnahmen anzuklagen.[91] Bahr hingegen versuchte, das Thema vom Tisch zu bekommen, indem er darauf verwies, dass unter den jährlich ca. 1000 Republikfluchten doch nur 10 % auf den Transit zurückzuführen seien. Zudem gehe die bundesdeutsche Justiz in einem Dutzend Fälle gegen kommerzielle Fluchthelfer vor. Er könne allerdings den Ausgang der Verfahren nicht abschätzen.[92]

Viel wichtiger als solche Schlagabtausche hinter verschlossenen Türen war die beiderseitige Übereinkunft, die Problematik aus der öffentlichen Darstellung der Gespräche herauszuhalten. Besonders deutlich wurde dies nach einem unproduktiven Treffen am 23. August 1973. Als in der Frage der Ständigen Vertretungen keinerlei Fortschritte erzielt wurden, brachte die SED-Seite den »Missbrauch der Transitwege« auf. Erneut prallten beide Seiten ohne Resultat aufeinander. Nach dem Zusammentreffen vereinbarten die Vertreter auf Bahrs Wunsch hin jedoch, ein positives Bild von dem Gespräch zu zeichnen. Er habe Michael Kohl letztlich gebeten, »das Transitthema nicht öffentlich abzuhandeln« und zu beschweigen, »daß auch über den Mißbrauch des Transitverkehrs gesprochen

90 BStU AdZ, HA XX/AKG/7105, 122-4; ebd., ZKG, 18090, 4 f.; ebd., HA XX, 1664, 440-9; eine zeitgenössische Charakterisierung in »Altes Schwein, wir knallen dich ab: Wie eine Handvoll kommerzieller Fluchthelfer den Berlin-Verkehr gefährdet«, in: *Der Spiegel* 9 (27. Februar 1978), 46-52.

91 Z. B. PAAA, MfAA G-A, HG 2, L 35, 461, 83-90.

92 PAAA, MfAA G-A, HG 2, L 35, 461, 70-72; die immer wieder aufkommende Forderung der SED-Seite nach einer Auslieferung lehnte er jedoch unter Verweis auf die grundgesetzliche Freizügigkeit scharf ab; ebenso ebd., 296, 7-9.

wurde, falls eine solche Frage gestellt werde. Ich [Kohl] erklärte mich einverstanden.«[93] Als die Presse erwartbar nachbohrte, blieb Bahr bei einem kurzen: »Auch dies ist angesprochen worden.«[94] Diese Einsilbigkeit beruhte auf Gegenseitigkeit, denn auch der SED-Seite war die hartnäckige Thematisierung von Flucht und Ausreise in den bundesdeutschen Medien ein Dorn im Auge. Vor allem die CDU nutzte das Thema der Freizügigkeit für scharfe Angriffe auf die SPD und den SED-Staat gleichermaßen.[95] Auf Drängen der DDR-Vertreter hin versicherten Bundesvertreter an anderer Stelle gar, entsprechend auf die Medien einzuwirken. Das Protokoll des MfAA über die deutsch-deutschen Gespräche zur Auslegung des Grundlagenvertrags vom 13. September 1973 vermerkt erkennbar erleichtert, Bahr habe versichert, »[d]ie Bundesregierung und der Bundeskanzler persönlich hätten sich bemüht und würden sich weiter darum bemühen, auf die Presse und sonstige Stellen einzuwirken, daß grundsätzlich so wenig wie möglich über Republikflucht geschrieben werde. Es liege im Interesse beider Seiten, die öffentliche Diskussion zu beenden.«[96]

Mit diesem demokratisch höchst fragwürdigen Verhalten hoffte die Bundesregierung wohl, sich einen Verhandlungsspielraum zu erkaufen, um hinter den Fassaden Teilaspekte wie die Familienzusammenführung und die Überführung von Kindern gegen Geldzahlungen auszuhandeln.[97] Zur übergeordneten Ausreisefrage schwieg sie, und Fluchthilfe thematisierte die Bundesregierung nur sehr punktuell anhand von Einzelfällen.

93 PAAA, MfAA G-A, HG 2, L 35, 291, 16.

94 PAAA, MfAA G-A, HG 2, L 35, 291, 23.

95 Siehe vor allem die scharfe Positionierung Barzels anfangs der 1970er Jahre, die ab 1973 aber auch in der CDU nachließ und erst unter Kohl wieder auflebte; vgl. Günter Buchstab und Denise Lindsay (Hrsg.), »Nr. 2: 28. Oktober 1969«, in: *Barzel: »Unsere Alternativen für die Zeit der Opposition«: Die Protokolle des CDU-Bundesvorstands 1969-1973* (Düsseldorf: Droste, 2009), 23; Günter Buchstab und Denise Lindsay (Hrsg.), »Nr. 20: 9. Dezember 1971«, in: *Barzel: »Unsere Alternativen für die Zeit der Opposition«: Die Protokolle des CDU-Bundesvorstands 1969-1973* (Düsseldorf: Droste, 2009), 614; Günter Buchstab und Denise Lindsay (Hrsg.), »Nr. 26: 21. August 1972«, in: *Barzel: »Unsere Alternativen für die Zeit der Opposition«: Die Protokolle des CDU-Bundesvorstands 1969-1973* (Düsseldorf: Droste, 2009), 854.

96 PAAA, MfAA G-A, HG 2, L 35, 292, 18.

97 PAAA, MfAA G-A, HG 2, L 35, 284, 1 f.

Exemplarisch ist dies am Fall des West-Berliners Wolf-Dietrich Kähmert* nachzuvollziehen, der am 26. Mai 1973 bei seiner Einreise in die DDR verhaftet wurde.[98] Er wurde beschuldigt, in mehreren Fällen Fluchthilfe geleistet zu haben. Als jedoch bis September keine Anklage gegen ihn erhoben wurde, behauptete die Bundesregierung auf öffentliche Anfragen, die Bundesbehörden seien in solchen Fällen »jeweils unverzüglich unterrichtet« worden und setzten sich entsprechend ein.[99] Das war Schönfärberei. Den ganzen Sommer über wusste der Berliner Senat nicht, wo sich Kähmert* überhaupt befand, und erst nach drei unbeantworteten Anfragen brachte Bahr das Thema in die Verhandlungen um die Ständigen Vertretungen ein.[100] Ein halbes Jahr später lenkte der SED-Staat endlich ein und entließ Kähmert* nach West-Berlin, verbunden mit der Aufforderung an den Berliner Senat, »entsprechend seinen vertraglichen verpflichtungen die notwendigen schritte gegen kähmert* und seine hintermaenner einzuleiten«.[101] Selbstverständlich ist in diesem wie in den anderen Fällen nicht davon auszugehen, dass Bahr durch Gespräche allein Kähmerts* Freilassung erwirkte. Vielmehr dürfte es ihm gelungen sein, den Fall zum Gegenstand der »Freikaufsverhandlungen« zu erheben, die seit den späten 1960er Jahren schwerpunktmäßig Fluchthelfer umfassten.[102]

Auch nach dem Regierungswechsel 1969 wich die Sammlung deutschlandpolitischer Informationen durch die Bundesregierung drastisch vom Kenntnisstand der Öffentlichkeit ab. Über viele Detailfragen war die Bundesregierung bestens informiert, Unterbehörden des BMiB und zahlreiche Zulieferer sammelten konsequent Aussagen und Berichte zur Ausreisethematik, und das Bundesinnenministerium wies die anderen betroffenen Ministerien bereits am 27. März 1972 an, penibel über sämtliche bekannt werdende Vorkommnisse auf den Transitstrecken Bericht zu erstatten.[103] Vor

98 PAAA, MfAA G-A, HG 2, L 35, 292, 47.
99 *Zehn Jahre Deutschlandpolitik*, 46.
100 PAAA, MfAA G-A, HG 2, L 35, 292, 48 f.
101 PAAA, MfAA G-A, HG 2, L 35, 292, 46, 51.
102 Jan Philipp Wölbern, *Der Häftlingsfreikauf aus der DDR 1962/63–1989: Zwischen Menschenhandel und humanitären Aktionen* (Göttingen: Vandenhoeck & Ruprecht, 2014), 163-6, 173, 460-3.
103 BArch Koblenz, B 137, 6389, VS, Anlage zum Erlaß des BMI vom 27. März 1972; Meldung sei zu erstatten bei Festnahmen, Ausschluss von Personen von Transitwegen, Zurückweisungen, Einziehung, Sicherstellung oder Beschlag-

allem seien Festnahmen sofort fernmündlich mitzuteilen, wohingegen Presseerklärungen zu dem gesamten Themenkomplex nur im Vernehmen mit der Bundesregierung zu geben seien.[104] An die Öffentlichkeit drang von diesem Wissen so gut wie nichts.

Das verschärfte sich unter Kanzler Schmidt, unter dessen Führung die Kabinette stärker gegen die Fluchthilfe mobilisierten. Der stete Protest des SED-Staats zeigte Wirkung. Stein des Anstoßes war der »Plombentrick« von Fluchthelfern, die den Schließmechanismus des Laderaums von Lastkraftwagen derart manipulierten, dass ein Einstieg möglich war, ohne die Verplombung der Tür zu beschädigen. Als deswegen Grenzposten der DDR Ende der 1970er Jahre vermehrt verplombte Fahrzeuge unter Berufung auf das Transitabkommen kontrollierten, verzögerte dies den gesamten Ablauf des Transits. Als eine Gegenmaßnahme versuchte die Bundesseite den kommerziellen Fluchthilfeunternehmen verstärkt unter Berufung auf Steuervorschriften, Betrug wegen Siegelbruchs oder Drogenmissbrauch das Handwerk zu erschweren.[105] Fast schon drohend stellte der langjährige Minister für innerdeutsche Beziehungen Egon Franke im Dezember 1978 im RIAS klar: »Wer dazu beiträgt, den kommerziellen Fluchthelfern das Handwerk zu legen, hilft viel menschliches Leid zu verhindern. Das ist das eine. Das andere ist, er tut Berlin einen Dienst; denn Berlin ist letztlich der Leidtragende, wenn der unbehinderte Transitverkehr durch Mißbrauch der genannten Art ins Gerede kommt.«[106]

Und Gerede war das Letzte, was die Bundesregierung wollte. Vor allem aber suggerierten solche Aussagen, dass die Bundesrepublik offiziell das Hauptproblem nicht mehr in der deutschen Teilung

---

nahmung von Gegenständen, Verweisen, Ordnungsstrafen und anderen Vorkommnissen, die Transitreisende oder Besucher in der DDR betrafen.

104 BArch Koblenz, B 137, 6389, VS, Anlage zum Erlaß des BMI vom 27. März 1972; Letzteres konnte sich aber nicht durchsetzen, vor allem weil Bayern darauf insistierte, an den Transitverhandlungen beteiligt zu werden.

105 Margit Roth, *Zwei Staaten in Deutschland: Die sozialliberale Deutschlandpolitik und ihre Auswirkungen 1969-1978* (Opladen: Westdeutscher Verlag, 1981), 117; dieser Trick wurde illustriert erklärt in »Altes Schwein, wir knallen dich ab«, 47.

106 Egon Franke, »Erklärung von Bundesminister Egon Franke zum Mißbrauch der Transitwege, RIAS-Kommentar«, in: *Zehn Jahre Deutschlandpolitik: Die Entwicklung der Beziehungen zwischen der Bundesrepublik Deutschland und der Deutschen Demokratischen Republik 1969-1979, Bericht und Dokumentation* (Bonn: Bundesminister für Innerdeutsche Beziehungen, 1980), 374 f.

und der Verhinderung der (grundgesetzlich nach wie vor inner-deutschen) Mobilität für Millionen sah, sondern in den sekundä-ren Ausdrücken des Migrationsregimes, der mit rigider Grenzüber-wachung nahezu natürlich einhergehenden Migrationshilfe. Damit etablierte auch die Bundesseite einen pejorativen Schleuser- oder Schlepperdiskurs, der in der politisch motivierten Stigmatisierung einer hochkomplexen migratorischen Praxis mündete.[107]

Das gesellschaftlich größere Thema der innerdeutschen Freizü-gigkeit, also der Ausreise, versuchte die Bundesregierung hingegen durch Stille zu marginalisieren, ohne sich zu häufig dem Vorwurf des Verschweigens auszusetzen.[108] Sämtliche SPD-geführten Re-gierungen erwähnten das Thema en passant, vermieden aber ge-naue Aussagen zum Ausreisedruck. So reformierte die Regierung Brandt z. B. den jährlichen Bericht der Bundesregierung zur Lage der Nation von einem abgrenzenden Kampfmittel der Kalten-Kriegs-Kultur zu einer (keineswegs weniger politisch motivierten) Situationsabwägung des Bundeskanzlers. Seine in erster Linie für weitere Gespräche mit dem SED-Staat werbenden Berichte flan-kierte das Kanzleramt durch eine neuartige, umfangreiche und de-

---

107 Zu »Schleppern« und »Schleusern« als hybriden Akteuren an scharf überwach-ten Grenzen siehe z. B. Dimitris Papadopoulos, Niamh Stephenson und Vassilis Tsianos, *Escape Routes: Control and Subversion in the Twenty-First Century* (Lon-don u. a.: Pluto Press, 2008); Sabine Hess und Vassilis Tsianos, »Ethnographi-sche Grenzregimeanalysen: Eine Methodologie der Autonomie der Migration«, in: *Grenzregime : Diskurse, Praktiken, Institutionen in Europa*, hg. von Sabine Hess und Bernd Kasparek (Berlin: Assoziation A, 2010), 243-64.

108 Hierbei sei auch an eine ambivalente Position der radikalen Linken erinnert. Kurz nach dem Mauerbau verfassten einige Verbände des Sozialistischen Deut-sche Studentenbundes (SDS), allen voran der Göttinger SDS, scharfe Prokla-mationen gegen die »Ulbricht-Regierung […], die ihre Bürger nur mit Sta-cheldraht und Panzern an einer Massenflucht hindert« und jede »Achtung vor dem Einzelmenschen missen ließe«. Diese Position war im SDS nicht mehr-heitstauglich, deren Mainstream in den nächsten Jahren auf eine apologetische Position umschwenkte, bei der sogar Personen mit DDR-Erfahrung wie Rudi Dutschke oder Bernd Rabehl die Mauer letztlich als »Kennzeichen der Abspra-che zweier Machtblöcke« und damit als Ausdruck des Bankrotts sowohl des Kapitalismus als auch des sowjetischen Weges verzerrten. Vgl. die ausführliche Darstellung der »Mehrstimmigkeit des SDS« und der von Dutschke voraus-gedachten Zwischenpositionierung der K-Gruppen in Matthias Stangel, *Die Neue Linke und die nationale Frage: Deutschlandpolitische Konzeptionen und Tendenzen in der Außerparlamentarischen Opposition (APO)* (Baden-Baden: No-mos, 2013), 237-43, 511-20, zit. 238 f.

taillierte wissenschaftliche Publikation über Gesellschaft und Wirtschaft der DDR.[109] Konservative Stimmen empörten sich über diese Behandlung der DDR als einen normalen Staat, der somit statistisch vergleichbar neben die Bundesrepublik gestellt wurde, weit links stehende Stimmen wiederum empörten sich über diese Empörung.[110] Für den hier behandelten Kontext ist es jedoch besonders bedeutsam, dass diese Bände trotz aller Details zu Wirtschaftsfragen und zur sozialen Lage in der DDR zur Migrationsthematik vielsagend schwiegen. Die politisch motivierte wissenschaftliche Betrachtung der »eingemauerten« Gesellschaft umschiffte es derart, sich mit der direkten Absicht und Auswirkung der Mauer zu beschäftigen. Dies spiegelte eine allgemeine Praxis der SPD-geführten Informationspolitik. Auch eine 1979 veröffentlichte Bilanz der vergangenen zehn Jahre der eigenen Deutschlandpolitik griff anhand einiger Dokumente und Aussagen die Migrationsthematik zwar auf, versteckte dies jedoch in allgemeinen Gliederungspunkten oder Abschnitten zu anderen Themen.[111] Trotz mehreren hundert Seiten Umfang und der gesellschaftlichen Präsenz des Themas Ende der 1970er Jahre würdigten die Editoren das Thema weder mit einem eigenen Gliederungspunkt der Deutschlandpolitik, noch nahmen sie es strukturiert in den Blick.[112] Diese Publikationen erwecken damit auch von bundesdeutscher Seite her den Eindruck, als sei mit der Mauer nicht nur die Massenmigration, sondern auch der massenhafte Migrationswunsch verschwunden, ganz zu schweigen von den Ende der 1970er Jahre explodierenden Migrationsbemühungen.

Diese zaghafte Thematisierung oder gar Umgehung des Themas prägten die deutschlandpolitische Arbeit der SPD. Das MfS erkannte darin eine ambivalente Praxis, denn einerseits strebe die Regierung Schmidt nach »Erhaltung und Ausbau der zwischenmenschlichen Beziehungen« und der »Herstellung weiterer Kom-

109 Gerd Hagen, »Materialien zum Bericht zur Lage der Nation«, in: *Aussenpolitik: Zeitschrift für Internationale Fragen* 22/2 (1971), 81-91; *Bericht der Bundesregierung und Materialien zur Lage der Nation 1972* (Bonn: Bundesministerium für innerdeutsche Beziehungen, 1972).

110 Kurt Steinhaus, »Bemerkungen zu den ›Materialien zum Bericht der Lage der Nation 1971‹«, in: *Marxistische Blätter* 9/3 (1971), 59-64.

111 Z. B. *Zehn Jahre Deutschlandpolitik*, 52.

112 Ebd., 1-4.

munikationsmöglichkeiten«, damit, in den Worten Frankes, »ein weiteres Auseinanderleben der Deutschen in Ost und West verhindert wird«.[113] Andererseits stelle sich die Bundesregierung gegen die öffentliche Thematisierung von Reisewünschen und Ausreisen, da sie davon ausgehe, ihr »Druck wirke um so besser, je weniger er von lautstarker öffentlicher Begleitmusik flankiert werde«.[114] Als die CDU/CSU am 15. September 1980 in einer Großen Anfrage zum KSZE-Prozess unter anderem eine scharf formulierte Frage nach der Republikflucht stellte, drückte sich die Bundesregierung um eine Antwort. Anstatt diese Anfrage direkt zu beantworten, griff sie eine etwas ältere Anfrage der eigenen Regierungsfraktionen wieder auf und beantwortete sie in einer vagen Art, in der sie weder Republikflucht noch Fluchthilfefragen oder den allgemeinen Stand der Ausreisebestrebungen thematisierte. Um mit diesem Taschenspielertrick auch die Anfrage der CDU/CSU abzuspeisen, verwies sie recht pauschal auf Erfolge bei der Familienzusammenführung im KSZE-Prozess und auf weitere Hoffnungen auf Ausreiseerleichterungen.[115] Sie führte zwar Zahlen an, die aber waren sehr selektiv. Vor allem reflektierten diese Zahlen nicht, dass das Verhältnis der Erfolge (26 500 Familienzusammenführungen zwischen 1970 und 1979) gegenüber den Verlusten (962 Verhaftungen wegen »Missbrauchs der Transitwege«, darunter 701 Fluchthelfer zwischen 1972 und 1979) keine großartige Bilanz war und letztlich mehr über die Willkür der SED und den Unmut der Bevölkerung als über ein auch nur ansatzweise geordnetes Migrationsverhältnis aussagte.[116] Die Verhaftung Hunderter Bundesbürger verdeutlicht sowohl die wachsende Überwachung als auch die Verzweiflung zahlreicher DDR-Bürger, die im Gegensatz zu ihren westdeutschen Verwandten und Bekannten die direkten Effekte der deutsch-deutschen Annäherung wesentlich geringer spürten und deshalb nach wie vor auf die Fluchthilfe zurückgriffen.[117] Wie andere zitierte deutsch-

113 BStU AdZ, HA IX, 4785, 10 f.
114 BStU AdZ, HA IX, 4785, 10 f.
115 BT-Drucks. 8/4209, Große Anfrage der Fraktionen von SPD/FDP vom 16. Juni 1980; BT-Drucks. 8/4480, Große Anfrage der Fraktion CDU/CSU vom 15. September 1980; BT-Drucks. 8/4486, Antwort der Bundesregierung vom 23. September 1980.
116 *Zehn Jahre Deutschlandpolitik*, 46.
117 Ebd., 46, 52 f.

landpolitische Anfragen von Oppositionsparteien blieb auch die Anfrage der CDU/CSU-Fraktion offen.

Die stabilisierende Dynamik von Abgrenzung und Annäherung

Die Phase zwischen 1967 und 1975 war von deutschlandpolitischen Kursänderungen geprägt. Das Thema Freizügigkeit wurde einerseits intensiv diskutiert, im Falle der Übersiedlung aber marginalisiert. Willy Brandt setzte das 1967 in New York formulierte Ziel, nicht weiter den »Unruheherd [zu] konservieren«, sondern die Annäherung zwischen Ost und West aktiv zu gestalten, in die Tat um.[118] Dabei machte er weitreichende Zugeständnisse. Während die DDR in den 1960er Jahren noch »bei jeder Gelegenheit ihren Minderwertigkeitskomplex kompensieren« musste, erwies sie sich in den frühen 1970er Jahren als problematischer, aber konstruktiver Verhandlungspartner, so denn ihre Grundkonstanten nicht berührt wurden.[119] Daraus erwuchs keine konfliktfreie Verständigung, sondern vielmehr eine Dynamik von Abgrenzung und Annäherung, die die Zweistaatlichkeit stabilisierte und damit einerseits tatsächlich dem Frieden im Kalten Krieg diente, mit der aber andererseits gesellschaftlich pressierende Themen wie die innerdeutsche Migration aus verhandlungspragmatischen Gründen in den Hintergrund gedrängt werden sollten. Zu groß erschien unter anderem die Gefahr, dass die bissige Opposition das Thema für weitere Kampagnen gegen die Annäherung nutzte. Dass diese selbst vor Diffamierungen nicht zurückschreckte, zeigte sich in zahllosen in der Presse und im Bundestag scharf geführten Debatten um die Brandt'sche Annäherungspolitik, die dem konservativen Journalisten und Herausgeber des *Rheinischen Merkur* Paul Wilhelm Wenger zufolge »dieselbe moralische Qualität wie der Hitler-Stalin-Pakt habe«.[120]

---

118 Zit. n. Janßen, »Ein deutscher Dialog«; Merylin Thomas, »›Aggression in Felt Slippers‹: Normalisation and Ideological Struggle in the Context of Détente and Ostpolitik«, in: *Power and Society in the GDR, 1961-1979: The »Normalisation of Rule«?*, hg. von Mary Fulbrook (Berghahn Books, 2013), 33-51.

119 Delius, »Schule der Diktatur«, 52.

120 Zit. n. Klaus Harpprecht, *Im Kanzleramt: Tagebuch der Jahre mit Willy Brandt. Januar 1973-Mai 1974* (Reinbek bei Hamburg: Rowohlt, 2001), 135; *Erste Bera-*

Im Gegensatz zur Bundesseite musste sich die SED-Führung wenig sorgen, dass sich Öffentlichkeit und Bevölkerung einer Annäherung an den Weststaat verweigern könnten. Dies galt jedoch nicht uneingeschränkt für den Staatsapparat, in dem sich vor allem anfangs zahlreiche Akteure durch eine harte Linie profilieren wollten. Besonders deutlich wurde das am Thema der Staatsbürgerschaft.[121] Diese Mobilisierung der Staatsbürgerschaft stellte die SED-Führung nach 1969 schnell ein, doch das Staatsbürgerschaftsgesetz veränderte die Koordinaten des Migrationsregimes. Die Ausreise aus der DDR funktionierte spätestens seit dem Mauerbau wie eine extrem regulierte, internationale Auswanderung. Auf der Aufnahmeseite hingegen definierte das RuStAG die Einwanderung in die Bundesrepublik als innerdeutsche Mobilität, die zudem durch Notaufnahme und Lastenausgleich ökonomische Anreize anbot. Hierbei misslang es dem SED-Staat, durch unilaterale Schritte das Migrationsregime zu seinen Gunsten zu verändern; die deutsche Staatsangehörigkeit des RuStAG blieb ein Stachel im Fleische des SED-Staates. Schlimmer noch, die Institution der Staatsbürgerschaft der DDR verlieh den Ausreisewilligen einen Bezugspunkt und gefühlt die Möglichkeit, die Entlassung aus dieser einzufordern. Diese aus dem Gesetzestext tatsächlich ableitbare Option konnte der SED-Staat nur durch weitere, nicht öffentlich einsehbare Machtmaßnahmen eindämmen. Dabei ist es von großer Bedeutung, dass die SED-Führung einer anfangs als bedrohlich wahrgenommenen Eingabenaktivität innerhalb nur eines Jahres Herr wurde. Dieser Erfolg bestärkte den Staat in seinem Kurs. Wie die Mauer stabilisierte das Gesetz darum das Selbstbewusstsein des SED-Staates und öffnete damit paradoxerweise durch die radikale Abgrenzung den Toleranzbereich für deutsch-deutsche Verhandlungen.

Diese Annäherung beruhte aber, im Gegensatz zur Selbstdarstellung der Brandt-Regierung, nicht nur auf der westdeutschen Gesprächsbereitschaft, sondern eben auch auf der Verhandlungs-

tung der Ostverträge im Deutschen Bundestag am 23., 24. und 25. Februar 1972. Mit dem Bericht zur Lage der Nation.

121 Detlef Nakath und Gerd-Rüdiger Stephan, »Grundzüge und Entwicklungsabschnitte der SED-Deutschlandpolitik«, in: ... abgegrenzte Weltoffenheit ...: Zur Außen- und Deutschlandpolitik der DDR, hg. von Daniel Küchenmeister, Detlef Nakath und Gerd-Rüdiger Stephan (Schkeuditz: GNN, 1999), 101-22.

kontrolle durch die Sowjetunion und dem Willen der DDR-Regierung, von der Westseite anerkannt zu werden. Als kluger Stratege lotete Bahr seine »Kommunikationsoffensive« an genau diesem Befinden der SED-Führung aus.[122] Dazu gehörte, auf den öffentlichen Diskurs mäßigend einzuwirken und besonders kritische Themen auszublenden oder zumindest zu umschiffen. Die Marginalisierung der Ausreisethematik diente damit als ein notwendiges Mittel, um den Kurs halten oder gar Entgegenkommen zeigen zu können. Betrachtet man Migration in erster Linie in einem Abhängigkeitsverhältnis von Politik und Bewegung, erscheint dies als eine vertretbare Konzession an größere Ziele. Blickt man jedoch aus der Perspektive der Migrationsregimeanalyse auf den Gegenstand, ist zu erwarten, dass sich diese versuchte Minderung der tertiären Ebene des Diskurses zumindest langfristig auf Migrationsoptionen auswirkt. Dies geschah sowohl durch mediale Aneignungsprozesse als auch migrantische Agency, deren zeitverzögerte, aber fundamentale Einwirkung auf die Dynamiken des Migrationsregimes vor allem nach 1975 zur Geltung kam.

Aus der Perspektive der frühen 1970er Jahre war das Vorgehen der sozialliberalen Koalition jedoch in erster Linie eine radikale Abkehr von der Metaphorik des »KZ-Staates«. Entsprechend schwer tat sich die Bundesregierung, die Kursänderung kritischen Stimmen schmackhaft zu machen. Sie konnte immer wieder auf bemerkenswerte Erfolge ihrer Deutschlandpolitik verweisen, denn insbesondere für westdeutsche Verwandte, getrennte Kernfamilien oder Berlin-Pendler waren die »menschlichen Erleichterungen« eminent. Doch die emotional tief in der Bundesgesellschaft verankerte Wahrnehmung, sich damit einem »Verbrechersystem« anzudienen, konnte nicht durch sachliche Argumente der Friedenssicherung oder lebensweltlicher Erleichterungen für Bundesbürger allein entkräftet werden.

Beide bundespolitischen Lager waren in einer komplizierten Situation. Überzeugte Gegner des SED-Staates nutzten das Thema Migration zur allgemeinen Delegitimierung des SED-Staates, da man, wie es der Berliner CDU-Oberbürgermeister Franz Amrehn ausdrückte, mit Gefängniswärtern nicht verhandele.[123] Allerdings

122 So benannt in Petrick, *Egon Bahrs Kommunikationsoffensive*.
123 Amrehn zit. n. Jörg Müller-Brandes, Alexander Heinrich und Helmut Stoltenberg, »Berührt wurden nur Rechte der Berliner: Interview mit Egon Bahr«, in:

erreichten sie auf diesem Weg keine menschlichen Erleichterungen. Zudem bauten sie in ihrer Abgrenzungspolemik sogar auf zahlreiche Stimmen z. B. von »freigekauften« Häftlingen oder Familienzusammengeführten, die gerade dank der Annäherung in den Westen hatten kommen können. Diese Spannung wirkte sich auch auf die Tätigkeiten des CDU-Bundesvorstands aus. Bis 1973 setzte sich dieser ausführlich und in scharfem Ton mit der Deutschlandpolitik auseinander, um in den folgenden Jahren kaum noch über dieses Thema zu tagen.[124] Erst der nach oben strebende Helmut Kohl entdeckte das innenpolitische Kapital der Kombination aus Menschenrechtsrhetorik und Deutschlandpolitik wieder für sich.

Auf der anderen Seite betonten Stimmen der Annäherung unter dem Schlagwort der »Politik der kleinen Schritte« aus pragmatischen Gründen Einzelaspekte wie die Familienzusammenführung oder den Einsatz für politische Häftlinge. Sie konnten gewisse Erfolge vermelden, klammerten aber das Schicksal der breiten Bevölkerung aus und suggerierten damit ihre Akzeptanz des Teilungszustands. Dass die Bundesregierung ebenso wie die SED-Führung auf der Suche nach Kontaktmöglichkeiten nicht über das Thema Ausreise sprach, bedeutet indes nicht, dass es für die Geschichte der Mauergesellschaft nicht von zentraler Bedeutung gewesen wäre. Im Gegenteil, in der Stille bahnte sich etwas Neues an. Die Phase zwischen 1967 und 1975 war deutschlandpolitisch ein Neuanfang, migrationshistorisch jedoch ein schleichender Übergang.

Das Parlament 31-34 (2011), online verfügbar unter: ⟨http://www.das-parlament. de/2011/31_34/Themenausgabe/35281047/314858⟩ (Stand März 2019).

124 Vgl. Günter Buchstab und Denise Lindsay (Hrsg.), *Barzel: »Unsere Alternativen für die Zeit der Opposition«: Die Protokolle des CDU-Bundesvorstands 1969-1973* (Düsseldorf: Droste, 2009), XIX-XXIV; Günter Buchstab (Hrsg.), *Kohl: »Wir haben alle Chancen«: Die Protokolle des CDU-Bundesvorstands 1973-1976*, Forschungen und Quellen zur Zeitgeschichte 67 (Düsseldorf: Droste, 2015), VI-LIII.

3. Ein migrationshistorischer Gärsatz: Neue Deutschlandpolitik, Flucht und Ausreise

Ab Mitte der 1960er Jahre hatte der SED-Staat ein System gefunden, das mittels einer militärisch gesicherten Staatsgrenze, diverser Schichten an Papiermauern, einem ausreisefeindlichen Diskurs und einer konspirativen Bewilligungspraxis den Abwanderungswillen der DDR-Bevölkerung im Zaum hielt. Obgleich es sich noch in rohen Zügen befand, war dieses System der Migrationskontrolle nicht nur auf Bewegung, sondern bereits auf die Kontrolle des Gedankens an Bewegung ausgerichtet. Auf staatlicher Seite erzeugte es nach dem Scheitern der Null-Emigrations-Politik direkt nach dem Mauerbau und dem Entlassen mehrerer Zehntausender Härtefälle in den Folgejahren die Illusion der nahezu kompletten behördlichen Migrationskontrolle. Dieses Gefühl prägte die Handlungen und Entscheidungen des SED-Staates bis Mitte der 1970er Jahre und fundierte seinen deutschlandpolitischen Kurs. Dabei gelang es den Sicherheitsorganen des SED-Staates jedoch weder, der Fluchten gänzlich Herr zu werden, noch entwickelte der Staat eine menschenrechtlich akzeptable Antrags- und Bearbeitungsform der Ausreiseantragstellung, die eine Zustimmung der Bevölkerung erhielt. Im System waren langfristig gesehen Bruchstellen angelegt, die Ende der 1960er Jahre noch wie Haarrisse in der Mauer ausgesehen haben mögen. Aber so klein sie auch waren, sie hinterfragten die hermetische Logik der Mauer, ermöglichten migrantische Agency und führten zu einem sozialhistorisch bedeutsamen Wandel der Ausreise, der im Zentrum dieses Kapitels steht.

Im Gegensatz zur dominanten westlichen Wahrnehmung beschränkte sich diese Agency nicht auf die Flucht. Der Anteil der Fluchten an den Übersiedlungen blieb gering (siehe Tafel 23, S. 421) und machte dem MfS zufolge zwischen 1967 und 1975 jährlich ungefähr 15 % der Gesamtbewegung aus, mit einem Spitzenwert von 23,1 % im Jahr 1973 und dem niedrigsten Wert von 9,2 % im Jahr 1975. Flucht war also keineswegs der wichtigste Ausweg einer »gehemmten Migration«, sondern deren Zuspitzung mit spektakulärem Potential.[1] Ohne Skandalgeschichten zu produzieren, konnte

---

1 Marion Detjen, *Ein Loch in der Mauer: Die Geschichte der Fluchthilfe im geteilten Deutschland 1961-1989* (München: Siedler, 2005), 22.

Tafel 23: Migration aus der DDR nach Westdeutschland 1967-1975.

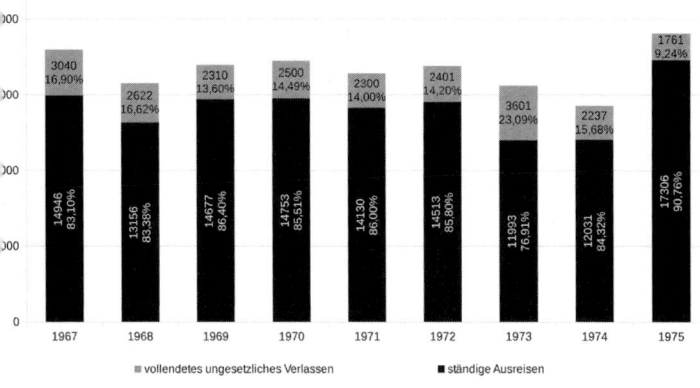

vollendetes ungesetzliches Verlassen   ständige Ausreisen

Quelle: Eigene Berechnung nach BStU AdZ, ZAIG, 27 859, 101.

der Staat aber auch die überwältigende Mehrheit der Migration keineswegs reibungsfrei »managen«.[2] Als wichtigste Ordnungsstruktur erfand er zu diesem Zweck die in Kapitel 2 in Teil I beschriebene Kategorisierung der Antragsteller. Nachfolgend änderten das MdI und das MfS jedoch ständig Details der Antragsbearbeitung bzw. ihrer Unterbindung. Dies war einerseits dem bestehenden Willen geschuldet, sowohl Bewilligungen als auch die Nachvollziehbarkeit der Entscheidungen zu verhindern. Andererseits waren diese Änderungen Konzessionen im deutsch-deutschen Annäherungsprozess und der Vorbereitung der internationalen Integration der DDR geschuldet. Gewisse Nischen der Ausreise weiteten sich – und verliehen über ihre enge Fassung hinaus Hoffnung auf Ausreisechancen.

Unsicher, was der Grundlagenvertrag sozialpolitisch und demografisch auslösen würde, erhielt ab 1972 vor allem das MfS eine

2 Kathleen Newland und Demetrios G. Papademetriou, »Managing International Migration: Tracking the Emergence of a New International Regime«, in: *UCLA Journal of International Law and Foreign Affairs* 3/637 (1999), 637-57; Bimal Ghosh (Hrsg.), *Managing Migration: Time for a New International Regime?* (Oxford: Oxford University Press, 2000); Alex Balch, *Managing Labour Migration in Europe: Ideas, Knowledge and Policy Change* (Manchester: Manchester University Press, 2010).

erweiterte Eindämmungsfunktion, die sich erstens in der sozialen Zusammensetzung der Ausreisenden und zweitens in der Überwachung und der Verfeinerung der Statistikführung vom MdI und vom MfS niederschlug (siehe Tafel 24, S. 423). Die Federführung blieb aber vorerst beim MdI, das die etablierten Migrantenkategorien mehr oder weniger beibehielt. Weiterhin ohne eine offizielle gesetzliche Grundlage gestand es Rentnern und »Invaliden« unter spezifischen Voraussetzungen ein Antragsrecht zu, schuf jedoch eine Sonderkategorie für Kinder. Zudem führte das Ministerium eine Kategorie für »Haftentlassene« ein. Dahinter verbarg sich der vom MfS koordinierte »Häftlingsfreikauf«. Auch die bundesdeutschen Übersiedlungsstatistiken führten ihn nur verschlüsselt auf (z. B. als »Sonstige«).[3] Die Forschung rechnet ihn statistisch teilweise der Flucht zu, obwohl es sich hierbei um eine zwar rechtsstaatswidrige und manchmal auch nicht dem Willen der Entlassenen entsprechende, wohl aber aufs Schärfste vom Staat kontrollierte und letztlich legalisierte Auswanderung handelte.[4] In diesem Sinne erachte ich den »Freikauf« als einen besonderen Bestandteil der legalen Ausreise.[5] Darüber hinaus verwehrte der SED-Staat aber formal weiterhin allen Personen im Werktätigenalter die Antragswege. Die wichtigsten Ausnahmen waren dabei Fälle von »zwingendem staatlichen Interesse« und im Bereich der scharf restriktierten Familienzusammenführung.

Praktiken der Familienzusammenführung

Möglichkeiten der und Hoffnungen auf Familienzusammenführung zirkulierten bereits seit dem Mauerbau in der bundesdeutschen Öffentlichkeit, die teils bemitleidend, teils sensationshungrig die leidensvolle Trennung von Ehepartnern und Verlobten

---

3 Bundesminister des Innern, *Bestandsaufnahme der Eingliederungshilfen von Bund und Ländern für Aussiedler und für Zuwanderer aus der DDR und Berlin (Ost): mit einer Analyse des Bedarfs* (Bonn: Bundesminister des Innern, 1988), 3.

4 Siehe z. B. Detjen, *Ein Loch in der Mauer*, 440 f.

5 Aufgrund des Zuschnitts dieses Buches kann ich aber nicht auf die Details der Aushandlung dieses wichtigen Modus der Übersiedlung eingehen. Für sämtliche Detailfragen siehe die vorzügliche Studie von Jan Philipp Wölbern, *Der Häftlingsfreikauf aus der DDR 1962/63-1989: Zwischen Menschenhandel und humanitären Aktionen* (Göttingen: Vandenhoeck & Ruprecht, 2014).

Tafel 24: Legal Ausreisende aus der DDR nach Westdeutschland 1972-1975.

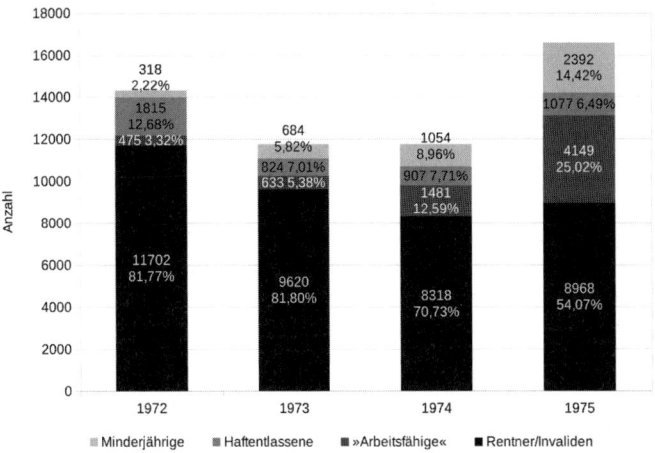

Quelle: Eigene Berechnung nach BStU AdZ, ZAIG, 27 859, 100, 128, 130.

diskutierte.[6] Jedoch erst im Laufe der frühen 1970er Jahre konnte die Bundesregierung hier einen Einfluss geltend machen. In den deutsch-deutschen Verhandlungen scheiterte sie zwar in ihrem Bestreben, klare Regeln zu definieren, erlangte aber im Austausch für ihr Entgegenkommen in anderen Bereichen Zugeständnisse für eine liberalere Praxis der SED-Behörden. Offiziell klammerte der Grundlagenvertrag das Thema ebenso aus wie alle Fragen zur Ausreise und zur Staatsbürgerschaft. Integriert wurde es in dessen Anhang durch einen Briefwechsel zwischen Egon Bahr und Michael Kohl, der auch dem dazugehörigen Bundesgesetz zum Grundlagenvertrag anhing. Dieser besagte ohne weitere Erläuterungen sehr vage, dass man gemeinsam die »Lösung von Problemen, die sich aus der Trennung von Familien ergeben«, anstreben werde.[7]

6 Siehe Kap. 2 in Teil I, Kap. 3 in Teil II und Kap. 3 in Teil III.
7 BT-Drucks. 7/153 vom 9. Februar 1973, Entwurf eines Gesetzes zu dem Vertrag vom 21. Dezember 1972 zwischen der Bundesrepublik Deutschland und der Deutschen Demokratischen Republik über die Grundlagen der Beziehungen zwischen der Bundesrepublik Deutschland und der Deutschen Demokratischen Republik, 8.

Entgegen weiter gehenden Hoffnungen und Aussagen der Bundesregierung bedeutete dies in erster Linie eine intensivierte Aushandlungspolitik in Einzelfällen.[8]

Doch auch ohne feste Leitlinien, wie sie z.B. durch multinationale Verhandlungen und unter einer stärkeren Betonung des Stellenwerts der Menschenrechte in der KSZE-Schlussakte von 1975 erreicht wurden, wirkte sich die Tätigkeit der Unterhändler bereits ab 1972 auf die Zusammensetzung der Auswanderung aus (siehe Tafel 24, S. 423).[9] Dabei zeichnete sich ab, was Bahr 1973 mit Blick auf die Familienzusammenführungen aus Polen überrascht zugab: Keine Seite hätte die Zahlen richtig eingeschätzt. Man »habe auch vorher nicht klar genug gesehen, daß fast jede Zusammenführung auch eine Trennung von Familien bedeutet.«[10] Das traf ebenso auf die Familienzusammenführung aus der DDR zu. Während die Gesamtzahl der legal Ausreisenden 1972 bis 1975 relativ konstant im Bereich der mittleren 10 000er blieb, verschob sich das Verhältnis der Migrantengruppen deutlich. Der Ausgangswert ist dabei die Dominanz der Rentner oder »Invaliden«, die in den frühen 1960er Jahren deutlich über 90 % aller legal Ausreisenden ausmachten. Erste leichte Verschiebungen gab es bereits Ende des Jahrzehnts aufgrund von zwei Faktoren: Erstens entstand eine kleine, aber wachsende Zahl Werktätiger, die im Staatsinteresse (z.B. bei Privilegierungen) oder gar -auftrag (v.a. Mitarbeiter des MfS) übersiedelten. Dazu kam zweitens eine noch geringere Zahl ausreisewilliger Erwachsener, die infolge des Staatsbürgerschaftsgesetzes erfolgreich ein Anliegen anbringen konnten. Einige von ihnen hatten das Gesetz zum Anlass genommen, ihre bereits abgelehnten Anliegen erneut und verschärft vorzubringen. Sie sind als die Vorhut der später virulent werdenden unnachgiebigen oder »hartnäckigen Antragsteller auf Ausreise« zu verstehen.[11] Die vermutlich ersten Personen dieser Gruppe waren unzufriedene Zugezogene

8 Siehe z.B. die Behauptungen in BT-Drucks. 7/420, Die Entwicklungen der Beziehungen zwischen der Bundesrepublik Deutschland und der Deutschen Demokratischen Republik vom 28. März 1973, 38.

9 Anja Hanisch, *Die DDR im KSZE-Prozess 1972-1985: Zwischen Ostabhängigkeit, Westabgrenzung und Ausreisebewegung* (München: Oldenbourg, 2012), 100.

10 Klaus Harpprecht, *Im Kanzleramt: Tagebuch der Jahre mit Willy Brandt. Januar 1973-Mai 1974* (Reinbek bei Hamburg: Rowohlt, 2001), 44.

11 BArch Berlin, DO 1, 7773, Auszug aus Bericht über die Hauptprobleme der Eingabenarbeit im 1. Vierteljahr 1967.

aus der Bundesrepublik, die schon 1964, so vermerkte ein Sachbearbeiter im MdI, »hartnäckig ihre Rückführung verlang[t]en« und aufgrund von Heimweh versuchten, ihre Übersiedlung durch Arbeits- und Integrationsverweigerung zu »erzwingen«.[12] Die Präsenz dieser Personen und die Beunruhigung, mit der der SED-Staat sie betrachtete, nahm ab Ende der 1960er Jahre zu, der Apparat verdrängte jedoch ihre öffentliche und administrative Sichtbarkeit durch das bereits beschriebene Bearbeitungssystem der Anträge. In diese Situation brachte der Grundlagenvertrag eine neue Dynamik. Denn ab 1972 konnte sich eine kleine, aber nennenswerte Zahl Werktätiger erfolgreich auf die Familienzusammenführung berufen. Die Bewilligung solcher Anträge nutzte die DDR-Seite immer wieder als Unterpfand in den deutsch-deutschen Verhandlungen. Die gesteigerten Erfolgsaussichten auf Familienzusammenführung motivierten bereits vor der KSZE-Schlussakte zu mehr Ausreiseanträgen und veränderten die Komposition der Übersiedlung. Während Anfang der 1970er Jahre Rentner und »Invaliden« noch über 80 % der Ausreisenden stellten, sank ihr Anteil 1974 auf 70,7 % und 1975 auf 54,1 %. Der Anteil arbeitender Erwachsener stieg hingegen von 3,3 % (1972) auf 25 % (1975) an. Langsam formierte sich eine Antragsbewegung, deren Ursprung mithin nicht allein in der Schlussakte von Helsinki vom 1. August 1975 zu sehen ist, sondern die parallel zum Annäherungsprozess der DDR an Westdeutschland entstand.[13]

Währenddessen nahm der Anteil der durch den »Häftlingsfreikauf« aus der DDR entlassenen Personen in dieser Zeit ab und der der Kinder ähnlich den arbeitsfähigen Erwachsenen von 2,2 % 1972 auf 14,4 % 1975 zu. Das war eine direkte Auswirkung der liberali-

12 BArch Berlin, DO 1, 9527, Vermerk ohne Datierung, abgezeichnet Günther, Streb 22. Juli 196[4], Datierung abgeleitet aus unterzeichnenden Personen und umliegenden Dokumenten.

13 Der Fokus der Forschung liegt dennoch auf der Zeit nach 1975; vgl. Hans-H. Lochen, »Das Vorgehen gegen Ausreisewillige«, in: *Materialien der Enquete-Kommission »Aufarbeitung der Folgen der SED-Diktatur im Prozeß der deutschen Einheit«*, Band IV (Baden-Baden, Frankfurt/M.: Nomos, Suhrkamp, 1995), 270-9; Bernd Eisenfeld, »Reaktionen der DDR-Staatssicherheit auf Korb III des KSZE-Prozesses«, in: *Deutschland Archiv 6* (2005), 1000-8; Hanisch, *Die DDR im KSZE-Prozess*; Renate Hürtgen, *Ausreise per Antrag: Der lange Weg nach drüben. Eine Studie über Herrschaft und Alltag in der DDR-Provinz* (Göttingen: Vandenhoeck & Ruprecht, 2014).

sierten Praktik der Familienzusammenführung. Um diese Liberalisierung zu erreichen, wich allerdings nicht nur der SED-Staat von seiner ultrarestriktiven Politik ab, auch die Bundesrepublik musste umdenken. Denn aus der in gewissem Maße bis in die 1960er Jahre fortgesetzten *liberation policy* erwuchs nicht nur Abgrenzung, sondern ebenfalls eine weitgehende Unkenntnis über die Gegebenheiten in der »Zone«. So litt etwa die von der CDU geführte polemische Politik unter einem Wissensmangel über die tatsächlichen Stimmungen und Tendenzen der DDR-Bevölkerung.

Intern beklagte das BMG noch Jahre nach dem Mauerbau, es sei ihm »bisher nicht bekannt, ob auch getrennte Ehegatten in die BRD übersiedeln können«. Den Vorschlag, jüngere Übersiedler entsprechend zu befragen, bewertete es in einem Schreiben an den anfragenden Johann Baptist Gradl als »brauchbar, aber wohl schwer zu verwirklichen. Das Ref. I. 3 hat z. B. eine junge Frau, die mit 4 kleinen Kindern in die BRD übersiedeln konnte, mehrere Male vergeblich gebeten, mitzuteilen, wie ihr die Übersiedlung gelungen sei.«[14] Inwieweit das BMG die Möglichkeit in Betracht zog, dass sie es selbst nicht genau wissen konnte (oder wollte), muss hier offenbleiben. Auch spätere Untersuchungen des Ministeriums erlaubten keine Rückschlüsse darauf, warum gewisse Ehepartner ausreisen durften und andere nicht.[15] In der geheimen Ökonomie der Ausreise des SED-Staates konnte das BMG trotz intensiver Nachforschungen nur Willkür erkennen. Nach außen klammerte sich die Bundesregierung darum an Strohhalme, um Einfluss zu simulieren. Häufig verwies sie dabei auf das DRK als Verhandlungspartner, das jedoch in den 1960er Jahren über keinen nachweisbaren Einfluss auf die Entscheidungspraxis des SED-Staates verfügte.[16] So luden vage Informationen und pauschal verkündete Notaufnahmezahlen zur freien Interpretation ein. Mitte der 1960er Jahre lobpreiste der *Kölner Stadt-Anzeiger* die Bemühungen des DRK als erfolgreich, »da seit Errichtung der Mauer 60-70 000 ältere Menschen legal ausreisen konnten«, wohingegen die *Rheinische Post* am selben Tag die »Rot-Kreuz-Aktion ›Familienzusammenführung‹« mit »Zone

---

14 BArch Koblenz, B 137, 2458, Vermerk 1. April 1964.

15 BArch Koblenz, B 137, 6398, Vermerk 20. Januar 1967; ebd., Entwurf eines Schreibens, 25. Januar 1967.

16 Siehe Kap. 1 in Teil I.

schiebt ›unnütze Esser‹ ab« betitelte.[17] Wie in den Parteien be-stimmte auch in den Redaktionen die deutschlandpolitische Brille die Interpretation der deutsch-deutschen Migrationspraxis.

Ein Härtetest bundesdeutscher Bemühungen um eine allgemei-ne Familienzusammenführung lag in der Migration in die andere Richtung. Was geschah mit in Westdeutschland lebenden Kindern, deren Eltern von der DDR aus die Zusammenführung wünschten? Obwohl numerisch eine Marginalie, barg diese Frage Sprengstoff, da sich an ihr die Selbstverständlichkeiten und Kampffelder der Deutschlandpolitik in ihren Auswirkungen auf ganze Biografien vermessen lassen. Nachvollziehen kann man das an einem beson-ders gut dokumentierten Fall. Im Januar 1965 ordnete das Kam-mergericht Berlin nach einem fünfjährigen Rechtsstreit an, dass die 1956 geborene Angelika Kurtz von ihrem in West-Berlin lebenden Vater zu ihrer Mutter nach Zittau in die DDR überstellt werden müsse. Der Grund war ein formaljuristischer, denn das Gericht er-kannte aufgrund der damaligen Gesetzeslage den unehelichen Vater nicht an. Das bundesdeutsche Recht sprach in solchen Fällen das Erziehungs- und Aufenthaltsbestimmungsrecht alleinig der Mutter zu. Diese lebte ausgerechnet mit einem in der Bundesrepublik we-gen Betrugsverdachts gesuchten Mann verheiratet in der DDR.[18] Schlagartig stand Frau Kurtz im Zentrum des deutsch-deutschen Konflikts. Die *Bild*-Zeitung tobte, »Angelika darf nicht ins KZ«, der Deutsche Kinderschutzbund machte mobil, und sogar die Mit-arbeiter der Berliner Entsorgungsbetriebe drohten, mit ihren Müll-autos die Grenzübergänge zu blockieren.[19] Andererseits verteufelte das *Neue Deutschland* die »[e]mpörende Intrige der Westberliner Behörden« und widmete der Mutter eine ganze Seite. Während Westmedien der Mutter unterstellten, jahrelang kein Interesse an ihrer Tochter Angelika gezeigt zu haben, beklagte sie nun im DDR-Fernsehen: »Die Unmenschen wollen mein Kind rauben.«[20] Der Journalist Hagen Graf Lambsdorff erkannte im *Kölner Stadt-*

17 BArch Koblenz, B 137, 2458, Ausschnitte *Kölner Stadt-Anzeiger* (7. Juli 1964); *Rheinische Post* (7. Juli 1964).

18 Siehe BArch Koblenz, B 137, 2458, Presseausschnitte, Unterordner Fall Angelika Kurtz o. D.

19 »Angelika Kurtz: Zwei Mütter«, in: *Der Spiegel* 37 (8. September 1965), 54 f.

20 Vgl. z. B. »Empörende Intrige Westberliner Behörden«, in: *Neues Deutschland* (21. Januar 1965), erstes Fernsehzitat in »Angelika Kurtz: Zwei Mütter«, 54.

Anzeiger, dass ein »Kalter Krieg um Angelika« tobe. Lambsdorff bemühte sich um Balance und sah ein »legislatives Unterlassen« auf Bundesseite, womit er auf die anachronistische bundesdeutsche Gesetzgebung zur Elternschaft abzielte. Somit böte sich den Scharfmachern beider Seiten die Möglichkeit, »sich wieder einmal mit Krieg zu überziehen«.[21] Skurrilerweise monierte der Gesamtdeutsche Minister Ernst Lemmer am 16. August 1965 in der *Bild*-Zeitung eine »Abschiebung« Angelikas, weswegen man »den Fall allerschnellstens vor die Menschenrechtskommission der UN bringen« solle. Er forderte also genau jenen Gang vor die internationalen Organe, die alle bundesdeutschen Minister in Migrationsfragen von Ost nach West bislang abgelehnt hatten, da eine internationale Verhandlung bereits ein Schlupfloch zur Anerkennung der DDR sei.[22] Der SED-Anwalt Friedrich Karl Kaul beantwortete Lemmers Aussage mit einer Anzeige wegen »verleumderischer Beleidigungen«. Auf diesen hohen Wellenschlag reagierte der Berliner Amtsrichter Seibt, der in einem seltenen Schritt von seiner Befugnis Gebrauch machte und die gerichtliche Zwangsvollstreckung im August 1965 einstweilig aussetzte. »Jedermann weiß«, begründete er, »daß es in der Zone keine Freiheit gibt. Und nun will man ein Kind dorthin tragen, das seit neun Jahren in West-Berlin lebt?«[23]

Parallel dazu versuchten Unterhändler, einen Kindertausch auszuhandeln. Der 14-jährige Roland Rojahn aus Coswig hatte im Winter 1965 alleine den Teltowkanal durchschwommen, fand sich im Westen aber alleine nicht zurecht. Er ging nur 83 Tage später wieder zurück in die DDR, um weiter bei seinen Eltern zu leben. Als er zuhause ankam, überraschte ihn allerdings die Nachricht, dass nunmehr seine Eltern vor wenigen Tagen in die Bundesrepublik geflohen waren. Er war wieder allein – und wollte wieder weg. Die Fälle der beiden Kinder hatten eigentlich nichts gemein, außer dass es um Minderjährige ging und dass das West-Berliner Kammergericht sein Urteil just an dem Tag fällte, als Roland gen Westen entkam. Der *Spiegel* konstruierte daraus den Versuch eines Deals.

21 BArch Koblenz, B 137, 2458, Presseausschnitte, Unterordner Fall Angelika Kurtz o. D.

22 BArch Koblenz, B 137, 2458, Presseausschnitte, Unterordner Fall Angelika Kurtz o. D., *Bild*-Zeitung (16. August 1965).

23 BArch Koblenz, B 137, 2458, Presseausschnitte, Unterordner Fall Angelika Kurtz o. D., *Bild*-Zeitung (1. September 1965).

Üblicherweise, so verkündete das Wochenblatt, entlasse der SED-Staat drei Kinder für ein nach Osten gehendes Westkind. Nach dem Stopp der Auslieferung Angelikas habe der SED-Anwalt Kaul diese »Zusammenarbeit« jedoch ausgesetzt.[24] Ungeachtet zahlreicher obskurer Deals zwischen beiden Staaten sprach dies Kaul und der westlichen Seite jedoch deutlich zu viel Wirkungsmacht und vor allem der SED-Seite ein berechenbares Bewilligungsmuster zu, das es nicht gab. Vielmehr verschoben solche Berichte die Dynamiken des Migrationsregimes zu Zeiten der Hallstein-Doktrin in den Bereich von Verschwörungstheorien.

Im Fall Kurtz beantwortete die Mutter, mittlerweile längst von höchsten staatlichen Stellen vertreten, das Aussetzen der Urteilsvollstreckung mit einer Verfassungsbeschwerde in Karlsruhe, da das Kind derart »seine Grundrechte fast völlig einbüßen werde«.[25] Die Politik ersparte dem Bundesverfassungsgericht jedoch (vorerst) eine Abwägung der deutsch-deutschen Beziehungen. Wie damals üblich, wurde der Fall im Verschwiegenen gelöst. Über Unterhändler vereinbarten beide Seiten, dass Angelika eine gewisse Zeit bei ihrer Mutter in der DDR verbringen und sich dann selbst für ihren Lebensort in Zittau oder West-Berlin entscheiden dürfe. »Sie entschied sich schnell; ihre Mutter stimmte ihrer Entscheidung zu. Auch die Zonen-Behörden beugten sich dem Wunsch des Kindes und ließen es nach West-Berlin zurück.«[26] Im Kleinen kann man hier das Große erkennen: Wie bei Angelika Kurtz stand hinter der politisch instrumentalisierbaren Frage, zu migrieren oder nicht zu migrieren, in der Vielzahl der Fälle eine Familienangelegenheit. Gerade diesen privaten Charakter gestanden beide Seiten der deutsch-deutschen Migration aber (lange) nicht zu. Zu Zeiten fehlender offizieller Bilateralität lud auch die Bundesseite die Familienzusammenführung politisch zugunsten deutschlandpolitischer Positionierung und auf dem Rücken der potentiellen Migranten auf.

Die SPD hatte in diesem Punkt Änderungsbedarf erkannt, weswegen bereits im christliberalen Bundeskabinett der Verdacht

24 »Kindertausch: Loch in der Mauer«, in: *Der Spiegel* 17 (21. April 1965), 77 f.
25 BArch Koblenz, B 137, 2458, Presseausschnitte, Unterordner Fall Angelika Kurtz o. D., *FAZ* (4. Januar 1967).
26 »Angelika Kurtz entschied sich für West-Berlin«, in: *Hamburger Abendblatt* (2. August 1967).

aufkam, der Gesamtdeutsche Ausschuß unter Leitung von Herbert Wehner unterwandere die Richtlinienkompetenz von Kanzler Erhard. Wehner wies diese Anschuldigung zurück. Doch klar war, dass eine sich langsam formende Mehrheit im Bundestag, inklusive der FDP, in diesen »sehr menschliche[n] Bereiche[n], über die schwer zu sprechen ist, wenn man nichts gefährden will«, deutlich kompromissbereiter war als die CDU/CSU.[27] Auch nach dem Scheitern Erhards als Kanzler und im Zuge der Formierung der großen Koalition unter Kiesinger Ende 1966 hielt die Bundesregierung weitgehend an den althergebrachten Grundlinien der Deutschlandpolitik fest. Wie elementar dabei die Frage der Freizügigkeit war, zeigt ein von Rainer Barzel im Bundestag verlesener Forderungskatalog. Barzel definierte für die Union Eckpunkte, bevor sie über die von der SPD vorgeschlagenen Schritte nachdenken könne:

Aufhebung des Schießbefehls; Erleichterung bzw. Ermöglichung der Familienzusammenführung, der Kinderrückführung und der Besuchsreisen aus der SBZ; Aufhebung der Medikamentenverordnung und der Geschenkpaketverordnung; Nachbarschaftsverkehr entlang der Demarkationslinie; Öffnung weiterer Übergänge; Wiederherstellung des Telefonverkehrs in Berlin, besserer Telefonverkehr zwischen beiden Teilen Deutschlands; Einbeziehung Westberlins in den gesamtdeutschen Sportverkehr; Reisemöglichkeiten für alle Westberliner nach Ostberlin und in die SBZ; Wiederherstellung gesamtdeutscher Gesellschaften auf dem kulturellen Gebiet; Zeitungs- und Redneraustausch.[28]

Im selben Atemzug verneinte die CDU-geführte Regierung aber den internationalen Charakter des Migrationsregimes, da »nichts geschehen [werde], was völkerrechtlich oder faktisch in der Weltmeinung als ein Abrücken von unseren Grundsätzen der Nichtanerkennung der SBZ als eines zweiten deutschen Staates gedeutet werden müßte«.[29]

Erst die nachfolgende sozialliberale Koalition erreichte im Zuge des Grundlagenvertrags gegen Ende der Legislaturperiode Erleichterungen, bemühte sich aber aus dargestellten Gründen, das Thema kleinzureden. Der neue Minister für innerdeutsche Beziehungen Egon Franke stellte die Freizügigkeit in erster Linie

27 BT-Plenarpr. V/44, 26. Mai 1966, Rede Wehner, 2105.
28 BT-Plenarpr. V/82, 15. Dezember 1966, Rede Barzel, 3710 f.
29 BT-Plenarpr. V/82, 15. Dezember 1966, Rede Barzel, 3710 f.

als punktuelles Reiseproblem dar. Er hoffte vornehmlich darauf, in den deutsch-deutschen Verhandlungen eine Verbesserung der »Kontakte zwischen Jugendlichen und Studenten durch Besuche und Begegnungen von Jugendgruppen und Schulklassen« zu erreichen. Nur vage deutete er verstärkte Bemühungen an, »ungehinderte Familienzusammenführungen zu ermöglichen«.[30] Die 1970 unter Brandt eingeführten *Materialien zum Bericht zur Lage in Deutschland* schweigen zur Familienzusammenführung und erwähnen unter dem Begriff »Ausreise« nur den Zwang eines Ein- und Ausreisevisums für westdeutsche Besuche in der DDR.[31] Die Lage im Land wurde ohne das Schwerpunktthema der Lage im Land beschrieben, um die »Politik der kleinen Schritte« durch das Schweigen über die großen Brüche zu schützen.

Ähnlich wie zuvor die CDU-geführten Regierungen beim »gesamtdeutschen Auftrag« blockierte nun die SPD-geführte Bundesregierung »nicht zuletzt im Interesse der Betroffenen selber« die parlamentarische Kontrolle über die von ihr geführten Verhandlungen über die deutsch-deutsche Freizügigkeit.[32] Sie wiegelte parlamentarische Anfragen ab, wie 1970 das BMI, das den nach der Statistik der Familienzusammenführung fragenden SPD-Abgeordneten Johann Wuwer wegen angeblich fehlender Datenaufnahme mit den allgemeinen Zahlen der Notaufnahmeanträge vertröstete.[33] Spätestens ab 1965 lagen dem BMG jedoch sehr wohl relativ genaue Daten zu Altersstruktur, Genderverteilung und Qualifikationsniveau bei der Verlobtenzusammenführung vor. Jedenfalls wusste man, dass sich in den letzten Jahren an der Praxis des SED-Staates »nichts verändert« habe.[34] Diese Diskretion mag zu Teilen begründet gewesen sein, zu Teilen überspielte die Bundesregierung damit aber wie die Vorgängerregierungen ihre eigene Hilflosigkeit gegen-

---

30 BT-Plenarpr. VI/23, 15. Januar 1970, Rede Barzel, 898.

31 BT-Drucks. VI/223, 17 f.

32 Siehe z. B. BT-Plenarpr. VI/42, 15. April 1970, 2123.

33 BT-Plenarpr. VI/92, 22. Januar 1971, 5028 f., siehe dahingehend zudem die Aussagen des Bundesinnenministers Genscher, der auch die aus der DDR ankommenden Rentner im Zuge der Familienzusammenführung auswandernd darstellte; vgl. BT-Plenarpr. VI/101, 11. Februar 1971, 5897.

34 BArch Koblenz, B 137, 6398, Statistik der Verlobtenzusammenführung 1965/66; siehe ebenso die bis 1961 zurückgehenden, aber zugegebenermaßen lückenhaften Zahlen in B 137, 6403, Vermerk über Schreiben Betreff Familienzusammenführungen, BMG, 12. Mai 1966.

über der Bewilligungspraxis der DDR-Behörden. Der SED-Staat beharrte erfolgreich auf der durch das MdI und das MfS errichteten Blackbox. So erreichte die sozialliberale Bundesregierung zwar Amtshilfe in Bereichen des Personenstandswesens und der Jugendfürsorge, jedoch nicht bei »Angelegenheiten, die ›Republikflüchtige‹ betreffen, in Fragen der Familienzusammenführung sowie bei Wiedergutmachungs-, Rückerstattungs-, Entschädigungs- und Lastenausgleichssachen«, also den zentralen migrationsbezogenen Themen.[35]

Tafel 25: Ausreisende in das Bundesgebiet bzw. West-Berlin 1972-1975.

	Rentner und »Invaliden«	Erwachsene (inkl. Haftentlassene)	Kinder	Gesamt
Bundesgebiet	31456 (69,6%)	10092 (22,3%)	3624 (8,1%)	**45172** **(100%)**
West-Berlin	7152 (77,4%)	1269 (13,7%)	824 (8,9%)	**9245** **(100%)**
Gesamt	38608 (70,9%)	11361* (20,9%)	4448 (8,2%)	**54417** **(100%)**

Quelle: Eigene Berechnung nach BStU AdZ, MFS ZAIG, 27859, 100, 128.

* davon 4623 (40,7%) Haftentlassene (entspricht 8,5% des Gesamtwertes 1972-1975).

Nichtsdestotrotz gewannen bis 1975 die Familienzusammenführung und die Rückführung von Kindern zu ihren Eltern in Westdeutschland an Bedeutung, wenngleich die Rentnermigration weiterhin die legalen Übersiedlungen dominierte. Insgesamt wanderten zwischen dem 1. Januar 1972 und dem 31. Dezember 1975 54417 Personen legal aus der DDR nach Westdeutschland aus (siehe Tafel 25, S. 432). Dabei fiel allerdings die Quote der Rentnerauswanderung in das Bundesgebiet (69,6%) deutlich geringer aus als nach West-Berlin (77,4). Der Anteil sonstiger erwachsener Auswanderer in die Bundesrepublik (22,3%) lag hingegen deutlich über den 13,1%, die diese Zuwanderer nach West-Berlin ausmachten, während sich der Anteil der Kinder glich. Vermutlich spiegelt sich hier zweierlei, nämlich erstens die bereits kurz nach dem Mauerbau deutlich sichtbaren Familiennetzwerke um die Stadt Berlin, eine Pflegewan-

35 BT-Drucks. VI/1690, 15. Januar 1971, Materialien zum Bericht zur Lage der Nation, 20.

derung zu anderen Familienmitgliedern, die vor allem Rentner und »Invaliden« betraf und auch den Kinderanteil stabil hielt. Sonstige Erwachsene hingegen, also primär Verheiratete und Verlobte, suchten die Vereinigung mit ihrem Partner, die zunehmend nicht in West-Berlin lebten, die Stadt verließen oder eben im Gegensatz zu jungen Wehrpflichtigen, Studierenden und anderen Zielgruppen schwerer in die Teilstadt zu locken waren. Die Migrationsziele bewegten sich also weiter nach Westen. Die Auswandererzahlen aus der DDR spiegeln den Umzug von Arbeitskräften ins Bundesgebiet und damit auch die Krise West-Berlins in den 1970er Jahren, in der selbst in Willy Brandts engster Umgebung »niemand eine konstruktive Idee für die Stadt« hatte.[36]

Im Jahresvergleich erkennt man den Bedeutungsgewinn der Familienzusammenführung zwischen 1972 und 1975: Ein zunehmender Teil der erwachsenen Werktätigen und im Prinzip alle Kinder fielen in diese Kategorie.[37] Die Zunahme der Familienzusammenführungen korrelierte mit der Abnahme des absoluten und des relativen Rentneranteils unter den Migranten nach West-Berlin, da das Problem der Pflegeemigration aufgrund des immer größer werdenden Zeitabstands zum Mauerbau und des demografischen Rückgangs jener Personengruppe, deren für den Alltag bedeutsame Familiennetzwerke 1961 durchtrennt wurden (siehe Tafel 26, S. 434), verschwand. Insgesamt glich sich das Einwanderungsprofil zwischen Bundesgebiet und West-Berlin darum ab 1974 zunehmend an. Allein die etwas höhere Zahl der zurückgeführten Kinder nach West-Berlin suggeriert, dass hier nach wie vor unterbrochene Familiennetzwerke die soziale Situation deutlich stärker prägten als zwischen dem Bundesgebiet und der DDR.

36 Harpprecht, *Im Kanzleramt*, 78.
37 Dies lag auch daran, dass sich im Rahmen des »Freikaufs« ein zweiter Zahlungsfluss aus Bonn nach Ostberlin etabliert hatte, der die Öffnung dieses Abwanderungskanals sicherte.

Tafel 26: Vergleich Verteilung der Migrationsziele (Bundesgebiet, West-Berlin) 1972–1975.

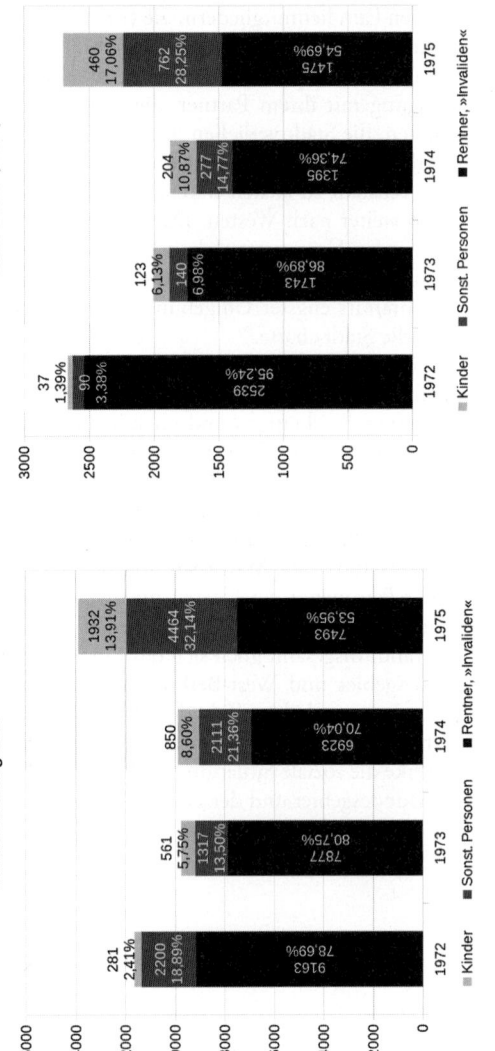

Quelle: Eigene Berechnung nach BStU AdZ, ZAIG, 27 859, 128.

Die scheinbare Flucht:
Staatlich erwünschte Schlupflöcher

Im Gegensatz zur oft verwendeten Charakterisierung der DDR ging es der SED nicht um die Isolation des Staates, sondern um die größtmögliche Kontrolle über die Grenze und die Kontakte. Die Mauer sollte Pforten haben. Abgesichert von der Migrationsverwaltung des MdI und kontrolliert von den Torwächtern des MfS errichtete der SED-Staat Schleusen, um Materialien und Personen in eigener Hoheit und unbemerkt von anderen Personen oder Diensten die Grenze passieren zu lassen. Solche »Schleusen« befanden sich an diversen Stellen entlang der Grenze und der Transitstrecken.[38] Einer MfS-Dienstanweisung von 1971 zufolge wurden sie derart eingerichtet, dass sie sich unabhängig von Witterungsbedingungen, »bestimmten politischen Spannungszeiten« und allgemeinen Veränderungen in der Struktur des Grenzverkehrs unsichtbar in die Abläufe am Grenzübergang integrierten.[39] Besonders rege genutzt wurde dabei ein Dienstzimmer des MfS am Bahnhof Friedrichstraße, das durch clever platzierte Türen zahlreichen SEW-Mitgliedern den unbemerkten Grenzübertritt in beide Richtungen erlaubte.[40] Allerdings wurden solche Schleusen vor allem von betrauten Personen für den Materialaustausch genutzt, wohingegen die Zahl an Personen, die durch sie die Grenze passierten, schon aus konspirativen Gründen gering bleiben musste.

Auch waren Schleusen für die meisten Übersiedler im Staatsauftrag untauglich, da sie nach der Ankunft mit einer glaubwürdigen Geschichte aufwarten mussten. Grundlegend sind unter den dienstlichen Grenzgängern drei Typen zu unterscheiden: Reisekader durften punktuell, teilweise mit einer länger laufenden Genehmigung aus staatlichen Gründen die Grenze überqueren. Dies betraf vor allem kürzere Reisen z. B. zu Messen, Kongressen oder

---

38 BStU AdZ, HA II, 41375, 16-35; grundlegend dazu Angela Schmole, »Heimlich, still und leise: Die Grenzschleusen und ›Grenz-IM‹ des MfS«, in: *Zeitschrift des Forschungsverbundes* 35 (2014), 80-90.

39 BStU AdZ, HA II, 41375, 16.

40 Zur SEW und den vielfältigen Kontaktmöglichkeiten und Verbindungslinien siehe Thomas Klein, *SEW – die Westberliner Einheitssozialisten: Eine »ostdeutsche« Partei als Stachel im Fleische der »Frontstadt«?* (Berlin: Ch. Links, 2009); Olav Teichert, *Die Sozialistische Einheitspartei Westberlins: Untersuchung der Steuerung der SEW durch die SED* (Kassel: Kassel Univ. Press, 2011).

Sportveranstaltungen. Ein enger Personenkreis erhielt Genehmigungen aus politischen oder anderen Gründen und dauerhaft bis auf Widerruf, z. B. prominente Künstler sowie die Anwälte und Unterhändler des deutsch-deutschen staatlichen Austauschs. Reisekader wurden streng überprüft. Bis auf wenige besonders Privilegierte erhielten sie Genehmigungen nur unter strengen Auflagen und äußerst selektiv, da der SED-Staat intensive Kontakte zu Personen im westlichen Ausland und im schlimmsten Fall ihr Verbleiben im Ausland befürchtete.[41] Das System hatte stets abzuwägen zwischen dem Bedarf, sich etwa durch sportliche Spitzenleistungen international zu präsentieren, und andererseits reisefähige Sportler nicht nur nach athletischen Gesichtspunkten, sondern auch ideologisch zu selektieren. Dabei erwies sich das System als äußerst sensibel. Als Beispiel eignet sich der Fall des Schauspielers Eberhard Esche, der zwischen 1972 und 1976 als Reisekader Kultur oft in die Bundesrepublik und die Niederlande reiste. Dies geschah sehr oft aus rein privaten Motiven, denn seine Frau Cox Habbema stammte aus Amsterdam, besaß einen niederländischen Pass und war 1969 zur Eheschließung in die DDR übergesiedelt. Im Zuge der Biermann-Affäre protestierte Esche jedoch mit anderen Künstlern gegen den Umgang des Staates mit seinen Künstlern, woraufhin das MfS ihm die ständige Reisegenehmigung entzog.[42] Esche unterschrieb später ein schriftliches Bekenntnis zur Politik der Partei und der Staatsführung, erhielt einige Privilegien zurück und setzte seine Karriere vornehmlich am Deutschen Theater in Ost-Berlin

---

41 Siehe z. B. BStU AdZ, HA XX, 10 096; ebd., 11 998.

42 BStU AdZ, HA XX, 20 219, 13-7, 48-76; Esche selbst stellt seine hie und da aufflackernde Protestlust allein ins Licht seines Willens, Aufmerksamkeit zu erzeugen; für ihn war das »Protestieren [...] eine Lusthandlung, der ich eben oft frönte. Mit Sicherheit war es keine politische Haltung.« Einen Schauspieler erachtet er per se als »eine öffentliche Person«, dessen Bedeutung er in einem Brief an seinen Kollegen Dieter Franke 1982 verdeutlichte: »Unsere Kunst gehört der Nation, der wir dienen.« Eberhard Esche, *Der Hase im Rausch* (Berlin: Eulenspiegel, 2000), 146, 229, Zit. des Briefes 353. Seiner Autobiografie gab er zwar einen Titel, der auf eine berühmte Aufnahme von »Jazz, Lyrik, Prosa« mit Manfred Krug verweist. Doch erwähnte er weder diese Episode um die Ausreise noch – trotz seines bemerkenswerten und rein beruflich motivierten Umzugs nach Berlin ausgerechnet im August 1961 – den Mauerbau, der auch ihn während der Dreharbeiten zu *Der geteilte Himmel* überraschte.

fort.[43] Die Sorge, einzelne Personen könnten ihr befristetes Reisevisum für den Verbleib nutzen, in der Migrationsforschung werden diese Personen als »Overstayers« oder »Verbleiber« bezeichnet, beschäftigte durchgängig die Institutionen des SED-Staates. Vor allem bekannte Personen – etwa verbliebene Sportler, von denen es einige hundert gab – blamierten den SED-Staat öffentlich, was dieser unbedingt zu vermeiden versuchte. Aufgrund der Vielfalt dieser Fälle werden diese an verschiedenen Punkten dieser Studie aufgegriffen.

Eine zweite, seltenere Kategorie waren sogenannte Auslandskader, die sich länger im westlichen Ausland und insbesondere der Bundesrepublik aufhielten, um dort im staatlichen Auftrag die DDR zu repräsentieren.[44] Dazu gehörten z.B. Diplomaten und genauestens überprüfte Spitzenkräfte der DDR, die z.B. als Wirtschaftsvertreter den Außenhandel koordinierten oder die als Künstler im Rahmen von Engagements an westdeutschen Bühnen in der Bundesrepublik oder anderswo in Westeuropa tätig waren.[45] Trotz ihres längerfristigen Wohnsitzes in der Bundesrepublik und anderen Ländern traten diese Personen offiziell als Bürger der DDR auf und betrachteten sich, solange sie ihrem Auftrag treu blieben, nicht als Deutsche im Sinne des Grundgesetzes. Ihre Nominierung ging von den entsprechenden Kaderstellen und zuständigen Ministerien aus, ihre Kontrolle oblag jedoch immer dem MfS. Dieses erstellte zahlreiche Leitlinien zur Auswahl zuverlässiger Personen und ließ, als sich dies im Laufe der Jahrzehnte und im Lichte der Verflechtung beider Staaten zunehmend verkomplizierte, 1977 sogar eine Dissertation an der MfS-Hochschule verfassen, die in instruktiver Art Auswahl und Kontrollprozesse für solche Auslandskader definierte.[46] Angesichts einer wachsenden Anzahl von Verbleibern verfeinerte am 13. Januar 1982 eine Anordnung des Ministerrats zur »Auswahl, Bestätigung und Vorbereitung von Reise- und Auslandskadern und die Durchführung ihrer dienstlichen Reisen« die Aus-

43 BStU AdZ, HA XX, 20 219, 63.
44 BStU AdZ, MfS-BdL/Dok, 3844, 1-6.
45 BStU AdZ, HA XX, 21 452.
46 Sonja Süß, *Politisch mißbraucht? Psychiatrie und Staatssicherheit in der DDR* (Berlin: Ch. Links, 1998), 209 f.; Günter Förster, *Die Juristische Hochschule des Ministeriums für Staatssicherheit: Die Sozialstruktur ihrer Promovenden* (Münster: LIT Verlag, 2001), 110.

wahlprozeduren für diese Privilegien. Dies mündete in einer noch feiner strukturierten Überwachung von Reise- und Auslandskadern durch das MfS.[47]

Dazu kam drittens eine Sonderkategorie der Auslandskader: eine kleine und genauestens selektierte Kategorie von scheinbaren Übersiedlern, die im Auftrag des MfS (zumeist der HV A oder der HA II) angeblich aus der DDR flohen oder ausreisten, in Wirklichkeit aber in der Bundesrepublik für das Ministerium agieren sollten. Sie firmieren in den Akten des MfS darum teilweise auch als Übersiedlungskandidaten oder Übersiedlungskader.[48] Dazu gehörten vom MfS als besonders vertrauenswürdig eingestufte Personen, die konspirativ in den Westen gingen, um dort verdeckt spezifische Tätigkeiten für den SED-Staat zu verfolgen. Dies konnte zur Aufrechterhaltung der Tarnung auch den (vorgeblichen) Staatsangehörigkeitswechsel beinhalten. Obwohl dazu zahlreiche hochrangige Diener des SED-Staates gehörten – die immer wieder Skandale auslösten, hier sei nur an den Offizier im besonderen Einsatz Günter Guillaume erinnert –, interessieren im Kontext dieser Studie in erster Linie jene bislang unerforschten Personen, die aus der Mitte der Gesellschaft kamen, in diese strebten und sich dennoch als Stützen der Regulation in das Migrationsregime einbrachten.

Von besonderer Bedeutung waren dabei Personen, die als Zuträger der Staatssicherheit (je nach Zeit und Tätigkeit als IM, IME, IMF, GI oder GM geführt) im ministeriellen Auftrag verdächtige Personen, Fluchtwege und das bundesdeutsche Aufnahmesystem ausspionierten.[49] Ihre Zahl nahm vor allem nach der Konsolidierung der Migrationsordnung nach 1964/65 zu, als die engere Kooperation zwischen den beiden verantwortlichen Ministerien MdI und MfS immer mehr Handlungsoptionen eröffnete. Dies ermöglichte die langsame Machtausweitung des MfS, die Festigung der Kontrollmechanismen der Diktatur der Grenze und das immer intensivere geheimdienstliche Bearbeiten der Mauergesellschaft –

47 BStU AdZ, MfS-BdL Dok, 3844/1-6.

48 BStU AdZ, HA XX, 15 276.

49 Punktuell bereits betrachtet z. B. in Burghard Ciesla, »›Feindobjekt‹ Marienfelde«, in: *Flucht im geteilten Deutschland: Erinnerungsstätte Notaufnahmelager Marienfelde,* hg. von Bettina Effner und Helge Heidemeyer (Berlin: be.bra verlag, 2005), 153-70.

inklusive der Einrichtung von Schlupflöchern durch den Eisernen Vorhang.[50] Die vorliegenden Akten erlauben kein Gesamtbild, suggerieren aber zwei verschiedene Typen von Übersiedlungskadern. Dies sind erstens jene, die als legale Auswanderer die Bundesrepublik ausspionierten und zweitens jene, die dies mit besonderem Blick auf den Grenzkontext als beauftragte Republikflüchtlinge taten.

Agency und Misstrauen: Legal Ausreisende als MfS-Zuträger

Die hochrangigen Spitzel des MfS, die zumeist für die HV A die West-Arbeit des MfS betrieben, wurden oft in der Bundesrepublik rekrutiert oder aufgrund ihres besonders zuverlässigen Dienstes in der DDR angeworben und als angeblich einfach Übersiedelnde mit Sondergenehmigungen nach Westen »entlassen«.[51] Die umfassende West-Arbeit des MfS konnte aber nicht allein auf diesen wenigen hochqualifizierten Spionen aufbauen. Darum rekrutierte das MfS auch unter den Antragstellern auf Ausreise. Während dies für das letzte Jahrzehnt der DDR als Topos recht bekannt ist, fehlt hierzu grundlegende Forschung.

Bereits in den 1960er Jahren suchte das MfS nach Wegen, den Ausreisewillen der Bevölkerung für seine eigenen Zwecke zu nutzen. Die ersten Versuche waren recht plumpe, indirekte Gewalttaten. Denn schon unmittelbar nach dem Mauerbau erkannte das MfS in den grenzüberschreitenden Netzwerken nicht nur eine Gefahr, sondern auch ein Potential zur Sicherung der Mauer durch Misstrauen. Ein Beispiel hierfür ist der Fall des West-Berliners Paul Ohlmann*.[52] Dieser hatte ausgerechnet am 12. August 1961 seine noch in Ost-Berlin lebende Verlobte geheiratet. Wenige Stunden später verhinderte der Mauerbau, dass sie zu ihm zog. Bis 1964 versuchte er alles ihm Mögliche, um seine Frau und sein Kind endlich nachzuholen. Frustriert trat er letztlich in Kontakt zu West-Berliner Tunnelbauern. Das bekam das MfS mit und entwickelte ei-

50 BStU AdZ, HA II, 41375.

51 Hubertus Knabe (Hrsg.), *West-Arbeit des MfS: Das Zusammenspiel von »Aufklärung« und »Abwehr«* (Berlin: Ch. Links, 1999); Helmut Müller-Enbergs, *Hauptverwaltung A (HV A): Aufgaben, Struktur, Quellen* (Berlin: BStU, 2011).

52 BStU AdZ, HA XX, 1226, 5 f.

nen Plan, um »Unruhe« unter diesen zu stiften. Die HA XX schlug vor, seiner Frau und dem Kind die Übersiedlung zu genehmigen, »[u]m die gesamte Lage noch verworrener zu gestalten« und zu implizieren, dass Paul Ohlmann* mit dem MfS im Kontakt stünde und so als Verräter erscheine.[53] Bestenfalls, so die perfide Hoffnung des MfS, könnte man auf diese Weise Racheakte unter Tunnelbauern anregen und die West-Berliner Polizei einschalten. Für Ohlmann* konnte dieses Vorgehen gefährlich werden, für das MfS eröffnete es lediglich »einen weiteren Weg zur Bekämpfung von Schleuserorganisationen.«[54]

Dabei war es kein Zufall, dass sich das MfS 1964 in den Fall einschaltete. Wie auch in der Migrationsverwaltung trat es in jener Zeit verstärkt als eine aktive Kraft der Migrationsunterdrückung an der Grenze auf. Ab 1964 griff es dafür zunehmend auf die Ausreisenden selbst zurück. Punktuell konnten sich die Interessen von MfS und Ausreisewilligen überschneiden, die folglich eine hybride Position im Migrationsregime einnehmen konnten. Zwar erlauben die vorliegenden Akten vorerst keine grundlegende Charakterisierung, allerdings lässt sich mit Einzelfällen das Feld rahmen und das Dilemma darlegen, in dem sich beide Seiten befanden.

Als sich im September 1964 der 19-jährige Führungsbahnschleifer Herbert Krohnberg* in der Toilette eines nach Westdeutschland fahrenden Zuges versteckte, hatte er gute Gründe für seinen Fluchtversuch.[55] Nach dem Tod seiner alleinerziehenden Mutter 1959 wiesen bundesdeutsche Behörden ihn nicht seinem berufstätigen und viel reisenden Stiefvater zu, sondern in ein Jugendheim ein. Der 14-Jährige floh aus dem Heim und in die DDR. Nach einer erfolgreichen Ausbildung und angesichts der wachsenden Enge hinter der Mauer zog es ihn jedoch zurück. Als sowohl eine Besuchsreise als auch ein Übersiedlungsantrag abgelehnt wurden, erschien ihm die Flucht als letzte Möglichkeit, wieder zu seiner Familie zu kommen. Dies scheiterte, denn obwohl er in seinem Versteck in der Verkleidung des Abteils erfolgreich die Grenzkontrollen passierte, entdeckte ihn ein Zöllner durch Zufall kurz vor Erreichen der Bundesrepublik. In der folgenden Untersuchungshaft warb ihn das MfS als GM »Felix« an. Nach Absitzen einer 6-mona-

53 BStU AdZ, HA XX, 1226, 5.
54 BStU AdZ, HA XX, 1226, 6.
55 Fall rekonstruiert nach BStU AdZ, HA II, 4633, 1-11, ebd., 41375/83-90.

tigen Gefängnisstrafe in der DDR leistete er dem Ministerium gute Dienste. In dieser Zeit reifte unter seinen Führungskadern der Gedanke, seinen Übersiedlungswillen für das MfS auszunutzen und ihn in der Bundesrepublik einzusetzen. Seine Biografie verlieh ihm vor bundesdeutschen Augen große Glaubwürdigkeit.

Nach seiner Haftentlassung ermutigte das MfS Krohnberg* darum, seine Westkontakte aufrechtzuerhalten, insbesondere die zu Verwandten in der Bundeswehr und beim Bundesgrenzschutz. Es wies ihn gar an, sich mit seinem Stiefvater über seinen Übersiedlungswunsch auszutauschen. Derart bewährte sich Krohnberg* drei Jahre lang, bevor er 1968 legal nach Westdeutschland ausreisen sollte. Das Ziel war es, durch (in den Akten leider nicht genau bestimmte) besondere Verhaltensweisen die Aufmerksamkeit des amerikanischen Geheimdienstes auf sich zu ziehen, um in das Lager Camp King in Oberursel (Taunus) verbracht zu werden.[56] Der Stützpunkt diente der CIA als Verhörzentrum und wurde 1968 zu einem der Operationszentren des amerikanischen Geheimdienstes in Europa ausgebaut. Neben dem allgemeinen Auftrag, Informationen für das MfS einzuholen, sollte Krohnberg* dort einen als Telefonisten arbeitenden Bekannten anwerben. Zudem sollte er durch Jugendarbeit in der Region Oberursel weitere »Perspektivkader« ausfindig machen. Um ihn dafür mit einer nachprüfbar überzeugenden Geschichte auszustatten, mobilisierte das MfS nun alle eigentlich gegen eine Ausreise stehenden Fakten für Krohnberg*: Sein Fluchtversuch und sein Ausreiseantrag, sein junges Alter von 23 Jahren und seine intensiven Westkontakte legten seine Führungsoffiziere als Argumente für eine Ausreise aus.

Dabei stellte Krohnberg* das MfS vor eine schwierige Aufgabe. Einerseits hatte er durch ergiebige Spitzelei, die zu Verhaftungen in der DDR geführt hatte, dem MfS gegenüber bewiesen, dass er »von der Stärke und dem Sieg des Sozialismus in ganz Deutsch-

---

56 Camp King war die sagenumwehte Hauptoperationsstelle des CIA im geteilten Deutschland, über dessen Funktion in den späten 1960er Jahren recht wenig bekannt ist. Wichtige Einblicke in die seit den ersten Tagen des Kalten Krieges stark auf Überläufer ausgerichtete Aufklärung vor Ort in Dino A. Brugioni, *Eyes in the Sky: Eisenhower, the CIA, and Cold War Aerial Espionage* (Annapolis: Naval Institute Press, 2010), 53; Keith R. Allen, *Interrogation Nation: Refugees and Spies in Cold War Germany* (Lanham: Rowman & Littlefield, 2017), 37-42.

land überzeugt und eng mit unserer Republik verbunden« sei.[57] Andererseits aber wünschte er sich ausdrücklich, in die Bundesrepublik überzusiedeln, und besaß »kaum noch Bindungen persönlicher Art in der DDR«.[58] Das daraus folgende Misstrauen gab ein Gutachter der HA II zu Protokoll. Dieser beurteilte den Plan zur Übersiedlung Krohnbergs* zwar als »gut und durchdacht aufgebaut«, man müsse aber bedenken, »daß der IM bestrebt war, sich uns gegenüber so zu bewegen und alle Aufgaben zu erfüllen [...], damit sich sein eigener Wunsch, nämlich die Übersiedlung nach W[estdeutschland], mit unserer Hilfe erfüllt«.[59] Den Akten nach gab das MfS in der Erwartung eines erfolgreichen IM in der Bundesrepublik diesem Wunsch nach, und Krohnberg* ging in die Bundesrepublik. Die Akten lassen indes keine Schlüsse auf seine weiteren Tätigkeiten zu.

Dieser Fall offenbart die Grenzbereiche von unnachgiebig verfolgten Ausreisewünschen. Unfraglich versuchte Krohnberg*, jede mögliche Option des Migrationsregimes auszunutzen, um die Übersiedlung zu erlangen – und wenn dies Spitzelei und Verrat bedeutete. Doch in Bezug auf die klassische Frage nach Opfern und Tätern in einer Diktatur ermöglichen die Akten hier kein eindeutiges Bild. Vielmehr verschmilzt ein »Opfer« des SED-Staates, ein in Westdeutschland geborener und dahin zurückkehren wollender Jugendlicher, der in der DDR sozial scheiterte und als »Republikflüchtiger« inhaftiert wurde, mit einem »Täter« des Systems, der andere geplante Fluchten verriet, sich in kurzer Zeit das Vertrauen »politisch negativer Kreise« erwarb, »Studenten, Abiturienten und religiöse Kreise« bespitzelte und der bereit zu sein schien, die Arbeit der Westalliierten auszuspionieren.[60] Krohnberg* demonstrierte damit in seinem Handeln und Abwägen die Komplexität, die sich sowohl für das MfS als auch für prospektive Migranten ergeben konnte, wenn Letztere bereit waren, im Geheimen ihre eigenen Interessen vor die von Gleichgesinnten zu stellen. Ihre MfS-Zuträgerquote und -art ist ein bisher unerforschter Teil der DDR-Geschichte.

Fälle wie der von Herbert Krohnberg* belegen, dass die An-

57 BStU AdZ, HA II, 4633, 5.
58 BStU AdZ, HA II, 41375, 88.
59 BStU AdZ, HA II, 41375, 88.
60 BStU AdZ, HA II, 41375, 89.

werbung von Ausreisewilligen für Spitzeldienste bereits zu frühen Zeiten der Mauergesellschaft ein kleines, aber wichtiges Tätigkeitsfeld des MfS war. Dabei durchlief »die Sicherheit« zahlreiche Lernprozesse. So versuchte ein in der DDR geborener niederländischer Staatsbürger ab spätestens 1965 die Ausreisegenehmigung für seine mit ihm in Gottleuba lebende Frau zu erlangen, die im Gegensatz zu ihm keinen internationalen Pass besaß, also »nur« DDR-Bürgerin war. Er hoffte, die Gunst des MfS durch seine Dienste als IME »Waurich« zu erwerben.[61] Seine häufigen Fahrten in die Bundesrepublik und die Schweiz nutzte das MfS ausgiebig, weswegen seine Führungsoffiziere immer wieder die Option eines Übersiedlungskaders andeuteten. Andere Stimmen im MfS waren jedoch alles andere als zufrieden, da »Waurich« ihnen als zu wortkarg erschien. Es gäbe zwar keine Anzeichen von Unehrlichkeit, jedoch berichtete er einfach »nicht umfassend genug«.[62] Dies nährte den Verdacht, dass »Waurich« nur dem MfS diene, um die Übersiedlung des Ehepaares zu erreichen. Als dem MfS bekannt wurde, dass er auf seinen Westfahrten das Ausländeramt in München und das niederländische Konsulat aufgesucht hatte, mutmaßlich um die Konditionen einer Übersiedlung zu klären, schlussfolgerte der Leiter der HA II, Generalmajor Grünert, im April 1970, »Waurich« intendiere »wahrscheinlich das MfS zu zwingen, endlich seiner Übersiedlung stattzugeben«. Mit einem Federstreich erklärte Grünert den vormals als wertvoll und perspektivreich erachteten Zuträger zur Misstrauen erregenden Person. Anstatt seine Übersiedlung zu forcieren, sei nun der Schwerpunkt »auf die Lösung der Frage zu legen, wen wir in dem IM wirklich vor uns haben«.[63] Die Übersiedlung des Ehepaares rückte trotz fleißiger Spitzeldienste aufgrund des zu offensichtlichen Verfolgens eigener Interessen in weite Ferne.

Wegen solcher Erfahrungen erließ das MfS 1971 genauere Richtlinien zur Werbung, Schulung und Überwachung von Übersiedlungskandidaten. Es legte die Messlatte sehr hoch, denn diese Personen sollten tatsächlich übersiedeln und Bestandteil der Arbeits- und Lebenswelt der Bundesrepublik werden, zugleich aber dem MfS und der DDR verpflichtet bleiben.[64] Das Ziel dieser

61 BStU AdZ, HA II, 41375, 71-5.
62 BStU AdZ, HA II, 41375, 75.
63 BStU AdZ, HA II, 41375, 73.
64 BStU AdZ, HV A, 833, 5-18.

Richtlinienänderung lag offenkundig darin, von der Anwerbung Übersiedlungswilliger aufgrund situativer Interessensüberschneidungen zwischen Ausreisenden und MfS abzugehen und strukturiert eine Art besonders vertrauenswürdige Elite unter den IM aufzubauen. Das MfS unterzog potentielle IMs nun ohne deren Wissen als Kandidaten für einen Übersiedlungskader einer längeren Testphase. In dieser prüfte es nicht nur die ideologische und politische Zuverlässigkeit intensiv, sondern vor allem auch persönliche Neigungen, wie »Lebensgewohnheiten«, die »Fähigkeit der Selbsterziehung« bis hin zu »sexuellen Problemen«.[65] Nach der Werbung als IM durchlief ein Kandidat zahlreiche Tests, inklusive Tagesaufenthalte in West-Berlin, bei denen die Führungsoffiziere »Reaktionen auf die erste Berührung mit den kapitalistischen Lebensverhältnissen« genauestens zu verzeichnen hatten. Daran schlossen sich Reisen mit Tarnung, »erste Personen- und Hausermittlungen« in West-Berlin und letzten Endes eine Reise in die Bundesrepublik an. Auf diese Weise sollte der prospektive Kader einerseits an ein solches Leben und Handeln gewöhnt werden. Andererseits dienten diese operativen Reiseerfahrungen dazu, mit ihm »vor allem das Feindbild zu diskutieren und zugleich volles klassenmäßiges Verständnis für unsere Zielstellung und Arbeitsweise zu erzielen«.[66] Nach der erfolgten Übersiedlung blieben die Kader dann ebenso wie ihre Verwandten stetig Gegenstand »notwendiger Nachermittlungen« und dienten dem SED-Staat in vielfältiger Art – vom Spitzel in der Bundesgesellschaft bis zum westdeutschen Anlaufpunkt für Ausreisewillige in der DDR.[67] Wenngleich das MfS damit die bis dahin eher situativ stattfindende Anwerbung von Übersiedlungskandidaten stark strukturierte und normierte, deuten die Akten und Fälle an, dass es spätestens ab Beginn der massenhaften Anträge Ende der 1970er Jahre eine Doppelstrategie verfolgte. Zum einen wurden Übersiedlungskandidaten wie umrissen ausgebildet, zum anderen versuchte das Ministerium nach wie vor und wohl viel häufiger, den Ausreisewillen einzelner Personen durch das Versprechen einer schnelle Ausreise zu kooptieren.

65 BStU AdZ, HV A, 833, 16.
66 BStU AdZ, HV A, 833, 16 f.
67 BStU AdZ, HV A, 833, 17.

Echte »unechte« Flüchtlinge:
Pseudofluchten im Auftrag des MfS

Aus naheliegenden Gründen interessierte sich das MfS in den späten 1960er Jahren insbesondere für illegale Fluchtwege und Aktivitäten der westlichen Institutionen bei der Aufnahme der Ankommenden. Erstere sollten geschlossen und Letztere zersetzt werden. So erschien es dem Ministerium, allen voran der HA II, als eine gute Idee, Fluchten zu inszenieren, um die »Geflohenen« als besonders glaubwürdige Sperrbrecher durch das Aufnahmesystem der Bundesrepublik zu schleusen. Dies resultierte in bislang unbekannten Pseudofluchten, mit denen der SED-Staat Schlupflöcher im eigenen Sicherheitssystem zu seinen Gunsten nutzte.[68]

Ein gut dokumentierter Fall ist der des GM »Gerd Graupner«. Der 1937 geborene gelernte Gärtner übernahm in einem Betrieb der DDR nach einem Ingenieursstudium eine führende Position. Als Angehöriger einer Generation, die ihren Aufstieg vor allem dem Wirken der Partei zuschrieb, zeigte er »eine unbedingte Ergebenheit Partei und Regierung gegenüber«, woraufhin er 1964 »auf der Grundlage der politischen Überzeugung« als IM geworben wurde.[69] Das MfS arbeitete an seiner geplanten Übersiedlung, nach der auch er die amerikanische Operationsbasis Camp King in Oberursel ausspionieren sollte. Sollte ihm diese Infiltration nicht gelingen, war er alternativ als ein »zuverlässiger Stützpunkt zur Bearbeitung des amerikanischen Geheimdienstes in Westberlin« vorgesehen.[70] Für diese Aufgabe benötigte er eine besonders glaubwürdige Tarngeschichte. »Graupner« war in seinem Betrieb jedoch als »politisch zuverlässiger Kader« bekannt. Dies half zwar seiner Karriere für das MfS, doch seine Systemtreue eignete sich schlecht als Hintergrund für einen glaubwürdigen Übersiedler, weswegen er im Auftrag des MfS seiner vorzüglichen Reputation »erfolgreich entgegenwirkt[e]«. In jahrelanger Vorbereitung inszenierte er einen »Gesinnungswechsel«, den das MfS »unter der Anschuldigung ka-

---

68 Auch hier ist das Quellenmaterial aussagekräftig, aber punktuell. Eine gezielte Nachfrage bei der BStU zu den betrachteten Fällen konnte keine weiteren Informationen offenlegen.

69 BStU AdZ, HA II, 4639, 5, 3.

70 BStU AdZ, HA II, 4639, 4.

pitalistischer Leitungsmethoden« durch eine berufliche Degradierung komplettierte.[71] Als angeblichen Verstoßenen des Systems bereitete die HA II »Gerd Graupner« nun auf die »Durchführung des ›illegalen Verlassens‹ der DDR« vor. Seine Führungsoffiziere gingen davon aus, dass beim Überschreiten der Staatsgrenze im Eichsfeld, konkret in der Nähe von Mühlhausen und Heiligenstadt, »die Bedingungen gegeben [sind], daß er amerikanischen Befragungsstellen zugeführt wird«.[72]

Entsprechend instruiert, erhielt »Graupner« den Auftrag, nach eingehender Schulung in einem »nur durch pioniertechnische Anlagen gesicherten« Grenzabschnitt eine glaubhafte Flucht zu inszenieren. Das war nicht ungefährlich. Vor Ort war nur der Sonderoffizier des MfS bei den Grenztruppen Kiesewetter über dieses Vorhaben informiert und dafür verantwortlich, dass eine entsprechende Beobachtungslücke entstand.[73] Kommunikation zwischen ihm und »Graupner« war aber ausgeschlossen. Aus organisatorischen und konspirativen Gründen konnte Kiesewetter ebenso wenig das komplexe Sicherungssystem im erweiterten Grenzbereich manipulieren. »Graupner« erhielt also Hilfestellungen, musste letztlich aber wirklich die Grenze überwinden.

Aufbauend auf einer MfS-Analyse zu erfolgreichen Grenzverletzungen in den Jahren 1966/67 auf diesem Teilabschnitt, begab sich »Graupner« als angeblicher FDGB-Urlauber einige Tage nach Heiligenstadt, »um den Grenzübertritt bei Vernehmungen des Gegners entsprechend legendieren zu können«.[74] Dazu gehörte, dass er sich selbständig Informationen über die Lage an der Grenze beschaffte und Soldaten der Nationalen Volksarmee (NVA) und Einwohner geschickt über Fluchtmöglichkeiten aushorchte.[75] Dabei war er vollkommen auf sich allein gestellt. Mit Kompass, Wanderkarte und einer Legende ausgestattet, »floh« der »Übersiedlungskandidat« im Frühjahr 1968, ironischerweise nur wenige Meter vom heutigen Grenzmuseum Schifflersgrund entfernt, in den Westen. Das MfS wählte diese Stelle, weil hier im Jahr 1968, im Gegensatz zum heute im Museum dargestellten tödlichen Flucht-

71 BStU AdZ, HA II, 4639, 3.
72 BStU AdZ, HA II, 4639, 14.
73 BStU AdZ, HA II, 41375, 126.
74 BStU AdZ, HA II, 41375, 110.
75 BStU AdZ, HA II, 41375, 115, 120, 122.

versuch Heinz-Josef Großes 1982, die Sicherungen (noch) leichter als andernorts zu überwinden waren und die Flucht gerade deswegen glaubhaft wurde. In der entsprechenden Akte liest sich dies folgendermaßen:

Der GM macht dazu folgende Angaben: In Vorbereitung des Verlassens der DDR hat er sich 2 x in die Orte Uder bzw. Heiligenstadt begeben, wo er sich mehrere Tage aufgehalten hat, mit dem Ziel günstige Möglichkeiten zum Überschreiten der Grenze festzustellen. Durch den GM wurden mehrfach Spaziergänge von der Uder aus unternommen, wo das Vorfeld der Grenze und der mögliche »Fluchtweg« aufgeklärt wurde. Am Tage des Überschreitens der Grenze hat er sich in den Morgenstunden von Uder aus in Richtung Grenze begeben. Sein Weg führte über die Gemeinde Röhrig, dadurch umging er den Kontrollpunkt der VP und führte entlang der Straße nach Dietzenrode. 1 km hinter Dietzenrode überquerte er die Straße und begab sich in einer Waldschneise bis wenige Meter vor die Grenze. Nach längerer Beobachtung überschritt er diese.[76]

Danach unterhielt das MfS stete Verbindung zu »Graupner«, der allem Anschein nach auftragsgemäß den amerikanischen Geheimdienst auskundschaftete.[77] Darüber hinaus nutzte das MfS die von ihm erworbenen Kenntnisse zu lokalen Fluchtmöglichkeiten, um dort die Sicherungen zu verbessern.[78] Der im Museum Schifflersgrund thematisierte missglückte Fluchtversuch Großes besitzt also eine durchaus komplexe Vorgeschichte, in der mindestens ein vom MfS gesandter »Flüchtling« in genau diesem Sektor Schwachstellen in der Grenzsicherung ausmachte und zu schließen half. »Graupners« Geschichte könnte wohl helfen, die Musealisierung der innerdeutschen Grenze in Schifflersgrund komplexer darzustellen. Über den weiteren Einsatz »Graupners« konnte die BStU auch auf Nachfrage derzeit keine weiteren Quellen ausfindig machen. Zwar koordinierte ein paar Jahre später ein »Graupner« von Ost-Berlin aus wichtige Sektionen der Auslandsspionage inklusive weiterer Schleusungen, doch es konnte nicht geklärt werden, ob es

---

76 BStU AdZ, HA II, 41375, III.
77 BStU AdZ, HA II, 4639, 16; die HA II stellte später die Chiffrierverbindung zu »Graupner« aus »operativen Gründen« ein und vernichtete alle weiteren Unterlagen, inklusive des Datums des entsprechenden Vermerks; siehe BStU AdZ, HA II, 4639, 15.
78 BStU AdZ, HA II, 41375, III.

sich in beiden Fällen um dieselbe Person handelte (was eher un-wahrscheinlich ist).[79]

Die »Flucht« »Graupners« war kein Einzelfall. Um geeignete Übersiedlungskader auszubilden und mit glaubwürdigen Tarn-geschichten auszustatten, errichtete die HA II unter der Feder-führung des Majors Sonntag ganze Mitarbeiternetzwerke. Diese halfen einander bei der »Flucht«, standen teilweise durch »Verbin-dungspläne« nach dem Grenzübertritt immer wieder miteinander in Kontakt, wussten aber gegenseitig nichts von ihrer MfS-Tätig-keit.[80] So verhalf der GM »Jäger« dem GM »Erhard Grund« und andernorts auch dem GM »Berthold Merthens« Ende Juli 1965 zur Pseudoflucht, ohne dass ein GM von der wahren Identität des an-deren erfuhr.[81] »Jäger« erwies sich weiterhin als hilfreich und war in zahlreiche Pseudofluchten involviert. Er wuchs so gesehen zu einem »Fluchthelfer« des MfS heran.[82] Dabei griff das MfS auf sämtliche Fluchtpraktiken zurück, von der Nutzung gefälschter Dokumente im Berlin-Verkehr und auf Auslandsreisen über Grenzdurchbrüche bis zu Overstayers im Rentenalter oder die innerdeutsche Familien-zusammenführung.[83] Gezielt reiste z. B. ein GI »Rudi« 1964 mehr-fach in die Bundesrepublik. Dort suchte er »die Bekanntschaft mit einer Frau, die als Motiv einer geplanten Heirat und Familienzu-sammenführung in W[estdeutschland] ausgenutzt werden kann«.[84]

Die Aufträge der auf diesem Weg in die Bundesrepublik gelang-ten Personen richteten sich oft, aber keineswegs ausschließlich auf geheimdienstlich prioritäre Objekte, also z. B. die Aufnahmelager und die Einrichtungen des amerikanischen Auslandsgeheimdiens-tes. Um diese »Flüchtlinge« herum intendierte das MfS ein breites Netz an dezentralen Auslandsmitarbeitern zu schaffen, ein IM-Netzwerk im Westen. Der Rentner IM »Richard« diente allein als Tipper und Werber, GM »Berthold Merthens« sollte zunächst ver-suchen, das Interesse des amerikanischen Geheimdienstes auf sich zu ziehen. Gelänge dies nicht, sollte er alternativ als Zahnarzt eine Praxis in Köln aufbauen und dort unverdächtig, aber einsatzbereit

---

79 Vgl. BStU AdZ, HA XX, 8914/91 Bd. 2, 19-43.
80 Struktur eines Verbindungsplans: BStU AdZ, HA II, 41375, 60 f., ein Bsp. 161.
81 BStU AdZ, HA II, 41375, 93, 132.
82 BStU AdZ, HA II, 41375, 68 f.
83 Diverse Fälle in BStU AdZ, HA II, 41375.
84 BStU AdZ, HA II, 41375, 91.

dienen. Beides misslang, aber dennoch wurde er in Düsseldorf als Zahnarzt tätig, von wo aus er fortan primär als »Abschöpfungsquelle« des MfS fungierte, also als allgemeiner Informant und Werber.[85] Ähnlich vage bleibt die Effizienz des GI »Rudi«. Dieser siedelte als Messestandbauer unter dem Decknamen »Max Thomas« in den Stuttgarter Raum über und spionierte im Auftrag des MfS die alltäglichsten Dinge des süddeutschen Dorflebens aus. Seine Berichte sprechen von der Arbeitswelt, vom Warenkonsum und vom Kneipenleben. Hoffnungen auf das Entdecken potentieller Fluchthelfer erfüllten sich nicht.[86]

Resümierend erlauben diese Fälle die Erkenntnis, dass das MfS im Windschatten der tatsächlichen Ausreise- und Fluchtbewegung zahlreiche Spione von Ost nach West schleuste. Dabei nutzte es Analysen von geglückten Fluchten, um diese Pseudofluchten glaubhaft wirken zu lassen. Die »Grenzbrecher« im Auftrag des MfS gingen dabei ein erhebliches Risiko ein, da vor Ort bestenfalls einzelne Individuen über den inszenierten Charakter der Flucht informiert sein konnten. Für reguläre Grenzer, ob sie im Dienst des MfS standen oder nicht, war der Unterschied der Fluchten nicht erkenntlich. Gleichzeitig verpasste die Staatssicherheit der Grenzsicherung – und damit auch sich selbst – noch 1967 denkbar schlechte Noten: »Entsprechend der derzeitigen Situation stellt ein illegales Überschreiten der Staatsgrenze keine Besonderheit dar und wird beim Gegner nicht auffällig bzw. verdächtig wirken.«[87] Um diese Situation zu ändern, nutzte das MfS die durch die Pseudofluchten gewonnenen Erkenntnisse zur Verbesserung der Grenzsicherung.

Die vorliegenden Quellen zeigen einen deutlichen Unterschied zwischen angeblichen Grenzbrechern und legal ausreisenden IMs. Erstere hatten sich bereits als zuverlässige Diener erwiesen und wurden im Laufe einer Karriere als IM auf eine Pseudoflucht vorbereitet. Sie strickten teilweise lange Zeit an einer glaubhaften Tarnung. In der Bundesrepublik formten sie ohne gegenseitige Dekonspiration Netzwerke aus zuverlässigen MfS-Dienern, die im Westen mit dem Bonus des »Sperrbrechers« auf Vertrauenssuche gehen konnten, aber eben als Übersiedler nur selten in einflussreichere Gesellschaftsschichten vorstießen. Anders lag es bei vielen

85 BStU AdZ, HA II, 41375, 91 f., 93, 127-37.
86 BStU AdZ, HA II, 41375, 138-76.
87 BStU AdZ, HA II, 4639, 14.

legal, also als »Sonderfälle« ausgereisten IMs. Oft überschnitt sich deren privates Interesse nur punktuell mit denen des MfS. Ihr Ausreiseinteresse war primär persönlicher Natur, was das MfS mit der Aussicht auf eine bessere Ausgangsposition für eine Übersiedlungsgenehmigung für sich zu nutzen wusste. Wer hier wen erfolgreich spielte, unterschied sich von Fall zu Fall.

Derart warb das MfS unter den Ausreisewilligen zahlreiche Zuträger an, die Kontaktversuche in den Westen aufdecken und bereits Übergesiedelte im Blick behalten sollten. Dazu gehörten sowohl heute unbekannte Personen als auch federführende Akteure der Zeit. Am bekanntesten mag der Fall des ehemaligen Gurus der unabhängigen Kunstszene des Prenzlauer Bergs, Sascha Anderson, sein, dem niemand Geringeres als Wolf Biermann in seiner berühmten Rede anlässlich der Verleihung des Georg-Büchner-Preises 1991 den Beinamen »Arschloch« verlieh.[88] Sein (sprichwörtlicher) Fall und seine die Szene erschütternde Demaskierung verdeutlichte in den 1990er Jahren das Ausmaß der Überwachungssucht des MfS selbst nach der Übersiedlung (oder Ausbürgerung) unerwünschter Personen. Abgesehen von solchen hochprofilierten Fällen lassen die vorliegenden Daten aber vermuten, dass das MfS bereits spätestens ab den 1970er Jahren auch die Kreise der Ausgereisten intensiv zu überwachen und zu unterwandern versuchte, was sich jedoch aufgrund von deren fehlender Vernetzung (im Gegensatz zu oppositionellen Künstlern) als äußerst kompliziert erwies. Hier ist weitere Grundlagenforschung vonnöten, insbesondere in Anbetracht der Frage, ob die von Manfred Gehrmann als zentral dargestellten und von Renate Hürtgen als eher marginal charakterisierten Migrantennetzwerke nicht gerade solche Einfallstore waren, die das MfS gezielt überwachte und punktuell steuerte.[89]

---

88 Holger Kulick, »»Kein Arschloch – ein Verbrecher‹: Wolf Biermann über Sascha Andersons Stasi-Spitzeldienste«, in: *Horch und Guck* 29 (2000), 42-4; zur spektakulären Geschichte dieser Enttarnung durch Jürgen Fuchs und Wolf Biermann siehe Wolf Biermann, *Warte nicht auf bessre Zeiten! Die Autobiographie* (Berlin: Propyläen, 2016), 464-71.

89 Manfred Gehrmann, *Die Überwindung des »Eisernen Vorhangs«: Die Abwanderung aus der DDR in die BRD und nach West-Berlin als innerdeutsches Migranten-Netzwerk* (Berlin: Ch. Links, 2009); Hürtgen, *Ausreise per Antrag*.

4. »Werter Genosse Honecker«:
Eingaben im Lichte der neuen Deutschlandpolitik

Das populärste Mittel, für seine Ausreise zu streiten, waren Eingaben. Diese wurden im Laufe der frühen 1970er Jahre im Ton schärfer und gingen an immer mehr staatliche Stellen. Da sie zum einen die Entscheidungswege nicht kannten und zum anderen ihren Ersuchen mehr Substanz verleihen wollten, begannen verzweifelte Antragsteller, sich zeitgleich an zahlreiche Institutionen zu richten, von denen sie einen Einfluss erhofften. Im Zentrum stand dabei das MdI in Ost-Berlin. Nach dem Erlass des Staatsbürgerschaftsgesetzes der DDR 1967 erhöhte sich die Anzahl die Eingaben dort deutlich. Entgegen allen Intentionen ermutigte das Gesetz abgelehnte Ausreiseantragsteller, so dass »alte Anliegen erneut vorgebracht w[u]rden«.[1]

Aus westlichen Nachrichten war der umgebende Schutz durch das RuStAG bekannt. In den späten 1960er Jahren bauten viele Antragsteller Anträge darum auf dem Argument auf, dass der gesamtdeutsche Geltungsanspruch des RuStAG ihnen eine »andere Staatsbürgerschaft« im Sinne des StBüG verleihe.[2] Solche Spitzfindigkeiten beruhten auf der Interpretation der Antragsteller selbst, denen keine Juristen zur Seite standen. Paradoxerweise begannen sie, sich in einem Unrechtsstaat zunehmend mit der Rechtslage zu beschäftigen. Denn darüber hinaus beriefen sie sich bis 1968 auch auf Art. 10 der Verfassung der DDR von 1949. Einige Verwegene kündigten sogar bereits in den 1960er Jahren an, sich an die UNO zu wenden.[3] Hinter einer solchen Ankündigung stand die Hoffnung, die um UN-Aufnahme bemühte SED-Führung dazu zu nötigen, dem Imageschaden solcher Einsendungen zuvorzukommen und die Personen ziehen zu lassen. Damit deutet sich an, dass die

---

1 BArch Berlin, DO 1, 7773, Bericht über die Hauptprobleme der Eingabenarbeit im 1. Vierteljahr 1967, 2; ebd., Grünstein an Dickel, 21. März 1967.

2 Diese konnten sie allerdings nicht nachweisen, da sie noch keinen entsprechenden Pass besaßen, der ihnen eben erst auf dem Boden der Bundesrepublik ausgehändigt werden konnte.

3 BArch Berlin, DO 1, 15598, Eingabenanalyse Übersiedlung, 1.-3. Quartal 1967, 18. Oktober 1967.

Mobilisierung der Menschenrechte in der DDR bereits lange vor jenem Aufleben begann, das die aktuelle Forschung recht genau auf die späten 1970er Jahre datiert. Wie Samuel Moyn hervorhebt, nutzten sie nach der Erklärung der Menschenrechte 1948 vorerst westliche Staaten, um sich als die freie und moralischere Seite des Kalten Krieges zu inszenieren. Vorbereitet durch den Aktivismus von Amnesty International, setzte sich dementgegen im Wende-jahr 1977 eine bewegungsbasierte, universelle und individualisierte Nutzung der Menschenrechte durch.[4] Bei dieser Durchsetzungs-geschichte liegt die Aufmerksamkeit in erster Linie auf westlichen Advokaten der Menschenrechte, wohingegen die Mobilisierungs-versuche der stark von Menschenrechtsverletzungen Betroffenen z. B. im sowjetischen Machtbereich bestenfalls am Rande bleiben. Ohne die Relevanz dieses Phasenmodells grundsätzlich zu bestrei-ten, kann man am Beispiel der DDR sehen, wie stark sich beide Interpretationen der Menschenrechte beeinflussten, wie sie inter-agierten und einander bedingten. In der DDR entwickelte sich die Mobilisierung auch nicht aus dem von Samuel Moyn und Jan Eckel stark betonten Engagement international operierender Or-ganisationen wie Amnesty International, sondern ausgehend von verstreuten, lesenden, hörenden und denkenden Individuen, die

---

4 Siehe z. B. Daniel C. Thomas, *The Helsinki Effect: International Norms, Human Rights, and the Demise of Communism* (Princeton: Princeton University Press, 2001); Samuel Moyn, *The Last Utopia: Human Rights in History* (Cambridge/ Mass.: Harvard University Press, 2010); Jan Eckel, *Die Ambivalenz des Guten: Menschenrechte in der internationalen Politik seit den 1940ern*, 2. Aufl. (Göttingen: Vandenhoeck & Ruprecht, 2015); Young-sun Hong, *Cold War Germany, the Third World, and the Global Humanitarian Regime* (New York: Cambridge University Press, 2015); Steven L. B. Jensen, *The Making of International Human Rights: The 1960s, Decolonization and the Reconstruction of Global Values* (New York: Cam-bridge University Press, 2016); Joe Renouard, *Human Rights in American Foreign Policy: From the 1960s to the Soviet Collapse* (Philadelphia: University of Pennsylva-nia Press, 2016); aus dieser Perspektive war das Jahr 1977 in der DDR keineswegs das »normalste« Jahr oder ein »year of routines for the GDR«, eine These, die Allinson aufgestellt hat, ohne die Migrationsfrage in den Blick zu nehmen. 1977 war bestenfalls in dem Sinne ein »typical year« der DDR, dass zahlreiche Aspekte kollidierten, die letztlich die Normalisierung der Herrschaft hinterfragten. Vgl. Mark Allinson, »1977: The GDR's Most Normal Year«, in: *Power and Society in the GDR, 1961-1979: The »Normalisation of Rule«?*, hg. von Mary Fulbrook (Berghahn Books, 2013), zit. 253, 276.

anhand der Menschenrechte ihre eigenen Interessen formten.[5] Und das Medium dieser Mobilisierung waren nicht Presseberichte oder Kampagnen wie bei Amnesty International, sondern Eingaben an jenen Staat, der die Menschenrechte brach.

Eingabenflut nach normativen Änderungen im Migrationsregime

Ballten sich solche Eingaben aufgrund gewisser Auslöser wie z. B. politischer oder gesetzgeberischer Veränderungen, reagierte das MdI in den 1960er und frühen 1970er Jahren zumeist erst mit aktualisierten Situationsanalysen und dann mit Änderungen der Bearbeitungswege, um sich des vermehrten Eingangs von Ersuchen zu entledigen. So lagerte es z. B. Beschwerden aus, indem es den Räten der Kreise nominell eine vorentscheidende – de facto aber allein aussortierende – Kompetenz bei der Übersiedlung von Kindern zusprach. Dies wertete die Arbeit der Räte der Kreise in der Migrationskontrolle auf und verteilte vor allem die Arbeitslast durch eingehende Beschwerden dezentral.[6] Die grundlegenden Probleme und die Normenkollision mit dem RuStAG blieben bestehen.

Bereits 1967 fiel den Behörden dabei eine Dynamik auf, die im Laufe der folgenden zwei Jahrzehnte zur Krux der Antragsbearbeitung werden würde. Einerseits benötigte die Migrationsverwaltung aus eigener Sicht Schlupflöcher, um Sonderfälle in den Westen ausreisen zu lassen. So sanken im 2. Halbjahr 1967 die Übersiedlungsanträge im Vergleich zum Vorjahreshalbjahr um 28 %, da erstens zahlreiche Kinder zu ihren Eltern entlassen wurden und zweitens eine höhere Zahl an Sondergenehmigungen für Ehepartner und weitere drängende Fälle ausgesprochen wurde. Das MdI wurde dadurch entlastet.[7] Die örtlichen Räte hingegen standen andererseits nun vor dem Problem, dass die Antragsteller ihre gebetsmühlenartig vorgebrachten politischen Argumente mit dem Hinweis

5 Zur letztlich recht marginalen Rolle von Amnesty International in der DDR siehe Anja Mihr, *Amnesty International in der DDR: Der Einsatz für Menschenrechte im Visier der Stasi* (Berlin: Ch. Links, 2002).
6 BArch Berlin, DO 1, 15598, Eingabenanalyse Übersiedlung, 1.-3. Quartal 1967, 18. Oktober 1967.
7 BArch Berlin, DO 1, 15598, Eingabenanalyse, 2. Halbjahr 1967, 8. Januar 1968.

auf erfolgte Sondergenehmigungen für andere Personen nicht länger akzeptierten. Beriefen sich die lokalen Beamten weisungsgemäß darauf, dass eine Übersiedlung wegen fehlender zwischenstaatlicher Beziehungen nicht genehmigt werden könne, konterten dies die Antragsteller zunehmend damit, dass dies anderen Personen doch zugestanden worden sei und »daß demnach das Fehlen zwischenstaatlicher Vereinbarungen nicht der Grund für die Ablehnung ihres Antrages sein kann«.[8] Die Genehmigungsnischen in der sonst restriktiven Politik sicherten die Entscheidungshoheit des MdI über individuelle Fälle und halfen so, punktuell den Eingabendruck zu senken. Sie inspirierten aber auch die Eingabentätigkeit Dritter.

Um die daraus erfolgenden Probleme für den SED-Staat einzuschätzen, muss man sich die fundamentale Funktion von Eingaben in sozialistischen Staaten vor Augen führen. Wie die Forschung deutlich herausgearbeitet hat, dienten sie als die zentrale Kommunikation zwischen Volk und Partei bzw. Staatsführern.[9] Im Namen der Volksregierungen, jedoch im Stile personenbezogener Verantwortung richteten die Bürger durch sie ihre Wünsche und Sorgen direkt an jene Personen in der Staatsführung (und nicht an die Institutionen des Staates), von denen sie Abhilfe oder zumindest ein offenes Ohr erhofften.[10] Wie die Sowjetunion baute die DDR auf postrevolutionären Erfahrungen der Zwischenkriegszeit und vor allem des Stalinismus auf. Damals, so glaubte man, hatte sich erwiesen, dass über diese Kanäle ein sich sorgender Staat inszeniert werden konnte. Diese »Eingabenkultur« stabilisierte den Staatskommunismus, weswegen der SED-Staat auf deren Bin-

8 BArch Berlin, DO 1, 15598, Eingabenanalyse Übersiedlung, 1.-3. Quartal 1967, 18. Oktober 1967.

9 Unter den zahlreichen Publikationen siehe v. a. Alf Lüdtke und Peter Becker (Hrsg.), *Akten, Eingaben, Schaufenster: Die DDR und ihre Texte. Erkundungen zu Herrschaft und Alltag* (Berlin: Akademie-Verlag, 1997); Felix Mühlberg, *Informelle Konfliktbewältigung. Die Geschichte der Eingabe in der DDR* (Chemnitz: Univ. Diss., TU Chemnitz, 1999); Renate Hürtgen, *Zwischen Disziplinierung und Partizipation: Vertrauensleute des FDGB im DDR-Betrieb* (Böhlau, 2005), 284-98.

10 Für die Bandbreite der Anliegen siehe z. B. Monika Deutz-Schroeder und Jochen Staadt (Hrsg.), *Teurer Genosse! Briefe an Erich Honecker* (Berlin: Transit, 1994); Siegfried Suckut (Hrsg.), *Volkes Stimmen: »ehrlich, aber deutlich«: Privatbriefe an die DDR-Regierung* (München: DTV, 2016).

dungsfunktion setzte und der Verwaltung eine entsprechende Sorgfalt in der Eingabenbearbeitung auferlegte.[11]

Ein Staatsratserlass von 1961 legte fest, dass Eingaben schriftlich oder mündlich und in der Regel innerhalb von vier Wochen beantwortet werden mussten.[12] Diese Vorgabe stärkte der Staatsratserlass über die Bearbeitung von Eingaben von 1969.[13] Dieser enthielt sogar eine Bestimmung zur »Sicherung des Vollzuges«, der zufolge örtliche Beschwerdeausschüsse die Umsetzung der Eingabe zu kontrollieren hatten.[14] Zwischen 1969 und 1975 sprach der SED-Staat Eingaben damit einen derart hohen Wert zu, dass er diese Regelung unter dem Ansturm der Eingaben ab Mitte der 1970er Jahre im Eingabengesetz 1975 wieder einschränkte und die Vollzugskontrolle abschaffte.[15] Die Eingaben als bindendes Instrumentarium zwischen Bevölkerung und Machthabern schwächte er jedoch nicht.

Dies machten sich viele Antragsteller auf Ausreise zunutze, die unter Berufung auf das bis zum Ende der DDR unverändert gültige Eingabengesetz von 1975 darauf pochten, dass ihr Antrag als Eingabe behandelt werden solle.[16] Dies brachte den Staat in die Zwickmühle, denn einerseits konnte er die als Eingaben deklarierten Ausreiseersuchen nicht wie andere Eingaben bearbeiten, andererseits beriefen sich die Antragsteller auf ein verbrieftes Recht. Als dies überhandnahm, reagierte der Staat und definierte 1983 ohne Wissen der Eingabenschreiber in der Ordnung 143/83 explizit, dass Ausreiseanträge nicht als Eingaben zu behandeln seien und damit weder entgegengenommen noch beantwortet werden mussten.[17]

---

11 Siehe hierzu auch Felix Mühlberg, *Bürger, Bitten und Behörden: Geschichte der Eingabe in der DDR*, Bd. 11 (Berlin: Dietz, 2004), 190, 198-256.

12 »Erlaß des Staatsrates der DDR über die Eingaben der Bürger und die Bearbeitung durch die Staatsorgane vom 27. Februar 1961«, in: *Gesetzblatt DDR I* (1961), 7-9.

13 »Erlaß des Staatsrates der DDR über die Bearbeitung der Eingaben der Bürger vom 20. November 1969«, in: *Gesetzblatt DDR I* (1969), 239-44.

14 Vgl. allgemein dazu Annett Kästner, *Eingaben im Zivilrecht der DDR: Eine Untersuchung von Eingaben zu mietrechtlichen Ansprüchen aus den Jahren 1986 und 1987* (Berliner Wissenschafts-Verlag, 2006), 60-7.

15 »Gesetz über die Bearbeitung der Eingaben der Bürger vom 19. Juni 1975«, in: *Gesetzblatt DDR I* (1975), 461f.

16 Mühlberg, *Bürger, Bitten und Behörden*, 151-67.

17 BArch Berlin, DO 1, 64237, Ordnung 143/83; Hans-Hermann Hertle, *Der Fall*

Damit wurde freilich nur die stehende Praxis schriftlich festgehalten. Ebenso verpflichtete die Ordnung alle staatlichen Stellen, Eingaben direkt und unbearbeitet an das MfS weiterzuleiten, wenn Bürger gegen den politischen Kodex verstießen und z. B. auf ihrer Ausreise beharrten und strafbare Handlungen wie das Kontaktieren der UNO androhten.

Besonders viele Eingaben gingen an Erich Honecker, der seit 1958 als Sicherheitssekretär des ZK der SED für die Grenz- und Reisefragen zuständig war. Dieser Eingabenstrom verstärkte sich ab Mai 1971, nachdem er Walter Ulbricht aus dem höchsten Parteiamt gedrängt hatte. Sorgfältig registrierte sein Büro ab Herbst 1971 den Eingang von monatlich ungefähr 800 bis 1000 Eingaben. Einen kleinen, aber zunehmenden Anteil dieses Posteingangs machten Schreiben von bundesdeutschen Verwandten und Bekannten aus, die sich für ein Ersuchen eines DDR-Bürgers einsetzten. Zwischen dem Frühjahr 1972 und dem Winter 1973 schnellte der Posteingang in die Höhe (siehe Tafel 27, S. 457) und erreichte im Mai 1972 einen ersten Maximalwert von 2422 Schreiben. Nun wäre es aber falsch, hinter Eingaben nur Murren und Protest zu vermuten. Denn darunter befanden sich über 600 Grußbotschaften zu seinem einjährigen Amtsantritt, die keine ausgiebige Bearbeitung nach sich zogen.[18] Die Anzahl solcher Grußbotschaften sank danach schnell in den zweistelligen Bereich, die Eingabenzahl hingegen stabilisierte sich mit monatlich ungefähr 1500 bis 2000 Eingängen aber auf einem deutlich erhöhten Niveau. Wenn Bernd Eisenfeld feststellt, dass das Büro Honecker im Jahr 1987 mit »22 000 Schreiben bombardiert« worden sei, so standen dem die von Eisenfeld kaum betrachteten Jahre vor der KSZE-Schlussakte von 1975 kaum nach.[19] Sein Büro hatte bereits 1972 und 1973 knapp über 20 000 Schreiben zu bearbeiten, wovon 80 % als Eingaben galten und entsprechend den umfassenderen Regularien vor Erlass des Eingabengesetzes 1975

der Mauer: Die unbeabsichtigte Selbstauflösung des SED-Staates (Opladen: Westdeutscher Verlag, 1996), 88.

18 Zur Bedeutung von Grußbotschaften im Kommunismus siehe v. a. Gleb J. Albert, Das Charisma der Weltrevolution: Revolutionärer Internationalismus in der frühen Sowjetgesellschaft 1917-1927 (Köln: Böhlau, 2017), 238, 248-53.

19 Bernd Eisenfeld, »Strategien des Ministeriums für Staatssicherheit zur Steuerung der Ausreisebewegung«, in: Ausreisen oder dableiben? Regulierungsstrategien der Staatssicherheit, hg. von Bernd BStU (Berlin: BStU, 1997), 13.

Tafel 27: Eingaben und Einsendungen an das Büro Honecker, ZK der SED 1972/73.

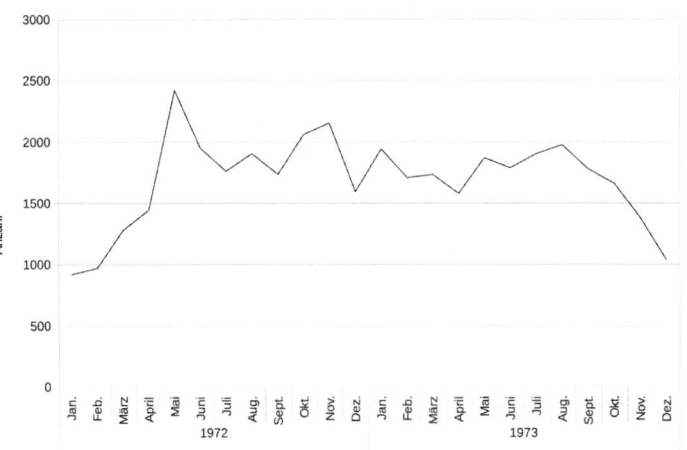

Quelle: Eigene Berechnung nach SAPMO, DY 30, 2589, 7-15. Die Werte geben Gesamteinsendungen an, wovon ungefähr 80 % Eingaben und 20 % anderweitige Einsendungen inklusive Grußadressen gewesen sein dürften (nachvollziehbar ab April 1972).

bearbeitet werden mussten.[20] Das Niveau des Eingabeneingangs an Honecker im Lichte des Grundlagenvertrags stand also dem der letzten Jahre der DDR nicht nach. Besonders problematisch waren hierunter an Honecker gerichtete Ausreiseersuchen oder Androhungen von Handlungen, um diese zu unterstreichen, da derartige Schreiben im Sinne des 1968 ergangenen Strafgesetzbuchs strafbar sein konnten. Auch darum versuchte das Büro Honecker schon frühzeitig, möglichst alle diese Eingaben aus seinem Verantwortungsbereich in den des MdI abzuschieben.[21]

20 Eigene Erhebung nach SAPMO, DY 30, 2589.
21 Vgl. BArch Berlin, DO 1, 64 237, Verfügung 143/83; bestärkt durch DA 2/83 MfS, abgedruckt in BStU (Hrsg.), »Dienstanweisung 2/83 Mielkes zur Unterbindung und Zurückdrängung von Versuchen von Bürgern der DDR, die Übersiedlung nach nichtsozialistischen Staaten und Westberlin zu erreichen, sowie für die

Wie schon nach dem Erlass des Staatsbürgerschaftsgesetzes stiegen die Eingaben nach dem Transitabkommen und dem Grundlagenvertrag an. Darunter waren einerseits Schreiben, in denen Bürger die Folgen der neuen Deutschlandpolitik für ihr Leben ausloteten. Ein großer Teil der im Büro für Sicherheitsfragen im ZK der SED eingegangenen Eingaben drehte sich um Reisefragen zwischen der DDR und Westdeutschland.[22] Direkt an Erich Honecker adressiert waren jedoch immer mehr Schreiben, in denen DDR-Bürger persönlich ihre Ausreiseanträge unterstrichen. Dabei war der Einfluss der veränderten Deutschlandpolitik quantitativ und qualitativ zu spüren.

Quantitativ schlug sich dies zuerst in einer punktuellen Verfeinerung der Statistik nieder. Hielt das Büro 1971 den täglichen Eingabeneingang noch auf sehr einfachen Bögen fest, griff es ab dem zweiten Quartal 1972 zu neuen und feiner kategorisierenden Formbögen. Zeitgleich dazu verdoppelte und verdreifachte sich der monatliche Eingang. Auf den erweiterten Bögen stellte das Büro im Mai 1972 fest, dass ca. 20 % der Eingaben sogenannte Zweiteingaben waren, in denen »hartnäckige« Antragsteller ihre Ausreiseersuchen bekräftigten.[23] Zum Bumerang geriet dabei die für die Bearbeiter in den Räten der Kreise lange Zeit vorgeschriebene Sprachregelung, dass bei Ausreisebegehren eine Antragsbearbeitung aufgrund des Fehlens deutsch-deutscher Beziehungen nicht möglich sei. Als die ersten offiziellen Verhandlungen einsetzten, verwiesen die Antragsteller auf diese und trugen ihre Anliegen an höchster Stelle erneut vor. Darum fügten die Bearbeiter in der Hochphase solcher Eingaben nach dem Grundlagenvertrag handschriftlich eine noch feinere Kategorisierung ein und vermerkten gesondert Übersiedlungsersuchen und Reisefragen. Dank dieser in den Formularen nicht vorgesehenen Buchführung liegen uns heute für die Monate Oktober 1972 bis Juli 1973 genauere Zahlen vor. Diese erlauben eine Eingabenanalyse im Lichte des Grundlagenvertrags und lassen uns dessen Effekt auf die Aktivitäten der Bevölkerung der DDR besser verstehen (siehe Tafel 28, S. 459).

vorbeugende Verhinderung, Aufklärung und wirksame Bekämpfung damit im Zusammenhang stehender feindlich-negativer Handlungen«, in: *Ausreisen oder dableiben? Regulierungsstrategien der Staatssicherheit* (Berlin: BStU, 1997), 85.

22 SAPMO, DY 30, IV B 2/12/81.
23 SAPMO, DY 30, 2589, ab 8.

Tafel 28: Aufschlüsselung der Eingaben an Erich Honecker Oktober 1972-Juli 1973.

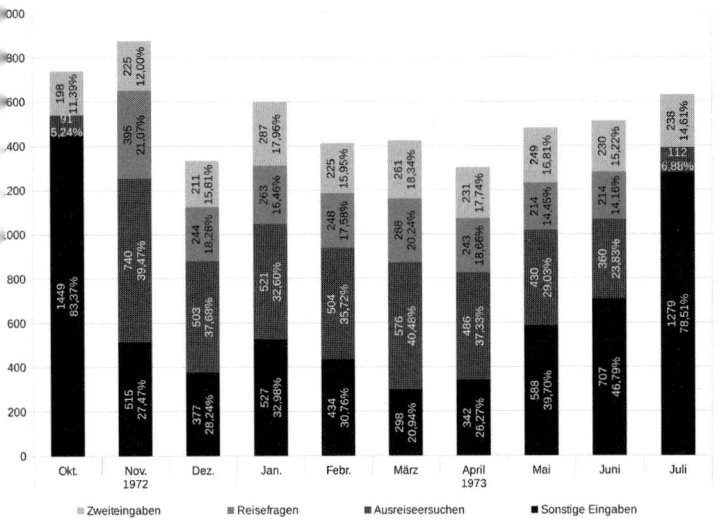

Quelle: Eigene Berechnung nach SAPMO, DY 30, 2589, 10-14; die genaue Gliederung der »Sonstigen«-Eingaben begann am 21. Oktober 1972 und endete am 7. Juli 1973, weswegen für diese beiden Monate nur Teilwerte vorliegen.

In diesen Monaten dominierten mit zwischen 25 und 40% der Eingaben an Erich Honecker die erstmals an ihn gerichteten Ausreiseersuchen. Unter den Zweiteingaben befand sich zudem ein größerer, heute aber nicht mehr genau feststellbarer Teil weiterer Ausreiseanträge (zwischen 12 und 18,3% des Gesamteingangs), die ein Anliegen wiederholten.[24] Ähnlich groß wie die Zahl der Zweiteingaben war die der Reisefragen, wobei Frustration über nicht genehmigte Westreisen oft früher oder später in einem Ausreiseantrag mündete. An dem simplen Fakt, dass sich also bis zu 81% der Eingaben an Erich Honecker um Fragen der Freizügigkeit

24 Eigene Auswertung nach SAPMO, DY 30, 2589.

drehten, lässt sich eindeutig die Relevanz dieses Themas für die Bevölkerung der DDR ablesen. Der Rest betraf eine Vielzahl sehr verschiedener Felder, von der Wehrpflicht über Behördenhandeln und Konsum zu Wohnungsfragen und später auch vermehrt Studienplatzproblemen. Die Ausreiseanträge untermauerten nur bereits andernorts gestellte Ersuchen. Erich Honecker nahm in der Migrationsverwaltung keine ausführende Rolle ein, auch erhofften sich wohl nur wenige Antragsteller seinen individuellen Einsatz für ihr Anliegen. Für Menschen, die an diesem Punkt angelangt waren, war das Schreiben an den mächtigsten Mann im Staate ein symbolischer Akt, um persönlich den Dissens mit dem Staat auf dessen höchster Ebene zu verkünden und damit das Recht auf Freizügigkeit unverhohlen einzufordern.

Eingabenbearbeitung statt Verwaltungsrecht

Dabei darf man aber nicht übersehen, dass sich jenseits der unnachgiebigen Antragsteller viele Bürger nicht mit einem Dissonanzbekenntnis an Erich Honecker wandten, sondern ergeben seine Unterstützung bei ihren Problemen mit den Lokalbehörden suchten. Das Eingabensystem ersetzte die in der DDR fehlende Verwaltungsgerichtsbarkeit und damit Recht durch Herrschaft.[25] Die Bedeutung der Freizügigkeit in den Eingaben an Honecker ermöglicht es daher, weitere Machtprozeduren in solchen Fragen genauer zu betrachten. Um daraus nicht nur numerische, sondern auch inhaltliche Schlüsse ziehen zu können, ist es notwendig, die Hoffnungen und Erwartungen der Eingaben und die Lösungen zu charakterisieren, ohne auf die Statistiken des Eingabenbüros selbst zurückzugreifen. Dies geschieht nachfolgend anhand einer qualitativen Auswahl von Eingaben aus einem Zufallssample der Gesamteingaben.[26]

25 Siehe hierzu vor allem Joachim Hoeck, *Verwaltung, Verwaltungsrecht und Verwaltungsrechtsschutz in der Deutschen Demokratischen Republik* (Berlin: Duncker & Humblot, 2003).

26 Grundlage der folgenden Argumentation sind die aus dem umfangreichen Bestand der Eingabenbearbeitung im Büro Honecker zufällig ausgewählten und analysierten Akten der Buchstabengruppen H, P und Z, SAPMO, DY 30, 2600, 2609, 2620.

In den späten 1960er Jahren dominierten Reisefragen die Eingaben zur Freizügigkeit. Zahlreiche Bürger der DDR ahnten, dass man mittels einer Genehmigung durch Erich Honecker die restriktiven Reiseregeln umgehen konnte. So wendete sich im März 1968 die nach »zahllosen Rücksprachen in Dienststellen« frustrierte Margot Plönz*, Parteimitglied und leitende Sekretärin in einem Berliner VEB, an den »Werten Genosse[n] Honecker«. Ihre in West-Berlin lebende Schwester benötige dringend für ein bis zwei Tage Beistand, da sie nach dem Tod der Mutter keinen Passierschein für deren Beisetzung in der DDR bekam und nun zudem nach dem Herzinfarkt ihres Mannes an einem schweren Nervenleiden erkrankt war. Solche rein humanitären Anfragen blockten die Kreise routinemäßig ab. Nun aber leitete das Büro Honecker über das MdI und nach nur kurzen Rücksprachen mit der Kreisleitung der Partei und der Kaderleitung im Betrieb die Reise von Frau Plönz* ein.[27] In ähnlicher Art erbat sich 1968 das langjährige Parteimitglied Walter Pister*, der in leitender Position bei der Reichsbahn arbeitete, eine Reisegenehmigung zu seinem sterbenden Vater nach West-Berlin.[28] Auch die Pankower Genossin Margarete Zeltischow* durfte 1967 nach einer kurzen Rückfrage des Eingabenbüros bei der Kreisleitung der Partei – und ohne weitere Prüfungen des Anliegens oder auch nur des Beweises der Krankheit der Mutter – per Ausnahmegenehmigung für zwei Tage nach West-Berlin reisen. »Diese Zeit«, versicherte sie klug ihre Karten spielend, »würde schon genügen, da ich meinen kranken Mann (VdN [Verfolgter des Nazi-Regimes], Kamerad und Genosse) nicht länger alleine lassen kann.« Die Hoffnung, »daß Sie hochverehrter Gen. Honecker mir helfen können«, erfüllte dieser mit einem Federstrich. Auf ihrem Brief befindet sich das viele Akten quittierende handschriftliche »Einverstanden, EH«, das die weitere Prozedur maßgeblich abkürzte.[29] Hier lässt sich ein Muster ableiten. Auch wenn die Kreise kein Recht zur Bevorzugung von Parteigenossen besaßen, konnte Erich Honecker dies in seinem Büro von oben nach unten umsetzen. Auf Gutdünken des (damaligen) Parteisekretärs für Sicherheitsfragen konnten sich für eine Minderheit durch ein in Anrede und Ton ergebenes Schreiben gemeinsam mit Par-

27 SAPMO, DY 30, 2609, 50 f.
28 SAPMO, DY 30, 2609, 152-6.
29 SAPMO, DY 30, 2620, 32-5.

teizugehörigkeit und einer verdienten Rolle im Staat die Tore öffnen. Dabei blieb vollkommen unbeachtet, dass die Regularien dies untersagten. Von einem »zwingenden staatlichen Interesse« kann in keinem der vorliegenden Fälle gesprochen werden, keiner der involvierten Akteure bemühte sich auch nur, dies nachzuweisen.

Die lokalen Behörden hingegen stellte dies vor Probleme. 1964 wendete sich die in Vacha lebende Käthe Hustek* mit der Bitte an Honecker, ihr die Reise zu ihrer kranken Mutter zu ermöglichen. Geschickt erwähnte die aus Polen stammende Frau dabei, dass ihr Mann im Nationalsozialismus zum Tode verurteilt worden war. Die ihr auf Polnisch vorliegenden Dokumente dazu forderte das Büro Honecker gar nicht erst an und genehmigte direkt die Reise als Wohlgabe an einen Antifaschisten.[30] Der Vorgang brachte jedoch den Kaderleiter ihres Betriebs, einen Herrn Lindemann, auf. Ausführlich beschrieb er, dass die Besuchsregelungen von 1964 intensiv diskutiert worden seien und »unter der Bevölkerung hier bei uns, unmittelbar an der Staatsgrenze große Zustimmung« erhalten hätten. Nach dieser Floskel jedoch kam er auf die »heftig geführten Diskussionen« zu sprechen, in denen er wacker den Standpunkt der Partei vertreten habe, dass es keine Ausnahmeregeln für die arbeitende Bevölkerung geben könne. Die Reisegenehmigung für Frau Hustek* fiele nun aber gerade nicht unter den Beschluss des Ministerrates.

Nach der Unzufriedenheit vieler Bürger unseres Bereiches, habe ich als Mitglied der Grenzkommission dieses Beispiel auf unserer Beratung erwähnt und die Genossen waren darüber sehr erstaunt. Selbst die Genossen der Abteilung P[aß] und M[eldewesen] beim VPKA [Volkspolizei-Kreisamt], Bad Salzungen schüttelten darüber den Kopf. […] Wir können uns also nicht erklären, wie es in diesem Falle zu einer Sondergenehmigung kam und schon gar nicht, weil die Familie Hustek* als ehemalige Umsiedler aus Volkspolen noch weit entfernt ist, die Realität unseres Staates anzuerkennen und die imperialistischen Machenschaften in Westdeutschland mit nüchternen Augen zu sehen.[31]

Es kam noch schlimmer, denn »[i]n einer Gaststätte in Vacha brüstete sich Kollege Hustek* damit, daß seine Frau alles durchsetzen würde. […] Diese Genehmigungen sowie die geführten Diskus-

30 SAPMO, DY 30, 2600, 310-3.
31 SAPMO, DY 30, 2600, 314-6.

sionen der Familie Hustek* machen uns als Funktionäre große Schwierigkeiten in der politischen Massenarbeit.« Lindemann schloss mit einer subtilen Drohung, ob der Inkonsistenz des Genehmigungsverfahrens: »Uns wurde bekannt, daß sich außer dem Genossen Keupers* noch mehr Bürger, insbesondere solche, die aus Westdeutschland stammen, nach dieser Genehmigung an das Ministerium wenden wollen. Vielleicht wäre es möglich, uns über diese Sondergenehmigung für Frau Hustek* Aufklärung zu geben, damit wir in unserer politischen Arbeit besser argumentieren können.«[32] Diese Aufklärung gab es freilich nie. Wohl aber wurde ein späteres Ersuchen Frau Husteks*, als ihre Mutter 1967 im Sterben lag, abgelehnt, »da wir die besonderen Verhältnisse der Stadt Vacha berücksichtigen müssen. Wir mußten in ähnlichen Fällen Bürgern von Vacha Absagen erteilen«.[33]

Abgesehen von solchen Wohltaten übernahm die Petitionsstelle im Büro Honecker bei Reisefragen stellenweise direkt die Funktion der Verwaltungskontrolle. In zahllosen Fällen evaluierte sie die Eingaben, prüfte ein paar Fakten und entschied fast immer schlussendlich über die Köpfe der zuständigen lokalen oder bezirklichen Behörden hinweg. Scharf beschwerte sich der Görlitzer Rentner Rudolf Peugrim* über die lokalen Behörden, die ihm eine nach dem Ministerratserlass von 1964 eigentlich zustehende Westreise verweigerten, »weil ich im vergangenen Jahr ein Paket von meinen Verwandten in Westberlin zugestellt« bekam, welches »von der zuständigen Zollbehörde wegen angeblich nicht zulässiger Übersendung im Wege der Schenkung eingezogen wurde«. Das Büro hörte kurz nach, erkannte kein grobes Vergehen Peugrims* und genehmigte seine Reise, woraufhin er dankend »versicherte, in Westberlin als Bürger der Deutschen Demokratischen Republik aufzutreten«.[34]

So korrigierte das Büro Honecker Amtshandeln nach Gutdünken, aber mit einer entsprechenden Machtausstattung. Konnten die Antragsteller ihre Argumentation nicht über ihren Wert als verdientes Parteimitglied aufbauen, traten viele symbolisch vor eine Kammer und hingen Belege, Atteste und als charakterliche Gutachten fungierende Unterstützungsschreiben des Betriebs oder

32 SAPMO, DY 30, 2600, 314-6.
33 SAPMO, DY 30, 2600, 317-9.
34 SAPMO, DY 30, 2609, 59-62.

der Gewerkschaft an, die belegten, dass ihr Anliegen ernst und die vorangegangene Entscheidung der Behörden falsch oder zumindest ungerecht sei. Sie entwickelten damit eine regelrechte Beweisführung zu ihren Gunsten. Der Pankower Arbeiter Heinz Zusswitz* ersuchte Honecker um das Recht, seine lebensgefährlich erkrankte Mutter in West-Berlin zu besuchen, da ihm nach den Ablehnungen im Kreis »niemand bekannt ist, der meinen Antrag befürworten könnte«.[35] Er war kein Parteimitglied und hängte zahlreiche Dokumente darüber an, dass er »in geordneten sozialen Verhältnisse« lebe, dass die Betriebsgewerkschaftsleitung keine Einsprüche erhebe und dass sogar das Rudolf-Virchow-Krankenhaus in West-Berlin bestätige, dass der Besuch des Sohnes »ärztlicherseits dringend zu befürworten« sei.[36] Nach einer intensiven Prüfung, die obig erwähnten Parteimitgliedern nicht zuteilwurde, erließ Honecker die Reisegenehmigung für Herrn Zusswitz*. Obwohl er kein SED-Mitglied war, gab dabei die eingeforderte Einschätzung der Kreisleitung der Partei den Ausschlag, die bestätigte, dass Zusswitz* »eine sehr gute Ehe« führe und »überhaupt nicht in Erscheinung [trete], weder negativ noch positiv«.[37]

In anderen Fällen, wie z.B. bei der Rentnerin Berta Pötzsch* aus dem Kreis Bad Salzungen, fiel eine solche Charakterprüfung negativ aus. Sie konnte 1967 noch regelgemäß eine Besuchsreise zu ihrem Sohn in Westdeutschland unternehmen. 1968 wurde ihr dies aber mit der Begründung verwehrt, dass ihre Tochter und deren Mann bei der NVA beschäftigt seien. Stein des Anstoßes war in Wirklichkeit jedoch nicht ein möglicher Status als Geheimnisträgerin, sondern der Lebensstil der Tochter. Frau Pötzsch* beharrte darauf, kaum Kontakt zu ihr zu haben. Beide stehen »im 30. Lebensjahr und werden mich niemals fragen was sie zu tun und zu lassen haben. Ich verstehe nicht warum man mich für ihr tun verantwortlich macht. Warum müssen alte Eltern dafür büssen[sic].« Sie wähnte sich im Recht, denn »ich kenne die Verfügung, daß alle Rentner zumal sie noch schwerbeschädigt sind wie ich, nach Westdeutschland fahren dürfen, von Ausnahmen ist mir nichts bekannt.«[38] Auf Rückfrage bei der Brigade der NVA schrieb die-

35 SAPMO, DY 30, 2620, 89.
36 SAPMO, DY 30, 2620, 90 f.
37 SAPMO, DY 30, 2620, 92.
38 SAPMO, DY 30, 2609, 119.

se über den Schwiegersohn: »labiler Mensch, leistet keine besondere Arbeit«. Zudem notierte das Büro, den Punkt »Westfernsehen«, und er habe »über die Schwiegermutter Pakete und Post empfangen«.[39] Das Eingabenbüro befand: »Bei der Überprüfung des diesjährigen Antrages wurde aufgedeckt, daß beide Familien auf Grund der bisher bestehenden starken Westverbindungen dem Einfluß des Klassengegners unterliegen«, weswegen es die Ablehnung bestätigte. Eine schriftliche Benachrichtigung sei nicht nötig, da Frau Pötzsch* das Ergebnis bereits kenne.[40] Ebenfalls 1968 und in ähnlicher Art wurde dem Möbelbauer Karl Hörder* untersagt, seine schwerbeschädigten Eltern in Stadthagen zu besuchen, da die Parteikreisleitung Prenzlauer Berg »aufgrund der negativen Haltung des H. ausdrücklich gegen eine Ausnahmegenehmigung für eine Reise nach Westdeutschland ist«.[41]

Besonders offensichtlich wird diese Selbstermächtigung der Eingabenstelle in der Parteizentrale als Quasirechtsinstitution im Falle von Übersiedlungen. Am 12. Mai 1965 schickte die seit einigen Jahren in Saarbrücken lebende Maria Zöllner* eine Eingabe an das Büro. Sie umgarnte den »sehr geehrten Herrn Honecker« zuerst mit Lobpreisungen des saarländischen »Arbeiter- und Bergmannsvolkes«, in dessen Mitte sie sich eine neue Existenz geschaffen habe. Zum vollkommenen Glück fehle ihr jedoch, dass sie und ihr Mann »nun endlich mit unserem lieben Töchterchen Ute […] vereint wären«, welches bei den Großeltern in der Nähe Senftenbergs lebte.[42] Sowohl das westdeutsche DRK als auch das Jugendamt Saarbrücken unterstützten sie in diesem Bestreben – Institutionen, die der SED-Staat selbstverständlich nicht nachfragend kontaktierte. Erich Honeckers Urteil erging schnell. Schon am 20. Mai notierte er knapp »Einverstanden Elternrecht EH« auf die Eingabe, und das Büro leitete beim MdI ohne die Angehörigen zu informieren, den Übersiedlungsprozess des Kindes ein. Die Eltern wendeten sich erneut Ende Mai und dann noch einmal Ende Juni in ähnlicher Art, aber eindringlicherem Ton an das Büro. Dieses vermerkte intern, die »Abteilung Innere Angelegenheiten des Ministerium des Innern

---

39 SAPMO, DY 30, 2609, 119.
40 SAPMO, DY 30, 2609, 122, nach einer weiteren Anfrage der Frau Pötzsch* erteilte das Büro knapp eine schriftliche Auskunft, was aber nichts am Urteil änderte.
41 SAPMO, DY 30, 2600, 145 f.
42 SAPMO, DY 30, 2620, 123.

hat bereits die Aufforderung aller zur Übersiedlung vorzubereiten und die Eltern zu benachrichtigen.«[43]

Aber die Eltern blieben im Dunkeln. Ironischerweise vermerkte Erich Honecker handschriftlich als Genehmigungsgrund »Elternrecht« auf der Eingabe, was die Regeln des MdI und des MfS jedoch gerade ausschlossen.[44] Zweitens nahm er selbst an, dass die bisherige Übersiedlung allein an den staatlichen Institutionen gescheitert sei und nicht an der Familie. Ein lokaler Prüfbericht offenbarte indes einen massiven Interessenkonflikt. Erstens sperrten sich die Großeltern gegen die Übersiedlung. Die Eltern seien im Januar 1960 bei Nacht und Nebel und trotz des Widerspruchs der Großeltern illegal nach Westen verschwunden und hätten Ute einfach zurückgelassen. Seitdem hätten sie zudem keinerlei Interesse an dem »fleissige[n] und aufgeweckte[n] Kind« gezeigt und kein einziges Mal auch nur versucht, ihre nun 7-jährige Tochter zu besuchen. Dabei blieb unerwähnt, dass sie dies rechtlich nicht gekonnt hätten und sie sich möglicherweise einer Strafverfolgung ausgesetzt hätten. Zweitens betonten die Großeltern, dass Ute nur dreieinhalb Monate direkt nach ihrer Geburt bei den Eltern gelebt habe, diese darum gar nicht kenne und selbst gegen eine Übersiedlung sei. »Als Ute gerufen wurde und ihr die Grossmutter sagte, dass sie zur Mutti soll, weinte sie bitterlich und stellte sich hinter den Ofen. Sie kam erst nach Aufforderung der Grossmutter wieder hervor und sagte unter Tränen: ›Ich gehe nicht zur Mutti, ich springe aus dem Fenster.‹«[45] Als der Großvater versucht habe, ihr die Notwendigkeit zu erläutern, »bekam das Kind einen Schreikrampf und war sehr schwer zu beruhigen«.[46] Die Kreisleitung informierte darum das MdI, dass sie den Antrag nicht befürworte, zumal, drittens, »gerade aus der Gemeinde […] weitere ähnliche Anträge vorliegen, die auf Grund der bestehenden Festlegungen von uns abgelehnt wurden«.[47] Ungeachtet der Frage nach dem Kindeswohl, die hier unbeantwortet bleiben muss, lag im letzten Punkt das Hauptproblem. Gerade die lokalen Institutionen befürchteten aus Erfahrung einen Schneeballeffekt bei Sondergenehmigungen. An diesem

43 SAPMO, DY 30, 2620, 124f.
44 SAPMO, DY 30, 2620, 123.
45 SAPMO, DY 30, 2620, 126.
46 SAPMO, DY 30, 2620, 126.
47 SAPMO, DY 30, 2620, 127.

Punkt kam der Konflikt zurück auf Erich Honeckers Schreibtisch. Sein Büro resümierte, dass die Übersiedlung »entsprechend Deinem Einverständnis genehmigt« und vom MdI und vom RdB erst befürwortet wurde. Nun aber erhebe der Rat des Kreises »schwerwiegende Einwände. Wir bitten Dich um Deine Entscheidung, wie in dieser Angelegenheit von den zuständigen Organen weiter verfahren werden soll«.[48] Der Parteivorsitzende wurde zum Richter in Migrationsangelegenheiten und entschied ohne weitere Begründung: »Der Bitte der Mutter ist zu entsprechen, EH 12.8.1966.«[49] Dies lehnten die Großeltern derart insistent ab, dass sie letztlich sogar verweigerten, ein Passbild für die Übersiedlungspapiere machen zu lassen.[50]

Weniger in der Hoffnung auf ein Machtwort zu ihren Gunsten, sondern wohl vielmehr im Versuch, ihren nicht vorankommenden Ersuchen eine neue Dynamik zu verleihen, wendeten sich vermehrt auch verzweifelte Übersiedlungswillige an sein Büro. Die junge Rostockerin Marlies Hort* war 1965 seit Jahren mit einem Westdeutschen verlobt und seit Kurzem Mutter eines gemeinsamen Kindes. Ihre vielen Heirats- und Ausreiseersuchen wurden allesamt abgelehnt, meist mit der Begründung, dass sie dann doch »der Willkür westdeutscher Behörden ausgesetzt« wäre. Sie beschwerte sich erbost, »[d]ann müssten ja alle Künstler und viele andere die bei uns eine Genehmigung erhalten nach W-Deutschland zu reisen, auch der Willkür der W-deutschen Behörden ausgesetzt sein und davon habe ich noch nichts gehört.« Immerhin habe sie ihr Leben lang

in der DDR gelebt, gearbeitet und auch mein Mögliches zum Aufbau der DDR beigetragen und nun geht man so mit mir um. Ich bin vollkommen fertig, ich war noch nie nervenkrank, aber hiermit hat man mich soweit gebracht, ich bin seelisch und moralisch am Ende. Soll das die Sorge um den Menschen sein? Überall, wo ich Behörden aufsuchen muß, da tut man gerade so, als wenn es ein Verbrechen ist, nach W-Deutschland zu ziehen, dabei ist es mir so egal, ich würde auch nach Indien ziehen, wenn dort der Mensch wäre, den ich aufrichtig liebe und der mich auch liebt.[51]

48 SAPMO, DY 30, 2620, 129.
49 SAPMO, DY 30, 2620, 129.
50 SAPMO, DY 30, 2620, 128, 130.
51 SAPMO, DY 30, 2600, 350.

Dem Verlobten wiederum sei der Weg in die DDR verschlossen, denn der Bezirk Rostock habe ihr mitgeteilt, »daß man nicht extra Planstellen mit dem Gehalt meines Verlobten schaffen kann«.[52] In der Dramatik ihres Schlusswortes zeigt sich überdeutlich der Unterschied ihrer Eingabe zu Ausreiseersuchen, die andere Belange vorbrachten:

> Wo ist denn in meinem Falle die Humanität und die Menschlichkeit zu finden, von der man so viel spricht? Es kann doch keinen Sozialismus geben, in dem man keine Achtung vor der Familie hat. Haben wir nicht auch ein Recht auf ein Familienleben wie andere Menschen? […] Wenn auch Sie mir nicht helfen, dann bleibt mir nichts anderes übrig, als mir das Leben zu nehmen, so banal das auch klingt, aber ich halte es hier so allein nicht mehr aus, ich bin am Ende meiner Kräfte, ich bin auch nur ein Mensch.[53]

Das Büro zeigte sich unbeeindruckt, denn wie »die dafür zuständigen staatlichen Organe mitteilen, ist es leider zur Zeit nicht möglich, Ihrem Antrag stattzugeben«.[54] Frau Hort* aber betrieb ihr Anliegen weiter, bis die SED-Bezirksleitung Rostock im Mai 1966 die Tatsachen verdrehend meldete, Frau Hort* sei »der politischen Einflußnahme des Klassengegners weitestgehend erlegen. Offensichtlich spielen dabei die ständigen persönlichen und brieflichen Kontakte mit ihrem in Westdeutschland lebenden Verlobten eine große Rolle.«[55] Im Vergleich zu später analysierten Ausreiseersuchen ist bei Frau Hort* das Fehlen jeglicher Verweise auf Rechtsstrukturen wie die Verfassung der DDR oder die Allgemeine Erklärung der Menschenrechte auffällig. Das ist typisch für die vorliegenden Eingaben der 1960er Jahre: Es hatte sich noch kein »Rechtssprech« entwickelt, der später die Ausreise als Epistem prägte. Dennoch gelang es der mittlerweile vollkommen verzweifelten Frau ein halbes Jahr später, die Behörden von ihrer Unnachgiebigkeit zu überzeugen. Sie gehörte zu den wenigen Personen, die 1966 zu Verlobten in die Bundesrepublik ausreisen durften, weil das Büro Honecker beim MdI ein entsprechendes Wort einlegte.[56]

Eine solche Unnachgiebigkeit war mit hohen persönlichen Kos-

---

52 SAPMO, DY 30, 351.
53 SAPMO, DY 30, 351.
54 SAPMO, DY 30, 352.
55 SAPMO, DY 30, 353.
56 SAPMO, DY 30, 354.

ten verbunden, machte aber Schule. Weniger nach Honeckers Aufstieg zum Ersten Sekretär des ZK der SED 1971, sondern vor allem nach Abschluss des Grundlagenvertrags verschob sich der Ton der Eingaben und Ersuchen immer mehr von der Bitte zur Darstellung der Nichtrückgewinnbarkeit. Dies schlug sich auch im Eingang der immer schärferen Eingaben von Übersiedlungswilligen im Büro Honecker nieder, die sich nun endgültig in Ton und Stil von den anderen Eingaben unterschieden. Stillschweigend setzten die Sachbearbeiter im Petitionsbüro bei Übersiedlungsfällen die selbstauferlegten intensiven Bearbeitungsregeln von Eingaben außer Kraft und schickten sie an andere zuständige Stellen beim MdI und beim MfS weiter oder spielten sie zurück in die Bezirke.[57] Die Rolle eines mächtigen Quasiverwaltungsgerichts schob das Büro nun zügig von sich.

Dies änderte aber nichts daran, dass solche Eingaben vermehrt bei der Staatsführung eintrafen. Das MdI erkannte ab 1974 neue Muster der Darstellung der Hartnäckigkeit. Besorgt registrierte es eine zunehmende Zahl von »öffentlichen Demonstrativhandlungen«, bei denen in der Regel per Plakat das Recht auf Übersiedlung gefordert wurde. Diese fielen mit 15 Aktionen im gesamten Jahr im Vergleich zu den 1980er Jahren zwar noch gering aus, zeugten aber von einer verstärkten Konfrontationsbereitschaft der Ausreisewilligen.[58] Erbost registrierte das MdI in den Schreiben der DDR-Bürger zudem »Argumente des Gegners«, was hier eine Chiffre für nichtstaatliche bundesdeutsche Organisationen war. Die Verfasser seien instruiert, »nicht lockerzulassen, den DDR-Behörden derartig viel Ärger zu machen, daß sie schließlich nachgeben; Durchstehvermögen aufzubringen und auf dem Antrag zu beharren«.[59] Dem folgten vor allem junge Männer und Familien in ungewohnt scharf formulierten Schreiben an die Parteizentrale und das Innenministerium. Der 25-jährige Maurer Peter Starrenberg* versicherte, er sei »bereit, alles zu tun, um die DDR legal zu verlassen. Sollten

57 SAPMO, DY 30, IV B 2/12/81; ebd., 2589, 8-16.
58 BArch Berlin, DO 1, 17 286, GVS, Information über Erscheinungen und Entwicklungstendenzen im Zusammenhang mit der Bearbeitung und Entscheidung von Anträgen auf Übersiedlung nach der BRD bzw. Westberlin und Eheschließungen mit Bürgern der BRD und Westberlinern [folgend GVS, Information], 7.
59 BArch Berlin, DO 1, 17 286, GVS, Information, 7.

sich aber alle Versuche als Fehlschläge erweisen, würde ich eventuell auch andere Möglichkeiten in Betracht ziehen.«[60] Ähnlich unnachgiebig verkündete der 31-jährige Leipziger Kraftfahrer Falko Kurmann*, er sei ein »Mensch, der nicht aufsteckt, und eine angefangene Sache führe ich bis zum Schluß durch«. Mit antisemitischem Zungenschlag bekundete der verheiratete 22-jährige Jenaer Günter Böhr*, die DDR sei »kein Nährboden für Sicherheit, Frieden und Glück. […] Wir wollen nicht länger mit unserer Arbeitskraft diesem totalitären, diktatorischen, zyonistischen [sic] Staat zur Verfügung« stehen.[61]

Diese Ausreisewilligen zerschnitten demonstrativ das Tischtuch zwischen sich und dem Staat. Nach der Aufnahme beider deutscher Staaten als Vollmitglieder der UNO 1973 stellten die Antragsteller zunehmend das internationale Recht und das ihnen zugefügte Unrecht einander gegenüber. Der 27-jährige Kraftfahrer Matthias Nachtmann* deklarierte nun: »Ich will nicht länger darauf hoffen müssen, daß ein für mich undurchsichtiger Beamtenapparat mir die ohnehin zustehenden Menschenrechte, festgelegt in der UN-Charta, auch in der Praxis gewährt.«[62] Die deutsch-deutsche Annäherung und der internationale Anerkennungsprozess versorgte eine in der DDR aufgewachsene Generation mit Argumenten, um den Bruch mit dem Staat zu riskieren und im Extremfall auch öffentlich zu inszenieren.

Entwicklung zur Ausreisebewegung: Steigendes Unbehagen ab 1972

Dieses Verhalten zeitigte zunehmend aggregierte Effekte. Zwischen den schwanksüchtigen ersten Jahren nach dem Mauerbau bis zum Anfang der 1970er Jahre meinte der SED-Staat mit gutem Grund, die Migrationsbewegung unter Kontrolle zu haben. Angeführt von den ersten Sekretären der Kreisleitungen, entstanden »Koordinierungsgruppen«, um vor Ort unter Vertretern von Staat, Wirtschaft und Partei das Bewusstsein bezüglich der Ausreise zu schärfen.[63]

---

60 BArch Berlin, DO 1, 17286, GVS, Information, 15.
61 BArch Berlin, DO 1, 17286, GVS, Information, 15.
62 BArch Berlin, DO 1, 17286, GVS, Information, 16.
63 SAPMO, DY 30, IV B, 2/12/17, 80f.

Der SED-Staat verfolgte die Entwicklungen der Ausreiseanträge bis Anfang der 1970er Jahre aufmerksam, aber aufgeregt. Sicherheitsorgane und Migrationsadministration passten fortlaufend die Papiermauern an und hielten an der sich für den Staat bewährenden Kategorisierung der Antragsteller fest. Zudem herrschte Routine. Normative oder auch nur erhoffte Änderungen im Migrationsregime wie die Einführung des Staatsbürgerschaftsgesetzes 1967 oder der deutsch-deutsche Annäherungsprozess hatten zwar jeweils einen Anstieg der Antragszahlen inspiriert, der konnte jedoch schnell wieder eingedämmt werden. Im Gegensatz zur Antragspraxis nach dem KSZE-Abkommen 1975 kann also in den Jahren davor noch nicht von einem sich verstetigenden Antragsdruck gesprochen werden. In dieser relativ stabilisierten Situation hatte das MdI in den späten 1960er Jahren die grundlegenden Bearbeitungskompetenzen auf die Bezirke zurückverlagert und sich auf die finale Prüfung beschränkt.

Der deutsch-deutsche Annäherungsprozess veränderte aber die Konstellationen. Während die entscheidenden Kompetenzen der Antragsbearbeitung auf der Bezirksebene blieben, wo die Abteilungen Inneres eng mit den Bezirksverwaltungen des MfS kooperierten, bevor sie die Vorschläge an das MdI weiterreichten, zog Erich Honecker mit seinem Aufstieg zur Staatsspitze die Letztsichtung der bewilligten Anträge an sich. Zahllose Listen gingen über seinen Schreibtisch, die Namen, Geburtsdatum, Beruf und eventuelle Sonderinformationen von zu bewilligenden Ausreisenden aufführten. Diese Listen beruhten auf der Migrationsverwaltung des MdI, waren letztlich vom MfS erstellt worden und warteten nun auf Honeckers Signum, so dass letztlich zwischen 1971 und 1989 jeder legal Ausgereiste der diversen Sonderkategorien namentlich über seinen Schreibtisch wanderte. Monat für Monat zeichnete Honecker ca. 200 bis 400 Fälle mit »Einverstanden EH« ab, was auch in ihm die Wahrnehmung eines steten Verlustes an Bevölkerung bewirkt haben dürfte.[64] Diese Listen gingen derart bestätigt an das MdI, das danach die Formalia erledigte.[65] Warum dieser immense Aufwand?

---

64 Dazu kamen monatliche Übersichten, die die Gesamtzahl der Fälle, der Ausreisenden, der Kinder jeweils gegliedert nach Bezirken wiedergaben.

65 Dieser Bestand enthält für die Jahre 1971-1988 stattliche 146, fortlaufend nummerierte Bände mit solchen Listen, vgl. BArch Berlin, DO 1, 16765-16784, 16791-16814, 16972-16999, 15070-15095, 15349-15375, 16437-16450. Nach der

Die vielen Namen einzelner Ausreisender ermöglichten dem Vorsitzender des ZK der SED kaum einen Überblick, noch konnte er hierbei, wie Anfang der 1960er Jahre Herbert Grünstein im MdI, effektive Nachkontrollen vornehmen. Aber seine Kontrolle verdeutlichte dem Apparat, dass die Listen von größtem Sicherheitsinteresse des Staates waren und dass sie nicht nur vom MdI oder vom MfS, sondern zuallerletzt von der Partei abgesegnet wurden. Das Prozedere diente darum vielmehr der Macht im Apparat als der Kontrolle der Ausreise.

Nach dem Grundlagenvertrag benötigten das MdI und das MfS stärker als zuvor die Option des Gehen-Lassens als Türwächter im Migrationsregime. Sie griffen zunehmend zu Sondergenehmigungen. Keineswegs nur, um eigene Diener im Westen zu platzieren, sondern vor allem als (hart abgerungenes) Zeichen des Entgegenkommens des SED-Staates gegenüber der Bundesrepublik (z. B. bei der Familienzusammenführung) und zur Verbesserung des internationalen Ansehens (wie z. B. bei der Anwärterschaft auf die UNO-Vollmitgliedschaft) liberalisierte der Staat langsam die Genehmigung in Einzelfällen. Dabei evaluierte er jedoch bei jedem Fall neu, wo jeweils das »zwingende staatliche Interesse« lag. So kam es allerdings zu nicht nachvollziehbaren Entscheidungen, die immer wieder die auf Härte getrimmten Sachbearbeiter in den Kreisen und Bezirken verwirrten. Zudem inspirierten Entlassungen andere Antragsteller, sich auf solche Einzelfälle zu berufen. Zögerlich, aber stetig fingen darüber hinaus einzelne besonders frustrierte Antragsteller an, selbst Kontakt zu Bundesstellen oder internationalen Organisationen aufnehmen, um dadurch ihrem Ersuchen Vortrieb zu verleihen.[66]

Nach Abschluss des Grundlagenvertrags vermeldeten die Bezirke einen schleichenden Anstieg der Anträge. Alarmiert setzte das MdI zur Vivisektion der Vorgänge an. Unter Ausschluss von Rentnern und »Invaliden« analysierte es jene Fälle, die nach den geltenden Regeln entweder einer Sonderprüfung unterlagen oder die antragsberechtigt waren. Dieser geheim gehaltene Bericht bemüht

Legalisierung der Anträge zum Jahresbeginn 1989 setzte eine neue Zählung ein, das grundlegende Verfahren blieb aber bestehen und zieht sich durch weitere 31 dicke Akten, vgl. ebd., 16 452-16 483.

66 Anja Hanisch, *Die DDR im KSZE-Prozess 1972-1985: Zwischen Ostabhängigkeit, Westabgrenzung und Ausreisebewegung* (München: Oldenbourg, 2012), 151 f.

sich um Sachlichkeit und verzichtet auf die sonst übliche sozialistische Berichtsprosa.[67] Die Analyse diagnostizierte eine Verschärfung der Situation in den Bezirken. Hatten diese im Jahr 1972 noch 4030 Anträge zu bearbeiten, von denen fast zwei Drittel genehmigt wurden, lagen zum Stichtag des 15. September 1974 bereits 5984 Ausreiseanträge vor, die 10 472 Personen betrafen.[68] Noch vor Ablauf des dritten Quartals 1974 lag die Anzahl der Anträge damit knapp 50 % über dem Gesamtjahreswert von 1972, dem letzten Jahr vor Abschluss des Grundlagenvertrags. Bis Ende des Jahres verdoppelte sich diese Zahl nahezu auf 7647.[69]

Was bedeutete dieser Anstieg auf Bezirksebene? Bis 1972 konnten die Behörden auf Kreisebene sehr effektiv ihre Aufgabe erfüllen, die Antragstellung zu unterbinden und, wenngleich nicht alleinig, so zumindest großenteils jene Anträge weiterzureichen, die auch eine Chance auf Bewilligung hatten. Nun aber verstärkten sich die Anzeichen für eine Trendwende. Nach dem Grundlagenvertrag reichten sie immer mehr Anträge weiter. Dies lag weniger an sich ändernden Regeln, sondern am Verhalten der Antragsteller. Bereits ein Viertel dieser Fälle (1531) und Personen (1945 Erwachsene und 882 Kinder) versuchte im Jahre 1974 dem Bericht zufolge, »hartnäckig« die Übersiedlung »zu erzwingen«.[70] Diese Anträge leiteten die Kreise als aufgegebene Fälle an die höheren Stellen in der Hoffnung weiter, sie vom Schreibtisch (und aus den Amtsstuben) zu bekommen. Besonders besorgt erkannte das MdI darunter eine hohe Zahl an Personen, die bereits wegen eines versuchten ungesetzlichen Grenzübertritts (gemäß § 213 StGB der DDR) verurteilt worden waren. Eine große Zahl äußere unverhohlen ihre »negative Einstellung zur DDR« und sei bereit, alle Mittel anzuwenden, um ihr Ziel zu erreichen. Darunter fielen neben zahlreichen erst kürzlich aus Westdeutschland Übergesiedelten auch durch die Mauer getrennte Ehepartner mit Kindern, die nun explizit die Familienzusammenführung für sich einforderten.[71]

Weisungsgemäß verwehrten die Bezirksbehörden diese Begeh-

67 BArch Berlin, DO 1, 17 286, GVS, 30. Januar 1976.
68 BArch Berlin, DO 1, 17 286, GVS, 15. September 1974, 1.
69 BArch Berlin, DO 1, 17 286, GVS, 30. Januar 1976.
70 Sämtliche nachfolgenden Werte sind eigene Berechnungen auf Basis der Zahlen in BArch Berlin, DO 1, 17 286, GVS, 15. September 1974, 1-5.
71 BArch Berlin, DO 1, 17 286, GVS, 15. September 1974, Vorschläge 1-4.

ren. Das MdI begann nun jedoch grundlegender zu erwägen, ob angesichts eines unberechenbaren Gärsatzes an Ausreisewilligen derartige Übersiedlungen nicht durchaus im Staatsinteresse liegen könnten. Die Berichtenden schlugen vor, den Kreisen zu genehmigen, bei »besonders hartnäckige[n] Fällen, die im staatlichen Interesse übergesiedelt werden können«, die Anträge entgegenzunehmen. Die Bezirke sollten sie sorgfältig prüfen und in Listen dem MdI zur Bewilligung vorlegen.[72] Das MdI begann also bereits 1974, ein Jahr vor Unterzeichnung der Schlussakte von Helsinki, mit Sonderlisten »hartnäckiger Ausreiseantragstellern« zu experimentieren, um einen scheinbar temporären Ausreisedruck im Nachklang des Grundlagenvertrags abzubauen. »Vorrangig sollte der Personenkreis abgewickelt werden, der mit allen Mitteln die Übersiedlung erzwingen will.«[73] Ähnliches galt für 736 Fälle (12,3 %) mit 895 Personen (8,5 %), die eine Freiheitsstrafe verbüßten und deren Auswanderung über den »Freikauf« direkt der Staatskasse zugutekam. Neben diese Ausreiseoption stellte das MdI explizit die Aufforderung, unter »Wahrung strenger Geheimhaltung« die Hauptabteilung Kriminalpolizei in die Personenkontrollen »zur Einleitung geeigneter Maßnahmen« einzubeziehen, die Antragstellung also auch stärker strafzuverfolgen, um Nachahmer von verführerischen Gedanken abzubringen.[74] Dies galt insbesondere für einen besonders verzweifelten Kern von 213 Fällen (185 Erwachsene nebst 102 Kinder), der nicht nur Kontaktaufnahmen mit westdeutschen und internationalen Institutionen, sondern auch Flucht oder Selbstmord androhte.[75] Mehr als ein Jahrzehnt nach der Schließung der Grenzen für Werktätige und trotz aller Hürden gelang es nun unter sehr hohen persönlichen Kosten mehreren tausend Personen, durch Insistenz ihre Agency im Migrationsregime geltend zu machen. Sie waren in ihrem Verhalten radikaler als der Großteil der nachfolgenden Generationen von Antragstellern, aber nichtsdestotrotz methodisch deren Vorhut.

Dem gegenüber stand jedoch dem MdI zufolge über die Hälfte aller in diesem Bericht berücksichtigten Fälle ohne Rentner und »Invaliden« (53,3 %) mit 5985 Personen (57,1 %), denen die Ausreise

72 BArch Berlin, DO 1, 17 286, GVS, 15. September 1974, Vorschläge 1-4.
73 BArch Berlin, DO 1, 17 286, GVS, 15. September 1974, Vorschläge 1-4.
74 BArch Berlin, DO 1, 17 286, GVS, 15. September 1974, Vorschläge 1-4.
75 BArch Berlin, DO 1, 17 286, GVS, 15. September 1974, 2.

direkt verweigert wurde. Zwar reklamierte hiervon über die Hälfte (56,5%) ein Recht auf Familienzusammenführung, welches ihnen die Behörden aber absprachen. Auch die Lage in der DDR wurde als Ausreisemotivation angegeben. Diese Begründung ließ der Staat nicht gelten. Direkt abgelehnt wurden darum im Jahr 1974 stattliche 1108 Fälle (34,9%), da diese sich nur auf Lebensprobleme bezogen hätten, also den Wohnungsmangel und »keine berufliche Entwicklung«. Dass diese Ersuchen eine Ablehnung erfuhren, ist weniger verwunderlich. Bemerkenswert ist hingegen, dass eine steigende Zahl an Personen diese Beschwerden äußerte und nicht mit dem Wunsch nach Besserung, sondern nach der Ausreise kombinierte. Weitere 8,6% der Antragsteller wurden 1974 aufgrund fixer Ausschlussgründe abgelehnt, also da sie als Geheimnisträger galten, Schulden besaßen oder in die NVA eingezogen worden waren. All diese Ablehnungen erzeugten in erster Linie Wiederläufer. Denn trotz des Drangsalierens durch die Behörden zogen nur 4,9% aller Fälle ihre Anträge zurück. Direkt als Fälle von Familienzusammenführung registrierte das MdI unter seiner engen Definition nur 161 Erwachsene und 114 Kinder (2,1% der Personen, 3,6% der Fälle).

Zusammengefasst erkannte das MdI in diesem Bericht aus dem Jahr 1974 ein sich akkumulierendes Problem. Immer mehr nicht antragsberechtigte Personen erkannten in der Familienzusammenführung eine Nische. Sie stellten unter Verweis auf ihre individuellen Lebensumstände in der DDR und unter Berufung auf Verwandte im Westen, die zumeist nicht unter den engen Begriff der Familienzusammenführung im Sinne des MdI fielen, zunehmend halsstarrig Ausreiseanträge. Sie beharrten auf ein Recht auf Übersiedlung, was den engen Kategorien der Migrationsverwaltung widersprach. Dieses Recht leiteten sie nicht nur aus den Gesetzen der DDR ab, sondern immer mehr auch aus internationalen Dokumenten wie der Allgemeinen Erklärung der Menschenrechte. Ausgesprochene Sondergenehmigungen interpretierten die Antragsteller immer öfter als Aussage über existente Schlupflöcher, so dass die Hauptabteilung IX des MfS in einer Analyse der Jahre 1972 bis 1975 festschrieb, bei Bewilligungen von nun an auch die »Reaktion der Bevölkerung« stärker zu berücksichtigen.[76]

13 Jahre nach dem Mauerbau strebte vor allem die junge Gene-

76 BStU AdZ, HA IX, 4650, 56-72.

ration nach Westen. 48 % der Antragsteller des Jahres 1974 waren beim Mauerbau 12 Jahre alt oder jünger (3037 Kinder und Minderjährige bis 18 Jahre, 1990 Personen bis 25 Jahre) gewesen, hatten also den Großteil ihrer Sozialisation ohne Vergleichsmöglichkeit hinter der Mauer erlebt.[77] Weitere 2094 Personen (20 %) waren damals bis 35 Jahre alt gewesen. Ebenso besorgniserregend wie das junge Alter der Antragsteller war aus Sicht des MdI ihre soziale Komposition. Mit 22 % Facharbeitern und 28 % Kindern oder Schülern kam der Ausreisewunsch aus der Basis und der Zukunft der Gesellschaft. Dass die angelernten Hilfsarbeiter mit 29,8 % die größte dieser Gruppen ausmachten, verdeutlicht, dass es sich hierbei um keine Intellektuellenbewegung oder Flucht politisch aktiver oder hochgebildeter Personen handelte, sondern um einen gewissen Querschnitt der Bevölkerung.[78] Die öffentlich viel beachteten Übersiedlungswünsche von Hochschulkadern verschwanden statistisch. Dass deren Wert zeitweise aber bei null Prozent lag, überraschte auch die Analysten des MdI, die eine gewisse in den Bezirken verborgene Dunkelziffer vermuteten.[79] Im allgemeinen Durchschnitt waren mehr Auswanderungswillige männlich (54,9 %) als weiblich (45,1 %), was sich jedoch für die nach West-Berlin strebenden Antragsteller ausglich, da die kurzen Wege und die nach dem Verkehrsabkommen auch erleichterten Besuche in einer höheren Zahl von Ehen und Verlobungen resultierten.[80] Abgesehen davon besaß Berlin im Gegensatz zu den Vorjahren kein herausstechendes Migrationsprofil mehr.[81]

Eine daran anschließende Untersuchung Anfang 1976, die als Geheime Verschlusssache nur fünf Vertrauten Dickels und zwei Mitarbeitern Mielkes zugänglich war, bestätigte die 1974 skizzierten Entwicklungen.[82] Sie trug die örtlichen Informationen über die Antragsbearbeitung seit Abschluss des Grundlagenvertrags zusammen und erkannte ein bedrohliches Problem der Antragstellung. Als Grundtendenz verzeichnete das MdI ab 1972 einen massiven Anstieg einerseits der Anträge und andererseits der Ablehnungen

---

77 BArch Berlin, DO 1, 17 286, GVS, 15. September 1974, 5.
78 BArch Berlin, DO 1, 17 286, GVS, 15. September 1974, 5.
79 BArch Berlin, DO 1, 17 286, GVS, 15. September 1974, 5.
80 BArch Berlin, DO 1, 17 286, GVS, 15. September 1974, 2.
81 Vgl. Kap. 2 in Teil I und Tafel 26, S. 434.
82 BArch Berlin, DO 1, 17 286, Verteiler für GVS, 30. Januar 1976.

Tafel 29: Ergebnisse der Antragsbearbeitung auf Bezirksebene 1972-1975.

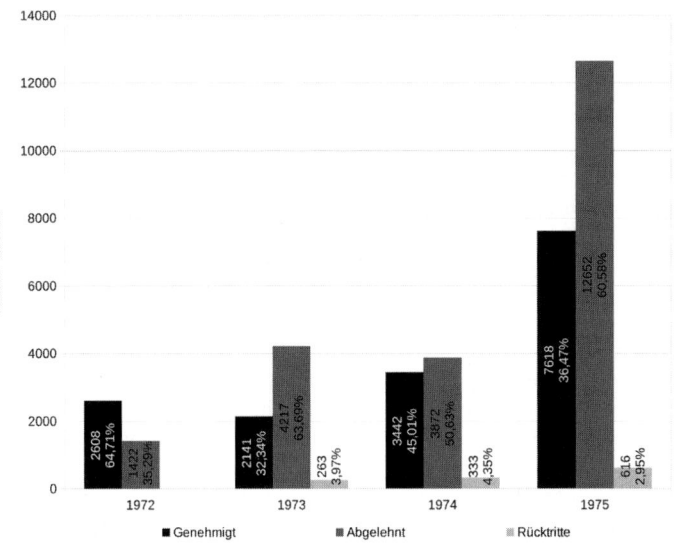

Quelle: BArch Berlin, DO 1, 17 286, GVS, 30. Januar 1976: Information über Erscheinungen und Entwicklungstendenzen im Zusammenhang mit der Bearbeitung und Entscheidung von Anträgen auf Übersiedlung nach der BRD bzw. West-Berlin und Eheschließungen mit Bürgern der BRD und West-Berlinern, 4-5, 8.

nebst einem deutlichen Zuwachs der Genehmigungen 1973 der Ausreise von Nicht-Rentnern (siehe Tafel 29, S. 477). Die pauschal begründeten Ablehnungen, die in den 1960er Jahren noch die Antragsteller in den Amtszimmern der Kreisbehörden abschreckten, führten langfristig zu einem ebenso pauschalen Ausreisewunsch. Die Resultate besorgten die Verantwortlichen im MdI und im MfS, die Ablehnungen möglichst geräuschlos abwickeln wollten. Da sie aber zunehmend Sonderfälle in den Westen ziehen ließen, bekamen andere Antragsteller per Hörensagen Wind davon und forderten dies als Recht für sich ein.

Selbstverständlich betraf dies in Anbetracht der uns heute bekannten Zahlen von insgesamt Hunderttausenden Antragstellern vorerst eine kleine Gruppe in der DDR. Wie in zahlreichen migrationsbezogenen Zahlenspielen und Angstbildern war hier aber weniger ihre absolute, sondern ihre relative Größe entscheidend. Im Vergleich zu den 1960er Jahren standen sie für eine größere Bewegung, bei der das Besondere weniger der Ausreisewunsch, sondern vor allem der Mut und das Frustrationsniveau waren, diesen aktiv und gegen den Staat zu verfolgen. Die damit in den Abteilungen Inneres der Räte der Kreise steigenden Antragszahlen trieben die Ablehnungsquote in die Höhe. Interessanterweise lag 1972 die Bewilligungsquote durch die Bezirke noch deutlich über den Ablehnungen, was sich nur wenige Monate später ins Gegenteil verkehrte. Mit anderen Worten: Die Kreise filterten aus Sicht der Bezirke immer schlechter und gaben immer mehr Anträge an die Bezirke weiter. Dieser nach wie vor recht kleinen, aber wachsenden Zahl an Antragstellern war das Argument der Chancenlosigkeit nicht länger zu vermitteln. Sie ließen sich nicht mehr einschüchtern und leiteten aus Gesetzen, Verträgen, westlichen Medieninformationen und Gerüchten eigene Ansprüche ab.[83] Das MdI versuchte sich in internen Stigmatisierungen und betonte, diese Menschen hätten in der Mehrzahl eine »feindlich negative Einstellung zur DDR« und seien »mehrfach vorbestraft, asozial oder kriminell gefährdet«.[84] Dass die Kriminalität oft aus ebendiesen Übersiedlungsbemühungen erwuchs, änderte nichts an der Einschätzung, außer dass sich die Betroffenen noch besser ins Feindbild einfügen ließen.

Mit Blick auf die Dynamiken der Ausreise können wir so feststellen, dass sich mit dem Grundlagenvertrag die Rechtslage der Antragsteller kaum veränderte, wohl aber ihr Selbstbewusstsein. Ihre Selbstwahrnehmung als mit Rechten versehene Subjekte stellte im Unrechtssystem des SED-Staates ein Gefahrenpotential für die Herrschaftsverhältnisse und zugleich für die Annäherungspolitik dar. Sowohl die SED-Führung als auch die Bundesseite hatte vor dem Grundlagenvertrag diese Konsequenz innerhalb der Bevölkerung der DDR unterschätzt. Im Westen galt das sowohl für annäherungsfeindliche konservative Stimmen als auch für die staatszentrierte sozialliberale Regierungslinie. Der SED-Staat versuchte lange, die Antragsteller durch die Migrationsverwaltung allein zu

83 BArch Berlin, DO 1, 17 286, GVS, 30. Januar 1976.
84 BArch Berlin, DO 1, 17 286, GVS, 30. Januar 1976, 1.

zähmen, bis in den späten 1970er Jahren das MfS übernahm und die Repression verschärfte. Auch aufgrund des erwähnten Selbstbewusstseins der Antragsteller blieben Rücktritte von Anträgen auf Übersiedlung eine absolute Randerscheinung (262 Personen 1973, 333 Personen 1974).[85] Die Überzeugungs- bzw. Abschreckungskraft der örtlichen Institutionen der Migrationsverwaltung litt unter den Effekten der Annäherung, der Verbreitung der Inhalte internationaler Dokumente (insbesondere durch westdeutsche Medien) und dem Streben einer neuen Generation, die die DDR nicht als Aufbauprojekt, sondern als ein Hindernis ihrer Entfaltung erlebte.

85 BArch Berlin, DO 1, 17286, GVS, 30. Januar 1976, 9.

5. Bildung und Hilfe:
Konservative Organisationen und der deutschlandpolitische Wandel

Ein Ergebnis der neuen Deutschlandpolitik war bekanntlich die Beziehungsaufnahme mit der DDR; ein anderes war ein sich neu formierender Bereich rechts der Vertreter der Entspannungspolitik. Die Abkehr von der Hallstein-Doktrin und ihrer Folgepraktiken machte die dahinterstehenden Organisationen des antikommunistischen Abwehrkampfes obsolet. Das bedeutete aber nicht, dass die sie tragenden und repräsentierenden Teile der Gesellschaft verschwanden. In den ersten Jahrzehnten des Kalten Krieges hatte sich ein wirkmächtiger konservativer Aktivismus geformt, den nun transformierte oder neue, nichtstaatliche Organisationen auffingen. Diesen Wandel zeichnet das folgende Kapitel nach, um erstens zu unterstreichen, dass die Bundespolitik nur ein bundesdeutsches Element des Umgangs mit der Mauer im geteilten Deutschland darstellte, und um zweitens zu betonen, dass die in letzter Zeit intensiver erforschte Geschichte des konservativen Antikommunismus nicht mit der Wahl Willy Brandts aus der Geschichte der Mauergesellschaft verschwand.[1]

Ausgangspunkt dieser konservativen Bewegungsgeschichte sind jene Organisationen, die das BMG zu Zeiten der »Befreiungspolitik« unter dem Anschein ziviler Vereine gründete oder an sich zog. Wie gegen Ende des ersten Buchteils bereits dargestellt, verliehen diese »Kinder Thediecks« als private Organisationen getarnt, aber unter der Kontrolle des BMG dessen »gesamtdeutsche[m] Auftrag« Leben. Zum einen konnten sie so die Positionen des BMG als angeblich gesellschaftliche Meinungen in die Gesellschaft tragen, zum anderen ermöglichte ihnen dies Tätigkeiten auszuführen (z. B.

---

1 Siehe Kap. 4 in Teil I; grundlegend dazu Bernd Stöver, *Die Befreiung vom Kommunismus: Amerikanische Liberation Policy im Kalten Krieg 1947-1991* (Köln, Weimar: Böhlau, 2002); Stefan Creuzberger, *Kampf für die Einheit: Das gesamtdeutsche Ministerium und die politische Kultur des Kalten Krieges, 1949-1969* (Düsseldorf: Droste, 2008); Stefan Creuzberger und Dierk Hoffmann (Hrsg.), *»Geistige Gefahr« und »Immunisierung der Gesellschaft«: Antikommunismus und politische Kultur in der frühen Bundesrepublik* (München: Oldenbourg, 2014).

im »Freikauf« oder in der »Kontaktpolitik«), die dem BMG selbst als grenzwertig erschienen bzw. die aus operativen Gründen nur glaubhaft von nichtstaatlichen Organisationen ausgeführt werden konnten. Als besonders effizient erachtete das BMG darum die Förderung externer, inhaltlich aber konformer Initiativen. Einige davon erhielten geringe Unterstützung, so das Hilfswerk der evangelischen Kirchen, das aus der Bundesrepublik heraus die innere Mission in der »Zone« betrieb.[2] Mehr Förderung kam kleineren und unabhängigen Vereinen zu, die das BMG viel enger an sich binden konnte. Sie erhielten oft dank persönlicher Empfehlungen, individueller Kontakte und Vertrauensbeziehungen unbürokratisch Zuschüsse aus den verschleierten Kassen des Ministeriums und erfuhren durch diese Finanzspritze einen enormen Bedeutungsgewinn. Es entstand, was der Journalist Norbert F. Pötzl die »traute Harmonie zwischen Caritas und Konspiration« in den »Indianerspielen des Kalten Krieges« genannt hat.[3]

Die intensive Förderung solcher sonst auf Spenden oder Mitgliedsbeiträge angewiesener Initiativen lässt vermuten, dass das Ministerium das Vertrauen in den oft besungenen gesamtdeutschen Willen der Bundesbevölkerung verlor. Während das BMG in den 1950er Jahren diesen »Antikommunismus für jedermann« vor allem durch Werbung inspirieren wollte, setzte es nach dem Mauerbau zunehmend auf die Organisation zwischenmenschlicher Kontakte. Dies betraf insbesondere den Kern privater Fernbeziehungen, den Brief- und Paketverkehr.[4] Es schuf ein umfassendes Netzwerk von ihm hörigen Kontaktinitiativen, deren Förderung und Arbeit jedoch streng vertraulich blieben, um jeden Schein staatlicher Unterstützung oder auch nur eines privat organisierten Versands zu verbergen. So stellte das BMG dem privaten und oft innerfamiliären, grenzüberschreitenden Postverkehr eine Vielzahl pseudoprivater Versendeinitiativen gegenüber, die koordiniert und zentral finan-

---

2 BArch Koblenz, B 137, 1827, div. Schreiben 1960er Jahre.

3 Norbert F. Pötzl, *Basar der Spione: Die geheimen Missionen des DDR-Unterhändlers Wolfgang Vogel*, 3. Aufl. (Hamburg: Spiegel-Buchverlag, 1997), 32.

4 Für die frühen Jahre siehe Rainer Gries, »›Dein Päckchen nach drüben‹: Antikommunismus für jedermann«, in: *»Geistige Gefahr« und »Immunisierung der Gesellschaft«: Antikommunismus und politische Kultur in der frühen Bundesrepublik*, hg. von Stefan Creuzberger und Dierk Hoffmann (München: Oldenbourg, 2014), 335-54.

ziert Päckchen und Pakete in die DDR sandten.[5] So verschickte die Rheinische Hilfsgemeinschaft mit privaten Absendeadressen getarnt zwischen 1959 und 1960 auch dank jährlich ca. 340 000 DM Bundesmittel 20 160 Päckchen in den »deutschen Osten« und hoffte nach dem Mauerbau auf eine deutliche Mittelaufstockung.[6] Ähnlich agierte das Evangelische Hilfswerk für Internierte und Kriegsgefangene Erlangen e. V. Stolz ließ es seinem Hauptförderer, dem BMG, 1962 eine lange Liste mit Dankeszitaten zukommen. Den Dankenden schloss sich das Ministerium an und würdigte in warmen Worten den Dienst, den »Sie seit Jahren so aufopferungsvoll in der Stille leisten«.[7] Auch die Deutsche Bruderhilfe verschickte zum Mauerbau bereits seit 10 Jahren dank ministerieller Gelder Pakete in die DDR und betrieb in Langeoog, Rinteln (Haus Hügel) und Cuxhaven-Döse Heime für Besucher aus der DDR. Das BMG bescheinigte der Bruderhilfe große moralische Bedeutung, hätten in den Heimen doch viele »Brüder und Schwestern des unfreien Teils unseres gespaltenen Vaterlandes Erholung und neue Kraft« gefunden.[8] Mit solchen warmen Worten direkt nach dem Mauerbau begegnete das BMG Sorgen der Initiativen, dass es nun seine Förderpolitik überdenken könnte. Einem internen Vermerk zufolge sah es Ende September 1961 jedoch keine Veranlassung, die Arbeit auf dem Gebiet einzustellen.[9]

5 Päckchen und Pakete werden in den Quellen oft gleichartig behandelt, darum habe ich beides folgend der Einfachheit halber unter Pakete zusammengefasst. Eine detaillierte Studie zum Thema mit Schwerpunkt auf dem anspruchsvoll zu erforschenden privaten Paketverkehr veröffentlichte jüngst Konstanze Soch. Für den von ihr schlaglichthaft untersuchten institutionellen Versand siehe Konstanze Soch, *Eine große Freude? Der innerdeutsche Paketverkehr im Kalten Krieg (1949-1989)* (Frankfurt/M., New York: Campus, 2018), 51-4, 63-87; weitere Aspekte in Bernd Lindner, »»Dein Päckchen nach drüben«: Der deutsch-deutsche Paketversand und seine Rahmenbedingungen«, in: *Das Westpaket: Geschenksendung, keine Handelsware*, hg. von Christian Härtel und Petra Kabus (Berlin: Ch. Links, 2000), 25-44; Petra Kabus, »Liebesgaben für die Zone: Paketkampagnen und Kalter Krieg«, in: *Das Westpaket: Geschenksendung, keine Handelsware*, hg. von Christian Härtel und Petra Kabus (Berlin: Ch. Links, 2000), 121-36.

6 BArch Koblenz, B 137, 1827, Zweijahresbericht Rheinische Hilfegemeinschaft für den Deutschen Osten, 13. April 1961.

7 BArch Koblenz, B 137, 1827, Hilfswerk an BMG, 12. 2. 1962; ebd., Brief BMG an Hilfswerk, 3. Mai 1962.

8 BArch Koblenz, B 137, 1827, BMG an Dt. Bruderhilfe, 3. November 1961.

9 BArch Koblenz, B 137, 1827, Vermerk, 29. September 1961.

Pseudoprivater Paketversand
als »gesamtdeutsche Maßnahme«

Die Historikerin Konstanze Soch hat in ihrer grundlegenden Studie zum deutsch-deutschen Paketverkehr vor allem den Hilfsring e. V., den Deutschen Frauenring e. V. und Die Deutsche Bruderhilfe als Akteure des »halb-privaten Versands« betrachtet.[10] Im Rahmen des »gesamtdeutschen Auftrags« kristallisierte sich zudem das Hamburger Hilfswerk Helfende Hände (HWHH) als ein weiterer Hauptakteur heraus (siehe Tafel 30, S. 486). Dank einer umfangreichen Quellenlage sowohl in bundesdeutschen Archiven als auch in den Beständen des MfS sowie aufgrund seiner Aktivität von den 1950er bis in die 1980er Jahre lässt sich an ihm langfristig das Verhältnis zwischen politischem Einfluss, privater Initiative und Abwehrarbeit des MfS hervorragend untersuchen.

Das HWHH gab sich in erster Linie den Auftrag, politische Gefangene in der DDR durch regelmäßige Paketsendungen zu unterstützen, was der Satzung von 1954 nach »in aller Stille und weitestgehend unter Ausschluß der Öffentlichkeit erfolgen« musste, damit weder die Häftlinge »noch das Werk im Gesamten« gefährdet würden.[11] Daneben half es bis zum Mauerbau nach West-Berlin Geflohenen bei ihrem neuen Start in der Bundesrepublik. Mit Hilfe des Springer-Verlages konnte es in Hamburg unter anderem ein »Heim für DDR-Besucher« errichten, das zu einer Anlaufstelle für Geflohene und Ausgereiste wurde. Der andere Teil der Arbeit, insbesondere das Versenden der Pakete, erfolgte jedoch auch nach dem Mauerbau konspirativ. Aus diesem Grund konnte das HWHH keine offenen Spendenkampagnen starten. In der Literatur findet sich regelmäßig die vage Aussage, das HWHH selbst, seine wohlhabende Gründerin Dora Fritzen oder andere solvente Hamburger Unterstützer wie die Familie Springer seien für die Finanzierung dieser Tätigkeit aufgekommen.[12] Den Akten des BMG nach, die

10 Soch, *Eine große Freude?*, 64-81.
11 BArch Koblenz, B 137, 1827, BMG an HWHH, 24. Februar 1954.
12 Derartige Aussagen z. B. in Heidemarie Beidokat, »Westpakete als ideologische Bedrohung der DDR. Die DDR-Staatssicherheit überwachte das Hilfswerk der Helfenden Hände Hamburg e. V.«, in: *Das Archiv* 3 (2003), 40; wortgleich übernommen in Jörn-Michael Goll, *Kontrollierte Kontrolleure: Die Bedeutung der Zollverwaltung für die politisch-operative Arbeit des Ministeriums für Staatssicher-*

auch die Finanzpläne des HWHH umfassen, war die Organisation jedoch nahezu komplett auf ministerielle Mittel angewiesen. Die Unterstützung des HWHH durch das BMG belief sich Mitte der 1950er Jahre auf mehrere hunderttausend DM und wuchs im Laufe der 1960er Jahre mit der erneuten Bedeutungszunahme des Paketversands als »gesamtdeutsche Maßnahme« nach dem Mauerbau auf einen jährlichen Millionenbetrag an. Diese Mittel flossen fast vollständig in den Paketversand.[13] Punktuelle Sach- und Geldspenden, z. B. durch die Familie Springer, bezogen sich primär auf den Unterhalt eines Heims in Hamburg, in dem DDR-Flüchtlinge und »freigekaufte« Häftlinge eine erste Anlaufstation fanden.[14]

Dieser Aufstieg des HWHH durch des BMG Gnaden geschah nicht ohne Widerspruch. Sich ähnlich verstehende Organisationen konkurrierten um ministerielle Zuwendungen. Mit dem Umbau des Förderwesens zugunsten der postalischen Kontakte nach dem Mauerbau wurde die prominente CSU-Bundestagsabgeordnete Maria Probst »mit ungewöhnlicher Heftigkeit« beim BMG vorstellig.[15] Sie forderte für ihre Organisation, den vor allem in Vertriebenenfragen, aber auch im organisierten Postverkehr aktiven Rübezahl e. V., höhere Zuschüsse. Das Referat 9 riet dem Staatssekretär Thedieck von einem ordentlichen Besuch beim Rübezahl e. V. ab, was Thedieck knapp mit »Ich beabsichtige nicht einmal einen gelegentlichen Besuch« unterstrich.[16] Vielmehr erläuterte er der Abgeordneten Probst, ihre zahlreichen Telefonate mit dem Ministerium ließen ihn »befürchten, daß Sie über die Grundsätze nicht ausreichend unterrichtet sind, nach denen Mittel vergeben werden«.[17] Damit spielte er darauf an, dass es für Vertriebenenfragen ein anderes zuständiges Ministerium gab und dass die soziale Förderung

heit der DDR (Vandenhoeck & Ruprecht, 2011), 225; einführend charakterisiert hingegen bereits in Pötzl, *Basar der Spione*, 143 f.

13 Siehe u. a. die Finanzpläne in BArch Koblenz, B 137, 1826, 1827, 18 642.

14 BArch Koblenz, B 137, 1827; diesen Bezug zu Springer registrierte auch das MfS während der operativen Bearbeitung des HWHH als besonders diskreditierend; siehe z. B. BStU AdZ, HA XX, 17 975, 68, und allgemein den erst 1975 einsetzenden OV »Schlange«, BStU AdZ, AOP 558/84, XV 3634/77, Bd. 1-23.

15 BArch Koblenz, B 137, 1826, Vermerk BMG 4. Mai 1962, siehe zudem Schreiben Probst an Thedieck, 19. April 1962.

16 BArch Koblenz, B 137, 1826, Vermerk BMG 4. Mai 1962, darauf handschriftl. Notiz Thedieck.

17 BArch Koblenz, B 137, 1826, Thedieck an Probst, 15. Mai 1962, 2 f.

des BMG nicht auf bestimmte Zielgruppen, sondern den »gesamtdeutschen Auftrag« ausgerichtet war. Oben auf der Liste stünden, so Thedieck, nach dem Mauerbau, die Leiden im Osten zu mildern und den Zusammenhalt zu fördern. Darum verwehrte er sich gegen Probsts Vorwürfe, das Ministerium habe seine Mittel »zum Schaden für die gesamtdeutschen Belange ›atomisiert‹«. Vielmehr gelte es nach dem Mauerbau sicherzustellen, dass die Hilfe auch ankomme, was eine »Schwerpunktbildung bei Geschenksendungen« nach sich ziehe.[18]

Dieser Konflikt verschärfte sich 1963, als der Rübezahl e. V. mit einer Stellungnahme in der *Main-Post* unter dem Titel »Die Brücke der Liebe festigen«, über seine Arbeit – und damit auch die des BMG – an die Öffentlichkeit ging. Als Osteraktion wurde angeregt, Helferkreise in Schulen, Betrieben, Vereinen und Verbänden zu gründen, die in der Geschäftsstelle auf Anschriften für Briefpatenschaften zurückgreifen könnten. Das Büro für gesamtdeutsche Hilfe gab zu bedenken, damit werde »unverhüllt zugegeben«, dass der Rübezahl e. V. den organisierten Versand von Paketen fördere und »systematisch gegen die sowjetzonalen Versandbestimmungen verstößt«. Dies konterkariere die seit Jahren ausgegebene Devise, dass die Werbung der vom BMG unterstützten Vereine keinerlei derartige Hinweise enthalten dürfe.[19] Angeschwärzt wurde Rübezahl dabei von einem anderen Mittelempfänger, der Hilfsgemeinschaft Mitteldeutschlands e. V. aus Hannover, die sich beim BMG erkundigte, ob eine solche Form der Veröffentlichung denn »den Vorstellungen des Hauses entspricht«.[20] Das BMG schlug Alarm und stellte im Gegenzug klar, dass es öffentliche Darstellungen »für ausgesprochen gefährlich« halte, und bat alle Geförderten, »die abgesprochene Zurückhaltung zu wahren«.[21] Zusätzlich forderte das BMG eine Stellungnahme Rübezahls ein; eine Antwort findet sich jedoch nicht in den Akten.

18 BArch Koblenz, B 137, 1826, zit. n. Thedieck an Probst, 15. Mai 1962, 3.

19 BArch Koblenz, B 137, 1826, Büro für gesamtdeutsche Hilfe an Rübezahl, 18. April 1963.

20 BArch Koblenz, B 137, 1826, HG Mitteldeutschlands e. V., Hannover, Sting an BMG, Liebrich, 1. April 1963.

21 BArch Koblenz, B 137, 1826, BMG an HG Mitteldeutschlands e. V., Hannover, 10. April 1963.

Tafel 30: Verteilung von Zuschüssen des BMG und versendete Pakete 1965.

Verband	Erhaltene DM aus Titel 606 (Förderung besonderer Hilfsmaßnahmen gesamtdeutschen Charakters; über das BMG) in Millionen	Anzahl der jährlich verschickten Pakete
Hilfsring, Heidelberg	4,1	157300
Hilfsgemeinschaft deutscher Frauen, Bonn	2,9	264300
Hilfsgemeinschaft Mitteldeutschland, Hannover	2,3	102300
HWHH, Hamburg	1,9	60500
Deutsche Bruderhilfe, Bremen	0,8	68700
Bund der Berliner	0,75	71300
Sozialwerk Pommern, Eutin/Holstein	0,65	14800
Hilfsgemeinschaft Niedersachsen, Hannover	0,46	15200
Helferring e.V., Wuppertal	0,45	22500
Hessische Hilfsgemeinschaft für den deutschen Osten, Wiesbaden	0,4	18600
Deutsches Rotes Kreuz, Bonn	0,2	112000
Gesamt	**14,91**	**907500**

Quelle: Eigene Auswertung nach BArch Koblenz, B 137, 18 642, BMG an das Bundespräsidialamt MR Ottinger, 26. Mai 1966, inkl. Anhang.

Zivilgesellschaft im Staatsauftrag: Das Hilfswerk Helfende Hände

Solche Episoden bestärkten nur die Zentralisierung der konspirativen Förderung privater Organisationen durch das BMG. Daraus ging vor allem das HWHH strukturell und habituell gestärkt hervor. Ein genauerer Blick in dessen Finanzentwicklung erlaubt ein besseres Verständnis des Sendungsbewusstseins des HWHH.[22] Das

22 Dabei ist jedoch anzumerken, dass die Verschleierung der Finanzströme sowohl durch das HWHH, das sich als rein private Hilfsorganisation auszugeben be-

1951 gegründete Hilfswerk wurde kurz darauf beim BMG vorstellig. Schon 1954 förderte das Ministerium das Hilfswerk umfassend. So fing es dessen Betriebskosten (180 000 DM) fast komplett durch eine Förderung in Höhe von 175 000 DM auf. Viel bedeutender aber waren die Zuschüsse für die Paketsendungen. Hierbei standen einem Spendenaufkommen von ca. 75 000 DM, in erster Linie Sachspenden durch sehr gute Kontakte zur Hamburger Industrie- und Handelskammer, Mittel des BMG in Höhe von 270 000 DM gegenüber.[23] Dieses Verhältnis verstärkte sich bis 1960. Das Gesamtbudget des HWHH umfasste im Jahr vor dem Mauerbau ca. 800 000 DM, von denen lediglich ca. 31 903,90 DM aus Spenden kamen, der Rest aus diversen staatlichen Zuschüssen, primär des BMG.[24]

Mit dem Mauerbau erfuhr das Werk eine weitere Aufwertung. Während Initiativen zur Flüchtlingshilfe nun aufgrund des drastischen Rückgangs der Zahlen weniger Zuwendungen bekamen, stieg die Kontaktpolitik zum zentralen Mittel der Aufrechterhaltung des »gesamtdeutschen Gedankens« auf. Insbesondere karitative Warenpakete dienten mit ihrer Mischung aus Versorgungshilfe und Schaufenster des westlichen Lebensstandards als Kommunikationsmittel sowohl der Bundesbevölkerung mit ihren Verwandten in der DDR als auch (verdeckt) der Bundespolitik mit der Bevölkerung jenseits der Grenze.[25] Dabei drückte das BMG in praktischen Maßnahmen die Sorge aus, die ostdeutsche Bevölkerung könne sich vom »gesamtdeutschen Gedanken« abwenden.[26] Das Jahr des Mauerbaus war darum für das HWHH eines, in dem sich

mühte, als auch durch das BMG, das die Mittel des Titels 606 bezog, in den Haushaltssitzungen des Bundestags ohne öffentliche Nachfragen verabschiedet wurde. Eine umfassende Rekonstruktion des Haushaltes des HWHH ist darum nur phasenweise möglich und beruht auf akribischer Zusammenstellung der verstreuten Daten. Dies ändert sich erst mit Anbruch der neuen Deutschlandpolitik der Brandt-Regierung und der daraus erwachsenden Begründungsnot des HWHH.

23 BArch Koblenz, B 137, 1827; BMG Bericht zu HWHH 1954, 28. Februar 1955.
24 BArch Koblenz, B 137, 1827, Jahresabschluss HWHH, 31. Dezember 1960.
25 Für eine allgemeine Darstellung dieses deutsch-deutschen Kulturverhältnisses siehe Christian Härtel und Petra Kabus (Hrsg.), *Das Westpaket: Geschenksendung, keine Handelsware* (Berlin: Ch. Links, 2000).
26 Siehe dahingehend auch BArch Koblenz, B 137, 4788, Vierteljährliche Berichte: Die psychologische Lage in der SBZ, 1968.

die Arbeit »in jeder Hinsicht gleichzeitig vergrößert und intensiviert hat«.[27] Es erreichte fast eine Verdopplung der Zuschüsse durch das BMG auf 1 369 105,43 DM. Dies wirkte sich unmittelbar auf den Paketversand aus. Hatte das HWHH 1954 monatlich zwischen 1600 und 2500 Päckchen versandt, stieg die Zahl 1961 – neben einer Verbesserung des Warenwertes, also des Inhalts – auf ca. monatlich 3700 an.[28]

Darüber hinaus erklärte sich Rosemarie Springer bereit, mit dem Haus Johnsallee dem HWHH ein weiteres Heim zur Verfügung zu stellen, das in erster Linie als Begegnungsstätte genutzt werden sollte.[29] Der Axel-Springer-Verlag erhob keine Miete für das Gebäude, und sowohl der Ausbau als auch der Betrieb wurde von Spenden gedeckt. Zusammen mit dem bestehenden Gästehaus Billetal verschlangen diese temporären Unterkünfte mit jährlich über 200 000 DM den Löwenanteil der Spendeneinnahmen des HWHH. Neben der Erweiterung des Hilfsangebots verliehen diese Häuser dem HWHH zudem ein vorzeigbares Äußeres. Im Kerngeschäft des Hilfswerks, dem Versenden von Paketen, pendelten sich die jährlichen Aufwendungen im einstelligen Millionenbereich ein, was nahezu komplett das BMG übernahm. Besonders eindringlich merkte die Hamburger Organisation nach dem Mauerbau an, dass sie angesichts des hohen Packaufwands und der geringen Angestelltenzahlen nicht wisse, wie sie diese Arbeit in den nächsten Jahren vollbringen könne.[30] Weitere Mittelzuwendungen, mit denen das BMG »eine Planung zur kontinuierlichen Fortsetzung ermöglichen« wollte, erlaubten es dem HWHH, weitere Fahrer und Bürokräfte anzustellen, wobei diese sich großenteils aus angeworbenen DDR-Flüchtlingen oder »Freigekauften« speisten.[31] Zum einen wurde diesen Personen so ein Start ins Erwerbsleben ermöglicht. Zum anderen sicherte sich das Hilfswerk dadurch Arbeitskräfte, die dessen politische Ziele teilten. Das offenbart unter anderem ein Konflikt Mitte der 1960er Jahre, als das HWHH als

27 BArch Koblenz, B 137, 1827, Jahresbericht HWHH 1961.
28 BArch Koblenz, B 137, 1827; BMG Bericht zu HWHH 1954, 28. Februar 1955; ebd., Jahresbericht HWHH 1961.
29 BArch Koblenz, B 137, 1827; Jahresbericht HWHH 1961.
30 BArch Koblenz, B 137, 1827, Jahresbericht HWHH 1961.
31 BArch Koblenz, B 137, 1827, BMG Spicale an HWHH Fritzen, 16. November 1962.

Arbeitgeber wuchs. Damals arbeitete seit einigen Jahren die aus der DDR stammende Hilfskraft Rita Planitz* beim HWHH. Als sie sich als treue Mitarbeiterin bewährt hatte, forderte die Geschäftsführung vom BMG, dass Frau Planitz* tariflich bezahlt werde. Sie verdiene 572 DM, wobei ihr aber 652 DM zustünden. Sie sei eine »Mitinhaftierte aus Buchenwald, erfüllt alle Aufgaben zur Zufriedenheit und wurde inzwischen auch vom Amt zum Schutze der Verfassung geprüft«. Nach einigem Hin und Her akzeptierte das BMG die Notwendigkeit, solche Mitarbeiterinnen zu halten und zufriedenzustellen. Es erhöhte 1965 das Gehalt kurzerhand auf 927 DM.[32]

So stand das HWHH an einer Schnittstelle zwischen Kontaktpolitik, Netzwerkpflege und Nachbetreuung von in die Bundesrepublik entlassenen Häftlingen. Mehr Einfluss aber lehnte das BMG ab. Dessen Vertreter zollten dem Hilfswerk immer wieder Tribut und Ehrbekundungen, wiesen aber von Frau Fritzen vorgebrachte Bitten ab, es solle aufgrund seines Wissensvorrats an der Zusammenstellung der »Freikaufslisten« beteiligt werden.[33] Trotz weiteren Drängens blieb das BMG bei seiner Position, denn die Gründe dafür seien »einleuchtend und bedürfen keiner weiteren Erläuterung der Frau Fritzen gegenüber.«[34] In der Literatur finden sich auch zahlreiche Hinweise auf einen über die Paketbetreuung hinausgehenden Einfluss der Organisation auf Ausreiseantragsteller. Dies kann jedoch anhand der vorliegenden (umfangreichen) Akten der Bundesseite und der DDR, vornehmlich des dahingehend äußerst wachsamen MfS, nur für einzelne Fälle bestätigt werden. Wohl aber sprach sich das HWHH mehrfach zugunsten einer verdeckten, staatlich organisierten Entlastung von Flüchtlingen z. B. durch zinslose Kredite für die Abzahlung von Fluchtschulden aus.[35] Als dies dem neu im Amt befindlichen Minister Wehner 1967

32 BArch Koblenz, B 137, 1827, Schriftwechsel HWHH und BMG und Personalbogen, 1961-1965.
33 Elke-Ursel Hammer (Hrsg.), »Dok. Nr. 95: Vermerk des Ministerialdirigenten im BMG von Zahn, Bonn, 17. November 1964«, in: *»Besondere Bemühungen« der Bundesregierung*, Bd. 1: *1962 bis 1969: Häftlingsfreikauf, Familienzusammenführung, Agentenaustausch* (München: Oldenbourg Verlag, 2012), 195 f.
34 Vermerk von Zahn, 26. November 1964, zit. n. ebd., 195, Fn 1.
35 Elke-Ursel Hammer (Hrsg.), »Dok. Nr. 233: Schreiben des HWHH an den Bundesminister für gesamtdeutsche Fragen Wehner, Hamburg 10. April 1967«, in: *»Besondere Bemühungen« der Bundesregierung*, Bd. 1: *1962 bis 1969: Häftlings-*

als erwägenswert erschien, klärte ihn sein Ministerialbeamter Ludwig A. Rehlinger auf, dass dies die Aufgabe des Hilfskomitees für politische Häftlinge der Sowjetzone beim Untersuchungsausschuß Freiheitlicher Juristen sei, welcher laut Rehlinger »seit dem Jahre 1960 voll vom BMG unterhalten« wurde.[36]

So konnte das HWHH seinen Geltungsbereich nicht ausbauen, besaß aber bis Anfang der 1970er Jahre eine stabile Finanzlage. Vor dem BMG konnte es auf Erfolge verweisen. Nach zögerlichen Anfängen war es ihm bereits Anfang der 1960er Jahre gelungen, die Zahl der abgefangenen Pakete drastisch zu verringern. Während der Großteil der organisierten Paketversendevereine ältere DDR-Bürger beschickte oder Tätigkeiten nachging, die vor allem der Integration neu ankommender Personen (insbesondere Rentner und Minderjährige) fördern sollten, spezialisierte sich das HWHH auf den sensiblen Bereich der Häftlinge, die häufig wegen versuchten ungesetzlichen Grenzübertritts (§ 213 StGB der DDR) einsaßen. Im Falle des »Freikaufs« und einer nachfolgenden Unterbringung in einem der Heime des Hilfswerks sollten sie vertraulich Anschluss an die westdeutsche Gesellschaft finden.[37] In diesem Zusammenhang wurde das HWHH, wie später genauer ausgeführt, für die bundesdeutschen Geheimdienste interessant. Diese Mischung aus Anlaufstelle, Arbeitgeber und aktivistischer Organisation verlieh dem HWHH eine Sonderstellung im Migrationsregime. Aus dieser Position heraus führte das HWHH bereits Anfang der 1960er Jahre auch die Gründung des Arbeitskreises Allgemeine Hilfe an.

Der SED-Staat versuchte zu dieser Zeit primär mit den Mitteln des Zolls, sogenannte »Org-Pakete« abzufangen. Von einer strukturierten »Zersetzung« z. B. des HWHH kann man zu diesem Zeitpunkt aber noch nicht sprechen. Vielmehr versuchte das MfS, mit Hilfe des Postzollamts anhand langer Listen Deckadressen herauszufiltern, um Muster des organisierten Paketversands zu dia-

freikauf, Familienzusammenführung, Agentenaustausch (München: Oldenbourg Verlag, 2012), 378 f.

36 Elke-Ursel Hammer (Hrsg.), »Dok. Nr. 234: Bericht des Ministerialrats Rehlinger an den Bundesminister für gesamtdeutsche Fragen Wehner, Berlin (West), 20. April 1967«, in: *»Besondere Bemühungen« der Bundesregierung*, Bd. 1: *1962 bis 1969: Häftlingsfreikauf, Familienzusammenführung, Agentenaustausch* (München: Oldenbourg Verlag, 2012), 380.

37 BArch Koblenz, B 137, 18 642, BMG an das Bundespräsidialamt MR Ottinger, 26. Mai 1966.

gnostizieren.[38] Dabei darf man nicht vergessen, dass die stattliche Zahl von ungefähr 900 000 organisierten Paketen in die DDR 1965 ein Bruchteil des knapp 52 Millionen umfassenden Verkehrs von Päckchen und Paketen in diese Richtung ausmachte. Die Hauptabsender waren und blieben Privatpersonen.[39] Diese sahen die Arbeit des HWHH nicht unkritisch. Oft agierte das Hilfswerk auf eigene Faust und griff auf die vom Hamburger Suchdienst des DRK zur Verfügung gestellten Informationen zurück. Dennoch blieb offene Ablehnung selten, da kommentarlose Güter gerne angenommen wurden.

Während das HWHH selbst Pakete verschickte, zeichneten die Ableger des BMG wie der Osthilfekreis, die Deutsche Hilfsgemeinschaft Heidelberg oder das Gesamtdeutsche Institut seit den 1950er Jahren für zahlreiche Werbekampagnen verantwortlich, die mit Slogans wie »Baue eine Brücke«, »Jetzt helfen! Lebensmittel drüben wieder knapp – jedes Päckchen hilft!« und »Dein Päckchen nach drüben – sie warten drauf!« ihre bundesdeutschen Landsleute zum Güterversand in die DDR aufforderten.[40] Flankiert wurden diese Aktionen mit an Postschaltern und in Buchhandlungen erhältlichen Merkblättern, die private Absender über die sich wandelnden Vorschriften der DDR aufklärten.[41]

In der Rückschau bleibt unklar, wie viel Einfluss diese Kampagnen auf den privaten Paketversand besaßen (siehe Tafel 31, S. 492). Das BMG und seine verdeckt nachgeschalteten Vereine jedoch vertrauten auf ihre Agency und setzten unerklärt einen Bezug zwischen Werbung und Paketversand voraus. Das Büro für gesamtdeutsche Hilfe informierte Wehner zum Amtsantritt über das ungünstige Verhältnis von Werbeaufwand pro Paket.[42] Dies tat es allerdings nicht, um die Wirkungslosigkeit der gesamtdeutschen

38 BStU AdZ, HA XX/4, 2882, 70-5.

39 Konstanze Soch, *Eine große Freude? Der innerdeutsche Paketverkehr im Kalten Krieg (1949-1989)* (Frankfurt/M., New York: Campus, 2018), 50f.

40 Siehe z. B. BArch Koblenz, Plak 005-048-044-052; ebd., B 285, Plak-062-007.

41 Div. Merkblätter für Geschenksendungen in BArch Koblenz, B 137, 18 552; ebd., B 285, 805; Christian Härtel, »Ostdeutsche Bestimmungen für den Paketverkehr im Spiegel westdeutscher Merkblätter«, in: *Das Westpaket: Geschenksendung, keine Handelsware*, hg. von Christian Härtel und Petra Kabus (Berlin: Ch. Links, 2000), 45-56.

42 BArch Koblenz, B 137, 4876, vertraulicher Bericht, Büro für gesamtdeutsche Hilfe, 196[7].

Tafel 31: Verhältnis zwischen bundesdeutschem Paketversand in die DDR und staatlichem Werbeaufwand 1959-1966.

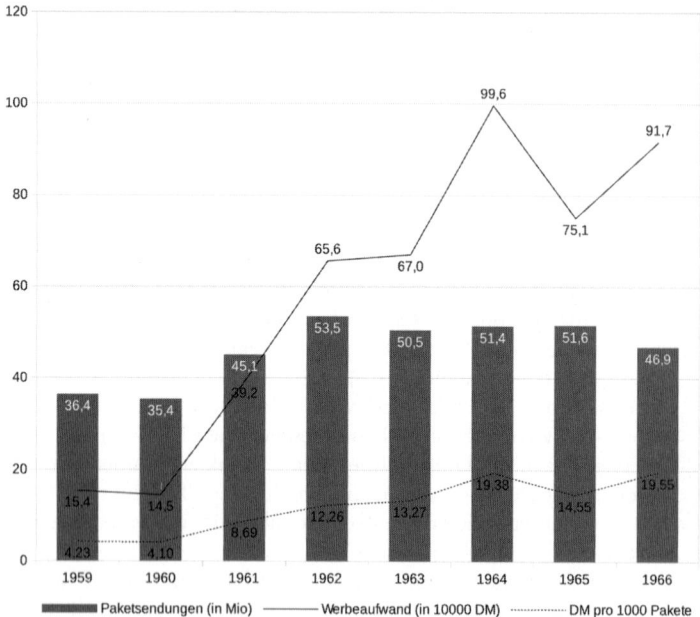

Quelle: Eigene Berechnung nach BArch Koblenz, B 137, 4876, vertraulicher Bericht, Büro für gesamtdeutsche Hilfe, 196[7].

Maßnahmen anzuprangern, sondern um die drohende Erosion des »gesamtdeutschen Gedankens« in der Bevölkerung zu beklagen und das BMG zu mehr Einsatz zu bewegen. Während 1959 pro 1000 Pakete nur 4,23 DM staatliche Werbemittel ausgegeben wurden, verfünffachte sich dieses Verhältnis bis 1966 auf 19,55 DM. Inwiefern zwischen beiden Zahlen eine Kausalität bestand, vermochte das Büro für gesamtdeutsche Hilfe jedoch nicht zu erläutern, es vertraute vielmehr auf den im BMG sinngebenden Konsens, dass gesamtdeutsche Maßnahmen auch eine gesamtdeutsche Wirkung zeitigen müssten.

Mit einem etwas weiter schweifenden Blick kann man die Zahlen aber auch gänzlich anders deuten. Bundesdeutsche Paketsendungen in die DDR lagen bereits vor dem Mauerbau auf einem sehr hohen Niveau. Obwohl nur ca. 33 % der Bundesdeutschen angaben, Verwandte in der DDR zu haben, schickten 1959 statistisch zwei Drittel der Bundesbürger jährlich ein Paket in die DDR (siehe Tafel 32, S. 495).[43] Dieses Verhältnis reduzierte sich durch Mehrfachsendungen z. B. zu Weihnachten und Geburtstagen etwas, resultierte aber nichtsdestotrotz darin, dass im Durchschnitt jeder DDR-Bürger über zwei Pakete pro Jahr empfing. Nach dem Mauerbau stieg diese Solidarität in der Mauergesellschaft auf ungefähr drei empfangene Pakete an, wobei im Spitzenjahr 1962 statistisch fast jeder Bundesbürger ein Paket »nach drüben« verschickte. Dies pendelte sich in den Folgejahren bei einem Wert ein, der zwischen den Paketzahlen vor dem Mauerbau und den Spitzenwerten lag (siehe Tafel 31, S. 492). Die Werbeausgaben hingegen schossen in die Höhe und scheinen die Dynamiken des oft innerfamiliären Versandes kaum zu berühren. Schätzungen zufolge schickten Bundesbürger allein im Jahr 1966 Waren im Wert von über 1,1 Milliarden DM in die DDR.[44] Dabei ist zu berücksichtigen, dass der Wert dieser Privatsendungen bis 1965 das Volumen des gesamten Interzonenhandels übertraf. Solche Pakete stellten damit die wichtigste Wirtschaftsbeziehung zwischen den beiden deutschen Staaten dar. Resümierend ist davon auszugehen, dass die Kampagnen des BMG und seiner Helfer den Paketversand moralisch untermauerten, dass die darin hauptsächlich bemühten nationalen Motive jedoch an der Realität des beziehungsbasierten Solidaritätsgefühls unter Verwandten und Bekannten vorbeigingen.

Praktiken und Verfolgung des Hilfswerk Helfende Hände vor 1975

Die stille Prominenz des HWHH ergab sich aus seinem wohlorganisierten Paketversand an politische Häftlinge, inklusive einer

---

43 BArch Koblenz, B 137, 4876, Umfrageergebnisse des Instituts für angewandte Sozialwissenschaft Bad Godesberg, November/Dezember 1966.

44 BArch Koblenz, B 137, 4876, vertraulicher Bericht, Büro für gesamtdeutsche Hilfe, 196[7], erst 1966 steigt der Interzonenhandel auf ein Volumen von 1,6 Milliarden DM.

weit ausgelegten Angehörigenunterstützung und Nachbetreuung. Schlüssel zum Erfolg war dabei eine ausgeklügelte Versendestrategie. Diese zielte darauf ab, einerseits möglichst viele Menschen in der DDR zu erreichen, andererseits aber konspirativ den wahren Absender der Pakete sogar vor den Empfängern zu verschleiern, damit die Pakete überhaupt die Grenze passieren konnten.

Die Päckchen packte das Hilfswerk im Erdgeschoss des Hamburger Sitzes je nach Kategorie der betreuten Personen.[45] Dafür betrieb das HWHH ein Karteikartensystem, in dem bundesdeutsche Deck- und Zieladressen in der DDR sortiert und kombiniert wurden. Dabei musste jeder Anschein eines organisierten Paketversandes aus zweierlei Gründen vermieden werden: Erstens sollten die Pakete als Ausdruck eines privaten Mitgefühls erscheinen, also den gesamtdeutschen Auftrag privat spiegeln. Zweitens besaßen sie nur derart eine Chance, unbehelligt die Grenze und die Zollkontrollen zu passieren. Die Zieladressen erhielt das HWHH bis 1982 über den ebenfalls grundlegend vom BMG finanzierten Suchdienst des Roten Kreuzes in Hamburg und durch eigene Informationsbeschaffung.[46] Dies beinhaltete eine ohne das Wissen der Betroffenen geführte Kartei über DDR-Bewohner als (potentielle) Adressaten sowie diverse Bundesbürger als (potentielle) Adressspender. In dieser Kartei waren zudem in Hinblick auf Paketinhalte und Hilfskategorien sensible Daten zu Familienstand, Leistungsbezügen und Gesundheit enthalten.[47]

Ausgehend von diesen Informationen entwickelte das HWHH ein komplexes Versandsystem, das das MfS intensiv ausspionierte. Auf Basis dieser Beobachtungen lässt sich folgender Versandablauf rekonstruieren: Die in den Karteien enthaltenen Informationen blieben praktisch der karteiführenden Büroleiterin, einer engen Vertrauten Dora Fritzens, vorbehalten. Auch das arbeitsintensive Packen, Auszeichnen und Abliefern der Pakete stellte einen besonders sensiblen Bereich dar, der tatsächlich viele »helfende Hände« beanspruchte. Schon das Verpacken geschah in den Räumlichkeiten des HWHH in Hamburg auf dem erweiterten Gelände einer Polizeistation unter großer Vertraulichkeit durch ungefähr

45 BStU AdZ, AOP 558/84, XV 3634/77, Bd. 6, 4-54.

46 BArch Koblenz, B 137, 10 222, Brief Friesen BMiB an AK II (»Hilfe in besonderen Notfällen«), 31. Januar 1984.

47 BArch Koblenz, B 137, 10 232, Kladde, ohne Titel.

Tafel 32: Durchschnittlicher deutsch-deutscher Paketversand und -empfang 1959-1966.

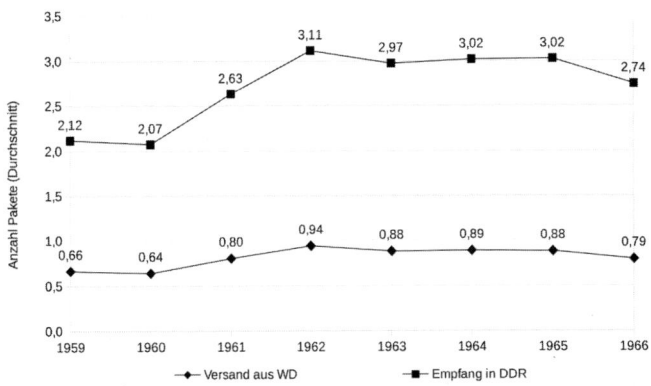

Quelle: Eigene Berechnung nach BArch Koblenz, B 137, 4876, vertraulicher Bericht, Büro für gesamtdeutsche Hilfe, 196[7]; Statistisches Amt der DDR (Hrsg.), *Statistisches Jahrbuch der Deutschen Demokratischen Republik*, Bd. 35 (Berlin: Rudolf Haufe Verlag Berlin, 1990), 1; Michael Rademacher, »Die Bundesrepublik Deutschland«, in: *Deutsche Verwaltungsgeschichte 1871-1990*, 2006, online verfügbar unter: ⟨http://treemagic.org/rademacher/www.verwaltungsgeschichte.de/brd.html⟩ (Stand März 2019).

200 ehrenamtliche Helfer und Helferinnen, die dem MfS zufolge durchweg Frauen waren.[48] Diese waren in Packzirkeln organisiert und stammten oft selbst aus der SBZ/DDR. Um Unterschlagungen zu vermeiden, erhielten die Helfenden und die zahlreichen Ehrenamtlichen wöchentlich selbst eine Art Hilfspaket mit allerlei Konsumgütern, finanziert mit Steuergeldern.[49] Die Güter waren großenteils angekauft, wobei z. B. täglich Lieferungen von C&A in der Zentrale eingingen. In erster Linie handelte es sich aber um günstig in Massen erhältliche Ladenhüter.[50] Die Fahrer waren für

48 BStU AdZ, HA XX, 17 975, 89 f.
49 Siehe u. a. div. Berichte in BStU AdZ, AOP 558/84, XV 3634/77, Bd. 2 Tb. 1, Bd. 6, Bd. 11; ebd., HA XX, 17 975, 96.
50 BStU AdZ, AOP 558/84, XV 3634/77, Bd. 11, 328; ebd., HA XX, 17 975, 88 f.

das Verteilen der Pakete auf die Postämter zuständig. Sie klapperten täglich die norddeutschen Postämter ab und streuten derart die Absendeorte (und Poststempel) der privat deklarierten Pakete. Dabei galt das Misstrauen nicht allein den Paketkontrollen in der DDR, sondern sämtlichen Außenstehenden. Im Postamt hatten Fahrer und Beifahrer konspirativ zu handeln. Es galt, jeden Anschein von Bekanntschaft zu vermeiden, bar mit Beleg zu zahlen und unregelmäßig maximal zwei Pakete pro Amt aufzugeben.[51] Daraus resultierte ein erheblicher logistischer Aufwand, der nicht durch ehrenamtliche Mitarbeiter gedeckt werden konnte. Fahrer und andere zentrale Personen des HWHH waren darum Angestellte ohne Arbeitsvertrag, erhielten ihren Lohn bar und sollten in fragwürdigen Situationen jede Beziehung zum Hilfswerk von sich weisen.[52]

Selbstverständlich zogen diese Aktivitäten und der sich um die Organisation formierende Personenkreis die Aufmerksamkeit des MfS auf sich. Allerdings verfolgte das Ministerium keine kontinuierliche operative Bearbeitung, vielmehr zeichnete sich hier ein Strukturwandel innerhalb des MfS ab. Die umfangreiche operative Bearbeitung des Hilfswerks im Rahmen des Vorgangs »Schlange« von 1977 bis 1983 stellte eine (später zu erörternde) temporäre Besonderheit dar, die sich grundlegend von dem Vorgehen des MfS in früheren Zeiten unterschied.[53]

Da das MfS in seiner Westarbeit primär mit weitaus radikaleren Organisationen wie der Kampfgruppe gegen Unmenschlichkeit beschäftigt war, fiel das HWHH anfangs nicht weiter auf. Stärker in den Blick geriet es im Laufe der 1960er Jahre. Dies lag weniger an der Ausweitung des Paketversands durch besonders locker sitzende ministerielle Gelder, sondern vielmehr im Aufmerksamkeitswandel des MfS begründet. Das Ost-Berliner Ministerium entdeckte nach der Grenzabschottung die »feindliche Kontaktpolitik« als ein wichtiges »gegnerischeres« Aktionsfeld.[54] Und darunter fielen

51 BStU AdZ, HA XX, 17 975, 71 f., 90 f.
52 BStU AdZ, HA XX, 17 975, 82 f., 88.
53 Zum Vorgang »Schlange« siehe BStU AdZ, AOP 558/84, XV 3634/77, Bd. 1 bis 25 und Beibände, grundlegend charakterisiert in Goll, *Kontrollierte Kontrolleure*, 225-53.
54 BStU AdZ, HA XX/4, 2882, 2-75; während der Komplex der Kontakte bereits früh im Fokus stand, scheint sich der Begriff der »feindlichen Kontaktpolitik« allerdings erst nach 1975 durchgesetzt zu haben; vgl. BStU BV Berlin 196, 6.18, Befehl 1/75.

zwei zentrale Tätigkeiten des Hilfswerks: erstens der Paketversand und zweitens der informelle Informationsaustausch zwischen vom HWHH betreuten Haftentlassenen in die DDR-Gesellschaft und zu bundesdeutschen Institutionen. Dabei versuchte der SED-Staat vorerst, dem für illegal erklärten organisierten westdeutschen Paketversand mittels der Postkontrolle beizukommen. In den späten 1950er Jahren fing der Zoll zahlreiche »Org-Pakete« ab. Dies konnte das HWHH durch den Aufbau des oben beschriebenen gestreuten Versandsystems mit Deckadressen zwischen 1960 und 1962 drastisch minimieren.[55] Das Postzollamt versuchte sich auf das neue System einzustellen, indem es lange Adresslisten abgefangener Pakete an das MfS weiterreichte, das sich dann auf Mustersuche begab.[56] Die daraus abgeleiteten Einschätzungen zur »Kontaktpolitik« verdeutlichen aber, dass das MfS eine vollkommen überzogene Vorstellung von den Tätigkeiten des HWHH und ähnlicher Organisationen hatte und dass es aufgrund mangelnder Erkenntnisse sowie einer allzu weiten Kategorie des »Gegners« kaum zwischen den verschiedenen Hilfsorganisationen unterscheiden konnte oder wollte.[57] Genauer nahm es sich das HWHH erst in den 1970er Jahren vor, also nachdem die suspekte »Org-Versand«-Aktivität ihren Zenit überschritten hatte. Wie wenig die Fahndung des SED-Staates jedoch über den Charakter des Hilfswerks ans Tageslicht bringen konnte, wird in einem – wenn auch erst 20 Jahre nach dem Entstehen des HWHH erstellten – Bericht des Zollfahndungsdienstes aus dem Jahr 1971 deutlich. Dieser meinte eine Verschwörung zwischen dem HWHH, der Polizei, der Bundeswehr und bundesdeutschen Prominenten ausgemacht zu haben, die finanziell durch den »Hamburger Senat, Konzerne und andere Regierungsstellen unterstützt« würde. Der »feindliche Charakter dieser Organisation [gemeint ist das HWHH] gegenüber der DDR« zeige sich vor allem an der Unterstützung durch »Personen, die wegen Verbrechen gegen die Menschlichkeit, Staatsverbrechen usw. verurteilt

---

55 BArch Koblenz, B 137, 1827, Jahresbericht HWHH 1961; ebd., Bericht über Prüfung des HWHH, BMG I 9, 19./20. April 1961.

56 BStU AdZ, HA XX/4, 2882, 1–74.; diese Untersuchungen gingen damit den von Goll beschriebenen Nachforschungen des Zollfahndungsdienstes ab Anfang der 1970er Jahre voraus; vgl. Goll, *Kontrollierte Kontrolleure*, 226.

57 BStU AdZ, HA XX/4, 2882, 70–5.

wurden«.[58] Diesen feindlichen Charakter leitete der Bericht zudem davon ab, dass das HWHH keine Öffentlichkeitsarbeit leiste und dass es angeblich die »Betreuung von republikflüchtigen Personen unter Ausschaltung der Auffanglager« abwickle.[59] Letzteres ließ vermuten, dass das HWHH die in den Notaufnahmelagern eingesetzten Spitzel des MfS umgehe, was wiederum das Ost-Berliner Ministerium dazu anregte, sich näher mit dem Hilfswerk zu beschäftigen.

Der erste große Fang gelang jedoch durch einen Zufall. Als sich der 25-jährige Bruno Höckner* an einem Donnerstag im Januar 1969 am nördlichsten deutsch-deutschen Grenzübergang in Selmsdorf bei Lübeck bei den DDR-Grenzern mit der Bitte um Wiederaufnahme in die DDR meldete, hatte er einiges zu berichten. Die Vertreter des SED-Staates begegneten ihm nicht gerade mit Wiedersehensfreude. Höckner* stammte aus einem kleinen Dorf bei Eisenach, wo er als 19-Jähriger wegen Diebstahls zu zweieinhalb Jahren Zuchthaus verurteilt worden war. Er brach aus dem Gefängnis aus, wollte in den Westen, seine Flucht scheiterte aber an der innerdeutschen Grenze. Die nachfolgende langjährige Verurteilung wegen versuchten ungesetzlichen Verlassens der DDR nebst weiterer dabei begangener Straftaten machte aus dem ursprünglich kriminellen Straftäter in den Augen der westdeutschen Behörden einen politischen Gefangenen. Höckner* gelangte auf die entsprechenden Listen und wurde nach seinem »Freikauf« im Oktober 1966 auf eigenen Wunsch in die Bundesrepublik entlassen. Drei Jahre und einen gescheiterten Startversuch in der Bundesrepublik später erbat er nun die Wiederaufnahme in die DDR, da er seine Familie und seine Verlobte vermisse.

Was er im Gegenzug den Behörden des SED-Staates mitbrachte, waren detaillierte Informationen über das Hilfswerk. Nach seiner Aufnahme in Gießen war er auf seinen Wunsch hin nach Hamburg gekommen, wo er sich unter anderem beim Amt für Vertriebene und Kriegsgeschädigte zu melden hatte. Der dortige Mitarbeiter Nahmann*, ein dem MfS aufgrund eines anderen GM-Berichts schon bekannter Mitarbeiter des Bundesamtes für Verfassungsschutz, entpuppte sich nun als Schnittstelle zwischen Neuankömmlin-

58 Zit. n. Goll, *Kontrollierte Kontrolleure*, 226.
59 Zit. n. ebd., 227.

gen aus der DDR, dem HWHH und dem Verfassungsschutz.[60] Er versorgte Höckner* mit Geld, Informationen und – was entscheidend war – einem Arbeitsplatz als Beifahrer beim HWHH. Dort erhielt Höckner* Einblick in die Struktur und Arbeitsweise des Hilfswerks, darunter auch die Modi der Auslieferung, den Umgang mit Deckadressen und Raumskizzen, die er nach anfänglichem Zögern bereitwillig dem MfS mitteilte.[61] Dabei ist allerdings anzumerken, dass Höckner* nie intendierte, als Spitzel zu agieren oder dem Bundesamt für Verfassungsschutz zuzuarbeiten. Das HWHH diente ihm allein als Sprungbrett in die bundesrepublikanische Arbeitswelt. Anders als viele seiner Kollegen, denen häufig das Ideal des Kampfes gegen die DDR zugeschrieben wird, empfand er die Arbeit als monoton. Als er 1968 eine andere Stelle in Hamburg fand, kündigte er.[62] Doch auch diese führte nicht ins Glück, die private Trennung von seiner Familie in der DDR bestimmte seine Gefühle. Aus Verbundenheit informierte er Nahmann* einen Tag vor seiner Abfahrt über seine geplante Rückkehr in die DDR, der ihm aufgrund der erforderlichen Konspiration einschärfte, nichts vom HWHH zu berichten.[63] Etwas naiv verfolgte Nahmann* den Plan, »daß die Existenz des Hilfswerkes in der DDR nicht bekannt werden darf«.[64] Höckner* hingegen erhoffte, dank seines Wissens eine neue Chance in der DDR zu erhalten.

Weder Nahmann* noch das MfS klärten Höckner* darüber auf, dass er sich durch seine Aussagen am Grenzübergang selbst schwerer Verbrechen beschuldigte. Seine Mitarbeit bei einer als feindlich eingestuften Organisation und seine »Verbindungen zu Nahmann*« galten dem MfS bereits auf den ersten Blick als staatsfeindliche Verbindungen (gemäß § 100 StGB der DDR). Die Schilderungen seiner Hafterlebnisse gegenüber Stellen in der Bundesrepublik und vor allem gegenüber Nahmann* wurden zudem als Aussagen über Haftanstalten der DDR verstanden, also als geheimdienstliche Agententätigkeit (ein Verstoß gegen § 99 StGB der DDR). Mit besonders großem Interesse erkundigten sich die Verhörenden in mehreren Sitzungen über die postalischen Verschleie-

60 BStU AdZ, HA XX, 17975, 76.
61 BStU AdZ, HA XX, 17975, 76.
62 BStU AdZ, HA XX, 17975, 93.
63 BStU AdZ, HA XX, 17975, 84.
64 BStU AdZ, HA XX, 17975, 88.

rungsmethoden des HWHH, da sie sich erhofften, mit Hilfe dieses Wissens besser Herr über die »Org-Sendungen« zu werden, hinter denen die Organe des SED-Staates zunehmend Versuche der »Abwerbung« in den Westen vermuteten.[65] Darüber hinaus bestätigte Höckner* das Sozialprofil des HWHH als eine von ehrenamtlich arbeitenden und großenteils aus der DDR stammenden Frauen getragene Organisation, die zudem Mittel aus Bonn – Höckner* vermutete das BMVt und nicht das BMG – und Instruktionen vom Verfassungsschutz erhalte.[66]

Bedeutungsverlust durch die neue Deutschlandpolitik

Aus spärlichen Informationen über subversive Handlungen von Emigranten in einer ehemaligen Gestapo-Kaserne, die jetzt neben einer Polizeistation lag, über Förderungen aus Bonn und die geheimdienstliche Versorgung des Hilfswerks mit Informationen und Personal klaubte sich das MfS in den 1970er Jahren ein übermächtiges Feindbild HWHH zusammen. Dies waren allerdings genau jene Jahre, in denen die Bundesregierung Willy Brandts Berater Klaus Harpprecht zufolge allgemein die Chance sah, »der parasitären Existenz der vielen subventionären Vereine ein Ende zu machen«.[67] Die Suspendierung des »gesamtdeutschen Auftrags« zugunsten der neuen Deutschlandpolitik ging auch am Hamburger Hilfswerk nicht spurlos vorüber.

Unter dem Gesamtdeutschen Minister Wehner glich die Förderung des HWHH ebenso wie die der anderen Organisationen der Allgemeinen Hilfe weitestgehend den Vorjahren. Erst der Umbau des BMG zum BMiB 1969 zog größere Konsequenzen nach sich. Bis dahin war der jährliche Fördersatz für das HWHH durch konstante Erhöhungen auf ca. 2 Millionen DM pro Jahr angestiegen. Nun aber stagnierte er zum Missfallen Dora Fritzens zum ersten Mal auf diesem Niveau, bevor er in den Folgejahren deutlich sank. Angesichts der starken Diskriminierung von Haftentlassenen in die DDR und in die BRD, so Frau Fritzen, reichten »die üblichen För-

---

65 BStU AdZ, HA XX, 17975, 90 f.

66 BStU AdZ, HA XX, 17975, 89 f., 92.

67 Klaus Harpprecht, *Im Kanzleramt: Tagebuch der Jahre mit Willy Brandt. Januar 1973 – Mai 1974* (Reinbek bei Hamburg: Rowohlt, 2001), 30.

dermaßnahmen nicht aus, die Familien zu versorgen«.[68] Die Hoffnung auf eine signifikante Erhöhung des Satzes von 55 DM pro Paket der Erst- und Nachbetreuung sowie 30 DM für Angehörige zerschlug sich aber.

Vielmehr wirkte sich der allgemeine Politikwandel im Vorfeld des Grundlagenvertrags negativ auf das Hilfswerk aus. Als »federführender Verband der in der ›Hilfe in besonderen Notfällen‹ tätigen Verbände« war das HWHH zu einer Verteilerstation ministerieller Gelder geworden. Diese wurden im Sommer 1972 kurzfristig um 26,2 % reduziert. Mit aller Mühe konnte es vorerst seine 3751 betreuten Fälle versorgen.[69] Drängende Bitten, die Hilfe »bis zum echten Bedarf« aufzustocken, verhallten.[70] Vielmehr erreichte Fritzen im Sommer 1973 erneut die »alarmierende Nachricht«, dass sie mit starken Kürzungen zu rechnen habe. Während die bundesdeutschen Regierungspolitiker darauf hofften, die deutsch-deutschen Gesellschaftsbeziehungen primär durch Reiseerleichterungen zu gestalten, reklamierte das HWHH dem BMiB gegenüber per Eilboten, dass Päckchen und Pakete nach wie vor die »wirksamsten Beziehungen darstellt[en]«. Frau Fritzen ergänzte nicht ohne Groll, dass, selbst wenn »auf lange Sicht eine Schwerpunktverlagerung innerhalb der Arbeit als zweckmässig angesehen wird, so glauben wir doch, dass eine so unvorbereitete anscheinend starke Mittelkürzung eine grosse Härte darstellt«.[71] Eine schnelle Antwort des BMiB betonte zwar, dass man »schon die geringste Möglichkeit wahrnehmen« werde, das Hilfswerk und angeschlossene Organisationen zu fördern, allerdings zerschlug sich dies in den Planungen der Folgejahre.[72] Die Kommunikation zwischen dem HWHH und dem BMiB kühlte in der Folge merklich ab.

Während das BMG bis 1969 jährlich bis zu rund 15 Millionen DM an die diversen Hilfsorganisationen verteilte, sank diese Summe zu Zeiten des BMiB auf 2,1 Millionen 1972 und weiter

---

68 BArch Koblenz, B 137, 18829, Förderantrag 1971 HWHH, 11 November 1970.
69 BArch Koblenz, B 137, 10232, HWHH Bericht 1972, 6. Februar 1973.
70 BArch Koblenz, B 137, 10232, HWHH an BMiB, Sts. Herold, 25. August 1972.
71 BArch Koblenz, B 137, B 137, 10233, HWHH, Fritzen an BMiB, Parl. Sts. Herold, 9. August 1973.
72 BArch Koblenz, B 137, B 137, 10233 HWHH, BMiB Ref. I 8 an HWHH, Fritzen, 13. August 1973; ebd., div. weitere Bewilligungsanträge 1974-1976.

auf 1,9 Millionen in den beiden Folgejahren ab.[73] 1974 beklagte das HWHH nicht nur den tröpfelnden Geldhahn, sondern auch immer spätere Bewilligungen, was »schwierige Phasen der Unsicherheit und der Geldlosigkeit« verursache, so dass es seine sechs verbliebenen Angestellten nur untertariflich bezahlen könne.[74] Von den 1975 beantragten 2 Millionen DM konnte das Hilfswerk als Verteilerstelle für die »Hilfe in besonderen Notfällen« nur 1,7 Millionen abrufen. Ihm selbst standen davon nur 963 745 DM zur Verfügung. Zusammen verschickten die darin zusammengefassten Organisationen 1975 nur noch 23 645 Pakete, also ungefähr ein Drittel der Menge, die das HWHH 1965 alleine versandt hatte. Dabei änderte sich jedoch wenig an der Zusammensetzung der eingehenden Gelder. Lediglich 40 000 DM (2,3 %) der Gesamtsumme von 1,76 Millionen der »Hilfe in besonderen Notfällen« kamen aus Eigenanteilen, der Rest verdeckt vom Staat.[75]

Ebenso wichtig wie die Mittelreduktion war der Stimmungswandel, der mit dem Ministeriumsumbau verknüpft war. Während das HWHH zuvor sehr großzügig mit den Fördermitteln umgegangen war und z. B. auch Angestellte und Ehrenamtliche durch wöchentliche Sachzuwendungen von Unterschlagungen abgehalten hatte, bemerkte das 1971 erstmalig mit einer Prüfung der finanzierten Hilfsorganisationen beauftragte Gesamtdeutsche Institut – bzw. um genau zu sein: die Vorgängerinstitution, die Bundesanstalt für gesamtdeutsche Aufgaben bei einer ihrer letzten Tätigkeiten –, dass Bundesmittel nicht in vollem Umfang »entsprechend den geltenden Bestimmungen bewirtschaftet worden sind«. In Zukunft sollten darum Bewilligungen »mit der erforderlichen Präzision ausgesprochen werden«.[76] Wie sich im weiteren Austausch herausstellte, empfand das neu gegründete Gesamtdeutsche Institut die materiellen Zuschüsse zu den Löhnen nicht als Problem, wenn sich dadurch die konspirative Arbeit sicherstellen ließ. Vielmehr ging

73 BArch Koblenz, B 137, B 137, 10 232, Übersicht Hilfe in besonderen Notfällen, HWHH.
74 BArch Koblenz, B 137, B 137, 10 233, HWHH Fritzen an BMiB, 6. Juni 1974; ebd., Prüfungsergebnis »Hilfe in besonderen Notfällen«, HWHH, Rechnungsjahr 1975, 28. November 1975.
75 BArch Koblenz, B 137, B 137, 10 232, Prüfungsergebnis BMiB bzgl. HWHH 1975, 29. Dezember 1976.
76 BArch Koblenz, B 137, B 137, 18 829, BGFA an BMiB Ref. III 6, 30. März 1974: Prüfungsergebnis des GI 1971.

es um allgemeine Berichtspflichten geförderter Organisationen, die bislang aufgrund des generellen ministeriellen Gutdünkens relativ frei operieren konnten. Wie das HWHH als »der federführende Verband« darstellte, erwiesen sich die berechtigten Rückforderungen letzten Endes als marginal und betrafen nur einmal den Katholischen Frauenbund Köln mit 119,84 DM und das DRK Bonn mit ebenfalls ca. 100 DM.[77] Das Ministerium demonstrierte mit seiner Schelte allein den Mentalitätswandel im Umgang mit den verbliebenen »Kindern Thediecks«. Ein grundsätzliches Problem in deren Ausgabenstruktur sah es hingegen nicht.

Das lag freilich daran, dass das BMiB die Relevanz der Hilfe im Stile des HWHH gänzlich anders einschätzte als das BMG. Obwohl sich das Hilfswerk aufgrund der Umtriebigkeit Frau Fritzens und durch seine relevant bleibenden Heime für »freigekaufte« Häftlinge bis 1985 hielt, stand sein Sendungsbewusstsein nicht mehr im Übereinklang mit seinen Aktivitäten in der Mauergesellschaft. Im Rahmen der deutsch-deutschen Annäherung verkam die staatliche Kontaktpolitik zu einem Auslaufmodell, da die Politik nun leichtere private Kontakte ermöglichte und andere Brücken als die des organisierten Paketversands errichtete. Der Hamburger Organisation und anderen Institutionen der Allgemeinen Hilfe liefen darum Einrichtungen den Rang ab, die nicht offen im Konflikt mit der DDR standen, wie z. B. die Reiseunterstützung durch die Bahnhofsmission.

Verschärfte Überwachung nach dem Bedeutungsverlust

Dies führt uns allerdings zu einer auf den ersten Blick paradox anmutenden Konstellation. Gerade Mitte der 1970er Jahre, als das HWHH seine goldenen Tage hinter sich gelassen hatte, intensivierte das MfS die Bearbeitung. 1977 überführte sie es in die koordinierte Beobachtung und »Zersetzung« im Rahmen des Operativen Vorgangs (OV) »Schlange«.[78] Die Gründe für diese destruktive Aufmerksamkeit lagen weniger im Arbeitszuschnitt des Hilfswerks als in der Bedrohungsanalyse des MfS. In den Jahren nach dem

77 BArch Koblenz, B 137, B 137, 18 829, BMiB Ref III 6 an Prüfungsstelle, 17. Juni 1974.
78 BStU AdZ, AOP 558/84, XV 3634/77, Bd. 1 bis 25 und Beibände.

Grundlagenvertrag kam dem Ministerium immer mehr die Aufgabe der Eindämmung der für den SED-Staat potentiell kritisch werdenden Folgen der deutsch-deutschen Beziehungen zu. Die »Kontaktpolitik« des HWHH und sein Einsatz für Ausgereiste wertete es darum trotz des sinkenden Volumens seiner Arbeit in den Augen des MfS auf, da grenzüberschreitende Kontakte und die Ausreisebewegung neue, schwer vom MfS zu kontrollierende Zonen der Mauergesellschaft wurden.

Somit war die operative Bearbeitung des Hamburger Hilfswerks in einem eigenen und aufwändigen OV eigentlich eine Nachgeburt seines ehemaligen Glanzes im Lichte neuer Bedrohungsszenarien. Dies schlug sich auch auf den Verlauf des OV »Schlange« nieder. Als das MfS diesen 1977 eröffnete, stellte es den Ermittlern das gesamte Arsenal seiner geheimdienstlichen Zersetzungskunst zur Verfügung, um das HWHH auszuforschen, zu schädigen und seine Netzwerke für weitere Ausforschungen (und Bestrafungen in der DDR) aufzudecken.[79] Die hier nicht einzeln aufzuführenden Maßnahmen betrafen zahlreiche Unterwanderungen bis hin zum Einsatz von Pseudoliebhabern auf alleinstehende ältere Damen, die ehrenamtlich für das HWHH arbeiteten. Ebenso begann eine intensive Überwachung von Ausreiseantragstellern, die in irgendeiner Form in direkten oder indirekten Kontakt mit der Hamburger Organisation kamen. Das Hilfswerk galt dem MfS jahrelang – aber lange nach seiner Blütezeit als kontaktpolitisches Nadelöhr – als eine der wichtigsten »Feindorganisationen«. Dramatisch lesen sich die Zwischenberichte, die eher wie Urteile anmuten. Netzwerke wurden verfolgt, Agenten eingesetzt, Fotos archiviert, Lagepläne gezeichnet. Entsprechend ernüchternd kam daher das Ende des Operativen Vorgangs »Schlange« daher. Am 9. November 1983 wurden der OV und seine Teilvorgänge abrupt »auf Grund einer zentralen Weisung« eingestellt. Der Grund sei, so der Abschlussbericht eines Teilvorgangs Ende 1983, dass sich die Erkenntnis durchgesetzt habe, »daß von dem HWHH keine feindlichen Aktivitäten, außer von dem organisierten Paketversand an ausgewählte DDR-Bürger sowie Einladungen in das Heim der ›Bremer Bruderhilfe‹ nachgewiesen werden konnten«.[80] Mit anderen Worten: Das Hilfswerk verfolgte eine Arbeit, die das MfS klar als gegnerische Tätigkeit

79 BStU AdZ, AOP 558/84, XV 3634/77, Bd. 1 bis 25 und Beibände.
80 BStU AdZ, AOP 558/84, XV 3634/77, Bd. 2 TV 2, 202.

einstufte, deren Effekte aber angesichts gänzlich anderer Anforderungen an die »Sicherheit« in den 1980er Jahren einfach nicht signifikant genug waren. Die Bearbeitung des HWHH wurde danach in den Bereich der Bekämpfung »des org. Paketversandes eingeordnet«, und das MfS richtete seine Kräfte auf andere »Feindpersonen« oder »Feindorganisationen«.[81]

Zusammengefasst steht das Überwachungs- und Zersetzungsinteresse des MfS am HWHH also in erster Linie für das steigende Kontrollbedürfnis des DDR-Geheimdienstes und großenteils losgelöst von der Reichweite der Arbeit der Hamburger. Nach dem Grundlagenvertrag glaubte das MfS, grenzüberschreitende Kontakte noch intensiver kontrollieren zu müssen, gerade weil sie zunahmen. Dabei ging es jedoch nicht um einfaches Briefeschreiben, sondern um die Vorstellung, dass in jedem Brief ein Angriff auf den SED-Staat verborgen sein könnte. Das zweite wichtige Element für das vermehrte Interesse am schwächelnden Hilfswerk war darum die wachsende Ausreisebewegung, für die das MfS Erklärungen suchte – und eine bestand darin, bundesdeutsche Organisationen für den Anstieg verantwortlich zu machen, da diese ihre Arbeit mit Ausreisenden schlicht als Kampf gegen die DDR betrieben hätten. Es gilt hier jedoch deutlich zwischen dem HWHH, das ideell, strukturell und praktisch in einer früheren Periode, der Phase vor Unterzeichnung der Schlussakte von Helsinki wurzelte, und jenen neuen, im nächsten Buchteil genauer beschriebenen Organisationen zu unterscheiden, die sich nicht mehr als Kontakt- oder soziale Hilfsorganisationen, sondern als Kämpfer für die Menschenrechte verstanden. Das Hilfswerk der Helfenden Hände ist das Sinnbild für den Übergang von der Ordnungssuche zur Kontaktfrage in der Mauergesellschaft.

Wahrheitsansprüche der Bilderwelten

Nicht nur die Idee der Versorgung einer notleidenden DDR-Bevölkerung durch Pakete stammte aus der frühen Phase des Kalten Krieges, dasselbe gilt auch für die Praxis, dies mit konspirativen Mitteln zu tun. Das hatte damit zu tun, dass das BMG sich als

---

81 BStU AdZ, AOP 558/84, XV 3634/77, Bd. 25, 162.

leitende Hand aller gesamtdeutschen Maßnahmen verstand und die Rolle des deutschlandpolitischen Lautsprechers im Kalten Krieg für sich reklamierte. Mit Willy Brandts Einzug ins Kanzleramt verschoben sich die Verhältnisse. Die Regierung setzte nun auf Vertrauensbildung durch geheime Gespräche und öffentliche Zurückhaltung. Der Bedarf nach einer öffentlichen Ablehnung der DDR und der Mauer blieb jedoch bestehen. So entstand ein neuer Handlungsspielraum für private Initiativen. Nach den stark von NS-Vergleichen geprägten Anfangsreaktionen auf die Mauer löste nun das Bild als Modus lautstarker Proteste das gesprochene Wort ab. Vor allem die Fotografie wurde zum Leitmedium der Lautstärke im konservativen Kampf gegen die Existenz der Mauer – und damit auch gegen die neue Deutschlandpolitik.

Einige der konservativen Aktivisten begriffen sehr schnell, dass nach dem Mauerbau ihr Kampf allein im Westen stattfand, sie also auf die Köpfe und Herzen der Bundesdeutschen abzielen mussten. Dies mündete in einer spezifischen Bildungsidee, die sich zuvörderst an Westdeutsche richtete, um diese im Kalten Krieg moralisch auf der »Seite der Freiheit« zu halten. Durch diese Wahrung des Fokus der westlichen Seite der Mauergesellschaft auf die durch die Mauer geschaffenen Bedingungen intendierte diese Bildungsarbeit mit Wertvorstellungen, Interpretationen und Begriffen auf der anderen Seite der Mauer zu wirken. Dafür machte man sich das große selbstgeschaffene Dilemma der DDR zunutze: Mit dem Mauerbau hatte die SED das wichtigste visuelle Argument gegen sich selbst in die Welt gesetzt und sogar die Existenz des ganzen Staates an dieses geknüpft. Mit der Berliner Mauer wollte die DDR-Führung ihren Souveränitätsanspruch brachial formulieren, zugleich aber stand ebendiese Mauer als Artefakt der Ungerechtigkeit für alle Interpretationen offen im Stadtraum.

Durch ihre visuelle Rezeption wurde die Berliner Mauer zur Ikone des Kalten Krieges. Durch Fotos in den Medien oder individuelle Blicke von den Beobachtungsplattformen, von denen aus sich Besucher »selbst ein Bild machen konnten«, spielte sich Berlin immer wieder zurück ins Weltbewusstsein, auch wenn die Stadt die »heiße Zeit« bereits hinter sich gelassen hatte. Texte flankierten und luden die Darstellungen weiter auf. Diese Bildsprache ist essentiell für das Verständnis der Mauergesellschaft. Mit dem Mauerbau entstand eine Vielzahl ikonografischer Zugriffe auf die

Mauer. Der Schock saß tief, und die Berliner Stadtbevölkerung nutzte Bilder, um sich die Dramatik des Wandels zu vergegenwärtigen. Abbildungen dokumentieren jedoch nicht einfach die Realität, sie verändern sie auch und organisieren sie in narrativen Strategien. Verbildlichungen schaffen Versinnbildlichungen, sind also Gegenstand und Produkt des interpretativen Diskurses. Nach dem Mauerbau entstanden mehrere Darstellungslinien, die jeweils das Geschehen zu dokumentieren und zu erklären vorgaben, dabei jedoch um die soziale Deutung der Mauer wetteiferten. Grob lassen sich drei Linien unterscheiden. Die erste war die beschriebene und wenig erfolgreiche Strategie der DDR, sowohl Visualität als auch Metaphorik der Mauer auszublenden und sie als »Maßnahme« zur Friedenssicherung darzustellen. Daneben standen auf westdeutscher Seite zwei Ansätze, die über Visualität in erster Linie Emotionen adressierten: auf der einen Seite eine nach der Bedeutung des Mauerbaus fragende moderate und liberale Sichtweise, der auf der anderen Seite eine demonstrativ antwortende, konservative gegenüberstand. Sie bauten aufeinander auf und drückten in ihrer Entwicklung die Ratlosigkeit aus, mit der vor allem die West-Berliner vor der gewaltsamen Trennung der Stadt standen. Dabei entwickelte sich aus einer anfänglich offenen Kontingenz der Bildsprache eine bebilderte Bildungspolemik heraus, die emotional aufbrausend eine bis heute dominierende Visualität der Mauer schuf.[82]

Frühe Bildersuche: Das Soziale zerbröckelt

Anders als die gesprochene Sprache über die Berliner Mauer, die wie beschrieben nur wenige Stunden nach den Absperrungsmaßnahmen am 13. August 1961 auf Begriffe wie »Sperrmauer« und die Metapher des Konzentrationslagers zurückgriff, entwickelte sich die heute so eindeutig wirkende und tief in unser Bewusstsein eingeschriebene Bildsprache über die Mauer in einem längeren Prozess. Denn im Gegensatz zur Sprache zeigten die ersten Bilder der

82 Ich danke den zahlreichen Gästen meiner Vorträge am Center for European Studies der University of Florida und an der University of Notre Dame für die Möglichkeit, diese Ansätze zu skizzieren und anhand ihrer weiterführenden Anmerkungen zu schärfen.

Berliner Mauer eben keine Mauer, sondern vor allem Stacheldraht und Zaun.

Der Schock über den Mauerbau, seine Wut über die westdeutsche Untätigkeit und sein Wille, die Stadt weiterhin als Lebensraum zu verstehen, verwandelten das Gründungsmitglied der Gruppe 47 Wolfdietrich Schnurre gewissermaßen vom Schriftsteller zum Bildermacher. Bereits im Dezember 1961 schloss er in einem Pionierwerk seine Arbeit an einem kleinen, aber aussagestarken Bilderbuch zur Berliner Mauer ab. Schnurre vertrat politisch eher linksliberale Ansichten, aus denen heraus er den Kommunismus mit ganzem Herzen ablehnte. Mit dem Bau der Mauer erhob er seine politische Stimme in zahlreichen, breit rezipierten Vorträgen, Rundfunksendungen und Publikationen. Im Duett mit Günter Grass forderte er dabei auch seine ostdeutschen Autorenkollegen zum Protest auf.[83] Antworten erhielten die beiden allerdings nur von Bruno Apitz, Stephan Hermlin, Erwin Strittmatter und Bodo Uhse. Diese stellten sich allesamt hinter den SED-Staat. Hermlin verteidigte in einem in der *konkret* veröffentlichten Artikel die Berliner Mauer, da Deutschland doch »nicht plötzlich ›durch eine Gewalttat in zwei Teile gefallen‹« sei und da die Schriftsteller in der DDR nicht in der Pflicht stünden, sich gegen ihre Regierung zu stellen, nur weil Schnurre und Grass »gegen Schröder und Globke auftreten«.[84] Schnurres Frust wuchs durch das Unterlassen des westdeutschen PEN-Zentrums, zeitnah und eindeutig Stellung zu beziehen, wie es beispielsweise der Deutsche Sportbund und das Nationale Olympische Komitee getan hatten.[85] Noch im Oktober 1961 erklärte er seinen Austritt aus dem PEN-Zentrum und begann seinen individuellen Kampf mit Bild und Feder.

Sein erster Bildband füllte eine Lücke: Zwar kursierten seit August 1961 tagesaktuelle Bilder von der Mauer, aber diese waren jenseits plumper Konzentrationslager-Metaphern zu keinem Narrativ verdichtet. Sein im Dezember 1961 fertiggestelltes und Anfang 1962 erschienenes Buch *Die Mauer des 13. August* dokumentiert den West-Berliner Mauerschock mit kurz kommentierten, ganzseitigen

---

83 Sven Hanuschek, *Geschichte des bundesdeutschen PEN-Zentrums von 1951 bis 1990* (Berlin: Max Niemeyer, 2004), 209-15.

84 Zit. n. ebd., 210.

85 »Abbruch der Sportbeziehungen«, in: *Bulletin des Presse- und Informationsamtes der Bundesregierung* 153 (18. August 1961), 1477.

Fotografien. Es intendiert bereits zu diesem frühen Zeitpunkt, »Erinnerungsstützen« als »Bruchteile der Wirklichkeit« zu präsentieren. Wie kaum eine spätere Publikation über die Berliner Mauer zeigt dieses Büchlein sowohl einen zerrissenen Autor, der unter dem Schock der »furchtbare[n] Wahrheit« stand, als auch einen Beobachter, der die involvierten Menschen nicht nur als Projektionsflächen für Unrecht, sondern primär als Träger einer Tragödie am »Tatort Berlin« sah.[86]

Einerseits befinden sich in Schnurres Buch zahlreiche Bilder, die später zu Ikonen der Mauer wurden, so das unvermeidbare aufgetäfelte Ulbricht-Zitat »Niemand hat die Absicht …« direkt an der Mauer, Fenstersspringer im August 1961, Maurer bei der Arbeit und das verwackelte Bild beim Bergen der Leiche Günter Litfins. Diese stehen andererseits neben Bildern von der sozialen Seite einer aufgewühlten Stadt, die später aus dem öffentlichen Bewusstsein verschwanden. Die beeindruckendsten davon halten Kontakte über die Mauer fest. Eines zeigt Grenzpolizisten, die mit West-Berlinern durch den Stacheldraht diskutieren, während im Hintergrund andere Polizisten weitere Zaunpfähle herantransportieren. Mehrere Bilder zeigen ältere Personen, die durch den Zaun kommunizieren. Wir sehen Verwandte oder Bekannte, die sich Gegenstände, eventuell eine Hundeleine, über den Zaun reichen, einen im Osten stehenden, wohlgekleideten Mann, der über den Stacheldraht hinweg tief ins Gespräch mit einer ebenfalls eleganten Dame mit Pudel versunken ist, was die nur beim genaueren Hinsehen im Hintergrund erkennbaren Grenzsoldaten nicht zu interessieren scheint.[87] Das sind nicht die bekannten Versuche von Fernkommunikation von Berlinern über mehrere hundert Meter Todesstreifen hinweg, sondern frühe Bilder des Risses. Die Inhalte der Gespräche bleiben der Fantasie der Betrachter überlassen, die Kommentierungen betonen den »gewohnten Kontakt« unter Gewaltbedingungen, nicht an Kontaktversuchen symbolisierte Gewalt.[88]

Besonders ist an Schnurres Bildauswahl, dass der Betrachter zwar weiß, dass diese Bilder vom Westen aus aufgenommen wurden, es aber oft nicht leicht zu erkennen ist, welche Personen sich auf wel-

86 Wolfdietrich Schnurre, *Die Mauer des 13. August* (Berlin: Ernst Staneck Verlag, 1962), 5, 7.

87 Ebd., 14, 26, 30, 60, 82.

88 Ebd., 14.

cher Seite der Grenze befinden. Zudem sind in dem Buch Bilder der Gewöhnung zu sehen. Beunruhigt präsentiert Schnurre sorglos neben Soldaten spielende Kinder, Schüler, die mit Freude ein Fahrzeug der Grenztruppen erkunden, und einen betagten West-Berliner Angler, der scheinbar unbekümmert unter wachsamen Augen seiner Leidenschaft frönt.[89] Hier zeigt sich, was Schnurre in seiner knappen Einleitung als Grundlage des Zusammenhaltgefühls versteht: die Gleichheit der Menschen beiderseits der Mauer. Lag diese echte oder vorgebliche Gewöhnung daran, dass sich die deutsche Teilung bereits normalisierte, dass die Bevölkerung das Interesse verlor, wie es die Arbeitsgemeinschaft 13. August etwas später monierte? »Nein«, antwortete er selbst in Bezug auf ein Bild, in dem Kinder ungestört von patrouillierenden Wachposten an der Absperrung spielen. »[D]ie Kriegszeit ist stehengeblieben. Wie könnten die Kinder sich sonst so gar nicht um die Bewaffneten kümmern?«[90] Die Beschwerde über das Abstumpfen angesichts der Mauer ist also so alt wie die Mauer selbst. Schnurre sah darin aber keine Gefährdung des Nationalen, sondern eine gefährliche Gewöhnung an einen dauerhaft gelebten Kriegszustand. Was dem entgegensteht, sind die kleinen Kontakte. So symbolisieren auch die zahlreichen Abbildungen von Winkenden beiderseits der Mauer nicht allein die Teilung, sondern vor allem die Gegenwehr gegen die vom SED-Staat unterdrückte Zusammengehörigkeit der Stadtbevölkerung.[91] Selbst die DDR-Grenzpolizisten sieht er zweifeln. So kann er unter einer starken Nahaufnahme zweier nachdenklich schauender Offiziere nur hoffen, »etwas in ihnen« sei noch ansprechbar. Bei den Wachmannschaften lässt er sich zu Schätzungen hinreißen: »Etwa sechzig Prozent, nimmt man an, verabscheuen innerlich, was sie tun. Aber getan wird es trotzdem von ihnen.«[92] Der Alltag, das untermauert Schnurre, hat viele Ebenen.

Emotional verletzt erkundet Schnurre die Mauer als einen sozialen Ort. Noch fehlt die in späteren, vor allem dem liberalen Spektrum zuzurechnenden Publikationen übliche Gleichzeitigkeit der Anprangerung des SED-Staats und des beworbenen, glänzenden

89 Ebd., 36, 46, 63.
90 Ebd., 36; für ein ähnliches Argument siehe Tony Judt, *Postwar: A History of Europe since 1945* (New York: Penguin Press, 2005).
91 Schnurre, *Die Mauer des 13. August*, 53-61.
92 Ebd., 74 f.

West-Berlins.[93] Als institutioneller Ableger dieser Linie ist vor allem das Kuratorium Unteilbares Deutschland in den 1960er Jahren zu nennen, das sich unter Wilhelm Wolfgang Schütz als geschäftsführendem Vorsitzenden von einem Verfechter der Politik des BMG zu einem Wegbereiter der Neuen Ostpolitik wandelte.[94] Dessen moderate Bildsprache unterstrich diese liberale Linie, ließ jedoch wie Schnurre, Grass und Hildebrandt nie Zweifel an der Ablehnung des SED-Staates aufkommen. Ab Mitte der 1960er Jahre verwendete es, wie auch der Journalist Dieter Hildebrandt, den Begriff »KZ DDR« bestenfalls noch ironisch als Metapher für die westdeutsche Wahrnehmungsblockade.[95]

Vom Ort der Berliner Mauer löst sich Schnurre nur im Blick auf die großen Besucher der Stadt. Explizit politisch wird er in zahlreichen Bildern, die den Schutzcharakter der amerikanischen Truppen betonen und die ranghohen US-Gesandten als die wahren Freunde der Stadt darstellen.[96] Diese Bewunderung z. B. für General Lucius D. Clay spiegelt die damalige Stimmung in West-Berlin. Anders hingegen Adenauer. Großformatig zeigt Schnurre Demonstranten mit Plakaten, die fragen: »Wo ist der Kanzler, spielt er Boccia«, und Bundestagssitzungen in Berlin einfordern.[97] Politische Aufmerksamkeit, das verdeutlichen diese Bilder, verstanden West-Berliner als Aussagen über die Bestandsgarantie der westlichen Teilstadt. Und empört stellt Schnurre mit einer halben Million Demonstranten fest, dass diese nicht aus Bonn, sondern nur aus Washington kommt. Schnurres Wut gipfelt in der Beschreibung einer flüchtigen Aufnahme von Adenauers Besuch in der Stadt, in der ihm ein umtriebiger Brandt die Hand nur im Vorbeigehen zu reichen scheint. Er untertitelt: »Neun Tage nach dem 13. August findet auch der Bundeskanzler acht Stunden Zeit für Berlin. Nur ein paar hundert Menschen haben sich eingefunden zu seinem Empfang. Aber auch sonst: Pfiffe, Reserviertheit, Protest; die Stadt blickt an ihrem Be-

93 »Der Berliner Arbeitsmarkt nach dem 13. August«, in: *Bulletin des Presse- und Informationsamtes der Bundesregierung* 180 (28. September 1961), 1715.

94 Christoph Meyer, *Die deutschlandpolitische Doppelstrategie: Wilhelm Wolfgang Schütz und das Kuratorium Unteilbares Deutschland (1954-1972)* (Landsberg am Lech: Olzog, 1997), 375-409, 435-43.

95 Dieter Hildebrandt, »Die leben ja«, in: *Die Mauer ist keine Grenze: Menschen in Ostberlin* (Düsseldorf, Köln: Diederichs, 1964), 12.

96 Schnurre, *Die Mauer des 13. August*, 20-3.

97 Ebd., 18.

sucher vorbei.«[98] Der Gegner, daran lässt Schnurre keinen Zweifel, regiert im Osten, aber das Versagen herrscht beiderseits der Grenze. Auch seinen Rückzug aus dem PEN-Zentrum begründet er öffentlich mit dem »eklatant[en]« Verstoß beider deutscher PEN-Zentren gegen den Grundsatz des ungehinderten Gedankenaustauschs (§ 4 der PEN-Charta).[99] Aus heutiger Sicht erfrischend präsentiert das Büchlein sein Narrativ kaum geordnet und ungefärbt von späteren ikonografischen Kanonisierungsprozessen. Schnurre legt noch 1962 mit einem umfangreicheren Taschenbuch nach. Dessen 200 sehr heterogene Fotografien sind bereits Teil eines expliziten Narrativs: Chronologisch und mit dokumentarischer Absicht erzählen sie eine Geschichte der Verschärfung und Vergegenwärtigung der Mauer, ergänzt durch einen Zeitstrahl und Totenlisten.[100] Auch hier zeigt sich die Zerrissenheit des Autors, die unter dem direkten Eindruck des für ihn unglaublichen Mauerbaus entstand.

Die Besonderheit dieser ambivalenten und vor allem am Alltag der Menschen interessierten Perspektive, die in diesem Buch zur Mauergesellschaft eigentlich ein Gegenstand der Ordnungssuche des ersten Buchteils hätte sein müssen, zeigt sich jedoch erst im Vergleich zur sich ab Mitte der 1960er Jahre entwickelnden und dann prägend werdenden visuellen Gegenthese, wie sie am prominentesten die AG 13. August vertrat. Als erstes Büchlein seiner Art erlangte Schnurres Band viel Aufmerksamkeit, die jedoch auch überraschende Kritik enthielt. So bemerkte eine Kurzbesprechung von Schnurres zweitem Mauerbuch im *Spiegel*, dass die Zerrissenheit der Situation auch das Schaffen des Künstlers beeinflusse. Zwar besinne sich dieser zeitweise auf den Stil seiner »gewohnten Poesie (›steinerner Gürtel um knochige Hüften‹)«, formuliere zumeist aber »nicht besser als ein ordinärer Leitartikler oder Festredner«. Damit bemaß der Rezensent jedoch nicht nur eine persönliche Reaktion auf die Mauer anhand ihrer künstlerischen Qualität, sondern erkannte ein Muster. »Im Dienst der guten Sache«, bemängelt der stilistisch anspruchsvolle Rezensent, machen Schnurre »selbst Vokabeln wie ›Schnellebigkeit‹ und ›unabdingbar‹, Wendungen wie ›nackte Tatsachen‹, ›der Freiheit eingedenk sein‹ und ›uner-

98 Ebd., 25.
99 Hanuschek, *Geschichte des bundesdeutschen PEN-Zentrums von 1951 bis 1990*, 212.
100 Wolfdietrich Schnurre, *Berlin – eine Stadt wird geteilt* (Olten, Freiburg i. Br.: Walter, 1962).

schütterlicher denn je‹ nicht das geringste aus.«[101] Der Rezensent meinte hier die Verfestigung der ersten Mauerfloskeln zu erkennen. Die entsprechenden Bilderwelten formten sich aber gerade erst aus.

Bildungspolemik: Die Arbeitsgemeinschaft 13. August

Die Bildergewalt der entstehenden Berliner Mauer griffen KUD und BMG auf, indem sie Abbildungen in ihre Arbeit integrierten. Die Verfestigung des visuellen Diskurses ging jedoch maßgeblich von der Arbeitsgemeinschaft 13. August aus. Ihre Ausstellungen und die dazugehörigen Publikationen schliffen das heterogene Bildmaterial auf eine unzweifelhafte Deutung zu. Deren Erfolg lag eine konstruierte Sicht auf die Mauergesellschaft zugrunde. In einer Kombination von antikommunistischer Propaganda, ökonomischen Bedürfnissen und eines zur Positionierung drängenden Bildungsanspruchs statt einer Bildungsarbeit im Sinne moderner Didaktik entwickelte sie eine emotional überwältigende Bildungspolemik. Vor allem im konservativen Spektrum fand die AG 13. August damit viele engagierte Unterstützer, weil sie mit lauter Stimme sprach und implizit am Abwehrgedanken der »psychologischen Kriegsführung« festhielt. Dabei ging sie im Rahmen enger Parameter auch mit der Zeit – sei es durch Anpassung, sei es durch lauten Protest gegen die Bundespolitik.

Anders als die liberalen Stimmen verhallten die Zornesrufe der AG 13. August (unter anderem dank eines cleveren Marketings) nicht nach kurzer Zeit, sondern prägten das öffentliche Bildbewusstsein nachhaltig. Zwar förderten das BMG und stellenweise auch das BMiB die AG 13. August in minderem Umfang finanziell und auch strukturell durch Besuchsprogramme, jedoch geriet sie nie in eine direkte Abhängigkeit vom Ministerium oder anderen staatlichen Stellen. Ihre öffentliche Prominenz in der geteilten Stadt und das Organisationstalent und Sendungsbewusstsein ihres Gründers und Vorsitzenden Rainer Hildebrandt sicherten es finanziell ab. Der von ihm vertretene Modus der lautstarken Aufmerksamkeit einer privaten Bildungsinitiative war Anfang der

---

101 »Bücherspiegel: Wolfdietrich Schnurre: Berlin. Eine Stadt wird geteilt«, in: *Der Spiegel* 37 (12. September 1962), 87.

1960er Jahre im Vergleich zur stillen Arbeit der Hilfsinitiativen wie dem HWHH eine Besonderheit. Nach dem Niedergang der vielen »Kinder Thedieks« wurde sie allerdings zu einem Vorzeigemodell seines konservativen Aktivismus im Schatten der Mauer und im Kampf gegen die Annäherungspolitik. Ihr Erfolg war ein wichtiger Faktor für die Ikonisierung der Mauer, wobei sie konkurrierende Interpretationen an den Rand drängte.

Ausgangspunkt für diesen Erfolg waren zwei reich bebilderte Ausstellungen.[102] Die erste eröffnete die AG 13. August am 18. Oktober 1962 unter dem Titel »Es geschah an der Mauer« in der Bernauer Straße. Diese wurde bereits am 14. Juni 1963 durch die Ausstellung »Die Freiheit darf hier nicht enden!« am Checkpoint Charlie sekundiert. Die Titel spiegeln die politischen Imperative, nämlich die Fokussierung auf die Mauer als einen brutalen Gewaltort und zweitens eine Fortsetzung der »Befreiungspolitik«, die mit den Dokumentationen direkt in erwartete Handlungen übergeleitet werden sollten. Während sich Schnurres Blick auf die Mauer durch das private Erleben des sozialen Risses definiert, formulierten diese Ausstellungen politische Positionen im Abwehrkampf. In einer ersten internen Rückschau aus dem Jahr 1965 vermerkte der Vorstand der AG 13. August stolz eine Gesamtbesucherzahl von 2 Millionen Personen. Täglich kamen seinerzeit ca. 2000 Personen »[t]rotz zunehmender Mauer-Müdigkeit« in die Ausstellungen, »was wir den eindrucksvollen und laufend ergänzten Fotos verdanken«.[103] Diese waren entsprechend reißerisch aufgemacht, wobei das Bildmaterial geschickt aufbereitet, teilweise collagiert und mit sehr kurzen Kommentaren ergänzt wurde.

Das Cover des ersten Katalogs zeigt eine den Betrachter fast erschlagende, menschenleere Ansicht der Berliner Mauer, gefolgt von einer Actionszene mit bajonettstarrenden Grenzpolizisten und verwackelten Fluchtaufnahmen auf den ersten Seiten. Soziale Interaktionen zwischen Ost und West finden allein als Gewaltandro-

102 Diese interpretierte das MfS sofort als feindlich und unterwanderte die Organisation. Zahlreiche interne Materialien und Berichte gelangten so in den Besitz des MfS und erlauben nun eine skizzenartige Charakterisierung der AG 13. August. Für eine umfassende Historisierung bedarf es allerdings der Öffnung des Organisationsarchivs. Mehrere schriftliche Anfragen auf verschiedenen Wegen blieben unbeantwortet.

103 BStU AdZ, Berlin, HA XXII, 1161/2, 1.

hungen statt. Wie bei Schnurre sind die Bilder durch kurze Kommentierungen ergänzt, die oft einen lakonischen Charakter tragen. Unter einer Fotografie, die Chruschtschow und Ulbricht zeigt, die aus unerklärten Gründen lachend über den Schlagbaum am Checkpoint Charlie schauen, stellen die Herausgeber ohne Kontextualisierung ein Zitat des Vorsitzenden der KPdSU: »Ich habe gelesen, daß der amerikanische Präsident sehr mißvergnügt auf die Mauer geschaut habe. Er liebt sie nicht. Aber ich liebe sie. Sie gefällt mir außerordentlich.«[104] Den Großteil des Katalogs füllen dramatische Aufnahmen von Fluchthelfern und der todbringenden militärischen Absicherung der Grenze. Immer wieder wird die Fluchtlatenz der Grenzsoldaten bei der »unzuverlässigste[n] Armee der Welt« betont, ein wiederkehrendes Motiv auch bei Rainer Hildebrandt.[105] Hier ist nichts zu sehen von sozialer Interaktion, die trotz allen Zorns Schnurres Blick prägte. Ebenso ist West-Berlin völlig absent. Innere Konflikte in der Bundespolitik werden nicht angeschnitten, eine Fernaufnahme zeigt vielmehr Kennedy mit Brandt und Adenauer in scheinbarer Einmütigkeit vor dem Brandenburger Tor. Willy Brandt wird sonst nicht gezeigt, wohl aber der ehemalige Gesamtdeutsche Minister Ernst Lemmer. Groß zeigt der Katalog ihn bei seiner Eröffnungsrede der Ausstellung am Checkpoint Charlie 1963 und illustriert damit die Standfestigkeit der Bundespolitik an der Berliner Seite – die sich hier jedoch auf die Unterstützung der AG 13. August beschränkt.[106]

Zusammen mit den Ausstellungen legte dieses Heftlein den Grundstein für den dauerhaften Erfolg der AG 13. August, die sich ohnehin weniger an die Bewohner der Stadt als vielmehr an bundesdeutsche oder internationale Bildungstouristen wendete.[107] Denn obwohl die AG 13. August zeitweise Mittel vom BMG bekam und sich vor Ort um Spenden bemühte, finanzierte sie sich in

---

104 Arbeitsgemeinschaft 13. August, *Die Mauer —The Wall – Le Mur: Katalog zu den Ausstellungen der »Arbeitsgemeinschaft 13. August e. V.«* (Berlin, 1965), [9].

105 Ebd., [20].

106 Ebd., [19].

107 Der Katalog wurde immer wieder überarbeitet und erschien in bisher 22 Auflagen; Rainer Hildebrandt, *Es geschah an der Mauer: Eine Bilddokumentation des Sperrgürtels um Berlin (West), seine Entwicklung vom »13. August« 1961 bis zum »9. November« 1989 mit den wichtigsten Geschehnissen*, 22. Aufl. (Berlin: Verlag Haus am Checkpoint Charlie, 2006).

erster Linie durch den Vertrieb ihrer Publikationen. Ministerielle Besuche und natürlich prominente Unterstützung wie die Ausstellungseröffnung durch Lemmer untermauerten die Seriosität und Strahlkraft der AG 13. August.[108] In den 1960er Jahren verkaufte sie von ihrem oben beschriebenen Katalog in schnell erscheinenden Neuauflagen mehrere hunderttausend Exemplare. Ein Bericht der AG 13. August vermerkt, dass die deutsch-italienisch-spanische Ausgabe vermehrt von Betrieben bestellt worden sei, die damit ihre »Gastarbeiter« versorgten, wohingegen die deutsch-englisch-französische Ausgabe oft ins Ausland verkauft würde.[109] Innerhalb weniger Jahre hatte sich die AG 13. August eine exponierte und unangefochtene Sprecherrolle bei der Deutung der Mauer sowohl in der deutschen Einwanderungsgesellschaft als auch im internationalen Feld erobert. Sie galt in ihrem Bestreben und ihren Bildern als authentisch. Diese Stellung bekräftigte sie 1966 durch eine neue »grundlegende Fotodokumentation« zum Mauerbau, die das Narrativ weiter auf Gewalt und Opfer zuspitzte und nun viersprachig den Erfolg der Vorgänger noch übertrumpfte.[110]

Daneben bot die AG 13. August Dia-Mappen an, von denen die ersten beiden sich direkt auf die Ausstellungen bezogen und die dritte unter dem Titel *57 kamen durch* die bis heute ikonisch inszenierte Geschichte des Fluchtweges »Tunnel 57« erzählte.[111] Die Mappe fügte sich in den vorherrschenden Blick auf die DDR als »KZ-Staat« ein und reduzierte die Effekte der Mauer auf eine fast schon plakative Bildlichkeit der Gewalt neben der kathartischen Schilderung des »Fluchtwiderstands« – beides übrigens Themen von über die AG 13. August buchbaren Referaten. 1965 ergänzte die AG 13. August ihre Publikationsreihe durch eine Dia-Mappe mit dem Titel *Ost-Berlin – zwei Gesichter*, die Prachtaufmärsche und Jugendleben in der DDR kontrastierend in Szene setzte.[112] Obwohl nach wie vor im binären Narrativ des gesamtdeutschen Auftrags gehalten, erlaubte diese Reihe einen gewissen Blick hinter die Mauer. Während die Dia-Mappen zur Ausstellung sich gut ver-

108 Arbeitsgemeinschaft 13. August, *Die Mauer – The Wall – Le Mur*, [19].

109 BStU AdZ, Berlin, HA XXII, 1161/2, 2.

110 BStU AdZ, Berlin, HA XXII, 1161/2, 2.

111 Jüngst: Thomas Henseler und Susanne Buddenberg, *Tunnel 57: Eine Fluchtgeschichte als Comic* (Berlin: Ch. Links, 2013).

112 BStU AdZ, Berlin, HA XXII, 1161/2, 2.

kauften, schien dieser Blick auf die andere Seite die Besucher wenig zu interessieren.[113] Bereits Anfang 1967 legte die AG 13. August ihren Verkäufern nahe, jedem Kunden, der die beiden Dia-Serien *Es geschah an der Mauer* »auf Schein« erwerbe, solle zugleich die Serie zu Ost-Berlin empfohlen werden. Diese »muss abgestoßen werden. Wege müssen gefunden werden, speziell interessierte Gruppen anzusprechen«, notfalls könne man bei Lehrern und Besuchergruppenleitern auch einen Sonderpreis von 10 DM anbieten.[114]

Für die Besucher, teils Privat-, teils Gruppenreisende, schien der von Astrid Eckert charakterisierte »Gruseltourismus« anziehend zu wirken: das emotional aufgeladene Erlebnis einer Visite am für sie vollkommen abgesicherten Gewaltort.[115] Die AG 13. August erkannte hier Wachstumspotential. Mit der Konsolidierung der Berliner Ausstellungen entstand die Idee, das Ausstellungskonzept auch an die innerdeutsche Grenze zu transportieren. So eröffnete die AG 13. August nach längeren Vorbereitungen am 13. August 1967 im niedersächsischen Zicherie eine weitere Ausstellung. Dort war seit 1952 die innerdeutsche Grenze durch das Doppeldorf Zicherie-Böckwitz gewachsen und hatte von der Aktion »Ungeziefer« 1952 bis zum Ausbau der Grenzanlagen das eng verbundene soziale Leben zwischen beiden aneinandergrenzenden Dörfern zerstört. Ähnlich wie am anderen Ende der innerdeutschen Grenze im bayerischen Mödlareuth wurde Zicherie als ein »Little Berlin« zum Sinnbild des Eisernen Vorhangs auf dem Land, den zu beklagen Bundespräsident Heinrich Lübke oder auch US-Verteidigungsminister Robert McNamara in die niedersächsische Provinz führte.[116] Das KUD betrieb dort bereits eine Informationsstelle

113 Weitere Ausgaben der Mappe mit jeweils 36 Bildern und lediglich einer begleitenden Textseite erschienen zum Einzelpreis von 12 DM Anfang der 1970er Jahre; *Es geschah an der Mauer: DIA-Mappe 3* (Berlin: Arbeitsgemeinschaft 13. August, 1972); *Es geschah an der Mauer: DIA-Mappe 4* (Berlin: Arbeitsgemeinschaft 13. August, 1972).

114 BStU AdZ, Berlin, HA XXII, 1161/2, 5.

115 Astrid M. Eckert, »›Greetings from the Zonal Border‹: Tourism to the Iron Curtain in West Germany«, in: *Zeithistorische Forschungen/Studies in Contemporary History*, Online-Ausgabe 8/1 (2011), online verfügbar unter: ⟨http://www.zeithistorische-forschungen.de/16126041-Eckert-1-2011⟩ (Stand März 2019).

116 Vgl. Heinrich Thies, *Weit ist der Weg nach Zicherie: Die Geschichte eines geteilten Dorfes an der deutsch-deutschen Grenze* (Bergisch Gladbach: Bastei Lübbe, 2007), 99; Jürgen Ritter und Peter Joachim Lapp, *Die Grenze: Ein deutsches*

im sogenannten »Zonenrandhaus«, vor dem in unmissverständlicher Geste 23 Flaggen wehten – eine für jedes der Länder des ehemaligen Deutschen Reichs.[117] Der Erfolg der Berliner Ausstellungen motivierte die AG 13. August, mittels ihres spezifischen Konzepts hier einen weiteren Tourismusmagnet aufzubauen. Auf den ersten Blick glichen sich die Bilder, und entsprechend folgte die AG 13. August im Aufbau der dortigen Ausstellung ihrem Berliner Narrativ. Sie eröffnete die Ausstellung sogar am für Zicherie wenig bedeutsamen Jahrestag des Mauerbaus am 13. August 1967.

Schnell zeigte sich jedoch die begrenzte Reichweite des Berlin-Narrativs. Die mit viel Aufwand eröffnete Ausstellung dümpelte vor sich hin. Es fehlten die Besucher, und es fehlte eine Idee, wie diese für eine private Ausstellung in ausreichender Zahl nach Zicherie zu holen waren. Dazu kam der Wandel unter Brandt. Während das BMG den Aufbau der Ausstellung scheinbar kofinanziert hatte, stellte das BMiB die Unterstützung ein.[118] So schloss die AG 13. August die Nebenstelle an der innerdeutschen Grenze 1970 wieder, und sie geriet schnell in Vergessenheit.[119] In den publizierten Erinnerungen an das geteilte Doppeldorf ist oft die Rede vom Grenztourismus und vielen demonstrativen Einrichtungen wie dem »Zonenrandhaus«, jedoch nicht von der kurzlebigen Ausstellung der AG 13. August.[120]

Auch wenn hie wie da Stein, Draht und Beton eine Kommune zerschnitten, glichen sich die Situationen eben doch nicht. Zudem war Anfang der 1970er Jahre in Berlin ein Stimmungswandel spürbar. Auch in der geteilten Stadt zeichneten sich infolge des deutschlandpolitischen Kurswechsels Anpassungen ab, da das BMiB nicht

Bauwerk, 4. Aufl. (Berlin: Ch. Links, 2001), 117; Eckert, »Greetings from the Zonal Border«, 18; zu Mödlareuth jüngst ausführlich Jason B. Johnson, *Divided Village: The Cold War in the German Borderlands* (London, New York: Routledge, 2017).

117 Thies, *Weit ist der Weg nach Zicherie*, 99.

118 BStU AdZ, Berlin, HA XXII, 1161/2, 3, 22.

119 BStU AdZ, Berlin, HA XXII, 1161/2, 22.

120 Vgl. z.B. Thies, *Weit ist der Weg nach Zicherie*; Hartmut Jakobs und Herr Lange, »Stromabsperrung«, in: *Lebensjahre im Schatten der deutschen Grenze: Selbstzeugnisse vom Leben an der innerdeutschen Grenze seit 1945*, hg. von Heiko Steffens, Birger Ollrogge und Gabriela Kubanek (Opladen: Leske + Budrich, 1990), 121-4.

bereit war, die herkömmlichen »Dokumentationen, wie ursprünglich vorgesehen« weiter zu finanzieren.[121] Im Sommer 1971 leitete der Vorstand der AG 13. August darum den Prozess ein, die vom BMiB nicht länger als sinnvoll erachtete Originalausstellung in der Bernauer Straße aufzugeben und sich auf den Checkpoint Charlie zu konzentrieren. Dieser hatte sich seit einiger Zeit zur Hauptattraktion der AG 13. August gemausert. Im Gegensatz zur Bernauer Straße atmete der Ort nicht nur die Tragödie der Teilung, sondern auch den Grusel des beinahigen Ausbruchs des dritten Weltkrieges. Seit 1969 wurde das dortige politische Bildungsprogramm mit einer erfolgreichen täglichen Filmschau mit Rednern abgerundet. Diese Vorführungen waren lebendig und innovativ. Tatsächlich sollten Modernität und das Ausprobieren neuer Vermittlungsformen zu den Hauptgründen für den Erfolg der Ausstellung werden. Hildebrandt intendierte gar, ein Filmstudio aufzubauen, um den Bedarf an Filmmaterial selbst erfüllen zu können. Da es keine Zuschüsse gab, erwog er zudem, Eintritt zu nehmen.[122] Trotz finanzieller Engpässe konnte er im Herbst 1971 das Pol-Film Studio eröffnen.[123]

Als mit dem Kurswechsel in der Deutschlandpolitik die meisten ehemals an das BMG angeschlossenen Organisationen in arge Bedrängnis gerieten, strauchelte auch die AG 13. August kurzzeitig. Langfristig profitierte sie aber von ihrer größeren Eigenständigkeit und ihrer Alleinstellung als bestens vernetzter und bekannter Bildungsanbieter direkt an der Mauer. Diese Position verteidigte sie mit Händen und Füßen.[124] Regelmäßig protestierte die AG 13. August dagegen, dass an der Mauer, »wo es um nationales Schicksal geht, [...] nahezu jeder Zuständige, ob er Kenntnisse hat und geeignet ist oder nicht, nach eigenen Gutdünken handeln« dürfe.[125] Mit aller Macht drängte Hildebrandt die AG 13. August und die von ihr vertretene Bildungspolemik in den Vordergrund. Das gelang ihm jedoch nicht nur als erfolgreicher Agitator, der geschickt die öffentliche Stimmung ansprach, er wusste auch politische

121 BStU AdZ, Berlin, HA XXII, 1161/2, 23.
122 BStU AdZ, Berlin, HA XXII, 1161/2, 22.
123 BStU AdZ, Berlin, HA XXII, 1161/2, 27.
124 Für die dauerhafte, aber situative und nicht mit dem HWHH und anderen vergleichbare Förderung durch das BMG siehe BArch Koblenz, B 137, 15653; ebd., 15707.
125 BStU AdZ, Berlin, HA XXII, 1161/2, 2.

Strömungen in sein Projekt zu integrieren. Mitte der 1960er Jahre forderte er eine »politische Offensive«, worunter er vor allem Versuche verstand, mit Plakaten an der Sektoren- oder Zonengrenze »vaterländisches Pflichtgefühl« in den Grenzsoldaten zu wecken.[126] Ob derartige Aktionen Effekte bei den Grenzsoldaten erzielten, ist fraglich, der Wert für die Selbstpositionierung in West-Berlin hingegen offensichtlich. Als der SED-Staat sich nach und nach die internationale Bühne erschloss und die Ostverträge die Hallstein-Doktrin beerdigten, kündigte Hildebrandt am 30. Juni 1971 intern einen Umbau der Ausstellung an. Das Berliner Narrativ sollte besser in die Weltgeschichte eingebettet werden. Es erweise sich nun als notwendig, »den Rahmen weiter zu spannen, da ja auch die Mauer nicht erst und nur am ›13. August 1961‹ gebaut wurde, sondern historisch bezogen« sei.[127] Damit entspreche man den Erwartungen der »akademischen Jugend« und biete in bekannter aktivistischer Art »auch einen positiven Beitrag zu den Möglichkeiten des Abbaus der Mauer« durch die europäische Integration.[128]

In der Praxis aber diente diese Einbettung weniger einer weiteren historischen Reflexion, sondern der Zuspitzung des Narrativs unter dem letztlich nicht so neuen Motto »Vom 13. August zur Modernen Grenze«. Nichtsdestotrotz sanken in den frühen 1970er Jahren die Besucherzahlen. Dies interpretierte die AG 13. August (erneut) in erster Linie als alarmierende Mauermüdigkeit, der Rückgang dürfte jedoch sicher auch dem Altern ihres bildungspolitischen Ansatzes geschuldet sein. Die AG 13. August bewarb darum intensiv ihr Angebot, »da die Fortdauer der Unterstützung [durch den Berliner Senat und das BMiB] an die Besucherzahl geknüpft ist«.[129]

Im Jahr 1972 erreichte der deutschlandpolitische Wandel endgültig die AG 13. August. Nach dem gescheiterten konstruktiven Misstrauensvotum gegen Willy Brandt geriet der Wahlkampf zur Abstimmung über die Neue Ost- und Deutschlandpolitik. Hildebrandt verschrieb sich nie diesem neuen Kurs, versuchte aber seine Organisation auf die sich abzeichnende Festigung der soziallibera-

126 BStU AdZ, Berlin, HA XXII, 1161/2, 2.
127 BStU AdZ, Berlin, HA XXII, 1161/2, 21; damit sprach er überraschenderweise in einer Sprache, die vor allem die SED zur Legitimierung der Mauer bemühte, drehte diese aber gedanklich ins Gegenteil; vgl. Kap. 3 in Teil I.
128 BStU AdZ, Berlin, HA XXII, 1161/2, 21.
129 BStU AdZ, Berlin, HA XXII, 1161/2, 28.

len Deutschlandpolitik einzustimmen. Bereits im Herbst 1972 legte ein Prüfbericht des BMiB grundlegende konzeptionelle Mängel in der Bildungsarbeit der AG 13. August offen. Hildebrandt wusste um die Relevanz der Beziehung zu Bonn. Die AG 13. August erhielt noch direkte Fördermittel vom BMiB, diese waren aber überschaubar. Das Ministerium baute vor allem auf die AG 13. August als den Bildungsanbieter vor Ort und damit als Hauptziel zahlloser durch Bundes- und Landesmittel geförderter Bildungsreisen nach West-Berlin. Hildebrandt reagierte und versuchte sich mit einer vorgeschlagenen Satzungsänderung in einer Manöverkritik. Darin setzte er nun das Ziel, die AG 13. August solle »unpolemisch und substantiiert« vorgehen.[130] Ein entscheidender Wandel war dabei die Abkehr von der Bekämpfung des Kommunismus zur Rückdrängung seiner Folgen. Hildebrandt wendete sich endgültig vom Primärziel der Abschaffung des SED-Staates ab und stärker Details zu. Das beinhaltete z. B. die Forderung nach dem »Abbau des Schießbefehls und der Minen« sowie das Ziel, über Wege der »Neugestaltung des Verhältnisses beider Teile Deutschlands und durch den Aufbau Europas« zu informieren.[131] Der ehemalige Kämpfer der KgU ging vorsichtig mit der Zeit. Eine Mitgliederversammlung scheint das Papier im Oktober 1972 kontrovers diskutiert zu haben und beschloss, über die Satzungsänderung am 22. November 1972 zu entscheiden, also im Wissen um das Ergebnis der Bundestagswahl.[132]

Hildebrandts Entwurf spiegelte in erster Linie sein persönliches Interesse, mittels einer Art Politikberatung eine Rolle in der Mauergesellschaft zu erhalten, die ihn von einem rein tertiären stärker zu einem sekundären Akteur des Migrationsregimes werden ließ.[133] Dieser Ansatz blieb nicht ohne Kritik. Im Nachklang der Mitgliederversammlung erstellte ein W. Pfennig einen weiter gefassten Entwurf.[134] Dieser schärfte den Wortlaut, wandelte die Erklärung, »unpolemisch und substantiiert« zu informieren, in »sachlich und fundiert« ab und betonte den allgemeinen Auftrag der AG 13. August, sich »mit Problemen und Möglichkeiten der Überwindung

130 BStU AdZ, Berlin, HA XXII, 1161/2, 40.
131 BStU AdZ, Berlin, HA XXII, 1161/2, 40.
132 BStU AdZ, Berlin, HA XXII, 1161/2, 45.
133 BStU AdZ, Berlin, HA XXII, 1161/2, 30-7.
134 BStU AdZ, Berlin, HA XXII, 1161/2, 46.

bzw. Beseitigung« der Mauer zu beschäftigen. Man solle sich dabei aber nicht »auf ein Datum und einen Ort« fixieren und die »internationale Verständigungskrise« in den Blick nehmen. Pfennig mied tunlichst antikommunistische Vokabeln oder gesamtdeutsche Referenzen und unterstrich sogar das Ziel der »schrittweise[n] Überwindung der starren Konfrontation hin zu einer zukünftigen Kooperation«. Der Selbstzweck dieser massiven Umorientierung zeigt sich jedoch in der Forderung, dass Kooperation nur durch Kenntnisse »der speziellen Situation in Berlin und beiden Staaten in Deutschland« möglich sei.[135] Die Aufgabe, diese Kenntnisse zu vermitteln, lag freilich bei der AG 13. August.

Eine Besprechung mit dem Bevollmächtigten des BMiB in Berlin nur drei Tage vor der am 19. November 1972 stattfindenden Bundestagswahl und ein Brief des Ministeriums an Hildebrandt vom 17. November untermauerten den Reformbedarf. Nach der Wahl legte Hildebrandt den Brief den Mitgliedern vor, wohl um nun auch die letzten Skeptiker von einer Blockade der Satzungsänderung abzuhalten.[136] Denn die Bundestagswahl hatte den deutschlandpolitischen Kurs der sozialliberalen Koalition eindrücklich bekräftigt, was auch die AG 13. August zu Anpassungen zwang. Der einstimmig angenommene Kompromiss zwischen beiden Vorschlägen betonte, »sachlich über die Situation an den Grenzen durch Deutschland und Europa« zu informieren, um entgegen der »starren Konfrontation« zu »einer künftigen Kooperation im grösseren europäischen Rahmen beizutragen.« Konkrete Hinweise auf Aktionen zur Abschaffung der Mauer fehlten in der neuen Satzung.[137]

Der Wille dazu verschwand aber nicht aus dem gelebten Programm der AG 13. August. Präsentierte sich die Arbeitsgemeinschaft damit weiterhin vornehmlich als Bildungsanbieter und Aufklärer, also als tertiärer Akteur im Migrationsregime, stieß die praktische Arbeit immer wieder ins Feld der sekundären Praktiken vor. Dies lässt sich am Wandel des Umgangs mit den Soldaten der DDR illustrieren. Die Grenzsoldaten erhielten von jeher die besondere Aufmerksamkeit Hildebrandts, anfangs vor allem in Form von Ap-

135 BStU AdZ, Berlin, HA XXII, 1161/2, 46.
136 BStU AdZ, Berlin, HA XXII, 1161/2, 47.
137 BStU AdZ, Berlin, HA XXII, 1161/2, 48.

pellen, sich dem Schießbefehl zu verweigern oder bestenfalls gar die Waffen fallen zu lassen. Diese Appelle, mit denen die Soldaten der DDR vor allem als passive Botschaftsempfänger behandelt wurden, kamen mit der Zeit seltener vor. Die Soldaten wurden vielmehr zu einer wichtigen Quelle. 1972 kompilierte Rainer Hildebrandt aus Aussagen geflüchteter Volksarmeesoldaten eine »Studie« zur »Realisierbarkeit eines schrittweisen Abbaus des Schießbefehls«.[138] Darin skizzierte er zunächst die Unwahrscheinlichkeit des Entgegenkommens der DDR-Seite, da ein solches ja voraussetze, dass Ost-Berlin offen zugebe, dass die Mauer allein zur Fluchtunterdrückung gebaut wurde. Seine Studie mündete in einer Auflistung von Möglichkeiten, auf das erklärte Ziel hinzuwirken. Hildebrandts Ansatz offenbarte einen neuen Ton konservativer Mauerpolitik: Die Schuld an der Mauer schrieb er nun nicht nur dem Stalinismus, sondern ebenso dem Ost-West-Wirtschaftsgefälle zu. Empirisch kann man seine kurze Studie nicht nennen. Vielmehr sind die wenigen Seiten vor allem mit Vorschlägen gefüllt, wie die Grenze ohne Schießbefehl und Minen abgesichert werden könnte »ohne das Risiko großer Fluchtzunahme«.[139] Seine Überlegungen ließ er sogar der DDR-Regierung und dem Kommandostab der Grenztruppen zukommen. In den Westen gewendet forderte er, jeder schrittweise Abbau von Schießbefehl und Minen solle öffentlich registriert werden. Interessanterweise lag sein Eingehen auf »eine im Wandel begriffene Regierung der DDR« also nicht im Abbau, sondern im Umbau der Abgrenzung.[140]

Solche Ansätze standen jedoch kaum im Einklang mit der Ausstellung oder der praktischen Bildungsarbeit vor Ort. 1973 stellte das BMiB darum die unzureichende Wandelbarkeit der AG 13. August fest und entzog ihr wie anderen konservativen deutschlandpolitischen Initiativen auch weitgehend die Förderung. Ein letzter Zuschuss in Höhe von 30 000 DM sollte helfen, die Arbeitsgemeinschaft noch durch das Jahr 1973 zu tragen, danach lief die Förderung aus. Es zeigte sich nun, dass die AG 13. August im Gegensatz zur immer wiederholten Behauptung keineswegs selbstfinanziert war, auch wenn die vom Staat zugeschossenen Summen

138 BStU AdZ, Berlin, HA XXII, 1161/2, 30-7.
139 BStU AdZ, Berlin, HA XXII, 1161/2, 33.
140 BStU AdZ, Berlin, HA XXII, 1161/2, 33.

im Vergleich zu anderen Organisationen gering ausfielen. Um die Jahreswende 1973/74 geriet sie in eine »existenzbedrohliche Situation«, aus der sie sich nur durch eine öffentliche Kampagne retten konnte.[141] Weithin sichtbar schloss sie die Ausstellung und protestierte in einem Flugblatt dagegen, dass durch ein Unterlassen der Bundesregierung die »Forschung und Information über Unrechtshandlungen und Menschenrechtsverletzungen an den innerdeutschen Grenzen beeinträchtigt« sei.[142] Die scharfe Polemik der AG 13. August richtete sich immer stärker gegen die ihr zu annäherungswillig erscheinende Bundespolitik. Weder der Bund noch die Stadt Berlin hatten eine adäquate Bildungsstätte zur Mauer vorzuweisen, und im Zuge der Annäherung konnten sie ganz sicher keine derartige Institution ins Leben rufen. Beide waren also auf die Bildungspolemik der AG 13. August angewiesen. Und so konnte die AG 13. August letztlich mit Hilfe des Berliner Regierenden Oberbürgermeisters Klaus Schütz Zuschüsse aus der Landeszentrale für politische Bildung gewinnen, die ihre Arbeit für die nächsten Jahre sicherstellte. Eine Modernisierung der Ausstellung folgte, die dann vor allem die europäische Relevanz der Berliner Teilung darstellte, was ja durchaus auch im stadtpolitischen Interesse lag.[143]

Ab Anfang der 1970er Jahre befand sich die AG 13. August in einer Übergangsphase. Sie präsentierte sich zunehmend als Akteur der Flüchtlingsbetreuung und begann, ihre Tätigkeiten in diesem Bereich in öffentlichen Darstellungen stärker zu betonen. Zumindest implizit schloss sie damit an Hildebrandts Vergangenheit als Fluchthelfer an. In den internen Besprechungen spielten diese Aktivitäten allerdings kaum eine Rolle. Zudem fanden diese Bemühungen keine institutionelle Abbildung etwa in der Einrichtung einer Unterkunft oder aktiver Sozialarbeit. Die AG 13. August blieb ein diskursiver Akteur der Mauergesellschaft. Sie sprach das Flüchtlingsthema häufiger an, als die Bundespolitik es mied, und erkannte als eine der ersten Institutionen eine sich abzeichnende Ausreiseantragsbewegung in der DDR. Das brachte ihr zusätzliche Aufmerksamkeit und ermöglichte ihr vor allem ab Ende der 1970er Jahre, neue Kontakte zu potentiellen Referenten aufzubauen, darunter immer wieder Übersiedler, die mit ihren Lebensgeschichten

141 BStU AdZ, Berlin, HA XXII, 1161/2, 52.
142 BStU AdZ, Berlin, HA XXII, 1161/2, 52.
143 BStU AdZ, Berlin, HA XXII, 1161/2, 53.

Besucher in die ohnehin entsprechend dramatisierten Räume leiten sollten.[144]

In der Gesamtschau zeigt sich damit die Ambivalenz der öffentlichen Arbeit der AG 13. August. Sie etablierte einen mächtigen Bilddiskurs und eine scharfe Sprache, die durch die Betonung der Gewalt am konkreten Ort keinen Raum für Ambivalenzen oder feinfühlige Perspektiven auf die sensiblen Sozialzusammenhänge in der Stadt ließen. Zudem beharrte sie darauf, die Weltbedeutung der Mauer und der deutschen Teilung hervorzuheben. Dies funktionierte aber nur in der geteilten Stadt und an der Berliner Mauer. Versuche, ihre didaktischen Ansätze über diese hinauszutragen, liefen bereits an der innerdeutschen Grenze ins Leere. Versuche, ins Feld der sekundären Praktiken vorzustoßen, scheiterten, beförderten aber das Renommee der AG 13. August als Experten über die Mauer und ihre Auswirkungen. Das stärkte in erster Linie ihren Rang als Bildungsanbieter, obwohl ihre Bildungspolemik nicht länger in die bundespolitischen Förderinteressen passte. So prägte die AG 13. August durch Abertausende Besucher ihrer Ausstellung die westdeutsche Wahrnehmung der Mauer und der DDR ganz entscheidend. Sie wurde zur wichtigsten Institution für die Kanonisierung der Mauerbilder und in der Installation einer Ikonografie, die durch eine Betonung von Tod, Gewalt und Gefahr emotional aufrührte und wenig Interpretationsspielraum ließ. Sie formte langfristig das Bildgedächtnis an die Berliner Mauer und überdauerte aufgrund der Geste des »Dokumentierens« auch im sich wandelnden deutschlandpolitischen Diskurs. Satzungsänderungen der Organisation zielten auf eine vorsichtige Adaption im Rahmen des Notwendigen, nicht jedoch auf eine Professionalisierung oder gar Verwissenschaftlichung der Ausstellungspraxis. Als eine der wenigen Institutionen überlebte sie so die gesamte Dauer der Mauergesellschaft – mit weiteren später aufgegriffenen Anpassungen im Laufe der 1980er Jahre – und war darum ein ganz entscheidender diskursiver Akteur der Mauergesellschaft.

Dennoch stehen das Hamburger Hilfswerk der Helfenden Hände und die Arbeitsgemeinschaft 13. August für die Möglichkeiten von Wandel und Kontinuität konservativer Akteure im Lichte der deutschlandpolitischen Veränderungen. Sowohl die am HWHH

144 BStU AdZ, Berlin, HA XXII, 1161/2, 12.

exemplarisch beschriebene Hilfe mit Hintergedanken als auch die Bildungspolemik der AG 13. August kamen mit dem Beginn der deutsch-deutschen Annäherung in Bedrängnis. Das Hilfswerk driftete aufgrund seiner Abhängigkeit von der organisierten Kontaktpolitik der Bundespolitik in die Marginalien der Deutschlandpolitik ab. Anders die AG 13. August: Dank ihrer zentralen Position und Rolle als Bildungsakteur und später auch als Anlaufstelle für konservative Übersiedler wuchs sie trotz finanzieller Krisen weiter. Sie fand breite Unterstützung im Land, gerade weil ein ausreichend großer Teil der Bundesdeutschen die Annäherungspolitik Willy Brandts ablehnte. Nach 1975 entstanden neue, nicht weniger aktivistische konservative Organisationen und Vereine, die sich vor allem nach der Schlussakte von Helsinki einer konservativen Menschenrechtsrhetorik verschrieben. Dabei lernten sie unfraglich viel von der AG 13. August, die aufgrund ihrer Langlebigkeit eine seltene Verbindung des antikommunistischen Aktivismus der frühen und der späten Phase der Mauergesellschaft darstellt. Infolge der Schlussakte von Helsinki 1975 mobilisierte immer weniger die Visualität der Mauer, an die sich selbst viele Berliner zunehmend gewöhnten oder gar in ihrem Schatten alternative Utopien aufbauten.[145] Dafür wurden die Menschenrechte immer wichtiger. Der Angriff galt nun weniger der Mauer selbst als vielmehr den sie stützenden Papiermauern.

145 Sven Reichardt, *Authentizität und Gemeinschaft: Linksalternatives Leben in den siebziger und frühen achtziger Jahren* (Berlin: Suhrkamp, 2014), 515-34.

III. Teil: Menschenrechte
(1975-1989)

1. Erst Begegnung, dann Bewegung: Internationalisierung und Kontrollverlust

Die Bühne der Welt: (Un-)Erwünschte Internationalisierung

Jahrzehntelang kämpfte die SED-Führung für die internationale Anerkennung der DDR. Mitte der 1970er Jahre fuhr sie die Ernte ein. Erstens war die Existenz der DDR nicht länger von der Hand zu weisen. Zweitens gelang es Ost-Berlin und Moskau nach Honeckers Amtsübernahme zunehmend, die politische Abhängigkeit der DDR von der KPdSU zu verschleiern. Drittens entwickelte Erich Honecker als Nachfolger Ulbrichts an der Spitze der Partei einen gemischten Kurs, der einerseits aus einer harten deutschlandpolitischen Abgrenzung bestand, auf dessen Basis sich die SED jedoch zunehmend traute, die DDR teilweise in Richtung Bundesrepublik zu öffnen. Dies beinhaltete unter anderem Reiseerleichterungen, welche die Westseite als Erfolg ihrer eigenen Entspannungspolitik anpreisen konnte, die aber ebenso in der Konsolidierung des Staatswesens der DDR gründeten. Konkret sichtbar wurde die Abhängigkeit der deutschen Staaten voneinander in der beiderseitig ersehnten Aufnahme als Vollmitglied in die UNO. Als sich dieser Schritt näherte, standen die zwei Staaten in regem Kontakt und klärten sogar terminliche Fragen vor der UN einvernehmlich.[1] Denn auch wenn das Vertrauen zwischen den ost- und westdeutschen Staatenlenkern nicht weit reichte, wussten sie, dass die beiden deutschen Staaten nur gemeinsam die internationale Bühne betreten konnten.

Die Vollmitgliedschaft in der UN stärkte das Selbstgefühl auf beiden Seiten, was sich durch die Integration beider Staaten in den KSZE-Prozess weiter steigerte. Erstmals saßen damit deutsche Diplomaten, wenn auch aus unterschiedlichen Staaten, seit Ende des Zweiten Weltkrieges mit den Vertretern anderer europäischer und nordamerikanischer Staaten an einem Tisch, um auf Augenhöhe gemeinsam eine friedenssichernde Grundordnung für Europa zu ersinnen. Dies mündete am 1. August 1975 in der Schlussakte von Helsinki. In drei Hauptsektionen, den sogenannten Körben, gin-

---

1 Siehe z. B. PAAA, MfAA C, HG 2, L 35, 7710, 2 f.

gen die entscheidenden Parteien des Kalten Krieges aufeinander zu:
In Korb I sicherten sie sich unter dem Motto der Vertrauensbildung
die Unverletzlichkeit der Grenzen und der staatlichen Souveränität
der jeweils anderen zu. In diesem Korb, der primär sicherheitspolitische Grundfragen regelte, bekannten sich alle Unterzeichner auch
explizit zu den Menschenrechten. Im zweiten Korb vereinbarten
sie trotz unterschiedlicher Wirtschafts- und Gesellschaftssysteme
Grundlagen wirtschaftlicher Kooperation und der Zusammenarbeit in Umweltfragen. Und schließlich einigten sie sich in Korb
III auf die Zusammenarbeit im humanitären Bereich, was in erster
Linie Erleichterungen für die Bevölkerungen mit sich bringen sollte. Weitere Ergebnisse sollten im fortlaufenden Prozess und bei den
Folgetreffen geklärt werden.

Die Helsinki-Schlussakte ist unfraglich die größte Errungenschaft des internationalen Friedenswillens im Kalten Krieg. Während Kritiker im Westen beklagten, man sei der Sowjetunion zu
weit entgegengekommen, trug die Sowjetunion die Ergebnisse anfangs stolz vor sich her.[2] In der SED gab es Zweifel ob der menschlichen Erleichterungen, da insbesondere der sicherheitspolitische
Kreis um Mielke in diesem Punkt (zu Recht) einen unberechenbaren Spielraum für die Bevölkerung vermutete. Doch offiziell stand
die Partei der zelebrierten Freude der KPdSU nicht nach. Vor allem
die unter dem Minderwertigkeitskomplex eines kleinen Bruders
leidende SED-Führung sah sich nun als gesamteuropäisch relevan-
ter und global wahrgenommener Repräsentant eines souveränen
Staates. Die Parteipresse feierte die Unterzeichnung der Schlussakte in Helsinki am 1. August 1975 als nationalen Erfolg.[3] Das *Neue
Deutschland* meldete auf der Titelseite, dass Staatschefs von 35 Ländern das Dokument unterschrieben hatten. Daneben präsentierte
die Zeitung das Bild des für sie wichtigsten Unterzeichners, Erich
Honecker. In seiner Wochenendausgabe druckte das Parteiorgan
den Volltext der Schlussakte.[4]

2 Für eine ausführliche Reaktion auf den Abschluss siehe Richard Davy, »Helsinki
  Myths: Setting the Record Straight on the Final Act of the CSCE, 1975«, in: *Cold
  War History* 9/1 (2009), 1-22.
3 »Repräsentanten von 35 Staaten signierten die Schlußakte der Konferenz von Helsinki«, in: *Neues Deutschland* (2. August 1975), 1.
4 »Schlußakte der Konferenz über Sicherheit und Zusammenarbeit in Europa«, in:
  Neues Deutschland (2. August 1975), 5-10.

Binnen weniger Jahre hatte die SED-Führung unter Honecker wichtige Ziele erlangt, für die Ulbricht jahrelang erbittert gekämpft hatte. Während sich die Diplomatie der DDR nun auf einem Höhenpfad bewegte, ging es jedoch hinter den Kulissen erst schleichend und dann rasend bergab.[5] Die Mauergesellschaft machte aus dem Erfolg der KSZE einen Bumerang für die SED-Führung. Dieser Prozess dauert 14 Jahre – und damit ebenso lang wie die wechselvolle Phase zwischen dem Mauerbau und der Unterzeichnung der KSZE-Akte. Es gilt darum, der Versuchung zu widerstehen, den größten diplomatischen Erfolg der DDR unmittelbar als den Anfang ihres Endes zu deuten. Vielmehr ist ein langer Prozess zu analysieren, in dem zuvor entstandene Kontakte und Kanäle ihre Wirkung steigerten und ihren Charakter wandelten, je mehr sie mit dem Menschenrechtsbegriff aufgeladen wurden. Es tauchten neue Formen migrantischer und politischer Agency auf, die sich aber oft auf der Grundlage der bereits beschriebenen Praktiken und Erfahrungen entwickelten. Dies konterte der SED-Staat, indem er die Staatssicherheit zu jenem Instrument ausbaute, das aus der Mehrzahl der Forschungsarbeiten bekannt ist. Nun erlangte das MfS die Rolle, die man ihm oft für die gesamte Existenz der DDR zugeschrieben hat. Dementsprechend zeichne ich in diesem Buchteil jenen Aufstieg der »Sicherheit« nach, kontextualisiere ihn anschließend innerhalb der erweiterten Migrationsunterdrückung, um mich letztlich auf die Frage nach der Relevanz der Ausreisebewegung für den Fall der Mauer zuzubewegen. Zur Implosion der DDR führte kein linearer Prozess. Vielmehr erzeugten dynamische Wechselwirkungen aus Staatsfestigung, Repression, immer komplexer werdenden grenzüberschreitenden Verflechtungen und das aggregierte Handeln der Bevölkerung die fatale Erosion.

Ob man die Schlussakte nun als Segen oder Fluch einstufte – nach dem 1. August 1975 war man sich in den meisten Teilen Europas einig: Dieses Dokument würde ein neues Zeitalter einläuten. Prinzipielle Gegnerschaften schienen abzuflauen. So zitierte etwa das Organ der SED, das *Neue Deutschland*, die SPD-nahe *Frankfurter Rundschau*, die wiederum Leonid Breschnews Einschätzung

---

5 Für eine umfassende Darstellung siehe Anja Hanisch, *Die DDR im KSZE-Prozess 1972-1985: Zwischen Ostabhängigkeit, Westabgrenzung und Ausreisebewegung* (München: Oldenbourg, 2012).

teilte, dass »das Schlußdokument von Helsinki ›einen Strich unter die Vergangenheit zieht und mit seinem Inhalt in die Zukunft weist‹«.[6] Wie bereits nach dem Mauerbau lag die Herausforderung für den SED-Staat aber weniger im Konstatieren des Neuen, sondern in der Sicherung der etablierten Ordnung, die unter den Bedingungen scharfer Abgrenzung geschaffen worden war. Dabei unterschätzte die SED-Führung offenbar, dass die Akte nicht nur ihre Stellung auf dem internationalen Parkett verbesserte, sondern ebenfalls ihre Praktiken stärker ins Scheinwerferlicht rückte. Auf das Ringen um internationale Anerkennung folgte internationale Aufmerksamkeit. Davon profitierten gesellschaftliche Kräfte.

Das MfS gewann neue Bedeutung im Machtabsicherungsprozess der SED.[7] Es verstärkte insbesondere seine Überwachung von Individuen im Inland und wuchs zu dem gefühlt omnipräsenten Gespenst der Stasi mit seinem ausgreifenden Spitzelnetzwerk heran. Die Wurzeln hierfür hatte die Trias Honecker – Mielke – Dickel bereits in den Jahren zuvor gelegt. Nun aber intensivierten sich die Herausforderungen an den Geheimdienst, der im Sinne Michel Foucaults durch sichtbare und unsichtbare Überwachung die Disziplinierung der Bevölkerung zu garantieren hatte.[8] Da das MfS aber neben der Ruhe im Staat auch das Gesicht der SED-Führung auf internationaler Bühne zu wahren hatte, musste es seine Techniken der Züchtigung, um in der Sprache Foucaults zu bleiben, in zunehmend subtilen Mechanismen verstecken. In den Augen der Kritiker – und vor allem auch der in der DDR lebenden Zweifler – diskreditierten Überhärten den gesamten Staat und wirkten damit kontraproduktiv. Milde hingegen, so die Furcht des Apparates, zeitigte genau die gleichen Folgen, da dies in den Augen der Hardliner Ausdruck eines schwachen Staates gewesen wäre. Wie stark dabei die Sorgen des SED-Staates um das Thema der innerdeutschen Migration kreisten, zeigt die 1975 erfolgte Gründung

6 »Rede Leonid Breshnews in Helsinki findet einen weltweiten Widerhall«, in: *Neues Deutschland* (2. August 1975), 3.

7 BStU BV Berlin, BdL, 196, 58-63; ebd., Abt. VI, 783 Teil 2, 484-90.

8 Michel Foucault, *Überwachen und Strafen: Die Geburt des Gefängnisses* (Frankfurt/M.: Suhrkamp, 1977); Jan Palmowski, »Staatssicherheit und soziale Praxis«, in: *Staatssicherheit und Gesellschaft: Studien zum Herrschaftsalltag in der DDR*, hg. von Jens Gieseke (Göttingen: Vandenhoeck & Ruprecht, 2007), 253-74.

der Zentralen Koordinierungsgruppe.[9] Mit ihr verlieh sich das MfS erstmals eine Art Rückenmark, das in für Geheimdienste unüblicher Weise Informationen aus anderen Bereichen zusammenführen und auswerten konnte, um das Zentralhirn, das Büro Mielke, über Flucht und Ausreise auf dem Laufenden zu halten und um selbständig entsprechende Gegenmaßnahmen zu koordinieren. Die ZKG war in gewissem Sinne die geheimdienstliche Fortsetzung der Grenzsicherung, die Kontrollinstanz der nach innen gerichteten Papiermauern.

Nach den historischen Unterschriften in Helsinki war noch keine Woche verstrichen, da entwickelte Mielke bereits Strategien zum Schutz der DDR vor der nun erwarteten Wirkung des KSZE-Prozesses. Er ging davon aus, dass »Entspannungsgegner«, »imperialistische Kreise« und »politisch schwankende Personen in der DDR« das Dokument zu ihren Gunsten nutzen würden.[10] Angesichts der »zu erwartenden Veränderungen« und der »neuen politischen Schlußfolgerungen und Aufgaben« forderte er, dass »bei allen Angehörigen und inoffiziellen Mitarbeitern politisch-ideologische Klarheit über die in dem Schlussdokument enthaltenen Konferenzergebnisse erreicht wird«.[11] Übersetzt bedeutete das: Zuerst musste im MfS die »richtige« Interpretation des Dokuments vermittelt werden. Die praktischen Folgen vermutete Mielke in erster Linie im Transitverkehr, weil er glaubte, dieser könnte nun verstärkt zum Import von westlicher Literatur und als Fluchtweg genutzt werden. Er erwartete also eine Zuspitzung in bekannten Problembereichen, nicht jedoch eine komplette Änderung des Migrationsregimes durch Ausreiseanträge der allgemeinen Bevölkerung. In seiner ersten Achtsamkeitsorder nach der Schlussakte erwähnte Mielke allein – und wohl basierend auf Erfahrungen nach dem Grundlagenvertrag – erwartbar lauter werdende Forderungen nach grenzüberschreitenden Eheschließungen. Um die Auswirkungen der Schlussakte zu beobachten, ordnete der Minister eine verstärkte Überwachung von Oppositionellen und Antragstellern an, damit das MfS gemeinsam mit lokalen Parteizweigen »die Lage im

9 Bernd Eisenfeld, »Die Zentrale Koordinierungsgruppe: Bekämpfung von Flucht und Übersiedlung«, in: *Anatomie der Staatssicherheit: Geschichte, Struktur und Methoden (MfS Handbuch)*, Bd. 3, 17 (Berlin: BStU, 1995).

10 BStU AdZ, BV Berlin BdL, 196, 61.

11 BStU AdZ, BV Berlin BdL, 196, 61.

Verantwortungsbereich jederzeit fest im Griff« behielte.[12] Genauere Einblicke erhoffte sich Mielke von ersten zusammenfassenden Einschätzungen, die die Bezirkseinheiten des MfS bis zum 20. August und eine zum 15. September 1975 vorzulegen hatten.[13]

Mielkes Ersteinschätzung rahmte die befehlsgemäß erstellten Berichte.[14] So folgte z. B. Berlin genau seinen Schwerpunktsetzungen und berichtete von »spekulativen Erwartungen« der Bevölkerung, die sich nun Erleichterung bei Besuchen von Westverwandten und auch im eigenen Reiseverkehr erhoffte.[15] Besonderes Augenmerk verlieh man einer Frau, die die Schlussakte als Bekenntnis zu Religionsfreiheit las und nun westdeutsche katholische Periodika wie das *Petrusblatt* in der DDR abonnieren wollte.[16] Erst im September erwähnte der Berliner Bericht erstmals sporadisch das Problemfeld der Ausreise, beschränkte sich jedoch auf Einzelfälle und verzichtete auf eine weitergehende Analyse.[17]

Die Mauer im Ausland überwinden

In der Tat änderten sich die Fluchtversuche ab Mitte der 1970er Jahre. Zum einen lieferte der gesteigerte deutsch-deutsche Besuchsverkehr im Rahmen der »menschlichen Erleichterungen« die Möglichkeiten für Fluchthilfe.[18] Statt Tunneln fürchtete das MfS nun Koffer- und Laderäume. Wie schon nach dem Transitabkommen intensivierte es die Überwachung und Kontrollen, insbesondere an den Transitrouten, in Hotels und an Handelspunkten wie z. B. Restaurants und Intershops.[19] Diese Überwachung war sehr erfolgreich, die Fluchtraten über die eigenen Landesgrenzen bewegten sich konstant auf einem niedrigen Niveau (siehe Tafel 33, S. 535).

---

12 BStU AdZ, BV Berlin BdL, 196, 62.

13 BStU AdZ, BV Berlin BdL, 196, 63.

14 BStU BV Berlin, Abt. VI, 783 Teil 2, 490-2, 493-6.

15 BStU BV Berlin, Abt. VI, 783 Teil 2, 493.

16 BStU BV Berlin, Abt. VI, 783 Teil 2, 492.

17 BStU BV Berlin, Abt. VI, 783 Teil 2, 493.

18 Siehe hierzu ausführlich Marion Detjen, *Ein Loch in der Mauer: Die Geschichte der Fluchthilfe im geteilten Deutschland 1961-1989* (München: Siedler, 2005), 270-84.

19 BStU BV Berlin, Abt. VI, 783 Teil 2, 463-83; ebd., HA IX, 13 165, 14-32.

Tafel 33: Auswanderung aus der DDR, legal und illegal 1961-1988.

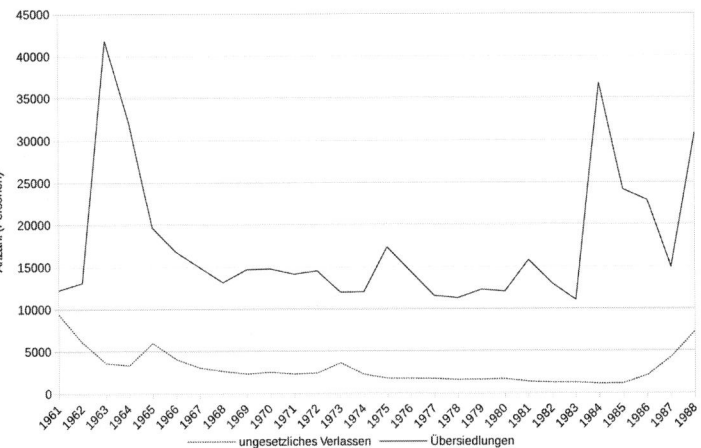

Quelle: BStU AdZ, ZAIG, 27 895, 102.

Die Mauer aber fußte auf der Idee der Undurchdringbarkeit und war in ihrer Existenz von diesem Bild abhängig. Darum machte gerade ihre Seltenheit gelungene Fluchten zu Schwerpunkten der Überwachung des MfS und zu Sensationsgeschichten der westdeutschen Presse. Diese Sensationsberichte verstärkten die Vorstellung der hermetisch verschlossenen DDR, der man nur spektakulär entkam – eine Imago, die ironischerweise der SED-Staat und seine westdeutschen Gegner teilten, auch wenn die einen das als Erfolg, die anderen es als Schreckensbild verstanden.

Dabei ist es unmöglich, die genauen Fluchtzahlen zu ermitteln. Erstens meldeten sich Flüchtende – im Gegensatz zu Ausreisenden – nicht bei den örtlichen Stellen ab, sondern verschleierten ihre Tat bestmöglich. Zweitens waren diese Zahlen auch im MfS nicht nur geheim, sondern sie wurden von verschiedenen Stellen auch unterschiedlich kategorisiert. Die retrospektiv erstellte Übersicht der Zentralen Auswertungs- und Informationsgruppe führte beispielsweise für das Jahr 1979 1604 Fälle »vollendeten ungesetzlichen Verlassens der DDR« auf.[20] Demgegenüber ging die Jahresauswertung der Hauptabteilung IX von einer deutlich geringeren Anzahl aus. Der Planbericht 1979 vermerkte nur 832 derartige Fälle. Er erlaubt aber genauere Einblicke in die Fluchtwege. 1979 fanden demnach lediglich 86 »Ausschleusungen«, also Grenzdurchbrüche mit Fluchthelfern, statt, übertroffen durch 114 eigenständige Fluchten vom Staatsgebiet der DDR und 161 durch andere sozialistische Staaten. Neben 131 ungeklärten Fällen blieb die Nichtrückkehr von Westreisen mit 340 Fällen die häufigste Fluchtart. Diese produzierte aber wesentlich weniger Schlagzeilen als ein spektakulärer Grenzdurchbruch.[21] Ungeachtet dieser Ambivalenzen und trotz aller Aufmerksamkeit in Ost und West blieben diese Migrationsarten quantitativ marginal.

Eher als Legitimationsstrategie der Überwachung denn als Spiegel der sozialen Realität behauptete das MfS 1979, dass der »staatsfeindliche Menschenhandel und andere Angriffe auf die Staatsgrenze« eine unverändert große Rolle spielten. Um diesen Themenkomplex sei es 1979 bei 60 % aller bearbeiteten Beobachtungsvorgänge gegangen. Das MfS verwies also auf seine eigenen Beobachtungen als Beweis dafür, dass das beobachtete Phänomen zugenommen habe. Allerdings gingen bereits 1978 die Verhaftungen von Fluchthelfern um fast 50 % zurück.[22] Dies setzte sich 1979 fort. Der Grund hierfür lag darin, dass diese ihre Tätigkeiten in Gebiete anderer sozialistischer Staaten verlagerten, in denen sich für Touristen aus der DDR neue Fluchtmöglichkeiten eröffneten. Die Kontrolle der Flucht internationalisierte sich und erweiterte sich von der innerdeutschen Grenze und den Transitstrecken auf andere Grenzzonen des Warschauer Pakts.[23] Die SED benötigte also nicht nur ihre eigenen Papiermauern in der DDR, sondern auch eine Form der, nach Aristide R. Zolberg, »remote border control«.[24]

20 BStU AdZ, ZAIG, 27 895, 102.
21 BStU AdZ, HA MF, 11 787, 19.
22 BStU AdZ, HMF, 11 787, 18.
23 BStU AdZ, HA IX, 8591, 46 f.
24 Aristide R. Zolberg, »Matters of State: Theorizing Immigration Policy«, in: *The Handbook of International Migration: The American Experience*, hg. von Charles Hirschman (New York: Russell Sage Foundation, 1999), 75 f.; ebenso in ders., »The Great Wall Against China: Responses to the First Immigration Crisis, 1885-

In der Umkehrung von Zolbergs Konzept, mit dem er die Einwanderungskontrolle in fernen Konsulaten und an fernen Häfen als Bestandteil amerikanischer Bevölkerungspolitik beschreibt, intensivierte das MfS nun seine Bemühungen der Auswanderungskontrolle durch Kooperation mit verlässlichen Institutionen in potentiellen Fluchtländern.

Seit 1972 waren die Tschechoslowakische Sozialistische Republik und die Volksrepublik Polen die einzigen Staaten, in die DDR-Bürger visafrei reisen konnten.[25] Während dies für Polen 1980 zurückgezogen wurde, blieb die Regelung für die ČSSR bestehen. Wegen des Abkommens reisten 1975 (633 895 Personen) fast zehnmal so viele DDR-Bürger in die ČSSR wie noch 1970 (77 419 Personen). Die DDR-Bevölkerung entdeckte den Auslandstourismus. So blieb anfangs der 1980er Jahre auf ungefähr gleichem Niveau die ČSSR das beliebteste Auslandsziel, weit abgeschlagen folgten die UdSSR mit ca. 250 000 und Ungarn mit ca. 100 000 jährlichen Reisen von DDR-Bürgern.[26] Diese Reiseaktivität machte nicht nur Botschaften und Flughäfen in der Tschechoslowakei, sondern auch deren lange Grenze zur Bundesrepublik und Österreich zu einem sekundären Fluchtort. Angesichts dessen vereinbarten die HA VI des MfS und das Innenministerium der ČSSR 1978 eine weitreichende Zusammenarbeit im Grenzverkehr. Der Schwerpunkt lag auf der Fahndung nach Gesetzesübertretern und der Verhinderung von Fluchten.[27] Die Unterbindung der Fluchten von DDR-Bürgern wurde damit auch zu einer Aufgabe des tschechoslowakischen Innenministeriums. Mit den anderen Staaten des Warschauer Pakts konnten ähnliche Abkommen geschlossen werden, was dem MfS direkte Kanäle in diese Länder öffnete.[28] Dabei hob es insbesondere

1925«, in: *Migration, Migration History, History. Old Paradigms and New Perspectives*, hg. von Jan Lucassen und Leo Lucassen (Bern: Peter Lang, 2005), 291-315.

25 BStU AdZ, HA VI, 21 468, 33 f., Zusatzprotokoll, 30. März 1978.

26 Statistisches Amt der DDR (Hrsg.), *Statistisches Jahrbuch der Deutschen Demokratischen Republik*, Bd. 35 (Berlin [Ost]: Rudolf Haufe Verlag Berlin, 1990), 337; vom Reisebüro der DDR vermittelte Auslandsreisen von DDR-Bürgern ohne Jugendreisen durch das Reisebüro der FDJ »Jugendtourist«.

27 BStU AdZ, HA VI, 21 468, 12-20, insbes. Art 4, 17-19.

28 Siehe hierzu auch Christian Domnitz, *Kooperation und Kontrolle: Die Arbeit der Stasi-Operativgruppen im sozialistischen Ausland* (Göttingen: Vandenhoeck & Ruprecht, 2016).

die Relevanz der Zusammenarbeit mit der ČSSR und der Volksrepublik Ungarn immer wieder hervor.[29]

Mitte der 1980er Jahre stieß das Abkommen jedoch an seine Grenzen. Die HA VI stellte kurz vor dessen Auslaufen 1985 in einer Studie fest, dass aufgrund des hohen Verkehrsaufkommens zwischen der ČSSR und der DDR eine verlässliche Fahndung nicht länger funktioniere. Die HA VI schlug vor, entweder die Möglichkeit des visafreien Verkehrs für DDR-Bürger zu überdenken, oder das MfS solle unabhängiger von den Grenzkontrollen der ČSSR handeln können müssen.[30] Wissend, dass die SED-Führung es sich kaum leisten konnte, den visafreien Verkehr infrage zu stellen, verlangte die HA VI nach mehr Einschränkungen oder nach mehr Macht, am besten auch nach eigenen Operationen auf tschechoslowakischem Boden. Dabei ist jedoch zu beachten, dass der Tourismus zwischen der DDR und der ČSSR gar nicht zunahm. Er sank 1985 vielmehr kurzzeitig auf 531 070 Reisen, wohl vor allem weil Reiseerleichterungen in die UdSSR (zwischen 1980 und 1985 ein Anstieg um 40,8 %) und nach Ungarn (ein Anstieg um 47,9 % im selben Zeitraum) den DDR-Bürgern neue und fernere Reiseziele öffneten.[31] Was jedoch anstieg, war der Ausreisewille und die Fluchtbereitschaft der DDR-Bevölkerung. Darum sollte vor allem die Zollfahndung an der Grenze zur ČSSR in die Kontrolle potentieller »Republikflüchtiger« eingebunden werden.[32] Die nachfolgenden Versuche blieben mäßig erfolgreich. Mitte der 1980er Jahre stieg sowohl die Anzahl der Fluchten über Drittländer als auch die des Verbleibens im Westurlaub deutlich an (siehe Tafel 33, S. 535). Die touristische Teilöffnung der DDR stellte die SED vor das Problem, der Bevölkerung zur Beruhigung Auslandsreisen ermöglichen zu müssen, dadurch aber Fluchtmöglichkeiten zu schaffen. Doch wie die Fluchten über die innerdeutsche Grenze blieben auch diese Zahlen bis 1989 im einstelligen Tausenderbereich und damit numerisch marginal im Vergleich zu den Ausreiseanträgen.

---

29 Vgl. z. B. BStU AdZ, HA IX, 8951, 11 f.
30 BStU AdZ, HA VI, 21 468, 293-305, insbes. 302-4.
31 Statistisches Amt der DDR, *Statistisches Jahrbuch der Deutschen Demokratischen Republik*, Bd. 35, 337.
32 BStU AdZ, HA VI, 21 468, 293-305, insbes. 302-4.

Bei den Ausreiseanträgen zeichnete sich im Frühjahr 1976 ein grundlegender Wandel ab. Aus den internationalen Vereinbarungen, von den UN-Dokumenten bis zur KSZE-Schlussakte, leiteten die Antragsteller nun vermehrt Rechtsansprüche ab. Sie lasen vor allem die KSZE-Schlussakte als Zusage des SED-Staates an das eine für sie zentrale Menschenrecht: das Recht, das eigene Land zu verlassen. Das MfS monierte, die Antragsteller legten die Konferenzergebnisse »prinzipiell zu ihren Gunsten« aus. Zudem ließe »sich eindeutig erkennen, daß ein gründliches Studium vorgenommen wurde«.[33] De facto sagte die KSZE-Schlussakte nur eine gutwillige Prüfung von Reiseersuchen zu. Sie besaß keine direkte Rechtskraft und die Unterzeichnerstaaten waren angehalten, sie in eigener Form umzusetzen. In der Folge war es ein diplomatischer Streitpunkt, inwieweit die DDR dem nachkam. Ähnlich verhielt es sich spätestens nach dem Beitritt der DDR zur UN 1973 mit der Berufung auf Art. 13(2) der Allgemeinen Erklärung der Menschenrechte. Für die DDR-Bürger oder andere Individuen gab es keinen etablierten internationalen Klageweg, um die Menschenrechte oder die Implementation der KSZE-Schlussakte in ihrem Sinne einzufordern. Darüber hinaus kriminalisierte der SED-Staat vor allem durch die Paragrafen zu staatsfeindlicher Hetze (§ 106 StGB der DDR) sowie ungesetzlicher Verbindungsaufnahme (§ 219 StGB der DDR) bereits die Kontaktaufnahme mit der UN oder anderen Institutionen.

Und dennoch wurde die Berufung auf diese Rechte zu einem Topos. Gerade das mangelnde Wissen um die schwache rechtliche Position der Dokumente stärkte das Selbstbewusstsein der Antragsteller. Sie nahmen den Wortlaut der ihnen genehmen Passagen für bare Münze und ignorierten die komplizierten rechtlichen Geltungsverhältnisse internationaler Dokumente. Die Schwäche der Menschenrechte, so kann man festhalten, wurde durch das mangelnde Wissen um diesen Geburtsfehler zu einer Stärke.[34] Den Antragstellern war klar, dass sie nicht ein Rechtsverfahren führten. Sie erhofften sich individuelle Zugeständnisse durch den

---

33 BStU BV Berlin, Abt. VI, 783 Teil 2, 493 f.
34 Vgl. Samuel Moyn, *The Last Utopia: Human Rights in History* (Cambridge/Mass.: Harvard University Press, 2010), 176, 181 f.

unerwünschten Staat. Immer wieder argumentierten sie auf der Basis der Schlussakte als Rechtsdokument, um dem SED-Staat die Internationalität des eigenen Ersuchens vorzuführen. Sie schufen sich dabei aber vor allem Argumente in einem außerrechtlichen Verfahren. Dies bedeutete einen entscheidenden Wandel der Antragsschreiben und der Antworten. Die Beteiligten beider Seiten simulierten eine Rechtssprache: Die Antragsteller nutzten die Sprache der Menschenrechte, und der Staat zog sich auf Rechtsbegriffe zurück, die deren legitime Einforderung verwehrten. Letztlich wurden so aber keine Rechtszustände verhandelt, sondern Macht und Moral.[35] Die Deutungen, Methoden und Konflikte formten die Geschichte der Mauergesellschaft zwischen 1975 und 1989, weswegen sie sich als roter Faden und in zahlreichen Wandlungen durch die nächsten Teilkapitel ziehen.

Das Insistieren auf einer Sprache der Rechte ohne ein primär juristisches Ziel führte den SED-Staat in eine Zwickmühle, da er vor den Augen der Weltöffentlichkeit Gesetze einführen oder erhalten musste, die internationalem Recht widersprachen (so v. a. § 213 StGB der DDR). Der Ausweg war ein bekannter: die Schuld beim »Gegner« suchen und die explizit individuellen Anträge damit entindividualisieren. Schon früh interpretierte das MfS die Methode, sich auf internationale Dokumente zu beziehen, als eine durch den Westen, insbesondere durch das BMiB gesteuerte Praxis, da die Anträge »in ihrem Inhalt, ihrer Begründung und den Adressaten immer uniformierter« würden.[36] Damit lag das MfS zu einem Teil nicht falsch, zum anderen jedoch gänzlich daneben. Es ist frappierend, wie stark sich die Anträge ab 1975 in Form, Stil, Länge und vor allem Argumentationsart anglichen. Dies geschah jedoch nicht durch eine zentrale Weisung oder unter Federführung fremder Mächte, sondern dezentral, durch grenzüberschreitende Inspiration, aber sehr lokale Praktiken. So entstand ein sich ausweitendes Wissenssystem, in dem die Antragsteller ihre Techniken der Verrechtlichung den staatlichen Techniken der Züchtigung entgegenstellten und damit nicht nur ein Begehren einforderten, sondern vor allem die herrschende Macht infrage stellten. Dieser Prozess ist ein essentieller Bestandteil der bislang vor allem institutionell

---

35 Siehe z. B. div. Anträge in BStU AdZ, HA II, 35 038 und weitere im Laufe des Buchteils erwähnte Quellen.
36 BStU AdZ, HA IX, 13 165, 33.

interpretierten Geschichte der Menschenrechte. Auf der Grundlage einer Sprache der Menschenrechte schufen die je individuellen Bestreben ein Epistem der Menschenrechte, das durch die Einforderung von Rechten Wirkung zeitigte, ohne dass sich die Fordernden dabei aber auf auch vom Staat akzeptierte Rechtszustände berufen konnten. Das MfS versuchte darauf zu reagieren, indem es die Antragsteller als potentielle Agenten des Westens behandelte – und so die Tür zur Strafverfolgung dieser Personen öffnete.[37] Während die Kriminalisierung der Antragsteller bereits in den Regelungen der 1960er Jahre angelegt war, entwickelten sie sich Ende der 1970er Jahre zum System. Mit dem Aufkommen der massierten Antragstellung ab 1976 änderte sich der Sprachgebrauch, mit dem endgültigen Übergang der Ausreisebearbeitung durch den Staat von der repressiven Verwaltung des MdI zur aktiven Rückdrängung des MfS. Ab 1977 wurden aus den Ersuchen »nicht Antragsberechtigter« »rechtswidrige Anträge auf ständige Ausreise«.[38] Auf diese Weise wurde nicht nur festgeschrieben, dass die breite Bevölkerung schlicht über kein Antragsrecht verfügte, sondern der Versuch selbst wurde – zumindest sprachlich – kriminalisiert. Zwar führte der SED-Staat nie einen Straftatbestand »Ausreiseantragstellung« ein, er nutzte aber die vielen Gummiparagrafen des Strafgesetzbuches zu genau diesem Zweck.

Das entging auch dem westlichen Blick nicht. Die CDU verlangte 1980 im Bundestag in einer Großen Anfrage Aufklärung zur Umsetzung der Schlussakte von Helsinki.[39] Als Antwort meldete das Gesamtdeutsche Institut an das BMiB erstens die ihm bekannten Verhaftungen der letzten Jahre und schlussfolgerte, die DDR reagiere auf Anträge zunehmend mit strafrechtlichen Konsequenzen. Denn neben den Paragrafen zur öffentlichen Herabwürdigung (§ 106 und § 220 StGB der DDR) käme neuerdings jener bezüglich der Beeinträchtigung staatlicher oder gesellschaftlicher Tätigkeit (§ 214 StGB der DDR) vermehrt zur Anwendung. Dieser sei zuvor

---

37 Bernd Eisenfeld, »Die Kriminalisierung der Antragsteller auf Ausreise«, in: *Recht und Rechtsprechung in der DDR? Vorträge in Der Gedenkstätte »Roter Ochse« Halle (Saale)*, hg. von Sachsen-Anhalt, Ministerium des Innern (Magdeburg: Ministerium des Innern des Landes Sachsen-Anhalt, 2002), 63-76.

38 Siehe v. a. BArch Berlin, DO 1, 64235, Verordnung 34/77.

39 BT-Drucks. 8/4480, Große Anfrage der Fraktion der CDU/CSU vom 15. September 1980.

»praktisch ohne jede Bedeutung« gewesen, diene nun aber der Verfolgung von »Hartnäckigen«, die sich auf die KSZE-Dokumente stützten.[40] Mit der Anwendung dieser Paragrafen verstieß die DDR gegen die Schlussakte. Die Regierung Schmidt war aber um einen Ausgleich mit dem SED-Staat bemüht und war in puncto kritische Diskussion um die Ausreise noch deutlich zurückhaltender als die Vorgängerkabinette Willy Brandts. So versandete die Anfrage. Wie schon in anderen brisanten deutschlandpolitischen Fällen (in den 1960er Jahren wohlgemerkt mit anderen bundespolitischen Machtverhältnissen) scheint man sich hinter verschlossenen Türen geeinigt zu haben. Die Bundestagsdatenbank führt die CDU-Anfrage noch heute als »nicht abgeschlossen«, und der Vorgangsablauf listet nur die Anfrage selbst, aber keine Antwort auf.[41] Seiner öffentlichen Verantwortung kam der Bundestag so kaum nach.

Nichtsdestotrotz verschärfte die internationale Entspannung die Lage in der DDR.[42] Noch im Herbst 1974 hatte Erich Mielke sein Ministerium auf Menschenhandel (§ 105 StGB der DDR) und Republikflucht (§ 213 StGB der DDR) – also Fluchthilfe und Flucht – ausgerichtet.[43] Doch bald stellte sich heraus, dass die internationale Verflechtung der DDR weniger den »Menschenhandel« inspirierte als Unmutsäußerungen in der Gesellschaft – und dazu gehörte in letzter Konsequenz eben auch die Forderung, das Land verlassen zu können. In der Zeit von Sommer 1975 bis Sommer 1976 verschob sich langsam der Fokus des MfS auf Ausreiseanträge, Maßnahmen folgten dann 1977. Dieser Aufmerksamkeitswandel der »Sicherheit« lag an zwei Faktoren. Erstens stieg unter den Antragstellern der Anteil von Personen im arbeitsfähigen Alter und deren Kinder »erheblich« auf 69 % an.[44] Zweitens wendete sich ein wachsender Anteil unter Bezug auf internationale Abkommen an internationale Organisationen und verkündete unverhohlen seine »ablehnende

40 BArch Koblenz, B 285, 952, BFGA IV2 an BMiB I 2, 3. November 1980.
41 Vgl. Deutscher Bundestag, »DIP Extrakt, ID: 8-212276«, online verfügbar unter: ⟨http://dipbt.bundestag.de/extrakt/ba/WP8/2122/212276.html⟩ (Stand März 2019).
42 Für eine frühe Reflexion zum Thema siehe A. James McAdams, *East Germany and Detente: Building Authority after the Wall,* (Cambridge: Cambridge University Press, 1985).
43 BStU AdZ, HA XVIII, 21 890, 4-7.
44 BStU AdZ, HA IX, 4785, 146 f.

Haltung gegenüber der sozialistischen Staats- und Gesellschafts-ordnung«. Die Antragsteller befolgten dabei, so das MfS, Anwei-sungen des westlichen Gegners.[45] Das gelte insbesondere für jenen »erhebliche[n] Teil«, der gar nicht erst versuchte, sich auf Familien-zusammenführung zu berufen, sondern seinen rein frustbedingten Migrationswillen offen einräumte.[46] Die Rücknahmequote für Aus-reiseanträge lag hingegen bei spärlichen 6 %.[47] Die Anträge stapelten sich, ihr Stil verschärfte und vereinheitlichte sich, und die Argumen-tation internationalisierte sich – hier tickte eine Zeitbombe.

Als besonders besorgniserregend erachtete das MfS die Zunah-me der schwer kontrollierbaren Kontakte durch deutsch-deutsche Tourismusreisen und Verbindungen, die ausgereiste oder geflohene Verwandte und Ehepartner aufrechterhielten.[48] Diese sogenannten Rückkontakte nahmen zwangsläufig zu – und zwar gerade dann, wenn das MfS missliebige und schwer kontrollierbare Personen als »besonders hartnäckige Antragsteller« ausreisen ließ, um den Druck auf lokale Behörden etwas zu mindern.

Das MdI betonte in einem Bericht im Januar 1976 einerseits, dass trotz der ersten spürbaren Auswirkungen der KSZE-Schluss-akte die bestehenden Regeln »keiner Änderung« bedürften, schlug andererseits aber Änderungen der Praxis vor, demnach nun nicht nur »echte humanitäre Fälle [...] nach wie vor realisiert werden« sollten, sondern eben auch vermehrt »Hartnäckige, Querulanten, Kriminelle und feindlich-negative Personen [...] zur Vermeidung von politischem Schaden für die DDR« ausreisen dürften.[49] Dar-aus erwuchsen Folgeprobleme, da der SED-Staat in jedem Rück-kontakt Abwerbung und damit potentielle Feindestätigkeit sah. In einer handschriftlichen Betrachtung meinte ein Mitarbeiter der HA XX Ende der 1970er Jahre beispielsweise »massive Hetze [von] Personen« beobachten zu können, »die bereits übergesiedelt sind«. Antragsteller würden diese Hetze mit Briefkampagnen bestärken und die Ausgereisten gar zu »Freiheitskämpfern und Märtyrern« verklären. Neben im Westen wohnenden Verwandten unternäh-men sie eine »besonders aktive Beeinflussung von DDR-Bür-

45 BStU AdZ, HA IX, 4785, 146 f.
46 BStU AdZ, HA IX, 4785, 142.
47 BStU AdZ, HA IX, 4785, 143.
48 BStU AdZ, HA IX, 4785, 146.
49 BArch Berlin, DO 1, 17 286, 9.

gern«.[50] Auf einer Dienstkonferenz aller MfS-Abteilungsleiter im März 1980 hob die HA IX hervor, dass man die zahlreichen Angriffe »von außen« auf die DDR-Staatsbürgerschaft kontern müsse.[51] Was aber folgte daraus? Im Feindesdenken verhaftet, blieb dem MfS allein der Ruf nach Abschottung und der Griff nach mehr Macht. So forderte die in erster Linie für strafrechtliche Ermittlungen zuständige HA IX die anderen Hauptabteilungen zu konzentrierten Maßnahmen auf, um sowohl private Ost-West-Kontakte als auch die Arbeit von »antisozialistischen Emigrantenorganisationen« sowie »Renegaten, Verräter[n] und Überläufer[n]« zu unterbinden, um die Sicherheit in Europa zu gewährleisten.[52] Vor allem aber müsse man die inneren Feinde genau identifizieren und dürfe ihnen »keine Zustimmung zu Entlassung aus [der] Staatsbürgerschaft« erteilen, denn man »kann nicht [damit] rechnen, daß solche Fälle durch Übersiedlung gelöst werden!«[53]

Bezeichnend für die damalige Situation ist, dass das MfS unter »inneren Feinden« sowohl die Antragsteller als auch die sich formierende Oppositionsbewegung im Lichte der Biermann-Ausbürgerung in einer Bedrohungskategorie zusammenfasste. Die Schnittstelle zwischen beiden war für die HA IX die im Herbst 1976 gewonnene Erkenntnis, dass nach der KSZE die »Kontakttätigkeit und ihre Wirkungen in den Untersuchungsvorgängen zunimmt«.[54] Damit meinte die HA IX in erster Linie private Kontakte, die aus der Bundesrepublik heraus »kleinbürgerliche Denkweisen, insbesondere einseitiges Besitzstreben bei DDR-Bürgern« motiviere, indem sie Publikationen und »Propagandamaterial«, z. B. Schreiben von Amnesty International, verbreiteten oder bei Besuchen »im Intershop erworbene Gegenstände einfach auf den Tisch legten«. Vor allem ausgereiste Personen, die das Notaufnahmeverfahren durchlaufen hatten, unterlägen der Steuerung durch westliche Geheimdienste und verführten Bürger der DDR nun vermehrt »zum ungesetzlichen Verlassen oder der Antragstellung auf Entlassung aus der Staatsbürgerschaft«.[55]

50 BStU AdZ, HA XX, 14 458, 3 f.
51 BStU AdZ, HA IX MF, 11 787 [6].
52 BStU AdZ, HA IX, 4785, 26-30.
53 BStU AdZ, HA IX MF, 11 787 [6].
54 BStU AdZ, HA IX, 13 165, 33.
55 BStU AdZ, HA IX, 13 165, 33 f.

Bei diesen Anträgen ist eine sich ausweitende Dynamik erkennbar – vom ersten Lokalschreiben zur international adressierten Beschwerde. In den Erstanträgen, die oft an den Rat des Kreises gerichtet waren, leiteten die meisten Antragsteller die Legitimität ihres Vorhabens ausführlich aus nationalem Recht und internationalen Dokumenten ab. Erwartbar scheiterten sie damit. In kürzerer und immer schärferer Version wiederholten die Antragsteller dann ihre Argumentation. Zudem begannen die meisten Antragsteller, den Antrag immer weiter im Staat zu streuen. Denn einerseits war der Antrag immer bei den Abteilungen Innere Angelegenheiten der Räte der Kreise zu stellen, allerdings wussten die Antragsteller dies aufgrund der Geheimhaltung der Regeln nur per Hörensagen. Da lokale Stellen die Anträge meist direkt abschmetterten und keine Auskünfte über die Bearbeitung geben durften, wendeten sich Antragsteller an immer mehr staatliche Stellen. Das MdI und das MfS sprachen dabei von »wiederholt vorgebrachten« bzw. »aktiv verfolgten« Ausreiseanträgen. Aufgrund des steigenden Frusts mehrten sich zudem insbesondere ab Anfang der 1980er Jahre Anträge, die nicht nur an die Organe in der DDR, sondern auch an internationale Organisationen gesendet wurden oder die ein solches Unterfangen ankündigten. Dabei gab es zwei – später genauer zu betrachtende – Optionen. Zum einen das stille individuelle Klageschreiben: Man wendete sich z. B. an die UN-Menschenrechtskommission; zum anderen die seltener genutzte, weil ungleich riskantere Strategie, dem eigenen Begehren durch Öffentlichkeit in westdeutschen Medien Nachdruck zu verleihen. Beides war nach verschiedenen Paragrafen strafbar. Allerdings muss man hier Möglichkeiten und Praktiken voneinander trennen. Wenn das MfS 1981 feststellte, dass es seit 1976 bereits gegen 294 DDR-Bürger wegen international betriebener Ausreisesuchen ermittelt hatte, ist dies angesichts der Quantität der Anträge eine relativ geringe Zahl.[56] Gesellschaftlich aber hatten diese Fälle enorme Folgen. Denn anfangs scheint den Antragstellern die Strafbarkeit ihres Vorgehens gar nicht bekannt gewesen zu sein. Der Großteil der Strafverfolgten, stattliche 87 %, hatte die Anschreiben unmittelbar an UN-Einrichtungen gerichtet, lediglich die restlichen 13 % hatten versucht, ihre Spuren z. B. über andere sozialistische Staaten oder westdeutsche Ansprechpartner zu

56 BStU AdZ, HA IX, 3021, 21 f.

verwischen, indem sie ihre Anträge über andere sozialistische Staaten oder westdeutsche Ansprechpartner einreichten.[57] Im Laufe der Zeit lernten die Antragsteller aber zunehmend, dem Briefwesen zu misstrauen und suchten nach Umwegen, z. B. indem sie vom Auslandsurlaub aus ihre Briefe als Grußpost getarnt an westliche Verwandte schickten, die sie dann entsprechend weiterleiten sollten.[58]

Das MfS erklärte sich diese Internationalisierung nicht durch die Verzweiflung der Antragsteller, sondern wähnte die westdeutsche »Menschenrechtsdemagogie« der Bundesregierung oder Organisationen wie die IGfM hinter dieser Entwicklung.[59] Auch wenn der direkte Effekt solcher Briefe fraglich ist, verhallten die Beschwerden nicht ungehört. Der stete Strom zog Aufmerksamkeit auf die DDR. Sehr zur Empörung der SED-Führung widmete sich die UN-Menschenrechtskommission auf ihrer 37. Sitzung am 26. und 27. Februar 1981 den eingegangenen Einzel- und Gruppenanfragen. Ohne Sanktionsmittel und mit milder Sprache stellte eine von der Kommission verabschiedete Resolution in grober Untertreibung fest, »daß Bürger der DDR, die ihr Land verlassen oder Ausländer heiraten wollen, ›Schwierigkeiten haben‹«, und forderte den SED-Staat auf, bis zur nächsten Sitzung weitere Informationen bereitzustellen. Dies überschritt bereits die Toleranzgrenze der um ihr Ansehen schwer besorgten DDR-Führung. Das MfS wies diese angeblich von »Verleumdungen« geprägte und auf Betreiben der Bundesrepublik und der USA entstandene Abschlussresolution von sich. Anstatt das Thema zu adressieren, versorgte es das Ministerium für Auswärtige Angelegenheiten mit »Fakten- und Beweismaterial«, um die Glaubwürdigkeit des »gegen die DDR verwendeten Beweismaterials« zu untergraben.[60] Zudem straffte es nach der außenpolitischen Bloßstellung die innenpolitische Bearbeitung und führte solche Kontaktaufnahmen in einer »zentral koordinierte[n] und schwerpunktmäßige[n] Bearbeitung« zusammen.[61] Es verschärfte also die Repression und die Verfolgung der Kontaktaufnahme mit internationalen Organisationen.

57 BStU AdZ, HA IX, 3021.
58 Als Kontaktpolitik gewertete, abgefangene Briefe z. B. in BStU AdZ, HA IX, 3209, z. B. 1-35, 180-7.
59 BStU AdZ, HA IX, 3021, 24.
60 BStU AdZ, HA IX, 3021, 24.
61 BStU AdZ, HA IX, 3021, 24.

Während also das MfAA die Internationalisierung der DDR als diplomatischen Erfolg feierte, betonte das MfS ausschließlich die negativen Folgen für die eigene Machtsicherung. In den ersten Berichten nach August 1975 konzentrierte sich die »Sicherheit« noch auf »Angriffe« aus der Bundesrepublik. Anfang August hatten die Zeitungskommentare die Schlussakte von Helsinki als einen neuen »Kodex für die friedliche Koexistenz« gelobt.[62] Doch als sich die Bevölkerung dessen Sprache zu eigen machte, suchte das MfS die Schuldigen im weiteren Ausland. In den Monaten nach August zeichnete das MfS zunehmend das Bild einer internationalen Einkreisung. In einer Zusammenfassung der Erkenntnisse im Juli 1977 konstatierte die ZKG Angriffe durch den gesamten »Imperialismus gegen die sozialistische Staatengemeinschaft unter Ausnutzung der Schlußakte der KSZE«.[63] Dieser mobilisiere zunehmend Korb III, um »Druck auf die sozialistischen Staaten auszuüben«.[64] Die Bundesrepublik konzentriere sich auf Familienzusammenführungen und Kontakte, Frankreich suche einen stärkeren kulturellen Austausch und Kontakte im Bildungswesen, Italien setze sich für Reiseerleichterungen ein und auch Großbritannien strebe intensivere Beziehungen an. Diese Kontakte, zitierte das MfS warnend den ehemaligen Minister für innerdeutsche Beziehungen Egon Franke, würden »ein weiteres Auseinanderleben der Deutschen in Ost und West verhinder[n]«. Daher werde Bonn in den nächsten Jahren Korb III »absoluten Vorrang einräumen« zum Zwecke eines »einheitlichen Nationalgefühls« und »Zusammengehörigkeitsgefühls« im Dienste der Wiedervereinigung.[65] Das Tor zu dieser unerwünschten Entwicklung stieß dabei ein sichtbarer Kontrollverlust auf. Sowohl die Ausreiseanträge als auch Fälle wie die Ausbürgerung Wolf Biermanns und die Selbstverbrennung des evangelischen Pfarrers Oskar Brüsewitz in Zeitz im August 1976 ließen, in den bemerkenswerten Worten des MfS, westliche Beobachter schlussfolgern, dass »die DDR nicht imstande sei, die Konsequenzen aus der KSZE-Schlußakte, besonders des TOP 3 [gemeint ist Korb IIII], für die innere Lage unter Kontrolle zu halten. Die Führung der DDR

---

62 Siehe die auf zentrale Weisung verfassten Kommentare z. B. in *Neues Deutschland*, *Neue Zeit* und *Berliner Zeitung* am 4. August 1975.

63 BStU AdZ, HA IX, 4785, 1.

64 BStU AdZ, HA IX, 4785, 4.

65 BStU AdZ, HA IX, 4785, 10.

befinde sich in dem Dilemma, daß sie einerseits die Entspannung befürworte, daß sie jedoch andererseits durch die Entspannung anfälliger werde für das Ideengut des Westens, besonders der BRD und der Sozialdemokratie.«[66] Das MfS befürchtete also, dass der anfangs gefeierte KSZE-Prozess durch rechtskonservative Kräfte in der BRD »in eine ›Stätte der Anklage‹« verwandelt werde.[67]

Damit entstand eine Dynamik, die die DDR bis zu ihrem Ende prägen sollte. Die Antragsteller begriffen die Menschenrechte als ihre individuellen Rechte und luden auf dieser Grundlage ihre sehr persönlich gehaltenen Antragsschreiben mit einer Rechtssprache auf, um ihrem Ersuchen Legitimität zu verleihen.[68] Angesichts ihrer Rechtlosigkeit vor der Migrationsverwaltung der DDR schien dies ihnen der einzige Weg zu sein, um ihre überwiegend absichtlich privat gehaltenen Ersuchen zu internationalisieren und zu politisieren – eine Praxis, die die Kohl-Regierung im Gegensatz zu ihren schweigsamen sozialliberalen Vorgängern auch offen moralisch unterstützte.[69] Dieser internationale Bezug bekräftigte dann allerdings die Institutionen des SED-Staats in ihrem Zerrbild, dass die Anträge auf einen äußeren Gegner und eine »feindliche Kontaktpolitik« zurückgingen. Den Kampf dagegen erklärte Mielke daher zum »Bestandteil der operativen Arbeit aller Diensteinheiten«.[70] Damit kollektivierte er die Antragsteller und ihre Motive, um die Ersuchen von vornherein als unbegründet abzuwehren. Während die Antragsteller also ihre Mikrosituation aus Hilflosigkeit im Makro verorteten, deutete das MfS das Makro als den feindlichen Grund jedes Handelns auf der Mikroebene.

Aus dieser überzogenen Deutung des MfS darf man aber nicht

---

66 BStU AdZ, HA IX, 4785, 20.

67 BStU AdZ, HA IX, 4785, 23.

68 BStU AdZ, HA IX, 8591, 59-66.

69 Helmut Kohl, »Bericht zur Lage der Nation im geteilten Deutschland vor dem Deutschen Bundestag, 15. März 1984«, in: *Reden 1982-1984* (Bonn: Presse- und Informationsamt der Bundesregierung, 1984), 344-64; Frank Wolff, »Deutsch-deutsche Migrationsverhältnisse: Strategien staatlicher Regulierung 1945-1989«, in: *Handbuch Staat und Migration in Deutschland seit dem 17. Jahrhundert*, hg. von Jochen Oltmer (Berlin, Boston: De Gruyter, 2016), 809.

70 Gerahmt in Befehl 1/75, z. B. in BStU BV Berlin, BdL, 5299, 6; weiterhin siehe z. B. BStU AdZ, HA IX, 4785, 3; Joachim Walther und Gesine von Prittwitz, *Sicherungsbereich Literatur: Schriftsteller und Staatssicherheit in der Deutschen Demokratischen Republik* (Berlin: Ch. Links, 1996), 185 f., 282.

den Umkehrschluss ziehen und die Ersuchen grundlegend individualisieren und isolieren. Migration findet immer zugleich im Privaten und im Öffentlichen statt. Die bundesdeutsche Öffentlichkeit spielte eine wichtige Rolle, vor allem westdeutsche Redaktionen hungerten nach Informationen, die ins Herz des feindlichen Systems blicken ließen. Für große Aufregung sorgte etwa der *Spiegel* am 2. Mai 1977 mit einem Artikel unter der Überschrift: »Neue Linie: Mit einer geheimen Weisung, die eindeutig gegen die KSZE-Schlußakte verstößt, versucht Ost-Berlin, die Ausreisewelle zu stoppen.«[71] Nur wenige Wochen nach ihrem Erlass war dem Magazin die vertrauliche Ministerratsverfügung 34/77 vom 8. März zugespielt worden. Die Verfügung formulierte erstmals grundlegende Linien für eine gesellschaftliche Bekämpfung der Ausreisebewegung und erklärte die Antragstellung selbst als »rechtswidrig«. Sie kann darum neben dem Befehl 1/75 des MfS als erste große Anordnung der neuen Phase der Ausreise und der neuen Modi der Repression gesehen werden. Aufmerksamkeit erregte sie vor allem, weil sie erstmals formulierte, wie nicht nur die Verwaltung und die »Sicherheit«, sondern auch der Parteiapparat, die Polizei und Vertrauensstellen in der Gesellschaft in die Repression von Ausreiseanträgen eingebunden werden sollten.

Die Publikation der Verfügung ließ im MfS alle Alarmglocken schellen. Wo war das Leck? Nach Zerstörung der Folie waren 1022 Exemplare an einen vom MfS erstellten Verteiler gegangen. Das mag nach einer großen Auflage klingen, aber aufgrund der Segmentierung der Machtebenen im SED-Staat konnte das MfS die Zirkulation problemlos überwachen: Der exklusive Kreis mit Einblicksrecht in die Verfügung umfasste die 42 Mitglieder des Ministerrats, die 34 Leiter zentraler Staatsorgane, die Ratsvorsitzenden in den Bezirken und Kreisen (266), die 1. Parteisekretäre (420) sowie die Polizeileiter (260).[72] Eine Untersuchung ergab eine Vielzahl von Verstößen gegen die Verschlussregeln, die gerade aus der Aufgabe der MV 34/77 resultierten, weitere gesellschaftliche Kräfte für die Bekämpfung der Ausreise zu verpflichten. Der Rat des Stadtbezirkes Erfurt-Mitte hatte z. B. zahlreiche Leiter von Kombinaten, Betrieben und Bildungseinrichtungen zur Einweisung in die neue Ordnung eingeladen. Eine gesonderte Veranstaltung gab es

71 BArch Berlin DC 20, 16 417, 1310-20.
72 BStU AdZ HA XVIII, 21 890, 92; BArch Berlin, DC 20, 16 417, 1320.

im Bau- und Montagekombinat Erfurt, ohne dass Namenslisten der Zuhörer oder Nachweise der VS-Berechtigung[73] eingefordert wurden. Der Stellvertreter für Inneres des Stadtbezirkes Leipzig-Südwest wies ehrenamtliche Kräfte ein, darunter auch ein Parteimitglied, das nur durch einen Tippfehler auf die Einladungsliste geraten war. Am Ende der Veranstaltung habe diese Person die Frage gestellt, »was er denn mit den erhaltenen Informationen anfangen sollte«.[74] Im VEB Gisag Leipzig wurden gar sämtliche Sekretäre der Abteilungsparteiorganisationen informiert, also die unterste Ebene der betrieblichen Parteivertreter.[75] Schaut man sich den *Spiegel*-Artikel indes genauer an, wird fraglich, ob diese Zuhörer die Inhalte lancierten. So wusste das Blatt um die Möglichkeit, bei Sonderfällen Ausreisegenehmigungen zu erteilen (Härtefallregelung), und berichtete, dass die mündlich informierten Zuhörer darüber nichts erfuhren. Das Magazin bezog sich also explizit auf den Verordnungstext und nicht auf mündliche Referate. Wahrscheinlich wird das Leck also eine Person mit entsprechender VS-Berechtigung gewesen sein. Allen Anzeichen nach kam das MfS dem Maulwurf nicht auf die Spur.

Der *Spiegel*-Bericht verdeutlicht aber nicht nur das große westdeutsche Interesse am Wandel der Repressionstechniken oder das Problem des SED-Staates, seinen eigenen Apparat zu kontrollieren, sondern auch den oppositionszentrierten Tunnelblick westdeutscher Medien. Unter dem Stichwort »Differenzierung« umschreibe »die SED ihre Notlage gegenüber den selbstbewußter und kritischer gewordenen DDR-Bürgern«, worunter das Magazin in erster Linie Künstler verstand. Es interpretierte also – entgegen der breiten Entwicklungen der Ausreisebewegung – die neue Regelung lediglich als einen Versuch der »Partei, auch die Kulturpolitik wieder in den Griff zu bekommen, die ihr nach der Ausbürgerung Wolf Biermanns außer Kontrolle zu geraten drohte«.[76] Die Novität der MV 34/77 lag aber in der Neukategorisierung von Anträgen als rechtswidrig und in der Ausweitung der zur Bekämpfung herangezogenen Institutionen.

Als Konsequenz schlug das MfS vor, derartige Anweisungen als

73 Einsichtberechtigung in die entsprechenden Verschlusssachen.
74 BStU AdZ, HA, 21890, 90.
75 BStU AdZ, HA, 21890, 88-97.
76 »DDR-Ausreise: Neue Linie«, in: *Der Spiegel* 19 (2. Mai 1977), 52-4.

Geheime Verschlusssachen (GVS) einzustufen und die Modalitäten der mündlichen Information strikt festzulegen.[77] Diese Methode war aber gerade wegen der Ausweitung der Verantwortung praktisch nicht durchführbar. Die nachfolgend 1983 ergangene und wegweisende Ministerratsverfügung 143/83 und zur Information verteilte Auswertungen blieben »vertraulich«, wobei der Verteiler gar auf 1443 Empfänger wuchs.[78] Eine solche Erweiterung des Empfängerkreises fand nicht nur bei den vertraulichen Verfügungen des Ministerrats statt, die oft nur im MdI und im MfS bestehende Praktiken auf höherer Ebene zusammenführten. So waren die frühen Geheimregeln zur Ausreise lediglich an einige hundert Eingeweihte gegangen, teilweise in gekürzten Fassungen.[79] Wollte der SED-Staat die Ausreise aber immer breiter gesellschaftlich bekämpfen, musste er auch ein breiteres Spektrum an Kadern einbeziehen – also die Verteiler entsprechend ausweiten. So wurde die bedeutende Dienstanweisung des MdI 27/62 vom 25. Juli 1962 erst an 110, dann an 570 Empfänger in der Hierarchie des MdI verschickt.[80] Von der Erstfassung MdI-Ordnung 118/77, die zentrale Bearbeitungswege und Schlupflöcher regelte, wurden hingegen 1850 Exemplare gedruckt, von denen allein 1206 an die Leitungsebene der Bezirke gingen.[81] Spätere Änderungen erreichten 2090 Stellen.[82] Der SED-Staat lief dauernd Gefahr, dass diese Informationen in den Westen sickern konnten. In seiner Logik blieb ihm daher nur die bessere Disziplinierung der Dienstzimmer, was ab den 1970er Jahren vor allem die Ausweitung der Präsenz des MfS bedeutete.

Private Kontakte sorgten dafür, dass im Westen publizierte

77 BStU AdZ, HA 21890, 91; GVS unterlagen als Geheime Verschlusssachen im Vergleich zu vertraulichen Verschlusssachen einer höheren Sicherheitsstufe mit deutlich weniger Leseberechtigten.

78 BArch Berlin, DC 20, 5416, 205-9.

79 Vgl. z.B. BArch Berlin, DO 1, 62207, MdI-DA 27/62 vom 25. Juli 1962, ging erst an 110, dann an 570 Empfänger in der Hierarchie des MdI; ebd., 62552, MDJ-Anweisung 24/67 vom 15.11.1967 (zur Staatsbürgerschaft) und Änderungen gingen an 810 Empfänger.

80 BArch Berlin, DO 1, 62207, MdI-DA 27/62 vom 25. Juli 1962.

81 BArch Berlin, DO 1, 61218, MDI-O 0118/77.

82 BArch Berlin, DO 1, 61227, Verteiler 9. Änderung MdI-O 0118/77; ebd., 61228, Verteiler 10. Änderung MdI-O 0118/77; ebd., 61229, Verteiler 11. Änderung MdI-O 0118/77.

Informationen die Bekannten und Verwandten in der DDR erreichten. Neben provokanten Fernsehsendungen erstellten beispielsweise die Hilferufe von drüben Informationsschreiben für Antragsteller in der DDR.[83] Ein Hinweisblatt des Hvd mahnte Ende der 1970er Jahre, Antragsteller sollten zuvörderst »[n]icht die Initiative verlieren, immer wieder an die Behörden schreiben, Behörden aufsuchen, Beharrlichkeit zeigen und nicht den Glauben daran verlieren, dass der Ausreiseantrag eines Tages doch noch genehmigt wird«. Dazu schlug der Hvd konkrete Formulierungen mit Rechtsbezügen vor. Um Strafverfolgung zu vermeiden, solle man sich nie provozieren lassen. Zudem warnte der Hvd vor sichtbaren Spuren. Antragsteller sollten ihren Ausreisewunsch »nicht irgendwelchen Dienststellen oder Ämtern in der BRD« direkt mitteilen, sondern nur Verwandten oder Privatpersonen, die dann entsprechende Stellen benachrichtigen konnten.[84] Hier zeigt sich, dass selbst der Hvd die Reichweite des MfS anfangs unterschätzte. Die Verbreitung solcher Materialien in der DDR ist nicht überprüfbar, es wird aber z. B. berichtet, dass 1979 ein solches Merkblatt des Hvd den beiden Ost-Berliner Gründern des (später genauer betrachteten) Verband der Ausreisewilligen Gustav Salffner und Wolfgang Grosa vorlag.[85] Derartige Informationen sickerten jedoch insbesondere durch stete Wiederholung ins kollektive Bewusstsein der Mauergesellschaft ein.

Es entstand eine Öffentlichkeit, die die Verfolgung der Antragsteller und nicht ihr Handeln in den Vordergrund stellte. Verhaftungen wie die Salffners und Grosas zwangen auch die SPD-geführte Bundesregierung immer wieder zu verbalen Konzessionen an die zumeist konservativen Kritiker, dass sie solche Maßnahmen als »Mißachtung der Menschenrechte missbilligte«.[86] Vage deutete sie an, dass sie solche Themen über »ihre Kanäle in Ost-Berlin« bearbeitete, denn das Ziel sei, so antwortete der Parlamentarische Staatssekretär des BMiB Heinz Kreutzmann (SPD) dem nachha-

83 Zum Hvd siehe v. a. Kap. 4 in Teil III.

84 BStU AdZ, HA IX MF, 11 787 [8].

85 Peter Schmalz, »Justizwillkür einer Diktatur läßt sich nur schwer ahnden«, in: *Die Welt* (23. Juni 1997); Wilfried Bergholz, *Die letzte Fahrt mit dem Fahrrad: 19 Gespräche mit Matteo über Mut, Glück und Aufbegehren in der DDR*, 2. Aufl. (Hamburg: tradition, 2016), 265.

86 BT-Plenarpr. VIII/215, 25. April 1980, 17 213 f.

kenden Claus Jäger (CDU/CSU), »die Betroffenen auf dem Ihnen bekannten üblichen Weg frei zu bekommen«.[87] Einerseits konnte der »Freikauf« im Bundestag gar nicht offener angesprochen werden, womit sich dann auch die Abgeordneten der CDU/CSU zufriedengaben. Andererseits lenkte dies die Debatte über die Ausreise routiniert in die Bahnen des Freikaufs, ohne dass eine breitere Menschenrechtspolitik in Bezug auf die DDR-Bevölkerung und nicht deren Regierung erwogen wurde.

Andere Politiker gingen weniger zimperlich mit dem Thema Ausreise um. Der baden-württembergische Ministerpräsident Hans Filbinger wusste sich darüber innenpolitisch in Szene zu setzen. 1974 wendete er sich medienwirksam per Brief an Honecker und »befreite ein Liebespaar« (*Bild*-Zeitung), indem er sich für die Ausreiseerlaubnis einer DDR-Bürgerin zu ihrem westdeutschen Verlobten einsetzte.[88] In den nächsten Jahren griff die bundesdeutsche Presse vermehrt derartige Versuche auf und berichtete im Erfolgston über Familienzusammenführungen und Ausreisen durch westliche Vermittler.[89] Dabei sank scheinbar auch die Hemmschwelle, Ausreisewillige mit Sätzen zu zitieren, die ihnen in der DDR zur Last gelegt werden konnten. So wendete sich die 22-jährige Dresdnerin Dagmar Teichert, die mit Verlobtem und Kind zu ihrem Vater nach Neuss an den Rhein ziehen wollte, an das MdI: »Laßt mich raus! Das Leben, das mir in diesem Staat aufgezwungen wird, hat für mich keinen Sinn mehr.«[90] Solche Schreiben nahmen die DDR-Sicherheitsorgane sehr ernst – nicht als verzweifelten Hilferuf, sondern als Versuch, den Staat zu erpressen. Zitierte sie die *BZ*, wurde aus ihnen jedoch potentiell staatsfeindliche Kontaktaufnahme und Hetze (§ 106 bzw. § 219 StGB der DDR). Ab den späten 1970er Jahren erweiterte sich damit das migrationsrelevante Akteursfeld deutlich. Mit dem Abdruck derartiger Forderungen wurden westdeutsche Medien Teil der migratorischen Ökonomie des SED-Staates. Die Kosten-Nutzen-Rechnung von Bewilligung und

87 BT-Plenarpr. VIII/215, 25. April 1980, 17 214.

88 Siehe entsprechende Beiträge in der *BZ* vom 11. Dezember 1974, in *Tagesspiegel*, *Die Welt*, *Süddeutsche Zeitung*, *Bild*-Zeitung und *Bunte* vom 12. Dezember 1974, der *Berliner Morgenpost* vom 13. Dezember 1974 und viele mehr; gesammelt in BStU AdZ, ZAIG, 9336, Bd. 1-3.

89 BStU AdZ, ZAIG, 9336, Bd. 1-3.

90 »Laßt mich raus!«, in: *BZ* (26. Mai 1976).

Verfolgung veränderte sich. Tragischerweise bestätigte eine auflagensteigernde und oft sensationalistisch gehaltene Berichterstattung allerdings die von der SED erwünschte Imago der hermetisch verriegelten Mauer. Die Presse interessierte sich kaum dafür, dass Mitte der 1970er Jahre die Ausreisezahl unverändert bei ca. 10 000 Personen pro Jahr lag, unter diesen aber immer mehr Arbeitstätige waren. Irgendwie kämpften diese Menschen sich frei. In der westdeutschen Berichterstattung entstand indes der Eindruck, dass es sich nur um wenige Härtefälle handelte, die zudem den besonderen Einsatz westdeutscher Personen oder Institutionen benötigten. Die Berichte skandalisierten somit Schicksale und vermittelten das Bild des vom Westen »befreiten« Einzel- und nicht des zehntausendfach auftretenden Sonderfalls.[91] Darum gibt es kaum westdeutsche Presseberichte über den Regelfall, in dem ostdeutsche Antragsteller aus eigener Kraft dem Staat die Ausreiseerlaubnis abrangen.

Noch seltener finden sich öffentliche Beschwerden über den westdeutschen Umgang mit Ausreisenden. Aus der grundgesetzlichen Aufnahmeverpflichtung folgte die Annahme, diese habe eine stete Aufnahmebereitschaft zur Folge. Betroffene Zeitgenossen nahmen das anders wahr. Wie im ersten Buchteil dargestellt, fühlten sich vor allem Hilfe suchende Bürger oft allein gelassen und unfair kategorisiert. Individuelle Sorgen fanden keine Resonanz. In den 1960er Jahren lag das an der Machtlosigkeit der Bundesrepublik aufgrund der selbstverordneten politischen Abschottung und der überholten Flüchtlingsgesetzgebung. Ab den 1970er Jahren war hierfür, wie im zweiten Buchteil ausgeführt, das politische Kalkül zugunsten der deutsch-deutschen Beziehungen verantwortlich. Das bundespolitische Primat der Stabilität dieser Beziehungen marginalisierte individuelle Sorgen erneut. Das setzte sich über die KSZE-Akte bis zum Amtsantritt Helmut Kohls fort. Der westdeutschen Aufmerksamkeit nach schien bemerkenswerte Unruhe im SED-Staat nur von der Opposition auszugehen, die damals vor allem von Künstlern getragen wurde. Ganz auf diese konzentriert, berichtete der *Der Spiegel* 1978 von einer »Einheitsfront gegen Störenfriede«, bei der »[d]ie Herrschenden in den beiden deutschen Teilrepubliken« zu einem »stillschweigenden Einverständnis« ge-

91 Siehe hierzu grundlegend Renate Hürtgen, *Ausreise per Antrag: Der lange Weg nach drüben. Eine Studie über Herrschaft und Alltag in der DDR-Provinz* (Göttingen: Vandenhoeck & Ruprecht, 2014).

kommen seien.[92] Im Rahmen der Publikation des »Manifests der Opposition« im *Spiegel* drohte ein Kanzleramtsbeamter gar, man werde »alles tun, um den entspannungsfeindlichen Tendenzen entgegenzuhalten und um Honecker zu stützen.«[93] Ein Berater von Kanzler Schmidt betonte, man solle »alles dazu tun, um Erich Honecker das Leben nicht noch schwerer zu machen, wir haben keinen anderen«.[94] Dieses Vorgehen hatte Konsequenzen für den Umgang mit der Ausreise. Vor allem die SPD-geführten Bundesregierungen stellten die Belange der Ausreisenden – und damit die Menschenrechte – oft hinter ihr Interesse an einer guten Gesprächsbeziehung zum SED-Staat zurück.[95] So gab es auch in der Bundesrepublik eine Ökonomie der Ausreise, die sich vor allem an deutschlandpolitischen Leitlinien und parteipolitischen Interessen ausrichtete.

Fanden die schreibenden und häufig mit westdeutschen Medien vernetzten DDR-Oppositionellen ein gewisses Interesse in der westdeutschen Medienöffentlichkeit, empfanden sich viele der im Stillen ihr Ausreiseersuchen Betreibenden komplett marginalisiert. Das galt auch für ihre Angehörigen. Seine Enttäuschung gab z. B. der Nürnberger Stefan Voigt 1977 in den *Nürnberger Nachrichten* zu Protokoll. Er hoffte verzweifelt auf die Ausreise seiner in der DDR lebenden Verlobten mit Kind. Jedoch »irrt man gewaltig«, schimpfte er, wenn man »etwas Rat und Verständnis von unseren Bundestagsabgeordneten, egal ob SPD oder CDU« erwarte.[96] Auch das BMiB drücke sich um Informationen. Da er so oft wie möglich

92 »Einheitsfront gegen Störenfriede«, in: *Der Spiegel* (9. Januar 1978), 17.

93 Ebd., 19.

94 Zit. n. Ehrhart Neubert, *Geschichte der Opposition in der DDR 1949-1989* (Berlin: Ch. Links, 1998), 330.

95 Die Frage nach einer konstruktiven Beziehung zur SED und zum Staat bewirkte vor allem 1986 auch in der DDR-Opposition teilweise durch IMs inspirierte oder verschärfte Zerwürfnisse. Vgl. ebd., 327-30, 592-604; Thomas Klein, »*Frieden und Gerechtigkeit!«: Die Politisierung der unabhängigen Friedensbewegung in Ost-Berlin während der 80er Jahre*, Zeithistorische Studien, Bd. 38 (Köln: Böhlau, 2007), 230-46; Ilko-Sascha Kowalczuk und Arno Polzin (Hrsg.), »Dokument 2: Telefongespräch zwischen Bärbel Bohley/Werner Fischer und Birgit Voigt«, in: *Fasse Dich kurz! Der grenzüberschreitende Telefonverkehr der Opposition in den 1980er Jahren und das Ministerium für Staatssicherheit* (Göttingen: Vandenhoeck & Ruprecht, 2014), 286 f.

96 Leserbrief von Stefan Voigt in den *Nürnberger Nachrichten* (2. April 1977).

zu seiner Familie fuhr, weckte die Intensität seines grenzüberschreitenden Kontakts im Alltag auch westlicherseits starkes Misstrauen. Selbst an der Grenze werde er vom Bundesgrenzschutz »blöd angequatscht«: Er arbeite »doch für die drüben« bei den »vielen Stempel[n]« in seinem Pass. Vor der KSZE-Nachfolgekonferenz in Belgrad befürchtete er gar, dass eine einknickende Bundesregierung zustimme, den humanitären Teil (also Korb III) zu streichen. Denn bereits jetzt behandele die Bundesseite die »Heiratsabsicht eines Bundesbürgers mit einer DDR-Bürgerin [als] eine Einmischung in die inneren Angelegenheiten der DDR«.[97] In aller Dramatik verdeutlicht diese Angst, wie wenig es der Bundesregierung gelang, die Sorgen der Betroffenen zu adressieren. Die bundespolitische Vertrauenssuche mit der SED resultierte in Vertrauensverlust bei den Betroffenen.

Im Laufe der 1970er Jahre entstand in der Mauergesellschaft damit eine seltsame Ambivalenz aus einer sich mehr und mehr einpendelnden deutsch-deutschen Migrationsbeziehung, einer intensivierten Verfolgung der wachsenden Ausreisebewegung, einer zurückhaltenden Bundespolitik und einer der Deutschlandpolitik der Bundesregierung teils zustimmenden, teils heftig widersprechenden Bundesbevölkerung. Trotz – oder wegen – der zunehmenden staatlichen Akzeptanz der DDR intensivierten sich grenzüberschreitende öffentliche und private Kontakte. Allen »menschlichen Erleichterungen« zum Trotz blieb der Einfluss der Bundesseite auf tatsächliche Entscheidungsprozesse aber begrenzt. Die Bundesbevölkerung erhoffte sich von der Bundesregierung sekundäre Praktiken im Migrationsregime, die westdeutsche Politiker durch ihr Munkeln über »Freikauf« immer wieder andeuteten. Dabei übersah man aber, dass sich die Praktiken der Antragstellung wandelten und damit diskursive, also tertiäre Praktiken stark an Bedeutung gewannen.

97 Ebd.

2. Ministerium des Innern, Staatssicherheit und Ausreisende: Wissen und Macht in einer asymmetrischen Dreiecksbeziehung

Einige wegweisende Studien haben demonstriert, wie das MfS den wachsenden Antragszahlen nach der Unterzeichnung der Schlussakte von Helsinki durch eine Kriminalisierung der Antragsteller begegnete.[1] Diese Untersuchungen konzentrieren sich zu einem großen Teil auf die geheimen Richtlinien und Anweisungen und greifen auf die Statistiken des MfS zurück. Weniger gehen sie ein auf die Methoden, mit denen die Erkenntnisse gewonnen wurden, und das wechselseitige Verhältnis von Beobachtung und Kontrolle auf der einen und Migrationsbewegung auf der anderen Seite. Was sich zeigt, wenn man beides in den Blick nimmt, ist keine lineare Entwicklung hin zum Niedergang der DDR, sondern eine Situation, die durch unterschiedliche Akteure und Faktoren beeinflusst und verschärft wird.

Von der Verwaltungsaufgabe zum Sicherheitsproblem

Für die Antragsentwicklung fehlen für die Zeit vor 1980 bislang verlässliche Zahlen. Dieses Manko hat die Forschung gewisserma-

---

1 Siehe insbesondere Bernd Eisenfeld, »Die Zentrale Koordinierungsgruppe: Bekämpfung von Flucht und Übersiedlung«, in: *Anatomie der Staatssicherheit: Geschichte, Struktur und Methoden (MfS Handbuch)*, Bd. 3, 17 (Berlin: BStU, 1995); Hans-H. Lochen, »Das Vorgehen gegen Ausreisewillige«, in: *Materialien der Enquete-Kommission »Aufarbeitung der Folgen der SED-Diktatur im Prozeß der deutschen Einheit«*, Band IV (Baden-Baden, Frankfurt/M.: Nomos, Suhrkamp, 1995), 270-9; Bernd Eisenfeld, »Die Verfolgung der Antragsteller auf Ausreise«, in: *Politisch motivierte Verfolgung: Opfer von SED-Unrecht*, hg. von Ulrich Baumann und Helmut Kury (Freiburg i. Br.: Edition Iuscrim, 1998), 117-36; ders., »Die Kriminalisierung der Antragsteller auf Ausreise«, in: *Recht und Rechtsprechung in der DDR? Vorträge in Der Gedenkstätte »Roter Ochse« Halle (Saale)*, hg. von Sachsen-Anhalt, Ministerium des Innern (Magdeburg: Ministerium des Innern des Landes Sachsen-Anhalt, 2002), 63-76; ders., »Reaktionen der DDR-Staatssicherheit auf Korb III des KSZE-Prozesses«, in: *Deutschland Archiv* 6 (2005), 1000-8; Anja Hanisch, *Die DDR im KSZE-Prozess 1972-1985: Zwischen Ostabhängigkeit, Westabgrenzung und Ausreisebewegung* (München: Oldenbourg, 2012).

ßen vom SED-Staat geerbt, der solche Statistiken sehr überlegt erstellte. In der Mauergesellschaft besaßen jegliche Migrationsstatistiken einen explosiven Gehalt. Sie alle kündeten von der überwältigenden Präsenz dessen, was nicht sein durfte. Nur exklusive Stellen des MdI konnten die aus den Bezirken eingehenden Zahlen einsehen und zusammenführen. Sie übermittelten diese wiederum bis weit in die 1980er Jahre an gesondert berechtigte Stellen des MfS.[2] Das MdI scheint bis 1976 keine zentralen Antragsstatistiken erstellt zu haben. Aussagen dazu finden sich lediglich in den diversen Quartals- oder Halbjahresanalysen, die einzelne Abteilungen oder Bezirke abzuliefern hatten.[3] Auch das MfS sah damals bestenfalls Schattenrisse. Die ZKG wurde entsprechend Mielkes Gründungsbefehl 1/75 anfangs noch auf Flucht und Fluchthilfe ausgerichtet.[4] Erst der nachfolgende Befehl 6/77 und andere 1977 eingeführte Regeln des MfS, des MdI und des Ministerrats lenkten den Blick auf die Antragsteller um und führten zu einer besseren statistischen Erfassung.[5]

Ein Grund für diese Datenlücke dürfte darin liegen, dass selbst das MfS vor 1977 die Anträge noch nicht als »rechtswidrig«, sondern als »nicht berechtigt« erachtete.[6] Der Wandel erfolgte erst mit dem Beschluss 15/77 des Sekretariats des ZK der SED vom 16. Februar 1977, in dem erstmals die Terminologie der »rechtswidrigen Ersuchen« etabliert wurde. Dies übernahmen die 1977 erlassenen Weisungen des Ministerrats (34/77), des MfS (6/77),

2 Siehe v. a. BStU AdZ, ZAIG, 27 895.

3 Diese liegen dem Buch in großer Zahl zugrunde, wobei die starke Varianz von Kategorien und Zählarten aber immer zugleich Wandel der Migration als auch des Umgangs mit ihr indiziert.

4 BStU AdZ, BV Berlin, BdL, 196, 6-34, abgedruckt in Hans-Hermann Lochen und Christian Meyer-Seitz (Hrsg.), »MfS-Befehl 1/75 vom 15. Dezember 1975«, in: *Die geheimen Anweisungen zur Diskriminierung Ausreisewilliger: Dokumente der Stasi und des Ministeriums des Innern* (Köln: Bundesanzeiger, 1992), 73-85; siehe zudem die ausführliche Instruktion zu 1/75, BStU AdZ, Abtl. XVII, 21 689, 30-210.

5 Vgl. v. a. MfS-Befehl 6/77, abgedruckt in Hans-Hermann Lochen und Christian Meyer-Seitz (Hrsg.), »MfS-Befehl Nr. 6/77 vom 18. März 1977«, in: *Die geheimen Anweisungen zur Diskriminierung Ausreisewilliger: Dokumente der Stasi und des Ministeriums des Innern* (Köln: Bundesanzeiger, 1992), 21-71. Dazu: Verfügung 34/77 des Vorsitzenden des Ministerrats der DDR, BArch Berlin, DO 1, 64 235, und Ordnung des Ministers des Innern 0118/77, beide vom 8. März 1977, Erstfassung: BArch Berlin, DO 1, 61 218.

6 Vgl. z. B. den Sprachgebrauch in MfS-Befehl 1/75 und MfS-Befehl 6/77.

des MdI (118/77), des Obersten Gerichts und des FDGB. Gemeinsam veränderten diese Geheimregeln des Jahres 1977 grundlegend das Migrationsregime.[7] Vor allem aber zeitigte dieser sprachliche Unterschied weitreichende soziale Folgen. Zwar hatte Innenminister Dickel bereits zuvor Personen gegeißelt, die im Rahmen ihrer Antragstellung »Straftatbestände verletzten«.[8] Die neue Sprachregelung aber erklärte nun das Stellen eines Antrags selbst zu einem rechtswidrigen Akt, ohne dass entsprechende Gesetze vorlagen. Diese Klassifizierung selbst schuf also keinen juristischen, wohl aber einen operativen Verfolgungsgrund. Durch kontinuierliche Beobachtung sollte eine weitergehende Strafverfolgung ermöglicht werden.

Wie viele Personen waren davon betroffen? Bereits kurz nach Unterzeichnung der Schlussakte von Helsinki ordnete Mielke an, die Praktiken der Antragsteller »sorgfältig und umfassend einzuschätzen«.[9] Genaue Vorgaben für die statistische Erfassung fehlten jedoch noch. Nach dezentral eingehenden Meldungen einer Zunahme der Anträge begann das MdI Ende 1976, jene Ausreiseersuchen koordiniert zu registrieren, die bei den diversen zentralen Stellen des Staates eingingen. Es erkannte einen deutlichen Anstieg ab 1976 und stellte fest, dass die Ersuchenden sich großenteils auf die Schlussakte beriefen. Die weitere Entwicklung widerspricht aber dem gängigen Narrativ des kontinuierlichen Antragsanstiegs nach der Schlussakte von Helsinki (siehe Tafel 34, S. 561). Vielmehr schien sich ein bekanntes Muster zu wiederholen.

Nach einer Erstzunahme gingen die Zahlen ab 1977 zurück. Die Rücknahmen bewegten sich in einem für das MdI annehmbaren Bereich. 1976 registrierte das MdI 19 151 Ausreiseersuchen an zentrale Stellen, was 1977 auf 13 279 sank und sich 1978 auf 7144 fast halbierte. Diese Entwicklung zeigte sich auch deutlich in der An-

---

7 Vgl. SAPMO, DY 30, J VI 2/3/2555, 8-11; BArch Berlin, DO 1, 64 235; ebd., 61 218, weiterhin Hanisch, *Die DDR im KSZE-Prozess*, 160 f.; Hans-Hermann Lochen und Christian Meyer-Seitz (Hrsg.), *Die geheimen Anweisungen zur Diskriminierung Ausreisewilliger: Dokumente der Stasi und des Ministeriums des Innern* (Köln: Bundesanzeiger, 1992), 21-71.

8 Hans-Hermann Lochen und Christian Meyer-Seitz (Hrsg.), »Schreiben des Ministers des Innern und Chefs der Deutschen Volkspolizei vom 15. November 1976«, in: *Die geheimen Anweisungen zur Diskriminierung Ausreisewilliger: Dokumente der Stasi und des Ministeriums des Innern* (Köln: Bundesanzeiger, 1992), 361-8.

9 BStU AdZ, BV Berlin BdL, 196, 62 f.

zahl der Erstanträge, also wenn Personen oder Familien erstmals den schweren Schritt wagten und sich mit einem Ausreiseersuchen an zentrale Stellen wendeten. Im ersten Halbjahr 1977 beliefen sich diese Anträge auf 1679, in der zweiten Hälfte des Jahres sank die Anzahl auf 948, bevor sie im ersten Halbjahr 1979 parallel zu den Gesamtanträgen auf 659 Erstanträge zurückging. Diese neuen Anträge addierten sich zu den laufenden. Allerdings ergab sich die niedrige Zahl aus dem Beobachtungsmodus, denn registriert wurden nur Anträge an zentrale Stellen. An diese gingen aber meist Beschwerden oder Bekräftigungen von Anträgen, die erstmalig meist lokal gestellt (und abgelehnt) worden waren. Dennoch sah sich das MdI angesichts dieses Wissensstands als Herr der Lage. Zwar lagen diese Werte nach wie vor über den halbjährlichen Werten von vor 1975. Für das MfS deutete dies auf Probleme hin, aber keineswegs implizierten diese Zahlen den oft benannten Kontrollverlust direkt nach Abschluss der KSZE-Akte.

Gestärkt wurde diese Einschätzung durch Erfahrungswerte. Auch nach der Einführung des Staatsbürgerschaftsgesetzes und nach Abschluss des Grundlagenvertrags gab es erst eine Erstverschlechterung, die der SED-Staat durch gezielte Repression und die Betonung der Aussichtslosigkeit der Ausreisevorhaben unter Kontrolle brachte. So hatte das MfS im Jahr 1972 1595 Anträge auf Ausreise zu prüfen, was sich als Effekt des Grundlagenvertrags im Folgejahr fast vervierfachte (5267), dann ab 1974 (3610) aber wieder abnahm.[10] Nach Einschnitten im Migrationsregime stieg die Antragszahl also erfahrungsgemäß an, flaute dann aber ab, was dem SED-Staat Erfolge, eine Routine und Effizienz bei der Bekämpfung der Ausreisevorhaben suggerierte. Beruhigend informierte Dickels Stellvertreter im Januar 1978 seinen Chef Giel, dass man langsam Kontrolle über die Anträge zurückgewinne, da die Anweisungen 34/77 und 0118/77 besser umgesetzt würden. Wie nach dem Mauerbau dauerte es ein paar Monate, bis das MdI und das MfS die anderen Institutionen auf Linie bringen konnten, aber es gelang. Der Vorteil war diesmal, dass das MdI und das MfS gelernt hatten, an welchen Stellschrauben sie drehen mussten. So wurde nach 1975 vor allem in den »Betrieben verstärkt agiert«. Lediglich in mittleren und kleineren Betrieben ließe sich ein Nachlassen der Bemühun-

10 BStU AdZ, HA XI, 1954, 1, 9.

Tafel 34: Ausreiseersuchen an zentrale Stellen November 1976-August 1977.

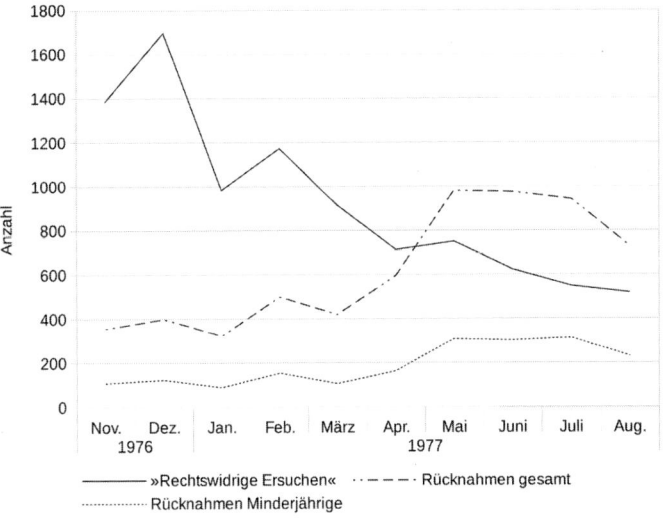

Quelle: BArch Berlin, DO 1, 16 488.

gen feststellen, zudem würden kirchliche Amts- und Würdenträger zunehmend Übersiedlungswillige unterstützen.[11] Hatte der SED-Staat also Ende der 1970er Jahre die Kontrolle wiedererlangt?

Leider sind die Berichte des MdI zum zweiten Halbjahr 1979 nicht überliefert. Aus späteren Berichten lässt sich aber ableiten, dass in diesen Monaten ein entscheidender Wandel eintrat (siehe Tafel 35, S. 562).[12] Zu diesem Zeitpunkt stellte das MfS eine intensivere Arbeitsbelastung fest, wobei nicht nur die Menge, sondern auch der »Schwierigkeitsgrad der Untersuchungshandlungen gewachsen« sei.[13] Das zeigte sich in den Statistiken: Bis zur Jahresmit-

11 BArch Berlin, DO 1, 16 488, Giel an Dickel, 13. Januar 1978.
12 BArch Berlin, DO 1, 16 488, der erste Quartalsbericht 1980 führt die Zahlen zu 1979 auf und stellt den Wandel fest.
13 BStU AdZ, HA IX MF 11 787, 1, 4.

Tafel 35: Neue Ausreiseersuchen und Rücknahmen (gesamt) nach Quartal 1979-1981.

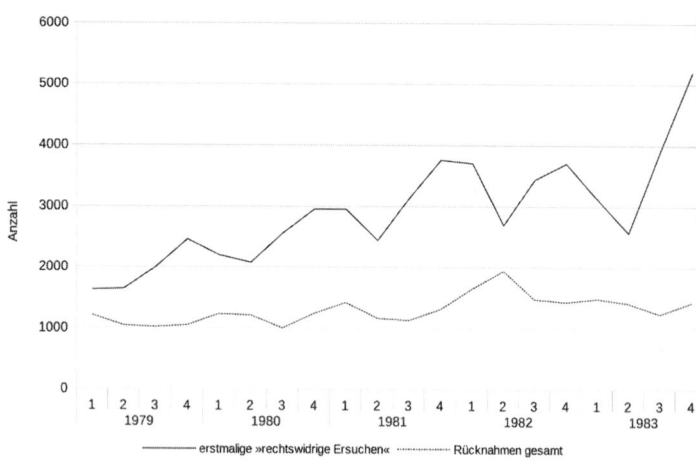

Quelle: BArch Berlin, DO 1, 16 488-9, Quartals- und Halbjahresberichte 1979-1983.

te 1979 lag die vierteljährliche Antragszahl (neue und wiederholte Anträge) stabil bei 1600, stieg im letzten Quartal aber binnen kurzer Zeit um 31% auf 2453 Anträge an. Alarmiert verfeinerte das MdI die Statistikführung und weitete ab 1980 seinen Blick in die Bezirke, Kreise und Städte aus. Wenig überraschend stellte sich heraus, dass die Hauptzahl der Anträge dort und nicht in den »zentralen Stellen« eingingen. Eine Überprüfung ergab, dass im ersten Halbjahr 1979 zwar nur 659 Erstanträge an »zentrale Stellen« gerichtet wurden, dass im gesamten Land jedoch die fünffache Zahl (3263) eingegangen war – wobei aufgrund mangelnder Berichte und direkter Ablehnungen die Dunkelziffer noch höher liegen konnte. Dies steigerte sich wiederum im ersten Halbjahr 1980 um weitere 31% auf 4271 erstmalige Ersuchen bei 6976 Fällen von wiederholten Anträgen.[14] Durch seine bisherige Statistikführung mit Blick

14 BArch Berlin, DO 1, 16 488; ebd., 16 489, Quartalsberichte 1980-1983.

auf zentral gestellte Anträge hatte das MdI also nur eine zeitver-schobene Welle gesehen, einen fernen Höhenkamm des gesell-schaftlichen Frusts.

Lokal war die Stimmung wesentlich düsterer als in den Minis-terien. So beschwerte sich die MfS-Kreisdienststelle Friedrichshain am 22. März 1976, dass es dem Rat des Stadtbezirks »objektiv nicht möglich« sei, den gesamten Prozess der Zurückdrängung sowohl »quantitativ als auch qualitativ in die Hand zu bekommen«. Quan-titativ sei dafür die »allgemein bekannte Arbeitskräftesituation« ver-antwortlich, qualitativ aber das Verhalten der Bearbeiter.[15] Die Ver-antwortlichen delegierten teilweise die Problemfälle an Untergebene und erachteten ihre Pflicht als erledigt, wenn man dem MfS Bericht erstattet hatte. Dazu käme die Tendenz der »›sanften‹ Entfernung des Antragstellers aus dem eigenen Verantwortungsbereich«, sei es durch betriebliche Versetzung oder Entlassung. Der Direktor des Kaufhallenverbandes sei nach Rücksprache mit Juristen gar zu der Ansicht gelangt, dass es keine gesetzliche Grundlage gebe, Antrag-steller von ihrem Vorhaben abzubringen. Andere Kader sähen sogar kein Problem mit einem Wechsel von Menschen in den Kapitalis-mus, denn »wer sich anpassen könne, käme überall zurecht«.[16] Die Kreisdienststelle des MfS erbat händeringend eine zentrale Einwei-sung der verantwortlichen Parteisekretäre – und drängte sich so als interne Kontrollinstanz zwischen das MdI und die Partei.

Auf Kreisebene wurde nach der Unterzeichnung der Schluss-akte von Helsinki also recht schnell ein Wandel der Antragstel-lung sichtbar. Und auch in der Führungsetage des Staates setzte ein Umdenken ein. Das ZK der SED schwenkte zunehmend auf die Einstellung des MfS ein, den gesamten KSZE-Prozess vor al-lem als Gefahr wahrzunehmen, und forcierte neue, zentral koor-dinierte Maßnahmen. Diese im Folgenden genauer betrachteten Regelungen, Kategorisierungen und Berichtswege wandelten die Interpretation der Ausreise innerhalb weniger Monate von einem Verwaltungsproblem zu einem Sicherheitsproblem. Ziel und Pro-fiteur dieser Verschiebung war das MfS. Eine dahingehend wich-tige Wegmarke setzte wohl noch Ende 1976 ein Treffen zwischen Dickel, Mielke, Außenminister Oskar Fischer sowie vom ZK der SED dem Leiter der Abteilung Sicherheitsfragen Herbert Scheibe

15 BStU AdZ, BV Berlin AKG 2232, 1-3.
16 BStU AdZ, BV Berlin AKG 2232.

und dem Leiter der Abteilung für Staats- und Rechtsfragen Klaus Sorgenicht. Gemeinsam sollten sie eine vom MdI und vom MfS erarbeitete Vorlage verabschieden, um der Antragstellung eine »Abfuhr zu erteilen«.[17] Die wiederholend von lokalen Quellen kolportierte Aussage, dass die Antragstellung nach Gesetzeslage nicht unrechtens sei, konterten sie mit dem Negativbefund, dass »[i]n den Rechtsvorschriften der DDR [...] ein Recht zur Übersiedlung nach nichtsozialistischen Staaten und Westberlin nicht vorgesehen« sei.[18] Stillschweigend ignorierten sie so das übergeordnete Menschenrecht auf Ausreise aus dem eigenen Staat und begründeten diese juristische *Ex-negativo*-Schlussfolgerung durch §8 der Durchführungsverordnung zum Gesetz der Staatsbürgerschaft vom 3. August 1968, welche sämtliche früheren Regelungen außer Kraft setzte und strenger als das zugrunde liegende Gesetz eine Entlassung aus der Staatsbürgerschaft nur ermöglichte, wenn der Staat einer Übersiedlung in den Westen bereits zugestimmt hatte.[19]

Die hohe Runde legte fest, dass jegliche Ersuchen nicht nur zurückzuweisen wären. Vielmehr seien die Rückdrängungsmaßnahmen, also »strafrechtliche, arbeitsrechtliche und alle anderen Mittel des sozialistischen Rechts konsequent und differenziert anzuwenden«.[20] Übersetzt bedeutete dies, dass Antragsteller mit einem hart zuschlagenden Staat zu rechnen hatten, wenn dies, wie der Einschub »differenziert« indiziert, nach Ermessen des MfS als sinnvoll erachtet wurde. Zweitens definierte diese Runde der Torwächter die Grundsätze für Ausnahmefälle.[21] Eine Übersiedlung in Ausnahmefällen aus »humanitären Gründen« sei prinzipiell möglich, etwa bei Rentnern, »Invaliden« und Pflegebedürftigen, staatlich genehmigt Verheirateten sowie nun auch Nachzügen zu Personen, die legal ausgereist waren. Letzteres ermöglichte im Sinne der Familienzusammenführung den Nachzug für Ehepartner von »Freigekauften«. Diese Schlupflochdefinition umfasste dabei nur »echte Probleme der Familienzusammenführung«, also im Sinne des SED-Staates Eheleute und minderjährige Kinder. Hoffnungen von Ende der 1960er Jahre, dass sich dieses Problem nach

17 BStU AdZ, HA IX, 1983, 3-8.
18 BStU AdZ, HA IX, 1983, 6.
19 Siehe Kap. 1 in Teil II.
20 BStU AdZ, HA IX, 1983, 7.
21 BStU AdZ, HA IX, 1983, 8.

dem Mauerbau gewissermaßen auswachsen würde, hatten sich angesichts der gesteigerten Bevölkerungskontakte nach dem Grundlagenvertrag und im KSZE-Prozess zerschlagen. Dabei betonten die ranghohen Staatsvertreter, dass Familienzusammenführung aber »nicht als Vorwand für eine Übersiedlung aus anderen Motiven vorgebracht werden« dürfe.[22] Diese Motivlagen zu ermitteln bedurfte eines längeren Überwachungsprozesses und damit einer starken Präsenz des MfS, in den auch Betriebe und andere gesellschaftliche Einrichtungen einzubeziehen seien. Insbesondere seien Antragsteller darauf aufmerksam zu machen, dass Berufungen auf die KSZE-Schlussakte und andere internationale Abkommen Gegenstand strafrechtlicher Verfolgung sein könnten und dass jedwede Ersuchen verweigert würden, wenn die Bürger sich an die Vertretungen anderer Staaten wendeten.[23] Die Gruppe wollte also jedem nach ihrer Ansicht ohnehin nicht berechtigt gestellten Antrag die Bearbeitung verweigern, sollte dieser sich auf den Rechtshintergrund der Antragstellung beziehen. Bereits 1976 zeigte sich darin die Furcht der SED vor einer unkontrollierten Internationalisierung der Anträge, da diese das Image der DDR nur weiter korrumpierten. Einen offenen Einblick in die Hierarchien des SED-Staats erlaubt die abschließend formulierte Forderung des Papiers: Mit ihr »beauftragte« die kleine elitäre Runde den Vorsitzenden des Ministerrates, eine umfassende Regelung zu erlassen.[24]

Noch bevor eine solche Verfügung erging, setzte der Generalstaatsanwalt Josef Streit die Anweisungen bereits um und informierte den ihm untergeordneten Rechtsapparat am 26. Oktober 1976 über einen neuen Katalog an Verfolgungsmaßnahmen. Gegen alle Personen, »die ihre Ausreise erpressen wollen«, indem sie Verbindungen ins Ausland aufnähmen, »Staatsverleumdung« praktizierten oder »Zusammenrottung« intendierten, sei »strafrechtlicher Zwang« anzuwenden. Die Arbeitsverweigerung von Antragstellern sei nach § 214 StGB der DDR als »asoziales Verhalten« zu verfolgen; Kinder seien den Eltern zu entziehen, wenn diese nicht in die Schule geschickt würden. Entgegen dem Tateinheitlichkeitsprinzip hätten Ermittlungen sich zudem nicht nur auf die schwerste der möglichen Straftaten während der Antragstellung zu beschränken,

22 BStU AdZ, HA IX, 1983, 7.
23 BStU AdZ, HA IX, 1983, 6 f.
24 BStU AdZ, HA IX, 1983, 8, dies erfolgte dann in der Verordnung 34/77.

sondern sollten sich auf »*alle* in Frage kommenden Tatbestände
[...] erstrecken«.[25] Unausgesprochen ging es dabei weniger um
Strafverfolgung, sondern um Zuarbeit für ein vom MfS geführtes Sündenregister eines jeden Antragstellers. Darauf schlug Sorgenicht am 29. Oktober 1976 Honecker vor, »Beratungen« (lies:
Anweisungen zur Rechtsprechung) mit Staatsanwälten und Richtern zu führen, um »die ganze Skala unserer strafrechtlichen Möglichkeiten auszuschöpfen«.[26] Unstimmigkeiten gab es allerdings
über die Härte der konkreten Maßnahmen. So wollte Sorgenicht
»Änderungen oder Beendigungen des Arbeitsrechtsverhältnisses«
grundlegend untersagen, da Versetzungen oder Kündigungen »eine
Auseinandersetzung im Arbeitskollektiv« unmöglich machten. Nur
bei Sonderfällen wie Personen mit Leitungsaufgaben, in Besitz von
Dienstgeheimnissen oder im Erziehungssektor solle dies sorgfältig geprüft werden.[27] Honecker verschärfte Sorgenichts Vorgaben
handschriftlich: Eine derartige arbeitsrechtliche Maßnahme sei
bei diesem Personenkreis »notwendig«. Den Passus zur allgemeinen Zurückhaltung strich er ganz. Ebenso betonte er, dass im Falle
gerichtlicher Verurteilungen von Antragstellern der »Tatbestand«
und »nicht die Antragstellung als Begründung angegeben werden«
müsse. Die angebliche »Rechtswidrigkeit« der Antragstellung, die
intern die Verfolgung legitimierte, bedurfte vor Gericht also der
Verschleierung durch andere Straftatbestände.[28]

Auf Basis dieser Gedanken und Papiere entstand die MdI-Ordnung 0118/77, die in insgesamt 11 Änderungen bis Ende 1988 die
normative Grundlage der Migrationsverwaltung ausbuchstabierte, in der sich nun die Beziehung zwischen dem MdI und dem
MfS verschob.[29] Diese Beziehung wird oft als ein Hierarchiegefälle
beschrieben, mit einem dem Geheimdienst fast schon nachgeordneten Innenministerium. Das ist eine Überspitzung, wenn nicht
sogar irreführend. Während das MdI seit Jahrzehnten für die Mi-

25 BStU AdZ, HA IX, 1983, 19-22, zit. 22, Hervorhebung im Original; ebd. 17,
Vermerk Oberst Fister HA II, 1. November 1975.
26 BStU AdZ, HA IX, 1983, 24.
27 BStU AdZ, HA IX, 1983, 26.
28 BStU AdZ, HA IX, 1983.
29 Rohfassung: ebd., 9-16, bzw. BArch Berlin, DO 1, 61218, inkl. Verteiler, der auch
definierte, welcher Empfänger welche Anlagen zu Gesicht bekam. Komplett in
ebd., 61217.

grationsregulation zuständig war, schaltete sich im Zuge der zunehmenden individuellen Verfolgung der Antragsteller das MfS als Kontrollinstanz hinzu. Die beiden Ministerien ergänzten sich gegenseitig, wobei das MdI nicht nur den Antragsprozess kanalisierte, sondern auch die umfassenden Migrationsstatistiken führte, die es an das MfS weiterleitete. Das MfS, und dort vor allem ab Ende der 1970er Jahre die ZKG und die ZAIG, organisierten die Überprüfung und Überwachung einzelner Antragsteller, so sie denn in das immer weitere Raster der Kontrolle fielen, und führten hierzu unabhängige Statistiken, die ausschließlich diese Interessen spiegelten. Dabei fiel es der ZAIG in Kooperation mit der ZKG, aber unter Ausschluss des MdI zu, die geheimen Statistiken zum Antragsgeschehen zu führen, da dieses in erster Linie als ein sicherheits- und erst nachrangig als ein migrationspolitisches Thema galt. So wurde das MfS ab Ende der 1970er Jahre zum zentralen Akteur der Verfolgung werktätiger Antragsteller, also jener Gruppe von Personen, die in den 1960er Jahren als »Sonderfälle« firmierten und im Rahmen des Themas Ausreise nun von zentraler Bedeutung waren. Den Antragsprozess beispielsweise von Rentnern und Invaliden blendete das MfS weitgehend aus, sorgte sich aber über (bzw. um) deren Rückkontakte.[30]

Darum kann man die Phase zwischen 1977 und 1980 ganz ähnlich den Jahren 1963-1965 als eine Zeit der Neusynchronisation der Beziehung zwischen MdI und MfS verstehen. Entscheidend für das Resultat war der 1979 stattfindende, enge Abstimmungsprozess zwischen Dickel und Mielke zur 3. Änderung der Ordnung 0118/77. Darin wurde die Bearbeitungskontrolle der Hauptabteilung Innere Angelegenheiten zugeschlagen, und zwar anhand erneut intensivierter Einzelfallprüfungen, anstatt der zuvor lange Zeit verwendeten Listen der Bezirksabteilungen für Innere Angelegenheiten. Diese erneute Zentralisierung bedeutete, so machte Giel seinem Minister Dickel die Änderungen schmackhaft, zwar einen erhöhten Arbeitsaufwand, ermögliche aber der HA IA, »in jeder Phase der Bearbeitung [...] Einfluß auf die korrekte Abwicklung des Verfahrens zu nehmen«.[31] So werde die Hauptabteilung »in stärkerem Maße seiner [sic] Verantwortung als Führungs- und Leitungsorgan gerecht« und reife zum Auskunftsorgan gegenüber anderen

30 Vgl. z.B. BStU AdZ, ZAIG, 27 895, 113 f.
31 BArch Berlin, DO 1, 61 235, Giel an Dickel, 19. April 1979.

zentralen Staatsorganen. Das MdI verfeinerte so die Schnittstelle zum MfS, die detaillierter Statistiken führen und Berichte erstellen konnte, ohne dass die Bezirke von den jeweiligen Interessenschwerpunkten Wind bekamen. Zugleich bedeutete dies aber auch die individualisierte Überprüfung jedes Falls im Ministerium. Diese Überprüfung fand aber nicht nur auf Basis der Vorschläge aus den AIA der Räte der Bezirke statt, sondern einer ebenfalls individualisierten und mehrebnigen Kontrolle innerhalb der Hierarchie des MfS. Das steigerte den Einfluss der Staatssicherheit wesentlich. Sie wurde so von einer herangezogenen Kontrollinstanz zu einem auf allen Hierarchieebenen aktiv integrierten und vetoberechtigten Bestandteil der Migrationsverwaltung. Das MfS, allen voran die ZKG, wurde zum entscheidenden Nadelöhr eines jeden Antrags, wohingegen das MdI in erster Linie die Fleißarbeit der Bezirke intensiv prüfte und im Geheimen Buch führte. Erst dies ermöglichte eine entsprechende Statistikführung – und wohl aus diesem Grund beginnen die viel zitierten Zahlen von Bernd Eisenfeld erst 1980.[32] Man kann sagen, dass das MfS damit die Migrationsverwaltung des MdI ummantelte. Das Innenministerium blieb weiterhin die Zentralinstanz der Migrationsverwaltung, nicht aber der Migrationsentscheidungen. Diese Entscheidungen wurden immer enger mit differenzierten Repressionsmaßnahmen verbunden. So wurde das MfS zur zentralen Verfolgungsinstanz der Antragsteller und zum Informationsspeicher über individuelle »rechtswidrige Ersuchen«.

Die Migrationsgeschichte geht aber nicht allein in diesem Verfolgungsprozess auf. Vielmehr belegt die Vielzahl der Bestimmungen, die zahlreiche Aspekte von der Verfolgung beim ersten Verdacht einer möglichen Antragstellung bis zum Nachholen von Gütern und Besitz regelten, die Suche nach einem möglichst umfassenden Nebeneinander der teilweise divergierenden Interessen zwischen »Sicherheit« und Migrationsverwaltung. Zum einen rahmte diese Regelflut die Kriminalisierung der Antragsteller auf

---

32 Viel zitiert wird v. a. Bernd Eisenfeld, »Die Ausreisebewegung: Eine Erscheinungsform widerständigen Verhaltens«, in: *Zwischen Selbstbehauptung und Anpassung: Formen des Widerstandes und der Opposition in der DDR*, hg. von Ulrike Poppe, Rainer Eckert und Ilko-Sascha Kowalczuk (Berlin: Ch. Links, 1995), 192-223.

Ausreise.[33] Die neuen Papiermauern mit ihrem riesigen Apparat aus Torhütern verkörperten somit nicht nur die Sekuritisation der Migrationsverwaltung, sondern den Selbsterhaltungstrieb der Diktatur im KSZE-Prozess. Zum anderen aber normalisierten diese Regelungen, wenngleich in sehr begrenztem Maße, die Migrationsbeziehung zwischen den beiden deutschen Staaten. Die Vielzahl und Ausdifferenzierung der Regelungen verdeutlicht nicht nur den Verfolgungsdrang, sondern auch den Bedarf der DDR, das massenhafte Ausreisegeschehen zu ordnen – und zwar sowohl administrativ als auch statistisch. So wuchs in einem nur oberflächlich paradox anmutenden Prozess beides: die Verfolgung der Antragsteller und die Löcher in der Mauer.

Dass daraus ein zentraler Erosionsprozess der DDR entstehen würde, war 1980 nicht unbedingt absehbar. Die veränderte Berichterstattung reflektiert jedoch sowohl den Wandel des Migrationsregimes durch eine gesteigerte Aktivität potentieller Migranten als auch die leicht zeitversetzte Vergegenwärtigung dessen durch die Migrationsverwaltung des SED-Staats. Anstelle der Halbjahresberichte ging das MdI zu Quartalsberichten über, die in der Gesamtschau einen deutlichen Anstieg der Anträge erkennen lassen (siehe Tafel 35, S. 562). Dieses Bild fügt sich aber nur in der Rückschau. »In vito« zeigten die Quartalsberichte hingegen ein stetes, schwer zu erklärendes Auf und Ab der Anträge, das sich erst Ende 1983 als Zuspitzung offenbarte. Stiegen die Zahlen in einem Quartal an, machte das MdI die Verlockungen des Westens und seine »Abwerbungsversuche« verantwortlich. Sanken sie, lobte es die bessere Umsetzung eigener »Maßnahmen« und Verordnungen – bis die Zahlen kurz darauf wieder hochgingen.[34]

Ernüchternd stabil blieben hingegen die Rücknahmen. Bis auf einen Ausreißer Mitte 1982 schwankten sie konstant zwischen 1000 und 1500 Fällen pro Quartal, unabhängig von der jeweiligen Antragsentwicklung (siehe Tafel 35, S. 562). Der Schluss liegt nahe, dass diese Rücknahmen weniger auf staatliche Maßnahmen zurückzuführen sind, sondern vielmehr auf ein migrationshistorisch erwartbares Abwägen und psychologisches Schwanken potentieller Migranten. Diese folgten eben keineswegs nur Druck oder ratio-

---

33 Grundlegend dazu Eisenfeld, »Die Kriminalisierung der Antragsteller auf Ausreise«.
34 BArch Berlin, DO 1, 16 489.

nalen Entscheidungsmustern, sondern vielmehr Stimmungen und Gelegenheiten wie individuellen Erlebnissen oder (de-)motivierenden Informationen oder Gerüchten.

Der schleichende Kontrollverlust über die Antragsteller drückte sich darum nicht primär quantitativ, sondern qualitativ aus. Eine Detailanalyse des MfS von 48 Ausreiseantragstellern der Bezirke Karl-Marx-Stadt und Leipzig aus dem Jahr 1982 offenbart dahingehend drei grundlegende Gemeinsamkeiten der Antragsteller. Erstens verfolgte der Großteil seine wiederholten Anträge seit mehr als drei Jahren. Kaum einer hatte den Erstantrag vor 1976 gestellt. Fast alle Antragsteller fielen auf der Arbeit durch sehr gute Leistungen auf. Zu fast gleichen Teilen blieben sie »ohne innerliches Bekenntnis« Mitglied in Massenorganisationen wie dem FDGB oder der Gesellschaft für Deutsch-Sowjetische Freundschaft (31,25 %), zeigten sich bereits vor dem Ersuchen politisch »passiv« (37,5 %) oder traten demonstrativ aus diesen Organisationen aus (29,17 %). Nur eine einzige der Personen hatte sich vor dem Antrag politisch engagiert, was dann aber »durch Konfliktsituationen verflachte«.[35] Bemerkenswerterweise fragte das MfS in jener Untersuchung – anders als später – nicht einmal nach oppositionellem Engagement. Mit Blick auf die ersten Jahre nach Unterzeichnung der KSZE-Schlussakte belegt das Verhalten der Antragsteller Renate Hürtgens Befund, dass diese sich bemühten, langfristig in der Gesellschaft mitzuschwimmen, ohne über das Ersuchen hinaus politisch anzuecken.[36]

Zweitens waren auch die Begründungen für die Ausreise explizit privater Natur. Die Antragsteller wollten ihren eigenen Worten nach »Arbeiten, Geld verdienen, sich die Welt ansehen«, sich »selbständig machen, [einen] Lkw kaufen, Geld verdienen« oder einfach »jetzt […] gut leben«.[37] Das MfS hätte hieraus ablesen können, dass die aktive Abwerbung aus der Bundesrepublik eine Mär war. Drittens aber waren diese sehr privaten Bestreben international eingebettet. Überwältigende 77,1 % dieser Antragsteller griffen auf eine Sprache der Menschenrechte zurück und bezogen

35 BStU AdZ, HA IX, 3021, 7 f.
36 Siehe z. B. Renate Hürtgen, *Ausreise per Antrag: Der lange Weg nach drüben. Eine Studie über Herrschaft und Alltag in der DDR-Provinz* (Göttingen: Vandenhoeck & Ruprecht, 2014), 21 f., 79, 116.
37 BStU AdZ, HA IX, 3021, 6.

sich in ihren Anträgen auf internationale Vereinbarungen wie die KSZE-Schlussakte, die UN-Menschenrechtskonvention und auf ihre Rechte gemäß der Verfassung der DDR und des Staatsbürgerschaftsgesetzes. Diese rechtliche Verortung stellt die mit Abstand größte Schnittmenge der Anträge dar, gefolgt von jener Gruppe, die zusätzlich die Versorgungslage und die Wohnungsnot als Begründung anführten (27,1 %). Wenige lehnten hingegen explizit die politischen Verhältnisse in der DDR ab (25 %), wollten mit einer Person in der Bundesrepublik zusammenleben (18,75 %) oder suchten nach längerer Haftzeit in der DDR einen Neuanfang jenseits der Grenze, ohne die nach § 48 StGB der DDR vorgesehene Überwachung zur »Verhütung erneuter Straffälligkeit« (18,75 %).[38]

»Rückdrängung« als gesellschaftlicher Auftrag: Ausweitung der Kampfzone

Im Laufe der frühen 1980er Jahren erkannte der SED-Staat, dass Repression allein nicht reichte. Selbst die HA XX vermerkte in einer anonymen, handschriftlichen Reflexion, dass man zwischen Feinden und »Personen mit einer ungefestigten labilen pol[itischen] Grundeinstellung« unterscheiden müsse, die teilweise in »Konfliktsituationen«, durch »Verärgerung, Unzufriedenheit« oder »aus tatsächlichen humanitären Gründen« zu Tage treten könne.[39] Die Ausreisebekämpfung suchte nach Zwischentönen zwischen Repression und Rückgewinnung. Eine entsprechende Differenzierung der Maßnahmen zeichnete sich in der 6. Änderung der Ordnung 0118/77 vom 13. Oktober 1982 ab, der zufolge fortan den Antragstellern »unter Berücksichtigung der Persönlichkeit« die Rechtswidrigkeit ihres Anliegens erläutert werden solle. Zwar verfolgte die Aussprache nach wie vor alleinig das Ziel der Rücknahme der Anträge, jedoch sollte eine behutsame Gesprächsführung »vorzeitige Verhärtung bzw. Konfrontation dieser Bürger gegenüber den staatlichen Organen möglichst« vermeiden.[40] Wie dies gelingen

---

38 BStU AdZ, HA IX, 3021, 9; Zitat: § 48, 1, StGB der DDR, entsprechend der Fassung vom 19. Dezember 1974.
39 BStU AdZ, HA XX, 14 458, 5, dazu ausführlich Hanisch, *Die DDR im KSZE-Prozess*, 156-9.
40 BArch Berlin DO 1, 61 232, 3.

sollte, blieb unerwähnt. Faktisch spielte das MfS so den Schwarzen Peter zurück in die lokalen Ämter und an die Schreibtische der dortigen Beamten.

Wie beschrieben konnte dies bereits in früheren Jahren zu Konflikten, aber auch zu Mitleidsbekundungen führen.[41] Denn in den Amtsstuben zog keine freundliche Gesprächsatmosphäre ein, vielmehr verschärfte sich mit der Zunahme der Anträge, entsprechender Ablehnungen und des Drucks auf die Beamten die Situation in den Kreisverwaltungen. Die HA IX monierte: »Die staatliche Reaktion bei der Erstkonfrontation mit den Übersiedlungsersuchenden ist oftmals formal.« Allein, dies war leichter zu bemängeln als abzuschaffen. Die lokalen Beamten verfügten über keine Informationen zu Genehmigungs- oder Ablehnungsgründen – und durften diesen Mangel nicht einmal zugeben. Sie konnten gar nicht personalisiert reagieren und bemühten daher Allgemeinaussagen wie »In der DDR gibt es keine rechtlichen Grundlagen für eine Übersiedlung« oder »Wegen fehlender Verträge zwischen der DDR und der BRD kann der Antrag auf Übersiedlung nicht genehmigt werden«.[42] Da dies aus Sicht der Antragsteller jedoch den ihnen bekannten Genehmigungen und dem Wortlaut internationaler Dokumente widersprach, untergruben solche Äußerungen die Autorität der Beamten massiv. Die Aussprachen verliefen »oftmals in erhitzter Atmosphäre, lautstark und aggressiv«, würden »durch nicht ausreichend dazu befähigte Personen geführt« und mündeten in offenem Konflikt.[43] Charakterisierend gab ein Gesprächsprotokoll das Scheitern eines solchen Gesprächs wieder:

Inneres: Die Gründe müssen wir nicht nennen.
Bürger: Da werde ich mein Recht woanders suchen.
Inneres: Wo?
Bürger: Das geht Sie nichts an.
Daraufhin wurde das Gespräch beendet.[44]

Aus der Sicht des Kreisbeamten endete an diesem Punkt seine Macht. Aus Sicht des MfS begann nun die Strafverfolgung. Denn in dessen Lesart drohte der Antragsteller unverhohlen an, sich an

41 Siehe z. B. BArch Berlin, DO 1, 14 722, Notiz Bergmann 4. August 196[?].
42 BStU AdZ, HA IX, 3021, 12 f.
43 BStU AdZ, HA IX, 3021, 12.
44 BStU AdZ, HA IX, 3021, 13 f.

Akteure im Ausland zu wenden. Da dies im Frust häufiger vorkam, forderte das MfS eine bessere Dokumentation der Gespräche, z. B. durch versteckte Tontechnik zugunsten späterer Beweisführung »insbesondere bei Straftaten gemäß § 214 und § 220 StGB gegenüber Mitarbeitern der Staatsorgane«.[45] Das MfS entschied damit nicht nur im Hintergrund über die Ersuchen, sondern produzierte durch seine Entscheidungen und Methoden direkt belastendes Material gegen die Ausreiseersuchenden.

Der Gedanke dabei war, die Antragstellung mit möglichst viel belastendem Material zu bekämpfen. Die Bespitzelung durch das MfS sollte nicht potentiellen Straftaten vorbeugen, sondern diente dazu, ein individuelles Sündenregister zu erstellen, das im Bedarfsfall – was von der Belehrung über Anwerbung oder Erpressung bis zur Verurteilung reichte –, mobilisiert werden konnte. Dafür drang es in den 1980er Jahren immer tiefer in die lokalen staatlichen Institutionen ein. Der diesen Prozess anleitende MfS-Oberst Gerhard Niebling führte bereits 1980 in einer Dienstkonferenz aus: »Die Vorbeugung ist dann am Wirksamsten, wenn sie als ein Komplex ineinandergreifender, abgestimmter und sich vielfältig ergänzender, ständig den operativen Lagebedingungen entsprechender operativer, strafprozessualer/strafrechtlicher, politisch-diplomatischer, publizistischer und anderer Maßnahmen organisiert wird.« Diese breite Arbeit erfordere das »Zusammenwirken der Diensteinheiten der Linie IX mit den U[ntersuchungs]-Organen der Volkspolizei/ Linie II, der Zollverwaltung/Zollfahndung, den Staatsanwaltschaften und den Gerichten« – also nichts weniger als die Kontrolle und Anleitung sämtlicher Strafverfolgungseinheiten von der Ermittlung über die Anklage bis zur Verurteilung sowie über nachfolgende Berichterstattung durch das MfS.[46] Dies wandelte die Rückdrängung der Ausreise von einer repressiv-administrativen zu einer kriminalisierend-operativen Aufgabe.[47] In diesem Prozess verfeinerte das MfS seine Unterdrückungstechniken, verzeichnete aber nicht die erwünschten migrationspolitischen Erfolge.

Vielmehr zog das Thema zunehmend internationale Aufmerksamkeit auf sich. Die erwähnte Blamage vor der UN-Menschen-

---

45 BStU AdZ, HA IX, 3021, 14; § 214 StGB: Beeinträchtigung staatlicher oder gesellschaftlicher Tätigkeit, § 220 StGB: Staatsverleumdung.

46 BStU AdZ, HA IX, 3021, 29.

47 Siehe auch BStU AdZ, HA IX, 3021, 42.

rechtskommission 1981 war erst der Anfang. Ebenso hart traf die DDR im Juni 1983 eine Anklageschrift der New Yorker International League of Human Rights, die unter dem Titel *No Right to Leave* der DDR den Verstoß gegen das Menschenrecht auf Ausreise vorwarf.[48] Anders als die Internationale Gesellschaft für Menschenrechte, die Einzelfälle in erster Linie zur Delegitimierung des Kommunismus nutzte, vermied die »League« jegliches antikommunistische Kampfvokabular und konzentrierte sich durch Falllisten auf den Nachweis der Rechtsverstöße.[49] Dass die League seit 1947 über den offiziellen Beraterstatus bei der UN, der Unesco, der Internationalen Arbeitsorganisation und dem Europarat verfügte, verlieh dem Report zusätzlich Schlagkraft. Im Gegensatz zur diskursiven Mobilisierung von Rechten der Ausreiseantragsteller verwies die League nur auf die rechtlich nicht bindenden Menschenrechte (Art. 13 und 16 der AEMR) und Korb III der KSZE-Schlussakte. Sie baute die Anklageführung auf Art. 12 des Internationalen Pakts über bürgerliche und politische Rechte (ICCPR oder Zivilpakt) auf, der besagte, dass jedermann das Recht habe, das eigene Land zu verlassen, außer dies stünde der »nationalen Sicherheit, der öffentlichen Ordnung (*ordre public*), der Volksgesundheit, der öffentlichen Gesundheit oder Sittlichkeit oder der Rechte und Freiheiten anderer« entgegen.[50] Der ICCPR war ein rechtlich bindendes Abkommen, das die DDR am 8. November 1973 ratifiziert hatte. Als Beweisführung präsentierte die League 140 Einzelfälle mit 355 Personen, anhand derer sie nachwies, dass die DDR systematisch das *right to leave* missachtete, ohne dass dies jedoch die Ausschlussklausel berühre. Durch eine solche Aufstellung wollte sie eine allgemeine Situation des Menschenrechtsbruchs in der DDR darstellen und dem Umstand Rechnung tragen, dass individuelle Rechtsverstöße gegenüber der DDR nicht einklagbar waren, da

48 International League for Human Rights, *East Germany: No Right to Leave. A Report of the Family Reunification Project* (New York: International League for Human Rights, 1983).

49 Zur Arbeit der Internationalen Liga für Menschenrechte in Abgrenzung zu konservativen Organisationen ähnlichen Namens siehe Lora Wildenthal, »The Reincarnations of the German League for Human Rights in Occupied and West Germany«, in: *Human Rights Leagues in Europe (1898-2016)*, hg. von Wolfgang Schmale und Christopher Treiblmayr (Stuttgart: Franz Steiner Verlag, 2017), 94-121.

50 ICCPR, Art. 12 (3).

diese (wie viele andere Staaten auch) das entsprechende Fakultativ-protokoll nicht unterzeichnet hatte. Auch wenn sowohl der Report als auch der ICCPR selbst in der DDR relativ unbekannt blieben, stellte diese Anklage für die Staatsführung international eine regel-rechte Entblößung dar.[51]

Die Anklageschrift der International League of Human Rights war nicht die erste dieser Art, sie wurde aber in einer zunehmend aufgeladenen Lage publiziert. Denn obwohl der KSZE-Prozess in seiner Madrider Phase durch die erneute internationale Konfron-tation ins Stocken geriet, nahm der Druck auf die DDR nicht ab. Vor internationalen Organisationen häuften sich in diesen Jahren Beschwerden gegen die Ausreisepraxis des SED-Staates, der sich immer wieder vor der UN und anderen internationalen Organi-sationen rechtfertigen musste.[52] Trotzig konstatierte ein interner Hinweis des Ministerrats zur Umsetzung der Ergebnisse des KSZE-Nachfolgetreffens in Madrid 1983: »Die DDR hat hinsichtlich der Familienzusammenführung, der Eheschließungen und der Gewäh-rung familiärer Kontakte durch Besuchsreisen gemäß der Schluß-akte der KSZE von Helsinki gewiß keinen Nachholbedarf.«[53]

Auch wenn der SED-Staat geringes Interesse an der Umsetzung der Menschenrechtsdokumente zeigte, konnte er sich diesen seit den frühen 1970er Jahren nicht mehr ganz entziehen.[54] Der Blick in die DDR erweitert dabei die derzeit betonte Betrachtung der Menschenrechte als einen Durchsetzungsprozess gegen Staatsinte-ressen um eine wichtige, weil innerhalb der autoritären Systeme selbst wurzelnde Facette. Zum einen sieht man hier klar und deut-lich, dass, wie Jan Eckel und Samuel Moyn argumentiert haben, die Menschenrechte zwischen 1975 und 1978 ihren »wahren Durch-bruch« erlebten.[55] Dieser wirkte zum anderen vorerst aber nur dis-

---

51 Zwar befindet sich eine Kopie des Reports in den Akten des Archivs der DDR-Opposition, er diente aber auch diesen im Gegensatz zu AEMR und Helsinki-Schlussakte nicht als Argumentationsmuster, vgl. RHG, TH 10, 99-133.

52 Hurst Hannum, *The Right to Leave and Return in International Law and Practice* (Dordrecht: Martinus Nijhoff Publishers, 1987), 100.

53 BArch Berlin, DC 20, 5416, 300.

54 Ein besonderes Zeichen für diesen Druck ist die apodiktische Streitschrift Jürgen Kuczynskis, in der er die Menschenrechte als Ausdruck bürgerlicher Herrschafts-absicherung im Gegensatz zu den Rechten der Arbeiter darstellte; vgl. Jürgen Kuczynski, *Menschenrechte und Klassenrechte* (Berlin: Akademie-Verlag, 1978).

55 Samuel Moyn, *The Last Utopia: Human Rights in History* (Cambridge/Mass.:

kursiv und schuf kaum verbindliche neuen Regeln oder zumindest menschenrechtskonformere Praktiken. Denn die politische Wirkung der Menschenrechte entfaltete sich, wie der Historiker Steven Jensen dargelegt hat, langsam und prozessual, wobei insbesondere NGOs und Bevölkerungen die Staaten zwangen, die geltende politische Praxis mit anderen Deutungen der Menschenrechte abzugleichen.[56] Dieser Prozess begann nicht mit einem Akt oder einem Vertrag, sondern erwuchs im Falle der DDR aus der immer intensiveren internationalen Verflechtung beider deutscher Staaten ab Anfang der 1970er Jahre und aufgrund der rein sprachlichen Mobilisierung dieser Rechte durch die Bevölkerung. Die Geschichte der Menschenrechte ist hierbei also vor allem eine Praxisgeschichte der Mobilisierung dieser Rechte durch die Betroffenen.

Das deutsch-deutsche Verhältnis steuerte zudem nach der Wahl Helmut Kohls in neue Gewässer, wobei insbesondere die Familienzusammenführung für derartige Missstimmung sorgte, dass sich die DDR 1983 zum Handeln gezwungen sah. In einer ersten Kurskorrektur öffnete der SED-Staat 1983 erstmals offiziell den Antragsweg für Rentner. Dazu erlaubte die Verordnung zur Familienzusammenführung vom 15. September 1983 erstmals Anträge für sehr eng gefasste Fälle von Familienzusammenführung.[57] Die breite Bevölkerung blieb weiterhin ausgeklammert. Dennoch verstanden viele die Verordnung als Liberalisierung. Sie verschaffte der SED vor internationalen Gesprächspartnern etwas Luft, heizte intern aber vor allem weitergehende Wünsche nach Freizügigkeit an und bot den Antragstellern durch die erstmalige Veröffentlichung von Ausreiseregeln neue Bezüge und Begriffe für ihre Rechtssprache.

Harvard University Press, 2010), 47, 118, 161; Jan Eckel, *Die Ambivalenz des Guten: Menschenrechte in der internationalen Politik seit den 1940ern* (Göttingen: Vandenhoeck & Ruprecht, 2014), v. a. 343-422.

56 Steven L. B. Jensen, *The Making of International Human Rights: The 1960s, Decolonization, and the Reconstruction of Global Values* (New York: Cambridge University Press, 2016), 11-4.

57 Vgl. »Verordnung zur Regelung von Fragen der Familienzusammenführung und der Eheschließung zwischen Bürgern der Deutschen Demokratischen Republik und Ausländern vom 15. September 1983«, in: *Gesetzblatt DDR I* 26 (15. September 1983), 254 f.; »Erste Durchführungsbestimmung zur Verordnung zur Regelung von Fragen der Familienzusammenführung und der Eheschließung zwischen Bürgern der Deutschen Demokratischen Republik und Ausländern vom 15. September 1983«, in: *Gesetzblatt DDR I* 26 (15. September 1983), 255 f.

Dies antizipierend komplementierte das MfS die Verordnung direkt mit einer neuen Strategie zur Bekämpfung »rechtswidriger Ersuchen«.[58] Als dessen Kernstück wich die tonangebende Verfügung 143/83 des Vorsitzenden des Ministerrates vom 27. September 1983 vom Gedanken ab, Ausreiseersuchen primär durch administrative und polizeiliche Maßnahmen zu bekämpfen.[59] Sie erklärte nun vielmehr alle »staatlichen Organe, Kombinate, Betriebe, Einrichtungen und Genossenschaften« zu Institutionen der Ausreisebekämpfung. Zwar hatte bereits Verfügung 34/77 diese in die Pflicht genommen, allerdings waren viele Betriebe den darin vage formulierten Verbindlichkeiten ausgewichen.[60] Die harte Schelte des MdI an die Räte der Bezirke, für eine bessere Umsetzung der Verfügung 34/77 zu sorgen, zeigte wenig Wirkung.[61] Die Antragszahlen stiegen.

Mit der Verfügung 143/83 weitete der SED-Staat nun differenziert die Ausreisebekämpfung über die Amtsstuben, Verhörzimmer und Gerichtssäle aus. Die Ausreise müsse »mittels gesamtgesellschaftlicher Einflußnahme« bekämpft werden.[62] Das damit avisierte »einheitliche, abgestimmte Vorgehen« sollte alle betroffenen Institutionen in die Handlungslogiken des MfS einbinden. Sie wurden verpflichtet, jedwede Anzeichen potentieller Antragstellung zu melden und zu kontern, sollten Bürger mit dem Verweis auf Straftatbestände von der Berufung auf die Schlussakte der KSZE abbringen und Antragsteller zur Rücknahme ihrer Ersuchen bewegen.[63] Dies wurde danach bei Bedarf durch spezifische Anweisungen präzisiert, so etwa die zur Unterbindung der Ausreise unter Pädagogen.[64]

Damit entstanden neue Konflikte. Während die Dienstanweisung 2/83 des MfS vom 13. Oktober 1983 die entsprechenden Befugnisse der Staatssicherheit deutlich ausweitete, monierten Betriebsleiter, dass sie bereits durch die Wirtschaftslage (und unaus-

---

58 BArch Berlin, DO 1, 64237; HA XX/AKG, 6448, 87-102.
59 BArch Berlin, DO 1, 64235, Verordnung 34/77 des Ministerrats.
60 BArch Berlin, DO 1, 64235, Verordnung 34/77 des Ministerrats.
61 BArch Berlin, DO 1, 17283, Riss an alle RdB, Stellvertreter der AIA, 4. September 1981.
62 BStU AdZ, HA IX, 3021, 15.
63 BStU AdZ, HA XX/AKG, 6448, 90.
64 BArch Berlin, DO 1, 17283, MdI-Weisung 12/83 vom 15. Oktober 1983.

gesprochen den desolaten Zustand der Betriebe) bis an die Grenzen gefordert seien.[65] Die neuen Aufgaben lägen nun aber eindeutig außerhalb ihrer wirtschaftlichen Verantwortung. Sie waren aber im Unklaren über die Inhalte der Befugniserweiterung des MfS und wurden in einem längeren Prozess in diese neue Situation hineindiszipliniert. Auf einer Arbeitstagung im Jahr 1985 instruierte Niebling darum die HA XVIII, dass sämtliche Diensteinheiten des MfS gezielt gegen das ungesetzliche Verlassen zu kämpfen hätten, dass das Hauptaugenmerk aber auf der »Gewährleistung einer breiten gesellschaftlichen Front zur Rückdrängung von Versuchen der Übersiedlung« gemäß MR-Verordnung 143/83 liege. Insbesondere sei hier die IM-Arbeit zu bestärken, also die Bespitzelung der Betriebe und Organisationen in Bezug auf ihre Aktivität im Kampf gegen die Ausreise.[66] Indem das MfS vor allem die Betriebe in die »gesellschaftliche Aufgabe« einband, die Ausreise zu unterdrücken, hoffte es, vertraute Personen aus dem Arbeitsumfeld würden nach dem Ersersuchen eine mildernde Rolle einnehmen, Rücknahmen inspirieren und könnten »Verhärtungen« entgegenwirken.[67] Dies hing freilich elementar davon ab, dass die Antragsteller glaubten, sie sprächen mit Vertrauenspersonen, die keinem Staatsauftrag folgten. Die dafür notwendige Konspiration erfuhr spätestens 1988 einen herben Rückschlag, als die sonst nicht sonderlich an der Ausreisebewegung interessierten *Umweltblätter* ein Schreiben der Generaldirektoren der Kombinate an die Betriebsdirektoren veröffentlichten, das die betrieblichen Möglichkeiten zur Wahrnehmung der »Verantwortung [...] bei der weiteren Unterbindung und Zurückdrängung von Übersiedlungsersuchen« offenlegte. Demnach durften die Betriebe einen »hauptamtlichen Beauftragten« beschäftigen, individuelle »Betreuer« einsetzen, sämtliche »gesellschaftliche Organisationen und Kräfte« des Betriebes einbeziehen und sollten »Zurückdrängungskonzeptionen für jeden Er-

---

65 Abgedruckt in Hans-Hermann Lochen und Christian Meyer-Seitz (Hrsg.), »MfS-Dienstanweisung Nr. 2/83 vom 13. Oktober 1983«, in: *Die geheimen Anweisungen zur Diskriminierung Ausreisewilliger: Dokumente der Stasi und des Ministeriums des Innern* (Köln: Bundesanzeiger, 1992), 87-205.

66 BStU HA XVIII, 21890, 1-3.

67 BArch Berlin, DO 1, 61227, Mielke an Dickel, 14. Februar 1986, Meinung zu 9. Änderung von 0118/77; ebd., 61228, 10. Änderung 0118/77, 2. Dezember 1987.

suchenden in Abstimmung mit dem zuständigen Bereich Inneres« erstellen.[68]

Angesichts eines Antragsstandes von Hunderttausenden Werktätigen stellte das einen immensen – und letztlich nicht ohne Abstriche in anderen Bereichen der Betriebsleitung zu erfüllenden – Arbeitsaufwand dar. Dieser überforderte nicht nur die Betriebsleiter, sondern auch ihre Ansprechpartner im Staatswesen, und zugleich machte das MfS diese für die andauernden Misserfolge bei der Rückdrängung verantwortlich.[69] Als Unterstützung für die gestressten und teilweise rat- und argumentlosen Verantwortlichen, die im direkten Kontakt mit Antragstellern standen, begann das MfS (und im geringeren Umfang auch das MdI), sogenannte »Argumentationen« zu erstellen. Zum einen bekamen ministerielle Vertreter diese bei Einweisungen von gesellschaftlichen Stellen an die Hand.[70] Hier dienten sie – ganz wie die berüchtigten »Aussprachen« im SED-Staat – in erster Linie der Disziplinierung. Zum anderen erläuterten diverse Merkblätter, wie Gespräche mit Antragstellern zu führen seien. Diese, besonders ab 1985 vom MfS ausgehändigten »Argumentationen« gaben freilich keinen Einblick in die Bearbeitung von Anträgen. Sie zeichneten vielmehr anhand von Zitaten und Presseberichten ein Bild unglücklicher Ausgereister und des unsicheren Lebens im Kapitalismus.[71] So zitierte eine dieser »Argumentationen« ein Ehepaar, das nichts so sehr bereue wie die Ausreise.[72] Eine andere betonte, Antragstellern werde im »Prozeß der gründlichen und gewissenhaften Prüfung ihres Übersiedlungsersuchen genügend Zeit zur Überlegung und zur Änderung ihrer Meinung eingeräumt.« Viele gestünden sich im Nachhinein den schweren Fehler ein, die »gut gemeinten Ratschläge« der Mitarbeiter der Abteilung Innere Angelegenheiten, »der Arbeitskollegen, von Freunden, Bekannten ja sogar engsten Familienangehörigen« ignoriert zu haben. Man habe sich der Hoffnung hingegeben, »die zu erwartenden Konflikte in der Welt des Kapitalismus seien zwar für andere zutreffend, nur nicht für die

68 »Bearbeitung von Übersiedlungsversuchen«, in: *Umweltblätter* 12 (1988), 49.

69 Siehe z. B. BStU AdZ, HA XVIII, 18 892, 2-29, 115-7.

70 BArch Berlin, DO 1, 64 238, Argumentation 143/83.

71 BStU AdZ, HA XVIII, 21 128, 22 027; ebd., HA IX, 574, 2-69; ebd., HA II, 29 122; ebd., HA XVIII, 22 027, 143-243; BArch Berlin, DC 20, 5416, 308-12.

72 BStU AdZ, HA IX, 9639, 48-63.

eigene Person«.[73] Es ist verblüffend, wie gut diese Zeugen die Sprache des MfS beherrschten! Kamen den Lesern nicht bereits hier Zweifel? Über solche Gedanken erhaben, wurde die 19-jährige Steffi mit den Worten zitiert: »Lieber sterbe ich, als daß ich noch einmal rübergehe!«[74]

Entsprechend den differenzierten Anweisungen für den Umgang mit besonderen Berufs- und Personengruppen nahmen diese »Argumentationen« an Zahl und Umfang zu.[75] Weitere Versionen sollten speziell Familien, Kinder und Jugendliche oder Pädagogen überzeugen helfen, andere wurden Betriebsleitern an die Hand gegeben, damit diese möglichst unbemerkt und im Arbeitsalltag potentielle Antragsteller von ihrem Vorhaben abbringen könnten.[76]

Ende der 1980er Jahre verdickten sich die Papiermauern durch solche Argumentationsvorlagen – und parallel dazu entstanden gewissermaßen passende Papierbohrer. Westdeutsche Unterstützer von Ausreisenden verfassten zunehmend »Argumentationshilfen für Antragsteller auf Ausreise«, gaben Wissen über den Bearbeitungsprozess sowie mögliche Fallen weiter und appellierten an den Durchhaltewillen der Antragsteller.[77] Teils direkt, teils mündlich durch Verwandte und Bekannte fand dieses Material seinen Weg in die DDR. Ab Mitte der 1980er Jahre entstanden dort ebenfalls derartige Dokumente. Konspirativ erfragten dafür Aktivisten der Initiative Frieden und Menschenrechte (IFM) in Fragebögen die Erfolgswege und Hoffnungen unter Ausreiseantragstellern.[78] Dieses kombinierten sie mit Wissen aus westdeutschen Broschüren und Presseberichten zu Wegweisern und Formulierungshilfen für An-

73 BStU AdZ, HA IX, 14 401, 1.

74 BStU AdZ, HA IX, 9639, 48-63, zit. 48; zur langen Geschichte dieses Kalten Krieges um die Narrative von Übersiedlung und Rückkehr siehe Bernd Stöver, *Zuflucht DDR: Spione und andere Übersiedler* (München: C. H. Beck, 2009), 77-146; für einen raren, frühen Versuch des SED-Staates, sich das Narrativ öffentlich anzueignen, siehe Werner Rödel, *Auf dem Wege von Deutschland nach Deutschland: Eine Dokumentation* (Dresden: Verlag Zeit im Bild, 1965).

75 BStU AdZ, VRD, 5208, 1-88; ebd., HA IX, 574, 21-69 (Kinder und Jugendliche); HA XVIII, 22 027, 143-243.

76 BStU AdZ, HA IX, 574, 2-69; ebd., HA II, 29 122; ebd. HA XVIII, 22 027, 243-70, 510-28.

77 BStU AdZ, HA IX MF, 11 787 [8], RHG, BBo, 117, 40.

78 RHG, Bbo, 117, 49-57.

tragsteller.[79] Ein besonders informatives Exemplar stellte nicht nur umfangreich Gesetze und Auszüge aus internationalen Abkommen zusammen, sondern zitierte auch seitenweise aus *Die Staatsbürgerschaft der DDR* des Rechtswissenschaftlers Gerhard Riege.[80] Obwohl dieses Buch das Gegenteil intendierte, filterten die Aktivisten fein säuberlich seine Darlegungen zur Entlassung aus der Staatsbürgerschaft heraus und tippten diese als Material für die Rechtssprache der Ausreise ab.[81] Verpackt als Gesprächshilfen für »Kirchenmitarbeiter« mit Antragstellern dienten solche Kompilationen letztlich als Leitfaden für Verfasser schriftlicher Ersuchen, die sich mit einer Melange aus Rechtstexten, Literatur, Aussagen der SED-Führung und internationalen Dokumenten ihre eigene kleine Lücke in die Papiermauer schnippeln wollten.

Die indirekte Beziehung zwischen Anträgen und Ausreise

Um diese Dynamiken einzufangen, änderte der SED-Staat fortwährend seine Erfassungsmethoden der Bewegung. Die Statistiken erlauben uns darum nicht nur Einblicke in die Dynamik der Migrationsbewegung, sondern bilden immer auch ab, wie der Staat sich seine Bevölkerung zurechtlegte und dabei eigene Praktiken motivierte und legitimierte. Mit der Verschiebung des Bearbeitungsschwerpunkts von der Flucht auf die Ausreisen fing der SED-Staat an, sich die kumulativen Effekte der Ausreiseanträge genauer vor Augen zu führen.[82] Die Bedrohung lag demnach nicht nur im Handeln einzelner »Hartnäckiger« oder »Menschenhändler«, sondern in der Ballung laufender Anträge. Wie aber definiert man einen laufenden Antrag, wenn die Antragstellung selbst kriminali-

79 RHG, Bbo, 117, 49-57; zur IFM siehe v. a. Thomas Klein, *»Frieden und Gerechtigkeit!«: Die Politisierung der unabhängigen Friedensbewegung in Ost-Berlin während der 80er Jahre* (Köln: Böhlau, 2007), 243-6; Wolfgang Templin und Reinhard Weißhuhn, »Die Initiative Frieden und Menschenrechte«, in: *Opposition in der DDR von den 70er Jahren bis zum Zusammenbruch der SED-Herrschaft*, hg. von Eberhard Kuhrt (Opladen: Leske + Budrich, 1999), 171-212.

80 RHG, Bbo, 117, 71-131.

81 RHG, Bbo, 117, 104-9, vgl. Gerhard Riege, *Die Staatsbürgerschaft der DDR*, 2., überarb. Aufl. (Berlin: Staatsverlag der DDR, 1986).

82 BArch Berlin, DO 1, 17 286, GVS »Informationen« vom 30. Januar 1976.

siert ist? Einen Ansatz zur Beantwortung dieser Frage liefern erneut die vom MdI erstellten Antragsstatistiken. Ab Anfang des Jahres 1978 und mit Rückblick auf 1977 begann das Ministerium, das Geschehen in Momentaufnahmen zu analysieren. Erst eine im Laufe des Jahres erstellte umfassende Analyse versuchte dabei, ein realistisches Bild all jener als laufend verstehbaren Anträge zu zeichnen. Dafür addierte sie sämtliche seit 1972 gestellten Anträge, ungeachtet der Frage, ob sie in diesem Moment als »abgelehnt« galten. Damit gestand sich das MdI ein, dass Ablehnungen keine Endpunkte des Prozesses waren. Seit 1972 seien demnach 44 381 abgelehnte und 29 643 bewilligte Anträge auf Übersiedlung nach Westdeutschland gestellt worden.[83] Nach dem Höhepunkt 1976 nähmen die Kreisleiter und Leiter der Betriebe nun ihre »Verantwortung immer besser wahr«.[84] Da war es wieder, das statistisch erzeugte, zugleich mahnende und beruhigende Selbstbild der vollen Kontrolle.

Da in den Jahren 1972 bis 1977 der Generalstatistik des MdI nach jedoch insgesamt 95 321 Personen ausreisten, ist davon auszugehen, dass diese Statistik allein die als »rechtswidrig« erachteten Anträge zusammenfasste (ohne Rentner, »Invaliden«, Familienzusammenführung, »Freikauf« etc.).[85] Diese neue Begrifflichkeit wurde also statistisch zurückgespielt und somit ein aktuelles Sicherheitsproblem zu einem tradierten Bestandteil der Migrationsverwaltung umcodiert. Explizit bezog sich das MdI in den ab dem 31. Dezember 1980 erstellten Statistiken allein auf »rechtswidrige Ersuchen« und bot so dem MfS regelmäßig einen kumulierten Überblick über laufende Ersuchen ohne Rentner, »Invaliden« oder erfolgte Übersiedlungen, immer wieder ergänzt durch die Ausreisezahlen seit 1972.[86] In der Tat war die Ausreise die einzige verlässliche Form der endgültigen Bearbeitung eines Antrags. Denn für diesen Personenkreis hieß »abgelehnt« keineswegs »erledigt«. »Ablehnung« war eher ein statistischer Euphemismus für eine erwartbare neue Antragstellung. Trotz eines gewissen Abflauens evozierte die

83 BArch Berlin, DO 1, 16 488, VVS Informationen 1972-1978, 1.

84 BArch Berlin, DO 1, 16 488, VVS Informationen 1972-1978, 1-4.

85 Berechnung nach BStU AdZ, ZAIG, 27 895, 102.

86 BArch Berlin, DO 1, 16 488, Analyse 31. Dezember 1980, inkl. Anlage 1; von da an fortlaufend Quartalsberichte ab 1/1981, in: ebd., 16 488-16 491; insbesondere ebd., 16 489, Zwischenbericht zur Familienzusammenführung, 22. März 1984; und BStU AdZ, ZAIG, 27 895.

Zahl von knapp 50 000 de facto laufenden Anträgen darum eine Schwachstelle im System, wenn nicht eine kollektive Bedrohung. Rücknahmen, so bemängelten es die Berichterstatter des MdI, deuteten zudem weniger auf eine »zwischenzeitlich gefestigte politische Grundhaltung« hin, sondern vielmehr auf die »Aussichtslosigkeit« des Unterfangens.[87] Sie waren also nicht mit einer Rückgewinnung zu verwechseln. So konnte das MdI allein auf staatliche Härte zurückgreifen, um statistische Erfolge zu erzielen. Diese blieben aber temporär. Aufgrund der Rechnereien stieg die Antragszahl vorerst nicht an. Die Marke von 50 000 überstieg sie erst im ersten Quartal 1981. Im vierten Quartal 1982 überschritt sie allerdings die 60 000 und ein Jahr später die 70 000.[88]

Was aber sagt uns diese Addition in Bezug auf ein immer weiter zurückliegendes Jahr über die Kontrolleure? Erstens können wir dem entnehmen, dass die offiziellen Beobachter den Ausgangspunkt des Wandels nicht in der KSZE-Schlussakte, sondern in dem Grundlagenvertrag von 1972 sahen. Durch die Addition verdeutlichte sich der SED-Staat damit vor allem ein schlummerndes Bedrohungsszenario als Negativfolge der deutsch-deutschen Annäherung. Die ZAIG gliederte die Daten des MdI zu den Ausreisezahlen gar nach SED-Parteitagen seit 1971.[89] Wenngleich idiosynkratisch, belegt auch diese einmalige Aufstellung, dass selbst im Herbst 1989 nicht die KSZE-Schlussakte allein als verschärfendes Element wahrgenommen wurde. Helsinki war demnach ein Katalysator, aber kein Auslöser. Die Addition wirkte sicher auch frustrierend auf die Staatsvertreter, was ein weiterer Grund für die strikte Geheimhaltung solcher Zahlen war. Diese Ballung rief, zweitens, nach Gegenmaßnahmen, steigerte also die Bedeutung der überwachenden Institutionen. Dieser Sicherheitsaspekt tritt besonders deutlich in der Entscheidung hervor, erst noch alle abgelehnten Anträge aller vier Migrantenkategorien zusammenzufassen, dann aber gezielt auf das Bedrohungspotential durch »rechtswidrige Ersuchen« zu blicken. Wir sehen damit einen Übergang von der allgemeinen Bewegungskontrolle zur Betonung spezifischer »sicherheitsrelevanter« Aspekte und operativer Interessen nach 1977.

87 BArch Berlin, DO 1, 16 488, VVS Informationen 1972-1978, 1-4.
88 Vgl. entsprechende Quartals- oder Halbjahresberichte in BArch Berlin, DO 1, 16 488; ebd., 16 489.
89 BStU AdZ, ZAIG, 27 895, 116.

In diesem Prozess war das retrospektive Addieren »rechtswidriger Ersuchen« eine Übergangsphase. Wohl ab 1980 änderte sich die Definition eines laufenden Antrages, und die ZAIG begann, nur mehr jene Fälle zu addieren, die in den letzten zwei Jahren aktiv verfolgt worden waren.[90] Dies ergab kein Sammelbild einer verborgenen Migrationswilligkeit unter der DDR-Bevölkerung, wie es noch das MdI im Rückblick auf 1972 erstellt hatte, sondern vielmehr ein Abbild der Dringlichkeit, mit der dieser Wunsch betrieben wurde. Der Hintergrund war ein operatives Interesse. Entsprechend führte die ZAIG die Zahlen der »hartnäckigen« Antragsteller gesondert als Unterkategorie zur Gesamtzahl der aktiv verfolgten Ersuchen. Auch als Schlussfolgerung aus dieser Sichtbarmachung der »Hartnäckigen« entließ der SED-Staat – in Person von Erich Mielke – im Frühjahr 1984 nicht nur für westdeutsche Beobachter überraschend ungefähr 30 000 Antragsteller nach Westdeutschland, womit sich die legale Ausreise dieses Jahres im Vergleich zum Vorjahr fast verdreifachte.[91] Dafür spielte die Statistikführung eine entscheidende Rolle. Nicht der moderate Anstieg der Anträge zwischen 1980 und 1983, sondern die sichtbar gemachte Ballung veranlasste Mielke zu der Entlassungsaktion im Frühjahr 1984, die mit einer Verhaftungswelle anderer Antragsteller einherging.[92] Die Ausreisewelle im Frühjahr 1984 war also keineswegs eine spontane Reaktion auf einen Überdruck, sondern Resultat eines statistischen Wissensprozesses im MfS, der Kontrollgewinn durch Reduktion suggerierte.

Nicht ohne Grund monierte Mielke, dass die »anhaltende Sogwirkung« der Anträge die Kreisdienststellen überlastete, so dass es in der Verantwortung der ZKG liege, die »richtige Person zum richtigen Zeitpunkt gehen« zu lassen, bevor sie »politischen Schaden« anrichte.[93] Im Rückblick war dieser Entlassungsschub aus Sicht des SED-Staates allerdings sowohl alternativlos als auch kontra-

90 BStU AdZ, ZAIG, 27 895, 116.

91 Vgl. z. B. Joachim Nawrocki, »»Die Guten ins Töpfchen …?‹: Vermutungen über die erstaunliche Großzügigkeit der SED-Führung«, in: *Die Zeit* (6. April 1984); »Die nehmen uns die Arbeitsplätze weg«, in: *Der Spiegel* 14 (1984), 17–22.

92 Eisenfeld, »Die Zentrale Koordinierungsgruppe«, 50; ders., »Die Ausreisebewegung: Eine Erscheinungsform widerständigen Verhaltens«; Hanisch, *Die DDR im KSZE-Prozess*, 359 f.; Jan Philipp Wölbern, *Der Häftlingsfreikauf aus der DDR 1962/63–1989: Zwischen Menschenhandel und humanitären Aktionen* (Göttingen: Vandenhoeck & Ruprecht, 2014), 350.

93 Zit. n. Hanisch, *Die DDR im KSZE-Prozess*, 359.

Tafel 36: Verhältnis »rechtswidrig« gestellter und genehmigter Ausreiseanträge 1980-1988.

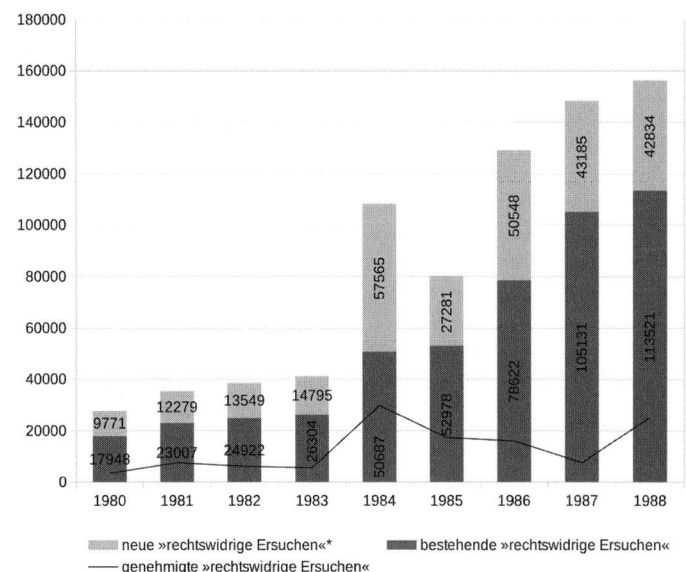

Quelle: Eigene Berechnung nach BStU AdZ, ZAIG, 27 895; BArch Berlin, DO 1, 16 488.

(*) Aller Wahrscheinlichkeit nach erachtete das MdI, das diese Zahlen führte und an die ZAIG weiterleitete, nur Anträge als laufende Ersuchen, die in den letzten zwei Jahren aktiv betrieben wurden.

produktiv. Einerseits entledigte er sich damit zahlreicher schwieriger Fälle, andererseits bewahrheitete sich die MfS-Warnung von 1979, man könne »nicht [damit] rechnen, daß solche Fälle durch Übersiedlung gelöst werden!«[94] Sowohl die Rückverbindungen als auch Gerüchte von erfolgreichen Anträgen verflochten die Mauergesellschaft immer stärker. Nach der Entlassungswelle 1984 entglitt dem MfS schleichend die Kontrolle (siehe Tafel 36, S. 585). Antrags-

94 BStU AdZ, HA IX MF, 11 787 [6].

zahlen und Genehmigungen entfernten sich immer weiter voneinander. Da das Ausmaß jedoch streng geheim blieb, lasen sowohl der Apparat als auch die Bevölkerung und Beobachter Individualschicksale wie Rauchzeichen, ohne die Dynamiken in irgendeiner Form quantifizieren zu können. Dabei führte das MfS den Beginn der Ausreiseantragsbewegung, die Ende der 1970er Jahre sichtbar wurde, auf den Grundlagenvertrag zurück. Da auch dieses Datum kaum als der einzige Ausgangspunkt der Ausreise begründbar ist, können wir schlussfolgern, dass nicht »Helsinki« jene Antragsbewegung auslöste, die letztlich den SED-Staat fatal ins Wanken brachte, sondern die Ausreise selbst. Aus einer dezentralen Suche nach Migrationsmöglichkeiten in der DDR formten sich um Katalysatoren wie das Staatsbürgerschaftsgesetz, den Grundlagenvertrag und die Schlussakte von Helsinki aus Wissensbeständen gesellschaftliche Praktiken, die letztlich in eine Bewegung führten. Die Ausreisebewegung, könnte man in Anschluss an Edward P. Thompsons Beobachtungen zur britischen Arbeiterbewegung sagen, »trat nicht wie die Sonne zu einem vorhersehbaren Zeitpunkt in Erscheinung; sie war an ihrer eigenen Entstehung beteiligt.«[95]

Die Zahl »schlummernder« Anträge und von Karteileichen liegt demnach vermutlich deutlich höher.

War 1975 das Wendejahr für die Normen und die Verfolgungspraktiken, so sollte 1984 als das Wendejahr der Bewegungsgeschichte betrachtet werden. Ausgenommen einen kurzen Erholungseffekt 1985, der immer noch doppelt so hoch war wie alle Spitzenwerte vor 1984, stieg die Zahl der Ausreisen kontinuierlich an. Im Gegensatz zu früher zog nun, nach Überschreiten der kritischen Masse, ein Antrag den nächsten nach sich. 1988 schien aber ein gewisses Plateau erreicht. In diesem Jahr trieb zwar die größte Zahl aktiver Antragsteller die DDR-Behörden vor sich her, die Neuanträge sanken hingegen auf den zweitniedrigsten Stand seit 1984, gingen zwischen dem ersten und dritten Quartal sogar um ca. 10% zurück. Sie lagen nichtsdestotrotz über der Genehmigungsquote und erhöhten so die Zahl laufender Verfahren.[96] Von Ruhe konnte aber keine Rede sein. 1988 reisten nicht nur 25 263 arbeitsfähige oder minderjährige Personen aus. Weitere 155 905 »Rechtswidrige«, also

95 Edward P. Thompson, *Die Entstehung der englischen Arbeiterklasse*, Bd. 1 (Frankfurt/M.: Suhrkamp, 1987), 7.
96 BStU AdZ, ZAIG, 27 895, 18, 20.

stattliche 2,11 % der berufstätigen Bevölkerung, drängten auf ihre Ausreise. Dazu kam eine unbekannte Zahl an Antragsberechtigten, also Rentnern und anderen. Weiterhin konnte die liberalisierte Reisepraxis in Familienangelegenheiten nach einer Westreise früher oder später zu einem Antrag führen oder zumindest Wissen über das Leben »im Westen« vermitteln, was Dritte inspirieren konnte. Von einer solchen Reichweite konnte die damalige Opposition nur träumen – dennoch blieben die Antragsteller eine absolute Minderheit der Bevölkerung.

Repressive Zahlenspiele: Kategorisierung und Dynamisierung der Ausreise

Diese Minderheit aber hinterfragte immer offensichtlicher die Logiken der Mauer. Das MfS hatte darum größtes Interesse, dieses Phänomen kollektiv, aber jenseits allgemeiner Globalzahlen zu untersuchen, insbesondere selbstverständlich die »rechtswidrigen Ersuchen« auf Ausreise. Die damit einhergehende sicherheitspolitische Unterscheidung von Ausreisekategorien prägt die Statistikführung des MfS, dessen Zahlen nun oft der Forschung als Grundlage dienen. In der repressiven Arbeitsteilung ging das MdI hingegen anders vor. Als Migrationsverwaltung administrierte es (und seine nachgeordneten Abteilungen in Bezirken und Kreisen) sämtliche Ausreiseanträge von Rentnern und »Invaliden« über Familienzusammenführungen und Privilegierte bis zu den »rechtswidrigen Ersuchen«. Neben auf Kreisebene erstellten und auf Bezirksebene gesammelten Kartei- bzw. Kerblochkarten[97] zu einzelnen Vorgängen führte es einen zentralen Speicher aller Anträge und Stellungnahmen der Bezirke.[98] Diese waren bis 1979 primär alphabetisch nach Antragstellern, Bezirken und Jahren sortiert. Das MdI erstellte auf dieser Basis zentrale Übersichten über Ausreisezahlen und

97 Aufbau und Hinweise zum Ausfüllen der Karteikarte IA30 in: BArch Berlin, DO 1, 61 232, 15, MdI-O 0118/77, Anlage 1, präzisiert mit der 6. Änderung vom 13. Oktober 1982, BArch Berlin, DO 1, 61 232, 4-18b.
98 Siehe u. a. die umfangreichen Akten bis 1979: BArch Berlin, DO 1, 13 568-72; ebd., 13 917; ebd., 13 644-48; ebd., 13 879-916; ebd., 15 059-69; ebd., 17 176; ebd., 15 604-21; Anträge nach 1979: ebd., 13 993-4; ebd., 15 622-23; ebd., 16 815-29; ebd., 15 146-8; ebd., 15 174-200; ebd., 15 431-454 und viele mehr.

situativ auch Analysen allgemeiner Migrationsvorgänge für spezifische Zeitabschnitte.[99] Ab 1979 sortierte es alphabetisch nach Jahren und gewissen Themen. Das neue Verfahren spiegelte die Sekuritisation des Antragswesens, denn es ermöglichte einen schnelleren Zugriff auf individuelle Fälle, um Listen bearbeiten oder Meldungen an das MfS formulieren bzw. dessen personalisierte Anfragen beantworten zu können. Das Verfahren machte somit individuelle Antragsbiografien sicht- und durchsuchbar, ermöglichte jedoch keinen guten Überblick.

Als sich das MfS langsam von der Fluchtbekämpfung zur Antragsfrage umorientierte, einigten sich Dickel und Mielke nach längerer Debatte am 29. Januar 1976, dass das MdI und das MfS gemeinsam Übersichten für Erich Honecker erstellen sollten.[100] Dabei leitete das MdI seine generellen Zahlen an die ZKG/ZAIG weiter und das MfS fügte auftragsgemäß tiefere Analysen sicherheitsrelevanter Aspekte bei. Das MfS fragte nur nach »rechtswidrigen Ersuchen«. Allein ZKG/ZAIG waren befähigt und berechtigt, deren Antragszahlen ab Anfang der späten 1970er Jahre zusammenzuführen, zeigten aber kein großes Interesse an anderen Migrantengruppen. Damit verschwanden in der Transition der Daten von der Migrationsverwaltung zur »Sicherheit« vor allem Rentner aus den Zahlenkolonnen der Antragstellung, nicht aber immer deren Ausreise.

Unter dieser Schwerpunktsetzung führte die ZAIG im MfS mehrere statistische Akten. Einen besonderen Einblick gibt eine ab ca. 1980 fortlaufend gepflegte, rückwirkend ergänzte, streng geheime und stark anwachsende Überblicksakte.[101] Dort finden sich keine prosaischen Auswertungen oder Schlussfolgerungen, sondern reines Zahlenmaterial in ellenlangen zusammengeklebten Listen. Diese sind von Nachtragungen, Korrekturen und kryptischen Abkürzungen gekennzeichnet. Ihr Zahlenmaterial ist keineswegs

99 Siehe z. B. BArch Berlin, DO 1, 16 488; ebd., 16 489; ebd., 17 286, GVS Information bis 15. September 1974.
100 BArch Berlin, DO 1, 17 286, Briefwechsel Mielke/Dickel 29. Dezember 1975, 20. Januar 1976, Vermerk Giel, 29. Januar 1976, Ergebnis war die GVS vom 30. Januar 1976.
101 BStU AdZ, ZAIG, 27 895; die wenigen Eingeweihten erstellten anhand dieser Daten oder für diese Akte auf besondere Anfragen, z. B. von Erich Honecker, oder in Vorbereitung von KSZE-Nachfolgetreffen, themenspezifische Übersichten.

immer widerspruchsfrei, schlüssig, geschweige denn erläutert. In Kombination mit weiteren Daten und Erläuterungen bietet diese Akte dennoch einen einzigartigen Einblick in die Beziehung von Anträgen, Ausreise und Bearbeitung.[102] Da sie als ein operatives Medium diente, erlaubt sie es uns zudem, die Interdependenz zwischen Gegenstand und Beobachter an einem Beispiel genauer nachzuvollziehen.

Als Erstes ist hierbei ein Wandel der Zusammensetzung der Ausreise zu erkennen. Entließ der SED-Staat, wie gezeigt, in den 1960er Jahren nahezu ausschließlich Rentner und Invaliden, änderte sich dies mit der deutsch-deutschen Annäherung. Ein erster Wandel erfolgte nach dem Grundlagenvertrag 1972 (siehe Tafel 37, S. 590). In den frühen 1970er Jahren waren weiterhin über 80 % der Ausreisenden Rentner und »Invaliden«. Unter den Restlichen dominierten im Jahr des Abschlusses des Grundlagenvertrags – und wohl auch als Zeichen des guten Willens – die Haftentlassenen. Wie der Historiker Jan Philipp Wölbern gezeigt hat, intensivierte und institutionalisierte sich damals auch der »Freikauf« von Häftlingen.[103] Die dabei ebenfalls vereinbarten Zahlungen im Falle der (sehr eng definierten) Familienzusammenführungen wirkten sich längerfristig aus, z. B. in der Zunahme der übergesiedelten Minderjährigen. Bei mehr oder weniger gleichbleibender Gesamtzahl der Migranten erreichte ab 1975 die Zahl der werktätigen Ausreisenden, der vormaligen »Sonderfälle«, einen bemerkenswerten Bereich. Doch erst ab 1981 machten sie über die Hälfte der Übersiedler aus. Ab dann verbreitete sich zunehmend die Kunde, welche Formen der Antragstellung zumindest mit dem entsprechenden Durchhaltevermögen erfolgreich sein konnten. Aber auch hier ist zu sehen, dass der Umbruch mit der »Aktion« 1984 geschah, ein Jahr, in dem erstmalig über 80 % der Ausreisenden »rechtswidrige Ersuchen« genehmigt bekamen.

Die Diskrepanz zwischen Alters- und dem, was man vielleicht am besten als Frustrationsmigration bezeichnen kann, wird vor allem im Vergleich der Ziele deutlich. Hierfür liegen die Daten zwi-

---

102 Nach intensivem Gegenrechnen und Kontrollieren konnte ich die Widersprüche in der Akte großenteils auflösen und in ausreichend sauberere Statistiken überführen. Ich merke an, wo mir dies nicht gelungen ist oder Zweifel bestehen bleiben.

103 Wölbern, *Der Häftlingsfreikauf aus der DDR*, 281-316.

Tafel 37: Zusammensetzung der genehmigten Ausreise aus DDR nach Westdeutschland 1972-1988.

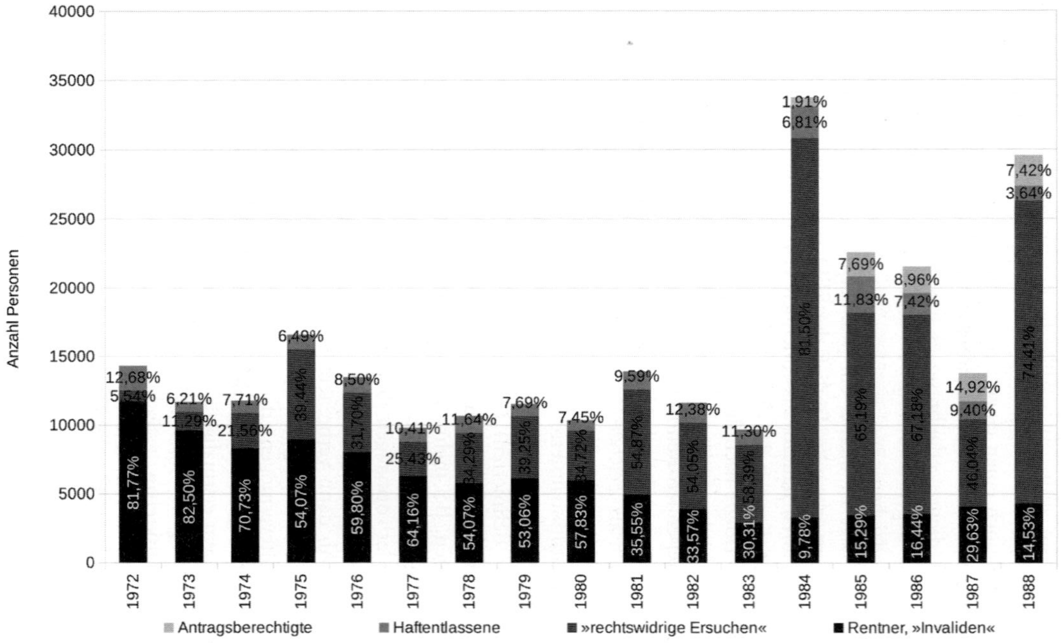

Quelle: Eigene Berechnung nach BStU ZAIG 2780 u. 182

590

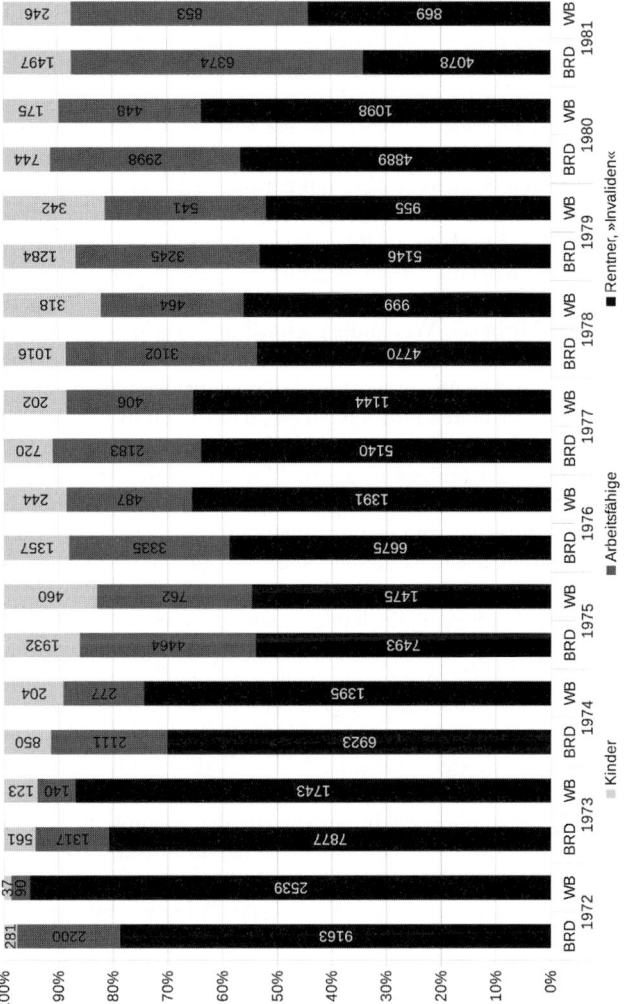

Tafel 38: Ausreisende ins Bundesgebiet (BRD) oder West-Berlin (WB) 1972–1981.

Quelle: Eigene Berechnung nach BStU AdZ, ZAIG, 27985, 128.

schen 1972 und 1981 vor. Wie bereits kurz nach Mauerbau gingen Rentner eher nach West-Berlin als ins Bundesgebiet (siehe Tafel 38, S. 591). Dies mag vor allem durch bestehende familiäre Netzwerke begründet sein, die durch die leichtere Erreichbarkeit im Alltag und den häufigeren Besuch innerhalb der Stadt intensiver verflochten waren, als zwischen Verwandten, die fern der Grenzen wohnten. Eine ähnliche Entwicklung lässt sich bei Minderjährigen konstatieren. Mit den Besuchserlaubnissen der 1960er Jahren sprangen also scheinbar auch familiäre Fürsorgenetzwerke wieder an, die sich vor allem im hohen Alter zu Pflegenetzwerken umformten und eine spezifische Migration nach sich zogen. Darüber hinaus bewahrten sich die legal ausgereisten Rentner die Möglichkeit, ihre in der DDR verbliebenen Verwandten schnell und regelmäßig besuchen zu dürfen. Dies steigerte die Attraktivität der Altersmigration nach West-Berlin. Die überproportionale Zunahme der Minderjährigen in den 1970er Jahren indiziert zudem, dass die DDR nach wie vor Härtefälle der Familienzusammenführung abarbeitete. Die Zahl der werktätigen Ausreisenden – und hierunter insbesondere Familien mit Kindern – stieg hingegen nur langsam. Die durch den Grundlagenvertrag und den Annäherungsprozess etwas aufgebohrten Schlupflöcher in der Mauer kamen damit vor allem Härtefällen und Rentnern zugute, die Verwandte in West-Berlin hatten. Es zeigt sich aber bereits die Tendenz, dass die breitere Bevölkerung Chancen auf Ausreisen erhielt.

In dem Maße, in dem die Null-Ausreisepolitik am internationalen Präsenzwillen der SED scheiterte, normalisierte sich die deutsch-deutsche Migrationsbewegung. Ende der 1970er Jahre glichen sich die Ausreiseprofile nach West-Berlin und ins Bundesgebiet an, so dass das MdI zum 1. Januar 1985 aufhörte, diese Zahlen getrennt aufzuführen.[104] In Anbetracht der Rigorosität, mit der die Führung der DDR jahrzehntelang darauf insistiert hatte, dass West-Berlin kein Teil der Bundesrepublik sei, war dies ein bedeutendes Eingeständnis an die Realität der Ausreise und der westdeutschen Zusammengehörigkeiten. Das MfS hielt noch länger an dieser Statistik fest und errechnete für interne Überblicke die einzelnen Werte für West-Berlin und das Bundesgebiet, gab dies

104 BStU AdZ, ZAIG, 27 895, 2.

1987 aber auch auf.[105] Selbst für das MfS war West-Berlin faktisch zu einem Teil der Bundesrepublik geworden.

In der Gesamtschau sind seit dem Grundlagenvertrag drei Phasen der Ausreisegenehmigungen festzustellen (siehe Tafel 39, S. 594). Erstens reisten bis 1974 primär Rentner aus, wobei vor allem kaum »Sonderfälle« nach West-Berlin gelassen wurden. Das Verhältnis beider änderte sich nur leicht von Anfang der 1960er Jahre bis Anfang der 1970er Jahre von 9:1 in Richtung 4:1. Zweitens näherte sich die Ausreise von Rentnern und »Sonderfällen« zwischen 1975 und 1980 an, wobei Letztere nun auch vermehrt nach West-Berlin ausreisten. Das Verhältnis pendelte zwischen 3:2 und 1:1, wobei 1979 erstmals mehr »Sonderfälle« als Rentner und »Invaliden« ausreisten. Ein weiterer Wandel erfolgte 1981. Still setzte ein Wandel der Ausreise ein, der mit der Entlassungsaktion 1984 unbeabsichtigt, aber offiziell eingeläutet wurde. Nun erstritten immer mehr »Sonderfälle« ihre Entlassung aus Staatsbürgerschaft und Land. Sie stellten jetzt die Mehrzahl der Ausreisenden, was mit 90 % im Jahr 1984 einen Höhepunkt erreichte. Unter diesen gingen nun konsequent über 10 % nach West-Berlin, was damit auch für diese Migrantengruppe und Generation enge Netzwerke ermöglichte. Um diese einzudämmen, verhängte der SED-Staat Einreisesperren, die vor allem in West-Berlin zum Gegenstand erbitterter öffentlicher Klagen wurden.[106] Am Jahr 1984 ist darum nicht nur die hohe Zahl der Ausreisen bemerkenswert, sondern auch, dass diese Aktion nicht nur die Ausreisenden, sondern ebenfalls die Bundesrepublik überraschte. Die Zahl allein war nicht explosiv. Bereits 1963 entließ die DDR eine sogar etwas höhere Zahl ihrer Bürger nach Westdeutschland. Das explosive Potential für die Migrationsordnung lag in der Zusammensetzung der oft zitierten »40 000« Übersiedler. Überwanden 1963 zu ungefähr 90 % Rentner legal die Mauer, waren dies 1984 zu ca. 90 % Werktätige und Familien.

Der Erlass der Verordnung zur Regelung von Fragen der Familienzusammenführung und Eheschließung zwischen Bürgern der DDR und Ausländern vom 19. September 1983 bot auch für Rentner und getrennte Familien kein Ausreise-, aber ein Antragsrecht. Er öffnete also kein Tor in der Mauer, aber erstmals offizi-

---

105 BStU AdZ, ZAIG, 27 895, 4.
106 Siehe v. a. die Tätigkeit des Verbandes ehemaliger DDR-Bürger, RHG, BE 048-051.

Tafel 39: Ausreise nach Ausreisekategorie und Ziel 1972–1988.

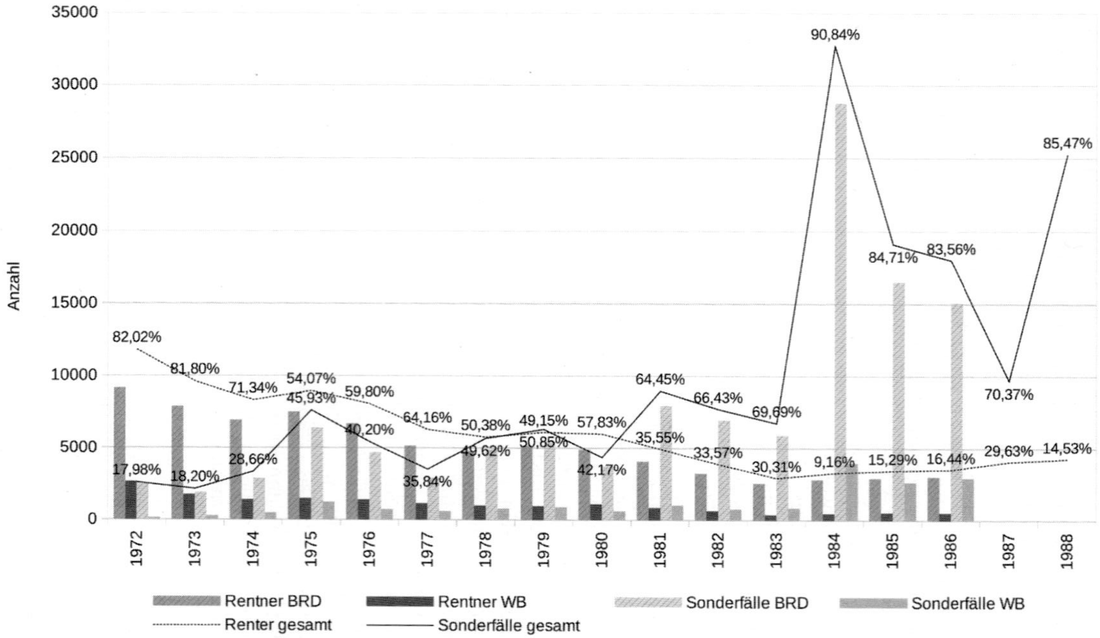

ell Amtstüren für einen kleinen Kreis ausreisewilliger Werktätiger, die durch die Grenze getrennt von Ehepartnern oder Verwandten ersten Grades lebten.[107] Um sie in den Akten von den »rechtswidrigen Antragstellern« zu unterscheiden, firmierten sie als V[er] O[rdnungs]-Fälle bzw. »Antragsberechtigte«.

Die Unterscheidung zwischen den Gruppen konnte aber faktisch immer erst nach der Antragstellung geschehen. Denn erst die Prüfung eines Antrags ergab, ob er in die Nischen der Verordnung und der zahlreichen vertraulichen Regeln passte, also ob der Antrag demnach legitim oder »rechtswidrig« gestellt wurde. Ungeachtet der engen Definition berief sich ab 1983 ein Großteil der Antragsteller auf Familienzusammenführung, denn auch wenn die Verordnung ihnen kein neues Recht verliehen hatte, so hatte sie ihnen zumindest neue Begriffe und Rechtsfiguren geliefert. Ein neuer Druck entstand, dem der SED-Staat wiederum allmählich nachgab. Obwohl die Verordnung 1983 erlassen wurde, reisten in diesem Jahr darüber keine Personen mehr aus. Auch im Jahr der Massenentlassungen 1984 spielte sie mit 643 Personen eine marginale Rolle. Erst danach wurde sie immer wichtiger (1985: 1737, 1986: 1931, 1987: 2057; 1988: 2193 Personen).[108] Das lag auch daran, dass die Bundesrepublik Entgegenkommen der DDR bei Familienzusammenführungen mit Extrazahlungen im Bereich der »humanitären Bemühungen« belohnte, eine schleichende Wirkung der Annäherung.

107 Hierbei gab es freilich zahlreiche Ausschlussgründe (Geheimnisträger, »Republikflucht« etc.).

108 BStU AdZ, ZAIG, 27 895, 4, 100.

109 Anmerkungen zu den Abweichungen: Die Werte für das Jahr 1979 liegen hier um 17 Personen höher als in den sonst geführten Zahlen. Dies ist statistisch vernachlässigbar. Für 1984 hingegen liegt die sonst häufiger geführte Gesamtzahl der Entlassungen bei 33 371. Diese wurde auf dieser Übersicht auch nachgetragen, die addierten Werte ergeben aber die deutlich höhere Zahl von 36 028 legal Ausreisenden. Dies gründet vermutlich in der Ausklammerung von Ausreisenden aufgrund von Sonderverordnungen im Frühjahr 1984. Auf einer anderen Übersicht ist gar von addiert 36 671 nach Westdeutschland Übergesiedelten die Rede. Diese Ungereimtheit lässt sich nicht auflösen. Auch hilft die detaillierte Jahresstatistik von 1984 nicht weiter, da dort für die ersten beiden Quartale anstatt von Zahlenwerten nur der Begriff »Aktion« eingetragen ist. Die Tendenz jedoch ist auch ohne Klärung dieser Details deutlich; vgl. BStU AdZ, ZAIG, 27 895, 4-7, 48 f., 100-1032, 110, 113, 133, 137.

So sank seit dem Grundlagenvertrag der Anteil der Rentner unter den Ausreisenden sowohl relational als auch total. Ältere Ausreisewillige warteten nicht mehr auf ihre Verrentung, um einen Antrag zu stellen, andere Rentner wiederum fanden mittlerweile auch in der DDR annehmbare Pflegebedingungen. Dennoch stellten Rentner einen wichtigen Anteil der Emigranten, so dass sich in den 1980er Jahren die Ausreise aus der DDR sozial und generationell differenzierte. Das MfS war in erster Linie wegen Rückkontakten der Rentner beunruhigt, sah die Ausreisebestreben selbst jedoch nicht mehr als Gegnerschaft zur Ordnung des SED-Staates. Anders bei den Werktätigen, die ein ernst genommenes Bedrohungsszenario der Mauerordnung darstellten, was in ihrer immer intensiveren Überwachung mündete.

Ähnlich wie 1984 spitzte sich die Situation im Frühjahr 1988 erneut zu. Viele Anträge liefen nun schon über Jahre, und immer weniger Antragsteller rückten von diesen frustriert ab. Es geschah eher das Gegenteil, harte Repression steigerte oft nur die Überzeugung, unbedingt ausreisen zu wollen. Als Reaktion erhöhte das MfS im Frühjahr 1988 schleichend, aber merkbar die Ausreisegenehmigungen. Als nun immer mehr DDR-Bürger in Westdeutschland ankamen, berichtete die westdeutsche Presse aufgeregt. Die Medien verließen sich immer wieder auf die Zahlen der AG 13. August, die sich nach wie vor aktiv für das Thema einsetzte. Sie war teilweise nah am Geschehen, verkannte teilweise aber auch den Kern der Lage. So berichtete die Arbeitsgemeinschaft 1988, dass die Zahl der ungesetzlichen Grenzübertritte zwischen dem 1. Januar und dem 30. April verglichen mit 1553 Fällen 1987 auf 2775 in diesem Jahr zugenommen hätten. Dabei hätten nunmehr 81 Menschen im Vergleich zu 55 im Vorjahr als sogenannte Sperrbrecher die innerdeutschen Grenzanlagen überwunden.[110] Die Gesamtzahl der Übergesiedelten sei von 3488 auf 4817 gestiegen. Die AG 13. August behauptete damit, dass deutlich über die Hälfte (57,60 %) der Übersiedler illegal geflohen sei. Das MfS wusste, dass die Zahlen der AG 13. August in der Bundesrepublik und insbesondere in den Kreisen der CDU/CSU rezipiert wurden und prüfte sie anhand der Ausreisestatistiken. Dort ergab sich ein ganz anderes Bild. Zwischen dem 1. Januar und dem 30. April 1988 siedelten 4931 Men-

110 BStU AdZ, ZAIG, 27 958, 118.

schen über, doch waren darunter nur 1846 illegale Auswanderer (37,43 %, im Vorjahreszeitraum waren es 742 Menschen), wobei die Zahl der Sperrbrecher mit 35 sich kaum von den 33 des Vorjahres unterschied. Mit fast zwei Dritteln siedelte die absolute Mehrzahl von 3046 Ausreisenden (62,56 %) legal über.[111]

Entgegen den bewegenden Geschichten von Grenzdurchbrüchen in Deutschland oder gelungenen Fluchten im Ausland lag die wichtige Geschichte vor allem in den vielfältigen Wegen legaler Genehmigungen infolge »rechtswidriger Ersuchen«. Aber danach fragten nicht nur 1988 wenige Medien und Organisationen. Welche Schicksale hinter diesen Wegen standen und mit welchen Mitteln es den Antragstellern gelang, dem SED-Staat die Genehmigung abzutrotzen, bedarf darum eines genaueren Blicks.

111 Siehe Gegenüberstellung in BStU AdZ, ZAIG, 27 958, 118.

3. »Alle Wege führen über Helsinki«: Die Mobilisierung von Recht in dessen Abwesenheit

Unweit des Ostseestrands spielten an einem Sommertag 1979 drei Jungs in einer Scheune. Sie zündelten aus Spaß und Neugier. Auf einmal griffen die Flammen um sich, und der 9-jährige Ingo Böhmer* musste zusehen, wie sein jüngerer Bruder und ein Spielkamerad verbrannten. Schuldgefühle machten Ingo schwer zu schaffen. Auch seine alleinerziehende Mutter Renate Böhmer* litt psychisch und zog sich vollkommen zurück. Beide brauchten dringend familiäre Unterstützung. Doch Renates Mutter war mit dem Eintritt ins Rentenalter zu sämtlichen anderen Verwandten in die Bundesrepublik verzogen. Die tragisch dezimierte Kleinfamilie war allein in der DDR. Renate Böhmer* hatte nur noch einen Wunsch, ihr kleines Städtchen zu verlassen, um mit familiärem Beistand »von dem Geschehenen Abstand zu gewinnen«.[1] In den folgenden Monaten brachte sie darum ihre gesamte Energie auf, um immer wieder den Rat des Bezirks aufzusuchen und Ausreiseanträge zu stellen. Sie wurden strikt abgelehnt. Als Frau Böhmer* nach ungefähr anderthalb Jahren vollkommen entkräftet und kaum noch arbeitsfähig war, schlug der Rat des Bezirkes endlich vor, dem Antrag stattzugeben. Die Böhmers* verließen die Ostseeküste und zogen nach Süddeutschland.

Manfred Kehl* wollte studieren. Um seine Chancen zu erhöhen, trat er 1958 mit 18 Jahren der Grenzpolizei bei. Da er aber Kontakte zu seiner Familie in der Bundesrepublik pflegte, legten ihm seine Oberen schon wenige Monate später nahe, freiwillig den Dienst zu quittieren. Als er dem nicht nachkam, entließ man ihn unehrenhaft. Kehl* gab nicht auf, trat 1960 der SED bei, um nach weiteren Jahren der Bewährung ein Fernstudium als Ingenieur und Diplom-Ökonom zu absolvieren. Einerseits lebte Kehl* systemkonform, kletterte auf der Karriereleiter nach oben und erhielt sogar die VS-Berechtigung. Er galt also als Führungskader mit Zugriff auf fachspezifische Verschlusssachen. Andererseits war er ein Familienmensch, und erneut machten ihm seine Westkontakte

---

1 BStU AdZ, ZKG, 371, 10.

einen Strich durch die Rechnung. Als er 1973 einen Antrag auf eine Westreise stellte, verlor er erst die VS-Berechtigung und erlebte dann berufliche Stagnation. Er sei frustriert, gab er später zu Protokoll, dass ihm seine Westverwandtschaft ständig zum Nachteil ausgelegt werde.[2] Im März 1976 platzte dem Leipziger der Kragen: Er stellte für sich, seine Frau und die drei Kinder beim Rat des Kreises einen Ausreiseantrag zu seinem Vater. Darin bezog er sich auf die UN-Charta, den Grundlagenvertrag und die Verfassung der DDR, nicht jedoch auf die KSZE-Schlussakte. Die erste Ablehnung erfolgte im August, wogegen er direkt Einspruch einlegte. Als dieser im Januar 1977 scheiterte, verschärfte er seinen Kurs. Postwendend folgte sein Neuantrag, den er zugleich auch an den Rat des Bezirks, Erich Honecker und Erich Mielke schickte.[3]

In den Schreiben an staatliche Stellen, welche teilweise von Manfred Kehl* als Vertreter der Familie, teilweise von der Familie zusammen unterzeichnet wurden, fiel Familie Kehl* dem MfS durch ihre offene Sprache auf. Sie beschwerten sich über die »Taktik des Todschweigens [sic]«; erklärten, dass sie sich durch Behörden bedroht und diskriminiert fühlten, und attestierten der DDR, dass sie die internationalen Abkommen nur zugunsten ihrer Größe, nicht aber ihrer Bürger verwende. Um ihren Willen zu verdeutlichen, informierte sie die DDR-Behörden stets, dass ihre Eingaben und Anträge auch an ihre Westverwandten und bundesdeutsche Stellen gingen. Kehls* Brief an Bundesminister Egon Franke fing das MfS zwar ab, musste aber erkennen, dass Kehls* Vater den Fall bereits beim BMiB angebracht hatte. Manfred Kehl* hoffte nun, dass sein Antrag auch »im Ministerium Franke bearbeitet werde«, da er in der DDR »zum Klassenfeind gestempelt worden sei«.[4] Das MfS eröffnete einen operativen Vorgang, verhängte eine Einreisesperre für seine Verwandten und stellte mindestens drei IMs auf ihn ab. Kehl* hatte sein Netzwerk jedoch schon weit gespannt und schrieb in den folgenden Jahren unermüdlich an die DDR-Behörden und bundesdeutsche Ansprechpartner. Unter diesen befand sich auch der damalige Chefredakteur der *Saarländischen Zeitung* Erich Voltmer, in dessen Hand sich zu jener Zeit Zuschriften von

2 BStU AdZ, ZKG, 371, 15 f., 32.
3 BStU AdZ, ZKG, 371, 16-8.
4 BStU AdZ, ZKG, 371, 45.

300 weiteren Übersiedlungswilligen befanden.[5] Dieser Kontakt dürfte Kehl* einen gewissen Schutz verschafft haben. Denn Voltmer fungierte nicht nur als ein prominenter Vermittler zwischen Ost- und Westpolitikern, sondern war auch ein alter Schulfreund Honeckers und nicht zuletzt dessen erste Wahl, um mit ihm genau zu dieser Zeit sein historisch erstes Interview mit westdeutschen Medien zu führen.[6] Das MfS erkannte in diesem indirekten Auslandskontakt Kehls* zwar staatsfeindliche Hetze (nach § 106 StGB der DDR), unterließ jedoch eine Anklage.[7] Die Familie Kehl* stellte sich geschickt an. Sie spannte stets den Bogen weiter, ließ sich aber auch von entsprechend instruierten IMs weder zu Andeutungen von Fluchtgedanken hinreißen (was ein sofortiger Haftgrund gewesen wäre), noch trafen sie »provokatorische« Aussagen oder Maßnahmen. Obwohl »der Schritt bis zur Übertretung der Reizschwelle« zwar »kaum zu messen« sei, vermieden sie es, ihre Lage in der großen »Gefängnissituation« in der DDR durch tatsächliche Haft zu verschlimmern.[8] Sie kämpften privat, auch wenn Manfred Kehl* einsah, dass »dieses Ringen ohne Unterstützung für Nichtprominente ein ungleicher Kampf ist«.[9] Still und hartnäckig betrieb die Familie ihr Ersuchen. Manfred kam seiner Arbeit nach, murrte dauerhaft, aber demonstrierte nicht öffentlich. »Werter Herr Minister Dickel«, schrieb er gemeinsam mit seiner Frau, »wie lange wollen Sie die menschlichen Gefühle mit Füßen treten?« Honecker forderten sie auf, ihre »Zwangsstaatsbürgerschaft« aufzuheben und die »Missachtung der humanistischen Rechte« zu beenden. Dem Rat des Stadtbezirks gegenüber betonten sie, dass der Staat sie zwar strafen könne, »Sie werden jedoch keine Meinungsänderung

5 BStU AdZ, ZKG, 371, 39.

6 Erich Honecker, »Interview mit Erich Voltmer, Chefredakteur der ›Saarbrücker Zeitung‹«, in: *Deutschland Archiv* 4/10 (1977), 429-41; siehe weiterhin Erich Voltmer, »Von Saarländer zu Saarländer«, in: *Die Zeit* (4. März 1977); Daniela Münkel (Hrsg.), »29. März 1977: Informationen über die Reaktion der Bevölkerung der DDR zum Interview des stellvertretenden Chefredakteurs der ›Saarbrücker Zeitung‹, mit dem Genossen Erich Honecker am 17.2.1977«, in: *Die DDR im Blick der Stasi: Die geheimen Berichte an die SED-Führung* (Göttingen: Vandenhoeck & Ruprecht, 2012), 102-10.

7 BStU AdZ, ZKG, 371, 38.

8 BStU AdZ, ZKG, 371, 45.

9 BStU AdZ, ZKG, 371, 45

erreichen«.[10] Ende 1978 befand das MfS, die Familie bestünde aus »einer negativen Einstellung zu den gesellschaftlichen Verhältnissen in der DDR heraus [...] beharrlich und hartnäckig auf eine Übersiedlung in die BRD.« Mittels westlicher Medienkontakte versuche Kehl* »seine Übersiedlung durch Druck auf die zuständigen staatlichen Organe der DDR zu erzwingen«, so dass »[t]rotz Einflußnahme« nur eine »ständige Verhärtung ihres Standpunktes« zu verzeichnen sei.[11] Sämtliche Rückgewinnungsmaßnahmen blieben ergebnislos.[12] Aufgrund dieser Kombination aus »Hartnäckigkeit«, Unzugänglichkeit und Publizitätsandrohung konnte das Ehepaar Kehl* nach fast vier Jahren Anfang 1979 ausreisen.

Doch damit nicht genug. Durch den verbotenen Wunsch, seine Familie zu sehen, war Kehl* vom angepassten Unzufriedenen zum Gegner des Systems geworden. Zwar verhängte das MfS eine Einreisesperre, aber in den Jahren des Wartens hatte er zahlreiche Kontakte zu anderen Ausreisewilligen aufgebaut, und nun setzte er sich von Mannheim aus für diese ein. 1982 brachte er in einer Sammelpetition 23 Fälle vor die UN-Menschenrechtskommission, wonach mindestens neun Fälle recht schnell in die Bundesrepublik und nach Österreich übersiedeln konnten.[13] Kehl* wurde damit, ganz im Privaten und wie die später noch ausführlich zu betrachtende Brigitte Klump, von einem Migranten zu einer kleinen Hilfsorganisation, zu einem sekundären Akteur im Migrationsregime.

Nur ungefähr eine Stunde von Kehl* entfernt kämpfte auch der Sangershausener Lothar Zollberg* zwischen 1976 und 1982 für seine Ausreise in die Bundesrepublik. Er griff zu anderen Mitteln. Seine Jugend war hart. Mit 14 kam er in einen Jugendwerkhof, eine Einrichtung, in der sich die DDR mit repressiven Methoden in der sozialistischen »Umerziehung« für Schwererziehbare versuchte.[14]

---

10 BStU AdZ, ZKG, 371, 46-8.
11 BStU AdZ, ZKG, 371, 12.
12 BStU AdZ, ZKG, 371, 18.
13 BStU AdZ, ZKG, 371, 11.
14 Siehe hierzu Verena Zimmermann, »Den neuen Menschen schaffen«: Die Umerziehung von schwererziehbaren und straffälligen Jugendlichen in der DDR (1945-1990) (Köln: Böhlau, 2004); Ute Jahn, Jugendwerkhöfe und sozialistische Erziehung in der DDR (Erfurt: Landesbeauftragte des Freistaates Thüringen für die Unterlagen des Staatssicherheitsdienstes der Ehemaligen DDR, 2010); Karsten Laudien und Anke Dreier-Horning (Hrsg.), Jugendhilfe und Heimerziehung im

Danach ging es auf und ab: er Auf konsolidierende Phasen mit Schulabschluss oder »vorbildlicher Arbeit« folgten Abrutscher in die Kriminalität. Immer wieder landete er hinter Gittern. Zwischen 1969 und 1981 wurde er wegen Diebstahls, »Rowdytum« und Verstößen gegen Entlassungsauflagen fünf weitere Male zu insgesamt sieben Jahren Haft verurteilt.[15] Aus dem Gefängnis heraus stellte er 1976 einen Ausreiseantrag und bekräftigte ihn nach der Ablehnung und seiner Entlassung mehrere Male. Ohne Westverwandte sah er seine einzige Chance, die DDR zu verlassen, im vollen Konfrontationskurs mit dem SED-Staat. In seinen Ersuchen verwies er kaum auf internationale Abkommen oder eigene Schlussfolgerungen zur Rechtslage, sondern setzte auf Gegendruck.[16] Im intensiven Austausch mit anderen ehemaligen Häftlingen beiderseits der Grenze drohte er, über die ČSSR zu fliehen, eine politisch motivierte Verhaftung zu provozieren, um »freigekauft« zu werden, oder öffentlich zu protestieren. Er wendete sich an den Verein Hilfe von drüben, der seinen Fall 1980 im ZDF bekannt machte und ihn in der Hvd-Zeitschrift porträtierte.[17] Auch die rechtsextreme *Deutsche National-Zeitung* berichtete über hin.[18] Im Verhör gab er an, in der Bundesrepublik mehrere Texte und gar Bücher über die Haft in der DDR veröffentlicht zu haben.[19] Dies machte Zollberg* in den Augen des MfS zu einem »potentiellen Feind der DDR«, dessen »große charakterliche Labilität« weitere Straftaten erwarten lasse.[20] Der ab Winter 1979 vom MfS gegen ihn gerichtete operative Vorgang »OV Trinker« verfehlte jedoch seine Wirkung. Zollberg* war von seinem Vorhaben nicht abzubringen.[21] Ende September 1982 begab er sich in die Abteilung Innere Angelegenheiten seines Kreises und teilte den dortigen Beamten mit, dass er sofortig in den Hungerstreik trete. Wissentlich provokant legte er eine entsprechende schriftliche Erklärung auf den Schreibtisch,

Sozialismus: Beiträge zur Aufarbeitung der Sozialpädagogik in der DDR (Berlin: Berliner Wissenschafts-Verlag, 2016).

15 BStU AdZ, ZKG, 10970, 2.

16 BStU AdZ, ZKG, 10970, 4.

17 BStU AdZ, ZKG, 10970, 2.

18 BStU AdZ, ZKG, 10970, 19.

19 Diese konnte jedoch weder damals das MfS noch ich in meiner Recherchearbeit ausfindig machen.

20 BStU AdZ, ZKG, 10970, 19

21 BStU AdZ, ZKG, 10970, 9-13.

damit er verhaftet und letzten Endes ausgewiesen werde. Genau das geschah, und nach einem Aufenthalt im Haftkrankenhaus verließ der »hartnäckige Antragsteller« Ende des Jahres die DDR.[22] Über seinen weiteren Lebensweg ist nichts bekannt.

Drei Fälle, drei Schicksale, drei Ausreisewege, die unterschiedlicher kaum sein könnten. In ihnen fallen jedoch einige zentrale Aspekte zusammen, die verständlich machen, wie Ausreise im letzten Drittel des Bestehens der Mauergesellschaft möglich war, welche Praktiken welche Ergebnisse hatten und wie stark die Ausreise in den deutsch-deutschen Beziehungen ankerte.

Zwei Punkte sind hier von besonderer Bedeutung. Erstens ist es fraglich, ob diese Fälle ohne die Teilung überhaupt zur Wanderung geführt hätten. Die Mauergesellschaft schuf ihre eigene Migration, gerade weil sie Kontakte und Austausch unterband. Die Familie Böhmer* benötigte in erster Linie eine sorgsame Therapie und andauernden zwischenmenschlichen, familiären Kontakt. Obwohl die Familie nur auf der anderen Seite der Grenzgewässer lebte, verhinderte die Teilung die dringend benötigte und schützende menschliche Nähe. Familie Kehl* verlor durch den Wunsch, mit verzogenen Familienmitgliedern in Kontakt zu bleiben, die Möglichkeit des sozialen Aufstiegs und ihre Zukunftsperspektiven. Als sich das MfS am Ende eingestand, sie seien »für die DDR nicht zurückzugewinnen«, offenbarte es, dass die DDR in jedem einzelnen Ausreisefall in einem Wettbewerb mit dem westlichen Lebensstil stand, bei dem das MfS zumeist über kurz oder lang die Flügel streckte.[23] Auch harte Lebenswege wie der Lothar Zollbergs* rufen in erster Linie nach einer inkludierenden Sozialarbeit. Für ihn versprach die Existenz eines zweiten Deutschlands ohne Kaderakten eine erfreuliche Chance auf einen Neustart. Sie alle warfen Probleme auf, die den »Mauerstaat« grundlegend herausforderten. Die Antwort sahen anfangs die Antragsteller und später auch der Staat allein in der Emigration.

Zweitens hätte ein Staat mit diesen Einzelfällen für sich genommen umgehen können. Wie der fast komplette Ausreisestopp für Werktätige in den 1960er Jahren demonstrierte, verlieh sich der SED-Staat ein Handlungsrepertoire, um solche Wünsche entweder zu unterdrücken oder wegzusperren. Seit 1972 hatte sich aber etwas

22 BStU AdZ, ZKG, 10970, 10, 15, 19.
23 BStU AdZ, ZKG, 371, 18.

verändert. Durch die deutsch-deutsche Annäherung und die internationale Einbindung der DDR standen die Böhmers*, Kehls* und Zollbergs* der DDR zwar isoliert da, gehörten jedoch zu einer größeren Gruppe. Sie waren allein, aber nicht alleinig. Die Fälle erlangten ihre Kraft durch das individuelle Betreiben des Ersuchens und durch die gestreute Masse der Antragsteller. Unkoordiniert und dennoch in ähnlicher Art rangen sie dem Staat neue Handlungsformen ab. Da dies aber ein aggregierter und kein geordneter kollektiver Prozess war, ist der Begriff der Ausreisebewegung im Sinne einer sozialen Bewegung leicht irreführend. Denn die individuellen Anträge verstärkten sich unwissend gegenseitig zu einer sozial explosiven Situation, die durch Kanäle im Westen verstärkt wurde.[24]

So musste der Anti-Emigrationsstaat Mechanismen einführen, die in wenigen Jahren Hunderttausenden die legale Ausreise ermöglichten. Sie widersprachen nicht nur dem Selbstbild des Staates, sie hinterfragten die Grundlage seiner Existenz, und er verweigerte sich darum jeder Verrechtlichung. Die drei Fälle stehen dabei an einem Wendepunkt, an dem sich aus individuellen Handlungen von Antragstellern beim SED-Staat und auch jenseits der Staatsgrenzen neue Routinen entwickelten. In diesem Kräftedreieck erfuhren die Ausreisewilligen einerseits individuell schwere Repressionen, erzwangen aber andererseits die schleichende Liberalisierung des Migrationsregimes.

Die typische Biografie, den typischen Antrag, den typischen Weg über die Mauer gab es nicht. »In jeder Geschichte«, lässt sich Peter Schneider im *Mauerspringer* selbst sagen, »fehlt etwas, das eine andere hat, an der ich wieder etwas aus der vorangegangenen vermisse. Vielleicht gibt es die Geschichte gar nicht, die ich suche.«[25] Diese Besonderheit und Gemeinsamkeit steht im Zentrum dieses Kapitels. Es widmet sich der grundlegenden Frage, wie man legal aus der DDR herauskam, wo doch sogar schon das Stellen eines Antrags illegal war. Dabei gab es jedoch überraschend wenige Versuche, aus der Fülle der Fälle jene Wege abzuleiten, die zum Erfolg

24 Angelehnt an Theorien politischer Massen in Schrage, »Von der Präsenzmasse zur statistischen Masse«; Frank Wolff, *Neue Welten in der Neuen Welt: Die transnationale Geschichte des Allgemeinen Jüdischen Arbeiterbundes 1897–1947* (Köln, Weimar, Wien: Böhlau, 2014), 71-4.
25 Peter Schneider, *Der Mauerspringer* (Reinbek bei Hamburg: Rowohlt, 1995), 100.

führten. Zeitgenössischen Beobachtern standen nicht viele Optionen zur Verfügung, denn die westdeutschen Institutionen, sei es das BMiB oder die zahlreichen Hilfsorganisationen, stellten jeweils ihre »Bemühungen« als ursächlich dar. Der SED-Staat verwandte viel Energie darauf, jeden Fall isoliert zu behandeln und selbst angesichts Hunderttausender Anträge den Anschein routinierter Behandlungswege zu vermeiden. Doch bereits der simple Fakt, dass es in der Alltagssprache der DDR Ausdrücke wie »rübermachen«, »abhauen«, »drüben bleiben« oder »freigekauft werden« existierten, deutet darauf hin, dass sich die Bevölkerung verschiedener Kategorien und mehr oder weniger strukturierter Emigrationswege bewusst war. Diese Alltagsbegriffe indizieren also sprachlich, dass sich sozial und normativ Routinen herausbildeten.

Wie kam man also aus der DDR heraus? Die drei eingangs vorgestellten Fälle eint mit weiteren Hunderttausenden das Alter zwischen Jugend und Rente, die fehlende Prominenz der Antragsteller, ein langer Kampf und der Umstand, dass der Antragsprozess mit einer kompletten Marginalisierung der Antragsteller in der Gesellschaft – bis zur Verfolgung – einherging. In ihnen finden sich vier zentrale Elemente des Ausreiseprozesses, die sich oft verschiedenartig überschnitten und ergänzten: erstens die Forderung nach Familienzusammenführung, zweitens die Berufung auf die wachsenden internationalen Verpflichtungen der DDR nebst dem Einfordern universaler Menschenrechte, drittens die Selbstinszenierung als »nicht rückgewinnbar«, was, viertens, durch westliche Fürsprecher verstärkt werden konnte. Anhand von Statistiken, Berichte und vor allem anhand von Einzelfällen lässt sich dabei ein praxishistorisches Feld vermessen, in dem der Variantenreichtum dieser vier Elemente sichtbar wird und das die Modellierung der Kerndynamiken des Kampfes um die Ausreisegenehmigung ab 1975 erlaubt.

Familie Mustermann als »Sonderfall«:
Der Hoffnungsschimmer der Familienzusammenführung

Fragen der Familienzusammenführung reichen in die Anfänge der Mauergesellschaft zurück. Schon in den ersten Jahren zeichnete sich eine besondere Notlage für zurückgelassene Kinder oder durch die Mauer getrennte Ehepartner ab. Nachdem der SED-Staat 1961 jedes Entgegenkommen abgelehnt hatte, nahm er sich solcher Fälle in den Folgejahren zögerlich und unter scharfen Restriktionen an. Einige der Kinder und Ehepartner siedelten über, anderen wurde dies schlicht verweigert. Da sich die Verfahren streckten, erreichten immer mehr Kinder das Erwachsenenalter oder verloren sich Liebesbeziehungen – Letzteres teilweise unter aktivem Eingriff des MfS. Hoffnungen des SED-Staates, dass sich diese Fragen mit der andauernden strikten Teilung automatisch erledigen würde, erwiesen sich jedoch als trügerisch. Die Familienzusammenführung gewann durch die deutsch-deutschen Verhandlungen vielmehr an Bedeutung.[26] Zudem musste der SED-Staat im Laufe der internationalen Anerkennung die Regeln zunehmend aufweichen. Da auch die SED-Führung in Korb III der KSZE-Schlussakte eingewilligt hatte, entsprechende Ausreiseanträge »wohlwollend zu prüfen«, schadeten solche Fälle, wenn sie öffentlich wurden, spürbar ihrem Prestige.[27]

Seit 1972 hatte sich eine Praxis entwickelt, die Verwandten ersten Grades und Verlobten zwar kein Antragsrecht, wohl aber ein Schlupfloch schuf. Denn mit den Verhandlungen zum Grundlagenvertrag versuchte die SED immer wieder ihre Vertrauenswürdigkeit zu demonstrieren, indem sie punktuell den »besonderen Bemühungen« der Bundesregierung entgegenkam. Ein erster erkennbarer Effekt der Annäherungspolitik waren erleichterte Besuchsreisen. Diese führten Menschen zusammen, die sich ineinander verliebten, verlobten und auch Kinder bekamen. Die Mauergesellschaft produzierte stetig neue Härtefälle. Solche Liebesgeschichten über die Mauer hinweg weckten großes Interesse auf der Bundesseite und wurden immer wieder in der Presse und im Bundestag thematisiert. Außerhalb des Scheinwerferlichts setzten sich vor allem Kirchenvertreter für die getrennten Partner ein. In der DDR boten die Kirchen als einzige Institutionen den Antragstellern Informationen,

---

26 Vgl. die ab 1976 genehmigten und an die RdB zurücklaufenden Listen von Familienzusammenführung, die vor allem ab Anfang der 1980er Jahre massiv an Zahl und Umfang zunahmen; BArch Berlin, DO 1, 7962 f.; ebd., 7987 f.; ebd., 9647 f.; ebd., 9803 f.; ebd., 9765-8; ebd., 9806-8; ebd., 9914 f.; ebd., 9864-72; ebd., 9916; ebd., 9936-42; ebd., 9967-74.

27 Vgl. auch die Folgen des damit verbundenen ICCPR; Anja Hanisch, *Die DDR im KSZE-Prozess 1972-1985: Zwischen Ostabhängigkeit, Westabgrenzung und Ausreisebewegung* (München: Oldenbourg, 2012), 115, 147 f.

Schutz und psychologische Unterstützung.[28] Hinter vorgehaltener Hand brachten sie – bzw. einzelne Pfarrer – Licht in das Dickicht aus Gerüchten und Andeutungen bzw. Suggestionen westdeutscher Funk- und Fernsehsendungen sowie die vage bleibenden Aussagen des BMiB und halfen so zahlreichen Familien, die schwere Zeit der Trennung zu überstehen.

Die schiere Existenz solcher Mauerkinder und Mauerehen stellte für den SED-Staat ein Dilemma dar. Sie belegten, dass die Bevölkerungen beider deutscher Staaten durch Liebe und Nachwuchs aufs Engste verbunden blieben. Das von staatstreuen Intellektuellen und Politikern ausgerufene »Prinzip der Abgrenzung« und alle Gedankenspiele über eine gesonderte »sozialistische Nation« scheiterten bereits an der Lebenspraxis der Mauergesellschaft.[29] Wie damit verfahren? Eine liberale Genehmigungspraxis ermutigte weitere Anträge, eine zu restriktive Praxis beschädigte das internationale Ansehen der DDR. Die Emotionalität getrennter Familien drängte die DDR in die moralische Defensive. Die SED reagierte mit langsam aufweichenden Regeln, garniert mit äußerlich scharfer Propaganda und innerer Kampfrhetorik. Und mit aktiver Bekämpfung: Nach der KSZE-Schlussakte ging das MfS immer wieder dazu über, derartige Beziehungen zu untergraben und zu zerstören. Nach MfS-Richtlinie 1/76 und gemäß nachfolgender »Maßnahmenpläne« war das familiäre Umfeld ein hervorragender Ansatzpunkt für die perfiden Methoden der »Zersetzung« von Personen und Gruppen, also auch Familien, die »feindlich-negativen

28 Ehrhart Neubert, *Geschichte der Opposition in der DDR 1949-1989* (Berlin: Ch. Links, 1998), 258.

29 RHG, MBi, 20, Antrag: Absage an Prinzip und Praxis der Abgrenzung (1987); ausdrucksstark dazu Jürgen Kuczynski, »Abgrenzung«, in: *Neues Deutschland* (10. Februar 1971); Neubert, *Geschichte der Opposition in der DDR 1949-1989*, 571, 679-83; für Grundlagen der Diskussion um eine »sozialistische Nation« siehe Alfred Kosing und Walter Schmidt, »Nation und Nationalität in der DDR«, in: *Neues Deutschland* (16. Februar 1975); Alfred Kosing, *Nation in Geschichte und Gegenwart: Studie zur historisch-materialistischen Theorie der Nation* (Berlin: Dietz, 1976); Jürgen Hofmann und Wilfried Trompelt (Hrsg.), »Zur Formierung der sozialistischen deutschen Nation«, in: *Thematische Information und Dokumentation, Akademie für Gesellschaftswissenschaften beim ZK der SED* 42, Reihe A (1984); für eine selbstkritische Abrechnung mit der Idee nach Fall der Mauer siehe Gerhard Naumann und Eckhard Trümpler (Hrsg.), *Der Flop mit der DDR-Nation 1971: Zwischen Abschied von der Idee der Konföderation und Illusion von der Herausbildung einer sozialistischen deutschen Nation* (Berlin: Dietz, 1991).

Handlungen«, wozu auch das hartnäckige Verfolgen eines Ausreiseantrags gehörte, nachgingen.[30] Besonders verwundbar waren dabei
Familien, bei denen ein Partner ungesetzlich in die Bundesrepublik
gegangen oder dort nach einer Reise verblieben war. Im Falle der
Familie Krüger* kam noch ein Kind dazu.[31] Sie hatte ursprünglich
geplant, dass die Mutter 1987 nach einer Besuchsreise im Westen
verbleiben sollte, um Mann und Tochter per Familienzusammenführung nachzuholen. Der Plan ging nicht auf, der SED-Staat
zeigte seine harte Hand. Anstatt zur Übersiedlung kam es durch
abgefangene Briefe und jahrelanges Hinhalten zum Ehestreit. Ab
einem gewissen Punkt war die Mutter gar bereit, nur die Tochter
zu sich zu holen, wohingegen der Mann vorschlug, das alleinige
Sorgerecht zu beantragen, um dem Kind endlich Ruhe zu bieten.
Über allem schwebte zudem die Angst, der Mann könne verhaftet
werden, was das Kind einer noch unsichereren Zukunft vermutlich
in einem Heim ausgesetzt hätte. Die Akte liest sich wie eine einzige
vom Staat provozierte und produzierte familiäre Katastrophe. Der
Antrag wurde bis zum Untergang des SED-Staates nicht bewilligt.

Durch Flucht getrennt lebende Ehepartner erachtete die DDR
nicht als Härte-, sondern als Bestrafungsfälle, wobei mit dem
Grundlagenvertrag jedoch eine Stichtagsregelung eingeführt wurde, der zumindest die Prüfung der Anträge bei Erfüllung weiterer
Bedingungen ermöglichte.[32] Anfangs war dies der 1. Januar 1972.
Bis zum Ende der DDR wurde diese Sperrfrist immer wieder angepasst, aber der Stichtag lag immer Jahre zurück.[33] Damit versuchte der SED-Staat einerseits bundesdeutschem Beharren entge-
genzukommen, ohne andererseits Antragsrechte für die Ehepartner
von Overstayers der letzten Jahre zu schaffen. Und er gewann Zeit

---

30 BStU AdZ, AGM, 198, 307-67.

31 Vgl. Renate Hürtgen, *Ausreise per Antrag: Der lange Weg nach drüben. Eine Studie über Herrschaft und Alltag in der DDR-Provinz* (Göttingen: Vandenhoeck &
Ruprecht, 2014), 120.

32 Diese Frist war rein administrativ festgelegt, da konkrete Reise- und Auswanderungsfragen aus dem Vertragstext ausgeklammert blieben und allein implizit
im Bekenntnis zu den Menschenrechten mitschwangen (Grundlagenvertrag Art.
2). Im angehängten protokollarischen Briefwechsel verpflichtete sich die DDR
lediglich zur »Lösung von Problemen, die sich aus der Trennung von Familien
ergeben«.

33 Diese Grenze verschob das MdI immer wieder weiter nach hinten; vgl. BArch
Berlin, DO 1, 61 230, 7. Änderung Ordnung 0118/77 vom 27. September 1983.

für die »Zersetzung«. 1976 konnte das MdI intern vermelden, dass unter den zurückgenommenen Ausreiseanträgen besonders viele zerrüttete Beziehungen waren. Zwischen 1972 und Ende 1975 hatten 17,7 % der Antragsteller die Hoffnung aufgegeben, zu ihren Ehepartnern zu gelangen, die vor dem 1. Januar 1972 illegal in die BRD geflohen waren.[34] Insgesamt war die Zerstörung von grenzüberschreitenden Beziehungen die erfolgreichste spezifische Art der Ausreiseverhinderung. Mit Blick auf den beginnenden KSZE-Prozess hielten die zuständigen Organisationen in einem geheimen Bericht über das Jahr 1975 fest, dass 25,2 % aller Rücknahmen dadurch erreicht würden, dass »keine festen [grenzüberschreitenden] Bindungen mehr« bestünden, 10,8 % aufgrund von Konflikten zwischen Ehepartnern und 19,3 % hätten ein Verlöbnis gelöst.[35] Als Schlussfolgerung sah sich der SED-Staat gut für den KSZE-Prozess gewappnet. Die Praxis sei erfolgreich und die »Kriterien zur Übersiedlung bedürfen keiner Änderung«, so dass weiterhin nur hartnäckige Antragsteller, Querulanten und Kriminelle mit feindlich-negativen Einstellungen »zur Vermeidung von politischem Schaden für die DDR« ausreisen dürften.[36]

Intern legitimierte das MfS diese Praxis, indem es die Familienzusammenführung als eine Einfallsmöglichkeit des Gegners stigmatisierte. Besonders aussagekräftig ist in diesem Zusammenhang ein Strategiepapier der Bezirksverwaltung (BV) Potsdam von 1977. Demzufolge versuche die Bundesrepublik mit »Kampagnen zur ›Zwangsadaption‹, ›Bürgerrechtsbewegung‹, ›Familienzusammenführung‹ und ›Ausreise aus der DDR‹ [...] möglichst große Teile der DDR-Bevölkerung zu zersetzen, ihnen ein Gefühl des Mitbetroffenseins einzuhämmern«.[37] Sie suche dabei nach den »›schwachen Stellen‹ im Sozialismus [...] für einen konterrevolutionären Umsturz«.[38] Daraus folgte die Aufgabe, bereits das Interesse an der Familienzusammenführung regional und lokal zu bekämpfen.[39]

Außenpolitisch war von solchen Zersetzungspraktiken wenig bekannt. Wohl aber stand die erschwerte Familienzusammen-

34 BArch Berlin, DO 1, 17 286, 8.
35 BArch Berlin, DO 1, 17 286, 8 f.
36 BArch Berlin, DO 1, 17 286, 9.
37 BStU BV Potsdam, Abt. II 848, 30 f.
38 BStU BV Potsdam, Abt. II 848, 32.
39 BStU AdZ, HA IX, 4785, 142-7.

führung immer wieder in der Kritik, die sich die Diplomatie der DDR stets als »Einmischung in innere Angelegenheiten« verbat.[40] Nichtsdestotrotz konnte die SED-Führung mittels Familienzusammenführungen in deutsch-deutschen Verhandlungen guten Willen demonstrieren.[41] Besonders deutlich wird dies am Fall von Verlobungen. Im Widerspruch zum Menschenrecht auf Familiengründung in Art. 16 (1) der Allgemeinen Erklärung der Menschenrechte bestand der SED-Staat auf der an seinen Interessen ausgerichteten staatlichen Genehmigung von Ehen zwischen DDR-Bürgern und Ausländern, worunter auch Bundesbürger fielen.[42] Diese Einschränkung, Ehen schließen zu können, galt primär der Migrationsregulation, denn die Definition der Familienzusammenführung umfasste nur geschlossene, nicht zu schließende Ehen. Und sie diente als Verhandlungsgegenstand im Annäherungsprozess. Wollte der SED-Staat Entgegenkommen signalisieren, zeigte er sich bereit, Kinder- und Verlobtenlisten in die deutsch-deutschen Gespräche aufzunehmen – wollte er Härte demonstrieren, verwiesen seine Vertreter auf die Kernthemen der Verhandlungen.[43] So genehmigte der SED-Staat zwischen 1972 und 1975 mindestens 1511 Personen, überwiegend Frauen, die Übersiedlung in die Bundesrepublik, um dort zu heiraten. In diesen Jahren wurde jeder sechste Antrag auf Ausreise von einer Verlobten gestellt.[44]

Auch die Westseite jonglierte aus symbolischen Gründen mit Zahlen und Zahlungen. Denn letzten Endes lag es in der Logik der deutsch-deutschen Annäherung an ihr, den guten Willen des SED-Staates zu vergolden. Während der eigentlich themenfremden Gespräche zur zeitgleichen Aufnahme beider deutscher Staaten in die Unesco 1972 erklärte Egon Bahr, dass 308 Fälle von ih-

---

40 Siehe z. B. PAAA, MfAA C, HG 2-L 35, 7710, 55; BArch Berlin, DO 1, 16 488, VVS I 053 560 1978, 4; ebd., 2. Quartalsbericht 1981, 4; ebd., 4. Quartalsbericht 1981, 8; dazu gehört auch die wiederkehrende Behauptung der DDR, sich an Regeln der KSZE zu halten; vgl. Außenminister Fischer in Hanisch, *Die DDR im KSZE-Prozess*, 264.

41 Siehe z. B. PAAA, MfAA C, 7710, 7.

42 Generalversammlung der Vereinten Nationen, »Resolution der Generalversammlung 217 A (III). Allgemeine Erklärung der Menschenrechte« (10. Dezember 1948), online verfügbar unter: ⟨https://www.un.org/depts/german/menschenrechte/aemr.pdf⟩ (Stand März 2019), Art. 16.

43 PAAA, MfAA C, 7710, 8 f.

44 BArch Berlin, DO 1, 17 286, 2 f. (GVS, 30. Januar 1976).

ren Eltern getrennter Kinder geklärt seien, dass ihm aber weitere
1179 Fälle vorlägen. Offensichtlich düpiert nahm dies der DDR-
Vertreter Karl Seidel »kommentarlos zur Kenntnis« und erinnerte
im Gegenzug an die Zahlungsschuld weiterer »Mündelgelder«.[45]
Diese kamen in den höher angesiedelten Gesprächen über die
Eröffnung der Ständigen Vertretungen zwischen Egon Bahr und
Michael Kohl 1973 wieder auf. Nun verkaufte Bahr zehn Millionen DM »Mündelgelder« als »Bonbon«, was Kohl als »wahrlich
nur bescheidene Anzahlung auf unsere Mündelgeldforderungen«
von sich wies.[46] Letzten Endes sollten dies aber die Anwälte bearbeiten – ein Ausdruck der »Normalisierung« in einem keineswegs
normalen Migrationsregime. Zudem sprach Bahr, wohl als Zeichen
der Annäherung, im Sommer 1973 von nur noch 13 offenen Fällen,
wohingegen im Herbst bei verschärfter Stimmungslage wieder die
Rede von über 1000 weiteren Fällen war.[47] Nicht nur Ost-Berlin,
sondern auch Bonn ordnete zahlreiche Themen der Dynamik
der Vertrauensbildung unter – und nutzte damit Familienzusammenführung und Menschenrechte auch als diplomatische Gegenstände.

Die damit verbundene Aufmerksamkeit gebar weitere Effekte.
Da sich herumsprach, dass der Begriff der Familienzusammenführung magische Wirkung haben konnte, beriefen sich immer mehr
Antragsteller auf ebendiese. Unter denen, die das MdI trotzdem als
»rechtswidrig« einstufte, befanden sich 1977 30 %, die vorhatten,
gealterte Eltern in der Bundesrepublik zu pflegen.[48] Mit Blick auf
die Pflegenetzwerke als Migrationshintergrund der 1960er Jahre
hatte sich die Lage ins Gegenteil verkehrt: Nun ging es nicht mehr
darum, gepflegt zu werden, sondern Ausreisewillige beriefen sich
auf die Pflege, um gehen zu können.[49] Weitere 16 % hatten vor,
eine Ehe zu schließen oder fortzusetzen.[50] Insgesamt pendelte sich
der Anteil der Anträge, die auf Familienzusammenführung plädier-

45 PAAA, MfAA C, 7710, 7.
46 PAAA, MfAA G-A, 284, 1; die 10 Millionen wurden auch in der Bundesrepublik
als »Teilzahlung« freigegeben. Vgl. Norbert F. Pötzl, *Mission Freiheit – Wolfgang
Vogel: Anwalt der deutsch-deutschen Geschichte* (München: Heyne, 2014), 237.
47 Vgl. wiederkehrend PAAA, MfAA G-A, 291-6.
48 BArch Berlin, DO 1, 16 488, VVS I 044 191, 3 f.
49 Vgl. auch den Fall Großmann in Hürtgen, *Ausreise per Antrag*, 100, 130.
50 BArch Berlin, DO 1, 16 488, VVS I 044 191, 3 f.

ten, vom SED-Staat aber als »rechtswidrig« eingestuft wurden, Ende der 1970er Jahre bei ca. 35-40 % der Antragsteller ein.[51]

Auf diese Erfahrungen zurückblickend prognostizierte das MfS 1977 besorgt, dass die Bundesregierung im Zuge des KSZE-Prozesses verstärkt die Familienzusammenführung thematisieren werde. Das tat diese auch, aber vorsichtig und hinter den Kulissen, da sie nur im Rahmen guter deutsch-deutscher Beziehungen Fortschritte erzielen konnte. Anders stand es um Nichtregierungsorganisationen, die den SED-Staat und die annäherungswillige Bundesregierung wegen dieses Themas scharf angriffen. Das *ZDF-Magazin*, die Publikationen des Vereins Hilfe von drüben oder der Internationalen Gesellschaft für Menschenrechte behandelten häufig besonders emotionale Trennungsgeschichten. Auch die Tagespresse nahm sich immer wieder dankbar individueller Geschichten über den Kampf getrennter Eltern oder Partner mit dem SED-Staat an. Politisch folgten daraus zahlreiche Interventionen beim Bundestag und internationalen Organisationen, insbesondere der UN. Besonders erwähnenswert ist jene Anklageschrift der New Yorker International League of Human Rights (ILHR) aus dem Sommer 1983 mit dem Titel *No Right to Leave*. Vor der UN-Menschenrechtskommission machte die ILHR auf Verstöße des SED-Staates gegen internationale Regeln der Familienzusammenführung aufmerksam.[52] Nur wenige Monate nach diesem blamablen Report erleichterte der SED-Staat die Familienzusammenführung und führte ein Antragsrecht für streng definierte Härtefälle ein.[53] Während eine Kausalbeziehung zwischen der Schrift der ILHR und der Verordnung bestenfalls vermutet werden kann, ist es unfraglich, dass der internationale Druck wirkte und die SED unbedingt guten Willen zeigen musste. Denn in diesen Jahren fand sich die DDR öfters auf der Anklagebank wieder. Die deutsch-deutschen Beziehungen waren an einem Tiefpunkt angekommen. Da auch die Bevölkerungen

---

51 BArch Berlin, DO 1, 16 488, diverse Quartalsberichte.

52 International League for Human Rights, *East Germany: No Right to Leave. A Report of the Family Reunification Project* (New York: ILHR, 1983); zur Sonderheit der deutschen Liga siehe Wildenthal, »The Reincarnations of the German League for Human Rights in Occupied and West Germany«.

53 »Verordnung zur Regelung von Fragen der Familienzusammenführung und der Eheschließung zwischen Bürgern der Deutschen Demokratischen Republik und Ausländern vom 15. September 1983«.

beiderseits der Mauer und die westdeutsche Presse diesem Thema unbeirrt ihre emotionale Aufmerksamkeit schenkten, ist die Verordnung darum in erster Linie als ein Versuch der SED-Führung zu verstehen, die Definitionshoheit über das Thema zu bewahren.

So war der Kreis der Adressaten der Verordnung eng begrenzt. Sie galt nur für Eltern und minderjährige Kinder sowie staatlich genehmigte Ehen. Weitere familiäre Beziehungen und z. B. auch die wichtigen Pflegenetzwerke unter Erwachsenen wurden also ausgeklammert. Ebenfalls ungelöst blieb die Frage der Ehegenehmigungen. Die Praxis des SED-Staats verstieß weiterhin gegen das grenzüberschreitende Eherecht nach Art. 16 der AEMR. Dabei ist es geschlechterhistorisch bemerkenswert, dass meist ostdeutsche Frauen den Antrag auf Ehe mit einem westdeutschen Mann beantragten. Nicht ohne Zynismus nutzte der SED-Staat solche Fälle, um heiratswilligen Frauen nahezulegen, dass ein Mann, der sie wirklich liebe, in die DDR komme. Es scheint jedoch, dass selbst der SED-Staat nicht davon ausging, dass die Männer dazu bereit waren. Denn wenn dies geschah, mussten diese die nicht zu verachtenden Papiermauern für die Bewegung gen Osten überqueren. Auch Einwanderer stießen auf grundlegendes Misstrauen.[54] So geschah es im Fall von Ulrich Huppenbauer. Der junge Vikar verliebte sich in eine Sächsin, zu der er übersiedeln wollte. Es begann ein langes Verfahren, dass erst dank des Zuspruchs durch den Bund der Evangelischen Kirchen in der DDR, vertreten durch den Magdeburger Bischof, und des Staatssekretärs für Kirchenfragen Klaus Gysi positiv ausging.[55] Anders als viele frühe West-Ost-Gänger wurde aus Pfarrer Huppenbauer kein Staatsapologet, sondern ein lokal beliebter Religionshüter, der sich für den Erhalt von Dorfkirchen in der DDR einsetzte und die Demokratisierungsversuche 1989 gespannt begleitete.[56]

Die Verordnung für Familienzusammenführung verlieh den

54 Wunschik, »Migrationspolitische Hypertrophien«.
55 BArch Berlin, DO 4, 1230, Ersuchen BDEk an StKF Gysi, 15. August 1986; Bischof Demke an StKF Gysi, 14. August 1986.
56 Doris Brandt, »Die Geschichte der Kirche zu Zäckwar«, 2000, Passagen sind online verfügbar unter: ⟨http://www.pfarreebg.de/page4.php⟩; Ulrich Huppenbauer, »Antwortbrief«, 2010, online verfügbar unter: ⟨http://www.bitterlemmer. net/wp/2010/09/26/fallstudie-fur-desinformation-das-marchen-von-den-desin teressierten-wessis-und-reisefreudigen-ossis/⟩ (beide Stand März 2019).

Betroffenen mithin keine Rechte, sondern eröffnete allein den staatlichen Behörden einen Kann-Spielraum (insbesondere § 7 bis § 9 der Verordnung). Dieser blieb jedoch eingeschränkt durch den steten Bezug auf »gesellschaftliche Interessen« als Verweigerungsgrund (§ 8.1). Die endgültige Abwägung blieb letztlich – in der Verordnung freilich unerwähnt – im Machtbereich des MfS. Die Verordnung regelte darum weniger Genehmigungsmöglichkeiten, die weiter nebulös blieben, sondern definierte explizite Verweigerungsgründe. Sie diente vor allem der administrativen Vereinheitlichung und der Außendarstellung. Dennoch: Mit der Verordnung für Familienzusammenführung erließ der SED-Staat erstmals seit dem Staatsbürgerschaftsgesetz 1967 offizielle Regeln zur Antragstellung für die Ausreise.

Die Genehmigungen hingen dabei vom »staatlichen Interesse« ab, was sehr unterschiedlich konstruiert werden konnte. Auf den ersten Blick ähneln sich die Fälle von Jaqueline Böhmer* und Brigitte Schneider* fast aufs Haar: Beide waren sehr junge Frauen, arbeiteten als Krankenschwestern und lebten im Kreis Halbstadt – und beide wollten 1984 ausreisen, da sie in ehemalige DDR-Bürger verliebt waren, die legal nach Westdeutschland gelangt waren. Jaqueline Böhmers* Verlobter hatte man vor Kurzem übersiedeln lassen, Brigitte Schneiders* zukünftiger Mann wurde aus der Haft nach Westen entlassen. Während das MfS Jaqueline Böhmer* jahrelang zahllose »Rückholgespräche« aufzwang, um sie von ihrem Vorhaben abzubringen, durfte Brigitte Schneider* – trotz des eigentlich noch problematischeren Wunsches, zu einem »Freigekauften« zu gehen – nach nur zehn Monaten ausreisen. Der Grund: Sie gehörte einer lokalen Jugendszene an, die das MfS zersetzen wollte.[57]

Diese Mischung aus ordnungspolitischer Rationalität und migrationspolitischer Willkür, diese Ökonomie der Ausreise, versuchten zahlreiche Antragsteller durch eine rechtliche Argumentation zu kontern. Ein schlagendes Beispiel ist die 36-jährige Charlotte Rückeler*, die Ende der 1970er jahrelang ein Ausreiseersuchen betrieb, um zu ihrem Mann in die Bundesrepublik zu gelangen. Eines ihrer Schreiben bringt diese Situation auf den Punkt:

Die DDR ist seit 1972 [sic] in der UNO Mitglied. Sie hat sich verpflichtet mit ihrer Unterschrift, alle Rechte, aber auch Pflichten, die von dem Vertrag

---

57 Hürtgen, *Ausreise per Antrag*, 95.

ausgehen, zu verwirklichen. Im §13 der Menschenrechtskommission[sic] heißt es, daß jeder Mensch sein Land frei verlassen darf. In der KSZE-Sitzung in Helsinki wurde von 35 Staaten darunter auch von der DDR am 1.8.1975 die Achtung der Menschenrechte unterzeichnet. Mein Mann hat sich das Recht genommen, in seiner Heimat zu bleiben, nachdem man ihm 14 Jahre das Recht, seine Eltern und Geschwister zu besuchen, verweigert hat.[58]

Sie kämpfe nun für ihr Recht auf Familienzusammenführung, um ihm »nachreisen« zu können.[59] An dieser kurzen Passage zeigen sich zahlreiche zeittypische Facetten von Anträgen. Erstens beruft sich Rückeler* auf eine inexistente Rechtssituation. Zwar gelten sämtliche zitierten Instanzen als Institutionen des internationalen Rechts, besaßen aber keinen individuell einklagbaren Gesetzescharakter. Sie richteten sich vielmehr an Staaten und riefen zur Umsetzung von Normen auf. Dem kam die DDR aber nicht nach.[60] Zweitens musste Rückeler* ihr Argument aus Halbwissen konstruieren, was vor allem die zahlreichen Fehler bei den Daten und den Benennungen verdeutlichen. Sie argumentierte nicht auf Basis einer definitiven Rechtsgrundlage, sondern nutzte per Hörensagen gewonnene Argumente, um ihrem Anliegen einen Rechtscharakter zu verleihen. Daraus entwickelte sie argumentativ eine Rechtsmoral, die sie über den Staat stellte, da dieser ihr unrechtmäßig und in Unterlassung seiner internationalen Verpflichtungen eben keine entsprechende Rechtsinstitution, z. B. in Form eines menschenrechtskonformen Gesetzes, zur Verfügung stellte. Drittens setzte sie die Aufnahme in der Bundesrepublik als vollkommen normal voraus, wie ein Recht auf Heimkehr in ein fremdes Land. Dieser Anspruch ging aber nicht von den viel zitierten internationalen Normen aus, sondern allein vom Grundgesetz und der Nichtanerkennung der DDR-Staatsbürgerschaft durch die Bundesrepublik, was Rückeler*, wie die anderen Antragsteller auch, als vollkommen gegeben voraussetzte. Internationale Übereinkommen wahrten allein das Recht auf Rückkehr in »sein eigenes Land«, was nach der internationalen Anerkennung der DDR eben die DDR war. Hier zeigte sich im Individuellen die Wirkmacht des Grundgesetzes und des westdeutschen Insistierens auf eine allgemeine deutsche Staats-

58 BArch Berlin, DO 1, 17286, 16.
59 BArch Berlin, DO 1, 17286, 16.
60 Dazu ausführlicher Kap. 3 in Teil III.

bürgerschaft. Viertens führt Rückeler* als Fluchtgrund des Mannes allein den Wunsch an, zu Verwandten in den Westen reisen zu können. Der durch die Mauer geschaffene Mangel an Mobilität erzeugte also erst den dauerhaften Migrationswunsch.

Dabei schlugen partielle Mobilitätserleichterungen immer in beide Richtungen aus. Zum einen nahmen erleichterte Besuchsreisen Druck aus den angespannten deutsch-deutschen und internationalen Beziehungen. Zum anderen schufen sie Kontakte und Motive. Auch stieg ab den 1970er und insbesondere in den 1980er Jahren die Zahl gelöster familiärer Härtefälle, die Zahl der Anträge auf Familienzusammenführungen ging indes nicht zurück.[61] Zudem blieben trotz intensiver Verlässlichkeitsprüfungen durch das MdI und das MfS immer wieder Westreisende ohne ihre Familie als Overstayers in der Bundesrepublik.[62] Sie hofften, auf der Grundlage der von ihnen geschaffenen Fakten eine Familienzusammenführung erreichen zu können. Der SED-Staat versuchte dies durch Eingriffe in das Familienleben zu verhindern. So erhielt der Geraer Arzt Jürgen Vering* 1978 auf der Basis einer stabilen Ehe nach langem Ringen eine Reisegenehmigung zu seiner schwer kranken Schwester in der Bundesrepublik. Da seine Schwester in akuter Lebensgefahr schwebte und er befürchtete, keine weitere Erlaubnis zu bekommen, war es ihm »als Mensch und Arzt unmöglich, in die DDR zurückzukehren«, und er stellte nun von Westdeutschland aus einen Antrag auf Familienzusammenführung.[63] Er berief sich mit keiner Silbe auf nationales oder internationales Recht, sondern argumentierte allein emotional. Seinen Erstantrag schickte er wohl-

---

61 Vgl. die ab 1976 genehmigten und an die RdB zurücklaufenden Listen von Familienzusammenführung, die vor allem ab Anfang der 1980er Jahre massiv an Zahl und Umfang zunahmen: BArch Berlin, DO 1, 7962 f.; 7987 f.; 9647 f.; 9803 f.; 9765-8; 9806-8; 9914 f.; 9864-72; 9916; 9936-42; 9967-74.

62 Ähnlich ging es in den Westen »freigekauften« Häftlingen, die versuchten, ihre Kinder nachzuholen. Letzteres ist aufgrund der Zwangsadoptionen und des aktiven Versteckens der Kinder durch den Staat in Kinderheimen ein äußerst trauriges Thema der Geschichte des SED-Staates. Es erregte darum auch Aufmerksamkeit in der Bundesrepublik, wobei insbesondere die IGfM wortstark ins Feld zog; vgl. Gesellschaft für Menschenrechte, *Kinder ohne Recht auf Menschlichkeit und Würde* (Frankfurt/M.: Gesellschaft für Menschenrechte, 1977); vgl. drei ausführlicher dargelegte Fälle in Marie-Luise Warnecke, *Zwangsadoptionen in der DDR* (Berlin: BWV, 2009), 283-330.

63 BStU AdZ, ZKG, 10 973, 8.

überlegt bereits an elf Adressen, darunter beide Ständige Vertretungen, die IGfM, Gerhard Löwenthal beim ZDF, Erich Honecker, das BMI, den Präsidenten des DRK und an den Anwalt Wolfgang Vogel – nicht jedoch an die eigentlich zuständigen Geraer Behörden.[64] Der Antrag erreichte dennoch das MfS, das ihn »bearbeitete«, also sowohl auf seine Frau als auch durch Auslands-IM auf ihn einwirkte.[65] Fälle wie dieser ließen die Listen im Bundeskanzleramt für mögliche Familienzusammenführungen nicht kürzer werden, was letzten Endes auch für die Bundesregierung kein Anlass zur Freude war.

Als versteckter Ausleger des BMG/BMiB erstellte der Suchdienst des DRK in Hamburg seit Jahrzehnten anhand seiner geheimen und aufwändig gepflegten Kartei Vorschlagslisten.[66] Unter Kanzler Schmidt zerbrach jedoch das ohnehin schon bröckelnde gegenseitige Vertrauen. Die Regierung wich davon ab, die gelieferten Informationen ungefiltert zu übernehmen, und kürzte noch drastischer als ihr Vorgänger die Finanzierung des scheinbar externen Dienstleisters des BMiB.[67] Angesichts der verbesserten deutschdeutschen Beziehungen begann nun der Bundesrechnungshof, das Durchwinken der verdeckten Ausgaben des BMiB zu verweigern. Bereits 1975 hielt Klaus Plewa vom BMiB nach einem Besuch beim Suchdienst des DRK in Hamburg einen »stufenweisen Abbau des Personals und der Geschäftätigkeit [für] möglich und vertretbar«. Anstatt eines allgemeinen Suchdienstes sollte es sich zu einem Dienstleister für den »Gefangenenfreikauf« und den koordinierten Päckchenversand zurückentwickeln.[68] Doch das war kompliziert, und so regte der Bundesrechnungshof im Sommer 1979 die Schließung der Kartei zum November 1979 an.[69] Das konnte das BMiB zwar abwenden, sah sich aber zu Sparmaßnahmen gezwungen. Trotz massiver Zweifel, ob die Listen des DRK »wirklich zuverlässig« relevante Fälle von Familienzusammenführung dokumentier-

64 BStU AdZ, ZKG, 10 973, 9.
65 BStU AdZ, ZKG, 10 973, 4.
66 Vgl. BArch Koblenz, B 137, 33 036, Rahmenvertrag, 4. September 1959.
67 Diese dahinterliegende Vertrauenserosion mag auch mit dem Erscheinen der investigativen Monografie zum Freikauf zusammenhängen; vgl. Michael Meyer, *Freikauf: Menschenhandel in Deutschland* (Wien, Hamburg: Zsolnay, 1978).
68 BArch Koblenz, B 137, 33 036, BMiB Ref. II 6 an Ref. I 10, 20. März 1975.
69 BArch Koblenz, B 137, 33 036, Vermerk Z 1, 14. Juli 1979.

ten, hielt das BMiB mangels Alternativen am Dienst fest und verfügte im Juli 1980, dass aufgrund der »angespannten Haushaltslage [...] die Hilfe in besonderen Notfällen noch intensiver zu prüfen« sei, und strich die Befragung von Haftentlassenen in Gießen durch das DRK.[70] Einst zentrale deutschlandpolitische – und eher quasigeheimdienstliche – Ausgaben erschienen nun entbehrlich, da sich das deutsch-deutsche Prozedere um die Härtefälle immer weiter einspielte.

Mit der Routine erhöhte sich aber ebenso die Bandbreite der Fälle von Familienzusammenführung und damit die Komplexität des Themas. Der Begriff »Familienzusammenführung« mag eine klare Sachlage suggerieren, die Wirklichkeit stellte sich aber oft weitaus komplizierter dar. Das galt insbesondere bei Sorgerechtsfragen. So forderte die Abteilung Sicherheitsfragen des ZK der SED mit Honeckers Zuspruch bereits 1973 Innenminister Dickel auf, bei Übersiedlungen alleinstehender Frauen mit Kindern die Einverständniserklärung des Vaters einzuholen.[71] Diese Forderung ist durchaus ambivalent zu bewerten. Einerseits sah der SED-Staat hier eine weitere Stellschraube, um mögliche Ausreisen zu verkomplizieren. Andererseits wahrte er das Recht des Vaters, sein Kind zu besuchen, was ihm sonst durch die Ausreise faktisch entzogen würde. Drittens hoffte er so, potentiellen Anträgen auf Reisen oder gar Familienzusammenführung von Vater zu Kind vorzubeugen. Zudem konnte der SED-Staat seine Ablehnung des mütterlichen Ersuchens auf den Einspruch des Vaters abschieben. Man kann sich leicht vorstellen, dass sich keine der Möglichkeiten positiv auf die meist ohnehin angespannte Situation getrennt lebender Eltern auswirkte.

Die Komplexität der Familienzusammenführung zeigt sich auch darin, dass sie ein Schlupfloch schuf, welches dann kreativ genutzt werden konnte. Bereits kurz nach dem Mauerbau mobilisierte der SED-Staat gegen sogenannte Briefkastenehen. Ähnlich dem Mythos der »Abwerbung« von Arbeitskräften nach Westen sah er Banden am Werk, die per Anzeige Ehen vermittelten, um die Verlobten dann früher oder später per Familienzusammenführung in den Westen zu holen. Es gab in der Tat solche Angebote kommerzieller Fluchthelfer, allerdings machten sie einen marginalen

70 BArch Koblenz, B 137, 33 036, BMiB Referat I 7 an I 1, 22. Juli 1980.
71 SAPMO Berlin, DY 30, IV B 2/12/17, 22 f.

Teil der Ausreisebewegung aus. Dazu kamen verzweifelte Versuche von DDR-Bürgern, Urlaubsbekanntschaften als Ausweg aus der DDR zu nutzen. So fiel dem MfS 1987 ein anonymer Brief an eine verdeckte Adresse in die Hände, in dem ein DDR-Bürger kodiert darum warb: Er sei im Moment »noch ungebunden« und habe »meine Möglichkeiten durchdacht und bin zu dem Schluß gekommen, denselben Weg zu gehen, wie unser gemeinsamer Freund es tut. Nun meine Frage an Dich: Könntest Du mir bei Dieser Sache helfen und mir dafür Deinen Namen geben? Was denkst Du von mir? Hoffentlich verstehst Du mich nicht falsch. Wiederum möchte ich, daß damit keine Belastung für Dich eintritt! Es geht also nur um die Sache selbst.«[72] Die HA II warf ihre Ermittlungsmaschine an und suchte mit Abgleichen in Reiseregistern, Schriftproben, Schreibmaschinenvergleichen, einem Speicheltest an der Briefmarke und allerlei chemischen und forensischen Analysen des Briefes nach dessen Autor.[73] Beim Absender tappten sie im Dunkeln. Als Empfängerin verdächtigten sie eine Turiner Austauschstudentin, die im Jahr zuvor kurz in der DDR gewesen war. Folglich wurden erst intensive Erkundigungen über sie in der DDR eingeholt, dann wurde sie im Ausland operativ bearbeitet.[74] All dies ergab aber nichts. Es liegen keine weiteren Ergebnisse vor, außer dass die Studentin nun verdächtigt wurde, an der Vorbereitung einer Straftat (nach § 213 StGB der DDR) mitzuwirken und darum im fernen Turin unter Beobachtung des MfS stand.[75] Dabei wurde allerdings scheinbar nie geklärt, ob sie überhaupt Adressatin des Briefes war. Das MfS reagierte wohl aus zweierlei Gründen derart gereizt. Zum einen war dies in seinen Augen eine unbedingt zu unterbindende Scheinehe, wohlgemerkt ein Reizbegriff der 1980er Jahre, bei dem Behörden beiderseits der Grenze allergisch (über-)reagierten und internationale Eheschließungen per se als Versuche verstanden, sich Migrationsrechte zu erschleichen.[76] Zweitens versprach ein solcher

72 BStU AdZ, HA II, 38349, 376.
73 BStU AdZ, HA II, 38349, 378 f.
74 BStU AdZ, HA II, 38349, 387-400.
75 BStU AdZ, HA II, 38349, 400.
76 Serhat Karakayali, *Gespenster der Migration: Zur Genealogie illegaler Einwanderung in der Bundesrepublik Deutschland* (Bielefeld: transcript, 2008), 163 f.; siehe weiterhin Irene Messinger, *Schein oder nicht Schein: Konstruktion und Kriminalisierung von »Scheinehen« in Geschichte und Gegenwart* (Wien: Mandelbaum-Verl., 2012); Antje Dertinger, *Schenk mir deinen Namen: Scheinehen zwischen*

Fall, würde er geklärt, auch propagandistisch ausschlachtbares Material, um Familienzusammenführungen und Verlobungen per se als arrangiert zu delegitimieren.

In seiner Komplexität konnte das Thema selbst den versiertesten der deutsch-deutschen Vermittler, den Anwalt Wolfgang Vogel, an den Rand der Verzweiflung treiben. Als Schnittstelle zwischen beiden Regierungen und ausreisewilligen DDR-Bürgern löste er zahlreiche Fälle von Familienzusammenführung.[77] Nicht immer lief alles reibungslos. 1985 war er in die Übersiedlung der siebenjährigen Patricia involviert, die zu ihrer aus der Haft in die Bundesrepublik entlassenen Mutter ausreisen sollte. Vogel geriet dabei in die Schussbahn eines innerfamiliären Konflikts. Die Mutter, Frau Hobusch, hatte ursprünglich (und langjährig) wegen Einbruch und Diebstahl in der DDR im Gefängnis gesessen. Dazu kam später eine Haftstrafe wegen Kontaktaufnahmen zur IGfM, was sie nun als politische Gefangene auf die »Freikaufslisten« brachte.[78] Vor der Haft hatte sie zudem im Rahmen einer schwierigen Scheidung die Vormundschaft ihrer ältesten Tochter an deren Großmutter abgetreten. Unter Vernachlässigung zahlreicher Details sorgte der Fall in der westdeutschen Presse für Aufregung. Wie das *Westfalen-Blatt* berichtete, soll Vogel in angeblicher Zusammenarbeit mit dem MfS Frau Hobusch gedroht haben, sie hätte nur eine Chance auf Haftentlassung in den Westen, nämlich wenn sie das komplette Erziehungsrecht an ihre Mutter abtrete.[79] Nach ihrem »Freikauf« stellte Frau Hobusch darum Strafanzeige gegen Vogel wegen Beihilfe zur Kindesentführung, was die ohnehin gegen den »Freikauf«

Menschlichkeit und Kriminalität (Bonn: Dietz, 1999); Jörg Kretschmer, *Scheinehen: Missbrauch des Instituts der Ehe (und der Adoption) zu aufenthaltsrechtlichen Zwecken in der Bundesrepublik Deutschland und den USA* (Frankfurt/M.: Verlag für Standesamtswesen, 1993).

77 Norbert F. Pötzl, *Basar der Spione: Die geheimen Missionen des DDR-Unterhändlers Wolfgang Vogel*, 3. Aufl. (Hamburg: Spiegel-Buchverlag, 1997); ders., *Mission Freiheit – Wolfgang Vogel: Anwalt der deutsch-deutschen Geschichte* (München: Heyne, 2014); Ludwig A. Rehlinger, *Freikauf: Die Geschäfte der DDR mit politisch Verfolgten, 1963-1989*, neue Ausg. (Halle [Saale]: Mitteldeutscher Verlag, 2011); kritischer dazu Jan Philipp Wölbern, *Der Häftlingsfreikauf aus der DDR 1962/63-1989: Zwischen Menschenhandel und humanitären Aktionen* (Göttingen: Vandenhoeck & Ruprecht, 2014).

78 BStU AdZ, Abt. X 2460, 11.

79 BStU AdZ, 2460, 4 Sendungsmitschrift, 12. August 1985.

wetternde IGfM aufgriff – und dieser wiederum den Vorwurf einbrachte, sie nutze den komplizierten Fall Hobusch, um eine Kampagne gegen Vogel zu führen.[80]

So ging es in diesem Fall nicht nur um die bereits prekäre Frage, ob aus Versehen oder Unwissenheit kriminelle Straftäter auf die »Freikaufslisten« rutschten – oder ob auch Verurteilte das Menschenrecht auf Ausreise besaßen. Es ging auch darum, inwieweit im DDR-Recht Erziehungsfragen über den Interessen der Familienzusammenführung standen und welche Rolle die westdeutschen Hilfsorganisationen einnahmen, wenn sie sich gegen Vermittler wie Vogel wendeten. In dieser unübersichtlichen Lage streute das MfS Falschinformationen, um im Rahmen einer koordinierten Zersetzungskampagne der IGfM zu schaden.[81] Das Magazin *Kontraste* berichtete, dass die Familie von Westdeutschland aus ihrer Ausreise und der Familientrennung einen politischen Anstrich zu geben versuchte, was wiederum die Betroffenen als Angriff auf ihre Motive deuteten. Vogel ließ durch seinen West-Berliner Anwalt Reymar von Wedel verkünden, seine Aussage sei keine »Drohung« gewesen, sondern ein »Hinweis über die Rechts- und Sachlage«, also eine Aufklärung über die Regeln im deutsch-deutschen Migrationsregime.[82] Der in »Freikaufsdingen« seit den 1960er Jahren eng mit Vogel zusammenarbeitende Justiziar der evangelischen Kirche von Wedel beklagte zudem, dass die IGfM mit ihrem aggressiven Vorgehen vor allem jenen schade, die sie zu vertreten meine. Wegen ihres Verhaltens gelte sie dem SED-Staat als »staatsfeindliches Organ«, womit all jenen scharfe Sanktionen drohten, die mit ihr Kontakt aufnähmen.[83] Letzten Endes, berichtete die *Berliner Morgenpost*, werde Vogel als »Lehre aus diesem Fall [...] in Streitfällen, in denen es um Kinder gehe, nicht mehr vermitteln«. Immerhin

---

80 »Streit um Kind in der ›DDR‹ wird schärfer«, in: *Berliner Morgenpost* (14. August 1985).

81 BStU AdZ, AOP 6072/91, XV 3687/79, Bd. 4, 107-34.

82 BStU AdZ, 2460, 4, Mitschrift der Sendung vom 12. August 1985; Pötzl, *Mission Freiheit – Wolfgang Vogel*, 323.

83 Diesen Status besaß die IGfM allerdings schon zuvor; »Streit um Kind in der ›DDR‹ wird schärfer«; siehe außerdem Wölbern, *Der Häftlingsfreikauf aus der DDR*, 79-83, 283, 375; Thomas Kleine-Brockhoff und Oliver Schröm, »Innerdeutsche Beziehungen: Die Vogel-Fluglinie. Wie Anwälte Reiche auf eigene Rechnung freikauften«, in: *Die Zeit* (28. August 1992), Abschn. Gesellschaft.

hatte er aber erreicht, dass Patricia 1986 zu ihrer Mutter ausreisen durfte.[84]

Dieser Fall offenbart, wie eine auf den ersten Blick einfache Familienzusammenführung zwischen Mutter und Kindern zu sehr komplexen Verwicklungen führen konnten. Dabei waren Hilfe suchende Familienmitglieder oft bereit, wichtige Informationen unvorsichtig preiszugeben, diverse Akteure einzuschalten und jeden Hebel in Bewegung zu setzen, wenn sie sich daraus auch nur den Hauch einer Chance erhofften. Das wirkte sich nicht immer zu ihrem Vorteil aus. Zudem lernten staatliche Stellen – natürlich das MfS, aber auch Akteure aus dem Westen wie der verdeckt für die Bundesregierung agierende DRK-Suchdienst und weitere Bundesstellen sowie die französische Botschaft und das amerikanische Department of State –, wie sie zusätzliche Informationen abschöpfen konnten.[85] In umfangreichen Fragebögen erbaten sie diverse private Informationen der Ausreisewilligen. Dabei ist fraglich, welche Daten tatsächlich einer Familienzusammenführung zuträglich waren und welche eher der nachrichtendienstlichen Arbeit ganz im Stile der alten Praxis der Flüchtlingsbefragungen dienten. Als derartige Bögen der BV Potsdam des MfS in die Hände fielen, wähnte diese eine neue Art der Einmischung in innere Angelegenheiten. Insbesondere empört waren die Bearbeiter über Fragen zu Organisationszugehörigkeiten und Wehrdienst der Ausreisewilligen.[86] In der Tat gingen vor allem die amerikanischen Abfragen sehr weit.[87] Einerseits erscheinen Fragen nach Wehrdienst oder Beziehungen zur Polizei oder anderen bewaffneten Organen als wenig ausreiserelevant und klingen nach geheimdienstlichen Ausforschungen. Diese Lesart legte auch die BV Potsdam an die amerikanischen Fragebögen an. Andererseits schuf der SED-Staat selbst einen Bezug zwischen den bewaffneten Organen und der Ausreise. Denn wurden Ausreisewillige durch sehr weite Definitionen als »Geheimnisträger« qualifiziert, was auch Verwandtschaftsbeziehungen zu Mitgliedern der bewaffneten Organe beinhaltete, galten für sie teils lange Sperrfristen für eine auch nur potentielle Genehmigung.

84 »Streit um Kind in der ›DDR‹ wird schärfer«, in: *Berliner Morgenpost* (14. August 1985); Pötzl, *Mission Freiheit – Wolfgang Vogel*, 323.

85 BStU BV Potsdam, Abt. II 848, 51-66.

86 BStU BV Potsdam, Abt. II 848, 48 f.

87 BStU BV Potsdam, Abt. II 848, 51-66.

Allerdings muss man ebenfalls vermerken, dass weder Frankreich noch die USA durch einen internationalen Einsatz zugunsten der Ausreisewilligen auffielen.

Auch wenn solche Ausforschungen den SED-Staat erregten, blieben sie dennoch weit unter dem Reizwert einer Sendereihe im *ZDF-Magazin*. Dieses verdammte seit Anfang der 1970er Jahre sowohl den SED-Staat als auch jedweden Annäherungskurs und entdeckte Ende des Jahrzehnts die Ausreisefrage als Wundertopf mitreißender Emotionen. Bereits am 8. Dezember 1978 griff die erste Ausstrahlung der »Hilferufe von drüben« als ein neues und bald zentrales Sendungssegment des *ZDF-Magazins* die Familienzusammenführung auf. Die erste Folge dieses bedeutenden Segments begann mit einem Verlobungsfall, in dem sich die Braut in einem Ausreiseantrag auf die UNO bezogen hatte und deswegen inhaftiert worden sei. Hochemotionalisiert wurde die Frau vorgestellt, mit anklagender Stimme verlas Fritz Schenk einen Brief und ließ ihren Verlobten zu Wort kommen. Damit aber nicht genug, denn die Sendung endete mit einer Anklage, die Frau sei inhaftiert worden, »nur weil sie zu ihrem Verlobten will […]. So sieht die sozialistische Humanität in der Praxis aus.«[88] Von Beginn an spielten die Sendungsmacher mit dem Holzhammer auf der Klaviatur der deutsch-deutschen Beziehungen.

Ähnlich ging der kurz nach dem Sendeauftakt gegründete Verein Hilferufe von drüben vor. Dieser hatte sich auf die Fahnen geschrieben, er werde den Wartenden »moralisch helfen« und einspringen, »wo die staatlichen Stellen augenscheinlich nicht genug helfen können oder wollen«.[89] Mit der Vereinsgründung schellten nicht nur beim MfS, sondern auch beim BMiB alle Alarmglocken.[90] Das *ZDF-Magazin* war beiden seit Längerem ein Dorn im Auge, und dessen Hinwendung zum sensibelsten Thema der deutsch-deutschen Beziehungen, der Familienzusammenführung, störte die sich einpendelnde Zweisamkeit auf Regierungsebene. Bereits in der ersten Ausstrahlung folgten weitere emotionalisierte Härtefälle von Eheleuten und Kindern, ohne dass Ausreisen,

88 BArch Koblenz, B 137, 10 222, Pressereferat, 8. Dezember 1978, Tonbandabschrift *ZDF-Magazin*, 6.

89 BArch Koblenz, B 137, 10 222, Pressereferat, 8. Dezember 1978, Tonbandabschrift *ZDF-Magazin*, 2.

90 BStU AdZ, HA IX, 3586, 305-33.

Grundlagenvertrag, Regierungsbemühungen oder auch nur die Modi erfolgreicher Ausreisen erwähnt wurden. Im Gegenteil, die Sendereihe evozierte eine direkte Verbindung zwischen Ausreisewunsch und Inhaftierung und gipfelte in der Aussage, dies sei »eine Art Sippenhaftung, die sich von der wie die, die die Nazis praktizierten, in nichts unterscheidet«.[91] So schimmerte in der Beschäftigung mit der Ausreisewelle die alte KZ-Staat-Metapher wieder auf, die durch die Person des Moderators, des Holocaustüberlebenden Gerhard Löwenthal, neue Strahlkraft gewann. Dabei signalisierte bereits das erste, schlagartig sehr einflussreiche Sendungssegment der »Hilferufe von drüben«, dass die titelgebende Hilfestellung den Sendungsmachern vor allem zur Delegitimierung der DDR und aller Annäherungspolitik diente. Diese Ambivalenz aus Hilfsgestus und Angriff bestimmte das weitere Wirken der Sendung und des angeschlossenen Vereins, die immer wieder auf Härtefälle zurückkamen.[92] Auf der anderen Seite griff der SED-Staat sehr wohl zur Sippenhaft, indem das MfS fein säuberlich sämtliche Ausgaben der Zeitschrift des Hvd nach Zuschriften durchforstete, diese auflistete und die Namen in die entsprechende Personenkartei ein- und damit in das Tatgedächtnis des MfS übertrug.[93] Die Erwähnung in der Zeitschrift wurde damit zu einem potentiellen Vorwurf z. B. der ungesetzlichen oder staatsfeindlichen Verbindungen (§ 100 bzw. 219 StGB der DDR) oder der staatsfeindlichen Hetze (§ 106 StGB der DDR) und konnte drastische Sanktionen nach sich ziehen, von der »operativen Bearbeitung« im In- und Ausland bis zur Haft.

Doch trotz aller Lautstärke blieben das Magazin und der Verein nur Mosaiksteine im komplexen Großbild der Familienzusammenführung. Im Laufe der 1980er Jahre beantragten immer mehr Menschen die Familienzusammenführung. Nicht nur jene, die zur

91 BArch Koblenz, B 137, 10 222, Pressereferat, 8. Dezember 1978, Tonbandabschrift *ZDF-Magazin*, 12 f.

92 Für eine vollmundige Selbstdarstellung siehe Gerhard Löwenthal, Helmut Kamphausen und Claus P. Clausen (Hrsg.), *Feindzentrale: Hilferufe von drüben* (Lippstadt: Hilferufe von drüben e. V., 1993).

93 BStU AdZ, AdZ, HA IX, 1075, 1-102, zur Kartei siehe Roland Lucht, »Karteien, Speicher, Datenbanken: Kern des Informationssystems der Abteilung XII«, in: *Das Gedächtnis der Staatssicherheit: Die Kartei- und Archivabteilung des MfS*, hg. von Karsten Jedlitschka und Philipp Springer (Göttingen: Vandenhoeck & Ruprecht, 2015), 167-98.

Kernfamilie migrieren wollten, ohne dabei von der Verordnung von 1983 erfasst zu sein, sondern im Prinzip fast alle, die irgendwelche familiären Beziehungen in die Bundesrepublik besaßen. Somit lag auch die Zahl der von der Bundesregierung als Familienzusammenführung verbuchten Fälle, für die also Extrazahlungen nötig waren, weit unter der Zahl der Anträge, die darauf plädierten. Dabei stechen vor allem getrennte Ehepartner oder Kernfamilien aus den Modi der Antragstellung heraus, denn sie forderten in ihren Anträgen ihr *right to leave* seltener unter Berufung auf den internationalen Rechtskorpus ein, sondern argumentierten primär emotional mit den Härten der Familientrennung. Sie stellten Krankheiten, akute Bedürfnisse und tragische Schicksale in den Vordergrund. Dies bedeutet aber keineswegs einen leichteren Kampf. Denn um ihr Anliegen zu untermauern, blieb ihnen oft nichts als die emotionale Entblößung vor dem Staat oder gar der deutsch-deutschen Öffentlichkeit. Als Gegenstand internationalen Interesses lagen die Bewilligungschancen dieser Anträge damit etwas höher als die anderer Ersuchen. Angesichts zahlreicher tatsächlicher Tragödien machte sie das jedoch keineswegs weniger nervenzerreibend oder aufwühlend.

Daneben gab es eine größere Anzahl von Antragstellern, denen der SED-Staat ein Recht auf Familienzusammenführung verweigerte, die es aber dank ihrer Insistenz und bundesdeutscher Unterstützung dennoch erstritten. Diese Personen argumentierten oft ähnlich des ersten Typs, ergänzten die Anträge nach der Ablehnung ihrer Ersuchen als »rechtswidrig« jedoch mit internationalen und rechtlichen Argumenten. Hier scheint es eine Frage der Insistenz, staatlichen Interesses und möglicher bundesdeutscher Fürsprecher gewesen zu sein, inwieweit ihre Fälle auf den Listen der Familienzusammenführung akzeptiert wurden oder ob sie nach längerem Kampf z. B. als »hartnäckige Antragsteller« erst verfolgt und dann gehen gelassen wurden. Was genau den Ausschlag gab, ist im Nachhinein nur selten nachvollziehbar. Neben rechtlichen Argumenten führten die meisten Antragsteller von Beginn an entferntere familiäre Beziehungen als Gründe für ihr Ersuchen an. Vor allem nach der Verordnung zur Familienzusammenführung erhofften sich viele, diese als Hebel für die Antragstellung nutzen zu können. Die Familienzusammenführung war hierbei ein Argument unter vielen in der Insistenz auf »ihre« Menschenrechte.

»Ich fordere mein Menschenrecht!«:
Rechtsexperte in eigener Sache

Das Erfurter Stasi-Gefängnis in der Andreasstraße gehört zu jenen Orten, die man zu DDR-Zeiten nicht von innen sehen wollte. In der späteren Diskussion um eine Gedenkstätteneröffnung berichtete ein ehemaliger Insasse, dass er dieses Unglück drei Jahre lang ertragen musste. Diese harte Strafe ereilte ihn für sieben Worte: »Ich fordere das Menschenrecht auf freie Ausreise!«[94] Weder im Gefängnis noch außerhalb stand er mit dieser Forderung alleine da. Seit dem UN-Beitritt der DDR war sie die Essenz der meisten Ausreiseanträge. Wie jedoch forderten Antragsteller ein Recht ein, das sie nicht einklagen konnten und das der SED-Staat paradoxerweise als zugleich nicht existent und erfüllt erachtete?

Am besten nähert man sich diesem Widerspruch der Genehmigung einer »rechtswidrig« gestellten, aber irgendwann genehmigten, also legalen Ausreise, indem man den Antrag als einen Prozess voller Eskalationsstufen zwischen Antragsteller und Staat erachtet. Immerhin konnten die Räte der Kreise nach Anweisung 042/71 von der Fassung vom Juni 1973 etwas erleichtert auch Vorschläge ohne die bisherigen Ausnahmekriterien wie Invalidität, Rentnerstatus oder Familienzusammenführung erteilen.[95] Das Schlüsselwort war hierbei das »zwingende Interesse« der DDR an der Ausreise. Der Inhalt dieses Interesses war jedoch nirgendwo definiert, noch war der Passus öffentlich bekannt. Einerseits konnten darüber aber die in eine gefühlte Ökonomie der Ausreise hineindisziplinierten lokalen Beamten schwierige Fälle ab einem gewissen Punkt nach oben weiterreichen. Andererseits eröffnete dies in einem sich langsam entfaltenden kollektiven Nachahmungsprozess Handlungsmöglichkeiten für die Antragsteller. Für diese galt es, die Gratwanderung zu meistern, sich einerseits als derart unerwünscht zu inszenieren, dass sich die staatlichen Behörden die Entlassung aus der Staatsbürgerschaft als zwingendes staatliches Interesse erklären konnten, ohne jedoch andererseits derart aufzufallen, dass der Staat zum Mittel der Inhaftierung griff. Grob kann man dabei drei aufeinander aufbauende Elemente des Ausreiseprozesses erken-

---

94 Michael von Hintzenstern, »Drei Jahre für sieben Worte«, in: *Glaube und Heimat: Mitteldeutsche Kirchenzeitung* (24. Februar 2012).

95 Vgl. Hürtgen, *Ausreise per Antrag*, 63, FN 11.

nen: Erstens die Selbstrepräsentation als Rechtsexperte in eigener Sache, zweitens der Nachweis eines unbedingten Ausreisewillens bis zur »Hartnäckigkeit« und drittens die Mobilisierung deutsch-deutscher Netzwerke vom Privaten über Fürsprecher bis zu Medienauftritten.

Wie nach dem Erlass des Staatsbürgerschaftsgesetzes 1967, dem Grundlagenvertrag 1972 und dem UN-Beitritt 1973 lasen Ausreisewillige auch die Schlussakte von Helsinki sehr genau. Teils aus dem Wortlaut, teils aus der Kombination von Sinninterpretationen dieser internationalen Dokumente und dem eigenen Wunsch erkannten sie ein Recht auf Ausreise und forderten es vom Staat ein. Beispielhaft plädierte der Freiberger Horst Walsnitz* Ende 1980 nach der begründungslosen Ablehnung seiner ersten Anträge desselben Jahres durch die lokalen Behörden an Erich Honecker:

Mit diesen Ablehnungen der staatlichen Organe sehe ich einen Eingriff in meine persönliche Freiheit. Denn die Teilnehmer Staaten der Uno-Carta der Vereinten Nationen und in der Schlußakte von Helsinki »verpflichten« sich diese Länder, diese Abkommen einzuhalten und zu unterstützen. Denn in Gesetzblatt Teil II Nr. 6 1974 und Helsinkiabkommen sind die politischen und privaten Rechte der Menschen eindeutig festgelegt und deren Artikel sind so auszulegen und zu verstehen wie sie geschrieben sind. […] Auch die Deutsche Demokratische Republik erkennt die zivilen u. politische Rechte auf Freiheit und Selbstbestimmung voll an. Dieses wird im Gesetzblatt Teil II Nr. 6 1974 zum Ausdruck gebracht. Die Artikel 2, 4, 12, 18/19 und die Schlußakte von Helsinki »Broschüre für Entspannung und dauerhaften Frieden in Europa« Seite 134, 170-172 Broschüre Helsinki Ergebnisse und Perspektiven Seite 35-37, sowie die Verfassung der DDR vom 6. April 1968 Kapitel 1 Artikel 18 Abs. 2 Artikel 20 Abs. 1 Artikel 30 Abs. 1 garantieren mir meine privaten und politischen Rechte auch auf Übersiedlung ganz gleich in welches Land.[96]

Zumindest den Markierungen der Sachbearbeiter des MfS nach ignorierten sie Walsnitz* stolprige Rechtsausführungen und hoben allein Stellen hervor, in denen er der DDR einen Eingriff in seine Freiheiten vorwarf. Ihr primäres Interesse lag in jenen Aussagen, die Möglichkeiten für eine Rückgewinnung oder Strafverfolgung eröffneten, also Bemerkungen und Aussagen über den Frust am Arbeitsplatz, bei der Wohnungssuche, über die Luftverschmutzung

96 BStU AdZ, ZKG, 371, 143-5 [alles sic].

und die Religionsausübung sowie diesbezügliche Handlungsan-
deutungen.[97] Gegenüber allen Rückgewinnungsgesprächen zeigte
sich Walsnitz* jedoch verschlossen. Er hatte seine Entscheidung
getroffen und baute auf den Anschein einer politisch-juristischen
Argumentation. Er versuchte dabei sogar, seine Rechte auf freie Religionsausübung aus seiner Lektüre von Bänden des vom Institut
für Gesellschaftswissenschaften beim ZK der SED herausgegebenen *ABC des Marxismus-Leninismus* abzuleiten.[98] Er schloss:

Sehr geehrter Herr Staatsratsvorsitzender oft sprechen Sie im Fernsehen
und Rundfunk über die Gesamteinhaltung der Schlußakte von Helsinki.
Auch über die freie Selbstbestimmung des Volkes haben Sie am 27.4.79
laut Aktueller Kamera 10. Tagung des Zentralkomitees gesprochen. Man
kann nicht nur davon sprechen, sondern muß seinen Bürgern die anerkannten internationalen Rechte gewähren und durchführen und dann sie
nicht ablehnen wenn sie die Umsiedlung oder Ausreise beantragen.[99]

Als Herr Walsnitz* dann zahlreiche Organisationen im Ausland
kontaktierte, antwortete das MfS 1980 mit der Eröffnung eines
operativen Vorgangs. Er wurde wohl vier Jahre lang durch ihm nahestehende Personen überwacht und »bearbeitet«, bis er den Akten
zufolge frühestens 1984 ausreisen durfte.[100]

Aus seinem Schreiben an Erich Honecker kann man schließen,
dass Horst Walsnitz* zunehmend frustriert war. Er hatte bereits
mehrere Ersuchen eingereicht. In ihren Erstanträgen bemühten die
Antragsteller oft eine weniger offensive, wenngleich nicht weniger
insistierende Sprache. Ungeachtet der gewählten Formulierungen
war an dieser Stelle die Ablehnung jedoch zumeist sicher. Um im
weiteren Verfahren dem Ersuchen besonderen Nachdruck zu verleihen, kontrastierten Nachfolgeanträge sehr oft die eigene Erfahrung
der Rechtlosigkeit mit offiziellen Aussagen von SED-Politikern
oder Medien. So beklagte Herbert Maaß*, dass er zwar nicht dachte,
»daß es in der DDR Aktivitäten gibt, die der Verwirklichung dieses
elementaren Menschenrechts entgegenwirken, leider habe ich diese Erfahrung gemacht«.[101] Danach folgte eine Liste, warum er dies

 97 BStU AdZ, ZKG, 371, 142, 146-51.
 98 BStU AdZ, ZKG, 371, 149.
 99 BStU AdZ, ZKG, 371, 154f.
100 BStU AdZ, ZKG, 371, 155-8, 161.
101 BStU AdZ, ZKG, 371, 186.

angeblich anders erwartet hätte: ein Zitat aus der Allgemeinen Erklärung der Menschenrechte, ein Ausschnitt aus einem Kommentar aus der *Stimme der DDR* vom 15. Oktober 1980, in dem die Nichteinhaltung der Menschenrechte in Südafrika angekreidet wurde und der behauptete, dass sich »unsere Auffassung von den Menschenrechten von denen imperialistischer Politiker« darin unterscheide, dass diese immer und überall, unabhängig von »Konjunktur oder politischer Opportunität« gelten, gefolgt von der Referenz auf eine Rede Erich Honeckers, bei der er unter dem Titel »Sozialismus – Garantie der Menschenrechte« erklärte, dass im Sozialismus die »unveräußerlichen Menschenrechte«, wie »das Recht auf Arbeit, auf Freiheit, das Recht, sein Leben selbst zu gestalten«, gelten.[102] Ebendies forderte die Familie Maaß* nun ein. In einem weiteren kurz danach versandten Schreiben an Erich Honecker verschärften sie den Ton. Sie verwiesen erneut zunächst darauf, dass die »Verwirklichung der Menschenrechte doch den Worten nach im Sozialismus im Vordergrund« stehe, um danach verzweifelt zu fragen, warum »man sich in der DDR auf einen so unmenschlichen Weg« begebe, denn »[d]iese Unmenschlichkeit trägt bestimmt nicht der Erhaltung des Friedens und der Entspannung bei«.[103]

Mit ihrer Argumentation war Familie Maaß* keine Ausnahme. Wenn man die Anträge liest, so stellt man erstaunt fest, wie oft sich die Antragsteller auf den Sozialismus berufen, um ebendiesem zu entkommen. Die inneren Widersprüche der DDR ermunterten sie dazu, ihn als Referenz zu verwenden. Ab Sommer 1980 richtete Familie Maaß* wöchentlich entsprechende Schreiben an die Staatsorgane, baute Kontakte zum Hvd auf und besuchte die Ständige Vertretung der Bundesrepublik.[104] Im Frühjahr erreichte die Familie als »hartnäckig rechtswidrig Ersuchende« nach zweieinhalbjährigem Kampf ihr Ziel.[105] Mit ähnlichen Mitteln bemühte sich auch die Familie Lätzner* im Kreis Kamenz um ihre Ausreise. Armin Lätzner* hatte nicht nur mit den Ämtern zu kämpfen, sondern auch mit ernst zu nehmenden Depressionen. Nach dem Selbstmord seiner Mutter hatte er einen Suizidversuch unternommen. Auch die Lätzners* verwiesen auf die UN-Charta und die

102 BStU AdZ, ZKG, 371, 186 f.
103 BStU AdZ, ZKG, 371, 190.
104 BStU AdZ, ZKG, 371, 196.
105 BStU AdZ, ZKG, 371, 191-8.

Helsinki-Schlussakte, auch sie suchten Hilfe in Westdeutschland, und auch ihre Anträge nahmen deutlich an Schärfe zu. Nach drei Jahren dauernder Antragstellung fasste die Kreisdienststelle Kamenz Armin Lätzners* Verhalten folgend zusammen:

– ruhig verhalten
– arbeiten gehen
– nicht mit Gesetzen in Konflikt kommen
– hartnäckig bei der Verfolgung des Zieles bleiben und
– staatliche Organe und internationale Einrichtungen ständig beschäftigen.[106]

Dies liest sich fast wie eine von westlichen Hilfsorganisationen verfasste Anleitung zum Erfolg. So schlussfolgerte die Kamenzer MfS-Kreisdienststelle dann auch, die Familie noch »1980 mittels Vorschlag aus pol[itisch]-op[erativen] Gründen auszuweisen«.[107] Die übergeordneten Stellen sahen die Sache anders. Lätzners* Schreiben wurden schärfer. Wie viele andere beklagte er nicht nur die »unmenschliche Behandlung«, sondern sprach offen von seinem »Haß auf die DDR«, in der man »hinter Stacheldrath sein Leben zubringen muß«.[108] Nach über vier Jahren erblickte das MfS in ihm »durch seine nur schwer kontrollierbare Tätigkeit als Kraftfahrer und seine psychische Instabilität ein[en] ständige[n] Unsicherheitsfaktor für die öffentliche Sicherheit und Ordnung«, so dass er und seine Frau ausreisen durften.[109]

Einige Antragsteller rückten das über Jahre persönlich erlebte Rechtsdefizit sogar ins Zentrum ihres Ersuchens. So richtete der eingangs erwähnte Manfred Kehl* seine Ausreiseanträge nicht nur an die Abteilungen des MdI, Erich Honecker oder die UNO, sondern mehrfach auch explizit an den Rechtsausschuss der Volkskammer.[110] Ein Satz, den er nach zwei Jahren der Antragstellung an den Rat des Stadtbezirks richtete, traf den Grundton, den früher oder später fast alle Folgeanträge bemühten: »Die Rechte, unsere Rechte, werden bewußt mit den Füßen getreten.«[111] Ähnlich fühlte

---

106 BStU AdZ, ZKG, 371, 227 f.
107 BStU AdZ, ZKG, 371, 227 f.
108 BStU AdZ, ZKG, 371, 233 [sic].
109 BStU AdZ, ZKG, 371, 233.
110 BStU AdZ, ZKG, 371, 27 f., 43.
111 BStU AdZ, ZKG, 371, 49.

sich auch die 25-jährige Kellnerin Charlotte Gröbner* 1982 nach zwei Jahren mit zahlreichen Anträgen »gefangen gehalten auf dem Territorium der DDR« und fragte polemisch, warum »haben Sie die Menschenrechtsgesetze anerkannt und ratifiziert, wenn Sie von vornherein nicht gewillt sind, diese anzuwenden?« Eine derartige Aussage konnte in der DDR bereits als staatsfeindliche Hetze gelten. Doch Frau Gröbner* ging noch weiter und griff als Beweis des Unrechts zum Vergleich: »Oder wenden Sie diese Gesetze nur bei einer Gruppe von Künstlern, Schriftsteller und ähnlichen Privilegierten an, und ich als einfache Angestellte bin für Sie minderwertig, kein gleichberechtigter Mensch? Oder weil ich Gröbner* heiße und nicht Nina Hagen oder Manfred Krug?«[112] Einerseits ignorierte sie damit – wohl unwissentlich – den tatsächlich kürzeren, aber dennoch harten Kampf Manfred Krugs um seine Ausreisegenehmigung.[113] Andererseits besaß Gröbner* 1982 einen gewissen Vorteil gegenüber früheren Anträgen, da sie sich auf Erfahrungen und Gerüchte von Genehmigungen berufen konnte, die frühere Antragsteller noch nicht besaßen. Ihre Beschwerde verdeutlicht, dass sie die empfundene Ungleichbehandlung frustrierte, die Geschichten von Manfred Krug und Nina Hagen sie in ihrem Vorhaben aber auch bestärkten. Damit stand Frau Gröbner* nicht allein. Das MdI vermerkte besorgt, dass zahlreiche Antragsteller sich »durch Auftreten solcher Personen wie Hagen, Kunze, Krug, Kirsch inspiriert« fühlten.[114] Dieses Aufzeigen einer Ungleichbehandlung, sei es gegenüber Prominenten oder sei es gegenüber den Antragstellern zu Ohr gekommenen »Sonderfällen«, kam vor allem in jenen Anträgen häufig vor, die sich nicht explizit auf Familienzusammenführung beriefen oder nach dem Scheitern dieses Versuches die allgemeinen Menschenrechte bemühten.[115]

112 BStU AdZ, ZKG, 388, 24 f.

113 BStU AdZ, HA IX, 9989; Manfred Krug, *Abgehauen: Ein Mitschnitt und ein Tagebuch* (Berlin: Ullstein, 2003).

114 BArch Berlin, DO 1, 16 488, Information über Ergebnisse und Entwicklungstendenzen bei der Zurückdrängung, 1977, 2.

115 Als Thema deutsch-deutscher Erinnerungsliteratur nehmen in letzter Zeit Autobiografien und Tagungen zum Thema zu, oft jedoch in kleinen Verlagen oder im Selbstverlag. Siehe z. B. Gundermann, *Entlassung aus der Staatsbürgerschaft. Eine Dokumentation*; Richard Wagner, *Ausreiseantrag, Eine Erzählung*, (Darmstadt: Luchterhand, 1988); Waltraud Krüger, *Ausreise-Antrag: Sie nannten mich Nervensäge* (Köln: Markus-Verlagsgesellschaft, 1989); Krug, *Abgehauen*, 2003;

Dem versuchte der SED-Staat bereits sehr früh öffentlich zu begegnen. Aufgrund der Tabuisierung geschah dies vor allem indirekt. Als eine direkte Antwort auf die gestiegene Bedeutung der Menschenrechte ab 1977 veröffentlichte Jürgen Kuczynski 1978 sein in zugänglicher Sprache gehaltenes Büchlein *Menschenrechte und Klassenrechte*. Es unterfütterte ideologisch, warum das Institut für Marxismus-Leninismus das ab Ende der 1970er Jahre nicht mehr zu hintergehende Schlagwort »Menschenrechte« nicht einmal in das Sachregister der Werkausgabe Lenins aufnahm: »Es kommt zu selten vor und bezieht sich niemals auf irgendwelche Rechte im Sozialismus.«[116] Entsprechend seien die Menschenrechte Kuczynski zufolge eine rein bürgerliche Idee, die verschleiere, dass Rechte von Klassen erkämpft würden, die vollen Rechte also nur in einer klassenlosen Gesellschaft umsetzbar seien. Da seien sie dann aber »keine Rechte mehr, sondern objektive Gesellschaftsmerkmale«.[117] Diese Befreiung, so Kuczynski, käme nicht durch Verrechtlichung, sondern durch die Steigerung der Produktivkräfte:

Die Geschichte der Menschheit ist die Geschichte der Entwicklung des Menschen zur Freiheit, das heißt seiner Befreiung mittels der Entwicklung der Produktivkräfte von allen Fesseln, die seiner vollen Freiheit entgegenstehen, die, wie Marx es nennt, seine »Selbstverwirklichung« verhindern. Die Entwicklung der Produktivität hat also letztlich nur einen Sinn: den Menschen frei zu machen. Das erfordert zunächst, daß die Produktion steigt, damit der Mensch alles Nötige zum Leben besitzt und dann noch weit mehr über das Notwendige hinaus, um sich weiter als Persönlichkeit entwickeln zu können, bis die Produktivität in erster Linie nur noch gesteigert wird, um immer mehr Freizeit, um immer mehr Freiheit von der Produktion materieller Güter zu gewinnen.[118]

Dieter Riemann, *Laufzettel: Tagebuch einer Ausreise* (Göttingen: Vandenhoeck & Ruprecht, 2005); Inge Krausbeck, *Ausreisezeit: Abschied von der DDR* (Münster: biografie Verlag, 2009); Eberhard Neckel, *Der Ausreiseantrag: Mit dem Wind und gegen den Wind* (Norderstedt: Books on Demand, 2009); Dorothe D. Kress, *Das Wagnis: Die Geschichte einer Ausreise* (Radebeul: Notschriften, 2011); Peter Hampe, *Die DDR – mein Absurdistan: Innenansichten und Dokumente aus einem Überwachungsstaat* (Berlin: Edition Noack & Block, 2013); Jürgen Brand, *Meine Jugend in der DDR* (Berlin: epubli, 2014).
116 Jürgen Kuczynski, *Menschenrechte und Klassenrechte* (Berlin: Akademie-Verlag, 1978), 24 f.
117 Ebd., 24.
118 Ebd., 10.

Menschenrechte seien nur die Fassade eines kapitalistischen Herrschaftsanspruchs. Die situative Anerkennung der Menschenrechte durch die DDR auf internationalem Parkett seien, erklärte Kuczynski, darum nur ein Kompromiss um des internationalen Friedens willen gewesen, ein Tribut an die »friedliche Koexistenz«, ohne jede Auswirkung auf die inneren Rechtszustände im Land.[119] Denn in diesem ginge es um etwas Höheres: »Die Selbstverwirklichung des Menschen ist kein Recht, kein Grundrecht des Menschen, kein Menschenrecht, sondern eine historische Aufgabe beruhend auf den Gesetzmäßigkeiten des Verlaufs der Menschheitsgeschichte – eine historische Aufgabe in dem Sinne, daß wir alles tun müssen, um der Gesetzmäßigkeit zum möglichst schnellen Durchbruch zu verhelfen.«[120] Das Einfordern der Menschenrechte, so Kuczynski, wende sich damit gegen das Ziel der Befreiung. Die Aufgabe sei, Lenin folgend, »die Bekämpfung der bürgerlichen Menschenrechtsformeln« auf dem Weg in die Zukunft.[121] Diese dialektische Wendung des Freiheitsstrebens der Bevölkerung gegen sich selbst war wie aus einem Textbuch des angewandten Kommunismus entnommen. Kuczynski verkehrte den Willen nach Freiheit zu dessen Gegenteil und forderte nichts als produktive Disziplin ein.

Es mag kaum überraschen, dass seine Polemik trotz prominenter Platzierung leer verhallte. Zwar griff einerseits der Staat ab den frühen 1980er Jahren in gewissen Situationen auf die Formel der Kompromissbereitschaft zurück, wenn er die Eingeständnisse im KSZE-Prozess rechtfertigte. 1983 erläuterte etwa der Ministerrat in einer Vertraulichen Verschlusssache zur Rückdrängung der Ausreiseersuchen nach dem Madrider KSZE-Prozess hölzern, die eingegangenen Kompromisse seien »nichts Außergewöhnliches. Bereits Lenin begründete die Notwendigkeit, zur Sicherung günstiger außenpolitischer Bedingungen für den Aufbau des Sozialismus und die Sicherung des Friedens vertretbare Kompromisse einzugehen.«[122] Andererseits aber verfehlte ein solches Denken den Kern des Problems, der nicht aus der Historizität der Menschenrechte, sondern aus ihrem politischen Verheißungsgehalt und der

---

119 Ebd., 31f.
120 Ebd., 164.
121 Ebd., 24.
122 BArch Berlin, DC 20, 5416, 299.

durch sie möglich werdenden Sprache bestand.[123] Kuczynskis Polemik ließ aufgrund des zugrunde liegenden Trivialmarxismus nicht nur jede ideologische Brillanz missen, sondern blieb auch ohne Überzeugungskraft. Besonders ausführlich nahm sich Peter Eisenfeld dieses Büchleins an. Als Antragsteller war er auch persönlich von Kuczynskis Darlegungen betroffen. Mit der Demutsgeste des Amateurs griff er Kuczynskis Argumentation rhetorisch auf, inhaltlich aber an. In einem ausführlichen Brief an Kuczynski versuchte er, »die Menschenrechtsproblematik unter Zugrundelegung des Wesens und der Würde des Menschen gedanklich zu erfassen«.[124] Eisenfeld plädierte für eine scharfe Unterscheidung zwischen Staatsbürger- und Menschenrechten, da für ihn unter Rückgriff auf naturrechtliche Gedanken Menschenrechte nicht »sozial determiniert« sind, sondern »dem Menschen seiner biologischen Natur nach zustehen«.[125] Besonders stark wird seine Antwort gegen Ende des Briefes. Auf der Basis eines universalistischen Menschenrechtsbegriffs nimmt er sich »grundsätzlicher Probleme zur Verwirklichung des Menschenrechts in der DDR« durch Personenkult, die Unterordnung individueller Interessen unter die Klassenpolitik und allgemeiner Grundrechtseinschränkungen an.[126] Dabei meidet er als aktiver Antragsteller das heiße Eisen der Ausreise und bespricht es nur chiffriert unter dem Punkt der »Würde und Freiheit der Persönlichkeit«.[127] Kuczynski hüllte sich in Schweigen, Eisenfelds an diverse Verlage in der DDR gesandte Manuskripte »verschwanden«. Auch im Westen fand sein »Menschenrechtspapier« keinen Verleger. Allein der sehr aktive Oppositionelle Wolfgang Templin von der Initiative Frieden und Menschenrechte zeigte

<hr>

123 Zur Relevanz ferner Verheißungen für soziale Bewegungen siehe Frank Wolff, »Kollektive Identität als praktizierte Verheißung. Selbstzuschreibung und Gruppenkonstitution in der transnationalen sozialen Bewegung ›Allgemeiner Jüdischer Arbeiterbund‹«, in: *Theoretische Ansätze und Konzepte der Forschung über soziale Bewegungen in den Geschichtswissenschaften*, hg. von Helke Stadtland und Jürgen Mittag (Essen: Klartext, 2014), 139-67.

124 Peter Eisenfeld, »Dokument 3: ›Menschenrechte und Klassenrechte‹, Brief von Peter Eisenfeld an Jürgen Kuczynski vom 1. Mai 1983«, in: ders., »*rausschmeißen …*«. *Zwanzig Jahre politische Gegnerschaft in der DDR* (Bremen: Edition Temmen, 2002), 394.

125 Ebd., 403.

126 Ebd., 414.

127 Ebd., 426f.

Interesse, es zu verbreiten. Allerdings sah Eisenfeld von einer Zusammenarbeit mit der IFM ab, da ihm diese zuvor vor allem durch ihre ablehnende Haltung gegenüber Ausreiseantragstellern aufgefallen war.[128] Denn ungeachtet, ob es um den Staat oder Oppositionelle ging, für Eisenfeld stand in Bezug auf die Menschenrechte »[n]icht elitäres Wunschdenken«, sondern »der konkrete Mensch mit seinen wirklichen Bedürfnissen und Interessen« im Zentrum.[129] Somit wandelte sich auch in seinem Pamphlet der völkerrechtliche Menschenrechtsbegriff in eine moralische Kategorie, die weder mit dem real existierenden Sozialismus noch mit den oppositionellen Reformversuchen in Übereinklang zu bringen war. Eisenfelds Ausführungen sollten daher nicht nur als eine Antwort auf Kuczynskis Argumentation, sondern auch als eine sehr explizite Dissonanzerklärung sowohl an die SED als auch allgemein an die DDR verstanden werden.

Eisenfelds philosophische Ausarbeitungen besaßen freilich Seltenheitswert. Aber wie die meisten Ausreiseanträge beriefen sie sich auf eine rechtliche Argumentation außerhalb des bestehenden Rechtssystems. Dabei hatten alle Anträge auf Ausreise zu verhandeln, dass die Anträge einerseits als »rechtswidrig« galten, dass sie andererseits aber auf eine rechtliche Argumentation setzten, um den unbedingten Willen des Antragstellers zu untermauern. Dabei bauten sie ein Argumentationsgerüst um spezifische Paragrafen der DDR-Gesetzgebung auf und interpretierten diverse internationale Abkommen als rechtlich bindend. Auf diese Weise verknüpften sie selektiv den Wortlaut nationaler und internationaler Regeln mit dem gefühlten Geist der Dokumente. Sie gingen von einer Art Allgemeinrecht aus, von einer international gegebenen und individuellen Gültigkeit solchen Rechts. Zugleich wussten sie aber, dass sie dieses Recht in der DDR nicht einklagen, sondern nur erkämpfen konnten. Ein Jurist hätte diese Argumentation ohnehin problemlos in der Luft zerpflückt. Der Punkt des Ganzen ist aber, dass Antragstellern wie Walsnitz*, Maaß* oder Gröbner* dies klar war. Sie waren sich der Ironie bewusst, dass sie ihren Einspruch beim Täter selbst zu Protokoll gaben. Darum war es für sie letzten Endes nachrangig, ob Gesetze auch umgesetzt würden, ob Abkommen oder

---

128 Zu diesen Veröffentlichungsversuchen und Enttäuschungen siehe Eisenfeld, »rausschmeißen …«. Zwanzig Jahre politische Gegnerschaft in der DDR, 203-10.
129 Ebd., 193 f.

internationale Grundsätze wie die AEMR juristisch bindend waren, oder ob sie, wie die SED-Führung in ebensolcher Verdrehung immer wieder erklärte, nur einen »Empfehlungscharakter« besäßen. Die Antragsteller nutzten Recht als Sprache, ohne zu glauben, dass es je zu einer juristischen Auseinandersetzung kommen würde. Paragrafen und Artikel dienten ihnen als emotionales Werkzeug, mit dem sie den Empfängern letztlich nichts anderes verdeutlichten wollten, als dass sie nicht rückgewinnbar waren, dass ihre Entscheidung, die DDR zu verlassen, feststand und dass der Staat dies aufgrund der Menschenrechte zuzulassen habe.

Die schriftliche Inszenierung als Rechtsexperte in eigener Sache war also eine neue Form der doppelten Sprache im Staatskommunismus. Wie die von dem Historiker Stephen Kotkin beschriebene Praxis des *speaking bolshevik* zielte sie auf etwas anderes ab, als sie den Worten nach sagte. Kotkin beschrieb die Praxis des *speaking bolshevik* als eine sich staatskonform gebende Art zu sprechen, als »die Art, durch den unumgänglichen politischen Filter des Bolschewismus über sich selbst zu sprechen«.[130] Dies kehrten die Ausreiseantragsteller nun gewissermaßen um und sprachen über sich selbst durch den nicht zu hintergehenden politischen Filter der universellen Menschenrechte. Denn wie Hunderttausende andere Antragsteller wussten Walsnitz*, Kehl* oder Gröbner*, dass ihr Erstantrag nicht bewilligt werden würde und dass das Aufrufen von Recht kein Recht schaffen könne. Unabhängig voneinander und in tausendfacher Reproduktion bereiteten sie aber ganz individuell eine kollektive Strategie vor, eine Technik der Ausreise als Antwort auf die staatlich geprägte Ökonomie der Ausreise. Damit hofften sie, den Staat über kurz oder lang intern in eine Rechtfertigungslage und letztlich zu ihrer Entlassung zu zwingen, da er ihr Bleiben nicht mehr als staatliches Interesse darstellen konnte. Die meisten Antragsprozesse verliefen darum in einer sich zuspitzenden Spirale. Der Ausgangspunkt waren mündliche Vorsprachen beim RdK und oft überzeugt formulierte, aber respektvolle Erstschreiben. Darauf folgten frustrierende mündliche Ablehnungsgespräche und immer schärfere Schreiben, in denen die Antragsteller nicht nur Rechte einforderten, sondern oft auch Rechtsverstöße beklagten. Auf den Punkt brachten diese Einstellung des nur durch Kraft und Ausdauer

130 Vgl. Stephen Kotkin, *Magnetic Mountain: Stalinism as a Civilization* (Berkeley, Calif. u. a.: University of California Press, 1995), 221.

einzufordernden Rechts im imperativen Ton die »Zehn Gebote des Antragstellers«. Sie wurden wohl zwischen 1986 und 1988 verfasst und sind im Bestand der Arbeitsgruppe Staatsbürgerschaftsrecht überliefert. Auf der Basis gesammelter Erfahrungen instruierten sie:

1. Du bist kein Bittsteller, sondern ein Antragsteller, dem Rechte zustehen.
2. Lies und studiere die Gesetze der DDR, trainiere täglich ihren Gebrauch.
[...]
4. Hast Du ein Gespräch auf der Behörde, so mußt du dich verdoppeln: du bist zugleich Antragsteller und Protokollant!
[...]
7. Wenn du auf die Behörde gehst, so vergiß es nicht: alle Wege führen über Helsinki! Also informiere dich vorher über den neuesten Stand des KSZE-Prozesses![131]

Demonstration von »Hartnäckigkeit«

Das Aufrufen von Recht war bei dieser Technik der Ausreise jedoch nur ein Schritt. So demonstrierte beispielsweise Manfred Kehl* nach seiner Rechtsaufrufung vor allem Starrsinn angesichts erlebter Repressionen: »Ist das Humanismus? Ist das Strafe? Ist das Demonstration der Stärke? Sie werden jedoch keine Meinungsänderung erreichen.«[132]

Die dreiköpfige Familie Tolczyk* trat im Sommer 1980 erstmals an den Rat des Kreises Senftenberg heran und ersuchte um Ausreise.[133] Sie standen wirtschaftlich gut da und plädierten auf Familienzusammenführung. Wohl wissend, dass der Versuch einer Familienzusammenführung zum Onkel aufgrund der eng gefassten Regeln auf tönernen Füßen stand, verwiesen sie in jedem einzelnen Schreiben explizit auf die Schlussakte von Helsinki und forderten die Menschenrechte für sich ein. Sie sandten aber nicht nur Dutzende Schreiben an staatliche Stellen oder Politiker, darunter allein acht an Erich Honecker, sondern richteten ihr ganzes Leben auf diesen einen Wunsch aus. Erst trat der Mann aus dem FDGB aus, nach zwei Jahren kündigten beide Partner ihren Arbeitsplatz.

131 RHG, RG B, 12, 21.
132 BStU AdZ, ZKG, 371, 49.
133 BStU AdZ, ZKG, 592, 31.

Aufgrund massiven Drucks durch das MfS nahm der Vater Walter wieder eine Stelle an, Gabriele Tolczyk* blieb Hausfrau. Mehrfach wurde der Mann zu »Aussprachen« am Arbeitsplatz zitiert, jedoch verhielt er sich »sehr ruhig und absolut stur und antwortet auf Fragen nur mit ja und nein«. Letzten Endes kam das MfS nach drei Jahren zu dem Schluss, dass die Familie »äußerst konspirativ ruhig« agierte, da insbesondere Herr Tolczyk* »mit seiner Taktik keinerlei Angriffsfläche bieten will, um sein Ziel zu erreichen«. Dieses sei, dass er am Ende als »unverbesserliche Person gesehen wird, der [sic] weiterhin hartnäckig auf seinen Übersiedlungsantrag beharrt, ohne davon abzugehen«.[134] Ihren Protest richtete die Familie auch konsequent an Stellen außerhalb der DDR. Nur einmal platzte den Tolczyks* der Kragen, und sie wendeten sich an die *Lausitzer Rundschau*, in der sie der DDR »Unmenschlichkeit« attestierten.[135] Nach über drei Jahren gab das MfS auf. Die Familie Tolczyk* durfte im Herbst 1983 ausreisen.[136]

Dieser Fall verdeutlicht, wie stark die Rechtsaufrufung eine entsprechende biografische Selbstausrichtung benötigte, um glaubhaft zu werden. Der Mix aus sprachlichen Antragselementen führte oft von anfangs noch recht gütlich formulierten Versuchen der Mobilisierung deutsch-deutscher Absprachen, in erster Linie der Familienzusammenführung, zum immer knapper formulierten, starren Beharren auf internationalem Recht. Für sich genommen stellte keines dieser Argumentationsmuster einen Grund dar, dass der Staat Menschen gehen ließ. Sie mussten in der Person zusammenfallen, wurden kombiniert durch Sprach- und Lebenspraxis sowie demonstrierte Haltung zur Technik der Ausreise. Dieses Vorgehen erklärte die nach langem Kampf ausgereiste Familie Hildermann* ihren in der DDR verbliebenen Freunden in knappen Zügen. Sie legten dar, an wen sie Anträge geschrieben hatten, und erklärten auch die hinter ihren vielen Schreiben liegende Motivation: »Der Antrag sollte unsere Hartnäckigkeit beweisen.«[137] Wie Antragsteller diesen Beweis erbrachten, ist am aussagekräftigen Beispiel der Ausreisebemühungen von Volker Walczuk* nachzuvollziehen. Seine Mutter verließ mit seinem Stiefvater 1959 illegal die DDR und ließ

134 BStU AdZ, ZKG, 592, 33.
135 BStU AdZ, ZKG, 592, 31-3.
136 BStU AdZ, ZKG, 592, 34.
137 BStU AdZ, HA XX, 11301, 54.

ihn bei der Großmutter zurück. Bereits in den 1960er Jahren versuchte der damalige Teenager erfolglos, eine Familienzusammenführung zu erreichen. Im September 1982 folgte ein weiterer Antrag auf Familienzusammenführung des mittlerweile 28-Jährigen, der aber abgelehnt wurde, weil er nun nach Ansicht des SED-Staates zu alt war, um dieses Recht in Anspruch zu nehmen. Den Gedanken der Abteilung Innere Angelegenheiten nach war er einer jener Fälle von Familientrennungen, die sich im Laufe der Zeit durch das Altern und die Frustration automatisch erledigen würden.

Nicht aber für Walczuk*, der von der Familienzusammenführung absah und mit Furor zahlreiche Anträge nachschob, die sich vor allem auf die AEMR bezogen. Zwar werde in der DDR »viel vom sogenannten ersten Menschenrecht, dem Recht auf Arbeit gesprochen«, jedoch hat ein Mensch »doch auch noch weitere Rechte«. Die DDR erkenne als UN-Mitglied die Menschenrechte an, doch »wahrscheinlich gehört es zum guten Ton, gegen diese Statuten zu verstoßen«.[138] Im selben Atemzug kündigte er an, er werde sich bei wiederholter Ablehnung »an entsprechende Stellen außerhalb der DDR wenden« und »mit Bekannten, Freunden, Arbeitskollegen und auch mit fremden Menschen Gespräche führen«. Diese Aussage wiederholte er mit detaillierten rechtlichen Begründungen in einem Schreiben an Erich Honecker. Dabei ist bei zahlreichen Eingaben an die Staatsspitze im Vergleich zu den Anträgen auf Regionalebene eine Milderung des Tones zu bemerken, ohne dass die Verfasser in der Sache jedoch weicher würden. So vermerkte Herr Walczuk*, dass er zwar gerne in der DDR leben würde, denn »[d]er Sozialismus ist eine gute Sache. Aber nicht so, wie Sie ihn praktizieren, Herr Honecker.«[139] Nach dieser Dissenserklärung folgte eine lange Auflistung der bekannten rechtlichen Argumente auf der Basis der Schlussakte von Helsinki. Dass er all dies an den Staatsratsvorsitzenden schickte, hatte allerdings wenig mit dem, an anderer Stelle beschriebenen, Ersuchen um dessen Gunst zu tun.[140] Walczuk* erwartete keine Sondergenehmigung von Erich Honecker. Er erklärte der höchsten staatlichen Stelle, dass er dem Kompromiss aus Fürsorge und Schweigen, der die DDR ausmach-

138 BStU AdZ, ZKG, 388, 184 f.
139 BStU AdZ, ZKG, 388, 187-90.
140 Vgl. Kap. 4 in Teil II.

te, nicht mehr zustimmte. Er schrieb, um unübersehbar zu verkünden, dass er das Tischtuch zerschnitt.

Dabei ist aber auch eine Entwicklung über die Zeit zu erkennen. Denn der scharfe Ton zahlreicher Anträge, die in den letzten Jahren der DDR gestellt wurden, darf nicht darüber hinwegtäuschen, dass der Großteil der Antragsteller in den ersten Jahren nach dem Grundlagenvertrag und nach der Schlussakte von Helsinki zumindest anfangs der DDR keineswegs »feindlich« gegenüberstand. Die meisten wollten einfach raus, und oft führte erst die Behandlung als »ASTA«, so eine geläufige Bezeichnung von MdI und MfS für Antragsteller auf ständige Ausreise, von einer wohlüberlegten Entscheidung zu einer harten und den Staatsvertretern gegenüber offensiv vertretenen Position. Die ersten Anträge der meisten Personen changierten oft zwischen einer freundlich bittenden Eingabenstimme und einem rechtlichen Argument. Besonders deutlich wird dies im Antrag der 26-jährigen Elisabeth Norden*, die sich im Herbst 1981 an die Abteilung Innere Angelegenheiten des Rates des Stadtbezirkes Prenzlauer Berg wendete. Nach einer knappen und wohlformulierten Darstellung ihres Ausbildungswegs zur Verkäuferin schrieb sie: »Mit meinen Eltern habe ich keinerlei Kontakt, ebensowenig mit meinem Bruder. Alle meine Bekannten […] leben in Westberlin und Westdeutschland, darunter auch ein Freund der mir sehr viel bedeutet. Aus diesem Grund und hauptsächlich von meiner Vorstellung meines zukünftigen Lebens, daß ich mir aufbauen will und hier keine Möglichkeit zu sehe, bitte ich um Ausreise.«[141]

Höflicher war Dissens kaum zu formulieren. Das heißt aber nicht, dass Frau Norden* nicht wusste, was sie tat. Zum einen war ihr Schreiben an genau die richtige Adresse gerichtet, zum anderen folgte nun ihre – keineswegs weniger respektvoll formulierte – rechtliche Argumentation.

Ich möchte in diesem Zusammenhang auf das Gesetzblatt der DDR vom 28. II. 67, 10 Abs. 2 zurückgreifen, welches besagt, daß jeder Bürger der DDR aus der Staatsbürgerschaft entlassen werden kann. Darüber hinaus möchte ich auch auf die Allgemeine Erklärung der UNO Menschenrechte vom 10. 1. 1948/Artikel 13 Abs. 2 hinweisen […]. Da ich die Absicht schon sehr lange habe, bin ich zu der Ansicht gekommen, daß der Mensch das

141 BStU AdZ, HA II, 53 038, 17 f.

Recht hat über sein künftiges Leben selbst zu entscheiden. Ich bitte um Überprüfung meiner Eingabe und bitte hiermit nochmals um die Genehmigung ausreisen zu dürfen.[142]

Die nachfolgende Bespitzelung Frau Nordens* ergab lediglich, dass sie mit einer anderen Antragstellerin befreundet war, dass sie manchmal laut feierte und dass sie den Kontakt zu Eltern und Bruder abgebrochen hatte, da sie an ihren Westverbindungen festhielt. Eltern und Bruder standen nicht nur treu zur Partei, sondern dienten auch hauptamtlich dem MfS.[143] Schon aufgrund dieser familiären Verflechtungen rannte Frau Norden* gegen Betonblöcke. Sie kam mit ihrem Antrag über Jahre keinen Schritt weiter. Zudem entzog man ihr als Strafmaßnahme den Personalausweis und beließ sie mit dem stigmatisierenden Identitätsdokument PM 12. Das MfS leitete eine operative Bearbeitung ein. Zwei Jahre und viele Schreiben später war es ihr zu viel. Über die Weihnachtsfeiertage trank sie sich Mut an und betrat am 27. Dezember die Grenzübergangsstellte Bornholmer Straße in Berlin. Sie schummelte sich durch ein paar Absperrungen. Als sie entdeckt wurde, zückte sie ihren PM 12 und entgegnete: »Ich will nach Westberlin«.[144] Angeblich drängte sie dann weiter in die Grenzstelle vor, »was durch Kontrollkräfte mit einfacher körperlicher Gewalt verhindert werden konnte«.[145] Zwei Jahre nach dem respektvollen Erstschreiben war es mit der Freundlichkeit vorbei. Sie schimpfte: »Ihr Nazi-Schweine, das ist typisch für den Osten, Scheißkerle.«[146] Als sie die weiblichen MfS-Mitarbeiter obendrein noch als »Ziegen und Mistbienen« beleidigte, wurde sie verhaftet und ausführlich verhört.

Vielleicht war es Glück, vielleicht ihr familiärer Hintergrund, jedenfalls kam Frau Norden* glimpflich davon. Sie entging einer eigentlich zu erwartenden Anklage zumindest nach §§ 137-139 (Beleidigung, Verleumdung sowie Verfolgung von Beleidigung und Verleumdung) und § 213 StGB der DDR. Das MfS griff allerdings nur zu § 29, also zu »Erziehungsmaßnahmen«, und drängte Frau Norden* lediglich zu einem Bekenntnisschreiben, in dem sie sich für die Beleidigungen entschuldigte und erklärte, zukünftig die Ge-

142 BStU AdZ, HA II, 53 038, 17 f.
143 BStU AdZ, HA II, 53 038, 54, 59.
144 BStU AdZ, HA II, 53 038, 89.
145 BStU AdZ, HA II, 53 038, 88.
146 BStU AdZ, HA II, 53 038., 89.

setze der DDR zu achten.[147] All dies änderte aber nichts an der Grundproblematik. Sie vermied nun weitere Beleidigungen, betrieb aber mit Nachdruck ihr Ersuchen. Als »Hartnäckige« konnte sie 1984 grenzüberschreitend heiraten und endlich die DDR verlassen.[148] Doch damit endete die Geschichte nicht. Aufgrund ihrer Übersiedlung wurden ihre Eltern und später auch ihr Bruder aus dem MfS entlassen. Die Eltern gingen angeblich aus gesundheitlichen Gründen in die Invalidenrente, der Bruder verlor nach über 16 Dienstjahren auf einmal seinen Posten wegen »ungenügender politischer und fachlicher Voraussetzungen«.[149] Der Grund lag aber nicht in den Voraussetzungen, sondern in den Entwicklungen. Denn nach Frau Nordens* Übersiedlung und dem Dienstende der Eltern lebte der Kontakt wieder auf und die Familie traf sich 1988 sogar heimlich in der ČSSR.[150] Die Schwägerin verblieb als einzige Mitarbeiterin beim MfS, wurde aber in unsensible Bereiche versetzt und arbeitete später für den Fußballklub BFC Dynamo Berlin.[151] Es wäre wohl nur eine Frage der Zeit gewesen, bis entweder die Eltern oder der Bruder einen Ausreiseantrag gestellt hätten, der ihnen als Geheimnisträger jedoch kaum bewilligt worden wäre. Das Jahr 1989 machte dies überflüssig.

In den oft langen und frustrierenden Auseinandersetzungen mit den staatlichen Stellen lernten die Antragsteller jedoch, dass die Argumentation mit Rechten, die in internationalen Dokumenten kodifiziert worden waren, häufig nicht ausreichte. Einige drohten daher mit öffentlichem Protest, allerdings schritten nur wenige zur Tat, da dies unweigerlich zur Verhaftung führte. Sehr viel mehr Menschen entschieden sich für eine andere Option: Sie griffen auf westliche Fürsprecher zurück.

Westliche Fürsprecher

Unter Punkt acht vermerkten die aus Erfahrungen abgeleiteten »Zehn Gebote der Antragsteller«: »Wisse, dass dein Antrag Für-

147 BStU AdZ, HA II, 53 038, 131.
148 BStU AdZ, HA II, 53 038, 140.
149 BStU AdZ, HA II, 53 038, 141.
150 BStU AdZ, HA II, 53 038, 132.
151 BStU AdZ, HA II, 53 038, 142.

sprecher braucht – also mach dich bemerkbar!«[152] Auch wenn wenige Antragsteller dieses Dokument kannten, folgte spätestens in den 1980er Jahren eine Großzahl dieser Praxis und wendete sich, oft infolge einiger gescheiterter Anträge, an Stellen außerhalb der DDR. Dies geschah allerdings behutsam und häufig mit dem Ziel, Unterstützer zu finden, ohne sich provokant bemerkbar zu machen.

Nur wenige konnten dabei auf zugleich prominente und von der SED anerkannte westliche Unterstützer zurückgreifen. Solche Versuche hielt das MfS ab dem 1. Januar 1981 gesondert fest.[153] Dabei sind drei Phasen auszumachen. In einer ersten Phase von Anfang 1981 bis Ende 1982 gingen 899 dieser Unterstützungsschreiben ein. Die ZAIG hielt fest, dass fast alle (870) von »Schmidt« geschickt wurden. Aus der Akte geht nicht explizit hervor, ob damit Kanzler Schmidt gemeint ist, aber es ist sehr wahrscheinlich. Dafür spricht nicht nur die augenscheinliche Selbsterklärungskraft der Anmerkung in der Akte und der Zeitrahmen, sondern auch der Erfolg dieser Schreiben. Sie betrafen ausschließlich Übersiedlungsersuchen. Bei 735 Personen, für die eine Unterstützernote von »Schmidt« eintraf, gab das MfS umgehend nach, bei 164 blieb es hart. Damit lag die Ablehnungsquote (18,24 %) bei diesen Ersuchen weit unter der bei sonstigen Anträgen, die nahezu sämtlich abgelehnt wurden. Eine zweite Phase setzte im August 1983 ein. Nun differenzierte sich das Bild, und es traten zwischen dem 1. August 1983 und dem 30. September 1984 60 westdeutsche »Persönlichkeiten« an die SED heran, die sich für 1044 Personen aussprachen. Sie unterstützten weiterhin größtenteils Ausreiseersuchen (830), eine steigende Zahl aber auch Reisegenehmigungen nach Westdeutschland (134) und Einreisen in die DDR (80). Nun sank die Zahl der Genehmigungen auf 586, also 70,60 %, was weit unter den Werten für 1981/82, aber nach wie vor weit über der Regel lag. Dabei ging das MfS zur anonymen Zählung über, woraus sich wohl schließen lässt, dass Helmut Kohl nicht vergleichbar durch individuelle Fürsprache auffiel. Er adressierte das Thema anders, nicht durch die vertrauten Backchannels, sondern im Rahmen seiner deutschlandpolitischen Rhetorik.

Eine dritte Phase westdeutscher prominenter Fürsprecher be-

152 RHG, RG B 12, 21.
153 Sämtliche weitere Zahlen zum Thema, eigene Berechnung nach BStU AdZ, ZAIG, 27 859, 97.

gann im Oktober 1984. Das Jahr 1984 dynamisierte die Ausreise und diesen Modus des Einsatzes für Menschen auf der anderen Seite. Allein in den folgenden neun Monaten bis Ende Juni 1985 gingen 1220 Schreiben von lediglich 10 Autoren ein, fast alle (1098) bezogen sich auf Ausreisen. In Westdeutschland entstanden moralische Ansprechpartner oder Fürsprecheraktivisten. Das MfS genehmigte »lediglich« 628 Personen, also 57,19 %, die Ausreise. In den nächsten Monaten blieb die Zahl der Schreiben stabil, sie differenzierten sich aber weiter aus, da mehr Bitten um Westreisen und Einreisen in die DDR eingingen. Das MfS begann, reguläre Halbjahresstatistiken zu führen (siehe Tafel 40, S. 645). Demnach ging ab Mitte 1985 eine niedrige vierstellige Zahl solcher Schreiben von wenigen Vielschreibern mit großem Einfluss ein. Bis Anfang 1987 wurden ungefähr zwei Drittel dieser Bitten um Ausreise bewilligt.

Anfang 1987 schien sich herumgesprochen zu haben, dass Unterstützerschreiben aus dem Westen die Chancen verbesserten. Sowohl die Zahl der Autoren als auch die der Schreiben nahm zu. Das MfS reagierte, und die Bewilligungsquote sank dramatisch: Nun wurden knapp zwei Drittel der Bitten um Ausreise abgelehnt. Dieses Bild verfestigte sich bis Mitte 1988, dem letzten Zeitpunkt, für den entsprechende Daten vorliegen. Somit kann man schlussfolgern, dass westdeutsche prominente Fürsprecher einen Einfluss besaßen, dass sich dies aber (a) auf einen kleinen Personenkreis beschränkte, dass (b) eine Verbreiterung dieser Versuche zu einer Zunahme der Ablehnungen führte, wobei (c) die Fürsprecher dennoch ein wichtiges Kapital im Ausreiseantragsprozess blieben, da die Zahl der Genehmigungen infolge solcher Schreiben trotz der Abnahme der Effizienz weitaus höher lagen, als die Hunderttausenden individuellen Versuche im Land, für die sich kein westdeutscher Prominenter mit Ansehen und Einfluss bei der SED einsetzte.

Halbjahr	Fürsprecher	Anliegen (Personen)					
		gesamt	Ausreisen gesamt	davon genehmigt	davon abgelehnt	Westreisen gesamt	Einreisen in DDR gesamt
2/1985	12	1104	776	502 (64,69%)	247 (31,83%)	131	197
1/1986	20	1453	1214	854 (70,35%)	360 (29,65%)	84	136
2/1986	17	1250	893	589 (65,96%)	304 (34,04%)	105	206
1/1987	37	1725	1390	528 (37,99%)	862 (62,01%)	97	160
2/1987	21	1271	922	375 (40,67%)	547 (62.26%)	93	249
1/1988	30	2275	1881	805 (42,80%)	1076 (57,20%)	112	282

Quelle: Eigene Berechnung nach BStU AdZ, ZAIG, 27589, 97. Werte ab 1. Juli 1988 liegen nicht vor.

Den meisten Menschen standen solche Wege nicht offen. Viele suchten dennoch nach Fürsprache. Doch die war keineswegs einfach zu gewinnen. Die benannte dreiköpfige Familie Tolczyk* wurde während ihrer operativen Bearbeitung im Lande als »unauffällig« und »isoliert« charakterisiert, grenzüberschreitend hingegen war sie sehr aktiv. Über verschiedene Wege kontaktierte sie die UN-Menschenrechtskommission in New York, den damaligen UNO Generalsekretär Kurt Waldheim, die ARD-Sendung *Alles Klar*, diverse bundesdeutsche Ministerien und besuchte mehrfach die Ständige Vertretung der Bundesrepublik, um sich beraten zu lassen und Fürsprache zu suchen.[154] Nach fünf Jahren Antragstellung drohte 1984 auch die Freitaler Familie Wöllnitz* damit, »Schreiben an internationale Organisationen richten zu wollen und bei der Ständigen Vertretung der BRD in Berlin vorzusprechen«.[155]

154 BStU AdZ, ZKG, 592, 31-3.
155 BStU AdZ, ZKG, 371, 57f.

In der Kombination mit zahlreichen Schreiben über Jahre bewilligte das MfS letztendlich das Ersuchen.

Auch der bereits benannte Horst Walsnitz*, der in den späten 1970er Jahren in kurzer Zeit den nur scheinbar weiten Weg vom SED-Mitglied zum unerbittlichen Antragsteller zurücklegte, griff angesichts der Hoffnungslosigkeit DDR-interner Ersuchen auf westliche Unterstützer zurück. Die Überwachung durch IMB »Günter Wagner« ergab, dass er schriftlich und durch Mittelsmänner seinen Fall unter anderem der UN-Menschenrechtskommission, dem BMiB und dem Bürgermeister von Recklinghausen vorgebracht hatte.[156] Über diese Wege erhielt er auch einen Fragebogen des BMiB, den er in der Hoffnung, zum Gegenstand deutsch-deutscher Gespräche zu werden, ausfüllte und anscheinend erfolgreich zurücksandte. Darüber hinaus erhielt er materielle Unterstützung aus der Bundesrepublik. Seine Verwandten ließen ihm geschickt über verdeckte Wege Westgeld zukommen. Absprachen zwischen Walsnitz* und seinen Verwandten fanden wohl konspirativ in der ČSSR statt. Dies alles interpretierte das MfS als Rechtsverstoß und setzte dem nachfolgenden OV »Brücke« »die Schaffung von Beweisen gemäß §§ 97, 100 unter Beachtung der §§ 214 und 219 StGB« und die »Verhinderung von Demonstrativhandlungen« zum Ziel.[157]

Ähnlich erging es Klaus Wabenberg* und seiner Familie. Die Wabenbergs* verfolgten jahrelang ihr Ausreiseersuchen. Wohl unter Androhung einer Anklage nach § 106 StGB der DDR übte das MfS 1979 starken Druck auf ihn aus. An einem Punkt willigte Klaus Wabenberg* sogar ein, keine weiteren Schreiben zu verfassen, bekräftigte aber die Ausreiseabsicht der Familie. Das MfS hielt ihn »bis zur Übersiedlung in die BRD entsprechend Antrag […] unter operativer Kontrolle«.[158] Mit anderen Worten, drei Jahre nach Erstantragstellung plante das MfS bereits die Ausreise der Familie, verzögerte jedoch die Genehmigung durch starken privaten Druck so lange wie möglich. Wabenberg* hatte sich als einschüchterbar erwiesen, was den Prozess verlangsamte. In diesem Zwischenstadium lebte die Familie zwei weitere Jahre, bis Wabenberg* 1981 frustriert andeutete, im Falle einer erneuten Ablehnung seine westdeut-

156 BStU AdZ, ZKG, 371, 158.
157 BStU AdZ, ZKG, 371, 158.
158 BStU AdZ, ZKG, 371, 44.

schen Pressekontakte zu mobilisieren und über Demonstrationen in der DDR nachzudenken. Nun gab der SED-Staat auf, nach fünf langen Jahren reiste die Familie aus.[159]

Fälle wie diese gab es zuhauf. Was dabei aber offenbleibt, ist die Frage nach der möglicherweise kausalen Rolle, die tatsächliche oder vermeintliche Westkontakte spielten. In den meisten Fällen führten sie nicht in eine operative Bearbeitung durch das MfS, waren aber entscheidend für den Antragserfolg. Allerdings nicht weil eine Bundesstelle die Ausreisewilligen aktiv in den Westen holte, sondern weil die Antragsteller durch den Ruf nach westlicher Unterstützung ihren Dissens lauter formulierten. Die angedrohte oder gar tatsächliche Kontaktaufnahme war aufgrund entsprechender Strafgesetzparagrafen nicht ungefährlich, gehörte aber ab einem gewissen Frustrationsgrad zum Arsenal der Antragsteller. Es ist wohl ein Kennzeichen der Widersprüchlichkeit des Lebens im SED-Staat, dass sie gegenüber den Sicherheitsorganen eine Tätigkeit ankündigten, die nur äußerst konspirativ umgesetzt werden konnte – wobei die Staatsseite dieses Verhalten als sanktionierbar »hartnäckig« oder gar provokant empfand, zugleich aber Insistenz zur Erfüllung des Entlassungswunsches voraussetzte.

In den zahllosen Einzelanträgen kristallisierten sich drei populäre Versuche heraus, aktiv Hilfe im Westen zu suchen: die Kontaktaufnahme mit Bundesbehörden, mit UN-Institutionen oder der Gang an die westdeutsche Medienöffentlichkeit. Diese drei Mittel wurden oft kombiniert, geschahen aber aus unterschiedlichen Erwägungen heraus. Die Kontaktaufnahme mit Bundesbehörden erfolgte zumeist in persönlichen Schreiben an prominente Staatsinstitutionen, allen voran das BMiB. Es wäre jedoch sehr blauäugig gewesen, einen dorthin adressierten Brief in einen Postkasten in der DDR einzuwerfen. Diese Schreiben wurden darum häufig entweder im Ausland (z. B. in der ČSSR) abgesandt oder versteckt an Bekannte in der Bundesrepublik geschickt, die sie dann weiterleiten sollten. Oft fungierten diese Bekannten oder Verwandten dann nicht nur als Schaltstellen, sondern als weitere Rädchen im Getriebe, die Aussagen weiterleiteten oder selbst direkt mit den Behörden Kontakt aufnahmen. Die Behörden antworteten meist mit Formschreiben, die Aktivität zusicherten, konkrete Aussagen aber

159 BStU AdZ, ZKG, 371, 51, 55.

mieden und an andere Stellen, etwa den Suchdienst des DRK in Hamburg, verwiesen.

Wesentlich offensichtlicher waren Besuche bei der Ständigen Vertretung in Ost-Berlin. Diese nährten die Hoffnung, direkt einflussreiche westliche Fürsprecher zu gewinnen und weitere Informationen zu erhaschen, lenkten dabei aber ziemlich sicher den Blick des MfS auf die betreffende Person.[160] Nach Bekanntwerden des »Freikaufs« machten sogar Gerüchte die Runde, Bekannte oder Verwandte könnten im Bundeshaus in West-Berlin im Namen der Ausreiseersuchenden in der DDR einen Antrag auf Übersiedlung stellen. Dies nahm z. B. der 19-jährige Maler Matthias Schmitz* so ernst, dass er zahlreiche seiner ehemaligen Trinkkumpels aus der Laternen-Klause oder der Letzten Instanz nach deren Übersiedlung 1984 »beauftragte«, im Bundeshaus in seinem Namen einen Antrag zu stellen. Gemeinsam mit einem weiteren frustrierten Antragsteller versuchte er auch, die Ständige Vertretung zu besuchen, um sich »zu erkundigen und Ratschläge darüber zu holen, wie es drüben weiterläuft, wenn man ausgereist ist und wie man sich bis dahin zu verhalten hat.«[161] Die beiden wurden an der Tür der Ständigen Vertretung abgewiesen, woraufhin Matthias Schmitz* seine Versuche über das Bundeshaus intensivierte. »Ich stellte mir das so vor, daß man von ›drüben‹ die Kontrolle hat, wem man in der DDR trotz seiner langen Antragstellung die Ausreise noch immer nicht genehmigte und dann entsprechend Einfluß nimmt.«[162] Briefe an seine losen Bekannten wurden abgefangen, regelmäßige Telefonate bestärkten ihn jedoch auf diesem Weg. Inwieweit all dies ihn der Übersiedlung näherbrachte, ist ungewiss, wohl aber führte dies zu Ermittlungen der DDR-Behörden aufgrund »strafbare[r] Handlungen«, um die Genehmigung seiner Ausreise »durch die staatlichen Organe der DDR zu erzwingen«.[163] Diese kleine Episode verdeutlicht einige zentrale Aspekte der Rolle bundesdeutscher Institutionen und wie diese im Osten wahrgenommen wurden. Bekannte Ausgereiste dienten als Vorbilder und Ansprechpartner, die sich in der Bundesrepublik für die Ausreisewilligen einsetzen würden. Doch konnten (oder wollten) sie nicht viel mehr unter-

160 BStU AdZ, HA IX, 14144, 50-357; ebd., 3624, 1-18; ebd., 12957.
161 BStU AdZ, HA XX, 11348, 28 f.
162 BStU AdZ, HA XX, 11348, 31.
163 BStU AdZ, HA XX, 11348, 23, 26 f., 29.

nehmen, als sich an bundesdeutsche Institutionen zu wenden. Dies geschah auf der Basis von Gerüchten über deren Handlungsmöglichkeiten, was durch das Schweigen der Regierungsbehörden und das Überzeichnen des Einflusses durch zivile Hilfsorganisationen wie dem Verein Hilfe von drüben und der Internationalen Gesellschaft für Menschenrechte in den Medien nur befördert wurde. Die Antragsteller wurden so dazu verleitet, den Weg über den Westen weiterzugehen, was sicherlich deren »Hartnäckigkeitsbeweis« verstärkte, aber auch leicht zur Strafverfolgung führen konnte. Bereits 1981 urteilte das Oberste Gericht der DDR, dass schon allein die »Verbindungsaufnahme« zu Auslandsvertretungen der BRD »immer dann ein Verbrechen der landesverräterischen Agententätigkeit darstellt, wenn diese erfolgt, um die Interessen der DDR zu schädigen«. Die Suche nach Unterstützung durch die Ständige Vertretung, z. B. bei Ausreiseanträgen, »stellt eine derartige Schädigung der Interessen der DDR dar«.[164]

Die Ausreisewilligen intendierten mit der Kontaktaufnahme auch, den eigenen »Sonderfall« zum Gegenstand der über alle Regierungswechsel hinweg verlaufenden deutsch-deutschen Gespräche zu machen. Je mehr über diese Verhandlungen bekannt wurde – ob als reales Wissen oder als funktionale Gerüchte –, desto mehr wuchs auch die Bedeutung von Unterhändlern im Migrationsregime. Somit muss man den bundesdeutschen Einfluss auf die deutsch-deutsche Migration in der dritten Phase der Mauergesellschaft differenziert betrachten. Einerseits besaß sie im Fall der wenigen, aber bedeutenden »Freikäufe« von Häftlingen eine aktive Rolle. Sie brachte Namen auf Listen oder strich sie, und die Zahlungen lösten die Wanderung (oder aber auch die Entlassung in die DDR) aus. Je mehr sich dieses System hinter verschlossenen Türen institutionalisierte, desto weniger direkten Einflusses von politischer Seite bedurfte es – der Freikauf geriet zu einer Art geheimer Verwaltungstätigkeit zwischen zwei Staaten, bei der Einfluss der Bundesseite über die freigekauften Individuen ab-, die Gesamtzahl der derart gelösten Fälle jedoch zunahm.[165] In diesen Institutionalisierungsprozess fallen ebenfalls pauschalere Zahlungen, z. B.

164 BStU AdZ, HA IX, 3663, 2.
165 Vgl. Alexander Koch, *Der Häftlingsfreikauf: Eine deutsch-deutsche Beziehungsgeschichte* (München: Allitera-Verlag, 2014); Wölbern, *Der Häftlingsfreikauf aus der DDR*.

für die Familienzusammenführung. Diese besaß anfangs noch eine Wechselrolle aus politischem Kapital und aktiver Problemlösung von Härtefällen, wurde jedoch immer mehr – und insbesondere ab 1983 – zu einem durch Zahlungen offen gehaltenen Kanal, über den eine gewisse selektive Gruppe ausreisen durfte, ohne offen zum Gegenstand kontroverser zwischenstaatlicher Verhandlungen zu werden.

Die Tatsache, dass sich viele Antragsteller und westdeutsche Angehörige an die Bundesstellen wendeten, deutet in erster Linie auf ihre Verzweiflung und eine erfolgreiche Selbstdarstellung vor allem des BMiB hin. Der bundesdeutsche Einfluss auf die Entscheidungen der ostdeutschen Migrationsverwaltung blieb trotz regelmäßiger Zahlungen limitiert. Er betraf nur selten individuelle Fälle, vielmehr sicherten die Zahlungen Strukturen ab, die sich die Ausreisewilligen zunutze machten. Auf der Bundesseite hingegen verstärkten die oft inhaltsarmen Antwortschreiben westdeutscher Institutionen den Frust. Ein nicht zu vernachlässigender Teil der Bundesbevölkerung empfand die Annäherungspolitik als eine Praxis, die zulasten der Antragsteller ging. So formierten sich neue zivilgesellschaftliche Akteure, die sich gegenüber den Antragstellern und ihren Sympathisanten als provokante und durchsetzungsstarke Fürsprecher inszenierten. Sie grenzten sich zwar von der Annäherungspolitik der sozialliberalen Bundesregierungen ab, bauten aber auf den Ergebnissen ebendieser Politik auf, indem sie unter Berufung auf die Schlussakte von Helsinki die Menschenrechte zu einem Kampfmittel im späten Kalten Krieg neu belebten.

4. Im Namen der Menschenrechte: Öffentlicher Druck durch neue Akteure der Mauergesellschaft

Um die neuen Akteure der Mauergesellschaft zu verstehen, muss man auf die alten zurückblicken. Als Franz Thedieck 1964 frustriert aus dem Amt als verbeamteter Staatssekretär des BMG schied, hinterließ er ein Netzwerk aus 102 scheinbar zivilgesellschaftlichen, größeren und kleineren Vereinen und Organisationen.[1] Diese »Kinder Thediecks« sorgten mit unterschiedlichen Schwerpunkten dafür, dass die Hoheit des gesellschaftlichen Diskurses über deutschlandpolitische Fragen in den Händen des BMG blieb.[2] Mit der Umwandlung des BMG zum BMiB 1969 zerfiel diese tragende Konstruktion und mit ihr das gemeinsame Ziel der Vereine und Organisationen im versteckten Staatsauftrag, »jeglicher ›Appeasement-Politik‹ eine deutliche Abfuhr zu erteilen«.[3] Angesichts der mehrheitlichen Akzeptanz der politischen Annäherung erschien ihre »Pflege des gesamtdeutschen Gedankens« wie ein Anachronismus.[4] Dies sah allerdings nicht nur die CDU/CSU, sondern auch ein großer Teil der Bundesbevölkerung anders. Die strikte Ablehnung, ja der Kampf gegen die Existenz der DDR gehörte für viele zum Grundton der Bundesrepublik. Aus dieser Sicht war die Annäherung ein Zeichen der Schwäche und eine Anbiederung an ein diktatorisches System.

Die daraus folgende Debatte prägte die gesamte sozialliberale Regierungszeit. Die remote border rot-gelbe Koalition war entweder nicht interessiert oder nicht fähig, die seit Gründung der Bundesrepublik stark vertretenen gesamtdeutschen Positionen aufzufangen und in die neue Politik zu integrieren. Besonders die

1 Stefan Creuzberger, *Kampf für die Einheit: Das gesamtdeutsche Ministerium und die politische Kultur des Kalten Krieges, 1949-1969* (Düsseldorf: Droste, 2008), 141-54.

2 Christian Lotz, *Die Deutung des Verlusts: Erinnerungspolitische Kontroversen im geteilten Deutschland um Flucht, Vertreibung und die Ostgebiete (1948-1972)* (Köln, Weimar: Böhlau, 2007), 81.

3 Aus der Referatsbeschreibung Ref I.2 BMG von 1963, zit. n. Creuzberger, *Kampf für die Einheit*, 120.

4 Referatsaufgaben Ref I.1 BMG, zit. n. ebd., 113.

gerade durch den Annäherungskurs evident gewordenen Fragen der Freizügigkeit wurden durch den Verweis, die geöffneten Kanäle, die zu einem guten Teil vor allem Kommunikationskanäle auf Regierungsebene waren, nicht zu gefährden, in den Bereich des Munkelns und Raunens verbannt. An dieser gesellschaftspolitischen Leerstelle entstanden nun zahlreiche neue Vereine und Organisationen, die fern jeder regierungspolitischen Steuerung ihre eigene Deutschlandpolitik betrieben. Mit einer eigenen Menschenrechtssprache, die völlig anders war als die der Ausreisewilligen und sich der Figuren des frühen Kalten Krieges bediente, füllten sie die Lücke, die die Annäherungspolitik unweigerlich hinterließ.[5] Auf die ministeriell eingehegten »Kinder Thediecks« folgten die unfolgsamen Kindeskinder.

Als eine institutionelle Brücke zwischen der alten und der neuen Zeit außerparlamentarischer Deutschlandpolitik kann man, wie dargestellt, die AG 13. August begreifen. Sie entstand als eine zivile Antwort auf den Mauerbau und eroberte sich in West-Berlin eine Monopolstellung der öffentlichen Mauerdarstellung und -kritik. Ihre Prominenz beruhte darauf, dass sie unbeirrt von bundespolitischen Kurswechseln am konkreten Ort der Berliner Mauer gegen die DDR kämpfte. Sie sprach zwar über die DDR, richtete sich aber an die Bundesbevölkerung und konnte dank ihrer Lautstärke, ihrer geschickten Positionierung und ihrer Einbindung der alten Garde bundesdeutscher Politprominenz über lange Zeit ihre Monopolstellung bei der didaktischen Vermittlung der Mauer behaupten. Von der Politik wurde sie dabei, von eher kleineren und oft situativen Zuschüssen abgesehen, vor allem indirekt unterstützt, indem die Pflichtbesuche westdeutscher Polit-Touristen und Schulklassen in West-Berlin regelmäßig in die Ausstellung und in den Shop der AG 13. August gelenkt wurden. Durch ihre gezielte Öffentlichkeitsarbeit gewann die AG 13. August den Rang eines Sprachrohrs gegen das SED-Unrecht und erlangte so – auch in Ermangelung von Konkurrenz – eine öffentliche Expertenrolle. Der dabei von ihr vertretene selektive Zugriff auf die Teilung als eine Geschichte von Gewalt und Zwang an der Berliner Mauer verstanden sie und ihre Unterstützer dabei nicht als eine utilitaristische

5 Für den nach innen gewendeten Fokus der Sprache der Menschenrechte in der Bundesrepublik siehe v. a. Lora Wildenthal, *The Language of Human Rights in West Germany* (Philadelphia: University of Pennsylvania Press, 2013).

Reduktion im Geiste des Kalten Krieges, sondern schlicht als Profilschärfe. So betrieb die AG 13. August mit didaktischen Mitteln primär Innenpolitik unter dem Vorzeichen der Abgrenzung.

Wenngleich ihre Stellung herausgehoben war, stand die AG 13. August nicht allein. Als Pionier des neuen Alten predigte Gerhard Löwenthal seit 1969 gegen den SED-Staat und die Brandt'sche Annäherungspolitik gleichermaßen. Sein *ZDF-Magazin* prägte auf der Westseite der Mauer den Ton der neuen nationalistischen »Kindeskinder Thediecks«. Ironischerweise ergänzte Löwenthal die Logik des SED-Staates an einem Punkt: Gerade in seinen Angriffen pflegte er einen gesellschaftsfernen Zugriff auf die Mauer, der die DDR-Bevölkerung zum Objekt der Macht reduzierte und die Allmachtsfantasien der SED-Elite unbewusst spiegelte. Die Journalistin Kathrin Gerlof hat diese Haltung als das konservative Spiegelbild zu Karl-Eduard von Schnitzlers *Schwarzem Kanal* im Ersten Programm des DDR-Fernsehens beschrieben, zwei Positionen im Kalten Krieg, die durch Gegnerschaft miteinander verbunden waren.[6] Der Hauptunterschied zwischen ihnen war aber ein gewichtiger: Löwenthal schoss mit allen ihm verfügbaren Mitteln sogar gegen seine eigene Regierung, wohingegen Schnitzler seine Herren radikal verteidigte. Doch im Ton, eine Mischung aus empörter Anklage und geraunter Unterwanderungsangst, glichen sich die Sendungen in frappierender Art. Paradoxerweise eröffnete der KSZE-Prozess den konservativen Stimmen neue Wege, um sich auf dessen Ergebnissen aufbauend als Gegner der Annäherung zu inszenieren. Die damit einhergehende Stärkung des öffentlichen Menschenrechtsbegriffs inspirierte zahlreiche konservative Organisationen, sich die neuen Begrifflichkeiten zu eigen zu machen. Wie Löwenthal führten sie dabei einen selektiven Menschenrechtsbegriff ins Feld, der vor allem in den 1950er und 1960er Jahren von westlicher Seite für Anklagen aus der »freien Welt« gegen den Staatskommunismus verwendet worden war.[7]

Was »Thediecks Kindeskinder« einte (und von ihren impliziten Vorgängern unterschied), war ihr Streben nach öffentlicher Präsenz. Sie alle traten offensiv und laut auf. Und welches Thema

6 Vgl. Kathrin Gerlof, *Gegenspieler: Gerhard Löwenthal, Karl-Eduard von Schnitzler* (Frankfurt/M.: Fischer, 1999).

7 Samuel Moyn, *The Last Utopia: Human Rights in History* (Cambridge/Mass.: Harvard University Press, 2010), 44-83.

eignete sich in diesen Jahren besser für eine offene Konfrontation als die sowohl von der DDR als auch der sozialliberalen Koalition beredt beschwiegene Migration? Was dieser Ansatz im Migrationsregime bedeutete, lässt sich am besten an den zwei prominentesten »Kindeskindern Thediecks« demonstrieren, die sich besonders lautstark migrationspolitisch bemerkbar machten. Die Internationale Gesellschaft für Menschenrechte entdeckte in den späten 1970er Jahren die Ausreise als das wichtigste Thema, um sowohl die SED als auch jene, die mit ihr sprachen, zu attackieren. Der in diesem Kapitel gleichermaßen ausführlich betrachtete Verein Hilferufe von drüben entstand gezielt als konservativ-aktivistische westdeutsche Antwort auf die Ausreisebewegung. Anhand eines spezifischen Menschenrechtsverständnisses entwickelten beide einen jeweils eigenen Aktivismus zugunsten von Ausreisewilligen, der die Bundespolitik herausforderte und die SED extrem reizte. Wie eroberten sie den frei gewordenen Raum, welcher Interessen nahmen sie sich an, und welchen Einfluss hatte ihr Engagement auf die deutsch-deutsche Migration?

Menschenrechte als Abgrenzungswerkzeug: Die IGfM

Dem Selbstverständnis folgend gründete sich die Gesellschaft für Menschenrechte 1972 nach dem Vorbild von Amnesty International. Aber warum benötigte es eine solche deutsche Organisation, wenn die 1961 in London entstandene NGO sich im Aufschwung befand und sehr effektiv international kleine Unterstützergruppen bildete? Wohl inspiriert durch Amnesty International, konzentrierte sich auch die Gesellschaft für Menschenrechte anfangs primär auf politische Gefangene, allerdings mit anderen Absichten und anderen Methoden.[8]

In seinem Buch *Persecution 1961*, gewissermaßen der Startschuss für Amnesty International, stellte Peter Benenson, der Gründer, neun Schicksale vor, die illustrierten, dass »es überall auf der Welt Menschen gibt, die für ihre Überzeugungen leiden müssen, und

---

8 Als Vorlage kann dabei der früheste Bericht von Amnesty International zur DDR gedient haben, der 1966 auf Englisch und 1967 auch auf Deutsch erschien; Amnesty International, *Politische Gefangene in der DDR* (London, Köln: Amnesty International, 1967).

dass keine Ideologie schuldlos ist«.[9] Die Publikation beinhaltete unter anderem drei biografische Essays zu antirassistischen Aktivisten aus den USA, Südafrika und Algerien, von denen die beiden ersten Kleriker und Gegner des Kommunismus waren, wohingegen der in Algerien verfolgte Franzose Mitglied der Kommunistischen Partei Frankreichs war. Darauf folgten sechs Schicksale aus dem Ost-West-Konflikt, wobei die Geschichten der Verfolgten aus Russland, China und Jugoslawien neben jenen der Verfolgten aus Spanien, Portugal und den Philippinen standen. Benenson wollte zeigen, dass eine weltweite Bewegung nötig war, die sich für die Rechte dieser Menschen einsetzte. Diese Aufgabe sollte Amnesty International übernehmen, wobei eine Vielzahl praktischer Regeln dafür sorgen sollte, dass die kleinen Mitgliedsgruppen so neutral wie möglich agierten. Das Prinzip der Dreifachadoption verpflichtete Aktivisten z. B. dazu, sich immer für drei Adoptivfälle politischer Gefangener einzusetzen, die jeweils aus der westlichen Welt, der kommunistischen und den blockfreien Staaten kommen sollten. Dabei ist aber zu bedenken, dass bereits die Konzentration auf politische Gefangene einen selektiven Zugriff auf die Menschenrechte bedeutete. Amnesty International erfand gewissermaßen die völkerrechtlich nicht definierte, aber wirkmächtige Kategorie der Menschenrechtsverletzung anhand politischer Haft. Allerdings tat sich die Organisation schwer damit, ihre Kritik auch auf die Einhaltung sozialer Menschenrechte auszuweiten. Dank dieses Fokus entwickelte Amnesty International ein bestimmtes Profil: Im Kalten Krieg sollten die Aktivisten eine allein an den Menschenrechten und nicht an der Blockfrage ausgerichtete Rolle einnehmen.[10] Demgegenüber interessierte sich die IGfM für Fälle von Menschenrechtsverletzungen, die dem politischen System geschuldet waren.[11]

9 Peter Benenson, *Persecution 1961* (Harmondsworth: Penguin Books, 1961), 9.

10 Jan Eckel, *Die Ambivalenz des Guten: Menschenrechte in der internationalen Politik seit den 1940ern*, 2. Aufl. (Göttingen: Vandenhoeck & Ruprecht, 2015), 347-89; Tom Buchanan, »The Truth Will Set You Free«: The Making of Amnesty International«, in: *Journal of Contemporary History* 37/4 (2002), 575-97; spezieller dazu Anja Mihr, *Amnesty International in der DDR: Der Einsatz für Menschenrechte im Visier der Stasi* (Berlin: Ch. Links, 2002).

11 Für eine kritische Diskussion siehe Eckel, *Die Ambivalenz des Guten*; Lora Wildenthal, »The Reincarnations of the German League for Human Rights in Occupied and West Germany«, in: *Human Rights Leagues in Europe (1898-2016)*, hg.

Nach ihrer Gründung am 8. April 1972 blieb die IGfM vorerst randständig. 1974 machte sie erstmals mit Flugblättern auf vier Ausreisebegehren aus der DDR aufmerksam, 1975 demonstrierte sie, wohl ohne lang anhaltende Wirkung, vor der Ständigen Vertretung der DDR in Bonn für zwei Gefangene.[12] In dieser Zeit stellte sie sich vor allem im konservativen Milieu vor. Ein Bericht über eine solche Vorstellung bei einem Heimatnachmittag der schleswig-holsteinischen Landesgruppe der Ostpreußischen Landsmannschaft erlaubt einen Einblick in das Selbstverständnis der IGfM. Sie trete, so betonte der Redner, für die »Bedrängten und Verfolgten in den Ostblockstaaten« ein, insbesondere für jene, die »im andern Teil unseres Vaterlandes […] zu langjährigen Freiheitsstrafen verurteilt wurden, nur weil sie in die Bundesrepublik Deutschland ausreisen wollten«.[13] Bereits zu Beginn ihrer Tätigkeit konzentrierte sich die IGfM auf Vergehen im sowjetischen Machtbereich. Dabei ging es um öffentliche Fürsprache für all jene, »für die sich keine westliche Regierung, keine großmächtige Organisation […] einsetze.«[14] Von Beginn an war also der Einsatz für die Opfer von Gewalt fest mit innenpolitischer Kritik verknüpft. Darüber hinaus argumentierte der Vertreter der IGfM, allein öffentlicher Druck gegen den Kommunismus und keinesfalls Annäherungen zeige Wirkung, und reklamierte als Beleg im Namen der IGfM einige Ausreisefälle als »ihren« Erfolg. Abgesehen von diesen bleibenden Charakterzügen suchte die IGfM aber vorerst noch nach einer eigenen Handschrift. Diese fand sie Mitte der 1970er Jahre, indem sie als konservativer Mahner der Menschenrechte eine wichtige Nische in der bundesdeutschen Öffentlichkeit einnahm.[15] Im Zuge des Aktivismus unter anderem von Amnesty International, der Neufokussierung der amerikanischen Außenpolitik während der Präsidentschaft Jimmy Carters und des KSZE-Prozesses wurde den Menschenrechten in

von Wolfgang Schmale und Christopher Treiblmayr (Stuttgart: Franz Steiner Verlag, 2017), 94-121.

12 Karl Hafen, *Stationen der DDR-Arbeit der Internationalen Gesellschaft für Menschenrechte von 1972 bis 1989* (Frankfurt/M.: IGfM, 2009), 1.

13 »Aus der landsmannschaftlichen Arbeit in Schleswig-Holstein«, in: *Das Ostpreußenblatt* 26/48 (29. November 1975).

14 Ebd.

15 Siehe v. a. Moyn, *The Last Utopia: Human Rights in History*; Jan Eckel, *Die Ambivalenz des Guten: Menschenrechte in der internationalen Politik seit den 1940ern* (Göttingen: Vandenhoeck & Ruprecht, 2014).

der zweiten Hälfte der 1970er Jahre große Aufmerksamkeit zuteil. Die IGfM passte ihr Vorgehen diesem Wandel schnell an und nutzte nun die von Anmesty International nur begrifflich übernommene Praktik der Betreuungsfälle als Chance, über die bundesdeutsche Öffentlichkeit die DDR systematisch anzuklagen.

Dabei war 1976 das aktivistische Wendejahr für die IGfM. Die Organisation verteilte weiterhin Flugblätter zu einzelnen Personen, wobei fünf dieser Aktionen angeblich direkt zu Ausreiseerlaubnissen führten. In einem Rückblick auf die *Stationen der DDR-Arbeit* nennt die IGfM aber vor allem die »Petition Riesa«. Sie sei eine der »IGfM-Aktionen […] gegen systematische und schwere Menschenrechtsverletzungen in der DDR« gewesen.[16] Genauer betrachtet, stellt sich die Sache freilich etwas differenzierter dar. Der Riesaer Arzt Karl-Heinz Nitschke hatte die Sammelpetition von insgesamt 67 Ausreisewilligen selbständig organisiert in der Hoffnung, gemeinsam die Ausreise erkämpfen zu können.[17] Nitschke hatte sie auch an zahlreiche westdeutsche Organisationen und Medien geschickt.[18] Um zu verhindern, dass diese Selbstorganisation von Ausreiseantragstellern Schule machte, ging das MfS hart gegen die Petenten vor. Nitschke wurde als Rädelsführer verhaftet, verurteilt und ungefähr ein Jahr später im Rahmen einer größeren Aktion mehr oder weniger im Stillen »freigekauft«. Während seiner Haft setzte sich die IGfM öffentlich für Nitschke ein. Bis heute suggeriert sie, seine Entlassung in die Bundesrepublik sei darum ihr Erfolg gewesen.[19] Aus den Akten des MfS geht hervor, dass Nitschke seine Petition an zahlreiche westliche Organisationen verschickte, darunter die Internationale Liga gegen Willkür und Machtmißbrauch, die IGfM, eine Initiativgruppe Hilfe für DDR-Deutsche in Goslar und auch die Ostpolitische Deutsche Studentenschaft. Ein weiterer Bestandteil der Anklage gegen ihn war, dass er Verbindung aufgenommen hatte zu einem »über Kontakte zu kriminellen Menschenhändlerbanden und Geheimdienststellen verfügenden Springer-Journalisten in Westberlin«.[20] Seine

16 Hafen, *Stationen der DDR-Arbeit*, 1.
17 BStU AdZ, ZAIG, 2557, 3.
18 Siehe z. B. »DDR entließ fünf inhaftierte Regimekritiker nach West-Berlin«, in: *Der Tagesspiegel* (28. August 1977).
19 Hafen, *Stationen der DDR-Arbeit*, 1.
20 BStU AdZ, ZAIG, 2557, 2.

Schwester spielte seine Ausreiseanträge überdies seit Langem dem ZDF, diversen Presseorganen und der UNO zu. Nitschke suchte Öffentlichkeit und bekam sie. Die IGfM fungierte dabei als ein (unfraglich bedeutsamer) Transmissionsriemen – mehr aber auch nicht. Ironischerweise reklamierte die IGfM einen westdeutschen gesellschaftlichen Einfluss, vor dem in den Bedrohungsszenarien des SED-Staats ständig gewarnt wurde, der aber aus den Beobachtungsakten und dem Bewilligungsvorgang nicht herauszulesen ist. Das MfS sammelte all diese Informationen zu seinem Fall vor allem, um ihn wegen staatsfeindlicher Verbindungsaufnahme (§ 100 StGB der DDR) und staatsfeindlicher Hetze im schweren Fall (§ 106 StGB der DDR) zu verurteilen.[21]

Neben der westdeutschen Medienöffentlichkeit wendete sich die IGfM an die UN, die als Forum für die Anklage gegen die DDR dienen sollte. Damit sorgte sie erstmals für mehr Aufmerksamkeit. Als das Bundeskanzleramt im Juli 1976 Wind davon bekam, dass die IGfM öffentlichkeitswirksam eine Dokumentation an die Unesco-Kommission in Paris überreicht hatte, suchte es schnellstmöglich Antworten auf zwei Fragen: Erstens: »[W]er steckt hinter dieser Gesellschaft für Menschenrechte«? Und zweitens: Was hieße es denn, sie habe der Unesco-Kommission eine Dokumentation vorgelegt?[22] Interne Recherchen stellten kurz darauf fest, dass man in den Höhen der Bundespolitik so gut wie nichts wusste. Die IGfM sei 1972 nach dem Vorbild von Amnesty International gegründet worden und setze sich in erster Linie gegen die »Inhaftierung namentlich bekannter Personen in der DDR und der Sowjetunion« ein.[23] »Laut Briefkopf« stehe ihr Cornelia Gerstenmaier vor, von der man nicht mehr wusste, als dass sie die Tochter des früheren Bundestagspräsidenten Eugen Gerstenmaier war. Vom Ministerialdirigenten Arthur Bülow (BMJ) erfuhr der Recherchierende, dass sie sich für die Wahrung der Menschenrechte einsetzte. Er schloss seine Nachforschungen beruhigend ab, denn »nachteiliges ist über sie nicht bekannt«.[24] Zu der zweiten Frage konnte der Sachbearbeiter noch weniger Auskunft geben. Ihm blieb unklar, was die IGfM bezwecke. Er könne den Eingang der Dokumentation nicht feststellen, aber wenn sie an-

21 BStU AdZ, ZAIG, 2557, 1.
22 BArch Koblenz, B 136, 30 592, Stieler Ref 213 an Gruppenleiter, 30. Juli 1976.
23 BArch Koblenz, B 136, 30 592, Stieler Ref 213 an Gruppenleiter, 30. Juli 1976.
24 BArch Koblenz, B 136, 30 592, Stieler Ref 213 an Gruppenleiter, 30. Juli 1976.

genommen worden wäre, folge ohnehin ein »längerer Amtsgang«, an dessen Ende sie vom Unesco-Exekutivrat »aufgenommen«, »formell veröffentlicht« und damit »in der Praxis kaum zur Kenntnis genommen« werde. Er behielt recht. Außer der Pressemeldung ist über diese Dokumentation wenig bekannt. Aus Sicht der IGfM aber war eine Öffentlichkeitswirkung erzielt. Gestärkt richtete sich die Organisation in den nächsten Monaten immer wieder an die Öffentlichkeit und auch ans Bundeskanzleramt, um Menschenrechtsverletzungen in der DDR anzuklagen und Handeln einzufordern.

Öffentlichkeit als Abkürzung?

1977 entdeckte die IGfM dann eine noch effektivere Art, ihre Anliegen vorzubringen. In einer Dokumentation zu Zwangsadoptionen widmete sie sich den Extremfällen der SED-Diktatur. Anhand dreier mit Quellen, Bildern und eigenen Texten dargelegter Fälle beklagte sie in einer Broschüre Zwangsausweisungen aus der DDR. Dabei würden Eltern von ihren Kindern getrennt, die dann in Heimen in der DDR verschwanden. Das demonstriere die Unfähigkeit der Bundesregierung, sich für die Familienzusammenführung einzusetzen. Ohne bisher entsprechende Erfahrung gesammelt zu haben, proklamierte die Dokumentation bereits ihr Ergebnis: »Wir beweisen: Öffentliches Eintreten hilft.«[25]

Allein, stimmt dies in diesem Fall? Für die Antwort lohnt sich ein genauerer Blick auf die drei Fälle. Besonders eindrücklich ist der Fall Marion Gebhardts, der diese Dokumentation ausführlich eröffnet. Sie stellte 1972 erstmalig einen Ausreiseantrag und versuchte 1973 nach mehrfachem Scheitern mit ihrer Tochter zu fliehen. Dabei wurde sie verhaftet, von ihrer dreijährigen Tochter getrennt und nach siebenmonatiger Haft in die Bundesrepublik entlassen. Ihre Tochter Jaqueline kam in ein Kinderheim in der DDR. Über die Grenze hinweg richtete die eingesetzte Pflegemutter schwere Vorwürfe an Frau Gebhardt: Sie habe das Kind ohnehin nur loswerden wollen. Die leidende und mittlerweile auf Medikamente angewiesene Frau wendete sich verzweifelt an das BMiB und den Anwalt Jürgen Stange, der ihr im November 1974 mitteilte, sie solle »sich

---

25 Hafen, *Stationen der DDR-Arbeit*, 3.

nicht von den Reden Ihrer Bekannten beunruhigen lassen, die, wie mir scheint, von Dingen sprechen, die sie nicht beurteilen können. Die Ausreise Ihrer Tochter ist bereits genehmigt«.[26] Die klare Botschaft war: Die Bundesregierung hat über ihre ominösen Kanäle alles unter Kontrolle. Wie erschütternd muss darum der Folgebrief im März 1975 gewesen sein, in dem Stange ihr knapp mitteilte, dass es »Schwierigkeiten« gebe. Daraufhin verlief die Sache im Sand. Nach weiteren Appellen auch an den Kanzler und die CDU/CSU-Fraktion, die die Schreiben allesamt an das BMiB und damit in die scheinbare Sackgasse weiterleiteten, wendete sich Frau Gebhardt an die IGfM. Diese machte den Fall und das behördliche Versagen in der besagten Dokumentation publik. Die verzweifelte Mutter erblickte in der IGfM ihre »letzte Hoffnung«, was die Organisation dankbar annahm und prominent zitierte. In ihrer Dokumentation stellte die IGfM fest, dass das lange »›empfohlene‹ Schweigen« nur ein Ergebnis herbeiführe, nämlich dass Jaqueline im Kinderheim in der DDR aufwachsen müsse. Frau Gebhardt hingegen werde von den Institutionen der Bundesrepublik sträflich im Stich gelassen. Auch Hanns W. Schwarze, der damals die Sendung *Kennzeichen D* im ZDF moderierte, lehnte eine Veröffentlichung des Falls ab. In einem in der Broschüre abgedruckten Brief teilte er ihr mit, dass der Versuch über den Anwalt Stange und das BMiB »ohne Publikation erfolgreicher« sein würde.[27] Wirkliche Unterstützung, so wollte die IGfM zeigen, erfahre Frau Gebhardt erst durch das Publik-Machen ihres Schicksals durch die Organisation.

Die Praxis des lautstarken Anklagens der DDR und bundesdeutscher Institutionen machte zwar die IGfM bekannt und rückte die Menschenrechtsvergehen der DDR ins Scheinwerferlicht, Frau Gebhardt aber brachte dies nichts. Ihr Kind blieb verschwunden. Noch 2013 suchte ihre später geborene Tochter in einem einschlägigen Forum nach ihrer zwangsadoptierten Halbschwester Jaqueline. Diese meldete sich im September 2016, ziemlich genau 40 Jahre nach dem Einsatz der IGfM.[28]

26 Gesellschaft für Menschenrechte (Hrsg.), *Zwangsadoptionen aus politischen Gründen in der DDR: Dokumentation. Kinder ohne Recht auf Menschlichkeit und Würde* (Frankfurt/M.: Gesellschaft für Menschenrechte, 1977), 7.

27 Sämtlich zit. n. ebd., 5–10.

28 Gemeint ist das Forum Personensuche DDR der Beratungsstelle für Betroffene von DDR-Zwangsadoptionen. Genauere Angaben auf Anfrage.

Die Akten belegen, dass keiner der Fälle dieser wegweisenden Dokumentation, mit der die IGfM suggerierte, angesichts des infamen Schweigens der Bundesregierung und der Massenmedien sei frontale Öffentlichkeitsarbeit nötig, positiv ausging. Der zwangsadoptierte Aristoteles Püschel hieß später Arne. Als er 20 Jahre nach dem Mauerfall seine leiblichen Eltern wiedersah, traf er fremde Menschen.[29] Die dritte, Svetlana Schütze, so hielten die DDR-Behörden 1985 intern fest, habe ein »von Zuneigung und Liebe geprägt[es]« Verhältnis zu ihren Adoptiveltern entwickelt – und darüber hinaus wohl auch zur DDR, denn sie konnte »für die inoffizielle Zusammenarbeit mit dem MfS zur politisch-operativen Sicherung im Gesundheitswesen […] gewonnen werden.«[30]

In ihrer Selbsthistorisierung meidet die IGfM das Scheitern der mit der Broschüre angestrebten Familienzusammenführungen und blickt verwundert zurück: »Wir wissen nicht, warum sich in der Folge unserer Dokumentation ›Zwangsadoptionen‹ keine weiteren Bürger an die IGfM gewandt haben.«[31] Vielmehr hob der ehemalige Geschäftsführende Vorsitzende der IGfM Karl Hafen 2016 auf einer Veranstaltung der Union der Opferverbände kommunistischer Gewaltherrschaft hervor, dass auf die Broschüre zwar ein Sturm der Entrüstung gefolgt sei, dass sich dieser jedoch »nicht nur gegen die DDR-Regierung, sondern über viele Jahre gegen die IGFM [gerichtet habe]. Zu absurd erschien vielen Bürgern, Politikern und Presseleuten in der Bundesrepublik Deutschland, dass man Eltern aus politischen Gründen Kinder wegnehmen könnte.«[32] Die Errungenschaft, so betont auch eine »Chronik« der DDR-Arbeit der IGfM, ohne weiter auf das damalige Ziel der Familienzusammenführung einzugehen, läge darin, dass die Dokumentation auf das Thema der Zwangsadoptionen in der DDR aufmerksam gemacht habe – und zwar im Gegensatz zum Minister für innerdeutsche Beziehungen Franke, der »im Rahmen einer

29 Renate Oschlies, »Arne ist nicht Aristoteles«, in: *Berliner Zeitung* (11. August 2001).

30 Zit. n. Norbert F. Pötzl, *Mission Freiheit – Wolfgang Vogel: Anwalt der deutsch-deutschen Geschichte* (München: Heyne, 2014), 324-43.

31 Karl Hafen, »Karl Hafen zur Zwangsadoption in der DDR«, online verfügbar auf dem Blog der Internationalen Gesellschaft für Menschenrechte (IGFM): ⟨https://www.igfm.de/ddr-aufarbeitung-zwangsadoption-karl-hafen/⟩ (Stand März 2019).

32 Ebd.

deutschlandpolitischen Debatte« behauptet habe, »er kenne keine Zwangsadoptionen in der DDR«.[33] Was dabei im Rückblick auf die Dokumentation von 1977 unter den Tisch fällt, ist allerdings, dass das Thema Ende der vorherigen Legislaturperiode 1972 bis 1976 mehrfach im Bundestag angesprochen wurde; erstmalig von den CDU/CSU-Abgeordneten Rollmann, Milz, Niegel und Abelein im Rahmen einer Fragestunde am 14./15. Januar 1976.[34] In den nächsten Wochen, also mehr als ein Jahr vor Erscheinen der Dokumentation der IGfM, debattierte das Hohe Haus dieses Thema kontrovers. Die SPD insistierte, dass der Kanzler dieses Thema sehr ernst nehme, die CDU/CSU warf ihm »Leisetreterei« vor.[35] Der Vorwurf war nicht ganz von der Hand zu weisen. Minister Franke ließ sich tatsächlich zu der Behauptung hinreißen, bei genauerem Hinschauen zeige sich, dass es sich bei sämtlichen bekannten Fällen nicht um »Zwangsadoption« handele. Oft verbergen sich dahinter, so Franke abschätzig, »kriminelle Gesichtspunkte«. Die Ermahnung des CDU-Abgeordneten Karl Carstens, der Begriff der Kriminalität beinhalte in der DDR doch »Republikflucht«, brachte Franke nicht vom Kurs ab.[36] Solche Fehleinschätzungen sowohl der Lage als auch der Stimmung im Bundestag und in der Gesellschaft durch den verantwortlichen Minister waren der Nährboden für das Engagement der IGfM. Darin wuchs die Dokumentation zu großer Bedeutung, da sie dem abstrakten Begriff der »Zwangsadoption« Gesichter und Geschichten verlieh.

Wenngleich die IGfM die Fälle nicht lösen konnte, hatte sie ein Vorgehen gefunden, anhand extremer Fälle die menschenrechtsverachtende Politik des SED-Staates, vor allem aber die scheinbare Gleichgültigkeit der SPD-geführten Bundesregierung zu beklagen. Die damit verbundene Aufmerksamkeit resultierte in einem Mitgliederzuwachs, der eine größere personelle und politische Diversität mit sich brachte. 1978 erweiterte die Gesellschaft für Menschenrechte als neu gegründete Internationale Gesellschaft für Menschenrechte ihr Portfolio, behielt aber die Grundkonstante bei, sich allein mit Menschenrechtsverletzungen in Ländern zu beschäftigen, die sie nicht als Rechtsstaaten erachtete. Dies betraf

---

33 Hafen, *Stationen der DDR-Arbeit*, 2.
34 BT-Drucks. 7/4555, 14 f.
35 BT-Plenarpr. VII/218, 29. Januar 1976, 15 099, 15 011, 15 161.
36 BT-Plenarpr. VII/218, 29. Januar 1976, 15 175.

nach wie vor insbesondere, wenn auch nicht ausschließlich, kommunistische Staaten.

In diesem Prozess wendete sich die IGfM 1978 mit einem Förderersuchen an die Bundesregierung.[37] Ohne hier in die Details gehen zu können, verdeutlicht dies das Verhältnis zwischen der IGfM und dem westdeutschen Staat. Erst erhielt sie keine Antwort. Intern schoben sich die Referate und die Abteilungen das Anfrageschreiben aufgrund fehlender Zuständigkeit gegenseitig zu. Die IGfM ließ aber nicht locker und wendete sich fast alle zwei Wochen erneut an diverse Stellen.[38] Verschiedene Ministerien kamen zu dem Schluss, dass die Tätigkeit der IGfM in der Öffentlichkeit und den Medien »eine erhebliche Resonanz« finde, dass sie zudem massiven Angriffen durch den SED-Staat ausgesetzt sei und dass eine Ablehnung der Förderung wahrscheinlich auf eine »negative Resonanz« stoßen würde.[39] Um sich dennoch der Förderung zu entziehen, entschieden sich das BMJ und das Auswärtige Amt für die Formel, dass die IGfM, da sie keine Verantwortung in der UN trage, sich »von staatlicher Einflußnahme freihalten« solle.[40] Wenn auch auf Sparflamme, finanzierte das BMiB damals sehr wohl derartige Organisationen, jedoch waren dies die Rumpfstücke der »Kinder Thediecks«, darunter der Hamburger Suchdienst des Deutschen Roten Kreuzes und das Hilfswerk der Helfenden Hände, ebenfalls in Hamburg ansässig. Die neuen, unabhängigen Erben hielt das Kanzleramt unter Schmidt außen vor – was sie jedoch unberechenbar für die Entspannungspolitik machte. Entsprechend verpackte der Chef des Bundeskanzleramts Manfred Schüler seine Absage an den Vorsitzenden der IGfM Reinhard Gnauck zugleich honigsäuselnd und zutiefst misstrauisch als Ausdruck eines gemeinsamen Bestrebens: »Es hat sich in den letzten Jahren sehr bewährt, daß die Bundesregierung und die zahlreichen privaten Organisationen, die sich für die Verwirklichung der Menschenrechte engagieren, auf ihren verschiedenen Wegen und mit unterschiedlichen Mitteln

37 BArch Koblenz, B 136, 30592, IGfM an Bundeskanzler Schmidt, 31. Oktober 1978.
38 Vgl. div. Kommunikation in BArch Koblenz, B 136, 30592.
39 BArch Koblenz, B 136, 30592, Bundeskanzleramt (BuKa) Ref 212 an Chef des BuKa Schüler, 5. Dezember 1978.
40 BArch Koblenz, B 136, 30592, BuKa Ref 212 an Chef des BuKa Schüler, 5. Dezember 1978.

versuchen, zu dem gemeinsamen Ziel zu kommen.«[41] Danach intensivierte die IGfM ihr lautes Klagen über die deutsch-deutsche Migrationspolitik der Bundesregierung.

Eine weitere Folge der Bekanntheit war, dass die IGfM immer mehr zu einer Anlaufstelle für Verzweifelte wurde. Sie begann nun ein von Amnesty International inspiriertes, aber ohne Neutralitätsregeln konzipiertes Betreuungssystem für Ausreisewillige aufzubauen. Als »Betreuungsfall« galten dabei nicht nur die wenigen, die wie bei dem Vorbild aus England von Kleingruppen betreut wurden, sondern vor allem bei der IGfM aktenkundige Fälle, die in Kurzform in ihre Protestschreiben aufgenommen wurden. Betreuung bedeutete also in erster Linie das Erwähnen des Namens und des Falls in der – wie auch immer gearteten – Öffentlichkeitsarbeit. Dies umfasste ab 1982 jährlich mehrere tausend Fälle, wobei der Anteil der Häftlinge daran absolut und relativ deutlich zurückging. Die IGfM garantierte ihren Rezipienten, also der bundesdeutschen Öffentlichkeit und den westlichen Angehörigen von Betroffenen, sich nicht auf krumme Deals einzulassen oder in langwierige und uneinsichtige Verhandlungen mit dem SED-Staat zu begeben. Sie versprach Erfolg durch öffentliche Konfrontation und untermauerte dies immer wieder mit dem Verweis auf gelungene Ausreisen.

Wie aber verhält sich die Selbstdarstellung der IGfM zu den tatsächlichen Trends bei der Ausreise? Wenn sich die IGfM eines Falls annahm, galt er ihr fortan als »ihr Fall«, ungeachtet der Vielzahl der Stellen, an die sich die Ausreiseersuchenden oder ihre Verwandten und Bekannten wendeten. Über andauernden Misserfolg (wie bei den oben untersuchten Zwangsadoptionsfällen) schwieg sich die Organisation aus, Ausreisen verbuchte sie hingegen als ihren Erfolg. Sie vermied es, konkrete Zahlen oder auch nur numerische Einschätzungen zu veröffentlichen, die das Verhältnis zwischen Erfolg und Misserfolg genauer nachvollziehbar gemacht hätten. Vielmehr arbeitete sie mit suggestiven Formulierungen, die nahelegten, dass die Methode der IGfM im großen Stil Erfolg hatte. Daten veröffentlichte sie nur über die Kontaktaufnahmen, denn diese standen für die Hilfe suchenden, unterdrückten Deutschen in der DDR. Bezieht man diese spärlichen Angaben auf die Aus-

41 BArch Koblenz, B 136, 30 592, Schüler an Gnauck, 5. Dezember 1978.

Tafel 41: IGfM-»Betreuungsfälle« im Verhältnis zu Ausreisen 1982-1989.

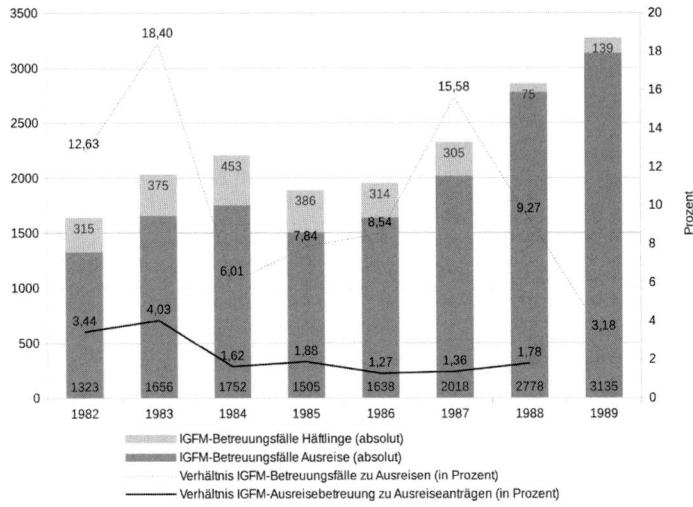

Quelle: Eigene Berechnung nach BStU AdZ, ZAIG, 27 859 und Karl Hafen, *Stationen der DDR-Arbeit der Internationalen Gesellschaft für Menschenrechte von 1972 bis 1989* (Frankfurt/M.: IGfM, 2009), 1.

reisezahlen, lässt sich per Quervergleich eine erste Einschätzung formulieren (siehe Tafel 41, S. 665).

Wie der Grafik zu entnehmen ist, schwankte das Verhältnis der sogenannten Betreuungsfälle der IGfM zu den durch den SED-Staat genehmigten Ausreisen (inklusive Häftlingen) wild zwischen 3 und über 18 Prozent. Statistisch ist keine systematische oder kausale Beziehung zwischen Betreuung und Ausreisegenehmigung festzustellen. Zudem blieb die oft stolz betonte quantitative Zunahme an »Betreuungsfällen« durch die IGfM weit hinter der Zunahme der Ausreiseersuchen zurück. Auch wenn sich die absoluten »Betreuungszahlen« zwischen 1982 und 1989 fast verdoppelten, sank ihr relativer Anteil an den Gesamtanträgen 1984 deutlich und pendelte sich bei ungefähr einem Prozent ein. Statistisch ist es dabei sinnvoll, durchschnittlich zwei Personen pro Fall anzusetzen, was den jeweiligen Wert verdoppelt. Nichtsdestotrotz sank während der finalen Hochzeit der Ausreiseantragstellung die statistische Bedeutung der IGfM immer weiter. Nur ungefähr zwei bis drei von einhundert Antragstellern waren der IGfM als zu vertretend bekannt. Dabei muss vermerkt werden, dass die Angaben der IGfM nicht verifizierbar sind und dass sie, wie Brigitte Klump bemängelt hat, in ihren Schreiben zahlreiche »Betreuungsfälle« aufführte, die sich bei Überprüfungen als bereits gelöst herausstellten.[42] Viele Antragsteller informierten die IGfM nicht über ihren Erfolg, so dass sich diese Fälle immer weiter tradierten und die Betreuungszahlen aufblähten. Daher widersprechen sich die Angaben in den Dokumenten der Organisation.[43] Darüber hinaus ist es bedeutend, dass die meisten Fälle von westdeutschen Bürgern an die IGfM herangetragen wurden. Nur wenige hundert wendeten sich aus der DDR an sie.[44] Dies wäre einerseits riskant gewesen, andererseits wussten die wenigsten DDR-Bürger überhaupt von der Existenz der Gesellschaft. Diese fungierte damit in erster Linie als ein emotionaler Lückenfüller für vom BMiB und anderen Regierungsstellen frustrierte Westverwandte.

Wenn sich die Tätigkeiten antikommunistischer Organisationen und die perfiden Verfolgungsmethoden des MfS auf obskure Art verwoben, lasteten die Effekte vor allem auf den Schultern der Betroffenen. Auch dies lässt sich am besten an einem Fall illustrieren. Nach einer Haftstrafe und seinem »Freikauf« riet der in die Bundesrepublik übergesiedelte Ulrich Möckern* seiner in der DDR zurückgebliebenen Frau zur Ausreise. Diese schwankte anfangs sowohl bezüglich der Ehe als auch der Idee auszuwandern. Sie stellte trotz hoher Hürden – zwei ihrer Söhne waren Berufsoffiziere bei der NVA – einen Antrag, und Herr Möckern* setzte sich in der Bundesrepublik für sie ein. Dadurch geriet sie ins Fadenkreuz des MfS, und ihr Ausreisewunsch verhärtete sich. Nach anfänglichem Abtasten mobilisierte Herr Möckern* sämtliche ihm zur Verfügung

---

42 Brigitte Klump, *Freiheit hat keinen Preis: Ein deutsch-deutscher Report* (München u. a.: Herbig, 1981), 307.

43 Vgl. die divergierenden Angaben innerhalb eines Dokumentes in Hafen, *Stationen der DDR-Arbeit*, 1, 3-5.

44 Ebd., 4.

stehenden Mittel, inklusive der IGfM.[45] Frau Möckern* war sich ihrer Sache nicht so sicher, einerseits wegen der Ehe, andererseits wegen des stark auf sie einwirkenden MfS. Herr Möckern* sprach zwar für »seine« Frau, doch diese ließ sich (wohl auch auf Druck des MfS) mitten im Verfahren von ihm scheiden. Das MfS drängte sie ebenso zum Schweigen gegenüber ihrem Ex-Mann in der Hoffnung, dass der Kontakt abreißen würde. Das geschah aber, wie so oft, nicht. Frau Möckern* klagte gegenüber ihrem Ex-Mann ihr Leid. Dieser gab die Geschichte an die IGfM weiter, allerdings ohne die Schwierigkeiten der Ehe zu betonen. Die IGfM machte den Fall publik und setzte Frau Möckern*, wohl ohne ihr Wissen, auf eine im Vorfeld des Madrider KSZE-Nachfolgetreffens von der Organisation publizierte Liste unterdrückter Ausreisewilliger.[46] Einen Tag nach einem besonders offensiven Schreiben von Herrn Möckern* an das MdI erging Haftbefehl gegen Frau Möckern*. Ende 1981 wurde sie wegen landesverräterischem Treubruch (§ 99 StGB der DDR) und staatsfeindlicher Verbindungen (§ 100 StGB der DDR) verurteilt. Dass sie ihrem Mann Dinge geschildert hatte, die von der IGfM veröffentlicht worden waren, war ein entscheidender Faktor für ihre Verurteilung.[47]

Dieser Fall verdeutlicht, dass sich in Zwangslagen eine Spirale öffnete. Ausreisewillige mussten handeln, um ihrem Ersuchen Nachdruck zu verleihen. Zugleich aber konnte dies ihre Zwangslage weiter verschärfen. Dabei ließen weder Verfolger noch Unterstützer den Ausreisewilligen Spielraum für ein im Migrationsprozess vollkommen übliches Abwägen und Abtasten in einem langen und ambivalenten Entscheidungsfindungsprozess. Der Zwang der Mauergesellschaft, sich mit der Mauer zu beschäftigten, und die Wege, in denen dies geschah, ließen keinen Platz für solche Zwischenräume. Letztlich hatte sich das MfS ein sich selbst bestätigendes System erschaffen, in dem es in perfider Art und Weise die Hilfe für die Betroffenen gegen diese verwendete. Die IGfM hingegen reduzierte Frau Möckern*, wenn auch zwar mit hehren

45 BStU AdZ, ZKG, II 259, 53.
46 Die Unkenntnis von Frau Möckern* kann als recht gesichert gelten. Selbst das MfS vermerkte sie und hielt ihre Nennung auf der Liste aus dem Strafprozess heraus, verwendete aber die Kontaktpflege mit ihrem Ex-Mann gegen sie; BStU AdZ, ZKG, II 259, 49.
47 BStU AdZ, ZKG, II 259, 50.

Bestrebungen, zu einem Gegenstand der Druckkulisse und vertrat zumindest zeitweise nicht den Willen Frau Möckerns*, sondern die Interessen ihres (Ex-)Mannes.

Damit war Frau Möckern* nicht allein. Zumeist waren es aber westdeutsche Angehörige, die mit der Bitte um Hilfe an die IGfM herantraten. In den 1980er Jahren erlangte die IGfM so namentliches und weiteres Wissen über ungefähr ein bis zwei Prozent der Ausreiseantragsteller. Abgefangene Schreiben zu solchen Betreuungsfällen sammelte das MfS in erster Linie zur operativen Bearbeitung der IGfM und nicht zugunsten der Bearbeitung der Ausreiseanträge.[48] Dabei nahm das Verhältnis zwischen gestellten Anträgen und Betreuungsfällen der IGfM im Laufe der letzten Jahre der Mauergesellschaft drastisch ab, ihr Ansehen als Fürsprecher durch öffentliche Falldarstellung jedoch zu. Um dies zu verstehen, müssen wir auf die internen Dynamiken seit der Neuaufstellung als IGfM schauen.

Liberalisierung der IGfM und Radikalisierung der DDR-Arbeit

Angesichts der steigenden Ausreiseanträge in den 1980er Jahren sank der relative Anteil der »Betreuungsfälle« der IGfM am Ausreiseantragsgeschehen stark, wohingegen zur selben Zeit ihr Ansehen als Fürsprecher durch öffentliche Falldarstellung zunahm. Diese Diskrepanz resultierte aus internen Dynamiken seit der Neuaufstellung der Organisation als IGfM. In dieser fanden 1978 zahlreiche Richtungskämpfe statt. Eine in Berlin starke Fraktion um Erhard Göhl und Wulf Rothenbächer wollte an der bisherigen Linie festhalten, während die Oberorganisation eine Ausweitung der Menschenrechtsarbeit anstrebte. Nachdem der gesamte Vorstand der West-Berliner Sektion zurückgetreten war, gründete sich dort im Folgejahr der Arbeitsausschuss DDR. Offiziell geschah dies wegen des »immer größer werdenden Anfalls von Hilfegesuchen«.[49] Faktisch stemmten sich die frisch von der Vereinigung der Opfer des Stalinismus in die IGfM übergewechselten Gründungsspre-

48 Siehe z. B. diverse Schreiben in BStU AdZ, HA IX, 3209, 3586, 8974, 8975, 8978.
49 BStU AdZ, HA XXII, 5100/2, 10-2; ebd., 16850/2, 1-7.

cher des DDR-Arbeitsausschusses Göhl und Rothenbächer gegen
die Internationalisierung der Arbeit der IGfM und strebten eine
fokussierte und schärfere Politik gegen die DDR an.[50] Während
sich die allgemeine Arbeit der IGfM verbreiterte und liberalisierte,
ging der Arbeitsausschuss DDR in die entgegengesetzte Richtung.
Das hat vor allem mit den Biografien der beiden federführenden
Figuren zu tun. Sie stehen für die Komplexitäten der deutschen
Teilungsgeschichte und widersprechen dem Schwarz-Weiß-Bild,
das sie selbst zeichneten.

Durch seine wohlüberlegte Selbstdarstellung galt Erhard Göhl
als ehemaliger Inhaftierter des SED-Staats in Bautzen und 1960
Ausgewiesener als ein authentisches Beispiel für die Opfer des
Kommunismus. Daraus bezog er einen großen Teil seiner Autorität. Eine Akte des MfS führt ihn jedoch ab 1952 als Geheimen
Informator »Karl Heinz«, anderen Quellen zufolge arbeitete er
zumindest zwischen 1954 und 1959 freiwillig für das MfS.[51] Selbst
das Bautzen-Komitee, ein Verein ehemaliger Häftlinge, der sich
für eine Aufarbeitung des SED-Unrechts einsetzte und dessen Beirat Göhl zum Zeitpunkt seiner Enttarnung nach dem Mauerfall
vorstand, teilte in einem Informationsschreiben 1995 mit, dass die
nicht »unbegründete Vermutung« besteht, dass Göhl »bis Mitte
1956 eine noch unbekannte Zahl oppositioneller Mitbürger der
Stasi denunzierte«.[52] Entweder nach seiner Zeit beim MfS in den
1950er Jahren(oder der oben angeführten Akte nach zeitgleich)
soll er für den amerikanischen Geheimdienst Counter Intelligence
Corps gearbeitet haben. Daraufhin erfolgte seine Inhaftierung in
Bautzen, die unfraglich einen schweren Leidensweg nach sich zog.
Von dort aus wurde er dem MfS zufolge 1960 in die Bundesrepublik »ausgewiesen«, wo er den Akten des MfS zufolge V-Mann des
Verfassungsschutzes wurde.[53] Vor allem aber arbeitete er nun unentwegt gegen die DDR. Gerade der Werdegang des Erhard Göhl
als Opfervertreter verdeutlicht, dass die Grenze zwischen Täter und

50 BStU AdZ, AOP 6072/91, XV 3687/79, Bd. 9, 55.

51 Ebd., Bd. 21, 9; Carola S. Rudnick, *Die andere Hälfte der Erinnerung: Die DDR
in der deutschen Geschichtspolitik nach 1989* (Bielefeld: transcript, 2011), 191-94;
Paul Maddrell, *Spying on Science: Western Intelligence in Divided Germany 1945-
1961* (Oxford: Oxford University Press, 2006), 136.

52 Zit. n. Rudnick, *Die andere Hälfte der Erinnerung*, 191 f.

53 BStU AdZ, AOP 6072/91, XV 3687/791, Bd. 21, 3-40, ebd., Bd. 6, 22.

Opfer nicht immer einfach zu ziehen ist. Sein Weggefährte Wulf Rothenbächer hingegen hatte sich vom Westen aus lange für Verfolgte in der DDR eingesetzt und während der 1970er Jahre eine ehemalige Inhaftierte erst in ihren Bemühungen um eine Ausreisegenehmigung begleitet und dann geheiratet.[54] Vor diesen persönlichen Hintergründen kämpften beide mit der Autorität von Kennern der Verfolgung durch den SED-Staat gegen ebendiesen. Diese Authentizität brachte ihnen bereits kurz nach ihrem Eintritt in die IGfM starken Zuspruch vonseiten der Mitglieder ein.[55] Es gelang ihnen, dem Gründer der Organisation, Iwan I. Agrusow, die Zusage abzugewinnen, den DDR-Ausschuss als ein von der Internationalisierung der IGfM weitgehend unabhängiges Gremium führen zu können, um den gezielten Kampf gegen die DDR fortzusetzen.[56]

Als Resultat dieses Differenzierungsprozesses umfasste die IGfM während der 1980er Jahre in verschiedenen Zweigen und Ortsgruppen ein breites Spektrum an Mitgliedern. Dabei agierten die Ortsgruppen recht unabhängig und konnten eigene Schwerpunkte setzen.[57] Unter den Mitgliedern befanden sich Vertreter des Eurokommunismus ebenso wie Liberale und Konservative, die sich für die Menschenrechte engagieren wollten, sich aber nicht mit dem linksalternativen Selbstverständnis anderer Menschenrechts-NGOs identifizierten. Dabei entwickelte sich sowohl eine konservativ als auch eine christlich motivierte Menschenrechtsarbeit für die »Dritte Welt«. Andere Mitglieder strebten eine stärkere Fokussierung auf die DDR an, als sie z. B. Amnesty International zuließ. Dies ging bis zu nationalistischen Antikommunisten, die sich in den späten 1980er Jahren bei rechtsextremen Parteien wie den Republikanern oder gar der NPD wiederfanden.[58] Zu den von der IGfM zu diversen Tagungen eingeladenen Sprechern gehörten stets auch Stimmen aus der CDU/CSU ebenso wie zahlreiche Ausgereiste und liberale DDR-Kritiker wie Karl Wilhelm Fricke oder DDR-Bürgerrechtler

54 BStU AdZ, AOP 6072/91, XV 3687/79, Bd. 18, 30-163.

55 BStU AdZ, AOP 6072/91, XV 3687/79, Bd. 19, 99.

56 BStU AdZ, AOP 6072/91, XV 3687/79, Bd. 22, 102, ebd., Bd. 19, 17.

57 Ich danke Wolfgang Schmale ganz herzlich für ein ausführliches Hintergrundgespräch über die Modi und Differenzen in der Menschenrechtsarbeit in den 1980er Jahren. Geführt am 13. April 2018 in Wien.

58 BStU AdZ, AOP 6072/91, XV 3687/79, Bd. 6, 123.

und -Bürgerrechtlerinnen wie Bernd Eisenfeld und Freya Klier.[59] Durch diesen Zuschnitt wurde die IGfM eine wortstarke und vor allem in Deutschland vertretene und gehörte, konservative Menschenrechtsorganisation.[60] Der DDR-Ausschuss hingegen ließ diese Bandbreite missen und konzentrierte sich auf eine antikommunistische Linie.

Die Bandbreite dieses Spektrums sowie persönliches Machtstreben führten immer wieder zu Reibereien, die bis zu drastischen persönlichen Verwerfungen reichten.[61] Das MfS machte sich Friktionen zunutze, indem es in einem umfangreichen Zentralen Operativen Vorgang Zentrale die IGfM ausspionierte, Spitzel in den höchsten Gremien installierte, Sand ins Getriebe streute und Keile zwischen die Gruppen trieb.[62] Erich Mielke erklärte die Organisation bereits 1979 zum »Staatsfeind Nr. 1«.[63] Teils aufgrund externer Agitation, vor allem aber aufgrund interner, teils politischer, teils rein persönlicher Streitereien wechselte das Führungspersonal der IGfM regelmäßig. Selbst Göhl und Rothenbächer überwarfen sich 1987.[64]

Ungeachtet der steten personellen Querelen publizierte die IGfM – und insbesondere der DDR-Ausschuss – eine Vielzahl an Appellen, Manifesten, Flyern und Broschüren, in denen sie dem SED-Staat vor allem zwei miteinander verknüpfte Vergehen vorwarf: politische Inhaftierungen sowie Verstöße gegen das Recht auf Freizügigkeit, insbesondere im Zusammenhang mit Familienzusammenführungen.[65] Dazu kamen immer wieder öffentliche Protestaktionen an der Berliner Mauer.[66] Das brachte der IGfM starke Unterstützung ein, aber auch massive Kritik. Beides, Zuspruch und Kritik, kam in der Mehrzahl aus der Mitte der Gesellschaft.

59 BStU AdZ, AOP 6072/91, XV 3687/79, Bd. 10, 16 f.; ebd., Bd. 20, 4 f., 238.

60 Siehe z. B. die werbende Darstellung in: »Freiheit und Recht: Die Internationale Gesellschaft für Menschenrechte«, in: *IdT* 3 (1987), 48-57.

61 BStU AdZ, AOP 6072/91, XV 3687/79, Bd. 6, 123.

62 Siehe z. B. BStU AdZ, AOP 6072/91, XV 3687/79, Bd. 12, 179-96; Roland Brauckmann, *Amnesty International als Feindobjekt der DDR* (Berlin: Landesbeauftragter für die Unterlagen des Staatssicherheitsdienstes [LStU] Berlin, 1996), 60 f.

63 BStU AdZ, AOP 6072/91, XV 3687/79, Bd. 8, 28.

64 BStU AdZ, AOP 6072/91, XV 3687/79, Bd. 8, 25, 69-72.

65 Siehe z. B. BStU BV Berlin, AG XXII, 238/6.

66 BStU BV Berlin, AG XXII, 154, 278-80.

Aber auch ultranationalistische und rechtsextreme Kräfte, von Mitgliedern der Republikaner bis zu den Grauen Wölfen, unterstützten die Organisation.[67] Die Arbeit der IGfM wurde zudem von massiver linksliberale Kritik begleitet, die sich über die Usurpation des Themas Menschenrechte für aggressive statt für auf Frieden und Verständigung ausgerichtete Ziele beschwerte. Wie stark zumindest die radikalen Stimmen wiederum durch in der Friedensbewegung sehr wohl vorhandene Apologeten oder gar Diener des SED-Staats beeinflusst wurden, ist umstritten.[68]

Für eine Analyse des Migrationsregimes ist es bedeutsam, dass sich die IGfM nicht nur als Sprachrohr, sondern als entscheidender Faktor im Migrationsgeschehen verstand. Dabei erklärte sie allerdings nie, wie die Kausalität zwischen der öffentlichen Darstellung eines Falls durch die Organisation und der Ausreisegenehmigung konkret ausgesehen haben soll. Auch aus den Akten des MfS lässt sich das nicht ablesen. Was bleibt, sind Mutmaßungen. Dafür kann man die von der IGfM aufgegriffenen Fälle grundsätzlich in drei Typen unterscheiden. Eine nicht zu vernachlässigende Zahl an Fällen wurde gar nicht gelöst, zerschlug sich oder hatte sich bereits erledigt, bevor die IGfM sie auf ihre Listen setzte. Ein weiterer Teil erreichte die Ausreise unter Mitwirkung der Internationalen Gesellschaft für Menschenrechte. Dies betraf insbesondere mehr oder weniger prominente Fälle zumeist von Häftlingen, deren Leidensweg die IGfM als Mittel nutzte, um dem SED-Staat – so zumindest die Behauptung – eine Ausreisegenehmigung abzuringen.[69] Die

67 BStU AdZ, AOP 6072/91, XV 3687/79, 6, 123-6; BStU AdZ, HA XXII, 18 149, 29, 143.

68 Georg Herde, »Im Dienste der Konfrontation: Die psychologische Kriegsvorbereitung am Beispiel von Organisationen wie ›Western Goals‹ und ›Internationale Gesellschaft für Menschenrechte‹‹, in: *Blätter für deutsche und internationale Politik* 28/4 (1983), 617-31; AutorInnen-Kollektiv CoCo Piranha, »Die ›schwarze Internationale‹: Zur Geschichte und Politik der ›Internationalen Gesellschaft für Menschenrechte‹ (IGfM)«, in: *blätter des iz3w* 159 (1989), 44-6; für eine polemisierende Verteidigungsschrift siehe Christa von Koeller, »Verhinderte Aufklärung: Die Arbeit der Internationalen Gesellschaft für Menschenrechte«, in: *Die neue Ordnung* 46/4 (1992), 354-64; für eine reflektierte Kritik der Kritiker siehe Jürgen Wüst, *Menschenrechtsarbeit im Zwielicht: Zwischen Staatssicherheit und Antifaschismus* (Bonn: Bouvier, 1999).

69 Für derartige Fälle und die Bearbeitung im MfS siehe z. B. BStU AdZ, Abt. X, 2460, 1-14; ebd., HA IX, 8976, 81-131; ebd. HA IX, 3613, 149-51.

wahren Mechanismen der Entlassung liegen jedoch im Dunkeln. Wahrscheinlich geschah etwas anderes: Die Publizität der Fälle führte nicht zu einem Einlenken des SED-Staats, sie ließ sie aber auf den Listen für »besondere Bemühungen« der Bundesregierung höher rutschen. Durch Aufmerksamkeit wurden sie zu dringenden Fällen und damit zu Gegenständen der deutsch-deutschen Gespräche und Vereinbarungen, die die IGfM öffentlich strikt ablehnte. Schon aus logistischen Gründen konnte das nur bei einer Minderheit der Abertausenden Anträge zum Erfolg führen.

Viel wichtiger ist darum der dritte Falltyp. Dieser umfasste Antragsteller in der DDR, die Sachbearbeitern des MdI gegenüber androhten, bei weiterer Ablehnung ihres Ersuchens den Weg an die westdeutsche Öffentlichkeit zu gehen und sich z. B. an die IGfM zu wenden. Hervorhebungen und Unterstreichungen in zahllosen Akten und Anschreiben deuten an, dass das MfS bei solchen Ankündigungen besonders hellhörig wurde.[70] Wenn ein Antragsteller glaubhaft verkündete, sich an die IGfM oder allgemein die westdeutsche Öffentlichkeit zu richten, konnte es sehr schnell gehen – entweder in die Strafverfolgung oder in den Westen. Dabei ist aber zu betonen, dass dies in den Quellen des MfS, die die Entscheidungsprozesse beleuchten, nie als alleiniger Grund zu erkennen ist. Eine solche Androhung addierte sich vielmehr zu anderen Aktivitäten, mit denen die Antragsteller ihre »Hartnäckigkeit« demonstrierten. Die Agency lag darum vor allem bei den Antragstellern und nicht bei der IGfM. Die Organisation bot eine zusätzliche und durchaus riskante Gelegenheitsstruktur im Antragsprozess, von der wenige, besonders frustrierte Antragsteller Gebrauch machten.

In den meisten Fällen holte also nicht die IGfM die Menschen »raus«. Die Logik funktionierte vielmehr umgekehrt: Der SED-Staat bekämpfte die Internationale Gesellschaft für Menschenrechte als Unruhestifter im sich institutionalisierenden Geflecht der deutsch-deutschen Beziehungen, weil die IGfM die DDR andauernd vor der westlichen Öffentlichkeit brüskierte. Dies verlieh ihr wiederum diskursive Macht, die aber erst dann im Migrationsregime wirksam wurde, wenn Antragsteller sich ihrer bedienten. Bewilligungen erfolgten in der Regel nicht, weil ein Fall von der IGfM veröffentlicht wurde, sondern wenn ein Antragsteller dem

70 Siehe z. B. BStU AdZ, 8296, 46-58.

SED-Staat glaubhaft androhen konnte, er greife zu dieser Maßnahme. Dies verlieh der IGfM im Migrationsregime Relevanz, allerdings besaß sie nicht die Funktion, die sie sich selbst zuschrieb. Im Gegensatz zu ihrer Selbstwahrnehmung war sie vor allem ein tertiärer Akteur, ein diskursiver Faktor, und kein sekundärer mit einem direkten Einfluss auf die Migrationsregulation. Ihre wahre Bedeutung lag im Wecken von Hoffnung auf einen Erfolg der Anträge, die MdI und MfS zerstören wollten. Noch wichtiger war sie aber wohl in der bundesdeutschen Innenpolitik. Die IGfM stand für eine breite Strömung in der Bundesbevölkerung, die den CDU-geführten Regierungen zwar wohlgesonnen war, sie aber auch kritisch begleitete. Eine große Zahl frustrierter Angehöriger konnte an sie jene Hoffnungen richten, die von staatlichen Institutionen enttäuscht worden waren. Unter Berufung auf die Menschenrechte formulierte sie zudem stete Appelle an den Geist der deutschen Einheit und verkörperte damit eine Gegenströmung zur Mehrheit der Bundesgesellschaft, die sich von dieser Frage zunehmend desinteressiert abwendete.

Die Innenpolitik der Ausreisehilfe: Hilferufe von drüben

Obgleich die IGfM die mitgliederstärkste Hilfsorganisation für Ausreisewillige war, stand der Verein Hilferufe von drüben noch stärker im Licht der Öffentlichkeit.[71] Als Mediengeburt lag dies in seiner Natur. Ein Unterschied zwischen den beiden verbrüderten Organisationen lag darin, dass die IGfM sich in den 1980er Jahren in eine wachsende und durchaus differenzierte konservative Öffentlichkeit einpasste, wohingegen der Hvd sich seine Öffentlichkeit selbst schuf.

Der Hvd erwuchs aus einer Kampagne des Journalisten Gerhard Löwenthal, seit 1969 Moderator des gänzlich auf ihn zugeschnittenen *ZDF-Magazins*. Nach einer eher biederen Anfangsphase wurde dieses Gegenstück des ZDF zu den großen und eher liberalen

---

71 Damit im Folgenden keine Missverständnisse entstehen: Der Verein wird recte und ohne Anführungszeichen geschrieben (Hilferufe von drüben), die Zeitschrift des Vereins kursiv (*Hilferufe von drüben*), das Sendungssegment des ZDF-Magazins recte und in Anführungszeichen (»Hilferufe von drüben«). Die Abkürzung (Hvd) meint *ausschließlich* den Verein.

Magazinen der ARD schnell zum Zankapfel des deutschen Fernsehjournalismus.[72] In einer Mischung aus investigativem Journalismus und persönlicher Anklagebank bekundeten Löwenthal, sein späterer Co-Moderator Fritz Schenk sowie weitere konservative Journalisten wie Claus P. Clausen ihren Unmut über den Wandel der bundesdeutschen Gesellschaft. Sie begriffen ihre Stimme und ihre Sendung gewissermaßen als Widerstandshort gegen den Einfall des Kommunismus durch die Schlupflöcher des Liberalismus, der seine Finger von der SED über die SPD bis in den »Rotfunk« des WDR gestreckt habe.[73] So avancierte Löwenthal zum wohl prominentesten westdeutschen Fernsehgesicht des Kalten Krieges.[74] Im Gegensatz zu seinem kommunistischen Pendant Karl-Eduard von Schnitzler vertrat er jedoch keine Regierungsdoktrin, sondern bekämpfte diese derart intensiv, dass einer der Moderatoren des ZDF-Konkurrenzmagazins *Kennzeichen D*, Ernst Elitz, den Sender als »Löwenthals Missionsstation« und dessen »Kampf gegen die Entspannungspolitik von Egon Bahr und Willy Brandt [als] sein [also Löwenthals] Lebenselixier« beschrieb.[75] Löwenthal verfügte über eine feste Anhängerschaft im rechtskonservativen Bereich, erreichte aber zeitgenössischen Medienanalysen zufolge im Vergleich zu anderen Magazinen nur eine geringe Einschaltquote, da er »fast ausschließlich ›seine Gemeinde‹ anspricht«, wohingegen andere Zuschauer eine »unzumutbare, in jeder Weise abgenutzte Sendung« erlebten.[76]

In seinem Kampf, der im Grundansatz in der Befreiungspolitik

72 Stefan Winckler, *Gerhard Löwenthal: Ein Beitrag zur politischen Publizistik der Bundesrepublik Deutschland* (Berlin: be.bra verlag, 2011), 81-100.

73 Sehr aussagekräftig für diese Selbstwahrnehmung: Gerhard Löwenthal, *Ich bin geblieben. Erinnerungen* (München, Berlin: F. A. Herbig, 1987); Gerhard Löwenthal, »Politische Mobilmachung gegen die ›Hilferufe von drüben‹ im ZDF-Magazin«, in: *Feindzentrale: Hilferufe von drüben*, hg. von Gerhard Löwenthal, Helmut Kamphausen und Claus P. Clausen, 2. Aufl. (Lippstadt: Hilferufe von drüben e. V., 1994), 22-32.

74 Gerlof, *Gegenspieler: Gerhard Löwenthal, Karl-Eduard von Schnitzler*; Winckler, *Gerhard Löwenthal*.

75 Ernst Elitz, »Als der Kalte Krieg in Rente ging«, in: *Frankfurter Rundschau* (17. Dezember 2012).

76 BArch Koblenz, N 1442, 35; Cordula Zytur, »Machen Köpfe schon ein Programm? Politische Magazine bei ARD und ZDF«, in: *Funk-Korrespondenz* 24 (14. Juni 1973).

der USA der 1950er Jahre und der »psychologischen Kriegsführung« des BMG wurzelte, entdeckte Löwenthal Mitte der 1970er Jahre die Ausreisenden für sich.[77] Kein anderes Thema eignete sich derart für seinen Zweifrontenkampf gegen die DDR und die sozialliberale Deutschlandpolitik. Dabei sah er sich trotz prominenten Rückhalts durch die Medien des Axel-Springer-Verlags, der *FAZ* und vieler namhafter CDU/CSU-Politiker als standhafter Einzelkämpfer und Tabubrecher gegen die »gewaltigen Mittel der linken journalistischen Mafia von ›*Spiegel*‹ und ›*Stern*‹«.[78] Befördert durch Minister Frankes zahlreiche, aber nur begrenzt erfolgreiche Versuche, die sozialliberale Deutschlandpolitik vor Kritik abzuschotten, deutete Löwenthal den abwägenden oder desinteressierten Ton liberaler Medien zu einem Schweigekartell um, aus dem er dann mit großer Geste ausbrechen konnte. Faktisch jedoch ließ sich trotz der steten Appelle vor allem des BMiB, zu laute Berichterstattung gefährde die Annäherungspolitik, kaum ein Periodikum aufregende Flucht- und Ausreisegeschichten entgehen. *Der Spiegel*, *Quick*, ja sogar das Erotikmagazin *Praline* nahmen sich gerne solcher Geschichten an.[79] Fast jeder dieser Berichte bemühte die Geste des Tabubruchs. So herrschte medial angesichts der vielen emotionalen Einzelfälle eine recht routinierte Aufregung. Die verlockende Quotenträchtigkeit dieser Berichte nutzte das MfS, indem es besonders skandalträchtige Geschichten »lancierte« oder Fehlinformationen in laufende Kampagnen einstreute und diese dann kurz darauf »entlarvte«.[80] So konnte der Modus der Sensationsberichterstattung dem Thema Ausreise auch einen Bärendienst erweisen.

Als das *ZDF-Magazin* am 10. Dezember 1975, und damit keineswegs zufällig am Jahrestag der Verkündung der Allgemeinen Erklärung der Menschenrechte, ein neues Sendesegment namens »Hilferufe von drüben« vorstellte, feierte ein neuer Ton Premiere. Ähnlich

77 Hermann Wentker, »Antikommunismus in der frühen Bonner Republik: Dimensionen eines zentralen Elements politischer Kultur im Ost-West-Konflikt«, in: *»Geistige Gefahr« und »Immunisierung der Gesellschaft«: Antikommunismus und politische Kultur in der frühen Bundesrepublik*, hg. von Stefan Creuzberger und Dierk Hoffmann (München: Oldenbourg, 2014), 355-69.

78 Löwenthal, *Ich bin geblieben. Erinnerungen*, 311.

79 Siehe z. B. »Keine Angst mehr«, in: *Der Spiegel* 42 (11. Oktober 1976), 76, sowie Interviews und Berichte in *Quick* (29. März 1979 und 7. September 1980) und in *Praline* (November 1978), gesammelt in: BStU AdZ HA IX, 16 495, 10-16.

80 BStU AdZ, AOP 6072/91, XV 3687/79, Bd. 4, 107-35.

den Kampagnen der IGfM, nur fernsehtauglich noch stärker zugespitzt und emotionalisiert, wurden hier Fälle verweigerter Ausreise präsentiert. Das Drama, so die keineswegs realitätsferne Botschaft, spiele sich nicht an der stets im Fokus stehenden Grenze zur DDR ab, sondern weit hinter ihr, in den Wohnzimmern oder Haftzellen der Antragsteller auf Ausreise. Diese Fälle wollten die »Hilferufe von drüben« publik machen. Damit erkannte Löwenthal als erster westdeutscher Medienmacher – und wohlgemerkt ungefähr zeitgleich zur über viel mehr Informationen verfügenden Stasi – die stille Brisanz der Ausreise nach der KSZE-Schlussakte.

Umstritten war dabei nicht das Thema, sondern Löwenthals Methode. Dies galt insbesondere für seine Praxis, Namen und Adressen zu veröffentlichen. Vertreter der Regierungskoalition warnten davor, da dies die Betroffenen nicht abschätzbaren Risiken aussetze und »alle Bemühungen zunichte« mache, wohingegen Löwenthal nur wenige Monate nach der KSZE-Schlussakte die These vertrat, Öffentlichkeit öffne den Betroffenen die Tür nach Westen.[81] Da die Ausstrahlung einer Fernsehsendung im Gegensatz zu den Druckerzeugnissen der IGfM nicht an der Grenze kontrolliert werden konnte, erreichte das *ZDF-Magazin* die meisten Flimmerschirme in der DDR ungefiltert. Im Bewusstsein um die Reichweite seines Programms schickte Löwenthal nicht nur Durchhaltebotschaften über die Grenze. Sowohl implizit bei Fallschilderungen als auch explizit in konkreten Hinweisen informierte die Sendung die DDR-Bevölkerung über mögliche Antragswege und über Textstellen in relevanten Dokumenten wie der UNO-Menschenrechtserklärung, der Europäischen Menschenrechtskonvention, der Schlussakte von Helsinki, der Verfassung der DDR und dem Staatsbürgerschaftsgesetz.[82] Ganz konkret schlug er Formulierungen und Interpretation vor und nahm so direkten Einfluss auf die Entwicklung der Sprache der Menschenrechte und das Antragsgeschehen. Damit half die Sendung, gestärkt durch ohnehin kursierende Gerüchte und Praktiken, jenen scharfen Antragsstil zu entwickeln, der ab Ende der 1970er Jahre mit ausreichendem Durchhaltevermögen früher oder später in den Westen führte. Im Gegensatz zu seiner Selbstdarstellung stand Löwenthal mit diesem Vorgehen keineswegs alleine da. Selbst der *Spiegel*, der die offiziel-

81 BT-Plenarpr. VII/233, 1. April 1976, 16 270; BStU AdZ, HA IX, 4415, 1-24.
82 BStU AdZ, ZKG, 16 627, 3, HA XI, 4415, 1-11.

le Deutschlandpolitik mittrug, berichtete bereits 1976 ausführlich über vermutete Bearbeitungswege, Ausreiseargumentationen und Einzelschicksale.[83] Aber Löwenthal vertrat diese Linie mit einer besonderen Insistenz.

Dank des Erfolgs der Ursendung konnte Löwenthal dem ZDF-Intendanten Karl Holzamer eine Sondersendung am 23. März 1976 abringen. Als Anlass diente der an diesem Tag in Kraft tretende Internationale Pakt über bürgerliche und politische Rechte der UN, den die Redaktion allein auf die Ausreisefrage bezog.[84] Holzamer untersagte für diese Sondersendung aber, Namen, Bilder und Adressen von Betroffenen zu verlesen oder einzublenden.[85] Nicht nur Löwenthal, auch die CDU/CSU-Bundestagsfraktion und selbst das MfS vermuteten ein aktives Eingreifen des BMiB. Die Bundesregierung räumte Kontakt zwischen Minister Franke und Holzamer ein, wies den Verdacht des Verfassungsbruchs durch Vorzensur jedoch weit von sich.[86] Dessen ungeachtet hatte Franke sehr wohl seinen Bekannten, den Vorsitzenden des ZDF-Fernsehrats Jockel Fuchs, gebeten, »auf eine Absetzung der geplanten Sondersendung ›Hilferufe von drüben‹ hinzuwirken, da sie den betroffenen Menschen schadet«.[87] Franke prallte ab, Holzamer entschied sich lediglich für benannte Auflagen, die hausintern gut zu begründen waren.

Die ganz konkrete Personalisierung verwandelte jeden Fall in ein Schicksal, welches dringend westlicher Hilfe bedurfte. Indem das ZDF dies für die Sondersendung untersagte, verstümmelte es den emotionalen Zuschnitt der »Hilferufe«, die ihre Authentizität gerade durch die mediale Inszenierung äußerster Opferbereitschaft erlangten. Nachdem der von Astrid Eckert beschriebene »Gruseltourismus« an der innerdeutschen Grenze in den 1970er Jahren an Zugkraft verloren hatte, erlaubten die ins Wohnzimmer gelieferten Schauergeschichten dem Beobachter die Identifizierung mit den Ausreiseantragstellern. Komplexe Leben und Motive wurden auf die Gruselerwartungen westdeutscher Beobachter über den »KZ-

83 »Keine Angst mehr«.
84 BStU AdZ, HA XI, 14 479, 2.
85 BStU AdZ, ZKG, 16 627, 5.
86 BT-Plenarpr. VII/236, 9. April 1976, Anlage 3.
87 Zit. n. ebd., 16 270.

Staat« zurechtgeschnitten.[88] Die Sondersendung musste andere Wege gehen, diskutierte ausführlich die internationale Rechtslage und interviewte eine Familie, für die sich das *ZDF-Magazin* eingesetzt hatte, bis sie endlich »zu uns in die ersehnte Freiheit« kam.[89] Sie sandte wichtige Antragsargumente über die Grenze in die Wohnzimmer der Ausreisewilligen, blieb für die Zuschauer des *ZDF-Magazins*, die eine schärfere Gangart gewohnt waren, aber seltsam blutleer.[90] Selbst *Die Welt* bemängelte, dass das Format so seinen »eigentlichen Sinn verlor«.[91]

Doch bei vielen besonders frustrierten Ausreisewilligen und insbesondere bei ihren frustrierten westdeutschen Angehörigen verfingen Löwenthals markige Worte und große Gesten. Sie versorgten von nun an die Redaktion mit immer neuen Fällen und die »Hilferufe von drüben« wurde ein festes Segment im *ZDF-Magazin*. Dabei konnte Löwenthal wieder zur weitgehenden Personalisierung zurückkehren, betrat jedoch eine rechtliche Grauzone. Die wenigsten Betroffenen konnten im Sendungsvorfeld persönlich um ihr Einverständnis gefragt werden. Meist geschah dies über Mittler oder wurde als gegeben verstanden, da Ausreisewillige ja den Kontakt zur Sendung gesucht hatten. Eine Aufklärung über die rechtlichen und sozialen Implikationen konnte so kaum stattfinden. Dennoch besaß Löwenthal im *ZDF-Magazin* größtenteils Narrenfreiheit, ja, die »Hilferufe« verliehen der sonst eher kränkelnden Sendung schlagartig neue Relevanz. Kritiker mochten die Art der Sendung für anachronistisch halten, das Thema war es nicht. So bediente das ZDF über seine Sendung ein antikommunistisches, rechtskonservatives Publikum, zögerte aber, diese Ausrichtung über das Magazin auszuweiten, selbst wenn es nur dessen Sondersendungen waren.

Löwenthal strebte indes nach einer freieren politischen Plattform. Um diese fern des Zugriffs seiner Sendeanstalt zu institutionalisieren, griff er ganz nach Thediecks Art auf den Anschein

88 Astrid M. Eckert, »›Greetings from the Zonal Border‹: Tourism to the Iron Curtain in West Germany«, in: *Zeithistorische Forschungen/Studies in Contemporary History*, Online Ausgabe 8/1 (2011), online verfügbar unter: ⟨http://www.zeithistorische-forschungen.de/16126041-Eckert-1-2011⟩ (Stand März 2019).

89 BStU AdZ, HA XI, 14 479, 8.

90 BStU AdZ, HA XI, 14 479, 2-16.

91 *Die Welt* (23. März 1976), zit. n. BStU AdZ, ZKG, 16 627, 2.

gesellschaftlicher Mobilisierung zurück. Nach der unbefriedigenden Sondersendung gründete er im Frühling 1976 in Bonn erst ein Büro Löwenthal, das die eingegangenen »Anträge der DDR-Bürger bearbeitet und der Bundesregierung sowie der UN-Kommission für Menschenrechte vorlegt«.[92] Das verkündete er aber nicht in einer klassischen Pressemeldung. Vielmehr übernahmen der Verleger Wilhelm Adelmann und Claus P. Clausen diese Aufgabe in einer Flugblattkampagne, in der sie über Löwenthal in der dritten Person sprachen. Damit verliehen diese engen Mitstreiter Löwenthals Unterfangen den Anschein einer sozialen Basis, was durch die Botschaft des Flugblatts verstärkt wurde. Das Büro Löwenthal, so war dort zu lesen, benötige »unsere Unterstützung, unsere tatkräftige Mitarbeit«. Es forderte alle Unterstützer auf, sich für 30 mit Namen und Adresse genannte Personen einzusetzen, sowohl mit Briefen an sie als auch durch Forderungen an den Ministerrat der DDR, Honecker, Dickel, die Bundesregierung und lokale Abgeordnete. Die Auflagenhöhe des Flugblatts, immerhin 1,6 Millionen Exemplare wurden gedruckt, verdeutlicht, wie ernst die Initiatoren diese Kampagne nahmen.[93]

Bedenken, die Adressveröffentlichung stelle eine wissentliche Gefährdung der Antragsteller und damit de facto einen Verstoß gegen die journalistische Schutzpflicht dar, wischten die Flugblattautoren vom Tisch. Beschwichtigend erklärten sie ihren Lesern, die Ausreisewilligen seien nach dem Erstantrag ohnehin »den üblichen Schikanen und Unterdrückungen ständig ausgesetzt. Für sie kann es nicht mehr schlimmer kommen, außer man steckt sie alle ins Gefängnis oder in die berüchtigten ›Heilanstalten‹. Aber dafür gibt es keine rechtliche Basis.«[94] Genau jene Antikommunisten, die sonst in der DDR nichts außer einer totalitären Diktatur sahen, beriefen sich nun in der Rechtfertigung ihres eigenen umstrittenen Handelns auf eine angeblich fehlende Rechtsgrundlage. Dieser selektive Zugriff Löwenthals und seiner Gefolgsleute auf die Realität der Zweistaatlichkeit zeugt entweder von deren Unkenntnis oder von Manipulationswillen. Der SED-Staat hatte sich öffentlich einsehbar im Strafgesetzbuch unter anderem mit den Paragrafen zur Sammlung von Nachrichten (§ 98 StGB der DDR), zu staatsfeind-

92 BStU AdZ, ZKG, 16 627, 7.
93 BStU AdZ, ZKG, 16 627, 3.
94 BStU AdZ, ZKG, 16 627, 8.

licher Hetze (§ 106 StGB der DDR), ungesetzlicher Verbindungsaufnahme (§ 219 StGB der DDR) und Staatsverleumdung (§ 220
StGB der DDR) genau diese rechtliche Grundlage verliehen, um
zahlreiche Bürger hart zu bestrafen.[95]

Die Aussage, für öffentlich Benannte könne es »nicht mehr
schlimmer kommen«, war irreführend und falsch.[96] Allein von den
auf dem angeführten Flugblatt erwähnten Personen traf es z. B.
Wolfram Wenzel, der im Juli 1976 als Mitpetent Nitschkes und wegen seines Kontakts zum Hvd verhaftet wurde.[97] Auch das Ehepaar
Maass wurde wegen staatsfeindlicher Hetze zu 18 bzw. 28 Monaten
verurteilt und gegen Ende der Haftzeit 1978 »freigekauft«.[98] Klaus-
Günther Bellmann wurde direkt nach Erscheinen unter einem Vorwand in eine psychiatrische Klinik geladen und galt dann für lange
Zeit als verschollen.[99] Intern hatte das MfS in jener Frühphase des
KSZE-Prozesses definiert, welcher Strafparagraf für welche Form
von »Feindverbindungen« verwendet werden sollte, und verfügt,[100]
dass »die Möglichkeiten, das Verhalten des Antragstellers als kriminell zu charakterisieren, voll zu nutzen« seien. Nach außen müsse
dabei jedoch deutlich werden, dass Strafen nicht aufgrund eines
Ausreiseantrags, sondern nachfolgender strafbarer Handlungen wie
der Kontaktaufnahme zu »Gegnern« erfolgten.[101] Dabei muss aber
berücksichtigt werden, dass die wenigsten Antragsteller, die die
Hemmschwelle des Auslandskontakts überschritten, dann nur eine
Stelle kontaktierten und dass auch die operative Bearbeitung durch
das MfS und mögliche Verurteilungen oft auf einer Überschneidung mehrerer »Straftaten« beruhten.

Selbst kritische Stimmen aus dem SED-Apparat gestanden
ein, dass Löwenthals Sendung nach den ersten »Hilferufen« ein

---

95 Entsprechend akribisch führte das MfS darum Buch über entdeckte Kontaktversuche; siehe z. B. BStU AdZ, HA IX, 1075, 1-102; und es erfolgten Urteile
   wegen entsprechender Kontaktaufnahmen; siehe z. B. BStU AdZ, HA IX, 3586,
   20-35.
96 BStU AdZ, ZKG, 16 627, 8.
97 BT-Drucks. 7/5878, 25.
98 »Beinahe wehmütig«, in: *Der Spiegel* 37 (10. September 1979), 230 f.
99 Siehe *Die Welt* vom 29. Juni 1976; vgl. »Systematischer Psychiatriemißbrauch in
   der Diktatur, (versuchte) Psychiatrisierungen im Rechtsstaat – Altes und Neues«, in: *Rundbrief Psychiatrie und Ethik* 2 (2008), 2.
100 BStU AdZ, HA XI, 4415, 19-25.
101 BStU AdZ, HA XI, 4415, 10, 18.

Allzeithoch erlebte. Doch nachdem die Zuschauer in der DDR recht schnell verstanden hatten, dass die Schreiben »nur in seltenen Fällen zum Erfolg« und häufig zu viel mehr »Schwierigkeiten mit unseren Sicherheitsorganen« führten, »hat die Löwenthal-Sendung ihre Attraktion verloren, und die Einschaltquote in der DDR ging drastisch zurück«.[102] Diesen Abnutzungseffekt in Ost und West versuchte Löwenthal durch einen immer schärfer werdenden Ton gegen die Regierung und die bundesdeutschen Medien zu kompensieren. Als die Intendanz 1978 den Sendungsanteil der »Hilferufe von drüben« im *ZDF-Magazin* reduzierte, hatte Löwenthal sich längst »in die Rolle eines politischen Märtyrers hineingesteigert«.[103] Seiner Meinung nach machte sich nun auch das ZDF schlicht zu »Helfershelfern der SED-Diktatur«.[104] Um diese als Angriff wahrgenommenen Einschränkungen »zu kompensieren und die verzweifelten SOS-Rufe unserer Landsleute aus Mitteldeutschland dennoch weiterhin in die Öffentlichkeit gelangen zu lassen, starteten engagierte Bürger in Lippstadt am 21. Januar 1978 die Bürgerinitiative ›Hilferufe von drüben‹, aus der eine renommierte Menschenrechtsorganisation wurde«.[105] Diese sei nach kurzer Zeit stark genug geworden, um »die DDR an den Rand der Destabilisierung zu treiben«.[106] So weit die Selbstdarstellung.

Tatsächlich hatte es sich jedoch um beste Thedieck'sche Organisationspraxis gehandelt. Über die Sendung und das Büro Löwenthal von langer Hand vorbereitet, inszenierte ein enger Kreis um Löwenthal eine scheinbare Bürgerinitiative. Obwohl die für eine Vereinsgründung notwendigen sieben Mitglieder handverlesen wurden, trat der 1978 gegründete Verein Hilferufe von drüben e.V. als Stimme einer breiten Initiative auf.[107] Bis zu seiner Auflösung nach der Wiedervereinigung verfügte er nie über mehr als ein Dutzend Mitglieder und blieb fest unter Löwenthals Diktum.

102 »Künftig auch wieder mehr an uns denken««, in: *Der Spiegel* 17 (1978), 43.

103 BArch Koblenz, N 1442, 35, Zytur, »Machen Köpfe schon ein Programm? Politische Magazine bei ARD und ZDF«.

104 Gerhard Löwenthal, Helmut Kamphausen und Claus P. Clausen (Hrsg.), *Feindzentrale: Hilferufe von drüben* (Lippstadt: Hilferufe von drüben e.V., 1993), 5.

105 Ebd.

106 Ebd.

107 Claus P. Clausen, »Freunde und Helfer«, in: *Feindzentrale: Hilferufe von drüben*, hg. von Gerhard Löwenthal, Helmut Kamphausen und Claus P. Clausen, 2. Aufl. (Lippstadt: Hilferufe von drüben e.V., 1994), 77-88.

Gründungsort war Lippstadt. Das behagte Löwenthal eigentlich nicht, er hielt die Stadt in Nordrhein-Westfalen für zu provinziell. Der in Lippstadt wohnhafte Co-Moderator des *ZDF-Magazins* Fritz Schenk verfügte jedoch über beste Kontakte zum ebenfalls dort ansässigen Verleger Wilhelm Adelmann. Dieser garantierte die Publikation einer Zeitschrift und verfügte über langjährige Erfahrungen, wie man im konservativen und katholischen Milieu mit schlagkräftigen Publikationen Spenden einwerben konnte. Auf vier im Stile von Boulevardzeitungen gehaltenen Seiten verknüpfte die Zeitschrift aufrüttelnde Geschichten mit einem aktivistischen Impetus.[108] Die *Hilferufe von drüben* erschienen als Organ des gleichnamigen Vereins vierteljährlich und damit häufig genug, um das Anliegen in der Öffentlichkeit zu halten, aber mit ausreichendem Abstand, so dass sich die Publikation nicht nach kurzer Zeit gleich wieder erschöpfte. In der Vereinsstruktur und dem hauseigenen Periodikum spiegelten sich die Kerninteressen des Vereins: eine breite Öffentlichkeitsarbeit und gesellschaftliche Präsenz bei gleichzeitiger Wahrung der Kontrolle in wenigen vertrauenswürdigen Händen.

Der Hvd setzte Löwenthals Kampf außerhalb der Reichweite des ZDF-Fernsehrats und medienpolitischer Steuerungsmöglichkeiten fort. Das wichtigste Mittel waren dabei Ausreisende, deren Fälle der Hvd in seiner Zeitschrift an die Öffentlichkeit brachte. Damit erschien Löwenthal in den Augen seiner Anhänger weniger als Propagandist der alten Schule, sondern als »Kümmerer« im Kampf für die Menschenrechte. Dieses Image pflegte der Verein durch jährliche Treffen von Ausgereisten, sogenannten »Familientreffen«, und mit diversen Spendenaktionen z. B. von Möbeln und Kleidungsstücken, die Ausgereisten als »Starthilfe« zur Verfügung gestellt wurden.[109]

108 Vgl. Frank Wolff, »Revolutionary Fundraising and Global Networks: A Micro-Economic Approach to the Social Meaning of Money and Mobilization before the Second World War«, in: *History* 102/351 (2017), 450-78.
109 BStU AdZ, HA IX, 3586, 320 f.

Eine »Zeitschrift für die Bürgerrechtsbewegung in der DDR«?

Herzstück des Vereins war die Zeitschrift. Bereits deren erste Ausgabe definierte Form und Stil des Blattes. Dabei rekurrierte der Titelschriftzug *Hilferufe von drüben,* umrankt von schwarzem Stacheldraht, visuell auf die eigentlich suspendierte KZ-Staat-Metapher. Diese wurde auch sprachlich wiederbelebt, ob als Dämonisierung des Kommunismus als das wahre Übel des 20. Jahrhunderts oder als Tribut an den von Löwenthal verehrten Alexander Solschenizyn: Schon in der ersten Ausgabe war die Rede vom »riesige[n] ›Gulag DDR‹«.[110] Dieser Ton war auch dem langen Eröffnungsartikel aus der Feder des IGfM-Vorsitzenden Hellmuth Nitsche zu eigen. Mit dieser editorischen Allianz demonstrierten die *Hilferufe,* dass sie nicht alleine waren, sondern sich als weitere Stimme in den antikommunistischen Chor einbrachten. In den folgenden Jahren gab es immer wieder personelle und inhaltliche Überschneidungen sowie enge Kooperationen zwischen dem Verein Hvd und der IGfM. Dabei war der Untertitel der eigenen Publikation – *Zeitschrift für die Bürgerrechtsbewegung in der DDR* – clever gewählt, aber eine Anmaßung. Er suggerierte eine Nähe zur Bürgerrechtsbewegung in der DDR, ließ dabei aber offen, ob die Zeitschrift als Stimme der Bürgerrechtsbewegung gelten sollte oder ihr von außen zudiente. Wie dem auch sei, unter den Autoren des Blattes mangelte es an Stimmen aus der tatsächlichen Bürgerrechtsbewegung in der DDR oder ihren Exilanten. In den *Hilferufen* publizierten lediglich die in der Bürgerrechtsbewegung seltenen konservativen Stimmen wie Siegmar Faust oder Horst Gundermann, deren Kampf ganz auf Ausreisefragen zugeschnitten gewesen war. Letzterer stieg dabei von einem »Fall« in der ersten Ausstrahlung der »Hilferufe von drüben« nach seiner Ausreise zum stellvertretenden Vorsitzenden des Vereins Hvd auf.[111] Zum Rest der oft kritischen sozialistischen, linksalternativen oder friedensbewegten DDR-Bürgerrechtler gab es schon aus politischen Gründen kaum Schnittstellen, die *Hilferufe* stellten sich vielmehr gegen sie.[112] So galt Rudolf Bah-

---

110 Gerhard Löwenthal, »N. N.«, in: *Hilferufe von drüben* 1/1 (April 1978), 1.

111 Claus P. Clausen, »So entstand der Hvd«, in: *Feindzentrale: Hilferufe von drüben,* hg. von Gerhard Löwenthal, Helmut Kamphausen und Claus P. Clausen, 2. Aufl. (Lippstadt: Hilferufe von drüben e. V., 1994), 39.

112 Eine seltene Ausnahme: Reiner Kunze, »Fahnenappell«, in: *Hilferufe von drüben* 1/3 (1978), 2.

ro der Zeitschrift nach seiner Übersiedlung als ein »nach wie vor gegen die westlichen Demokratien arbeitender ›Oeko-Marxist‹«, der nichts täte, außer »die Ziele der sowjetischen Außenpolitik zu unterstützen, also gegen die Freiheit, die er hier genießt, zu wirken«.[113] Die *Hilferufe* sahen in dem kritischen Marxisten Bahro nicht einen unabhängigen Geist in einer pluralistischen Demokratie, sondern einen undankbaren Feind, der von »drüben« kommend die »hiesige« Freiheit missbrauche. Dies ging so weit, dass Löwenthal nach Bahros Abschiebung 1979 in die BRD eine Verleumdungskampagne gegen ihn startete, von der sich das ZDF und selbst die Junge Union distanzierten.[114]

Das Format der Zeitschrift änderte sich im Laufe der Jahre nur marginal.[115] Auf den ersten beiden Seiten fanden sich mehr oder weniger ausführliche Artikel im Boulevardstil zu wiederkehrenden Schwerpunkten. Zumeist stand hier die »Freiheitsliebe« der Ostdeutschen gegen die Praktiken der »sowjetischen Imperialisten«, die »Ostdeutschland nun schon seit einem Dritteljahrhundert besetzt« halten und eine den Nazis gleiche »widerwärtige Knechtschaft« ausübten. Dies bekräftigten Berichte über Repressionen in der DDR im Stile der Sensationspresse.[116] Reißerische Titel ließen den SED-Staat als reines Terrorregime erscheinen: »Ein Mädchen hatte den Mut zur Wahrheit: Vier Jahre«,[117] »Schüler-Schicksale im anderen Teil Deutschlands: Der Blick auf den Fahrplan ist strafbar«,[118] »30 Jahre ›DDR‹ – 30 Jahre Justiz-Terror«,[119] »Oberleutnant Hoffrichter – Teufel in Menschengestalt«[120] und »Frieden durch Kommunisten? Die Wahrheit: 143 Millionen Tote seit Oktober 1917«.[121] Der

113 »Antwort an Bahro und Genossen«, in: *Hilferufe von drüben* 7/25 (1984), 2.

114 »Übel mitgespielt«, in: *Der Spiegel* 31 (1980), 26-8.

115 Vgl. die fortlaufende Sammlung 1978-1985 in BStU AdZ, HA IX, 1075.

116 Bernhard Levin, »Glühende Funken der Freiheit«, in: *Hilferufe von drüben* 1/1 (April 1978), 2.

117 Jöen Bernhard Bilke, »Ein Mädchen hatte den Mut zur Wahrheit: Vier Jahre!«, in: *Hilferufe von drüben* 2 (1978), 1 f.

118 Tina Österreich, »Schüler-Schiksale im anderen Teil Deutschlands: Der Blick auf den Fahrplan ist strafbar«, in: *Hilferufe von drüben* 3 (1978), 2.

119 Heinz Vielain, »30 Jahre ›DDR‹: 30 Jahre lang Justiz-Terror«, in: *Hilferufe von drüben* 2/5 (1979), 1 f.

120 »Oberleutnant Hoffrichter – Teufel in Menschengestalt«, in: *Hilferufe von drüben* 2/5 (1979), 2.

121 Jean-Pierre Dujardin, »Frieden durch Kommunisten? Die Wahrheit: 143 Millionen Tote seit Oktober 1917«, in: *Hilferufe von drüben* 6/20 (1983), 1 f.

zweite Schwerpunkt waren Attacken auf die sozialliberale Deutsch-landpolitik. Dies reichte, ganz wie bei der IGfM, von Rechtferti-gungen für die Veröffentlichung bestimmter Fälle bis zu Angriffen auf die diplomatische »Leisetreterei« der Bundesregierung und stei-gerte sich in den späten Jahren unter Schmidt zu einer regelrechten *red scare*. In der Bundestagswahl 1980 stand Löwenthal fest hinter dem CDU/CSU-Kandidaten Strauß, und auch nach dem Bruch der sozialliberalen Koalition und dem Regierungsantritt Kohls ar-beiteten sich die *Hilferufe von drüben* anfangs eher an den Verfeh-lungen der Vorgängerregierung ab. Deutschlandpolitisch suchte die neue Regierung unter Kohl noch ihren Weg. Die *Hilferufe von drüben* lobten hierbei Zeichen der Verschärfung wie z. B., dass die *Berichte zur Lage der Nation* nun wieder den Titelzusatz »im geteil-ten Deutschland« trugen. Einigermaßen überraschend – und wohl auch aufgrund alter Loyalitäten – begrüßten die *Hilferufe* sogar die Strauß'schen Milliarden-Kredite an die DDR, da, eigentlich ganz im Geiste der sonst bekämpften sozialliberalen Deutschlandpolitik, dank der Zahlungen der Bundesregierung die Grenze durch die De-montage der Selbstschussanlagen entspannt würde.[122] Im Laufe der 1980er Jahre ging man jedoch erneut zum Angriff über. Nun zeigte sich nach der deutschland- und weltpolitisch durchaus riskanten Konfrontation Anfang des Jahrzehnts, dass die Regierung Kohl/ Genscher trotz schärferer Rhetorik die Annäherungspolitik letzt-lich fortsetzte. Lob gab es für den »festen Kanzler« nur, wenn dieser seine harte Seite zeigte, wie in der Frage der Nichtanerkennung der DDR-Staatsbürgerschaft, was allerdings auch eine Grundfeste der Brandt'schen Annäherungspolitik gewesen war, von der Mitte der 1980er Jahre einige jüngere SPD-Vertreter abweichen wollten.[123]

In diesem Kampf gegen jedwede Annäherungspolitik geriet die stete Berufung auf die Menschenrechte zur Metapher. Weder der Hvd noch die IGfM setzte sich auch nur ansatzweise mit der Komplexität der AEMR, ihrem weitreichenden Inhalt, sowie diver-gierenden Interpretationen oder Anwendungsformen auseinander und griffen selektiv allein auf jene wenigen Passagen zurück, die im Kampf gegen den Kommunismus opportun erschienen. Das

122 »Es heißt wieder ›Bericht zur Lage der Nation im geteilten Deutschland‹«, in: *Hilferufe von drüben* 6/22 (1983), 4; »Stoiber: ›DDR‹-Kredit hat sich schon ge-lohnt«, in: *Hilferufe von drüben* 6/23 (1983), 2.
123 »Ein fester Kanzler«, in: *Hilferufe von drüben* 9/32 (1986), 2.

Alleinstellungsmerkmal der *Hilferufe* war dabei die strikte Fokussierung auf die Ausreise in Form von Einzelbeiträgen und Kampagnen zugunsten individueller Fälle, wie denen von Rainer Bäurich oder Nico Hübner.[124] Von zentraler Bedeutung war hier aber vor allem der Abdruck der »Hilferufe« auf der gänzlich dafür reservierten dritten Seite der Zeitschrift. Bei diesen »Hilferufen« handelte es sich um aneinandergereihte kleine Boxen mit Fällen, die im Telegrammstil den Namen und die Adresse der Ausreisewilligen, das Jahr des ersten Fluchtversuchs oder Ausreiseantrags sowie einen Satz zu den erlebten Repressalien enthielten. Da mehrere Dutzend »Hilferufe« auf eine Seite gedrängt wurden, war für Individualisierung kein Platz. Die in den späteren Jahren spürbare Zunahme von Bildporträts reduzierte die Gesamtzahl, ohne dass die Informationen zu den Fällen spürbar erweitert wurden.[125]

Die Fälle waren fortlaufend nummeriert und wurden teilweise mit der entsprechenden Ziffer als »Wiederholungen« wiederabgedruckt. Dabei fällt auf, dass der überwiegende Teil der früh in der Zeitschrift Benannten Haftstrafen absaß. Die Gründe hierfür wurden nicht angegeben. Da ein Ausreiseantrag selbst nicht zur Verhaftung führte, wendeten sich in der Zeit wohl primär jene an den Hvd, die nichts mehr zu verlieren hatten. Auf ihre Aktionen und ihren Kampf ging die Redaktion jedoch selten ein – und wenn, dann schilderte sie vor allem den Leidensweg und nicht die selbstbestimmte Wahl des persönlichen Aufstands gegen die fehlende Bewegungsfreiheit. Die leichte Zunahme von Nicht-Inhaftierten ab 1979 spiegelt die allgemeine Zunahme der Ausreisebewegung und deutet darauf hin, dass immer mehr westdeutsche Verwandte und Bekannte sich für die Ausreisenden einsetzten. Da aber die Darstellungsform die Komplexität der Einzelfälle nivellierte, schuf sie das machtvolle Bild sich ähnelnder Fälle und stets hart bestrafter Personen.

124 Gerhard Löwenthal, »Rainer Bäurichs Manifest«, in *Feindzentrale: Hilferufe von drüben*, hg. von Gerhard Löwenthal, Helmut Kamphausen, und Claus Peter Clausen, 2. Aufl. (Lippstadt: Hilferufe von drüben e. V., 1994), 194-211; siehe auch: Rainer Bäurich, *Manifest eines Christen im Sozialismus* (Bad Oeynhausen: Brüsewitz-Zentrum, 1978); Junge Union Deutschlands, Landesverband Berlin, *Zeuge der Anklage, Nico Hübner* (Berlin: Junge Union Deutschlands, Landesverband Berlin, 1978); Joachim Nawrocki, »Rummel um Nico Hübner: ›Dafür habe ich gesessen‹«, in: *Die Zeit*, 46 (9. November 1979).

125 Eine gewisse Ausnahme in »Hilferufe von drüben«, in: *Hilferufe von drüben* 2/11 (1980), 3.

Die vierte und letzte Seite bestärkte mit Leserbriefen, Interviews und anderen Äußerungen das Vorhergehende. Außerdem wurden hier Passagen aus Gesetzen und Verträgen veröffentlicht, die Antragstellern helfen konnten. Darunter befand sich, ohne weitere Zusätze, immer wieder auch Art. 13 (2) der AEMR. Diese Seite hatte einen aktivistischen Charakter mit einem starken Hang zur Innenpolitik. So wiederholten sich die Klagen über den fehlenden antikommunistischen Widerstand im Westen[126] und unter dem Motto »Menschenrechte sind keine Handelsware!« über die Illegitimität des »Freikaufs«. Letzterer war ohnehin längst zum Ausdruck der sozialliberalen Deutschlandpolitik mutiert – ungeachtet der Tatsache, dass er ursprünglich eine deutschlandpolitische Maßnahme unter Adenauer gewesen war.[127] Das Schlupfloch durch die Hallstein-Doktrin wurde so zu einem Ausdruck einer unwürdigen und gefährlichen Entspannungspolitik. Kurioserweise bauten die *Hilferufe* jedoch auf genau diese Praxis, denn er drängte seiner Sicht nach die Bundesregierung, die benannten Haftfälle »freizukaufen«. Phasenweise verbuchte er gar jede erfolgreiche Ausreise als »Freikauf«.[128]

In den Jahren 1980 bis 1982, also zwischen der Wahlniederlage von Strauß und dem Zerfall der sozialliberalen Koalition, wendete sich das Blatt immer mehr von Berichten über Repressionen in der DDR ab und der innenpolitischen Schlammschlacht zwischen dem BMiB und »den deutschen Menschenrechtsorganisationen« zu. Mit Letzteren meinten die *Hilferufe* allein konservative Organisationen wie die IGfM, das Brüsewitz-Zentrum und den Verein Hvd (die sehr aktiven Sektionen von Amnesty International sowie andere liberale Menschenrechtsbewegungen ignorierte er). Diesen drei Menschenrechtsorganisationen, so beklagten die *Hilferufe*, wolle das BMiB einen »Maulkorb für die Menschlichkeit« verpassen.[129]

126 Vgl. Alexander Solschenizyn, »Der Westen hat den Mut verloren«, in: *Hilferufe von drüben* 1/2 (1978), 4.

127 Joachim Dorenburg, »Menschenrechte sind keine Handelsware!«, in: *Hilferufe von drüben* 1/3 (1978), 4.

128 Bemerkenswerterweise sprach der Hvd in der Auflistung seiner Erfolge in Nummer 5 nur von »in Freiheit«, in Nummer 6 von Personen, die »in die Bundesrepublik Deutschland ausgereist« sind und in Nummer 7 von »Freigekauften«.

129 Gerhard Eberts, »Maulkorb für die Menschenrechte«, in: *Hilferufe von drüben* 2/10 (1980), 1.

Die Zeitschrift wendete sich dabei immer mehr der Klage über die Bundesregierung (»Bonn weicht vor Erpressung«) zu sowie konkreten politischen Forderungen (»Olympia nicht im KZ«)[130] und Durchhaltebotschaften an sich selbst (»Lassen Sie nicht nach!«;[131] »Wir haben es geschafft«).[132]

Mitte der 1980er Jahre kehrte sich die deutschlandpolitische Relevanz von *ZDF-Magazin* und dem Verein Hilferufe von drüben um. Wurde der Hvd als weniger kontrollierbares Anhängsel an die Sendung geboren, mauserte er sich zu einem bleibenden Akteur, der das *ZDF-Magazin* als alternden Dinosaurier am Leben hielt. Als das Programm dann mit Löwenthals glanzloser Verrentung 1987 praktisch und mit der Absetzung der zwischenzeitlich allein von Schenk moderierten Sendung auch faktisch in die Archive verbannt wurde, blieb der Verein. Unbeirrt, ja, durch die steigende Ausreisebewegung gar gestärkt, setzte er bis zum Mauerfall seine Arbeit fort.

Die Rückkehr des »KZ-Staats«

Ein durchgängiger Topos war dabei die zu neuem Leben erweckte »KZ-Staat«-Metapher. Bereits in einer der ersten Ausgaben titelten die *Hilferufe* »Amnestie in der ›DDR‹: Von der Zelle ins KZ« und garnierte dies mit Zitaten von DDR-Bürgern wie »Nun fehlt eigentlich nur noch, daß wir so etwas wie einen Judenstern bekommen, damit wir als Freiwild für jedermann erkennbar sind.«[133] Die Wiederkehr der »KZ-Staat«-Metapher spricht damit nicht nur für die Zeit, in der diese Form des Aktivismus verhaftet war, sondern demonstriert das anhaltende Grundbedürfnis vieler Deutscher, das Leiden des Nationalsozialismus auf sich selbst zu beziehen. Gleichsetzungen prägen den Ton in den *Hilferufen*. Anhand eines Schul-

130 »Bonn weicht der Erpressung«, in: *Hilferufe von drüben* 2/9 (1980), 1 f.; »Olympia nicht im KZ«, in: *Hilferufe von drüben* 2/9 (1980), 3.

131 Waltraud Krüger, Klaus Krüger und Anita Krüger, »›Lassen Sie nicht nach!‹ Brief der Familie Krüger an ›Hilferufe von drüben‹«, in: *Hilferufe von drüben* 3/12 (1980), 1 f.

132 »›Wir haben es geschafft‹«, in: *Hilferufe von drüben* 2/10 (1980), 4.

133 Zit. n. »Amnestie in der ›DDR‹: Von der Zelle ins KZ«, in: *Hilferufe von drüben* 2/7 (1979), 1.

buchvergleichs argumentierte er 1979 in einem längeren Artikel: »Der rote ist so brutal wie der braune Faschismus«.[134] Als Belege für diese Aussage führte die Zeitschrift das Beschweigen unrühmlicher Episoden in der Geschichte des Kommunismus wie den Hitler-Stalin-Pakt an sowie die Tatsache, dass Chruschtschows Geheimrede in ostdeutschen Schulbüchern zwar erwähnt, nicht aber im Volltext abgedruckt wurde (sie dauerte im Original Stunden). Dazu kam die bloße Behauptung, der nationalsozialistische Unterricht zu Rassismus und Euthanasie sei schlicht mit dem Klassenkampf in der DDR »vergleichbar«. Demnach lag die Brutalität des Nationalsozialismus nicht in Angriffskrieg und millionenfachem Massenmord, sondern in seinem dem Kommunismus ganz gleichen »totalitären« Charakter.

Just in diesen Monaten erschütterte Marvin J. Chomskys TV-Serie *Holocaust – Die Geschichte der Familie Weiss* das deutsche Fernsehpublikum. Während sie einen nicht unbeträchtlichen Teil der Deutschen zugunsten einer kritischen NS-Aufarbeitung aufrüttelte, sahen Vertreter von IGfM und Hvd Parallelen zur DDR. Insbesondere ehemalige Bürger des sozialistischen Staates meinten Ähnlichkeiten ausmachen zu können. Auf der Jahresversammlung der IGfM 1979 sagte etwa der führende Hvd-Vertreter Horst Gundermann keine 14 Tage nach der deutschen Erstausstrahlung der Serie *Holocaust*, der Vierteiler »hat mir dies noch einmal mit aller Deutlichkeit vor Augen geführt: [...] Betroffen macht uns immer nur der Schrei, das Leiden, die Qual der Person.« Warum, fragte er in deutlicher Abgrenzung zur Bürgerrechtsbewegung in der DDR, konzentrierten sich die großen Periodika des Landes immer nur auf Prominente? Es habe ihn

bestürzt und nachdenklich gemacht, daß auf der gleichen Titelseite dieser Zeitung[135] nach einem Drei-Spalten-Beitrag über Bahro sich eine Notiz von 8 Zeilen anschloß, aus der man entnehmen konnte, daß ein 24-jähriger Ostberliner Schlosser dem DDR-Staatsratsvorsitzenden Erich Honecker eine persönliche Demonstration vorankündigte, falls man sich auch nach seinem nunmehr 10. Ausreiseantrag in die Bundesrepublik zu keiner Antwort bequemen würde. [...] Und ich betrachte es – wiederum angesto-

---

134 Albert H. Kraus, »Der rote ist so brutal wie der braune Faschismus«, in: *Hilferufe von drüben* 1/4 (1979), 2.

135 Auf welche Zeitung Gundermann verweist, konnte ich leider nicht klären.

ßen von der *Holocaust*-Sendung und im Nachdenken über die Gesamtzahl der Opfer und Einzelschicksale als meine Pflicht und Aufgabe, hier und heute auf diesen unbekannten Bürgerrechtler in der DDR hinzuweisen [...]. Ich frage mich ernsthaft: warum errichten wir kein Denkmal für den unbekannten Bürgerrechtler? [...] Soll die erschütternde Fernsehserie über die Familie Schwarz erst 30 Jahre danach über die Bildschirme laufen?!«[136]

Der relativierende Vergleich zwischen nationalsozialistischer Gewaltherrschaft und der DDR mündete bemerkenswerterweise bereits in dem Moment in einer Gleichsetzung von Opfererlebnissen, in dem breitere Teile der deutschen Gesellschaft überhaupt erst anfingen, sich für den Holocaust zu interessieren. Dem verlieh Löwenthal, der als Jude selbst den Holocaust, die Konzentrationslagerhaft und das Exil überlebt hatte, besondere Kredibilität. Die »KZ-Staat«-Metapher fand nun den Weg zurück in den Alltag. So protestierte 1984 der bereits 1978 aus der DDR-Haft in die Bundesrepublik ausgewiesene Friedrich Bolscheidt* auf der Westseite der innerdeutschen Grenze stundenlang mit einem Schild gegen das »Sowjet-KZ«. Ähnlich der nach seiner Verhaftung wegen versuchter Republikflucht in die Bundesrepublik gelangte Ulrich Möckern*, der sich direkt an das MdI, zahlreiche Bundesstellen und Organisationen wendete, um gegen die Behandlung seiner ausreisewilligen Frau zu protestieren. Sie erleide »Gestapo-Stasi-Verhörmethoden«, mit denen sie »geistig vergewaltigt« und zu Geständnissen gezwungen worden sei, nur um sie in Haft »für die PVC-Produktion skrupellos« auszubeuten und sie »heimlich still und leise sterben zu lassen. Hiermit rufe ich alle internationale-humane Organisationen auf, dieses mitteldeutsches-faschistisch-kommunistisches Verbrechen am deutschen Bürger, durch Bekanntgabe in allen Europäischen-Massenmedien zu bekämpfen [sic].«[137]
Der Vergleich mit dem NS-Staat wurde schnell zum Superlativ. Als der CDU-Abgeordnete Hans Graf Huyn im Bundestag erklärte, »daß in dem Stacheldraht- und Mauerstaat, der sich ›Deutsche Demokratische Republik‹ nennt, die Rechte der Menschen noch nie so mit Füßen getreten worden sind wie heute«, sprachen die *Hil-*

---

136 Horst Gundermann, »Drei Jahre nach der Ausbürgerung aus der DDR«, in: *Konservativ heute* 10/3 (1979), 148 f.
137 BStU AdZ, ZKG, II 259, 53.

ferufe von der »Parlamentsrede des Jahres 1979« und druckten den Vortragstext ab. Als Titel wählte die Redaktion: »Noch nie wurden die Rechte der Menschen so mit Füßen getreten!«[138] Die DDR, implizierten die *Hilferufe* immer wieder durch solche Tricks, überbot sogar den Nationalsozialismus in seiner Grausamkeit – und überließ die Schlussfolgerungen hinsichtlich des Wertes der Entspannungspolitik seinen Lesern. Denn wenn die DDR ein KZ-Staat war, war dessen Bekämpfung keine politische Option, sondern eine moralische, unbedingte Pflicht und die Unterstützung der Ausreisenden keine Migrationshilfe, sondern dringende Lebensrettung. Die Ironie, dass ausgerechnet in den im Vereinsorgan abgedruckten »Hilferufen« die Ausreisenden aneinandergereiht und fortlaufend nummeriert wurden, schien niemandem sauer aufzustoßen. In ihrer Menge sollten sie nicht nur persönlich »befreit« werden, sie standen kollektiv für die »Befreiung vom Kommunismus«.[139] In der Spirale des Äußersten gefangen, radikalisierten sich die *Hilferufe* angesichts der schwankenden sozialliberalen Koalition immer weiter, bis er 1982 der DDR »[g]ezielte Menschenvernichtung« und »Vernichtungshaft« vorwarf. Kurzum: »Der Sozialismus ist das Ende des Menschseins.«[140] Aus diesem Denken heraus musste eine jede Annäherung an die SED, wie sie die SPD seit nunmehr über einem Jahrzehnt betrieb, zutiefst verwerflich erscheinen.[141] Dabei blieb allerdings unreflektiert, dass der Verein Hvd vor allem auf die Häftlingsbefreiung und damit auf den »Freikauf« baute, dessen In-

---

138 Hans Graf Huyn, »Die Parlamentsrede des Jahres 1979 von Hans Graf Huyn«, in: *Hilferufe von drüben* 2/8 (1980), 3.

139 Vgl. Bernd Stöver, *Die Befreiung vom Kommunismus: Amerikanische Liberation Policy im Kalten Krieg 1947-1991* (Köln, Weimar: Böhlau, 2002).

140 Olaf Tatsch und Manfred Schulz, »Haftzeugen: Gezielte Menschenvernichtung«, in: *Hilferufe von drüben* 5/18 (1982), 1; Junge Union und Hilferufe von drüben, »Aufkleberabdruck: Rettet Rainer Bäurich! aus der Vernichtungshaft der ›DDR‹«, in: *Hilferufe von drüben* 5/18 (1982), 1; Rainer Bäurich, »Bäurich: ›Der Sozialismus ist das Ende des Menschseins‹«, in: *Hilferufe von drüben* 5/18 (1982), 1.

141 »Bonn weicht der Erpressung«; »Bedrohte West-Kontakte«, in: *Hilferufe von drüben* 2/9 (1980), 1f.; »Brief an den Bundeskanzler: Die drüben haben kein Vertrauen mehr«, in: *Hilferufe von drüben* 2/10 (1980), 1; dies galt – wenngleich nur punktuell – auch für die CDU, wenn sie wie 1988 das offizielle Gespräch mit der SED suchte; vgl. Gerhard Löwenthal, »Verdeckter Bürgerkrieg«, in: *Hilferufe von drüben* 11/41 (1988), 2.

stitutionalisierung – in all seiner Ambivalenz – eines der wichtigen Ergebnisse ebenjener verhassten Annäherungspolitik war.[142]

Relevanzwahrnehmung als »Feindzentrale«

Bestandteil des großen Sendungsbewusstseins des Hvd war die Betonung seiner eigenen Bedeutung. An erster Stelle stand dabei die Behauptung, erfolgreiche Ausreisen beruhten auf der Veröffentlichung der Fälle. Dabei gab der Verein keine Belege oder Quoten an, sondern berief sich auf gelöste Fälle, die ihrerselbst Beweis genug seien. Damit bemühte er eine Kausalität, die weder zu verifizieren noch zu falsifizieren war. Vor allem wenn die Ausreise kurz nach einem Bericht im vereinseigenen Organ folgte, reklamierte der Hvd den schnellen Erfolg für sich. Diesen Eindruck der unmittelbaren Wirkung bestärkten in den *Hilferufen* abgedruckte Dankesbriefe von Ausgereisten. Als die Fernsehsendung *Monitor* 1980 kritisch über den Hvd berichtete, sprang der *Hilferufe*-Leser Franz-Josef Koch dem Hvd zur Seite und beschwerte sich bitter über die Nichtwürdigung von dessen Arbeit.[143] Auch der empörte Aschaffenburger Josef Zeller forderte eine Richtigstellung. Er habe mit 25 Familien Kontakt gehabt, darunter fünf bereits »Freigekaufte«. Sie hätten allesamt bestätigt, dass dies nur aufgrund des Hvd geschehen sei. »Tausende haben Herrn Löwenthal schon gedankt, daß er ihnen zur Ausreise verholfen hat.«[144] Die *Hilferufe* druckten solche Briefe häufiger ab, wobei erneut die Behauptung der Wahrheit als deren Beleg gelten sollte.

Der Behauptung, Öffentlichkeit vereinfache die Ausreise, widersprachen jedoch viele Kritiker. So verkündete der Sprecher der FDP-Bundestagsfraktion Eberhard Hofmann 1976 in der *Berliner Morgenpost*, dass »durch »offene Gespräche, die nicht unter öffentlichem Trommelwirbel stattfinden«, 1975 zehnmal so viele DDR-Bürger per Familienzusammenführung ausreisen konnten wie

---

142 Siehe z. B. den Erfahrungsbericht »Die letzten Tage vor dem Freikauf«, in: *Hilferufe von drüben* 2/11 (1980), 2.

143 Franz-Josef Koch, »»Ihre Anstrengungen herabgewürdigt««, in: *Hilferufe von drüben* 210 (1980), 2.

144 Josef Zeller, »Lügen aufgetischt! Das ist eine Schande!«, in: *Hilferufe von drüben* 2/10 (1980), 2.

1970.[145] Derartige Behauptungen stehen bis heute gegen die Behauptungen des Vereins Hvd. Der Gegensatz löst sich aber letztlich wie auch bei der IGfM dahingehend auf, dass sämtliche Akteure im Migrationsregime agierten und dass der sekundäre Anspruch des Hvd primär tertiäre Folgen zeitigte.

Zweitens sah sich der Verein, ganz wie Löwenthal selbst, in der Bundesöffentlichkeit als Wächter der Freiheit gegen den angeblich repressiven Medienmainstream. Löwenthal polarisierte derart, dass selbst das MfS unter konservativen Akteuren zu differenzieren begann. Denn »eingestandenermaßen« würde die Sendung »nur von Springer-Presse […] und anderen rechten Blättern unterstützt«, »entspannungswilligere Kräfte«, inklusive des CDU-Mitglieds und ZDF-Intendanten Karl Holzamer, seien hingegen um die Absetzung oder zumindest Entschärfung des Programms bemüht.[146] Aber der Hvd setzte verstärkt auf Angriffe auf seine Kritiker. Immer wieder wetterte er gegen die »Moskau-Fraktion« im WDR. Als der *Monitor* sehr kritisch über den Verein berichtete, kommentierten die *Hilferufe*, solche Berichte gegen Amnesty International seien in England nicht möglich, da die Briten ein Gefühl »für nationale Würde« und »ein feines Gespür für gewisse kommunistische Taktiken jenseits der Teilungslinien in Mitteleuropa« besäßen.[147] Alle außer dem Hvd und seinen Verbündeten erschienen kommunistisch unterwandert.

Das Bild des einsamen Kämpfers relativiert sich jedoch, wenn man bedenkt, dass Löwenthal in den Jahren 1977 und 1978 für seine Moderation des »Hilferufs« die Goldene Kamera erhielt. Löwenthal verfügte stets über bedeutende Unterstützer. In den 1970er Jahren saßen diese zwar nicht auf der Regierungsbank, aber in diversen Chefetagen, in den Führungsriegen konservativer Zusammenschlüsse (denen Löwenthal teilweise vorstand) und in der nach der Regierungsgewalt dürstenden CDU/CSU. Immer wieder setzten sich Bundestagsabgeordnete für eine Förderung seines Vereins durch Bundesmittel ein, so bereits wenige Monate nach

145 Zit. n. BStU AdZ, ZKG, 16 627, 2 f.
146 BStU AdZ, ZKG, 16 627, 2.
147 Claus Jäger, »›Moskau-Fraktion im WDR‹, Presseerklärung«, in: *Hilferufe von drüben* 2/10 (1980), 2; Klaus Einar-Langen, »Schweigen oder in die Öffentlichkeit«, in: *Hilferufe von drüben* 2/10 (1980), 2; »Monitor im Kreuzfeuer: Unwürdig!«, in: *Hilferufe von drüben* 2/10 (1980), 2.

der Gründung der Lippstädter CDU-Bundestagsabgeordnete Hermann Kroll-Schlüter im Bundestag.[148] Auch wenn aus der Förderung nichts wurde: Über eine solche Aufmerksamkeit durften sich nur wenige Initiativen, egal welcher Ausrichtung, freuen.

Als die CDU/CSU auf die Regierungsbank rückte, musste der Hvd schnell erkennen, dass Kohl zwar seine Rhetorik anpasste, in der praktischen Deutschlandpolitik aber weiterhin auf Entspannung und Dialog setzte. Bereits 1984 lamentierten die *Hilferufe* darum: »Warum zählt unsere Arbeit in Bonn so wenig«?[149] In den letzten Jahren der Mauergesellschaft rückte der Hvd immer weiter nach rechts. Auch wenn Löwenthal nie Mitglied einer rechtsextremen Partei wurde, fungierte er doch aus dem Ruhestand heraus als Mittler für den rechten Rand der CDU, als dieser kurzzeitig Tuchfühlung zu den immer erfolgreicher werdenden Republikanern aufnehmen wollte.[150] Dabei ist aber bedeutend, dass Organisationen wie der Hvd und die IGfM immer auf dem Boden der bundesdeutschen Grundordnung blieben, die Ausreisenden aber nicht unbedingt. Denn obwohl diese oft als Gruppe gesehen werden, waren sie keine. Sie deckten selbstverständlich die gesamte gesellschaftliche Breite ab. Unter ihnen fanden sich Rechtsradikale wie Arnulf Priem, Gründer der zwischen 1974 und 1984 als Verein registrierten gewalttätigen und neonazistischen Kampfgruppe Priem, sowie seine ebenfalls aus der DDR »freigekauften« Mitstreiter Wolfgang Rahl und Alexander Hensel.[151]

Zu berücksichtigen ist außerdem, dass der Hvd vom MfS beobachtet wurde. In der DDR blieben der Verein und verwandte Organisationen weitgehend unbekannt. Nur sehr wenige sprachen über sie oder verbreiteten gar Abzüge ihrer Publikationen, dienten also im Jargon des MfS als »›Empfänger und Verstärkerstation‹ der rechtswidrigen Aktivitäten«.[152] Aber Mielkes Männer erachteten das *ZDF-Magazin* seit Anfang der 1970er Jahre aufgrund des

148 BT-Plenarpr. VIII/194, Anlage 155.

149 »Warum zählt unsere Arbeit in Bonn so wenig? Jahresbericht 1983 des Vorstandes von ›Hilferufe von drüben‹«, in: *Hilferufe von drüben* 7/24 (1982), 4.

150 Vgl. z. B. »Durch den Rost«, in: *Der Spiegel* 44 (1989), 32.

151 Daniel Koehler, *Right-Wing Terrorism in the 21st Century: The »National Socialist Underground« and the History of Terror from the Far-Right in Germany* (London, New York: Routledge, 2017), 85, 208 f.

152 BStU AdZ, ZKG, 15668, 2.

strikten Anti-Annäherungskurses Löwenthals als feindlich, was sich nach dem Start des Sendungssegments »Hilferufe von drüben« nur weiter verschärfte.[153] Genauestens notierte das MfS Löwenthals Pläne, ein Bonner Büro einzurichten. Umfassende Zersetzungsmaßnahmen scheinen jedoch erst mit der Etablierung des Vereins und der erwartbaren Präsenz eines neuen Akteurs in der Mauergesellschaft begonnen zu haben. In den 1980er Jahren führte dies zu umfangreichen Konzeptionen, den Hvd »zurückzudrängen«.[154]

Nicht unterschätzt werden darf dabei eine früh vom MfS in Auftrag gegebene Studie.[155] Das überlieferte Dokument ist undatiert, aus dem Inhalt lässt sich aber ableiten, dass es zwischen der Einführung des Sendungssegments der »Hilferufe von drüben« und der Gründung des Vereins Hvd, also vermutlich Ende 1977 oder Anfang 1978, angefertigt wurde. Die Studie legte ein wegweisendes Interpretationskonzept für die »feindlichen« Aktivitäten von IGfM, Hvd und anderen Organisationen vor. Erstellt wurde die externe Studie für das MfS durch drei Akademiker: Werner Rosenberg und Siegfried Stübner vom Institut für Internationale Politik und Wirtschaft in Ost-Berlin sowie dem Völkerrechtler Manfred Mohr von der Humboldt-Universität. In ihrer Analyse der Tätigkeit der IGfM, des *ZDF-Magazins* inklusive des Segments »Hilferufe von drüben«, des Axel-Springer-Inland-Dienstes und einiger kleinerer Initiativen betonten sie, der Hauptangriff läge in der Zuwendung zum Themenfeld Auswanderung und vor allem zur Ausreisefrage. Der Schwerpunkt der Aktivitäten dieser Organisationen sei darin zu sehen, dass eine Konfrontation der Bürger mit dem Staat »herbeigeführt« werde, dass Einzelfälle »als Märtyrer glorifiziert« würden und dass diese Fälle unter Berufung auf die Menschenrechte sich wiederum als Instruktionen für weitere Anträge deuten ließen.[156] Menschenrechte aber, so die Autoren, könne man gar nicht von der DDR einfordern, weil die Sowjetunion von jeher für diese eintrete. Darum seien alle diese Aktivitäten als »ein unmittelbarer und schwerer Angriff auf die Personalhoheit der DDR« einzuschät-

---

153 Grundlegend dazu BStU AdZ, HA IX, 1061.
154 Vgl. z. B. die Konzeption von 1984 in BStU AdZ, HA IX, 3586, 137-185; zu 1985 und 1986, siehe BStU AdZ, ZKG, 11543.
155 BStU AdZ, HA XX, 8977, 1-79.
156 BStU AdZ, HA XX, 8977, 31 f.

zen.[157] So lag es diesen Wissenschaftlern zufolge »im Interesse des friedlichen Zusammenlebens der Völker« und sei zudem auf »der Grundlage der europäischen Friedensordnung auf der Grundlage der in Helsinki bekräftigten Prinzipien« sogar »zwingend geboten, die Existenz und Tätigkeit solcher Organisationen, Einrichtungen und Gruppen zu bekämpfen und zu unterbinden«.[158] Der Bericht lieferte Munition, die das MfS für seine Zersetzungsmaßnahmen und Ausreisebekämpfung dankbar entgegennahm.

Eine Schwachstelle des Hvd war, dass er im Gegensatz zu Amnesty International keine eigene akribische Recherscheabteilung betrieb. Er war darum weitgehend auf Informationen in den Zuschriften angewiesen. Um sich nicht mit Unwahrheiten zu blamieren, pflegte der Hvd darum intensive Kontakte mit westdeutschen Verwandten und Bekannten, um die an ihn herangetragenen Fälle zu verifizieren. Während das MfS mit seiner Strategie in der IGfM für viel Unruhe sorgen konnte, biss es sich am Hvd trotz eines umfangreichen Operativen Vorgangs die Zähne aus. Um den Verein dennoch zu diskreditieren, konzentrierte sich das MfS darum ab einem gewissen Punkt auf die Frage, ob die veröffentlichen Fälle im Konsens mit den Betroffenen publik gemacht worden waren. In der Tat gab es eine nennenswerte Anzahl, die zumindest dem MfS zufolge ohne eigenen Zuspruch von Westverwandten an den Hvd herangetragen worden waren.[159] Da dies aber nicht die Fakten rund um die Fälle berührte, konnte das MfS damit wenig erreichen. Denn dank seiner Struktur war der Verein deutlich besser abgeschirmt als die IGfM. Auch gab es aufgrund der straffen personellen Führung keine vergleichbaren internen Querelen, so dass es dem MfS nicht gelang, interne Informanten anzuwerben oder einzuschleusen. Die dauernden Fehlinformationen und Zersetzungsmaßnahmen verlangten dem Hvd durchaus Energie ab. Aber er zog daraus auch seine Legitimation. Als der Verein Wind davon bekam, dass Erich Mielke ihn neben anderen Organisationen wie der IGfM, der Notgemeinschaft Freie Berliner und der Hilfsaktion Märtyrerkirche in einer Geheimrede als »Feindzentrale« charakterisiert hatte, nutzte der Hvd dies stolz, um sich mit Verweis auf Lenin von den – in den Worten des Hvd – »nützlichen Idioten«

157 BStU AdZ, HA XX, 8977, 12, 25.
158 BStU AdZ, HA XX, 8977, 43.
159 BStU AdZ, HA IX, 17186, 23-25.

des SED-Staates wie Heinrich Böll und den Aktivisten von Amnesty International abzugrenzen.[160] Diese Einschätzung durch den Gegner im Kalten Krieg empfand der Hvd als Adelung: Gerhard Löwenthal, Helmut Kamphausen und Claus P. Clausen betitelten die retrospektive Selbstdarstellung des Vereins 1993 mit *Feindzentrale: Hilferufe von drüben*.[161]

IGfM und Hvd: Wirkung durch Lautstärke

Die Wirkung der zahlreichen Porträts des Hvd sind dabei ähnlich wie die der IGfM einzuschätzen. Löwenthal sah sich als sekundärer Akteur eines Migrationsregimes, dessen Handeln eine direkte Auswirkung auf die Migrationsmöglichkeiten besaß, wirkte de facto aber diskursiv, also tertiär, auf die Mauergesellschaft ein. Um Erwartungen zu dämpfen, bemängelte er in Sendungen und Antwortschreiben wiederholt die »[b]ei vielen Bürgern hüben wie drüben« bestehende »falsche Vorstellung, man könne DDR-Bürger ohne deren eigenes Zutun herausholen«.[162] Ob dies tatsächlich jemand glaubte, ist aus den vorliegenden Akten nicht nachvollziehbar. Vor allem vertrat Löwenthal vor einem Millionenpublikum die These, dass Ausreisen nur durch Lautstärke und vom Westen aus nur im Kampf gegen die DDR erzwungen werden konnten. Dabei spielte der Verein Hvd ein doppeltes Spiel: Zum einen polemisierte er gegen den »Freikauf« als unlauteren Menschenhandel und betonte, »[n]ur öffentliche Aktionen können unseren Brüdern« helfen.[163] Zugleich aber sandte er sämtliche Zuschriften an das BMiB weiter – und baute so schweigend doch auf die Ergebnisse der deutsch-deutschen Verhandlungen.[164]

In der Öffentlichkeit und vor allem im Bundestag hingegen kollidierten die polarisierten und jeweils überzogenen Erwartungen an den westdeutschen Einfluss. Während einer hitzigen Debatte beschwerte sich Minister Franke 1976, von der Opposition »wurde

160 »Stasi-Chef Mielke in einer Geheimrede: Feindzentrale in Lippstadt«, in: *Hilferufe von drüben* 3/13 (1981), 1.
161 Vgl. Löwenthal/Kamphausen/Clausen, *Feindzentrale*.
162 BStU AdZ, HA XI, 14 479, 17.
163 BStU AdZ, HA XI, 14 479, 14.
164 BStU AdZ, HA XI, 14 479, 30.

in Anspruch genommen, daß der laute Protest zum Erfolg geführt habe. Das Gegenteil ist der Fall.« Als er darauf beharrte, allein der diskrete Austausch sei zielführend, quittierten die CDU/CSU-Abgeordneten dies mit Lachen und »Erzählen Sie uns doch keine Märchen!«[165] Tatsächlich sahen beide Seiten jeweils nur einen Ausschnitt. In Einzelfällen führte lautes Trommeln zur Freilassung aus der Haft, in vielen Fällen geschah dies durch stilles Verhandeln bzw. im Rahmen des institutionalisierten, aber streng vertraulichen »Freikaufs«. Oft dürfte sich das eine und das andere überlagert haben. Meine Recherchen haben jedoch keinen Fall zutage gefördert, bei dem das MfS nicht inhaftierte Ausreisewillige nachweislich allein aufgrund des lauten Trommelns gehen ließ. Als viel bedeutender erachte ich darum die indirekte Wirkung in Form dreier diskursiver Faktoren. Erstens sendete primär das *ZDF-Magazin* erfolgreich und breitenwirksam Anleitungen zum Antragstellen in die DDR. Auch die IGfM streute solche Informationen zwar vor allem in der Bundesgesellschaft, aber von hier aus fanden sie auf verschlungenen Pfaden als Informationen oder Gerüchte ihren Weg in den Osten. Sie hatten also Anteil an der Entstehung der Techniken der Ausreise. Zweitens verschickten Hvd, IGfM, aber auch HWHH und viele andere Durchhaltebotschaften an die Ausreisewilligen und die Verwandten und Bekannten. Im jahrelangen Prozess der Ausreise spielten diese eine ganz wichtige Rolle. Drittens diente der Verweis darauf, möglicherweise durch Kontakt zum Hvd oder zur IGfM die Öffentlichkeit zu suchen, als wichtiges Element in Ausreiseersuchen.

Dabei unterlag aber auch der SED-Staat einer obskuren Kausalargumentation. Da er Antragsteller als durch den Westen verführt, wenn nicht von ihm gesteuert erachtete, verstand er Sendungen, Flyer oder Briefe mit Hinweisen zur Antragstellung nicht als Hilfestellung in einem durch die Lebenserfahrung des Antragstellers ausgelösten Prozess, sondern als ursächlich für deren Begehren.[166] Das MfS befürchtete Ende der 1970er Jahre tatsächlich, Löwenthal beabsichtige, »die Behörden der DDR mit einer Flut von Ausreiseanträgen zu überschütten«.[167] Als Gegengift erstellte es Ende 1976 eine Liste, in der die im *ZDF-Magazin* erwähnten Rechts-

165 BT-Plenarpr. VII/218, 29. Januar 1976, 15175.
166 Vgl. BStU AdZ, HA IX, 14462, 1-13, 266-70.
167 BStU AdZ, ZKG, 16627, 3.

grundlagen gesammelt wurden. Detailliert stellte das Ministerium diesen Informationen Paragrafen und Aspekte gegenüber, die den Zuschauern »vorenthalten« würden. In bemerkenswerter Art ließ sich das MfS so auf die Methoden der Antragsteller ein, indem es versuchte, deren rechtliche Argumentation durch eine eigene zu kontern.[168] Da allerdings die meisten Aufrufungen von Argumenten eher emotionaler Natur waren, auch wenn sie vorgaben, sich auf bestimmte juristische Konstruktionen zu stützen, war das ein aussichtsloses Unterfangen. So setzte das MfS diesem Spiel nur wenige Monate später durch das Signum der »Rechtswidrigkeit« der Anträge ein Ende, übernahm jedoch die Kernaspekte dieser Aufstellung in die späteren »Argumentationshilfen« für den Umgang mit Antragstellern.

Die Lage ganz realistisch einschätzend, befürchtete das Ministerium, dass zukünftig verstärkt private Organisationen den anlaufenden KSZE-Prozess für ihre Zwecke nutzen würden. Es sei abzusehen, dass zunehmend bundesdeutsche Organisationen »in demagogischer Weise durch Aushöhlung und einseitige Berufung sowie Interpretation von Völkerrechtsdokumenten« die Bundesregierung drängen würden, sich »in die inneren Angelegenheiten der DDR einzumischen«.[169] Besonders sorgte sich das MfS vor öffentlichen Anklagen in westdeutschen Medien, insbesondere in Funk und Fernsehen, die in der DDR zu empfangen waren.[170] Verstärkt versuchten diese, mit »Kampagnen zur ›Zwangsadoption‹, ›Bürgerrechtsbewegung‹, ›Familienzusammenführung‹ und ›Ausreise aus der DDR‹ über die mit viel Lärm inszenierten Spektakel ›Brüsewitz‹, ›Biermann/Havemann‹, ›Nitzschke‹ [sic] möglichst große Teile der DDR-Bevölkerung zu zersetzen, ihnen ein Gefühl des Mitbetroffenseins einzuhämmern«.[171] Dies könnte Ausreiseantragsteller dazu motivieren, auf solche Kanäle zurückzugreifen, und ihnen damit nur neues Futter liefern. Darüber hinaus sorgte sich das MfS vor Westdeutschen, die durch Kontakte und Besuche die Botschaft und die Informationen des Hvd, der IGfM und ähnlicher Organisationen in die DDR tragen konnten.

Nach dem Abdruck der Zuschrift eines Briefes von Karl Stern-

168 BStU AdZ, HA IX, 4415, 1-8.
169 BStU AdZ, HA IX, 4785, 146.
170 BStU AdZ, HA IX, 4785, 152-5.
171 BStU BV Potsdam, Abt. II 848, 30 f.

berger* im *Hilferufe*-Jahr 1980, der angab, mit Dutzenden Ausreisewilligen oder Ausgereisten in Kontakt zu stehen, recherchierte das MfS aufgeregt, um welche Personen es sich handeln könne und wie diese einzuschätzen seien. Es stellte sich heraus, dass diese Personen tatsächlich existierten, seit einigen Jahren ihre Ersuchen betrieben, dass teilweise schon OVs gegen sie liefen und dass auch seit 1979 Kontakt mit Sternberger* bestand. Der unbedachte Brief Sternbergers* an die *Hilferufe* (und dessen noch viel unüberlegterer Abdruck) erhielt für diese Familien nun »operative Bedeutung«, denn er verband die Familien in den Augen des MfS – ohne deren Wissen – direkt mit dem als feindlich eingestuften Hvd.[172] Wie viel Wahrheit lag in diesem Verdacht?

Sternberger* hatte die ihm großenteils unbekannten Ausreisewilligen aus heiterem Himmel angeschrieben. Er hatte ihnen einen Umschlag geschickt, in dem sich lediglich eine unbeschriftete Karte mit einem kirchlichen Motiv befand. Woher Sternberger* die Adressen hatte und wie viele Personen er insgesamt anschrieb, bleibt ungeklärt. Die Adressaten interpretierten seinen Gruß jedenfalls als Durchhaltebotschaft. Aus ihren Dankesschreiben entwickelte sich ein Austausch, in dessen Verlauf Sternberger* erst Grüße und Ermutigungen, dann auch Süßigkeiten, Westgeld und Secondhand-Kleidung schickte. Dieser Zuspruch hätte die Familien dem MfS zufolge motiviert, weiterhin Anträge zu stellen. Aus den Fragmenten reimte sich das MfS nach Abdruck des Leserbriefs zusammen, dass Sternberger* »für solche Organisationen wie die ›GFM‹ und de[n] Verein ›Hilferufe von drüben‹ tätig« sein müsse.[173] Dankesbriefe an ihn gerieten damit potentiell zur ungesetzlichen Verbindungsaufnahme (nach § 219 StGB der DDR), was in einem Fall bereits justiziabel geworden war.[174] Etwas später war sich das MfS sogar sicher, dass Sternberger* aktiv mit dem Hvd zusammenarbeitete. Verschlimmert wurde die Sache dadurch, dass »er in seinem Vorgarten einen Schaukasten mit Informationen der örtlichen CSU hat«.[175] So konstruierte das MfS ein Netzwerk um Sternberger*, dessen »leitende Kontaktpartner« nicht nur den

172 BStU AdZ, ZKG, 10968, 7.
173 BStU AdZ, ZKG, 10968, 57.
174 BStU AdZ, ZKG, 10968, 59, der Ausgang des Prozesses ist aus den Akten nicht erkennbar, von einer Verurteilung ist auszugehen.
175 BStU AdZ, ZKG, 10968, 63.

Stadtrat von Aschaffenburg und einen »Klaus Klausen (oder Clausen)« umfassten, sondern pikanterweise auch einen »Rechtsanwalt Vogel in Berlin«, zu dem der berichtende Oberstleutnant scheinbar unwissend notierte, dass »eine konkrete Angabe zu dieser Person […] nicht möglich« sei.[176]

Je intensiver das MfS ermittelte, desto feindlicher schien Sternberger* zu werden.[177] Nach knapp vier Jahren konnte das MfS im Juni 1983 seine Ergebnisse zusammenstellen. Demnach hatte Sternberger* mit 14 Antragstellern Kontakt, gegen die mittlerweile sämtlich ein OV lief, was wiederum verdachterhärtend gegen Sternberger* wirkte.[178] Diese Familien pflegten Kontakt zu Personen, die ihrerseits in den Deutungen des MfS mit der IGfM in Verbindung standen. So festigte sich der Eindruck eines umfassenden konspirativen Netzwerks. Dass Sternbergers* Leserbrief von der doppelten Zahl sprach, trieb die Ermittlungsmaschine des MfS nur weiter an. So geriet der Kontakt zu Sternberger* zur Straftat und er zur »Feindperson«. Entsprechend alarmiert reagierte die ZKG im Jahr 1984, als sie erfuhr, dass ein Karl Sternberger* mit einer Delegation in die DDR eingereist war. Sie alarmierte die Bezirkskoordinierungsgruppe und trieb sie zu Nachforschungen über die gesamte Delegation an. Diese führten aber zu keinem Ergebnis, denn dieser Karl Sternberger* hatte außer dem Namen nichts mit dem Briefeschreiber gemein.[179]

Nach jahrelangen Untersuchungen lag gegen Sternberger* lediglich vor, dass er Briefe geschrieben hatte. Die Auswirkungen auf die Einschätzung der Antragsteller waren jedoch enorm. Diese hätten sich aufgrund ihrer Westkontakte »zu hartnäckigen rechtswidrigen Antragstellern herausgebildet, die mit Haß gegen den Sozialismus feindliche Stellen unterstützen, um die Interessen der DDR zu schädigen und die Übersiedlung in die BRD zu erzwingen«.[180] In dieser kurzen Einschätzung werden drei sich wiederholende Verkehrungen des MfS im Hinblick auf die neuen Akteure der Mauergesellschaft und die Antragsteller deutlich. Erstens sei die Repression nicht die Ursache, sondern die Folge von Ausreisebegehren und

176 BStU AdZ, ZKG, 10 968, 63.
177 BStU AdZ, ZKG, 10 968, 11-52.
178 BStU AdZ, ZKG, 10 968, 121-3.
179 BStU AdZ, ZKG, 10 968, 84 f.
180 BStU AdZ, ZKG, 10 968, 8.

des Kontaktes zu »feindlichen« Organisationen. Zweitens leisteten die Antragsteller angeblich den westdeutschen Gruppen Hilfe und nicht umgekehrt. Und drittens würden die Antragsteller ein politisches Ziel – nämlich die Schädigung der DDR – verfolgen und nicht aufgrund der Lage im SED-Staat das Weite suchen.

Inwiefern half den Antragstellern nun die Unterstützung durch Sternberger* und den Hvd? Von den Personen, die dem MfS bekannten waren, befanden sich im Juni 1983 sechs noch in der DDR, acht waren bereits ausgereist.[181] Von den Ausgereisten wurden fünf aus der Haft in die Bundesrepublik »freigekauft«, wobei die meisten scheinbar wegen ihrer Westkontakte verurteilt worden waren. Bei fünf der Ausgereisten hatte der Kontakt zu Sternberger* als Argument für eine Inhaftierung gedient. In drei Fällen löste der Kontakt kein Urteil aus und hatte auch keine nachweisbaren Folgen für die Ausreiseerlaubnis. Dass der Kontakt oder die westdeutsche Öffentlichkeitsarbeit überhaupt eine Wirkung hatte, ist nur an zwei Fällen erkennbar: Ein Betroffener konnte nach der Veröffentlichung eines Briefwechsels, also konkret infolge westdeutscher Öffentlichkeitsarbeit, »freigekauft« werden. Andererseits wurde eine Person explizit wegen ihres Briefverkehrs in den Westen verurteilt und kam erst nach langer Haft frei. Mit Blick auf den Stand im Frühsommer 1983, also knapp vier Jahre nach Sternbergers* Aktivitäten, ließ sich nicht mit Bestimmtheit sagen, ob sein Einsatz positive oder negative Auswirkungen hatte.

Schaut man sich die Fälle der Personen an, die sich zu jener Zeit noch in der DDR aufhielten, so überwiegen die dunkleren Töne. Von diesen sechs wurden fünf verurteilt, nur einer konnte 1984 ohne zwischenzeitliche Haft ausreisen. Die Urteile erfolgten sämtlich wegen postalischer Verbindungen, zwei wegen landesverräterischer Nachrichtenübermittlung (§ 99 StGB der DDR), drei wegen landesverräterischer Agententätigkeit (§ 100 StGB der DDR). Nur einer dieser Fälle wurde in der Bundesrepublik publik, doch alle gingen mehr oder weniger denselben Weg. Bis Mitte 1984, dem letzten Stand der Akte, wurden vier »freigekauft«, allesamt nach 18 bis 22 Monaten Haftzeit. Die Person, deren Fall als einziger öffentlich bekannt wurde, kam nach 21 Monaten frei, ein besonderer Vorteil durch die Veröffentlichung ist also nicht festzustellen, geschwei-

181 BStU AdZ, ZKG, 10 968, 121-3.

ge denn bewahrheitet sich hier das Postulat von Hvd und IGfM, der Weg in den Westen führe über die Öffentlichkeit. Anders als kritische Schriftsteller, Schauspieler oder vernetzte Aktivisten besaßen sie keinen Schutzraum durch Prominenz, jedoch verschafften gezielte Kampagnen ihnen diesen nach der Verhaftung. Die Kampagnen steigerten so in erster Linie den Druck auf die Bundesregierung, sich dieser Fälle in den zwischenstaatlichen Aushandlungen aktiv anzunehmen.

Hoffnungsträger UNO

Während der Verein Hilferufe von drüben und die Internationale Gesellschaft für Menschenrechte in der Bundesrepublik Prominenz erlangten, waren sie für viele Antragsteller zu radikal, zu gefährlich – und den meisten einfach gänzlich unbekannt. Wenn sich ihr Blick Hilfe suchend auf die andere Seite der Mauer richtete, dann wanderte er oft nach Genf, dem Sitz der UN-Menschenrechtskommission. Immer mehr der Antragsteller bezogen sich nicht nur auf internationale Dokumente, sondern versuchten ihren Fall an den Briefkontrollen des MfS vorbei direkt an internationale Organisationen heranzutragen. Damit wendeten sich die Antragsteller an Stellen, die die DDR nicht nur vollumfänglich anerkannt hatte, sondern in die sie erst kürzlich nach langem Ringen aufgenommen worden war. Die Organe des Staates konnten diese Organisationen also nicht einfach als feindliche Institutionen darstellen.

Um dennoch gegen diese Kontaktversuche vorzugehen, erfand der SED-Staat das Argument des »Missbrauchs der UN-Menschenrechtskommission«.[182] Der Logik folgend, dass ein Staat, der sich wie die DDR zu Menschenrechten bekenne, nicht gegen diese verstoßen könne, wurden Beschwerden über Verstöße zu Verleumdung und Hetze. Dabei griffen die Organe auf bereits kurz nach Mauerbau genutzte Argumentationsmuster zurück. Nachdem sich das Kuratorium Unteilbares Deutschland mit einigen Beschwerden über die DDR an die UN gewendet hatte, verfasste das Ministerium für Auswärtige Angelegenheiten seinerseits ein Beschwerdeschreiben, in dem es dem KUD »Verletzung der Men-

---

182 PAAA, MfAA LS-A 461, Protokoll 21. Kollegiumssitzung 1. Oktober 1962, 9-12.

schenrechte bei Provokationen an der Staatsgrenze« vorwarf. Feder-führend hierbei war niemand Geringeres als der Verfassungsrecht-ler Peter Alfons Steiniger, Vater der ersten Verfassung der DDR. Das Schreiben sollte klarstellen, dass der SED-Staat der alleinige Garant der Menschenrechte seiner Bürger sei. Zudem sollte »der Gedanke der Zuständigkeit der Vereinten Nationen für die deut-sche Problematik vermieden werden«.[183] Diese beiden Prinzipien prägten auch das Verhalten des SED-Staates, als Jahre später immer mehr ihrer Bürger Beschwerden an die Menschenrechtsgremien der UN sandten. Mantrahaft wiederholten das MdI und das MfS in Leitfäden, »Aussprachen« und Schulungen, dass die UN für die Fragen der Ausreise nicht zuständig sei.

Dennoch schrieben Tausende an die Vereinten Nationen. Da die entsprechenden Archive geschlossen sind, muss die Frage nach den Wirkungen dieser Schreiben hier allerdings offenbleiben. Was verfügbar ist, sind anekdotische Evidenzen. So schilderte ein UN-Mitarbeiter der in Genf nach einem Ansprechpartner suchenden Brigitte Klump Anfang der 1980er Jahre, dass es für die rechtliche Bearbeitung der Schreiben in der UN keine Instanz gebe.[184] Die Schreiben würden dem Protokoll nach den Staatsvertretern zwar offiziell übergeben, die sie aber nicht zur Kenntnis nehmen müss-ten. So würden die Beschwerden letztlich schnell abgewürgt.[185] Aber der Prozess erzeugte Sichtbarkeit und schadete dem Ansehen der DDR auf dem internationalen Parkett. Das MfS setzte darum viel daran, derartige Schreiben zu unterbinden. Es erfasste sie eben-so wie Unterstützerbriefe durch Dritte, also z. B. von westdeutschen Verwandten, an die UN als »Übersiedlungsersuchen/Hetzbriefe« und konnte sie nach Bedarf für Repressionen oder in Strafprozes-sen gegen Antragsteller nutzen.[186]

Die UN war und ist auf Staaten und nicht auf individuelle Rechtsdurchsetzung ausgerichtet. Das galt auch für den 1976 in Kraft getretenen UN-Zivilpakt, der ein verbindliches Instrumen-tarium zur Umsetzung der politischen und zivilen Rechte vorsah. Die DDR ratifizierte ihn, setzte seine Kernelemente aber nie um.

183 PAAA, MfAA LS-A 461, Protokoll 21. Kollegiumssitzung 1. Oktober 1962, 4.

184 Brigitte Klump, *Freiheit hat keinen Preis: Ein deutsch-deutscher Report* (Mün-chen u. a.: Herbig, 1981), 275.

185 Ebd., 275.

186 Vgl. BStU AdZ, ZKG, 388, 53.

So verliefen viele Menschenrechtsbeschwerden westlicher Hilfsorganisationen im Sand. Bereits 1979 schickte die IGfM eine erste Sammelpetition an die UN, die aus zahlreichen sehr knapp dargestellten Fällen von Menschenrechtsverstößen durch den SED-Staat bestand. Die erklärende Einleitung folgte ganz der Argumentationslogik der AG 13. August oder der IGfM und kombinierte sämtliche Vergehen der DDR, von Inhaftierungen bis zu Selbstschussanlagen, zu einer großen Geste der politischen Empörung. Dieser Stil prägte auch spätere Sammelbeschwerden der IGfM, für deren Einleitungen zumeist der Vorstandsvorsitzende Gnauck in Zusammenarbeit mit Göhl verantwortlich war.[187] Sie übersahen dabei aber, dass eine solche Argumentationsart im westdeutschen Diskurs ihre Wirkung gehabt haben mag, vor der UN aber fehlging. Sie argumentierten politisch und emotional, nicht juristisch, was eine intensive Beschäftigung mit der Einklagbarkeit vorausgesetzt hätte. Aufgrund dessen und handwerklicher Fehler – die Hälfte der Fälle hatte sich bereits erledigt –, fiel es der DDR leicht, diese Beschwerde abzuwehren.[188]

Ähnlich erging es einer frühen Petition der International League for Human Rights.[189] Die ILHR lernte daraus und verlegte den Ton stärker ins Rechtliche. So versuchte sie im Juni 1983 erneut, der DDR in einem Dossier nachzuweisen, dass sie systematisch gegen den Zivilpakt verstieß.[190] Die Grundlage dieses Dokuments waren Hunderte in wenigen Zeilen dargestellte Einzelfälle, die entweder von Antragstellern selbst oder ihren Vertretern im Westen an die League herangetragen worden waren. Da dieses Dokument den Weg in die Sammlungen von DDR-Oppositionellen fand, lässt sich eine gewisse Wirkung jenseits der New Yorker und Genfer Diplomatentürme vermuten.[191] Die Absender verkündeten die Anklage häufig öffentlich, und die westdeutschen Medien berichteten. Zudem wandelte sich in diesen Jahren das Profil der genehmigten Ausreisen immer stärker hin zu Werktätigen, was kombi-

---

187 Roland Brauckmann, *Amnesty International als Feindobjekt der DDR* (Berlin: LStU Berlin, 1996), 70.

188 Klump, *Freiheit hat keinen Preis*, 305-9.

189 Ebd., 298.

190 International League for Human Rights, *East Germany: No Right to Leave. A Report of the Family Reunification Project* (New York: ILHR, 1983).

191 In RHG, TH 10.

niert wohl zu dem Mythos beitrug, dass ein Schreiben an die UN »irgendetwas« bewegt.

Alleine für viele:
Brigitte Klump und die »Methode 1503«

Am stärksten vertrat Brigitte Klump diesen Ansatz. Ihr ungewöhnliches Engagement begann mit einem recht gewöhnlichen Vorgang. Wie viele Ausgereiste setzte sich die 1957 aus der DDR nach Hamburg geflohene Klump für einen ihrer Verwandten ein, ihren Neffen Klaus Klump. Dieser bemühte sich ab 1979 um die Ausreise. Brigitte Klump schrieb als westdeutsche Fürsprecherin an das BMiB und das Auswärtige Amt und suchte dann angesichts vager Antworten nach anderen Wegen, ihm zur Ausreise zu verhelfen.

Als Autorin des autobiografischen DDR-Enthüllungsbuchs und Bestsellers *Das rote Kloster* und Gattin des erfolgreichen Journalisten Wolf Heckmann verfügte sie über hervorragende Kontakte.[192] Auch sie ging Gerüchten nach, man könne über die UN etwas erreichen. Das BMiB blockte, doch im Auswärtigen Amt erwies sich ein Dr. Baumann als sehr hilfreich. Er erläuterte ihr die Verfahrenswege der Vereinten Nationen und wies darauf hin, dass die Möglichkeiten, Menschenrechtsverletzungen vor der UN zu behandeln, »leider noch sehr begrenzt seien«, da Beschwerdewege in erster Linie Staaten zur Verfügung stünden.[193] Er spielte dabei auf die 1970 verabschiedete Resolution 1503 des Wirtschafts- und Sozialrats der Vereinten Nationen an, die besagte, dass sich die UN in strukturellen Ausnahmefällen in innerstaatliche Situationen einmischen durfte. Die DDR sei aber dem für Einzelklagen notwendigen Fakultativprotokoll zum Zivilpakt noch nicht beigetreten.[194] Ein Instrumentarium, das es erlaube, gegen individuelle Menschenrechtsverletzungen vorzugehen, stecke, so Baumann, zwar »noch sehr in den Anfängen«, doch die Bundesregierung täte alles in ihrer Macht Stehende, um dies zu erweitern (wobei er galant un-

192 Brigitte Klump, *Das rote Kloster: Eine deutsche Erziehung* (Hamburg: Hoffmann und Campe, 1978).

193 BArch Koblenz, B 137, 19 617, Baumann AA an Klump, 29. Mai 1980.

194 BArch Koblenz, B 137, 19 617, Baumann AA an Klump, 29. Mai 1980; Klump, *Freiheit hat keinen Preis*, 270.

terschlug, dass auch die Bundesrepublik dem Fakultativprotokoll nicht beigetreten war).[195] Es gebe die Möglichkeit, »Regelbeispiele« vor die Menschenrechtskommission zu bringen, aber das sei ein bislang unbeschrittener Weg. Frau Klump solle es aber am besten weiterhin über die Familienzusammenführung – und damit das BMiB – versuchen.[196]

Davon ließ sich Klump nicht entmutigen, ihr Interesse war geweckt. Was war dieser bislang unbeschrittene Weg? Weitere Hinweise durch den deutschen Botschafter bei der UN, Freiherr Rüdiger von Wechmar, bestärkten sie, dem Begriff der »Regelbeispiele« zu folgen.[197] Ihrem Verständnis nach versandeten Einzelklagen bei der UN, addierten sie sich jedoch zu allgemeinen gesellschaftlichen Missständen, zu »Situationen«, konnten sie in den Gremien der UN den betreffenden Staaten auch ohne Rückgriff auf das Fakultativprotokoll vorgelegt werden. In zahlreichen Gesprächen mit Diplomaten und UN-Beamten schälte Klump weitere Ebenen des Prozesses heraus, so dass sie am Ende zu der Überzeugung gelangte, es genüge, 20 Fälle in einer Beschwerdeschrift zu sammeln, die im Unterschied zu früheren organisierten Beschwerdeversuchen jeweils gut dokumentiert sein müssten, damit diese in internen Gremien besprochen und gelöst würden. Vertrauenspersonen bestätigten ihr aber, dass das weitere Verfahren intransparent sei. Bei einer solchen Sammelpetition würde sie nur eine Eingangsbestätigung erhalten und die Mitteilung, dass ihr Schreiben protokollgemäß der DDR übergeben worden sei. Über dem Rest läge der Schleier diplomatischer Vertraulichkeit. Dieser schützte einerseits die betroffenen Staaten vor einem Gesichtsverlust – stand also der Praxis und den Theorien von IGfM und Hvd entgegen, dass Lautstärke zum Erfolg führe – und erleichterte Klump zufolge gerade deswegen die konstruktive Lösung der Einzelfälle. Andererseits verschleiere dies jeden Beleg über den Erfolg der Beschwerden. Denn wie ein UN-Beamter Frau Klump versicherte, galt nach wie vor: »Die Entscheidung liegt bei der DDR.«[198]

195 Ebd.; erst das vereinte Deutschland ratifizierte es; siehe »Gesetz zum Fakultativprotokoll vom 19. Dezember 1966 zum internationalen Pakt über bürgerliche und politische Rechte«, in: *BGBl II* 47 (12. Dezember 1992), 1246-50.

196 BArch Koblenz, B 137, 19 617, Baumann AA an Klump, 29. Mai 1980.

197 Klump, *Freiheit hat keinen Preis*, 258-68.

198 Ebd., 273.

Bereits bevor Frau Klump ihre erste Sammelbeschwerde einreichen konnte, berichtete der *Spiegel* über das in Anlehnung an die oben erwähnte Resolution des Wirtschafts- und Sozialrats als »Methode 1503« bezeichnete Verfahren. Klump verfasste eilig ein Vorwort für die gerade erscheinende Taschenbuchausgabe von *Das rote Kloster* und beschrieb darin die »Methode«.[199] Sofort meldete sich die IGfM bei ihr. Sie hatte, in Kooperation mit der International League for Human Rights, wie Klump mutmaßte, kurz zuvor, am 25. Juni 1980, bereits eine eigene Beschwerde unter Berufung auf die Resolution 1503 eingereicht. Wohl um zu beweisen, dass Klump die »Methode« nicht neu entdeckt habe und dass sie nicht funktioniere, stellte sie der Autorin eine Kopie zu. Aufmerksam markierte die IGfM das Terrain, denn während IGfM und Hvd eng kooperierten und sich so als »die Menschenrechtsorganisationen« darstellen konnten, tauchte mit der unabhängigen Brigitte Klump nun eine neue und öffentlich wahrgenommene Akteurin in der Mauergesellschaft auf, die sich nicht im engen und gut vernetzten Milieu von Hvd, IGfM, AG 13. August oder dem Brüsewitz-Zentrum bewegte. Zudem setzte Klump sich schon durch ihre Praktiken deutlich von den Platzhirschen ab. Es ging ihr nicht darum, die DDR als Ganze zu delegitimieren. Sie richtete ihre »Methode« an den Verfahrenswegen der UN aus, um nichts anderes als die Ausreise der Betroffenen zu erreichen. Interessanterweise erhielt ihr Neffe Klaus Klump wenige Monate nach Bekanntwerden ihrer Initiative im November 1980 die Ausreisegenehmigung. Das Auswärtige Amt beglückwünschte Frau Klump, dass dies »durch Ihre Initiative« geschehen sei.[200] Unberücksichtigt blieb im Jubel, dass Frau Klump noch gar keinen Brief an die UN geschickt hatte. Es wirkte nicht die Methode selbst, sondern ihre Androhung. Der Fall verhielt sich damit ganz analog zu zahlreichen anderen, bei denen das MfS angesichts der glaubhaften Möglichkeit einer öffentlichen Inszenierung durch die IGfM oder den Verein Hvd die Reißleine zog und die Person lieber schnell gehen ließ.

Der Erfolg ermutigte Brigitte Klump. Durch die Publizität erhielt sie die ersten Zuschriften von Betroffenen bzw. deren Verwandten. Am 26. Januar 1981 legte sie der UN ihre »Sammelbe-

199 »Methode 1503«, in: *Der Spiegel* 36 (1980), 28 f.; Klump, *Freiheit hat keinen Preis*, 286 f.
200 Klump, *Freiheit hat keinen Preis*, 302.

schwerde I« mit 23 jeweils gut dokumentierten Fällen vor. In ihrem sehr kurzen Begleittext beklagte sie knapp und ohne weitere Ausführungen einen Verfassungsbruch des SED-Staats. Sie kritisierte, dass die DDR als UN-Mitglied auf einem »Ehrenplatz« säße, dabei aber Menschen in den Westen »verkaufe«.[201] Das in den deutsch-deutschen Abkommen vereinbarte Schweigen über diese Themen gelte vor der UN nicht. Dort sollten diese Fälle darum »debattiert werden, damit sie gelöst werden können«.[202]

Zeitgleich reichte Amnesty International einen umfangreichen Bericht über Menschenrechtsverstöße in der DDR ein, welcher, der Darstellung Brigitte Klumps zufolge, die DDR auf eine ebenso »seriöse Weise« kritisierte.[203] Dabei verneigte sich Klump vor Amnesty International, deren Bericht aufgrund langjähriger weithin geschätzter Arbeit und Klumps eigenes Vorhaben lediglich durch Glück auf Gehör gestoßen sei. Aber nur dank der beiden Einreichungen, so formulierte es Brigitte Klump, säße zum »erstenmal in der Geschichte der UNO ein Ostblockstaat auf der Anklagebank der Menschenrechtskommission«.[204] Unklar bleibt allerdings, ob ihr Schreiben tatsächlich eine ähnliche Wirkung hatte wie der Report von Amnesty International. Immerhin brachte dieser Honecker selbst in seinem berühmten Interview mit dem *Stern* vom 12. Februar 1981 in die Defensive. Kritische Nachfragen zu den Themen Ausreise und Menschenrechte versuchte er mit dem Verweis auf »unsere Verfassung und die Gesetze der DDR«, vom Tisch zu wischen.[205]

Ab 1981 beschäftigte sich die Menschenrechtskommission der Vereinten Nationen regelmäßig mit dem Thema Ausreise.[206] Brigitte Klump sah sich mit ihrer »Methode 1503« dabei, einen führenden UN-Beamten zitierend, als der »erste Beschwerdeführer aus Deutschland hier bei der UNO«.[207] Bei der Einschätzung des Effekts war sie nicht kleinlich: »Sie kommen zu Tausenden aus der

201 Ebd., 311.
202 Ebd., 312.
203 Anja Mihr, *Amnesty International in der DDR: Der Einsatz für Menschenrechte im Visier der Stasi* (Berlin: Ch. Links, 2002), 261 f.
204 Klump, *Freiheit hat keinen Preis*, 313.
205 Zugleich abgedruckt in »Erich Honecker antwortet auf aktuelle politische Fragen«, in: *Berliner Zeitung* (13. Februar 1981), 3 f., zit. n. 4.
206 Vgl. BArch Berlin, DO 1, 16 488, div. Quartalsberichte 1981/82.
207 Klump, *Freiheit hat keinen Preis*, 277.

DDR, seit März«, sagte sie 1981. »Die Tore der Gefängnisse stehen offen. Leute, die soeben einen Antrag auf Entlassung aus der Staatsbürgerschaft der DDR gestellt haben, sind ebenso dabei, wie langjährig Inhaftierte.«[208] Frau Klump ließ ihrer ersten Petition bis Mitte der 1980er Jahren zahlreiche weitere Beschwerden folgen. Ihren eigenen Einschätzungen nach ermöglichte sie damit ungefähr 4000 DDR-Bürgern die Ausreise, worüber die Presse immer wieder berichtete.[209]

Ginge es im Migrationsregime nur – oder zumindest primär – um Bewegung, hätten sich die bundesdeutschen Institutionen über diesen neuen Auswanderungsweg freuen müssen. Immerhin versprach er ein Lösungspotential für Ausreisefälle ohne offene Konfrontation mit der DDR und, Frau Klump zufolge, ohne Zahlungen. Doch das Gegenteil geschah. Erneut sorgte vor allem die Frage, wer den Ausreiseerfolg für sich reklamieren durfte, für Konflikte. Zudem zeigte sich die Bundesregierung im Umgang mit Klumps Initiative uneins. Das Auswärtige Amt in Bonn war hilfsbereit, aber zurückhaltend, denn die Ausreise aus der DDR fiel nicht in seinen Bereich. Dennoch gratulierte ihr der dortige Ansprechpartner bereits wenige Tage nach Absenden der ersten Liste. Vor allem dankte er ihr, weil sie einige der Fälle der Bundesregierung und der IGfM gelöst hatte, so dass man sich nun auf die ungelösten Fälle konzentrieren könne.[210] Direkter unterstützte sie der deutsche UN-Botschafter Rüdiger von Wechmar mit Hinweisen, Kontakten und Ermutigungen. Das lag in seinem Interesse, denn die »Methode« ließ die UN als einen aktiven politischen Akteur erscheinen und nicht als weltfremde Kopfgeburt.

Fragen zur DDR lagen im Zuständigkeitsbereich des BMiB, das anders als das Auswärtige Amt in der »Methode 1503« eine Einmischung in seine Kompetenzen erblickte.[211] Nach einem anfänglich freundlich diplomatischen Briefwechsel zeigten seine Vertreter Frau Klump zunehmend die kalte Schulter. Als ihr 1982 erste Petenten

---

208 Ebd., 331.

209 Brummer, »Eine Frau bringt die DDR in Nöte«, 3; Sylke Tempel, »Eine Überzeugungstäterin – Die Schriftstellerin Brigitte Klump verhalf 4.000 Menschen zur Ausreise aus der DDR«, in: *Wochenpost* (30. März 1995).

210 BArch Koblenz, B 137, 19 617, AA, Baumann an Klump, 20. Februar 1981.

211 Die Kompetenzen insbesondere zu den »humanitären Bemühungen« lagen im Kanzleramt, das im Fall Klump das BMiB als Puffer agieren ließ.

berichteten, das BMiB warne sogar vor ihrer Methode, wendete sie sich scharf an die Ministeriumsvertreter.[212] Der Streit eskalierte, wobei das Ministerium ihr vorwarf, durch die Öffentlichkeitsarbeit den Ausreiseersuchen mehr zu schaden als zu helfen. Frau Klump wiederum vermutete, man wolle ihr schaden. Dem BMiB gegenüber beklagte die Autorin die mangelnde Rezeption ihres Buches zur »Methode 1503«, *Freiheit hat keinen Preis*. Obwohl sie über 100 Exemplare an die Redaktionen des Landes verschickt habe, sei es nur einmal rezensiert worden.[213] Hinter den ausbleibenden Berichten und Besprechungen vermutete sie das BMiB. Sie warf dem Haus eine »unseriöse Informationspolitik« vor und beschwerte sich, dass seine Mitarbeiter »böses Blut gegen mich inszenieren«.[214] Intern urteilten die BMiB-Vertreter, die zurückhaltende Rezeption läge »wohl an der Qualität des Buches«.[215] Verärgert über die ausbleibenden Rezensionen, beschwerte sich Klump sogar beim Bundestag, dessen Petitionsausschuss sie wissen ließ, es sei nicht seine Aufgabe, auf die Presseorgane der Republik Einfluss zu nehmen.[216] Sehr wohl aber hatte nach der ersten *Spiegel*-Publikation über die »Methode 1503« der Staatssekretär des BMiB Ludwig Rehlinger an die Presse appelliert, Diskretion zu wahren, um die »Hilfe für den Nächsten nicht zu gefährden«.[217]

Das BMiB begegnete Klumps Initiative also mit demselben Mantra, mit dem man auf die Menschenrechtsrhetorik der CDU/CSU im Bundestag und außerhalb dessen auf die Tätigkeiten der IGFM und des Hvd reagierte. Doch Klump verfolgte einen anderen Ansatz. Sie klagte weder an, noch trug sie die Versuche der einzelnen Antragsteller in die Öffentlichkeit. Vielmehr bewarb sie ihre

212 BArch Koblenz, B 137, 19 617, Klump an BMiB, Kapser, 16. September 1982.

213 BArch Koblenz, B 137, 19 617, div. Schreiben Klump an BMiB und andere Bundesinstitutionen, 1982.

214 BArch Koblenz, B 137, 19 617, Klump an Franke, 5. Oktober 1981; ebd., Klump an Finn, BMiB, 13. November 1982.

215 Dies mag auch dem heutigen Leser nicht gänzlich unwahrscheinlich erscheinen; BArch Koblenz, B 137, 19 617, Finn an Baer, 1982.

216 BArch Koblenz, B 137, 19 617, Petitionsausschuss des Deutschen Bundestags an Klump, 24. Mai 1982.

217 Wolfgang Brinkschulte, Hans Jörgen Gerlach und Thomas Heise, *Freikaufgewinnler: Die Mitverdiener im Westen* (Frankfurt am Main, Berlin: Ullstein, 1993), 193.

»Methode« und damit die UNO als Problemlösungsmöglichkeit.[218] Ende 1981 wurde das MdI der Aktivitäten Brigitte Klumps gewahr, denn das MfAA fing an, die vorgelegten Fälle dem MdI weiterzuleiten. Als wichtigsten Effekt befand das MdI, die Methode Klump steigere in erster Linie die Bereitschaft von »Zurückgewiesenen«, sich direkt an die UNO zu wenden.[219] So konnte das MdI im ersten Quartal 1981 insgesamt gerade einmal 41 Schreiben an die Ständige Vertretung der Bundesrepublik, die UN und die »Feindorganisationen« zusammen feststellen. Bis zum Ende des Jahres stieg diese Zahl auf 106. Die Dunkelziffer lag höher. Dem MfAA wurden 1981 alarmierende 321 individuelle Anschreiben von DDR-Bürgern an die Vereinten Nationen allein übergeben.[220] Dies stabilisierte sich 1982 auf 335 Schreiben.[221] Ab sofort beschuldigte das MfS nicht nur »Medien und Feindorganisationen«, sondern auch »engagierte Einzelpersonen« bzw. die »als Feindorganisation handelnde Brigitte Klump«, DDR-Bürger zur Ausreise zu inspirieren.[222]

Die neue Aufmerksamkeit machte Klump zu einem besonderen Angriffsziel für das MfS.[223] Wie Bernd Eisenfeld betont hat, wurde sie Gegenstand eines von nur zwei großen Operativen Vorgängen gegen »Feindorganisationen«, die direkt von der ZKG und damit dem Herzstück der Ausreisebekämpfung des MfS geleitet wurden.[224]

218 Diesen Aspekt marginalisieren vor allem Ansätze, die Klumps Arbeit in erster Linie in Bezug zum »Freikauf« stellen; siehe z. B. Helmut W. Jenkis, *Der Freikauf von DDR-Häftlingen: Der deutsch-deutsche Menschenhandel* (Berlin: Duncker & Humblot, 2012), 65-70.

219 BArch Berlin, DO 1, 16 488, 1. Quartalsbericht 1982, 4.

220 BArch Berlin, DO 1, 16 488, 4. Quartalsbericht 1981, 4.

221 BArch Berlin, DO 1, 16 488, 4. Quartalsbericht 1982, 4.

222 BArch Berlin, DO 1, 16 488, 4. Quartalsbericht 1981, 3 f.

223 Selbst im umfassenden Zentralen Operativen Vorgang Zentrale gegen die IGfM betonte das MfS die Notwendigkeit, die Initiative »Klump-Heckmann« zu bekämpfen; vgl. BStU AdZ, AOP 6072/91, XV 3687/79, Bd. 27, 2, 8. In den Berichten der ZKG rückte Klump ab 1982 de facto an jene Stelle, an der vorher z. B. das Brüsewitz-Zentrum gestanden hatte, was die Bedeutungszunahme des Migrationsaktivismus gegenüber allgemeinen Angriffen auf die DDR belegt; vgl. z. B. BStU AdZ, ZKG, 11 257, 33; ebd., ZKG, 11 528, 33-94.

224 Die meisten Operativen Vorgänge und Zentralen Operativen Vorgänge waren bei Bezirksverwaltungen angesiedelt; vgl. Bernd Eisenfeld, »Die Zentrale Koordinierungsgruppe: Bekämpfung von Flucht und Übersiedlung«, in: *Anatomie der Staatssicherheit: Geschichte, Struktur und Methoden (MfS Handbuch)*, Bd. 3, 17 (Berlin: BStU, 1995), 36 f.

Frau Klump stellte eine Zunahme verdächtiger Anfragen fest, darunter zahlreiche bereits erledigte oder gefälschte Fälle, die sie wohl beschäftigen, Kosten erzeugen und sie vor der UN und anderen Stellen diskreditieren sollten.[225] Sie sammelte diese »verdächtigen« Vorgänge zwischen 1980 und 1983 in der von ihr so benannten »Bomben und Granaten-Akte« und schickte diese an das BMiB.[226] In aufwändiger Beweisführung vermutete sie Rehlinger gegenüber Sabotage und betonte, diese Fälle gehörten »in die Hände des Staatsschutzes«.[227] Nach längerer Kommunikation mit Klump, in der sich das BMiB wohl auch von ihrem rüden Ton angegriffen fühlte, schätzte es die Lage anders ein. So sei die Akte nur deshalb interessant, weil sie belege, dass »Kunden« der Frau Klump von dem Verfahren nicht überzeugt seien und daher die an sie bezahlten Gelder zurückforderten. Der zuständige Sachbearbeiter notierte an Rehlinger: »Irgendwelche Ansatzpunkte für eine Zuständigkeit des Verfassungsschutzes sind nicht ersichtlich«.[228] Man solle die Akte daher kommentarlos ablegen. Auch einige – zugegeben provokant formulierte und Verschwörungen andeutende – Anschreiben Brigitte Klumps an das BMiB wischte der zuständige Mitarbeiter beiseite und notierte schlicht, dass keine Antwort nötig sei.[229] Das ist äußerst bemerkenswert, denn üblicherweise schaute gerade dieses Ministerium genau auf mögliche Aktivitäten des MfS im Bundesgebiet und richtete seine Arbeit stark an dieser Möglichkeit aus.

So gerieten die Ausreisewilligen und ihre Unterstützer unwissend zwischen die Fronten eines Deutungskampfes um die Einflussmöglichkeiten auf die Emigrationspolitik des SED-Staates. Verzweifelt zog ein bayerischer Fürsprecher eines sächsischen Freundes seine Petition zurück, da ihn Claus P. Clausen vom Verein Hvd in einem Interview mit dem Deutschlandfunk überzeugt habe, »daß durch die UNO-Methode 1503 in keinem nachweisbaren Fall eine Aussiedlung oder ›Freikauf‹ erfolgt sei. Das stimmt weiter genau mit den Informationen überein, die man mir im Innerdeutschen

---

225 BArch Koblenz, B 137, 19 617, diverse Fälle und Schreiben in Unterordner: »Bomben und Granaten-Akte«; zur IGfM siehe Brauckmann, *Amnesty International als Feindobjekt der DDR*, 71.

226 BArch Koblenz, B 137, 19 617, Unterordner: »Bomben und Granaten-Akte«.

227 BArch Koblenz, B 137, 19 617, Klump an Rehlinger 9. Mai 1983.

228 BArch Koblenz, B 137, 19 617, Notiz an Rehlinger, 13. Mai 1983.

229 BArch Koblenz, B 137, 19 617, Notiz an Rehlinger, 13. Mai 1983.

Ministerium gegeben hat.« Klump erwiderte dem Fürsprecher dünnhäutig: »Jetzt reicht's. Mit Verleumdern, Rufmördern befasse ich mich nicht.«[230] Ebenso verzweifelte Frau Traudenheim* aus Hessen an den Komplexitäten des Migrationsregimes. Seit Jahren setzte sie sich für ihre ausreisewilligen Verwandten in der DDR ein und hatte sich von der Wahl Helmut Kohls eine Verbesserung erhofft. Zwei Jahre später resümierte sie nun enttäuscht, seine »Versprechungen, etwas für die Bürger der DDR zu tun, welche ausreisen wollen, waren ja wohl an den Haaren herbeigezogen.« Kohl leiste sich, »im Nachhinein zu sagen: April, April!«[231] Als letzte Hoffnung hatte sie sich an »eine Frau Klump« gewendet, doch sei, außer dass sie an ebendiese 800 DM gezahlt habe, nichts passiert. Mittlerweile erwogen die DDR-Verwandten, den Hvd oder *Kennzeichen D* zu kontaktieren oder gar eine Botschaft zu besetzen. Das Bundeskanzleramt ließ sie wissen, es bearbeite die Angelegenheit, sie solle sich an das BMiB richten, allein dort würde sie »sachkundig beraten«.[232] Angesichts solcher Ausflüchte verloren zahlreiche Bundesbürger den Glauben an den bundesdeutschen Willen, etwas für ihre Angehörigen zu tun.

Brigitte Klumps Aktivismus führte nur wenige Monate nach der Erstpetition in eine handfeste Ehekrise. Ihr (damaliger) Ehemann distanzierte sich von ihren Bemühungen und sperrte sogar ihr Konto.[233] Das ist deswegen relevant, weil sie anschließend begann, Bearbeitungsgebühren zu erheben. Das wiederum nutzten ihre Kritiker gegen sie, da sie angeblich ein kommerzielles Interesse verfolge. Nach der Kontosperrung bezifferte sie die Kosten für eine Sammelpetition auf erst lediglich 812 DM, was umgelegt die Petenten mit 24,60 DM belaste.[234] Kurz danach aber stieg die Gebühr auf pauschal 750 DM, später 800 DM pro Person, da sie nun wohl nicht

---

230 Sie vermutete, dass das MfS hinter dem Fall steckte, was sich leider nicht endgültig klären lässt.
231 BArch Koblenz, B 137, 19 617, Brief Christiane Traudenheim* an H. Kohl, BuKA, 23. Oktober 1984.
232 BArch Koblenz, B 137, 19 617, Brief BuKA an Christiane Traudenheim*, 29. Oktober 1984.
233 BArch Koblenz, B 137, 19 617, Rundschreiben Klump an Petenten, 19. Januar 1982.
234 BArch Koblenz, B 137, 19 617, Rundschreiben Klump an Petenten, 19. Januar 1982.

nur die direkten Petitionskosten, sondern auch die Vorbereitungen einberechnete (die ihren eigenen Schilderungen nach einige Arbeitsaufenthalte in luxuriösen Hotels in Nordafrika umfassten).[235] Interessanterweise traten die (von potenten Spendern umgebenen) »Menschenrechtsorganisationen« Hvd und IGfM als besonders laute Kritiker Klumps hervor. Erhard Göhl warnte alle Hilfesuchenden und deren Angehörige in den Medien der IGfM und auf der Titelseite der *Hilferufe von drüben* davor, Klump betreibe »Geschäfte mit der Freiheit«: »Wir können nur hoffen, daß die irregeführten Hilfesuchenden sich an den in Luxushotels verpraßten Kosten der ›Einzelkämpferin‹, die sie selbst für 1980 mit 25 920,- DM und für 1981 mit 22 900,- DM beziffert, NICHT beteiligen.«[236] Später entspannte sich das Verhältnis zwischen dem Verein Hvd und Klump, wohl auch deswegen, weil die beiden sich in der Öffentlichkeitsarbeit keine Konkurrenz machten.[237]

An den Finanzproblemen Klumps änderte das nichts. In einem Schreiben an ihre Klienten rechtfertigte sie die Gebührenerhebung: Nur durch das BMiB sei sie in diese Lage geraten, weil das Ministerium nicht auf ihre »Methode« aufmerksam mache. Der Ansatz des BMiB, »Freiheit gegen Geld verschaffen zu können«, füge allen Betroffenen einen materiellen Schaden zu, weswegen sie dazu riet, die Kosten – nach der Überweisung der Gebühr an sie – dem BMiB anzulasten.[238] In der Tat wendete sich beispielsweise ein Herr Satornitz* mit einem Erstattungswunsch an das BMiB. Nach zahlreichen frustrierenden Versuchen über das Ministerium habe er schließlich Frau Klump kontaktiert, wonach er und seine Familie recht schnell übersiedeln durften. Dies habe ein Loch in die zum Neustart benötigte Haushaltskasse geschlagen. Da sie wüssten, dass die Bundesregierung »große Summen« für die Übersiedlung ausgibt, solle man doch diese kleine Summe erstatten. Der Über-

---

235 Arndt Brummer, »Eine Frau bringt die DDR in Nöte«, in: *Sonntag Aktuell* 24 (13. Juni 1982), 3. BArch Koblenz, B 137, 19 617, Überweisungsträger vom 23. Juni 1982, ebd., Christiane Traudenheim* an Bundeskanzler Kohl, 23. Oktober 1984; z. B. Klump, *Freiheit hat keinen Preis*, 339-41.

236 Erhard Göhl, »Geschäft mit der Freiheit«, in: *Hilferufe von drüben* 5/17 (1982), 4.

237 Alexander Koch, *Der Häftlingsfreikauf: Eine deutsch-deutsche Beziehungsgeschichte* (München: Allitera-Verlag, 2014), 342.

238 BArch Koblenz, B 285, 841, Rundschreiben Klump an Petenten, 27. April 1982.

weisungsträger in Höhe von 750 DM an Frau Klump lag bei.[239] In diesem wie in zahlreichen anderen Fällen zeigte das BMiB die kalte Schulter: »Wenn Sie sich Frau Klump gegenüber finanziell verpflichtet haben, so müssen Sie diese Kosten selbst tragen. Die Bundesregierung hilft den Deutschen in der DDR und ihren hiesigen Angehörigen kostenlos. Aus diesem Grunde können auch keine Rechnungen Dritter beglichen werden.« Vor allem verneinte sie die Rolle Klumps. Man sei »verwundert« über die Schlussfolgerung von Herrn Satornitz*, denn schließlich sei die Ausreise der Familie alleinig »aufgrund entsprechender Bemühungen der Bundesregierung« erfolgt.[240] An dieser Linie hielt die Bundesregierung fest. »Es gibt keine Fälle«, sagte der Staatssekretär Walter Priesnitz nach dem Fall der Mauer mit Blick auf Klumps Aktivitäten, »für die wir nicht bezahlt haben«.[241] Jeden ihrer Fälle habe der Anwalt Vogel letztlich zur Abrechnung vorgelegt. Dies ist jedoch aus Sicht der Migrationsregimeanalyse kein Widerspruch zu Klumps Bemühungen, vielmehr ergänzten sich so strukturelle und diskursive Elemente der Ausreiseunterstützung.

Die kumulative Macht der Einzelfälle: Die neuen Akteure zwischen Kausalität und Diskurs

Alle westdeutschen Akteure erzeugten die Suggestion, ihr Weg biete eine kausale Lösungsmöglichkeit. Dabei griffen die Praktiken ineinander. Die Selbstwahrnehmung der Hilfsinitiativen war ebenso überzogen wie die Degradierung ihrer Tätigkeiten als »lautstarke öffentliche Begleitmusik«.[242] Zudem war es irreführend, wenn vor allem die Regierung Schmidt nicht müde wurde, zu behaupten, »nur zähes Verhandeln helfe weiter, um die DDR zu Eingeständnissen […] zu veranlassen«.[243] Gemeinsam stellten die neuen Akteure anhand eines verkürzten Menschenrechtsbegriffs eine Öffent-

239 BArch Koblenz, B 137, 19 617, Werner Satornitz* an Staatssekretär Kreutzmann, BMiB, 5. September 1983.

240 BArch Koblenz, B 137, 19 617, BMiB an Werner Satornitz*, 26. September 1983.

241 Zit. n. Brinkschulte, Gerlach und Heise, *Freikaufgewinnler: Die Mitverdiener im Westen*, 202.

242 BStU AdZ, HA IX, 4785, 11.

243 BStU AdZ, HA IX, 4785.

lichkeit her, auf die sich Ausreiseantragsteller beziehen konnten. Die Existenz dieser Öffentlichkeit ist ein wichtiger Unterschied zu der Situation in den 1960er Jahren. Denn wenn Antragsteller nun, wie dargestellt, ihre Antragspraxis zunehmend eskalierten, beeinflusste bereits die Möglichkeit einer öffentlichen Kampagne die Abwägung des MfS zwischen den Kosten und dem Nutzen eines stattgegebenen Ausreiseersuchens oder aber eine Strafverfolgung. Dabei schrieben die Antragsteller an viele Stellen und hofften, dass irgendein Joker zog. Wie an den zahlreichen untersuchten Fällen demonstriert, entschied nur sehr selten ein Joker. Entscheidend war vielmehr die Zahl und Kombination der gespielten Karten. Für den Erfolg war darum das Verhalten der Antragsteller viel wichtiger als alle auswärtigen Aktivitäten.

Diese hatten jedoch einen besonderen Effekt, der nur vom Westen ausgehen konnte. Wenn Hvd, IGfM und Brigitte Klump sich für die Ausreisewilligen und ihre Angehörigen einsetzten, nahmen sie deren Wünsche und Leidenswege ernst und verkörperten sie tatsächlichen Einsatz. Die Dankesschreiben belegen darum keine Kausalitäten – die die Antragsteller wohl am wenigsten überblickten –, sondern gewonnenes Vertrauen. Auch standen diese Organisationen und Personen nicht alleine da, wie der erwähnte Fall Manfred Kehl* verdeutlicht. Zahlreiche Ausgereiste halfen nach ihrem Erfolg ihnen nahestehenden Ausreisewilligen entweder durch eigene Initiative oder das Herstellen von Kontakten. Dieser Zuspruch vom Westen aus, dieses Wissen, nicht allein zu sein, auch wenn man im Alltag komplett isoliert lebte, ist in seiner Wirkung kaum zu überschätzen. Denn angesichts der psychologisch ausgefeilten Zermürbungs- und Zersetzungspraktiken des SED-Staats stellte bereits der Anschein von Hilfe eine der vielleicht wichtigsten Unterstützungen dar.

Zudem akkumulierten sich die Fälle vor den Augen des MdI und des MfS zu einer Massenbewegung. Die Einzelfälle besaßen damit eine doppelte transformative Kraft. Sie veränderten das Migrationsregime durch ihre unermüdlichen Bestrebungen – bzw. bestärkten die bestehende Ordnung im Falle des Rückzugs von Ausreiseersuchen. Zweitens verliehen sie durch Mundpropaganda und westliche Medienberichte ihrem spezifischen Ausreiseweg mehr Überzeugungskraft und inspirierten damit andere Menschen, es auf diesem Weg zu versuchen. Im Lichte dieser Interpretation, ohne Einblick in den Entscheidungsprozess, wurden aus kleinen randständigen westdeutschen Organisationen zentrale Akteure eines sich immer mehr um nichtstaatliche Akteure erweiternden Migrationsregimes.

Die neuen Akteure der Mauergesellschaft wurden durch ihren Menschenrechtsbezug zu einer zeitgemäßen Form der Fluchthilfe. Die internationale Anerkennung hatte die DDR in komplexe diplomatische und bürokratische Vorgänge eingebunden. Erfolgreiche Fluchthilfe grub keine Tunnel mehr unter der Mauer hindurch, sondern schnitt Löcher in die Papiermauern. Ein Problem hierbei war aber die Selbstüberschätzung. Die wichtigste Leistung der neuen Akteure der Mauergesellschaft bestand darin, ein Grundrauschen an ungezähmter Öffentlichkeit zu bieten, was Antragsteller durch Andeutungen und Ankündigungen für sich nutzen konnten. Sie setzten allerdings auf verbale Sprengsätze: Im Westen eignete sich das Zerrbild des »KZ-Staats« und die Gleichsetzung von »Rot und Braun« kaum, um Ausreiseunterstützer jenseits des rechtskonservativen Kernpublikums zu gewinnen. Und auch in der DDR konnte die SED dank solcher Plumpheit Menschenrechtskampagnen leicht als Angriffe darstellen, die einfach nach den »›schwachen Stellen‹ im Sozialismus [...] für einen konterrevolutionären Umsturz« suchten.[244] Der Ansatz, Menschenrechte als Holzhammer zu verwenden, erwies sich damit als kontraproduktiv. Er lieferte der SED und dem MfS ein praktikables Feindbild, stärkte deren Position vor den nicht wenigen Systemanhängern und Mitläufern und erleichterte es, die Ausreise gesellschaftlich als gegnerischen Akt zu diffamieren.

244 BStU BV Potsdam, Abt. II 848, 32.

5. Das Ende eines gefühlten Tabus:
Ausreise als bundesdeutsches Politikum

Als Helmut Kohl am 13. Oktober 1982 ans Rednerpult des Bundestags trat, blickten nicht nur die bundesdeutschen Wähler gespannt nach Bonn. Auch jenseits der innerdeutschen Grenze fragte man sich, was von der ersten christdemokratisch geführten Regierung nach dem Grundlagenvertrag zu erwarten war. Die Bruchzonen von Schmidts nun abgelöster sozialliberaler Regierungskoalition hatten sich in der Sozial- und Rüstungspolitik aufgetan, nicht in der Deutschlandpolitik. Diese hatte jedoch der damaligen Opposition als eines der Hauptangriffsfelder gegen die amtierenden Regierungen gedient. Was stand nun bevor?

Kohl verstand seine erste Regierungserklärung als einen Aufbruch in eine neue Zeit. Deutschlandpolitisch deutete sich allerdings bereits hier jener Balanceakt an, der seine Bonner Regierungspolitik prägen sollte. Anders als Brandt und Schmidt vor ihm kritisierte er an dieser prominenten Stelle die Gegenwart der Mauer sowie den Schießbefehl an ihr scharf und forderte explizit, die »Menschen müssen von Deutschland nach Deutschland gehen können ohne Todesgefahr«.[1] Von einem Kanzler war dies ein neuer Ton. In seinen abschließenden und wegweisenden »sieben Grundsätzen unserer Politik« hingegen fehlten klare Aussagen über die »deutsche Frage«. Mehr noch, er betonte den »Willen zur Gemeinsamkeit in unserem Volk [...] über alle Gruppen und soziale Grenzen hinweg« und reichte dadurch mit der Selbstsicherheit des Siegers den Wahlverlierern die Hand. Dabei ließ er aber jeden Hinweis auf die physischen Grenzen und seine diesbezügliche Politik außen vor und reduzierte den Volksbegriff auf die Bundesbürger. Mehr als ein vages Bekenntnis, »die Freiheit zu verteidigen und die Hoffnung auf Freiheit zu erhalten«, wagte er nicht.[2] In den praktischen Ankündigungen zur Deutschlandpolitik ging er nahezu ausschließlich auf die stärkere Förderung West-Berlins ein. De facto blieb er damit in dem Rahmen, den Brandt nach seiner erfolgrei-

---

1 BT-Plenarpr. IX/121, 13. Oktober 1982, 7227.
2 BT-Plenarpr. IX/121, 13. Oktober 1982, 7227; vgl. Helmut Kohl, *Erinnerungen: 1982 bis 1990* (München: Droemer, 2005), 52-4.

chen Wiederwahl 1972 gesteckt hatte: Die Zusammengehörigkeit der Deutschen speise sich daraus, dass »Familien und Freunde aus alten Tagen wieder zueinander finden«, da die Deutschen trotz »zweier entgegengesetzter Gesellschaftssysteme ein Volk bleiben wollen«.[3] In seinen Memoiren beschreibt Kohl dies damit, dass er zwar durch seine offene Thematisierung der Mauer einen neuen Ton angeschlagen habe, darüber hinaus jedoch eine »Kontinuität mit anderen Akzenten« wahrte. In der Tat griff er nach seinem Einzug ins Kanzleramt, nach seinen Angriffen auf das Beschweigen des konkreten Problems der Freizügigkeit von der Oppositionsbank aus, zu einer ambivalenten Sprache, um mit einem neuen Stil letztlich die sozialliberale Deutschlandpolitik in ihren Kernelementen fortzuführen.[4]

Das politische Kapital der Sprache der Menschenrechte

Besonders deutlich wurde dies an jenem Thema, das in den vorangegangenen Jahren stetig Zunder gegen die sozialliberale Deutschlandpolitik geboten hatte: die Menschenrechte. Die SPD hatte es versäumt, die Menschenrechte für den eigenen politischen Diskurs nutzbar zu machen. Das blieb in den 1970er Jahren fast allein konservativen Politikern überlassen, die vor allem dann von Menschenrechten sprachen, wenn es um die DDR bzw. den Kommunismus ging. Kein sozialdemokratischer Kanzler nahm in einer seiner Antrittsreden, in denen ja immerhin die Leitlinien der kommenden Regierungsjahre skizziert werden, den Begriff der Menschenrechte auch nur in den Mund. Das war natürlich gefundenes Fressen für die Opposition. So warf Rainer Barzel von der CDU/CSU Brandt 1973 vor, sein Beschweigen von Flucht und Tod an der innerdeutschen Grenze diene nicht dem Frieden, »denn Frieden ist eine Sache der Menschenrechte«.[5] Der Begriff fiel damals allerdings nur selten im Bundestag, er besaß wenig politisches Potential.

Dies änderte sich nach der Unterzeichnung der KSZE-Schluss-

3 BT-Plenarpr. VII/162, 18. Januar 1973, 122.

4 Vgl. die vorhergehenden Regierungserklärungen, BT-Plenarpr. VI/5, 28. Oktober 1969; BT-Plenarpr. VII/7, 18. Januar 1973; BT-Plenarpr. VII/100, 17. Mai 1974; Kohl, *Erinnerungen*, 83.

5 BT-Plenarpr. VII/7, 18. Januar 1973, 134-6.

akte in Helsinki. Helmut Schmidt schwieg in seiner Regierungserklärung 1976 zum Thema Menschenrechte, woraufhin ihn sein damals noch unterlegener Wahlgegner Kohl scharf angriff: »[D]er Tod von Pfarrer Brüsewitz, die Zwangsausbürgerungen, die Menschenrechtsbewegung von Riesa,[6] das alles findet doch nicht auf einem fernen Kontinent statt; das ereignet sich doch mitten in unserem eigenen Vaterland.« Man dürfe der SED nicht erlauben, »diesen Kampf um die Menschenrechte zu unterdrücken«.[7] In einer Antwort betonte Wolfgang Mischnick von der FDP, man habe bei jedweder Menschenrechtsverletzung »Stellung zu nehmen«, doch dürfe dies nicht die »Konfliktgefahr« mit der DDR steigern.[8] Brandt sprach das Thema »Flüchtlinge« zwar kurz an, weitete im selben Atemzug aber die Problematik der Menschenrechte auf die Frage des Welthungers aus.[9] Damit traf er, im Gegensatz zum reduktionistischen Zugriff konservativer Menschenrechtsaktivisten, zwar den Kern der universellen Menschenrechte, nicht jedoch die Problemlage in der geteilten Nation.

Da sie sich der »Sicherheitspartnerschaft« mit der SED verpflichtet sah, verpasste die SPD die Gelegenheit, die aufkommenden Menschenrechte als Thema für sich zu reklamieren, obwohl sie am Aufstieg der Menschenrechte zu einem europäischen Friedensthema grundlegend Anteil gehabt hatte. Auch dank ihres durchaus beachtlichen Einsatzes war es gelungen, das Thema in Korb I und die praktischen Konsequenzen in Korb III der Schlussakte von Helsinki unterzubringen, für die DDR ein schleichendes Gift und die Essenz der von der SED monierten »Aggression auf Filzlatschen«.[10] Aufgrund der von Bahr geerbten Staatszentrierung entging den Sozialdemokraten der Gedanke, dass sich Veränderung aus der Gesellschaft und nicht von der Parteispitze ergeben konnte. So mied sie z. B. den Kontakt zur kirchlichen Oppositionsbewe-

---

6 Gemeint ist die Sammelpetition von Ausreiseantragstellern um Karl-Heinz Nitschke; siehe Kap. 4 in Teil III.

7 BT-Plenarpr. VIII/6, 17. Dezember 1976, 64 f.

8 BT-Plenarpr. VIII/6, 17. Dezember 1976, 84.

9 BT-Plenarpr. VIII/6, 17. Dezember 1976, 77.

10 Merylin Thomas, »›Aggression in Felt Slippers‹: Normalisation and Ideological Struggle in the Context of Détente and Ostpolitik«, in: *Power and Society in the GDR, 1961-1979: The »Normalisation of Rule«?*, hg. von Mary Fulbrook (New York: Berghahn Books, 2013), 33-51.

gung, die gegen den Widerstand der offiziösen Kirchenvertreter in der DDR eine Menschenrechtsdebatte anstieß.[11]

Auch in seiner Antrittserklärung nach seiner knappen Wiederwahl 1980 schwieg Schmidt zu den Menschenrechten und überließ das Thema Helmut Kohl. Dieser erkannte das emotionale Potential der Menschenrechte und beklagte in seiner Replik die »unerfüllten Verheißungen der Schlußakte von Helsinki«, forderte ein »Menschenrechtsschutzsystem« und einen internationalen Menschenrechtsgerichtshof, der »vor allem uns in Deutschland zugute« käme.[12] Mehr noch, der CDU-Abgeordnete und spätere Verteidigungsminister und NATO-Generalsekretär Manfred Wörner erklärte, »[k]ein Volk hat es so schrecklich erfahren wie das unsere, wohin die Vergewaltigung der Menschenrechte führt«, und konstatierte apodiktisch: »Deutsche Politik ist Politik für die Menschenrechte.«[13] Daraus erwachse eine Pflicht zum unbedingten Einsatz, denn wer – und hier kehrte er die Kritik an konservativen Zugriffen auf die Menschenrechte einfach um – »lautstark gegen die Verletzung der Menschenrechte in Südafrika und Südamerika vom Leder zieht, zu der Vergewaltigung der Menschenrechte in den Diktaturen des kommunistischen Machtbereichs aber verlegen schweigt, zeigt nur, daß es ihm um Ideologie und nicht um den Menschen geht«.[14] In den Aussprachen wurde deutlich, dass die Menschenrechte in der Tat zu einem heiß umkämpften politischen Thema geworden waren, wobei die CDU/CSU-Abgeordneten immer wieder die maue Thematisierung und die fehlende explizite Kritik der »Linksregime« bemängelten.[15]

Als Helmut Kohl sein Amt antrat, betonte er, seine Regierung werde für die »Achtung und Verwirklichung der Menschenrechte überall auf der Welt« eintreten, und schloss gar an Brandts Ausweitung an, dabei handele es sich um eine Politik »gegen Hunger und Not«.[16] Als erster deutscher Kanzler erwähnte er die Menschenrechte in einer Antrittsrede. Im Stile der sozialdemokratischen

11 Ehrhart Neubert, *Geschichte der Opposition in der DDR 1949-1989* (Berlin: Ch. Links, 1998), 262-8, 356-9.
12 BT-Plenarpr. IX/6, 26. November 1980, 47, 49.
13 BT-Plenarpr. IX/6, 26. November 1980, 99.
14 BT-Plenarpr. IX/6, 26. November 1980.
15 BT-Plenarpr. IX/6, 26. November 1980, 124.
16 BT-Plenarpr. IX/121, 13. Oktober 1982, 7220, 7223.

Rhetorik weitete er sie aber derart aus, dass sie sich als moralischer Hintergrund, nicht jedoch als jene antikommunistische Anklagebank eigneten, an der die CDU/CSU aus der Opposition heraus jahrelang geschnitzt hatte. Mit Regierungsantritt deutete er damit zugleich den Wandel des Tons als auch die praktische Kontinuität an. Kohl stellte klar, dass sein Reformprogramm primär fiskal- und wirtschaftspolitisch und nicht deutschlandpolitisch war. Dennoch änderte sich die Lage grundlegend, denn in der Politik macht der Ton eben manchmal die Musik. Kohl hielt am Modus Vivendi fest und akzeptierte damit praktisch die Realität der Teilung, griff aber deren Auswüchse deutlich schärfer an als seine sozialdemokratischen Vorgänger. Dies war ein wichtiger Brückenschlag, um die sich in den Wahlen 1983 manifestierende »stille Mehrheit« für eine konservative Politik abzuholen, ohne eine Abkehr von den zentralen Prinzipien des Grundlagenvertrages und der KSZE zu provozieren.

In der Deutschlandpolitik hatte Kohl von der sozialdemokratischen Opposition kaum Gegenwind zu befürchten. Die »deutsche Frage« galt der nachwachsenden Parteigeneration ebenso wie vielen Wählern als abgesessen, als ein Tummelplatz deutschnationaler Ewiggestriger.[17] Sehr zur Verwunderung Anne Köhlers, die zwischen 1968 und 1989 im Auftrag des BMG/BMiB für Infratest geheime Umfragen unter Besuchern aus der DDR vornahm, zeichneten die westdeutschen Medien ein positives, sich graduell verbesserndes Bild des SED-Staates. Köhlers »Stellvertreterumfragen« bestätigten diesen Trend nicht. Die DDR-Bürger zeichneten nicht nur ein finsteres Bild ihres Staates, sondern brachten auch, insbesondere in den frühen 1980er Jahren, verhältnismäßig viel Verständnis für Ausreisewillige auf, obwohl diese zugleich gesellschaftlich immer stärker als »Verräter« oder »Deserteure« stigmatisiert wurden.[18] »Am meisten verunsichert haben mich die westdeut-

---

17 Daniel Friedrich Sturm, *Uneinig in die Einheit: Die Sozialdemokratie und die Vereinigung Deutschlands 1989/90* (Bonn: Dietz, 2006); dies galt umso mehr für die radikale Linke: Matthias Stangel, *Die Neue Linke und die nationale Frage: Deutschlandpolitische Konzeptionen und Tendenzen in der Außerparlamentarischen Opposition (APO)* (Baden-Baden: Nomos, 2013).

18 Everhard Holtmann und Anne Köhler, *Wiedervereinigung vor dem Mauerfall: Einstellungen der Bevölkerung der DDR im Spiegel geheimer westlicher Meinungsumfragen* (Frankfurt/M., New York: Campus, 2015), 160.

schen Journalisten und Politiker«, gab sie später der *Zeit* zu Protokoll. »Sie schilderten das Leben in der DDR oft viel positiver, als es unseren Berechnungen zufolge die Ostdeutschen empfanden.«[19]

Berichte über die Teilung konzentrierten sich ohnehin zumeist auf Themen, die die westdeutsche Bevölkerung betrafen, wie die Aktivitäten des MfS in der BRD, militärische Planungen, Schikanen im Besuchsverkehr oder Transit sowie die Frage des Mindestumtauschs. Als auflagensichernde Garnitur kamen dazu immer wieder Skandalgeschichten über Spione, Zwangsadoptionen oder riskante Fluchten.[20] In einem langen Essay forderte sogar der Ex-Kanzler Willy Brandt einen neuen »deutschen Patriotismus« ein, der die »Gegebenheiten zur Kenntnis nimmt und sich nicht vornimmt, die Zukunft über den Leisten der Vergangenheit zu schlagen«.[21] Die Aufgaben der Zeit lägen weniger in der »nationalen Frage«, sondern in der Friedensbewegung, denn »es gibt kein deutsches Interesse, das über dem Frieden stünde.« Dabei mahnte er, »[d]ie Bemühung um Frieden, Entspannung und Abrüstung wird nicht erleichtert, wenn man sie mit der deutschen Frage verquickt.«[22] Mit anderen Worten: Die »deutsche Frage« eignete sich selbst Brandt zufolge nicht mehr für eine Bewegung, sie lag gut und sicher in den Händen der Diplomaten und Unterhändler. Friedenspolitik sei der neue Patriotismus. Dabei entging ihm, dass dieses Engagement in der DDR aufs Engste mit der Frage der Freizügigkeit verbunden war, weil der entsprechende Kontakt und Austausch mit verbrüderten Bewegungen – insbesondere außerhalb Berlins – eben nicht dauerhaft durch einseitige Besuche in der DDR zu stillen war. So erinnert sich der damals sehr aktive Wolfgang Templin:

Für den ganzen Entwicklungsweg, den wir in den 80er-Jahren gemacht haben, war zum Beispiel der Westbezug sehr positiv. Das fing [an] bei den Grünen, die ersten Delegationen mit Lukas Beckmann, Petra Kelly, Milan

---

19 Anne Hähnig, »Geheimnisse vergisst man nicht«, in: *Die Zeit* 45 (30. Oktober 2014).

20 »›Mielkes Unterschrift tut denen weh‹: Befehl 21/74 enthüllt, wie die Stasi Diplomaten und West-Journalisten überwacht und verfolgt«, in: *Der Spiegel* 9 (1. März 1982), 36-48; »DDR-Spionage: Bierdosen für den Stasi«, in: *Der Spiegel* 2 (11. Januar 1982), 56-8; Erich Ziegenhain, »Das Maß ist voll! Du hast die DDR beleidigt!«, in: *Der Spiegel* 2 (11. Januar 1982), 58 f.

21 Willy Brandt, »Deutscher Patriotismus«, in: *Der Spiegel* 5 (1. Februar 1982), 42.

22 Ebd., 43.

Horáček, die uns ab Anfang der 80er besuchten, das wurde dann in der Presse und Öffentlichkeit bekannt. Was nicht bekannt wurde: wie vielfältig bereits damals unsere Kontakte waren. Ab Ende der 70er, erinnere ich mich, zumeist aus dem linken Spektrum kommend, waren das Leute, die sich für uns interessierten. Die etablierten Parteien schnaubten: Gibt es die überhaupt? Oder soll man sich mit denen einlassen? Wir haben doch Kirchenfunktionäre, die Offiziellen der DDR, da spielt sich Politik ab! Das waren die anderen, heute würde man sagen: Zivile Gesellschaft, die die Kontakte zu uns knüpften, und das waren nicht nur Besucher, das war ja auch Hilfe. Die brachten dann Literatur mit, die brachten Information mit, die halfen uns, aus dem eigenen kleinen Verpupptsein herauszukommen. Und das wurde dann bis Mitte der 80er immer stärker. Dann wachten einzelne Sozialdemokraten auf, Gert Weisskirchen, die sich zu uns trauten, dann kamen die ersten Delegationen der CDU, ein Riesengeschrei bei uns: Mit denen darf man sich doch nicht einlassen! – Da waren unsere Leute der IFM Gott sei Dank souverän genug und sagten: Ja, warum denn nicht? Wollen wir etwa nur auf dieses Segment gehen, was wir bisher hatten? Wir müssen uns doch wenigstens mal treffen![23]

Während in den frühen 1980er Jahren die deutsch-deutsche Perspektive zunehmend aus dem öffentlichen Scheinwerferlicht verschwand, nahm die Praxis des Austauschs wieder zu. Dies galt auch im privaten Bereich, denn die Ausreisebegehren wurzelten nicht nur in den Sätzen auf Papier, die in Helsinki vereinbart worden waren, sondern auf einer erneut enger werdenden gemeinsamen Lebenspraxis der Mauergesellschaft.

Doch mit seiner Aufforderung ging Brandt deutlich über den Reflexionsgrad hinaus, den weite Kreise der linken Bewegung in der Bundesrepublik dem Thema DDR zukommen ließen: Die Mauer wurde nicht mehr beschwiegen – was ja ein aktiver Vorgang ist –, vielmehr wurde an der Mauer vorbeigelebt. Dies betraf insbesondere die verbal um »Ganzheitlichkeit« und »Bewusstsein der Lebensbedingungen« bemühte West-Berliner linksalternative Szene. Wie stark diese ihre Abhängigkeit von der Existenz der Mauer ignorierte, verdeutlicht das Berliner *Stattbuch*.[24] Im Zuge der Selbst-

23 Wolfgang Templin, »›Ein demokratisches Russland zu erleben, wäre ein Traum‹«, Wolfgang Templin im Gespräch mit Birgit Wentzien, Deutschlandfunk (31. August 2017), online verfügbar unter: ⟨http://www.deutschlandfunk.de/wolfgang-templin-ein-demokratisches-russland-zu-erleben.1295.de.html?dram:article_id=394757⟩ (Stand März 2019).
24 Die Absenz des Themas prägt entsprechend auch Sven Reichardts detaillierte

organisation entstanden überall in der Bundesrepublik alternative Stadtführer, die intendierten, das verstreute Mosaik alternativer Organisationen zu einem großen Bild zusammenzufügen. Dabei ging der im Mehringhof und im *taz*-Umfeld verlegte West-Berliner »alternative Wegweiser« deutlich über ähnliche Projekte hinaus.[25] In seiner zweiten und sehr populären Ausgabe von 1980 breitete er auf stattlichen 960 Seiten ein, so vermerkte die *Zeit* naserümpfend, sehr weit verstandenes »alternatives« Spektrum aus.[26] Unter den knapp 2000 vorgestellten Organisationen und Initiativen fanden sich neben Solidaritäts- und Friedensinitiativen sowie esoterischen Gruppen zahlreiche (Selbst-)Hilfsorganisationen der Frauen-, Schwulen- oder Umweltbewegung, die das Stadtbild schon lange prägten. Das Spektrum reichte von der Besetzergruppe Mariannenstraße 48 über die Rote Hilfe bis zur Katholischen Studentengemeinde.[27] Dieser fehlende Purismus macht das *Stattbuch* zu einer wunderbaren historischen Quelle, die Einblicke in die Themen, Strukturen und die Präferenzen der in West-Berlin sehr bedeutsamen breiten alternativen Stadtkultur bietet. Dazu kommt, dass die Einträge zwar von einer Redaktion gesammelt und kategorisiert wurden, sich die Initiativen aber in eigenen Worten vorstellten.

Obwohl das *Stattbuch* in Berlin gedruckt wurde, war die Mauer kein Thema. Es fehlt jeder Hinweis auf die national führenden Anlaufstellen wie die AG 13. August, lokale Gruppen bundesweiter Verbände wie die Vereinigung der Opfer des Stalinismus oder auf die vielen antikommunistischen »Kindeskinder Thediecks« wie die Hilfsaktion Märtyrerkirche. Das Desinteresse war gegenseitig. Darum fehlt auch jeder Verweis auf die Berliner Gruppen der IGfM, wohingegen die Ortsgruppe der New Yorker International League for Human Rights im Buch zu finden ist.[28] In ihrer

Untersuchung dieser Lebenswelt und insbesondere der Szenebeschreibung Berlins; vgl. Sven Reichardt, *Authentizität und Gemeinschaft: Linksalternatives Leben in den siebziger und frühen achtziger Jahren* (Berlin: Suhrkamp, 2014), z. B. 516-36.

25 Arbeitsgruppe WestBerliner Stattbuch (Hrsg.), *Stattbuch 2* (Berlin: Stattbuch Verlag, 1980).

26 Andreas Conrad, »Alternative ›Stattbücher‹: Wegweiser durch das andere Leben«, in: *Die Zeit* (27. März 1981).

27 Arbeitsgruppe WestBerliner Stattbuch, *Stattbuch 2*, 141, 655.

28 Zu den grundlegenden Unterschieden zwischen der IGfM und der League siehe Lora Wildenthal, »The Reincarnations of the German League for Human Rights

Selbstbeschreibung betont die Organisation, (analog zu Amnesty International) sowohl gegen die Einschränkung der Bürgerrechte in der Bundesrepublik zu kämpfen, insbesondere den Radikalenerlass, als auch für die Umsetzung der Helsinki-Beschlüsse in der DDR.[29] Mit diesem universellen Ansatz der Menschenrechtsarbeit unterschied sie sich deutlich von den vielen anderen im Buch vorgestellten Initiativen, die sich allein der Menschenrechte in der »Dritten Welt« und in Solidaritätskampagnen z. B. für Lateinamerika annahmen. Während diese solidarischen Gruppen über das Stichwortregister gut zu finden sind, fehlt dort jeder Eintrag zu Themen des »Ostblocks«, zur Sowjetunion, zu entsprechenden Opfergruppen, zur DDR oder eben schlicht zur Lebenserfahrung in der geteilten Stadt. Dies ist nicht ohne Grund so, denn auf den gesamten 960 Seiten finden sich hierzu nur zwei kurze Einträge: erstens das nach der Biermann-Ausbürgerung 1976 gegründete Schutzkomitee für Freiheit und Sozialismus, welches sich unter Berufung auf die KSZE-Schlussakte und die AEMR primär als Hilfsinitiative für »›bedrohte‹ DDR-Bürger«, insbesondere verfolgte Intellektuelle, verstand und sich zum Ärger des MfS mit Kampagnen für Inhaftierte einsetzte. Um jedem Verdacht einer Nähe zu den »Kindeskindern Thediecks« vorzubeugen, grenzte sich das Komitee scharf von diesen ab und betonte, dass es »keinerlei antikommunistische oder sonstwie propagandistische Absichten verfolgt«.[30] Die Mitgliederliste, auf der unter anderem Heinrich Böll, Alice Schwarzer und Alexander Mitscherlich verzeichnet waren, verdeutlicht die bundesweite Präsenz des Komitees, auch wenn es 1980 seine beste Zeit hinter sich hatte und sich in Auflösung befand. Anderen Quellen zufolge hatte es seine Arbeit bereits 1979 eingestellt.[31] Der zweite Eintrag war eine kurze Selbstdarstellung

in Occupied and West Germany«, in: *Human Rights Leagues in Europe (1898-2016)*, hg. von Wolfgang Schmale und Christopher Treiblmayr (Stuttgart: Franz Steiner Verlag, 2017), 94-121.

29 Arbeitsgruppe WestBerliner Stattbuch, *Stattbuch 2*, 689 f.

30 Ebd., 685.

31 BStU AdZ, ZKG, 858, 3; siehe außerdem Udo Scheer, *Vision und Wirklichkeit: Die Opposition in Jena in den siebziger und achtziger Jahren* (Berlin: Ch. Links, 1999), 177-91; Michael März, *Linker Protest nach dem Deutschen Herbst: Eine Geschichte des linken Spektrums im Schatten des »starken Staates«, 1977-1979* (Bielefeld: transcript, 2012), 330-3.

des langlebigeren Selbsthilfevereins ehemaliger DDR-Bürger.[32] Er war 1980 in Köln gegründet worden und wollte als Anlaufstelle nach der Übersiedlung in erster Linie die Integration in die Bundesgesellschaft unterstützen.[33] Anders als der Berliner Ableger der ILHR war der Selbsthilfeverein im *Stattbuch* aber nicht in der Rubrik »Politische Initiativen« oder »Sozialhilfe« eingeordnet, sondern bezeichnenderweise unter »Ausländer/Dritte-Welt-Gruppen«, also zwischen Türkisch-Lerngruppen, dem Verein zur Betreuung und Förderung ausländischer Kinder und der Asylantenberatung von Amnesty International.

Ausgerechnet in der global solidarischen und migrationsbewussten Neuen Linken war die Conditio germaniae eine ganz westdeutsche geworden. Zwar prägte die Mobilität nach West-Berlin die alternative Szene der 1970er und 1980er Jahre. Doch die unterbundene Mobilität nicht nur zwischen Worbis und Göttingen, sondern vor allem die zwischen Alexanderplatz und Kurfürstendamm wurde ignoriert. Die DDR wurde zum – für viele gänzlich uninteressanten – Ausland. Damit war die Szene nicht allein. Während dies beispielsweise im fernen Saarland, im Emsland und in anderen Regionen fern der innerdeutschen Grenze einen lebensweltlichen Hintergrund hatte, muss die Akzeptanz der Teilung für jene 18,6 % der Fläche der Bundesrepublik (in Schleswig-Holstein gar 71 % des Landesgebiets) überraschen, die seit 1971 als »Zonenrandgebiet« galten. Dort lebten die Menschen mit der Grenze und waren elementar auf die »Zonenrandförderung« angewiesen, wobei weitere Länderprogramme diese »Durchhalteprämie« gar auf 39 % der Gesamtfläche der Bundesrepublik ausweiteten.[34]

Sicher spielte der ubiquitäre Begriff des »DDR-Flüchtlings« in diesem Zusammenhang eine wichtige Rolle, denn er vergrößerte die mentale Distanz zwischen dem Flucht produzierenden und

---

32 Arbeitsgruppe WestBerliner Stattbuch, *Stattbuch 2*, 138. Zum Selbsthilfeverein siehe BStU AdZ, HA XXII, 1438/4, 7-17; ebd. 1691/2, 1-75.

33 BStU AdZ, HA XXII, 1691/2, 14; er ist nicht zu verwechseln mit dem später gegründeten Verband Ehemaliger DDR-Bürger um Peter Eisenfeld, RHG, BE 48-58.

34 »Zonenrandförderung: Schatten über den Mauerblümchen«, in: *Die Zeit* (11. Mai 1990); Maximilian von Ehrlich und Tobias Seidel, *The Persistent Effects of Regional Policy: Evidence from the West-German Zonenrandgebiet* (München: CESifo, 2014), 7 f.

dem Flüchtlinge aufnehmenden System.[35] Nach der Übersiedlung hingegen fielen die Ausreisenden bis auf ihren seltsamen Dialekt kaum auf.[36] Die wenigsten dieser Menschen evozierten die sonst emotional mit dem Flüchtlingsbegriff verbundenen Bilder von Gefahr, Gewalt und Vertreibung und – nicht zu verachten – von Hilfsbedürftigkeit. Kurzum: Ein breites gesellschaftliches Spektrum von der alternativen Szene bis weit ins Herz der Sozialdemokratie richtete sich zusehends in der selbsterschaffenen Illusion ein, die »deutsche Frage« habe sich dank der Annäherung erledigt. Unter den liberalen Geistern gehörte der in Wiesbaden geborene und in West-Berlin lebende Maler Rainer Fetting zu einer Minderheit, der die Mauer als »phantastisches ›Environment‹« wahrnahm, dessen »genius loci« immer neue Verblüffung auslöst: »Man steht davor und wundert sich.«[37] In seiner Serie »Van Gogh an der Mauer« war er, schreibt der Schriftsteller und Künstler Travis Jeppesen, »der Einzige, dem die Enthüllung ihres wahren Zwecks gelang. Dieser bestand darin, alle in ihrem Schatten Lebenden daran zu erinnern, dass sie ihr Schicksal nicht selbst bestimmten.«[38] Auch der gedankliche *Mauerspringer* Peter Schneider oder der nach Amerika ausgewanderte Uwe Johnson blieben Exoten. Damit überließ ausgerechnet jenes Milieu, welches »›Vergesellschaftung‹ […] mit Leben zu füllen« versuchte, die Fragen der Mauergesellschaft dem Staat und konservativen Geistern.[39]

35 Dies fand sogar den Weg in die Statistik des BMI, die gerade jene Übersiedler vor dem Mauerbau durchweg als Flüchtlinge auflistete, die selten den Flüchtlingsausweis C erhalten hatten; vgl. Bundesminister des Innern, *Bestandsaufnahme der Eingliederungshilfen von Bund und Ländern für Aussiedler und für Zuwanderer aus der DDR und Berlin (Ost): mit einer Analyse des Bedarfs* (Bonn: Bundesminister des Innern, 1988), 3.

36 Wie viele gerade wegen dieser Unsichtbarkeit und der Nichtbearbeitung teilungsbedingter Traumata durch das soziale Netz fielen, ist unbekannt. Siehe z. B. Sebastian Philipp, »Sie nannten ihn ›das Reh‹: Wie ein Osnabrücker Polizist die Geschichte hinter einem toten Obdachlosen aufklärt«, in: *Neue Osnabrücker Zeitung (NOZ)* (9. Januar 2019), 15; Sebastian Philipp, »Als Obdachloser gestrandet: Familie des Toten gibt dem Osnabrücker ›Reh‹ ein Gesicht«, in: *NOZ* (14. Januar 2019).

37 »Sturmflut der Bilder: Junge Malerei in Deutschland auf der Erfolgswelle und im Meinungsstreit«, in: *Der Spiegel* 22 (31. Mai 1982), 178.

38 Travis Jeppesen, »Fünf Gemälde von Rainer Fetting«, in: *Rainer Fetting: Berlin*, hg. von Berlinische Galerie (Berlin: Hirmer, 2011), 34.

39 Constantin Bartning, »Einleitung: Kollektiv-selbständige Arbeit«, in: *Stattbuch*

Doch auch hier zeigten sich deutliche Abnutzungseffekte. Der konzerneigene Nachrichtendienst Axel-Springer-Inlands-Dienst, der seit 1970 die Verlagsblätter mit heißen Informationen über die DDR beliefern sollte, stellte 1982 wegen Ineffizienz den Betrieb ein und übergab seine Materialien dem Gesamtdeutschen Institut.[40] Dauerhafte deutschlandpolitische Agenturarbeit lohnte sich nicht mehr, innenpolitische Kampagnen hingegen schon. So wehrten sich die Blätter des Springer-Verlags heftig gegen eine Initiative der Berliner SPD, das einst auf Anregung des KUD eingeführte und rituell zu jeder Senatssitzung wiederholte Gelöbnis, »daß die Mauer fallen und daß Deutschland in Frieden und Freiheit wiedervereinigt werden muß«, abzuschaffen. Der Protest war erfolgreich, jedoch geschichtsblind.[41] Die konservativen Medien hatten sich bereits in den 1960er Jahren solcher Riten entledigt. Allen voran setzte die *Bild*-Zeitung ein Zeichen. Da jeder Tag der Existenz der Mauer ein Skandal war, den man nicht akzeptieren dürfe, begann sie 1961 auf dem Titelblatt mahnend die seit Mauerbau vergangenen Tage zu zählen. Still und heimlich stellte die Redaktion dies jedoch am 508. von insgesamt 10 316 Tagen ein. Auch die bereits 1959 von Axel Springer, Kanzler Adenauer, dem KUD und vielen anderen gestartete Kampagne, »so lange und jeden Tag« Anstecker mit der Aufschrift »Macht das Tor auf!« zu tragen, bis dies in Erfüllung gehe, erlebte mit dem Mauerbau einen Aufschwung, versandete aber lange vor der Toröffnung.[42]

Berlin 3: Ein Wegweiser durch das andere Berlin, hg. von Arbeitsgruppe Stattbuch 3 (Berlin: Stattbuch Verlag, 1984), 20.

40 Für eine deutliche Kritik am Axel-Springer-Inlands-Dienst von sozialdemokratischer Seite siehe die Aussagen des damaligen Sprechers der SPD-Bundestagsfraktion Wolfgang Jansen, »Bedrückend und peinlich: Anmerkungen zum Axel-Springer-Dienst«, in: *Sozialdemokratischer Pressedienst* 28/118 (25. Juni 1973), 5 f.; außerdem Jochen Staadt, Tobias Voigt und Stefan Wolle, *Feind-Bild Springer: Ein Verlag und seine Gegner* (Göttingen: Vandenhoeck & Ruprecht, 2009), 260; »Nachlaß für Franke«, in: *Der Spiegel* 13 (29. März 1982), 17.

41 Edgar Wolfrum, »Die Mauer«, in: *Deutsche Erinnerungsorte*, Bd. 1, hg. von Etienne François und Hagen Schulze (München: C. H. Beck, 2009), 560. Erst die rot-grüne Mehrheit Ende der 1980er Jahre schaffte dieses formelhafte Bekenntnis ab.

42 Wilhelm W. Schütz und Kuratorium Unteilbares Deutschland (Hrsg.), *Macht das Tor auf!* (Bonn: Kuratorium Unteilbares Deutschland, 1958); »Macht das Tor auf«, in: *Hamburger Abendblatt* (29. Januar 1959), 1; »Berlin: Landsmann verraten«, in: *Der Spiegel* 15 (12. April 1982), 84 f.

Ein fester Ritus blieb wohl nur der jährliche – vom MfS mit Argusaugen beobachtete – Protest am Tag des Mauerbaus. Von einer Massenbewegung kann dabei nicht die Rede sein, vielmehr engagierte sich vor allem die AG 13. August. Sie war es, die den Protest Jahr für Jahr von den Rednerpulten an die Mauer trug.[43] Die Beteiligung war mäßig und – auch aufgrund einiger sich scheinbar ebenso rituell an der Mauer Betrinkender – nicht unbedingt geeignet, den SED-Staat in seinen Wurzeln zu erschüttern. Im Gegenteil, die letztendlich oft traurig wirkenden Bilder von gegen die Mauer geschleuderten Bierflaschen dienten dem MfS dazu, die »respektlosen« Angriffe auf die »Staatsgrenze« für sich zu instrumentalisieren.[44] Die Gewöhnung an die Mauer konnte man so nicht verhindern, weswegen sich vor allem die AG 13. August in den 1980er Jahren der Mauerkunst annahm.[45] Großaktionen wie das 1986 von Keith Haring erstellte Mural erzeugten deutlich mehr Aufmerksamkeit, machten die Mauer jedoch auch zum ästhetischen Objekt. Gefragt, warum er den Auftrag des Checkpoint Charlie Museums angenommen habe, antwortete Haring zugleich bewegt und vage: »wegen der damit zusammenhängenden politischen Fragen und um ein humanistisches Zeichen gegen die Mauer und gegen Unterdrückung und hoffentlich für die Menschenrechte zu setzen.«[46]

Wenn die 1980er Jahre, wie der Historiker und Kulturwissenschaftler Philipp Felsch schreibt, das Jahrzehnt einer katholischen Gegenaufklärung waren, dann war Helmut Kohl ihnen ein würdiger Kanzler, der von der deutschlandpolitischen Desorientierung der Liberalen und der Linken profitierte.[47] Seine politische Positionierung war insbesondere vom sich erneut verschärfenden Kalten Krieg geprägt. Dabei formten sich zwei voneinander losgelöste Menschenrechtsdiskurse heraus: Zum einen ein linksliberaler und globalistischer, der im Zuge der Friedensbewegung (und teilwei-

43 Siehe z. B. BStU AdZ, HA XXII, 19, Bd. 2, 157-62; ebd., 106, Bd. 3; ebd., 17760.

44 Vgl. z. B. BStU AdZ, HA XXII, 77, Bd. 15, 20-32.

45 Anette Dorgerloh, Anke Kuhrmann und Doris Liebermann, *Die Berliner Mauer in der Kunst: Bildende Kunst, Literatur und Film* (Berlin: Ch. Links, 2011).

46 Paul Miller, »Artist Keith Haring Paints Berlin Wall«, NBC Today Show (31. Oktober 1986), online verfügbar unter: ⟨https://archives.nbclearn.com/portal/site/k-12/flatview?cuecard=114253⟩ (Stand März 2019).

47 Philipp Felsch, *Der lange Sommer der Theorie: Geschichte einer Revolte 1960 bis 1990* (Frankfurt/M.: Fischer, 2016), 161.

se mit viel Verständnis für die Außenpolitik der Sowjetunion) als
Teil der Dritte-Welt-Bewegung vor allem die US-amerikanische
»Hinterhofpolitik« angriff; zum anderen ein national fokussiertes
Menschenrechtsverständnis, das diese selektiv im Kampf gegen den
Kommunismus mobilisierte. Mit der Ausnahme von Organisationen wie Amnesty International ordneten beide Seiten die Universalität der Menschenrechte ihrer jeweiligen Position im Kalten
Krieg unter. In diesem Setting erkannte Helmut Kohl in seinen
ersten Kanzlerjahren, dass gerade im KSZE-Prozess ein konservati-
ves Menschenrechtsverständnis ihm ein über die früheren Angriffe
auf die SPD hinausgehendes politisches und moralisches Kapital
zur Verfügung stellte. Als er wegen der Zustimmung zum NATO-
Doppelbeschluss und der Proteste der Friedensbewegung massiv
unter Druck geriet, erlaubte ihm dieses Kapital, seiner nach Westen gewendeten Staats- und Rüstungspolitik eine humanitäre Note
zu verleihen. Das bedeutete vor allem, Deutschlandpolitik wieder
öffentlich zu betreiben. Sehr zur Freude seiner konservativen Unterstützer ergänzte er bereits seinen ersten *Bericht der Bundesregierung zur Lage der Nation* um den entscheidenden Zusatz »im
geteilten Deutschland«. Symbolisch eröffnete er den Rapport mit
der Abkehr von der vorherigen Berichterstattung, in der nicht nur
»[d]er Hinweis auf das geteilte [...] Deutschland unterblieben« war,
sondern sich auch der Schwerpunkt »zunehmend auf die politische
Lage der Bundesrepublik verlagert« habe. Dabei formulierte er eine Rückkehr als Aufbruch: »Heute wenden wir uns wieder dem
eigentlichen Zweck der Berichterstattung zu. Es geht um Deutschland. Es geht um Selbstbestimmung, um Menschenrechte, und es
geht um die Einheit unserer geteilten Nation.«[48]

In der Deutschlandpolitik spiegelte sich der von Felsch beschriebene Wandel der medialen Kultur von der Bleiwüste zum Bild als
Träger politischer Inhalte.[49] Die unter Brandt etablierten Begleit-
publikationen zum *Bericht der Lage der Nation* ergaben sich auf
Hunderten Seiten in zahllosen eng gedruckten Tafeln und Texten
einem ökonomischen, politischen und sozialen Systemvergleich
zwischen den beiden Deutschlands.[50] Diese betonte Sachlich-

48 BT-Plenarpr. X/16, 23. Juni 1983, 987.
49 Felsch, *Der lange Sommer der Theorie*, 160-2.
50 Siehe z. B. »Materialien zum Bericht zur Lage der Nation 1971«, in: *Verhandlungen des Deutschen Bundestages* 6 (1971), 1-374; *Bericht der Bundesregierung und*

keit trug aber nicht nur Informationen in sich, sondern auch eine Botschaft. Zur Empörung der Opposition werteten sie die Gegenseite zu einem adäquaten Gesprächspartner auf. Kohls *Berichte* erschienen als reich bebilderte Taschenbücher voller Kanzlerzitate in Großschrift. Die kurzen Pamphlete waren keine Aufklärungsversuche über die Existenz der Gegenseite, sondern Ankerpunkte für den selbstgeschaffenen Mythos des schwarzen Riesen vom Rhein.[51] Es ging nicht um Aufklärung, es ging um die Geste. Geschickt variierte Kohl zahlreiche sozialliberale deutschlandpolitische Maximen und erklärte 1983: »Es gibt zwei Staaten in Deutschland. Aber es gibt nur eine deutsche Nation.«[52] Das »aber« übernahm in diesem Kontext eine Wegweiserfunktion. Im Gegensatz zu seinen Vorgängern versprach Kohl, den Schwerpunkt weniger auf die Frage der (ohnehin etablierten) Zweistaatlichkeit und dafür umso mehr auf die Bindekräfte der Nation zu legen.

Andererseits markierte dies eine stille Teilabkehr von der scharfen Rhetorik, mit der die CDU/CSU über ein Jahrzehnt gegen die SPD-geführte Annäherungspolitik geschossen hatte. Anders als in den 1960er Jahren konnte man nun mit der »deutschen Frage« keine Wahlen mehr gewinnen, wohl aber konnte man sie deswegen verlieren. Ähnlich wie ein Jahrzehnt zuvor die Christdemokraten hatten sich die Sozialdemokraten in den 1970er Jahren in eine unflexible Position begeben. Offenkundig wurde dies, als die SPD aufgrund ihres Festhaltens an der unbedingten staatlichen Annäherung die weitreichende Bedeutung des Militärputsches Wojciech Jaruzelskis in Polen verkannte. Der Aufschwung der Opposition und der Ausreiseanträge in der DDR beruhte zwar auf dem durch die Neue Ostpolitik möglich gewordenen Grundlagenvertrag und dem KSZE-Prozess. Als Bewegungen fanden sie aber in dem Moment, in dem sie sozialhistorisch bedeutsam wurden, keinen

Materialien zur Lage der Nation 1972 (Bonn: Bundesministerium für innerdeutsche Beziehungen, 1972).

51 Siehe z. B. Helmut Kohl, *Zur Lage der Nation im geteilten Deutschland* (Bonn: Presse- und Informationsamt der Bundesregierung, 1983); ders., *Zur Lage der Nation im geteilten Deutschland: Bericht der Bundesregierung* (Bonn: Presse- und Informationsdienst der Bundesregierung, 1984); Manuel Fröhlich, *Sprache als Instrument politischer Führung: Helmut Kohls Berichte zur Lage der Nation im geteilten Deutschland* (München: Forschungsgruppe Deutschland am Centrum für angewandte Politikforschung, 1997).

52 BT-Plenarpr. X/16, 23. Juni 1983, 988.

öffentlichen (und moralisch benötigten) Rückhalt in der Sozialdemokratie, was bis zu Egon Bahrs Ablehnung der Solidarność
oder zu Oskar Lafontaines Vorstößen zur Anerkennung der DDR-
Staatsbürgerschaft führte.[53]

Man darf jedoch nicht vergessen, dass auch Konservative in ihrem Kurs schwankten. So stand Franz Josef Strauß 1983 nicht nur
hinter dem lebensverlängernden Milliardenkredit für die DDR, er
besuchte im selben Jahr auf einer »privaten« Reise auch das polnische Militärregime, worüber er sich in seinen Erinnerungen jedoch
ausschwieg.[54] Den Unterschied machte letztlich Kohls Rhetorik.
Während seiner ersten Jahre als Kanzler gelang es ihm, die Themen
Menschenrechte und Deutschlandpolitik profilbildend so miteinander zu verknüpfen, dass er zwar an der »stillen Diplomatie«
festhalten, sich aber zugleich öffentlich als Kümmerer darstellen
konnte.[55] Dies traf einen konservativen Nerv – bis auf einmal die
geforderte Ausreisewelle tatsächlich ins Rollen kam.

»Die Deutschen kommen!«:
Hoffnungen und Überforderungsängste ab 1984

Lebensweltlich hatten sich beide Länder immer weiter voneinander entfernt. Teils aus Desinteresse, teils aus Gewöhnung an überzogene Horrormeldungen aus der DDR ignorierte der mediale
Mainstream in den frühen 1980er Jahren Meldungen nationalkon-
servativer Kreise, dass sich in der DDR in der Ausreisebewegung
ein Sturm zusammenbraue. Diese Stimmen prognostizierten seit
Langem den nahenden Untergang der DDR. Doch an der DDR
schien kein Weg vorbeizuführen, so dass sogar Helmut Kohl nach
einer ersten kurzen Begegnung mit Erich Honecker auf der Beisetzung des einstigen Staatsoberhauptes der Sowjetunion Juri Andro-

53 Egon Bahr, *Zu meiner Zeit* (München: Karl Blessing, 1996), 343 f.; zum Kontext
    siehe v. a. Andrea Genest, »Die Solidarność aus deutscher Perspektive«, in: *Pots-
    damer Bulletin für Zeithistorische Studien* 34-35 (o. J.), 17-22; Sturm, *Uneinig in
    die Einheit.*
54 Jerzy Macków, »Wandel trotz Anbiederung«, in: *Der Tagesspiegel* (28. August
    2005).
55 Matthias Peter, *Die Bundesrepublik im KSZE-Prozess 1975-1983: Die Umkehrung
    der Diplomatie* (Berlin, München, Boston: De Gruyter Oldenbourg, 2015), 537 f.

pow den SED-Generalsekretär zu einem – dann aber abgesagten und erst 1987 nachgeholten – Staatsbesuch in die Bundesrepublik einlud.[56]

Waren die 1980er Jahre friedenspolitisch ein Wechselbad, schien sich hinter der Mauer gesellschaftlich wenig zu bewegen. Der Ausreisedruck blieb für die meisten Westdeutschen unsichtbar, und das MfS sorgte im Verborgenen dafür, dass die Ausreiseantragsbewegung nicht zu einer Ausreisebewegung wurde. Sogar Verbesserungen ließen sich konstatieren. Denn Brandts Diktum entsprechend war nach dem Grundlagenvertrag die Mauer für Westdeutsche »transparenter« geworden, und der Status West-Berlins war stabilisiert. Sogar die Familienzusammenführung war etwas erleichtert worden, Rentner durften nun relativ problemlos in den Westen reisen. Die Ausreisezahlen stagnierten, sanken sogar leicht. Nur aufmerksame Beobachter bemerkten, dass sich das Sozialprofil der Ausreisenden hin zu jungen Einzelpersonen und Familien verschob.[57] Als das MfS im Frühjahr 1984 die erwähnte Entlassungsaktion durchführte, wurden westdeutsche Politiker und Medien auf die Thematik aufmerksam. Die ersten bundespolitischen Reaktionen ließen indes eine gewisse Hybris vermuten.

Im Versuch des MfS, in der DDR den Druck der hartnäckigen Antragssteller durch deren Ausreise abzubauen, sah Gerhard Reddemann (CDU) als Vorsitzender des Bundestagsausschusses für innerdeutsche Beziehungen einen »erfreulichen Erfolg für die Bundesregierung«, den Heiner Geißler wiederum durch die Treue der Bundesregierung zum westlichen Bündnis begründet sah. Strauß sprach sich den Erfolg vor allem selbst zu, denn »›natürlich‹ [...] seien die vermehrten Ausreisegenehmigungen auch ein Ergebnis seiner Gespräche mit der DDR-Prominenz«.[58]

In der Bundesgesellschaft sorgte die gänzlich unerwartete Ausreisewelle für helle Aufregung. Zwar wurde die mangelnde Liberalität der Ausreisepraxis seit dem Mauerbau rituell beklagt. Als aber schlagartig mehrere zehntausend Sachsen, Thüringer und Bran-

---

56 »›Beim nächsten Mal liegt die Meßlatte höher‹«, in: *Der Spiegel* 37 (10. September 1984), 17-24; Hermann Wentker, *Außenpolitik in engen Grenzen: Die DDR im internationalen System; 1949-1989* (München: Oldenbourg, 2007), 483-6.

57 Vgl. Kap. 2 in Teil III.

58 Sämtliche Zitate in »Die nehmen uns die Arbeitsplätze weg«, in: *Der Spiegel* 14 (1984), 18.

denburger in die westdeutschen Städte kamen, war niemand auf sie vorbereitet. Denn wanderten zuvor jährlich weniger als 10 000 DDR-Bürger in die Bundesrepublik aus, wohlgemerkt inklusive Rentnern und Invaliden, kamen zwischen April und Juni 1984 auf einen Schlag innerhalb weniger Wochen 21 053 Personen, fast alle Berufstätige und viele mit Familie. Ende des Jahres belief sich die Zahl auf ca. 35 000 Ausgereiste, also fast so viele wie in den 1980er Jahren zusammen. Nach der im Gegensatz zu den 1960er Jahren deutlich verkürzten Aufnahmeprozedur inklusive der Anerkennung als Flüchtling der Kategorie C für die meisten der Einwanderer waren sie in der Bundesrepublik auf sich allein gestellt.

Die Situation war denkbar ungünstig. Zwar erholte sich die Wirtschaft der Bundesrepublik langsam, das Bruttosozialprodukt stieg 1984 im Vergleich zum Vorjahr um 2,5 %, und die Inflationsrate hielt sich in Grenzen. Allerdings stagnierte die Arbeitslosigkeit auf einem hohen Niveau. Das kurzfristige Überschreiten der Zwei-Millionen-Marke Anfang 1982 war ein Sargnagel in Helmut Schmidts Kanzlerschaft gewesen. Auch nach seiner Amtsübergabe an Helmut Kohl stieg die Arbeitslosigkeit bis Ende 1984 um weitere 400 000 Personen an. Schätzungen sprachen gar von 3,5 Millionen Arbeitslosen.[59] Bei trüben Aussichten auf dem Arbeitsmarkt und einem Kaufkraftverlust galt die Hauptsorge vieler Bundesdeutscher darum dem Arbeitsplatz und dem sozialen Statuserhalt. Schon länger grassierten Kampagnen, die »Ausländer« für die Unsicherheit verantwortlich machten. In dieser Situation kamen nun schlagartig unerwartet viele DDR-Bürger in die Bundesrepublik. Im Gegensatz zu den seit Längerem nur mehr als ökonomische Last wahrgenommenen »Ausländern«, also in erster Linie den verbliebenen »Gastarbeitern« und ihren Angehörigen, hatten sie zwar keine Sprachbarrieren zu meistern. Ausgereiste fielen aber oft durch ungewohnte Dialekte und vor allem durch ihre Unkenntnis der vielen kleinen sozialen Regeln im Alltag auf. Ihre Ausbildung wurde häufig (wenn auch nach längeren Prozeduren) partiell anerkannt, vor allem aber standen sie aufgrund der vollen Rechte als Deutsche im Sinne des Grundgesetzes sofort dem Arbeitsmarkt zur Verfügung. Das war ursprünglich kein Problem, selbst die stotternde Wirtschaft absor-

59 Günther Pehl, »Deutsche Wirtschaft 1984/85: Weiterhin leichter Aufschwung, aber kein Abbau der Arbeitslosigkeit«, in: *Gewerkschaftliche Monatshefte* 36/1 (1985), 49-51, 53.

bierte in den Jahren vor der Krise die wenigen Ankommenden. Nun aber war die Situation eine andere. Die Wirtschaftskrise der späten 1970er Jahre hatte sich zur Arbeitslosigkeitskrise gewandelt, und die Zahl der Ankommenden aus der DDR vervielfachte sich schlagartig, ohne dass jemand wusste, ob und wie lange diese Welle anhalten würde.

In kurzer Zeit wurde die Ankunft der Deutschen, die aufgrund der begrenzten Dauer der Entlassungswelle numerisch ja moderat blieb, zur gefühlten Belastung. Als ungewöhnlich viele DDR-Bürger von der vom Westen aus geforderten Freiheit Gebrauch machen konnten und übersiedelten, sank die Bereitschaft, diese aufzunehmen. Eine Umfrage befand, »daß nur noch 43 % der Bundesbürger ein ›besonderes, historisch begründetes Recht auf Unterbringung‹ der Übersiedler« anerkannten. »Besonders bei jüngeren Menschen, resümierte damals der Wuppertaler Soziologe Professor Volker Ronge, verdränge langsam eine ›humanitäre Perspektive die nationale Orientierung.‹«[60] Der humanitäre Aspekt dabei war aber nicht die Schutzpflicht gegenüber Flüchtlingen, sondern die befürchtete Überlastung durch »Fremde«. Die Sorge um das eigene Wohl überlagerte also schon beim ersten kleinen Stresstest die rhetorisch lange hochgehaltene Solidarität unter Deutschen. Zugespitzt titelte der *Spiegel* am 2. April 1984 »Die Deutschen kommen«. Das Cover zierte das Foto einer Familie, die mit einem Leiterwagen voller Taschen dem Vorhang der DDR-Fahne entschlüpft, und das so Erinnerungen an die Bildikonen der Heimatvertriebenen evozierte.

Die Überschrift der Titelgeschichte fragte: »DDR-Auswanderung – Wie lange noch?« Dabei zielte die Frage nach der Dauer eigentlich auf die Zahl der Zuwanderer ab und verwies auf die Sorge um das Überschreiten einer nie definierten, aber bei jeder nennenswerten Migrationsbewegung scheinbar schnell bemühten »Aufnahmekapazität.«[61] Allerdings stellte gerade 1984 der Zuzug

---

60 Zit. n. »Im neuen Deutschland«, in: *Die Zeit* 34 (18. August 1989).

61 Siehe z. B. Michael Jungblut, »Gastarbeiter: Die Kulis der Nation«, in: *Die Zeit* 42 (20. Oktober 1972); zum Konzept der Aufnahmekapazität siehe Marcel Berlinghoff, »Über die ›Grenzen der Aufnahmefähigkeit‹ hinaus«, Netzwerk Flüchtlingsforschung (28. September 2015), online verfügbar unter: ⟨http://fluechtlings forschung.net/uber-die-grenzen-der-aufnahmefahigkeit-hinaus/⟩ (Stand März 2019).

trotz der Wirtschaftskrise weder sozial- noch beschäftigungspo-
litisch eine Herausforderung dar. Die Einwanderung von Nicht-
Deutschen war damals stark beschränkt und ohnehin rückläufig.
Zudem reduzierte sich ausgerechnet 1984 die co-ethnische – und
damit rechtlich den DDR-Emigranten sehr nahestehende – Mi-
gration Deutscher im Sinne des Grundgesetzes vornehmlich aus
Rumänien, Polen und der UdSSR. Nach der Unterzeichnung der
KSZE-Schlussakte hatte sie jährlich recht konstant bei ungefähr
50 000 Personen gelegen, 1981 hatte sie mit 69 455 zugewanderten
Spätaussiedlern einen Spitzenwert erreicht. 1984 jedoch sank diese
Zahl aufgrund der restriktiven Ausreisepolitik der polnischen Mi-
litärmachthaber auf den absoluten Tiefstand von insgesamt 36 459
Personen (siehe Tafel 42, S. 740).[62] Wenn Anfang 1984 also un-
gefähr 25 000 Übersiedler aus der DDR zusätzlich zur normalen
Ausreise kamen, glich dies den Einbruch der Einwanderung von
Deutschen im Sinne des Grundgesetzes bei Weitem nicht aus. Und
dennoch befürchtete das Land die Überlastung. Die Zahl diente
also nur als argumentative Stütze, das Problem lag in der fehlenden
Gewöhnung an den Zuzug aus der DDR. Obwohl diese Form der
Migration völkerrechtlich ja immer noch lediglich ein Umzug innerhalb Deutschlands war, nahm ein großer Teil der Bundesbevölkerung ihn als eine Einwanderung von Halbfremden wahr. Dabei
dürfte es gerade die leichtere Integration der DDR-Bürger sein,
die den Bundesbürgern Sorgen machte. Aufgrund der fehlenden
Sprachbarriere und des (zumindest anfänglichen) Willens, unter
Ausbildungsniveau zu arbeiten, wurden sie als eine echte Konkurrenz auf dem Arbeitsmarkt wahrgenommen, auch wenn sie diese
sozialpolitisch nie wurden.[63]

62 Vgl. Jannis Panagiotidis, »Experimentierfeld der Migrationspolitik: Die Herausforderung der Aussiedlerintegration im Wandel der Zeit«, in: *Deutschland Archiv*
(16. Januar 2017), online verfügbar unter: ⟨www.bpb.de/240110⟩ (Stand März
2019); ders., »Aussiedler/Spätaussiedler«, in: *Online-Lexikon zur Kultur und Geschichte der Deutschen im östlichen Europa*, 2015, online verfügbar unter: ⟨http://
ome-lexikon.uni-oldenburg.de/p32717⟩ (Stand März 2019); Dariusz Stola, *Kraj
bez wyjścia? Migracje z Polski 1949-1989* (Warschau: Instytut Pamięci Narodowej,
Komisja Ścigania Zbrodni przeciwko Narodowi Polskiemu, 2012).
63 Für eine Aufstellung integrativer Maßnahmen siehe Joon-Young Hur, *Die Integration ostdeutscher Flüchtlinge in der Bundesrepublik Deutschland durch Beruf
und Qualifikation* (Frankfurt/M. u. a.: Peter Lang, 2011), 47-50, 61-3, 75 f., 115.

Tafel 42: Spätaussiedlerzuwanderung in die Bundesrepublik 1976-1987.

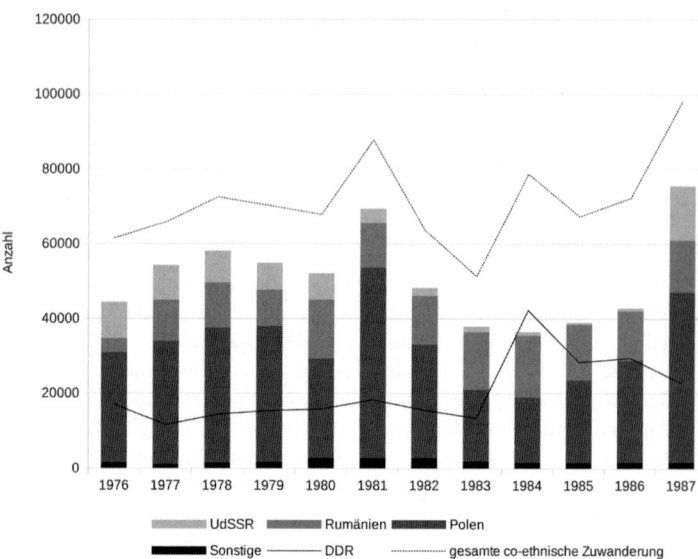

Quelle: Susanne Worbs et al., *(Spät-)Aussiedler in Deutschland: Eine Analyse aktueller Daten und Forschungsergebnisse* ([Nürnberg]: Bundesamt für Migration und Flüchtlinge, 2013), 31, sowie Statistisches Bundesamt (Hrsg.), *Statistisches Jahrbuch für die Bundesrepublik Deutschland*, Stuttgart, Mainz: Kohlhammer; verwendete Jahrgänge: 1977-1989.

Als sich nach nur wenigen Wochen der einst rhetorisch so heiß ersehnten Ankunft vieler DDR-Bürger das Ende der Welle abzeichnete, kam dies auch der Bundesregierung »gar nicht so ungelegen«.[64] Denn erstens war der CDU-geführten Regierung »mehr als an einem spektakulären Schub [...] an einer kontinuierlichen Abwicklung der Ausreisepraxis gelegen – im Interesse der Stabilität der deutsch-deutschen Beziehungen und auch der Part-

64 »Die nehmen uns die Arbeitsplätze weg«, 17 f.

ner in Ost-Berlin«. Zweitens mehrten sich Stimmen, die behaupteten, »[d]ie Umsiedler bescheren der westdeutschen Gesellschaft Probleme«, die dem deutschlandpolitischen Sprecher der Unionsfraktion, Eduard Lintner, zufolge bereits nach wenigen Wochen in »gehässige[n] Bemerkungen nach dem Motto: Die nehmen uns die Arbeitsplätze weg« mündeten.[65] Der sich in den frühen 1980er Jahren breitmachende Ausländerhass drohte, auf die Zuwanderer aus der DDR überzugreifen.

Damit trat eine eigentlich längst ad acta gelegte Rhetorik neben die von Kohl stets betonte Aufnahmebereitschaft. Wie schon in den Jahren der Massenauswanderung betonten Politiker nun, dass man nicht intendiere, die DDR zu »entvölkern«.[66] Bereits in den frühen 1950er Jahren stemmte sich das BMVt gegen die hohe Abwanderung aus der DDR, da diese der Bevölkerung kritisches Potential entziehe und damit den SED-Staat stärke.[67] Ähnlich argumentierte 1984 nicht nur der anhaltinische evangelische Kirchenpräsident Eberhard Natho, wenn er betonte: »Christen haben in der DDR eine Perspektive und sind nicht gezwungen, ihr Land zu verlassen. Sie sollten Gott vielmehr zutrauen, daß er sie in der DDR mit dem Nötigen ausrüstet.«[68] Denn es entspreche, so wiederholten einige Kabinettsmitglieder 1984 das Mantra aus den 1950er Jahren, »auch nicht unserem Anspruch auf Einheit der Nation, wenn sich am Ende die Nation bei uns versammelt«.[69] So sandten die verantwortlichen Bundespolitiker 1984 eine doppelte Botschaft. In der DDR hörten vor allem Ausreisewillige (und das MfS) jenen Teil, in dem Kohl in Abkehr von der Zurückhaltung seiner Vorgängerregierungen prominent erklärte, die Bundesrepublik freue sich über jede Ausreisegenehmigung.[70] Für die Bundesgesellschaft

---

65 Ebd., 19.

66 Zur ideologischen Vorläuferdiskussion um den Flüchtlingscharakter der frühen DDR-Auswanderer siehe Volker Ackermann, *Der »echte« Flüchtling: Deutsche Vertriebene und Flüchtlinge aus der DDR 1945-1961* (Osnabrück: Univ.-Verl. Rasch, 1995).

67 Vgl. Frank Wolff, »Deutsch-deutsche Migrationsverhältnisse: Strategien staatlicher Regulierung 1945-1989«, in: *Handbuch Staat und Migration in Deutschland seit dem 17. Jahrhundert*, hg. von Jochen Oltmer (Berlin, Boston: De Gruyter, 2016), 788.

68 »Die nehmen uns die Arbeitsplätze weg«, 18.

69 Ebd., 17.

70 Helmut Kohl, »Bericht zur Lage der Nation im geteilten Deutschland vor dem

hingegen waren Aussagen bestimmt, die rastlos betonten, dass niemand beabsichtigte, die DDR zu »entvölkern«. Selbst im Wortlaut einmütig versicherten dies 1984 die sonst eher als Konkurrenten wahrgenommenen Heinrich Windelen, Minister für innerdeutsche Beziehungen, und Philipp Jenninger, der im Kanzleramt für die Deutschlandpolitik zuständige Staatsminister. Ebenso fast wortgleich sekundierte 1987 unter anderem Staatssekretär Ludwig A. Rehlinger im Rahmen deutsch-deutscher Verhandlungen, im Sommer 1989 angesichts der Massenauswanderung dann der Bundesminister für besondere Aufgaben Rudolf Seiters und schließlich auch Helmut Kohl in seinen Erinnerungen an den Mauerfall.[71] Angesichts der bevorstehenden Wiedervereinigung legte er auf einmal neben dem nationalen einen regionalen Heimatbegriff an und bat, dass die Menschen lieber in der DDR und damit »in ihrer angestammten Heimat bleiben« sollten.[72]

Die frühe Kanzlerschaft Kohls war durch eine vierseitige Kommunikationsstrategie charakterisiert. Die Regierung eignete sich erstens den Menschenrechtsdiskurs der konservativen Initiativen an, spielte mit deren Vokabeln, ohne jedoch deren Konfrontationskurs zu übernehmen. Durch seine offene Thematisierung von Freizügigkeit und Übersiedlung grub Kohl rechtskonservativen Kritikern das Wasser ab, die nun Schwierigkeiten hatten, sich als Tabubrecher zu inszenieren. Dies diente ihm, zweitens, als Grundlage für seine indirekte Kommunikation mit der DDR-Bevölkerung, an die er eine politisch deutlich unverbindlichere, aber moralisch wirksame Freiheitsrethorik aussendete. »Die Freiheit«, erklärte er 1984 explizit mit Blick auf die Freizügigkeit, »ist der Kern der Deutschen Frage.«[73] Damit legte er den Grundstein für jenen Zuspruch, den die CDU nach dem Mauerfall und trotz der Probleme

Deutschen Bundestag, 15. März 1984«, in: *Reden 1982-1984* (Bonn: Presse- und Informationsamt der Bundesregierung, 1984), 351.

71 »Die nehmen uns die Arbeitsplätze weg«, 17; Jan Philipp Wölbern, *Der Häftlingsfreikauf aus der DDR 1962/63-1989: Zwischen Menschenhandel und humanitären Aktionen* (Göttingen: Vandenhoeck & Ruprecht, 2014), 346; »›Das droht die DDR zu vernichten‹«, in: *Der Spiegel* 33 (14. August 1989), 18; Helmut Kohl, *Vom Mauerfall zur Wiedervereinigung: Meine Erinnerungen* (München: Droemer, 2009), 98.

72 Kohl, *Vom Mauerfall zur Wiedervereinigung*, 98.

73 Kohl, »Bericht zur Lage der Nation im geteilten Deutschland vor dem Deutschen Bundestag, 15. März 1984«, 344.

bei der Wiedervereinigung vonseiten der ehemaligen DDR-Bevölkerung erhielt. Solche Aussagen kombinierte er aber, drittens, immer wieder mit gezielt platzierten Äußerungen über Stabilität und Frieden, die der SED klarmachen sollten, dass er den praktischen Entspannungskurs fortsetzte. Viertens signalisierte die Regierung in gemischten Botschaften zugleich der Bundesbevölkerung, dass sie deren Zuwanderungs- und Überfremdungsängste ernst nähme – auch wenn ihr wegen der grundgesetzlichen Verpflichtungen die Hände gebunden waren.

Die erneute Frage von Zugehörigkeit und der Staatsbürgerschaft

Die Entwicklung der Ausreise in den Folgejahren legt allerdings nahe, dass wir die Sorgen der Bundesgesellschaft Anfang 1984 weniger durch das quantitative Ausmaß der Ankommenden, sondern vielmehr durch die damals fehlende Gewöhnung an eine größere Zahl Ausreisender begründen können. Denn obwohl in den Jahren 1985 und 1986 ungefähr doppelt so viele Übersiedler aus der DDR kamen wie in den Jahren vor 1984, verschwand die Aufregung um die Quantität. Die Messlatte hatte sich nach oben verschoben, Normalität zog ein. Als eine Konsequenz wurde 1986 das Notaufnahmeverfahren geändert, die Bundesregierung vereinfachte endlich die Antragstellung und Ortswahl der Zuwanderer.[74] Sowohl die Medien als auch die Behörden behandelten Ausreisende aus der DDR nunmehr gerade wegen des ökonomischen Hintergrunds der Antragstellung und in Ergänzung zur Oppositionsbewegung explizit als politisch motivierte Migration. Dies brachte ihnen einerseits die immer unkompliziertere Anerkennung als C-Flüchtling mit sämtlichen, einst nur für Heimatvertriebene vorgesehenen Vergünstigungen des Notaufnahmegesetzes. Andererseits mutierte die Ausreise nach 1984 aufgrund der Ankunft von immer mehr jungen Menschen und Familien diskursiv wieder zur »Abstimmung mit den Füßen«. Damit wurde die Überlegenheit des westlichen Gesellschaftssystems nun gerade deswegen gedanklich bestätigt, weil die Ausreisenden nicht mehr als politisch Verfolgte gesehen wur-

74 Elke Kimmel, »Das Notaufnahmeverfahren«, in: *Deutschland Archiv* 38/6 (2005), 1026.

den, sondern als Übersiedler aus einem bankrotten System. Sie waren gewissermaßen positiv konnotierte Wirtschaftsflüchtlinge und erfüllten damit jene Funktion der bundesdeutschen Selbstbestätigung, die vor dem Mauerbau die SBZ-Flüchtlinge eingenommen hatten. Dieser für die Akzeptanz einer Massenbewegung entscheidende Deutungswandel der Ausreise schlug sich auch in den Statistiken des BMI nieder. In einer Darstellung des Eingliederungsverfahrens charakterisierte das Ministerium 1988 – im Widerspruch zur Praxis der Jahre vor dem Mauerbau – sämtliche Zuwanderer aus der DDR zwischen 1949 und 1961 als »Flüchtlinge« und verlieh ihnen damit retrospektiv und kontrafaktisch jenen Status, den ihnen das BMVt mit aller Kraft verwehrt hatte.[75]

Auf der anderen Seite der Mauer war allerdings von Gewöhnung wenig zu spüren. Der SED-Staat hatte mit der »Aktion« 1984 zwar kurzfristig Druck abgebaut, damit aber eine Spirale beschleunigt, derer er in den letzten fünf Jahren seiner Existenz trotz massiven Einsatzes des MfS zur Ausreiseunterbindung nicht mehr Herr wurde. 1988 verfehlte die Zahl der Ausreisenden nur knapp den Rekord von 1984, im Folgejahr brachen dann sprichwörtlich alle Dämme. Wie bereits 1984 mischte sich in der Bundesgesellschaft auch fünf Jahre später die Begeisterung über das Straucheln des SED-Staats mit Aufnahmekapazitätssorgen. Fern der Grenze beklagte die Stuttgarter Aus- und Übersiedlerberaterin Birgit Reimann nun zweierlei: Erstens habe mit der Massenankunft im Sommer 1989 die Hilfsbereitschaft abgenommen, und »[d]ie Stimmung schlägt langsam in Ablehnung um«.[76] Zweitens vergaßen ihr zufolge die Bundesdeutschen nun die lange hochgehaltenen Passagen des Grundgesetzes, denn »[i]mmer häufiger werden alle Fremden zu einem Brei verrührt«. Sie befürchtete, dass die ohnehin grassierende Xenophobie auf die Ausreisenden übergreifen könnte. In

75 Siehe Kap. 5 in Teil I; nach 1961 wurde unterschieden zwischen »Übersiedlern«, also legal Ausreisenden jeden Alters, ungesetzlich ausgereisten »Flüchtlingen« inklusive »Sperrbrechern«, die dabei Leib und Leben in Gefahr brachten, und »Sonstigen«, was vor allem »freigekaufte« Häftlinge beinhaltete; vgl. Bundesminister des Innern, *Bestandsaufnahme*, 2 f.; Karl-Heinz Baum, »Die Integration von Flüchtlingen und Übersiedlern in die Bundesrepublik Deutschland«, in: *Materialien der Enquete-Kommission Überwindung der Folgen der SED-Diktatur im Prozeß der deutschen Einheit*, Bd. 8/1 (Baden-Baden, Frankfurt/M.: Nomos, Suhrkamp, 1999), 517-20.

76 »Im neuen Deutschland«.

der Tat machte kurze Zeit später der Slogan »Das Boot ist voll« die Runde – er fand sich nicht nur auf den Plakaten der rechtsradikalen Republikaner, sondern prägte visuell auch das mittlerweile berüchtigte Cover des *Spiegel* vom 9. September 1991. Auch das Kölner Institut der deutschen Wirtschaft diagnostizierte undifferenziert eine Überlastung durch »Aussiedler, DDR-Übersiedler und ausländische Zuwanderer«.[77] In dem Maße, in dem das innerdeutsche Freiheitsversprechen über die Stufen 1984, die Massenausreise ab Anfang 1989 und die Bewegungsfreiheit ab November 1989 Realität wurde, reduzierte sich die deutsche Solidaritätsbereitschaft. So verlagerte die Angst vor Zuwanderung jedweder Art innerdeutsche Migranten gefühlt in Richtung von »Ausländern«, die ja ausgerechnet der SED-Staat seit dem Erlass des Staatsbürgerschaftsgesetzes 1967 erschaffen wollte, die sie laut Grundgesetz aber nie wurden.

Anfang der 1980er Jahre hob die SED-Führung die Staatsbürgerschaftsfrage wieder als Druckmittel aufs Tableau.[78] Wie beschrieben hatte sie sich zuvor zugunsten der deutsch-deutschen Verhandlungen in Zurückhaltung geübt. Die Initialzündung gab im Frühjahr 1979 ein Artikel in der Zeitschrift *Neue Justiz*, der die »Staatsangehörigkeitsdoktrin der BRD« zur »Wurzel allen Übels im deutsch-deutschen Verhältnis« deklarierte. Der scharfsinnige DDR-Korrespondent der *FAZ* Peter Jochen Winters warnte, die SED scheine »die Frage der Staatsangehörigkeit wieder stärker ins Spiel« zu bringen.[79] Kurz darauf verschärfte der SED-Staat tatsächlich seinen Abgrenzungskurs, erst mit der Erhöhung des Mindestumtauschs 1980 und dann, just am Tage des Inkrafttretens dieser Maßnahme, mit Honeckers Rede in Gera. In dieser betonte Honecker, er halte es »für notwendig, daß sich die BRD in der Frage der DDR-Staatsbürgerschaft auf die Realitäten besinnt«, und knüpfte seine weitere Verhandlungsbereitschaft an deren Anerkennung.[80]

Die folgende Kampagne kann auch als ein Versuch Honeckers verstanden werden, den steigenden Ausreisedruck durch eine Re-

77 »Soldaten an die Grenzen««, in: *Der Spiegel* 37 (9. September 1991), 51.
78 A. James McAdams, *Germany Divided: From the Wall to Reunification* (Princeton: Princeton University Press, 1993), 131-3, 141-3.
79 BStU AdZ, HA XX, 7352/2, 215, Sendungsmitschrift DLF: Verhandlungen mit der BRD – Frage der Staatsbürgerschaft, 8. April 1979.
80 Zit. n. Friedrich-Ebert-Stiftung (Hrsg.), *Die Staatsbürgerschaft der DDR* (Bonn: Verlag Neue Gesellschaft, 1984), 7.

gimeänderung zu kontern. Zeitgenössische Beobachter befürchteten, dass nach dem »Wendepunkt Gera«, das Ausklammern der Frage aus dem Grundlagenvertrag nur ein »Intermezzo« gewesen sei.[81] Zudem nutzte der SED-Staat die kalkulierte Belastung der deutsch-deutschen Beziehungen durch die Staatsbürgerschaftsfrage als ein außenpolitisches Positionierungswerkzeug im Kalten Krieg. In den international angespannten frühen 1980er Jahren forderte Honecker mehrfach, so auch kurz vor der Absage seines geplanten Besuchs in der Bundesrepublik 1984, die »uneingeschränkte Respektierung der Staatsbürgerschaft« der DDR.[82] Als die Reise dann 1987 stattfand, mied er das Thema tunlichst.[83] Innerhalb der Führungsschicht des SED-Staates wurde die bundesdeutsche Nichtanerkennung der Staatsbürgerschaft der DDR unterschiedlich wahrgenommen. Das MfS bezeichnete »die These einer gemeinsamen Staatsbürgerschaft« als einen »Angriff auf die DDR« und sammelte fortlaufend Beispiele für die »Mißachtung der Staatsbürgerschaft der DDR durch die BRD«.[84] Der einflussreiche Ost-Berliner Staats- und Völkerrechtler Herbert Kröger stellte hingegen nach dem Grundlagenvertrag eine gewisse »Respektierung der Staatsbürgerschaft der DDR« fest, die es praktisch, nicht aber rechtspolitisch gab.[85]

In der Bundespolitik war das Thema heftig umstritten. Die CDU nutzte es in ihrer Zeit als Opposition, um sich von der sozialliberalen Regierung abzugrenzen. Unter Kanzler Schmidt zwang die CDU/CSU-Fraktion mehrfach die Bundesregierung zu Bekräftigungen, dass man »unvermindert« an »der einen deutschen Staatsangehörigkeit« festhalte.[86] Das MdJ notierte allerdings interessiert, dass das BMiB nach einem »Kombinationspunkt« der

81 Ebd., 32 f.

82 »Interview Erich Honeckers: Zu einigen aktuellen Fragen der Innen- und Außenpolitik der DDR«, in: *Neues Deutschland* 39/195 (18. August 1984), 2.

83 Vgl. Honeckers Reden in *Ein Erfolg der Politik der Vernunft und des Realismus. Offizieller Besuch des Generalsekretärs der SED und Vorsitzenden des Staatsrats der DDR, Erich Honecker, in der Bundesrepublik Deutschland vom 7. bis 11. September 1987* (Berlin [Ost], Dresden: Panorama DDR, Zeit im Bild, 1987).

84 BStU BV Berlin, AG XXII, 154, 52-66; ebd., BStU Bezirksverwaltung für Staatssicherheit Potsdam, Abt. II, 848, 25.

85 PAAA, MfAA C, HG 2 L 35, 7710, 55.

86 Vgl. z. B. BT-Drucks. VIII/225, Große Anfrage der CDU/CSU vom 4. April 1977.

sonst »unverrückbaren Prinzipien« suche.[87] Sehr zum Ärger der etablierten Parteienvertreter war etwa nach Honeckers Vorstoß in Gera eine neue Generation von Bundespolitikern bestrebt, sich über das Thema zu profilieren. Auf entsprechende Vorstöße der Jungdemokraten 1981 entgegnete Genscher, die Jugend der Partei befinde sich »in einer ›nie dagewesen Ferne‹ von der FPD«.[88] In ihrem Bundeswahlprogramm von 1987 forderten Die Grünen gar die uneingeschränkte »völkerrechtliche Anerkennung der DDR«, um den »Selbstbetrug gesamtdeutsche Identität zu beenden«.[89]

Damit gingen Die Grünen am weitesten, allerdings waren die Vorstöße aus der SPD am einflussreichsten. Wohlbekannt ist Oskar Lafontaines Flirt mit der SED-Führung. Dabei schlug er 1985 auch die Anerkennung der Staatsbürgerschaft der DDR zugunsten weiterer Reiseerleichterungen vor.[90] Dieses »verharmlosende Gerede« (Theodor Waigel) stieß bei der christliberalen Koalition auf scharfe Ablehnung.[91] Kreise in der strauchelnden SPD versprachen sich jedoch politisches Kapital aus einer weiteren Annäherung an die DDR. Offiziell lehnte der Kanzlerkandidat und spätere Parteivorsitzende Hans-Jochen Vogel zwar die Anerkennung der Staatsbürgerschaft der DDR ab, plädierte 1985 jedoch für eine »Respektierung«, die, wie Egon Bahr hinter verschlossenen Türen Erich Honecker versprach, im Falle eines Wahlsiegs von Johannes Rau bei der Bundestagswahl 1987 auch formalisiert würde.[92] Die Anerkennung der Staatsbürgerschaft der DDR hätte einen grundlegenden Paradigmenwechsel in der Geschichte der Mauergesellschaft bedeutet. Sie wäre nichts weniger gewesen als die Anerkennung einer der wichtigsten Papiermauern.

Als im Sommer 1989 angesichts der Massenauswanderung die Bedeutung der ungelösten Staatsbürgerschaftsfrage für die Destabilisierung der DDR eindeutig sichtbar wurde, ging ein Riss durch die SPD. Brandt oder auch Vogel seien, wie Hermann Axen, Mitglied des ZK der SED, enttäuscht vermerkte, »auf CDU/CSU-

---

87 BT-Drucks. VIII/1014, 52, Abs. 89, 90, BAB, DP 1, 21908.
88 Margit Roth, *Innerdeutsche Bestandsaufnahme der Bundesrepublik 1969-1989: Neue Deutung* (Wiesbaden: Springer VS, 2014), 266.
89 *Bundestagswahl Programm 1987* (Bonn: Die Grünen, 1987), 31.
90 Roth, *Innerdeutsche Bestandsaufnahme*, 204 f.
91 Ebd., 207.
92 Ebd., 208 f.

Positionen eingegangen«.[93] Er versprach sich mehr von der Riege um Oskar Lafontaine, in der auch Günter Verheugen forderte, man solle die DDR-Staatsbürgerschaft »nicht in Frage stellen« und ihre »Existenz akzeptieren«.[94] Dies hätte der Flucht- und Ausreisebewegung im entscheidenden Moment das Wasser abgegraben – blieb aber ohne realpolitische Folgen. Das unglückliche Schlusswort dieser Avancen formulierte der SPD-Bundestagsabgeordnete Freimut Duve ausgerechnet am 9. November 1989 im Bundestag. Man solle endlich umdenken, forderte er. Die Deutschen hätten genug von der »uralte[n] Dame namens Deutsche Frage«, sie hätten die »erzwungene Zweistaatlichkeit mehr und mehr akzeptiert«.[95] Obgleich nicht gänzlich falsch, lagen diese Bemerkungen fern der Realität just dieses Tages. Vor allem aber nahm er als »die Deutschen« nur noch die Bundesdeutschen wahr. Damit übersah er die bereits die SED stürzende Oppositions- und die Ausreisebewegung in der DDR und deren lange Geschichte auf dem Weg zu jenem mächtigen politischen Faktor, der die Mauergesellschaft zum Gegenstand von Geschichtsbüchern machte. Dies geschah – anders als im Westen erhofft und vom MfS befürchtet – großenteils unabhängig von, aber in guter Kenntnis der politischen Gemütslage in der Bundesrepublik.

93 Detlef Nakath und Gerd-Rüdiger Stephan (Hrsg.), »Dok. 41: Vorlage für das SED-Politbüro über die weitere Zusammenarbeit mit der SPD vom 8. September 1989«, in: *Countdown zur deutschen Einheit* (Berlin: Dietz, 1996), 210.

94 BStU AdZ, ZOS, 3999, 273.

95 Zit. n. Torsten Krauel, »Wer zu spät kommt …«, in: *Die Welt* (2. Oktober 2014).

6. Vom »an sich« zum »für sich« der Ausreise: Auswanderung als soziale Bewegung?

Die DDR-Medien ignorierten die grundlegende Bedeutung der Ausreise bis zum Ende der DDR. Um die Auswanderung zu delegitimieren, schienen Schweigen oder bestenfalls pejorative Andeutungen als die besten aller ungeeigneten Methoden. Die Schweigepflicht über die Ausreise spiegelte sich in der Absicherung der Staatsgeheimnisse: Während die Statuten der Ausreiseregulierung zumeist als Vertrauliche Verschlusssache ausgezeichnet waren, wurden die meisten Auswertungen, Statistiken oder Übersichten deutlich verschärft als Geheime Verschlusssache deklariert.[1]

Auch propagandistisch barg das Thema der Freizügigkeit aus Sicht der Behörden zu viele Ungewissheiten. Besonders bemerkenswert ist hierbei, dass die SED vor allem in den späten 1970er Jahren das Gespenst der Fluchthilfe per Populärkultur zu zähmen versuchte. Doch mit dem aufwändig gedrehten DEFA-Kinofilm *Die Flucht* von 1977 endete der einzige Versuch, Fluchthilfe populärkulturell als schmierige Abwerbung durch Kriminelle und Mörder darzustellen, in einer propagandistischen Katastrophe. Denn das Ergebnis war zwar ein erstklassiger Kinofilm von Roland Gräf, der ganz im Stile des Kinos nach dem Bitterfelder Weg auch die Frustration des Arbeitslebens in der DDR realistisch porträtierte, dessen recht geschickt inszenierte Botschaft jedoch auf die Realität traf. Der Film endet für den fluchtwilligen Arzt Dr. Schmith tödlich – er fällt den grobschlächtigen und brutalen »Fluchthelfern« zum Opfer, die ihn letztlich zur Flucht zwingen wollen. Allerdings stellte der Hauptdarsteller Armin Mueller-Stahl ausgerechnet während der Dreharbeiten aus Frust über die Biermann-Affäre, die Behandlung des ausreisewilligen Freundes Manfred Krug und den allgemeinen Umgang des Staates mit Künstlern einen Ausreiseantrag. Das sprach sich herum, und die Wirkung des Filmes verkehrte sich in das Gegenteil der eigentlich intendierten.[2]

---

1 Siehe z. B. die GVS in BArch Berlin, DO 1, 17 286; Heidrun Budde, »Vertrauliche Verschlußsachen‹: Quelle des DDR-Unrechts«, in: *Recht und Politik* 35/1 (1999), 54-9.

2 Siehe Einschätzung des MfS und den Ausreiseantrag von Armin Mueller-Stahl in

Ausreise in der DDR-Gesellschaft:
Das omnipräsente Unthema

Danach mied der Staat das Thema, wie allgemein die Begrifflichkeiten der Übersiedlung. Einzig die »Familienzusammenführung« tauchte selten, aber konstant in den führenden Tageszeitungen der DDR auf.[3] Im diskursbestimmenden *Neuen Deutschland* fand sich der Begriff zwischen 1965 und Mitte der 1980er Jahre zwischen ein- bis dreimal pro Jahr, was dann leicht auf zwischen 5 (1984) und dem Höchststand 9 (1986) anstieg.[4] Dabei ging es aber erstens um Familienzusammenführung als Gegenstand diplomatischer Verhandlungen – und zwar zwischen der DDR und Vietnam, Polen oder anderen verbrüderten Staaten oder zwischen der Bundesrepublik und Polen oder Rumänien. Zweitens diente das Thema nach der Schlussakte von Helsinki dazu, die Westseite und insbesondere die Bundesregierung der »Einmischung in die inneren Angelegenheiten der DDR« zu beschuldigen. Aufgrund dieser Zurückhaltung kann es auch nicht überraschen, dass Recherchen in den führenden Medien des Landes nach allgemeinen Aussagen zum Ausreisegeschehen oder zu Antragstellern weitgehend ergebnislos verbleiben.[5] In den drei exemplarischen Tageszeitungen *Neues Deutschland*, *Berliner Zeitung* und *Neue Zeit* tauchte beispielsweise der Begriff »Ausreiseantrag« in Bezug auf die Ausreise aus der DDR erstmals 1978 auf – und zwar durch die Hintertür des im *Neuen Deutschland* abgedruckten Exklusivinterviews Honeckers in der *Saarbrücker Zeitung*. Der Interviewer, Honeckers Schulfreund Erich Voltmer, fragte explizit nach jenen Hunderten Briefen zu abgelehnten Ausreiseanträgen, die ihm nach dem ersten Interview, das die beiden ein Jahr zuvor geführt hatten, zugegangen seien. Honecker wich aus, indem er diese Begriffe und damit die Idee eines Antragstellerproblems für die SED umschiffte:

Daniela Münkel, *Die DDR im Blick der Stasi 1977: Die geheimen Berichte an die SED-Führung* (Göttingen: Vandenhoeck & Ruprecht, 2012), 208-16.

3 Eigene Auswertung nach Staatsbibliothek zu Berlin (Hrsg.), *DDR-Presse*, 2014; siehe das »Zeitungsportal DDR-Presse«, online verfügbar unter: ⟨http://sbb.berlin/ddrpresse⟩ (Stand März 2019).

4 Eigene Erhebung anhand ebd.

5 Eigene Auswertung nach Staatsbibliothek zu Berlin (Hrsg.), *DDR-Presse*, 2014; siehe das »Zeitungsportal DDR-Presse«, online verfügbar unter: ⟨http://sbb.berlin/ddrpresse⟩ (Stand März 2019).

Wissen Sie, auf diesem Gebiet sind wir besser als unser Ruf. Offensichtlich will man das in der BRD nicht wahrhaben. Die zuständigen Organe der DDR verhalten sich zu den Fragen auf diesem Gebiet, wie Sie selber zum Ausdruck bringen, großzügig, insbesondere zur Familienzusammenführung. Familienzusammenführungen sind jedoch keine einseitigen Angelegenheiten. Oft sind sie mit vielen anderen Fragen verbunden, die außerhalb unserer Zuständigkeit liegen. Vor den Gesetzen sind wir alle gleich. Auch künftig wird das nicht anders sein. Damit befinden wir uns völlig im Einklang mit der Schlußakte von Helsinki und dem Grundsatz der Souveränität jedes Staates.[6]

Darüber hinaus, so Honecker, nutzten »gewisse Kreise in der BRD« das Thema nur »zu übler Stimmungsmache«. Das nächste Mal tauchte der Begriff erst wieder 1985 im *Neuen Deutschland* auf, und zwar in einer Reihe veröffentlichter Zuschriften. Diese antworteten auf die kurz zuvor von der SED-Führung lancierte Kampagne, der zufolge angeblich 20 000 Übersiedler in die DDR zurückkehren wollten, und setzten den Ausreisewunsch mit Verrat gleich.[7] So schrieb eine Annemarie Peter, Ausbilderin im Kabelwerk Schwerin: »Wir haben jedem die Wahrheit gesagt, der einen Ausreiseantrag stellte. Wir müssen sorgfältig prüfen, wen wir zurücklassen. Wer den Sozialismus verrät, muß sich gefallen lassen, genau kontrolliert zu werden.«[8] Diese Erwähnung des Tabuthemas war eine wohlüberlegte Ausnahme. Üblicherweise griffen die zitierten Briefeschreiber auf unpersönliche, aber wertende Umschreibungen zurück und sprachen davon, Ausreisende hätten »dem Sozialismus den Rücken« zugewendet, dass einige denken, dass man »kommen und gehen kann, wie es einem beliebt«, ja, dass es unverständlich sei, wie Menschen, denen »alle Vorzüge des Sozialismus offenstanden, deren Kinder in Geborgenheit aufwuchsen, ihre Heimat verlassen konnten«.[9] Erst im Spätjahr 1989 tauchte der Begriff dann wieder auf – und nun erstmals als Beschreibung eines Geschehens. Von einer wie auch immer gearteten öffentlichen Diskussion über

---

6 Erich Honecker und Erich Voltmer, »Der Sozialismus hat sich in 30 Jahren DDR erfolgreich entwickelt«, in: *Neues Deutschland* 33/158 (7. Juli 1978), 3.

7 Die Reaktionen wurden vom MfS gezielt zur Rückdrängung gesammelt; vgl. BStU AdZ, HA IX, 16 910.

8 »Reaktionen auf die Veröffentlichung aus Briefen ehemaliger DDR-Bürger«, in: *Neues Deutschland* 40/57 (8. März 1985), 2.

9 Sämtlich in ebd.

das Thema kann aber bis in die letzten Wochen des SED-Staates hinein nicht die Rede sein. Jegliche diskursive Vergesellschaftung der Massenbewegung musste auf anderen Kanälen stattfinden.

All das staatliche Beschweigen verhinderte nicht, dass die Ausreise stetig durch die Köpfe der DDR-Bevölkerung geisterte. Ein im Ärger ausgestoßenes »Dann mach ich eben rüber!« war verlockend und gefährlich zugleich. So schrie am 1. April 1985 der 26-jährige Gerald Mollenberg* seine in Scheidung lebende Frau im Streit an: »Ich kann ja einen Ausreiseantrag stellen, dann hast Du völlige Ruhe vor mir.«[10] Er erlangte damit aber nicht ihre Aufmerksamkeit, sondern die des MfS. Denn verletzt rief Frau Mollenberg* die Sammelnummer 5509991[11] der Verwaltung der DDR an und denunzierte ihren Noch-Ehemann. Er wolle einen Ausreiseantrag stellen, und als Kandidat der SED verstoße er zudem gegen eine unterschriebene Erklärung, zugunsten eines Studiums seine Westkontakte aufzugeben. Einen Monat beschäftigten sich MfS-Mitarbeiter mit dem Fall. Die Eheleute waren für das MfS unbeschriebene Blätter. Am Ende stand eine für beide peinliche Aussprache mit diversen Parteivertretern, an deren Ende Gerald Mollenberg* zum Ausdruck brachte, »daß er seinen Fehler einsieht und versicherte, daß dies nicht wieder vorkommt«.[12] Ob es dabei blieb, ist aus den Akten nicht zu entnehmen, aber der Gedanke kam immer wieder in vielen Bewohnern der DDR auf.

Ein praxishistorischer Ansatz jenseits von Exit und Voice

Das lag auch daran, dass sich ab den späten 1970er Jahren die »Nischengesellschaft« der DDR durch den KSZE-Prozess und die Entstehung neuer Sozialräume und Szenen diversifizierte. Dies beinhaltete unter anderem die sich langsam formierende Opposition unter dem Dach der Kirche, was zu der Frage führt, wie sich Oppositionsbewegung und Ausreise aufeinander beziehen lassen. Retrospektiv betrachtet, scheinen die Fronten klar. In den Protesten

10 BStU AdZ, HA XX, 11346, 117.
11 Der Anschluss des Amtes für Nationale Sicherheit, auf dem DDR-Bürger Beobachtungen und Sicherheitsbedenken melden konnten. De facto war es eine Anlaufstelle für Denunziation.
12 BStU AdZ, HA XX, 11346, 117-20.

gegen die SED-Führung im Spätsommer und Herbst 1989 flackerte kurz die avantgardistische Idee einer reformierten DDR als Möglichkeit auf. Neben die Ausgangsslogans der friedlichen Revolution von »Wir sind das Volk« und »Wir wollen raus« trat ein lautes »Wir bleiben hier«. Eine in der DDR sozialisierte, mit dem Staat aber unzufriedene Generation hoffte auf die Chance eines demokratischen Sozialismus. Er sollte, grob gesprochen, die wohlfahrtsstaatliche Sicherheit der DDR mit den Freiheiten der Bundesrepublik vereinen. Viele dieser Aktivisten traten dabei nicht nur gegen den Staat an, sondern auch gegen den Willen, diesen zu verlassen. Sie pflegten die Imago der egoistischen Ausreisewilligen, die diesem (durch jahrzehntelange SED-Propaganda mitgeformten) Bild nach hasenfüßig die Kampfzone verließen. Dies trug bei zu der landläufigen Meinung, die »friedliche Revolution des Herbstes 1989« sei letztlich jenen zuzurechnen, »die im Lande bleiben wollten und trotz aller Schwierigkeiten nicht weggegangen waren«.[13]

Ein solcher Ansatz ignoriert allerdings die tiefgreifende Bedeutung der jahrzehntelangen Präsenz von Ausreiseersuchen im Mauerstaat, die Wirkung der steten Mobilisierung von Menschenrechtsdenken gegen die SED-Herrschaft, die numerische Stärke – und damit grundlegende Relevanz – von Ausreiseantragstellern bei den Protesten und Demonstrationen insbesondere im Frühjahr und im Hochsommer 1989 und auch die statistische Zunahme der Ausreisebewegung ausgerechnet in den letzten Wochen der DDR.[14] Das Thema schien sich gerade nicht mit der Hoffnung auf Reformen zu erledigen, vielmehr wurde es immer wichtiger. Vor allem aber steht es, wie bereits Renate Hürtgen bemerkt hat, für ein Unverständnis der vielfältigen Charakteristika einer Revolution. Sie stimmt darum dem Vorschlag des Soziologen Detlef Pollack zu, von »relativ unabhängig voneinander entwickelten Kausalketten, die sich parallel verwickelten und erst zu einem bestimmten Moment miteinander in Verbindung traten«, auszugehen.[15] Die

---

13 So im Begleitband zur gleichnamigen zehnteiligen TV-Dokumentation des MDR; Hans-Hermann Hertle und Stefan Wolle, *Damals in der DDR: Der Alltag im Arbeiter- und Bauernstaat* (München: Bertelsmann, 2004), 282.

14 Siehe Kap. 8 in Teil III.

15 Zit. n. Renate Hürtgen, *Ausreise per Antrag: Der lange Weg nach drüben. Eine Studie über Herrschaft und Alltag in der DDR-Provinz* (Göttingen: Vandenhoeck & Ruprecht, 2014), 318.

These der unabhängigen Parallelentwicklung zwischen Opposition und Ausreisebewegung bestätigt sich mit Blick auf zwei Arten von Orten und Regionen. Dies sind erstens jene wie der von Hürtgen untersuchte Kreis Halberstadt, in denen keine nennenswerte, sich längerfristig entwickelnde Oppositionsbewegung entstand.[16] Andererseits war da Berlin mit all seinen westlichen Diplomaten und Medienvertretern. Dort ergaben sich Chancen für Oppositionelle, die andernorts unmöglich waren. Doch die Hauptstadt war auch eine geteilte Stadt und speiste durch ihre Größe und die bestehenden privaten Verflechtungen dauerhaft einen großen Pool an Ausreisewilligen. Es formierten sich zwei Bewegungen, die eine mehr oder weniger konzentriert, die andere dezentralisiert, die beide eine kritische Masse erreichten – und sich dann immer wieder überschnitten.

In anderen Orten lassen sich die Überlagerungen noch deutlicher beobachten. Wie der Soziologe Christian Joppke bereits 1992 betont hat, war Leipzig nicht umsonst die Hauptstadt der friedlichen Revolution. Das sich spätestens ab 1988 in der Nikolaikirche formierende aufrührerische Potential bestand aus beiden Komponenten: Ausreise und Opposition.[17] Weitet man den Blick beispielsweise auf die südlichen Unruheherde von Naumburg über Jena und Dresden bis an die polnische Grenze oder vom Berliner Umland bis in die Magdeburger Börde aus, zeigen sich solche Allianzen auch weit von Leipzig entfernt. Sie blieben insular und situativ, häuften sich aber seit Unterzeichnung der Helsinki-Schlussakte. Ein Blick auf diese Annäherungen und insbesondere die Frage nach dem gegenseitigen Verständnis erlaubt uns heute vor allem, das Bild, wonach die Ausreisebewegung (Exit) eindeutig von der Oppositionsbewegung (Voice) verschieden war, zu verkomplizieren.

Dezentral agierend, isoliert und gesellschaftlich ausgegrenzt, war die Ausreisebewegung keine soziale Bewegung im wissenschaftlichen Sinne, sondern ein sich zu einem revolutionären Faktor entwickelndes soziales Massenphänomen in einer Diktatur.[18] Die Um-

---

16 Vgl. ebd., 15 f.

17 Christian Joppke, »Why Leipzig? ›Exit‹ and ›Voice‹ in the East German Revolution«, in: *German Politics* 2/3 (1993), 393-414.

18 Allein schon aufgrund des fehlenden organisatorischen Bestrebens entsprach sie kaum den definitorischen Aspekten einer sozialen Bewegung. Diese wurden

welt- und Friedensbewegung hingegen entwickelte sich zu einer klassischeren sozialen Bewegung mit diversen organisatorischen Zentren. Auch wenn das MfS geradezu zwanghaft konspirative Zusammenschlüsse in die großenteils individualistische Antragstellung hineinlas, agierten beide Protestausdrücke gesellschaftstheoretisch betrachtet also auf verschiedenen Ebenen.[19] Gerade wegen ihrer Wesensverschiedenheit berührten und überlappten sich beide Gesellschaftsphänomene jedoch immer wieder – einerseits thematisch und andererseits biografisch, da viele Oppositionelle nicht nur für ein besseres Leben in der DDR stritten, sondern eben auch früher oder später ein Leben im anderen Deutschland wählten.

Oft wird die Ausreise, wenn sie überhaupt berücksichtigt wird, als ein Nebenaspekt der Widerstandsgeschichte abgetan, was den Fokus (konform zum Selbstverständnis vieler ehemaliger Aktivisten und heutiger Forscher) wiederum auf die kleine Oppositionsbewegung lenkt. In der hier entwickelten Sicht auf die Mauergesellschaft möchte ich diese Perspektive jedoch umkehren, um zu evaluieren, wie sich die Geschichte der Oppositionsbewegung in die Analyse des Migrationsregimes integriert. Dabei strebe ich keine abschließende Gesamtdarstellung, sondern einen detaillierten Blick auf die Verflechtungsgeschichte beider Ausdrücke gesellschaftlicher Unzufriedenheit an. Aus praxishistorischer Perspektive sehen wir dabei an drei besonders wichtigen Kontaktzonen, wie sich die Ausreisebemühungen durch Aktionen und Debatten mit

allerdings anhand westlicher Gesellschaften entwickelt und weisen damit entscheidende Blindstellen auf; vgl. v. a. Joachim Raschke, *Soziale Bewegungen: Ein Historisch-Systematischer Grundriß* (Frankfurt/M., New York: Campus, 1987); Doug McAdam, John D. McCarthy und Mayer N. Zald, »Social Movements«, in: *Handbook of Sociology*, hg. von Neil J. Smelser (Newbury Park, Beverly Hills, London, New Delhi: Sage, 1988), 695-737; David A. Snow, Sarah Anne Soule und Hanspeter Kriesi (Hrsg.), *The Blackwell Companion to Social Movements* (Malden, MA, Oxford, Victoria: Blackwell, 2004); Alberto Melucci, »Social Movements and the Democratization of Everyday Life«, in: *Civil Society and the State*, hg. von J. Keane (London: Verso, 1988), 245-60; Gerald Fredrick Davis, Doug McAdam und Richard W. Scott (Hrsg.), *Social Movements and Organization Theory* (Cambridge: Cambridge University Press, 2005); Vincenzo Ruggiero (Hrsg.), *Social Movements: A Reader* (New York u. a.: Routledge, 2008).

19 Beide wurden oft in einem Atemzug verfolgt, da die entscheidenden Strafkategorien des SED-Staates auf beide anwendbar waren; vgl. z. B. BStU AdZ, HA IX, 16 265.

den Diskussionen um gesellschaftlichen Wandel verwoben. Dies sind erstens die seltenen, aber unbedingt zu berücksichtigenden privaten Zusammenschlüsse von Antragstellern in der DDR. Diese fanden ihre implizite Fortsetzung, zweitens, in Zusammenkünften unter dem Dach der Kirche, was letztlich, drittens, in einer komplexen und konfliktreichen Beziehungsgeschichte zwischen Ausreiseantragstellern und diversen Oppositionsgruppen mündete.

Private Netzwerke unter Antragstellern: Hoffnung und Mut durch gegenseitiges Wissen

Sowohl das Stellen als auch das Ausfechten eines Ausreiseantrags war ein einsamer und ein vereinsamender Prozess. Doch mussten sich angesichts Hunderttausender laufender Anträge nicht zwangsläufig Kontakte und Verbrüderungen zwischen Antragstellern ergeben? Die Häufigkeit solcher solidarischen Annäherungen wird in der Forschung derzeit konträr beurteilt. Auf der Basis publizierter Quellen hat Manfred Gehrmann die Kausalwirkung starker Netzwerke unter (potentiellen) Migranten betont und dabei sogar eine »Ausreisesubkultur« entdeckt.[20] Doch die westdeutsche publizistische Aufmerksamkeit für Zusammenschlüsse darf nicht mit ihrer Landläufigkeit verwechselt werden. Renate Hürtgen hat darum auf der Basis intensiver regionalhistorischer Archivrecherchen entgegnet, dass im Kreis Halberstadt Zusammenschlüsse unter Ausreisenden keine entscheidende Rolle spielten.[21] Ein Hauptgrund für diesen Widerspruch mag in der Quellenauswahl und dem Untersuchungsradius beider Arbeiten liegen. Darum erreicht letztere Studie zwar einen bislang einzigartigen Tiefgang, aber keine Allgemeingültigkeit. Vor allem aber wurzelt der Kontrast zwischen beiden Studien in einem sehr starken Netzwerkbegriff, der direkte Bünde und konkrete Handlungszusammenhänge voraussetzt. So sucht und findet Gehrmann, in der Sprache der Netzwerkforschung gesprochen, zahlreiche harte Verknüpfungen und Knotenpunkte, die Hürtgen zufolge in Halberstadt eben nicht

---

20 Manfred Gehrmann, *Die Überwindung des »Eisernen Vorhangs«: Die Abwanderung aus der DDR in die BRD und nach West-Berlin als innerdeutsches Migranten-Netzwerk* (Berlin: Ch. Links, 2009), 415 f.

21 Hürtgen, *Ausreise per Antrag*, 18.

vorkamen. Um dies aufzulösen, bieten Netzwerktheorien der sozialen Bewegungs- und der Migrationsforschung zahlreiche auf Variabilität und Gradualität von Vernetzungen fokussierte Ansätze.[22] Diese betonen unter dem Schlagwort der »Stärke schwacher Verbindungen«, dass in vielen Situationen (und insbesondere bei sozialer Exklusion und Verfolgung) nichtinstitutionalisierte Netzwerke zwar weniger binden, aber stärker wirken als harte. Sie erlauben Flexibilität und limitieren Repressionen.[23] Ähnlich argumentiert eine akteursbasierte Migrationsregimeanalyse.[24] Sie fragt nach der Differenz und der Wirkung von Agency bzw. dem Eigensinn von Ausreisenden und betont die nichtintentionalen Effekte von Regulierung und Bewegungsforderung. Absichten und Ziele des Handelns dürfen also nicht mit der kausalen Wirkung auf staatliche Strukturen verwechselt werden, beides sind voneinander getrennt zu betrachtende Faktoren gesellschaftlichen Wandels. Da dabei in Situationen der gesellschaftlichen Isolation und Marginalisierung stillen Kontakten, bejahenden Gesten und flüchtigen Solidarbeziehungen aufgrund ihrer psychologischen Wirkung eine besondere

22 Siehe z.B. John S. MacDonald und Leatrice MacDonald, »Chain Migration, Ethnic Neighborhood Formation and Social Networks«, in: *An Urban World*, hg. von Charles Tilly (Boston, Toronto: Little, Brown and Company, 1974), 226-36; Douglas T. Gurak und Fe Caces, »Migration Networks and the Shaping of Migration Systems«, in: *International Migration Systems. A Global Approach*, hg. von Mary M. Kritz, Lin Lean Lim und Hania Zlotnik (Oxford: Clarendon, 1992), 150-76; Jan Lucassen und Leo Lucassen (Hrsg.), *Migration, Migration History, History. Old Paradigms and New Perspectives* (Bern: Peter Lang, 2005); Barbara Czarniawska, »On Time, Space, and Action Nets«, in: *Organization* 11/6 (2004), 773-91; Thomas Faist, »The Border-Crossing Expansion of Social Space: Concepts, Questions and Topics«, in: *Transnational Social Spaces: Agents, Networks, and Institutions*, hg. von Thomas Faist und Eyüp Özveren (Aldershot: Ashgate, 2004), 1-36; Steven J. Gold, »Migrant Networks: A Summary and Critique of Relational Approaches to International Migration«, in: *The Blackwell Companion to Social Inequalities*, hg. von Mary Romero und Eric Margolis (Malden, MA, Oxford, Victoria: Blackwell, 2005), 256-85.

23 Mark S. Granovetter, »The Strength of Weak Ties«, in: *The American Journal of Sociology* 78/6 (1973), 1360-80.

24 Robert O. Keohane, »The Demand for International Regimes«, in: *International Organization* 36/2 (1982), 325-355; Christoph Rass und Frank Wolff, »What Is a Migration Regime?«, in: *Was ist ein Migrationsregime? What Is a Migration Regime?*, hg. von Andreas Pott, Christoph Rass und Frank Wolff (Wiesbaden: Springer VS, 2018), 19-64.

Bedeutung zukommt, ist die Ausreise ein geeigneter Gegenstand, um diese Perspektive anzuwenden.

Diese volatilen Netzwerke unter Ausreiseantragstellern anhand der vorliegenden Quellen nachzuzeichnen ist kompliziert, da sie kaum öffentlichen Ausdruck fanden. Sie waren selten, wurden streng verfolgt und konnten nur verdeckt existieren. Auch stellten Ausreisewillige in der Regel keine gemeinsamen Anträge und sahen sich weder vor noch nach der Ausreise als Gruppe. Kurz: Wie viele Privatbeziehungen produzierten die Kontakte kaum Quellen. Sie zeigen sich in erster Linie in Nebensätzen in Erinnerungen, in Unterstützungsbriefen nach der Ausreise, in Schreiben an westdeutsche Interessenvertreter nach der Übersiedlung und in jenen zahlreichen Überwachungsakten, in denen das MfS festhielt, dass ein Antragsteller Kontakt mit anderen hatte, ohne dass danach eine Strafverfolgung eingeleitet wurde.[25] So sprach der einige Zeit zuvor ausgereiste Ronald Halderberg* 1985 in mehreren abgehörten Telefonaten mit untereinander bekannten Antragstellern über deren Frust und eventuelle Fluchtpläne. Dabei erklärte sein um die Ausreise kämpfender Bruder Dieter Kalmig*, dass er noch weitere sechs Antragsteller kenne. Halderberg* schlug daraufhin vor, bereits ganz der westdeutschen Logik folgend, sein Bruder solle sich mit ihnen verbünden, denn »[v]ielleicht kann man da so einen großen Freikauf machen«.[26] Es folgte allerdings keine Verschwörung, sondern nur der Kontakt unter Leidensgenossen und viele weitere Anträge.[27] Wie bei Kalmig* formten solche Privatbeziehungen unter Antragstellern ein emotionales Hilfsnetz ohne jedes Institutionalisierungsziel. Sie entstanden in sehr begrenzten Vertrauensgemeinschaften unter Freunden, Bekannten im Viertel oder im Dorf, auf der Arbeit oder im Verein. Es ging um gegenseitige moralische Unterstützung, die seltene Chance, über den Frust zu sprechen und um den informellen Austausch von allerlei Informationen. Hier transferierte sich ein entscheidender Teil des Wissensbestandes um die Ausreise, hier formte sich das kaum fassbare Epistem.

Dies aufgreifend wiesen die »Zehn Gebote der Antragsteller«

25 Siehe beispielhaft HA XXII, 21970, 1-7, ebenso geäußert in zahlreichen Gesprächen mit Ausgereisten, die allesamt den unverbindlichen Charakter dieser Beziehungen betonten.

26 BStU AdZ, ZKG, 14779, 21.

27 BStU AdZ, ZKG, 14779, 20-5.

nicht ohne Grund als finales Gebot an, was sich nur die wenigsten leisten konnten: »Übe Solidarität mit anderen Antragstellern!«[28] Dies konnte, wie bei Elisabeth Norden*, auch in Galgenhumor enden: »Aber was soll's«, schrieb sie 1984 nach unzähligen Anträgen an ihre ebenfalls antragstellende Freundin, »[e]inen kleinen Funken Mut habe ich immer noch. [J]etzt sind es doch schon paar Jahre, versuche doch mal einen Antrag nach Staaken oder nach Berlin auf die Schnelle [...]. Ich weiß es hat keinen Sinn, aber versuchen. Tja u. auch von den Berlinern ist nun fast niemand mehr hier, somit kann ich bald sagen, Gunni* u. ich wir machen das Licht aus.«[29]

Das MfS bemühte sich, solche persönlichen Netzwerke zu erfassen und zu zersetzen, schlummerte doch in jedem Kreis ein potentieller Unruheherd und eine Blamage gegenüber der Westpresse. Und die »Sicherheit« befürchtete, dass nach einer erfolgreichen Ausreise motivierende Rückverbindungen entstünden.[30] Dies war nicht unbegründet, aber doch wesentlich banaler, als es die politisierte, auf »Machenschaften« und »Abwerbung« abgerichtete Sprache des MfS erfassen konnte. An einem exemplarischen Briefwechsel wird die Alltäglichkeit der Versuchung deutlich. So schrieb der im Frühjahr 1984 ausgereiste Fernsehausstatter Detlef Hildermann* seinem noch um die Genehmigung kämpfenden Kollegen Georg Berg*, dass er mit seiner Familie nach nur einem Jahr der Bemühungen im März 1984, als »so ziemlich die letzten der großen Welle«, die »Segel setzen« konnten.[31] Das Leben in der Bundesrepublik sei zwar »wie beim Puzzel [sic]«, aber als Lagermeister und – noch wichtiger – dank der Wohnungskredite vom Staat hätte er sich für nur 500 DM einen gebrauchten Opel Rekord leisten können. Er besaß, so der Subtext, also nicht nur bereits kurz nach seiner Ausreise ein von vielen in der DDR erträumtes Westauto, sondern es kostete zudem nur einen Bruchteil der horrenden Schwarzmarktpreise für einen Trabant oder Wartburg in der DDR. Hildermann* fuhr fort: »Das Autofahren hier macht mehr Spaß. Ich presche durch den Großstadtverkehr von Dortmund, ob mit Pkw oder Lkw, wie ein alter Dortmunder. Klasse ist ja das Autobahnnetz. Die Strecke Dortmund-München ist nicht so strapaziös wie Görlitz – Berlin.

28 RHG, RG B 12, 21.
29 BStU AdZ, HA II, 35 038, 5.
30 BArch Berlin, DO 1, 16 488, div. Berichte.
31 Sämtlich in BStU AdZ, HA XX, 11 301, 54.

[…] Meinen Mossi [kurz für: Moskwitsch, ein Automobilhersteller in Moskau] habe ich [noch in der DDR] einem Kollegen verkauft. Der war weg mit heißem Motor. Mein Opel geht aber besser.«[32] Besonders gefährlich wurde der Brief in den Augen des MfS durch die Erfolgsbeschreibung kombiniert mit: »Mag sein, daß wir viel Glück hatten und haben, aber man kann es nicht begreifen, […] was hier möglich ist. Man hätte diesen Schritt schon 10 Jahre eher gehen sollen.«[33] Hildermann* endete mit einer Ermunterung für Bergs* Antrag: »Bist Du noch beim Fernsehen? […] Mußt nicht so lange warten wie ich.« Das MfS markierte nach dem Abfangen des Briefes die Sätze, dass er viel eher hätte ausreisen sollen, da dies als Anwerbung galt; die Frage, ob Berg* noch beim Fernsehen sei, da dies den Empfänger zu identifizieren und einzuordnen half; und die Erwähnung, dass Hildermann* seinen Moskwitsch an einen Kollegen verkauft habe, um auch dieser Spur nachzugehen.[34] Vor allem aber ließ das MfS den Brief im Archiv verschwinden. Es war zu riskant, Berg* davon träumen zu lassen, selbst eines Tages mit unerhörten 160 Sachen über die A3 zu brettern. Die Gefahr der Netzwerke und der Rückverbindungen lag in ihrer Trivialität.

Die Anzahl solcher flüchtigen Netzwerke nahm im Laufe der Zeit vor allem in Regionen mit einer hohen Dichte an Antragstellern zu. Die Briefe von westdeutschen Bekannten und Verwandten motivierten sie sicher zum Durchhalten, besaßen aber nur eine begrenzte kausale Wirkung. Dieser Kommunikationskanal war primär eine Gerüchteküche, in der Hinweise auf Antragswege nach erfolgten Ausreisen kolportiert wurden. Schnittpunkte zur Opposition gab es kaum, jedoch dienten diese Netzwerke freilich auch als Brücken, über die nicht nur Gerüchte über Ausreiseoptionen, sondern auch oppositionelle Schriften verbreitet wurden. So erinnert sich Günther Mellmann* daran, in den Sommern 1988 und 1989 mehrfach mit Ausreisewilligen gegrillt zu haben, um Erfahrungen auszutauschen.[35] Dabei kam er in den Besitz einiger augenöffnenden Ausgaben der *Umweltblätter*, die er wie einen Schatz hütend zwischen den Balken seines Dachbodens versteckte. Dieses emotionale Hilfsnetz war entstanden, nachdem die Mellmanns* erfahren

32 BStU AdZ, HA XX, 11301, 55 f.
33 BStU AdZ, HA XX, 11301, 58.
34 BStU AdZ, HA XX, 11301, 54-8.
35 Gespräch mit dem Autor, 5. März 2017.

hatten, dass einige Freunde aus ihrer Freizeitgruppe im Dorf und die Eltern einer Mitschülerin ihrer Kinder ebenfalls einen Ausreiseantrag gestellt hatten. »Es sprach sich eben rum«, und so versammelten sich, wie Frau Mellmann* es nennt, informelle »Ausheulrunden«. »Aber es wird vielleicht etwas Besonderes gewesen sein«, so Frau Mellmann*, »es gab einfach so viele Antragsteller bei uns im Dorf und bei mir auf Arbeit.«[36] Einige dieser Kontakte bestanden nach der erfolgreichen Ausreise weiter, verloren sich letztlich aber aufgrund der räumlichen Distanz und der jeweils individuell angegangenen komplizierten Integration in das Privat- und Berufsleben im neuen Land.[37] Solche Netzwerke waren durchaus üblich, aber Ausgereiste setzten sich nur sehr selten offiziell für Zurückgebliebene ein. Zwar finden sich in den Akten des BMiB zahlreiche diesbezügliche Schreiben, angesichts Hunderttausender Ausreisender blieben sie jedoch ein Randphänomen. Man darf nicht vergessen, dass das BMiB und seine untergeordneten Institutionen aktiv nach solchen Verbindungen suchten, um ihre entsprechenden Karteien zu pflegen.

Letzten Endes trugen private Netzwerke also den Charakter sehr begrenzter Unruheherde und kleinräumiger Leidensgemeinschaften, die indes einen über die Anträge selbst hinausgehenden politischen Sprengstoff generieren konnten. Ihr grundlegendes Merkmal mag die Bestätigung des ohnehin schon Laufenden gewesen sein – aber genau deswegen waren sie für die Kontaktpolitik westdeutscher Anlaufstellen und die Rückdrängungsversuche des MfS von Bedeutung. Das MfS versuchte solche Netzwerke nicht nur zu unterbinden, sondern auch, sie für eigene Ziele (z. B. Anwerbung und Zersetzung) nutzbar zu machen. In der weiteren Gesellschaft blieben diese privaten Verbindungen aber nahezu unsichtbar; unter der unverfänglichen Decke von Freundschaft und Freizeitgestaltung sollten sie allzu neugierigen Blicken entzogen bleiben. Dennoch trugen sie durch ihre psychologische Wirkung zur Vergesellschaftung der Ausreise und damit zur Destabilisierung der DDR bei, ohne dies als Ziel zu verfolgen.

36 Gespräch mit dem Autor, 2. Juli 2018.
37 Gespräch mit dem Autor, 5. März 2017.

Ausreisende in den Kirchen: Krise von unten

Die Haltung der Kirchenvertreter zum Thema Ausreise wird in den entsprechenden Schlüsselwerken sehr unterschiedlich bewertet: Wo die einen vor allem Ablehnung erkennen, rücken andere Akte der Solidarität in den Vordergrund.[38] Die Autoren dieser Studien stellen die enorme Bandbreite kirchlicher Standpunkte dar, lassen die Ausreisenden in der Regel aber nicht zu Wort kommen. Auf sie scheint in erster Linie reagiert worden zu sein. Praxishistorisch können wir dies etwas stärker nuancieren. Grundlegend lässt sich sagen, dass die Bedeutung der Kirche für die Übersiedlung vor 1975 besonders im persönlichen Engagement für spezifische Fälle lag. Kirchenvertreter setzten sich immer wieder grenzüberschreitend für einzelne Härtefälle und Familienzusammenführungen ein, und sie fädelten hinter den Kulissen den personengebundenen »Häftlingsfreikauf« ein.[39] Bei diesem grenzüberschreitenden Einsatz befanden sich westdeutsche Kirchenvertreter in Schlüsselpositionen, wohingegen sich die Gemeinden in der DDR zu dem Thema bedeckt hielten.[40] Auch direkt nach dem Grundlagenvertrag zeichneten sich vorerst keine entscheidenden Veränderungen ab. Doch im Lichte der Zunahme der Anträge auch unter Gemeindemitgliedern ab 1976 und dank der Erhöhung der Handlungssicherheit sowie der innerkirchlichen Freiheiten durch die Kompromisse zwischen Staats- und evangelischer Kirchenführung 1978 wandelte sich dies langsam. In diesem Jahr mehrten sich zudem Fälle, in denen Ausreisewillige Kirchenräume für sich zu nutzen versuchten.

Zu einem grundlegenden Problem wurden dabei aber die wach-

---

38 Katharina Kunter, *Erfüllte Hoffnungen und zerbrochene Träume: Evangelische Kirchen in Deutschland im Spannungsfeld von Demokratie und Sozialismus (1980-1993)* (Göttingen: Vandenhoeck & Ruprecht, 2006); Ehrhart Neubert, *Kirche und Opposition in der DDR* (Warschau: Konrad-Adenauer-Stiftung e. V. Vertretung in Polen, 2010); Karsten Krampitz, *Der Fall Brüsewitz: Das Verhältnis von Staat und Kirche in der DDR* (Berlin: Verbrecher Verlag, 2016).

39 Vgl. Kap. 2 in Teil I; Jan Philipp Wölbern, *Der Häftlingsfreikauf aus der DDR 1962/63-1989: Zwischen Menschenhandel und humanitären Aktionen* (Göttingen: Vandenhoeck & Ruprecht, 2014), 83-97, 106-14.

40 Für eine gute Charakterisierung grundlegender und auch nach dem Mauerbau nicht nachlassender Dilemmata, denen sich in die DDR übergesiedelte Kirchenvertreter gegenübersahen, siehe Claudia Lepp, *Wege in die DDR: West-Ost-Übersiedlungen im kirchlichen Bereich vor dem Mauerbau* (Göttingen: Wallstein, 2015).

senden Differenzen zwischen der evangelischen Kirchenführung in der DDR und vielen Gemeinden und Pastoren.[41] Dies wirkte sich drastisch auf den kirchlichen Umgang mit der Ausreise aus, wie für die Zeit nach der Unterzeichnung der Schlussakte von Helsinki zu beobachten ist. Die Stimmung war angespannt in jenen Monaten. Die Selbstverbrennung des Pfarrers Oskar Brüsewitz am 18. August 1976 schockte Christen beiderseits der Grenze.[42] Vor allem die Versuche des SED-Staates, seine Verzweiflungstat auf geistige Verwirrung zurückzuführen, um ihren politischen Inhalt zu verschleiern, stießen auf massiven Widerspruch. Engagierte Christen wollten nicht nur die Ehre des geschätzten Pfarrers retten, sondern auch die Legitimität seiner Forderung nach größeren kirchlichen Freiheiten und Sicherheiten untermauern.[43] In dieser erhitzten Atmosphäre tauchten Ende 1976 in Halle und im April 1977 im nahe gelegenen Naumburg entsprechende oppositionelle Flugblätter auf. Sehr wahrscheinlich handelte es sich dabei um solche, die die Forderungen von Oskar Brüsewitz enthielten und bekräftigten. Kripo und MfS durchsuchten Wohnungen, verhörten Kirchenvertreter, und ein Fährtenhund führte die Ermittler an die Türen des Kate-

---

41 Für eine zeitgenössische Beschäftigung mit dem Thema siehe Arbeitsgemeinschaft 13. August, *Pressekonferenz der Arbeitsgemeinschaft Dreizehnter August: Teil: 80. Am Freitag, den 12. Februar 1988, … im Haus am Checkpoint Charlie: »Staatsbürgerschaftsrecht der DDR« und »Kirche von unten«; Erlebniszeugen einer Menschenrechtsbewegung berichten über ihr Selbstverständnis und die jüngsten Auseinandersetzungen mit der politischen Macht* (Berlin: Arbeitsgemeinschaft 13. August, 1988).

42 Im Geiste der »Kindeskinder Thediecks« gründete sich entgegen dem einstimmigen EKD-Beschluss, aber mit Zustimmung einzelner CDU-Politiker in Bad Oeynhausen das Brüsewitz-Zentrum, das sich intensiv mit Hvd und IGfM vernetzte und das Thema zum Anlass nahm, den Kampf gegen den Kommunismus im Stile der Kampfgruppe gegen Unmenschlichkeit fortzusetzen; vgl. BStU AdZ, HA XXII, 17 643, 9-11; BStU AdZ, AOP 6072/91, XV 3687/79, Bd. 15, 207; BStU AdZ, ZKG, 17, 22; BStU AdZ, HA IX, 3524; siehe außerdem Krampitz, *Der Fall Brüsewitz*; Sabine Stach, *Vermächtnispolitik: Jan Palach und Oskar Brüsewitz als politische Märtyrer* (Göttingen: Wallstein, 2016); Enrico Heitzer, *Die Kampfgruppe gegen Unmenschlichkeit (KgU): Widerstand und Spionage im Kalten Krieg 1948-1959* (Köln u. a.: Böhlau, 2015).

43 Vgl. vor allem den langen Informationsbrief des mit Brüsewitz in engem Kontakt stehenden Probstes Friedrich Wilhelm Bäumer in RHG, MBi 20, Brief Bäumer; BStU AdZ, HA IX, 11 374, 220-25; außerdem z. B. RHG, Ki 07, 64 f.; BStU AdZ, HA IX, 4785, 19.

chetischen Oberseminars in Naumburg an der Saale.[44] Es folgten Befragungen und zahlreiche Gespräche zwischen MfS-Ermittlern und Kirchenvertretern, doch weder Kripo noch MfS konnten die Täter aufspüren. Der Ratsvorsitzende der Evangelischen Kirche der Union für die DDR, Bischof Werner Krusche, und Konsistorialpräsident Gerhard Krause protestierten, der Staat nutze die Flugblattfunde nur als Vorwand für sein Vorgehen gegen die Kirche.[45]

Ebenfalls im April wurde im Nachbarort Naumburgs das bei der Kirche angestellte Geschwisterpaar Solbig*, Kinder des dortigen Pfarrers, ertappt, als sie im Dorf Parolen an die Wände kritzelten. Nun reagierte Krusche gänzlich anders, denn die Geschwister protestierten nicht im Namen von Brüsewitz, sondern forderten ihre Übersiedlung. Als die Möglichkeit im Raum stand, milde mit ihnen umzugehen, sprach sich Krusche explizit dagegen aus. Damit versuche der Staat nur, so Krusche, die Kirche ruhigzustellen, um die vorherigen Repressionen in Halle herunterzuspielen. So trennte er zwischen beiden Protestausdrücken: »Man könne solche Flugblattaktionen nicht von vornherein verurteilen, sondern es komme vielmehr zunächst auf den Inhalt solcher Plakate und Flugblätter an. Solche Aktionen wie die der Geschwister Solbig* wären vom Inhalt her primitiv und verurteilungswürdig.«[46] In einer Aussprache zwischen Vertretern der Kirche, der Staatsanwaltschaft und des MfS äußerte sich Oberkonsistorialrat Dr. Schulze[47] empört über die Anwerbemethoden des MfS, in der »die mißliche Lage von Menschen ausgenutzt« werde, was in diesem Fall bereits zu einem Selbstmordversuch geführt habe. Er verwahrte sich dagegen, dass das MfS in Kirchenkreisen ermittle, um herauszufinden, ob in diesen »besonders heikle politische Probleme« wie Biermann oder die Wehrdienstverweigerung erörtert würden. Angesichts der Ermittlungen des MfS kam er zu der »Schlußfolgerung, daß man der Kirche oder einzelnen ihrer Mitarbeiter eine gegen den Staat gerichtete Tätigkeit unterstellt«. Um dies zu widerlegen, »führte er das Beispiel eines Bürgers an, der auf Anraten seines Pfarrers den Antrag auf Aberkennung der Staatsbürgerschaft der DDR zurückgenommen« habe.[48]

44 BStU AdZ, HA IX, 11 374, 387-91.
45 BStU AdZ, HA IX, 11 374, 390.
46 BStU AdZ, HA IX, 11 374, 391.
47 Sic; gemeint ist möglicherweise Oberkonsistorialrat Harald Schultze.
48 BStU AdZ, HA IX, 11 374, 393-94.

Bereits vor dem wegweisenden Spitzengespräch zwischen den evangelischen Kirchenführern und Erich Honecker am 6. März 1978, nach dem die Kirchenleitung die »Normalisierung« ihrer Beziehungen zum »marxistisch-leninistisch geführten Staat« verkündete, nahmen entscheidende Personen also eine ablehnende Haltung gegenüber Ausreiseersuchenden ein.[49] Nach dem Schock der Selbstverbrennung von Oskar Brüsewitz konzentrierte die evangelische Kirche in der DDR ihre Kräfte darauf, weitere religiöse Freiräume einzufordern. Manfred Stolpe befürchtete 1977, dass bereits durch eine Beratungstätigkeit »der ›Korb III‹ herausgerissen wird«, dass das Beharren auf solche Menschenrechte wie die Ausreise »nur zum Schaden von Helsinki« geschehe.[50] Besonders scharf folgte der Dessauer Kirchenpräsident Eberhard Natho dieser Linie. Für ihn galten die Ausreisenden schlicht als »verkeilt«. »Wir sind dagegen, daß Bürger der DDR übersiedeln«, weswegen insbesondere verhindert werden müsse, dass die »von reaktionären Kräften in der BRD gesteuerten« Ausreisewilligen die Kirche als »Sprungbrett« nutzten.[51] Inmitten der ersten großen Antragswelle versicherte er 1977 der Dessauer Oberbürgermeisterin Thea Hauschild: »Wir als Kirche verurteilen mit aller Entschiedenheit die Antragstellung von Bürgern der DDR zur Übersiedlung in die BRD und nach Westberlin, und wir werden dem mit den uns gebotenen Möglichkeiten entgegentreten.«[52] Diesem Kurs folgte die Kirchenführung bis in die späten 1980er Jahre, wenn auch nicht unbedingt mit der Härte Nathos. Zeitgleich zu Nathos Aussagen und mit großer Bedeutung für die weitere Beziehungsgeschichte zwischen Kirche und Ausreisewilligen zeigte sich Werner Krusche milder. Er unterstrich, dass es nicht Aufgabe der Kirche sei, den Antragstellern mit Hilfe und Rechtsberatung zur Seite zu stehen.[53] Allerdings sah er auch menschliche Härten, wie im Falle einer Übersiedlung eines Geschwisterpaares in Halle, denen man behilflich sein solle.[54] So fand sich die Kirchenführung in einer Zwickmühle, in der sie

49 Zit. n. Gerhard Besier, *Der SED-Staat und die Kirche 1969-1990: Die Vision vom »Dritten Weg«* (Frankfurt/M.: Propyläen, 1995), 110.
50 Zit. n. ebd., 224.
51 Zit. n. ebd.
52 Ebd.
53 Vgl. ebd.
54 BStU AdZ, HA IX, 11374, 372-90.

einerseits Staatstreue beweisen wollte, ohne andererseits ihren seelsorgerischen Auftrag zu vernachlässigen.

Während sich in der evangelischen Kirche damit grundlegende
Debatten ankündigten, schwieg sich die katholische Kirchenführung
über solche allzu weltlichen Fragen aus. Der Vatikan erkannte
die DDR als Staat nie an und leitete die dortigen Diözesen kommis-
sarisch durch in Westdeutschland ansässige »Bischöfliche Ämter«,
wobei die Diözese Berlin administrativ nie geteilt wurde. Unter der
konservativen Führung von Kardinal Joachim Meisner folgte sie einer entpolitisierten Linie. Pointiert belehrte er die Gläubigen 1987
auf dem einzigen Katholikentreffen in der DDR, sie sollen keinem
»anderen Stern folgen […] als dem von Betlehem«.[55] Dem kam
die kleine Diaspora-Kirche nach und bewegte sich in respektvoller,
aber entschiedener Distanz zum SED-Staat. Die katholische Kirche begab sich auch nicht unter die Flügel der Friedenstaube und
näherte sich trotz des Engagements an der Basis offiziell erst 1988
der ökumenischen Friedensbewegung an. Der Revolution blieb sie
bis in den November 1989 hinein weitgehend fern.[56] So boten
die meisten katholischen Gotteshäuser weder der »Kirche im Sozialismus« noch der Opposition einen verlässlichen Anlaufpunkt.
Dadurch verschob sich der Schwerpunkt der Tätigkeiten auf religiöse Arbeit und Seelsorge – was zahlreiche Ausreisewillige betraf.[57]
In solchen Fällen bemühte sich das MfS gezielt um Kontakte zu
Priestern und versuchte mit Hilfe perfider psychologischer Tricks,
diese ohne deren Wissen in die Rückdrängungsarbeit einzubinden. Immer wieder gelang es dem Ministerium, durch geschickte Gesprächsführung wichtige Informationen über Ausreise- und
Fluchtwillige aus sonst nicht unbedingt kooperationsfreudigen
Priestern herauszuholen.[58] Ansonsten schien sich das MfS aber an
der betont unpolitischen Arbeit der katholischen Verantwortlichen
die Zähne auszubeißen.

Anders bei der evangelischen Kirche. Insbesondere die ab 1977
entstehenden Menschenrechtsgruppen trugen hier zur Politisierung der Basis bei. In diesen frühen Keimzellen der DDR-Oppo-

55 Zit. n. Hansjakob Stehle, »Zur Fastenzeit an den Rhein«, in: *Die Zeit* 1 (30. Dezember 1988).
56 Neubert, *Kirche und Opposition in der DDR*, 19, 31.
57 Vgl. z. B. BStU AA Chemnitz, BV KMS-AKG 3492, Bd. 1, 23-5.
58 Vgl. einen solchen Fall in BStU AdZ, AOP 558/84, XV 3634/77, Bd. 3, 81-4.

sition bildete sich ausgehend von der Petition »Charta 77« tsche-choslowakischer Aktivisten ein individuelles und universalistisches Verständnis der Menschenrechte aus, wohingegen federführende Kirchenvertreter wie der Theologe Günter Krusche ein »kollekti-ves« Menschenrechtsbild durchzusetzen versuchten.[59] Auch Man-fred Stolpe verwies darauf, dass die Menschenrechte nicht durch den Kampf für sie, sondern allein durch das »Fortschreiten der gesellschaftlichen Entwicklung« erreicht werden könnten, denn der Westen nutze die Menschenrechte schlicht als »Mittel der Infiltration«.[60] Damit lehnte Stolpe, ganz analog zur Abwehrrhe-torik der Staatsführung, auch eine liberale Ausreisepraxis ab, denn diese würde »sofort einen objektiven Abwerbemechanismus aus-lösen, dem infolge der Wohlstandsverblendung doch eine größere Zahl von Menschen erliegen könnte«. Ohnehin, was sollten all die Petitionen an die UNO, es gebe doch das Eingaberecht.[61] In einer prominenten Rede an der Evangelischen Akademie Tutzing 1984 kritisierte er zudem den »Alleinvertretungsanspruch« der Bundes-republik und vermerkte, »Begriffe wie Nation und Wiederverreini-gung […] stiften Unruhe und lösen Ängste aus«.[62]

Noch im April 1988 registrierte ein von Präses Manfred Becker unterzeichneter Synodalbeschluss die »Ausbürgerungsproblema-tik« und stellte fest, »[d]ie Kirche kann keine Ausbürgerung ver-mitteln und die Kirche kann keine besonderen Veranstaltungen für Ausbürgerungsentschlossene durchführen«.[63] Der Bischof und die Generalsuperintendenten sollten zwar die notwendige Seelsorge bei Ausreisenden garantieren, jedoch stellte der Synodalbeschluss das Menschenrecht auf Ausreise hinter ihre eigene und die Staats-

59 Ehrhart Neubert, *Geschichte der Opposition in der DDR 1949-1989* (Berlin: Ch. Links, 1998), 314-6, 356-9; Anja Hanisch, *Die DDR im KSZE-Prozess 1972-1985: Zwischen Ostabhängigkeit, Westabgrenzung und Ausreisebewegung* (München: Oldenbourg, 2012), 318-23.

60 Christa Lewek, Manfred Stolpe und Joachim Garstecki (Hrsg.), *Menschenrechte in christlicher Verantwortung*, 2. Aufl. (Berlin: Evangelische Verlagsanstalt, 1981), 55-7; man beachte die frappierende Nähe zu SED- und staatskonformen Men-schenrechtsauffassungen wie verbalisiert in Kuczynski, *Menschenrechte und Klas-senrechte*.

61 Lewek/Stolpe/Garstecki, *Menschenrechte in christlicher Verantwortung*, 55-7.

62 Vgl. und zit. n. Gerhard Besier, *Der SED-Staat und die Kirche 1983-1991: Höhen-flug und Absturz* (Frankfurt/M.: Propyläen, 1995), 56.

63 RHG, Ki 01/06, 137.

ordnung zurück: »Die Gemeinde Jesu Christi in der DDR und die ganze Gesellschaft brauchen jeden Menschen. Jeder, der geht, reißt eine Lücke und verliert auch mehr, als er zunächst glaubt.« Die Menschen hätten »ihr Leben in der Deutschen Demokratischen Republik als Auftrag Gottes anzunehmen und vorzuleben«.[64] Die Kirchenführung in der Bundesrepublik hingegen habe ihre »indirekte Mitverantwortung für die Ausbürgerungsproblematik zu bedenken«, die »immer wieder DDR-Bürger in Versuchung führt« und letztlich »bilateraler Absprachen« bedürfe.[65] Damit forderte der Beschluss in letzter Konsequenz, dass die evangelische Kirche der Bundesrepublik die Teilung akzeptieren und ihre grenzüberschreitende Menschenrechtsarbeit einstellen sollte.

Dies ist bemerkenswert, weil eine im Vorfeld des KSZE-Expertentreffens zu menschlichen Kontakten im Mai 1986 in Bern organisierte ökumenische Kirchenkonferenz am selben Ort und zum selben Thema den Bezug zwischen Ausreise und Menschenrechten explizit diskutierte. Der Schlussbericht dieser Mammutkonferenz mit über 200 Vertretern evangelischer, anglikanischer und orthodoxer Kirchen der KSZE-Signatarstaaten verkündete, dass die einseitigen Menschenrechtsverständnisse in Ost und West »aufeinander bezogen werden müssen«. Insbesondere sei die »Prävalenz […] entweder der individuellen oder der sozialen Menschenrechte« abzulegen.[66] Dies räumte dem Argument der kommunistischen Staaten, dass in der Menschenrechtsarbeit oft soziale Aspekte hinter individuellen Freiheiten zurückstünden, viel Raum ein. Vor allem aber betonte dies die Universalität und Unteilbarkeit der Menschenrechte, denn dass die Kirche in erster Linie »eine soziale Aufgabe« habe, beinhaltete vornehmlich die »breite Ermöglichung menschlicher Kontakte«. Darum sei das christlich zutiefst relevante Thema der Familie und der Familienzusammenführung als »Teil einer allgemein anzustrebenden Freizügigkeit« zu sehen.[67] Durch kirchliche Tätigkeit dürften zwar »nicht neue Emigrationsschübe angeregt werden«, aber »[w]o immer Schwierigkeiten bei Kontakten« und bei den zahlreichen »Aspekten der Migration« aufträten, »wachsen den Kirchen besondere Aufgaben zu«. Darum solle die

64 RHG, Ki 01/06.
65 RHG, Ki 01/06, 138.
66 BStU AdZ, HA IX, 11374, 365.
67 BStU AdZ, HA IX, 11374, 366-8.

Kirche durch Beratung »Auswanderungswillige [...] vor künftigen Desillusionierungen bewahren«, jedoch könne und dürfe dem Einzelnen »der Entscheid über eine Emigration [...] weder vom Staat noch von Institutionen abgenommen werden«.[68]

Dem nachzukommen und offizielle Beratungen für Ausreisewillige anzubieten hätte die Kirchenführung in der DDR vor neue und elementare Konflikte mit der SED gestellt. Sie und mit ihr zahlreiche Pfarreien fuhren eine deutlich rigidere Linie gegen die Ausreisenden als gegen die Oppositionsbewegung. Erstere galt als Irrweg, Letztere galt es, in produktive Fahrwasser zu lenken. Es mag dabei von Bedeutung sein, dass einige besonders harte Gegner einer toleranteren Linie gegenüber der Ausreisebewegung vom MfS als IM geführt wurden – seien es Personen der Kirchenführung wie Manfred Stolpe, seien es wichtige Theologen wie Günter Krusche oder engagierte Gemeindearbeiter wie Gottfried Gartenschläger in Berlin-Lichterfelde.[69] Ein besonderer Fall ist in diesem Zusammenhang Detlef Hammer, der als sächsischer Oberkonsistorialrat einerseits zugleich Offizier des MfS war und andererseits als leitender Jurist der Kirche, aber in Übereinkunft mit dem MfS, Ausreisende beriet.[70] Während

---

68 BStU AdZ, HA IX, 11374, 368.

69 Vgl. RHG, GG 43; Christoph Dieckmann, »Der Fall Gottfried Gartenschläger: Missionar der Stasi«, in: *Die Zeit* 44 (25. Oktober 1991); zur Diskussion um die (un-)wissentliche IM-Tätigkeit Manfred Stolpes siehe Thomas Ney, »Manfred Stolpe – Mann der Kirche beim MfS oder MfS-Mitarbeiter in der Kirche?«, DDR-Opposition (8. August 2014), online verfügbar unter: ⟨http://ddr-opposition.de/2014/08/manfred-stolpe-mann-der-kirche-beim-mfs-oder-mfs-mitarbeiter-in-der-kirche/⟩ (Stand März 2019); Tina Krone und Reinhard Schult (Hrsg.), *»Seid untertan der Obrigkeit«: Originaldokumente der Stasi-Kirchenabteilung XX/4* (Berlin: Robert-Havemann-Gesellschaft, 1992), 121; Unklarheit herrscht in Bezug auf Eberhard Natho, der David Childs und Richard Popplewell zufolge als IM tätig war, in der biografischen Arbeit von Hagen Findeis hingegen nicht in diesen Bezug gestellt wird. Findeis zitiert Natho vielmehr mit den Worten, dass, »wer zum Herrn Jesus gehört ..., nicht zugleich MfS-Diener sein (kann)«; vgl. David Childs und Richard Popplewell, *The Stasi: The East German Intelligence and Security Service* (Houndmills: Palgrave, 1996), 109; Hagen Findeis, *Das Licht des Evangeliums und das Zwielicht der Politik: Kirchliche Karrieren in der DDR* (Frankfurt/M., New York: Campus, 2002), 434; Walter Schilling, »Die ›Bearbeitung‹ der Landeskirche Thüringen durch das MfS«, in: *Die Kirchenpolitik von SED und Staatssicherheit: Eine Zwischenbilanz*, hg. von Clemens Vollnhals (Berlin: Ch. Links, 1996), 211 f.

70 Helmut Müller-Enbergs (Hrsg.), *Inoffizielle Mitarbeiter des Ministeriums für*

Harald Schultze betont, Hammer habe Ausreisewilligen geholfen und sie beraten, berichtete der *Spiegel* 1995, Hammer habe dafür von einer Familie ein Haus, von anderen Geld erhalten.[71] Wie unter anderem der Historiker Clemens Vollnhals dargelegt hat, gelang es dem MfS zwar, die Kirche umfassend zu unterwandern.[72] Allerdings lieferten ihm solche Zuträger nicht nur Informationen. Sie galten, wie das MfS unter anderem über Günther Krusche, Eberhard Natho und Manfred Stolpe bereits Anfang der 1970er Jahre festhielt, als »unbedingt zuverlässig« und agierten – ob wissentlich oder nicht – in dessen Sinne, wenn sie potentielle Solidarisierungen oder gar Allianzen ablehnten zwischen der oppositionellen Menschenrechtsbewegung und Ausreisewilligen, die ihre eigenen Menschenrechte einklagten.[73]

Dieser (bewusste oder unbewusste) doppelte Dienst erzeugte zahlreiche Paradoxien. Vor allem auf der mittleren Kirchenebene häuften sich ab den frühen 1980er Jahren wichtige Gegenstimmen. Nur wenige gingen dabei so weit wie der Erfurter Probst Heino Falcke, der im Februar 1984 in einem Rundschreiben festhielt, es gebe »keinen Grund, diese so beschaffene Grenze zu rechtfertigen. [...] Liegt das Problem der Übersiedlung in die BRD nicht einzig darin, daß es unser Staat zum Problem macht?«[74] Seine Äußerung traf auf scharfen innerkirchlichen Widerspruch. Am prominentesten formulierten wohl die beiden Theologen Martin Gutzeit und Markus Meckel einen Standpunkt, der Oppositionsbewegung und

Staatssicherheit, 2. Teil: Anleitungen für die Arbeit mit Agenten, Kundschaftern und Spionen in der Bundesrepublik Deutschland (Berlin: Ch. Links, 1998), 90.

71 »Schmerzen im Zeh: Rätsel um den Tod des früheren Magdeburger Konsistorialpräsidenten und Stasi-Mitarbeiters Detlef Hammer«, in: *Der Spiegel* 5 (1995), 54 f.; Harald Schultze, »Detlev Hammer (1990-1991) – Dr. jur. Oberkonsistorialrat und Konsistorialpräsident – ein Spionagefall«, in: *Geschichte der Kirchenprovinz Sachsen*, hg. von Evangelische Kirche in Mitteldeutschland, 2005, online verfügbar unter: ⟨https://www.ekmd.de/kirche/geschichte-der-ekm/geschichteder-kirchenprovinz-sachsen/die-konsistorialpraesidenten-der-kirchenprovinzsachsen.html#hammer⟩ (Stand März 2019).

72 Clemens Vollnhals (Hrsg.), *Die Kirchenpolitik von SED und Staatssicherheit: Eine Zwischenbilanz* (Berlin: Ch. Links, 1996).

73 Zit. n. Gerhard Besier und Stephan Wolf, »Einleitung«, in: *»Pfarrer, Christen und Katholiken«: Das Ministerium für Staatssicherheit der ehemaligen DDR und die Kirchen*, hg. von Gerhard Besier und Stephan Wolf (Neukirchen-Vluyn: Neukirchener Verlag des Erziehungsvereins, 1991), 28.

74 Neubert, *Geschichte der Opposition*, 529.

Abgrenzungsdenken in Übereinklang zu bringen versuchte. In ihrem prominenten Papier »Das Recht auf Staatsbürgerschaft der DDR« widmeten sie sich der Frage, wie die Oppositionsbewegung in der DDR besser geschützt werden könne. Als einen zentralen Ansatzpunkt forderten sie die Anerkennung der DDR-Staatsbürgerschaft durch die Bundesrepublik ein. Eine »Identität als DDR-Bürger« sei nur möglich, wenn man nicht mehr von »Politikern der Bundesregierung [...] zu fremden Interessen benutzt« werden könne.[75] Solange man »gewissermaßen in zwei Welten« lebe und ein Ausgereister in der Bundesrepublik »nicht Asyl-Suchender, sondern automatisch Staatsbürger« sei, könne der SED-Staat sich »kritischen Potentials« entledigen und »Widersprüche nach außen ableiten«.[76] Um die Opposition vor Abschiebungen zu bewahren, plädierten sie für eine substantielle Erschwerung der in Teilen der Opposition ohnehin als »Schlaraffenlandbewegung« diffamierten Ausreise.[77] Diese Abgrenzungsrhetorik konnte klassenkämpferische Züge annehmen, wie noch in einer für die vom 12. bis 22. November 1989 stattfindenden Bittgottesdienste für den Frieden vorgesehenen Predigt des Berliner Pfarrers Werner Liedtke. Er stellte sich gegen die Slogans von »Wir sind ein Volk«, denn »uns« – also den Christen der DDR – stünden »unsere Verbündeten in der Dritten Welt näher als irgendwelche ›Volksgenossen‹, die mit denen ungerechten Handel treiben«.[78]

Sehr nuanciert sah es hingegen in den Gemeinden aus. Dort setzte zwischen 1982 und 1984 ein Wandel ein. Weit unterhalb der Ebene von Programmschriften und oppositionellen Richtungsdebatten blitzten in den seelsorgerischen Praktiken in den Pfarreien zahlreiche flüchtige, aber wichtige Kontaktzonen zwischen Kirche und Antragstellern auf. Deren Charakter lässt sich am besten an einer Auswahl von Beispielen nachzeichnen. So hielt die Pfarrerin der Samaritergemeinde Ingrid Laudien im Unruhehort Berlin-

75 RHG, TH 5/2, Gutzeit, Meckel: Das Recht auf Staatsbürgerschaft der DDR. Anregungen zu einem notwendigen Gespräch, 88.
76 RHG, TH 5/2, Gutzeit, Meckel: Das Recht auf Staatsbürgerschaft der DDR. Anregungen zu einem notwendigen Gespräch, 89.
77 Siehe z.B. »Die Schlaraffenland-Bewegung: Ein Kommentar statt eines Berichts«, in: *Umweltblätter* 4 (1988), 7.
78 BArch Berlin, DO 4, 1230, Typoskript Bittgottesdienste, hg. vom Sekretariat des Bundes der Evangelischen Kirchen in der DDR, Beitrag B, 4.

Friedrichshain 1984 monatliche Treffen ab, bei denen auch die strafrechtlichen Maßnahmen gegen Ausreisende kritisch besprochen wurden.[79] Diese Treffen erregten das Interesse des ehemaligen Vikars Karl Sonnewetter*, denn auch er betrieb ein Übersiedlungsersuchen, da er in der DDR nicht als Pfarrer arbeiten wollte.[80] Er nahm zudem an den Blues-Messen und Friedenswerkstätten Rainer Eppelmanns teil, der wiederum auch für Ausreisende ein offenes Ohr hatte und zur Empörung nicht nur der Stasi-Spitzel in der Samariterkirche 1986 eine Predigt gegen den Fortbestand der Mauer und die Reisebestimmungen zuließ.[81]

Solche lokalen Veranstaltungen schufen Berührungspunkte zwischen Ausreise und oppositionellem Engagement. Dies gilt keineswegs nur für den berühmten Sammelpunkt kunterbunter Dissidenz um Rainer Eppelmann, bei dem sich nicht nur zum Tag der Menschenrechte immer wieder Oppositionelle und Ausreisewillige trafen.[82] Auch in Leipzig-Eutritzsch kamen bereits 1983 unter der Obhut des dortigen Pfarrers einige Übersiedlungswillige zusammen, wo sie, wie das MfS notierte, sowohl ihre Antragstellung als auch »das Tragen pazifist. Losungen u. Symbole besprachen«.[83] Diese Beziehung zwischen Friedens- und Übersiedlungswunsch war ja bereits wenige Wochen nach dem Mauerbau im Oktober 1961 aufgetreten. Unter den in Kapitel 1 in Teil I beschriebenen in die Falle gelockten Fluchtwilligen fand sich auch das Ehepaar Krempler*, das laut Kripo unter einer »Angstpsychose hinsichtlich der atomaren Aufrüstung litt« und nach Italien, also »aus der atomaren Zone hinaus« wollte.[84] Gefühlslagen wie diese nahmen mit der erneuten Erhitzung des Kalten Krieges Anfang der 1980er Jahre zu. So empfahl eine aus Riesa ausgereiste Familie im Frühjahr 1984 ihren verbliebenen Bekannten, sie sollten mit ihrem Ersuchen in Riesa zur Gruppe Schwerter zu Pflugscharen gehen.[85] Für sie verschmolzen beide Ziele. Dabei deutet sich in diesen Episoden

79 BStU AdZ, HA IX, 11374, 80

80 BStU AdZ, HA IX, 11374, 79 f.

81 BStU AdZ, HA IX, 11374, 88.

82 RHG, RG/T 01, 4 f.; BStU AdZ, HA IX, 11377, 4; BStU BV Berlin, Abt. III, 38 Bd. 1, 35-40.

83 BStU AdZ, HA IX, 11374, 210.

84 BArch Berlin, DO 1, 10451, Bericht VP Treptow, 9. November 1961.

85 BStU AdZ, HA IX, 11374, 256.

eine oft ignorierte, jedoch weit hinter 1989 zurückreichende Beziehungsgeschichte zwischen Opposition und Ausreise an. Vor diesem Hintergrund sollten auch Ausreiseanträge wie die von Manfred Hildebrandt oder Michael Blumhagen nicht vernachlässigt werden. Diese aktiven Jenaer Mitstreiter Roland Jahns und Petra Falkenbergs stellten 1982 einen Ausreiseantrag. Sie gingen diesen Schritt nicht, wie häufig zu lesen ist, allein aufgrund des Drucks durch das MfS, sondern weil sie, wie Manfred Hildebrandt 1982 Rainer Eppelmann schrieb, »den Glauben, daß in der DDR durch Offenheit und gewaltfreies Engagement ein gesellschaftlicher Friede möglich ist, verloren« hatten.[86] Trotz seines Antrages zögerte Hildebrandt jedoch nicht, sich Eppelmanns Appell »Frieden schaffen ohne Waffen« anzuschließen.

Solche Kontaktzonen beschränkten sich nicht auf Einzelpersonen. In Magdeburg bildete der Justiziar des dortigen evangelischen Konsistoriums im November 1983 eine kirchliche Laufgruppe. Das gemeinsame Laufen war aber nur ein Vorwand, denn faktisch führte der Justiziar, der selbst ein Ausreiseersuchen betrieb, ungefähr 20 weitere Antragsteller zusammen. Sie trafen sich, wohl inspiriert durch den Jenaer Weißen Kreis, jeden Sonntag zum Joggen oder Spazieren, trugen dabei weiße Stutzen als Ausdruck der Hoffnung und um den Hals ihre Personalausweise bzw. PM-12-Identitätsdokumente. Ab Januar 1984 besprachen sie jeden Mittwoch Formen gegenseitiger Unterstützung.[87] Ab Anfang Februar 1984 unterband das MfS diese Ausflüge mit Protestcharakter, wonach sich der Justiziar als höher gestellter Kirchenoffizieller nun bei der Staatsanwaltschaft Magdeburg für jene Personen einsetzte, gegen die Ermittlungen bekannt wurden.[88] Als sich im Frühjahr 1984 im Land erstmals Boykottproteste gegen die Kommunalwahlen formierten, erstellte die Gruppe ein eigenes Devisenkonto, um daraus eigene Protestmedien und Plakate gegen das »Zuchthaus DDR« zu finanzieren.[89] Individueller Ausreise- und oppositioneller Protestwille gingen hier Hand in Hand. Gleichzeitig, aber unabhängig davon, fanden sich 1984 im Rahmen der Friedensgebete im Magdeburger Dom wö-

86 RHG, RG/T 01, 4f.
87 BStU AdZ, HA IX, 11374, 230f.
88 BStU AdZ, HA IX, 11374, 231.
89 Vgl. »Bedeutender Höhepunkt«, in: *Der Spiegel* 15 (9. April 1984). BStU AdZ, HA IX, 11374, 230.

chentlich Ausreisewillige zusammen. Anschließend begaben sie sich auf Einladung des Pastors zu einer Teerunde, wo man sich offen austauschen konnte. Sie diskutierten z. B., ob die Kirche ihnen Arbeit geben könne und ob Männer Wehrdienst leisten müssten. Der Pastor unterstützte dies, da »jeder selbst wissen müsse, ob er ausreisen will oder bleiben«.[90] Seine Aufgabe sei lediglich, »den Menschen in der DDR zu helfen«. Diese Gruppen scheinen im Frühjahr 1984 durch die Ausreiseaktion aufgelöst worden zu sein. In Magdeburg zog aber keine Ruhe ein. Vielmehr notierte das MfS noch 1985, dass der dortige Probst Ausreisewillige über deren Rechte aufklärte, ihre Ersuchen moralisch »akzeptierte«, ihnen riet, sich ruhig zu verhalten, und darüber hinaus Seelsorge und bei Bedarf auch Rechtsbeistand durch den Rechtsanwalt Wolfgang Schnur zusagte.[91]

Weiter nördlich war die Lage etwas ruhiger, aber auch hier engagierten sich einzelne Geistliche. In Rostock brachte ein Pastor Ende 1985 zahlreiche Übersiedlungswillige und Jugendliche mit einer siebenköpfigen christlichen Reisegruppe aus der Bundesrepublik zusammen. Die Staatsorgane wussten weder, dass diese Treffen stattfanden, noch, dass die Konrad-Adenauer-Stiftung die Gruppenreise der westdeutschen Jugendlichen finanziert hatte. Nach ihrer Rückkehr setzten sich einzelne Teilnehmer vor dem BMiB für ihre neuen Bekannten ein.[92] In Warnemünde stellten Westbesucher nach einem Pfingstaustausch 1985 Kontakt zur IGfM her.[93] Im Schatten des Jacobi-Turms in Stralsund kamen Ende des Jahres zahlreiche Übersiedlungswillige unter dem Dach eines Gemeindeseminars »Junge Ehepaare und solche, die es werden wollen« zusammen. Bis weit ins Jahr 1986 diskutierten sie dabei regelmäßig ihre Übersiedlungsersuchen, knüpften Kontakte untereinander und tauschten Informationen über Ansprechpartner in der Bundesrepublik aus.[94] Als im August 1986 ein bundesdeutscher Besucher Zeuge dieser Treffen wurde, fotografierte er einige Schreiben der Gruppe ab und schmuggelte sie in die Bundesrepublik, um sie dort Minister Windelen zu übermitteln.[95]

90 BStU AdZ, HA IX, 11374, 236 f.
91 BStU AdZ, HA IX, 11374, 234.
92 BStU AdZ, HA IX, 11374, 257; BStU AdZ, HA IX, 11377, 219.
93 BStU AdZ, HA IX, 11374, 258, 265.
94 BStU AdZ, HA IX, 11374, 265 f.
95 BStU AdZ, HA IX, 11377, 219.

Auch weiter südlich kam es zu zahlreichen Vernetzungen. Besonders mutig waren einige ausreisewillige evangelische Pfadfinder aus Berlin und Eisenach. Scheinbar unabhängig voneinander reisten sie im Sommer 1987 nach Ungarn in den Urlaub. Dort hatten sie sich aber nicht nur untereinander, sondern auch mit anderen Pfadfindern aus Kassel und Frankfurt am Main verabredet. Das konspirative Pfadfindertreffen hatte Folgen: Auf der harmonischen Zusammenkunft entstanden Freundschaften, die bereits bestehende Ausreisewünsche bestärkten. Aber das Treffen flog im Nachhinein auf, es erfolgten Verhaftungen durch das MfS.[96] In Cottbus zeigte sich ein besonders offener Geist. Auch hier trafen sich Ausreisewillige in Kleingruppen im Rahmen der Seelsorge. Der dortige Diakon Losewetter* unterstützte eine von ihm betreute Familie sogar in der Form, dass er im Dezember 1987 für sie einen Brief an den Verein Hilfe von drüben bei einer Besuchsreise in die Bundesrepublik schmuggelte und dort aufgab. Bei einer späteren Befragung durch das MfS gab er an, doch gar nichts gegen die Ausreise der von ihm betreuten Familien haben zu können – sie sollten sich einfach vom dortigen System überzeugen, dann würden sie schon zurückkehren.[97] Gleichzeitig wollten in der Stadt einige benachbart wohnende Ausreisewillige sogar in einer »Kommune« zusammenziehen, um dann im Rahmen ihres kirchlichen Engagements ihrem Ersuchen mehr Nachdruck zu verleihen.[98]

Über solche Geschehnisse und die Beobachtungen des MfS zum sogenannten »Missbrauch der Kirche« lassen sich ein paar grundlegende Erkenntnisse festhalten. Erstens fanden diese Aktionen rein lokal, ohne erkennbaren Bezug untereinander, ja letztlich ohne das Wissen voneinander statt. Zweitens vermerkte das MfS nirgendwo eine Beziehung zwischen diesen insularen Vorgängen und der Kirchenspitze, wobei der Magdeburger Justiziar, selbst Antragsteller, den vorliegenden Akten nach der höchstrangige aktive Ausreiseunterstützer war. Dabei blieben solche Aktionen bis 1988 episodenhaft und verlangten großen Mut vonseiten der Pfarrer und der Ausreisenden. Doch drittens bemerkte das MfS solche Fälle oft erst nach längerer Zeit, teilweise sogar erst Monate später, teilweise im Rahmen anderer Ermittlungsverfahren. Bei lokalen Initiativen

96 BStU AdZ, HA IX, 11374, 185-90.
97 BStU AdZ, HA IX, 11374, 124.
98 BStU AdZ, HA IX, 11374, 126.

scheinen die Spitzel in den Kirchen nur mäßig ertragreich gearbeitet zu haben. Vor allem aber lassen sich wichtige Unterschiede zwischen den Bezirken erkennen. Aus Berlin liegen zahllose Berichte zu Verstößen oppositionellen Charakters vor, mit denen im weitesten Sinne das Recht auf Ausreise eingefordert werden sollte. Opposition und Ausreisebestrebungen koexistierten weitgehend, differenzierten sich aber erst 1987 systematisch in zwei deutlich trennbare Strömungen aus, die dann wiederum situativ in Kontakt traten.[99] In Bezirken wie Dresden, Magdeburg und Halle kreisten Kirchenveranstaltungen um die allgemeinen Themen Friedensbewegung und Menschenrechte, was teilweise implizit, teilweise explizit die Ausreisefrage einschloss. Beide Komplexe scheinen hier bis zum Ende der DDR selbst für die wachsamen Augen des MfS nur schwer voneinander trennbar gewesen zu sein.[100] Anders hingegen in den Bezirken Cottbus und Leipzig, aus denen die Spitzel überwiegend übersiedlungsbezogene »Missbräuche der Kirche« meldeten.[101]

Ballungen traten aber nicht stadt-, sondern kirchenbezogen auf. Daraus lässt sich schließen, dass die situative Allianz zwischen Ausreise- und Oppositionsbewegung in den Kirchen weniger von den sozialhistorischen Gegebenheiten in den Städten abhing, wie Christian Joppke argumentiert hat, sondern vor allem von der Bereitschaft der zuständigen Pfarrer, beiden Themen Raum zu bieten oder sie sogar zusammenzuführen. Im Sinne der sozialen Bewegungsforschung war damit weniger die in der Exit-Voice-Theorie bestimmende Ressourcenmobilisierung entscheidend, sondern vielmehr das Framing durch die lokal federführenden Personen.[102] Weniger die soziale Situation einer Stadt oder die Größe des Pools der Antragsteller bzw. der Oppositionellen, sondern vielmehr die

99 BStU AdZ, HA IX, 11374, 1-116.

100 BStU AdZ, HA IX, 11374, 127-36, 220-34, 274-77, 360-72.

101 BStU AdZ, HA IX, 11374, 118-126, 194-218.

102 Vgl. auch ebd., 124; Joppke, »Why Leipzig?«; Carol Mueller, »Escape from the GDR, 1961-1989: Hybrid Exit Repertoires in a Disintegrating Leninist Regime«, in: *American Journal of Sociology* 105/3 (1. November 1999), 697-735; Hank Johnston und John A. Noakes (Hrsg.), *Frames of Protest: Social Movements and the Framing Perspective* (Lanham: Rowman & Littlefield, 2005); Helke Stadtland und Jürgen Mittag (Hrsg.), *Theoretische Ansätze und Konzepte der Forschung über soziale Bewegungen in den Geschichtswissenschaften* (Essen: Klartext, 2014).

Interpretation des Geschehens und die daraus gezogenen Schlüsse der örtlichen Pfarrer und Pastoren entschieden darüber, ob sich in den Kirchen das gesellschaftliche Beschweigen der Ausreisebewegung fortsetzte oder deren Existenz toleriert wurde. Die örtlichen Pfarrer und Pastoren waren es, die eine entsprechende Offen- oder Verschlossenheit kommunizierten, explizite Weisungen oder implizite Politiken der Kirchenführung um- oder sich über sie hinwegsetzten. Diese vielen, sonst in der Oppositionsbewegung nicht sonderlich prominenten Personen, die auch nach dem Mauerfall selten höheren Berufungen folgten und stattdessen mit Herz und Seele Gemeindearbeiter blieben, spielten eine ganz zentrale Rolle bei der Destabilisierung der SED-Herrschaft.

Strohfeuer:
Zusammenschlüsse eines flüchtigen Phänomens

Mehr als die oft seelsorgerisch motivierten Treffen in den Pfarreien bekämpfte der SED-Staat jegliche Versuche von Ausreisenden, kollektiv aufzutreten. Solche Zusammenschlüsse kamen in der Regel ohne das Dach der Kirche aus, die Magdeburger »kirchliche Laufgruppe« von 1983 stellte eine Ausnahme unter den Ausnahmen dar. Sie trugen das Thema in die Gesellschaft, ohne auf das Repertoire (und die Freiheiten) religiöser Begegnungen zurückzugreifen. Vielmehr praktizierten sie Methoden zur Ausreisedurchsetzung, indem sie »Hartnäckigkeit« inszenierten und öffentlich einen Rechtsanspruch auf Ausreise einforderten.

Eng verwandt damit waren individuelle Demonstrativhandlungen, in denen einzelne Ausreiseantragsteller aus Verzweiflung über die stete Ablehnung an öffentlichen Plätzen oft ihres Heimatortes z. B. mit selbst geschriebenen Plakaten ihr Ausreiserecht bzw. die Familienzusammenführung einforderten. Diese traten nach dem Grundlagenvertrag verstärkt auf. Als das MfS 1974 eine nachhaltige Zunahme bemerkte, begann es, derartige Akte zu kategorisieren und immer schärfer zu verfolgen, denn der SED-Staat verstand sie nicht als Protest, sondern als Angriff.[103] Dies galt insbesondere, wenn sie wie bei den Leipziger Messen vor den Augen westlicher

103 Vgl. z. B.: BStU AdZ, HA IX, 1948, 1-37; ebd., 348, 1-81; ebd., 376, 1-19; ebd., 1037, 1-140.

Besucher und Journalisten stattfanden. Die Protestierer erhofften sich dabei einen gewissen Schutz durch die Augen der Öffentlichkeit, weswegen das MfS dazu überging, harte Strafverfolgung nicht direkt nach der Tat, sondern erst nach dem Ende der Messe und der Abreise der Journalisten vorzunehmen.[104] Kollektives Handeln von Ausreisewilligen stellte gewissermaßen eine praxeologische Brücke dar zwischen solchen individuellen öffentlichen Verzweiflungsakten und Formen des organisierten kollektiven Protestes, wie er sich am bekanntesten im Weißen Kreis 1983 in Jena formierte. Doch die Vorläufer solcher Zusammenschlüsse gehen weiter zurück.

Als Rio Reiser mit »Allein machen sie Dich ein« der bundesrepublikanischen Protestbewegung gerade lauthals eine neue Hymne schenkte, wurden 1973 in Pirna die für ihre Ausreise kämpfenden Familien Faust und Hauptmann »eingemacht«, weil sie aus der Individualisierung ihrer Ausreisebemühungen ausbrachen. Der durch seine Proteste gegen die Niederschlagung des Prager Frühlings in Ungnade gefallene Schriftsteller Siegmar Faust startete eine Petition »Gegen die Verweigerung der Menschenrechte«. Diese Petition, die erste zu diesem Thema in der Geschichte der DDR, hatte jedoch wenig mit den späteren unter ähnlichen Titeln an die UN gesandten westdeutschen Petitionen gemein. Unter Berufung auf den gerade erfolgten UN-Beitritt der DDR sammelten beide Familien 45 Unterschriften von Unterstützern ihrer Bemühungen, um diese den DDR-Behörden vorzulegen. Der SED-Staat zeigte seine harte Hand. Faust wurde verhaftet und erst nach drei Jahren, 401 Tage davon in Dunkelhaft in einer feuchten Einzelzelle im Zentralgefängnis Cottbus, und dank breiter Proteste von Axel Springer bis Robert Havemann in die Bundesrepublik entlassen.[105] Da davon auszugehen war, dass Faust nach einer Übersiedlung von seinen Erlebnissen erzählte, darf man diese extrem harte Bestrafung auch als Botschaft des MfS an alle potentiellen Nachahmer verstehen. Als antikommunistischer Emigrant trat Faust tatsächlich scharfzüngig in konservativen Kreisen auf, worauf ihm bereits 1978 sein einstiger Unterstützer Wolf Biermann vorwarf, dass er »sich von der Jungen Union ausnehmen läßt wie eine Weihnachtsgans –

104 BStU AdZ, HA IX, 17 448, 2.
105 Neubert, *Geschichte der Opposition*, 211; siehe dazu auch seine Zeitzeugenberichte: Siegmar Faust, *Ich will hier raus* (Berlin: Guhl, 1983); Siegmar Faust, *Der Freischwimmer: Ende einer Jugend in Dresden* (Böblingen: Tykve, 1987).

schlimm«.[106] Faust blieb seiner Linie treu und engagierte sich Ende der 1980er Jahre im konservativen Flügel der IGfM und im Brüsewitz-Zentrum.[107]

Eine weitere wichtige Episode ereignete sich in Riesa.[108] Dort initiierte der Internist Karl-Heinz Nitschke eine von 67 Personen unterzeichnete Unterschriftenliste.[109] Frustriert ging Nitschke davon aus, dass »man mit individuellen Anträgen nichts erreicht und nur durch eine gemeinsame Aktion den Anträgen Nachdruck verleihen kann«. Anders als bei Faust und Hauptmann, die durch Unterschriften die Unterstützung ihrer beider Ersuchen erhofften, pochten hier die Unterzeichnenden (53 aus Riesa, 12 aus Karl-Marx-Stadt und zwei aus dem Kreis Meißen) unter Verweis auf die Menschenrechte auf ihre Ausreise.[110] Damit formte Nitschke zum ersten Mal einen größeren Zusammenschluss unter Antragstellern auf Ausreise, die kollektiv ihre individuellen Rechte geltend machen wollten. Sie verschickten die Liste an zahlreiche Ansprechpartner in der DDR und jenseits der Mauer.

In den westdeutschen Medien fand dies zwar einen gewissen, letztlich aber begrenzten Widerhall. Diese neue Art des Protests wurde anfangs eher als exotischer Ausdruck einer kleinen Minderheit denn als Vorbote einer kommenden Massenbewegung verstanden.[111] Ungefähr ein Jahr nach dem ersten Bekanntwerden griff die noch in den Kinderschuhen befindliche IGfM das Thema auf und

---

106 Zit. n. Jörg-R. Mettke, »Gleicher Abstand zu beiden Seiten«, in: *Der Spiegel* 29 (1978), 145.

107 Jüngst machte er vor allem durch den Holocaust relativierende Aussagen und seine Unterstützung der Alternative für Deutschland auf sich aufmerksam, infolgedessen er auch von seiner Rolle als Besucherführer an der Gedenkstätte Hohenschönhausen entbunden wurde; vgl. Markus Decker, »Holocaust-Äußerung: Stasi-Gedenkstätte Hohenschönhausen trennt sich von Siegmar Faust«, in: *Berliner Zeitung* (31. Mai 2018).

108 Siehe hierzu auch Kap. 4 in Teil III.

109 »DDR entließ fünf inhaftierte Regimekritiker nach West-Berlin«, in: *Der Tagesspiegel* (28. August 1977). *Der Tagesspiegel* machte daraus 100 unterschreibende Personen.

110 BStU AdZ, ZAIG, 2557, 1-6.

111 Im Wortlaut z. B. veröffentlicht in »›Ich klage an‹: Hilferuf eines Arztes aus der ›DDR‹«, in: *Rheinischer Merkur* (26. August 1977). Siehe zudem die Meldung der Deutschen Presse-Agentur vom 12. September 1977 und *Berliner Morgenpost* (5. September 1976), *BZ* (31. August 1976), *Rheinischer Merkur* (27. August 1976), *FAZ* (21. August 1976) in RHG, TH 10, 32 f.

widmete ihre zweite Dokumentationsbroschüre (wie erwähnt setzte sich die erste mit Zwangsadoptionen auseinander; siehe Kapitel 4 in Teil III) dieser Gruppe. Die IGfM versuchte damit explizit, dem SED-Staat entgegenzutreten. Dieser glaube, so die IGfM, aufgrund der fehlenden Prominenz der Betroffenen den internationalen Schaden im Rahmen halten zu können. Für sie galten die Personen um Nitschke als »Bürgerrechtler in der DDR«. Der IGfM zufolge fehlten dem Arzt wie den (viel zu hoch veranschlagten) bis zu 200 000 Antragstellern lediglich »die erforderlichen Kontakte und Informationen, um Reformkonzeptionen für gesellschaftliche Veränderungen zu entwickeln«.[112] Dabei blieb es irrelevant, dass Nitschkes »Petition zur vollen Erlangung der Menschenrechte« lediglich ein Menschenrecht – das auf Ausreise aus dem eigenen Staat – einforderte. Das MfS hingegen erkannte eine »Hetz- und Verleumdungskampagne gegen die DDR« und hob die rein individuellen Motive auf Staatsniveau.[113] Die Unterzeichner wurden verfolgt und Nitschke wegen staatsfeindlicher Verbindungsaufnahme (§ 100 StGB der DDR) und staatsfeindlicher Hetze im schweren Fall (§ 106 StGB der DDR) verurteilt. Stärkere Aufmerksamkeit in der westdeutschen Presse erhielt der Fall erst wieder, als Nitschke ein Jahr später mit einer größeren Gruppe von Dissidenten, darunter der Lyriker Jürgen Fuchs, der Germanist Hellmuth Nitsche (der später der IGfM vorstand) und die beiden Musiker der Klaus Renft Combo Gerulf Pannach und Christian Kunert, aus der Haft nach West-Berlin entlassen wurde.[114] Ohne nach den anderen Riesaer Unterzeichnern zu fragen, erklärte der *Tagesspiegel* Nitschke durch die gemeinsame Entlassung mit den ungleich prominenteren Gefangenen umgehend zu einem »Regimekritiker« und suggerierte gar eine Beziehung zwischen Nitschke und dem unter Hausarrest stehenden Robert Havemann.[115] Auch der *Tagesspiegel* lud so den Protest Nitschkes zusätzlich auf und verfremdete sein ursprüngliches regimekritisches Motiv, was die Verhinderung der Freizügigkeit adressierte und keinerlei Nähe zu Havemanns Systemreform

112 RHG, TH 10, Gesellschaft für Menschenrechte (Hrsg.), *Petition Riesa: … Zur vollen Erlangung der Menschenrechte. Dokumentation über Bürgerrechtler in der DDR* (Frankfurt/M.: Gesellschaft für Menschenrechte, 1977), 6.

113 BStU AdZ, ZAIG, 2557, 2.

114 Wölbern, *Der Häftlingsfreikauf aus der DDR*, 402 f.

115 »DDR entließ fünf inhaftierte Regimekritiker nach West-Berlin«.

aufwies. Nachdem die Petenten freigekommen waren, verschwand der Fall aus den Medien wie viele der frühen Vorstöße und Proteste.[116] Sie schienen sich mit der Ausreise zu erledigen, und aus dem Westen war es scheinbar schwer, das menschenrechtshistorisch durchaus bedeutende System der Rechtsmobilisierung gegen den eigenen Staat zu erkennen.

Zudem hatte es aus der Zeit heraus betrachtet durchaus Sinn, die Petition als Teil einer sich formierenden Opposition zu verstehen. 1976 konnte von einer vernetzten Opposition, geschweige denn einer Bewegung keine Rede sein. Vielmehr loderten hie und da ihre ersten Flämmchen in einzelnen Publikationen oder grenzüberschreitenden Unmutsäußerungen von Prominenten auf. Wichtige, aber isolierte Dreh- und Angelpunkte um Bahro und Havemann oder nach den Künstlerprotesten infolge von Wolf Biermanns Ausbürgerung deuteten zwar ein Potential an, begründeten aber keine koordinierte Oppositionsbewegung – zumal sich auch hier wie am prominenten Beispiel Manfred Krugs der Protest mit dem Ausreisewunsch überlappte. Vor der Einführung des Wehrkundeunterrichts in der DDR im Jahr 1978 und der beiderseits der Grenze steigenden Atomkriegsangst, also vor einer von der Jugend getragenen Friedens- und Umweltbewegung, blieben die meisten oppositionellen Aktionen Single-Issue-Äußerungen und unterschieden sich darum strukturell kaum von Nitschkes Menschenrechtsinitiative.

Etwas anders sah es 1979 aus. Nach zahlreichen Versuchen, etwas in ihrem Lebensumfeld in der DDR zu verbessern, und vielen abgelehnten Ausreiseanträgen kamen die beiden Freunde Gustav Salffner und Wolfgang Grosa auf eine ungewöhnliche Idee.[117] Sie schrieben einen weiteren Brief an das MdI. Wie gehabt beriefen sie sich auf die Verfassung der DDR und den UN-Zivilpakt. Dieses Mal forderten sie aber nicht das Recht auf Ausreise ein, sondern, gewürzt mit einer besonderen Prise Kreativität und Sarkasmus, das Organisationsrecht. Am 27. Juli 1979 beantragten sie die Gründung des Verbandes der Ausreisewilligen. Dieser solle sich auf all jene

116 Ausführlich thematisiert wurde diese Initiative erstmals 2016 in der Ausstellung »Hilferufe aus Riesa« in Jena.
117 Wilfried Bergholz, *Die letzte Fahrt mit dem Fahrrad: 19 Gespräche mit Matteo über Mut, Glück und Aufbegehren in der DDR*, 2. Aufl. (Hamburg: tredition, 2016), 265 f.

Punkte konzentrieren, die der SED-Staat tunlichst zu unterbinden versuchte, nämlich den Zusammenschluss, die Beratung und die Unterstützung ausreisewilliger Bürger der DDR »zur Wahrnehmung ihrer Interessen und zur Erreichung ihres gemeinsamen Zieles – der Genehmigung der Ausreise«.[118] Es sei ein Missstand, dass es »[z]u geringe Möglichkeiten der Information und Rechtsberatung« gebe, obwohl dies »nach unseren Informationen« eine »ziemlich große Anzahl von ausreisewilligen Bürgern der DDR« betrifft. Selbstverständlich schwebte den beiden keine wirkliche Vereinsgründung vor. Mit einer Mischung aus Humor und Waghalsigkeit wollten sie ihre Ausreise beschleunigen. Dies gelang, wenn auch mit Opfern. Beide wurde auf Anordnung des MfS wegen Beeinträchtigung staatlicher oder gesellschaftlicher Tätigkeit (§ 214 StGB der DDR) verurteilt.[119] Schnell bekam die westdeutsche Presse Wind von der Sache. Während einer Fragestunde im Bundestag musste der Parlamentarische Staatssekretär des BMiB Heinz Kreutzmann dem hartnäckig fragenden CDU-Abgeordneten Claus Jäger versichern, dass man sich bemühe, die beiden »auf dem Ihnen bekannten üblichen Weg frei zu bekommen«.[120] Dies erfolgte ungefähr ein Jahr nach ihrer Verhaftung. Frisch im Westen sei Gustav Salffner allerdings einem Bericht seines Bruders zufolge die nun anstehende Befragung durch den Bundesnachrichtendienst sauer aufgestoßen. Dessen Vertreter hätten ihm angesichts kaum verwertbarer Informationen gedroht: »Wir können Sie auch ganz schnell wieder in den Osten schicken.«[121] Dies geschah freilich nicht, und da weder Salffner noch Grosa ausgeprägte Ambitionen auf öffentliche Auftritte hegten, geriet ihr Pionierwerk, der Verband der Ausreisewilligen, in Vergessenheit, nachdem er für die beiden »Gründer« seinen Zweck erfüllt hatte.

Während diese Episoden somit nur einem kleinen Kreis an In-

118 BStU AdZ, HA IX/MF, 11787, 11f.
119 Die Verurteilung wurde später zum Gegenstand eines Strafverfahrens in der Bundesrepublik, in dem der final entscheidende Bundesgerichtshof den angeklagten Staatsanwalt vom Vorwurf der Rechtsbeugung und ungeachtet der Menschenrechtswidrigkeit der entsprechenden DDR-Gesetze freisprach; vgl. BGH, 15. September 1995-5 StR 23/95, 7, 10, 14; siehe außerdem Peter Schmalz, »Justizwillkür einer Diktatur läßt sich nur schwer ahnden«, in: *Die Welt* (23. Juni 1997).
120 BT-Plenarpr. VIII/215, 25. April 1980, 17 213 f.
121 Bergholz, *Die letzte Fahrt mit dem Fahrrad*, 265 f.

teressierten bekannt sind, erfährt der 1983 entstandene sogenannte Jenaer Weiße Kreis ungleich mehr Aufmerksamkeit. In Jena gärte es damals schon länger. Als sich die Situation in den Jahren 1982-1984 zuspitzte, kam es nicht nur vermehrt zu Konfrontationen zwischen dem Staat und Oppositionellen, sondern es zeichneten sich auch immer wieder potentielle Allianzen zwischen der sich formierenden Oppositionsbewegung und lokalen Ausreiseantragstellern ab. Seit den späten 1970er Jahren flammten in der Stadt immer wieder Proteste auf, die entsprechende Sanktionen nach sich zogen. Nach dem Tod von Matthias Domaschk in Stasi-Haft im April 1981 brach sich eine neue Bewegung Bahn. Im Zentrum stand unter anderem Roland Jahn, der sich seit der Biermann-Ausbürgerung 1976 in Rebellion befand.[122] Berühmt ist seine Protestaktion auf der offiziellen Demonstration am 1. Mai 1982, bei der er ein weißes unbeschriftetes Plakat trug. Die Leerstelle als Protestmedium sollte Schule machen. Vorerst aber wurde er im Spätjahr 1982 aufgrund seines mehrfachen und äußerst kreativen Protests festgenommen und im Januar 1983 zu einer Gefängnisstrafe verurteilt. Es folgte eine grenzüberschreitende Empörungswelle, und nach einem Monat entließen ihn die Behörden angeblich wegen »guter Führung« vorzeitig.[123] Die Haft entmutigte Jahn nicht, und so formierte sich im März um ihn, Dorothea Rost, Frank Rub und Andreas Friedrich die Friedensgemeinschaft Jena. Diese konnte auf zahlreiche persönliche Netzwerke unter Oppositionellen und Dissidenten in der DDR bauen. Mit größtem Interesse lauschten z. B. die Teilnehmer eines Seminars der Friedensbewegung im sächsischen Löbau den Schilderungen der Jenaer Praktiken. Vor allem die gewaltlose Form des Protests in »Schweigekreisen« weckte Interesse.[124] Auf der Veranstaltung wurde die Ausreise diskutiert, aber es zeigten sich auch ohne dieses kontroverse Thema Differenzierungstendenzen. Denn als ein Freiberger Vertreter begeistert über die entstehende Umweltbewegung in einer der »giftigsten Städte Europas« berichtete, mahnten die Veranstalter, dass die ökologische Frage nur ein »Anhängsel der Friedensbewegung« sei, »die eindeutig Vorrang besitzt«.[125] Sowohl die Angst, sich durch Breite zu zerfasern, als

122 Vgl. Roland Jahn, »»Du bist wie Gift««, in: *Der Spiegel* 26 (27. Juni 1983), 68-77.
123 Vgl. die Berichte in BStU AdZ, HA IX, 9941; ebd., 10189; ebd., 10190.
124 BStU AdZ, HA IX, 9941, 66.
125 BStU AdZ, HA IX, 9941, 68.

auch die Hoffnung, durch das geteilte Interesse am Frieden in den Dialog mit den Machthabern zu kommen, war ein Geburtsmerkmal der DDR-Opposition.

Zu dem Zeitpunkt, als die sächsischen Zuhörer an den Lippen der Jenaer Aktivisten hingen, stand die Friedensgemeinschaft schon vor ihrer Zerschlagung. Kurz zuvor hatte sie am 18. März 1983 mit eigenen pazifistischen Plakaten an der Gedenkfeier anlässlich des Jahrestages der Bombardierung der Stadt Jena teilgenommen. Das MfS drängte die Protestierer ab, zerriss erst die Plakate und setzte zur »Aktion ›Gegenschlag‹« an. Dabei griff es im großen Stil zu einem bislang vor allem auf Individuen angewandten Repressionsmittel: Es entschloss sich, die Unbeugsamen nicht in Zellen, sondern in den Westen zu zwingen. Die Stasi hatte allerdings aus dem Aufschrei nach Biermanns Ausbürgerung dazugelernt. Sie verwehrte den »Friedern« die Reise zu einem Friedenskongress am 12. Mai in West-Berlin, der leicht als Vorwand für eine derartige verweigerte Rückkehr hätte dienen können.[126] Vielmehr erfolgte im Frühjahr 1983 eine Verhaftungswelle, bei der in kürzester Zeit ungefähr 40 Aktivisten dazu genötigt wurden, einen Ausreiseantrag zu stellen, der dann umgehend bewilligt wurde. Einige der Verfolgten entzogen sich erst der »Auflassung«, also dem Landesverweis, durch Reisen im Lande und Nicht-Befolgen von Vorladungen, doch bereits am 28. Mai 1983 konnte der MfS-Einsatzleiter Seidel nach Berlin melden, dass die Aktion durch die Übersiedlung von 35 Erwachsenen erfolgreich abgeschlossen war. Einzig am widerborstigen Roland Jahn scheiterten alle Erpressungsversuche.[127] Als Ultima Ratio warf ihn das MfS, gewaltsam gefesselt, in einem verschlossenen Bahnabteil sprichwörtlich über die Grenze.[128]

Kam es zu einem ähnlichen Aufschrei wie nach der Biermann-Ausbürgerung? Vor Ort schien die Lage unter Kontrolle. Das MfS vermerkte beruhigt, der Jenaer Superintendent Udo Siebert habe seine »persoenliche genugtuung zu Ausdruck« gebracht, »dasz diese personen (unruhestifter) aus jena entfernt werden«.[129] Westdeut-

---

126 BStU AdZ, HA IX, 9941, 98 f.

127 BStU AdZ, HA IX, 9941, 71, 96.

128 Vgl. den MfS-Bericht zur Abschiebung faksimiliert in BStU-Außenstelle Gera (Hrsg.), *Aktion »Gegenschlag«: Die Zerschlagung der Jenaer Opposition 1983* (Gera, Berlin: BStU, 2013), 69-72.

129 BStU AdZ, HA IX, 9941, 86.

sche Medien begannen hingegen bereits wenige Tage nach den ersten »Auflassungen« über die erpressten Ausreisen zu berichten.[130] So titelte *Die Welt*: »Die DDR schiebt acht Jenaer ab«. Auch der Sender Freies Berlin fiel nicht auf den Trick der Ausreiseanträge herein. Dort befürchtete man, dass Ausweisungen nun zu einer neuen, breit angewandten Repressionsart der kommunistischen Machthaber werden würden.[131] Dabei betonten die meisten Berichte die Novität des Vorgehens und vergaßen offensichtlich ihre eigenen Kommentare zur Einführung der DDR-Staatsbürgerschaft 1967, in denen solche Praktiken antizipiert worden waren.[132] Die *Zeit* sah in dieser Bestrafungspraxis des SED-Staates auch den Schimmer neuer Möglichkeiten. Dass die DDR-Regierung nun anfange, Friedensaktivisten abzuschieben, lasse, »so merkwürdig es zunächst klingen mag, Hoffnungen aufkommen«.[133] Denn üblicherweise müssten Ausreisewillige »jahrelang unter entwürdigenden Umständen warten, ehe ihr Antrag – wenn überhaupt – genehmigt wird«. So schnell wie die Organisatoren der »recht harmlose[n] Friedenskundgebungen« käme man sonst nur als Prominenter heraus, also wenn die DDR bei einer Ausreiseverweigerung ihre internationale Reputation aufs Spiel setze. Genau dies geschah nun aber auch durch Ausweisungen, womit die SED ungewollt den Ausreisewilligen einen möglichen Weg in den Westen weise. Aus ganz anderer Motivation teilte nach dem Mauerfall (ausgerechnet) der einstige SED-Chefideologe Kurt Hager die Einschätzung, dass die Ausweisungen unkontrollierbare Effekte hatten. Mit einer Unschuldsgeste sprach er dem Politikwissenschaftler James McAdams aufs Band, die Ausweisung Biermanns sei ein Akt reiner Wut gewesen, alle anderen seien schlicht falsch gewesen.[134]

1984 war im SED-Staat von Zweifeln nichts zu spüren. Aber die Berichte westdeutscher Funk- und Fernsehsender trugen die Kunde von den schnellen Ausreisen ebenso in die Stadt Jena zurück, wie vor Ort die argwöhnisch vom MfS observierten »Ab-

---

130 Siehe z. B. BStU AdZ, HA IX, 9941, 64.

131 Der SFB widmete dem am 10. August 1983 ein ausführliches Feature, vgl. Sendungsmitschrift in: 10189, 16-9.

132 Siehe Kap. 1 in Teil II.

133 »DDR-Friedensbewegung: Grenzverkehr«, in: *Die Zeit* 22 (27. März 1983).

134 Hoover Institution Archives, GDR Oral History Project, Box 11, 45 f., Interview James McAdams mit Kurt Hager, 3. Dezember 1990, 36 f.

schiedsfeten« einiger Ausgewiesener die Nachricht verbreiteten.[135] Anstatt für Ruhe zu sorgen, kreierten die Abschiebungen damit eine neue Dynamik. Dass sich hier etwas anbahnte, hatte sich bereits nach dem 18. März, also der ersten großen Demonstration der Friedensgemeinschaft, gezeigt. Denn als die *Tagesschau* nicht nur über zerrissene Plakate, sondern auch über laufende Ausreiseanträge einiger Protestierer berichtete, lebte in der Friedensgemeinschaft die ohnehin schwelende Ausreisediskussion auf.[136] Mitten in der Aktion »Gegenschlag« des MfS brach damit etwas Neues an. Am 28. Mai begleiteten ungefähr 15 Jugendliche die Ausgewiesenen bis Eisenach im Zug. Beim Ausstieg entfalteten sie ein Transparent mit der Aufschrift »Auf Wiedersehn«.[137] Auf welcher Seite der Grenze, blieb offen. Das MfS befürchtete jedenfalls zunehmende Proteste Jenaer Ausreiseantragsteller.

Um jedoch wahrgenommen – und begrenzt auch geschützt zu werden –, brauchte es internationale mediale Aufmerksamkeit. Diese war in der DDR fern der Haupt- oder Messestadt ein seltenes Gut. In Jena kam die Chance jedoch zufälligerweise am 9. Juni 1983. Denn an diesem Tag wurde nicht nur Roland Jahn, in den Worten des MfS, in den Westen »entfernt«.[138] Aufgrund eines Staatsbesuchs weilten auch zahlreiche Diplomaten – und mit ihnen Pressevertreter – in der Stadt an der Saale.[139] Der dortige Platz der Kosmonauten mitten in der Innenstadt diente an Feiertagen für die offiziellen sozialistischen Massenfeste. Über ihm prangte zu dieser Zeit ein Banner für die Volksarmee »Damit der Frieden sicher ist!«[140] Doch an diesem sonnigen Donnerstagmorgen um 9 Uhr zog etwas anderes die Blicke auf sich. Auf dem Platz versammelten sich ungefähr 30 in weiß gekleidete Jenaer, die nichts anderes taten, als Hände haltend stumm im Kreis zu stehen. Sie alle waren Ausreiseantragsteller und protestierten schweigend gegen die dauernden Ablehnungen. Erregt vertrieb das MfS die gewaltlos bleibenden Demonstranten.

135 BStU AdZ, HA IX, 9941, 97.
136 Jahn, »Du bist wie Gift««, 76.
137 BStU AdZ, HA IX, 9941, 71.
138 Vgl. den MfS-Bericht zur Abschiebung faksimiliert in BStU-Außenstelle Gera, *Aktion »Gegenschlag«.*
139 Ebd., 76 f.
140 Dieter Bub, »»Wir fordern unsere Ausreise««, in: *Stern* 38 (15. September 1983).

Nur zwei Tage später standen sie wieder da. Und am nächsten Samstag wieder, erneut kurz vor 9 Uhr morgens. Der Weiße Kreis in Jena bedurfte geringer Planungen und Absprachen. Er erforderte allein die Courage der Betroffenen, sich dazuzugesellen.[141] Statt der üblichen Ablehnung der DDR-Bürger gegenüber den stigmatisierten Ausreisenden, schuf diese schlichte und zugleich nachdrückliche Präsenz Respekt. Ein Jenaer Arzt gestand einem westdeutschen Journalisten: »Ich bewundere sie. Auch ich würde gerne mitmachen, aber mir fehlt der Mut«.[142] Mit Zahl und Zeit wuchs die Aufmerksamkeit. Diese stieg noch mehr, als die Protestierer in einem Brief an die Öffentlichkeit und an Erich Honecker erklärten, »daß die Staatsbürgerschaft der DDR ihnen eine unerträgliche Last ist«. Das dreizehn Punkte umfassende, messerscharf formulierte Schreiben brachte unmissverständlich zum Ausdruck, sie seien »nicht länger gewillt auf die Errungenschaften der Weltzivilisation« von der Meinungs- über die Bildungs- und Reise- zur Konsumfreiheit »zugunsten einer Ideologie und eines sie tragenden Staates« zu verzichten. Ihnen bliebe »[a]ufgrund der Gleichheit der Repressalien [...] keine andere Wahl, als uns mit Gleichbetroffenen zu verbünden, uns gegenseitig zu unterstützen, da wir uns in eine geistig-moralische Enklave gedrängt sehen, in der wir auf gegenseitigen Kontakt angewiesen sind.«[143]

Das MfS reagierte erneut im Modus »Gegenschlag«: In der Hoffnung, die Spitze der Bewegung zu kappen, ließ es in kürzester Zeit 50 Protestierer ausreisen.[144] Die Ausreisebewegung ließ sich aber nicht so leicht »köpfen« wie die Opposition. Einer Hydra gleich folgten auf jeden hastig Gehengelassenen weitere Protestierer. Das MfS machte Bekanntschaft mit der »Stärke schwacher Beziehungen«.[145] In kürzester Zeit wuchs der Weiße Kreis auf 200 Personen an. Viele reisten aus anderen Städten an. Das MfS befürchtete einen Flächenbrand und versuchte ab dem 30. Juli dem

---

141 Für eine ausführliche Darstellung des weißen Kreises siehe Elker Schmidt, »Die unerträgliche Last der Staatsbürgerschaft: Jenas Weißer Kreis, ein herzerfrischendes Überlisten des Staatsapparates«, in: *Gerbergasse 18* 2/2 (1996).

142 Zit. n. Bub, »›Wir fordern unsere Ausreise‹«.

143 RHG, RG/T 03, 3-5; Lorenz Schreiber, »Der stumme Kreis in Jena«, in: *Menschenrechte* (September 1983), 19.

144 BStU AdZ, HA IX, 10189, 12.

145 Granovetter, »The Strength of Weak Ties«.

Treiben ein Ende zu setzen. Es errichtete Sperren, erschwerte den Zugang zum Platz der Kosmonauten und trieb potentielle Protestierer ab. Als die Menge wuchs, konnten Provokateure des MfS einige der eigentlich auf Gewaltfreiheit beharrenden Ausreisewilligen zu Tätlichkeiten provozieren, was wiederum Schlagstockeinsätze, harte Repressionen und Verhaftungen rechtfertigte. Ein Teilnehmer vermutete, die Provokation gelang dem MfS wegen der unterschiedlichen Herkunft der Teilnehmenden, die nun nicht mehr in der gewaltfreien Selbstbeherrschung der Friedensbewegung geschult waren.[146] Parallel dazu versprach das MdI – ohne sich jedoch daran gebunden zu sehen – all jenen eine schnelle Ausreise, die von weiteren Protesten absahen.[147]

Dieser in seiner Stille umso lautere Protest lenkte das westdeutsche mediale Scheinwerferlicht in die DDR-Provinz. Die *Tagesschau* berichtete, ebenso der Deutschlandfunk, RIAS, der SFB und viele andere. Die Printmedien diskutierten vor einem primär bundesdeutschen Publikum, Funk und Fernsehen trugen die Kunde von den Geschehnissen auch in die entfernteren Ecken der DDR. Trotz aller Repression breitete sich die Protestform aus. Im Herbst 1983 sollte erstmals in der DDR der Jahrestag des Mauerbaus, der sonst fast nur noch die West-Berliner Kalten Krieger um die AG 13. August auf die Straße trieb, zum Tag des Ungehorsams gegen den Freiheitsentzug werden. Das MfS konnte geplante Reisen nach Jena und Solidarisierungskampagnen in Halle und Leipzig unterbinden.[148] Die Sprache aber wurde schärfer. Ein Ehepaar aus der Messestadt forderte Erich Honecker per Brief auf: »Pfeifen Sie Ihre Polizeibullen von Menschen zurück, die ihre Freiheit lieben und dafür eintreten.«[149] In Dresden, ohnehin ein Unruheherd, wurde das MfS überrumpelt. Dort forderten am 13. August 1983 ungefähr 60 Ausreisewillige mitten auf der sozialistischen Prachtmeile Prager Straße im Jenaer Stil schweigend ihre Ausreise.[150] Selbst im

146 BStU AdZ, HA IX, 10189, 11 f.
147 »Willkür in Jena«, in: *Die Zeit* (9. September 1983); Bub, »Wir fordern unsere Ausreise«.
148 BStU AdZ, HA IX, 10189, 177-9.
149 BStU AdZ, HA IX, 10189, 177.
150 Peter Nöldechen, »60 Dresdner Bürger forderten Ausreise aus der DDR – Demonstranten verhaftet«, in: *Westfälische Rundschau* 207 (7. September 1983). Dresden wurde fortan ein Unruheherd der Ausreisebewegung, die dort wohl noch stärker als andernorts eine Eigendynamik fern der Oppositionsbewegung

beschaulichen Apolda initiierten Ausreisewillige im September 1983 einen eigenen Weißen Kreis.[151]

Diese »gerichteten Massen«, also die gemeinsamen Manifestationen an einem Ort, waren leicht zu zerschlagen, inspirierten aber neuen Protest in Form sogenannter gestreuter Massen, die sich rein symbolisch verbanden.[152] Nicht nur in größeren Städten wie Dresden, Gera, Erfurt oder Halle, sondern auch in Kleinstädten wie Eisleben, Bautzen oder Bischofswerda begannen Ausreisewillige, ihre Stigmatisierung durch schweigende Ausgrenzung zu durchbrechen, indem sie ein rotes A auf ihre Wohnungstüren oder die Bürgersteige klebten.[153] Das MfS reagierte mit Verhaftungen, es folgten zahlreiche Verurteilungen wegen Beeinträchtigung staatlicher oder gesellschaftlicher Tätigkeit, staatsfeindlicher Hetze und anderer Gummiparagrafen des StGB der DDR. Darüber hinaus dauerten die Proteste in Jena an. Die Teilnehmerzahlen nahmen zwar ab, da MfS und MdI in koordinierten Anstrengungen zugleich ausreisen ließen und massiv einschüchterten. Aber ständig tickerten Meldungen weiterer Proteste und Verhaftungen über die Nachrichtenkanäle.[154] So auch im Dezember 1983. Verschiedene

entwickelte. Das MfS wurde besonders dann aktiv, wenn das internationale Auge ausnahmsweise auf die Stadt an der Elbe schwenken konnte. So ordnete Niebling als Leiter der ZKG persönlich eine Überwachung der Ausreiseantragsteller im Raum Dresden zum 13. Februar 1985 an, als sich die Bombardierung der Stadt durch die Alliierten zum 40. Mal jährte, die Semperoper nach aufwändiger Renovierung wiedereröffnet wurde und entsprechend zahlreiche Gäste und Journalisten in der Stadt weilten. Die Repression sollte rein situativ, aber unter Einbindung der Gesellschaft geschehen. »Sie sind im wohnort bzw. an den arbeitsstellen zu binden, unter kontrolle zu halten, zu verwarnen und, wenn keine andere moeglichkeiten zur verhinderung der fahrt nach dresden gegeben sind, zuzufuehren.« BStU BV Berlin, AG XXII, 154, 32.

151 BStU AdZ, HA IX, 10189, 60 f.
152 Zur Konzeptualisierung von Bewegungsmassen siehe Dominik Schrage, »Von der Präsenzmasse zur statistischen Masse. Affekte und deskriptive Aspekte eines modernen Konzepts«, in: *Die Macht der Menge. Über die Aktualität einer Denkfigur Spinozas*, hg. von Gunnar Hindrichs (Heidelberg: Winter, 2006), 93-112; Frank Wolff, *Neue Welten in der Neuen Welt: Die transnationale Geschichte des Allgemeinen Jüdischen Arbeiterbundes 1897-1947* (Köln, Weimar, Wien: Böhlau, 2014), 72-4.
153 Gregor Kondek, »Ausreisewillige in der ›DDR‹ festgenommen«, in: *Die Welt* (12. Oktober 1983), 5; Schreiber, »Der stumme Kreis in Jena«.
154 Siehe z. B. BStU AdZ, HA IX, 342, 3 f.

Gruppen aus Jena, Berlin und Hoyerswerda wollten vor Ort und in der Hauptstadt protestieren und versuchten, westdeutsche Medien darüber zu informieren.[155] Diese Öffentlichkeit sollte sowohl vom Protest künden als auch vor Übergriffen schützen.[156] Weitere Aktionen folgten zum Tag der Menschenrechte am 10. Dezember 1983 bis ins Frühjahr 1984 hinein. Der im März 1983 frisch als Leiter der ZKG berufene und damit oberste Ausreisebekämpfer Oberst Gerhard Niebling wies seine Kräfte an, mit Einschüchterung, Zersetzung, Verhaftungen und verstärkt mit Anwerbeversuchen unter den »Zugeführten« zu reagieren.[157] Es half wenig, so dass Mielke im Frühjahr 1984 letztlich zur oben beschriebenen Ausreiseaktion griff, um der Lage einigermaßen Herr zu werden.

Die Protestierenden bedienten sich geschickt der Methoden sozialer Bewegungen, um über Streuung und symbolische Bezüge eine Omnipräsenz zu suggerieren, wo de facto nur einzelne Inseln vorhanden waren. Das Bild einer gemeinsamen Bewegung entsteht im Kopf des Betrachters. Denn letztlich blieben Aktionen wie die genannten unter den Hunderttausenden Antragstellern eine Seltenheit. Dennoch führten sie der Mauergesellschaft immer wieder die Situation der Ausreiseantragsteller vor Augen. Besonders populär wurden dabei ab 1988 ins Fenster gestellte Kerzen oder weiße Schleifen, die sich Ausreisewillige quer durch die DDR ab Anfang 1988 ans Revers steckten oder um Autoantennen und Außenspiegel banden.[158]

155 BStU AdZ, HA IX, 10189, 90-3, 137-46; ebd., 342, 5-8.

156 BStU AdZ, HA IX, 342, 18.

157 BStU AdZ, HA IX, 342, 9-12.

158 »Die Wahrheit einfach zugeklebt«, in: *Der Spiegel* 46 (9. November 1992), 117; Rüdiger Schmidt, »»Rote Fahnen gegen weiße Kerzen«: Die DDR-Machteliten in den Bezirken Magdeburg und Halle und der Herbst 1989«, in: *Das Ende des Kommunismus: Die Überwindung der Diktaturen in Europa und ihre Folgen*, hg. von Thomas Großbölting (Essen: Klartext-Verl., 2010), 133-49; Hürtgen, *Ausreise per Antrag*, 289; Ilko-Sascha Kowalczuk, *Endspiel: Die Revolution von 1989 in der DDR*, 3., überarb., korr. und erw. Neuausg. (München: C. H. Beck, 2015), 193.

Das Verhältnis zwischen Ausreise und Opposition

Wie ging die Oppositionsbewegung mit diesen Protesten um? Die Ausreisenden forderten mit ihrem Kampf um den Ausreiseakt freilich nicht *die* Menschenrechte ein, sondern nur ein spezifisches. Sie gaben, in den Worten der Initiatoren des Weißen Kreises, offen zu, dass sie »nicht mehr an der Teilnahme [an] der gesellschaftlichen Entwicklung interessiert« waren.[159] Während ihres Kampfes beeinflussten sie aber, ob willens oder nicht, ebendiese gesellschaftliche Entwicklung. Sowohl die Ausreise- als auch die Oppositionsbewegung erwuchsen aus den Frustrationen im real existierenden Sozialismus und machten diese sichtbar. Man darf dabei nicht vergessen: Auch innerhalb der Opposition, letztlich ein unbestimmter Klammerbegriff für Aktivismus von Bahros »Alternative« über den Schutz der Umwelt und die Angst vor der Atomkatastrophe bis zum »No Future« der DDR-Punks, gab es keine Übereinstimmung darüber, ob das zu beseitigende Problem in den Ausformungen oder in der Existenz des Staatssozialismus lag. Allianzen ergaben sich, wie auch zwischen Opposition, Kirchenkreisen und Ausreisenden, ganz abhängig von Einzelzielen und den Personen vor Ort.

Die Ausreisebewegung war für die Opposition ein wesentlich wichtigeres Thema als umgekehrt die oppositionellen Strömungen für die Ausreisewilligen. Das hatte schon mit dem beachtlichen numerischen Unterschied zwischen beiden Protestformen zu tun. Gehörten zu den Ausreisenden verhältnismäßig wenige Oppositionelle, so fanden sich in den kleinen oppositionellen Gruppen viele, die früher oder später (auch ohne Zwang) einen Antrag stellten. Dies betonte im Sommer 1983 ein ausgereister Friedensaktivist in einem ausführlichen Interview mit dem Deutschlandfunk, wobei er auf das Beispiel Jena Bezug nahm. Mehrfach verweigerte er sich den Versuchen des Interviewenden Joachim Nawrocki, klar zwischen Ausreise und Opposition zu unterscheiden. Unter den ungefähr 80 Ausgewiesenen der Friedensgemeinschaft, so hob der Aktivist hervor, hätten sich zahlreiche Antragsteller befunden, was die Medien allerdings kaum zum Thema machten. Zudem verstünden sich viele Antragsteller als Teil der Friedensbewegung, verfolgten ihre Ziele aber außerhalb dieser, »weil sie die Friedensgemeinschaft nicht be-

159 RHG, RG/T 03, 5.

lasten wollten«.[160] Auf weitere Nachfragen erläuterte er dem Interviewer mit einem Schulterzucken den »Normalfall Migration«:[161] »Und man kann das nicht so trennen, Friedensgemeinschaft ohne Ausreise. Man kann ja für den Frieden sein und trotzdem die DDR verlassen wollen, weil eben das Leben für einen rein persönlich da völlig unmöglich gemacht wurde.«[162]

Ähnlich argumentierte Roland Jahn, der in einem langen Beitrag für den *Spiegel* die Ausreiseantragsteller aus der Friedensgemeinschaft verteidigte. So sei den Mitgliedern der Gruppe von Kirchenseite vorgeworfen worden, sie »würden nur spektakulär auftreten, um billig ein Ticket in den Westen zu bekommen. Doch ich wußte, daß alle, die sich mit Ausreisegedanken beschäftigten, keineswegs mit wehenden Fahnen in den Westen ziehen wollten. Im Gegenteil: Es war das Ende eines langen Vertreibungsprozesses, besonders nach der Haft und der Absage der Kirche sahen viele in der DDR keine Lebensperspektive mehr.«[163] Jahn bestritt keineswegs, dass es »Trittbrettfahrer« gegeben habe, auch bedauerte er es, wenn sich z. B. wichtige Personen wie der Liedermacher Peter Kähler in den Westen verabschiedeten. Trotzdem sprach er diesem Bestreben nicht seine Legitimität ab.

Andere Teile der Opposition taten hingegen genau das. Dabei muss es als ein Erfolg der SED-Ausreisepolitik verbucht werden, dass es ihr gelang, Ausreise gewissermaßen als ein negatives Privileg zu inszenieren, um die Gesellschaft zu teilen. Der Opposition suggerierte sie (und diese redete sich auch selbst ein), ihr würde durch die breite Ausreisebewegung kritisches Potential entzogen. Den Tausenden Antragstellern suggerierte sie, andere würden bevorzugt, sei es, weil sie noch mehr störten, sei es, weil sie prominent waren. So entstand in den 1980er Jahren das Bild, dass Personen des öffentlichen Lebens ohne Probleme aus der DDR entlassen würden. Auch aus diesem Gedanken speist sich die Ablehnung, die zahlreiche Oppositionelle der Ausreise entgegenbrachten. Diese Annahme brachte Peter Schneider 1983 im *Mauerspringer* auf den Punkt. Darin trifft der Ich-Erzähler wiederholt auf seinen

160 BStU AdZ, HA IX, 10189, 9.
161 Nach Klaus J. Bade und Jochen Oltmer, *Normalfall Migration* (Bonn: BpB, 2004).
162 BStU AdZ, HA IX, 10189, 9.
163 Jahn, »»Du bist wie Gift««, 76.

Schriftstellerfreund Pommerer, wohl ein Konglomerat aus zahlreichen Schneider bekannten DDR-Autoren. Eher beiläufig erwähnt Pommerer in einem solchen Gespräch in Ost-Berlin, dass er im Notfall einfach in den Westen käme. »›Und du meinst, die lassen Dich raus?‹ Pommerer zuckt die Achseln. ›Einen Schriftsteller? Immer.‹«[164] Dieses Bild verselbständigte sich, auch «der Fotograf Harald Hauswald bemerkte in einem Interview jüngst lapidar, im Falle einer Verhaftung hätte er eben einen Antrag gestellt und wäre schnell rausgekommen.[165]

Dabei übersieht man leicht, dass solche Ausreisen zwar öffentlich wahrgenommen wurden, der Kampf, der ihnen vorausging, jedoch oft nur einem kleinen Kreis von Eingeweihten bekannt war. Die Darstellung der verhältnismäßig leichten Ausreise für Prominente verdreht darum implizit die Machtverhältnisse. Über Bewilligung entschied ab den späten 1970er Jahren das MfS bzw. seine Bezirksvertretungen in Absprache mit den Abteilungen Inneres des MdI. Im Falle einer potentiellen Beschleunigung durch Prominenz führte das MfS in Absprache mit dem MdI und vor allem auch der Abteilung Sicherheitsfragen des ZK der SED und vorbehaltlich der Zustimmung Erich Honeckers die perfide Rechnung, wann eine Person zu entlassen, wie lange sie hinzuhalten oder ob ihr Wunsch zu bestrafen sei.[166] Gegen Ende der 1980er Jahre stieg die Bereitschaft, Störenfriede in den Westen zu entlassen. Dies umfasste allerdings auch Strafaktionen wie bei Jahn oder Klier. Das in der Opposition viel diskutierte Aufzwängen von Ausreiseanträgen in der Haft wird durchaus zu Recht als Abschiebung bezeichnet. Diese Ausweisungen gingen allein auf Entscheidungen des MfS zurück, mit wenig bis gar keinem Spielraum für die »Antragsteller«.

Ausreisersuchen konnten sich darüber hinaus auch beschleunigen, wenn der SED-Staat einen Reputationsschaden im Falle der andauernden Genehmigungsverweigerung befürchtete. Hier lag die praktische Befugnis beim MfS, die Argumente konnten aber aus diversen Führungsebenen des Staates eingehen. In diese Kate-

---

164 Peter Schneider, *Der Mauerspringer* (Reinbek bei Hamburg: Rowohlt, 1995), 118.

165 Siehe Marc Thümmler, *Radfahrer, Bonusfilm: Gespräch mit Harald Hauswald*, DVD (Bonn: BpB, 2008).

166 Siehe die Kommunikation und Listenbearbeitung in SAPMO, DY 30, IV B 2/12/17, v. a. 104-38, im Vergleich zu 142.

gorie konnten sich waghalsigere Ausreiseantragsteller ohne Prominentenbonus hineinreklamieren, wenn sie eine mögliche Publizierung ihres Falles in Westmedien glaubhaft machen konnten, wenn sie also androhten, sich situative Prominenz zu verschaffen. Mindestens ebenso wahrscheinlich führten solche Versuche aber nicht in den Westen, sondern in die Zuchtanstalten des MfS und damit auf unvorhersehbare psychische Leidenswege. Selbst in den für dieses Thema medial sensibleren 1980er Jahren konnten nur wenige zuvor vollkommen unbekannte Personen einen derartigen Aufruhr erzeugen, dass das MfS schnell zu ihren Gunsten entschied. Die meisten der bekannt gewordenen Fälle litten länger in Haft und standen wie Siegmar Faust, Nico Hübner und Rainer Bäurich für Mischformen aus Protest- und Ausreisewillen sowie harte Leidenswege. Zudem muss man berücksichtigen, dass dies alles erst in der Verzweiflung nach 1983/84 zu einer tatsächlichen Handlungsoption für den SED-Staat wurde. Auf eine mehr oder weniger verlässliche sofortige Ausreiseoption, wie Harald Hauswald sie wohl nicht zu Unrecht für sich annimmt, konnten nur sehr wenige Prominente mit sehr guten, direkten Westkontakten hoffen.

In den 1970er Jahren zeigte sich der SED-Staat verunsichert, wie er mit dem Ausreisewillen von Prominenten umgehen sollte. Einerseits drohte der Staat kulturelles Renommee einzubüßen, wenn Dichterinnen wie Sarah Kirsch in den Westen gingen, andererseits waren diese schwer zu zügeln. Und was sollte man mit prominenten, aber unkontrollierbaren Personen wie Eva-Maria Hagen machen, die Erich Honecker persönlich bekannte, sie sähe in der DDR keine »Existenzmöglichkeit« mehr, und ihrem Lebenspartner Biermann schrieb: »Ich hasse das System zutiefst«?[167] Wie mit Manfred Krug umgehen, der nach der Biermann-Ausbürgerung keine Chance auf einen Kompromiss mehr sah und das Land unbedingt verlassen wollte? Seine in diesem Prozess widerfahrene Herabsetzung inspirierte nur weitere Anträge, so erklärtermaßen von Armin Mueller-Stahl, der dann auch länger auf seine Ausreise warten musste.[168]

167 Zit. n. Angela Borgwardt, *Im Umgang mit der Macht: Herrschaft und Selbstbehauptung in einem autoritären politischen System* (Wiesbaden: Westdeutscher Verlag, 2002), 476.

168 Vgl. z. B. den Antrag von Armin Mueller-Stahl in Henrik Bispinck und Daniela Münkel (Hrsg.), *Die DDR im Blick der Stasi: Die geheimen Berichte an die SED-Führung* (Göttingen: Vandenhoeck & Ruprecht, 2012), 208-16.

Das MfS entschied sich für die organisierte Willkür und mischte Zappeln lassen, überschnelles Genehmigen und scharfe Sanktionen wie die Exkommunikation aus den Künstlerverbänden und somit den Entzug der künstlerischen Existenz. Krug und Mueller-Stahl mussten massive Erniedrigungen über sich ergehen lassen, bevor sie ausreisen durften. Auch der Schauspieler Eberhard Esche erklärte erst seine Solidarität mit Wolf Biermann, konnte aber zurück in die Spur gezwungen werden. Er blieb in der DDR, behielt nach einem Bekenntnis zur Staats- und Parteiführung sein Auftrittsrecht, verlor jedoch seinen zuvor intensiv genutzten Status als Reisekader.[169] Andere Künstler wie Jürgen Fuchs, Gerulf Pannach und Christian Kunert wollten ursprünglich gar nicht in den Westen, wurden aber über den Umweg in Stasi-Gefängnissen dorthin gezwungen. Das brachte den Staat in Misskredit, auch über die eigenen Landesgrenzen hinaus. Sonderregelungen wie die von Jurek Becker, der unter Beibehaltung der Staatsbürgerschaft unbegrenzt in der Bundesrepublik leben durfte, blieben eine Seltenheit.[170] Bevorzugt waren Methoden, die den Terror versteckten. Der Schriftsteller Reiner Kunze wurde vom Staat so lange schikaniert, bis er nach Drohungen, er könnte Opfer eines Autounfalls werden, letztlich verzweifelt nachgab und sich recht kurzentschlossen bereit erklärte, »unfreiwillig freiwillig« die DDR gen Westen verlassen.[171] Nach seinem Antrag wartete er eine Woche auf die Genehmigung.[172]

Der in der DDR kursierende Spruch »Die BRD wird zum Sibirien der DDR« war nur ein Teil der Wahrheit.[173] Zwar entstand in West-Berlin tatsächlich eine regelrechte Kolonie ehemaliger DDR-Künstler, die das MfS durch ausgereiste Spitzel wie den Schriftsteller Sascha Anderson weiterhin gut im Blick hatte. Vor allem aber versuchte der SED-Staat mit einer Mischung aus Bestrafung, gesäter Verzweiflung und gesteuertem Ausreisedruck nach der Biermann-Affäre in Künstlerkreisen Konformität zu er-

169 BStU AdZ, HA XX, 20 219, 48-76.

170 Sander L. Gilman, *Jurek Becker: A Life in Five Worlds* (Chicago: University of Chicago Press, 2003), 142 f.

171 Udo Scheer, *Reiner Kunze. Dichter sein: Eine deutsch-deutsche Freiheit* (Halle [Saale]: Mitteldeutscher Verlag, 2013), 211; zit. n. Reiner Kunze (Hrsg.), *Deckname »Lyrik«: Eine Dokumentation* (Frankfurt/M.: Fischer, 1990), 95.

172 Scheer, *Reiner Kunze*, 211.

173 RHG, EP 04/1, 99.

zwingen.[174] Die in die Künstlerwelt gesandte Botschaft war damit nicht, dass gehen kann, wer gehen will, sondern, dass wirklich nur jene mitspielen dürfen, die sich an die Regeln der SED halten. Die anderen begaben sich in unkartiertes Terrain und mussten mit allen Unwägbarkeiten rechnen. Über die ohnehin hochgradig privilegierte Künstlerszene hinaus, die mit all ihren kleinen und großen Sonderrechten und Strafmaßnahmen leichter zu beeinflussen war, fiel es der SED allerdings deutlich schwerer, die Botschaft zu kommunizieren. Denn der Nachteil solcher Prominentenausreisen war die erwartbare Berichterstattung im Anschluss. So bemerkte das MdI in seinen Berichten 1977, dass öffentliche Auftritte von Manfred Krug, Nina Hagen, Reiner Kunze und Sarah Kirsch dem »Klassengegner« halfen, »nicht gefestigte Bürger zur Übersiedlung zu inspirieren«.[175]

Letzten Endes konnten solche Prominente aber trotz des individuell aufreibenden Prozesses schneller ausreisen als gänzlich unbekannte Personen, die in dieser Zeit meist zwischen 3 und 5 Jahre kämpften, wenn sie nicht aufgaben. Doch nicht nur die Dauer der Anträge von Prominenten, sondern auch ihr Modus unterschied sich deutlich von denen nicht prominenter Antragsteller. Erstere begründeten in ihren Schreiben ihren Entschluss zur Antragstellung fast immer mit persönlichen Erfahrungen, mit Enttäuschungen, Zurücksetzungen und Frustration. Ein Rechtssprech oder gar der Appell an das Menschenrecht auf Ausreise findet sich in diesen Ersuchen grundsätzlich nicht. Der Ausreiseentschluss steht vielmehr am Ende eines langen und oft recht detailliert ausgeführten persönlichen Frustrationsprozesses im Umgang mit (zumindest) der kulturpolitischen Elite des Staates.[176] Die Schreiben operieren selbst beim Bruch mit dem System noch im Rahmen der von ihm generierten personenbezogenen Privilegierung. Und es kommt häufig ein Widerstreben zum Ausdruck, die DDR zu verlassen,

174 Siehe z.B. bei Personen wie Hans-Joachim Schädlich, Jurek Becker, Hilmar Thate oder Angelica Domröse in: BStU AdZ, HA XX, 11996, 72-116; ebd., 10096, 127-31; und von der Seite der Oppositionellen aus gesehen z.B. RHG, TH 11/08, 2-14; ebd., TH 11/10, 1-9; ebd., PE, 13, diverse Schreiben.

175 BArch Berlin, DO 1, 16488, 1. Halbjahresbericht 1977, 2.

176 Siehe z.B. die Anträge in Bispinck/Münkel, *Die DDR im Blick der Stasi*, 208-16; Manfred Krug, *Abgehauen: Ein Mitschnitt und ein Tagebuch*, 3. Aufl. (Düsseldorf: Econ, 1996), 122-5; Eva-Maria Hagen, *Eva und der Wolf* (Düsseldorf, München: Econ, 1998), 502; Scheer, *Reiner Kunze*, 210.

über das jedoch die Unmöglichkeit obsiegt habe, es in diesem Staat auszuhalten. Die Absenz von Verweisen auf die rhetorischen Allgemeinplätze der Masse der Ausreiseanträge – von Berufungen auf die KSZE-Schlussakte, die AEMR oder das Staatsbürgerschaftsgesetz – verdeutlicht die Besonderheit prominenter Ausreiseersuchen mehr als die Bearbeitungsdauer. Zwar finden sich auch in Schreiben nicht prominenter Antragsteller biografische Ausführungen, allerdings sollen diese das Ersuchen nur erläutern, nicht jedoch den Anspruch begründen. Verzweiflung allein war kein Grund, diese Menschen gehen zu lassen, denn die Gefahr, dass ihre Zurücksetzung die Reputation der DDR beschädigte, ging anders als bei bekannten Sängern, Autoren oder Schauspielern gen null. Sie beriefen sich darum auf generelle Rechte, nicht ihre individuelle Position. Ausreisewillige Künstler und Prominente hingegen mobilisierten argumentativ ihr soziales Kapital, nicht das internationale Recht.

Diese Taktik führte teilweise, aber nicht immer zum Erfolg. Um die perfide Ökonomie der Ausreise an diesem Punkt besser zu verstehen, lohnt sich deswegen ein Blick auf die Arten und die Erfolge der Versuche, einen Prominentenbonus zu mobilisieren. So verabschiedete sich Anfang der 1980er Jahre mit Karl Davids* einer der wenigen international renommierten Musiker des SED-Staates erst innerlich von der DDR, bis er dies ab Anfang 1982 auch äußerlich umzusetzen versuchte. Wie andere Künstler baute das Aushängeschild für die Modernität ostdeutscher Kulturpolitik in seinem Ausreiseantrag nicht auf rechtliche Argumente. Er verwies explizit auf die begrenzte Schaffensfreiheit für ihn und seine Frau und implizit auf Reiseerlaubnisse anderer Künstler. Letztlich wollte auch er »nichts weiter, als einmal im Jahr meine Angehörigen und Freunde in der BRD besuchen«.[177] Sein Erstantrag beeindruckte das MfS wenig. Im Sommer 1982 schlussfolgerte es kurz, für eine Bewilligung lägen »keine Voraussetzungen vor«.[178] Der Musiker hatte jedoch Trümpfe im Ärmel: Seinen Status und seine Kontakte. Er wusste, dass sein Weg in den Westen nicht über die Abteilungen Inneres bei den Räten der Kreise führte, sondern über das Ministerium für Kultur. Dort suchte er mehrfach das Gespräch.[179] Hatte

177 BStU AdZ, ZKG, 388, 78; siehe auch den ausführlicheren Antrag ebd., 80-2.
178 BStU AdZ, ZKG, 388, 74.
179 BStU AdZ, ZKG, 388, 71.

er im Erstantrag nur vage seine »beruflichen Westkontakte« angedeutet, betonte er den Ministerialvertretern gegenüber, vorsichti-
gerweise nur mündlich, er müsse nun wohl »bedauerlicherweise
andere Wege gehen, um sein Ziel zu erreichen«. Die nach dem
hitzigen Gespräch durch Mitarbeiter des Ministeriums angefertigte
Aktennotiz führt weiter aus, Davids* habe betont, es falle ihm zwar
nicht leicht, »sein Ziel über den Weg der Staatsverleumdung und
Verurteilung zu erreichen, zumal er die DDR nicht aus politischen
Gründen verlassen will, er sehe jedoch keine andere Möglichkeit
mehr«.[180] Bereits in der Gesprächsnotiz entwickelten die Berichterstatter damit mögliche Anklagepunkte. Mochte Davids* dies auch
anders artikuliert haben, mussten solche Androhungen allerdings
wohlüberlegt sein. Denn sollte er zu hoch gepokert haben, könnte
dies einen langen Leidensweg durch die Haftanstalten bedeuten.
Dies blieb ihm wohl dank seiner Prominenz erspart. So war diese
Aktennotiz nicht nur ein Eintrag ins Sündenregister des Musikers,
sondern auch ein Hinweis des Ministeriums für Kultur an das MfS,
den Fall ernst zu nehmen. Wenige Monate nach Antragstellung
wendete sich Kulturminister Hans-Joachim Hoffmann mit der
Bitte an Kurt Hager, dem Antrag zuzustimmen. Hager willigte ein
und überwies an den Staatsrat.[181] Nach ungefähr einem Jahr reiste
Davids* 1983 aus.[182]

Weniger Erfolg hatte der bekannte Leipziger Kabarettist Lars
Kronitz*, der eine größere Nähe zur Oppositionsbewegung aufwies. Auch sein 1984 gestellter Ausreiseantrag kreiste allein um sein
künstlerisches Schaffen. Er habe sich zu dem Schritt entschieden,
da ihm durch den Entzug der Auftrittserlaubnis »jegliche gesellschaftliche Mitwirkung entzogen sowie eine Zukunft in schöpferi-
scher Arbeit verbaut« wurde. Dabei hatte er einige – gewissermaßen – Fürsprecher wie den Leipziger Parteisekretär auf seiner Seite,
der bereits ein Jahr vor der Erstantragstellung betont hatte, Kronitz* »war schon immer einer, von dem wir uns schon längst hätten
trennen müssen«.[183] Doch in seinem Fall und fern der Hauptstadt
verfing das künstlerische Argument nicht. Nach langen Versuchen
schwenkte Kronitz* letztlich um und griff auf die typische Rechts-

180 BStU AdZ, ZKG, 388, 72.
181 BStU AdZ, ZKG, 388, 69 f.
182 BStU AdZ, ZKG, 388, 77.
183 RHG, TH 05/2, 11 f.

sprache der Ausreiseanträge zurück. So verfolgte er dann bis 1986 den bereits skizzierten Weg über Anträge, Eingaben und Petitionen an die Staatsorgane ebenso wie an westliche Stellen und die UN über Freunde in Westeuropa.[184] Erst dann, und damit nach den damals für Nicht-Prominente durchaus üblichen drei Jahren, gelang ihm die Ausreise.

Auch unter Oppositionellen war die Ausreise keineswegs garantiert. Dies galt vor allem für jene, die sich selbst zur Antragstellung entschieden. Peter Eisenfelds Leistungen als Dolmetscher befand das MfS trotz mehrfacher Degradierung als »überdurchschnittlich«. Aber politisch bekenne er sich »zu bürgerlich verbrämten Auffassungen von Humanismus, Toleranz, Gewaltlosigkeit u. ä.« Als Gewerkschaftsvertrauensmann setze er sich ständig für die »›Rechte‹ der Kollegen« ein, suche »Schwachpunkte in der Leitungstätigkeit«, übe »›Kritik‹ an Entscheidungen, um damit sofort die Leute auf seine Seite zu bringen«, und er beschäftige sich selbst in seiner Freizeit »mit politischen Problemen, gesehen aus seiner Sicht«.[185] Mit anderen Worten: Er störte ungemein. Dabei trat er auch als scharfsinniger Oppositioneller auf, der z. B. 1983 auf dem ersten Höhepunkt der Menschenrechtsdebatte in der DDR das kollektivistische Menschenrechtsverständnis Jürgen Kuczynskis sezierte und lediglich als Apologetik des Bestehenden demaskierte.[186]

Nach Jahren des Protests kam der »Eingabenkönig« Peter Eisenfeld Ende 1985 zu demselben Schluss wie knapp 15 Jahre zuvor sein Zwillingsbruder Bernd, der später einer der wegweisenden Forscher zur Ausreisebewegung werden sollte:[187] Er wollte raus. Bernd Eisenfeld hatte als Oppositioneller bereits früh die Härte des Staates zu spüren bekommen und kämpfte in den 1970er Jahren lang für seine Ausreise. Dabei griff Bernd Eisenfeld bereits zwischen seinem Erstantrag 1971 und seinem Erfolg 1975 auf Mittel zurück, die später ins Repertoire vieler Ausreisewilliger eingingen, darunter

---

184 RHG, TH 05/2, 13-33.

185 RHG, PE 03, 22-4, 43; ebd., PE 04, 74.

186 Vgl. Kuczynski, *Menschenrechte und Klassenrechte*; Peter Eisenfeld, *»rausschmeißen …«. Zwanzig Jahre politische Gegnerschaft in der DDR* (Bremen: Edition Temmen, 2002), 193-5, 203-10.

187 Zit. n. Martin Jander, »Rez.: Peter Eisenfeld: ›rausschmeißen …‹: Zwanzig Jahre politische Gegnerschaft in der DDR« (19. März 2003), online verfügbar unter: ⟨www.hsozkult.de/publicationreview/id/rezbuecher-2457⟩ (Stand März 2019).

zahllose Anträge, die stete Berufung auf DDR-Recht und internationale Abkommen, Schreiben an diverse Stellen im Westen, vom HWHH und dem BMiB über den Anwalt Jürgen Stange bis zur UN sowie der persönliche Einsatz ehemaliger Haftkameraden nach deren Entlassung in den Westen.[188] Hoffte Peter Eisenfeld nach den Ereignissen in Jena, sein Weg würde kürzer sein? Nach dem Erstantrag verbrachte er mit seiner Frau knapp drei Jahre mit weiteren Schreiben und Eingaben – nun aber nicht mehr, um kritisch auf die Verhältnisse im Staat einzuwirken, sondern vor allem, um aus ihm herauszukommen.[189] Beide Eisenfelds müssen darum auf jeden Fall als »Störenfriede« und als Oppositionelle gelten, doch wie andere Antragsteller auch fochten sie sich jahrelang durch die Maschinerie des Mauerstaates. Von einem »Bonus« Oppositioneller kann bei ihnen keine Rede sein.

Aus dieser Perspektive unterscheiden sich Oppositionelle und »Ausreiser« auf einmal wesentlich weniger, als es der erste Blick suggeriert. Zudem liegt die Schnittmenge zwischen Oppositionellen und Ausreisewilligen nicht nur in potentiellen Erfahrungen, die bei Peter Eisenfeld sogar in einer Person zusammenfallen, sondern auch im Sozialen. Sie waren oft gleich alt, kannten sich teilweise aus der Stadt, den Gemeinden und vielleicht sogar aus der Schule. Wie viele Oppositionelle waren die meisten Ausreiseantragsteller Mitte 30 und verheiratet mit Kindern. Dies spiegelte sich in den Protesten. Als das MfS im Dezember 1983 in Jena den Protestkreis sprengte, nahm es 28 Personen fest. Von diesen waren 22 Personen zwischen 25 und 40 Jahre alt, nur zwei Personen waren 21 bis 24 Jahre und vier über 40 Jahre alt. Ähnlich verhielt es sich bei der Unterbindung eines Ausreisekreises auf dem Weihnachtsmarkt in Hoyerswerda, hier waren 8 Personen 25-40 Jahre, die restlichen beiden über 40 Jahre alt.[190] Sie waren zudem bei Weitem nicht allesamt von langen Verfahren zermürbte Antragsteller. Vielmehr kam in den Anträgen ein allgemeiner Protest gegen die DDR zum Ausdruck. In Berlin, Jena und Hoyerswerda identifizierte und verhörte das MfS 38 protestierende Personen, gegen die allesamt Sanktionen verhängt wurden, von Ermahnungen über Ordnungsstrafen bis Ermittlungsverfahren mit Haft. Von diesen hatte fast die Hälfte (16)

188 RHG, BE 02, z. B. 8-11, 23-6, 38-40, 76-83, 103 f.; ebd., BE 017, 19-23.
189 Detailliert nachvollziehbar in RHG, PE 05-06.
190 BStU AdZ, HA IX, 10 189, 142, 144.

innerhalb des letzten Jahres erstmalig ein Übersiedlungsersuchen gestellt, 15 von ihnen gar innerhalb der letzten 3 bis 6 Monate. Nur drei der Betroffenen hatten gar kein Übersiedlungsersuchen laufen und protestierten allgemein. Die andere Hälfte teilte sich in sechs Antragsteller auf, die bis zu zwei Jahre, und 13, die deutlich länger, bis zu viereinhalb Jahren warteten. Vor allem gegen Letztere wurden härtere Strafen verhängt.[191]

Dieses Bild der Alters- und Wartedauerverteilung spiegelt sich in sämtlichen mir vorliegenden Quellen zu derartigen Protesten im Sommer und Spätjahr 1983.[192] Besonders in den ersten Wochen klaffte unter den Teilnehmern die Spanne zwischen Erstantrag und Protesttag weit auseinander. So hatte der 24-jährige Transportarbeiter Gerald Kallenberg* gerade erst vor 19 Tagen seinen Erstantrag gestellt, wohingegen der 40-jährige Leipziger Buchdrucker Karl Jännich* und seine 36-jährige Frau Magda bereits seit September 1976 und damit seit 7 langen Jahren auf die Genehmigung warteten. Nach der Teilnahme am Weißen Kreis wurde gegen sie und viele andere nichtsdestotrotz gleichermaßen das Verfahren wegen Beeinträchtigung staatlicher oder gesellschaftlicher Tätigkeit (§ 214 StGB der DDR) eröffnet.[193] Dabei verdeutlichen die Strafverfahren, dass die Proteste im Sommer 1983 zwar in Jena stattfanden, die Teilnehmer mittlerweile aber von weit hinter der Stadtgrenze kamen. Es wurde nur ein Verfahren gegen einen Ausreisewilligen aus Jena neu eröffnet, 9 hingegen stammten aus dem Bezirk Leipzig, 4 aus Gera und jeweils 2 aus Potsdam und Berlin. Trotz der kleineren Anzahl an Beteiligten als Anfang des Jahres drohte sich dieser Ausreiseprotest zu einem DDR-weiten Phänomen auszuweiten.

Entsprechend kritisch beäugte die dezimierte Oppositionsbewegung das Treiben. Sie befürchtete, wie Wolfgang Rüddenklau es an anderer Stelle genannt hat, die »Endlagerung von gefährlichen Menschen im Ausland« durch den SED-Staat.[194] Die Logik war, dass, wer nicht mehr da war, auch nicht mehr wirken könne. Dies wollte das MfS ebenso erreichen, wie es die sich organisieren-

191 Eigene Auswertung nach BStU AdZ, HA IX, 10189, 147-57.
192 Siehe u. a. BStU AdZ, HA IX, 10189, 159, 167, 172-77, 203-07, 342, 13-6; ebd., 10190, 3-355.
193 BStU AdZ, HA IX, 10189, 205f.
194 Wolfgang Rüddenklau (Hrsg.), *Störenfried: DDR-Opposition 1986-1989* (Berlin: BasisDruck, 1992), 221.

de Opposition befürchtete. Es ist wohl ein Grundzug politischer Protestbewegungen, das Exil ihrer Mitglieder und Unterstützer vor allem als Verlust aufzufassen.[195] Dabei wird aber leicht übersehen, dass viele Oppositionelle nach ihrer Ausreise und tiefer persönlicher Verunsicherung im anderen Deutschland gerade vom Westen aus der DDR-Opposition große Dienste erwiesen. Aktivisten wie Roland Jahn, die Zwillinge Eisenfeld, später Wolfgang und Lotte Templin oder Künstler wie Wolf Biermann oder Sarah Kirsch knüpften Kontakte zu Journalisten, verbreiteten Botschaften, organisierten Publikationen, erhoben die Stimme, gaben Kenntnisse weiter und wurden gehört. Vor allem aber brachten sie auf verschiedenen Wegen Wissensbestände über das Leben und die Kämpfe in der DDR in Umlauf, die von der alten Expertengarde um die AG 13. August, dem Hvd oder dem Brüsewitz-Zentrum abwichen. In den 1980er Jahren entstand gerade wegen der Ausweisungen vieler Oppositioneller eine öffentlich auftretende Expertenkultur über die DDR jenseits der längst allein in Westdeutschland gut vernetzten alten Kalten Krieger. Als – großenteils, aber nicht ausschließlich – unwillige Emigranten machten sie schon lange vor dem Mauerfall den heute stehenden Begriff »DDR-Bürgerrechtler« zu einem in den Medien und in der Gesellschaft geachteten Begriff und zu politischem Kapital.

Die für oppositionelles Wirken also entscheidende Frage war nicht allein die Präsenz in der DDR, sondern vor allem die dauerhafte Hingebung zur Oppositionsbewegung, ungeachtet des Wohnorts. Ausgereiste Oppositionelle konnten als entscheidende Brückenbauer dienen, indem sie Verständnis vermittelten, Aufmerksamkeit lenkten, Kanäle schufen und Wissen sowie Informationen durch diese Netzwerke transferierten.[196] Explizit brachte

---

195 Siehe z. B. Janou Glencross, *How the International Women's Movement Discovered the » Troubles«: Brokered and Broken Transnational Interactions during the Northern Ireland Conflict, 1968-1981* (Frankfurt/M.: Lang, 2011); Susanne Kinnebrock, »Jenseits von Grenzen: Transnationale Kommunikation und transnationale Akteurinnen im Umfeld des Allgemeinen Deutschen Frauenvereins«, in: *Politische Netzwerkerinnen: Internationale Zusammenarbeit von Frauen, 1830-1960*, hg. von Eva Schöck-Quinteros (Berlin: Trafo-Verlag, 2007), 79-101; Wolff, *Neue Welten in der Neuen Welt.*

196 Siehe z. B. Dan Lainer-Vos, *Sinews of the Nation: Constructing Irish and Zionist Bonds in the United States* (Cambridge: Polity Press, 2012); Frank Wolff, »Revolutionary Fundraising and Global Networks: A Micro-Economic Approach to

dies Frithjof Heller 1986 zum Ausdruck: »Als Übersiedler kenne ich die Ängste und Hoffnungen der Menschen in beiden Deutschländern. Von daher möchte ich gern Mittler sein«, der im Westen einen »Anspruch auf Teilhabe am Leben auch in der DDR« hat, da doch alle vor einer »gemeinsame[n] Herausforderung« stünden.[197]

Solchen Geistern kam in der späten Mauergesellschaft zudem eine weitere transformative Rolle zu. Bis in die 1980er Jahre konnten Kalte Krieger wie der Hvd aus der westfälischen Provinz für sich reklamieren, die Stimme der Bürgerrechtsbewegung in der DDR zu sein. Dies verschob sich mit der Ankunft der tatsächlichen DDR-Bürgerrechtler. Nur wenige, wie z.B. Siegmar Faust, fanden in den konservativen Kreisen ihren Platz. Dabei erwies es sich für westdeutsche Medien als sehr praktikabel, wenn die neuen Ansprechpartner aus der DDR – wie viele der führenden Oppositionellen – auch noch passable Redner oder Autoren waren. Durch sie tauchten nun vermehrt DDR-Experten im öffentlichen bundesdeutschen Diskurs auf, deren Positionen sich nicht in der bundesdeutschen Logik aus Beschweigen zugunsten der Annäherung oder Bekämpfen zur Eindämmung der kommunistischen Gefahr erschöpften. Personen wie Rudolf Bahro, Jürgen Fuchs, Roland Jahn, Rüdiger Rosenthal oder Freya Klier hatten einfach mehr über die Lebensrealitäten in der DDR zu sagen als bundesdeutsche Stimmen von Oskar Lafontaine über Egon Bahr zu Rainer Hildebrandt oder Gerhard Löwenthal. Gleiches gilt für Bernd und Peter Eisenfeld, die in der Bundesrepublik unentwegt über Ausreise, Freizügigkeit und die Menschenrechte in der DDR aufklärten.[198] Am besten gelang es dabei noch der AG 13. August, zu einem Anlaufpunkt zu werden. In ihrem Mauermuseum griff sie konsequent auf diese Stimmen zurück und entwickelte damit in den 1980er Jahren trotz der bestehen bleibenden Bildungspolemik und konservativen Ausrichtung ein breiteres Rednerportfolio, als

the Social Meaning of Money and Mobilization before the Second World War«, in: *History* 102/351 (2017), 450-78.

197 RHG, TH 05/2, 82.

198 Siehe z.B. die Aktivitäten des zeitweise von Bernd Eisenfeld geführten Verbandes Ehemaliger DDR-Bürger und Peter Eisenfelds Texte und Vorträge zu den Menschenrechten in der DDR z.B. vor dem Königsteiner Kreis, RHG, PE 18-43; ebd., BE 048-057.

es der IGfM gelang und der Hvd es wollte.[199] Dies bedeutete vor allem, dass exilierte Dissidenten, so sie der Sache verpflichtet blieben, Farbe ins Spiel brachten. In den heißen Tagen um die Liebknecht-Luxemburg-Demonstration 1988 herum rief Roland Jahn beispielsweise täglich bei seinen Mitstreitern hinter der Mauer an, erkundigte sich über den Stand und gab diesen an westdeutsche Multiplikatoren weiter.[200] Dieser Informationsaustausch erlaubte bundesdeutschen Medien eine komplexere Sicht auf Vorgänge in der DDR jenseits der Sprach- und Denkschemen der konservativen alten Garde und vermittelte zudem den Dissidenten in der DDR Wissen über die Positionen und Aufmerksamkeitsschwerpunkte in der Bundesrepublik.

Eine solche migrationsbewusste und konstruktive Sichtweise auf die Beziehung zwischen Ausreise und Opposition fiel allerdings nicht nur zahlreichen Oppositionellen schwer, sie lag auch fern aller Interessen des MfS. Zu dessen Taktik gehörte das gegenseitige Ausspielen von Opposition und Ausreise. Die Ausweisungen waren Teil dieses perfiden Spiels. Und es funktionierte. Nach Jena und den vielen Bewilligungen Anfang 1984 setzte innerhalb der Oppositionsbewegung eine ernsthafte Diskussion über die Ausreise ein. Rückblickend sticht dabei ins Auge, wie stark einzelne Äußerungen sich innerhalb der Exklusionslogiken des SED-Staates bewegten. Beispielsweise forderte das wegweisende Papier von Meckel und Gutzeit zur Staatsbürgerschaft zwar ein »Gespräch« ein, allerdings hatten sie nicht vor, es mit, sondern über die Ausreiseantragsteller zu führen. Das Papier erwog Positionen, wie man ihnen zu begegnen habe. Beide Theologen sahen in der Ausreise eine Schädigung des Kollektiven, was bei ihnen eben nicht der Staat, sondern die Opposition war.[201] Geradezu resigniert verfassten die verbliebenen Jenaer Oppositionellen 1984 ein Papier, das bemängelte, dass die Friedensgemeinschaft dem »»Widerspruch zwischen Engagement

199 Siehe z. B. die Einladungen, Ankündigungen und Dokumente der Arbeitsgemeinschaft 13. August in BStU AdZ, HA XXII, 1675, 1-3, 50-104; ebd., 1703/1, 13-23, 141-3; ebd., 438/8, 3-86; HA IX, 1-129.
200 BStU AdZ, 16 532, 123; vgl. zahlreiche MfS-Mitschriften der Telefonate in Ilko-Sascha Kowalczuk und Arno Polzin (Hrsg.), *Fasse Dich kurz! Der grenzüberschreitende Telefonverkehr der Opposition in den 1980er Jahren und das Ministerium für Staatssicherheit* (Göttingen: Vandenhoeck & Ruprecht, 2014), insb. 466-86, 512-91.
201 RHG, TH 05/2, 88-91.

für den Frieden in diesem Lande und der Ausreise aus diesem Lande‹ zu wenig Bedeutung beigemessen« habe. In frappierender Nähe zum Technokratensprech der Staatsvertreter stellten sie fest, dass vielen Beteiligten die »tiefere philosophische und politische Vorbildung« gefehlt und dass man leider »›keinerlei Kontrolle‹ über die westlichen Medien« erlangt habe, mithin dass die gewählten »Verfahrensweisen […] eine falsche Taktik für die richtige Strategie« gewesen seien.[202]

Eine ambivalente Position nahm der Theologe Joachim Garstecki ein. Einerseits forderte er ein solches »Gespräch« ein, und zwar unter dem Schwerpunkt, dass es »sehr subjektive Antworten zuläßt auf die Frage: Warum lebe und bleibe ich dennoch in der DDR?« Zwar solle man ebenso jene hören, die gehen wollten, allerdings strebte er danach, »zu zeigen, warum das Leben in diesem Land eine echte Chance ist und – christlich gesprochen – Verheißung hat«.[203] Auf dieser Ebene strebte das »Gespräch« also nach Konversion, nicht nach Konversation. Andererseits verstand Garstecki Bleiben und Weggehen als eine »dialektische Einheit«. Die Möglichkeit, die bestehenden Spannungen aufzulösen, »läge in einer allgemeinen Reise-Praxis, die das Weggehen-können zum Normalfall werden läßt, damit auch das Bleiben […] wieder zum Normalfall werden kann«.[204] Dem stimmte der bereits im Westen lebende Frithjof Heller zu, denn eine Zukunft, in der man nicht in den Gegensätzen des »Entweder-Oder«, sondern des »Sowohl-Als auch« denke, »wird gedeihen, wenn das Normale endlich wieder normal wird«.[205] Diese Verheißung einer freien DDR ließ aber den Grund des Mauerbaus außer Acht, der einzig darin gelegen hatte, die DDR durch die Beseitigung der letzten Option auf Bewegungsfreiheit vor dem Kollaps zu bewahren. So umschiffte man Diskussionen darüber, dass die Existenz der DDR von ihrer Struktur als Zwangsgebilde abhing.

So vertiefte die Utopie einer DDR mit Reisefreiheit den Graben zwischen Opposition und Ausreise weiter. In seltener Art hielt dem

---

202 Zit. n. Neubert, *Geschichte der Opposition*, 488 f.

203 Das Dokument wurde viel diskutiert, da es in der *Zeit* veröffentlicht wurde; siehe Joachim Garstecki, »Leben und bleiben in der DDR«, in: *Die Zeit* 15 (5. April 1985).

204 Zit. n. RHG, TH 05/2, 70.

205 RHG, TH 05/2, 82.

der noch in der DDR lebende Schriftsteller Rüdiger Rosenthal im August 1985 in einem abwägenden Denkstück entgegen, dass die angebliche Binarität zwischen Ausreisen und Dableiben gar nicht existiere: »Fast jeder Mensch im Ostblock kommt irgendwann an den Punkt, wo er sich fragt, ob er hier ausharren oder ob er sein Glück jenseits des Eisernen Vorhangs versuchen soll.«[206] Da das Leben ein Prozess sei, »habe ich meine Gründe zum Bleiben, aber ich sagte nicht, ich bleibe«.[207] Er sah weniger die »Spannung zwischen ›Aushalten‹ und ›Weglaufen‹ […], sondern eher den Versuch des ›Auslaufens‹ aus beengt erfahrenen Zuständen«. Empört vernahm er Garsteckis Forderung, man solle das Leben in der DDR »von seinen positiven Seiten her deuten, anstatt sich ständig wegen seiner negativen Begleiterscheinungen zu beklagen«, ja, man solle aufhören, »sich Befriedigung« zu verschaffen, »indem man notorisch den Mangel beklagt«.[208] Dies war in der Tat eine bemerkenswerte Sprachwahl Garsteckis, denn nicht nur Ausreisende, sondern gerade Oppositionelle sahen sich in der DDR ständig als »notorische Nörgler« gebrandmarkt. Rosenthal hingegen erachtete nicht das Klagen, nicht das Vergleichen der Lebensrealitäten als das Problem. Nicht die verbesserbaren Zustände, sondern die Erfahrung der Unmöglichkeit der Veränderung treibe die Menschen aus dem Land. Für Rosenthal war die Ausreise in erster Linie ein ehrlicher Spiegel jener Gesellschaft, die die DDR eben war:

Die Ausreiser reisen nicht nur aus, weil sie nicht reisen dürfen, sondern die hiesigen Verhältnisse sie nicht zum Bleiben ermuntern. […] Ausreiser und potentielle Ausreiser erfahren sich in unüberbrückbaren Widersprüchen zu den konkreten Lebensumständen in ihrem Land. Sie leben dann gleichsam »wie Fremdlinge im eigenen Haus« (Hölderlin), und so verliert für sie Stück für Stück auch der sentimentale Heimatbegriff seine Bedeutung.[209]

Um die Schlagrichtung dieses Denkens klarzustellen, betonte er abschließend explizit, die Friedensbewegung habe kein Recht, Ausreisewünsche als Ablehnung ihrer selbst zu verstehen, »weil der Mensch ein Recht auf seine individuellen Entscheidungen hat«.[210]

206 RHG, TH 05/2, 34.
207 RHG, TH 05/2, 35.
208 RHG, TH 05/2, 33.
209 RHG, TH 05/2, 37f.
210 RHG, TH 05/2, 39.

Das sagte Rosenthal explizit als oppositioneller Intellektueller in der DDR. 1987 kam er allerdings auch an jenen Punkt, für den er schon 1985 viel Verständnis aufbrachte, und verließ die DDR in Richtung West-Berlin.

Wurzelte Rosenthals Verständnis in der frühen Oppositionsbewegung, in der sich Protest und Ausreise überlappten, befand er sich später in der Minderheit. In wichtigen Teilen der Oppositionsbewegung setzte sich ab Mitte der 1980er Jahre die Ablehnung der Ausreise durch, da sie im Kampf gegen die SED-Herrschaft als hinderlich gesehen wurde. Paradoxerweise spielten damit ausgerechnet Oppositionelle die individuellen Menschenrechte gegen die Idee kollektiver Werte aus. Es gehört damit zu den Komplexitäten der Ausreisegeschichte, dass Ausreise und Opposition sich situativ zugleich ergänzten, motivierten und befruchteten – aber auch abgrenzten und schwächten. Diese gegenseitige Ergänzung erblickte 1983 auch die *Zeit* in den Protesten in Jena. Der Weiße Kreis, so die Hamburger Zeitung, bringe die SED in große Bedrängnis, denn ihr bliebe nur die Entscheidung zwischen zwei Fehlern: Ausreisen verwehren und den Druck steigern oder Ausreisen genehmigen und damit weitere Anträge inspirieren.[211] Vor allem in den Städten und den Regionen außerhalb der Hauptstadt war die Situation geprägt von einem Gemisch aus zahllosen oppositionellen Interessen und kurzlebigen Allianzen und Kreisen voller Menschen, die keine scharfe Grenze zwischen beiden Protestformen zogen. Dennoch fanden nach dem Mauerfall nur wenige Oppositionelle – wie z. B. Frank Rub, der in der Friedensgemeinschaft eine führende Rolle gespielt hatte und kurz vor Jahn ausgewiesen worden war – zu einer deutlichen Selbstkritik: Die Opposition hätte durch ihre Distanzierung vom Weißen Kreis eine entscheidende Chance verspielt.[212]

---

211 Joachim Nawrocki, »DDR-Ausreisen: Die Angst der Partei vorm weißen Kreis«, in: *Die Zeit* 33 (12. August 1983).

212 Frank Rub, »›Wir haben leider eine große Chance vertan‹: Von der Ablehnung, mit dem ›Weißen Kreis‹ zusammenzugehen«, in: *Gerbergasse 18* 2/2 (1996). Anders Reinhard Schult, der Ferdinand Kroh zufolge noch im Mai 1988 seine harten Vorwürfe gegen die Unterstützer von Ausreisenden, insbesondere von Stephan Krawczyk, teilweise zurückgenommen habe. Ungefähr 20 Jahre später verneinte Schult selbst das jedoch in einem Gespräch mit Christoph Wunnicke; vgl. Ferdinand Kroh (Hrsg.), *Freiheit ist immer die Freiheit … Die Andersdenkenden in der DDR: Sieben Beiträge aus Jena und ein Beitrag aus Halle* (Berlin:

Tatsächlich war das Verhältnis zwischen Ausreise und Opposition komplex. Die Präsenz von Ausreisewilligen konnte oppositionelle Arbeit erschweren – allerdings weniger aufgrund der Personen oder ihrer individuellen Motive, sondern wegen der Repressionen des SED-Staates. Wenn man jedoch, wie in diesem Kapitel, die Frage umdreht und nach der Verortung der Opposition im Migrationsregime fragt, sieht man ein facettenreiches Bild. Darin finden wir Gegner der Mobilität ebenso wie praktische Überschneidungen, die teilweise trotz unterschiedlicher Intentionen die Löcher in der Mauer weiter aufbohrten. Dass sich viele oppositionelle Zeitzeugen in ihrem Blick auf die lange Geschichte der friedlichen Revolution 1989 dennoch vielsagend über die Ausreise ausschwiegen, liegt nicht an ihrer Irrelevanz für den Prozess.[213] Das Bild, dass zwischen Exit und Voice Welten liegen müssen, da das eine dem anderen schade, basiert vor allem auf einem singulären, aber weitreichenden und von der Stasi initiierten Affront im Jahr 1988.

Die Freiheit der Andersdenkenden: Eskalation 1988

Im Herbst 1987 lagen in Berlin die Nerven blank. In den Kellern und Räumen der Gethsemanekirche, der Zionskirche und der Samariterkirche trafen sich immer mehr Menschen, die Ormig-Maschinen zur Herstellung von Flugblättern und anderen Druckerzeugnissen liefen heiß. Überall in der Stadt bildeten sich kleine und größere Gruppen. Im Zentrum stand die Umweltbibliothek in der Zionsgemeinde. In diesen wilden Wochen wurde sie am 17. Oktober von Skinheads überfallen und am 18. November von Staatsvertretern »besucht«. Eine Woche später drang das MfS zum ersten Mal seit den 1950er Jahren in Kirchenräume ein, um gegen die Umweltbibliothek vorzugehen. Es begann die »Schlacht um Zion«. An dieser beteiligten sich bei zahllosen Mahnwachen und

Ullstein, 1988), 54; Christoph Wunnicke, *Wandel, Stagnation, Aufbruch: Ost-Berlin im Jahr 1988* (Berlin: LStU Berlin, 2008), 100.

213 Vgl. z. B. viele Beiträge in Eckhard Jesse (Hrsg.), *Eine Revolution und ihre Folgen: 14 Bürgerrechtler ziehen Bilanz* (Berlin: Ch. Links, 2000); Bernd Gehrke und Wolfgang Rüddenklau (Hrsg.), *… das war doch nicht unsere Alternative: DDR-Oppositionelle zehn Jahre nach der Wende* (Münster: Westfälisches Dampfboot, 1999).

Protesten auch viele Ausreisewillige. Denn inmitten dieses Trubels hatte sich am 22. September 1987 in der HO-Gaststätte Tutti-Frutti die Arbeitsgruppe Staatsbürgerschaftsrecht (AGS) gegründet. Dank der Kontakte des Theaterregisseurs Günter Jeschonnek, der sich seit 1986 um die Ausreise bemühte, sowie der weiteren Mitgründer Antonín Dick, Olaf Herfurth und Heintz-Jörg Richter, die recht bald durch Wolfgang und Lotte Templin unterstützt wurden, konnte die AGS die hellhörige Gaststätte gegen das sicherere Umfeld der Umweltbibliothek tauschen, wo sie fortan alle zwei Wochen zusammenkam.[214] Damit tagte eine weder von der Staats- noch der Kirchenführung tolerierbare Ausreiseinteressenvertretung im Herzen der Opposition. In der AGS fanden sich Ausreiseantragsteller mit Personen zusammen, die im Lande bleiben wollten, aber dennoch für das Recht auf Ausreise eintraten.[215] Das erklärte Ziel der AGS bestand darin, sowohl Ausreisewilligen als auch in der DDR lebenden Ausländern »bei der Wahrnehmung ihrer Rechte, die sich aus dem Staatsbürgerschaftsgesetz der DDR ergeben, Beratung und Unterstützung zu gewähren«.[216] Dies sollte in erster Linie Rechtsberatung beinhalten, aber auch solidarische Selbsthilfe untereinander ermöglichen. Die AGS sah sich also, anders als Gruppen wie der Jenaer Weiße Kreis oder auch der Verband der Ausreisewilligen, nicht als eine Durchsetzungsinitiative, sondern als eine Hilfsorganisation, die sich in der Gesellschaft und vor dem Staat für Rechte einsetzte, die andere Oppositionsgruppen außen vor ließen.

Damit stieß die AGS in ein Wespennest. Sie kam zwar in der Umweltbibliothek zusammen, wurde dort aber bestenfalls toleriert. Der Pfingsten 1987 gestartete inneroppositionelle Aufruf »Absage an Praxis und Prinzip der Abgrenzung«, der den Einsatz für die

214 Für die Rahmendaten siehe auch Wunnicke, *Wandel, Stagnation, Aufbruch*, 90-2.

215 Günter Jeschonnek, »Ausreise: Das Dilemma des ersten deutschen Arbeiter-und-Bauern-Staates?«, in: *Freiheit ist immer die Freiheit …: Die Andersdenkenden in der DDR*, hg. von Ferdinand Kroh (Frankfurt/M.: Ullstein, 1988), 234-69; Antonin Dick, »Dokumente zur Gründung der ›Arbeitsgruppe Staatsbürgerschaftsrecht der DDR‹«, in: *Manchmal habe ich Angst: Schubladentexte aus der DDR III*, hg. von Torsten Hilse und Dieter Winkler (Berlin: Verbum, 2002); Antonin Dick, »Brot und Wein oder Das Elend der DDR-Aufarbeitung«, in: *trend 6* (2009).

216 RHG, RG/B 12, 28.

Reisefreiheit als eine oppositionelle Aufgabe benannte, hatte der Gruppe diesen Spielraum verschafft. Als die Berliner Synode die »Absage« im Herbst 1987 ablehnte, zeigten sich in der Kirche und der Opposition zwei Strömungen. Eine wollte das Thema der Reisefreiheit schnell vom Tisch haben, da sie durch Bewegungsfreiheit die Ausdünnung der eigenen Reihen befürchtete. Die andere betonte, dass darin ein prinzipiell zu erstreitendes Recht lag.[217] Die AGS erwies sich als die Probe aufs Exempel. Schon eine sehr früh verfasste und von Herfurth, Jeschonnek und Templin unterzeichnete »Information« über die Gründung der AGS verdeutlichte deren Verortungsschwierigkeiten. In der Erstfassung berief sich die Gruppe darauf, »im Rahmen der ›Offenen Arbeit der Evangelischen Kirche‹« entstanden zu sein. Dies wurde kurz darauf jedoch handschriftlich zu »Sie versteht sich als eine A[rbeits]-Gruppe der Kirche« heruntergestuft, und kurz darauf wiederum wurde der Bezug auf die Kirche ganz gestrichen.[218] Nichtsdestotrotz konnte die Gruppe schon im Oktober und im November Erfolge vorweisen und sich an Aktionen in der Gethsemanekirche beteiligen. Innerhalb weniger Wochen wuchs die AGS von einer randständigen Formation innerhalb der Oppositionsbewegung zu deren wohl größter eigenständiger Organisation mit ungefähr 200 Mitgliedern an. Um ihre Ziele zu erreichen, führte die AGS Gespräche mit Ausreisewilligen, verfasste Leitfäden wie eine »Kleine Fibel für Antragsteller«, informierte über Argumente und Fallstricke, zeichnete Organigramme des Antragswegs und sprach sich dem Staat gegenüber und innerhalb der Opposition für die Unterstützung von Antragstellern aus.[219] Ihr konsequentes öffentliches Auftreten als Interessenvertretung bei Reise- und Migrationsfragen war ein Novum in der DDR und nur dank des (wenngleich unwilligen) Schutzes der Kirche möglich.

Das MfS war hellwach und observierte die Treffen.[220] So dürfte die AGS ein wichtiger Grund dafür gewesen sein, dass das MfS die

217 Erste Bemühungen gab es hierfür seit 1986. Der Synodalbeschluss beendete die Debatte keineswegs; vgl. RHG, MBi 20, Unterordner: Absage; außerdem Neubert, *Geschichte der Opposition*, 672 f.
218 Vgl. die verschiedenen Versionen in RHG, RG/B 12, 27, 28 und BStU AdZ, HA IX, 447, 73.
219 RHG RG/B 12, 21-5, 59.
220 RHG RG/B 12, 29-31.

Umweltbibliothek in der Nacht vom 24. zum 25. November 1987 durchsuchte und Verhaftungen vornahm. In den Tagen danach ging die »Sicherheit« offen gegen die AGS vor. Ein erster Schritt waren Versuche, ein Auftreten der Gruppe zum Tag der Menschenrechte am 10. Dezember 1987 zu unterbinden. Günter Jeschonnek bekam noch am 9. Dezember seine Ausreisegenehmigung und musste das Land innerhalb von 24 Stunden verlassen. Nichtsdestotrotz wendete sich die Gruppe am 10. Dezember 1987 brieflich an zahlreiche Staatsvertreter, allen voran Volkskammerpräsident Horst Sindermann, um »Gespraechsbereitschaft« zu signalisieren. Es sei »kein konstruktiver Dialog mit den dafuer zuständigen Organen moeglich«.[221] Das Schildern ihrer Problemlage verdeutlicht jedoch schon, dass diese Hoffnungen auf Sand gebaut waren. Denn in dem Brief reproduzierte die Gruppe die Sprache der Ausreiseanträge. Sie beharrte auf dem »Selbstbestimmungsrecht« und forderte ein »menschenwuerdigeres Handeln seitens der DDR-Regierung« ein. Zudem beklagte sie, dass Menschen »wegen ihrer Gewissensentscheidungen diskriminiert oder bestraft werden«, und verlangte, die »Wuerde des einzelnen zu respektieren«.[222] Die AGS verbreitete damit letztlich eine scharf formulierte Erklärung, dass in der DDR sowohl »die voelkerrechtlich verbrieften Menschenrechte als auch innerstaatliches Recht verletzt werden.«[223] 40 Mitglieder unterschrieben mit Namen und Adresse. Dies war ein bemerkenswerter Akt, denn damit unterstützten sie offensiv eine Bürgerrechtsinitiative in der DDR und verliehen zugleich ihren Ausreiseersuchen Vortrieb.

Als am Abend des Tages der Menschenrechte ein Vertreter der AGS stellvertretend für den überhastet zur Ausreise gezwungenen Jeschonnek zu den Besuchern der Zionskirche sprach, fielen geschützt von »den dicken Mauern der Kirche« Worte, die sonst kaum öffentlich zu hören waren. Er sprach von der »Hoffnungslosigkeit«, die viele aus dem Land treibe, davon, dass diese die »Staatsbürgerschaft als eine Fessel empfinden«, dass der Staat sie »das Fürchten« lehre, bis sie sich ihrer »Ohnmacht bewusst« würden, dass sie »einer Behörde auf Gedeih und Verderb ausgeliefert«

221 RHG RG/B 12., 33.
222 RHG RG/B 12, 33; vgl. auch den Nachfolgebrief vom 14. Dezember 1987 in ebd., 19 f.
223 RHG RG/B 12, 42-6; BStU AdZ, HA IX, 447, 76-9.

seien, dass »Menschenrechtsverletzungen gegenüber den Antragstellern […] nicht selten« vorkämen, und letztlich, in einem versteckten Appell an skeptische Teile der Opposition, dass die »[g]esellschaftliche Ausgrenzung und Isolation« ihre Situation nur noch verschärften.[224] So forderte der Redner einerseits vom Staat rechtssichere Ausreiseregeln und andererseits von seinen Zuhörern Solidarität. Abschließend schrieb er der Opposition ins Stammbuch, dass dieses »ungeschminkte Aufzeigen vorhandener Defizite« und »der offene Dialog mit Andersdenkenden« auch für die Arbeit der Friedens- und Menschenrechtsgruppen unerlässlich seien. Die Kirchengäste applaudierten euphorisch. Das MfS schrieb mit.[225]

Mitte Januar folgte der mittlerweile berüchtigte Gegenschlag. Als am 17. Januar 1988 die jährliche offizielle »Kampfdemonstration« zu Ehren von Karl Liebknecht und Rosa Luxemburg anstand, planten einige Mitglieder der AGS, mit Plakaten mit Luxemburgs berühmtem Credo »Die Freiheit ist immer die Freiheit der Andersdenkenden« den Ritus zu stören und implizit ihrem Anliegen Gehör zu verschaffen. Dieser Affront sorgte innerhalb einer Oppositionsbewegung für größere Zerwürfnisse. Am deutlichsten wurde dies wohl in einer Diskussion zwischen Martin Gutzeit und Wolfgang Templin am Vorabend der Demonstration. Templin interpretierte die Leitlinien der Initiative Frieden und Menschenrechte dahingehend, dass auch das Recht auf Ausreise ein von der Oppositionsbewegung zu unterstützendes Menschenrecht sei, selbst wenn man wie er dieses Ziel nicht teile. Gutzeit hielt der IFM hingegen »programmatische Unbestimmtheit sowie das Fehlen klarer politischer Ziele« vor.[226] Templin ließ sich nicht einschüchtern und unterstützte mit Verweis auf eine zu führende gesellschaftliche Debatte auch über die Ausreise zusammen mit Lotte Templin, Stefan Krawczyk, Freya Klier und anderen die sich anbahnende Aktion der AGS.

Als sich tags darauf, am 17. Januar 1988, eine kleine Gruppe von Antragstellern mit Plakaten und Frust bewaffnet zur offiziellen Demonstration gesellte, schritt das bestens informierte MfS sofort ein. Es folgte eine Verhaftungswelle, die Einrichtung von Kontakttelefonen für Betroffene, Fürbitten, Proteste, Stellungnah-

224 RHG, RG/B 12, 55-7.
225 RHG, RG/B 12, 57.
226 Wunnicke, *Wandel, Stagnation, Aufbruch*, 94f.

men, Mahnwachen und Mahngottestdienste – und weitere Verhaftungen.[227] Die Aktion der AGS zwang andere oppositionelle
Gruppen, Stellung zu beziehen. Nicht nur der Arbeitskreis Solidarische Kirche (AKSK) wurde seinem Namen gerecht, es kam zu
zahlreichen Appellen und Andachten in Dutzenden Orten in der
DDR. Am 30. Januar 1989 kamen ungefähr 2500 Menschen in der
Gethsemanekirche für einen Fürbittengottesdienst zusammen.[228]
Oppositionelle in der DDR wendeten sich an Amnesty Internatio-
nal. Die Organisation adoptierte innerhalb nur weniger Stunden 12
Betroffene und kritisierte die Verhaftungen öffentlich scharf.[229] In
der *FAZ* verkündete die Avantgarde der bereits Exilierten um Sarah
Kirsch, Wolf Biermann, Reiner Kunze, Jürgen Fuchs, Herta Müller
und Christian Kunert öffentlich und mit gemeinsamer Stimme:
»Ja, es ist Krieg.«[230]

Diese Front, die sich im Januar in massiven Solidarisierungskampagnen ausdrückte, bröckelte jedoch schnell.[231] Das MfS arbeitete bereits mit Hochdruck an der Aktion »Störenfried«. Diese
sah vor, mit dem »Ziel der Verunsicherung« einzelne exponierte
Vertreter auszubürgern und zugleich Übersiedlungsersuchende
noch stärker zu isolieren.[232] Ganz gezielt sollten MfS-Vertreter einerseits auf Oppositionsvertreter einwirken, um Solidarisierungen
zu untergraben, und andererseits sollten sie das Zusammenkom-
men von Ausreisewilligen unterbinden.[233] Unbedingt müsse, so
das MfS, ein neues, »permanentes, mobiles Kräftepotential« infolge

227 BStU AdZ, HA IX, 16 532, 122-25; Die Vorgänge sind vielfach dargestellt worden. Im Folgenden geht es darum nicht um einen vollständigen Abriss, sondern
 allein um die Positionierung der Vorgänge im Migrationsregime. Einführend
 siehe z. B. Neubert, *Geschichte der Opposition*, 672-7, 696-700; Dick, »Dokumente zur Gründung der ›Arbeitsgruppe Staatsbürgerschaftsrecht der DDR‹«;
 Wunnicke, *Wandel, Stagnation, Aufbruch*, 92-103; »Aktion ›Störenfried‹«, in:
 Geschichten aus den Stasi-Unterlagen, 2018, online verfügbar unter: ⟨https://
 www.bstu.de/geschichten/aktion-stoerenfried/⟩ (Stand März 2019).
228 RHG, MBi 07, Erklärung ESG, 7; MBi 03b.
229 RHG, WT 09, Schreiben Amnesty International; außerdem siehe Anja Mihr,
 *Amnesty International in der DDR: Der Einsatz für Menschenrechte im Visier der
 Stasi* (Berlin: Ch. Links, 2002), 78; Neubert, *Geschichte der Opposition*, 696-
 700.
230 »Ja, es ist Krieg«, in: *FAZ* (27. Januar 1988).
231 Zahlreiche Ausdrücke in RHG, EP 04/1; ebd., MBi 07.
232 BStU AdZ, HA IX, 9665, 89 f.
233 BStU AdZ, HA XXII, 631, Bd. 1, 9 f.

des befürchteten Zusammengehens der »feindlich-negativen« Kräfte der Opposition mit den »auf den ideologischen Positionen des Gegners stehenden« Ausreisewilligen verhindert werden.[234] Was folgte, war ein Schaustück an Zersetzung.

Besonders aussagestark ist dabei der Blick auf das Paar Klier und Krawczyk. Beide setzten sich seit Langem für das Ausreiserecht ein, waren jedoch keine Antragsteller und fest in der Opposition und der Offenen Arbeit der Initiative Kirche von unten verwurzelt. Nach der Demonstration wurden sie festgenommen. In der Haft zwang das MfS sie mit Drohungen und perfiden Tricks zu einem Ausreiseantrag, der sofort bewilligt wurde. Ähnlich erging es Personen wie Vera Wollenberger und den Templins, die sich teilweise noch ausbedangen, die Staatsbürgerschaft der DDR zu behalten, bevor sie in kürzester Zeit in den Westen verfrachtet wurden. Aus wichtigen Teilen der Opposition – wobei bis heute unklar ist, wie viel Einfluss die zahlreichen IMs an diesem Spiel hatten – schlug diesen Personen, vor allem aber Klier und Krawczyk, nun der Vorwurf entgegen, sie genössen das Privileg, als politische Personen ins Gefängnis hinein- und als Privatpersonen aus ihm herausgekommen zu sein.[235] Sie hätten also die Bewegung nicht nur im Stich gelassen, sondern ihr auch geschadet. Anders als Klier und Krawczyk, deren Tochter das MfS als Druckmittel einsetzte, weigerte sich Bärbel Bohley, in der Haft einen Ausreiseantrag zu stellen, und erreichte es, für nur ein halbes Jahr unter Beibehaltung der Staatsbürgerschaft verbannt zu werden. Danach setzte sie ihre oppositionelle Arbeit in der DDR fort.[236]

Die Debatte nahm prinzipielle Züge an. In einer nachfolgenden Briefdiskussion über die Grenze hinweg ging die scharfe Polemik schnell zum Angriff auf die Ehre der Betroffenen über.[237] Aus Friedrichsfelde attestierte Reinhard Schult den Ausgewiesenen eine schadhafte Unzuverlässigkeit. Sie seien »schwache Revolutionäre«, die sich ausgerechnet im Gegensatz zum von Schult als besonders kampffest gelobten Anwalt Schnur (IM »Torsten«) nicht »bis zur physischen und psychischen Erschöpfung« für die Sache eingesetzt hätten. Im schweren Kampf gegen die Unterdrückung befand er sie

234 BStU AdZ, HA XXII, 631, Bd. 1, 2.
235 RHG, GG 78, Brief Vera Wollenberger, 20. Februar 1988, 2.
236 RHG, MBi 07, Rundbrief Bohley/Templin, 6. April 1988.
237 RHG, GG 78, div. Briefe und Stellungnahmen.

schlicht für »zu leicht«.[238] Schwer getroffen antwortete Krawczyk, dass Schult so »die Schuld von den Verantwortlichen genommen und in beeinflußbare Bereiche kanalisiert« habe.[239] Er sei mit Freya Klier gegangen, da sie sonst »im Knast zerbricht«. Entsetzt vermerkte Krawczyk, Schult verurteile sie »mit geradezu parteidisziplinarischer Anmaßung«. Der »Schubladenspruch vom schwachen Revolutionär« passe in genau jene Muster, »die uns in den letzten Wochen in der DDR von der ›anderen Seite‹« immer wieder entgegengeschleudert wurden. Dasselbe gelte für Schults Argument, dass die Templins »die alleinige Verantwortung dafür tragen, daß ihre Kinder zwei Tage ins Heim mußten […]. Du übernimmst die Rolle eines Richters, der das Vergewaltigungsopfer wegen seiner Körpermaße schuldig spricht.« Dies waren gewichtige Argumente, doch im Laufe des Frühjahrs 1988 entwickelte sich die Stimmung in den meisten Samisdat-Publikationen in der DDR gegen Krawczyk, Klier und letztlich die Ausreisewilligen.

Was für die einen nach Hartherzigkeit und nach einem klassischen Fall einer Opferbeschuldigung aussah, empfand der sehr wortstarke und weithin gehörte Reinhard Schult als gebotene Geradlinigkeit. Diese Idee, durch Geradlinigkeit nicht vom System korrumpiert zu werden, besaß in der DDR auch unter Oppositionellen eine lange Tradition. So sang Bettina Wegner, wie Peter Schneider befremdet festgestellt hat, schon in den 1970er Jahren in ihrem berühmten Lied »Sind so kleine Hände«: »Grade, klare Menschen, wärn ein schönes Ziel. Leute ohne Rückgrat, hab'n wir schon zuviel.« Und was war weniger rückgratlos, als das eigene Land, den eigenen Kampf im Stich zu lassen? Bettina Wegner kämpfte, zerbrach selbst fast an diesem Anspruch und gab nach jahrelangem Druck und einer auch wegen Übersiedlung gescheiterten Ehe mit Klaus Schlesinger 1983 auf.[240] Auf Drängen des MfS ging sie in den Westen. Doch der Anspruch blieb. Diese Forderung nach Entprivatisierung versuchte Peter Schneider von der anderen

---

238 Reinhard Schult, »Gewogen und für zu leicht befunden: Versuch einer Einschätzung der Januarereignisse«, in: *Friedrichsfelder Extrablatt* (April 1988), 1-3.

239 RHG, MBi 07, Brief Krawczyk, 30. April 1988.

240 Marlies Menge, »Bettina Wegner: Ebenso zäh wie dünn«, in: *Die Zeit* 46 (12. November 1982); Astrid Köhler, *Klaus Schlesinger* (Berlin: Aufbau, 2011); Daniel Guthmann und Christian Buckard, »Ziemlich unkontrollierbar: Die Liedermacherin Bettina Wegner«, Deutschlandfunk (21. Oktober 2016).

Seite der Mauer aus zu ergründen. Der Blick auf den SED-Staat veranlasste ihn zum Kopfschütteln: »In dieser Sehnsucht nach Klarheit und Entschlossenheit setzte sich noch bei seinen Gegnern die Erziehung zu unverbrüchlicher Treue, kämpferischem Einsatz und eiserner Entschlossenheit durch.«[241]

Ausgerechnet der von Schult für sein Rückgrat gelobte Anwalt Schnur diente jedoch seit 33 Jahren dem MfS. Als Rechtsvertreter Kliers und Krawczyks spielte er dem Ministerium angebliche Beweise für die Zusammenarbeit seiner Mandanten mit dem Westfernsehen zu und deponierte kompromittierendes Material auf deren Dachboden. Der bereits in West-Berlin lebende Rüdiger Rosenthal sprang den Beschuldigten zur Seite und erinnerte in einem Interview an die scheinbar in Vergessenheit geratene Maxime, letztlich »muß jeder für sich entscheiden können, wie lange er die Druckmethoden des Staatsapparates akzeptiert. Wer den Leuten anderes aufoktroyieren will, läuft Gefahr, so etwas wie Parteidisziplin zu fordern«.[242] Durch solche Anschuldigungen würden »Opfer zu Tätern gemacht«. Die Härte solle man sich besser für die wirklich Schuldigen, die Staatsvertreter, aufsparen. Auch auf der anderen Seite der Mauer appellierten Stimmen wie der Berliner Pfarrer Hans-Peter Schneider aus den Basisgruppen heraus, man solle sich jetzt nicht in »Gruppenauseinandersetzungen« verlieren und vor »Profilierungssucht« hüten.[243] Rosenthal vermerkte dabei vor allem, dass es irreführend sei, Klier und Krawczyk vorzuwerfen, sie hätten durch ihre Einwilligung den Stein der Ausweisungen ins Rollen gebracht. Dies sei vielmehr eine etablierte Praxis des SED-Staates.[244]

Doch in der DDR wirkte die Zersetzungspraxis des MfS, mit der das Ministerium die Oppositionellen gegeneinander ausspielte. Obgleich keineswegs im gesamten Land, kippte nun vor allem in Ost-Berlin die Stimmung. Direkt nach dem 17. Januar hatte sich noch eine breite Allianz aus Vertretern der Kirche von unten, der Solidarischen Kirche, der Umweltbibliothek, der IFM, der Gegenstimmen, des Friedenskreises Friedrichsfelde und der Punks aus der

241 Peter Schneider, *Der Mauerspringer* (Darmstadt: Luchterhand, 1982), 100.
242 Martha Sandrock, »›Aus Opfern werden Täter gemacht‹: Interview mit Ralf Hirsch und Rüdiger Rosenthal«, in: *taz* (2. August 1988).
243 RHG, MBi 07, Rundschreiben Schneider, 1. Februar 1988.
244 Sandrock, »Aus Opfern werden Täter gemacht«.

Erlöserkirche gegen das »repressive Vorgehen der Sicherheitsorgane« formiert.[245] Ab Februar rückten jedoch die Ausreiseantragsteller ins Visier. So distanzierte sich die DDR-weite Vollversammlung der Kirche von unten am 20. Februar von jenen, »die mit diesem Land längst gebrochen haben und egoistisch nur ihre eigene Ausreise betreiben wollen«.[246] In einem Fall von Opferkonkurrenz protestierte die Kirche von unten dagegen, dass »Ausreisewilligen in der Kirche ein Dach angeboten wird, wir hingegen verdächtigt werden, unter dem Dach der Kirche Zuflucht zu suchen«.[247] Bereits am 30. Januar 1988 hatte sich ein namentlich unbekannter Teilnehmer des großen Fürbittengottesdienstes in der Gethsemanekirche laut über die während des Gottesdienstes getroffene Aussage beschwert, die Inhaftierten säßen »stellvertretend für alle Andersdenkende im Gefängnis«, denn diese hätten doch »leichtfertig [die] Entspannung aufs Spiel gesetzt«.[248] Ob es sich hierbei um einen sehr irritierten Oppositionellen oder einen Zug im Provokationsspiel des MfS handelte, lässt sich anhand der vorliegenden Akten nicht klären. Aber auch fern jedes IM-Verdachts verhärteten sich die Fronten. Auch Roland Jahn gelang es nicht, Wolfgang Rüddenklau davon zu überzeugen, in den Ausreisenden eine zu integrierende Kraft zu sehen.[249] Manche oppositionelle Papiere verbreiteten gar Verratstheorien, wonach die »Geschichte der deutsch/deutschen Abwanderung […] eine Jahrzehnte während Ballade der Trauer« sei, in der die Gehenden ihre »Feigheit« und nach dem Abgrasen ihrer Optionen in blindem Opportunismus weiterzögen: »Es ist die Art von Menschen, die glatt das Land wechseln und immer oben sind.« Im selben Atemzug wurde den Ausreisenden sogar der drohende Bankrott des Staatssozialismus zur Last gelegt: »Nachdem sie den Kahlschlag zuverlässig besorgt haben, langweilen sie sich in ihrer Wirkungsstätte und kehren dieser den Rücken«.[250] Das war die

245 RHG, EP 04/1, 102.
246 RHG, GG 78, Öffentliche Erklärung KvU, 20. Februar 1988.
247 RHG, GG 78, Öffentliche Erklärung KvU, 20. Februar 1988.
248 RHG, MBi 07, Schreiben Klaus Galley, 1. Februar 1988.
249 Neubert, *Geschichte der Opposition*, 673; Walter Süß, *Die Staatssicherheit im letzten Jahrzehnt der DDR (MfS Handbuch)* (Berlin: BStU, 2009), 66; zu Rüddenklaus Bericht über dieses Telefonat und seine Perspektive auf die Ausreise als eine der Opposition fremde (und fremd zu bleiben habende) Bewegung siehe Rüddenklau, *Störenfried*, 123, 217, 236.
250 RHG, TH 5/2, 133-35.

Feindes- und Diffamierungslogik der SED in den Worten und Organen der Opposition.

Auch für einen de facto recht kleinen, aber sehr stimmmächtigen Kreis um die Umweltbibliothek und den *Friedrichsfelder Feuermelder* galten die Ausreisenden weniger als Symptom, geschweige denn als Akteure, sondern als Problem. Es herrsche der »blinde Aktionismus« zugunsten einer »Schlaraffenland-Bewegung«.[251] Die letztlich numerisch recht kleinen Berliner Oppositionsgruppen befürchteten dabei wohl vor allem, von der Masse der Ausreisenden überwuchert zu werden. Um dies zu verhindern, entledigte sich die Umweltbibliothek im Januar der AGS, musste aber dennoch Anfang Februar aufgrund des Ansturms von Ausreisewilligen für zwei Wochen ihre Türen schließen.[252] Die Zentren der Opposition fanden keinen Weg, den größten, aber unorganisierten Protestausdruck in ihre Arbeit zu integrieren. Die Basisgruppen setzten die Andachten aus, da durch die vermehrte Präsenz von Ausreiseantragstellern »unser Anliegen zunehmend verzerrt wurde«.[253] Die verbliebenen Vertreter der AGS appellierten vergeblich, man möge »nicht selbst in die Praxis der Abgrenzung verfallen«.[254] Mit Zustimmung wichtiger Oppositioneller machten ausgerechnet Schnur und Stolpe in einer langen Diskussion in der Friedrichsfelder Kirche am 2. Februar ungefähr 100 erregten Ausreisewilligen klar, dass sie mit ihren »egoistischen Zielen« die »Solidarität brächen«.[255] Schult entwarf ein »wir« gegen »die«, wobei die Verlierer der Ereignisse, »wir, die Gruppen« gewesen seien. Die Sieger seien die der Opposition entgegenstehenden Kräfte, namentlich erstens die Staatsorgane, da sie Ausreisen erzwingen konnten, zweitens »der Westen«, der nun eine »Propagandaschlacht« starten könne, drittens die »Amtskirche«, da ihr Ansehen gewachsen sei, und schließlich die »Ausreiser«, da diese ihr Anliegen erfolgreich »als Menschenrecht verkauft« hätten.[256] In

---

251 Schult, »Gewogen und für zu leicht befunden«, 7; »Die Schlaraffenland-Bewegung: Ein Kommentar statt eines Berichts«.

252 Neubert, *Geschichte der Opposition*, 673; Schult, »Gewogen und für zu leicht befunden«, 5.

253 RHG, MBi 07, Öffentliche Information, Koordinierungsgruppe der Berliner Basisgruppen und kirchlicher Mitarbeiter, 6. Februar 1988.

254 RHG, MBi 07, Positionsbestimmung AGS, 31. Januar 1988.

255 Schult, »Gewogen und für zu leicht befunden«, 5.

256 Ebd.

einer mit revolutionärem Charme umhüllten Wagenburgmentalität sprach er sich schlussfolgernd »entschieden gegen jede politische Zusammenarbeit und Solidarisierung mit Ausreisewilligen aus«. Ein solcher Brückenschlag mache »unsere Arbeit unglaubwürdig und diffamiert die Friedensbewegung«. Schults Appell, in der Gesellschaft, in der man lebt, Verantwortung zu übernehmen, war ein Aufruf, sich gegen die Partei zu wehren, aber mit der Teilung und dem Raub der Freizügigkeit ihr wichtigstes Werk zumindest zu akzeptieren. So attestierte er den Ausreisewilligen, ganz wie der SED-Staat, nichts als »Egoismus«.[257] Davon »haben wir in letzter Zeit genug erlebt. Es gilt, sich auch dagegen zu wehren.«[258] Etwas milder formuliert, aber ähnlich denkend, forderte der Beirat der evangelischen Studentengemeinde, der »begonnene christlich-marxistische und innergesellschaftliche Dialog« dürfe nicht durch das »besondere Problem« der Ausreise belastet werden. Man solle den Betroffenen aber zuhören und ihnen die »Möglichkeiten neuer Identifizierung«, also die bereits bei Meckel und Gutzeit als Gespräch verkappte Konversion, bieten.[259] Bereits zuvor hatte der *Friedrichsfelder Feuermelder* die Frage des Gehens gar zur »nationale[n] Frage« erklärt.[260]

Andere stellten sich dem entgegen, auch in Berlin. Das Grüne Netzwerk bildete Projektgruppen für Antragsteller, und einige Samisdat-Publikationen bemühten sich um abwägende Positionen.[261] Ein Maikomitee 1988 sah in den Januar-Demonstranten »aufrecht denkende Mitbürger«,[262] und auch der AKSK hielt an seiner Position fest, »daß jeder Mensch das Recht hat, seinen Wohnort frei zu wählen«, und dass er für dieses Rechte auch protestieren

---

257 Ebd.; diese Ambivalenz größerer Teile der Oppositionsbewegung drückte sich also nicht nur an der Frage der Wiedervereinigung, sondern lange davor bereits an der Frage der Universalität der Menschenrechte aus; vgl. Andreas H. Apelt, »Sozialismus contra Wiedervereinigung? Die DDR-Opposition und die deutsche Frage«, in: *Die demokratische Revolution 1989 in der DDR*, hg. von Eckart Conze, Katharina Gajdukowa und Sigrid Koch-Baumgarten (Köln: Böhlau, 2009), 138-53.

258 Schult, »Gewogen und für zu leicht befunden«, 5 f.

259 RHG, MBi 07, Erklärung ESG, 10.

260 »›Quo Vadis‹ als nationale Frage«, in: *Friedrichsfelder Feuermelder* (März 1988), 1-5.

261 Neubert, *Geschichte der Opposition*, 674.

262 RHG, MBi 07, Maikomitee 1988.

dürfe.[263] Ähnlich argumentierte ein im Samisdat kursierender »Vorschlag für einen Minimalkonsens«, der die Ausreise als eine »chronische Erscheinung« der gesellschaftlichen Zustände erfasste. Anstatt zu tabuisieren, müsse offen diskutiert werden, da der Wunsch nach temporärer oder endgültiger Ausreise schlicht »ein legitimer Anspruch« für jeden Menschen sei.[264]

Jenseits der Ost-Berliner Stadtgrenzen geschah ohnehin etwas anderes. Dort bildeten sich zahlreiche neue Staatsbürgerschaftsrechtsgruppen und neue Allianzen. In der Theoriesprache der sozialen Bewegungsforschung hatten die Einzelströmungen nur in Berlin die kritische Masse überschritten, wonach eine Bewegung paradoxerweise aufgrund ihrer Größe und Breite an Schlagkraft verlieren kann.[265] Während sich hier also Partikulargruppen formieren konnten, dominierte andernorts nicht die Binarität zwischen Exit und Voice, sondern die »Stärke der schwachen Verbindungen«.[266] Dies geschah nicht nur, wie oft erwähnt, in Leipzig oder Dresden, also in jenen Städten mit einer im Vergleich zu Berlin deutlich kleineren Oppositionsbewegung, die nichtsdestotrotz als essentielle Triebkräfte der Revolution von 1989 anerkannt worden sind.[267] Auch am anderen Ende der Republik stemmte sich das in Rostock und Schwerin formierende Friedensnetz gegen eine Aussonderung von Ausreisenden und initiierte eine offene Debatte.[268] In Meck-

263 RHG, MBi 07, Erklärung AKSK 14. Februar 1988.

264 RHG, BBo, 117, 55-56.

265 Pamela E. Oliver und Gerald Marwell, »The Paradox of Group Size in Collective Action: A Theory of Critical Mass II«, in: *American Sociological Review* 53/1 (1988), 1-8; dies., *The Critical Mass in Collective Action: A Micro-Social Theory* (Cambridge: Cambridge University Press, 1993).

266 Albert O. Hirschman, *Abwanderung und Widerspruch: Reaktionen auf Leistungsabfall bei Unternehmungen, Organisationen und Staaten* (Tübingen: Mohr, 1974); Steven Pfaff und Hyojoung Kim, »Exit-Voice Dynamics in Collective Action: An Analysis of Emigration and Protest in the East German Revolution«, in: *American Journal of Sociology* 109/2 (2003), 401-44; Granovetter, »The Strength of Weak Ties«.

267 Rogers Brubaker, »Frontier Theses: Exit, Voice, and Loyalty in East Germany«, in: *Migration World* 18/3-4 (1990), 12-7; Joppke, »Why Leipzig?«; Neubert, *Geschichte der Opposition*, 676 f.

268 Siehe div. Beiträge in *Friedensnetz* 3, 1988; Christian Halbrock, *»Freiheit heißt, die Angst verlieren«: Verweigerung, Widerstand und Opposition in der DDR: Der Ostseebezirk Rostock*, 2., korr. Aufl. (Göttingen: Vandenhoeck & Ruprecht, 2015), 288.

lenburg kam es ohnehin zu starken »Überschneidungen bei den verschiedenen Gruppierungen«.[269] Neben Friedensaktivisten und einem Ökokreis hatten Ausreisende in der Wismarer Kirche einen Ort gefunden, an dem sie »ihre Anliegen und Nöte artikulieren konnten, einen Ort an dem sie nicht ausgegrenzt und diskriminiert werden, sondern – wenn auch in Distanz zu ihrem Anliegen – als Menschen akzeptiert wurden«.[270] Der berichtende Pfarrer Michael Möller beklagte, der Staat versuche durch Schikanen, Geldstrafen und sogar Verhaftungen, die Isolation der Ausreisenden wiederherzustellen, und lege ihnen nahe, »dass selbst der Gottesdienstbesuch nicht nur ihrem Wunsch auf Ausreise nicht dienlich sei«. Das Friedensnetz forderte darum, die Kirche müsse solchen Bestrebungen, »ihre kirchliche Aktivität zu kriminalisieren«, entschlossen entgegentreten.[271] Vorbild dafür war die Synode Sachsen, die bereits ihre Betroffenheit verkündet hatte, dass Ausreisewillige »mit psychischem Druck und unter Androhung harter staatlicher Strafmaßnahmen eingeschüchtert« würden. Grundlegend stellte sie fest, dass jedwede Erschwernis des Zugangs zur Kirche »den Nerv kirchlichen Lebens« berühre und nicht toleriert werden dürfe.[272] Hier fand also eine Enttabuisierung der Ausreise statt, die trotz personeller Schwankungen verschiedene Formen des Widerstands in einen Dialog brachte.

Dasselbe geschah auch in Jena. Dort erkannte der AKSK Thüringen in aller Offenheit am 31. März 1988, dass die Emotionalität der Debatte nur zeige, dass »jeder von uns allen auf irgend eine Weise persönlich von diesem Problem betroffen ist«.[273] In einem selten formulierten Argument betonten sie dabei, dass nicht nur die Zahl, sondern auch die Begründungen der Ausreiseanträge verdeutlichen, »daß es hier nicht mehr nur um Einzelschicksale oder Privatprobleme geht. Deshalb halten wir die Ausgrenzung von Ausreiseantragstellern aus der Gesellschaft [...] nicht nur für falsch, sondern für schädlich.« Gerade kritische Geister müssten das Ent-

269 Michael Möller, »Ereignisse in Wismar«, in: *Friedensnetz* 3 (1988), 15 f.
270 Zu Möller siehe Halbrock, *»Freiheit heißt, die Angst verlieren«*, 247 f., 273-83.
271 Möller, »Ereignisse in Wismar«.
272 »Beschluß der Synode der Kirchenprovinz Sachsen«, in: *Friedensnetz* 3 (1988), 22.
273 RHG, BBo 117, 45.

stehen »eines neuen gesellschaftlichen Feindbildes« abwenden – und zwar durch Dialog, nicht durch Ausgrenzung.[274]

Anstatt sich abzuwenden, erstellten die Gruppen des AKSK nun lange Fragebögen, um mehr über die Motive, Wünsche und Erfahrungen der Antragsteller herauszubekommen.[275] Dies war auch tatsächlich nötig, wie ein zur Gesprächsführung erstellter Leitfaden verdeutlicht. Dieser belehrte die gesprächswilligen Ausreisenden mit Allgemeinplätzen, wie »Sie können nie wirklich sicher sein, ob Sie überhaupt ausreisen dürfen!«, sie müssten mit Berufsverbot, Geldstrafen, Verhören oder Verhaftungen rechnen, und es drohe die »Isolierung des Kindes im Klassenverband« sowie Nachteile für ihre Verwandten und viele andere Trivialitäten, derer sich die Ausreisewilligen, wie Tausende Antragsbegründungen zeigen, bestens bewusst waren.[276] Überstand der Leser diesen durchaus paternalisierenden Anfang des Leitfadens, wartete auf ihn ein Goldschatz in Form seitenlanger Zitate gesammelter Rechtsbestimmungen der DDR sowie internationaler Normen, die er für sein Ersuchen nutzen konnte. Hier fand die Sprache der Menschenrechte ihre ultimative Futterstelle. Die Liste umfasste zahllose Passagen aus der Verfassung der DDR, aus Gesetzen, Verordnungen sowie Abkommen und der Menschenrechtserklärung bis hin zu Auszügen aus Interviews mit Erich Honecker oder aus Gerhard Rieges Publikationen zur Staatsbürgerschaft der DDR, garniert mit einer langen Liste an Postadressen für die Eingaben.[277] Es ist unklar, inwieweit diese Liste Antragstellern bekannt war – aber wer sie zu sehen bekam, bei dem muss sie die Überzeugung gestärkt haben, ein legitimes Bestreben zu verfolgen.

Angesichts dieser Fronten und der nicht mehr zu verdrängenden Sichtbarkeit der Antragsteller war die Lage zum Jahresende 1988 extrem angespannt. Einige oppositionelle Gruppen blieben bei ihrem harten Weg. Die Antrags- und Ausreisezahlen hingegen explodierten, und das MfS ging hart, aber zunehmend erfolglos gegen Organisationsversuche und Solidaritätsbekundungen vor.[278] An der MfS-Hochschule in Potsdam fasste Major Günter Müller in

274 RHG, BBo 117, 45 f.
275 RHG, BBo 117, 49-53, 57-67.
276 RHG, BBo 117, 74 f.
277 RHG, BBo 117, 76-130.
278 Siehe z. B. BStU AdZ, HA XVIII, 20 688, 80-2.

einer Diplomarbeit akribisch die sozialen Exklusionsmechanismen, rechtlichen Kampfmittel und psychologischen Zersetzungsoptionen zusammen, um Gruppenbildungen unter den Antragstellern zu bekämpfen.[279] Wenngleich nicht verbalisiert, zeigte sich Ende 1988 überall, dass das kommende Jahr von entscheidender Bedeutung sein würde.

279 BStU AdZ, HA IX, 447, 4-96.

7. Präludium des Falls:
Botschaftsbesetzungen als neue Form der Flucht

Eine weitere Zutat des 1989 explodierenden Cocktails lag ausgerechnet im Triumph der Staaten des Warschauer Pakts, trotz ihrer politischen Abhängigkeit von der Sowjetunion als scheinbar unabhängige Mitglieder in den Reigen der internationalen Diplomatie aufgenommen zu werden. Der Wunsch der Machthaber, Botschafter in fremde Länder jenseits des Warschauer Pakts zu entsenden und diese bei sich zu beherbergen, erweiterte faktisch aber die zu schützende Grenze. Im aufbrechenden internationalen System des KSZE-Prozesses erwiesen sich Botschaften nicht nur als stolz vorzuzeigende Repräsentationen mächtiger Staaten im eigenen Hause, sondern auch als Achillesferse des Systems.[1] Sie ermöglichten verhinderten Auswanderern die besonders sichtbare, aber damit auch riskante Willensbekundung per Botschaftsbesetzung. Als Katalysator waren sie bekanntlich von größter Bedeutung für die Revolution 1989 und erhalten in der Öffentlichkeit bis heute viel Aufmerksamkeit, der aber keine entsprechend tiefgehende und breite Erforschung dieses Phänomens gegenübersteht.[2] Somit ist für diese Geschichte der Mauergesellschaft ein genauerer Blick auf die längere Geschichte der Rolle von Botschaften und Besetzungen im Migrationsregime unumgänglich, um danach den Fall der Mauer und des Warschauer Pakts durch den Kollaps eines wahrhaft internationalen Migrationsregimes besser zu verstehen.

Seit ihrer Eröffnung beobachtete der SED-Staat westliche Botschaften mit Misstrauen. Genauestens wurde protokolliert, wer wann welche Botschaft betrat. In den ersten Jahren galt die Sorge

---

1 Aufgrund der ausbleibenden völkerrechtlichen Anerkennung der DDR durch die Bundesregierung tauschten Bundesrepublik und DDR keine Botschafter, sondern Ständige Vertreter aus, die de facto die Botschaftertätigkeit übernahmen. Im Plural werde ich im Folgenden der Einfachheit halber nur von Botschaften sprechen und nicht, wie eigentlich korrekt, von »Botschaften und der Ständigen Vertretung der Bundesrepublik in der DDR«. Im spezifischen Fall bleibe ich allerdings bei der Bezeichnung als Ständige Vertretung; siehe Kap. 2 in Teil II.

2 Trotz offener Fragen bleibt die grundlegende Monografie dazu Wolfgang Mayer, *Flucht und Ausreise: Botschaftsbesetzungen als wirksame Form des Widerstands und Mittel gegen die politische Verfolgung in der DDR* (Berlin: Tykve, 2002).

dabei kaum der Migration, sondern anderen »sicherheitsrelevanten« Themen, allen voran Kontaktaufnahmen und dem Informationsaustausch. Häufig ging die Beobachtung mit einem Spionage- oder Verschwörungsverdacht einher.[3] Obwohl die Außenstellen des MfS die Botschaften der Bundesrepublik im Ausland genau überwachten, konnten sie es nicht einfach verhindern, dass DDR-Bürger deren Räume betraten. Oft konnte das Ministerium aber – mit teils nicht unerheblichem Aufwand – die Identität der Besucher feststellen und durch Spione zudem häufiger deren Anliegen ermitteln. Sollten Botschaftsmitarbeiter Fragen von Bürger- oder Menschenrechten diskutieren, protestierten DDR-Vertreter nicht selten gegen diese Einmischung von außen in die »inneren Angelegenheiten« der DDR. Dies war freilich insbesondere nach der Eröffnung der Ständigen Vertretung (StäV) der Bundesrepublik der Fall.[4] Besonders brisant war die erweiterte Funktion von Vertretungen, die nicht nur diplomatische Ansprechpartner für den Gastgeberstaat, sondern auch öffentliche Repräsentanten des Wirtschafts- und Rechtssystems des Entsendestaates waren. Entsprechend hofften nicht wenige DDR-Bürger, über die Vertretung der Bundesrepublik (und in kleinerer Zahl auch dritter Staaten) nach Westdeutschland zu gelangen.

Flucht eines Handlungsreisenden – Kurzschlussreaktionen

Das Personal, das aus dienstlichen Gründen die Welt des Warschauer Pakts verlassen durfte, wählte der SED-Staat sehr sorgsam aus. Ganz wie in Arthur Millers berühmtem Stück *Tod eines Handlungsreisenden*, das die lebensweltlichen Enttäuschungen im amerikanischen Kapitalismus anhand eines Konflikts zwischen Vater und Sohn dramatisiert, waren viele dieser Berufsreisenden trotz aller Privilegien von ihrer Lebenswelt, dem Sozialismus, enttäuscht. War der Frust groß genug, stand beim Anblick einer bundesdeutschen Botschaft nicht nur ein Gebäude, sondern eine Versuchung vor ihnen.

Entschlossen sich Reisende zur Flucht über diese Botschaften,

3 Siehe z. B. BStU AdZ, HA II, 41 626; ebd., HA IX, 14 144, 50-357; ebd., 10 001, 2-14.
4 Überwachungsprotokolle in BStU AdZ, HA IX, 14 146.

bedurfte es keiner Besetzung. In befreundeten Ländern besaßen die bundesdeutschen Vertretungen deutlich mehr Handlungsspielraum als in der sozialistischen Welt und »lösten« Einzelfälle schnell, unbürokratisch und vor allem verschwiegen. Die meisten dieser Fluchten waren Ausdrücke spontaner Wünsche. Sie blieben in Art und Häufigkeit von der internationalen Anerkennung der DDR bis zu ihrem Ende bemerkenswert konstant. Ein paar Beispiele: Anfang 1976 nutzte der Matrose Karl Borstig* die Anlandung seines Schiffes in Brügge, um dort in einer bundesdeutschen Vertretung, es war wohl das Konsulat, seinen Worten nach um Asyl zu ersuchen. Er wurde nach Gießen gebracht und durchlief das Aufnahmeverfahren. Bereits im August kehrte er jedoch reumütig in die DDR zurück, weil ihm dem eigenen Bekunden nach »die Arbeits- und Lebensbedingungen in der BRD nicht mehr zusagten«.[5] Im Januar 1984 suchte der zeitweilig in Argentinien tätige DDR-Bürger Joseph Brettschneider* die bundesdeutsche Botschaft in Buenos Aires auf. Er reiste ebenfalls beruflich, hatte sich wohl in Argentinien in eine Frau verliebt und wollte darum keineswegs in die Bundesrepublik auswandern, sondern länger in Argentinien bleiben. Er erhielt einen bundesdeutschen Pass und sogar die Zusicherung, ab März in der deutschsprachigen Schule arbeiten zu können. Doch vor Antritt dieser Stelle kehrte er im Februar in die DDR zurück.[6] 1988 verlor ein Roadie der Modern Soul Band in Dänemark sein Herz. Er floh in die bundesdeutsche Botschaft in Dänemark und erhielt dort ein Flugticket und 600 Kronen, um nach Gießen zu fahren und dort die Aufnahme zu durchlaufen.[7] Er griff dankbar zu und blieb dort. Ebenso wurden einige Touristen, die sich auf einer Finnland-Reise in die bundesdeutsche Botschaft stahlen, vom Botschaftspersonal mit Flugtickets nach Hamburg und Fahrkarten nach Gießen ausgestattet.[8] Auch sie waren erfolgreich geflohen.

Ob diese Personen im Westen blieben oder nicht: Unbeachtet von der Öffentlichkeit ergab sich für DDR-Bürger dank der steigenden Auslands- und Dienstreisen in den 1980er Jahren zunehmend die Chance, über eine der bundesdeutschen Vertretungen

5 BStU AdZ, HA IX, 14146, 7.
6 BStU AdZ, HA IX, 14146, 6.
7 BStU AdZ, HA IX, 14146, 8 f.
8 BStU AdZ, HA IX, 14146, 16.

zu fliehen. Die dortigen Mitarbeiter ebneten ihnen unbürokratisch und ohne öffentliche Bekundungen still den Weg in die Bundesrepublik. Dies entzog sich meist dem wissbegierigen Blick des MfS, das oft erst durch Meldungen von Kollegen oder Quellen in der Bundesrepublik von diesen Fluchterfolgen erfuhr.[9] Ebenso kam es vor, dass Reisende bundesdeutsche Botschaften außerhalb des Warschauer Pakts besuchten, um dort mehr über die Modalitäten der Ausreise zu erfahren. Ob als Flucht oder als Ausreisevorbereitung, solche Besucher nutzten sich spontan ergebende Optionen – im sozialwissenschaftlichen Vokabular Opportunitätsstrukturen – und verfolgten keinen lange entwickelten Plan. Diese Strukturen hielt die Bundesregierung stillschweigend und nachgiebig offen.

Sie stellten jedoch eine gefährliche Verlockung dar. So ärgerte sich der Hochseemaschinist Karl Eckrich* über einige Entscheidungen seines Vorgesetzten und floh im August 1988 von seinem Kutter und über die bundesdeutsche Botschaft in Schottland nach Gießen. Das MfS leitete ein Ermittlungsverfahren wegen Republikflucht (§ 213 StGB der DDR) ein. Als es hörte, Eckrich* habe das Aufnahmeverfahren passiert, stellte es die Ermittlungen vorläufig ein. Er war außer Reichweite. Nicht aber seine Frau. Es ist unklar, ob sie seine Spontanentscheidung ablehnte oder den langen und entbehrungsreichen Weg als Ausreiseersuchende scheute, jedenfalls kehrte er im Dezember 1988 in die DDR zurück. Er konnte zwar wieder mit seiner Familie leben, aber seine berufliche Laufbahn war beendet. Zudem warf das MfS die dauerhafte Bearbeitungsmaschine durch die BV Rostock an, die ihn, wäre die Mauer nicht gefallen, wohl früher oder später hinter Gitter gebracht hätte.[10] Auf eine ähnliche Art setzte sich im April 1980 ein – erst kurz zuvor aus der Partei ausgetretener – Betriebsdirektor eines VEB ab. Auf einer Dienstreise nach Paris entwischte er in die bundesdeutsche Botschaft und von dort aus in die Bundesrepublik. Anfang August 1980 kehrte er indes in die DDR zurück, weil er, wie das MfS später in einem Bericht vermerkte, mit dem Leben in der Bundesrepublik unzufrieden sei.[11] Eine kurze, direkt bei seiner Rückkehr angefertigte Notiz besagte allerdings etwas anderes. Nach kurzer Arbeits-

9 Vgl. zahlreiche geografisch geordnete Kurzberichte in BStU AdZ, HA IX, 14146, 1-163.

10 BStU AdZ, HA IX, 14146, 30-2.

11 BStU AdZ, HA IX, 14146, 43f.

losigkeit hatte er eine gute Position in einem mittelständischen Betrieb in Süddeutschland erhalten. Es gelang ihm aber nicht, seine Frau nachzuholen, die in der DDR nun allein dem Ausreiseverfahren ausgesetzt war. Als diese vollkommen verzweifelt mit Selbstmord drohte, kehrte er in die DDR – und damit in die Arme des MfS – zurück.[12] Vor allem in den frühen 1980er Jahren betrieb das MfS »zielgerichtet eingeleitete Rückführungsmaßnahmen.«[13] Dabei wirkte es auf nahestehende Verwandte, also Ehepartner, Eltern oder Kinder, intensiv ein und verwehrte ihnen jede Chance auf eine Familienzusammenführung. Die Geflohenen standen vor der schweren Wahl, entweder mit dem verursachten Leid zu leben oder in die DDR zurückzukehren. Sollten sie sich für eine Rückkehr entscheiden, geschah dies meistens in den ersten drei bis sechs Monaten nach der Flucht. Danach stieg die Wahrscheinlichkeit, dass die Kurzschlussreaktion zu einer dauerhaften Auswanderung geführt hatte. Oft folgten lange und schwierige Ausreiseverfahren der Angehörigen, denen der SED-Staat schon aus präventiven Zwecken wenig Entgegenkommen angedeihen ließ.

Geschützte Tore: Botschaften in sozialistischen Staaten

In den 1980er Jahren schien besonders wagemutigen Übersiedlungswilligen bewusst zu werden, dass jene Staaten, in die sie wollten, zwar mindestens einen Todesstreifen entfernt lagen, dass diese aber Repräsentanzen auf sozialistischem Boden, ja sogar in der Hauptstadt der DDR eröffnet hatten. Am 19. Februar 1983 versuchten acht miteinander befreundete »DDR-Indianer« herauszufinden, ob diese ihnen als Schlupfloch durch die Mauer dienen könnten.[14] Die Mitglieder der Erfurter Interessengemeinschaft der Indianer Nordamerikas – Sitting Bull wollten mehr als nur den Böhmerwald sehen und wollten erst über die Botschaft der USA in Ost-Berlin und nach deren Abwinken über die der Bundesrepublik den Weg in den Westen gehen. Dort aber erfuhren sie, dass diese erst helfen könne, wenn sie einen Ausreiseantrag gestellt hätten.

12 BStU AdZ, HA IX, 14146, 42.
13 BStU AdZ, HA IX, 14146, 150.
14 Mayer, *Flucht und Ausreise*, 310 f.

Nach längeren Verhandlungen verließen sie die Botschaft und begannen in der DDR, direkt in einem OV vom MfS observiert, diesen langen Prozess. Anders als die bundesdeutschen Botschaften im westlichen Ausland standen also weder die StäV noch die amerikanische Botschaft Flüchtlingen einfach offen.

Die Initialzündung, auf diesem Weg mehr Druck anzuwenden, erfolgte im Januar 1984 in Ost-Berlin. Denn knapp ein Jahr nach dem gescheiterten Aufnahmeersuchen durch die »DDR-Indianer« wollten sich in der dortigen US-Botschaft sechs Ausreisewillige – nun unter der Weigerung des Verlassens der Botschaft – die Ausreise erzwingen. Die Mitarbeiter schalteten die deutschen Vertreter ein. Nach zwei Tagen und Nächten deutsch-deutscher Verhandlungen erhielten die sechs letztlich über das Büro des Anwalts Wolfgang Vogel ihre Papiere und mussten das Land »unverzüglich« verlassen.[15] Dieses Mal berichteten die westdeutschen Medien, und ab 1984 häuften sich Botschaftsbesetzungen.

Dabei ist zu vermerken, dass die Botschaften, wenn sie auf die Besetzer zugingen, in einer Grauzone handelten. Dies gilt insbesondere für die StäV. Erstens hatte die Bundesrepublik kein Interesse daran, das Wiener Übereinkommen über diplomatische Beziehungen auszuhebeln, wonach Botschaften nur die Interessen der eigenen Bürger, nicht aber die dritter Länder vertreten. Mit dieser Regelung sollte z. B. ausgeschlossen werden, dass bereits in Missionen um Asyl ersucht werden kann.[16] Im Sinne des Grundgesetzes (und abhängig vom Anerkennungsstatus der DDR durch dritte Staaten) waren DDR-Bürger aber zumindest in den Augen westdeutscher Staatsvertreter Deutsche. Völkerrechtlich hätten sie sich also ihrer Interessen annehmen können, vielleicht sogar müssen. Praktisch konnte die Bundesrepublik davon aber nur in geringen Dosen Gebrauch machen, denn ein jeder Fall zog eine Stimmungsverschlechterung im deutsch-deutschen Dialog nach sich und gefährdete so ebenjene Vertretungen. Hätte die BRD dies lockerer gehandhabt, wäre der DDR auf lange Sicht nichts anderes als der Abbruch der Beziehungen und die diplomatische Eskalation übrig geblieben, was die Bundesrepublik aus einer Vielzahl von Gründen nicht riskieren konnte und wollte. Zudem galt gemäß Art. 41 des Wiener Übereinkommens über diplomatische

15 Ebd., 313.
16 Wiener Übereinkommen über diplomatische Beziehungen, 18. April 1961, Art. 3.

Beziehungen, dass die Räume einer Mission nicht entgegen den Übereinkünften zwischen Entsende- und Empfängerstaat genutzt werden durften.[17] Dies interpretierte die DDR zuvörderst im Sinne ihrer alleinigen Hoheit über Ausreiseverfahren, was die StäV weitgehend akzeptierte, um Vorwürfe zu vermeiden, man verstoße gegen die Schlussakte von Helsinki und mische sich in »innere Angelegenheiten« ein. Dem Bundesverfassungsgericht zufolge stellte dies jedoch völkerrechtlich und grundgesetzlich eine fragwürdige Praxis dar. Das Gericht hatte in seinem Urteil zum Grundlagenvertrag von 1973[18] mit Bezug auf die bundesdeutsche »Schutz- und Fürsorgepflicht gegenüber den Deutschen in der Deutschen Demokratischen Republik« sowie im Teso-Urteil von 1987[19] mit Bezug auf die »verfassungsrechtliche Pflicht, die Identität des deutschen Staatsvolkes zu erhalten«, argumentiert, dass es bundesdeutschen Staatsvertretern eigentlich untersagt war, zwischen Staatsangehörigen der Bundesrepublik und der DDR zu unterscheiden. Die StäV verfügte somit über weniger Spielraum bei der Hilfe zur Ausreise als andere bundesdeutsche Vertretungen. Immer wieder sah sie sich mit rechtlichen, vor allem aber persönlichen und moralischen Dilemmata konfrontiert.

Dies waren aber nicht die Sorgen jener, die in den Vertretungen Hilfe suchten. Sowohl in Ost-Berlin als auch im visafrei erreichbaren Prag kam es im Jahr 1984 zu zahlreichen Botschaftsbesetzungen. Unmittelbar auf die Besetzungsversuche in Ost-Berlin sammelten sich im Februar 1984 in der bundesdeutschen Botschaft in Prag mehrere Besetzer, die in Kleingruppen, meist Familien oder Freundeskreise mit drei bis sieben Personen (Ausnahme vom 27. bis 29. Februar mit 23 Personen), in die Botschaft kamen und dort ausharrten. Zähneknirschend musste die SED-Führung im Frühjahr die insgesamt 48 Personen ziehen lassen. Zur Wahrung der Ordnung im Chaos vereinbarten die Unterhändler der DDR und der Bundesrepublik allerdings, dass die Betroffenen erst in die DDR zurückkehren und dort einen Ausreiseantrag stellen mussten, der ihnen dann schnell genehmigt werden würde (wonach im Gegenzug gesondert ausgehandelte Zahlungen von der Bundesregierung

17 Wiener Übereinkommen über diplomatische Beziehungen, 18. April 1961, Art. 41.
18 BVerfGE 36, 1 Rn 60.
19 BVerfGE 77, 137, Rn 35.

an die DDR flossen).[20] Dies bedingte sich die SED-Führung wohl vor allem aus, um den Anschein einer erfolgreichen Besetzung und mögliche Nachahmeffekte zu vermeiden. Selbst im MfS ging es danach um Gesichtswahrung. Über die Bezirksverwaltungen verbreitete der MfS-Generalleutnant Wolfgang Schwanitz an die Kreisdienststellen intern die Falschmeldung, die Besetzer hätten aufgegeben. Sie seien nun »operativ zu kontrollieren bzw. zu bearbeiten«, um die Hintergründe (gemeint: lokale und internationale Netzwerke und Kontakte) ihrer Besetzung aufzudecken und möglichst viel Wissen über die Botschaft selbst abzuschöpfen.[21] Dass ihre Ausreise längst beschlossen war, verschwieg Schwanitz. Ebenso erläuterte der Leiter der Berliner Bezirkskoordinierungsgruppe (BKG) Siegfried Greif Ende des Jahres seinen Mitarbeitern, der bundesdeutsche Außenminister Hans-Dietrich Genscher versuche, sich über eine »völkerrechtswidrige Position« von der ČSSR »Zugeständnisse für eine Ausreise zu erschleichen«.[22] Dieses eine Mal, so Greif weiter, habe die DDR ihm dies durchgehen lassen, und »[i]n einer Pressekonferenz in Prag mußte Genscher einräumen, daß die BRD-Regierung die Grenzen ihrer Möglichkeiten erfahren habe«, denn die Besetzer mussten in die DDR zurückkehren. Derart verzerrt stellte das MfS eine Niederlage als Sieg dar. Die Genehmigungen waren schnell erfolgt, allerdings dezentral, so dass nur die Zentrale den Zusammenhang erkannte. Diese sprach daher nicht von Heimkehrern in die DDR, sondern von »Erpressern«.[23]

Kurzzeitig schien die Taktik aufzugehen, denn in den folgenden Wochen zog an dieser Front Ruhe ein. Allerdings war dies die Phase des Jahres 1984, in der der SED-Staat zur »Druckregulierung« Zehntausende Antragsteller ziehen ließ. Die »Aktion« endete im Frühsommer 1984. Danach schnellten nicht nur die Ausreiseanträge in die Höhe, auch die Verzweiflungstaten der Zurückgebliebenen nahmen zu. Zwischen dem 11. Juli und dem 10. September 1984 begaben sich fast täglich weitere Familien in die bundesdeutsche Botschaft in Prag.

Das MfS versuchte erst, auf Zeit zu spielen, musste dann aber,

20 Mayer, *Flucht und Ausreise*, 319-23.
21 BStU BV Berlin, AG XXII, 154, 33-5, zit. 34, 38; Ähnliches erfolgte im Januar 1985 nach Botschaftsbesetzungen in Budapest und Warschau; ebd., 36 f.
22 BStU BV Berlin, AG XXII, 154, 38.
23 Zit. n. BStU BV Berlin, AG XXII, 154, 34.

nachdem die Zahl immer weiter anstieg, klein beigeben. Für die 87 Ausharrenden fand sich eine »humanitäre Lösung« nach dem Beispiel der Winterbesetzungen. Aber damit riss der Strom nicht ab. Ende September begann die nächste Welle, so dass die Botschaft am 4. Oktober ihre Türen schließen musste. Die Zugangsstraßen wurden verstärkt von der Polizei kontrolliert. Dennoch fanden weitere Personen den Weg auf das Botschaftsgelände, z. B. indem sie wagemutig über den hohen Botschaftszaun kletterten. Diesmal wollte das MfS nicht nachgeben. Angesichts der Medienberichte wollte es vielmehr Härte demonstrieren. Dies geschah mit einer Doppelstrategie aus Verneinung und Umsetzung. Erstens zeigte sich der SED-Staat monatelang unnachgiebig, was die Besetzer in der Botschaft anging, und stellte der Bundesregierung gegenüber die deutsch-deutschen Beziehungen offen infrage, sollte diese eigenmächtig dem Druck nachgeben. In der ARD-Sendung *Kontraste* ließ Anwalt Vogel eine Erklärung verlesen, in der er negierte, dass die Regierungen überhaupt über diese Fälle verhandeln würden: »Solche Verhandlungen gab und gibt es nicht. Es wird sie auch nicht geben.«[24] Zweitens sicherte die Staatsführung den Besetzern Straffreiheit zu (die Organe des MfS waren angewiesen, Strafverfolgungen vorzubereiten, aber nicht einzuleiten) und versprach eine Bearbeitung der Anträge, wenn diese in den Heimatkreisen in der DDR gestellt würden. In der Tat hatte Mielke bereits im Februar 1984 festgelegt, solche Botschaftsfälle seien schnell zu bearbeiten (was hier zu genehmigen bedeutete).[25] Parallel dazu wurde das MfS zu erhöhter Wachsamkeit aufgerufen, alle Personen, die solche Aktionen vorhätten, seien direkt zu verhaften.[26] Das Ziel des SED-Staates war eindeutig: Es galt trotz aller Eingeständnisse Pressemeldungen zu verhindern, dass Personen direkt aus Botschaften in den Westen gelangen könnten. Vielmehr wollte man sie zurück in den eigenen Ämtern wissen, auch wenn klar war, dass das MfS den vertraulichen Vereinbarungen mit der Bundesregierung folgend ein paar Wochen später die Ausreise »auf normalem Wege« genehmigen würde.[27]

24 BStU BV Berlin, AG XXII, 154, 40.

25 BStU BV Berlin, AG XXII, 154, 36 f.; Mayer, *Flucht und Ausreise*, 316.

26 Mayer, *Flucht und Ausreise*, 316.

27 Vgl. Ilse Dorothee Pautsch (Hrsg.), »26. Juli 1984: Aufzeichnung von Bertele«, in: *Akten zur Auswärtigen Politik der Bundesrepublik Deutschland 1984*, Bd. 1 (Ber-

Bis Mitte November 1984 gaben insgesamt 89 der in Prag ausharrenden Personen dem Druck nach. Dafür wird nicht unmaßgeblich gewesen sein, dass auch westliche Politiker und Kommentatoren mit steigender Lautstärke für eine »ordentliche« Erledigung der für beide Seiten unangenehmen Angelegenheit plädierten. Ein harter Kern war aber nicht zu überzeugen und trat letztlich sogar in den Hungerstreik.[28] Allerdings wurden diese Menschen weniger von der Hoffnung als vielmehr von der Furcht in der Botschaft gehalten – und zwar von der Furcht vor den Landsleuten: Ein Besetzer argwöhnte: »Im Osten laufe ich dann doch wie eine Vogelscheuche herum.‹ Jeder werde mit dem Finger auf die Heimkehrer zeigen: ›Das sind die Prager!‹. Ein 24-jähriger Maurer sekundierte: ›Mein Brigadier hat mich schon immer gepiesackt.‹‹[29] Nun werde sein Vorgesetzter, den der Betriebsleiter den Regeln von 1983 folgend in die Rückdrängung der Ausreise einbinden konnte, »seine Drohung sicher wahr machen und ›mit allen Mitteln meine Ausreise verhindern.‹« Das Misstrauen galt also nicht nur den Entscheidungsverantwortlichen im Staat, sondern vor allem jenen, auf die die Ausreisewilligen jeden Tag trafen. »Die da oben können ja viel versprechen«, so ein Dritter »aber die im Betrieb machen mich fertig.« Sie blieben in der Botschaft und setzten sich durch. Nach langen Monaten wurde ihr Unterfangen – anders als ein *Spiegel*-Cover Anfang Januar 1985 behauptete – nicht zu einer »Flucht in die Sackgasse«, sondern führte ein paar Wochen später in den Westen.[30]

So erzwangen die Besetzer gegen den SED-Staat und zum Missfallen der Bundesregierung ihre Ausreise, nachdem sie teilweise über drei Monate lang in notdürftigen Umständen gezittert hatten. Auf beiden Wegen, also direkt über Prag oder mit dem Umweg über die Ausreiseanträge und einer gewissen Wartezeit, erreichte

lin, München, Boston: De Gruyter, Oldenbourg, 2015), 948-51; dies. (Hrsg.), »27. Januar 1984: Aufzeichnung Kastrup«, in: *Akten zur Auswärtigen Politik der Bundesrepublik Deutschland 1984*, Bd. 1 (Berlin, München, Boston: De Gruyter, Oldenbourg, 2015), 132-4; dies. (Hrsg.), »30. Januar 1984: Bräutigam am Bundeskanzleramt«, in: *Akten zur Auswärtigen Politik der Bundesrepublik Deutschland 1984*, Bd. 1 (Berlin, München, Boston: De Gruyter, Oldenbourg, 2015), 135 f.

28 »Fluchtburg Prag: ›Die Frist läuft ab‹«, in: *Der Spiegel* 1 (31. Dezember 1984), 19-26.

29 Zit. n. ebd., 20.

30 BStU AdZ, HA IX, 13 339, 7.

auch diese letzte Welle 1984 von 168 Personen ihr Ziel. Erneut versuchte der SED-Staat, Erfolgsmeldungen durch verzerrte Darstellungen zu verhindern. Selbst intern log MfS-Generalleutnant Schwanitz am 28. Januar 1985 die Leiter der MfS-Diensteinheiten an, die Besetzer hätten sämtlich »ihre Erpressungsversuche aufgegeben« und seien »aus den BRD-Botschaften in die DDR« zurückgekehrt.[31] Die Diensteinheiten sollten sie nun operativ kontrollieren und bearbeiten, um »Provokationen« zu verhindern. Zugleich solle man in den Medien wann immer möglich verkünden, die DDR lasse sich nicht erpressen.

In einem gewissen Widerspruch dazu warnte Wolfgang Vogel im Versuch, weitere Besetzungen zu unterbinden, öffentlich vor Nachahmungen, denn fortan könne er sich nicht mehr für Botschaftsbesetzer verwenden. »Diesen MfS-Satz«, so hat der Botschaftsbesetzer und Autor Wolfgang Mayer süffisant vermerkt, »mußte der Ausreiseanwalt jahrelang in die westlichen Mikrofone sprechen«.[32] Denn es folgten weitere Besetzungen und immer wieder Lösungen in der beschriebenen Art. Doch ist es übertrieben, von einem »Automatismus Prager Botschaft« zu sprechen.[33] Zwar war das Migrationsregime um eine Variante des Weges durch die Mauer reicher. Das Risiko aber war immens. Erstens stieg aufgrund der guten Zusammenarbeit tschechoslowakischer Sicherheitskräfte mit dem MfS die Wahrscheinlichkeit einer Verhaftung im Vorfeld. Zweitens war das Verhalten der Botschaftsmitarbeiter ungewiss (insbesondere nach einer gewaltsamen Räumung der ebenfalls versuchsweise besetzten Prager US-Botschaft am 27. Juni 1984), und drittens zeigte auch die Bundesregierung wenig Freude über solche Versuche, welche die deutsch-deutschen Beziehungen ernsthaft gefährdeten.

Wolfgang Mayer hat die weitere Entwicklung in Zahlen dargelegt. In Prag erzwangen bis Winter 1985 demnach 350 DDR-Bürger ihre Ausreise, dann versuchten es bis Anfang 1989 keine 20 weiteren DDR-Bürger mehr.[34] Auch in Warschau erkämpften zwischen Herbst 1984 und Winter 1985 11 Personen ihre Ausreise durch eine lange währende Botschaftsbesetzung. Die nächsten Versuche gab es dort erst wieder Anfang 1989. Die Ursache für den Rückgang bis

31 BStU BV Berlin, AG XXII, 154, 33-5.
32 Mayer, *Flucht und Ausreise*, 335.
33 So in ebd.
34 Ebd., 376f.

1988/89 war eine Kombination aus einer strikten Unterbindungs-
politik des MfS, einer entmutigenden Berichterstattung zahlreicher
bundesdeutscher Medien, ablehnenden Aussagen von Bundespolitikern sowie Versuchen des SED-Staates, verschiedene Arten der
Ausreise gegeneinander auszuspielen. Bereits auf dem Höhepunkt
der Krise 1984 verkündete Wolfgang Vogel, weitere Ausreisen aus
der DDR würden erst wieder genehmigt, wenn die Besetzer die
Botschaft räumten.[35] Wie so oft in der Geschichte der Ausreise,
erwies sich diese Äußerung als ein Manöver, um Entsolidarisie-
rungseffekte zu erzeugen. Wichtig waren auch vor allem Aussagen
bundesdeutscher Staatsvertreter, die in der DDR gehört wurden.
So erklärte z. B. der Staatssekretär des BMiB Ottfried Hennig in
der ZDF-Nachrichtensendung *heute*, die Botschaften stellten »keinen Hinterausgang aus der DDR« dar.[36] Ähnlich äußerte sich der
stellvertretende Regierungssprecher Jürgen Sudhoff: »Wir können
nur hoffen, daß es sich herumspricht, daß die DDR keine Zugeständnisse mehr macht«.[37] Zudem zitierten Vertreter der DDR
immer wieder den Staatssekretär im Bundeskanzleramt Philipp
Jenninger, der am 29. Januar 1984 bekräftigt hatte, die Entscheidung über eine Ausreisegenehmigung falle nicht in den Vertretungen der Bundesrepublik, sondern werde allein von den Behörden
in der DDR getroffen.[38]

Bei solchen Zusicherungen blickten beide Seiten und die Medien vor allem auf die dauerhaft angespannte Lage um die StäV in
Ost-Berlin. In den 1980er Jahren gerieten wiederholt einzelne Mitarbeiter der StäV in Ost-Berlin in den Verdacht, Fluchthilfe zu organisieren. Die Vertretung, so unterstellte die SED-Führung nach
der Schlussakte von Helsinki, gebe Ausreiseantragstellern Hinweise
auf das Antragsverfahren, mische sich also in innere Angelegenheiten ein.[39] Obgleich die SED-Führung diesen Vorwurf wiederholt
erhob, listete eine Übersicht des MfS über Straftaten durch Diplomaten zwischen 1972 und 1981 nur ein einziges Zollvergehen eines
StäV-Angehörigen auf. Mehrere Dutzend Schleusungsfälle waren

35 Ebd., 333.
36 Zit. n. ebd.
37 Zit. n. Robert Birnbaum, »Prag: Die Bonner Botschaft leert sich wieder«, in: *Die
    Zeit* (16. November 1984).
38 BStU AdZ, HA IX, 13 339, 3 f.
39 BStU AdZ, HA IX, 14 143, 170-89; ebd., 14 144, 50-357.

hingegen durch Vertreter afrikanischer und lateinamerikanischer Staaten sowie Jugoslawiens einschlägig.[40]

Doch spätestens ab 1984 wurde die StäV zum Ziel von Fluchtwilligen. Gegen Jahresanfang kam es zu einigen kleinen Besetzungsversuchen, die schnell aufgelöst werden konnten. Nach Ende der Ausreiseaktion folgte im Sommer des Jahres aber eine weithin sichtbare Besetzung. Am 22. Juni verschärfte sich die Lage. 58 Besetzer befanden sich zu diesem Zeitpunkt in der StäV. Ein verzweifelter Ausreisewilliger zündete sich auf den Treppenstufen der Botschaft an. Dank eines Nottransportes ins Krankenhaus kam er mit dem Leben davon. Nun setzte sich der Ständige Vertreter der Bundesrepublik Hans Otto Bräutigam der zögernden Regierung in Bonn gegenüber durch und schloss die Pforten zur StäV. Sein Ziel war, in Ruhe und ohne Nachzügler eine Einigung mit der SED zu suchen. Diese Einigung wurde im »Freikauf« gefunden.[41] Parallel dazu versuchten immer mehr DDR-Bürger, trotz der Schließung mit der StäV Kontakt aufzunehmen. Sie wollten sich »als Übersiedlungssuchende registrieren […] lassen« und hofften auf einen »Freikauf«. Das Bemerkenswerte daran ist jedoch, dass nur wenige der Besetzer überhaupt einen Ausreiseantrag verfolgten.[42] Es waren en gros gänzlich andere Personen als jene, die dem Staat wohlbekannt waren, da sie seit Jahren ihren Weg vor den Ämtern des Landes durchfochten. Die Botschaftsbesetzung erschien frustrierten DDR-Bürgern als Opportunitätsstruktur. Sie hofften, für den Kampf auf Ausreise eine riskante, aber effektive Abkürzung gefunden zu haben.

Für die SED-Führung war es darum besonders wichtig, dass die Bundesinstitutionen das vereinbarte Stillschweigen über die Kompromisse wahrten. Zudem sollten sie unbedingt von »öffentlichen Aufforderungen« zum Kontakt, Besuch oder Verbleib in der Botschaft absehen. »[D]as ist die Voraussetzung dafür, daß als Ausnahme bestimme ›Botschaftsfälle‹ auf dem bekannten Wege [also über Verhandlungen und Zahlungen] diskret gelöst werden.«[43] Die StäV blieb gleichermaßen ein Triumphsymbol der weitgehenden Anerkennung der DDR durch die Bundesrepublik wie auch ein

40 BStU AdZ, HA IX, 14 143, 106-23.
41 Mayer, *Flucht und Ausreise*, 356-8.
42 BStU AdZ, HA IX, 14 414, 23a.
43 BStU AdZ, HA IX, 13 339, 9.

Stachel im Fleische der DDR. Im zweiten Halbjahr 1984 erzwangen sich dort 165 Personen die Ausreise, 1985 waren dies trotz der expliziten Tonänderung durch das Bundeskanzleramt immerhin noch 109 Personen. 1986 und 1987 sank die Zahl auf 87 bzw. 68 Personen. 1988 stieg sie leicht an auf 95. Die Mitarbeiter sollen die Besetzer anfangs zum Verlassen der Botschaft aufgefordert haben, stellten ihnen aber nach deren Weigerung Essen und Matratzen zur Verfügung und sagten Unterstützung bei ihren Übersiedlungsvorhaben zu.[44]

Ähnlich verhielt es sich vor 1989 in Ungarn, wo die bundesdeutsche Botschaft – stärker als in Prag, Warschau und anderen sozialistischen Hauptstädten – zu einer Hintertür in die Bundesrepublik zu werden drohte. Hier hatten im Sommer 1984 nach Prager Vorbild 28 Personen (davon 17 mit bereits laufenden Ausreiseanträgen) die Botschaft besetzt. 1985 folgten 18 weitere Personen; 1986 stieg diese Zahl auf 25 und 1987 auf 68 Personen.[45] 1988 veränderte sich die Lage. Zwar schien Anfang des Jahres alles mehr oder weniger unter Kontrolle zu sein – im ersten Halbjahr weigerten sich nur 12 DDR-Bürger, die Botschaft nicht nach Westen zu verlassen. Am Ende der Urlaubszeit und auch aufgrund der sich verschlechternden Zusammenarbeit zwischen dem MfS und den ungarischen Sicherheitsbehörden stieg diese Zahl bis zum 15. September auf 165.[46] In Ungarn etablierte sich Ende der 1980er Jahre in der Tat ein Mechanismus. Wie ich im nächsten Kapitel detailliert beschreibe, eskalierte die Lage aber erst 1989, bevor der Funke auf Prag übersprang.

Finale Überschneidungen:
Von Botschaftsbesetzungen zu Kirchenbesetzungen

Die Botschaftsbesetzungen diversifizierten also in erster Linie die Wege der Ausreise. Mit Botschaftsbesetzungen betonten extrem risikobereite Übersiedlungswillige vor den Augen der internationalen Gemeinschaft, dass ihnen ein Antrag (ob er lief oder nicht) »zu

---

44 BStU AdZ, HA IX, 14 144, 1.

45 Mayer, *Flucht und Ausreise*, 378, 381.

46 BStU AdZ, HA IX, 11 313, 131; Mayer, *Flucht und Ausreise*, 380 f.

lange« dauerte.[47] Solche waghalsigen Aktionen bedurften großen Mutes, intensiver Vorbereitungen und oft einer Auslandsreise.

Doch auch inmitten der DDR-Provinz gab es die Möglichkeit, per Besetzung Aufmerksamkeit auf sich zu lenken, um einem Ersuchen größtmöglichen Druck zu verleihen. Vor allem in Thüringen kam es 1988 zu Kirchenbesetzungen. Besetzt wurden große Kirchenhäuser wie der Erfurter Dom, aber auch kleine Gemeindekirchen wie in Eisfeld. Im Unterschied zu den Botschaftsbesetzungen fanden sich unter den Besetzern aber fast nur verzweifelte langjährige Ausreiseantragsteller. Mit ihren Aktionen trugen sie ihre Ersuchen wortwörtlich in die Gemeinden, was freilich sehr umstritten war – und zwar nicht nur, weil sie den geweihten Raum politisch instrumentalisierten. Die Besetzer überschritten zahlreiche für die Kirche im Sozialismus unantastbare Grenzen. Damit drohten grundsätzliche Konflikte. So geschah es Ende 1988 in Weimar beim dort bereits dritten Besetzungsversuch. Die ersten beiden konnten durch Zureden beendet werden. Anders am 4. Dezember in der Stadtkirche St. Peter und Paul. Fünf Ausreisewillige kaperten direkt vor einem Sonntagsgottesdienst die Sakristei und blockierten die Türschlösser. Der Superintendent Hans Reder, der schon 1984 wenig Geduld im Umgang mit der Friedensbewegung in Weimar gezeigt hatte, rief die Volkspolizei.[48] Damit verstieß er gegen das innerkirchlich ungemein bedeutsame Prinzip, die »Ordnungskräfte des Staates grundsätzlich nicht einzuschalten, außer in Fällen von Gewaltanwendung«.[49] Üblicherweise wurden solche Besetzungen per Gespräch und Vermittlung beendet, nun folgten Verurteilungen und lange Haftstrafen wegen Beeinträchtigung staatlicher und gesellschaftlicher Tätigkeit (§ 214 StGB der DDR) und ungesetzlicher Verbindungsaufnahme (§ 219 StGB der DDR), einmal gar verschärft als schwerer Fall nach § 216 StGB der DDR.[50] Das MfS notierte zudem den Verdacht, zwei Pfarrer hätten von dem Plan gewusst.[51]

47 So in BStU AdZ, Abt. X 415, 133; zudem z. B. BStU BV Berlin, 154, 32-41; ebd., BV Berlin, 593, 1 f.; ebd., HA XXII, 784 Bd. 3, 2; ebd., ZAIG, 16 157.

48 »Macht Gurkensalat«, in: *Der Spiegel* 6 (1984), 30.

49 RHG, UP 041, Rundschreiben des Landesbischofs Thüringen, 15. Dezember 1988.

50 RHG Ki 07, 39.

51 BStU AdZ, HA IX, 11 374, 274-7.

Es erfolgte ein Aufschrei in Oppositions- und Kirchenkreisen. Reder verteidigte seine Handlung offensiv sowohl in Briefen im Land als auch in einem Interview im Deutschlandfunk.[52] Für ihn waren diese Klagen über sein Verhalten »Rufmord«, worauf die Landeskirchenleitung zwar den Grundsatz der Nichteinschaltung der Staatsmacht bekräftigte, zugleich aber konstatierte, dass die »Besetzung bereits der eigentliche Missbrauch des Gotteshauses ist«.[53] Diese Haltung empörte viele oppositionelle Aktivisten und Gläubige. Insbesondere nach der »Schlacht um Zion« im Herbst 1987 war die Unantastbarkeit der Kirchenräume sakrosankt. Dass dies nun wegen einiger Ausreisender innerkirchlich untergraben werde, erachtete ein Bericht in den *Umweltblättern* schlicht als einen »unerhörten Vorgang«. Auch ohne Sympathie für die Antragsteller ließe Reders »krasses Fehlverhalten«, so die Berliner Aktivisten, befürchten, »daß die in diesem Falle praktizierte gewaltsame Umgangsweise mit Konflikten in der Kirche als allgemein übliche Verfahrensweise betrachtet wird.«[54] Sicher kam dabei auch die Erinnerung an den Februar und März 1988 hoch, als die Polizei unter dem Vorwand angeblich bevorstehender Kirchenbesetzungen mehrfach die Gottesdienstbesucher der Berliner Sophienkirche drangsalierte.[55] So wurde der Fall der Kirchenbesetzung zu einem Fall Reder, in dem Opposition und Kirchenführung ihre Beziehung aushandeln mussten. Die Redaktion der *Umweltblätter* befand, dass Reder der konfliktreichen Offenen Arbeit in Weimar »nicht mehr gewachsen war« und dass die Amtskirche endlich eine »klare Stellung zur Ausreisefrage« entwickeln müsse.[56] Als Reder Anfang 1989 vorzeitig in den Ruhestand versetzt wurde (und, was nicht ganz ohne Ironie ist, kurz darauf selbst ausreisen wollte), applaudierte der *mOAning Star*, die Untergrundzeitschrift der Kirche

---

52 Auszug in »Abschied mit Freuden«, in: *mOAning Star* 13 (1989), 6 f.

53 RHG, Ki 07, Rundschreiben Landeskirchenrat Thüringen, gez. Krüger, 1. Januar 1989.

54 c. d., »Der Fall Reder: Ausreisewillige besetzen die Weimarer Kirche«, in: *Umweltblätter* 29 (2. März 1989), 9-11.

55 Martin-Michael Passauer, »Auszüge aus dem Bericht um die Vorgeschichte und Ereignisse um den Gottesdienst in der Sophienkirche Berlin am 6.3.1988«, in: *Friedensnetz* 3 (1988), 19-22; »Polizeiaktion um eine angeblichen Besetzung der Berliner Sophienkirche (nach einem Bericht des Gemeindepfarrers Passauer)«, in: *Umweltblätter* 4 (1988), 4 f.

56 r. l., »Anmerkungen der Redaktion«, in: *Umweltblätter* 29 (2. März 1989), 11.

von Unten. Reder, notierte der Autor lakonisch, habe geschafft, »was ich noch nicht einmal der Stasi zugetraut [habe]«: Er hat nachhaltig »die O[ffene] A[rbeit] in Weimar kaputt« gemacht.[57]

Letzten Endes war diese Episode jedoch nur die Zuspitzung eines seit 1983 laufenden Prozesses, in dem wenige, besonders frustrierte Übersiedlungswillige und Ausreiseantragsteller sich mit hohem Risiko öffentlich Gehör verschafften. Aber erst jetzt zeigte sich ein breites Entgegenkommen von anderer Seite und ungeachtet der Probleme, die Ausreisenden als Bewegung zu formieren. Zudem neigten immer mehr Oppositionsgruppen dazu, die Anliegen der Ausreisewilligen als einen Ausdruck davon zu verstehen, wie es im Land um die Menschenrechte stand. Beiderseits der Grenze nahmen DDR-Oppositionelle den konservativen Menschenrechtsvertretern in der Bundesrepublik das Monopol über den Ausreisediskurs aus der Hand. Sie erkannten, dass Ausreisende, um ihr Ziel zu erreichen – und dies wird nach wie vor oft übersehen –, notwendigerweise zugleich für eine Vielzahl anderer Rechte (vom allgemeinen Recht, Rechte zu haben, über die Kontrolle von Staatsentscheidungen bis hin zur Meinungsfreiheit) kämpften und sich aktiv gegen die Willkür des Staates zur Wehr setzten. Standpunkte, die diesem nachhaltigen und gegen die grundlegenden Regeln des Staates verstoßenden Handeln per se den Widerstandscharakter absprechen und es auf »Resistenz durch Sich-Entziehen« reduzieren,[58] verkennen den Charakter des Antragsprozesses, sie marginalisieren den langen und reibungsintensiven Prozess zwischen Antragstellern, Staat und Gesellschaft. Letztendlich setzen sie (teilweise mehr oder weniger im Geiste »kollektiver« Menschenrechtsvorstellungen) voraus, dass Widerstand – auch zur Durchsetzung individueller und verweigerter Rechte – kein eigenwertiges Handeln in einer Diktatur sei, sondern in konstruktiver Gesellschaftskritik münden müsse.[59] Bemerkenswert sind in diesem Zusammenhang aktuelle

57 »Abschied mit Freuden«; zur Uneinsichtigkeit Reders noch über 25 Jahre später und den Verdacht einer MfS-Mitarbeit siehe Dirk Kunze, »Der Verschwundene«, in: *The Wide Sight* (12. Mai 2015), online verfügbar unter: ⟨http://thewidesight.de/?p=238⟩ (Stand März 2019).

58 Johannes Raschka, »Die Ausreisebewegung – Eine Form von Widerstand gegen das SED-Regime«, in: *Politisch motivierte Verfolgung: Opfer von SED-Unrecht*, hg. von Ulrich Baumann und Helmut Kury (Freiburg i. Br.: Edition Iuscrim, 1998), 273; ebenso Jens Gieseke, *Die Stasi, 1945-1991* (München: Pantheon, 2011), 184.

59 Vgl. hierzu die lange Diskussion in Bernd Eisenfeld, »Die Ausreisebewegung:

Aussagen von Heinrich Herbst, bereits Ende der 1980er Jahre ein beliebter Geistlicher in Weimar und dort der heutige Superintendent. 25 Jahre nach der Weimarer Kirchenbesetzung erkannte er öffentlich an, dass in der damaligen Diskussion über »Gehen oder Bleiben« das Bleiben überbetont worden sei. Man verkannte, so Herbst, »dass die Mauer auch dadurch baufälliger wurde, dass ›Ausreisewillige‹ auf unterschiedliche Weise gegen sie angingen. […] Dabei wurde vergessen, dass Menschenrechte unteilbar sind. So gesehen war jede Kirchenbesetzung und jeder Ausreiseantrag eben auch ein Eintreten für die Menschenrechte. Zu dieser Einsicht hatte uns damals möglicherweise unser Votum zum Bleiben den Blick verstellt.«[60]

Damals erkannten dies nur wenige Oppositionelle. Viele gaben sich dem für die deutsche Migrationswahrnehmung »Was, wenn alle?«-Argument hin, sei es, weil sie gefangen waren in den Logiken ihrer Oppositionsarbeit oder beeinflusst wurden von Ideen einer separaten DDR-Nationalität, sei es, weil sie eine kapitalisti-

Eine Erscheinungsform widerständigen Verhaltens«, in: *Zwischen Selbstbehauptung und Anpassung: Formen des Widerstandes und der Opposition in der DDR*, hg. von Ulrike Poppe, Rainer Eckert und Ilko-Sascha Kowalczuk (Berlin: Ch. Links, 1995), 192-223; Ulrike Poppe, Rainer Eckert und Ilko-Sascha Kowalczuk (Hrsg.), *Zwischen Selbstbehauptung und Anpassung: Formen des Widerstandes und der Opposition in der DDR* (Berlin: Ch. Links, 1995); Raschka, »Die Ausreisebewegung – Eine Form von Widerstand gegen das SED-Regime«; Karl W. Fricke, »Fluchthilfe als Widerstand im Kalten Krieg: Anmerkungen zu einem ungeschriebenen Kapitel DDR-Widerstandsgeschichte«, in: *APuZ* 38 (1999), 3-10; Ehrhart Neubert, »Der KSZE-Prozeß und die Bürgerrechtsbewegung in der DDR«, in: *Widerstand und Opposition in der DDR*, hg. von Klaus-Dietmar Henke, Peter Steinbach und Johannes Tuchel (Köln: Böhlau, 1999), 295-308; Bernd Eisenfeld, »Ausreisebewegung«, in: *Lexikon Opposition und Widerstand in der SED-Diktatur*, hg. von Hans-Joachim Veen (Berlin: Propyläen, 2000), 58-61; Stefan Wolle, »Flucht als Widerstand?«, in: *Widerstand und Opposition in der DDR*, hg. von Klaus-Dietmar Henke, Peter Steinbach und Johannes Tuchel (Köln: Böhlau, 1999), 309-26; Hans-Joachim Veen (Hrsg.), *Lexikon Opposition und Widerstand in der SED-Diktatur* (Berlin: Propyläen, 2000); Mayer, *Flucht und Ausreise*.

60 Diese Position hatte er schon länger eingenommen und auch das Gespräch mit den ehemaligen Kirchenbesetzern gesucht. Diesen gestand er zu, dass ihnen das Handeln der Kirche als »Verrat« vorgekommen sein müsse; vgl. Brief Herbst an Bickelhaupt, 10. Dezember 2013, online verfügbar unter: ⟨http://www.kirchenkreis-weimar.de/attachment/1e04a530a4a2ea84a5311e0b398655a31b0aa30aa30/1e36191fa6075 f.2619111e3bee7392abfe960c460c4/20131210092603.pdf⟩ (Stand März 2019).

sche Gesellschaftsalternative konsequent ablehnten. Doch wie die Besetzungen in aller Radikalität zeigen, trat die Ausreise Ende der 1980er Jahre unverblümt als der zentrale, weil sozial omnipräsente Konflikt im Staat hervor. An ihnen offenbarte sich nicht nur, wie die Autoren einer »Analyse (erste[n] Bestandsaufnahme) zu Ausreisebegehren und innerem Frieden in der DDR« festhielten, »ein tiefgreifender Machtkonflikt zwischen der Staatsmacht und der Mehrheit der Bevölkerung«. Sie ließen darüber hinaus die Risse und vom MfS in die Opposition eingearbeiteten Sollbruchstellen innergesellschaftlicher Bewegung und Solidarität zutage treten.[61] Und es zeigte sich zunehmend offen das häufig zugleich aus Angst und Frust geborene breite Handlungsrepertoire der Ausreisewilligen. Einen Ausdruck ihrer Stimmung gab der Malermeister Walter Hahnig*, Mitunterzeichner der »Analyse«, in einem Brief an das MfS zu Protokoll. Mit verzweifeltem Sarkasmus schlug er dem Ministerium ein fünf Punkte umfassendes »Arbeitsprogramm« vor, um Menschen »für diese und auch für jegliche andere Gesellschaftsordnung unbrauchbar« zu machen.[62] Als Resultat der Angriffe auf ihn und seine Familie resümierte er kurz vor Jahresende 1988 die Geisteshaltung vieler Ausreisewilliger, denen der Staat es unmöglich gemacht hatte, zwischen privatem und politischem Streben zu unterscheiden: »Ich bin Freiwild, Objekt und Opfer, ein Mensch, dem man alles menschenwürdige Leben versagen muß, dessen demokratische Denkweisen man unterdrücken muß, dem man beweisen muß das [sic] Gesetze und Rechtsvorschriften für ihn keine Verbindlichkeit haben.«[63]

---

61 Zit. n. BStU AdZ, HA IX, 447, 86.
62 Dabei enthalten Hahnigs* »Phasen« zentrale Kernpunkte dessen, was das MfS als »Zersetzung« von Ausreisewilligen betrieb. Kurz zusammengefasst: 1. Phase: Verweigerung von Anerkennung und Stigmatisierung als »Vaterlandsverräter, Klassenfeind«; 2. Phase: Eingriffe in die Menschenwürde und familiäre Bindungen; 3. Phase: Bespitzelung, Androhung von Strafen; 4. Phase: wirtschaftliche Bedrohung und willkürliche Bestrafung; 5. Phase: Dem Betroffenen jedwedes humanitäre Handeln absprechen, alles infrage stellen, selbst den Kindern »antisozialistische Verhaltensweisen« vorwerfen. Er schloss sarkastisch: »Im Sachverhalt Familie Hahnig* wurde diese Anleitung zum Arbeitsprogramm erprobt. Wir bitten alle Genossen ihre Vorschläge zur Erweiterung der V. Phasen zu erarbeiten.« RHG, RG/B 12, 9-12, ebenfalls in BStU AdZ, HA XVIII, 20 688, 84-6.
63 RHG, RG/B 12, 9, ebenfalls in BStU AdZ, HA XVIII, 20 688, 84.

8. Der lange Sommer der Emigration:
Die Selbstauflösung der Mauergesellschaft 1989

Für die SED-Führung begann das Jahr 1989 mit Sekt und Selters. In seiner Neujahrsansprache im Fernsehen der DDR ließ Erich Honecker die Korken knallen. Vollmundig feierte er den von »Kontinuität und Erneuerung« gekennzeichneten Weg der SED und der DDR.[1] Unter Kontinuität verstand er dabei, kaum zur Überraschung der Zuschauer, das »viele Generationen« umfassende »große Aufbauwerk« im Einsatz gegen den »atomaren Holocaust«.[2] Ungeachtet des Brodelns im ganzen Land zeichnete er ein Bild gesellschaftlicher Harmonie, steigender Löhne und Renten, von Vollbeschäftigung und sozialem Wohnungsbau, wohingegen auf der anderen Seite der Grenze allein »das Wolfsgesetz des Profits herrscht«.[3] Was aber, mögen sich die Zuschauer gefragt haben, meinte er mit »Erneuerung«? Zeichnete sich vielleicht doch ein Einschwenken auf den sowjetischen Weg von Glasnost und Perestroika ab? Weit gefehlt. Das Neue, erklärte Honecker mit stolzgeschwellter Brust, war, dass man im Vorjahr »die ersten 1-Megabit-Schaltkreise hergestellt« habe und dass nun eifrig »das nächsthöhere Niveau, der 4-Megabit-Speicher«, in Angriff genommen werde.[4] In der Zukunft zähle allein der »Kampf um Spitzenleistung« und die »umfassende Nutzung der Ergebnisse unserer Mikroelektronik«.[5] Der Volksmund witzelte hingegen vom »ersten begehbaren Mikrochip der Geschichte«, und viele wünschten sich erst einmal ein Telefon.[6] Immer mehr Personen wollten ohnehin

---

1 SAPMO, DY 30, 2332, 118.

2 SAPMO, DY 30, 2332, 121, 126.

3 SAPMO, DY 30, 2332, 119 f.

4 SAPMO, DY 30, 2332, 119; wie sich später erwies, war die DDR weit von der Massenproduktion der 1-Megabit-Chips entfernt. Ähnliche Modelle befanden sich im Westen seit 1986 auf dem Markt, allein Siemens produzierte monatlich ungefähr 2 Millionen Stück, »DDR Mikroelektronik: Ende der Illusion«, in: *Der Spiegel* 1 (1. Januar 1990), 76 f.

5 SAPMO, DY 30, 2332, 124.

6 Jürgen Danyel hat den technischen Rückstand der staatssozialistischen Chipproduktion auf ungefähr ein Jahrzehnt geschätzt, vgl. Jürgen Danyel, »Zeitgeschichte der Informationsgesellschaft«, in: *Zeithistorische Forschungen/Studies in Contem-*

nicht nur nach drüben schreiben oder telefonieren, sondern umziehen.

Der Sekt, den Honecker der Bevölkerung verbal zum Fest reichte, bestand also großenteils aus Luftblasen. Kommen wir zum Sprudelwasser. Honeckers rituelle Beschwörungen des Stolzes auf die »gemeinsame Sache«, auf das »gemeinsam Erreichte« sowie die Rede von der »Position unserer Gemeinschaft« verschleierten auch vor Genossen nur unzureichend, dass sich die SED-Führung zum Jahresbeginn selbst eine gehörige Portion Sauerwasser eingeschenkt hatte.[7] Den sich klar abzeichnenden, enormen sozialen Herausforderungen des Jahres 1989 versuchte die SED zur Jahreswende mit normativen Änderungen entgegenzutreten. Sehr zum Missfallen des MfS hatte die SED-Führung zum 1. Januar 1989 die Antragstellung auf ständige Ausreise legalisiert, ein weiterer Versuch, Druck aus dem kochenden Migrationsregime zu nehmen. Dieses Eingeständnis formte den Auftakt zu einem wilden Jahr, in dem wie selten klar wurde, dass Migrationspolitik als Bevölkerungs- und Identitätspolitik eine der empfindlichsten Stellen eines jeden Staates berührt. An ihr zeigte sich 1989, so hat nicht nur der Historiker Ilko-Sascha Kowalczuk betont, dass sich die Ausreise »für die innere Delegitimierung und den Niedergang der DDR nicht hoch genug veranschlagen lässt«.[8] Anders als im Aufarbeitungsmantra festgeschrieben, war es eben keine »verschwindend kleine Minderheit, die sich bereit zeigte, aktiv gegen das SED-Regime aufzutreten«.[9] Verschwindend klein war die Zahl jener, die sich dabei organisierten. Darüber hinaus aber traten seit vielen Jahren Hunderttausende Ausreisewillige unnachgiebig und meist vollkommen auf sich alleine gestellt gegen den Staat auf und rangen ihm das ab, was er mindestens ebenso fürchtete wie kritische Sätze. Die dabei losgetretenen Folgen gingen weit über das individuelle Handeln der Antragsteller hinaus. Aus massenhaftem Handeln entstand erst eine Praktik und aus dieser dann ein aggregierter politischer Effekt.

porary History 9/2 (2012), 10 f., online verfügbar unter: ⟨http://www.zeithistorische-forschungen.de/2-2012/id=4441⟩ (Stand März 2019).

7 SAPMO, DY 30, 2332, 123, 126.

8 Ilko-Sascha Kowalczuk, *Endspiel: Die Revolution von 1989 in der DDR*, 3., überarb., korr. und erw. Neuausg. (München: C. H. Beck, 2015), 195.

9 Zit. n. Jens Schöne (Hrsg.), »Von der Resignation zur Revolution: Die DDR im Jahr 1989«, in: *Revolution: Die DDR im Jahr 1989* (Berlin: LStU Berlin, 2010), 7.

Im Jahr 1989 verband sich dieser aggregierte Effekt der Ausreise mit anderen Praktiken Unzufriedener zu einer revolutionären Mischung. Dabei überlappten sich letztendlich die Stränge des Normativen, des Scheiterns der Kontrollmechanismen, der externen Einflüsse, der internen Mobilisierung und der internationalen Verflechtung derart, dass sich das seit dem 13. August 1961 entwickelte komplexe Migrationsregime selbst auflöste. Das Handeln der zahlreichen Akteure war unkoordiniert und widersprüchlich, aber wohl gerade deswegen derart wirkungsvoll, dass dem SED-Staat die Mauern – die sprichwörtlichen, die papiernen und die zementierten – an zu vielen Fronten wegbrachen. So kann es nicht die Aufgabe dieses Kapitels sein, die Vielfalt der Ereignisse aus dem Jahr 1989 nachzuerzählen. Es verfolgt vielmehr die migrationshistorisch zentralen Stränge, die sich im finalen Jahr der Mauer überlappten, um abschließend gesondert darzulegen, wie der Faktor Migration zur friedlichen Revolution und zum Ende des Kalten Krieges beitrug.

Repression am Ende:
Vom Antragsrecht zur Sommerkrise

Bereits drei Jahre vor dem Mauerfall, so gab der ehemalige Rektor der Akademie für Gesellschaftswissenschaften beim ZK der SED Otto Reinhold später zu Protokoll, hätten die Soziologen der DDR erkannt, dass sich im Land die »Bedürfnisse wesentlich verändert haben«. In zahlreichen Gesellschaftsanalysen hätten die führenden Sozialwissenschaftler des Staates der Parteiführung – der Reinhold angehörte – dargelegt, dass die drängendsten Probleme nicht mehr Dinge wie »der billige Brotpreis« seien, sondern »Reisetätigkeit, mehr Demokratie, Infrastrukturfragen«.[10] Mit dieser Erkenntnis waren die Soziologen, auch wenn Reinhold das anders darstellen wollte, keineswegs alleine. Aber was tun?

Selbst das MfS sah sich Ende 1988 angesichts der Unzufriedenheit über die fehlende Freizügigkeit und vor allem aufgrund des daraus folgenden überbordenden »Bearbeitungsaufwands« gezwungen, seine eigenen Vorgehensweisen zu evaluieren. Der Aus-

---

10 Hoover Institution Archives, GDR Oral History Project, 15, 103 f., Transkript Interview Heinrich Bortfeldt mit Otto Reinhold, 29. Januar 1991, 15.

gangspunkt war eine Zunahme der Westreisen. 1987 wurden für 2,2 Millionen DDR-Bürger aufgrund dringender Familienangelegenheiten (Beerdigungen, besondere Geburtstage etc.) Reisen in das Bundesgebiet genehmigt und für 2,8 Millionen nach West-Berlin.[11] Diese hohe Zahl verursachte dem MfS aber weniger Bauchschmerzen als das Profil der Reisenden. 50,2 % aller Besuchsreisen nach Westdeutschland unternahmen Personen unterhalb des Rentenalters, wohingegen nur 6,1 % der Westreisenden Rentner waren. Durch Besuchsreisen rückte also vor allem die Bevölkerung des Bundesgebiets (und deren Lebensstil) wieder in die Lebensrealität der arbeitenden DDR-Bevölkerung. Im ersten Quartal 1988 erhöhte sich der Prozentsatz auf 81 bzw. 7,2 %. Dabei nahmen Rentnerreisen zwar relativ, aber nicht numerisch ab. Parallel dazu stieg der »Missbrauch« dieser Reisen, also das ungenehmigte Verbleiben in Westdeutschland, an. Dieser war zwischen 1986 und 1987 trotz einer deutlichen Zunahme der Reisen mit 0,2 % (1144 Fälle in 1986) bzw. 0,23 % (3009 Fälle in 1987) recht konstant geblieben. Im ersten Quartal 1988 stieg diese Zahl aber auf 0,33 %. Ende März 1988 war dann mit 1207 Personen bereits die Gesamtzahl der Verbleiber von 1986 überschritten. Das MfS schlussfolgerte, dass die Prüfung zu routiniert abliefe und darum die nötige Rigidität vermissen ließ.[12] Zugleich aber wurden Forderungen nach einer liberaleren Praxis auch im Apparat laut, denn der Druck aus der Bevölkerung nahm immer mehr zu.

Im Frühjahr 1988 erstellte Günter Soboll, Referatsleiter »Einsatzkoordinierung« der HA XXII und, wie der Politikwissenschaftler Helmut Müller-Enbergs vermutet hat, darüber in die Arbeit der HV A verwickelt,[13] an der Hochschule des MfS intern eine rechtsvergleichende Studie der Ausreiseregeln zwischen der DDR, der Bundesrepublik, der UdSSR und Österreich. Darin konstatierte Soboll unter anderem, dass die DDR besonders restriktiv bei der Passausgabe war, dass die anderen Staaten deutlich kürzere Bearbeitungsfristen garantierten und dass in der DDR durch die zahl-

11 Zahlen aus BStU AdZ, ZAIG, 11 313, 21 f.
12 BStU AdZ, ZAIG, 11 313, 22.
13 Roland Wiedmann, *Die Organisationsstruktur des Ministeriums für Staatssicherheit 1989 (MfS-Handbuch)* (Berlin: BStU, 2010), 268; Helmut Müller-Enbergs, *Hauptverwaltung A (HV A): Aufgaben – Strukturen – Quellen (MfS-Handbuch)* (Berlin: BStU, 2013), 254.

reichen »Kann«-Bestimmungen der ins Restriktive gehende Ausle-
gungsspielraum deutlich größer war als selbst in der Sowjetunion.[14]
Soboll schlussfolgerte dennoch, dass sich mit Blick auf den KSZE-
Prozess kein »Nachholbedarf« ergebe.[15] Allenfalls, so regte der Stu-
dienautor an, könne man darüber nachdenken, die Regelungen in
vereinfachter Form »[i]m Interesse der Rechtssicherheit der Bürger« zu veröffentlichen.[16] Unter dieser Vereinfachung verstand er
allerdings eine Reduktion der erlaubten Fälle (Personenkreis, Be-
suchsanlässe, Fristen etc.). Die Idee der Veröffentlichung galt damit
nicht der Aufklärung der Bevölkerung, sondern der Straffung der
Regeln zugunsten der Ende des Jahres noch einmal forcierten koordinierten Unterbindungsbemühungen von Ausreiseanträgen.[17]

Es folgte in der Tat eine bedeutende normative Änderung der
Ausreiseregulierung. Zum Jahreswechsel trat die am 30. November 1988 beschlossene und viel beachtete Verordnung über Reisen von Bürgern der Deutschen Demokratischen Republik nach
dem Ausland (kurz: Reiseverordnung, RVO) in Kraft. Sie wurde
veröffentlicht und führte erstmals das allgemeine Recht auf einen
Ausreiseantrag ein.[18] Diese janusköpfige Verordnung setzte die Verordnung über Familienzusammenführung von 1983 außer Kraft,
ohne jedoch die Fragen der Familienzusammenführung und der
Rentnerausreise komplett neu zu regeln. Sie fasste vielmehr Eckpunkte der zahlreichen vertraulichen Reise- und Ausreisefragen zusammen und straffte diese. Vor allem erwähnte sie, wenn auch eher
im Nebensatz, erstmalig offiziell die Möglichkeit der dauerhaften
Ausreise »auch aus anderen humanitären Gründen«, wenn dadurch
der DDR keine Schäden entstünden (§ 10, Abs. 3). Darüber hinaus rahmte die RVO knapp die Antragswege (§ 11), definierte (weit
gefasste) Versagensgründe (§ 13-15), Bearbeitungsfristen (§ 16) und
gestand abgelehnten Antragstellern das Recht auf Informationen
zur Entscheidung (§ 17), ein Beschwerderecht bei den Abteilungen
Inneres (§ 18) und zum 1. Juli 1989 gar die gerichtliche Nachprü-

14 BStU AdZ, HA IX, 3332, 106-25.

15 BStU AdZ, HA IX, 3332, 125.

16 BStU AdZ, HA IX, 3332, 117-9.

17 Siehe z. B. BStU AdZ, HA IX, 1954, 1-16; ebd., HA IX, 17066, 74-87, Entwurf.

18 »Verordnung über Reisen von Bürgern der Deutschen Demokratischen Republik nach dem Ausland. Vom 30. November 1988«, in: *Gesetzblatt der DDR, Teil I*
25 (13. Dezember 1988), 271-4.

fung zu (§ 19). Dies war bei Weitem noch kein Recht auf Ausreise, aber eine bedeutsame Abkehr von der Praxis, bereits die Anträge als »rechtswidrig« zu erachten. Vor allem schränkte die RVO die Genehmigung einer Besuchsreise in den Westen auf humanitäre Anliegen ein und knüpfte sie damit an enge Verwandtschaftsverhältnisse.

Mit der RVO zog etwas Transparenz ein, aber keine Glasnost. Die wichtigen Papiermauern blieben Staatsgeheimnisse, und nicht nur der Inhalt der RVO, auch ihr Hintergrund war ambivalent. Erstens konnten vorsichtige Reformer in der SED-Führung noch vor Jahresende 1988 Ansätze einer sozialistischen Verwaltungsgerichtsbarkeit durchsetzen. Diese Schritte waren sehr zaghaft und betrafen nur die Überprüfbarkeit eng ausgewählter Verwaltungsentscheidungen. Nichtsdestotrotz deuteten sie einen Paradigmenwechsel in der Überprüfbarkeit staatlicher Entscheidungen an.[19] Dieses Vorhaben passte zur Außendarstellung der DDR auf dem Weg zum Abschluss des von 1986 bis 1989 laufenden Wiener KSZE-Folgeprozesses. In dieser Phase besaß die SED-Führung besonders wenig Interesse daran, erneut auf der internationalen Anklagebank zu landen, zumal sie aufgrund ihres Starrsinns zusehends die Rückendeckung durch die Sowjetunion verlor.[20] Die RVO konnte der Außendiplomatie der DDR als symbolisches Entgegenkommen jenseits zentraler Sicherheitsbedenken dienen. Das MfS nutz-

---

19 Das spätere Datum des Inkrafttretens von § 19 des Reisegesetzes lag am Gesetz über die Zuständigkeit und das Verfahren der Gerichte zur Nachprüfung von Verwaltungsentscheidungen vom 1. Juli 1989, vgl. »Gesetz über die Zuständigkeit und das Verfahren der Gerichte zur Nachprüfung von Verwaltungsentscheidungen. Vom 14. Dezember 1988«, in: *Gesetzblatt der DDR, Teil I* 28 (23. Dezember 1988), 327 f.; Horst-Dieter Kittke und Gerhard Rieger, »Zur (Wieder-)Einführung einer Verwaltungsgerichtsbarkeit in der DDR«, in: *Deutschland Archiv* 22 (1989), 174-9; Richard Schröder, »Geschichte des DDR-Rechts: Straf- und Verwaltungsrecht«, in: *forum historiae juris* (6. April 2004), 37; Sabine Schlacke, *Überindividueller Rechtsschutz: Phänomenologie und Systematik überindividueller Klagebefugnisse im Verwaltungs- und Gemeinschaftsrecht, insbesondere am Beispiel des Umweltrechts* (Tübingen: Mohr Siebeck, 2008), 49 f.; Joachim Hoeck, *Verwaltung, Verwaltungsrecht und Verwaltungsrechtsschutz in der Deutschen Demokratischen Republik* (Berlin: Duncker & Humblot, 2003), 402-36.

20 Hans-Hermann Hertle, *Der Fall der Mauer: Die unbeabsichtigte Selbstauflösung des SED-Staates* (Opladen: Westdeutscher Verlag, 1996), 87-91; Anja Hanisch, *Die DDR im KSZE-Prozess 1972-1985: Zwischen Ostabhängigkeit, Westabgrenzung und Ausreisebewegung* (München: Oldenbourg, 2012), 359, 373-5.

te dies zur Untermauerung alter Forderungen und konstatierte in einem Kommentar zum KSZE-Abschlussdokument 1989, dass die DDR allen Verpflichtungen nachkomme, weswegen nun »zunächst einmal« die Bundesrepublik gefordert sei, die Staatsbürgerschaft der DDR anzuerkennen, die Botschaftsfragen zu lösen und ihre »›innerdeutsche‹ Doktrin« aufzugeben.[21]

Intern verlief allerdings ein Riss durch die Führungsriege des Staates. Denn während das MdI in Migrationsfragen zunehmend an Formalisierung und Verwaltbarkeit interessiert war, pochte das MfS auf seine Entscheidungshoheit und interne Abschottung. Es befürchtete nichts Geringeres als die »schleichende ideologische Erosion« im Apparat.[22] Um dem vorzubeugen, vermied es das MfS wenn immer möglich, die gegenüber abgelehnten Antragstellern nun auskunftspflichtigen Angestellten des MdI mit Informationen über den Entscheidungsprozess zu versorgen.[23] Damit es erst gar nicht zu solchen Konflikten kam, teilten die Ministerien letztlich das Ziel, dass auch 1989 die absolute Mehrzahl der Reise- und Ausreiseanträge gar nicht erst zur Bearbeitung angenommen würde.[24] Aus diesem Grund erhöhte der Minister des Innern den Druck, die Betriebe, Kombinate, Organisationen und Vereine stärker in die Delegitimierung von Ausreisebestrebungen einzubinden. Wenn der Staat schon ein Antragsrecht zugestehen musste, sollte die Gesellschaft die Inanspruchnahme dessen umso stärker als unmoralisch stigmatisieren. Seinen Mitarbeitern gab er zudem strenge Regeln an die Hand, wie diese zu entscheiden und vor allem mit abgelehnten Antragstellern zu kommunizieren hatten.[25]

Vor diesem Hintergrund kann es nicht überraschen, dass Erich Mielke aus der RVO alles andere als reformerische Schlüsse zog. Er beantragte noch kurz vor Jahresende 1988 eine deutliche Aufsto-

---

21 BStU AdZ, HA IX, 5268, 59.

22 Zit. n. Andreas Niemann und Walter Süß, »*Gegen das Volk kann nichts mehr entschieden werden*«: *MfS und SED im Bezirk Neubrandenburg*, 2. Aufl. (Berlin: BStU, 1997), 12.

23 Walter Süß, *Staatssicherheit am Ende: Warum es den Mächtigen nicht gelang, 1989 eine Revolution zu verhindern*, 2., durchges. Aufl. (Berlin: Ch. Links, 1999), 156.

24 Die Genehmigungsverfahren im MdI selbst orientierten sich großenteils an den umfangreichen und teilweise erst 1988 aktualisierten, nach wie vor vertraulichen Methoden; vgl. BStU AdZ, Abt. BCD 3136, 524-642.

25 BStU AdZ, HA VI, 6400, 95-180, Einweisungsmaterial.

ckung des operativ einsetzbaren MfS-Personals, wodurch nach zwei Jahren des Personalabbaus erstmals die Anzahl der hauptamtlichen Mitarbeiter auf über 91 000 anstieg, mit besonderem Zuwachs bei den Berufsoffizieren (1051 zusätzliche Stellen) und den hauptamtlichen IM (416 zusätzliche Stellen).[26] Direkt nach Verabschiedung der Verordnung informierte Generalleutnant Werner Irmler von der ZAIG die Leiter aller Diensteinheiten über die Details und darüber, dass diese neuen Regelungen der Öffentlichkeit am 13. Dezember bekannt gemacht würden.[27] Für genau diesen Tag beraumte Mielke eine grundlegende Dienstbesprechung mit sämtlichen Bezirks- und Abteilungsleitern an, auf der er, wie etwas später in der Silvesternacht Honecker von seinem Volk, von seinen Mitarbeitern für das kommende Jahr Spitzenleistungen einforderte. Dabei mahnte er explizit in Bezug auf die neue Reiseverordnung zur höchsten Wachsamkeit. Es sei ihre Aufgabe, so Mielke, die DDR gegen alle aus der Sowjetunion herüberschwappenden Reformbemühungen abzuschirmen.[28] Seine Bezirksvertreter trugen seine Anweisungen in den Apparat weiter. Der Leiter der Bezirksverwaltung für Staatssicherheit Neubrandenburg Generalmajor Peter Koch betonte am Folgetag vor seinen Untergebenen, angesichts der kommenden Lage müsse man »[a]uch über das Denken der Menschen« und »alles, was nicht offen gesagt wird«, informiert sein. Denn, da war er sich sicher, »1989 wird für [das] MfS hart«.[29]

In der Bevölkerung stieß die RVO auf deutlich mehr Ablehnung als erwartet. In einem Stimmungsbericht hielt sich das MfS nicht lange mit positiven Aussagen auf, sondern kam direkt und ausführlich zu kritischen Reaktionen. Vor allem Antragsteller und Kirchenvertreter, also jene, die sich am intensivsten mit der Geneh-

26 Eigene Berechnung nach Jens Gieseke, *Die hauptamtlichen Mitarbeiter des Ministeriums für Staatssicherheit (MfS-Handbuch)* (Berlin: BStU, 1996), 101 f.

27 BStU Adz, HA IX, 17 066, 109; die öffentlichen Verkündungen hielten sich zurück. Die Verordnung wurde am 14. Dezember plangemäß im Wortlaut, aber ohne große feiernde Kommentare in der Bezirkspresse und auf Seite sechs des *Neuen Deutschland* veröffentlicht.

28 Walter Süß, »Politische Taktik und institutioneller Zerfall: MfS und SED in der Schlußphase des Regimes«, in: *Staatspartei und Staatssicherheit: Zum Verhältnis von SED und MfS*, hg. von Siegfried Suckut und Walter Süß (Berlin: Ch. Links, 1997), 251; Süß, *Staatssicherheit am Ende*, 156 f.

29 Zit. n. Niemann/Süß, *»Gegen das Volk kann nichts mehr entschieden werden«: MfS und SED im Bezirk Neubrandenburg*, 12.

migungspraxis beschäftigten, sähen in der RVO keinen Fortschritt, da dies Bekanntes »lediglich schriftlich fixiert und veröffentlicht«.[30] Zudem hielten die kritischen Geister es für »kaum zu erwarten, daß eine unparteiische Prüfung der Entscheidung durch gerichtliche Instanzen erfolge.«[31]

Diese kritische Stimmung führte der ehemals im *Neuen Deutschland* publizierende, damals aber bereits in der ökologischen Opposition aktive Theaterkritiker Martin G. Butter weiter aus. In einem längeren Papier frohlockte er erst über die potentielle Möglichkeit von Dienstreisen und Ausreisen für in die Arbeitslosigkeit Gezwungene. Die negative Essenz der Verordnung sah er jedoch in einem anderen Punkt: Alles blieb potentiell, denn »kein Paragraph garantiert auch nur einem Bürger ein Recht auf freies Reisen«.[32] Weder in den Regeln noch in der sich abzeichnenden Praxis erkannte er etwas Neues. Auch die Einklagbarkeit, so Butter, existiere schon aufgrund der im Gesetz genannten Fristen de facto nicht.[33] Butter nannte die RVO schlicht Honeckers »Verwandtenapartheidsverordnung«.[34] Mit seiner Einschätzung lag er prinzipiell richtig, sie darf jedoch nicht pauschalisiert werden. Immerhin hatten zum 3. August 1989, also ungefähr drei Wochen nach der Ermöglichung einer gerichtlichen Nachprüfung abgelehnter Anträge, bereits 126 Antragsteller (davon allein 39 aus dem Bezirk Dresden) den gerichtlichen Beschwerdeweg eingeschlagen.[35]

Auch das MfS vermerkte in seinen Lageberichten die Sorgen »progressive[r] Kräfte«, die RVO vertiefe die »›Spaltung‹ der DDR-Bevölkerung in zwei ›Klassen‹ – mit bzw. ohne Beziehungen/Kontakte in das nichtsozialistische Ausland«.[36] Dem Staat geneigte Geister ärgerten sich demnach über die illiberale Genehmigungspraxis und die eingeschränkten Urlaubsmöglichkeiten für all jene, die keine Kontakte in den Westen hatten oder haben wollten – also

30 BStU AdZ, ZAIG, 4246, 3.

31 BStU AdZ, ZAIG, 4246, 3.

32 RHG, PS 010/10, Martin G. Butter: Gedanken zu Erich Honeckers Reise- und Verwandtenapartheidsverordnung, [1].

33 RHG, PS 010/10, Martin G. Butter: Gedanken zu Erich Honeckers Reise- und Verwandtenapartheidsverordnung, [3].

34 RHG, PS 010/10, Martin G. Butter: Gedanken zu Erich Honeckers Reise- und Verwandtenapartheidsverordnung, [3].

35 BStU AdZ, ZAIG, 11313, 204.

36 BStU AdZ, ZAIG, 4246, 4.

jene, die die isolationistische Maxime des Staates lebten und sich deswegen Reiseprivilegien erhofften. Die DDR könne es sich, so das MfS, »auf Dauer politisch nicht leisten, ihre Bürger nur aus humanitären Gründen in das nichtsozialistische Ausland reisen zu lassen«.[37] Es fiele den Menschen schwer, so das MfS, nun Verwandtschaft und nicht die Treue zum Staat als Privileg zu erachten.[38]

Die Staatsbeamten in den Städten und Kreisen hingegen fürchteten – vollkommen zu Recht –, dass sich nun immer mehr Antragsteller, deren Ersuchen abgelehnt worden war, auf das Gesetz beziehen würden.[39] Während sich jene, die nun rechtens auf Familienzusammenführung hofften, »in der Regel diszipliniert und korrekt« verhielten, zeigten andere, die diese Aussicht den engen Regeln nach nicht besaßen – also die überwiegende Mehrheit der Antragsteller –, ein zunehmend »aggressives Auftreten […] bis zur Androhung von Straftaten zur Erzwingung ihrer Ausreise«.[40] Sie lehnten die für sie nun nachlesbaren Regelungen offen ab. Dies münde darin, dass es den Beamten in den Ämtern und bei der Volkspolizei »zunehmend schwerer falle, den Anforderungen gerecht zu werden. Häufig würden sie zum ›Prellbock‹ und ›Blitzableiter‹ für spontane Reaktionen solcher Personen, deren Anträge abgelehnt würden.«[41] Das MdI teilte Egon Krenz in einer Analyse mit, die Anträge hätten derart sprunghaft zugenommen, dass aufgrund der Ablehnungen die »Aussprachen« und damit die Konflikte in den Ämtern massiv zunahmen.[42]

Trotz ihrer eher verhaltenen bis kritischen Rezeption wirkte sich die Verordnung auf das Migrationsregime aus. Sie trennte für ständige Ausreisen erstens humanitäre Familienangelegenheiten nach § 10 (2) von »anderen humanitären Gründen« nach § 10 (3), denen sowohl vom MfS als auch vom MdI stattgegeben werden konnte. Dies unterschied z. B. Personen, die zwar nicht unter § 10(2) fielen, aber dennoch auf Familienzusammenführung insistierten, von jenen »Hartnäckigen«, die der Staat ungeachtet möglicher Verwandtschaftsbeziehungen vor allem aufgrund ihres Insistierens und ihres

37 BStU AdZ, ZAIG, 4246, 4.
38 BStU AdZ, ZAIG, 4246, 4.
39 BStU AdZ, ZAIG, 4246, 3.
40 BStU AdZ, ZAIG, 4246, 9-11.
41 BStU AdZ, ZAIG, 4246, 9-11.
42 BArch Berlin, DY 30/IV, 2. 2.039/307, 20.

Verhaltens lieber laufen ließ. Diese Einschätzung oblag freilich nach wie vor dem MfS. Bei Familienangelegenheiten hingegen verlagerte sich die entscheidende Bearbeitung (auch aus arbeitspragmatischen Gründen aufgrund der exorbitanten Zunahme solcher Fälle) immer mehr zurück ins MdI, mit einem Einspruchsrecht des MfS. Dies wirkte sich numerisch direkt aus. Bereits zum 19. Juni 1989 übertrafen die genehmigten Ausreisen den bisherigen Rekordwert, den Jahreswert von 1984. Unter den bis dahin 34 763 Ausgereisten befanden sich jedoch lediglich 1422 Personen, die unter § 10(2) fielen, und 7635 weitere, also wohl Rentner und »Invaliden«. Der Rest teilte sich in 11 944 Personen, deren Ausreise vom MfS nach § 10 (3) genehmigt wurde, übertroffen von 13 762 Personen, die nach § 10(3) vom MdI vorgeschlagen worden waren und gegen die das MfS keine Versagensgründe vorbringen konnte oder wollte.[43] Dank dieser »Sonderfälle«, die längst die Regel geworden waren, erfuhr das MdI damit 1989 für einen kurzen Moment wieder eine bemerkenswerte Bedeutungszunahme im Migrationsregime.

Doch die Liberalisierung brachte keine Entspannung. Bereits im Entwurfsstadium hatte das MfS die RVO zwar gelobt, wohl da man mit ihr das Schlupfloch der Besuchsreisen zu stopfen hoffte, aber zugleich zu bedenken gegeben, es werde »weiterhin eine erhebliche Zahl an Ablehnungen geben, die zu Konflikten führen können«.[44] In der Tat beschwerten sich Zurückgewiesene beim MdI nun darüber, dass »Antragsteller mit kriminellen Handlungen – wie im Botschaftsfall – bevorzugt behandelt« würden.[45] Einige schlussfolgerten: »Wir versuchen es noch einmal legal, wenn es nicht klappt, besetzen wir auch eine Botschaft.«[46] Das Unruhepotential stieg Berichten des MdI zufolge also nicht nur durch die RVO, sondern vor allem durch die zunehmenden erzwungenen Sonderregelungen. Giuseppe Sciortino hat vor einigen Jahren bemerkt, dass das Leben eines Migrationsregimes »das Resultat ständiger Reparaturarbeiten durch Praktiken« sei.[47] Dem SED-Staat

---

43 BStU AdZ, ZAIG, 11 313, 81.

44 BStU AdZ, HA IX, 17 066, 91.

45 BArch Berlin, DY 30/IV, 2. 2. 039/307, 23.

46 BArch Berlin, DY 30/IV, 2. 2. 039/307, 23.

47 Giuseppe Sciortino, »Between Phantoms and Necessary Evils: Some Critical Points in the Study of Irregular Migrations to Western Europe«, in: *IMIS-Beiträge* 24 (2004), 33.

gingen an der Dauerbaustelle der Papiermauern langsam die Flick-
mittel und Werkzeuge aus. Zudem verfehlten die Regeln den vom
MfS erwünschten Effekt, vor allem die Besuchsreisen auf verlässliche Reisende zu beschränken. Hatte der Durchschnitt der Nicht-
rückkehrer von Privatreisen 1988 bereits den bisherigen Höchststand von 0,32 % aller Besuchsreisen erreicht, erhöhte sich dies im
ersten Quartal 1989 für Privat- und Dienstreisen auf 0,49 %.[48] Bereits im März 1989 zeichnete sich ab, dass die Reiseregeln nicht im
Sinne des SED-Staates fruchteten.

Letztlich setzte sich das MdI gegen das MfS durch und erreichte
im März, dass in der zum 1. April erlassenen Durchführungsverordnung der RVO wieder die »liberaleren« Besuchsreiseregeln in
Kraft traten.[49] Bei den Ausreisen konnte man aber nicht zurück-
rudern. Hier lag die Krux weniger in den Regeln zur Genehmigung als vielmehr in der Bestärkung der Antragsteller allein schon
durch die Veröffentlichung der RVO. Darauf bedacht, bei vielen
Besuchsreisen wenigstens das Einspruchsrecht voll auszuschöpfen,
wies Mielke sein Ministerium an, besonders das »politisch-operative Zusammenwirken« mit der Volkspolizei zu suchen. Vor allem
dürften Reisen von Ehepaaren kaum und mit Kindern keinesfalls
genehmigt werden; Mitarbeiter des MfS durften auch über Dritte keinerlei Rechtsansprüche auf Besuchsreisen geltend machen.[50]
Dennoch stieg die Zahl der Verbleiber weiter an. Kehrten zwischen Jahresanfang und Ende März 1411 Personen von Privat- und
Dienstreisen in den Westen nicht zurück, lag diese Zahl zum 28.
Mai allein bei Privatreisen bereits bei 3007.[51] Die Rolle rückwärts
der Durchführungsverordnung (zu einem bereits Ende 1988 unbefriedigenden Bestand) bestätigte das MfS, sich in den Monaten des
abnehmenden Lichts zu befinden. Man habe sich in den eigenen
Reihen nun nicht nur gegen »Reformer« und »Gegner« zu wapp-
nen, sondern auch gegen »innere Feinde«.[52] Entsprechend wuchs
das Misstrauen des MfS gegenüber dem MdI; alle Stellen des MfS
hätten nun »das Einspruchsrecht gegenüber den zuständigen Or-

48 BStU AdZ, ZAIG, 11313, 21, 49.
49 BArch Berlin, DY 30/IV, 2.2.039/307, 88-90.
50 BStU AdZ, MfS-BdL, Dok 5299, 1 f.; ebd., Abt. BCD, 3053, 312 f.
51 BStU AdZ, ZAIG, 11313, 49, 70.
52 Zit. n. Niemann/Süß, »Gegen das Volk kann nichts mehr entschieden werden«: MfS
und SED im Bezirk Neubrandenburg, 12.

ganen des MdI und den Bereich Inneres qualifiziert wahrzunehmen«.[53]

Neben seiner Dauerfunktion als kontrollierende Institution hinter den Kulissen setzte das MfS zur Machtsicherung zudem auf eine gewisse Form der Außendarstellung. Im Anschluss an die intensivere Agitationsarbeit zu Ulbrichts Zeiten weitete es die seinerzeit eher vor sich hin dümpelnde Arbeit des Informationszentrums des MfS aus.[54] Man lud etwa ausgewählte Gruppen zu MfS-konformer Bildungsarbeit, also zur Propagierung einer positiven Wahrnehmung des MfS im Staatsapparat, dorthin ein. Um dies zu untermauern, eröffnete das Informationszentrum zum 19. Januar 1989 eine Dauerausstellung, in der es sich als das unverzichtbare »Schild und Schwert« der Partei (und damit auch der Privilegien der in das Zentrum Eingeladenen) inszenierte. Parallel dazu intensivierte es seine Publikationstätigkeit mit dem Ziel, den öffentlichen Diskurs stärker zu kontrollieren.[55] Vor allem seit Anfang der 1980er Jahre versuchte es immer wieder, die Ausreise über Medienkampagnen zu diskreditieren. Am 3. März 1985 hatte das Ministerium beispielsweise im *Neuen Deutschland* die Falschmeldung lanciert, dass 20 000 Ausgereiste wieder in die DDR zurückwollten.[56] Mit Genugtuung stellten die Verantwortlichen nach solchen Schlagzeilen die »hektischen Aktivitäten und dabei herrschende Verwirrung« des »Gegners« fest.[57] Eine migrationshistorisch wahrnehmbare Wirkung hatten solche Meldungen indes nicht. 1989 befand die ZAIG, dass diese Arbeit ihr Ziel verfehlt habe, denn die strikten Geheimhaltungsregeln auch im Erfolgsfall verhinderten sogar, dass das MfS der Bevölkerung gegenüber sein Image aufpolieren konnte.[58] Das MfS intensivierte seine Einwirkungen andernorts. Mittels des Informationszentrums und anderer Organe publizierte es nun verstärkt Broschüren, »Argumentationshilfen«, »Aufklärungsschriften« über Organisationen wie den Hvd und die IGfM sowie Tonkassetten, auf denen es in erster Linie die

53 BStU AdZ, HA IX, 17 066, 29.
54 BStU AdZ, HA IX, 17 066, 53-6, 86, 90.
55 BStU AdZ, HA IX, 17 128, 121-37, Nutzungsordnung.
56 BStU AdZ, HA XVIII, 22 027, 197-211.
57 BStU AdZ, HA XVIII, 22 027, 198.
58 Roger Engelmann und Frank Joestel, *Die Zentrale Auswertungs- und Informationsgruppe (MfS-Handbuch)* (Berlin: BStU, 2009), 87, 90.

Verführung durch westliche Kräfte als die bekämpfbare Ursache für die Ausreise darstellte.[59] Mit all diesen Medien wollte das MfS die mit der Rückdrängung der Ausreise beschäftigten gesellschaftlichen Kräfte unterstützen und anleiten.[60] Als besonders effektive Mittel erachtete es dabei die Stimmen Rückkehrwilliger.[61]

Die Effizienz all dieser Rückdrängungsbemühungen ließ zu wünschen übrig. Anfang 1989 wurde von den über 100 000 aktiv verfolgten Ersuchen nur ein Prozent zurückgenommen, die Insistenz der Antragsteller war derart eindeutig, dass bereits bei 60,8 % der laufenden Anträge vorgesehen war, sie kurz- oder mittelfristig zu genehmigen.[62] Darum sollten alle »gesellschaftlichen Kräfte« noch mehr in den bereits seit 1983 weit gefassten Rückdrängungsauftrag eingebunden werden.[63] An die SED gerichtete Grundsatzpapiere des MfS forderten, die Parteiarbeit vor Ort zu verstärken. Die Partei habe »bei allen Bürgern die Verbundenheit mit dem sozialistischen Staat auszuprägen und sie zu befähigen, in den Kämpfen unserer Zeit standhaft für den Sozialismus Partei zu ergreifen.«[64] Das MfS wusste sehr wohl, dass überforderte Kreissekretäre, Brigadeleiter oder Vorgesetzte zu Überreaktionen neigten, daher hielt es fest: »Auch bei Vorliegen eines Antrages auf ständige Ausreise sind die verfassungsmäßigen Rechte der Bürger zu garantieren und restriktive Maßnahmen weitgehend auszuschließen.«[65] Wie dies im hitzigen Jahr 1989 mit den Rückdrängungsbemühungen in Einklang gebracht werden sollte, blieb offen.

Den Betrieben kam bei den verzweifelten Versuchen des SED-Staates, die Lage zu retten, eine Schlüsselrolle zu. Am besten lässt sich dies mit einer Aussage Mielkes auf einer Dienstbesprechung des MfS am 31. August 1989 illustrieren. Während der Sitzung fragte der Minister für Staatssicherheit: »Und wie ist es in den Betrieben, wie sieht es in den Betrieben aus, wie ist die Stimmung?«, woraufhin der Generalmajor Siegfried Hähnel erwiderte: »Das ist

59 Siehe z. B. BStU AdZ, HA IX, 17 128, Tonkassette »Nicht nur Heimweh«; ebd., HA XVIII, 22 027, 95–528.
60 BStU AdZ, HA IX, 17 128, 92–114, Liste der vom MfS herausgegebenen Broschüren.
61 BStU AdZ, HA IX, 17 818, 4 f.
62 BStU AdZ, ZAIG, 11 313, 124 f.
63 BStU AdZ, HA IX, 17 818, 4 f.
64 BStU AdZ, ZAIG, 11 313, 120.
65 BStU AdZ, ZAIG, 11 313, 122.

natürlich eine ganz komplizierte Frage, Genosse Minister, im Augenblick.« Das reichte Mielke nicht: »Das ist eine sehr einfache Frage«, konterte er. »Das ist eine Frage der Macht, weiter nichts.«[66] Genau diese Macht entglitt ihm.

Denn all die Maßnahmen verhinderten nicht, dass die Zahl der Ausreiseanträge im Sommer 1989 in die Höhe schnellte. Am 31. Mai 1989 resümierte das MfS ernüchtert, dass derzeit nicht weniger als 113 588 Personen um Ausreise ersuchten. Die überwältigende Mehrzahl davon (98 487 Personen bzw. 86,7 %) waren Altfälle, die bereits vor Inkrafttreten der RVO eröffnet worden waren. Weitere 15 101 Bürger waren Neuantragsteller. Darüber hinaus sei im Jahr 1989 bereits 33 202 Personen die Ausreise genehmigt worden. Diese Zahl erhöhte sich bis Ende Juni auf 18 100 Neuanträge und 38 550 offizielle Ausreisen, die Genehmigungen verringerten also nicht den Gesamtbestand, sondern verleiteten zu neuen Erstanträgen.[67] Alle diese Werte lagen deutlich über den Zahlen von 1988. Zwar verhielten sich die meisten Antragsteller »sachlich und ruhig«, jedoch steige die Zahl derer, »die immer aggressiver auftreten«, und immer mehr drohten damit, bei Ablehnungen zu protestieren und Westkontakte zu mobilisieren.[68]

So erlebte die DDR in diesen Anfangsmonaten des Jahres 1989 einen qualitativen und quantitativen Höhepunkt in der langen Geschichte der Ausreise. Wenn man bedenkt, dass die 30 761 legal Ausreisenden 1988 bereits mehr als eine Verdopplung von 1987 (14 910) darstellten, war 1989 von Anfang an eine Katastrophe für die Migrationsverwaltung des SED-Staates. Die später genauer diskutierte Fluchtmöglichkeit über Ungarn entspannte die Migrationsfrage nicht, sie verlieh ihr vielmehr neue Energie. Die bis zum 31. Mai genehmigten 33 020 Ausreisen stiegen bis zum 30. Juni auf 38 550 an.[69] Bis zum 7. September schnellte diese Zahl um 23 825 auf 62 375 Personen in die Höhe, Ende des dritten Quartals, also innerhalb von drei Monaten, hatte sich dann der Gesamtwert des ersten Halbjahres 1989 auf 79 957 verdoppelt.[70] Auch in den letzten Wochen der DDR zeigte die Kurve weiter nach oben. Der

66 BStU AdZ, ZAIG, 8679, 9.
67 BStU AdZ, ZAIG, 11 313, 139.
68 BStU AdZ, ZAIG, 11 313, 119.
69 BStU AdZ, ZAIG, 11 313, 124, 138.
70 BStU AdZ, ZAIG, 27 859, 101; ebd., ZAIG, 11 313, 300.

letzte mir vorliegende Wert ist vom 7. November 1989, also wenige Stunden vor dem Mauerfall. Bis dahin hatten im Jahr 1989 102 997 Menschen die Ausreise genehmigt bekommen.[71] Mag diese Zahl schon allein numerisch beeindrucken, lässt sich die damit einhergehende Verschiebung der sozialen Lage in der DDR am besten anhand einer exemplarischen Tiefenbohrung verdeutlichen.

Exemplarische Tiefenbohrung: Kontrollverlust im Bezirk Potsdam

Ohne dass man ihm repräsentative Kraft zuschreiben könnte, bietet der Bezirk Potsdam eine gute Betrachtungsfläche. In der Bevölkerungsgröße lag er etwas über dem Bezirksdurchschnitt, allerdings verteilten sich die Einwohner über den flächenmäßig größten Bezirk, so dass er durch städtische und ländliche Regionen geprägt war. Er grenzte an Berlin, aber nicht an die 1989 so wichtige Südgrenze der DDR und lag auch beim Ausreisegeschehen über Jahre statistisch ungefähr im Mittelfeld.[72] Verlässlich schickten die 17 Kreisdienststellen des MfS, die eng mit den Anlaufstellen für Ausreiseantragsteller, den Abteilungen Innere Angelegenheiten der Räte der Kreise, zusammenarbeiteten, ihre Wochenberichte an die in Potsdam ansässige BKG. Diese war nicht nur im Entscheidungsprozess für die Ausreiseverfahren vorentscheidungsfähig, sondern auch ein wichtiger Filter für die Darstellung der Geschehnisse im Bezirk gegenüber der Berliner Zentrale. Die Wochenberichte beinhalteten eine numerische Übersicht zu verschiedenen Kategorien der Ausreisebearbeitung (z. B. Neuanträge, Ablehnungen, Übersiedlungen, eröffnete OVs usw.) und immer auch eine sehr aussagekräftig formulierte Einschätzung. Auf der Basis dieser Wochenübersichten vom zweiten Halbjahr 1988 bis zum Fall der Mauer lässt sich sehr gut die migrationspolitische Dynamik des Jahres 1989 beschreiben.[73] Der Wandel der Berichte selbst erlaubt dabei einen tiefen Einblick erst in die Krisen und letztlich das Scheitern des Repressionssystems des MfS.

71 BStU AdZ, ZAIG, 27 859, 102, 107; ebd., ZAIG, 11 313, 300.
72 Vgl. BStU AdZ, ZAIG, 27 589, div. Jahresstatistiken.
73 Aussagen der folgenden Absätze beruhen sämtlich auf BStU BV Potsdam, BKG, 68, Bd. 2 und Bd. 3.

Dabei darf man nicht vergessen, dass aus der Sicht der regulierenden Behörden des SED-Staates 1988 bereits als ein katastrophales Jahr galt. Aufgrund dieser Erfahrung hatte das MfS mit der RVO ja mehr Ablehnungsgründe für Westreisen eingefordert. Als Konzession sowohl an den inneren Druck als auch den KSZE-Prozess wurde dabei das Antragsrecht für Ausreisen eröffnet, jedoch ohne dass das MfS intendierte, die Genehmigungspraxis zu liberalisieren.

Was sagen uns die Statistiken über die Geschehnisse? Im zweiten Halbjahr 1988 stellten in einem wellenförmigen Rhythmus wöchentlich mal eine höhere, mal eine niedrige zweistellige Zahl an Personen einen Ausreiseantrag (siehe Tafel 43, S. 860).[74] Die Berichte listen dabei – trotz ihrer Einstufung als »rechtswidrig« – nur Neuanträge auf. Die Alarmstimmung im MfS des Spätjahres resultierte aus der numerischen Addition aller laufender Verfahren, die im Bezirk leicht ansteigend bei ungefähr 5000 lag. Dies bedeutete, dass die statistischen Abgänge (Ablehnungen, Rücktritte und Ausreisen) die Neuzugänge nicht aufwogen. Wenn man berücksichtigt, dass Anträge bis zur Genehmigung ungefähr drei Jahre durch das Repressionssystem des SED-Staates tourten, stellten die 5000 Anträge also eine Art Erbmasse der Jahre 1985 und 1986 dar. Dabei zeigte die Kurve der laufenden und »hartnäckig betriebenen« Anträge konstant nach oben, was aus der Sicht des MfS nichts Gutes für die Zukunft verhieß.

Als mit dem Jahreswechsel die neue RVO in Kraft trat, stürmten Ausreisewillige auf einen Schlag die Abteilungen Innere Angelegenheiten der Kreise. In den ersten drei Wochen stellten erst 697, dann 857, dann 836 Personen einen Antrag auf der Grundlage der neuen Regeln.[75] Der Mehrzahl versuchte, einen bereits abgelehnten Antrag zu bekräftigen und gewissermaßen zu legalisieren. Die BKG vermerkte: »Obwohl ihnen keinerlei Erfolgsaussichten bei den Ge-

---

74 Die Berichte listen zumeist Fälle und Personen auf, wobei im Schnitt auf einen Fall ungefähr 2 Personen kamen. Der Vereinfachung der Darstellung halber und der Bedeutung der Demografie für das Migrationswesen angemessen verwende ich im Folgenden allein die Angaben zu Personen.

75 Die 857 Personen der zweiten Januarwoche sind entsprechend den Angaben der Vor- und Nachwoche errechnet. Der im Bericht angegebene Wert von 374 gibt aller Wahrscheinlichkeit nach Fälle an, was sich im Verhältnis auch mit den umgebenden Wochen deckt; vgl. BStU BV Potsdam, BKG 68, Bd. 3, 238.

Tafel 43: Antragsgeschehen im Bezirk Potsdam (Personen) Juli 1988-November 1989.

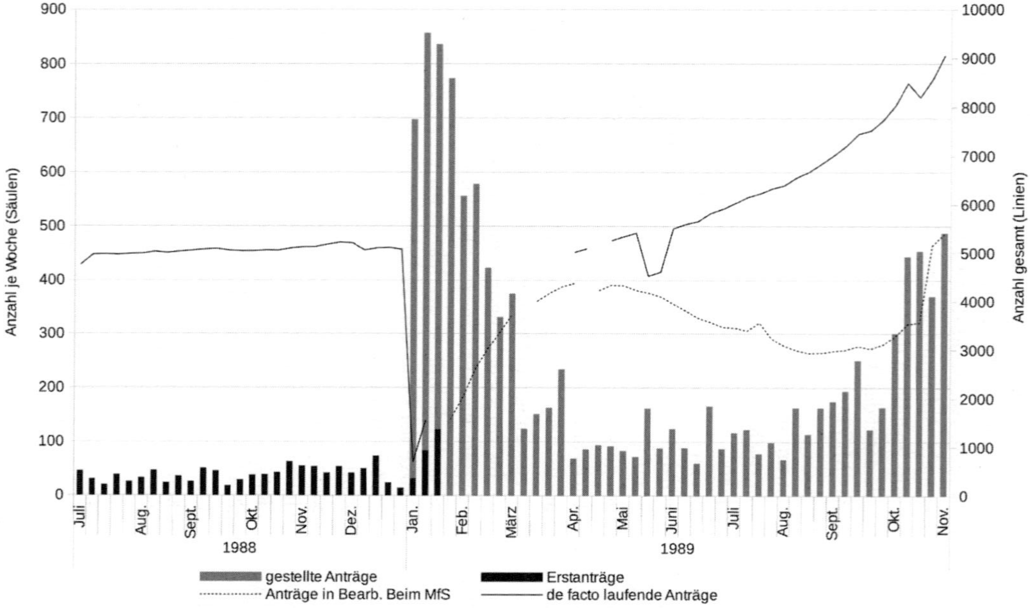
Anzahl je Woche (Säulen)
Anzahl gesamt (Linien)
900
800
700
600
500
400
300
200
100
0
10000
9000
8000
7000
6000
5000
4000
3000
2000
1000
0
Juli
Aug.
Sept.
Okt.
Nov.
Dez.
Jan.
Feb.
März
Apr.
Mai
Juni
Juli
Aug.
Sept.
Okt.
Nov.
1988
1989
gestellte Anträge
Erstanträge
Anträge in Bearb. Beim MfS
de facto laufende Anträge

Quelle: Eigene Berechnung nach BStU BV Potsdam, BKG, 68 Bd. 2 und Bd. 3.

sprächen eingeräumt wurden, bestanden sie auf die Aushändigung der Antragsformulare.«[76] Entsprechend passte die BKG auch den Bericht an und listete nun diese Bemühungen als neuen gefährlichen Trend neben den Erstanträgen. Diese Erstanträge blieben in der ersten Woche noch im Rahmen des Vorjahres, schnellten aber innerhalb von nur zwei Wochen erstmalig auf einen dreistelligen Wert.

Aufgrund der neuen Ordnungslage – die Anträge waren nun nicht länger »rechtswidrig« – passte die BKG ihre Statistikführung zügig der neu geframten Bedrohungsanalyse an. Sie setzte zu Jahresbeginn den Zähler der laufenden Anträge auf null und addierte fortan die Gesamtzahl der laufenden Anträge neu (siehe die Linienwerte in Tafel 43, S. 860). Zudem ließ sie nach nur wenigen Wochen von der gesonderten Aufführung der Erstanträge ab. Dabei zeigten sich aber erneut Inkonsistenzen der Statistikführung, die Ausdruck der Unsicherheit der BKG im Umgang mit dem sozialen Phänomen spiegeln. Bis zum Erlass der ersten Durchführungsverordnung schwanken die Statistiken zwischen zwei Zählarten: erstens der addierten Gesamtzahl der gestellten Anträge und zweitens der in Bearbeitung befindlichen, also abzüglich abgelehnter, erledigter, zurückgezogener und anderweitig (zeitweilig) nicht in Bearbeitung befindlicher, niedrigerer Zahl von Anträgen. Während die erste Ziffer die Bedrohung betonte, hob die zweite die für die BKG in ihren Berichten an die Zentrale ebenso wichtigen Effekte und die Effizienz der eigenen Arbeit hervor. Insgesamt sind die Wochenberichte bis in den Februar 1989 von großem Durcheinander geprägt. Während sie bis Ende 1988 einem klaren Schema folgten, sind jene der ersten Wochen 1989 inkonsistent, lückenhaft und in Form und Inhalt schwankend. Wieder einmal ist eine Änderung der Normen nicht nur an den sozialen Antworten auf sie, sondern auch an den Berichten über sie zu erkennen. Für die Berichte musste man nämlich erst einmal herausfinden, was eigentlich die berichtenswerten Entwicklungen waren. Auch gehen die Einzelwerte wochenübergreifend keineswegs immer logisch auf, noch addieren sie sich immer mathematisch korrekt in der berichteten Art und Weise. Ursache hierfür waren keine Tippfehler, sondern die Versuche der Verfasser, den neuen Codes und Kategorien nach der Reglände-

---

76 BStU BV Potsdam, BKG, 68, Bd. 3, 253.

rung zum 1. Januar gerecht zu werden, zugleich aber abseits der Kategorien je nach Bedarf die Bedrohung zu betonen oder darzustellen, dass man die Lage unter Kontrolle habe. Teilweise kamen, wie Pritzwalk in der ersten Februarwoche, die Kreise einfach nicht hinterher, ordnungsgemäße Berichte zu erstellen.[77] Wie bei den bereits analysierten »Migrationskrisen« des SED-Staates sind die Berichte der Potsdamer BKG 1989 also nicht nur Spiegel, sondern auch formende Elemente des stattfindenden Wandels.

Zwischen März und April setzt eine gewisse Beruhigung ein, sowohl in Form als auch im Inhalt der Berichte. Bereits zum Frühlingsanfang hatte die Gesamtzahl der Anträge trotz Neuzählung das Vorjahresniveau erreicht. Das heißt, dass in den ersten Wochen des Jahres ungefähr 5000 Personen die Amtsstuben aufgesucht, die Formulare trotz pflichtgemäßen Abratens und Einwirkens der Beamten abgeholt und wieder eingereicht hatten. Die Ballung der Anträge in diesen Wochen kann also neben einer zunehmenden Erstantragstellung auch als ein Nachholeffekt des Vorjahres gesehen werden. Tausende abgewiesene Antragsteller unterstrichen ihr Anliegen nun und reichten es »neu« ein. Das besondere, persönlich bedeutsame und Sicherheit verleihende Element war, dass sie ihr Ersuchen nun nicht nur durch die stets bemühte Rechtssprache zu legalisieren versuchten, sondern ein offizielles staatliches Dokument ausfüllten.

Um den Effekt der Legalisierung abschätzen zu können, erfasste die BKG Anfang des Jahres für einige Wochen die Zahl der ausgehändigten, aber noch nicht eingereichten Formulare, gewissermaßen als Projektion des Kommenden. Dahinter stand auch die Frage, ob nur Personen, die den Antrag tatsächlich einreichten, staatliche Aufmerksamkeit »verdienten« oder auch jene, die lediglich mit dem Gedanken daran spielten. Von der Zählung der abgeholten Formulare ließ die BKG aber angesichts der Müßigkeit der Abschätzung bald wieder ab. Nach der beschriebenen Adjustierung des Genehmigungsverfahrens scheint sich einerseits eine schnellere Bearbeitung der Anträge durchgesetzt zu haben, so dass die Zahl jener Anträge, die als »laufend« kategorisiert wurden, zurückging. Dass dies aber wenig mit dem Antragsgeschehen zu tun hatte, zeigt die Kurve der eingereichten Anträge. Zwischen dem Sommer 1988 und dem des Folgejahres ging die Kluft immer weiter auseinan-

---

77 BStU BV Potsdam, BKG, 68, Bd. 3, 218.

der. Dabei ist zudem anzumerken, dass auch die Minimalwerte »laufender« Anträge zwischen April und Ende August 1989 deutlich über den Werten des Vorjahres lagen. Kurz: Die Dienststellen und Ämter werkelten, aber die Repression zündete nicht mehr, die Zusammenarbeit zwischen den unteren und mittleren Stellen von MdI und MfS hakte, und die Gesamtzahl der Anträge stieg trotz vermehrter Ablehnungen und der Abwicklung (also Übersiedlung) von Altfällen aufgrund des empfundenen Rechtsanspruchs in neue Rekordhöhen.

Zudem vermeldeten die Kreisdienststellen einen spürbaren Wandel des Tones in den Amtsstuben. Anfang des Jahres betonte die BKG noch, die meisten Antragsteller träten »sachlich und korrekt« auf. So kam es, wie eine Tagesmeldung aus dem Kreis Luckenwalde vom 6. Januar 1989 auf den Punkt brachte, »zu keinen oper[ativ] relev[anten] aeuszerungen bzw. verhalten«, allerdings zeichnete sich eine »gleichbleibende erwartungshaltung zur realisierung der staendigen ausreise« ab.[78] Bereits Ende Februar kündigte ein Abgelehnter im wehrpflichtigen Alter, der zu seiner Verlobten in die Bundesrepublik wollte, an, nach der Ablehnung das neue justizielle Beschwerdeverfahren zu nutzen.[79] Generell zeichnete sich die Lage der BKG zufolge aber noch Ende März durch »überwiegend diszipliniertes Verhalten und durch optimistische Erwartungshaltungen« aus.[80] Dabei darf aber nicht übersehen werden, dass die Kreisdienststellen Gespräche in den Amtsstuben, nicht aber in den Wartezimmern wiedergaben. Dort dürften sich vor allem in den größeren Ämtern vor und während der Sprechstunden zahlreiche Antragsteller persönlich begegnet sein, was sicherlich zu Gesprächen, Bestärkungen und Erfahrungsaustausch führte.

Im Zuge des allgemeinen Stimmungswandels in der DDR schlug das Warten im Frühjahr 1989 in offenen Frust um. Nun traten Antragsteller nicht nur in großen Zahlen, sondern auch zunehmend fordernd vor die Staatsvertreter in den Abteilungen Innere Angelegenheiten der Kreise. Als die AIA ab April wieder verstärkt Ablehnungen aussprachen (siehe Tafel 44, S. 866), wurden die lokalen Stellen von der Intensität der Reaktionen überrascht. Von den abgelehnten 24 Fällen mit 55 Personen in der letzten Märzwoche 1989

78 BStU BV Potsdam, BKG, 68, Bd. 3, 269.
79 BStU BV Potsdam, BKG, 68, Bd. 3, 199.
80 BStU BV Potsdam, BKG, 68, Bd. 3, 189.

akzeptierte nur eine einzige Person die Rückweisung und hoffte auf Gesetzesänderungen zu ihren Gunsten. In den anderen Fällen kam es »teilweise zu unsachlichen und lauten Ausbrüchen bis hin zu Tränenausbrüchen und Fassungslosigkeit« und sogar »einem Suizidversuch mittels Gasvergiftung« in einer Kinderkrippe.[81] Diese Tat besorgte das MfS vor allem, weil die Öffentlichkeit davon Kenntnis nahm. Bis auf den einen benannten Fall kündigten alle an, den neuen juristischen Beschwerdeweg zu beschreiten. Das MfS war alarmiert, da zugleich aus dem Kreis Oranienburg von Zusammenschlüssen von Ausreisenden unter dem Dach der Kirche berichtet wurde. Auch in der Folgewoche akzeptierten 90 % die Ablehnung ihrer Anträge nicht und reagierten in mehreren Kreisämtern »emotional« mit »Wut- bzw. regelrechten Tobsuchtsanfällen«.[82] Bereits zum 28. April hatten ca. 80 % der Abgelehnten schriftlich Widerspruch eingelegt »und damit die Rechtskraft der Ablehnung vorerst ausgesetzt«.[83]

Martin G. Butters Vorhersage, die Bevölkerung werde aufgrund allgemeiner Skepsis und unpassender Fristen nicht auf die in der RVO definierten Rechtsmittel zurückgreifen, bewahrheitete sich also nicht. Der Rückgriff der Antragsteller auf rechtlichen Einspruch bedeutete allerdings nicht, dass sie an einen juristischen Erfolg glaubten. Der Weg stellte vielmehr ein weiteres willkommenes Element in der Darstellung ihrer Nichtrückgewinnbarkeit dar. Als ebenso besorgniserregend wie die vielen Beschwerden galt, wie in einem Fall in Potsdam, indes der explizite Verzicht darauf, da »Ihr ja doch unter einer Decke steckt«.[84] Folglich häuften sich »Demonstrativhandlungen« vom Tragen von Nelken bis zu Zusammenkünften und »Spaziergängen«. Ende April verweigerten 15 % der Antragsteller im Bezirk die Entgegennahme ihrer Wahlbenachrichtigungskarte, um damit von vornherein ihre Nichtteilnahme an den Wahlen zu dokumentieren.[85] »Die Mehrzahl der ASTA [der Antragsteller auf ständige Ausreise]«, so schätzte die BKG, »wird nicht an den Kommunalwahlen teilnehmen« oder »teilnehmen und Gegenstimmen verursachen.«[86]

81 BStU BV Potsdam, BKG, 68, Bd. 3, 184 f.
82 BStU BV Potsdam, BKG, 68, Bd. 3, 180.
83 BStU BV Potsdam, BKG, 68, Bd. 3, 181.
84 BStU BV Potsdam, BKG, 68, Bd. 3.
85 BStU BV Potsdam, BKG, 68, Bd. 3, 80, 166, 171 f.
86 BStU BV Potsdam, BKG, 68, Bd. 3, 166.

Im Sommer kamen dazu vermehrt Ankündigungen von »Schweigemärschen«, auf die das MfS mit »Maßnahmen zur Disziplinierung der unterzeichnenden Antragsteller« reagierte.[87] In Staaken organisierte sich ein Kreis Gleichgesinnter, der zum 1. September einen Schweigemarsch zum »KZ-Außenlager Albrechtshof« ankündigte (gemeint war wohl das KZ-Außenlager Falkensee). Dies wurde dem MfS bekannt, und es setzte zur Bearbeitung an. Der Marsch fand aber gar nicht statt, da die Gruppe mit dem Gerücht nur ihren Kreis (erfolgreich) auf »undichte Stellen« getestet hatte.[88] Dem MfS entglitt das Heft des Handelns. Es konnte nur noch beobachten, wie andernorts Gruppen entstanden und Kontakt mit den Staakenern aufnahmen. Auch in Potsdam hatte sich eine Gruppe von Antragstellern formiert, die unter dem Titel »Wir danken nicht« ein Schreiben an Erich Honecker zum 40. Jahrestag der DDR erarbeiten wollten. Aktionen wie diese verdeutlichen erneut die potentielle Nähe zwischen Oppositionsbewegung und Ausreise, bei großen inhaltlichen Unterschieden. Doch gab es Brücken. In derselben Zeit fand ein beide Protestformen verbindender Schweigemarsch der »Arche Noa Berlin«[89] zum KZ Sachsenhausen statt.[90] Darüber hinaus häuften sich die Beteiligungen von Personen aus dem Bezirk Potsdam an Botschaftsbesetzungen. Als deren Ausreise genehmigt wurde, forderten auch die Antragsteller im Bezirk die Ausreisepapiere sofort ein.[91] Wie in allen Zeitschichten der Mauergesellschaft zuvor senkten Sondergenehmigungen nur punktuell den Druck, zogen aber andernorts intensivierte Forderungen nach Gleichbehandlung nach sich. Die Stimmung verschärfte sich zusehends. Ende Oktober stellte die BKG fest, dass nun bereits Neuantragsteller »fordernd und teilweise provokativ« auftraten, die restriktiven Elemente der RVO einfach ablehnten und den Mitarbeitern in den AIA ins Gesicht erklärten, dass diese »Amtsanmaßung bzw. -mißbrauch und Bevormundung« praktizierten.[92] Nach jahrzehntelanger Einschüchterungspraxis durch

87 Z. B. BStU BV Potsdam, BKG, 68, Bd. 3, 80.

88 Z. B. BStU BV Potsdam, BKG, 68, Bd. 3, 52.

89 Sic; gemeint ist eventuell ein Kreis um das Grün-Ökologische Netzwerk Arche bzw. dessen Organ, die *Arche Nova*.

90 Z. B. BStU BV Potsdam, BKG, 68, Bd. 3, 52.

91 BStU BV Potsdam, BKG, 68, Bd. 3, 19.

92 Z. B. BStU BV Potsdam, BKG, 68, Bd. 3, 8.

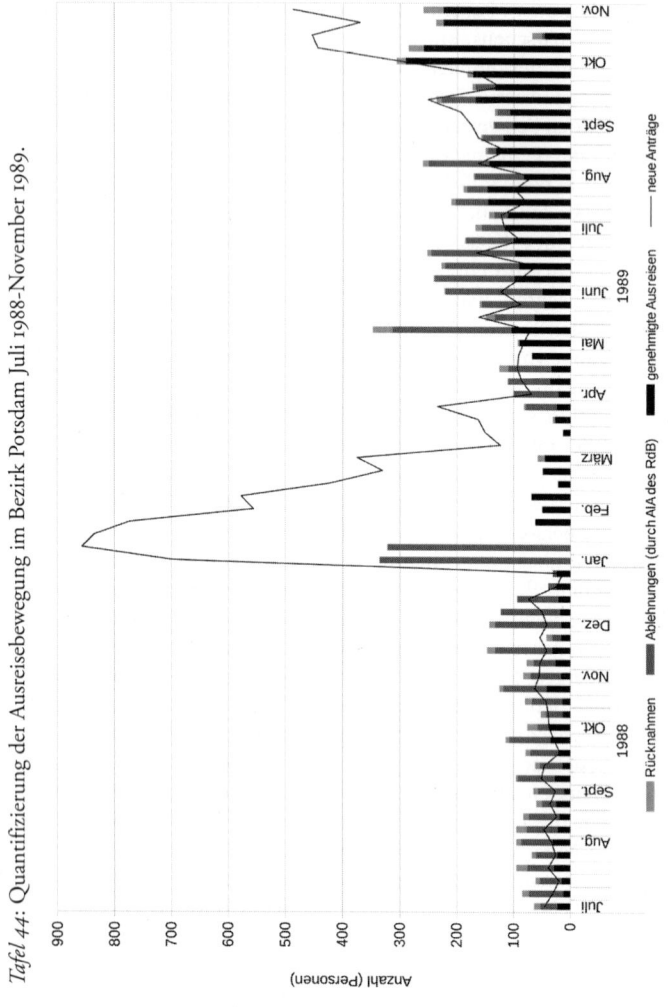

Tafel 44: Quantifizierung der Ausreisebewegung im Bezirk Potsdam Juli 1988–November 1989.

Quelle: Eigene Berechnung nach BStU BV Potsdam, BKG, 68 Bd. 2 und Bd. 3.

Willkür und Repression erschien der Staat nun immer mehr als ein zahnloses Monster.

Diese Phänomenologie der Eskalation durch das Jahr 1989 hindurch lässt sich mittels einer Gegenüberstellung der eingehenden (siehe den Linienwert in Tafel 44, S. 866) und der »erledigten« Ausreiseanträge (siehe die Säulenwerte in Tafel 44, S. 866) im Bezirk Potsdam fundieren. Auch hier sieht man ein bis Ende 1988 fortlaufendes Muster, in dem die Erstanträge numerisch mehr oder weniger durch reduzierende Faktoren aufgewogen wurden. Aufgrund des Altbestands an Anträgen konnte sich das bereits bis zum Zerreißen gespannte System aber nicht entlasten. Vielmehr folgten auf Ablehnungen früher oder später Neuanträge, die aus dieser Tafel aufgrund der Buchführung des MfS nicht gesondert hervorgehen. Dieser Zunahme der Antragsbewegung standen 1988 (neben quantitativ marginaleren Faktoren wie Todesfällen und Fluchten) drei reduzierende Faktoren gegenüber: Erstens lehnte das MfS die überwiegende Zahl der Anträge ab, um sie vorerst aus der Statistik zu bannen. Diese Ablehnungen sprachen die AIA jedoch, ganz abhängig von Situationseinschätzungen über die betroffenen Personen durch das MfS, zeitverzögert und zunehmend überlegt aus. So konnte es in einem Fall als richtig erachtet werden, die Ablehnung schnell auszusprechen, um die Person von weiteren Versuchen abzuschrecken. In den allermeisten Fällen wurde dies allerdings verschleppt, um den »Rückdrängungsprozess«, also z. B. das unnachgiebige Hinweisen am Arbeitsplatz, dass ein Ausreiseersuchen doch ohnehin sinnlos sei, bereits vor der Ablehnung so weit wie möglich voranzutreiben. Das MfS hoffte so vor allem, die Personen dazu zu bringen, ihren Antrag zurückzuziehen. Dafür versprachen die Mitarbeiter des Ministeriums z. B., migrationsmotivierende Faktoren wie berufliche Frustration oder eine erfolglose Wohnungssuche zu mindern oder zu beseitigen. Im Verhältnis zu den Ablehnungen, die Ende 1988 mit wöchentlich teilweise über 100 betroffenen Personen einen Spitzenwert erreichten, blieben die (oft mit enormem personellen Aufwand) erzielten Rücknahmen weit hinter den Erwartungen zurück. Wöchentlich gelang dies bei nur sehr wenigen Fällen mit insgesamt zwischen 7 und 14 Personen. Es ist also deutlich zu erkennen, dass die »Rückgewinnung« scheiterte, dem MfS blieben allein die Versuche der »Rückdrängung«. Zudem wichen Antragsteller nach der Ablehnung in der Regel keinen Zentimeter von ihrem Vorhaben ab, sondern intensivierten es sogar. Selbst Rücknahmen revidierten sie über kurz oder lang. Das effektivste und wohl einzige Mittel, einen Antragsteller dauerhaft aus der Statistik zu entfernen, war darum die dritte Variante: die Genehmigung der Ausreise.

Mit dem Jahreswechsel 1988/89 erlebten die Ämter durch die Legalisierung eine wahre Antragsflut, der das MfS zunächst mit vermehrten Ablehnungen zu begegnen versuchte. Rücknahmen kamen im Prinzip gar nicht mehr vor. Diese Radikalisierung hatte weniger mit neu vergebenen Ausreiserechten zu tun, die die RVO ja nicht einräumte, sondern allein mit der Legalisierung des Antrags, was die Antragsteller motivierte, am Ansinnen festzuhalten. Aufgrund des neuen Prüfverfahrens erfolgten in den ersten Wochen des Jahres 1989 keine Ausreisen. Dann reisten jedoch ab der letzten Januarwoche aufeinanderfolgend wöchentlich 62, 50 und 69 Personen aus – so viele wie in keiner Woche des zweiten Halbjahres 1988. Danach pendelten sich die Ausreisegenehmigungen kurz auf dem Niveau von 1988 ein. Ab April und mit der zunehmenden Proteststimmung im Land versuchte das MfS erneut, durch mehr Ausreisegenehmigungen Druck abzubauen und Krisenherde zu entschärfen. Abgesehen von einem Ausreißer in der zweiten Maiwoche blieben die Rücknahmen auf oder unter dem Niveau des Vorjahres, wohingegen die Zahl der Anträge um ein Vielfaches anstieg. In den Wochen, in denen die RVO den Vorgaben des MfS von 1988 entsprechend umgesetzt wurde, verloren die Behörden immer mehr die Kontrolle. Erst nach der Revision im Frühjahr kamen Anträge und reduzierende Faktoren wieder in einen gewissen Übereinklang, allerdings auf einem fast nicht durchhaltbaren Grundniveau und nur für eine gewisse Zeit. Die Dynamik des Jahres wies in eine andere Richtung.

Erst in den letzten Wochen der Statistik, also auch den Wochen der Hoffnung auf einen demokratischen Sozialismus, nahmen die Rücknahmen spürbar zu. Im Verhältnis zu den neuen Anträgen blieben sie allerdings quantitativ letztlich bedeutungslos. Dazu kam, dass die Gesamtzahl der Ablehnungen und erreichten Rücknahmen abnahm, da die Menschen Rücknahmen wiederum rückgängig machten. Konnte die BKG in der vierten Septemberwoche insgesamt noch 1671 Personen mit revidierten Anträgen verzeichnen, halbierte sich diese Zahl aufgrund der Reaktivierung der Anträge bis zur dritten Oktoberwoche, der letzten überlieferten Zahl, auf 897.[93] Ende 1988 hatte die Jahresgesamtzahl bei 2650 gelegen.[94] Zudem nahmen die Antragsteller die weiterhin mündlich ausgesprochenen Ablehnungen nicht mehr hin. Die Situation in den Ämtern spitzte sich derart zu, dass die AIA ab der vierten Septemberwoche im gesamten Bezirk Potsdam vorerst keine Ablehnungen mehr aussprachen.[95]

In der dritten Oktoberwoche und damit der drittletzten bevor die BKG die Berichte aufgrund des Mauerfalls einstellte, versuchte das MfS einen letzten Kurswechsel. Es sprach erneut 5 Ablehnungen aus und reduzierte die Zahl der Ausreisen von 258 der Vorwoche auf 46. Dabei meldete die für Ausreisen zuständige Abteilung Innere Angelegenheiten beim Rat des Bezirkes an die Bearbeiter, dass diese Werte »für die nächsten Wochen Richtwerte sein müssen, um die Lage zu entspannen und den hohen Wert systematisch abzubauen«.[96] Dieser letzte Versuch, die Situation durch Restriktion unter Kontrolle zu bringen, scheiterte grandios. Schon in der folgenden Woche stellten die AIA es endgültig ein, Ablehnungen auszusprechen, und händigten 224 Personen die Ausreisepapiere aus. Die BKG rechtfertigte dieses Einknicken vor dem Druck in den Ämtern mit einer dem letzten Bericht diametral entgegengesetzten Aussage: »Mit verstärkten Genehmigungen wird in den Kreisen an der Entspannung der Lage gearbeitet.«[97] Diese angebliche Deeskalationsmaßnahme verdeckte kaum noch, dass die Staatsvertreter in den AIA nicht mehr in der Lage waren, mit den verständnislosen und wütenden Antragstellern umzugehen.

Entsprechend explodierte im Bezirk Potsdam die Zahl der Übersiedlungen. Die Gesamtzahl von 1065 des Jahres 1988 war 1989 bereits in der zweiten Juniwoche erreicht. Danach nahmen die Wochenwerte konstant zu und erreichten im Oktober mit ungefähr 200 legalen Ausreisen pro Woche knapp ein Fünftel des gesamten Vorjahreswertes (siehe Tafel 44, S. 866). Dazu sprach das MfS infolge der Botschaftsbesetzungen erst weitere 527 und dann noch einmal 662 Ausreisegenehmigungen aus. Diese müssen zu der

93 BStU BV Potsdam, BKG, 68, Bd. 3, 13, 30.
94 BStU BV Potsdam, BKG, 68, Bd. 2, 3.
95 BStU BV Potsdam, BKG, 68, Bd. 3, 30.
96 BStU BV Potsdam, BKG, 68, Bd. 3, 13.
97 BStU BV Potsdam, BKG, 68, Bd. 3, 8.

Gesamtzahl der Migrationswilligen hinzugerechnet werden, denn unter den mit dieser »Aktion Zug« ausgereisten Personen aus dem Bezirk befanden sich lediglich 6 % Ausreiseantragsteller.[98] Auch diese Botschaftsbesetzer waren keine verzweifelten Antragsteller, sondern verzweifelte DDR-Bürger, die einen anderen Weg als den des Antrags gingen. Die Antragsteller vertrauten vielmehr grundsätzlich weiterhin auf den nervenzerreibenden, aber letztlich weniger riskanten Weg »durch« den Staat. Dies gilt auch in Bezug auf die oft als Entspannungsfaktor für die Ausreise dargestellten Fluchten über Ungarn und die ČSSR. Zwar flohen in der zweiten Oktoberwoche 116 Antragsteller über diese Länder, was jedoch immer noch weniger als die Hälfte der in derselben Woche legal aus dem Bezirk ausgereisten 258 Personen waren.[99] In diesen Oktoberwochen stempelte die Abteilung Paß- und Meldewesen damit für Potsdam mehr Ausreisegenehmigungen ab als im gesamten – und bereits desaströsen – Jahr 1988.

Doch die hohen Ausreisezahlen standen immer noch in keinem Verhältnis zu der Anzahl neu gestellter Anträge. Diese schoss ab September durch die Decke und übertraf im Herbst die Ausreisewerte konsequent um das Doppelte. Von einer Entspannung durch die Fluchten über Ungarn und die Tschechoslowakei konnte also keine Rede sein; vielmehr brach der Druck immer größere Stücke aus den Papiermauern. Je mehr gehen konnten, desto mehr wollten gehen. Abgesehen vom Nachholeffekt der ersten sechs Wochen 1989 wurden in den letzten Wochen des Mauerstaates so viele Anträge gestellt wie nie zuvor. Auch die Zahl der allein im Bezirk Potsdam offiziell noch nicht bearbeiteten Anträge überschritt erstmals die 9000er-Marke (siehe Tafel 43, S. 860).

Das ist nicht nur wegen der quantitativen Stärke bemerkenswert, sondern ebenso wegen des Timings. Im September öffnete die ungarische Regierung offiziell die Grenze nach Österreich für DDR-Bürger, und in Prag führte der Rückstau in der ČSSR zur berühmten Botschaftsbesetzung. Angesichts der sensationellen Nachrichten und Bilder geriet die Intensivierung des Ausreisedrucks in diesen Monaten aus dem Blickfeld der Beobachter. Dazu kam die DDR-interne Entwicklung, dass auf den anfangs von Ausreisenden geprägten Protestdemonstrationen nun neben dem bereits etablier-

98 BStU BV Potsdam, BKG, 68, Bd. 3, 18.
99 BStU BV Potsdam, BKG, 68, Bd. 3, 18.

ten »Wir wollen raus!« zunehmend das »Wir bleiben hier!« zu hören war. In diesen Wochen schien die Alternative einer reformierten DDR machbar, und diese Hoffnung mobilisierte Tausende. Es kam zu einem Synergieeffekt mit der auf den Demonstrationen des Spätjahres laut werdenden Empörung Tausender, die forderten, jetzt den Versuch zu wagen. Beide Proteste ergänzten sich: Die Ausreisewilligen stärkten die nun gesellschaftlich sehr breit aufgestellten Demonstrationen, und die Demonstrationen zwangen den SED-Staat, Druck abzulassen. Dabei war der Slogan »Wir bleiben hier!« nicht nur eine Drohung an den Staat, dass der Protest nicht einfach abzuschieben war, sondern auch eine die Rhetorik des SED-Staats unbewusst kolportierende »Praxis der Abgrenzung« gegen jene, die den Staat verlassen wollten. Ihnen wurde erneut, wenn auch aus anderen Gründen, vorgeworfen, eine Gemeinschaft im Stich zu lassen, in die sie ohnehin nur durch die Mauer hineingezwungen worden waren.

Oft wird zur Erklärung des Aufkommens neuer Slogans für eine demokratische Reform der DDR auf den Demonstrationen das Argument vorgebracht, die Ausreisefrage hätte sich durch die Abwanderung über Ungarn oder die Botschaftsfälle entspannt. Angesichts der vorliegenden Zahlen und Berichte ist diese Behauptung nicht aufrechtzuerhalten. Im Herbst entschieden sich Tausende zu gehen, wobei die verschiedenen Wege, über Ungarn oder die ČSSR in den Westen zu gelangen – Ausreise, Flucht oder Botschaftsbesetzung –, kaum personelle Schnittmengen aufwiesen. Die Zahl der Auslands- und Botschaftsflüchtlinge reduzierte die Ausreisebewegung nicht, sondern addierte sich großenteils zu dieser.

Im Zuge der allgemeinen Mobilisierung von Stimmen gegen den SED-Staat mögen die Ausreisenden numerisch in den Hintergrund getreten sein. Im Apparat jedoch verstopften die zahllosen Anträge, die allesamt mit Akribie zu bearbeiten und eigentlich konsequent mit viel Aufwand zu bekämpfen waren, die Amtswege. Man darf nicht vergessen: In den vorhergehenden 28 Jahren hatte sich der Mauerstaat eine Vielzahl strikter Regeln auferlegt, wie mit den Antragstellern zu verfahren sei. Diese Regeln legitimierten wichtige Teile der Innenverwaltung und der »Sicherheit«, und sie galten weiterhin, auch wenn die Sachbearbeiter von den Kreisen bis in die Zentralen sie kaum noch einhalten konnten. Viele der Teilnehmenden von Demonstrationen und Gottesdiensten waren

Antragsteller. Quantitativ und qualitativ lag das Migrationsthema damit in der Luft wie nie zuvor. Es bestimmte zu einem großen Teil die Situation, wie gerade der Slogan »Wir bleiben hier!« als Gegenstimme zu dem zuvor schallenden »Wir wollen raus!« belegt. Der Reformgedanke verschaffte sich damit zwar eine Stimme – aber in Abgrenzung zum Platzhirsch des Protests, dem Ausreisewillen. Dieser brach sich überall im Staate Bahn: in den Straßen, in den Amtsstuben, in den grenzüberschreitenden Medien und in den Posteingangsstellen und an vielen weiteren Orten. Anders als die Oppositionsbewegung erreichte die Ausreisebewegung in den letzten Monaten des Mauerstaates eine neue Qualität durch Masse, nicht aber eine neue Form.

Mit dieser Entwicklung stand der Bezirk Potsdam nicht alleine da. Auch im Bezirk Karl-Marx-Stadt spitzte sich die Lage zu. Bis Ende Oktober beantragten dort 27 104 Menschen die Ausreise, davon überdurchschnittlich viele (3449) im Monat Oktober. Dazu kamen noch die laufenden Altfälle. Auch die Zahl der Übersiedler stieg in neue Höhen. Ausreisen durften im selben Zeitraum 16 415 Personen, davon allerdings 3574 im Oktober. Dem standen 1590 aus Botschaften Ausgewiesene, 1157 Personen, die nicht von Westreisen zurückkehrten und 2205 über andere sozialistische Staaten (also in erster Linie Ungarn) Geflohene gegenüber. Das bedeutete konkret, dass zwischen Januar und Ende Oktober – beispielsweise – von den ungefähr 75 000 Einwohnern Plauens 3394 Menschen einen Ausreiseantrag stellten. Obwohl davon 2039 ausreisten, stieg der Überhang immer weiter an und erreichte im Monat Oktober 1989 mit 492 Erstanträgen einen neuen Höchstwert.[100] Trotz der weltweiten Aufregung über die physischen Schlupflöcher im Eisernen Vorhang fand der Kampf um die Ausreise nach wie vor in den Ämtern statt.[101]

Die in der Literatur immer wieder geäußerten Ansichten, die

---

100 BStU AdZ, ZAIG, 11 313, 313.

101 Ein Großteil der Ausreisenden verfolgte einen lange gefassten Plan und scheute aus unterschiedlichen Gründen – etwa weil man sich um die eigenen Kinder sorgte, Angst vor den neuen Grenzsicherungen der DDR gen Süden hatte oder über keine Möglichkeit verfügte, z. B. das Umzugsgut nachzuholen – das Risiko der Flucht über die Grenzen. In diesen Wochen erhöhten sich auch die Festnahmen in der DDR beim Versuch, nach Ungarn oder in die ČSSR zu gelangen; ebd., 319.

RVO habe keine weitreichenden Folgen gehabt, und nach der (weiter unten genauer betrachteten) Öffnung der ungarischen Grenze im Sommer 1989 habe sich die Lage an der Ausreisefront beruhigt, lässt sich auf Grundlage dieser Zahlen also keineswegs bestätigen. Auf den Demonstrationen kamen zwar andere Slogans auf, in der Gesellschaft, für die Sicherheitsorgane und insbesondere das Schicksal der Mauergesellschaft wurde die Ausreise aber immer wichtiger. Die Zahl der Ausreisenden im Jahr 1989 allein übertraf die gesamte Ausreise von 1976 bis 1983 (101 411 Personen). In skurriler realsozialistischer Räson fassten die Mitarbeiter der ZAIG am 8. September 1989 in einem streng geheimen Dokument das eigene Scheitern für ihren Leiter Werner Irmler zusammen: So seien in der Umsetzungsphase des VIII. Parteitags der SED (1971-1975) insgesamt 82 273 Personen und damit 0,48 % der Wohnbevölkerung legal und illegal aus der DDR in andere Staaten übergesiedelt. Dies käme einer anderen Aufstellung zufolge einem (rechnerischen) Verlust an produziertem Nationaleinkommen von 691 Millionen Mark gleich. In den ersten Jahren nach dem IX. Parteitag (1976-1980) und damit als Direktwirkung der KSZE-Schlussakte sank die Zahl bemerkenswerterweise auf 69 974 Personen bzw. 0,42 % (747 Millionen Mark). Nach dem X. Parteitag (1981-1985) stieg sie auf 106 623 Personen (0,64 %, 1,432 Milliarden) an und hatte in der Endphase der DDR, also nach dem XI. Parteitag 1986 bis zum Berichtstag am 7. September 1989, bereits 155 977 Personen erreicht und damit 0,93 % der Wohnbevölkerung bzw. 3,204 Milliarden Verlust an produziertem Nationaleinkommen (1989 allein 1,914 Milliarden).[102] Bis zum 8. November, Stand 6 Uhr morgens, erhöhte sich die Zahl der Übersiedler des Jahres 1989 weiter drastisch auf mindestens 297 834 (dem MfS bekannt gewordene) Personen und damit ungefähr 1,8 % der Wohnbevölkerung.[103] Noch vor dem

---

102 BStU AdZ, ZAIG, 27 859, 116; ebd., ZAIG, 11 313, 300; dabei blieb unberücksichtigt, dass diesem Nationaleinkommensverlust auf der einen Seite immer mehr demotivierte ausreisewillige Arbeitskräfte zur Seite standen und auf der anderen Seite aufgrund der Migration durch diverse Übereinkünfte mit der Bundesrepublik aufgrund »besonderer humanitärer Bemühungen« rund 3,5 Milliarden harte Devisen (bzw. Sachgegenwerte) in den Haushalt der DDR zurückflossen; vgl. Jan Philipp Wölbern, *Der Häftlingsfreikauf aus der DDR 1962/63-1989: Zwischen Menschenhandel und humanitären Aktionen* (Göttingen: Vandenhoeck & Ruprecht, 2014), 542.
103 Eigene Berechnung nach BStU AdZ, ZAIG, 27 859, 101, 107.

Mauerfall fielen das bisherige Migrationsregime und damit auch die machtsichernden Strukturen der SED auseinander. Mit den Worten Ben Kafkas: Die physischen Mauern fielen, nachdem ihre papiernen Stützen weggebrochen waren.[104]

Flüchtlingsrecht als verkapptes Ausreiserecht: Die Kettenreaktion in Ungarn

Aus migrationshistorischer Perspektive war die Gesetzesänderung zum Jahresbeginn kein Ausgangspunkt, sondern ein Kulminationspunkt der »permanenten Existenzbedrohung« in Form des dauerhaften Drucks von innen und außen auf den SED-Staat – und zwar ohne großes Zutun der Opposition.[105] Aus dieser Perspektive war damit auch das Fanal der Kommunalwahlen, bei dem zahlreiche Darstellungen der Revolutionsereignisse 1989 ansetzen, zwar ein entscheidender Katalysator für die »friedliche Revolution«, allerdings weder ein »1. Akt« noch das »Frühlingserwachen« der DDR-Bevölkerung.[106] Zwar entfachte der mit der Frühlings-

104 Ben Kafka, *The Demon of Writing: Powers and Failures of Paperwork* (New York: Zone Books, 2012), 118.

105 Zit. n. Marion Detjen, »Permanente Existenzbedrohung: Abwanderung, Flucht, Ausreise«, in: *Revolution und Vereinigung 1989/90: Als in Deutschland die Realität die Phantasie überholte*, hg. von Klaus-Dietmar Henke (München: DTV, 2009), 67-80; ähnlich argumentierend Jens Gieseke, »›Seit Langem angestaute Unzufriedenheit breitester Bevölkerungskreise‹: Das Volk in den Stimmungsberichten des Staatssicherheitsdienstes«, in: *Revolution und Vereinigung 1989/90: Als in Deutschland die Realität die Phantasie überholte*, hg. von Klaus-Dietmar Henke (München: DTV, 2009), 130-48.

106 Zit. n. Schöne, »Von der Resignation zur Revolution: Die DDR im Jahr 1989«, 6; siehe weiterhin z. B. heterogene Arbeiten wie Sebastian Stude, *Die friedliche Revolution 1989/90 in Halle/Saale: Ereignisse, Akteure und Hintergründe* (Frankfurt/M. u. a.: Lang, 2009); Ehrhart Neubert, *Unsere Revolution: Die Geschichte der Jahre 1989/90* (München, Zürich: Piper, 2008); *Herbst in der DDR-Provinz: Hefte zur DDR Geschichte 137* (Berlin: Helle Panke, 2015); die Verengung von Revolutionsgeschichte auf ihren finalen Akt ist keineswegs unüblich, jedoch zeigen Pionierstudien zur Russischen Revolution, dass sich die Komplexitäten nur in einer *longue durée* fassen lassen; vgl. v. a. Achim Beier und Uwe Schwabe (Hrsg.), *»Wir haben nur die Straße«: Die Reden auf den Leipziger Montagsdemonstrationen 1989/90. Eine Dokumentation* (Halle [Saale]: Mitteldeutscher Verlag, 2016); Manfred Hildermeier, *Die Russische Revolution. 1905-1921* (Frankfurt/M.:

luft aus Polen hinübergetragene Funke die Hoffnung, dass nach dem dortigen Erfolg der Oppositionsbewegung bei der Reform des politischen Systems nun auch die DDR in ein freies, aber sozialistisches Mehrparteiensystem umgewandelt werden könne.[107] Migrationshistorisch – und damit gesellschaftspolitisch – ebenso bedeutend war jedoch die frische Zugluft aus Ungarn. Der frische Wind aus den osteuropäischen Gesellschaften verlieh indes nicht nur dem Strohfeuer des Glaubens an eine freie und antikapitalistische DDR Energie, sondern er entfachte einen weit darüber hinausgehenden Flächenbrand. Die finale Destabilisierung der DDR beruhte darum auch auf drei migrationshistorisch bedeutsamen Faktoren: dem ungarischen Beitritt zur Genfer Flüchtlingskonvention (GFK), dem Abbau der Grenzsicherungen in Ungarn und der ČSSR sowie Botschaftsbesetzungen in Budapest, Prag, Warschau und Ost-Berlin.

Noch in den Wintermonaten schreckten die Medienbeobachter des MfS auf. Seit Herbst 1988 befand sich Ungarn in einer *lawful revolution*, in der sich durch moderates Regierungshandeln und zivilgesellschaftlichen Druck nach dem Machtübergang vom Generalsekretär der Ungarischen Sozialistischen Arbeiterpartei János Kádár an den neu eingesetzten und reforminteressierten Ministerpräsidenten Miklós Németh ein bemerkenswerter Transformationsprozess vollzog.[108] Als sich im Winter andeutete und am 17. März vom

Suhrkamp, 1989); Peter Holquist, *Making War, Forging Revolution. Russia's Continuum of Crisis, 1914-1921* (Cambridge/Mass.: Harvard University Press, 2002); weitere Ansätze gegenüberstellend Frank Wolff und Gleb Albert, »Neue Perspektiven auf die Russischen Revolutionen und die Frage der agency«, in: *Archiv für Sozialgeschichte* 52 (2012), 825-58.

107 Diese Hoffnung auf Polen ist sehr schön dargestellt von Wolfgang Templin, »»Ein demokratisches Russland zu erleben, wäre ein Traum««, Wolfgang Templin im Gespräch mit Birgit Wentzien, Deutschlandfunk (31. August 2017), online verfügbar unter: ⟨http://www.deutschlandfunk.de/wolfgang-templin-ein-demokratisches-russland-zu-erleben.1295.de.html?dram:article_id=394757⟩ (Stand März 2019); Wolfgang Templin, »Die osteuropäischen Befreiungsbewegungen – Voraussetzungen für eine erfolgreiche friedliche Revolution 1989«, in: *Die demokratische Revolution 1989 in der DDR*, hg. von Eckart Conze, Katharina Gajdukowa und Sigrid Koch-Baumgarten (Köln: Böhlau, 2009), 92-102.

108 Máté Szabó, »Zwischen Reform und Revolution: Ungarns Weg aus dem Staatssozialismus – wohin?«, in: *Das Ende des Kommunismus: Die Überwindung der Diktaturen in Europa und ihre Folgen*, hg. von Thomas Großbölting (Essen: Klartext, 2010), 193.

Flüchtlingshilfswerk der Vereinten Nationen verkündet wurde, dass Ungarn als erstes sozialistisches Land mit Wirkung zum 12. Juni der Genfer Flüchtlingskonvention beitrete, schrillten in Ost-Berlin die Alarmglocken.[109] Die GFK fordert die Unterzeichnerstaaten unter anderem dazu auf, Flüchtlingen die faire Prüfung des Antrags als Flüchtling im Sinne der Konvention, einen Flüchtlingsausweis und den Schutz vor der Rücksendung in Gefahr (*non-refoulement*) zu garantieren. Der Beitritt Ungarns konnte, so befürchtete der SED-Staat nicht zu Unrecht, drastische Auswirkungen auf die DDR haben. In Budapest interessierte man sich indes in erster Linie für ungarischstämmige Rumänen, die damals zu Zehntausenden vor Nicolae Ceauşescus Androhung flohen, in Rumänien ganze von ethnischen Ungarn bewohnte Dörfer einzuebnen. Der Beitritt setzte die gültigen Rückschiebungsabkommen unter den beiden sozialistischen Bruderländern aus.[110] Vor allem aber lockten internationale Gelder. Die seit 1988 ankommenden magyarischen Flüchtlinge belasteten das ohnehin wirtschaftlich strauchelnde und an Wohnraum knappe Ungarn. Der Schlupf unter das Dach der internationalen Flüchtlingshilfe verlieh dem bankrotten Land nun Anspruch auf Unterstützung durch die Vereinten Nationen.[111]

Warum aber schreckte dies das MfS derart auf, wenn die Ankündigung des Beitritts, wie der Historiker Andreas Oplatka betont hat, die anwesenden DDR-Touristen gar nicht im Blick hatte? Die Antwort leitet sich aus der Funktionsweise der GFK ab.[112] Denn erstens signalisierte der Beitritt zur Konvention, dass Ungarn, eines der beliebtesten Reiseländer der DDR-Bevölkerung, in rasantem Tempo aus dem über Jahrzehnte errichteten System der gemeinsamen Migrationsverhinderung des Warschauer Pakts ausscherte. Dieses System baute unter anderem auf die gegenseitige »remote border control«, also die Grenzsicherung und die Strafverfolgung sowie Auslieferung bei Übertrittsversuchen.[113] Aufgrund

109 Siehe z. B. BStU AdZ, ZKG, 18 653, Bd. 2, 1-3.

110 Andreas Oplatka, »Der erste Riss im Eisernen Vorhang«, in: *APuZ*, 12-17, 21-22 (2009), 13 f.

111 Andreas Oplatka, *Der Eiserne Vorhang reisst: Ungarn als Wegbereiter* (Zürich: Verlag Neue Zürcher Zeitung, 1990), 160.

112 Zur ihrer weitreichenden Wirkung siehe v. a. Peter Gatrell, *The Making of the Modern Refugee* (Oxford: Oxford University Press, 2013).

113 BStU AdZ, ZAIG, 17 587, 70-91; zum Konzept siehe die Einleitung dieses Buches und Aristide R. Zolberg, »The Archeology of Remote Control«, in: *Mi-*

der prinzipiell jeden DDR-Bürger erfassenden deutschen Staatsangehörigkeit betraf das vor allem DDR-Bürger. Budapest übernahm darum auf der Basis des Vertrags über den visafreien Verkehr zwischen der Ungarischen Volksrepublik und der DDR die erweiterte Grenzsicherung für die DDR und musste verhindern, dass DDR-Bürger ohne Genehmigung in dritte Staaten weiterreisten.[114] Dieser Vertrag widersprach nun dem von Ungarn anerkannten und übergeordneten internationalen Recht. Nach dem Scheitern der Verhandlungen mit der SED setzte der ungarische Außenminister Gyula Horn darum den bilateralen Vertrag zwischen der DDR und Ungarn erst temporär und dann zum 20. Juni dauerhaft außer Kraft.[115]

Zweitens limitierte die GFK auf lange Sicht die repressiven Handlungsspielräume. Denn sollte es in der DDR zu einem gewaltsamen Konflikt kommen oder sollte sich dieser auch nur abzeichnen, würden DDR-Bürger en gros schlagartig unter genau den Schutz der Konvention fallen. Und dieser Gedanke war keineswegs ein abstraktes Hirngespinst. Nach dem Massaker am Platz des himmlischen Friedens im Sommer 1989 drohte die SED-Elite auch öffentlich mit einer »chinesischen Lösung«.[116] Und intern zeigte sich, dass die Führung nach wie vor am »Juni-Syndrom« litt.[117] Noch am 31. August fragte Mielke seine Bezirksleiter angesichts der von ihnen beschriebenen »Ungarnprobleme« und »der Probleme im Zusammenhang mit den Antragstellungen auf Übersiedlung« explizit: »Ist es so, daß morgen der 17. Juni ausbricht?«[118]

Drittens ermöglichte die GFK Einzelpersonen, sich der politi-

gration Control in the North Atlantic World: The Evolution of State Practices in Europe and the United States from the French Revolution to the Inter-War Period, hg. von Andreas Fahrmeir, Olivier Faron und Patrick Weil (New York: Berghahn Books, 2003), 195-222.

114 BStU AdZ, ZAIG, 17587, 70-91; BStU AdZ, 18653, Bd. 2, 16-20.

115 Oplatka, Der Eiserne Vorhang reisst, 160.

116 Michael Richter, Die Friedliche Revolution: Aufbruch zur Demokratie in Sachsen 1989/90, Bd. 1 (Göttingen: Vandenhoeck & Ruprecht, 2010), 357 f.

117 Matthias Uhl und Armin Wagner, »Einleitung: Ulbricht, Chruschtschow und die Mauer«, in: Ulbricht, Chruschtschow und die Mauer: Eine Dokumentation, hg. von Matthias Uhl und Armin Wagner (München: Oldenbourg Wissenschaftsverlag, 2010), 48; Edgar Wolfrum, Die Mauer: Geschichte einer Teilung (München: C. H. Beck, 2009), 32.

118 BStU AdZ, ZAIG, 8679, 25.

schen Strafverfolgung durch die Flucht nach Ungarn zu entziehen. Aufgrund der politischen Nutzung der Strafgesetze (wie §§ 98-100, 106, 107, 213, 129 oder 220 StGB der DDR), die ganz maßgeblich auf Ausreisende abzielten, hätte damit letzten Endes ein Mitgliedsstaat des Warschauer Pakts darüber befinden müssen, ob die »Gummiparagrafen« des SED-Staates wie von ihm behauptet ein Strafrecht oder vielmehr eine politische Strafgesetzgebung darstellten. Angesichts internationaler Standards und des ungarischen Reformeifers fürchtete die SED diese Prüfung zu Recht. Im März 1989 stellte ein interner Bericht der Abteilung für Internationale Verbindungen der SED die Zukunft der Bündniszugehörigkeit Ungarns infrage. Andreas Oplatka zufolge erklärte Honecker »Ungarn gleichsam für verloren«.[119]

Der am 17. März verkündete Beitritt Ungarns zur GFK überraschte die Organe des SED-Staates. Es blieb ihnen nur, die Folgen zu klären, insbesondere die Frage nach der Gültigkeit der GFK für DDR-Bürger. Auch in der Bundesrepublik schien man sich erst nach dem 12. Juni, also dem Inkrafttreten des Beitritts, der potentiellen Reichweite des Entschlusses bewusst zu werden. Presseberichte häuften sich, und am 4. August versuchte die Bundesregierung, durch ihren Pressesprecher Herbert Schmülling Spekulationen in die Schranken zu weisen, da Ungarn doch überhaupt kein Gesetz zur Umsetzung der Genfer Flüchtlingskonvention verabschiedet habe.[120] Genau diese Umsetzung wollten Vertreter des SED-Staates mit allen Mitteln verhindern. Ein zwischen MfS und MfAA abgestimmtes und an Budapest gerichtetes Grundsatzpapier lobte zwar das »hohe Niveau in den bilateralen Beziehungen und die vertrauensvolle Zusammenarbeit auf den verschiedensten Gebieten«.[121] Es insistierte aber in scharfem Ton, dass Ungarn diese bilateralen Beziehungen verletze, wenn es sich nicht vehement den Versuchen »westlicher, dem Sozialismus feindlich gesonnener Kräfte« widersetze, DDR-Bürgern den Weg in den Westen zu ebnen. Immerhin gelte noch das Abkommen von 1969, das nicht genehmigte Weiterreisen untersage, Ungarn also zur scharfen Grenzkontrolle zwang. Grundlegend gehe die DDR davon aus, so das Grundsatzpapier,

119 Andreas Oplatka, *Der erste Riß in der Mauer: September 1989. Ungarn öffnet die Grenze* (Wien: Zsolnay, 2009), 75.
120 BStU AdZ, ZOS, 3998, 38, dpa 4. August 1989.
121 BStU AdZ, ZKG, 18 653, Bd. 2, 1-3.

»daß Bürger der DDR nicht im Sinne der Flüchtlingskonventi-on betrachtet und behandelt werden«. Am Tag des Inkrafttretens der GFK in Ungarn reiste der Vorsitzende der ZKG Generalmajor Niebling für drei Tage nach Budapest. Er kehrte mit mageren Ergebnissen heim. Der stellvertretende Innenminister und Geheimdienstchef Oberst Ferenc Palagi erklärte ihm, dass er keine DDR-Bürger mehr in die DDR zurückführen werde und dass die Grenzsicherung weiterhin abgebaut würde. Niebling erhielt jedoch die Zusage, dass Ungarn nicht vorhabe, DDR-Bürger als Flüchtlinge anzuerkennen.[122] Am 4. August dämpfte der zuständige Abteilungsleiter im ungarischen Innenministerium Karoly Nagy in einem auch in der DDR weitgehend empfangbaren Interview mit dem Deutschlandfunk die Hoffnungen, ein in Ungarn gestellter Asylantrag öffne DDR-Bürgern den Weg in den Westen. Seiner Ansicht nach gab es kaum Gründe, solche Anträge zu akzeptieren, denn die Frage der Ausreise sei zuvörderst ein rein deutsch-deutsches Problem.[123] Der bundesdeutsche Botschafter Alexander Arnot protestierte hingegen scharf gegen die Erklärung der zwischen zwei Mühlensteine geratenden ungarischen Reformregierung, die universell geltende Flüchtlingskonvention nicht auf DDR-Bürger anzuwenden.[124]

Hinter den Kulissen schmiedete die ungarische Regierung ohnehin Nägel mit anderen Köpfen. So meldete Gerd Vehres, Botschafter der DDR, am 6. August per Blitznachricht nach Ost-Berlin, dass »ungarn z. z. moeglichkeiten pruefe, ddr-buergern politisches asyl zu gewaehren«.[125] Zwar reiche die Herkunft aus der DDR für eine Anerkennung nicht aus, dennoch müssten die ungarischen Behörden »dann jedes gesuch pruefen«. Es spricht wohl Bände über die damaligen Beziehungen beider Warschauer-Pakt-Staaten, dass der offizielle Vertreter der DDR in Ungarn solch sensible Informationen nicht über seine Kanäle erhielt, sondern aus Meldun-

122 Süß, *Staatssicherheit am Ende*, 168 f.
123 BStU AdZ, ZOS, 3998, 38, dpa 4. August 1989.
124 Vgl. Tibor Dömötörfi und Andreas Schmidt-Schweizer, »Eine merkwürdige Episode der westdeutsch-ungarischen diplomatischen Beziehungen in der ersten Augustwoche 1989 in Zusammenhang mit der Fluchtwelle der DDR-Staatsbürger in Ungarn«, in: *Das Vorspiel für die Grenzöffnung: Das Paneuropäische Picknick in Sopron am 19. August 1989*, hg. von György Gyarmati und Krisztina Slachta (Budapest: Harmattan, 2014).
125 BStU AdZ, ZKG, 18653 Bd. 2, 27.

gen der Deutschen Presse-Agentur (dpa) ableitete. Die intensiven Unterstreichungen durch seine Leser des MfS indizieren die dort aufkommende Panik. Die steigerte sich, als Vehres tags darauf erfuhr und meldete, Ungarn plane einem Informanten zufolge zum 1. Oktober ein Gesetz zur Umsetzung der Flüchtlingskonvention.[126]

So reisten den ganzen Sommer über Delegationen des MfS an die Donau, um der Lage Herr zu werden.[127] Sie erreichten jedoch wenig bis nichts. Am 25. September musste das MfS intern informieren, dass Ungarn zum 15. Oktober neue Gesetze und Regeln zur Umsetzung der Flüchtlingskonvention ankündigen würde. Da nach der Aussetzung des Abkommens zum visafreien Verkehr zwischen der DDR und Ungarn das Verhältnis zwischen den beiden Staaten weitgehend ungeregelt war, stellte nun auch das MfS fest, dass alle in Ungarn befindlichen Personen einen Antrag auf Anerkennung als politischer Flüchtling stellen könnten und dass Ungarn diese Anträge innerhalb von 30 bzw. 90 Tagen prüfen müsse.[128] Die wirklichen Probleme für den SED-Staat ergaben sich aus den Folgen daraus, denn Ungarn hatte kein Interesse, die anerkannten Flüchtlinge zu beherbergen. Im Falle einer Anerkennung hätten die Personen die Möglichkeit, in Ungarn zu bleiben, oder sie müssten in ein Land ausreisen, »welches bereit ist diese Personen aufzunehmen«.[129] Dazu war die Bundesrepublik grundgesetzlich verpflichtet. Mehr noch, selbst im Falle einer Ablehnung könnten DDR-Bürger per »Fremdenpolizeiverfahren« in Ungarn eine temporäre Aufenthaltsgenehmigung erhalten, die ihnen die Ausreise in ein Drittland erlaube. Die ungarischen Regeln sahen dies in erster Linie für »Personen nichtungarischer Nationalität, die aus sozialistischen Ländern in die UVR [Ungarischen Volksrepublik] eintreffen«, vor, also insbesondere für DDR-Bürger.[130] Da diese zudem im Falle einer finalen Ablehnung nicht gegen ihren Willen in die DDR ausgewiesen werden würden, stand für DDR-Bürger das Tor Ungarn auf dem legalen Weg und weitgehend ungeachtet des Ausgangs des Flüchtlingsprüfungsverfahrens offen.

Wie erwähnt ging es Ungarn mit dem Beitritt zur GFK keines-

126 BStU AdZ, ZKG, 18 653 Bd. 2, 28.
127 Oplatka, »Der erste Riss im Eisernen Vorhang«, 17.
128 BStU AdZ, ZAIG, 11 313, 262.
129 BStU AdZ, ZAIG, 11 313, 262.
130 BStU AdZ, ZAIG, 11 313, 262-4.

wegs um eine humanitäre Lösung für die Ausreisenden, sondern um Hilfe für Auslandsungarn über das UN-Flüchtlingshilfswerk. Wohl wissend, dass damit Folgeprobleme im Umgang mit DDR-Bürgern auftreten würden, erklärte Budapest die Ausreisefrage jedoch zu einer ausschließlich deutsch-deutschen Angelegenheit. Es leitete diese Nebenwirkung des GFK-Beitritts also direkt weiter und spielte den Ball einfach nach Bonn und Berlin zurück. Die beiden deutschen Staaten sollten eine Lösung finden, was allerdings schon aufgrund der Normenkollision zwischen dem Souveränitätsanspruch der DDR und den aus dem Grundgesetz erwachsenden Pflichten für die Bundesrepublik unmöglich war. Wenn Ungarn die Weiterreise für DDR-Bürger ermöglichte, war die Bundesrepublik gezwungen, diese aufzunehmen. So hebelte Budapest per internationalem Abkommen die Papiermauern, die die Berliner Mauer absicherten, an einer ganz entscheidenden Stelle aus.

Magyarische Flüchtlinge aus Rumänien waren allerdings keineswegs die einzigen, geschweige denn die größten Kostenfaktoren, die Ungarn aus dem Migrationsregime im Warschauer Pakt erwuchsen. Der teuerste Faktor war die Grenzsicherung, die man wohl am besten als Kádárs Zaun beschreiben kann. Als János Kádár nach dem Aufstand 1956 an die Macht gelangte, stoppte er die Massenflucht aus Ungarn durch ein ab 1957 errichtetes System aus Zäunen und Minenfeldern. In den 1970er Jahren wurden Letztere durch ein tiefes und anspruchsvolles System aus Signalzäunen ersetzt. Dieses verhinderte effektiv Fluchten, war aber sehr kostspielig, da trotz mehrebniger Sicherungen ständig Wild und Vögel Fehlalarme auslösten. Bei jedem der durchschnittlich 4000 Fehlalarme pro Jahr rückten 40 bis 60 Grenzsoldaten aus. War die Störung nicht binnen einer Stunde behoben, folgten bis zu 400.[131] Durchschnittlich rückte darum jede Untereinheit 1,5 bis 3 pro Tag wegen blinden Alarms aus. Dies senkte nicht nur die Moral in der Truppe, sondern erzeugte dem Befehlshaber der Grenztruppen János Székely zufolge auch immense Kosten. Ohnehin, so stellte er in einem Bericht vom 21. Oktober 1987 fest, seien die Bemühungen müßig.[132] Es fehlten z. B. technische Ersatzteile für die Wartung der Meldeanlagen, weil die Sowjetunion diese nicht mehr produzierte, der Draht verschlang rare Devisen. Zudem sei das System

131 Oplatka, *Der erste Riß in der Mauer*, 21 f.
132 Ebd., 24 f.

ausrechenbar und leicht zu überwinden. Entweder, schlussfolgerte Székely, man baue ein System ähnlich der DDR oder man reiße die Anlagen ab. Der Befehlshaber des Grenzschutzes selbst befürwortete Letzteres. In den nächsten Monaten folgten Planspiele, was das bedeuten würde, vorerst aber keine praktischen Konsequenzen.

Der im November 1988 angetretene Ministerpräsident Miklós Németh gab später zu Protokoll, dass er sich bereits im Februar 1989 während seines ersten Amtsbesuchs bei den ungarischen Grenztruppen entschieden habe, diesen »Unsinn« abzubauen. »Das Sperrgebiet an der Grenze war für mich eine ganz fremde Welt. […] Wozu brauchen wir diesen Aufwand?, fragte ich. Das kostet doch sehr viel Geld und macht unser Land in Wirklichkeit zu einem Gefängnis. Dieser eiserne Vorhang ist ein Anachronismus.«[133]

Auch seine Kollegen im Ministerrat betitelten die Sicherung nun als »ein Relikt aus finsterer, kommunistischer Vergangenheit«. Dieser »teure Blödsinn« sei einfach eine »zweite Berliner Mauer«, die Ungarn viel koste, aber nichts bringe, da dank seines Reformkurses, wie Németh dem österreichischen Kanzler Franz Vranitzky versicherte, ohnehin »höchstens noch 0,2 bis 0,3 % der ungarischen Bevölkerung das Land auf Dauer verlassen« wollen.[134] In der Tat richteten sich die Grenzanlagen seit der Einführung eines weltweit gültigen Reisepasses am 19. Mai 1987 nicht mehr gegen die Flucht ungarischer Staatsbürger.[135]

Nach seinem Moskauer Antrittsbesuch am 3. März teilte Németh mit, er habe von Gorbatschow das stille Einverständnis erhalten, diese »lächerlich[e] technische Grenze« abzubauen.[136] Dabei nannte er aber keinen Zeitraum, sondern »prophezeite nur, daß es den Eisernen Vorhang wohl am Ende des Jahrtausends nicht mehr

133 Friedrich Kurz, »Ungarn 1989«, in: *Die sieben Mythen der Wiedervereinigung* (München: Ehrenwirth, 1991), 129 f.

134 Sämtliche Zitate aus ebd., 129-31.

135 Michael Gehler, »Bonn – Budapest – Wien: Das deutsch-österreichisch-ungarische Zusammenspiel als Katalysator für die Erosion des SED-Regimes 1989/90«, in: *Grenzöffnung 1989: Innen- und Außenperspektiven und die Folgen für Österreich*, hg. von Andrea Brait und Michael Gehler (Wien, Köln, Weimar: Böhlau, 2014), 138.

136 Dieses eindrückliche Treffen wurde sogar Gegenstand historischer Unterhaltungsliteratur; siehe Ken Follett, *Edge of Eternity* (New York: Dutton, 2015), 634.

geben werde«.[137] Dies erfuhren die DDR-Bürger aber vorerst nicht. Dann brach dieser Übergang zum neuen Jahrtausend innerhalb weniger Tage an. Zum 2. Mai 1989 begannen die Grenztruppen, die Signalanlagen abzubauen. Beschwerden der DDR trafen in Budapest und Moskau auf taube Ohren. Mit dem Sommer kam die Feriensaison. Tausende DDR-Bürger packten ihre Koffer für ein paar Tage ungarischen Sonnenschein. Das MfS überwachte diese wie gehabt; der SED-Staat baute auf die Zusicherung, die Grenze werde weiter patrouilliert.

Der Ton änderte sich, als der personifizierte Motor der ungarischen Reformen, Politbüro-Mitglied Imre Pozsgay, Ende Mai zu einer Pressekonferenz einlud, um den anstehenden Umbau des Landes zu erläutern. Dabei erwähnte er explizit, dass es nicht die Aufgabe Ungarns sei, Bürger anderer Staaten zu bewachen oder für andere Länder die Grenze zu sichern. Nach diesen Sätzen soll eine Zahl von Menschen den Raum verlassen haben – dem ungarischen Innenminister István Horváth und dem Korrespondenten der *FAZ* Georg Hefty zufolge Fluchthelfer, die Horváth auf Wunsch des Kohl-Vertrauten Horst Teltschik eingeladen hatte.[138]

Die dramatischen normativen und physischen Änderungen im Migrationsregime wirkten sich deutlich verzögert auf die Migrationsbewegung aus. Glückte im ersten Halbjahr 1988 nur 22 Personen die Flucht über die ungarischen Grenzen, lag diese Zahl in den ersten sechs Monaten 1989 um das Siebenfache höher bei 161. Dem stand in denselben Monaten eine mehr als Verdreifachung der Anzahl verhinderter Grenzübertritte von 143 (1988) auf 479 (1989) gegenüber.[139] Ob hierbei die vermuteten Fluchthelfer der Pressekonferenz eine Rolle spielten, muss ungewiss bleiben. Denn im Frühjahr zeigten sich immer mehr physische Löcher, die Grenze blieb aber schwer passierbar. Das Problem des SED-Staates war dabei indes weniger die nach wie vor geringe Gesamtzahl, sondern die Tendenz. Erstens fand in Ungarn der Löwenanteil sowohl der geglückten als auch der fehlgeschlagenen Fluchten von DDR-Bürgern über andere sozialistische Länder statt.[140] Zweitens stieg diese Zahl im Juni – mit Beginn des jährlichen Touristenstroms – deut-

137 Zit. n. Kurz, »Ungarn 1989«, 134.
138 Oplatka, *Der erste Riß in der Mauer*, 105 f.
139 BStU AdZ, ZAIG, 11 313, 131.
140 BStU AdZ, ZAIG, 11 313, 125.

lich an: 80 Personen gelang die Flucht, 231 missglückte sie.[141] Dabei wird leicht übersehen, dass die Erfolgsquote solcher Fluchten im Juni 1989 bei 25,72 % lag. Das lag deutlich unter dem Niveau des Vorjahres (34,43 %). Die nun intensiv patrouillierte Grenze wurde ohne die veralteten Signalanlagen für kurze Zeit also relativ gesehen undurchlässiger.[142] Dennoch stieg die Zahl der in Westdeutschland ankommenden Flüchtlinge. Dies sorgte auch in der auf die innerdeutschen Grenzanlagen fixierten westdeutschen Presse für Verwirrung. Der ARD-Videotext versuchte irrtümlicherweise, die steigende Zahl der Flüchtlinge damit zu begründen, »daß an der DDR-Grenze in der Regel nicht mehr geschossen werde«.[143] Ins Weltgedächtnis schrieb sich jedoch die Öffnung des Eisernen Vorhangs erst am 27. Juni ein, als die Außenminister Ungarns und Österreichs Gyula Horn und Alois Mock vor den Augen der Weltpresse in einem Fotostunt den Grenzzaun – bzw. eines der letzten verbliebenen Stücke – zwischen beiden Staaten durchschnitten. An den Reiseregeln für DDR-Bürger sollte dies nichts ändern.

Der SED-Staat reagierte mit einer Mischung aus Ratlosigkeit und Borniertheit. Im MfS begannen die Planspiele und Sicherungskonzepte. DDR-Botschafter Vehres machte hingegen im Juli erst einmal Urlaub. Wichtige Personen des SED-Staats vertrauten wohl auf die zugesagten Grenzpatrouillen. In der Tat mussten die nun aus der DDR nach Ungarn strömenden Fluchtwilligen feststellen, dass die Grenzen keineswegs leicht passierbar waren. Gelockt von Horns und Mocks Mediencoup hatten sie übersehen, dass in Wahrheit nicht Zäune und Mauern, sondern Menschen sie am Gehen hindern wollten. Die Truppen vor Ort waren verstärkt worden, und das Patrouillennetz war dicht.

Der entscheidende Unterschied zu den Vorjahren war darum vorerst nicht die Durchlässigkeit der Grenze, sondern die Sanktionierung der Versuche. Gescheiterte Geflüchtete wurden nun nicht mehr in die DDR überstellt, sondern nach Aufnahme der Personalien und mit der Auflage der Heimkehr in Ungarn entlassen. Nun kehrten sie natürlich nicht freiwillig in die DDR zurück, wo ihnen Verfahren zumindest wegen »Republikflucht« drohten. Sie harrten

141 Eigene Berechnung nach BStU AdZ, ZAIG, 11 313, 131, 143.
142 1988: 607 Versuche, davon 210 erfolgreich und 397 gescheitert; vgl. BStU AdZ, ZAIG, 11 313, 131, 143.
143 BStU AdZ, HA XXII, 17 253, 278, ARD/Videotext 24. Juli 1989.

aus und warteten darauf, dass sich die instabile Lage zu ihren Gunsten änderte. Nicht unähnlich dem »langen Sommer der Migration 2015« stauten sich in Ungarn im August 1989 zuerst hoffnungsfrohe, dann frustrierte Flüchtlinge – nur dass es damals Deutsche waren. Ungarn ließ sie hinein, aber nicht weiter – und zurückgehen war für die Flüchtlinge keine Option. Es hat den Anschein, dass sowohl die ungarische als auch die den Abbau genehmigende sowjetische Staatsführung die Konsequenzen der Demontage der Signalzäune unterschätzt hatte. Denn als Gorbatschow und Németh im März 1989 zusammenkamen und der ungarische Ministerpräsident dem Generalsekretär der KPdSU seine Pläne verkündete, die Grenzen zu öffnen, antwortete Gorbatschow, er hielte es »nicht für wahrscheinlich, daß nach ihrem Abbau womöglich Millionen unzufriedener Menschen aus dem Osten in den Westen flüchten könnten«.[144] Hatten sie die schlummernde Macht der deutschen Staatsangehörigkeit vergessen? Die Frage muss an dieser Stelle offenbleiben. Rein numerisch lagen sie jedenfalls richtig: Es drängten keine Millionen über die ungarischen Grenzen. Aber aufgrund der exponierten Lage Ungarns und der Mauer, deren Bestehen von dem Glauben, sie sei nicht zu durchdringen, abhängig war, reichten 1989 eben schon Tausende, um die Trennung von Ost und West selbst ins Wanken zu bringen.

Die Vertreter der DDR zweifelten nun vermehrt daran, dass Ungarn die Grenzsicherung aufrechterhalten konnte oder wollte. Am 5. Juli meldete die ZKG, der ursprünglich auf 1990 angesetzte Termin des finalen Abbaus der Grenzanlagen sei auf den 1. August vorgezogen worden.[145] Am 6. August meldete Botschafter Vehres in einer Blitzmeldung sichtbar aufgeregt im Stakkato nach Ost-Berlin:

mit wirkung zum 1.8 grenzzonen und spurstreifen an staatsgrenze uvr zu oesterreich und sfrj [Sozialistische Föderative Republik Jugoslawien] aufgehoben. grenzzonen, grenzstreifen […] und spurstreifen zu oesterreich [werden] abgeschafft […], grenzregime wie zwischen ddr und ČSSR […]. als gruende dafür demonstration weltoffenheit, guter beziehungen zu oesterreich, […] existierende reisefreiheit fuer ung. buerger […] und bessere ausnutzung dieser territorien fuer landwirtschaftliche produktion.[146]

144 Zit. Németh in Kurz, »Ungarn 1989«, 134.
145 BStU AdZ, ZAIG, 11 313, 132.
146 BStU AdZ, ZKG, 18 653 Bd. 2, 25.

Ausländer würden nunmehr fast nur noch durch Hinweisschilder davon abgehalten, zur Grenze zu gehen. Angesichts der gestörten Kommunikation zwischen der UVR und der DDR bemühe sich die Botschaft derzeit, »durch eigenen eindruck bestaetigung fuer diese interne information zu erhalten«.[147] Mit seiner Suche nach Informationen war der Botschafter nicht allein. Immer mehr DDR-Bürger versuchten zu verstehen, was an der Grenze passierte. Und immer mehr versuchten, es selbst herauszufinden. Im Juli wandelte sich das Bild. Nun standen 110 erfolgreichen Fluchtversuchen lediglich 14 Verhinderungen gegenüber, womit im Juli bei beiden Werten die Gesamtzahl des Vorjahres überschritten war.[148] Als Grund machte das MfS am 14. Juli 1989 in einem für Günter Mittag und Egon Krenz erstellten Bericht die westliche Berichterstattung und den Beitritt der UVR zur GFK für die Lage verantwortlich, lobte aber die Zusammenarbeit mit den ungarischen Sicherheitsbehörden. Deren »konsequente [...] Maßnahmen« würden seit dem 2. Quartal 1989 jedoch dadurch konterkariert, dass die UVR die Grenzverletzer nicht mehr an das MfS überstelle.[149]

Man darf in diesem Zusammenhang aber nicht übersehen, dass bis Ende Juli 1989 die insgesamt 618 Fluchtversuche über Ungarn im Verhältnis von 445 681 Ungarntouristen und 326 360 Transittouristen durch das Land verschwindend wenige waren.[150] Die Mehrzahl der DDR-Bürger im Land sonnte sich am Balaton oder genoss die Schönheit (und das Konsumangebot) Budapests, ohne sich auch nur in die Nähe der Grenze zu begeben. Von diesen erlagen aber immer mehr der Versuchung, spontan »rüberzumachen«. Allein in der ersten Augustwoche flohen mit 394 Personen nahezu doppelt so viele wie bislang im gesamten Jahr, dem in dieser Woche allein 68 Verhinderungen gegenüberstanden.[151] Mit einer Erfolgsquote von 85,28 % war die Grenze damit faktisch, nicht aber offiziell offen.

147 BStU AdZ, ZKG, 18 653 Bd. 2, 25.
148 BStU AdZ, ZAIG, 11 313, 143.
149 BStU AdZ, ZAIG, 11 313, 144.
150 BStU AdZ, ZAIG, 11 313, 202.
151 BStU AdZ, ZAIG, 11 313, 202; die Auswertung vom 10. bzw. 11. August 1989 gibt auf der weniger detaillierten ersten Seite des Berichts fehlerhafterweise die Gesamtzahl der Fluchten aus nichtsozialistischen Staaten als die Ungarns an. Vgl. BStU AdZ, ZKG, 18 653, Bd. 2, 31, 40 f.

Die Fluchtwilligen wussten um diese Quote nicht. In der Praxis erlebten sie aber, dass die UVR gefasste Fluchtwillige, wie das MfS euphemistisch schrieb, »nur in Einzelfällen« in die DDR zurückführte, und so blieben viele über das Urlaubsvisum hinaus in Ungarn, weil sie nach gescheiterten Versuchen auf eine weitere Chance hofften.[152] Das trug nicht unbedingt zur Stimmungsaufhellung im Land bei. Ein in Ungarn lebender Rentner aus der DDR, den das MfS ohne sein Wissen »abschöpfte«, berichtete, seine ungarischen Bekannten hegten keine besonderen Sympathien für DDR-Bürger. Vermieter von Ferienwohnungen sorgten sich, »ob sie möglicherweise wegen denen noch Schwierigkeiten bekommen«, an Wohnwagen habe er Schmierereien wie »DDR raus« gesehen, und die Ungarn hätten sowieso »an der DDR-Währung nicht so ein Interesse«.[153] Auch er selbst wolle nicht mehr an DDR-Bürger vermieten, da diese über kurz oder lang nur Ärger bringen würden.

Ärger machten sie aber vor allem an der Grenze. Dort kamen nach den Flüchtlingen immer mehr westdeutsche Reporter an. Sensationsgeschichten lagen in der Luft. Sie beobachteten, wie entlang der Grenze DDR-Bürger campierten und sie nachts abspazierten. Sie spielten mit den ungarischen Grenzern Katz und Maus und suchten eine Möglichkeit, ihre Angst, erwischt zu werden, in den Griff zu bekommen. Von jenen, die es ernsthaft probierten, zeugten die einst aufwändig gepflegten, nun aber einfach reihenweise zurückgelassenen Trabants, Wartburgs und Ladas mit DDR-Kennzeichen. Doch vorerst trauten sich nur wenige, die letzten Meter in Angriff zu nehmen. »90 Prozent unserer Leute«, gab ein Familienvater aus Jena dem von der Grenze für Reuters berichtenden Ludwig Greven zu Protokoll, »warten hier am Radio auf die Nachricht, daß wir offiziell hinüberdürfen«. Er selbst werde es wegen seiner Kinder nicht drauf ankommen lassen.[154] Anders ein Udo, der Greven auf die Frage, ob er sich auch letzten Endes in die Botschaft flüchten wolle, antwortete: »Nö, ick schaff det schon.« Außerdem sei am nächsten Samstag ein großes »paneuropäisches Frühstück« angekündigt, »mit Stacheldraht-Abschneiden und ›einmaligem

152 Zit. n. Süß, *Staatssicherheit am Ende*, 169.
153 BStU AdZ, ZKG, 18 653, Bd. 2, 52 f.
154 Ludwig Greven, »Auf der Suche nach dem Schlupfloch«, in: *Bonner General-Anzeiger* (18. August 1989), 3.

Grenzübertritt««.[155] Das Frühstück stand unter der Schirmherrschaft des CSU-Abgeordneten im Europäischen Parlament Otto von Habsburg und Imre Pozsgays und lockte zum 19. August Hunderte DDR-Bürger in die Stadt Sopron an der Grenze zu Österreich.[156] Udo sagte: »Det is doch 'ne sichere Bank.«[157] Er sollte recht behalten.

Denn dieses »paneuropäische Picknick« am 19. August war nichts anderes als die erste koordinierte Massenflucht von ungefähr 600 DDR-Bürgern aus Ungarn. Offiziell verurteilte die ungarische Regierung die Friedensdemonstration, erklärte aber zugleich der internationalen Presse, die einzige Alternative zur zeitweisen Öffnung der Grenze wäre der Schusswaffengebrauch gewesen. Dieser sei jedoch aufgrund neuer Verordnungen ausgeschlossen.[158] Das ohnehin schon überfüllte Notaufnahmelager Gießen platzte aus allen Nähten, so dass die »Picknicker«, darunter nun viele Familien mit Kindern, behelfsweise in Übergangslager in Schöppingen bei Münster und in Nürnberg gebracht wurden.[159] Später entstand eine neue Massenaufnahmestätte in Essen. Doch bei Weitem nicht alle Fluchtwilligen in der Gegend hatten rechtzeitig von dem »Picknick« erfahren. Ein enttäuschter junger Mann gab dem AP-Korrespondenten Manfred Hess gegenüber zu: »Ich wär sofort mitgegangen, aber mir hat niemand was gesagt.« Andere befürchteten, »die Grenzwächter lassen sich sicher nicht noch einmal überraschen«.[160] Was diese enttäuschten Fluchtwilligen nicht wussten, war, dass das »Picknick« ein koordinierter Testlauf gewesen war, um die Reaktionen aus Moskau zu beobachten. Als diese ausblieben, richtete die UVR, sehr zur Sorge des DDR-Botschafters Vehres, an der Grenze mehrere Flüchtlingslager ein.[161] Am 20. August durchbrachen

155 Ebd.
156 Dömötörfi/Schmidt-Schweizer, »Eine merkwürdige Episode der westdeutsch-ungarischen diplomatischen Beziehungen in der ersten Augustwoche 1989 in Zusammenhang mit der Fluchtwelle der DDR-Staatsbürger in Ungarn«; György Gyarmati und Krisztina Slachta (Hrsg.), *Das Vorspiel für die Grenzöffnung: Das Paneuropäische Picknick in Sopron am 19. August 1989* (Budapest: Harmattan, 2014).
157 Greven, »Auf der Suche nach dem Schlupfloch«.
158 BStU AdZ, ZOS, 3998, 159, AP-Meldung, 20. August 1989.
159 BStU AdZ, ZKG, 18653, Bd. 2, 89.
160 BStU AdZ, ZKG, 18653, Bd. 2, 92.
161 BStU AdZ, ZKG, 18653, Bd. 2, 109.

bei Sopron 405 DDR-Bürger die Grenze, zwei Tage später weitere 240.[162] Fast schon als zusätzliche Kränkung fragte der ungarische Zoll bei der Botschaft der DDR an, wohin die Rechnung für die Abräumung und Lagerung von nicht weniger als 194 Fahrzeugen allein im Raum Sopron gehen solle.[163] Das MfS entsandte drei Mitarbeiter, um sich der Rückführung der Pkw (und damit des Erfassens der Daten) anzunehmen.[164]

Am 11. September öffnete Ungarn offiziell die Grenze für DDR-Bürger und leitete diese, wie von Anfang an erhofft, über Österreich in die Bundesrepublik weiter. Im gewohnten Beißreflex machte die Sprecherin der *Aktuellen Kamera* Renate Krawielicki dafür allein die Bundesrepublik verantwortlich. Diese habe die »illegale Nacht- und Nebelaktion zur Abwerbung in Ungarn befindlicher DDR-Bürger […] generalstabsmäßig vorbereitet«. Der in Bonn stationierte Korrespondent des Allgemeinen Deutschen Nachrichtendienstes Horst Schäfer griff diese Einschätzung einen Tag später im *Neuen Deutschland* auf.[165] Der fehlgeleitete Zorn änderte wenig: Die Flanke Ungarn war dank Budapest und Moskau offen.

Auch die Führung der DDR versteckte sich in ihrer Ratlosigkeit hinter diesen alten Denkschemen, die Günter Mittag auf einer Sitzung des Politbüros am 29. August auf den Punkt brachte: »Die Sache mit Ungarn ist doch nicht zufällig vorbereitet worden. Das ist ein Angriff an der schwächsten Stelle, um auch die DDR in Mißkredit zu bringen.«[166] Noch im Moment des unkoordinierten Weglaufens der Bevölkerung glaubte die SED-Führung an die eigene Lüge, der Ausreisewille der DDR-Bürger sei von Westen aus durch die »Frontberichterstattung des Gegners« gesteuert.[167] Botschafter Vehres meldete am 23. August, der politische Wille der UVR, gemeinsam mit der DDR eine Lösung zu finden, nehme spürbar ab: Ungarn beuge sich dem Druck der Bundesrepublik.[168]

162 BStU AdZ, ZKG, 18653, Bd. 2, 112.
163 BStU AdZ, ZKG, 18653, Bd. 2, 112.
164 BStU AdZ, ZKG, 18653, Bd. 2, 113.
165 *Aktuelle Kamera*, 11. September 1989; Horst Schäfer, »Provokation gegen die DDR stabsmäßig organisiert«, in: *Neues Deutschland* (12. September 1989), 2.
166 BArch Berlin, DY 30/IV, 2/2039/76, 54.
167 BArch Berlin, DY 30/IV, 2/2039/76, 54.
168 BStU AdZ, ZKG, 18653 Bd. 2, 110.

Erosion der Mauer und der Solidarität: Besetzte Botschaften und die Bundesrepublik am Scheideweg

Der Bundesregierung war das enorme Tempo der Ereignisse in Ungarn, wo den Reformkommunisten die Macht zunehmend an die nationalistische Opposition entglitt, nicht geheuer. Bereits 1987 hatte Helmut Kohl dem damaligen amerikanischen Vizepräsidenten George H. W. Bush erklärt, er erachte Kádárs »Gulasch-Kommunismus« als den einzig sinnvollen Reformweg. Im September 1989 zeigte sich auch Außenminister Genscher gegenüber dem ungarischen Botschafter in der Bundesrepublik István Horváth daran interessiert, dass die oppositionellen Nationalisten nicht weiter aufstrebten, damit »der Reformflügel der Ungarischen Sozialistischen Arbeiterpartei als Ergebnis demokratischer Wahlen seine Machtposition bewahren kann«.[169] Westliche Politiker, so haben der Historiker László Borhi und der Politologe László Kiss geschlussfolgert, blickten mit Sorge auf die Vorgänge in Ungarn, wo im Sommer 1989 die Reformkommunisten faktisch die Macht bereits verloren hatten.[170] Den wartenden Migranten kam diese Machtverschiebung ebenso entgegen wie der fehlende Gegendruck aus Moskau, das Verhalten Ungarns und die bundesdeutschen und österreichischen symbolischen Handlungen. Auch die Medien der Welt blickten im Sommer auf Ungarn, was vor allem das Gefühl der Fluchtwilligen stärkte, jetzt eine Chance nutzen zu können, die man bis dahin für unmöglich gehalten hatte. Im Gegensatz zur SED-Führung konnte die Bundesregierung daraus politisches Kapital schlagen und geschickt die Rolle des Ermöglichers einnehmen, die das Grundgesetz ihr vorschrieb.

Freilich darf man nicht vergessen, dass weder der Fluchtdruck noch die Aufmerksamkeit der Weltpresse allein auf den Landesgrenzen lag. Die Fluchtwilligen eröffneten im Laufe des Jahres 1989

---

169 Zit. n. László Kiss, »Politik und Wahrnehmung: Ungarns (Aussen-)Politik im Übergang – Österreichs Aussenpolitik im Zuge der Umbruchsjahre (1988-1991)«, in: *Grenzöffnung 1989: Innen- und Außenperspektiven und die Folgen für Österreich*, hg. von Andrea Brait und Michael Gehler (Wien, Köln, Weimar: Böhlau, 2014), 419.

170 Vgl. ebd., 420.

vielmehr eine neue Grenze bzw. machten sich nun in einer neuen Form die internationale Verflechtung zunutze. Die Botschaftsbesetzungen erhielten 1989 ein bislang unbekanntes und seitdem nie wieder erreichtes migrationshistorisches Gewicht. Dabei begann das Jahr, wie das letzte geendet hatte: Im ersten Halbjahr 1989 setzte sich mit 82 Besetzern in Budapest der Trend des letzten Halbjahres 1988 fort. Dass davon aber 33 allein im Juni, also vor dem Beginn der Urlaubsreisewelle, in der bundesdeutschen Botschaft in Budapest festsaßen, ließ das MfS im Jahresvergleich nichts Gutes erahnen.[171] Unter den Besetzern befanden sich viele, die zuvor ihr Glück an der Grenze versucht hatten, jedoch beim Fluchtversuch zwar von den ungarischen Grenzwächtern ertappt, aber nicht in die DDR überstellt worden waren. Verzweifelt wählten sie nun die Botschaftsbesetzung als Ausreiseweg.[172] Damit zeichnete sich im Juni 1989 das ab, was im Spätsommer entscheidend zur finalen Eskalation der Migration gegen den SED-Staat beitrug. Denn den Sommer über sahen sich immer mehr Waghalsige, die die Flucht über die österreichisch-ungarische Grenze versucht hatten und gescheitert waren, mit einem Dilemma konfrontiert: Die Grenze war mehr oder weniger dicht, in ihrem Pass aber fanden sich Vermerke, die eine Strafverfolgung in der DDR befürchten ließen. Und in den letzten Jahrzehnten hatte die SED-Führung der Bevölkerung eingebläut, dass im Falle der zu erwartenden Anklage wegen »Republikflucht« harte Konsequenzen drohten. Im Juli und im August harrte daher die überwiegende Mehrzahl – zu der auch der zitierte Udo gehörte – an der Grenze aus und wartete auf ihre Chance.

Eine kleine, aber aufgrund der Sensibilität des Themas immer wieder von den westlichen Medien aufgegriffene Minderheit von ungefähr 100 Personen rettete sich Mitte Juli in die bundesdeutsche Botschaft.[173] Dort harrten sie über Wochen unter erbärmlichen Umständen aus. Mitte August schrieben 33 von ihnen einen »Hilferuf« an den *Spiegel*.[174] Darin griffen sie wie in so vielen Ersu-

171 BStU AdZ, HA IX, 11 313, 131.

172 BStU AdZ, HA IX, 11 313, 131.

173 Siehe z. B. »DDR: Massenflucht über West-Botschaften«, in: *Der Spiegel* 29 (17. Juli 1989), 16.

174 Der Wortlaut des Briefes in: »›Wir bitten nicht – wir fordern‹: Wie sich Flüchtlinge über Bonns Budapest-Botschaft beschweren«, in: *Der Spiegel* 33 (13. August 1989), 24.

chen um Ausreise auf eine Mischung aus Rechtsansprüchen und empfundenem Recht zurück. Sie bezeichneten sich selbst als »33 asylsuchende DDR-Bürger in der Deutschen Botschaft«, die dort »eingepfercht« hausen müssten. »Für uns, ausnahmslos Deutsche, ist diese Art der Behandlung nicht mit dem Grundgesetz vereinbar.« Dabei ließen sie freilich außer Acht, dass sie als Deutsche in Deutschland überhaupt kein Asyl beantragen konnten. Mehr noch: Ob wissentlich oder nicht, sie mischten sich damit in eine damals in der Bundesrepublik dauerhaft brodelnde Debatte ein, in der rechtspopulistische Stimmen immer wieder die Bevorzugung von Asylbewerbern gegenüber Deutschen monierten.[175] Die Botschaftsbesetzer empfanden sich als zurückgesetzt: »Leider läßt uns die Bundesregierung schmählich im Stich«, klagten sie vor den bundesdeutschen Lesern. »Sind wir denn schlechter als die anderen, ›nichtdeutschen Asylbewerber‹, an die die deutschen Stellen mehr Mühe verwenden?« Die Botschaft habe ihnen sogar mit der Abschiebung »in die Zone« gedroht. Sie schlossen in erneutem Bezug auf die bundesdeutsche Asyldebatte: »Sogar Androhung von Gewalt stand schon zur Debatte. Deutsche gegen Deutsche! Ist das denn die Freiheit, von der wir gemeinsam sprechen? Wir sagen, das ist Verrat am eigenen Volk! Das hier sind keine Wirtschaftsflüchtlinge, nein wir alle haben weder gehungert, noch hatten wir materielle Nöte. Aber es fehlte uns die Freiheit! […] Bitte helft uns! Im Namen aller Asylanten!«[176] Sie hatten letztlich Erfolg. Ende August wurden 101 Personen mit Reisepapieren des Roten Kreuzes ausgestattet und direkt ausgeflogen.[177]

Anders als bei den Grenzdurchbrechern, deren Präsenz die ungarische Regierung im Sommer 1989 in erster Linie nutzte, um zu prüfen, wie weit Moskau zu gehen bereit war, blickte die Führungs-

175 Zur Asyldebatte der 1980er Jahre siehe Patrice G. Poutrus, »Zuflucht im Nachkriegsdeutschland: Politik und Praxis der Flüchtlingsaufnahme in Bundesrepublik und DDR von den späten 1940er Jahren bis zur Grundgesetzänderung im vereinten Deutschland von 1993«, in: *Handbuch Staat und Migration in Deutschland seit dem 17. Jahrhundert*, hg. von Jochen Oltmer (Berlin, Boston: De Gruyter, 2016), 853-94.

176 »›Wir bitten nicht – wir fordern‹: Wie sich Flüchtlinge über Bonns Budapest-Botschaft beschweren«.

177 Wolfgang Mayer, *Flucht und Ausreise: Botschaftsbesetzungen als wirksame Form des Widerstands und Mittel gegen die politische Verfolgung in der DDR* (Berlin: Tykve, 2002), 384.

riege bei den Botschaftsbesetzern demonstrativ weg. Ungarn selbst hatte kein Interesse an der Eskalation der »deutschen Frage« auf seinem Territorium. Die vielen Flüchtlinge waren vielmehr ein durch Ungarn selbst geschaffener, kaum zu bewältigender Sachzwang. Man hoffte auf eine direkte »Lösung zwischen der Bundesrepublik und der DDR«.[178] In den Abendnachrichten im ZDF wies der ungarische Außenminister Horn jede Verantwortung von sich, weil die Wartenden aus seiner Sicht keine Flüchtlinge seien, da sie Ungarn nicht um diesen Status ersucht hätten. »[S]ie wollen einfach in die Bundesrepublik.«[179] Die ungarische Regierung wartete also darauf, dass Deutschland das Problem der Flüchtlinge in Ungarn löste.

Trotz des großen symbolischen Wertes war die Anzahl der Botschaftsbesetzer in Budapest letztlich vergleichbar gering. Anders sah es in jenen Wochen in Prag aus. Dort hatten sich bis zum 19. August 120 Personen in der bundesdeutschen Vertretung festgesetzt. In den darauffolgenden Tagen kamen mehrere Dutzend hinzu, so dass die Botschaft am 23. August unter großer medialer Aufmerksamkeit ihre Tore für »Besucher« schloss. Das hielt die Fluchtwilligen aber nicht auf: Sie kletterten auch trotz des Einschreitens der tschechoslowakischen Polizei über den Zaun. Ende September drängten sich schließlich knapp 4000 Personen auf dem kleinen Botschaftsgelände.[180] Sie lehnten die vom MfS wie immer in solchen Fällen »kulanterweise« unterbreiteten Angebote von Straffreiheit und späterer Antragsgenehmigung in ihren Kreisen strikt ab. Auch in Prag häuften sich die Stimmen, die sich wie zuvor in Budapest schwer enttäuscht von der Regierung Kohl zeigten, da diese ihren Forderungen nicht nachkomme. Die Bundesregierung, die ja nicht wissen konnte, dass wenige Wochen später der SED-Staat zusammenbrechen würde, ging den Weg über zähe Verhandlungen. Dabei rang sie der SED-Führung letztlich das Eingeständnis ab, dass die Personen auf dem Botschaftsgelände in Sonderzügen ausreisen durften, ohne aussteigen zu müssen. Die SED setzte gesichtswahrend durch, dass diese Züge über das Territorium der

178 So der ungarische Außenminister Horn am 26. August 1989 in der ZDF-Sendung *heute*; BStU AdZ, ZKG, 18 653, Bd. 2, 124.

179 BStU AdZ, ZKG, 18 653, Bd. 2, 124.

180 Karel Vodička, *Die Prager Botschaftsflüchtlinge 1989: Geschichte und Dokumente* (Göttingen: V & R Unipress, 2014), 69-114.

DDR fahren mussten und die Termine geheim bleiben sollten. Am 30. September überbrachte Hans-Dietrich Genscher den Wartenden die Botschaft, »dass heute Ihre Ausreise möglich geworden ist«. Details gingen im Jubel unter. Im Sinne der Rechtspraxis verkündete er damit die Bewilligung der großenteils nie offiziell gestellten Ausreiseanträge. Kurz darauf fuhren die Züge.

Wer waren die Botschaftsbesetzer? Um diese Frage beantworten zu können, ist ein Rückgriff auf die Tiefenbohrung im Bezirk Potsdam sinnvoll. Dadurch erkennt man, dass sich in den Besetzungen der unbedingte Migrationswille über den Kreis der Antragsteller hinaus ausdrückte. Dies wusste das MfS. Zum 11. August 1989, also inmitten der ersten hochsommerlichen Besetzungswelle, stammten unter den aktiven Botschaftsbesetzern in Prag, Budapest und Ost-Berlin 228 Personen aus dem Bezirk Potsdam, vor allem aus Potsdam Stadt (95), sowie Nauen (29), Luckenwalde (25), Oranienburg (23), Königs Wusterhausen (20) und Brandenburg (18), also gemischt aus ländlichem und städtischem Umfeld.[181] Diese erhoben Ausreiseforderungen für 335 Personen, insbesondere für die im Bezirk verbliebenen Familienmitglieder. Denn während unter den 228 aktiv Botschaften besetzenden Personen 41 Kinder waren (also knapp 6 Erwachsene pro Kind), lag das Verhältnis der dort erhobenen Forderungen bei ungefähr zwei zu eins, also typischerweise eine Kleinfamilie mit Kind. Von dieser hatte sich damit, nicht unähnlich den Fluchtbewegungen unserer Zeit, eine Person stellvertretend in die Gefahr der Flucht, also hier der Besetzung, begeben und untermauerte von dort aus nun die Ausreiseforderungen für die gesamte Familie. Von den 335 Personen, für die die Besetzer die Ausreise einforderten, waren 252 bereits als Antragsteller auf Ausreise (75,22 %) registriert. Bei sieben Personen lief der Antrag bereits seit 1984, bei 19 seit 1985, bei 73 seit 1986, bei 70 seit 1987 und bei 83 seit dem Vorjahr. Davon verfolgten dem MfS zufolge 237 Personen ihr Ersuchen aktiv, hatten es also innerhalb der letzten beiden Jahre auch nach Ablehnungen erneuert. Dass von diesen wiederum 30 operativ bearbeitet wurden, ist angesichts der Eröffnung von 68 operativen Vorgängen der BV Potsdam im Jahr 1989, von denen 38 Antragstellern gewidmet waren, eine erstaunlich hohe Zahl. Unter den Besetzern war also eine kleine, aber bedeutende Minderheit,

181 Werte aus BStU BV Potsdam, BKG, 68, Bd. 3, 84 f.

welche die Härte der Repressionen erlebte und nun endlich zu beenden suchte.

Diese Erstbesetzer im Sommer 1989 waren aber nur die Vorhut. Im Laufe der Folgemonate wandelte sich vor allem durch die Besetzermassen in Prag das Bild. Als sich hier Tausende in der Botschaft der Bundesrepublik versammelten, verlor das MfS den Überblick, wer eigentlich in den Botschaften saß und wie viele Antragsteller sich darunter befanden.[182] Nach den beiden Entlassungsaktionen »Zug 1« und »Zug 2« stellte sich allerdings heraus, dass sich das Profil der Botschaftsbesetzer innerhalb weniger Wochen fundamental verändert hatte. Unter den durch diese Aktionen Ausgebürgerten befanden sich gerade einmal 6% Antragsteller auf Ausreise.[183] Der Rest hatte noch nie ein solches Ersuchen gestellt, wollte nun aber unbedingt die sich ergebende Chance auf Ausreise nutzen. Die große Mehrzahl der Ausreiseantragsteller im Bezirk Potsdam und auch andernorts verfolgten ihr Ersuchen weiterhin vor Ort – dort aber mit zunehmender Insistenz.

Welchen Stellenwert nahmen damit die Sonderepisoden der Botschaftsbesetzung im Migrationsregime ein? Wie die bereits erwähnten Kirchenbesetzungen waren Botschaftsbesetzungen aufsehenerregende, aber letzten Endes randständige Versuche, in einer Kleingruppe die Ausreise direkt zu erreichen oder den langen Antragsweg final zu beschleunigen. Was der SED-Staat als Erzwingungsmethode verstand, war eine hochriskante, aber letztlich relativ erfolgssichere Verzweiflungstat. Die gesamten 1980er Jahre waren gewissermaßen die Schattenseite der internationalen Anerkennung, in der sich die DDR sonst gerne sonnte. 1989 überwogen dann die dunklen Töne: Zusammen mit den Fluchten über die Grenzen und den Demonstrationen im Land fügten sich die Botschaftsbesetzungen zu dem Bild einer schwer angeschlagenen DDR. Über westliche Medien und sich wie Lauffeuer verbreitende Nachrichten und Gerüchte wirkten die Ereignisse im Ausland auf die Straßen der Republik zurück.

Der dpa gegenüber warf Antje Vollmer von den Grünen der Bundesregierung vor, angesichts der Botschaftsbesetzungen zu versagen. Offen hinterfragte sie die Existenz des BMiB, das wohl »nicht auf reale Politik, sondern nur auf die Produktion von Ideo-

---

182 BStU BV Potsdam, BKG, 68, Bd. 3, 31.
183 BStU BV Potsdam, BKG, 68, Bd. 3, 18.

logie eingestellt« sei, und griff die taktierende Bundesregierung mit einem Thema an, bei dem die CDU/CSU eigentlich den Heimvorteil hatte: »Es scheint so, als ob die westdeutsche Politik nichts mehr fürchtet, als genau das, was jahrzehntelang ideologische Leitfigur war: daß das Tor wirklich aufgeht und real existierende Menschen kommen.«[184]

Vollmer forderte allerdings auch »klare Aussagen darüber, wie viel DDR-Bürger die Bundesrepublik aufnehmen könne und wolle«. Diese Aussagen konnte die Bundesregierung jedoch aufgrund grundgesetzlicher Bestimmungen und der gesamtdeutschen Staatsangehörigkeit gar nicht treffen. Jeder ankommende DDR-Bürger war Deutscher. Eine Aufnahme konnte die Bundesregierung, selbst wenn sie es gewollt hätte, nicht verhindern. In Vollmers Äußerungen schimmerte neben der Solidaritätsbekundung mit den Ausreisenden vielleicht zugleich die grüne Hoffnung durch, die DDR nicht ausbluten zu sehen, um sie von innen heraus zu reformieren.[185] Deutlicher wurden tags darauf Harald Wolf und Peter Lohaus von der West-Berliner Alternativen Liste, die seit ein paar Monaten mit den Grünen in der SPD-geführten Regierung Walter Mompers koalierte. Sie forderten, man solle DDR-Bürger fortan wie »Nicht-EG-Ausländer«[186] behandeln, wodurch sie zwar ohne Visum einreisen könnten, aber den Anspruch auf die Staatsangehörigkeit verlören. Fern der sich gerade in diesem Jahr abzeichnenden Realität konstatierten Wolf und Lohaus, dies »würde der Masse der DDR-Bürger mehr bringen«, als die »fatalen Folgen« der »hohle[n] Bonner Wiedervereinigungsrhetorik«.[187]

Mit diesen Forderungen trafen sie einen Nerv der Zeit. Mit der sich abzeichnenden Massenflucht nahm der Aufnahmewille der Bundesbürger ab. Der Diskurs folgte dabei allerdings – wie so oft im Migrationsgeschehen – anderen Logiken als die Migrationsre-

184 BStU AdZ, ZOS, 3998, 83.

185 Regina Wick, *Die Mauer muss weg – die DDR soll bleiben: Die Deutschlandpolitik der Grünen von 1979 bis 1990* (Stuttgart: Kohlhammer, 2012).

186 So der Wortlaut der Erklärung, gemeint ist aber wohl der Status als »EG-Ausländer«, da für Angehörige aus Drittstaaten, die nicht der Europäischen Gemeinschaft angehörten, keine allgemeine Befreiung von der Visumspflicht bestand; zum weiteren Kontext siehe Angela Siebold, *ZwischenGrenzen: Die Geschichte des Schengen-Raums aus deutschen, französischen und polnischen Perspektiven* (Paderborn: Verlag Ferdinand Schöningh, 2014), 189.

187 BStU AdZ, ZOS, 3998, 95.

alität. Denn die in unser kollektives Bewusstsein eingeschriebene Massenflucht über Ungarn war für die Bundesrepublik zwar eine politische, aber keine allzu große soziale oder demografische Herausforderung. Von der Grenzöffnung Ungarns bis November 1989 flohen gerade einmal 50 000 DDR-Bürger über die ungarische Grenze. Man braucht also etwas guten Willen, um uneingeschränkt von einer Massenflucht zu sprechen. Aber die Bedeutung lag weniger in den nackten Zahlen als vielmehr in dem Regimewandel, den sie auslösten.[188] Bereits Ende Juli schien die Stimmung in der Bundesrepublik zu kippen. Dabei waren im laufenden Jahr 1989 gerade einmal 55 970 DDR-Bürger über diverse Grenzen legal oder illegal nach Westdeutschland gekommen.[189] Das war freilich die höchste Zahl seit 1961. Doch im Einwanderungsland Bundesrepublik war dies 1989 eine verhältnismäßig kleine Zahl. Ebenfalls bis Ende Juni kamen dort allein 184 000 Aussiedler an, im Laufe des Jahres summierte sich die Einwanderung auf 1 133 790 nicht aus der DDR stammende Zuzüge (darunter allein 455 075 aus Polen und 121 315 Antragsteller auf Asyl).[190] Weder für den Staat noch für die Gesellschaft, noch für die Wirtschaft stellte diese Zahl eine ernste Herausforderung dar. Die Stimmung im Land schwankte jedoch, ganz wie im Jahr 1984. Dem ZDF-Politbarometer zufolge begrüßten Ende August 1989 nur mehr 49 % die Einwanderung der DDR-Bürger, wohingegen 46 % sie ablehnten.[191] Die Arbeitgeber freuten sich über qualifizierte Zuwanderer. Die Bundesanstalt für Arbeit hingegen heizte die Negativstimmung an, indem sie öffentlich befürchtete, nur ein Drittel der DDR-Flüchtlinge könne leicht vermittelt werden und Frauen mit Kindern und Akademiker würden dauerhafte Problemfälle bleiben.[192]

Ungeachtet dessen beharrte die Bundesregierung auf ihrem

188 Vgl. Oplatka, »Der erste Riss im Eisernen Vorhang«, 12.
189 Nach BStU AdZ, ZOS, 3998, 170, dpa-Meldung vom 21. August 1989.
190 Horst Waffenschmidt, »Aspekte der Aussiedlerpolitik 1989«, in: *Info-Dienst Deutsche Aussiedler* 7 (1989), 2; *Statistisches Jahrbuch 1990 für die Bundesrepublik Deutschland* (Stuttgart: Metzler-Poeschel, 1990), 91, 93. Bundesamt für Migration und Flüchtlinge, *Migration und Asyl in Zahlen* (Nürnberg: Bundesamt für Migration und Flüchtlinge, 2005), 21.
191 Nach BStU AdZ, ZOS, 3998, 170, dpa-Meldung vom 21. August 1989.
192 Nach BStU AdZ, ZOS, 3998, 171, dpa-Meldung vom 21. August 1989; ebd., 182, dpa-Meldung vom 22. August 1989; ebd., dpa-Meldung vom 25. August 1989; ebd., 238, APA/Reuter vom 28. August 1989.

Kurs: Die Lage bedurfte des Ressourcenmanagements, z. B. in den Bereichen Aufnahmehilfe und Sozialleistungen, nicht aber grundlegender gesetzlicher Änderungen. Doch auch in der CDU regten sich Sorgen, man stehe vor der Überforderung. In einem Appell an die Solidarität unter Deutschen rief der Parlamentarische Staatssekretär des BMiB Ottfried Hennig seiner Partei die Zufälligkeit des Verlaufs der innerdeutschen Grenze und damit die Pflicht zur nationalen Solidarität in Erinnerung: »Wir müssen klar machen, daß uns das gleiche Schicksal hätte beschieden sein können, und entsprechend müssen wir handeln.«[193] Sowohl die Ministerin für innerdeutsche Beziehungen Dorothee Wilms als auch der außenpolitische Sprecher der CDU/CSU-Fraktion Volker Rühe riefen zu Patenschaften für DDR-Flüchtlinge auf.[194] Trotz gänzlich verschiedener Rahmenbedingungen näherte sich damit die Diskussion über die DDR-Zuwanderer jenen Argumentationsmustern an, die in Bezug auf »Ausländer«, Asylsuchende und andere Zuwanderer die bundesdeutsche Debatte in den 1980er Jahren prägten – jedoch unter umgekehrten parteipolitischen Vorzeichen. Allein die Tatsache, dass es um Deutsche ging, kehrte die Positionierungen der jeweiligen Parteien um und führte dazu, dass konservative Stimmen Solidarität, Patenschaften und Aufnahmebereitschaft einforderten, während sich das linke und alternative Spektrum diesen Verlangen immer mehr entgegenstellten. Überraschend stringent positionierte sich der rechten Rand. Trat dieser Teil der Bevölkerung in den Jahren zuvor vor allem durch gesamtdeutsche bzw. eher großdeutsche Parolen auf, gaben nun, als es darauf ankam, 66 % der den Republikanern nahestehenden Bürger an, gegen weitere Übersiedlung aus der DDR zu sein.[195] Das Territorium der DDR gehörte für sie zu Deutschland. Die Menschen hingegen waren zu Fremden geworden.

193 BStU AdZ, ZOS, 3998, 194, AP-Meldung vom 24. August 1989.
194 BStU AdZ, ZOS, 3998, 208, dpa-Meldung vom 24. August 1989; ebd., 216, AP-Meldung vom 26. August 1989.
195 Nach BStU AdZ, ZOS, 3998, 170, dpa-Meldung vom 21. August 1989.

Ein Ende ohne Paukenschlag

Ungeachtet dieser Debatte in der Bundesrepublik verlor das MfS in einem rasanten Prozess zwischen Februar und August 1989 seine proaktive Rolle über die »remote border control« und damit auch über die Mauer.[196] Entsprechend erklärte der den kranken Honecker vertretende Günter Mittag auf einer Sitzung des Politbüros am 12. September, die dringendste Aufgabe liege darin, »das Loch Ungarn zuzumachen«.[197] Das Gegenteil geschah. Am 14. September öffnete Ungarn die Grenze zu Österreich, wöchentlich strömten daraufhin Tausende DDR-Bürger gen Westen. Am 17. September musste die ZAIG feststellen, dass es nur die Identität von 13 651 über Ungarn geflohenen DDR-Bürgern ermitteln konnte und bei einer mindestens ebenso hohen Zahl im Dunkeln tappte.[198] Den Sommer 1989 über blieb dem MfS kaum etwas anderes übrig, als lange Namenslisten mit den bekannten Grunddaten von Verdächtigen oder Geflohenen anzulegen, um sich diesen Fällen nach der Beruhigung der Situation widmen zu können.[199] Am 20. September wiesen die Leiter der ZKG und der ZAIG aufgrund »der entstandenen Lage« darauf hin, dass sie die gewohnten detaillierten Wochenübersichten nicht mehr liefern könnten. Sie konnten weder zu den Fluchtarten noch den Personenkategorien (z. B. Berufe), noch der Flucht »bedeutsamer Personen« verbindliche Aussagen treffen. Dies galt ebenso für die überbordende Zahl von Anträgen auf ständige Ausreise.[200] Mit anderen Worten: Das »Schild und Schwert« des SED-Staates wusste von Tausenden Bürgern nicht mehr, wo sie sich aufhielten – und ob sie überhaupt noch als DDR-Bürger zu betrachten seien. In der DDR stapelten sich derweil die Reiseanträge nach Ungarn. Zudem reiste täglich eine unbekannte Zahl von Bürgern in die ČSSR, um sich von dort aus über die nur mittelmäßig gesicherte Grenze nach Ungarn durchzuschlagen. Von den mehreren zehntausend über Ungarn geflohenen DDR-Bürgern

---

196 Aristide R. Zolberg, »Global Movements, Global Walls: Responses to Migration, 1885-1925«, in: *Global History and Migrations*, hg. von Gungwu Wang (Boulder: Westview Press, 1997), 279-307; ders., »The Archeology of Remote Control«.

197 Zit. n. Hertle, *Der Fall der Mauer*, 106 f.

198 BStU AdZ, ZOS, 22 499, 202 f.

199 BStU AdZ, HA IX, 16 202.

200 BStU AdZ, ZAIG, 11 313, 252 f.

kehrten bis zum 29. September nur 106 Personen zurück in die DDR, was sich mit etwas Zeitverzögerung bis zum 24. Oktober auf lediglich 302 Personen erhöhte.[201] Es zeichnete sich ein neues Migrationsregime ab, und mit diesem entstanden neue Ideen, Stimmungen und Versuche sowie die Hoffnung, dass eine Flucht in den Westen nicht länger die dauerhafte schmerzhafte Trennung von der Familie bedeuten musste.

Die SED-Führung griff letztlich zur bitteren Pille und reduzierte die Reisegenehmigungen nach Ungarn. Drei Tage nach der ungarischen Grenzöffnung vom 14. September verhängte sie für alle Soldaten und Grenztruppen, inklusive der Generäle, ein absolutes Reiseverbot nach Ungarn.[202] Das MfS setzte sich bereits Ende August zum Ziel, bei Anträgen auf Privatreisen nach Ungarn verstärkt »Versagensgründe« nach §§ 13 und 14 der RVO geltend zu machen.[203] Zugleich intensivierte die ČSSR die Grenzkontrollen nach Ungarn und in die Bundesrepublik, woraufhin westdeutsche Medien über den Rückgang der in Bayern ankommenden DDR-Flüchtlinge berichteten.[204] Die Schließung der tschechoslowakischen Südgrenze machte nun allerdings die ČSSR zur neuen Sackgasse auf dem Fluchtweg, was nun wiederum zur Botschaftsbesetzung in Prag führte. Als diese Besetzung am 30. September erst sehr aufwühlende Bilder von Verzweiflung und auch von kathartischem Jubel produzierte, war eine neue Besetzung nur eine Frage der Zeit. Als Ultima Ratio schloss die SED-Führung darum am 3. Oktober sämtliche Grenzen der DDR. Dies dürfte allerdings viele der noch in Ungarn und in der ČSSR befindlichen DDR-Bürger stark motiviert haben, den gewagten letzten Schritt zu unternehmen. So flohen in der Woche vom 22. bis zum 29. Oktober 2116 Personen über Ungarn, gefolgt von 1948 Personen in der letzten vollen Woche vor dem Mauerfall. Die dabei erfolgten 30 bzw. 28 Festnahmen gingen auf andere Gründe als den Grenzübertritt selbst zurück.[205]

In der DDR waren die Erschütterungen aufgrund der Grenz-

---

201 Zuzüglich 9 Personen, die vor dem 26. September nach einer Stippvisite im Westen aus Ungarn heimkehrten; vgl. BStU AdZ, ZAIG, 11 313, 265.

202 BStU AdZ, Büro Neiber, 181, 191.

203 BStU AdZ, ZKG, 18 653, Bd. 2, 164.

204 BStU AdZ, HA XXII, 17 253, 40, Aktuelle Medienmeldungen, 20. September 1989.

205 BStU AdZ, ZAIG, 11 313, 319.

schließung überall zu spüren. Die BKG Potsdam berichtete, die Schließung habe »nachhaltige Bevölkerungsreaktionen unter allen Schichten, insbesondere unter Ausreisewilligen, weitere Erpressungsversuche, feindlich-negative Aktivitäten sowie Angriffe gegen die Staatsgrenze der DDR zur ČSSR sowie zur V[olks]R[epublik] Polen ausgelöst«.[206] Anders als beim Mauerbau 1961 gelang es dem Staatsapparat nun nicht, den Protest gegen die Abriegelung zu verhindern. Auch konnte er kein Narrativ etablieren – nicht einmal den Getreuen gegenüber –, das die Schließung als Erfolg und nicht als peinliches Eingeständnis einer vom eigenen Volk zugefügten Niederlage darstellte. Denn die Grenzschließung war eine Bankrotterklärung. Nun saßen die 15 Millionen DDR-Bürger auf unbestimmte Zeit im eigenen Land fest. Einerseits konnte die SED-Führung damit die desaströsen Fluchten über die Grenzen von Drittstaaten und Botschaften eindämmen. Andererseits verschärfte das Reiseverbot die Lage im Land, denn es beendete jäh jede Hoffnung auf eine mögliche Flucht, so dass der SED-Staat am Ende des langen Sommers der Emigration ab Oktober 1989 vor einer letztlich nicht mehr beherrschbaren Melange aus oppositioneller Selbstorganisation, lautstarken Demonstrationen und Tausenden neuen Ausreiseanträgen stand.

Der November musste für den SED-Staat folglich noch komplizierter werden. Die zahllosen und unbekannte Größe annehmenden Demonstrationen der letzten Wochen der DDR verdeutlichten, dass die Zeit der SED vorbei war. Daran änderte auch das Aufrücken einer jüngeren Generation um Egon Krenz nichts mehr. Am 9. November, als der Druck am größten war, zog sich die Führungsriege der Partei zur Lagebesprechung zurück und versuchte neue Reiseregeln zu verabschieden. Eine Liberalisierung der Reiseregeln durch den von der Mauer abhängigen SED-Staat kam einer Quadratur des Kreises gleich. So zog sich die Besprechung in die Länge. Da um 19 Uhr eine Pressekonferenz angesetzt war, schickte die SED-Führung Günter Schabowski vor. Schabowski verlor sich zunächst in der üblichen die Journalisten langweilenden Art solcher SED-Pressekonferenzen. Eher beiläufig las er nuschelnd den Satz ab: »Deshalb haben wir uns dazu entschlossen, heute eine Regelung zu treffen, die es jedem Bürger der DDR möglich macht, über Grenzübergangspunkte

---

206 BStU BV Potsdam, BKG 68, Bd. 3, 27.

der DDR auszureisen.« Vermutlich wollte die SED-Führung hierbei auf Zeit spielen, denn der Satz beinhaltete dem Wortlaut nach nicht mehr als die Ankündigung einer noch zu treffenden Regelung. Doch die Journalisten im Raum hakten nach – es gibt einen laufenden Streit, wer die entscheidende Frage stellte –, ab wann die neue Regelung gelten solle.[207] Schabowski blätterte irritiert in seinen Papieren, als ob sich darin ein Ausweg für ihn befände. Aber da war nichts, was ihm den Weg hätte weisen können. Letztlich stammelte er verunsichert: »Das tritt nach meiner Kenntnis … ist das sofort … unverzüglich.«[208] Mit seiner Äußerung hatte Schabowski nichts Geringeres getan, als vor zahlreichen westlichen Journalisten de facto die Grenzen zu öffnen. Die SED verfügte jedoch über kein Konzept für diese Situation, das MfS besaß keine Strategiepläne, und den Grenzposten lagen keine Befehle vor. Vor allem aber fragte sich die Bevölkerung, was dieses »sofort« denn heiße. In Berlin sammelten sich immer mehr Menschen vor den Grenzübergängen, um zu sehen, was geschehen würde. Unruhe regte sich.

In den vielen Städten fern der Grenze war jedoch wenig von der später in den Vordergrund gestellten Euphorie nach der Pressekonferenz zu spüren. Die ausreisewillige Familie Mellmann*, die an diesem Tag in der sächsischen Provinz ein Fest mit Freunden feierte, erinnert sich, dass in dem Moment, in dem die Nachricht bei ihnen die Runde machte, die Party vorbei war. Die Freunde starrten in der Hoffnung, mehr zu erfahren, auf den Fernseher. Einige versuchten angestrengt, den im »Tal der Ahnungslosen« nur schlecht zu empfangenen RIAS zu erwischen. Es herrschte keine Freude, erinnert sich Frau Mellmann*, »wir dachten, dass jetzt genauso gut auch Krieg kommen könne«.[209]

Als später in der Nacht der Grenzposten in der Bornholmer Straße die Schlagbäume öffnete, strömten viele Ost-Berliner in Richtung Tiergarten und Kurfürstendamm. Zugleich wendete sich der Stellvertretende Minister für Staatssicherheit Gerhard Neiber in einem Schreiben mit knappen acht Punkten an die Leiter der

---

207 Zur Diskussion um die Frage siehe Hans-Hermann Hertle, *Chronik des Mauerfalls: Die dramatischen Ereignisse um den 9. November 1989* (Berlin: Ch. Links, 1999), 142-7; Andreas Conrad, »Wer stellte Schabowski die alles entscheidende Frage?«, in: *Der Tagesspiegel* (17. Februar 2019).

208 Hertle, *Chronik des Mauerfalls*, 145.

209 Gespräch mit Familie Mellmann*, im Besitz des Autors.

Diensteinheiten des MfS.[210] Ohne die sonst typischen Herleitungen und Berichtsprosa legte er in wenigen Zeilen fest, in welcher Form das aus dem Nichts neu geschaffene »4 Visum«, eine bis zu sechs Monate gültige Ausreisegenehmigung, zu vergeben und zu registrieren sei: per Stempel am Schlagbaum. Die für das Migrationsregime entscheidenden Formeln dabei waren, dass das Visum »zu erteilen« sei und dass im Falle fehlender Antragsformulare »keine Bürger abzuweisen« seien. Lediglich Name, Vorname und Pkw-Kennzeichen seien aufzunehmen. Die Grenzkontrollen sollten also kontrolliert durchwinken. Der für die Machtverhältnisse im SED-Staat entscheidende Satz lautete: »Die Rasterung entfällt«. Mit diesen drei Worten zerfiel die auf Herrschaftswissen aufbauende Macht des MfS. Es stellte die Kategorisierung, Nachverfolgung und jedwede Nachforschungen über die Ausreise ein. Entsprechend sollten nun an den vormals streng von hauptamtlichen MfS-Mitarbeitern besetzten Kontrollen »durchgängig« Volkspolizisten eingesetzt werden, und die im Hintergrund verbliebenen MfS-Mitarbeiter hätten der für das Paß- und Meldewesen zuständigen Hauptabteilung des MdI jeden Tag um 8 Uhr und um 13 Uhr lediglich die Anzahl der erteilten Privat- und ständigen Ausreisen zu melden. Mit großer Mühe wollte Neiber den Anschein eines geordneten Rückzugs erwecken.

Ein ehrliches Bild offenbart die interne Arbeit des MfS. Denn trotz der unzuverlässigen Daten im Spätherbst 1989 hatte die ZAIG, immer rückblickend auf den vorherigen Tag, weiterhin tagesgenau Buch über vollendete ungesetzliche Übertritte von Werktätigen geführt.[211] In der zweiten Novemberwoche gelang demnach am Montag 635 von 653 Personen (97,24 %) die Flucht über das sozialistische Ausland, am Dienstag 265 von 336 (78,87 %), am Mittwoch 139 von 191 Personen (72,77 %). Über die eigene Grenze glückten in dieser Zeit eine einzige Flucht nach West-Berlin und eine per Boot an der Ostseeküste. Ungeachtet der Tagesschwankungen stellte das MfS damit Tag für Tag fest, dass die Bruderstaaten des Warschauer Pakts die »verlängerte Mauer« nicht mehr schützten.[212]

Am Donnerstag, dem 9. November 1989, bricht die Buchführung jäh ab.

210 Vgl. BStU AdZ, ZAIG, 11 313, 331 f.
211 Vgl. BStU AdZ, ZAIG, 11 313, 252.
212 BStU AdZ, ZAIG, 11 313, 216 f.

Epilog oder: Jenseits aller Inseln

In der Nacht vom 9. zum 10. November 1989 fielen zuerst die Mauern aus Papier. Die Regeln wurden jedoch nicht durch Entscheidungen leitender Behörden oder einzelner Grenzposten außer Kraft gesetzt, sondern durch eine kollektive Dynamik. Als sie nicht mehr galten, fielen die Mauern aus Stein und Beton.

Schabowskis »sofort, unverzüglich« stand ohne einen entsprechenden Beschluss da, ja, es widersprach dem handschriftlichen Sperrvermerk auf dem ihm vorliegenden Papier, wonach die Meldung erst zum nächsten Morgen um 4:00 Uhr für die Presse freigegeben werden sollte.[1] Vor allem aber bezog sich alles, was Schabowski an diesem Abend erklärte, lediglich auf das Inkrafttreten einer Regelung, Ausreisen zu beantragen, nicht jedoch, diese unternehmen zu können. Die von Schabowski verlesene Information deutete lediglich an, Genehmigungen würden »kurzfristig erteilt«, erläuterte aber nicht die dahinterliegenden Kontrollmechanismen, für die es offenkundig noch keine Neuregelung gab. Zudem ging es explizit nur um »ständige Ausreisen«, nicht um Besuchsreisen. Das von der SED formulierte Ziel war, wie Schabowski ausführlich darlegte, Ungarn zu entlasten und die Ausreise über Grenzübergangsstellen in der DDR abzuwickeln. Die Zuhörer im Raum verstanden das anders, und im Laufe der unruhigen Diskussion sprach auch er generell von »Reisetätigkeit«.

Mit dieser Mischung aus unspezifischer Rede und sofortiger Wirkung erwischte er alle Beobachter, Verantwortlichen und Betroffenen kalt. Ratlos telefonierten zwei der wichtigsten Personen der DDR-Presse miteinander. Konsterniert stieß Regierungssprecher Wolfgang Meyer »Der muss total verrückt sein!« in den Hörer. Am anderen Ende der Leitung fragte der Generaldirektor des Allgemeinen Deutschen Nachrichtendienstes Günter Pötschke: »Was machen wir denn nun?«[2] Sie entschieden sich, eigenmächtig die Sperrfrist zu ignorieren. Um 19:04 Uhr verschickte der Allgemeine

---

1 Für eine genaue Rekonstruktion der Ereignisse siehe Hans-Hermann Hertle, *Chronik des Mauerfalls: Die dramatischen Ereignisse um den 9. November 1989* (Berlin: Ch. Links, 1999), 118-88.
2 Zit. n. ebd., 150.

Deutsche Nachrichtendienst (ADN) eine Pressemeldung mit den neuen Reiseregelungen, wonach »mit sofortiger Wirkung« Ausreisen ins Ausland ohne weitere Voraussetzungen beantragt werden konnten.[3] Diese ADN-Meldung blieb für einige, entscheidende Stunden die einzige Aussage des Führungsstabes des SED-Staates. Sie riss wichtige Papiermauern ein, die die DDR stabilisiert hatten, ohne jedoch andere Regeln zu definieren. Diese Leerstelle ermöglichte in kürzester Zeit zahlreiche Dynamiken.

Auf der anderen Seite der Grenze schufen die Presseagenturen fast im Minutentakt Fakten.[4] Reuters hatte bereits um 19:03 Uhr Schabowskis »sofort« von der Erlaubnis des Antrags auf ständige Ausreise in deren Genehmigung umgedeutet. Als erste Agentur vermeldete Reuters: »Ausreisewillige DDR-Bürger können ab sofort über alle Grenzübergänge der DDR in die Bundesrepublik Deutschland ausreisen.«[5] Eine Minute später und zeitgleich mit der ADN folgte die dpa: »Von sofort an können DDR-Bürger direkt über alle Grenzstellen zwischen der DDR und der Bundesrepublik ausreisen.«[6] Zehn Minuten später verkündete Volker Jelaffke, Redakteur im Studio der gerade zu Ende gehenden ZDF-Sendung *heute*, eher ungläubig:

Noch einmal zurück nach Ost-Berlin. SED-Politbüro-Mitglied Schabowski hat vor wenigen Minuten mitgeteilt, dass von sofort an DDR-Bürger direkt über alle Grenzübergänge zwischen der DDR und der Bundesrepublik Deutschland ausreisen dürfen. Mit dieser heutigen Entscheidung sei eine Übergangsregelung bis zur Verabschiedung des neuen Reisegesetzes geschaffen worden. Schabowski äußerte sich vor der internationalen Presse.[7]

Kurz darauf erklärte der Regierende Oberbürgermeister West-Berlins Walter Momper zwischen Freude und Ungewissheit: »Nun,

3 Abgedruckt u. a. in »DDR-Regierungssprecher zu neuen Reiseregelungen«, in: *Neues Deutschland* (10. November 1989), 1.
4 Vgl. Sven Felix Kellerhoff und Lars-Broder Keil, *Gerüchte machen Geschichte. Folgenreiche Falschmeldungen im 20. Jahrhundert* (Berlin: Ch. Links, 2013), 188-210.
5 Zit. n. Hans-Hermann Hertle, *Der Fall der Mauer: Die unbeabsichtigte Selbstauflösung des SED-Staates* (Opladen: Westdeutscher Verlag, 1996), 174.
6 Ebd.
7 Zit. n. Rüdiger Steinmetz, »9. November 1989«, in: *In geteilter Sicht: Fernsehgeschichte als Zeitgeschichte, Zeitgeschichte als Fernsehgeschichte: Dokumentation eines Symposiums*, hg. von Deutsches Rundfunkarchiv (Potsdam: Verlag für Berlin-Brandenburg, 2004), 74.

ich glaube man darf für alle Berlinerinnen und Berliner sagen, es ist ein Tag, den wir uns lange ersehnt haben, seit 28 Jahren. Die Grenze wird uns nicht mehr trennen.«[8] Um 19:41 Uhr schien die kommende Reisefreiheit bereits die gesamte Grenze einzureißen. Associated Press jubelte: »Die sensationelle Mitteilung: Die DDR-Grenze zur Bundesrepublik ist offen«, vier Minuten vor acht legte die dpa in aller Kürze nach: »Sensation: DDR öffnet Grenzen zur Bundesrepublik und West-Berlin«, und um Punkt acht begann die *Tagesschau* mit der Meldung: »DDR öffnet Grenze«.[9] Der darauf folgende Filmbeitrag zeigte Äußerungen Schabowskis und frohlockte: »Also auch die Mauer soll über Nacht durchlässig werden.«[10] Mit dem Ende der *Tagesschau* meldete der RIAS Berlin bereits die Umsetzung: »Die DDR hat ihre Grenzen zur Bundesrepublik mit sofortiger Wirkung für Westreisen und Übersiedlungen geöffnet.«[11]

Die Medien schufen eine Realität, die in den Ämtern und an den Grenzen überhaupt nicht bestand. Hier lagen keine entsprechenden Befehle vor, die Tore waren zu. Die Berichte wirkten jedoch sozial. Um neun Uhr erhoben sich die Mitglieder des noch in Sitzung befindlichen Bundestages und stimmten spontan die Nationalhymne an. Die endgültige nationale Umdeutung des Protestes für Freiheit begann. In Ost-Berlin hingegen unterblieben solch triumphierende Gesten, es herrschte die Neugier. Zu Tausenden strömten die Menschen an jene unberührbare Linie, die die Stadt seit 28 Jahren teilte. Doch die Posten waren besetzt, die Schlagbäume ruhten. Das DDR-Fernsehen bemühte sich um Schadensreparatur und unterbrach zwei Mal einen laufenden Spielfilm. Bei der ersten wurde lediglich die ADN-Meldung verlesen, bei der zweiten, gerade mal vier Minuten später, versuchte der Sprecher abschließend klarzustellen: »Also – die Reisen müssen beantragt werden!«[12] Dasselbe geschah in der Spätnachrichtensendung *AK Zwo* kurz vor halb elf. Die Appelle verhallten. An der Mauer entstand Unruhe,

8 Zit. n. Hertle, *Chronik des Mauerfalls*, 152.

9 Zit. n. Hertle, *Der Fall der Mauer*, 179.

10 Zit. n. ebd., 180.

11 Zit. n. Hans-Hermann Hertle, »Der Mauerfall«, in: *Mauerbau und Mauerfall: Ursachen, Verlauf, Auswirkungen*, hg. von Hans-Hermann Hertle, Konrad H. Jarausch und Christoph Kleßmann (Berlin: Ch. Links, 2002), 277.

12 Zit. n. Hertle, *Der Fall der Mauer*, 188.

die Stimmung spitzte sich zu. Nach stundenlangem Zaudern des Führungsstabes öffneten die beiden auf sich gestellten Kommandanten der Grenzübergangsstelle Bornholmer Straße Harald Jäger und Edwin Görlitz um 23:20 Uhr eigenmächtig die Schlagbäume.[13] Jubelnd machten sich die ersten Berliner ohne jede Kontrolle vom Prenzlauer Berg in den Wedding auf. Resigniert soll Görlitz ein »Tja, das war's dann wohl« ausgestoßen haben. Auf Jägers Nachfrage: »Was meinst Du?«, folgte nur ein »Na, was meine ich wohl? Das war's mit der DDR.«[14] Sollte dies sein Wortlaut gewesen sein, lag er richtig. Die überwältigenden Bilder aus Berlin gingen noch in der Nacht um die Welt, und die restlichen Grenzposten der Stadt machten es bald ihren Kollegen an der Bornholmer Straße nach. Ost-Berlin brach gen Westen auf.

An der innerdeutschen Grenze brauchte es etwas länger, aber auch hier öffneten sich sukzessive die Tore.[15] Noch in der Nacht verschickten die Leiter der BV des MfS an alle untergeordneten Dienstellenleiter den Wortlaut einer schmallippigen Erklärung von Egon Krenz, die die ADN-Meldung sinngemäß wiederholte und betonte, dass die Ausreise erstens zu beantragen, zweitens bis auf schwerwiegende Fälle zu genehmigen sei und dass die Ausreise drittens über alle Grenzübergangsstellen nach Westdeutschland erfolgen könne.[16] Genauere Anweisungen aus dem MfS wurden für die nächsten Stunden angekündigt.[17] Doch die Ereignisse überholten auch diese Regeln. Als sich das MfS in den Morgenstunden des 10. November bei den Verantwortlichen meldete, sprach es nicht mehr von Reiseanträgen in den Bezirken, sondern davon, dass diese an den Grenzübergangsstellen selbst direkt zu genehmigen seien.[18] Doch selbst diese geplante Registrierung der Ausreisenden an den Grenzübergängen erwies sich als unmöglich. Die Grenze war einfach offen.

Mit den Papiermauern zerfiel die Macht des MfS. Als Erich

---

13 Zur Diskussion um den »Maueröffner« siehe ebd., 278-80.

14 Zit. n. Peter Brinkmann, *Zeuge vor Ort: Korrespondent in der DDR '89/90* (Berlin: Edition Ost, 2014), 31.

15 Astrid M. Eckert, »Der andere Mauerfall. Die Öffnung der innerdeutschen Grenze 1989«, in: *Deutschland Archiv* (2013), 168-84.

16 BStU BV KMS, StOp, 367, 270 f.

17 BStU BV KMS, StOp, 367, 269.

18 Vgl. BStU AdZ, ZAIG, 11313, 331 f.

Mielke am 13. November zu seiner einzigen Rede vor der Volkskammer antrat, stand seine Absetzung schon fest. Diese Rede ist vor allem durch Mielkes ungewollte Komik in Erinnerung geblieben. So quittierte die ihm zuvor jahrelang hörig ergebene Volkskammer seine Worte »Wir haben, Genossen, liebe Abgeordnete, einen außerordentlich hohen Kontakt mit allen werktätigen Menschen« mit ironischem Gelächter. Seine verunsicherte Antwort auf den Einwurf eines Abgeordneten, »Ich liebe doch alle … alle Menschen«, gehört sicherlich in die Ahnenreihe unvergessener Zitate der SED-Mächtigen. Mielkes kurze, oft unterbrochene Rede war jedoch noch aus einem anderen Grund bemerkenswert. Er kämpfte nicht mehr um seinen Posten, sondern um die Geschichtsbücher. Er begann seine frei gehaltene Rede zwar im Präsens, rutschte aber immer wieder in die Vergangenheitsform. »[E]ine der wichtigsten Aufgaben«, betonte er, »war die Stärkung unserer sozialistischen Wirtschaft.« Die Vertreter des MfS »haben Hervorragendes […] geleistet«, die Menschen »haben uns vieles mitgeteilt«, und »wir haben alles entgegengenommen« und »[a]lle Unzulänglichkeiten […] haben wir gemeldet«, »wir haben Vorschläge gemacht«, und »[w]ir haben auf vieles aufmerksam gemacht, was heute besprochen wurde.« Dazu zählte in erster Linie der Kampf des MfS gegen die Ausreise:

Alle Unzulänglichkeiten, manchmal von ganz kleinen Dingen nur bis zu den größten, haben wir gemeldet. Wir haben die ganzen Schwierigkeiten aufgezeigt, die entstehen mit der Republikflucht, mit dem Verlassen der Republik. Wir haben aufgezeigt, wie viele Ärzte die Republik verlassen, haben aufgezeigt, wie viele Lehrer verlassen die Republik. Wir haben, Genossen, ich weiß nicht, soll ich hier die Wahrheit sagen oder nicht? Also wir haben berichtet über diese ganzen Fragen.[19]

Ob intendiert oder nicht, in seiner einzigen und letzten Verteidigung vor der sich nun auf einmal kritisch gebärdenden Volkskammer historisierte Mielke bereits das MfS. Dabei schien ihm nicht gewahr, dass die Logiken der Historisierung nicht länger denen der Partei folgten, dass seine Leistungsschau also nur ein Eingeständnis der Menschenrechtsbrüche sein konnte.

---

19 Alle Zitate nach Erich Mielke, »11. Tagung, 13. 11. 1989«, in: *Protokoll, 9. Wahlperiode*, hg. von Volkskammer der DDR, Bd. 25 (Berlin, 1989), 262 f.

In einem letzten Versuch der Selbstrettung wendeten sich nun auch seine Mitarbeiter gegen die stürzenden Mächtigen. In einem Eilschreiben wendete sich Generalmajor des MfS Horst Felber, Mitglied des ZK der SED, an die BVs des MfS, die seine Worte an die Leiter aller Diensteinheiten weiterreichten. »Mit tiefer Bestürzung« habe man das »Auftreten des Genossen Erich Mielke zur Kenntnis genommen«, von welchem man sich »in Übereinstimmung mit der Meinung vieler Genossinnen und Genossen [...] vor dem höchsten Organ des Volkes distanziert« habe.[20] Allein, für eine Ehrenrettung war kein Raum. Wenige Tage darauf musste auch Felber von seinen Parteiämtern zurücktreten, im Januar 1990 folgte, wie bei seinen Kollegen, die Entlassung.[21]

Allein aus der Rückschau wissen wir um die weltweite Dimension dieses Umbruchs. Dabei handelt es sich jedoch großenteils um eine Zuschreibung. Denn freilich endete der Kalte Krieg nicht in dieser Nacht. Sein Ende war ein langer Prozess, der tief in den 1980er Jahren wurzelte, sich durch das Jahr 1989 zog, in dem der 9. November, wie an Ungarn dargestellt, lediglich einen von mehreren Kulminationspunkten darstellte, und der erst mit dem gescheiterten Putsch auf dem Roten Platz 1991 final ausklang. Für die Verantwortlichen der DDR gab es eine Übergangsphase, in der die Getreuen des Staates vor allem institutionell so viel wie möglich zu retten versuchten, wie der Umbau der SED zur PDS und die Zerstörung der Akten durch das MfS verdeutlichen.[22] Was am 9. November 1989 aber schlagartig zerbarst, war das Migrationsregime. Ebenso wie die Nacht des Mauerbaus vom 12. auf den 13. August 1961 stellen die Stunden jenes Tages ein Paradebeispiel für

20 BStU BV KMS, StOp, 367, 276.

21 Jens Gieseke (Hrsg.), *Wer war wer im Ministerium für Staatssicherheit: Kurzbiographien des MfS-Leitungspersonals 1950 bis 1989* (Berlin: BStU, 2012), 20f.

22 Die zentrale Frage der Umgründung der Partei lag in den Parteivermögen, das die PDS anfänglich möglichst umfänglich zu sichern versuchte, sich bis Mitte der 1990er Jahre jedoch auf einen Vergleich einließ; vgl. Gero Neugebauer und Richard Stöss, *Die PDS: Geschichte. Organisation. Wähler. Konkurrenten* (Opladen: Leske + Budrich, 1996), 123-5; für die ideologische Anpassung siehe v. a. Heinrich Bortfeldt, *Von der SED zur PDS – Aufbruch zu neuen Ufern? Sommer/Herbst 1989-18. März 1990* (Berlin: Kommission Politische Bildung des Parteivorstands der PDS, 1990); Walter Süß, *Staatssicherheit am Ende: Warum es den Mächtigen nicht gelang, 1989 eine Revolution zu verhindern*, 2., durchges. Aufl. (Berlin: Ch. Links, 1999), 567-70, 679f.

einen in der Literatur intensiv diskutierten »Regimebruch« dar.[23] Als ein Staat, der seine Existenz mit einer bevölkerungspolitisch eingesetzten Grenze verknüpft hatte, fiel die DDR der Öffnung dieser Grenze zum Opfer. Mit der Grenze verschwand die Macht der Partei, auch wenn diese das nur langsam zu verstehen schien. Es folgten die Wochen der skurrilen Aktenvorgänge. Da die komplett unkontrollierte Freizügigkeit zwischen beiden Staaten die verhängten Einreisesperren für Ausgereiste und Geflohene obsolet machte, warnte der Ministerrat noch am 11. November vor einer erhöhten Zahl an Rückkehrern.[24] Erneut verkannte er die Lage. Der Hauptstrom ging in die andere Richtung; die Rückkehrer konnten in dem von innen her zerfallenden System schwerlich weiteren »Schaden« anrichten.

Auf institutioneller Ebene kamen nun die Wochen der Absicherungsversuche. Dabei war das MfS nicht nur bestrebt, Akten zu vernichten, sondern auch seine Arbeit umzuorganisieren. So plante die für Erfassung zuständige Arbeitsgruppe E/N die »Herauslösung«, also die Isolation und Löschung, von ungefähr drei Millionen Datensätzen zu Ausreiseantragstellern aus der Reisedatenbank.[25] Ob dabei primär Daten vernichtet oder die EDV aus funktionalen Gründen verschlankt werden sollte, lässt sich aus den mir vorliegenden Akten nicht ablesen. Einige Wochen später dienten solche Daten ohnehin einem anderen Zweck – nämlich nicht mehr der Verwaltung der Repression, sondern ihrer Aufdeckung. Nach der Besetzung der Zentrale des MfS machten sich Wissbegierige daran, anhand von Ausdrucken chiffrierter Listen die Codes des MfS zu entschlüsseln.[26] Auch im Privaten herrschte Chaos. So

23 Siehe v. a. James Mahoney und Richard Snyder, »Rethinking Agency and Structure in the Study of Regime Change«, in: *Studies in Comparative International Development* 34/2 (1999), 3-32; Richard Snyder und James Mahoney, »The Missing Variable: Institutions and the Study of Regime Change«, in: *Comparative Politics* 32/1 (1999), 103-22; weiterhin Stephen D. Krasner, »Structural Causes and Regime Consequences: Regimes as Intervening Variables«, in: *International Organization* 36/2 (1982), 185-205; Nancy Bermeo, »Rethinking Regime Change«, in: *Comparative Politics* 22/3 (1990), 359-77; Herbert Kitschelt, »Political Regime Change: Structure and Process-Driven Explanations?«, in: *American Political Science Review* 86/4 (1992), 1028-34.
24 BStU AdZ, HA XX/AKG, 6448, 16-8.
25 BStU AdZ, HA IV, 21 268, 1 f.
26 BStU AdZ, HA VI, 18 646, 1-18.

getraute sich die Tochter des MfS-Oberstleutnants Johann Lederer* erst zum 10. November 1989 einen Ausreiseantrag zu stellen, um ihre Liebe, einen West-Berliner Fußbodenleger, zu heiraten. In Panik entschuldigte sich der Oberstleutnant am 15. November bei der HA IX für diese »Kurzschlußreaktion« seiner Tochter, zu der er schon seit Monaten keinen Kontakt mehr habe. Er rechtfertigte ihr Handeln damit, dass sie »bereits mit ihren 22 Jahren ›Torschlußpanik‹« habe, zudem sei sie »beeinflußt von einer negativen Psychose im Zusammenhang mit den Ereignissen nach dem 7. 10. 89«, also den Massenprotesten zum 40. Jahrestag der DDR, ja, sie sei geradezu traumatisiert.[27] Glücklicherweise habe ihre Mutter auf sie einwirken können, so dass die Tochter bereit sei, den Antrag zurückzuziehen. Er schloss seine Demutsgeste mit einem Eingeständnis des totalen Scheiterns: »Sie will die kommende Zeit nutzen, um sich – ohne zu heiraten und ohne Zeitdruck – noch besser zu prüfen. Außerdem will sie die neuen Reiseregelungen nutzen, um sich ein realistisches Bild über die Lebensbedingungen in Berlin (West) zu bilden und bestehende Illusionen abzubauen.«[28] Mit anderen Worten: Sie war weg, er war ratlos, wollte aber weiterhin Disziplin vor einem zerfallenden Apparat demonstrieren.

Andere sahen im Zerfall des Apparates die lang ersehnte Chance. Nur wenige gingen allerdings so weit wie der Schriftsteller Dieter Schulze, der 1983 wegen »asozialer Lebensweise« gegen seinen Willen aus der DDR ausgebürgert worden war.[29] Er wendete sich am 1. Juni 1990 an die mit der ersten (und einzigen) freien Volkskammerwahl neu gewählte Abgeordnete Marianne Birthler und bat sie, seine Ausbürgerung rückgängig zu machen sowie seine »beschlagnahmten Manuskripte, Briefschaften und Tonträger« an ihn zurückgeben zu lassen.[30] Mit dem Verweis auf sein »Recht auf Heimat« wünschte er die »Wiederherstellung der Staatsbürgerschaft«. Birthler reichte sein Anliegen an die Initiative Frieden und Menschenrechte weiter, bei der sich mittlerweile eine Arbeitsgruppe mit Fragen der Rehabilitation beschäftigte.[31] Denn im Sommer

27 BStU AdZ, HA IX, 19 493, 56.
28 BStU AdZ, HA IX, 19 493, 57.
29 Ehrhart Neubert, *Geschichte der Opposition in der DDR 1949-1989* (Berlin: Ch. Links, 1998), 350.
30 RHG, MBi 33, Schulze an Birthler, 1. Juni 1990.
31 RHG, MBi 33, Birthler an Schulze, 16. Juli 1990.

1990 focht Birthler andere Gefechte aus. Mit zahlreichen Oppositionellen stemmte sie sich gegen die ihr zu schnell stattfindende Wiedervereinigung und die Art, wie diese – großenteils über den Bundestag und die demokratisch gewählte Volkskammer hinweg – mit Zeitdruck- und Sachzwangargumenten betrieben wurde.[32] Der von vielen Oppositionellen die 1980er Jahre über geträumte Traum einer freien DDR zerfiel schneller als die Reste des zweiten deutschen Staates. Jene DDR, in deren Staatsbürgerschaft Schulze im Juni 1990 wieder aufgenommen werden wollte, war bereits am 21. Mai von einer Gruppe enttäuschter Demonstranten an der Gethsemanekirche in Prenzlauer Berg symbolisch zu Grabe getragen worden.[33] So ging die große Skepsis gegenüber einer schnellen Wiedervereinigung im Trubel des Nationalismus des Jahres 1990 unter. Sogar ein gemeinsam von führenden Personen des Bündnis 90 – darunter Marianne Birthler, Matthias Platzeck und Jens Reich – verfasster Bericht über diese symbolische »BeRDigung der DDR«, den der Journalist Olaf Kische für die *Neue Berliner Illustrierte* selbst angeregt hatte, stieß bei der Chefredaktion des Blatts scheinbar auf wenig Interesse und blieb liegen.[34]

Die Beerdigung der DDR fand aber keineswegs nur symbolisch oder auf politischer Ebene statt, sondern zuvörderst auf der Straße. Eine neue Abstimmung mit den Füßen setzte ein, und die fiel in den euphorischen Wochen nach dem Mauerfall nicht nur für die Freiheit, sondern auch für den Kapitalismus aus. Die Rechnungen kamen später ins Haus.[35] So wie sich Baustoffhändler, Autoverkäufer, Versicherungsvertreter und bald auch Verwaltungsbeamte in Goldgräberstimmung gen Osten aufmachten, strebten Hunderttausende DDR-Bürger an die ersehnten Verkaufstheken des Wes-

---

32 Marianne Schulz, »Neues Forum«, in: *Von der Illegalität ins Parlament: Werdegang und Konzepte der neuen Bürgerbewegungen*, hg. von Helmut Müller-Enbergs, Marianne Schulz und Jan Wiehgohls (Berlin: Ch. Links, 1992), 73 f.

33 Ebd., 74; Wolf Kühne, *Dokumentarfilm: Beerdigung der DDR* (Berlin, 1990).

34 RHG, MBi 33, Kische an Birthler, 14. Juni 1990.

35 Für eine ausführliche Studie hierzu siehe Marcus Böick, *Die Treuhand: Idee – Praxis – Erfahrung, 1990-1994* (Göttingen: Wallstein Verlag, 2018); für eine anregende Bestandsaufnahme der Forschung siehe Kerstin Brückweg und Marcus Böick (Hrsg.), *Weder Ost noch West: Ein Themenschwerpunkt über die schwierige Geschichte der Transformation Ostdeutschlands* (Zeitgeschichte Online, 2019), online verfügbar unter: ⟨https://zeitgeschichte-online.de/thema/weder-ost-noch-west⟩ (Stand März 2019).

tens. Jubelbilder haben sich ins kollektive Gedächtnis eingeprägt: Tanz auf der Mauer, Willkommensklopfer auf das Dach der Trabbis, Sektflaschen, Umarmungen von Wildfremden und zu guter Letzt auch noch David Hasselhoff am Brandenburger Tor.

Ein paar Wochen nach dieser Anfangseuphorie sah das Bild jedoch anders aus. Denn zu viele der »DDRler«, die bald »Ossis« heißen sollten, wollten im Westen bleiben. Dabei ging die Bundesrepublik selbst gerade durch eine Wirtschaftskrise, die ohne den nationalen Freudentaumel wohl der Regierung Kohl das Geschäft – und sicher auch die Wiederwahl – deutlich schwerer gemacht hätte. Erneut zeigte sich, dass in der Bundesbevölkerung Zusammengehörigkeitsgeste und Zusammengehörigkeitspraxis zwei verschiedene Dinge waren. »Bei den Bundesbürgern«, berichtete der *Spiegel* im Februar 1990, »macht sich zunehmend Angst breit, daß diejenigen, die nun Woche für Woche zu Tausenden mühelos die Grenzen passieren, das westdeutsche Sozialsystem sprengen und den Wohnungs- und Arbeitsmarkt zum Kollabieren bringen.«[36] Die Übersiedlerzahlen seien »[w]ie bedrohliche Wasserstandsmeldungen«. Viele Berichterstatter sahen nicht mehr die vor dem Mauerfall gepriesenen »Deutschen«, sondern Fremde. Übersiedler (und Aussiedler) wurden, im Gegensatz zur heutigen Debatte über Flüchtlingszahlen, in der stets die Besonderheit der deutschen Zuwanderer gegenüber Syrern, Afghanen usw. betont wird, mit allen Einwanderern in einen Topf geworfen. »Im letzten Jahr kamen insgesamt 343 854 Übersiedler aus der DDR, dazu 377 055 Aussiedler aus Osteuropa und 121 318 Asylbewerber aus aller Welt – summa summarum 842 227 Menschen.« Der Sozialdezernent beim Deutschen Städtetag Bernhard Happe ging davon aus, dass man die »nach vorsichtigen Schätzungen 1,5 Millionen Neubürger, nach pessimistischen Prognosen weit über zwei Millionen«, nur noch in »Baracken-Gettos am Rande der Großstädte« unterbringen könne. Selbst Schüler diskutierten in den Pausen »›wer raus muß aus Deutschland – die Aussiedler, die DDRler oder die Asylanten‹«. »Hellhörig verfolgen die meisten Bundesbürger die öffentliche Debatte darüber, wie der Zustrom aus der DDR vermindert werden könne.« Andere griffen aktiv ein. In Hamburg wurden Will-

---

36 Sämtliche folgende Zitate diese Absatzes aus »›Wieso kommen die noch?‹«, in: *Der Spiegel* 8 (1990), 29-32.

kommensplakate mit Messern zerfetzt, in Herne flogen bei einer Übersiedlerdiskussion Steine, auf ein Übersiedlerheim in Godorf wurden zwei Brandanschläge verübt, eines bei Stuttgart brannte bis auf die Mauern nieder. In den Sozialämtern, schrieb der *Spiegel*, reagierten die Alteingesessenen nur noch »mit nackter Wut«, in den Aufnahmelagern herrsche Trunksucht und Gewalt, so dass der Essener Sozialdezernent Günter Herber »es nicht mehr wage, ›da einen Sozialarbeiter hinzuschicken, das ist schon beinahe lebensgefährlich‹«. Sein Kölner Amtskollege sekundierte, dort grassierten nun Überfälle und sexuelle Belästigungen städtischer Mitarbeiter. Die Übersiedler, klagte der Bericht, seien ohnehin nur noch alleinstehende Männer, oft direkt aus dem Gefängnis kommend, die eine schnelle Chance suchten und eben nicht mehr die wohlüberlegt ausreisenden Familien, die man zuvor so gerne aufgenommen habe. Dieser Verweis auf die nun angeblich missenden Familien war selbstverständlich eine elementare Beschönigung der Vergangenheit. Wie dargestellt, war der Ton im *Spiegel* ein ganz anderer, als 1984 das erste Mal unerwartet viele arbeitsfähige Übersiedler nach Westdeutschland kamen. Auch ein paar Monate vor dem Mauerfall, als im Sommer 1989 noch mehr gefolgt waren, war die Freude nicht besonders groß. Wie bei der Berichterstattung zur Asyldebatte trug insbesondere der *Spiegel* in diesem Jahr zur Verschärfung der Stimmung bei.[37] Er verband überspitzte Rhetorik mit angeblich kritischen Perspektiven und festigte einen Diskurs, in dem Migration in erster Linie als Gefährdung des Bestehenden wahrgenommen wurde. Überdeutlich legte der *Spiegel* nur eine Woche nach dem eben zitierten Bericht nach und fragte im Rahmen einer Umfrageveröffentlichung: »Übersiedler – die neuen Türken?«[38]

Was hier begann, war die Umformatierung der Mauer als gesellschaftlicher Zustand zur Mauer im Kopf als Imago einer ohne die physische Mauer bestehenden Differenz. Die Politik schwenkte schnell auf den sich wandelnden Diskurs ein. Der Bremer Bürgermeister Henning Scherf (SPD) befürchtete angesichts der deutschen Zuwanderer »Großstadtkriege wie in den USA«, dem baden-württembergischem Ministerpräsidenten Lothar Späth (CDU) zufolge drohe bei einem Zusammenbruch der DDR im

---

37 Zur Asyldebatte siehe v. a. Patrice G. Poutrus, *Umkämpftes Asyl. Vom Nachkriegsdeutschland bis zur Gegenwart* (Berlin: Ch. Links, 2019), 95-102, 161-78.

38 »Übersiedler – die neuen Türken?«, in: *Der Spiegel* 9 (26. Februar 1990), 36-48.

Westen »die schönste Destabilisierung«.[39] Insbesondere der SPD-Kanzlerkandidat Oskar Lafontaine setzte in seinem vollkommen auf die »Lösung der deutschen Frage« ausgerichteten Bundestagswahlkampf 1990 auf die Karte der Angst. Das passte zu seinem deutschlandpolitischen Profil, das spätestens seit den 1980er Jahren in wesentlichen Zügen auf seinen Vorstößen fußte, DDR-Bürger auf die oder andere Art als »andere Deutsche« zu behandeln.[40] Offen sprach Lafontaine nun jenen Bundesbürgern das Wort, die meinten, die Übersiedler erhielten zu hohe Sozialleistungen. Er plädierte dafür, den Strom einzudämmen: Übersiedeln dürfen sollten nur noch diejenigen, die sich zuvor einen Arbeitsplatz besorgt hatten.[41] Solche populistischen und potentiell grundgesetzwidrigen Aussagen beförderten nicht nur eine Neiddebatte, die vorgab, für sozial Schwache zu sprechen, sondern kreierten in erster Linie eine Differenz, wo das Recht keine sah. Der *Spiegel* präsentierte über Wochen immer wieder neue Zitate, Umfragen und Statistiken, die die zuvor beschworene und bejubelte »Befreiung« der DDR-Bürger zum »Übersiedlerproblem« umdeuteten.[42]

39 »Wieso kommen die noch?«, 30.

40 Siehe Kap. 1 in Teil II; Thomas Knirsch, *Wahlkampf, Wahlwerbung und Wertewandel: Die Bundestagswahlkämpfe der CDU und SPD von 1949-1994* (Bonn: Univ. Diss., 2003), 162; sowohl die Bevölkerung als auch die Wahlwerbung der Kanzlerkandidaten fokussierte auf diese Frage, kombiniert mit den wirtschaftlichen Herausforderungen; siehe Christina Holtz-Bacha und Lydia Lee Kaid, »Wahlspots im Fernsehen: Eine Analyse der Parteienwerbung zur Bundestagswahl 1990«, in: *Die Massenmedien im Wahlkampf: Untersuchungen aus dem Wahljahr 1990*, hg. von dens. (Opladen: Westdeutscher Verlag, 1993), 58 f.

41 Interessanterweise wirkte sich dies nicht positiv auf seine mediale Darstellung aus, die vor allem dem nach Einheit strebenden Kohl zusprach, die sozialen Kosten der Einheit im Zaum zu halten; vgl. Hans Mathias Kepplinger, Stefan Dahlem und Hans-Bernd Brosius, »Helmut Kohl und Oskar Lafontaine im Fernsehen: Quellen der Wahrnehmung ihres Charakters und ihrer Kompetenz«, in: *Die Massenmedien im Wahlkampf: Untersuchungen aus dem Wahljahr 1990*, hg. von Christina Holtz-Bacha und Lynda Lee Kaid (Opladen: Westdeutscher Verlag, 1993), 162 f.

42 Siehe beispielhaft: »Wird Lafontaine Kanzler?«, in: *Der Spiegel* 6 (5. Februar 1990), 38-47; zum – im Gegensatz zur *Süddeutschen Zeitung* – bis weit ins Jahr 1990 hinein großenteils unkritischen Umgang des *Spiegel* mit dem Kanzlerkandidaten Lafontaine vgl. Winfried Schulz und Klaus Kindelmann, »Die Entwicklung der Images von Kohl und Lafontaine im Wahljahr 1990: Ein Vergleich der Wählerurteile mit den Urteilen ausgewählter Leitmedien«, in: *Die Massenmedien*

Allein, Lafontaine verschätzte sich grundlegend. Im Laufe des Jahres sanken seine Beliebtheitswerte dramatisch. Zunehmend zweifelten die Bundesbürger an den Kompetenzen des zuvor recht aussichtsreichen Konkurrenten Kohls. Dieser wusste seinerseits von der Geschwindigkeit der Ereignisse zu profitieren und nutzte sie konsequent, um jeden Zweifel am eingeschlagenen, schnellen Vereinigungsprozess zu zerstreuen.[43] Denn was im Januar 1990 noch wie eine ferne Fantasie erschien, war bereits Anfang Oktober Realität: Deutschland war wieder vereinigt. Somit wurde die Bundestagswahl im Dezember 1990 zur ersten gesamtdeutschen Wahl. Erschien Kohl 1989 noch angreifbar – in den Beliebtheitsumfragen unter Bundesbürgern rangierte er lange Zeit weit hinter Hans-Dietrich Genscher, Gerhard Stoltenberg oder Rita Süßmuth –, verschaffte ihm die Vereinigung nicht nur, wie der Historiker Thomas Mergel es formuliert hat, die »unverhoffte personale Anerkennung«, sondern auch den Wahlsieg und damit die Verantwortung über die Ausgestaltung der Wiedervereinigung.[44] Kohl triumphierte, denn zu jenem Zeitpunkt bestimmte ein umfassendes Siegesgefühl und nicht Differenz oder Skepsis die Politikwahrnehmung der überwiegenden Mehrheit der Deutschen. Die Vereinigung stellte Kohl als einen Triumphzug der Freiheit dar, was sich unfraglich gut aus den in diesem Buch beschriebenen Vorstellungen und parteipolitischen Agenden erklären lässt. Praxishistorisch setzte seine Regierung dabei eine in der Bundesrepublik über Jahrzehnte parteiübergreifend etablierte Deutschlandpolitik fort, die in erster Linie *für*, aber *ohne* die Angesprochenen in der nun »ehemaligen DDR« stattfand. Daraus entstand eine öffentliche Wahrnehmung, die den gigantischen Kraftakt der Wiedervereinigung als Errungenschaft codierte, die dabei unvermeidbaren Überforderungen, Verluste und Konflikte jedoch marginalisierte.

Wie die SPD, deren deutschlandpolitischer Schlingerkurs in

im Wahlkampf: Untersuchungen aus dem Wahljahr 1990, hg. von Christina Holtz-Bacha und Lynda Lee Kaid (Opladen: Westdeutscher Verlag, 1993), 27 f., 35-7.

43 Wie stark Kohl dabei einerseits einen Handlungsdruck empfand und ihn zugleich als Werkzeug auf dem Weg zur Wiedervereinigung nutzte, zeigen zahllose Dokumente in Hanns Jürgen Küsters und Daniel Hofmann (Hrsg.), *Deutsche Einheit: Sonderedition aus den Akten des Bundeskanzleramtes 1989/90* (München: R. Oldenbourg, 1998).

44 Thomas Mergel, *Propaganda nach Hitler: Eine Kulturgeschichte des Wahlkampfs in der Bundesrepublik 1949-1990* (Göttingen: Wallstein, 2010), 228.

den 1980er Jahren langfristig viele Wähler aus der (nun ehemaligen) DDR entfremdete, strauchelten auch die Grünen angesichts der Dynamiken der Teilung. Sie nahmen im Jahr 1990 aber eine besondere Position ein. Ihre aus der Not um den Bundestagseinzug geformte Allianz mit dem Bündnis 90 bildete die einzige ernsthaft gesamtdeutsche Partei mit Bundestagsmandaten. Die Grünen definierten durch das Bündnis nicht eine ehemalig der SED hörige Blockpartei in eine »Schwesterpartei« um (bei der CDU und der FDP waren diese ja recht geräuschlos in den westdeutschen Parteien verschwunden). Sie gingen vielmehr eine teils gewünschte, teils rein pragmatisch motivierte und komplizierte Allianz mit einer eigenständigen Reformpartei der Bürgerrechtsbewegung ein.[45] Dabei konnten beide Seiten (anders als die SPD, die die frei gegründete Sozialdemokratische Partei in der DDR in sich aufnahm) auf seit den frühen 1980er Jahren etablierte Kontakte zwischen Oppositionsgruppen und Bundespartei aufbauen.[46] Die neue Partei Bündnis 90/Die Grünen erbte jedoch die Komplexitäten dieser Beziehungen. Denn als Anlaufpunkt vieler DDR-Bürgerrechtler musste sie die Enttäuschungen jener auffangen, die sich eine reformierte DDR gewünscht hatten, die also den Fall der Mauer und der SED unter Wahrung der zweiten deutschen Staatlichkeit herbeiführen wollten.

Wie kaum eine andere Partei hatte Bündnis 90/Die Grünen eine Fehlwahrnehmung zu verwalten: Wie viele Bürgerrechtler hatten sich auch die Grünen vor 1989 der Erkenntnis verschlossen, dass die DDR nur als Insel überlebensfähig war. Mauer und Staat, Gewalt und Teilung, Diktatur und DDR waren intrinsisch miteinander verbunden; Alternativen waren politisch denkbar, aber sozial unmöglich. Die Utopie des Kommunismus hatte sich Strukturen geschaffen, die ein relativ langes Überleben des ostdeutschen Staates sicherten. Es war aber unmöglich, eine neue Utopie in diese

---

45 Eine gewisse Ähnlichkeit wies vielleicht noch die SPD auf, wobei jedoch die Gründung der SPD der DDR erst in die letzten Wochen der DDR fiel und diese bereits auf dem ersten Parteitag eine enge Bindung an die SPD institutionalisierte.

46 Zu dieser Vorgeschichte siehe v. a. Regina Wick, *Die Mauer muss weg – die DDR soll bleiben: Die Deutschlandpolitik der Grünen von 1979 bis 1990* (Stuttgart: Kohlhammer, 2012); Jens Gieseke und Andrea Bahr, *Die Staatssicherheit und die Grünen: Zwischen SED-Westpolitik und Ost-West-Kontakten* (Berlin: Ch. Links, 2016).

Strukturen zu füllen. Die Hoffnung auf eine demokratische und sozialistische DDR übersah jene Grundbedingung utopischer Gesellschaften, die bereits Thomas Morus knapp fünf Jahrhunderte zuvor an den Anfang seiner Vision und damit an den Anfang des Genres der Utopien als Gesellschaftskonzeptionen gestellt hatte. Das erste, was Utopus, der Gründer eines fiktiven Reichs namens Utopia, befiehlt, ist das Graben eines breiten und schwer zu überquerenden Kanals zwischen seinem Reich und der Umwelt.[47] Der Beginn der Utopie ist die Absonderung des utopischen Raumes von seiner Umgebung. Selbst die Mutter aller Utopien wusste, dass es eine Insel brauchte, um eine Gesellschaft vom Reißbrett aus zu gestalten.

Diese Insel blieb immer ein Machttraum der SED. Als die Menschen begannen, sich diesem Traum durch Abwanderung zu entziehen, war die Mauer der definitive und gewissermaßen logische letztmögliche Versuch, seine Existenz zu erzwingen. Die Mauer kaufte der SED Zeit und sicherte ihre Herrschaft bemerkenswert lange, wurde aber konterkariert durch die in Abgrenzung an Annäherung eng verflochtene Zweistaatlichkeit, das eigene internationale Geltungsbedürfnis sowie die Bevölkerungen beiderseits der Mauer. Das wichtigste Ziel, das die DDR-Führung mit der Mauer verfolgte, war die Unterbindung von ungesteuerter Mobilität und Migration. Auf kurze Sicht gelang der SED eine brutale Neuerfindung der Bedeutung von Grenzen in der Geschichte. Auf mittelfristige bis lange Sicht misslang jedoch die damit erhoffte Machtsicherung.

Denn obwohl die Mauer für eine gewisse Zeit (und mit sinkendem Erfolg) Mobilität regulieren konnte, konnte sie nie die Beziehungen selbst zerteilen. Im Gegenteil, sie inspirierte diese sogar auf teilweise merkwürdige Art. Die Überwindung von Grenzen ist eine unabdingbare Folge ihrer Erfindung. So wollte die Mauer zwei Gesellschaften erzwingen, begründete aber letztlich eine neue Phase der deutschen Gesellschaftsgeschichte beiderseits der Grenze. Diese geteilte Gesellschaft handelte über knapp drei Jahrzehnte aus, was die Existenz der Mauer für sie bedeutete. Nichts zwang während der Teilung so stark zusammen wie die Existenz der Mauer. Dabei waren die jede Verflechtung prägenden Asymmetrien nicht nur

47 Thomas Morus, *Utopia* (Leipzig: Reclam, 1982), S. 50 f.

Ausdruck unterschiedlicher ideologischer Gesellschaftsfundamente oder eines wirtschaftsbasierten Machtgefälles zwischen beiden Staaten, sondern sie entstanden auch durch die Praktiken von immer wieder neu auftauchenden und verschwindenden Akteuren sowohl auf der Staats- als auch der Gesellschaftsebene in beiden Staaten und über die Mauer hinweg. Wie ich an vielen Beispielen dargelegt habe, konnte Hilfe dabei schnell in Paternalismus ausarten. Macht konnte sich zentralisiert ausdrücken. Oder sie konnte sich dezentral durch aggregiertes Handeln und ohne aktive Prozesse formen und bestehende Macht erodieren. Deutungen konnten gerade deswegen wirken, weil sie sich widersprachen. Die Berliner Mauer zementierte sprichwörtlich einen Zustand; die Mauergesellschaft handelte dessen Bedeutung aus – und zerstörte dabei letztendlich ebendiesen Zustand.

Je höher der SED-Staat versuchte die Mauer zu ziehen, desto mehr stabilisierte er vordergründig sein Staatswesen und gelang es ihm, sich als eigenständiger internationaler Akteur zu inszenieren. Paradoxerweise beförderte aber genau dieses Vorgehen Netzwerke, die sich zunehmend seiner Kontrolle entzogen. Letztlich erwiesen sich somit fast alle Planspiele, sei es die konfrontative bundesdeutsche Wiedervereinigungspolitik, sei es die angeblich pragmatischere Akzeptanz der Zweistaatlichkeit, sei es die Selbstabsicherung der SED-Führung durch Härte oder durch moderate Abgrenzung oder seien es letztlich die Utopien der DDR-Opposition als Wegmarken bei dem Versuch, die Insellage zu gestalten. Sie alle ermöglichten Denk- und Handlungsweisen in der deutschen Zeitgeschichte, wurden aber ebenso von Praktiken getrieben, die sich diesen Logiken widersetzten: durch Beziehungen, Kontakte und einen auch durch Gewalt nicht zu bändigenden kollektiven Mobilitätsbedarf. Dabei wird oft übersehen, wie bedeutend diese Praktiken von Hunderttausenden, heute namens- und gesichtslosen Akteuren für die Geschichte der Erosion des »Ostblocks«, der Revitalisierung der »totgeborenen« Menschenrechte und der auf Hoffnung basierenden Europäisierung waren. Man sollte ihr Handeln nicht heroisieren. Es war spannungsreich und von unterschiedlichen Motiven getrieben. Wohl aber sollte es in einer Historisierung der Zweistaatlichkeit gleichauf neben einer ungleich eloquenteren und an aktiven politischen Gestaltungsrollen interessierten Oppositionsbewegung stehen. Anders als die Opposition wird deren Bedeutung, wie die einer jeden Migrationsbewegung, allerdings erst voll sichtbar, wenn man den Blick zu einer grenzüberschreitenden Politik- und Gesellschaftsgeschichte ausweitet.

Als Gegenstand einer integrierten deutschen Gesellschaftsgeschichte bedingte die Mauer somit zwar ein spezifisches Migrationsregime, welches sich aber nie allein in der Macht von Parteien, Staaten oder auch dem Zuschnitt von Rechtssystemen manifestierte. Es wurde immer ganz entscheidend durch soziales und vor allem migrantisches Handeln geprägt. Über Jahre drängte aggregiertes migrantisches Handeln die Staatlichkeit selbst mehr und mehr in die Defensive. Dies kulminierte letztlich in den Auswirkungen einer dezentralen Massenbewegung und damit in einer Überforderung des Regulierungssystems, die ein entscheidender Faktor für den Fall der Mauer war. Die Vielfalt, Breite und Dynamik dieser Bewegung muss, wie ich dargelegt habe, erstens als essentieller Bestandteil der Mauergesellschaft gesehen werden und bedarf zweitens einer stärkeren Aufmerksamkeit der deutschen Zeitgeschichtsschreibung. Diese Migration war kein Nebenschauplatz der Widerstandsgeschichte gegen Ulbricht, Honecker und Mielke, sondern ein zentraler Aspekt des Kalten Krieges. Von der schockierten Ordnungssuche nach dem 13. August 1961 über die Schaffung von Kanälen und Kontakten bis zur Mobilisierung der Menschenrechte als diskursive Waffe gegen die SED wurden mit dem Wunsch nach und dem Thema der Freizügigkeit die Grenzen der Abgrenzung ausgehandelt – mit dem Effekt, dass die Mauer fiel.

Doch die Transition fand nicht nur auf der Ostseite der nun ehemaligen Grenze statt. Das BMiB wurde just in dem Moment aufgelöst, als aus der Deutschlandpolitik eine Vereinigungspolitik wurde. Seine Kompetenzen gingen an das Innenministerium über, das die Vereinigung in erster Linie als eine Ausweitung seines Geschäftsbereichs betrieb. Die innerdeutsche Grenze wurde nach erfolgreichen ökologischen Kämpfen zum Grünen Band, der Todesstreifen zum Wanderweg. Der Solidaritätszuschlag kam, die Zonenrandförderung entfiel, was große, nach wie vor strukturschwache Teile des Bundesgebiets, die sich in den Jahrzehnten davor mit dieser Förderung eingerichtet hatten, vor bedeutsame ökonomische Herausforderungen stellte.[48]

48 Grundlegend dazu Astrid M. Eckert, »West German Borderland Aid and European State Aid Control«, in: *Jahrbuch für Wirtschaftsgeschichte* 58/1 (2017), 107-36;

Vor allem aber trafen Hunderttausende Deutsche als neue Nachbarn aufeinander und mussten weiterhin die Bedeutung der Mauergesellschaft aushandeln. Dabei verdeutlichen insbesondere die ersten Monate nach dem Mauerfall, dass der Bruch des Migrationsregimes große Bevölkerungsbewegungen auslöste (siehe Tafel 45, S. 922). In den wenigen Monaten nach dem Mauerfall gingen Hunderttausende Menschen in den Westen. Diese Migration riss im Jahr 1990 nicht ab, sondern erreichte mit knapp 400 000 Übersiedlern einen Höhepunkt. Die Währungsunion und die schnell erfolgte deutsche Einheit scheinen dieser Abwanderung etwas Einhalt geboten zu haben. Ab 1990 zogen aber auch vermehrt Menschen in die Gebiete der ehemaligen DDR, was sowohl Zuzüge im Rahmen des von Westdeutschland ausgehenden Strukturaufbaus, vor allem aber eine große Zahl an Rückwanderungen beinhaltete. Entgegen der landläufigen Meinung der weitgehenden Entvölkerung des Ostens die gesamten 1990er Jahre hindurch lässt sich anhand der Bewegungsstatistiken bis zum Ende des Jahrtausends feststellen, dass sich die Ost-West-Bewegung auf der Makroebene bereits ab dem Jahr 1993 weitgehend normalisierte. Die Mobilität blieb zwar hoch, das Wanderungssaldo für die neuen Bundesländer und Ost-Berlin fiel aber nur leicht negativ aus. Die beklagte umfassende Entvölkerung ganzer Landstriche ging darum nicht nur auf die Abwanderung in den Westen zurück, sondern zumindest ebenso auf zwei andere Bewegungen, die sich den Denkschemata des alten Migrationsregimes entzogen: Erstens fand eine Landflucht statt, bei der Menschen aus den ländlichen und kleinstädtischen Regionen der ehemaligen DDR in erster Linie in naheliegende, größere Städte abwanderten. Das betraf sowohl Städte in den Regionen der neuen Bundesländer als auch die mit besserer Infrastruktur ausgestatteten westdeutschen Städte entlang der ehemaligen innerdeutschen Grenze. Zweitens fand eine Verlagerung in stärker urban geprägte Regionen innerhalb der neuen Bundesländer statt. Von dieser überregionalen Stadt-Land-Wanderung profitierte im Bevölkerungssaldo z. B. Sachsen, wohingegen weiter nördlich ganze Landstriche stark unter der Abwanderung vor allem qualifizierter Arbeitskräfte litten.

dies., *West Germany and the Iron Curtain: Environment, Economy, and Culture in the Borderlands* (Oxford: Oxford University Press, 2019).

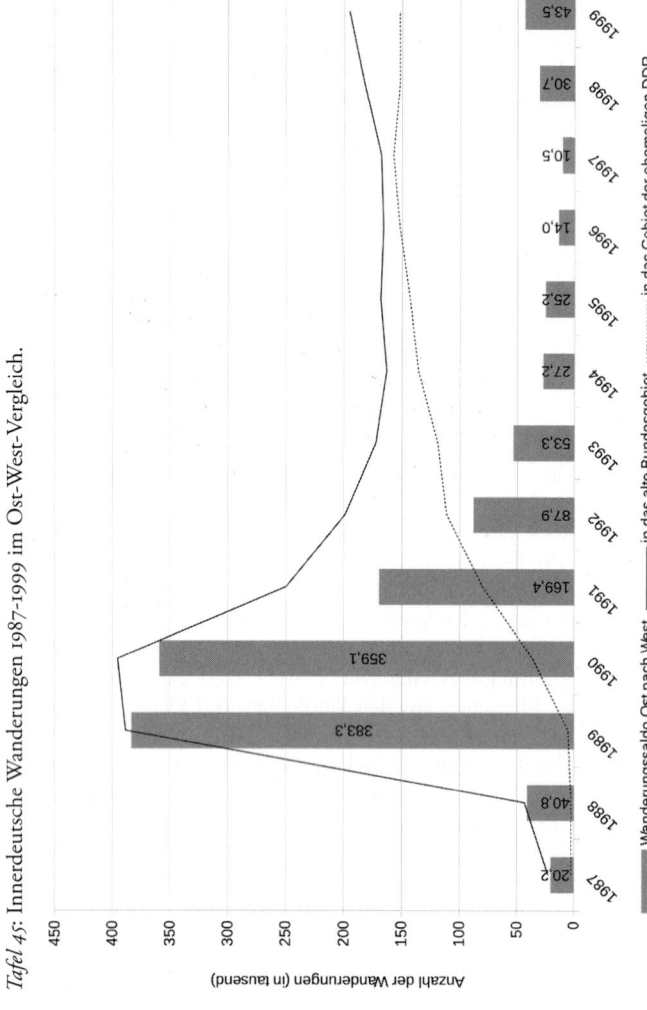

Tafel 45: Innerdeutsche Wanderungen 1987–1999 im Ost-West-Vergleich.

Quelle: Eigene Berechnung nach Statistisches Bundesamt (Hrsg.), *Statistisches Jahrbuch für*

Über diese »Phantomgrenze« hinweg, aber eben auch parallel zu ihr, entwickelte sich ein neues Migrationsregime, das bald durch europäische Entwicklungen reformiert wurde und sich binnen kurzer Zeit in sämtlichen Charakteristika grundlegend von dem vor dem 9. November 1989 unterschied.[49] Somit erfolgte der migrationspolitische Regimebruch in der Tat an einem Tag, der staatspolitische und gesellschaftliche Wandel hin zu einem Migrationsregime zog sich hingegen danach über Jahre, wenn nicht Jahrzehnte hin. In diesem Sinne versteht sich dieses Buch an seinem Ende auch als ein Beginn. Dieser Geschichte der Mauergesellschaft wäre eine Geschichte ihrer komplexen sozialen und mentalen Folgen anzuhängen – von der Wirtschaftsgeschichte über die Komplexitäten der Binnenmigration bis zum eminenten Fremdenhass und der Vielfältigkeit der »Mauer im Kopf«.[50] Die Stigmatisierung von Migration als Bedrohung steht in den ostdeutschen Bundesländern in einer anderen Tradition als in den westdeutschen, was angesichts der Wirkmacht dieser Stigmatisierung über Jahrzehnte vor dem Fall der Mauer und der weit ins 21. Jahrhundert hineinreichenden Biografien nicht ohne Wirkung für die Nachgeschichte der Teilung sein kann.

Denn die in Deutschland noch weitgehend unbearbeitete Transition baut auf der hier geschriebenen Mauergesellschaft und ihrem Migrationsverständnis auf. Sie zu betrachten bedeutet, von der Perspektive der Befreiungs-, Überforderungs- oder Benachteiligungsgeschichte der »Ostdeutschen« ebenso abzurücken wie von einem primär aus Westdeutschland entwickelten, nationalen historischen Narrativ. Es gilt vielmehr, auch die Geschichte ab 1989 als eine Fortschreibung einer komplexen deutsch-deutschen Aushandlung der Bedeutung der Mauer zu verstehen.[51] Mit dem hier ausführ-

49 Hannes Grandits, »Gewandelte Wissensordnungen, neu gefasste Nostalgien: Zur Aneignung ›vergangener‹ Raummuster in Ostmittel- und Südeuropa nach 1989«, in: *Phantomgrenzen: Räume und Akteure in der Zeit neu denken*, hg. von Béatrice von Hirschhausen et al. (Göttingen: Wallstein Verlag, 2015), 134; siehe dazu auch Angela Siebold, *ZwischenGrenzen: Die Geschichte des Schengen-Raums aus deutschen, französischen und polnischen Perspektiven* (Paderborn: Verlag Ferdinand Schöningh, 2014).

50 Jan C. Behrends, Thomas Lindenberger und Patrice G. Poutrus (Hrsg.), *Fremde und Fremd-Sein in der DDR: Zu historischen Ursachen der Fremdenfeindlichkeit in Ostdeutschland* (Berlin: Metropol, 2003); siehe z. B. Böick, *Die Treuhand*.

51 Siehe z. B. Jens Bisky, »Problem, geh doch nach drüben!«, in: *Süddeutsche Zeitung* (12. Februar 2019).

lich dargelegten Konzept der Mauergesellschaft als Grundlage einer deutschen Teilungsgeschichte hoffe ich, einen Baustein zu einer solchen Perspektive anzubieten, die eine deutsche Zeitgeschichte nicht aus der Staatlichkeit, sondern aus komplexen, grenzüberschreitenden, teils einenden und teils trennenden Praktiken entwirft. Ganz wie die deutsche Gesellschaft die Mauer einriss, schrieb sie nach 1989 die Effekte der Mauergesellschaft fort. Wann diese Phase der Mauergesellschaftsfolgen endet, ist eine offene Frage. Die Geschichtsschreibung der Mauergesellschaft steht hingegen erst an ihrem Anfang.

Dank

Die Arbeit an diesem Buch war nur dank zahlreicher Unterstützerinnen und Unterstützer möglich, die alle zu erwähnen unmöglich ist. Es ist mir jedoch ein Anliegen, einige Namen hervorzuheben. Mein Dank gilt an erster Stelle meinen Kolleg*innen an der Universität Osnabrück, am dortigen Historischen Seminar und am Institut für Migrationsforschung und Interkulturelle Studien (IMIS), allen voran Lars Amenda, Marcel Berlinghoff, Andreas Brenne, Sebastian Bondzio, Stefanie Freyer, Vera Hahnewinkel, Sebastian Huhn, Christiane Kunst, Petra Lehmeyer, Sebastian Musch, Jochen Oltmer, Andreas Pott, Helen Schwenken, Andreas Stele, Malte Steinbrink, Jutta Tiemeyer, Thomas Vogtherr, Maren Wilmes und insbesondere Christoph Rass. Ganz herzlich danke ich hier zudem meinen fleißigen Hilfskräften Joscha Hollmann, Maik Hoops, Katharina Jahn, Hendrik Schemann und Jessica Wehner. Auch außerhalb meiner Universität fühle ich mich zahlreichen Wissenschaftler*innen verpflichtet. Für Einladungen, wichtige Hinweise, anregende Diskussionen, erhellende Gedanken oder auch Einsicht in eigene Manuskripte oder Quellen danke ich Loren Balhorn, Kirsten Boenker, Marcus Böick, Andreas Daum, Marion Detjen, Monika Dommann, Astrid M. Eckert, Michael Esch, Alice Freifeld, Ingrid Gilcher-Holtey, Constantin Goschler, Mitchell Hart, Renate Hürtgen, Jürgen Kaumkötter, Padraic Kenney, Jeffrey Lesser, Robert Leventhal, Nora Markard, Matthias Neumann, Boris Nieswand, Patrice G. Poutrus, Gerhard Sälter, Sagi Schaefer, Christian Schaudwet, Ronald und Ute Schechter, Wolfgang Schmale, Klaus Schroeder, Angela Siebold, Veronika Springmann, Fabian Steinhauer, Ben Thustek, Jeffrey Veidlinger, Peter Waldron, Thomas Welskopp und Cornelia Wilhelm. Mein besonderer Dank gilt Catherine Gousseff, Thomas Lindenberger und Christoph Rass für ihre sehr motivierenden Habilitationsgutachten.

Lange – und für Historiker ja immer ganz besondere – Stunden verbrachte ich in zahlreichen, am Ende des Buches einzeln aufgeführten, Archiven und Spezialbibliotheken, deren Mitarbeiter*innen ich sämtlich zu tiefem Dank verpflichtet bin. Namentlich erwähnen möchte ich Marita Hauff vom Bundesarchiv Berlin, Renate

Körber von der Bibliothek des Deutschen Bundestags, Petra Söllner vom Archiv der DDR-Opposition/Robert-Havemann-Gesellschaft und Michael Zingler von der BStU. Förderungen durch den DAAD und die GSA erlaubten mir mehrfach die Teilnahme an den Jahrestagungen der German Studies Association. Der hierbei und bei anderen Einladungen stattfindende nationale und internationale Austausch war ungemein produktiv und kulminierte in der Einladung als Max Kade Visiting Professor in German Studies an der University of Notre Dame. Die hier erlebte Mischung aus Herzlichkeit und akademischer Exzellenz prägten meine Familie und mich. Danke, Tracy Bergstrom, Nancy Bikowski, Tobias Boes, Denise M. Della Rossa, Carsten Dutt, Steffen Kaub, Alexander Martin, A. James McAdams, Anthony Monta, Robert E. Norton, Hannelore Weber sowie insbesondere Patrick Griffin, William Collins Donahue und natürlich Karen und John Deak.

Mein besonderer Dank gilt dem Suhrkamp Verlag und Eva Gilmer für die Aufnahme des Buches in die Reihe suhrkamp taschenbuch wissenschaft sowie Christian Heilbronn, der auf mein Projekt aufmerksam wurde und der dem Manuskript als Lektor seinen letzten Schliff verlieh.

Abschließend möchte ich vier Personen ganz herzlich danken, die nicht nur einzelne Kapitel des Buches (teilweise mehrfach) gegenlasen und durch ihre Anmerkungen bereicherten, sondern die mir seit Jahren wissenschaftlich und privat zur Seite stehen. Gleb J. Albert, danke für dein scharfes Auge, deine stete Bereitschaft, Wissen zu teilen und deine Begleitung durch alle Höhen und Tiefen. Daniel Mahla, danke für deine stets klugen Anmerkungen, dein offenes Ohr und deinen Humor. Jannis Panagiotidis, danke für deine immer kritischen Nachfragen, unsere stundenlangen Diskussionen über verjährte Gesetze und, natürlich, all die Fußballwitze. Abschließend und besonders herzlich möchte ich mich bedanken bei der vierten dieser Personen, meiner Frau Stefanie Fischer. Sie war die Erste, die »Mach das!« sagte, als ich vor Jahren mit glänzenden Augen und einer Buchidee in unser Wohnzimmer stürmte. Und sie war die Erste, die meine Freude über die Worte »Ich bin fertig!« teilte. Danke für deine Gedanken, dein Zuhören, dein Dasein.

Widmen möchte ich diese Arbeit meinen Eltern Bernd und Hannelore Wolff, die mich über die Mauer führten, und meinen Töchtern Jonah und Elisabeth, denen ich wünsche, in einer Welt ohne Mauern aufzuwachsen. Möge dieses Buch ein kleiner Beitrag dazu sein.

Häufig verwendete Abkürzungen[1]

ADN	Allgemeiner Deutscher Nachrichtendienst (DDR)
AEMR	Allgemeine Erklärung der Menschenrechte
AG 13. August	Arbeitsgemeinschaft 13. August e. V. (BRD)
AGS	Arbeitsgruppe Staatsbürgerschaftsrecht (DDR)
AIA	Abteilung(en) Innere Angelegenheiten (DDR)
AKSK	Arbeitskreis Solidarische Kirche (DDR)
BMiB	Bundesministerium für innerdeutsche Beziehungen (BRD)
BKG	Bezirkskoordinierungsgruppe (DDR/MfS)
BMG	Bundesministerium für gesamtdeutsche Fragen (BRD)
BMI	Bundesministerium des Innern (BRD)
BMJ	Bundesministerium der Justiz (BRD)
BMVt	Bundesministerium für Vertriebene, Flüchtlinge und Kriegsgeschädigte (BRD)
BMwF	Bundesministerium für wissenschaftliche Forschung (BRD)
BStU	Bundesbeauftragter für die Stasi-Unterlagen
BT-Drucks.	Bundestagsdrucksache
BT-Plenarpr.	Bundestagsplenarprotokoll
BV	Bezirksverwaltung (DDR/MfS)
ČSSR	Tschechoslowakische Sozialistische Republik
CIA	Central Intelligence Agency
DA	Dienstanweisung
DEFA	Deutsche Film-Aktiengesellschaft (DDR)
DFFB	Deutsche Film- und Fernsehakademie Berlin (BRD)
DIHT	Deutscher Industrie- und Handelstag (BRD)
DLF	Deutschlandfunk (BRD)
DO	Dienstordnung

---

1 Für weitere Aufschlüsselungen und ausführliche Erläuterungen eines Großteils der hier aufgeführten Abkürzungen, siehe: *Abkürzungsverzeichnis: Häufig verwendete Abkürzungen und Begriffe des Ministeriums für Staatssicherheit* (Berlin: BStU, 2012).

DOK	Dokumentation (DDR/MfS)
DRK	Deutsches Rotes Kreuz
DVO	Durchführungsverordnung
EKU	Evangelische Kirche der Union
FDGB	Freier Deutscher Gewerkschaftsbund (DDR)
FDJ	Freie Deutsche Jugend (DDR)
GA	Archiv für Gesamtdeutsche Fragen (BRD)
GFK	Genfer Flüchtlingskonvention
GI	Geheimer Informator (DDR/MfS)
GM	Geheimer Mitarbeiter (DDR/MfS)
GüST	Grenzübergangsstelle
GVS	Geheime Verschlusssachen
HA	Hauptabteilung (DDR)
HV A	Hauptverwaltung A (DDR/MfS)
Hvd	Hilferufe von drüben e. V. (BRD)
HWHH	Hilfswerk der Helfenden Hände Hamburg e. V. (BRD)
ICCPR	International Covenant on Civil and Political Rights
IFM	Initiative Frieden und Menschenrechte (DDR)
IGfM	Internationale Gesellschaft für Menschenrechte e. V. (BRD)
IKRK	Internationales Komitee vom Roten Kreuz
IM	Inoffizieller Mitarbeiter (DDR/MfS)
IMB	Inoffizieller Mitarbeiter der Abwehr mit Feindverbindung (DDR/MfS)
IME	Inoffizieller Mitarbeiter im besonderen Einsatz (DDR/MfS)
IMF	Inoffizieller Mitarbeiter mit Feindverbindungen zum Operationsgebiet(DDR/MfS)
KgU	Kampfgruppe gegen Unmenschlichkeit (DDR)
KPdSU	Kommunistische Partei der Sowjetunion
KPD	Kommunistische Partei Deutschlands
KSZE	Konferenz über Sicherheit und Zusammenarbeit in Europa
KUD	Kuratorium Unteilbares Deutschland (BRD)
LPG	Landwirtschaftliche Produktionsgenossenschaft (DDR)
MdI	Ministerium des Innern (DDR)

MdJ	Ministerium der Justiz (DDR)
MfAA	Ministerium für Auswärtige Angelegenheiten der DDR
MfS	Ministerium für Staatssicherheit (DDR)
NVA	Nationale Volksarmee
OV	Operativer Vorgang (DDR/MfS)
PdVP	Präsidium der Deutschen Volkspolizei (DDR)
RdB	Rat des Bezirkes (DDR)
RdK	Rat des Kreises (DDR)
RIAS	Rundfunk im amerikanischen Sektor (BRD)
RuStAG	Reichs- und Staatsangehörigkeitsgesetz
RVO	Reiseverordnung (DDR)
SBZ	Sowjetisch besetzte Zone
SEW	Sozialistische Einheitspartei Westberlins (BRD)
SFB	Sender Freies Berlin (BRD)
StäV	Ständige Vertretung
StBüG	Staatsbürgerschaftsgesetz (DDR)
StGB	Strafgesetzbuch
StsfK	Staatssekretariat für Kirchenfragen (DDR)
UFJ	Untersuchungsausschuß Freiheitlicher Juristen (BRD)
UVR	Ungarische Volksrepublik
VEB	Volkseigener Betrieb (DDR)
VFWD	Verein zur Förderung der Wiedervereinigung Deutschlands (BRD)
VPKA	Volkspolizeikreisamt (DDR)
VVS	Vertrauliche Verschlusssache
ZAIG	Zentrale Auswertungs- und Informationsgruppe (DDR/MfS)
ZESt	Zentrale Erfassungsstelle der Landesjustizverwaltungen Salzgitter
ZK	Zentralkomitee
ZKG	Zentrale Koordinierungsgruppe (DDR/MfS)

Für die Migrationsunterdrückung
wichtige Paragrafen des StGB der DDR

Genutzte Archive und Sammlungen

Bundesarchiv Berlin (BArch Berlin)
> DA 1 (Volkskammer der DDR)
> DC 20 (Ministerrat der DDR)
> DC 20 I/4 (Büro des Ministerrates)
> DO 1 (Ministerium des Innern)
> DO 4 (Staatssekretär für Kirchenfragen)
> DP 1 (Ministerium für Justiz)

Bundesarchiv Koblenz (BArch Koblenz)
> B 106 (Bundesgrenzschutz)
> B 136 (Bundeskanzleramt)
> B 137 (Bundesministerium für gesamtdeutsche Fragen/für innerdeutsche Beziehungen)
> B 285 (Gesamtdeutsches Institut)
> N 1442 (Nachlass Hanns Werner Schwarze)

*Bundesbehörde für Stasi-Unterlagen, Archiv der Zentralstelle
(BStU AdZ)*
> Abt. X (Internationale Verbindungen)
> Abt. XIV (Untersuchungshaft, Strafvollzug)
> AGM (Arbeitsgruppe des Ministers)
> AIM (Archivierter IM-Vorgang)
> Allg. S. (Allgemeine Sachablage)
> AOPK 11799/85 (»Pitaval«)
> AOP 558/84 (»Schlange«)
> AOP 6072/91 (»Zentrale«)
> AP (Archiviertes Material über Personen)
> BCD (Bewaffnung und Chemischer Dienst)
> HA II (Spionageabwehr)
> HA VI (Passkontrolle, Tourismus, Interhotel)
> HA VII (Ministerium des Innern, Deutsche Volkspolizei)
> HA IX (Untersuchungsorgan)
> HA IX/MF
> HA XVIII (Volkswirtschaft)
> HA XIX (Verkehr, Post, Nachrichtenwesen)
> HA XX (Staatsapparat, Kultur, Kirchen, Untergrund)
> HA XX/4 (Kirchen und Religionsgemeinschaften, Sekten, Ost-West-Kontakte)

HA XX/AKG (Auswertungs- und Kontrollgruppe der HA XX)
HA XX/AKG RK
HA XXII (Terrorabwehr)
HV A (Hauptverwaltung A)
MfS-BdL (Ministerium für Staatssicherheit – Büro der Leitung)
VRD (Verwaltung Rückwärtige Dienste)
XVII (Zentrales Büro für Besuchs- und Reiseangelegenheiten des Ministerrats, tatsächlich: Arbeitsgruppe XVII des MfS)
XVIII (Sicherung der Volkswirtschaft)
ZAIG (Zentrale Auswertungs- und Informationsgruppe)
ZKG (Zentrale Koordinierungsgruppe)

Bundesbehörde für Stasi-Unterlagen, Archiv der Außenstelle Berlin (BStU BV Berlin)
Abt. II (Spionageabwehr)
Abt. III (Funkaufklärung und Funkabwehr)
Abt. VI (Passkontrolle, Tourismus, Interhotel)
Abt. IX (Untersuchungsorgan)
Abt. XX (Staatsapparat, Kultur, Kirchen, Untergrund)
AG XXII (Terrorabwehr)
AKG (Auswertungs- und Kontrollgruppe)
BdL (Büro der Leitung)
BKG (Bezirkskoordinierungsgruppe)

Bundesbehörde für Stasi-Unterlagen, Archiv der Außenstelle Chemnitz (BV KMS)
AKG (Auswertungs- und Kontrollgruppe)
StOp (Stellvertreter Operativ)
Abt. XIV (Untersuchungshaft und Strafvollzug)
Abt. XX (Staatsapparat, Kultur, Kirchen, Untergrund)
KD Werder (Kreisdienststelle Werder)
AG des Leiters (Arbeitsgruppe des Leiters)

Bundesbehörde für Stasi-Unterlagen, Archiv der Außenstelle Dresden (BV Dresden)
Abt. XIX (Verkehr, Post, Nachrichtenwesen)

Bundesbehörde für Stasi-Unterlagen, Archiv der Außenstelle Potsdam (BV Potsdam)
IV 1233/66 (»Schleuser«)
Abt. II (Spionageabwehr)

Abt. III (Funkaufklärung und Funkabwehr)
Abt. XIX (Verkehr, Post, Nachrichtenwesen)
AKG (Auswertungs- und Kontrollgruppe)
BKG (Bezirkskoordinierungsgruppe)
KD Wittstock (Kreisdienststelle Wittstock)

Hoover Institution Archives
GDR Oral History Project

Landesarchiv Berlin
PVDP (Präsidium der Deutschen Volkspolizei)

National Archives, Washington DC
RG 59 (Department of State Central Files)
R 263 (Records of the Central Intelligence Agency, CIA)

Robert Havemann Gesellschaft – Archiv der DDR-Opposition (RHG)
Bbo (Bärbel Bohley)
BE (Bernd Eisenfeld)
EP (Ereignisse/Protestaktionen)
GG (Gottfried Gartenschläger)
HL (Heiko Lietz)
KE (Katrin Eigenfeld)
Ki (Kirchenfragen)
KS (Künstlerischer Samisdat der DDR)
Mbi (Marianne Birthler)
OWK (Ost-West-Kontakte)
PE (Peter Eisenfeld)
PS (Politischer Samisdat der DDR)
RG/B (Regionale Gruppen, Berlin)
RG/S (Regionale Gruppen, Sachsen)
RG/T (Regionale Gruppen, Thüringen)
RH (Robert Havemann)
Rhi (Ralf Hirsch)
RJ (Roland Jahn)
SWV (Seminare, Werkstätten, Veranstaltungen)
TH (Thematische Materialsammlungen)
ÜG (Überregionale Gruppen/Netzwerke)
UP (Ulrike Poppe)
WT (Wolfgang Templin)

Politisches Archiv des Auswärtigen Amts (PAAA)
    MfAA A (Archivalien bis spätestens 1966)
    MfAA C (Archivalien bis spätestens 1979)
    MfAA Dok (Dokumente)
    MfAA G-A (Gelöschte Vertrauliche Sache)
    MfAA LS-A (Leitungssitzungen des Ministeriums)

Stiftung Archiv der Parteien und Massenorganisationen der DDR
(SAPMO)
    DY 30 (ZK der SED)
    DY 64 (Rat der Vorsitzenden Kollegien der Rechtsanwälte der DDR)

University College London, Special Collections
(UCL Special Collections)
    Gaitskell Papers

Bibliothek des Deutschen Bundestages

Bodleian Libraries, Oxford University

Literatur und veröffentlichte Quellen

»107 Millionen Gewerkschafter fordern den Friedensvertrag«, in: *Neues Deutschland* (24. September 1961), 1.

»175. Kabinettssitzung, 11. August 1976«, Die Kabinettsprotokolle der Bundesregierung 1976, online verfügbar unter: ⟨http://www.bundesarchiv.de/cocoon/barch/k0/k/k1976k/kap1_1/kap2_32/para3_9.html⟩ (Stand März 2019).

»900 Jahre Dom zu Speyer: Geschichtliche Bedeutung – Symbol für die Gegenwart«, in: *Bulletin des Presse- und Informationsamtes der Bundesregierung* 171 (13. September 1961), 1634 f.

Abbott, Andrew, *Time Matters. On Theory and Method*, Chicago: University of Chicago Press, 2001.

»Abbruch der Sportbeziehungen«, in: *Bulletin des Presse- und Informationsamtes der Bundesregierung* 153 (18. August 1961), 1477.

»Abkommen zwischen der Regierung der Deutschen Demokratischen Republik und der Regierung der Bundesrepublik Deutschland über den Transitverkehr von zivilen Personen und Gütern zwischen der Bundesrepublik Deutschland und Berlin (West)«, in: *Gesetzblatt* (*Gbl*) *der DDR* II (6. März 1972), 349-54.

Abkürzungsverzeichnis: Häufig verwendete Abkürzungen und Begriffe des Ministeriums für Staatssicherheit, Berlin: Der Bundesbeauftragte für die Stasi-Unterlagen (BStU), 2012.

»Abschied mit Freuden«, in: *mOAning Star* 13 (1989), 6 f.

Ackermann, Volker, *Der »echte« Flüchtling: Deutsche Vertriebene und Flüchtlinge aus der DDR 1945-1961*, Osnabrück: Universitäts-Verlag Rasch, 1995.

Adenauer, Konrad, »Anschlag der Gewalt: Erklärung vor dem deutschen Bundestag, 18. August 1961«, in: *Bulletin des Presse- und Informationsamtes der Bundesregierung* 154 (19. August 1961), 1485-8.

»Agententunnel dichtgemacht«, in: *Berliner Zeitung* (8. Juli 1962), 1.

Agnew, John, »The Territorial Trap: The Geographical Assumptions of International Relations Theory«, in: *Review of International Political Economy* 1/1 (1994), 53-80.

»Aktion ›Störenfried‹: Protestierende stellten SED-Führung bloß«, in: *BStU – Hintergrund Aktuell*, 2013, online verfügbar unter: ⟨https://www.bstu.de/geschichten/aktion-stoerenfried⟩ (Stand März 2019).

Albahari, Maurizio, *Crimes of Peace: Mediterranean Migrations at the World's Deadliest Border*, Philadelphia: University of Pennsylvania Press, 2015.

Albert, Gleb J., *Das Charisma der Weltrevolution: Revolutionärer Internationalismus in der frühsowjetischen Gesellschaft, 1917-1927*, Bielefeld: Univ. Diss, Universität Bielefeld, 2014.

—, *Das Charisma der Weltrevolution: Revolutionärer Internationalismus in der frühen Sowjetgesellschaft 1917-1927*, Köln: Böhlau, 2017.

Allen, Keith R., *Interrogation Nation: Refugees and Spies in Cold War Germany*, Lanham: Rowman & Littlefield, 2017.

Allinson, Mark, »1977: The GDR's Most Normal Year«, in: *Power and Society in the GDR, 1961-1979: The »Normalisation of Rule«?*, herausgegeben von Mary Fulbrook, New York: Berghahn Books, 2013, 253-77.

»Altes Schwein, wir knallen dich ab: Wie eine Handvoll kommerzieller Fluchthelfer den Berlin-Verkehr gefährdet«, in: *Der Spiegel* 9 (27. Februar 1978), 46-52.

Amichai-Maisel, Ziva, *Depiction and Interpretation: The Influence of the Holocaust on the Visual Arts*, Oxford: Pergamon Press, 1993.

»Amnestie in der ›DDR‹: Von der Zelle ins KZ«, in: *Hilferufe von drüben* 2/7 (1979), 1.

Amnesty International, *Politische Gefangene in der DDR*, London, Köln: Amnesty International, 1967.

Amos, Heike, *Die Vertriebenenpolitik der SED 1949 bis 1990*, München: Oldenbourg, 2009.

—, *Die SED-Deutschlandpolitik 1961 bis 1989: Ziele, Aktivitäten und Konflikte*, Göttingen u. a.: Vandenhoeck & Ruprecht, 2015.

»Angelika Kurtz entschied sich für West-Berlin«, in: *Hamburger Abendblatt* (2. August 1967).

»Angelika Kurtz: Zwei Mütter«, in: *Der Spiegel* 37 (8. September 1965), 54 f.

Anter, Andreas, Hinnerk Bruhns und Patrice Duran (Hrsg.), *Max Weber et la bureaucratie*, Paris: Maison des Sciences de l'Homme, 2011.

»Antwort an Bahro und Genossen«, in: *Hilferufe von drüben* 7/25 (1984), 2.

Apelt, Andreas H., »Sozialismus contra Wiedervereinigung? Die DDR-Opposition und die deutsche Frage«, in: *Die demokratische Revolution 1989 in der DDR*, herausgegeben von Eckart Conze, Katharina Gajdukowa und Sigrid Koch-Baumgarten, Köln: Böhlau, 2009, 138-53.

Arbeitsgemeinschaft 13. August, *Die Mauer —The Wall – Le Mur: Katalog zu den Ausstellungen der »Arbeitsgemeinschaft 13. August e. V.«*, Berlin, 1965.

Arbeitsgemeinschaft 13. August, *Pressekonferenz der Arbeitsgemeinschaft Dreizehnter August: Teil: 80. Am Freitag, den 12. Februar 1988, … im Haus am Checkpoint Charlie: »Staatsbürgerschaftsrecht der DDR« und »Kirche von unten«; Erlebniszeugen einer Menschenrechtsbewegung berichten über ihr Selbstverständnis und die jüngsten Auseinandersetzungen mit der politischen Macht*, Berlin: Arbeitsgemeinschaft 13. August, 1988.

Arbeitsgruppe WestBerliner Stattbuch (Hrsg.), *Stattbuch 2*, Berlin: Stattbuch Verlag, 1980.

Ariès, Philippe, *Geschichte des Todes*, München: DTV, 1982.

Armborst-Weihs, Kerstin, *Ablösung von der Sowjetunion: Die Emigrationsbewegung der Juden und Deutschen vor 1987*, Münster: Lit, 2001.

»Art.: Hesse, Walter«, in: *Catalogus Professorum Rostochiensium*, Rostock: Universität Rostock, 2012, online verfügbar unter: ⟨http://cpr.uni-rostock.de/metadata/cpr_person_00002949⟩ (Stand März 2019).

Ataç, Ilker, Stefanie Kron, Nina Schilliger, Helge Schwiertz und Maurice Stierl, »Kämpfe der Migration als Un-/Sichtbare Politiken: Einleitung zur zweiten Ausgabe«, in: *movements. Journal for Critical Migration and Border Regime Studies* 1/2 (2015), online verfügbar unter: ⟨http://movements-journal.org/issues/02.kaempfe/01.ata%C3%A7,kron, schilliger, schwiertz, stierl--einleitung.html⟩ (Stand März 2019).

»Auf kleiner Flamme«, in: *Der Spiegel* 10 (1963), 38-40.

»Aus der landsmannschaftlichen Arbeit in Schleswig-Holstein«, in: *Das Ostpreußenblatt* 26/48 (29. November 1975).

AutorInnen-Kollektiv CoCo Piranha, »Die ›schwarze Internationale‹: Zur Geschichte und Politik der ›Internationalen Gesellschaft für Menschenrecht‹ (IGfM)«, in: *blätter des iz3w* 159 (1989), 44-6.

Ayass, Wolfgang, *»Asoziale« im Nationalsozialismus*, Stuttgart: Klett-Cotta, 1995.

B., Werner. »Werner B., Jahrgang 1935, Zollrat a.D.«, in: *Grenzerprotokolle: Gespräche mit ehemaligen DDR-Offizieren*, herausgegeben von Gisela Karau, Frankfurt/M.: dipa, 1992, 95-101.

Bade, Klaus J., »Sozialhistorische Migrationsforschung«, in: *Bevölkerungsgeschichte im Vergleich. Studien zu den Niederlanden und Nordwestdeutschland*, herausgegeben von Ernst Hinrichs und Henk van Zon, Aurich: Ostfriesische Landschaft, 1988, 63-74.

–, (Hrsg.), *Neue Heimat im Westen: Vertriebene, Flüchtlinge, Aussiedler*, Münster: Westfälischer Heimatbund, 1990.

–, (Hrsg.), *Fremde im Land: Zuwanderung und Eingliederung im Raum Niedersachsen seit dem Zweiten Weltkrieg*, Osnabrück: Rasch, 1997.

–, *Europa in Bewegung: Migration vom späten 18. Jahrhundert bis zur Gegenwart*, München: C. H. Beck, 2000.

–, *Sozialhistorische Migrationsforschung*, Göttingen: V & R Unipress, 2004.

–, »Von Unworten zu Untaten. Kulturängste, Populismus und politische Feindbilder in der deutschen Migrations- und Asyldiskussion zwischen ›Gastarbeiterfrage‹ und ›Flüchtlingskrise‹«, in: *IMIS-Beiträge* 48 (2016), 35-171.

–, »Kulturvielfalt, Kulturangst und Negative Integration in der Einwanderungsgesellschaft«, in: *Migration – Religion – Identität: Aspekte transkultureller Prozesse*, herausgegeben von Kerstin Kazzazi, Angela Treiber und Tim Wätzold, Wiesbaden: Springer, 2016, 1-36.

Bade, Klaus J., Pieter C. Emmer, Leo Lucassen und Jochen Oltmer, »Die Enzyklopädie: Idee, Konzept, Realisierung«, in: *Enzyklopädie Migration in Europa: vom 17. Jahrhundert bis zur Gegenwart*, herausgegeben von Klaus J. Bade, Pieter C. Emmer, Leo Lucassen und Jochen Oltmer, 2., unveränd. Aufl., Paderborn, München u. a.: Schöningh, 2008, 19-27.

–, (Hrsg.), *Enzyklopädie Migration in Europa: vom 17. Jahrhundert bis zur Gegenwart*, 2., unveränd. Aufl. Paderborn, München u. a.: Schöningh, 2008.

Bade, Klaus J. und Jochen Oltmer, *Normalfall Migration*, Bonn: Bundeszentrale für politische Bildung (BpB), 2004.

Bahr, Egon, *Zu meiner Zeit*, Karl Blessing, 1996.

Bähr, Johannes, *Industrie im geteilten Berlin (1945-1990), Die Elektrotechnische Industrie und der Maschinenbau im Ost-West-Vergleich: Branchenentwicklung, Technologien und Handlungsstrukturen*, München: De Gruyter, 2001.

Balch, Alex, *Managing Labour Migration in Europe: Ideas, Knowledge and Policy Change*, Manchester: Manchester University Press, 2010.

Barker, Elisabeth, »The Berlin Crisis 1958-1962«, in: *International Affairs* 1 (1963), 59-73.

Bartning, Constantin, »Einleitung: Kollektiv-selbständige Arbeit«, in: *Stattbuch Berlin 3: Ein Wegweiser durch das andere Berlin*, herausgegeben von Arbeitsgruppe Stattbuch 3, Berlin: Stattbuch Verlag, 1984, 20-5.

Barzel, Rainer, »Die Deutschlandpolitik der CDU unter besonderer Berücksichtigung der 50er und 60er Jahre«, in: *Als die Mauer wuchs: Zur Deutschlandpolitik der Christdemokraten 1945-1970*, herausgegeben von Reinhard Hübsch, Potsdam: Verlag für Berlin Brandenburg, 1998, 136-50.

Bauerkämper, Arnd, *Die Sozialgeschichte der DDR*. München: Oldenbourg, 2005.

Baum, Karl-Heinz, »Die Integration von Flüchtlingen und Übersiedlern in die Bundesrepublik Deutschland«, in: *Materialien der Enquete-Kommission Überwindung der Folgen der SED-Diktatur im Prozeß der deutschen Einheit*, Bd. 8/1, Baden-Baden, Frankfurt/M.: Nomos, Suhrkamp, 1999, 511-706.

–, »Stasi und Bundestag. Weitere Ex-Abgeordnete im Blickpunkt«, in: *Frankfurter Hefte* 5 (2007), 41-5.

Baumgärtel, Tilman, »Die Rolle der DFFB-Studenten bei der Revolte von 1967/68«, in: *Junge Welt* (30. September und 2. Oktober 1996).

Bäurich, Rainer, *Manifest eines Christen im Sozialismus*, Bad Oeynhausen: Brüsewitz-Zentrum, 1978.

–, »Bäurich: ›Der Sozialismus ist das Ende des Menschseins‹«, in: *Hilferufe von drüben* 5/18 (1982), 1.

»Bearbeitung von Übersiedlungsversuchen«, in: *Umweltblätter* 12 (1988), 49.

Beck, Ulrich, »The Cosmopolitan Perspective: Sociology of the Second Age of Modernity«, in: *The British Journal of Sociology* 51/1 (2000), 79-105.

–, »Jenseits des methodologischen Nationalismus: Außereuropäische und europäische Variationen der Zweiten Moderne«, in: *Soziale Welt* 61 (2010), 187-216.

Becker, Jurek, *Irreführung der Behörden*, Rostock: Hirnstorff, 1987 [1973].

Becker, Peter und William Clark (Hrsg.), *Little Tools of Knowledge: Historical Essays on Academic and Bureaucratic Practices*, Ann Arbor: University of Michigan Press, 2001.

»Bedeutender Höhepunkt«, in: *Der Spiegel* 15 (9. April 1984).

»Bedrohte West-Kontakte«, in: *Hilferufe von drüben* 2/9 (1980), 1 f.

Behrends, Jan C., »The Stalinist Volonté Générale: Legitimizing Communist Statehood (1935-1952), A Comparative Perspective on the USSR, Poland, Czechoslovakia, and Germany«, in: *East Central Europe* 40/1-2 (2013), 37-73.

Behrends, Jan C., Thomas Lindenberger und Patrice G. Poutrus (Hrsg.), *Fremde und Fremd-Sein in der DDR: Zu historischen Ursachen der Fremdenfeindlichkeit in Ostdeutschland*, Berlin: Metropol, 2003.

Beidokat, Heidemarie, »Westpakete als ideologische Bedrohung der DDR. Die DDR-Staatssicherheit überwachte das Hilfswerk der Helfenden Hände Hamburg e. V.«, in: *Das Archiv* 3 (2003), 40.

Beier, Achim und Uwe Schwabe (Hrsg.), *»Wir haben nur die Straße«: Die Reden auf den Leipziger Montagsdemonstrationen 1989/90. Eine Dokumentation*, Halle (Saale), Mitteldeutscher Verlag, 2016.

»›Beim nächsten Mal liegt die Meßlatte höher‹«, in: *Der Spiegel* 37 (10. September 1984), 17-24.

»Beinahe wehmütig«, in: *Der Spiegel* 37 (10. September 1979), 230 f.

Benenson, Peter, *Persecution 1961*, Harmondsworth: Penguin Books, 1961.

Benjamin, Walter, »Über den Begriff der Geschichte«, in: *Illuminationen*, Frankfurt/M.: Suhrkamp, 1977, 251-61.

Bennett, W. Lance, »Social Movements beyond Borders: Understanding Two Eras of Transnational Activism«, in: *Transnational Protest and Global Activism*, herausgegeben von Donatella Della Porta und Sidney G. Tarrow, Lanham: Rowman & Littlefield, 2005, 203-26.

Bennewitz, Inge, »Das DDR-Grenzregime und seine Folgen: Die Maßnahmen im Hinterland«, in: *Materialien der Enquete-Kommission Überwindung der Folgen der SED-Diktatur im Prozeß der deutschen Einheit*, Band VIII/1, Baden-Baden, Frankfurt/M.: Nomos, Suhrkamp, 1999, 707-52.

Benz, Wolfgang, Günter Plum und Werner Röder, *Einheit der Nation: Diskussionen und Konzeptionen zur Deutschlandpolitik der großen Parteien seit 1945*, Stuttgart-Bad Cannstatt: Frommann-Holzboog, 1978.

Bergholz, Wilfried, *Die letzte Fahrt mit dem Fahrrad: 19 Gespräche mit Matteo über Mut, Glück und Aufbegehren in der DDR*, 2. Aufl. Hamburg: tredition, 2016.

Bericht der Bundesregierung und Materialien zur Lage der Nation 1972, Bonn: Bundesminister für Innerdeutsche Beziehungen, 1972.

»Berlin – Weltstadt oder Provinz«, in: *Berliner Morgenpost* (3. April 1966).

»Berlin auch kulturell zerschnitten«, in: *Bulletin des Presse- und Informationsamtes der Bundesregierung* 165 (5. September 1961), 1582.

Berlin, Isaiah, *Freiheit: Vier Versuche*, Frankfurt/M.: Fischer, 1995.

»Berlin: Landsmann verraten«, in: *Der Spiegel* 15 (12. April 1982), 84 f.

»Berlin nicht vergessen!«, in: *Informationen für die Truppe (IdT)* 6 (1962), 444 f.

»Berliner Geschichten«, in: *Neues Deutschland* (14. August 1961), 2.

»Berliner Geschichten«, in: *Neues Deutschland* (15. August 1961), 3.

Berlinghoff, Marcel, »Über die ›Grenzen der Aufnahmefähigkeit‹ hinaus«, Netzwerk Flüchtlingsforschung (28. September 2015), online verfügbar unter: ⟨http://fluechtlingsforschung.net/uber-die-grenzen-der-aufnahme fahigkeit-hinaus/⟩ (Stand März 2019).

Berlinische Galerie, *Rainer Fetting im Atelier*, 2011, online verfügbar unter: ⟨https://www.youtube.com/watch?v=SipovYs7G5g⟩ (Stand März 2019).

Bermeo, Nancy, »Rethinking Regime Change«, in: *Comparative Politics* 22/3 (1990), 359-77.

»Beschluß der Synode der Kirchenprovinz Sachsen«, in: *Friedensnetz* 3 (1988), 22.

Besier, Gerhard, *Der SED-Staat und die Kirche 1969-1990: Die Vision vom »Dritten Weg«*, Frankfurt/M.: Propyläen, 1995.

–, *Der SED-Staat und die Kirche 1983-1991: Höhenflug und Absturz*, Frankfurt/M.: Propyläen, 1995.

Betts, Alexander, »Institutional Proliferation and the Global Refugee Regime«, in: *Perspectives on Politics* 7/1 (2009), 53-8.

–, *Survival Migration: Failed Governance and the Crisis of Displacement*, Ithaca: Cornell University Press, 2013.

Biermann, Wolf, *Warte nicht auf bessre Zeiten! Die Autobiographie*, Berlin: Propyläen, 2016.

Bilke, Jöen Bernhard, »Ein Mädchen hatte den Mut zur Wahrheit: Vier Jahre!«, in: *Hilferufe von drüben* 2 (1978), 1 f.

Birnbaum, Robert, »Prag: Die Bonner Botschaft leert sich wieder«, in: *Die Zeit* (16. November 1984).

Bisky, Jens, »Problem, geh doch nach drüben!«, in: *Süddeutsche Zeitung* (12. Februar 2019).

Bispinck, Henrik, »›Republikflucht‹: Flucht und Ausreise als Problem der DDR-Führung«, in: *Vor dem Mauerbau: Politik und Gesellschaft in der*

DDR der fünfziger Jahre, herausgegeben von Dierk Hoffmann, Michael Schwartz und Hermann Wentker, München: Oldenbourg, 2003, 285-309.

–, »Motive für Flucht und Ausreise aus der DDR«, in: *Flucht im geteilten Deutschland: Erinnerungsstätte Notaufnahmelager Marienfelde*, herausgegeben von Bettina Effner und Helge Heidemeyer, Berlin: be.bra verlag, 2005, 49-65.

–, »Rezension: Manfred Gehrmann: Die Überwindung des ›Eisernen Vorhangs‹«, in: *Sehepunkte* 11/1 (2011), online verfügbar unter: ⟨http://www.sehepunkte.de/2011/01/17384.html⟩ (Stand März 2019).

Bispinck, Henrik und Daniela Münkel (Hrsg.), *Die DDR im Blick der Stasi: Die geheimen Berichte an die SED-Führung*, Göttingen: Vandenhoeck & Ruprecht, 2012.

Blumenwitz, Dieter, »Das neue Staatsbürgerschaftsgesetz der DDR«, in: *Jahrbuch für Ostrecht* 8/1 (1967), 175-209.

Böick, Marcus, *Die Treuhand: Idee – Praxis – Erfahrung, 1990-1994*, Göttingen: Wallstein, 2018.

»Bonn weicht der Erpressung«, in: *Hilferufe von drüben* 2/9 (1980), 1 f.

Borgwardt, Angela, *Im Umgang mit der Macht: Herrschaft und Selbstbehauptung in einem autoritären politischen System*, Wiesbaden: Westdeutscher Verlag, 2002.

Bortfeldt, Heinrich, *Von der SED zur PDS – Aufbruch zu neuen Ufern? Sommer/Herbst 1989-18. März 1990*, Berlin: Kommission Politische Bildung des Parteivorstands der PDS, 1990.

Bösch, Frank, »Limites de ›l'État autoritaire‹ Médias, politique et scandales dans l'Empire«, in: *Das 19. Jahrhundert als Mediengesellschaft*, herausgegeben von Jörg Requate, Berlin, Boston: De Gruyter, 2009, 100-15.

–, »Kampf um Normen: Skandale in historischer Perspektive«, in: *Skandale – Strukturen und Strategien öffentlicher Aufmerksamkeitserzeugung*, herausgegeben von Kristin Bulkow und Christer Petersen, Wiesbaden: VS Springer, 2011, 29-48.

–, »Geteilt und verbunden: Perspektiven auf die deutsche Geschichte seit den 1970er Jahren«, in: *Geteilte Geschichte: Ost- und Westdeutschland 1970-2000*, herausgegeben von Frank Bösch, Göttingen: Vandenhoeck & Ruprecht, 2015, 7-37.

–, (Hrsg.), *Geteilte Geschichte: Ost- und Westdeutschland 1970-2000*, Göttingen: Vandenhoeck & Ruprecht, 2015.

Boswell, Christina, *The Political Uses of Expert Knowledge: Immigration Policy and Social Research*, Cambridge, New York: Cambridge University Press, 2009.

Bouvier, Beatrix, *Die DDR – ein Sozialstaat? Sozialpolitik in der Ära Honecker*, Bonn: Dietz, 2002.

Boyer, Christoph, »*Die Kader entscheiden alles …*« *Kaderpolitik und Kaderentwicklung in der zentralen Staatsverwaltung der SBZ und der frühen DDR (1945-1952)*, Dresden: Hannah-Arendt-Institut für Totalitarismusforschung, 1996.

–, »Der Beitrag der Sozialgeschichte zur Erforschung kommunistischer Systeme«, in: *Sozialgeschichtliche Kommunismusforschung: Tschechoslowakei, Polen, Ungarn und DDR, 1948-1968*, herausgegeben von Christiane Brenner und Peter Heumos, München: Oldenbourg, 2005, 13-32.

Bradley, Mark, *The World Reimagined: Americans and Human Rights in the Twentieth Century*, New York: Cambridge University Press, 2016.

Brand, Jürgen, *Meine Jugend in der DDR*, Berlin: epubli, 2014.

Brandt, Doris, »Die Geschichte der Kirche zu Zäckwar«, 2000, online verfügbar unter: ⟨http://www.pfarreebg.de/page4.php⟩ (Stand März 2019).

Brandt, Willy, »Deutscher Patriotismus«, in: *Der Spiegel* 5 (1. Februar 1982), 42 f.

Brauckmann, Roland, *Amnesty International als Feindobjekt der DDR*, Berlin: Landesbeauftragter für die Unterlagen des Staatssicherheitsdienstes (LStU) Berlin, 1996.

Bräuer, Rolf, »Podtext: Versuch eines sprachlichen Psychogramms der Diktatur«, in: *Bürgersinn und staatliche Macht in Antike und Gegenwart: Festschrift für Wolfgang Schuller zum 65. Geburtstag*, herausgegeben von Martin Dreher, Konstanz: UVK, 2000, 3-30.

Brecht, Christine, »Günter Litfin«, in: *Die Todesopfer an der Berliner Mauer, 1961-1989: Ein biographisches Handbuch*, herausgegeben von Hans-Hermann Hertle und Maria Nooke, 2., durchges. Aufl., Berlin: Ch. Links, 2009, 37-39.

–, »Roland Hoff«, in: *Die Todesopfer an der Berliner Mauer, 1961-1989: Ein biographisches Handbuch*, herausgegeben von Hans-Hermann Hertle und Maria Nooke, 2., durchges. Aufl., Berlin: Ch. Links, 2009, 41 f.

Brentzel, Marianne, *Die Machtfrau: Hilde Benjamin 1902-1989*, Berlin: Ch. Links, 1997.

Brey, Hans-Michael, *Doppelstaat DDR: Menschenrechtsverletzungen der Deutschen Volkspolizei*, Frankfurt/M. u. a.: Lang, 1999.

»Brief an den Bundeskanzler: Die drüben haben kein Vertrauen mehr«, in: *Hilferufe von drüben* 2/10 (1980), 1.

Brinkmann, Peter, *Zeuge vor Ort: Korrespondent in der DDR '89/90*, Berlin: Edition Ost, 2014.

Brinkschulte, Wolfgang, Hans Jörgen Gerlach und Thomas Heise, *Freikaufgewinner: Die Mitverdiener im Westen*, Frankfurt/M., Berlin: Ullstein, 1993.

Brooks, Jeffrey, »Pravda and the Language of Power in Soviet Russia, 1917-28«, in: *Media and Revolution. Comparative Perspectives*, herausgegeben von Jeremy D. Popkin, Lexington: University Press of Kentucky Press, 1995, 156-73.

Brown, Wendy, *Walled States, Waning Sovereignty*, New York: Zone Books, 2010.

–, *Mauern. Die neue Abschottung und der Niedergang der Souveränität*, Berlin: Suhrkamp, 2018.

Brubaker, Rogers, »Frontier Theses: Exit, Voice, and Loyalty in East Germany«, in: *Migration World* 18/3-4 (1990), 12-7.

Brückweg, Kerstin und Marcus Böick (Hrsg.), *Weder Ost noch West: Ein Themenschwerpunkt über die schwierige Geschichte der Transformation Ostdeutschlands*, Zeitgeschichte Online, 2019, online verfügbar unter: ⟨https://zeitgeschichte-online.de/thema/weder-ost-noch-west⟩ (Stand März 2019).

Brugioni, Dino A., *Eyes in the Sky: Eisenhower, the CIA, and Cold War Aerial Espionage*, Annapolis: Naval Institute Press, 2010.

Brummer, Arndt, »Eine Frau bringt die DDR in Nöte«, in: *Sonntag Aktuell* 24 (13. Juni 1982), 3.

BStU (Hrsg.), *Ausreisen oder dableiben? Regulierungsstrategien der Staatssicherheit*, Berlin: BStU, 1997.

–, (Hrsg.), »Dienstanweisung 2/83 Mielkes zur Unterbindung und Zurückdrängung von Versuchen von Bürgern der DDR, die Übersiedlung nach nichtsozialistischen Staaten und Westberlin zu erreichen, sowie für die vorbeugende Verhinderung, Aufklärung und wirksame Bekämpfung damit im Zusammenhang stehender feindlich-negativer Handlungen«, in: *Ausreisen oder dableiben? Regulierungsstrategien der Staatssicherheit*, Berlin: BStU, 1997, 80-9.

BStU-Außenstelle Gera (Hrsg.), *Aktion »Gegenschlag«: Die Zerschlagung der Jenaer Opposition 1983*, Gera, Berlin: BStU, 2013.

Bub, Dieter, »›Wir fordern unsere Ausreise‹«, in: *Stern* 38 (15. September 1983).

Buchanan, Tom, »›The Truth Will Set You Free‹: The Making of Amnesty International«, in: *Journal of Contemporary History* 37/4 (2002), 575-97.

»Bücherspiegel: Wolfdietrich Schnurre: Berlin. Eine Stadt wird geteilt«, in: *Der Spiegel* 37 (12. September 1962), 87.

Buchstab, Günter (Hrsg.), *Kohl: »Wir haben alle Chancen«: Die Protokolle des CDU-Bundesvorstands 1973-1976*, Düsseldorf: Droste, 2015.

Buchstab, Günter und Denise Lindsay (Hrsg.), *Barzel: »Unsere Alternativen für die Zeit der Opposition«: Die Protokolle des CDU-Bundesvorstands 1969-1973*, Düsseldorf: Droste, 2009.

–, (Hrsg.), »Nr. 2: 28. Oktober 1969«, in: *Barzel: »Unsere Alternativen für die Zeit der Opposition«: Die Protokolle des CDU-Bundesvorstands 1969-1973*, Düsseldorf: Droste, 2009, 7-29.

–, (Hrsg.), »Nr. 20: 9. Dezember 1971«, in: *Barzel: »Unsere Alternativen für die Zeit der Opposition«: Die Protokolle des CDU-Bundesvorstands 1969-1973*, Düsseldorf: Droste, 2009, 607-70.

–, (Hrsg.), »Nr. 26: 21. August 1972«, in: *Barzel: »Unsere Alternativen für die Zeit der Opposition«: Die Protokolle des CDU-Bundesvorstands 1969-1973*, Düsseldorf: Droste, 2009, 846-87.

Budde, Heidrun, »»Vertrauliche Verschlußsachen«: Quelle des DDR-Unrechts«, in: *Recht und Politik* 35/1 (1999), 54-9.

Bull, Hans Peter, »Ein Vertrauensmann für den Bürger«, in: *Die Zeit* 47 (18. November 1966), 13.

Bundesamt für Migration und Flüchtlinge, *Migration und Asyl in Zahlen*, Nürnberg: Bundesamt für Migration und Flüchtlinge, 2005.

Bundesarchiv und Hartmut Weber (Hrsg.), »2. Kabinettssitzung, 23. November 1961«, in: *Die Kabinettsprotokolle der Bundesregierung 1961* 14, München: Oldenbourg, 2004, 263-9.

–, (Hrsg.), »42. Kabinettssitzung, 22. August 1962«, in: *Die Kabinettsprotokolle der Bundesregierung 1961* 15, München: Oldenbourg, 2005, 378-86.

–, (Hrsg.), »54. Kabinettssitzung, 20. November 1962«, in: *Die Kabinettsprotokolle der Bundesregierung 1961* 15, München: Oldenbourg, 2005, 505-9.

–, (Hrsg.), »156. Kabinettssitzung, 16. August 1961«, in: *Die Kabinettsprotokolle der Bundesregierung 1961* 14, München: Oldenbourg, 2004, 235-8.

–, (Hrsg.), »158. Kabinettssitzung, 6. September 1961«, in: *Die Kabinettsprotokolle der Bundesregierung 1961* 14, München: Oldenbourg, 2004, 243-8.

Bundesminister des Innern, *Bestandsaufnahme der Eingliederungshilfen von Bund und Ländern für Aussiedler und für Zuwanderer aus der DDR und Berlin (Ost), mit einer Analyse des Bedarfs*, Bonn: Bundesminister des Innern, 1988.

Bundesministerium für gesamtdeutsche Fragen, (Hrsg.), *Verletzungen der Menschenrechte: Unrechtshandlungen und Zwischenfälle an der Berliner Sektorengrenze seit Errichtung der Mauer (13. August 1961-15. August 1962)*, Bonn: Bundesministerium für gesamtdeutsche Fragen, 1962.

–, *Ulbrichts Mauer: Zahlen Daten Fakten*, 5., durchges. u. erg. Aufl. Bonn, Berlin, 1965.

Bundestagswahl Programm 1987, Bonn: Die Grünen, 1987.

Burri, Regula Valérie, »Bilder als soziale Praxis: Grundlegungen einer Soziologie des Visuellen«, in: *Zeitschrift für Soziologie* 37/4 (2008), 342-58.

Bundesverfassungsgericht, »Regelungskompetenz hinsichtlich der Reichsverbindlichkeiten« (14. November 1962), 126.

Castells, Manuel, *Der Aufstieg der Netzwerkgesellschaft*, Opladen: Leske + Budrich, 2003.

Cate, Curtis, *Riss durch Berlin: Der 13. August 1961*, Hamburg: Knaus, 1980.

c. d., »Der Fall Reder: Ausreisewillige besetzen die Weimarer Kirche«, in: *Umweltblätter* 29 (2. März 1989), 9-11.

Childs, David und Richard Popplewell, *The Stasi: The East German Intelligence and Security Service*, Houndmills: Palgrave, 1996.

Chin, Rita C.-K., *The Guest Worker Question in Postwar Germany*, Cambridge: Cambridge University Press, 2007.

Ciesla, Burghard, »›Feindobjekt‹ Marienfelde«, in: *Flucht im geteilten Deutschland: Erinnerungsstätte Notaufnahmelager Marienfelde*, herausgegeben von Bettina Effner und Helge Heidemeyer, 153-70. Berlin: be.bra verlag, 2005.

Clarkson, Alexander, *Fragmented Fatherland: Immigration and Cold War Conflict in the Federal Republic of Germany, 1945-1980*, New York: Berghahn, 2013.

Clausen, Claus P., »Freunde und Helfer«, in: *Feindzentrale: Hilferufe von drüben*, herausgegeben von Gerhard Löwenthal, Helmut Kamphausen und Claus P. Clausen, 2. Aufl., Lippstadt: Hilferufe von drüben e. V., 1994, 77-88.

–, »So entstand der Hvd«, in: *Feindzentrale: Hilferufe von drüben*, herausgegeben von Gerhard Löwenthal, Helmut Kamphausen und Claus P. Clausen, 2. Aufl., Lippstadt: Hilferufe von drüben e. V., 1994, 33-50.

Conrad, Andreas, »Alternative ›Stattbücher‹: Wegweiser durch das andere Leben«, in: *Die Zeit* (27. März 1981).

–, »Wer stellte Schabowski die alles entscheidende Frage?«, in: *Der Tagesspiegel* (17. Februar 2019).

Conrad, Sebastian, »Double Marginalization: A Plea for a Transnational Perspective on German History«, in: *Comparative and Transnational History: Central European Approaches and New Perspectives*, herausgegeben von Heinz-Gerhard Haupt und Jürgen Kocka, New York u. a.: Berghahn Books, 2009, 52-76.

Couchoud, Eitel-Victor, »Multiplikatoren aus Frankreich an der Berliner Mauer«, in: *Internationale Beziehungen: Ein Gegenstand der Sozialwissenschaft*, herausgegeben von Dieter Danckwortt, Frankfurt/M.: Europäische Verlagsanstalt, 1966, 111-7.

Creuzberger, Stefan, *Kampf für die Einheit: Das gesamtdeutsche Ministerium und die politische Kultur des Kalten Krieges, 1949-1969*, Düsseldorf: Droste, 2008.

–, *Westintegration und neue Ostpolitik: Die Außenpolitik der Bonner Republik*, Berlin: be.bra verlag, 2009.

–, »Das BMG in der frühen Bonner Republik«, in: *Aus Politik und Zeitgeschichte (APuZ)* 1-2 (2009), 27-32.

Creuzberger, Stefan und Dierk Hoffmann (Hrsg.), *»Geistige Gefahr« und*

»*Immunisierung der Gesellschaft«: Antikommunismus und politische Kultur in der frühen Bundesrepublik*, München: Oldenbourg, 2014.

Czarniawska, Barbara, »On Time, Space, and Action Nets«, in: *Organization* 11/6 (2004), 773-91.

Danyel, Jürgen, »Zeitgeschichte der Informationsgesellschaft«, in: *Zeithistorische Forschungen/Studies in Contemporary History* 9/2 (2012), online verfügbar unter: ⟨http://www.zeithistorische-forschungen.de/2-2012/id=4441⟩ (Stand März 2019).

»Das dritte Todesopfer der KZ-Schergen«, in: *Berliner Morgenpost* (30. August 1961).

»»Das droht die DDR zu vernichten««, in: *Der Spiegel* 33 (14. August 1989).

»Das Glitzerding«, in: *Der Spiegel* 41 (1966), 40-61.

»Das ist der Mörder«, in: *Berliner Zeitung* (21. Juni 1962), 1 f.

»Das letzte Risiko«, in: *Neues Deutschland* (22. August 1961), 1.

»Das Spitzelsystem Brandts: BZ-Exklusivinterview mit Michael Gromnica (Teil I)«, in: *Neues Deutschland* (21. Dezember 1961), 4.

Davis, Gerald Fredrick, Doug McAdam und Richard W. Scott (Hrsg.), *Social Movements and Organization Theory*, Cambridge: Cambridge University Press, 2005.

Davy, Richard, »Helsinki Myths: Setting the Record Straight on the Final Act of the CSCE, 1975«, in: *Cold War History* 9/1 (2009), 1-22.

»DDR entließ fünf inhaftierte Regimekritiker nach West-Berlin«, in: *Der Tagesspiegel* (28. August 1977).

»DDR: Massenflucht über West-Botschaften«, in: *Der Spiegel* 29 (17. Juli 1989), 16.

»DDR Mikroelektronik: Ende der Illusion«, in: *Der Spiegel* 1 (1. Januar 1990), 76 f.

»DDR-Ausreise: Neue Linie«, in: *Der Spiegel* 19 (2. Mai 1977), 52-4.

»DDR-Friedensbewegung: Grenzverkehr«, in: *Die Zeit* 22 (27. März 1983).

»DDR-Regierungssprecher zu neuen Reiseregelungen«, in: *Neues Deutschland* (10. November 1989), 1.

»DDR-Spionage: Bierdosen für den Stasi«, in: *Der Spiegel* 2 (11. Januar 1982), 56-8.

Decker, Markus, »Holocaust-Äußerung: Stasi-Gedenkstätte Hohenschönhausen trennt sich von Siegmar Faust«, in: *Berliner Zeitung* (31. Mai 2018).

Delius, Friedrich Christian, »An der Grenze«, in: *Tanz durch die Stadt: Aus meinem Berlin-Album*, Berlin: Transit, 2014, 46-9.

–, »Schule der Diktatur«, in: *Tanz durch die Stadt: Aus meinem Berlin-Album*, Berlin: Transit, 2014, 50-3.

Delius, Friedrich Christian und Peter Joachim Lapp, *Transit Westberlin: Erlebnisse Im Zwischenraum*, Ch. Links, 1999.

»Der Berliner Arbeitsmarkt nach dem 13. August«, in: *Bulletin des Presse- und Informationsamtes der Bundesregierung* 180 (28. September 1961), 1715.

»Der Bundestag zu den Vorgängen in Berlin: Erklärungen der Fraktionen«, in: *Bulletin des Presse- und Informationsamtes der Bundesregierung* 155 (22. August 1961), 1497-501.

Der Bürger und die deutsche Frage, Bonn: Kuratorium Unteilbares Deutschland, 1967.

»Der Kolonialbesitz Moskaus«, in: *Bulletin des Presse- und Informationsamtes der Bundesregierung* 151 (16. August 1961), 1465 f.

Dertinger, Antje, *Schenk mir deinen Namen: Scheinehen zwischen Menschlichkeit und Kriminalität*, Bonn: Dietz, 1999.

Detjen, Marion, »Die Mauer überwinden: Harry Seidel«, in: *Opposition und Widerstand in der DDR: Politische Lebensbilder*, herausgegeben von Karl Wilhelm Fricke, Peter Steinbach und Johannes Tuchel, München: C. H. Beck, 2002, 340-4.

–, *Ein Loch in der Mauer: Die Geschichte der Fluchthilfe im geteilten Deutschland 1961-1989*, München: Siedler, 2005.

–, »Die propagandistische Ausrichtung der Strafverfolgung von Fluchthelfern in der DDR und ihre Wirkung im Westen«, in: *Inszenierungen des Rechts: Schauprozesse, Medienprozesse und Prozessfilme in der DDR*, herausgegeben von Klaus Marxen und Annette Weinke, Berlin: Berliner Wissenschafts-Verlag, 2006, 101-20.

–, »La complicità nella fuga degli abitanti della DDR dopo la costruzione del muro. Una storia al centro del conflitto tra le due Germanie«, in: *Ricerche di storia politica* 9 (2009), 355-68.

–, »Permanente Existenzbedrohung: Abwanderung, Flucht, Ausreise«, in: *Revolution und Vereinigung 1989/90: Als in Deutschland die Realität die Phantasie überholte*, herausgegeben von Klaus-Dietmar Henke, München: DTV, 2009, 67-80.

»Deutscher Friedensvertrag unaufschiebbar«, in: *Neues Deutschland* (22. August 1961), 5.

Deutscher Gewerkschaftsbund, »Protest der Gewerkschaften«, *Bulletin des Presse- und Informationsamtes der Bundesregierung* 151 (16. August 1961), 1463 f.

Deutz-Schroeder, Monika und Jochen Staadt (Hrsg.), *Teurer Genosse! Briefe an Erich Honecker*. Berlin: Transit, 1994.

Dick, Antonin, »Dokumente zur Gründung der ›Arbeitsgruppe Staatsbürgerschaftsrecht der DDR‹«, in: *Manchmal habe ich Angst: Schubladentexte aus der DDR III*, herausgegeben von Torsten Hilse und Dieter Winkler, Berlin: Verbum, 2002.

–, »Brot und Wein oder Das Elend der DDR-Aufarbeitung«, in: *trend 6* (2009).

»Die Außenministerkonferenz in Washington [Kommuniqué der Außenministerkonferenz der vier Westmächte]«, in: *Bulletin des Presse- und Informationsamtes der Bundesregierung* 175 (19. September 1961), 1668.

Die Berliner Mauer: Eine Verhöhnung der Menschenrechte, Genf: Internationale Juristen-Kommission, 1962.

»Die direkteste und gefährlichste Herausforderung der USA«, in: *Bulletin des Presse- und Informationsamtes der Bundesregierung* 152 (17. August 1961), 1471.

»Die Lage in Berlin«, in: *Bulletin des Presse- und Informationsamtes der Bundesregierung* 163 (1. September 1961), 1564.

»Die letzten Tage vor dem Freikauf«, in: *Hilferufe von drüben* 2/11 (1980), 2.

»Die nehmen uns die Arbeitsplätze weg«, in: *Der Spiegel* 14 (1984), 17-22.

»Die notwendigen Konsequenzen«, in: *Bulletin des Presse- und Informationsamtes der Bundesregierung* 151 (16. August 1961), 1462.

»Die Schlaraffenland-Bewegung: Ein Kommentar statt eines Berichts«, in: *Umweltblätter* 4 (1988), 7.

Die Verträge der Bundesrepublik Deutschland mit der Union der Sowjetrepubliken vom 12. August 1970 und mit der Volksrepublik Polen vom 7. Dezember 1970, Bonn: Presse- und Informationsdienst der Bundesregierung, 1972.

»Die Wahrheit einfach zugeklebt«, in: *Der Spiegel* 46 (9. November 1992), 113-9.

»Die Wiedervereinigung am sowjetischen Widerstand gescheitert«, in: *Bulletin des Presse- und Informationsamtes der Bundesregierung* 165 (5. September 1961), 1579.

Dieckmann, Christoph, »Der Fall Gottfried Gartenschläger: Missionar der Stasi«, in: *Die Zeit* 44 (25. Oktober 1991).

Diedrich, Torsten, Hans Ehlert und Rüdiger Wenzke (Hrsg.), *Im Dienste der Partei: Handbuch der bewaffneten Organe der DDR*, Berlin: Ch. Links, 2000.

Diedrich, Torsten und Ilko-Sascha Kowalczuk, »Volksaufstand und Mauerbau im historischen Kontext«, in: *Staatsgründung auf Raten? Zu den Auswirkungen des Volksaufstandes 1953 und des Mauerbaus 1961 auf Staat, Militär und Gesellschaft der DDR*, herausgegeben von Torsten Diedrich und Ilko-Sascha Kowalczuk, Berlin: Ch. Links, 2005, 1-24.

»Dokumente der ZEIT – Mißbrauch der Transitwege«, in: *Die Zeit* (17. August 1973).

Domnitz, Christian, *Kooperation und Kontrolle: Die Arbeit der Stasi-Operativgruppen im sozialistischen Ausland*, Göttingen: Vandenhoeck & Ruprecht, 2016.

Dömötörfi, Tibor und Andreas Schmidt-Schweizer, »Eine merkwürdige Episode der westdeutsch-ungarischen diplomatischen Beziehungen in der ersten Augustwoche 1989 in Zusammenhang mit der Fluchtwelle der DDR-Staatsbürger in Ungarn«, in: *Das Vorspiel für die Grenzöffnung: Das Paneuropäische Picknick in Sopron am 19. August 1989*, herausgegeben von György Gyarmati und Krisztina Slachta, Budapest: Harmattan, 2014.

Dong-Ki, Lee, *Option oder Illusion? Die Idee einer nationalen Konföderation im geteilten Deutschland 1949-1990*, Berlin: Ch. Links, 2010.

Dorenburg, Joachim, »Menschenrechte sind keine Handelsware!«, in: *Hilferufe von drüben* 1/3 (1978), 4.

Dorgerloh, Anette, Anke Kuhrmann und Doris Liebermann, *Die Berliner Mauer in der Kunst: Bildende Kunst, Literatur und Film*, Berlin: Ch. Links, 2011.

Dr. H. H., »Im Schatten der Mauer: Arbeitstagung des Kuratoriums ›Unteilbares Deutschland‹ in Berlin«, in: *Bulletin des Presse- und Informationsamtes der Bundesregierung* 214 (15. November 1961), 2004f.

Dujardin, Jean-Pierre, »Frieden durch Kommunisten? Die Wahrheit: 143 Millionen Tote seit Oktober 1917«, in: *Hilferufe von drüben* 6/20 (1983), 1f.

»Durch den Rost«, in: *Der Spiegel* 44 (1989), 31f.

»Durchführungsverordnung zum Gesetz über die Staatsbürgerschaft der Deutschen Demokratischen Republik vom 3. August 1967«, in: *Gbl DDR II* (1967), 681.

Düvell, Franck, »Grundzüge des europäischen Migrationsregimes«, in: *Flüchtlingsrat-Zeitschrift für Flüchtlingspolitik in Niedersachsen* 75/76 (2001), 32-7.

–, »The Globalisation of Migration Control«, openDemocracy.net, 2003, online verfügbar unter: ⟨https://www.opendemocracy.net/en/globalisation-of-migration-control/⟩ (Stand März 2019).

Eberl, Immo, »Vertriebenenverbände: Entstehung, Funktion, Wandel«, in: *Zur Integration der Flüchtlinge und Vertriebenen im deutschen Südwesten nach 1945*, herausgegeben von Mathias Beer, Sigmaringen: Thorbecke, 1993, 211-34.

Eberts, Gerhard, »Maulkorb für die Menschenrechte«, in: *Hilferufe von drüben* 2/10 (1980), 1.

Eckel, Jan, *Die Ambivalenz des Guten: Menschenrechte in der internationalen Politik seit den 1940ern*, Göttingen: Vandenhoeck & Ruprecht, 2014.

–, *Die Ambivalenz des Guten: Menschenrechte in der internationalen Politik seit den 1940ern*, 2. Aufl. Göttingen: Vandenhoeck & Ruprecht, 2015.

Eckert, Astrid M., »›Greetings from the Zonal Border‹: Tourism to the Iron Curtain in West Germany«, in: *Zeithistorische Forschungen/Studies in Contemporary History*, Online Ausgabe 8/1 (2011), online verfügbar unter: 〈http://www.zeithistorische-forschungen.de/16126041-Eckert-1-2011〉 (Stand März 2019).

—, »Der andere Mauerfall. Die Öffnung der innerdeutschen Grenze 1989«, in: *Deutschland Archiv* (2013), 168-84.

—, »Geteilt, aber nicht unverbunden: Grenzgewässer als deutsch-deutsches Umweltproblem«, in: *Vierteljahrshefte für Zeitgeschichte* 62/1 (2014), 69-100.

—, »West German Borderland Aid and European State Aid Control«, in: *Jahrbuch für Wirtschaftsgeschichte* 58/1 (2017), 107-36.

—, *West Germany and the Iron Curtain: Environment, Economy, and Culture in the Borderlands*, Oxford: Oxford University Press, 2019.

Effner, Bettina und Helge Heidemeyer, »Die Flucht in Zahlen«, in: *Flucht im geteilten Deutschland: Erinnerungsstätte Notaufnahmelager Marienfelde*, herausgegeben von Bettina Effner und Helge Heidemeyer, Berlin: be.bra verlag, 2005, 27-31.

—, »Flucht im geteilten Deutschland«, in: *Flucht im geteilten Deutschland: Erinnerungsstätte Notaufnahmelager Marienfelde*, herausgegeben von Bettina Effner und Helge Heidemeyer, Berlin: be.bra verlag, 2005, 11-25.

—, (Hrsg.), *Flucht im geteilten Deutschland: Erinnerungsstätte Notaufnahmelager Marienfelde*, Berlin: be.bra verlag, 2005.

Ehlert, Hans und Matthias Rogg (Hrsg.), *Militär, Staat und Gesellschaft in der DDR: Forschungsfelder, Ergebnisse, Perspektiven*, Berlin: Ch. Links, 2004.

Ehrlich, Maximilian von und Tobias Seidel, *The Persistent Effects of Regional Policy: Evidence from the West-German Zonenrandgebiet*, München: CESifo, 2014.

Ein Erfolg der Politik der Vernunft und des Realismus. Offizieller Besuch des Generalsekretärs der SED und Vorsitzenden des Staatsrats der DDR, Erich Honecker, in der Bundesrepublik Deutschland vom 7. bis 11. September 1987, Berlin (Ost), Dresden: Panorama DDR, Zeit im Bild, 1987.

»Ein fester Kanzler«, in: *Hilferufe von drüben* 9/32 (1986), 2.

»Ein gefährliches Treiben: Schluß mit dem Mißbrauch der Transitwege!«, in: *Neues Deutschland* (8. Oktober 1973), 2.

»Ein schwarzer Tag für Kriegstreiber«, in: *Neues Deutschland* (14. August 1961), 2.

Einar-Langen, Klaus, »Schweigen oder in die Öffentlichkeit«, in: *Hilferufe von drüben* 2/10 (1980), 2.

»Eine zweite Sperrmauer«, in: *Bulletin des Presse- und Informationsamtes der Bundesregierung* 160 (29. August 1961), 1538.

»Einheitsfront gegen Störenfriede«, in: *Der Spiegel* (9. Januar 1978), 17-26.

Eisenfeld, Bernd, »Die Zentrale Koordinierungsgruppe: Bekämpfung von Flucht und Übersiedlung«. In *Anatomie der Staatssicherheit: Geschich-*

te, Struktur und Methoden (MfS Handbuch), Bd. 3, 17. Berlin: BStU, 1995.

–, »Die Ausreisebewegung: Eine Erscheinungsform widerständigen Verhaltens«, in: *Zwischen Selbstbehauptung und Anpassung: Formen des Widerstandes und der Opposition in der DDR*, herausgegeben von Ulrike Poppe, Rainer Eckert und Ilko-Sascha Kowalczuk, Berlin: Ch. Links, 1995, 192-223.

–, »Flucht und Ausreise. Macht und Ohnmacht«, in: *Am Ende des realen Sozialismus: Beiträge zu einer Bestandsaufnahme der DDR-Wirklichkeit in den 80er Jahren*, Bd. 3, herausgegeben von Eberhard Kuhrt et al., Opladen: Leske + Budrich, 1996, 381-423.

–, »Strategien des Ministeriums für Staatssicherheit zur Steuerung der Ausreisebewegung«, in: *Ausreisen oder dableiben? Regulierungsstrategien der Staatssicherheit*, herausgegeben von BStU, Berlin: BStU, 1997, 6-18.

–, »Die Verfolgung der Antragssteller auf Ausreise«, in: *Politisch motivierte Verfolgung: Opfer von SED-Unrecht*, herausgegeben von Ulrich Baumann und Helmut Kury, Freiburg i. Br.: Ed. Iuscrim, 1998, 117-36.

–, »Kampf gegen Flucht und Ausreise: Die Rolle der Zentralen Koordinierungsgruppe«, in: *West-Arbeit des MfS: Das Zusammenspiel von »Aufklärung« und »Abwehr«*, herausgegeben von Hubertus Knabe, Berlin: Ch. Links, 1999, 273-83.

–, »Ausreisebewegung«, in: *Lexikon Opposition und Widerstand in der SED-Diktatur*, herausgegeben von Hans-Joachim Veen, Berlin: Propyläen, 2000, 58-61.

–, »Die Kriminalisierung der Antragsteller auf Ausreise«, in: *Recht und Rechtsprechung in der DDR? Vorträge in Der Gedenkstätte »Roter Ochse« Halle (Saale)*, herausgegeben von Sachsen-Anhalt, Ministerium des Innern, Magdeburg: Ministerium des Innern des Landes Sachsen-Anhalt, 2002, 63-76.

–, »Gründe und Motive von Flüchtlingen und Ausreiseantragstellern aus der DDR«, in: *Deutschland Archiv* 1 (2004), 89-105.

–, »Reaktionen der DDR-Staatssicherheit auf Korb III des KSZE-Prozesses«, in: *Deutschland Archiv* 6 (2005), 1000-8.

–, »Der Freikauf politischer Häftlinge«, in: *Repression und Haft in der SED-Diktatur und die »gekaufte Freiheit«: Dokumentation des 14. Buchenwald-Gesprächs vom 22. bis 23. November 2004 in Berlin zum Thema »Häftlingsfreikauf«*, herausgegeben von Günter Buchstab, Sankt Augustin: Wissenschaftliche Dienste Archiv für Christlich-Demokratische Politik der Konrad-Adenauer-Stiftung, 2005, 11-35.

–, *Bausoldaten in der DDR: Die »Zusammenführung feindlich-negativer Kräfte« in der NVA*, Berlin: Ch. Links, 2011.

Eisenfeld, Peter, »*rausschmeißen …*«. *Zwanzig Jahre politische Gegnerschaft in der DDR*, Bremen: Edition Temmen, 2002.

–, »Dokument 3: ›Menschenrechte und Klassenrechte‹, Brief von Peter Eisenfeld an Jürgen Kuczynski vom 1. Mai 1983«, in: *»rausschmeißen …«. Zwanzig Jahre politische Gegnerschaft in der DDR*, Bremen: Edition Temmen, 2002, 393-438.

Eley, Geoff, *A Crooked Line: From Cultural History to the History of Society*, Ann Arbor: University of Michigan Press, 2005.

Elitz, Ernst, »Als der Kalte Krieg in Rente ging«, in: *Frankfurter Rundschau* (17. Dezember 2012).

»Empörende Intrige Westberliner Behörden«, in: *Neues Deutschland* (21. Januar 1965), 1.

Engelhardt, Dietrich von und Heinrich Schipperges, *Die inneren Verbindungen zwischen Philosophie und Medizin im 20. Jahrhundert*, Darmstadt: Wissenschaftliche Buchgesellschaft, 1980.

Engelmann, Roger, »Staatssicherheitsjustiz im Aufbau: Zur Entwicklung geheimpolizeilicher und justitieller Strukturen im Bereich der politischen Strafverfolgung 1950-1963«, in: *Justiz im Dienste der Parteiherrschaft : Rechtspraxis und Staatssicherheit in der DDR*, herausgegeben von Roger Engelmann und Clemens Vollnhals, Berlin: Ch. Links, 1999, 133-64.

–, »Lehren aus Polen und Ungarn: Die Neuorientierung der DDR-Staatssicherheit als Resultat der Entstalinisierungskrise«, in: *Kommunismus in der Krise: Die Entstalinisierung 1956 und die Folgen*, herausgegeben von Roger Engelmann, Thomas Großbölting und Hermann Wentker, Göttingen: Vandenhoeck & Ruprecht, 2008, 281-96.

Engelmann, Roger und Frank Joestel, *Die Zentrale Auswertungs- und Informationsgruppe (MfS-Handbuch)*, Berlin: BStU, 2009.

Epple, Angelika, »The Global, the Transnational and the Subaltern: The Limits of History beyond the National Paradigm«, in: *Beyond Methodological Nationalism: Research Methodologies for Cross-Border Studies*, herausgegeben von Anna Amelina, Devrimsel D. Nergiz, Thomas Faist und Nina Glick Schiller, New York: Routledge, 2012, 155-75.

»Erich Honecker antwortet auf aktuelle politische Fragen«, in: *Berliner Zeitung* (13. Februar 1981), 3 f.

»Erlaß des Staatsrates der DDR über die Bearbeitung der Eingaben der Bürger vom 20. November 1969«, in: *Gbl DDR I* (1969), 239-44.

»Erlaß des Staatsrates der DDR über die Eingaben der Bürger und die Bearbeitung durch die Staatsorgane vom 27. Februar 1961«, in: *Gbl DDR I* (1961), 7-9.

»Ermittlung aller SED-Verbrechen«, in: *Bulletin des Presse- und Informationsamtes der Bundesregierung* 166 (6. September 1961), 1586.

Erste Beratung der Ostverträge im Deutschen Bundestag am 23., 24. und 25. Februar 1972. Mit dem Bericht zur Lage der Nation, [Bonn:] Presse- und Informationsdienst der Bundesregierung, 1972.

»Erste Durchführungsbestimmung zur Verordnung zur Regelung von Fragen der Familienzusammenführung und der Eheschließung zwischen Bürgern der Deutschen Demokratischen Republik und Ausländern vom 15. September 1983«, in: *Gbl DDR I* 26 (15. September 1983), 255f.

Eryılmaz, Aytaç (Hrsg.), *Projekt Migration*, Köln: DuMont, 2005.

Es geschah an der Mauer: DIA-Mappe 3, Berlin: Arbeitsgemeinschaft 13. August, 1972.

Es geschah an der Mauer: DIA-Mappe 4, Berlin: Arbeitsgemeinschaft 13. August, 1972.

»Es heißt wieder ›Bericht zur Lage der Nation im geteilten Deutschland‹«, in: *Hilferufe von drüben* 6/22 (1983), 4.

Esche, Eberhard, *Der Hase im Rausch*, Berlin: Eulenspiegel, 2000.

Eule, Tobias et al., *Migrants Before the Law*, Cham: Palgrave Macmillan, 2019.

Fabritius, Bernd, »Vertriebene: Eine Neiddebatte mit Tradition«, in: *Bayernkurier* (25. Mai 2017).

Fahrmeir, Andreas, Olivier Faron und Patrick Weil (Hrsg.), *Migration Control in the North Atlantic World: The Evolution of State Practices in Europe and the United States from the French Revolution to the Inter-War Period*, New York: Berghahn Books, 2003.

Faist, Thomas, »The Border-Crossing Expansion of Social Space: Concepts, Questions and Topics«, in: *Transnational Social Spaces: Agents, Networks, and Institutions*, herausgegeben von Thomas Faist und Eyüp Özveren, Aldershot: Ashgate, 2004, 1-36.

Faust, Siegmar, *Ich will hier raus*, Berlin: Guhl, 1983.

–, *Der Freischwimmer: Ende einer Jugend in Dresden*, Böblingen: Tykve, 1987.

Felsch, Philipp, *Der lange Sommer der Theorie: Geschichte einer Revolte 1960 bis 1990*, Frankfurt/M.: Fischer, 2016.

Findeis, Hagen, *Das Licht des Evangeliums und das Zwielicht der Politik: Kirchliche Karrieren in der DDR*, Frankfurt/M., New York: Campus, 2002.

Fink, Reuben, »Visas, Immigration, and Official Anti-Semitism«, in: *The Nation* 112 (22. Juni 1921), 870-72.

Fischer, Wolfram und Johannes Bähr (Hrsg.), *Wirtschaft im geteilten Berlin, 1945-1990: Forschungsansätze und Zeitzeugen*, Berlin, Boston: De Gruyter Saur, 1994.

Fischer-Galati, Stephen, »Menschen, Staat und Gesellschaft in Osteuropa: Die kommunistische ›Machtübernahme‹ im historischen Kontext«, in: *Kommunismus und Osteuropa: Konzepte, Perspektiven und Interpretationen im Wandel*, herausgegeben von Eva Schmidt-Hartmann, München: Oldenbourg, 1994, 23-36.

Fitzpatrick, Sheila, *Everyday Stalinism: Ordinary Life in Extraordinary Times. Soviet Russia in the 1930s*, New York, Oxford: Oxford University Press, 1999.

Flemming, Thomas, *Die Berliner Mauer: Geschichte eines politischen Bauwerks*, Berlin: be.bra verlag, 1999.

»Fluchtburg Prag: ›Die Frist läuft ab‹«, in: *Der Spiegel* 1 (31. Dezember 1984), 19-26.

Follett, Ken, *Edge of Eternity*, New York: Dutton, 2015.

Förster, Günter. *Die Juristische Hochschule des Ministeriums für Staatssicherheit: Die Sozialstruktur ihrer Promovenden*, Münster: LIT Verlag, 2001.

Foschepoth, Konrad, »Die Einheit Deutschlands in der Politik Konrad Adenauers«, in: *Als die Mauer wuchs: Zur Deutschlandpolitik der Christdemokraten 1945-1970*, herausgegeben von Reinhard Hübsch, Potsdam: Verlag für Berlin Brandenburg, 1998, 112-25.

Foucault, Michel, *Überwachen und Strafen: Die Geburt des Gefängnisses*, Frankfurt/M.: Suhrkamp, 1977.

Franke, Egon, »Erklärung von Bundesminister Egon Franke zum Mißbrauch der Transitwege, RIAS-Kommentar«, in: *Zehn Jahre Deutschlandpolitik: Die Entwicklung der Beziehungen zwischen der Bundesrepublik Deutschland und der Deutschen Demokratischen Republik 1969-1979, Bericht und Dokumentation*, Bonn: Bundesminister für Innerdeutsche Beziehungen, 1980, 374 f.

Freedman, Lawrence, *Kennedy's Wars: Berlin, Cuba, Laos, and Vietnam*, Oxford, New York u. a.: Oxford University Press, 2000.

»Freiheit kennt keine Mauer«, in: *Schriftenreihe Innere Führung, Soldatenheft* 62/2 (1962).

»Freiheit und Recht: Die Internationale Gesellschaft für Menschenrechte«, in: *IdT* 3 (1987), 48-57.

Fricke, Karl W., »Fluchthilfe als Widerstand im Kalten Krieg: Anmerkungen zu einem ungeschriebenen Kapitel DDR-Widerstandsgeschichte«, in: *APuZ* 38 (1999), 3-10.

Fricke, Karl Wilhelm, »Zur strafrechtlichen Ahndung von Flucht- und Fluchthilfedelikten in der DDR«, in: *Bürgersinn und staatliche Macht in Antike und Gegenwart: Festschrift für Wolfgang Schuller zum 65. Geburtstag*, herausgegeben von Martin Dreher, Konstanz: UVK, 2000, 31-54.

»Friedensvertrag wird abgeschlossen«, in: *Neues Deutschland* (18. August 1961), 7.

Friedrich-Ebert-Stiftung (Hrsg.), *Die Staatsbürgerschaft der DDR*, Bonn: Verlag Neue Gesellschaft, 1984.

Frisby, David und Derek Sayer, *Society*, Chichester: Horwood, 1986.

Fritsche, Christiane, *Vergangenheitsbewältigung im Fernsehen: Westdeutsche Filme über den Nationalsozialismus in den 1950er und 60er Jahren*, München: Meidenbauer, 2003.

Fröhlich, Claudia, »Die ›Zentrale Erfassungsstelle Salzgitter‹ und die Stasi: Strafrechtliche Ermittlungen und Ermittler von DDR-Unrecht als Objekt des MfS«, in: *Stasi in Niedersachsen*, Band 2: *Tagungsband des Symposiums der Enquetekommission*, herausgegeben von Enquetekommission »Verrat an der Freiheit – Machenschaften der Stasi in Niedersachsen aufarbeiten«, Göttingen: Wallstein, 2017, 73-86.

Fröhlich, Manuel, *Sprache als Instrument politischer Führung: Helmut Kohls Berichte zur Lage der Nation im geteilten Deutschland*, München: Forschungsgruppe Deutschland am Centrum für angewandte Politikforschung, 1997.

Fry, Brian N., *Nativism and Immigration: Regulating the American Dream*, New York: LFB Scholarly Pub., 2007.

Fulbrook, Mary, *A History of Germany, 1918-2008: The Divided Nation*, 3. Aufl., Chichester, West Sussex, Malden: Wiley-Blackwell, 2009.

–, *Dissonant Lives: Generations and Violence through the German Dictatorships*, Oxford u. a.: Oxford University Press, 2011.

–, (Hrsg.), *Power and Society in the GDR, 1961-1979: The »Normalisation of Rule«?*, Berghahn Books, 2013.

–, »The Concept of ›Normalisation‹ and the GDR in Comparative Perspective«, in: *Power and Society in the GDR, 1961-1979: The »Normalisation of Rule«?*, herausgegeben von Mary Fulbrook, Berghahn Books, 2013, 1-32.

»Für Freiheit und Selbstbestimmung: Tiefste Empörung über Zwangsmaßnahmen des sowjetzonalen Regimes«, in: *Bulletin des Presse- und Informationsamtes der Bundesregierung* 152 (17. August 1961), 1470.

Galante, Pierre, *Le Mur de la Honte*, Paris: Presses de la cité, 1966.

–, *Ein Franzose an der Mauer*, Stuttgart: Seewald, 1967.

Galante, Pierre und Jack Miller, *The Berlin Wall*, London: Arthur Barker Limited, 1965.

Garstecki, Joachim, »Leben und bleiben in der DDR«, in: *Die Zeit* 15 (5. April 1985).

Gatrell, Peter, *The Making of the Modern Refugee*, Oxford: Oxford University Press, 2013.

»Gefährlicher Gewaltakt gegen Staatsgrenze: Westberliner Agententunnel entdeckt«, in: *Neues Deutschland* (2. Februar 1962), 1.

Gehler, Michael, »Bonn – Budapest – Wien: Das deutsch-österreichisch-ungarische Zusammenspiel als Katalysator für die Erosion des SED-Regimes 1989/90«, in: *Grenzöffnung 1989: Innen- und Außenperspektiven und die Folgen für Österreich*, herausgegeben von Andrea Brait und Michael Gehler, Wien, Köln, Weimar: Böhlau, 2014, 136-62.

Gehrke, Bernd und Wolfgang Rüddenklau (Hrsg.), … … *das war doch nicht unsere Alternative: DDR-Oppositionelle zehn Jahre nach der Wende*, Münster: Westfälisches Dampfboot, 1999.

Gehrmann, Manfred, »Zur sozialen Integration von DDR-Zuwanderern in der alten Bundesrepublik und Westberlin«, in: *Biographieforschung: Eine Zwischenbilanz in der deutschen Soziologie*, herausgegeben von Peter Alheit und Wolfram Fischer-Rosenthal, Bremen: Univ., 1990, 295-309.

–, »Ausreise als soziales Muster: Zum Beitrag der DDR-Auswanderer der 80er Jahre zur Destabilisierung des SED-Regimes«, in: *Lebensverhältnisse und soziale Konflikte im neuen Europa : 26. Deutscher Soziologentag*, Bd. 2, herausgegeben von Heiner Meulemann und Agnes Elting-Camus, Opladen: Westdeutscher Verlag, 1993, 69-72.

–, *Die Überwindung des »Eisernen Vorhangs«: Die Abwanderung aus der DDR in die BRD und nach West-Berlin als innerdeutsches Migranten-Netzwerk*, Berlin: Ch. Links, 2009.

Geißel, Ludwig, *Unterhändler der Menschlichkeit: Erinnerungen*, Stuttgart: Quell-Verlag, 1991.

Generalversammlung der Vereinten Nationen, »Resolution der Generalversammlung 217 A (III). Allgemeine Erklärung der Menschenrechte« (10. Dezember 1948), online verfügbar unter: ⟨https://www.un.org/depts/german/menschenrechte/aemr.pdf⟩ (Stand März 2019).

Genest, Andrea, »Die Solidarność aus deutscher Perspektive«, in: *Potsdamer Bulletin für Zeithistorische Studien* 34-35 (o. J.), 17-22.

Gerick, Gunter, *SED und MfS: Das Verhältnis der SED-Bezirksleitung Karl-Marx-Stadt und der Bezirksverwaltung für Staatssicherheit 1961 bis 1989*, Berlin: Metropol, 2013.

Gerlof, Kathrin, *Gegenspieler: Gerhard Löwenthal, Karl-Eduard von Schnitzler*, Frankfurt/M.: Fischer, 1999.

Gesellschaft für Menschenrechte, *Kinder ohne Recht auf Menschlichkeit und Würde*, Frankfurt/M.: Gesellschaft für Menschenrechte, 1977.

–, (Hrsg.), *Petition Riesa: … Zur vollen Erlangung der Menschenrechte. Dokumentation über Bürgerrechtler in der DDR*, Frankfurt/M.: Gesellschaft für Menschenrechte, 1977.

Gesellschaft für Menschenrechte (Hrsg.), *Zwangsadoptionen aus politischen Gründen in der DDR: Dokumentation. Kinder ohne Recht auf Menschlichkeit und Würde*, Frankfurt/M.: Gesellschaft für Menschenrechte, 1977.

»Gesetz über die Bearbeitung der Eingaben der Bürger vom 19. Juni 1975«, in: *Gbl DDR I* (1975), 461 f.

»Gesetz über die Staatsbürgerschaft der Deutschen Demokratischen Republik vom 20. Februar 1967«, in: *Gbl DDR I* (1967), 3-5.

»Gesetz über die Zuständigkeit und das Verfahren der Gerichte zur Nachprüfung von Verwaltungsentscheidungen. Vom 14. Dezember 1988«, in: *Gbl der DDR I* 28 (23. Dezember 1988), 327 f.

»Gesetz zum Fakultativprotokoll vom 19. Dezember 1966 zum internationalen Pakt über bürgerliche und politische Rechte«, in: *Bundesgesetzblatt (BGBl)* II 47 (12. Dezember 1992), 1246-50.

»Gesetz zur Förderung der Wirtschaft von Berlin (West)«, *BGBl* (31. Juli 1962), 493-500.

Ghimire, Kléber Bertrand, *Organization Theory and Transnational Social Movements: Organizational Life and Internal Dynamics of Power Exercise within the Alternative Globalization Movement*, Lanham u. a.: Lexington Books, 2011.

Ghosh, Bimal (Hrsg.), »Movement of People: The Search for a New International Regime«, in: *Issues in Global Governance*, herausgegeben von Commission on Global Governance, London, Boston: Kluwer Law International zusammen mit der Commission on Global Governance, 1995, 405-25.

–, *Managing Migration: Time for a New International Regime?*, Oxford: Oxford University Press, 2000.

–, *The Global Economic Crisis and the Future of Migration: Issues and Prospects. What Will Migration Look Like in 2045?*, Houndmills, Basingstoke, Hampshire: Palgrave Macmillan, 2013.

Giddens, Anthony, *Die Konstitution der Gesellschaft. Grundzüge einer Theorie der Strukturierung* (Frankfurt/M., New York: Campus, 1988.

Gieseke, Jens, *Die hauptamtlichen Mitarbeiter des Ministeriums für Staatssicherheit (MfS-Handbuch)*. Berlin: BStU, 1996.

–, »Staatssicherheit und Gesellschaft – Plädoyer für einen Brückenschlag«, in: *Staatssicherheit und Gesellschaft: Studien zum Herrschaftsalltag in der DDR*, herausgegeben von Jens Gieseke, Göttingen: Vandenhoeck & Ruprecht, 2007, 7-22.

–, »›Seit Langen angestaute Unzufriedenheit breitester Bevölkerungskreise‹: Das Volk in den Stimmungsberichten des Staatssicherheitsdienstes«, in: *Revolution und Vereinigung 1989/90: Als in Deutschland die Realität die Phantasie überholte*, herausgegeben von Klaus-Dietmar Henke, München: DTV, 2009, 130-48.

–, *Die Stasi, 1945-1991*, München: Pantheon, 2011.

–, (Hrsg.), *Wer war wer im Ministerium für Staatssicherheit: Kurzbiographien des MfS-Leitungspersonals 1950 bis 1989*, Berlin: BStU, 2012.

Gieseke, Jens und Andrea Bahr, *Die Staatssicherheit und die Grünen: Zwischen SED-Westpolitik und Ost-West-Kontakten*, Berlin: Ch. Links, 2016.

Gill, Graeme, »The Communist Party and the Weakness of Bureaucratic Norms«, in: *Russian Bureaucracy and the State: Officialdom from Alexander III to Vladimir Putin*, herausgegeben von Don K. Rowney und Eugene Huskey, Houndmills u. a.: Palgrave Macmillan, 2009, 118-34.

Gill, Graeme J., *The Origins of the Stalinist Political System*, Cambridge: Cambridge University Press, 1990.

Gilman, Sander L., *Jurek Becker: A Life in Five Worlds*, Chicago: University of Chicago Press, 2003.

Glaeßner, Gert-Joachim, *Herrschaft durch Kader: Leitung der Gesellschaft und Kaderpolitik in der DDR*, Opladen: Westdeutscher Verlag, 1977.

–, *Bureaucratic Rule: Overcoming the Conflicts in the GDR*, Köln: Index, 1986.

Glencross, Janou, *How the International Women's Movement Discovered the »Troubles«: Brokered and Broken Transnational Interactions during the Northern Ireland Conflict, 1968-1981*, Frankfurt/M.: Lang, 2011.

Glick Schiller, Nina und Noel B. Salazar, »Regimes of Mobility Across the Globe«, in: *Journal of Ethnic and Migration Studies* 39/2 (2013), 183-200.

Göhl, Erhard, »Geschäft mit der Freiheit«, in: *Hilferufe von drüben* 5/17 (1982), 4.

Göktürk, Deniz (Hrsg.), *Transit Deutschland: Debatten zu Nation und Migration. Eine Dokumentation*, München: Konstanz University Press, 2011.

Gold, Steven J., »Migrant Networks: A Summary and Critique of Relational Approaches to International Migration«, in: *The Blackwell Companion to Social Inequalities*, herausgegeben von Mary Romero und Eric Margolis, Malden, Oxford, Victoria: Blackwell, 2005, 256-85.

Goldbeck, Lutz, »Die Kinder der DDR: Deutsch-deutsche Integrationsprobleme am Beispiel von Übersiedlerfamilien«, in: *Jugend & Gesellschaft* 11 (1990), 1-4.

Goll, Jörn-Michael, *Kontrollierte Kontrolleure: Die Bedeutung der Zollverwaltung für die politisch-operative Arbeit des Ministeriums für Staatssicherheit der DDR*, Vandenhoeck & Ruprecht, 2011.

Goschler, Constantin und Marcus Böick, *Wahrnehmung und Bewertung der Arbeit der Treuhandanstalt*, Bochum: Ruhr Universität Bochum, 2017.

Gosewinkel, Dieter, *Einbürgern und Ausschließen: Die Nationalisierung der Staatsangehörigkeit vom Deutschen Bund bis zur Bundesrepublik Deutschland*, Göttingen: Vandenhoeck & Ruprecht, 2001.

–, *Schutz und Freiheit? Staatsbürgerschaft in Europa im 20. und 21. Jahrhundert*, Berlin: Suhrkamp, 2016.

Gradl, Johann Baptist, »Ein gefährliches Abenteuer«, in: *Bulletin des Presse- und Informationsamtes der Bundesregierung* 152 (17. August 1961), 1471 f.

Grafe, Roman, »Die Grenztruppen der DDR«, in: *Militär, Staat und Gesellschaft in der DDR: Forschungsfelder, Ergebnisse, Perspektiven*, herausgegeben von Hans Ehlert und Matthias Rogg, Berlin: Ch. Links, 2004, 337-52.

Grandits, Hannes, »Gewandelte Wissensordnungen, neu gefasste Nostalgien: Zur Aneignung ›vergangener‹ Raummuster in Ostmittel- und Südeuropa nach 1989«, in: *Phantomgrenzen: Räume und Akteure in der Zeit neu denken*, herausgegeben von Béatrice von Hirschhausen, Hannes Grandits, Claudia Kraft, Dietmar Müller und Thomas Serrier, Göttingen: Wallstein, 2015, 134-65.

Granovetter, Mark S., »The Strength of Weak Ties«, in: *The American Journal of Sociology* 78/6 (1973), 1360-80.

Grasemann, Hans-Jürgen, »Der Beitrag der Zentralen Erfassungsstelle Salzgitter zur Strafverfolgung – Beispiele menschlicher Schicksale«, in: *Die Kriminelle Herrschaftssicherung des Kommunistischen Regimes der Deutschen Demokratischen Republik. Dokumentation des 3. Bautzenforums*, herausgegeben von Friedrich-Ebert-Stiftung, Friedrich-Ebert-Stiftung, 1992, 55-63.

–, »Im Fokus von DDR-Spionage und Westarbeit der SED: Die Zentrale Erfassungsstelle Salzgitter«, in: *Stasi in Niedersachsen*, Band 2: *Tagungsband des Symposiums der Enquetekommission*, herausgegeben von Enquetekommission »Verrat an der Freiheit – Machenschaften der Stasi in Niedersachsen aufarbeiten«, Göttingen: Wallstein, 2017, 87-102.

Gregory, Paul R., *The Political Economy of Stalinism: Evidence from the Soviet Secret Archives*, Cambridge: Cambridge University Press, 2004.

Greven, Ludwig, »Auf der Suche nach dem Schlupfloch«, in: *Bonner General-Anzeiger* (18. August 1989), 3.

Gries, Rainer, »›Dein Päckchen nach drüben‹: Antikommunismus für jedermann«, in: *»Geistige Gefahr« und »Immunisierung der Gesellschaft«: Antikommunismus und politische Kultur in der frühen Bundesrepublik*, herausgegeben von Stefan Creuzberger und Dierk Hoffmann, München: Oldenbourg, 2014, 335-54.

Grimmer, Reinhard (Hrsg.), *Die Sicherheit: Zur Abwehrarbeit des MfS*, 2 Bde., 3., korr. und erg. Aufl., Berlin: Ed. Ost, 2003.

Grimmer, Reinhard, Werner Irmler, Gerhard Neiber und Wolfgang Schwanitz, »Sicherheitspolitik der SED, staatliche Sicherheit der DDR und Abwehrarbeit des MfS«, in: *Die Sicherheit: Zur Abwehrarbeit des MfS*, Bd. 1, herausgegeben von Reinhard Grimmer, Berlin: Edition Ost, 2002, 44-238.

»Großer Topf«, in: *Der Spiegel* 30 (1969), 38 f.

Großmann, Thomas, *Fernsehen, Revolution und das Ende der DDR*, Göttingen: Wallstein, 2015.

»Grundsätze und Aktionen: Beschlüsse der Arbeitstagung des Kuratoriums ›Unteilbares Deutschland‹ in Berlin«, in: *Bulletin des Presse- und Informationsamtes der Bundesregierung* 215 (16. November 1961), 2013.

Gumbert, Heather L., *Envisioning Socialism: Television and the Cold War in the German Democratic Republic*, Ann Arbor: University of Michigan Press, 2014.

Gundermann, Horst, *Entlassung aus der Staatsbürgerschaft. Eine Dokumentation*, Berlin u. a.: Ullstein, 1978.

–, »Drei Jahre nach der Ausbürgerung aus der DDR«, in: *Konservativ heute* 10/3 (1979), 144-8.

Gurak, Douglas T. und Fe Caces, »Migration Networks and the Shaping of Migration Systems«, in: *International Migration Systems. A Global Approach*, herausgegeben von Mary M. Kritz, Lin Lean Lim und Hania Zlotnik, Oxford: Clarendon, 1992, 150-76.

Guthmann, Daniel und Christian Buckard, »Ziemlich unkontrollierbar: Die Liedermacherin Bettina Wegner«, Deutschlandfunk (21. Oktober 2016).

Gyarmati, György und Krisztina Slachta (Hrsg.), *Das Vorspiel für die Grenzöffnung: Das Paneuropäische Picknick in Sopron am 19. August 1989*, Budapest: Harmattan, 2014.

Gyory, Andrew, *Closing the Gate: Race, Politics, and the Chinese Exclusion Act*, Chapel Hill u. a.: University of North Carolina Press, 1998.

Hafen, Karl, *Stationen der DDR-Arbeit der Internationalen Gesellschaft für Menschenrechte von 1972 bis 1989*, Frankfurt/M.: IGfM, 2009.

Hagen, Eva-Maria, *Eva und der Wolf*, Düsseldorf, München: Econ, 1998.

Hagen, Gerd, »Materialien zum Bericht zur Lage der Nation«, in: *Aussenpolitik: Zeitschrift für Internationale Fragen* 22/2 (1971), 81-91.

Hahn, Sylvia, *Historische Migrationsforschung*, Frankfurt/M., New York: Campus, 2012.

Hähnig, Anne »Geheimnisse vergisst man nicht«, in: *Die Zeit* 45 (30. Oktober 2014).

Halbrock, Christian, »*Freiheit heißt, die Angst verlieren*«: Verweigerung, Widerstand und Opposition in der DDR: Der Ostseebezirk Rostock, 2., korr. Aufl., Göttingen: Vandenhoeck & Ruprecht, 2015.

Hamedinger, Alexander, *Raum, Struktur und Handlung als Kategorien der Entwicklungstheorie: Eine Auseinandersetzung mit Giddens, Foucault und Lefebvre*, Frankfurt/M., New York: Campus, 1998.

Hamers, Jérémy, »Autour de Holger Meins. Documentaire et lutte armée dans l'entourage de la DFFB après 1969«, in: *Cahiers d'Etudes Germaniques* 64/1 (2013).

Hamm-Brücher, Hildegard, *Auf Kosten unserer Kinder? Wer tut was für unsere Schulen. Reise durch die pädagogischen Provinzen der Bundesrepublik und Berlin*, Bramsche, Osnabrück: Naunen, 1965.

Hammer, Elke-Ursel, »*Besondere Bemühungen*« der Bundesregierung, Bd. 1: *1962 bis 1969: Häftlingsfreikauf, Familienzusammenführung, Agentenaustausch*, München: Oldenbourg Verlag, 2012.

–, (Hrsg.), »Dok. Nr. 95: Vermerk des Ministerialdirigenten im BMG von

Zahn, Bonn, 17. November 1964«, in: *»Besondere Bemühungen« der Bundesregierung*, Bd. 1: *1962 bis 1969: Häftlingsfreikauf, Familienzusammenführung, Agentenaustausch*, München: Oldenbourg Verlag, 2012, 195 f.

—, (Hrsg.), »Dok. Nr. 233: Schreiben des HWHH an den Bundesminister für gesamtdeutsche Fragen Wehner, Hamburg 10. April 1967«, in: *»Besondere Bemühungen« der Bundesregierung*, Bd. 1: *1962 bis 1969: Häftlingsfreikauf, Familienzusammenführung, Agentenaustausch*, München: Oldenbourg Verlag, 2012, 378 f.

—, (Hrsg.), »Dok. Nr. 234: Bericht des Ministerialrats Rehlinger an den Bundesminister für gesamtdeutsche Fragen Wehner, Berlin (West), 20. April 1967«, in: *»Besondere Bemühungen« der Bundesregierung*, Bd. 1: *1962 bis 1969: Häftlingsfreikauf, Familienzusammenführung, Agentenaustausch*, München: Oldenbourg Verlag, 2012, 379-81.

Hammerstein, Katrin, *Gemeinsame Vergangenheit-getrennte Erinnerung? der Nationalsozialismus in Gedächtnisdiskursen und Identitätskonstruktionen von Bundesrepublik Deutschland, DDR und Österreich*, Göttingen: Wallstein, 2017.

Hampe, Peter, *Die DDR – mein Absurdistan: Innenansichten und Dokumente aus einem Überwachungsstaat*, Berlin: Edition Noack & Block, 2013.

Hanisch, Anja, *Die DDR im KSZE-Prozess 1972-1985: Zwischen Ostabhängigkeit, Westabgrenzung und Ausreisebewegung*, München: Oldenbourg, 2012.

Hannum, Hurst, *The Right to Leave and Return in International Law and Practice*, Dordrecht: Martinus Nijhoff Publishers, 1987.

Hanuschek, Sven, *Geschichte des bundesdeutschen PEN-Zentrums von 1951 bis 1990*, Berlin: Max Niemeyer, 2004.

Harpprecht, Klaus, *Im Kanzleramt: Tagebuch der Jahre mit Willy Brandt. Januar 1973-Mai 1974*, Reinbek bei Hamburg: Rowohlt, 2001.

Harrison, Hope Millard, *Ulbrichts Mauer: wie die SED Moskaus Widerstand gegen den Mauerbau brach*, Bonn: BpB, 2011.

Härtel, Christian, »Ostdeutsche Bestimmungen für den Paketverkehr im Spiegel westdeutscher Merkblätter«, in: *Das Westpaket: Geschenksendung, keine Handelsware*, herausgegeben von Christian Härtel und Petra Kabus, Berlin: Ch. Links, 2000, 45-56.

Härtel, Christian und Petra Kabus (Hrsg.), *Das Westpaket: Geschenksendung, keine Handelsware*, Berlin: Ch. Links, 2000.

Haupt, Michael, *Die Berliner Mauer: Vorgeschichte, Bau, Folgen – Literaturbericht und Bibliographie zum 20. Jahrestag des 13. August 1961*, München: Bernard & Graefe, 1981.

Hauschild, Christoph, *Die örtliche Verwaltung im Staats- und Verwaltungssystem der DDR auf dem Wege in den gesamtdeutschen Bundesstaat*, Baden-Baden: Nomos, 1991.

Hecker, Hellmuth, *Die Staatsangehörigkeitsregelungen in Deutschland: Reg. d. innerstaatl. u. völkerrechtl. Vorschriften zum Staatsangehörigkeitsrecht d. dt. Länder sowie d. Zentralgewalt (Dt. Reich, Bundesrepublik Deutschland, Dt. Demokrat. Republik) seit 1806*, Hamburg: Institut für Internationale Angelegenheiten der Universität Hamburg, 1976.

Heidemeyer, Helge, *Flucht und Zuwanderung aus der SBZ/DDR 1945/1949-1961: Die Flüchtlingspolitik der Bundesrepublik Deutschland bis zum Bau der Berliner Mauer*, Düsseldorf: Droste, 1994.

–, »Vertriebene als Sowjetzonenflüchtlinge«, in: *Vertriebene in Deutschland: Interdisziplinäre Ergebnisse und Forschungsperspektiven*, herausgegeben von Dierk Hoffmann, München: Oldenbourg Verlag, 2000, 237-49.

Heinrich-Böll-Stiftung Sachsen-Anhalt (Hrsg.), *Vaterlandslose Gesellen oder Revolutionäre? Das Verhältnis von Ausreisebewegung und Oppositionsgruppen in der DDR der 1980er Jahre*, Halle (Saale), Heinrich-Böll-Stiftung Sachsen-Anhalt, 2009.

Heitzer, Enrico, *Die Kampfgruppe gegen Unmenschlichkeit (KgU), Widerstand und Spionage im Kalten Krieg 1948-1959*. Köln u. a.: Böhlau, 2015.

Hellbeck, Jochen, »Speaking Out: Languages of Affirmation and Dissent in Stalinist Russia«, in: *Kritika: Explorations in Russian and Eurasian History* 1/1 (2000), 71-96.

Helsper, Werner, Mechthild Bertram und Bernd Stemaszyk, »Jugendliche Übersiedler zwischen vordergründiger Integration und Ausschlußerfahrung«, in: *Aufwachsen hüben und drüben: Deutsch-deutsche Kindheit und Jugend vor und nach der Vereinigung*, herausgegeben von Peter Büchner und Heinz-Hermann Krüger, Opladen: Leske + Budrich, 1991, 267-85.

Henseler, Thomas und Susanne Buddenberg, *Tunnel 57: Eine Fluchtgeschichte als Comic*, Berlin: Ch. Links, 2013.

Herbert, Ulrich, *Geschichte der Ausländerpolitik in Deutschland: Saisonarbeiter, Zwangsarbeiter, Gastarbeiter, Flüchtlinge*, München: C. H. Beck, 2001.

Herbst in der DDR-Provinz: Hefte zur DDR Geschichte 137, Berlin: Helle Panke, 2015.

Herde, Georg, »Im Dienste der Konfrontation: Die psychologische Kriegsvorbereitung am Beispiel von Organisationen wie ›Western Goals‹ und ›Internationale Gesellschaft für Menschenrechte‹«, in: *Blätter für deutsche und internationale Politik* 28/4 (1983), 617-31.

Herf, Jeffrey, *Divided Memory: The Nazi Past in the Two Germanys*, Cambridge/Mass.: Harvard University Press, 1997.

Herms, Michael, *Heinz Lippmann: Porträt eines Stellvertreters*, Berlin: Dietz, 1996.

Herrmann, Ulrich, *Protestierende Jugend: Jugendopposition und politischer Protest in der deutschen Nachkriegsgeschichte*, Weinheim, München: Juventa, 2002.

Hertle, Hans-Hermann, *Der Fall der Mauer: Die unbeabsichtigte Selbstauflösung des SED-Staates*, Opladen: Westdeutscher Verlag, 1996.

–, *Chronik des Mauerfalls: Die dramatischen Ereignisse um den 9. November 1989*, Berlin: Ch. Links, 1999.

–, »Der Mauerfall«, in: *Mauerbau und Mauerfall: Ursachen, Verlauf, Auswirkungen*, herausgegeben von Hans-Hermann Hertle, Konrad H. Jarausch und Christoph Kleßmann, Berlin: Ch. Links, 2002, 269-84.

–, (Hrsg.), *Mauerbau und Mauerfall: Ursachen, Verlauf, Auswirkungen*, Berlin: Ch. Links, 2002.

Hertle, Hans-Hermann und Maria Nooke (Hrsg.), *Die Todesopfer an der Berliner Mauer, 1961-1989: Ein biographisches Handbuch*, 2., durchges. Aufl., Berlin: Ch. Links, 2009.

Hertle, Hans-Hermann und Stefan Wolle, *Damals in der DDR: Der Alltag im Arbeiter- und Bauernstaat*, München: Bertelsmann, 2004.

Hess, Martina, Bernd Kasparek und Maria Schwertl, »Regime ist nicht Regime ist nicht Regime: Zum theoriepolitischen Einsatz der ethnographischen (Grenz-)Regimeanalyse«, in: *Was ist ein Migrationsregime? What Is a Migration Regime?*, herausgegeben von Andreas Pott, Christoph Rass und Frank Wolff, Wiesbaden: Springer VS, 2018.

Hess, Sabine, (Hrsg.), *Grenzregime: Diskurse, Praktiken, Institutionen in Europa*, Berlin Hamburg: Assoziation A, 2010.

–, »Caught in Mobility: New Zones of Precarity at the Margins of Europe«, in: *Behemot* 5/1 (2012), 8-29.

Hess, Sabine und Vassilis Tsianos, »Ethnographische Grenzregimeanalysen: Eine Methodologie der Autonomie der Migration«, in: *Grenzregime: Diskurse, Praktiken, Institutionen in Europa*, herausgegeben von Sabine Hess und Bernd Kasparek, Berlin: Assoziation A, 2010, 243-64.

Hess, Volker, Laura Hottenrott und Peter Steinkamp, *Testen im Osten: DDR-Arzneimittelstudien im Auftrag westlicher Pharmaindustrie, 1964-1990*, Berlin-Brandenburg: be.bra verlag, 2016.

Hilberg, Raul, *Die Vernichtung der europäischen Juden: Die Gesamtgeschichte des Holocaust*, Berlin: Olle u. Wolter, 1982.

Hildebrandt, Dieter, *Die Mauer ist keine Grenze: Menschen in Ostberlin*, Düsseldorf Köln: Diederichs, 1964.

–, »Die leben ja«, in: *Die Mauer ist keine Grenze: Menschen in Ostberlin*, Düsseldorf Köln: Diederichs, 1964, 11-24.

Hildebrandt, Rainer, *Es geschah an der Mauer*, Zweite, erg. und verb. Ausgabe, Berlin: Arbeitsgemeinschaft 13. August e. V., 1967.

–, *Es geschah an der Mauer: Eine Bilddokumentation des Sperrgürtels um Berlin (West), seine Entwicklung vom »13. August« 1961 bis zum »9. November« 1989 mit den wichtigsten Geschehnissen*, 22. Aufl. Berlin: Verlag Haus am Checkpoint Charlie, 2006.

Hildermeier, Manfred, *Die Russische Revolution. 1905-1921*, Frankfurt/M.: Suhrkamp, 1989.

»Hilferufe von drüben«, in: *Hilferufe von drüben* 2/11 (1980), 3.

Hilmer, Richard, »Motive und Hintergründe von Flucht und Ausreise aus der DDR«, in: *Materialien der Enquete-Kommission »Aufarbeitung der Folgen der SED-Diktatur im Prozeß der deutschen Einheit«*, Bd. 7/1, Baden-Baden, Frankfurt/M.: Nomos, Suhrkamp, 1995, 322-30, 430-49.

Hilse, Werner, »Die Flucht- und Ausreiseproblematik als innenpolitischer Konfliktstoff in der DDR und innerhalb der DDR-Opposition«, in: *Materialien der Enquete-Kommission »Aufarbeitung der Folgen der SED-Diktatur im Prozeß der deutschen Einheit«*, Band 7/1, Baden-Baden, Frankfurt/M.: Nomos, Suhrkamp, 1995, 390-7.

Hintzenstern, Michael von, »Drei Jahre für sieben Worte«, in: *Glaube und Heimat: Mitteldeutsche Kirchenzeitung* (24. Februar 2012).

Hirschman, Albert O., *Abwanderung und Widerspruch: Reaktionen auf Leistungsabfall bei Unternehmungen, Organisationen und Staaten*, Tübingen: Mohr, 1974.

–, »Abwanderung, Widerspruch und das Schicksal der Deutschen Demokratischen Republik: Ein Essay zur konzeptuellen Geschichte«, in: *Leviathan* 20 (1992), 330-58.

–, »›Abwanderung‹ und ›Widerspruch‹: Weitere Anwendungsfelder«, in: *Entwicklung, Markt und Moral: Abweichende Betrachtungen*, München, Wien: Hanser, 1993, 168-91.

Hoeck, Joachim, *Verwaltung, Verwaltungsrecht und Verwaltungsrechtsschutz in der Deutschen Demokratischen Republik*, Berlin: Duncker & Humblot, 2003.

Hoerder, Dirk, *Cultures in Contact: World Migrations in the Second Millennium*, Durham: Duke University Press, 2002.

–, *Geschichte der deutschen Migration: Vom Mittelalter bis heute*, München: C. H. Beck, 2016.

Hoerder, Dirk, Jan Lucassen und Leo Lucassen, »Terminologien und Konzepte der Migrationsforschung«, in: *Enzyklopädie Migration in Europa: vom 17. Jahrhundert bis zur Gegenwart*, herausgegeben von Klaus J. Bade, Pieter C. Emmer, Leo Lucassen und Jochen Oltmer, 2., unveränd. Aufl., Paderborn; München u. a.: Schöningh, 2008, 28-53.

Hoerder, Dirk und Leslie Page Moch (Hrsg.), *European Migrants. Global and Local Perspectives*, Boston: Northeastern University Press, 1996.

Hofmann, Jürgen und Wilfried Trompelt (Hrsg.), »Zur Formierung der sozialistischen deutschen Nation«, in: *Thematische Information und Dokumentation, Akademie für Gesellschaftswissenschaften beim ZK der SED* 42, Reihe A (1984).

Hohmann, Joachim, *Lehrerflucht aus SBZ und DDR 1945-1961: Dokumente zur Geschichte und Soziologie sozialistischer Bildung und Erziehung*, Frankfurt/M.: Lang, 2000.

Hollifield, James F., »Migration and the ›New‹ International Order: The Missing Regime«, in: *Managing Migration: Time for a New International Regime?*, herausgegeben von Bimal Ghosh, Oxford: Oxford University Press, 2000, 75-109.

–, »New International Regime for Orderly Movement of People«, in: *Managing Migration: Time for a New International Regime?*, herausgegeben von Bimal Ghosh, Oxford: Oxford University Press, 2000, 220-48.

Holquist, Peter, *Making War, Forging Revolution. Russia's Continuum of Crisis, 1914-1921*, Cambridge/Mass.: Harvard University Press, 2002.

–, »Violent Russia, Deadly Marxism? Russia in the Epoch of Violence, 1905-21«, in: *Kritika. Explorations in Russian and Eurasian History* 4/3 (2003), 627-52.

Holtmann, Everhard und Anne Köhler, *Wiedervereinigung vor dem Mauerfall: Einstellungen der Bevölkerung der DDR im Spiegel geheimer westlicher Meinungsumfragen*, Frankfurt/M., New York: Campus, 2015.

Holtz-Bacha, Christina und Lydia Lee Kaid, »Wahlspots im Fernsehen: Eine Analyse der Parteienwerbung zur Bundestagswahl 1990«, in: *Die Massenmedien im Wahlkampf: Untersuchungen aus dem Wahljahr 1990*, herausgegeben von Christina Holtz-Bacha und Lynda Lee Kaid, Opladen: Westdeutscher Verlag, 1993, 46-71.

Honecker, Erich, »Interview mit Erich Voltmer, Chefredakteur der ›Saarbrücker Zeitung‹«, in: *Deutschland Archiv* 4/10 (1977), 429-41.

Honecker, Erich und Erich Voltmer, »Der Sozialismus hat sich in 30 Jahren DDR erfolgreich entwickelt«, in: *Neues Deutschland* 33/158 (7. Juli 1978), 3 f.

Hong, Young-sun, *Cold War Germany, the Third World, and the Global Humanitarian Regime*, New York: Cambridge University Press, 2015.

Hoppe, Jörg A., Klaus Maeck und Heiko Lange, *B-Movie: Lust & Sound in West-Berlin 1979-1989*, Hamburg: Edel, 2015.

Hörath, Julia, *»Asoziale« und »Berufsverbrecher« in den Konzentrationslagern 1933 bis 1938*, Göttingen: Vandenhoeck & Ruprecht, 2017.

Hörburger, Christian (Hrsg.), *Nihilisten, Pazifisten, Nestbeschmutzer: Gesichtete Zeit im Spiegel des Kabaretts*, Tübingen: Verein für Friedenspädagogik, 1993.

Huhn, Eckart, *Die Passierscheinvereinbarungen des Berliner Senats mit der Regierung der DDR 1963 bis 1966: deutsch-deutsche Verhandlungen zur Überwindung der politischen Sprachlosigkeit und der Milderung menschlicher Härten als Folge des Mauerbaus*, Ludwigsfelde: Ludwigsfelder Verlagshaus, 2011.

Huppenbauer, Ulrich, »Antwortbrief«, 2010, online verfügbar unter: ⟨http://

www.bitterlemmer.net/wp/2010/09/26/fallstudie-fur-desinformation-
das-marchen-von-den-desinteressierten-wessis-und-reisefreudigen-os-
sis/⟩ (Stand März 2019).

Hur, Joon-Young, *Die Integration ostdeutscher Flüchtlinge in der Bundesrepublik Deutschland durch Beruf und Qualifikation*, Frankfurt/M. u. a.:
Peter Lang, 2011.

Hürtgen, Renate, *Zwischen Disziplinierung und Partizipation: Vertrauensleute des FDGB im DDR-Betrieb*, Köln: Böhlau, 2005.

–, *Ausreise per Antrag: Der lange Weg nach drüben. Eine Studie über Herrschaft und Alltag in der DDR-Provinz*, Göttingen: Vandenhoeck & Ruprecht, 2014.

Huyn, Hans Graf, »Die Parlamentsrede des Jahres 1979 von Hans Graf
Huyn«, in: *Hilferufe von drüben* 2/8 (1980), 3.

»›Ich klage an‹: Hilferuf eines Arztes aus der ›DDR‹«, in: *Rheinischer Merkur* (26. August 1977).

»Im neuen Deutschland«, in: *Die Zeit* 34 (18. August 1989).

International League for Human Rights, *East Germany: No Right to Leave.
A Report of the Family Reunification Project*, New York: ILHR, 1983.

»Interview Erich Honeckers: Zu einigen aktuellen Fragen der Innen- und
Außenpolitik der DDR«, in: *Neues Deutschland* 39/195 (18. August 1984),
1 f.

»Ja, es ist Krieg«, in: *Frankfurter Allgemeine Zeitung* (*FAZ*) (27. Januar 1988).

Jäger, Claus, »›Moskau-Fraktion im WDR‹, Presseerklärung«, in: *Hilferufe
von drüben* 2/10 (1980), 2.

Jäger, Jens, *Fotografie und Geschichte*, Frankfurt/M., New York: Campus,
2009.

Jahn, Roland, »›Du bist wie Gift‹«, in: *Der Spiegel* 26 (27. Juni 1983), 68-77.

Jahn, Ute, *Jugendwerkhöfe und sozialistische Erziehung in der DDR*, Erfurt:
Landesbeauftragte des Freistaates Thüringen für die Unterlagen des
Staatssicherheitsdienstes der Ehemaligen DDR, 2010.

Jakobs, Hartmut und Herr Lange, »Stromabsperrung«, in: *Lebensjahre im
Schatten der deutschen Grenze: Selbstzeugnisse vom Leben an der inner-
deutschen Grenze seit 1945*, herausgegeben von Heiko Steffens, Birger
Ollrogge und Gabriela Kubanek, Opladen: Leske + Budrich, 1990, 121-4.

Jander, Martin, »Rez.: Peter Eisenfeld: ›rausschmeißen …‹: Zwanzig Jahre
politische Gegnerschaft in der DDR«, 19. März 2003, online verfügbar
unter: ⟨www.hsozkult.de/publicationreview/id/rezbuecher-2457⟩ (Stand
März 2019).

Jansen, Wolfgang, »Bedrückend und peinlich: Anmerkungen zum Axel-
Springer-Dienst«, in: *Sozialdemokratischer Pressedienst* 28/118 (25. Juni
1973), 5 f.

Janßen, Karl-Heinz, »Ein deutscher Dialog«, in: *Die Zeit* 21 (26. Mai 1967).

Jarausch, Konrad Hugo, *After Hitler: Recivilizing Germans, 1945-1995*, Oxford, New York: Oxford University Press, 2006.

Jarausch, Konrad und Michael Geyer, *Zerbrochener Spiegel: Deutsche Geschichte im 20. Jahrhundert*, München: Deutsche Verlags-Anstalt, 2005.

Jellinek, Georg, *Allgemeine Staatslehre*, Berlin: Häring, 1900.

Jenkis, Helmut W., *Der Freikauf von DDR-Häftlingen: Der deutsch-deutsche Menschenhandel*, Berlin: Duncker & Humblot, 2012.

Jensen, Steven L. B., *The Making of International Human Rights: The 1960s, Decolonization and the Reconstruction of Global Values*, New York: Cambridge University Press, 2016.

Jeppesen, Travis, »Fünf Gemälde von Rainer Fetting«, in: *Rainer Fetting: Berlin*, herausgegeben von der Berlinischen Galerie, Berlin: Hirmer, 2011, 32-9.

Jeschonnek, Günter, »Ausreise: Das Dilemma des ersten deutschen Arbeiter-und-Bauern-Staates?«, in: *Freiheit ist immer die Freiheit ...: Die Andersdenkenden in der DDR*, herausgegeben von Ferdinand Kroh, Frankfurt/M.: Ullstein, 1988, 234-69.

–, »Die Selbstorganisation von Ausreiseantragstellern in den achtziger Jahren in der DDR«, in: *Materialien der Enquete-Kommission »Aufarbeitung der Folgen der SED-Diktatur im Prozeß der deutschen Einheit«*, Band 7/1, Baden-Baden, Frankfurt/M.: Nomos, Suhrkamp, 1995, 397-405.

Jesse, Eckhard (Hrsg.), *Eine Revolution und ihre Folgen: 14 Bürgerrechtler ziehen Bilanz*, Berlin: Ch. Links, 2000.

Johannsen, Lasse O., *Die rechtliche Behandlung ausreisewilliger Staatsbürger in der DDR*, Frankfurt/M. u.a.: Lang, 2007.

Johnson, Jason B., *Divided Village: The Cold War in the German Borderlands*, London, New York: Routledge, 2017.

Johnson, Lyndon B., »Ansprache«, in: *Bulletin des Presse- und Informationsamtes der Bundesregierung* 155 (22. August 1961), 1495 f.

–, »Versicherung einer gemeinschaftlichen Politik«, in: *Bulletin des Presse- und Informationsamtes der Bundesregierung* 156 (23. August 1961), 1506.

Johnston, Hank und John A. Noakes (Hrsg.), *Frames of Protest: Social Movements and the Framing Perspective*, Lanham: Rowman & Littlefield, 2005.

Johnston, Timothy, »Peace or Pacifism? The Soviet ›Struggle for Peace in All the World‹, 1948-54«, in: *The Slavonic and East European Review* 86/2 (2008), 259-82.

Joppke, Christian, »Why Leipzig? ›Exit‹ and ›Voice‹ in the East German Revolution«, in: *German Politics* 2/3 (1993), 393-414.

Jorke, Dietfried, »Walter Brednow (1896-1976)«, in: *Medizinprofessoren und ärztliche Ausbildung: Beiträge zur Geschichte der Medizin*, herausgegeben von Günther Wagner und Gerhard Wessel, Jena: Universitätsverlag Jena, 1992, 273-9.

Judt, Matthias, *Der Bereich Kommerzielle Koordinierung: Das DDR-Wirtschaftsimperium des Alexander Schalck-Golodkowski Der Häftlingsfreikauf aus der DDR 1962. Mythos und Realität*, Berlin: Ch. Links, 2013.

Judt, Tony, *Postwar: A History of Europe since 1945*, New York: Penguin Press, 2005.

Jungblut, Michael, »Gastarbeiter: Die Kulis der Nation«, *Die Zeit* 42 (20. Oktober 1972).

Junge Union Deutschlands, Landesverband Berlin, *Zeuge der Anklage, Nico Hübner*, Berlin: Junge Union Deutschlands, Landesverband Berlin, 1978.

Junge Union und Hilferufe von drüben, »Aufkleberabdruck: Rettet Rainer Bäurich! aus der Vernichtungshaft der ›DDR‹«, in: *Hilferufe von drüben* 5/18 (1982), 1.

Kabus, Petra, »Liebesgaben für die Zone: Paketkampagnen und Kalter Krieg«, in: *Das Westpaket: Geschenksendung, keine Handelsware*, herausgegeben von Christian Härtel und Petra Kabus, Berlin: Ch. Links, 2000, 121-36.

Kafka, Ben, *The Demon of Writing: Powers and Failures of Paperwork*, New York: Zone Books, 2012.

Kaiser, Tobias, »Die konfliktreiche Transformation einer Traditionsuniversität«, in: *Traditionen, Brüche, Wandlungen: Die Universität Jena 1850-1995*, Köln, Weimar: Böhlau, 2009, 598-699.

Kalow, Gert, *Hitler: Das gesamtdeutsche Trauma: Zur Kritik des politischen Bewußtseins.* München: Piper, 1967.

–, »Hitler, das gesamtdeutsche Trauma«, in: *Der Monat* 19/221 (1967), 5-14.

–, *Hitler – das deutsche Trauma: Zur Kritik des politischen Bewußtseins*, München: Piper, 1984.

Kamenka, Eugene, *Bureaucracy*, Oxford: Basil Blackwell, 1989.

Karakayali, Serhat, *Gespenster der Migration: Zur Genealogie illegaler Einwanderung in der Bundesrepublik Deutschland*, Bielefeld: transcript, 2008.

Kästner, Annett, *Eingaben im Zivilrecht der DDR: Eine Untersuchung von Eingaben zu mietrechtlichen Ansprüchen aus den Jahren 1986 und 1987*, Berliner Wissenschafts-Verlag, 2006.

Kauders, Anthony, *Democratization and the Jews: Munich, 1945-1965*, Lincoln: University of Nebraska Press, 2004.

Kaumkötter, Jürgen, *Der Tod hat nicht das letzte Wort: Kunst in der Katastrophe 1933-1945*, Berlin: Galiani, 2015.

»Kein Anlass zur Panikstimmung: Gespräch des Bundeskanzlers mit Außenminister Dr. von Brentano«, in: *Bulletin des Presse- und Informationsamtes der Bundesregierung* 151 (16. August 1961), 1461.

»Kein Stacheldraht aus der Bundesrepublik«, in: *Bulletin des Presse- und Informationsamtes der Bundesregierung* 153 (18. August 1961), 1478.

»Keine Angst mehr«, in: *Der Spiegel* 42 (Okt 1976), 76-8.

Kellerhoff, Sven Felix und Lars-Broder Keil, *Gerüchte machen Geschichte. Folgenreiche Falschmeldungen im 20. Jahrhundert*, Berlin: Ch. Links, 2013.

Kenez, Peter, *The Birth of the Propaganda State: Soviet Methods of Mass Mobilization, 1917-1929*, Cambridge: Cambridge University Press, 1985.

Keohane, Robert O., »The Demand for International Regimes«, in: *International Organization* 36/2 (1982), 325-55.

Kepplinger, Hans Mathias, Stefan Dahlem und Hans-Bernd Brosius, »Helmut Kohl und Oskar Lafontaine im Fernsehen: Quellen der Wahrnehmung ihres Charakters und ihrer Kompetenz«, in: *Die Massenmedien im Wahlkampf: Untersuchungen aus dem Wahljahr 1990*, herausgegeben von Christina Holtz-Bacha und Lynda Lee Kaid, Opladen: Westdeutscher Verlag, 1993, 144-85.

Kessler, Horst-Günter und Jürgen Miermeister (Hrsg.), *Vom »Großen Knast« ins »Paradies«? DDR-Bürger in der Bundesrepublik*, Reinbek bei Hamburg: Rowohlt, 1983.

Kessler, Mario, »Jürgen Kuczynski – ein linientreuer Dissident?«, in: *Utopie kreativ* 171 (2005), 42-9.

Kewenig, Wilhelm A., »Die deutsche Staatsbürgerschaft – Klammer der Nation?«, in: *Europa-Archiv* 42/18 (1987), 517-22.

Kimmel, Elke, »Das Notaufnahmeverfahren«, in: *Deutschland Archiv* 38/6 (2005), 1023-32.

–, »... *war ihm nicht zuzumuten, länger in der SBZ zu bleiben«: DDR-Flüchtlinge im Notaufnahmelager Marienfelde*, Berlin: Metropol, 2009.

Kimminich, Otto, *Fluchthilfe und Flucht aus der DDR in die Bundesrepublik Deutschland*, Hamburg: Institut für Internationale Angelegenheiten, 1974.

»Kindertausch: Loch in der Mauer«, in: *Der Spiegel* 17 (21. April 1965), 77 f.

Kinnebrock, Susanne, »Jenseits von Grenzen: Transnationale Kommunikation und transnationale Akteurinnen im Umfeld des Allgemeinen Deutschen Frauenvereins«, in: *Politische Netzwerkerinnen: Internationale Zusammenarbeit von Frauen, 1830-1960*, herausgegeben von Eva Schöck-Quinteros, Berlin: Trafo-Verlag, 2007, 79-101.

Kinnigkeit, W., »Warten auf den Flüchtlingsausweis«, in: *Die Zeit* 12 (März 1964), 22.

Kiss, Lászlo, »Politik und Wahrnehmung: Ungarns (Aussen-)Politik im Übergang – Österreichs Aussenpolitik im Zuge der Umbruchsjahre

(1988-1991)«, in: *Grenzöffnung 1989: Innen- und Außenperspektiven und die Folgen für Österreich*, herausgegeben von Andrea Brait und Michael Gehler, Wien, Köln, Weimar: Böhlau, 2014, 405-26.

Kitschelt, Herbert, »Political Regime Change: Structure and Process-Driven Explanations?«, in: *American Political Science Review* 86/4 (1992), 1028-34.

Kittke, Horst-Dieter und Gerhard Rieger, »Zur (Wieder-)Einführung einer Verwaltungsgerichtsbarkeit in der DDR«, in: *Deutschland Archiv* 22 (1989), 174-9.

»Klare Verhältnisse«, in: *Neues Deutschland* (14. August 1961), 1 f.

Klein, Thomas, *»Frieden und Gerechtigkeit!«: Die Politisierung der unabhängigen Friedensbewegung in Ost-Berlin während der 80er Jahre*, Köln: Böhlau, 2007.

–, *SEW – die Westberliner Einheitssozialisten: Eine »ostdeutsche« Partei als Stachel im Fleische der »Frontstadt«?*, Berlin: Ch. Links, 2009.

Kleine-Brockhoff, Thomas und Oliver Schröm, »Innerdeutsche Beziehungen: Die Vogel-Fluglinie. Wie Anwälte Reiche auf eigene Rechnung freikauften«, in: *Die Zeit* (28. August 1992).

Kleinschmidt, Harald, *Menschen in Bewegung: Inhalte und Ziele historischer Migrationsforschung*, Göttingen: Vandenhoeck & Ruprecht, 2002.

–, *People on the Move: Attitudes toward and Perceptions of Migration in Medieval and Modern Europe*, Westport: Praeger Publishers, 2003.

Kleßmann, Christoph, *Zwei Staaten, eine Nation: deutsche Geschichte 1955-1970*, Göttingen: Vandenhoeck & Ruprecht, 1988.

–, *Die doppelte Staatsgründung: deutsche Geschichte 1945-1955*, 5., überarb. und erw. Aufl., Bonn: BpB, 1991.

–, *Zwei Staaten, eine Nation: deutsche Geschichte 1955-1970*, 2., überarb. und erw. Aufl., Bonn: BpB, 1997.

Kleßmann, Christoph und Peter Lautzas (Hrsg.), *Teilung und Integration: Die doppelte deutsche Nachkriegsgeschichte als wissenschaftliches und didaktisches Phänomen*, Schwalbach/Ts.: Wochenschau-Verlag, 2006.

Kleuters, Joost, *Reunification in West German Party Politics from Westbindung to Ostpolitik*, New York: Palgrave Macmillan, 2012.

Klose, Joachim (Hrsg.), *Militarisierung von Staat und Gesellschaft in der DDR*, Leipzig: Leipziger Universitätsverlag, 2015.

Klose, Peter, »Kann Fluchthilfe strafbar sein?«, in: *Zeitschrift für Rechtspolitik* 9/2 (1976), 27-32.

Klump, Brigitte, *Das rote Kloster: Eine deutsche Erziehung*, Hamburg: Hoffmann und Campe, 1978.

–, *Freiheit hat keinen Preis: Ein deutsch-deutscher Report*, München u. a.: Herbig, 1981.

Klusmeyer, Douglas B. und Demetrios G. Papademetriou, *Immigration*

Policy in the Federal Republic Of Germany: Negotiating Membership and Remaking the Nation, New York: Berghahn Books, 2013.

Knabe, Hubertus (Hrsg.), *West-Arbeit des MfS: Das Zusammenspiel von »Aufklärung« und »Abwehr«*, Berlin: Ch. Links, 1999.

Knirsch, Thomas, *Wahlkampf, Wahlwerbung und Wertewandel: Die Bundestagswahlkämpfe der CDU und SPD von 1949-1994*, Bonn: Univ. Diss., 2003.

Knobloch, Charlotte, »›Zeit der Zeitzeugen geht zu Ende.‹ Charlotte Knobloch im Gespräch mit Birgit Wentzien«, Deutschlandfunk (25. Februar 2016), online verfügbar unter: ⟨https://www.deutschlandfunk.de/charlotte-knobloch-zeit-der-zeitzeugen-geht-zu-ende.1295.de.html?dram:article_id=346703⟩ (Stand März 2019).

Knöfler, Eberhardt W., »Prof. Dr. Peter Friedrich Matzen zum 100. Geburtstag«, in: *Ärzteblatt Sachsen* 10 (2009), 538.

Koch, Alexander, *Der Häftlingsfreikauf: Eine deutsch-deutsche Beziehungsgeschichte*, München: Allitera-Verlag, 2014.

Koch, Franz-Josef, »›Ihre Anstrengungen herabgewürdigt‹«, in: *Hilferufe von drüben* 2/10 (1980), 2.

Koch, Hagen und Peter Joachim Lapp, *Die Garde des Erich Mielke: Der militärisch-operative Arm des MfS; das Berliner Wachregiment »Feliks Dzierzynski«*, Aachen: Helios, 2008.

Koch, Reinhard H., »Flucht und Ausreise aus der DDR : Ein Beitrag zum ›Wohlbekannten‹«, in: *Deutschland Archiv* 19/1 (1986), 47-52.

Kock, Carolin, »Wie die Stasi Westdeutschen die Identität stahl: Die Geschichte der Ebners«, *Nordmagazin* (17. Dezember 2017), online verfügbar unter: ⟨https://www.ndr.de/kultur/geschichte/Identitaetsklau-in-der-DDR,identitaetsklau102.html⟩ (Stand März 2019).

Kocka, Jürgen, *Industrial Culture and Bourgeois Society: Business, Labor, and Bureaucracy in Modern Germany*, New York, Oxford: Berghahn Books, 1999.

Koehler, Daniel, *Right-Wing Terrorism in the 21st Century: The »National Socialist Underground« and the History of Terror from the Far-Right in Germany*, London, New York: Routledge, 2017.

Koeller, Christa von, »Verhinderte Aufklärung: Die Arbeit der Internationalen Gesellschaft für Menschenrechte«, in: *Die neue Ordnung* 46/4 (1992), 354-64.

Kohl, Helmut, *Zur Lage der Nation im geteilten Deutschland*, Bonn: Presse- und Informationsamt der Bundesregierung, 1983.

–, *Zur Lage der Nation im geteilten Deutschland: Bericht der Bundesregierung*, Bonn: Presse- und Informationsdienst der Bundesregierung, 1984.

–, »Bericht zur Lage der Nation im geteilten Deutschland vor dem Deutschen Bundestag, 15. März 1984«, in: *Reden 1982-1984*, Bonn: Presse- und Informationsamt der Bundesregierung, 1984, 344-64.

–, *Erinnerungen: 1982 bis 1990*, München: Droemer, 2005.

–, *Vom Mauerfall zur Wiedervereinigung: Meine Erinnerungen*, München: Droemer, 2009.

Köhler, Astrid, *Klaus Schlesinger*, Berlin: Aufbau, 2011.

Kohlrausch, Martin, »Medienskandale und Monarchie: Die Entwicklung der Massenpresse und die ›große Politik‹ im Kaiserreich«, in: *Das 19. Jahrhundert als Mediengesellschaft*, herausgegeben von Jörg Requate, Berlin, Boston: De Gruyter, 2009, 116-30.

Kondek, Gregor, »Ausreisewillige in der ›DDR‹ festgenommen«, in: *Die Welt* (12. Oktober 1983), 5.

»Konjew liess aufmarschieren, Teil 1«, in: *Der Spiegel* 34 (15. August 1966), 22-32.

»Konjew liess aufmarschieren, Teil 3«, in: *Der Spiegel* 36 (29. August 1966), 52-8.

Koop, Volker, »*Den Gegner vernichten*«: *Die Grenzsicherung der DDR*, Bonn: Bouvier, 1996.

Kosing, Alfred, *Nation in Geschichte und Gegenwart: Studie zur historisch-materialistischen Theorie der Nation*, Berlin: Dietz, 1976.

Kosing, Alfred und Walter Schmidt, »Nation und Nationalität in der DDR«, in: *Neues Deutschland* (16. Februar 1975).

Koslowski, Rey, »European Migration Regimes: Emerging, Enlarging and Deteriorating«, in: *Journal of Ethnic and Migration Studies* 24/4 (1998), 735-49.

–, (Hrsg.), *Global Mobility Regimes*, New York u.a.: Palgrave Macmillan, 2011.

Kotkin, Stephen, *Magnetic Mountain: Stalinism as a Civilization*, Berkeley u.a.: University of California Press, 1995.

Kötzing, Andreas, *Kultur- und Filmpolitik im Kalten Krieg: Die Filmfestivals von Leipzig und Oberhausen in gesamtdeutscher Perspektive; 1954-1972*, Göttingen: Wallstein, 2013.

Kowalczuk, Ilko-Sascha, *Stasi konkret: Überwachung und Repression in der DDR*, München: C. H, Beck, 2013.

–, *Endspiel: Die Revolution von 1989 in der DDR*, 3., überarb., korr. und erw. Neuausgabe, München: C. H. Beck, 2015.

Kowalczuk, Ilko-Sascha und Arno Polzin (Hrsg), »Dokument 2: Telefongespräch zwischen Bärbel Bohley/Werner Fischer und Birgit Voigt«, in: *Fasse Dich kurz! Der grenzüberschreitende Telefonverkehr der Opposition in den 1980er Jahren und das Ministerium für Staatssicherheit*, Göttingen: Vandenhoeck & Ruprecht, 2014, 287-96.

–, (Hrsg.), *Fasse Dich kurz! Der grenzüberschreitende Telefonverkehr der Op-*

position in den 1980er Jahren und das Ministerium für Staatssicherheit, Göttingen: Vandenhoeck & Ruprecht, 2014.

Krähnke, Uwe, Matthias Finster, Philipp Reimann und Anja Zschirpe, *Im Dienst der Staatssicherheit: Eine soziologische Studie über die hauptamtlichen Mitarbeiter des DDR-Geheimdienstes*, Frankfurt/M., New York: Campus, 2017.

Krampitz, Karsten, *Der Fall Brüsewitz: Das Verhältnis von Staat und Kirche in der DDR*, Berlin: Verbrecher Verlag, 2016.

Krasner, Stephen D., »Regimes and the Limits of Realism: Regimes as Autonomous Variables«, in: *International Organization* 36/2 (März 1982), 497-510.

–, »Structural Causes and Regime Consequences: Regimes as Intervening Variables«, in: *International Organization* 36/2 (März 1982), 185-205.

Krauel, Torsten, »Wer zu spät kommt …«, in: *Die Welt* (2. Oktober 2014).

Kraus, Albert H., »Der rote ist so brutal wie der braune Faschismus«, in: *Hilferufe von drüben* 1/4 (1979), 2.

Kraus, Alexander und Andreas Renner (Hrsg.), »Ad marginem: Europäische Aufklärung jenseits der Zentren«, in: *Orte eigener Vernunft. Europäische Aufklärung jenseits der Zentren*, Frankfurt/M., New York: Campus, 2008, 9-28.

Krausbeck, Inge, *Ausreisezeit: Abschied von der DDR*, Münster: biografie Verlag, 2009.

Krause, Hans-Ullrich, *Fazit einer Utopie: Heimerziehung in der DDR, eine Rekonstruktion*, Freiburg i. Br.: Lambertus, 2004.

Kraut, Alan M., *Silent Travelers: Germs, Genes, and the »Immigrant Menace«*, Baltimore u. a.: Johns Hopkins University Press, 1995.

Kress, Dorothe D., *Das Wagnis: Die Geschichte einer Ausreise*, Radebeul: Notschriften, 2011.

Kretschmann, Carsten, *Zwischen Spaltung und Gemeinsamkeit: Kultur im geteilten Deutschland*, Berlin-Brandenburg: be.bra verlag, 2012.

Kretschmer, Jörg, *Scheinehen: Missbrauch des Instituts der Ehe (und der Adoption) zu aufenthaltsrechtlichen Zwecken in der Bundesrepublik Deutschland und den USA*, Frankfurt/M.: Verlag für Standesamtswesen, 1993.

Kreutzer, Rudolf, »Folgen der Übersiedlung eines Wehrpflichtigen nach dem Ausland oder West-Berlin?«, in: *Monatsschrift für deutsches Recht: MDR – Zeitschrift für die Zivilrechtspraxis* 19/2 (1965), 99-101.

Kroegel, Dirk, *Einen Anfang finden! Kurt Georg Kiesinger in der Außen- und Deutschlandpolitik der Großen Koalition*, München: Oldenbourg, 1997.

Kroh, Ferdinand (Hrsg.), *Freiheit ist immer die Freiheit … Die Andersdenkenden in der DDR: Sieben Beiträge aus Jena und ein Beitrag aus Halle*, Berlin: Ullstein, 1988.

Krone, Andreas, *Plauen 1945 bis 1949: Vom Dritten Reich bis zum Sozialismus*, TU Chemnitz-Zwickau: Univ. Diss., 2001.

Krone, Tina und Reinhard Schult (Hrsg.), *»Seid untertan der Obrigkeit«: Originaldokumente der Stasi-Kirchenabteilung XX/4*, Berlin: Robert-Havemann-Gesellschaft, 1992.

Krug, Manfred, *Abgehauen: Ein Mitschnitt und ein Tagebuch*, 3. Aufl., Düsseldorf: Econ, 1996.

–, *Abgehauen: Ein Mitschnitt und ein Tagebuch*, Berlin: Ullstein, 2003.

Krüger, Herbert (Hrsg.), *Das Staatsangehörigkeitsrecht in Deutschland (Bundesrepublik und DDR), Textausg. mit Hinweisen und Übersichten sowie einem Vorwort von Herbert Krüger*, Frankfurt/M.: A. Metzner, 1975.

Krüger, Waltraud, *Ausreise-Antrag: Sie nannten mich Nervensäge*, Köln: Markus-Verlagsgesellschaft, 1989.

Krüger, Waltraud, Klaus Krüger und Anita Krüger, »›Lassen Sie nicht nach!‹ Brief der Familie Krüger an ›Hilferufe von drüben‹«, in: *Hilferufe von drüben* 3/12 (1980), 1 f.

Kubina, Michael, *Ulbrichts Scheitern: Warum der SED-Chef nicht die Absicht hatte eine »Mauer« zu errichten, sie aber dennoch bauen ließ*, Berlin: Ch. Links, 2013.

Kuczynski, Jürgen, »Wanderer zwischen zwei Welten«, in: *Neues Deutschland* (20. August 1961), 5.

–, »Abgrenzung«, in: *Neues Deutschland* (10. Februar 1971).

–, *Menschenrechte und Klassenrechte*, Berlin: Akademie-Verlag, 1978.

Kuenheim, Haug von, »Marienfelde – fünf Jahre danach«, in: *Die Zeit* 35 (26. August 1966), 2.

Kühn, Detlef, »Häftlingsfreikauf [inkl. Operative Information der HA V/5]«, in: *Deutschland Archiv* 3 (2011), 381-4.

Kühne, Wolf, *Beerdigung der DDR*, Dokumentarfilm, Berlin, 1990.

Kuhrmann, Anke, »An der Grenze. Künstler aus Ost und West sehen die Berliner Mauer«, in: *Die Berliner Mauer in der Kunst: Bildende Kunst, Literatur und Film*, herausgegeben von Anette Dorgerloh, Anke Kuhrmann und Doris Liebermann, Berlin: Ch. Links, 2011, 14-29.

Kulick, Holger, »›Kein Arschloch – ein Verbrecher‹: Wolf Biermann über Sascha Andersons Stasi-Spitzeldienste«, in: *Horch und Guck* 29 (2000), 42-4.

Kulischer, Alexander und Eugene M. Kulischer, *Kriegs- und Wanderzüge*, Berlin u. a.: De Gruyter, 1932.

Kuller, Christiane, »›Kämpfende Verwaltung‹: Bürokratie im NS-Staat«, in: *Das »Dritte Reich«*, herausgegeben von Dietmar Süß und Winfried Süß, München: Pantheon, 2008, 227-46.

»›Künftig auch wieder mehr an uns denken‹«, in: *Der Spiegel* 17 (1978), 43 f.

Kunter, Katharina, *Erfüllte Hoffnungen und zerbrochene Träume: Evange-*

lische Kirchen in Deutschland im Spannungsfeld von Demokratie und Sozialismus (1980-1993), Göttingen: Vandenhoeck & Ruprecht, 2006.

Kunze, Dirk, »Der Verschwundene« (12. Mai 2015), online verfügbar unter: ⟨http://thewidesight.de/?p=238⟩ (Stand März 2019).

Kunze, Reiner (Hrsg.), »Fahnenappell«, in: Hilferufe von drüben 1/3 (1978), 2.

–, Deckname »Lyrik«: Eine Dokumentation, Frankfurt/M.: Fischer, 1990.

Kuratorium Unteilbares Deutschland, Unteilbares Deutschland: Die Konstituierung des Kuratoriums der Volksbewegung für die Wiedervereinigung, Reden und Dokumente, Juni/Juli 1954, Neuenahr, 1960.

–, Jugend sieht Deutschland, München: Langen Müller, 1961.

–, Berlin, 13. August 1961, Köln, 1963.

–, Widerstand gegen die Teilung: Eine Dokumentation, Berlin u. a., 1966.

–, (Hrsg.), Wir gehören zusammen, Frankfurt/M.: Societäts-Verlag, 1967.

–, (Hrsg.), Wir gehören zusammen: Arbeiten aus einem Wettbewerb von Kindern und Jugendlichen, Frankfurt/M.: Societäts-Verlag, 1967.

Kurz, Friedrich, »Ungarn 1989«, in: Die sieben Mythen der Wiedervereinigung, München: Ehrenwirth, 1991, 123-64.

Kuschel, Franziska und Lutz Maeke, »Konsolidierung und Wandel: Die Personalpolitik des MdI bis 1969«, in: Hüter der Ordnung: Die Innenministerien in Bonn und Ost-Berlin nach dem Nationalsozialismus, herausgegeben von Frank Bösch und Andreas Wirsching, Göttingen: Wallstein, 2018, 238-65.

Küsters, Hanns Jürgen, »Die Bedeutung der Entstalinisierungskrise für die Deutschlandpolitik«, in: Kommunismus in der Krise: Die Entstalinisierung 1956 und die Folgen, herausgegeben von Roger Engelmann, Thomas Großbölting und Hermann Wentker, Göttingen: Vandenhoeck & Ruprecht, 2008, 219-32.

Küsters, Hanns Jürgen und Daniel Hofmann (Hrsg.), Deutsche Einheit: Sonderedition aus den Akten des Bundeskanzleramtes 1989/90, München: Oldenbourg, 1998.

Ladd, Brian, The Ghosts of Berlin: Confronting German History in the Urban Landscape, Chicago: University of Chicago Press, 1997.

Lahav, Gallya und Virginie Guiraudon, »Actors and Venues in Immigration Control: Closing the Gap between Political Demands and Policy Outcomes«, in: West European Politics 29/2 (2006), 201-23.

Lainer-Vos, Dan, Sinews of the Nation: Constructing Irish and Zionist Bonds in the United States, Cambridge: Polity Press, 2012.

Lapp, Peter Joachim, Grenzregime der DDR, Aachen: Helios, 2013.

»Laßt mich raus!«, in: BZ (26. Mai 1976).

Laudien, Karsten und Anke Dreier-Horning (Hrsg.), Jugendhilfe und

Heimerziehung im Sozialismus: Beiträge zur Aufarbeitung der Sozialpäda-gogik in der DDR, Berlin: Berliner Wissenschafts-Verlag, 2016.

Le Goff, Jacques, *Die Geburt des Fegefeuers: Vom Wandel des Weltbildes im Mittelalter*, München: Klett-Cotta, 1990.

Lehmann, Hans Georg, »Mit der Mauer leben? Die Einstellung zur Berli-ner Mauer im Wandel«, in: *APuZ* B 33-34/86 (1986), 19-34.

Leisner, Walter, »§ 173 Eigentum«. In *Handbuch des Staatsrechts der Bundes-republik Deutschland*, Bd. 8: *Grundrechte: Wirtschaft, Verfahren, Gleich-heit*, herausgegeben von Josef Isensee und Paul Kirchhof, 3. Aufl., Hei-delberg: C. F. Müller, 2010, 301-92.

Lemke, Michael, *Die Berlinkrise 1958 bis 1963: Interessen und Handlungs-spielräume der SED im Ost-West-Konflikt*, Berlin: Akademie-Verlag, 1995.

–, »Idee und Planung einer deutschen Konföderation im Spannungsfeld von innerdeutschen Interessen der SED und deutschlandpolitischem Kalkül der UdSSR: 1954-1961«, in: *Die DDR: Erinnerung an einen un-tergegangenen Staat*, herausgegeben von Heiner Timmermann, Berlin: Duncker und Humblot, 1999, 429-52.

Lemmer, Ernst, »An die Zonenbevölkerung [Ansprache WDR, 14. August 1961]«, in: *Bulletin des Presse- und Informationsamtes der Bundesregierung* 151 (16. August 1961), 1463.

»Lemmer fordert von Pankow Familienzusammenführung«, in: *FAZ* (9. September 1961), 1.

Lenin, Wladimir I., »›Womit beginnen?‹ (Mai 1901)«, in: ders., *Werke*, Bd. 5: *Mai 1901-Februar 1902*, Berlin (Ost): Dietz, 1971, 3-10.

–, »Über den Staat. Vorlesung an der Swerdlow-Universität, 11. Juli 1919«, in: *Lenin Werke*, Berlin (Ost): Dietz, 1984, 460-79.

Lepp, Claudia, *Wege in die DDR: West-Ost-Übersiedlungen im kirchlichen Bereich vor dem Mauerbau*, Göttingen: Wallstein, 2015.

Lesser, Jeffrey, *Immigration, Ethnicity, and National Identity in Brazil, 1808 to the Present*, Cambridge: Cambridge University Press, 2012.

»Letztes Bollwerk des Kolonialismus: Millionen von Menschen fremder Völker in der Hörigkeit der Sowjets«, in: *Bulletin des Presse- und Infor-mationsamtes der Bundesregierung* 149 (12. August 1961), 1451 f.

Levin, Bernhard, »Glühende Funken der Freiheit«, in: *Hilferufe von drüben* 1/1 (April 1978), 2.

Lewek, Christa, Manfred Stolpe und Joachim Garstecki (Hrsg.), *Menschen-rechte in christlicher Verantwortung*, 2. Aufl. Berlin: Evangelische Verlags-anstalt, 1981.

Liebernickel, Martin, *Erpressung ausreisewilliger DDR-Bürger*, Baden-Ba-den: Nomos, 2000.

Lindenberger, Thomas, »Diktatur der Grenze(n), Die eingemauerte Ge-sellschaft und ihre Feinde«, in: *Mauerbau und Mauerfall: Ursachen, Ver-*

lauf, Auswirkungen, herausgegeben von Hans-Hermann Hertle, Konrad Jarausch und Christoph Kleßmann, Berlin: Ch. Links, 2002, 203-13.

–, *Volkspolizei: Herrschaftspraxis und öffentliche Ordnung im SED-Staat 1952-1968*, Köln, Weimar, Wien: Böhlau, 2003.

–, »Divided, But Not Disconnected: Germany as a Border Region of the Cold War«, in: *Divided, but Not Disconnected: German Experiences of the Cold War*, herausgegeben von Tobias Hochscherf, Christoph Laucht und Andrew Plowman, London: Berghahn Books, 2010, 11-33.

Lindheim, Thomas von, *Bezahlte Freiheit. Der Häftlingsfreikauf zwischen beiden deutschen Staaten*, Baden-Baden: Nomos, 2011.

Lindner, Bernd, »›Dein Päckchen nach drüben‹: Der deutsch-deutsche Paketversand und seine Rahmenbedingungen«, in: *Das Westpaket: Geschenksendung, keine Handelsware*, herausgegeben von Christian Härtel und Petra Kabus, Berlin: Ch. Links, 2000, 25-44.

Lipphardt, Anna und Inga Schwartz, »Follow the People! Examining Migration Regimes through the Trajectories of Unauthorized Migrants«, in: *Was ist ein Migrationsregime? What Is a Migration Regime?*, herausgegeben von Andreas Pott, Christoph Rass und Frank Wolff, Wiesbaden: Springer VS, 2018, 187-205.

Lochen, Hans-H., »Das Vorgehen gegen Ausreisewillige«, in: *Materialien der Enquete-Kommission »Aufarbeitung der Folgen der SED-Diktatur im Prozeß der deutschen Einheit«*, Band IV, Baden-Baden, Frankfurt/M.: Nomos, Suhrkamp, 1995, 270-9.

Lochen, Hans-Hermann und Christian Meyer-Seitz (Hrsg.), *Die geheimen Anweisungen zur Diskriminierung Ausreisewilliger: Dokumente der Stasi und des Ministeriums des Innern*, Köln: Bundesanzeiger, 1992.

–, (Hrsg.), »MfS-Befehl 1/75 vom 15. Dezember 1975«, in: *Die geheimen Anweisungen zur Diskriminierung Ausreisewilliger: Dokumente der Stasi und des Ministeriums des Innern*, Köln: Bundesanzeiger, 1992, 73-85.

–, (Hrsg.), »MfS-Befehl Nr. 6/77 vom 18. März 1977«, in: *Die geheimen Anweisungen zur Diskriminierung Ausreisewilliger: Dokumente der Stasi und des Ministeriums des Innern*, Köln: Bundesanzeiger, 1992, 21-71.

–, (Hrsg.), »MfS-Dienstanweisung Nr. 2/83 vom 13. Oktober 1983«, in: *Die geheimen Anweisungen zur Diskriminierung Ausreisewilliger: Dokumente der Stasi und des Ministeriums des Innern*, Köln: Bundesanzeiger, 1992, 87-205.

–, (Hrsg.), »Schreiben des Ministers des Innern und Chefs der Deutschen Volkspolizei vom 15. November 1976«, in: *Die geheimen Anweisungen zur Diskriminierung Ausreisewilliger: Dokumente der Stasi und des Ministeriums des Innern*, Köln: Bundesanzeiger, 1992, 361-8.

Lohr, Eric, *Russian Citizenship: From Empire to Soviet Union*, Cambridge/Mass. u. a.: Harvard University Press, 2012.

Lotz, Christian, *Die Deutung des Verlusts: Erinnerungspolitische Kontroversen im geteilten Deutschland um Flucht, Vertreibung und die Ostgebiete (1948-1972)*, Köln, Weimar: Böhlau, 2007.

Löwenthal, Gerhard, »N. N.«, in: *Hilferufe von drüben* 1/1 (April 1978), 1.

–, *Ich bin geblieben. Erinnerungen*, München, Berlin: F. A: Herbig, 1987.

–, »Verdeckter Bürgerkrieg«, in: *Hilferufe von drüben* 11/41 (1988), 2.

–, »Politische Mobilmachung gegen die ›Hilferufe von drüben‹ im ZDF-Magazin«, in: *Feindzentrale: Hilferufe von drüben*, herausgegeben von Gerhard Löwenthal, Helmut Kamphausen und Claus P. Clausen, 2. Aufl., Lippstadt: Hilferufe von drüben e. V., 1994, 22-32.

–, »Rainer Bäurichs Manifest«, in: *Feindzentrale: Hilferufe von drüben*, herausgegeben von Gerhard Löwenthal, Helmut Kamphausen und Claus P. Clausen, 2. Aufl., Lippstadt: Hilferufe von drüben e. V., 1994, 194-211.

Löwenthal, Gerhard, Helmut Kamphausen und Claus P. Clausen (Hrsg.), *Feindzentrale: Hilferufe von drüben*, Lippstadt: Hilferufe von drüben e. V., 1993.

Lübke, Heinrich, »Eine menschliche Tragödie größten Ausmaßes«, in: *Bulletin des Presse- und Informationsamtes der Bundesregierung* 164 (2. September 1961), 1573 f.

–, »Fester Platz der freien Welt: Der Bundespräsident zur Eröffnung der Deutschen Oper Berlin (14. September 1961)«, in: *Bulletin des Presse- und Informationsamtes der Bundesregierung* 182 (28. September 1961), 1731 f.

Lucassen, Jan und Leo Lucassen, »Alte Paradigmen und neue Perspektiven in der Migrationsgeschichte«, in: *Über die trockene Grenze und Über das offene Meer: Binneneuropäische und transatlantische Migrationen im Vergleich*, herausgegeben von Mathias Beer und Dittmar Dahlmann, Essen: Klartext, 2004, 17-44.

–, (Hrsg.), *Migration, Migration History, History. Old Paradigms and New Perspectives*, Bern: Peter Lang, 2005.

Lucassen, Leo, »The Great War and the Origins of Migration Control in Western Europe and the United States (1880-1920)«, in: *Regulation of Migration. International Experiences*, herausgegeben von Anita Böcker, Kees Groenendijk, Tetty Havinga und Paul Minderhoud, Amsterdam: Het Spinhuis Publishers, 1998, 45-72.

Lucht, Roland, »Karteien, Speicher, Datenbanken: Kern des Informationssystems der Abteilung XII«, in: *Das Gedächtnis der Staatssicherheit: Die Kartei- und Archivabteilung des MfS*, herausgegeben von Karsten Jedlitschka und Philipp Springer, Göttingen: Vandenhoeck & Ruprecht, 2015, 167-98.

Lüdicke, Lars, »Adenauer als Außenpolitiker und der Antikommunismus im Auswärtigen Amt«, in: *»Geistige Gefahr« und »Immunisierung der Gesellschaft«: Antikommunismus und politische Kultur in der frühen Bundes-*

republik, herausgegeben von Stefan Creuzberger und Dierk Hoffmann, München: Oldenbourg, 2014, 105-22.

Lüdtke, Alf, *Eigen-Sinn: Fabrikalltag, Arbeitererfahrungen und Politik vom Kaiserreich bis in den Faschismus*, Hamburg: Ergebnisse-Verlag, 1993.

–, »Geschichte und Eigensinn«, in: *Alltagskultur, Subjektivität und Geschichte: Zur Theorie und Praxis von Alltagsgeschichte*, herausgegeben von Berliner Geschichtswerkstatt, Münster: Westfälisches Dampfboot, 1994, 139-53.

Lüdtke, Alf und Peter Becker (Hrsg.), *Akten, Eingaben, Schaufenster: Die DDR und ihre Texte. Erkundungen zu Herrschaft und Alltag*, Berlin: Akademie-Verlag, 1997.

Luhmann, Niklas, *Die Gesellschaft der Gesellschaft*, 2 Bde., Frankfurt/M.: Suhrkamp, 1997.

–, *Die Politik der Gesellschaft*, Frankfurt/M.: Suhrkamp, 1998.

Lunák, P., »Khrushchev and the Berlin Crisis: Soviet Brinkmanship Seen from Inside«, in: *Cold War History* 3/2 (2003), 53-82.

Lüthi, Barbara, *Invading Bodies: Medizin und Immigration in den USA 1880-1920*, Frankfurt/M., New York: Campus, 2009.

MacDonald, John S., »Chain Migration Reconsidered«, in: *Bolletino di Demografía Histórica* 16 (1992), 35-42.

MacDonald, John S. und Leatrice MacDonald, »Chain Migration, Ethnic Neighborhood Formation and Social Networks«, in: *An Urban World*, herausgegeben von Charles Tilly, Boston, Toronto: Little, Brown and Company, 1974, 226-36.

–, »Chain Migration Ethnic Neighborhood Formation and Social Networks«, in: *The Milbank Memorial Fund Quarterly* 42/1 (1964), 82-97.

»Macht das Tor auf«, *Hamburger Abendblatt* (29. Januar 1959), 1.

»Macht Gurkensalat«, *Der Spiegel* 6 (1984), 29 f.

Macków, Jerzy, »Wandel trotz Anbiederung«, in: *Der Tagesspiegel* (28. August 2005).

MacLaughlin, Kevin, *Paperwork: Fiction and Mass Mediacy in the Paper Age*, Philadelphia: University of Pennsylvania Press, 2005.

Maddrell, Paul, *Spying on Science: Western Intelligence in Divided Germany 1945-1961*, Oxford: Oxford University Press, 2006.

Mahoney, James und Richard Snyder, »Rethinking Agency and Structure in the Study of Regime Change«, in: *Studies in Comparative International Development* 34/2 (1999), 3-32.

Major, Patrick, »Torschlußpanik und Mauerbau: ›Republikflucht‹ als Symptom der zweiten Berlin-Krise«, in: *Sterben für Berlin? Die Berliner Krisen 1948-1958*, herausgegeben von Burghard Ciesla, Berlin: Metropol, 2000, 221-43.

–, »Abwanderung, Widerspruch und Loyalität: Die DDR und die offene Grenze vor dem Mauerbau«, in: *Die DDR: Analysen eines aufgegebenen Staates*, herausgegeben von Heiner Timmermann, Berlin: Duncker & Humblot, 2001, 199-209.

–, »Going West: The Open Border and the Problem of Republikflucht«, in: *The Workers' and the Peasants' State: Communism and Society in East Germany under Ulbricht 1945-1971*, herausgegeben von Patrick Major und Patrick Osmond, Manchester u. a.: Manchester University Press, 2002, 190-208.

–, »Innenpolitische Aspekte der zweiten Berlinkrise (1958-1961)«, in: *Mauerbau und Mauerfall: Ursachen, Verlauf, Auswirkungen*, herausgegeben von Hans-Hermann Hertle, Konrad Jarausch und Christoph Kleßmann, Berlin: Ch. Links, 2002, 97-109.

–, *Behind the Berlin Wall: East Germany and the Frontiers of Power*, Oxford, New York: Oxford University Press, 2010.

Makarov, Aleksandr N., *Allgemeine Lehren des Staatsangehörigkeitsrechts*, Stuttgart: Kohlhammer, 1947.

–, *Deutsches Staatsangehörigkeitsrecht: Kommentar*, Frankfurt/M.: Metzner, 1966.

Manning, Patrick, *Migration in World History*, New York u. a.: Routledge, 2005.

Marwell, Gerald und Pamela E. Oliver, *The Critical Mass in Collective Action: A Micro-Social Theory*, Cambridge: Cambridge University Press, 1993.

Marxens, Klaus, »›Recht‹ im Verständnis des Ministeriums für Staatssicherheit«, in: *Justiz im Dienste der Parteiherrschaft: Rechtspraxis und Staatssicherheit in der DDR*, herausgegeben von Roger Engelmann und Clemens Vollnhals, Berlin: Ch. Links, 1999, 15-24.

März, Michael, *Linker Protest nach dem Deutschen Herbst: Eine Geschichte des linken Spektrums im Schatten des »starken Staates«, 1977-1979*, Bielefeld: transcript, 2012.

»Materialien zum Bericht zur Lage der Nation 1971«, in: *Verhandlungen des Deutschen Bundestages 6* (1971), 1-374.

Mathias Beer, (Hrsg.), *Zur Integration der Flüchtlinge und Vertriebenen im deutschen Südwesten nach 1945*, Sigmaringen: Thorbecke, 1993.

–, »Symbolische Politik? Entstehung, Aufgaben und Funktion des Bundesministeriums für Vertriebene, Flüchtlinge und Kriegsgeschädigte«, in: *Migration steuern und verwalten: Deutschland vom späten 19. Jahrhundert bis zur Gegenwart*, herausgegeben von Jochen Oltmer, Göttingen: Vandenhoeck & Ruprecht, 2002, 295-322.

Matthews, Mervyn, *The Passport Society: Controlling Movement in Russia and the USSR*, Boulder: Westview Press, 1993.

Maurer, Jochen, *Dienst an der Mauer: Der Alltag der Grenztruppen rund um Berlin*, Berlin: Ch. Links, 2011.

Maurer, Jochen und Gerhard Sälter, »The Double Task of the East German Border Guards: Policing the Border and Military Functions«, in: *German Politics & Society* 29/2 (2011), 23-39.

Mayer, Wolfgang, *Flucht und Ausreise: Botschaftsbesetzungen als wirksame Form des Widerstands und Mittel gegen die politische Verfolgung in der DDR*, Berlin: Tykve, 2002.

–, »Flucht und Ausreise als Form des Widerstands«, in: *Repression und Haft in der SED-Diktatur und die »gekaufte Freiheit«: Dokumentation des 14. Buchenwald-Gesprächs vom 22. bis 23. November 2004 in Berlin zum Thema »Häftlingsfreikauf«*, herausgegeben von Günter Buchstab, Sankt Augustin: Wissenschaftliche Dienste Archiv für Christlich-Demokratische Politik der Konrad-Adenauer-Stiftung, 2005, 69-87.

McAdam, Doug, John D. McCarthy und Mayer N. Zald, »Social Movements«, in: *Handbook of Sociology*, herausgegeben von Neil J. Smelser, Newbury Park, Beverly Hills, London, New Delhi: Sage, 1988, 695-737.

McAdams, A. James, *East Germany and Detente: Building Authority after the Wall*, Cambridge: Cambridge University Press, 1985.

–, *Germany Divided: From the Wall to Reunification*, Princeton: Princeton University Press, 1993.

McBride, Will, *Berlin im Aufbruch: Fotografien 1956-1963*, Leipzig: Lehmstedt, 2013.

McKeown, Adam, »Global Migration 1846-1940«, in: *Journal of World History* 15/2 (2004), 155-89.

–, *Melancholy Order: Asian Migration and the Globalization of Borders*, New York: Columbia University Press, 2008.

Mehls, Hartmut (Hrsg.), *Im Schatten der Mauer: Dokumente. 12 August bis 29. September 1961*, Berlin: Deutscher Verlag der Wissenschaften, 1990.

Meier-Braun, Karl-Heinz und Reinhold Weber (Hrsg.), *Deutschland Einwanderungsland: Begriffe – Fakten – Kontroversen*, 3. Aufl., Stuttgart: Kohlhammer, 2017.

Melis, Damian, »*Republikflucht«: Flucht und Abwanderung aus der SBZ/DDR 1945 bis 1961; Veröffentlichungen zur SBZ-/DDR-Forschung im Institut für Zeitgeschichte*, München: Oldenbourg, 2006.

Melucci, Alberto, »Social Movements and the Democratization of Everyday Life«, in: *Civil Society and the State*, herausgegeben von J. Keane, London: Verso, 1988, 245-60.

Menge, Marlies, »Bettina Wegner: Ebenso zäh wie dünn«, in: *Die Zeit* 46 (12. November 1982).

Mergel, Thomas, »Überlegungen zu einer Kulturgeschichte der Politik«, in: *Geschichte und Gesellschaft* 28/4 (2002), 574-606.

–, *Propaganda nach Hitler: Eine Kulturgeschichte des Wahlkampfs in der Bundesrepublik 1949-1990*, Göttingen: Wallstein, 2010.

Mergel, Thomas und Thomas Welskopp (Hrsg.), *Geschichte zwischen Kultur und Gesellschaft. Beiträge zur Theoriedebatte*, München: C. H. Beck, 1997.

Merl, Stephan, *Politische Kommunikation in der Diktatur: Deutschland und die Sowjetunion im Vergleich*, Göttingen: Wallstein, 2012.

Merseburger, Peter, *Willy Brandt: 1913-1992: Visionär und Realist*, München: Deutsche Verlags-Anstalt, 2002.

Messinger, Irene, *Schein oder nicht Schein: Konstruktion und Kriminalisierung von »Scheinehen« in Geschichte und Gegenwart*, Wien: Mandelbaum, 2012.

»Methode 1503«, in: *Der Spiegel* 36 (1980), 28 f.

»Methode Hitler«, in: *Bulletin des Presse- und Informationsamtes der Bundesregierung* 153 (18. August 1961), 1479.

Mettke, Jörg-R., »»Gleicher Abstand zu beiden Seiten‹«, in: *Der Spiegel* 29 (1978), 141-6.

Meyer, Bernhard, »Von Deutschland nach Deutschland: Zur ›Republikflucht‹ der Mediziner von 1949-1961«, in: *Berlinische Monatsschrift* 10/3 (2001), 62-8.

Meyer, Christoph, *Die deutschlandpolitische Doppelstrategie: Wilhelm Wolfgang Schütz und das Kuratorium Unteilbares Deutschland (1954-1972)*, Landsberg am Lech: Olzog, 1997.

Meyer, Michel, *Freikauf: Menschenhandel in Deutschland*, Wien, Hamburg: Zsolnay, 1978.

Mezzadra, Sandro, »The Gaze of Autonomy: Capitalism, Migration and Social Struggles«, in: *The Contested Politics of Mobility: Borderzones and Irregularity*, herausgegeben von Vicki Squire, London, New York: Routledge, 2011, 121-42.

Michler, Markwart, »Art. Matzen, Peter Friedrich«, in: *Neue deutsche Biographie*, herausgegeben von Otto Stolberg-Wernigerode, Berlin: Duncker & Humblot, 1990, 420 f.

Middell, Matthias (Hrsg.), *Dimensionen der Kultur- und Gesellschaftsgeschichte: Festschrift für Hannes Siegrist zum 60. Geburtstag*, Leipzig: Leipziger Universitätsverlag, 2007.

Mielke, Erich, »11. Tagung, 13. 11. 1989«, in: *Protokoll, 9. Wahlperiode*, herausgegeben von Volkskammer der DDR, Berlin, 1989, 262 f.

»›Mielkes Unterschrift tut denen weh‹: Befehl 21/74 enthüllt, wie die Stasi Diplomaten und West-Journalisten überwacht und verfolgt«, in: *Der Spiegel* 9 (1. März 1982), 36-48.

Mihr, Anja, *Amnesty International in der DDR: Der Einsatz für Menschenrechte im Visier der Stasi*, Berlin: Ch. Links, 2002.

Miller, Paul, »Artist Keith Haring Paints Berlin Wall«, *NBC Today Show* (31. Oktober 1986), online verfügbar unter: ⟨https://archives.nbclearn.com/portal/site/k-12/flatview?cuecard=114253⟩ (Stand März 2019).

Missbrauch der Transitwege von und nach Westberlin: Dokumentation, Berlin: MfAA der DDR, Presseabteilung, 1964.

Mitchell, William J. Thomas, *Bildtheorie*. Frankfurt/M.: Suhrkamp, 2008.

Moeller, Robert G., »War Stories: The Search for a Usable Past in the Federal Republic of Germany«, in: *The American Historical Review* 101/4 (1996), 1008-48.

Möller, Frank und Ulrich Mählert (Hrsg.), *Abgrenzung und Verflechtung: Das geteilte Deutschland in der zeithistorischen Debatte*, Berlin: Metropol, 2008.

Möller, Michael, »Ereignisse in Wismar«, in: *Friedensnetz* 3 (1988), 15 f.

Molloy, Peter M., *The Lost World of Communism: An Oral History of Daily Life Behind the Iron Curtain*, London: BBC, 2009.

»Monitor im Kreuzfeuer: Unwürdig!«, in: *Hilferufe von drüben* 2/10 (1980), 2.

Morus, Thomas, *Utopia*, Leipzig: Reclam, 1982 [1516].

Moyn, Samuel, *The Last Utopia: Human Rights in History*, Cambridge/Mass.: Harvard University Press, 2010.

Mueller, Carol, »Escape from the GDR, 1961-1989: Hybrid Exit Repertoires in a Disintegrating Leninist Regime«, in: *American Journal of Sociology* 105/3 (1. November 1999), 697-735.

Mühlberg, Felix, *Informelle Konfliktbewältigung. Die Geschichte der Eingabe in der DDR*, Chemnitz: Univ. Diss., TU Chemnitz, 1999.

–, *Bürger, Bitten und Behörden: Geschichte der Eingabe in der DDR*, Bd. 11, Berlin: Dietz, 2004.

Müller-Brandes, Jörg, Alexander Heinrich und Helmut Stoltenberg, »Berührt wurden nur Rechte der Berliner: Interview mit Egon Bahr«, in: *Das Parlament* 31-34 (2011), online verfügbar unter: ⟨http://www.das-parlament.de/2011/31_34/Themenausgabe/35281047/314858⟩ (Stand März 2019).

Müller-Enbergs, Helmut, *Hauptverwaltung A (HV A), Aufgaben, Struktur, Quellen*, Berlin: BStU, 2011.

–, *Hauptverwaltung A (HV A), Aufgaben – Strukturen – Quellen (MfS-Handbuch)*, Berlin: BStU, 2013.

Münch, Ingo von, *Die deutsche Staatsangehörigkeit: Vergangenheit, Gegenwart, Zukunft*, Berlin: De Gruyter, 2007.

Mundzeck, Lisa, *Auf Vertrauenssuche: Die Deutschlandpolitik der Regierung Brandt/Scheel in der bundesrepublikanischen Öffentlichkeit 1969-1973*, Hamburg: Kovač, 2008.

Münkel, Daniela (Hrsg.), *Die DDR im Blick der Stasi 1977: Die geheimen*

Berichte an die SED-Führung, Göttingen: Vandenhoeck & Ruprecht, 2012.

—, »29. März 1977: Informationen über die Reaktion der Bevölkerung der DDR zum Interview des stellvertretenden Chefredakteurs der ›Saarbrücker Zeitung‹ mit dem Genossen Erich Honecker am 17.2.1977«, in: *Die DDR im Blick der Stasi: Die geheimen Berichte an die SED-Führung*, Göttingen: Vandenhoeck & Ruprecht, 2012, 102-10.

»Nachlaß für Franke«, in: *Der Spiegel* 13 (29. März 1982), 17.

Nagel, Eckhard, »Demographie und Gesundheitsstand«, in: *Das Gesundheitswesen in Deutschland: Struktur, Leistungen, Weiterentwicklung; mit 56 Tabellen*, herausgegeben von Eckhard Nagel, 4., völl. überarb. und erw. Aufl., Köln: Deutscher Ärzteverlag, 2007, 3-26.

Nahm, Peter Paul, »Lastenausgleich und Integration der Vertriebenen und Geflüchteten«, in: *Die zweite Republik: 25 Jahre Bundesrepublik Deutschland – Eine Bilanz*, herausgegeben von Richard Löwenthal und Hans-Peter Schwarz, Stuttgart: Seewald, 1974, 817-42.

Nahm, Peter-Paul, »Die Geschichte des Bundesministeriums für Vertriebene, Flüchtlinge und Kriegsgeschädigte«, in: *AWR-Bulletin* 2/20 (1973), 90-4.

Naimark, Norman, »›Ich will hier raus‹: Emigration and the Collapse of the German Democratic Republic«, in: *Eastern Europe in Revolution*, herausgegeben von Ivo Banac, Ithaca u.a.: Cornell University Press, 1993, 72-95.

Nakachie, Mie, »Population, Politics and Reproduction: Late Stalinism and its Legacy«, in: *Late Stalinist Russia: Society Between Reconstruction and Reinvention*, herausgegeben von Juliane Fürst, London u.a.: Routledge, 2006, 23-45.

Nakath, Detlef und Gerd-Rüdiger Stephan (Hrsg.), »Dok. 41: Vorlage für das SED-Politbüro über die weitere Zusammenarbeit mit der SPD vom 8. September 1989«, in: *Countdown zur deutschen Einheit*, Berlin: Dietz, 1996, 207-13.

—, »Grundzüge und Entwicklungsabschnitte der SED-Deutschlandpolitik«, in: *... abgegrenzte Weltoffenheit ...: Zur Außen- und Deutschlandpolitik der DDR*, herausgegeben von Daniel Küchenmeister, Detlef Nakath und Gerd-Rüdiger Stephan, Schkeuditz: GNN, 1999, 101-22.

Nass, Klaus Otto, *Die Vermessung des Eisernen Vorhangs: Deutsch-deutsche Grenzkommission und DDR-Staatssicherheit*, Freiburg i. Br.: Centaurus, 2010.

»Nasser und Nehru: Es gibt zwei deutsche Staaten«, in: *Neues Deutschland* (18. August 1961), 7.

Naumann, Gerhard und Eckhard Trümpler (Hrsg.), *Der Flop mit der*

DDR-Nation 1971: Zwischen Abschied von der Idee der Konföderation und Illusion von der Herausbildung einer sozialistischen deutschen Nation, Berlin: Dietz, 1991.

Navrátil, Jaromír (Hrsg.), »Document 28: Stenographic Account of the Soviet-Czechoslovak Summit Meeting in Moscow, May 4-5, 1968«, in: *The Prague Spring 1968: A National Security Archive Documents Reader*, Budapest: Central European University Press, 1998, 114-25.

–, (Hrsg.), »Document 58: Transcript of Dissussion between Alexander Dubček and Waldeck Rochet, July 19 1968«, in: *The Prague Spring 1968: A National Security Archive Documents Reader*, Budapest: Central European University Press, 1998, 261-3.

Nawrocki, Joachim, »Rummel um Nico Hübner: ›Dafür habe ich gesessen‹«, in: *Die Zeit* 46 (9. November 1979).

–, »›Die Guten ins Töpfchen …?‹: Vermutungen über die erstaunliche Großzügigkeit der SED-Führung«, in: *Die Zeit* (6. April 1984).

–, »DDR-Ausreisen: Die Angst der Partei vorm weißen Kreis«, in: *Die Zeit* 33 (12. August 1983).

Neckel, Eberhard, *Der Ausreiseantrag: Mit dem Wind und gegen den Wind*, Norderstedt: Books on Demand, 2009.

Neubert, Ehrhart, *Geschichte der Opposition in der DDR 1949-1989*, Berlin: Ch. Links, 1998.

–, »Der KSZE-Prozeß und die Bürgerrechtsbewegung in der DDR«, in: *Widerstand und Opposition in der DDR*, herausgegeben von Klaus-Dietmar Henke, Peter Steinbach und Johannes Tuchel, Köln: Böhlau, 1999, 295-308.

–, *Unsere Revolution: Die Geschichte der Jahre 1989/90*, München, Zürich: Piper, 2008.

–, *Kirche und Opposition in der DDR*, Warschau: Konrad-Adenauer-Stiftung e. V. Vertretung in Polen, 2010.

Neugebauer, Gero und Richard Stöss, *Die PDS: Geschichte. Organisation. Wähler. Konkurrenten*, Opladen: Leske + Budrich, 1996.

Neumeier, Gerhard, »›Rückkehrer‹ in die DDR. Das Beispiel des Bezirks Suhl 1961-1972«, in: *Vierteljahrshefte für Zeitgeschichte* 58/1 (2010), 69-91.

Newland, Kathleen und Demetrios G. Papademetriou, »Managing International Migration: Tracking the Emergence of a New International Regime«, in: *UCLA Journal of International Law and Foreign Affairs* 3/637 (1999).

Ney, Thomas, »Manfred Stolpe – Mann der Kirche beim MfS oder MfS-Mitarbeiter in der Kirche?«, DDR-Opposition (8. August 2014), online verfügbar unter: 〈http://ddr-opposition.de/2014/08/manfred-stolpe-mann-der-kirche-beim-mfs-oder-mfs-mitarbeiter-in-der-kirche/〉 (Stand März 2019).

Niebling, Gerhard, »Gegen das Verlassen der DDR, gegen den Menschenhandel und Bandenkriminalität (zur Verantwortung der ZKG/BKG)«, in: *Die Sicherheit: Zur Abwehrarbeit des MfS*, Bd. 2, herausgegeben von Reinhard Grimmer, Berlin: Edition Ost, 2002, 161-245.

Niederhut, Jens, *Wissenschaftsaustausch im Kalten Krieg: Die ostdeutschen Naturwissenschaftler und der Westen*, Köln: Böhlau, 2007.

Niedhart, Gottfried, »Ostpolitik: Phases, Short-Term Objectives, and Grand Design«, in: *GHI Bulletin Supplement* 1 (2003), 118-36.

—, »Deeskalation durch Kommunikation: Zur Ostpolitik der Bundesrepublik Deutschland in der Ära Brandt«, in: *Deeskalation von Gewaltkonflikten seit 1945*, herausgegeben von C. Hauswedell, Essen: Klartext, 2006, 99-114.

Nield, Keith, »A Symptomatic Dispute? Notes on the Relations between Marxian Theory and Historical Practice in Britain«, in: *Historiography: Society*, Bd. 3, herausgegeben von Robert M. Burns, New York: Routledge, 2006, 91-111.

Niemann, Andreas und Walter Süß, *»Gegen das Volk kann nichts mehr entschieden werden«: MfS und SED im Bezirk Neubrandenburg*. 2. Aufl., Berlin: BStU, 1997.

Niemann, Mario. *Die Sekretäre der SED-Bezirksleitungen 1952-1989*, Paderborn u. a.: Schöningh, 2007.

Nieske, Christian, *Republikflucht und Wirtschaftswunder: Mecklenburger berichten über ihre Erlebnisse 1945 bis 1961*, Schwerin: Helms, 2001.

Nieswand, Boris und Heike Drotbohm, »Einleitung: Die reflexive Wende in der Migrationsforschung«, in: *Kultur, Gesellschaft, Migration: Die reflexive Wende in der Migrationsforschung*, herausgegeben von Boris Nieswand und Heike Drotbohm, Wiesbaden: Springer VS, 2014, 1-37.

—, (Hrsg.), *Kultur, Gesellschaft, Migration: Die reflexive Wende in der Migrationsforschung*, Wiesbaden: Springer VS, 2014.

Niven, Bill, »The Sideway Gaze: The Cold War and Memory of the Nazi Past, 1949-1970«, in: *Divided, but Not Disconnected: German Experiences of the Cold War*, herausgegeben von Tobias Hochscherf, Christoph Laucht und Andrew Plowman, London: Berghahn Books, 2010, 49-62.

Noelle-Neumann, Elisabeth, *Umfragen in der Massengesellschaft: Einführung in die Methoden der Demoskopie*, Reinbek bei Hamburg: Rowohlt, 1963.

Nöldechen, Peter, »60 Dresdner Bürger forderten Ausreise aus der DDR – Demonstranten verhaftet«, in: *Westfälische Rundschau* 207 (7. September 1983).

Nolte, Paul, *Hans-Ulrich Wehler: Historiker und Zeitgenosse*, München: C. H. Beck, 2015.

»Nur rot statt braun«, in: *Bulletin des Presse- und Informationsamtes der Bundesregierung* 169 (9. September 1961), 1611 f.

»Oberleutnant Hoffrichter – Teufel in Menschengestalt«, in: *Hilferufe von drüben* 2/5 (1979), 2.

Oliver, Pamela E. und Gerald Marwell, »The Paradox of Group Size in Collective Action: A Theory of Critical Mass II«, in: *American Sociological Review* 53/1 (1988), 1-8.

Olsen, Jon Berndt, *Tailoring Truth: Politicizing the Past and Negotiating Memory in East Germany, 1945-1990*, New York: Berghahn Books, 2015.

Oltmer, Jochen, (Hrsg.), *Migration steuern und verwalten. Deutschland vom späten 19. Jahrhundert bis zur Gegenwart*, Göttingen: V&R unipress, 2003.

–, »Einführung: Europäische Migrationsverhältnisse und Migrationsregime in der Neuzeit«, in: *Geschichte und Gesellschaft* 35/1 (2009), 5-27.

–, *Globale Migration: Geschichte und Gegenwart*, München: C. H. Beck, 2012.

–, *Migration vom 19. bis zum 21. Jahrhundert*, 2. Aufl. Berlin, Boston: De Gruyter, Oldenbourg, 2013.

–, (Hrsg.), *Handbuch Staat und Migration in Deutschland seit dem 17. Jahrhundert*, Berlin, Boston: De Gruyter, 2016.

»Olympia nicht im KZ«, in: *Hilferufe von drüben* 2/9 (1980), 3.

Oplatka, Andreas, *Der Eiserne Vorhang reisst: Ungarn als Wegbereiter*, Zürich: Verlag Neue Zürcher Zeitung, 1990.

–, *Der erste Riß in der Mauer: September 1989. Ungarn öffnet die Grenze*, Wien: Zsolnay, 2009.

–, »Der erste Riss im Eisernen Vorhang«, in: *APuZ* 21-22 (2009), 12-17.

Ortheil, Hanns-Josef, *Die Berlinreise*, München: Luchterhand, 2014.

Oschlies, Renate, »Arne ist nicht Aristoteles«, in: *Berliner Zeitung* (11. August 2001).

Osterhammel, Jürgen, Dieter Langewiesche und Paul Nolte (Hrsg.), *Wege der Gesellschaftsgeschichte*, Göttingen: Vandenhoeck & Ruprecht, 2006.

Österreich, Tina, »Schüler-Schicksale im anderen Teil Deutschlands: Der Blick auf den Fahrplan ist strafbar«, in: *Hilferufe von drüben* 3 (1978), 2.

Otto, Martin, *Von der Eigenkirche zum Volkseigenen Betrieb: Erwin Jacobi (1884-1965), Arbeits-, Staats- und Kirchenrecht zwischen Kaiserreich und DDR*, Tübingen: Mohr Siebeck, 2008.

Palmowski, Jan, »Staatssicherheit und soziale Praxis«, in: *Staatssicherheit und Gesellschaft: Studien zum Herrschaftsalltag in der DDR*, herausgegeben von Jens Gieseke, Göttingen: Vandenhoeck & Ruprecht, 2007, 253-74.

Panagiotidis, Jannis, »»The Oberkreisdirektor Decides Who Is a German‹: Jewish Immigration, German Bureaucracy, and the Negotiation of National Belonging (1953-1990)«, in: *Geschichte und Gesellschaft* 38/3 (2012), 503-33.

–, »Germanizing Germans: Co-ethnic Immigration and Name Change in West Germany, 1953-93«, in: *Journal of Contemporary History* 50/4 (2015), 854-74.

–, »Art.: Aussiedler/Spätaussiedler«, in: *Online-Lexikon zur Kultur und Geschichte der Deutschen im östlichen Europa*, 2015, online verfügbar unter: ⟨http://ome-lexikon.uni-oldenburg.de/p32717⟩ (Stand März 2019).

–, »Staat, Zivilgesellschaft und Aussiedlermigration 1950-1989«, in: *Handbuch Staat und Migration in Deutschland seit dem 17. Jahrhundert*, herausgegeben von Jochen Oltmer, Berlin, Boston: De Gruyter, 2016, 895-930.

–, »Experimentierfeld der Migrationspolitik: Die Herausforderung der Aussiedlerintegration im Wandel der Zeit«, in: *Deutschland Archiv* (16. Januar 2017), online verfügbar unter: ⟨www.bpb.de/240110⟩ (Stand März 2019).

»Pankow erlaubt nur wenigen die Ausreise«, in: *FAZ* (22. Dezember 1961), 4.

»Pankows Gewaltstreich – wirtschaftlich gesehen«, in: *Bulletin des Presse- und Informationsamtes der Bundesregierung* 153 (18. August 1961), 1479.

Papadopoulos, Dimitris, Niamh Stephenson und Vassilis Tsianos, *Escape Routes: Control and Subversion in the Twenty-First Century*, London u. a.: Pluto Press, 2008.

Passauer, Martin-Michael, »Auszüge aus dem Bericht um die Vorgeschichte und Ereignisse um den Gottesdienst in der Sophienkirche Berlin am 6.3.1988«, in: *Friedensnetz* 3 (1988), 19-22.

Paul, Wolfgang, *Mauer der Schande*, München, Eßlingen: Bechtle, 1961.

Pautsch, Ilse Dorothee (Hrsg.), »26. Juli 1984: Aufzeichnung von Bertele«, in: *Akten zur Auswärtigen Politik der Bundesrepublik Deutschland 1984*, Bd. 1, Berlin, München, Boston: De Gruyter, Oldenbourg, 2015, 948-51.

–, (Hrsg.), »27. Januar 1984: Aufzeichnung Kastrup«, in: *Akten zur Auswärtigen Politik der Bundesrepublik Deutschland 1984*, Bd. 1, Berlin, München, Boston: De Gruyter, Oldenbourg, 2015, 132-4.

–, (Hrsg.), »30. Januar 1984: Bräutigam am Bundeskanzleramt«, in: *Akten zur Auswärtigen Politik der Bundesrepublik Deutschland 1984*, Bd. 1, Berlin, München, Boston: De Gruyter, Oldenbourg, 2015, 135 f.

Pehl, Günther, »Deutsche Wirtschaft 1984/85: Weiterhin leichter Aufschwung, aber kein Abbau der Arbeitslosigkeit«, in: *Gewerkschaftliche Monatshefte* 36/1 (1985), 48-59.

»Permanenter Krieg«, in: *Bulletin des Presse- und Informationsamtes der Bundesregierung* 185 (Oktober 1961), 1755 f.

Peter, Matthias, *Die Bundesrepublik im KSZE-Prozess 1975-1983: Die Umkehrung der Diplomatie*, Berlin, München, Boston: De Gruyter Oldenbourg, 2015.

Petrick, Jörn, *Egon Bahrs Kommunikationsoffensive: Die deutsch-deutschen*

Verhandlungen zum Transitabkommen, Verkehrsvertrag und Grundlagen-vertrag 1970 bis 1973, Erlangen u. a.: Palm & Enke, 2011.

Petschull, Jürgen, *Die Mauer August 1961-November 1989: Vom Anfang und vom Ende eines deutschen Bauwerks*, 3., aktualisierte und erw. Aufl., Hamburg: Gruner + Jahr, 1990.

Petzold, Frank, »Die ›Staatsgrenze Nord‹: Zur Entwicklung der Ostseeküste als Teil des DDR-Grenzregimes«, in: *Die DDR: Erinnerungen an einen untergegangenen Staat*, herausgegeben von Heiner Timmermann, Berlin: Duncker & Humblot, 1999, 453-84.

Pfaff, Steven und Hyojoung Kim, »Exit-Voice Dynamics in Collective Action: An Analysis of Emigration and Protest in the East German Revolution«, in: *American Journal of Sociology* 109/2 (2003), 401-44.

Philipp, Sebastian, »Sie nannten ihn ›das Reh‹: Wie ein Osnabrücker Polizist die Geschichte hinter einem toten Obdachlosen aufklärt«, in: *Neue Osnabrücker Zeitung* (*NOZ*) (9. Januar 2019), 15.

—, »Als Obdachloser gestrandet: Familie des Toten gibt dem Osnabrücker ›Reh‹ ein Gesicht«, in: *NOZ* (14. Januar 2019).

Pieper, Marianne, Brigitta Kuster und Vassilis Tsianos, »Making Connections: Skizze einer net(h)nografischen Grenzregimeanalyse«, in: *Generation Facebook: Über das Leben im Social Net*, herausgegeben von Oliver Leistert und Theo Röhle, Bielefeld: transcript, 2011, 221-48.

Pingel-Schliemann, Sandra, *Zersetzen: Strategie einer Diktatur*, Berlin: Robert-Havemann-Gesellschaft, 2002.

—, »Zerstörung von Biographien: Zersetzung als Phänomen der Honecker-Ära«, in: *Die demokratische Revolution 1989 in der DDR*, herausgegeben von Eckart Conze, Katharina Gajdukowa und Sigrid Koch-Baumgarten, Köln: Böhlau, 2009, 78-91.

Pleinen, Jenny, *Die Migrationsregime Belgiens und der Bundesrepublik seit dem Zweiten Weltkrieg*, Göttingen: Wallstein, 2012.

Poeggel, Walter und Ingo Wagner, *Der deutsche Friedensvertrag und die friedliche Wiedervereinigung: Völkerrechtliche Studie über die friedliche Wiedervereinigung als eine innere Angelegenheit des deutschen Volkes und die Regelung dieser Frage im deutschen Friedensvertrag*, Leipzig: Karl-Marx-Universität, 1961.

»Polizeiaktion um eine angebliche Besetzung der Berliner Sophienkirche (nach einem Bericht des Gemeindepfarrers Passauer)«, in: *Umweltblätter* 4 (1988), 4 f.

Popescu, Lucian, »Ceaușescu şi obsesia pentru pacea mondială«, Historia (17. Februar 2011), online verfügbar unter: ⟨http://www.historia.ro/exclusiv_web/general/articol/ceau-escu-i-obsesia-pacea-mondial⟩ (Stand März 2019).

Poppe, Ulrike, Rainer Eckert und Ilko-Sascha Kowalczuk (Hrsg.), *Zwi-*

schen Selbstbehauptung und Anpassung: Formen des Widerstandes und der Opposition in der DDR, Berlin: Ch. Links, 1995.

Port, Andrew I., *Die rätselhafte Stabilität der DDR. Arbeit und Alltag im sozialistischen Deutschland*, Berlin: Ch. Links, 2010.

Pott, Andreas, »Die Raumordnung des Tourismus«, in: *Soziale Systeme* 17/2 (2011), 255-76.

–, »Migrationsforschung beobachtet. Zur Veränderung der räumlichen Perspektive«, in: *Migrations- und Integrationspolitik heute*, herausgegeben von Rat für Migration, Berlin: Rat für Migration, 2014, 61-73.

–, »Kritik der Migrationsforschung«, in: *IMIS-Beiträge* 48 (2016), 25-34.

Pott, Andreas, Christoph Rass und Frank Wolff (Hrsg.), *Was ist ein Migrationsregime? What Is a Migration Regime?*, Wiesbaden: Springer VS, 2018.

Pötzl, Norbert F., *Basar der Spione: Die geheimen Missionen des DDR-Unterhändlers Wolfgang Vogel*. 3. Aufl., Hamburg: Spiegel-Buchverlag, 1997.

–, *Mission Freiheit – Wolfgang Vogel: Anwalt der deutsch-deutschen Geschichte*, München: Heyne, 2014.

Poutrus, Patrice G., *Die Erfindung des Goldbroilers: Über den Zusammenhang zwischen Herrschaftssicherung und Konsumentwicklung in der DDR*, Köln: Böhlau, 2002.

–, »Zuflucht im Nachkriegsdeutschland: Politik und Praxis der Flüchtlingsaufnahme in Bundesrepublik und DDR von den späten 1940er Jahren bis zur Grundgesetzänderung im vereinten Deutschland von 1993«, in: *Handbuch Staat und Migration in Deutschland seit dem 17. Jahrhundert*, herausgegeben von Jochen Oltmer, Berlin, Boston: De Gruyter, 2016, 853-94.

–, *Umkämpftes Asyl. Vom Nachkriegsdeutschland bis zur Gegenwart*, Berlin: Ch. Links, 2019.

Präsidium des Kuratoriums Unteilbares Deutschland, *2. Beschwerde an die Menschenrechtskommission der Vereinten Nationen wegen der Verletzung von Menschenrechten jenseits der Berlin und ganz Deutschland trennenden Mauer*, Berlin, Bonn, 1963.

–, *3. Beschwerde an die Menschenrechtskommission der Vereinten Nationen wegen der Verletzung von Menschenrechten jenseits der Berlin und ganz Deutschland trennenden Mauer und Bemerkungen über mögliche Lösungen*, Berlin, Bonn, 1963.

Pries, Ludger, »Zwischen methodologischem Nationalismus und raumlosem Kosmopolitismus – die Transnationalisierung von Vergesellschaftung«, in: *Transnationale Vergesellschaftungen: Verhandlungen des 35. Kongresses der Deutschen Gesellschaft für Soziologie*, herausgegeben von Hans-Georg Soeffner, Wiesbaden: Springer VS, 2010, 1037-46.

»Programm Berliner Rundfunk, 13. August 1961«, in: *Der Mauerbau im Hörfunk und Fernsehen der DDR*, Stiftung Deutsches Rundfunkar-

chiv, o. J., online verfügbar unter: ⟨http://1961.dra.de/index.php?id=
8&item[d]=13⟩ (Stand März 2019).

»Protest der Studentenschaft«, in: *Bulletin des Presse- und Informationsamtes der Bundesregierung* 152 (17. August 1961), 1472.

»›Quo Vadis‹ als nationale Frage«, in: *Friedrichsfelder Feuermelder* (März 1988), 1-5.

Rademacher, Michael, »Die Bundesrepublik Deutschland«, in: *Deutsche Verwaltungsgeschichte 1871-1990*, 2006, online verfügbar unter: ⟨http://treemagic.org/rademacher/www.verwaltungsgeschichte.de/brd.html⟩ (Stand März 2019).

Raphael, Lutz und Clelia Caruso (Hrsg.), *Theorien und Experimente der Moderne: Europas Gesellschaften im 20. Jahrhundert*, Köln: Böhlau Verlag, 2012.

Raschka, Johannes, »Die Ausreisebewegung – Eine Form von Widerstand gegen das SED-Regime«, in: *Politisch motivierte Verfolgung: Opfer von SED-Unrecht*, herausgegeben von Ulrich Baumann und Helmut Kury, Freiburg i. Br.: Edition Iuscrim, 1998, 257-74.

–, *Zwischen Überwachung und Repression: Politische Verfolgung in der DDR 1971 bis 1989*, Opladen: Leske + Budrich, 2001.

Raschke, Joachim, *Soziale Bewegungen: Ein Historisch-Systematischer Grundriss*, Frankfurt/M., New York: Campus, 1987.

Rass, Christoph, »Der ›Westwall‹ im Rheinland: Geschichte und Erinnerung«, in: *Burgen, Befestigungen, Bunker*, herausgegeben von Winfried Heinemann, Potsdam: Militärgeschichtliches Forschungsamt, 2012, 63-81.

Rass, Christoph und Frank Wolff, »What Is In a Migration Regime?«, in: *Was ist ein Migrationsregime? What Is a Migration Regime?*, herausgegeben von Andreas Pott, Christoph Rass und Frank Wolff, Wiesbaden: Springer VS, 2018, 19-64.

Raven, Wolfram von, »Erziehung zum Haß [RIAS-Gespräch]«, in: *Bulletin des Presse- und Informationsamtes der Bundesregierung* 152 (17. August 1961), 1472.

»Reaktionen auf die Veröffentlichung aus Briefen ehemaliger DDR-Bürger«, in: *Neues Deutschland* 40/57 (8. März 1985), 2.

Reckwitz, Andreas, »Grundelemente einer Theorie sozialer Praktiken. Eine sozialtheoretische Perspektive«, in: *Zeitschrift für Soziologie* 32 (2003), 282-301.

–, »Praktiken und Diskurse: Eine sozialtheoretische und methodologische Relation«, in: *Theoretische Empirie. Die Relevanz qualitativer Forschung*, herausgegeben von Herbert Kalthoff, Stefan Hischauer und Gesa Lindemann. Frankfurt/M.: Suhrkamp, 2008.

—, *Kreativität und soziale Praxis: Studien zur Sozial- und Gesellschaftstheorie*, Bielefeld: transcript, 2016.

»Rede Leonid Breshnews in Helsinki findet einen weltweiten Widerhall«, in: *Neues Deutschland* (2. August 1975), 3.

Rehlinger, Ludwig A., *Freikauf: Die Geschäfte der DDR mit politisch Verfolgten, 1963-1989*, Berlin u. a.: Ullstein, 1991.

—, *Freikauf: Die Geschäfte der DDR mit politisch Verfolgten, 1963-1989*, Neuausgabe, Halle (Saale): Mitteldeutscher Verlag, 2011.

Reichardt, Sven, *Authentizität und Gemeinschaft: linksalternatives Leben in den siebziger und frühen achtziger Jahren*, Berlin: Suhrkamp, 2014.

Renouard, Joe, *Human Rights in American Foreign Policy: From the 1960s to the Soviet Collapse*, Philadelphia: University of Pennsylvania Press, 2016.

»Repräsentanten von 35 Staaten signierten die Schlußakte der Konferenz von Helsinki«, in: *Neues Deutschland* (2. August 1975), 1.

»›Respekt für ein solches Verhalten?‹«, Spiegel-Gespräch mit André Gorz, in: *Der Spiegel* 4 (25. Januar 1982), 34-41.

Richter, Michael, *Die Friedliche Revolution: Aufbruch zur Demokratie in Sachsen 1989/90*, Bd. 1, Göttingen: Vandenhoeck & Ruprecht, 2010.

Riege, Gerhard, *Die Staatsbürgerschaft der DDR*, Jena: Rechtswissenschaftliche Fakultät, Habilitationsschrift vom 30. Juni 1964, 1964.

—, *Zwei Staaten, zwei Staatsbürgerschaften*, Berlin (Ost): Staatsverlag der DDR, 1967.

—, *Der Bürger im sozialistischen Staat*, Berlin (Ost): Staatsverlag der DDR, 1973.

—, *Der Bürger im sozialistischen Staat*, Frankfurt/M.: Verlag Marxistische Blätter, 1974.

—, *Die Staatsbürgerschaft der DDR*, Berlin (Ost): Staatsverlag der DDR, 1982.

—, *Bürger im sozialistischen Recht*, Jena: Universität Jena, Sektion Staats- und Rechtswissenschaft, 1983.

—, *Die Staatsbürgerschaft der DDR*, 2., überarb. Aufl., Berlin (Ost): Staatsverlag der DDR, 1986.

Riege, Gerhard und Hans-Jürgen Kulke, *Nationalität deutsch, Staatsbürgerschaft DDR*, Berlin (Ost): Staatsverlag der DDR, 1979.

»Riegel gegen ›Drang nach Osten‹«, in: *Neues Deutschland* (11. Oktober 1961), 5.

Riemann, Dieter, *Laufzettel: Tagebuch einer Ausreise*, Göttingen: Vandenhoeck & Ruprecht, 2005.

Rieseberg, Hans Joachim, *Brücken über die Mauer: Deutsch-deutsche Kontakte, Initiativen und Projekte von unten vor 1989 in Berlin*, herausgegeben von Dieter Winkler, Berlin, Milow, Strasburg: Schibri-Verlag, 2011.

Rigoll, Dominik, *Staatsschutz in Westdeutschland: Von der Entnazifizierung zur Extremistenabwehr*, Göttingen: Wallstein, 2013.

Ritter, Jürgen und Peter Joachim Lapp, *Die Grenze: Ein deutsches Bauwerk*, 4. Aufl., Berlin: Ch. Links, 2001.

r. l. »Anmerkungen der Redaktion«, *Umweltblätter* 29 (2. März 1989), 11.

Rödel, Werner, *Auf dem Wege von Deutschland nach Deutschland: Eine Dokumentation*, Dresden: Verlag Zeit im Bild, 1965.

Rodenstein, Marianne, »›Stadtgesellschaft‹ – Was ein Begriff über die Wirklichkeit unserer Städte aussagt!«, in: *Forum Stadt* 40/1 (2013), 5-19.

Roesler, Jörg, »Rübermachen«: *Politische Zwänge, ökonomisches Kalkül und verwandschaftliche Bindungen als häufigste Motive der deutsch-deutschen Wanderungen zwischen 1953 und 1961*, Berlin: Gesellschaftswissenschaftliches Forum e. V., 2004.

Roggenbuch, Frank, *Das Berliner Grenzgängerproblem: Verflechtung und Systemkonkurrenz vor dem Mauerbau*, Berlin: De Gruyter, 2008.

Ro'i, Yaakov (Hrsg.), *The Jewish Movement in the Soviet Union*, Washington, D. C., Baltimore: Woodrow Wilson Center Press; Johns Hopkins University Press, 2012.

Rolf, Malte, *Das sowjetische Massenfest*, Hamburg: Hamburger Edition, 2006.

Roskies, David G., *The Jewish Search for a Usable Past*, Bloomington: Indiana University Press, 1999.

Rössel, Uta und Christoph Seemann, »Einleitung«, in: *Die Kabinettsprotokolle der Bundesregierung 1961*, herausgegeben vom Bundesarchiv und von Hartmut Weber, München: Oldenbourg, 2005, 13-56.

Roth, Margit, *Zwei Staaten in Deutschland: Die sozialliberale Deutschlandpolitik und ihre Auswirkungen 1969-1978*, Opladen: Westdeutscher Verlag, 1981.

–, *Innerdeutsche Bestandsaufnahme der Bundesrepublik 1969-1989: Neue Deutung*, Wiesbaden: Springer VS, 2014.

Rottleuthner, Hubert, »Zum Aufbau und zur Funktionsweise der Justiz in der DDR«, in: *Justiz im Dienste der Parteiherrschaft: Rechtspraxis und Staatssicherheit in der DDR*, herausgegeben von Roger Engelmann und Clemens Vollnhals, Berlin: Ch. Links, 1999, 25-42.

Rub, Frank, »›Wir haben leider eine große Chance vertan‹: Von der Ablehnung, mit dem ›Weißen Kreis‹ zusammenzugehen«, in: *Gerbergasse 18* 2/2 (1996).

Rüddenklau, Wolfgang (Hrsg.), *Störenfried: DDR-Opposition 1986-1989*, Berlin: BasisDruck, 1992.

Rudnick, Carola S., *Die andere Hälfte der Erinnerung: Die DDR in der deutschen Geschichtspolitik nach 1989*, Bielefeld: transcript, 2011.

Ruggiero, Vincenzo (Hrsg.), *Social Movements: A Reader*, New York u. a.: Routledge, 2008.

Rüss, Gisela, *Anatomie einer politischen Verwaltung: Das Bundesministerium für gesamtdeutsche Fragen – Innerdeutsche Beziehungen 1949-1970*, München: C. H. Beck, 1973.

Ryavec, Karl W., *Russian Bureaucracy: Power and Pathology*, Lanham u. a.: Rowman & Littlefield, 2003.

Sabrow, Martin, »Historisierung der Zweistaatlichkeit«, in: *APuZ* 3 (2007), 19-24.

–, *Zeitgeschichte schreiben: Von der Verständigung über die Gegenwart in der Gegenwart*, Göttingen: Wallstein, 2014.

Sabrow, Martin und Axel Klausmeier, »Vorwort«, in: *Die Todesopfer an der Berliner Mauer, 1961-1989: Ein biographisches Handbuch*, herausgegeben von Hans-Hermann Hertle und Maria Nooke, 2., durchges. Aufl., Berlin: Ch. Links, 2009, f.

Salomon, Ernst von, *Die Kette der tausend Kraniche*, Reinbek bei Hamburg: Rowohlt, 1972.

Sälter, Gerhard, *Grenzpolizisten: Konformität, Verweigerung und Repression in der Grenzpolizei und den Grenztruppen der DDR 1952 bis 1965*, Berlin: Ch. Links, 2009.

Salter, Mark B., *Rights of Passage: The Passport in International Relations*, Boulder: Lynne Rienner, 2003.

Sammartino, Annemarie, *The Impossible Border: Germany and the East, 1914-1922*, Ithaca u. a.: Cornell University Press, 2010.

Sandrock, Martha, »»Aus Opfern werden Täter gemacht«: Interview mit Ralf Hirsch und Rüdiger Rosenthal«, in: *taz* (2. August 1988).

Sarasin, Philipp, *Reizbare Maschinen: Eine Geschichte des Körpers 1765-1914*, Frankfurt/M.: Suhrkamp, 2001.

Sasse, Sylvia, »Den Staat an seine Gesetze erinnern: Dissidenz als Wissen vom Recht«, in: *Nach Feierabend: Zürcher Jahrbuch für Wissensgeschichte* 11 (2015), 107-32.

Satjukow, Silke und Rainer Gries, »Feindbilder des Sozialismus. Eine theoretische Einführung«, in: *Unsere Feinde. Konstruktionen des Anderen im Sozialismus*, herausgegeben von Silke Satjukow und Rainer Gries, Leipzig: Leipziger Universitätsverlag, 2004, 13-74.

–, (Hrsg.), *Unsere Feinde: Konstruktionen des Anderen im Sozialismus*, Leipzig: Leipziger Universitätsverlag, 2004.

Schaefer, Sagi, *States of Division: Border and Boundary Formation in Cold War Rural Germany*, Oxford: Oxford University Press, 2014.

Schaeffer, Sagi, »Re-Creation: Iron Curtain Tourism and the Production of ›East‹ and ›West‹ in Cold War Germany«, in: *Tel Aviver Jahrbuch für deutsche Geschichte* 40 (2012), 116-31.

Schäfer, Horst, »Provokation gegen die DDR stabsmäßig organisiert«, in: *Neues Deutschland* (12. September 1989), 2.

Schallmayer, Egon, *Der Limes: Geschichte einer Grenze*, München: C. H. Beck, 2016.

Schätzel, Walter, *Der Wechsel der Staatsangehörigkeit infolge der deutschen Gebietsabtretungen*, Berlin: Stilke, 1921.

–, *Die Regelung der Staatsangehörigkeit nach dem Weltkrieg*, Berlin: Stilke, 1927.

–, *Das deutsche Staatsangehörigkeitsrecht*, 2. Aufl., Berlin: De Gruyter, 1958.

Scheel, Stephan, »Das Konzept der Autonomie der Migration überdenken? Yes, please!«, in: *movements. Journal for Critical Migration and Border Regime Studies* 172 (2015), online verfügbar unter: ⟨http://movements-journal.org/issues/02.kaempfe/14.scheel--autonomie-der-migration.html⟩ (Stand März 2019).

Scheer, Udo, *Vision und Wirklichkeit: Die Opposition in Jena in den siebziger und achtziger Jahren*, Berlin: Ch. Links, 1999.

–, *Reiner Kunze. Dichter sein: Eine deutsch-deutsche Freiheit*, Halle (Saale): Mitteldeutscher Verlag, 2013.

Schiller, Karl, »Politik und Wirtschaft in Berlin 1962«, in: *Berliner Wirtschaft und deutsche Politik: Reden und Aufsätze, 1961-1964*, Stuttgart: Seewald, 1964, 62-80.

Schiller, Nina Glick und Ayse Çağlar, »Towards a Comparative Theory of Locality in Migration Studies: Migrant Incorporation and City Scale«, in: *Journal of Ethnic and Migration Studies* 35/2 (2009), 177-202.

Schilling, Walter, »Die ›Bearbeitung‹ der Landeskirche Thüringen durch das MfS«, in: *Die Kirchenpolitik von SED und Staatssicherheit: Eine Zwischenbilanz*, herausgegeben von Clemens Vollnhals, Berlin: Ch. Links, 1996, 211-66.

Schimank, Uwe, *Differenzierung und Integration der modernen Gesellschaft*, Wiesbaden: VS Verlag, 2005.

–, *Theorien gesellschaftlicher Differenzierung*, 3. Aufl., Wiesbaden: VS Verlag, 2007.

Schlacke, Sabine, *Überindividueller Rechtsschutz: Phänomenologie und Systematik überindividueller Klagebefugnisse im Verwaltungs- und Gemeinschaftsrecht, insbesondere am Beispiel des Umweltrechts*, Tübingen: Mohr Siebeck, 2008.

Schlegelmilch, Arthur, »Tendenzen der wirtschaftlichen und sozialen Entwicklung Berlins seit 1945: Gemeinsamkeiten und Unterschiede im Ost-West-Vergleich«, in: *Wirtschaft im geteilten Berlin, 1945-1990: Forschungsansätze und Zeitzeugen*, herausgegeben von Wolfram Fischer und Johannes Bähr, Berlin, Boston: De Gruyter Saur, 1994, 1-46.

Schlögel, Karl, *Marjampole: Oder Europas Wiederkehr aus dem Geist der Städte*, Frankfurt/M.: Fischer, 2009.

–, *Grenzland Europa: Unterwegs auf einem neuen Kontinent*, München: Hanser, 2013.

Schlotter, Peter, *Die KSZE im Ost-West-Konflikt: Wirkung einer internationalen Institution*, Frankfurt/M., New York: Campus, 1998.

»Schlußakte der Konferenz über Sicherheit und Zusammenarbeit in Europa«, in: *Neues Deutschland* (2. August 1975), 5-10.

Schmalz, Peter, »Justizwillkür einer Diktatur läßt sich nur schwer ahnden«, in: *Die Welt* (23. Juni 1997).

Schmidt, Elker, »Die unerträgliche Last der Staatsbürgerschaft: Jenas Weißer Kreis, ein herzerfrischendes Überlisten des Staatsapparates«, in: *Gerbergasse 18* 2/2 (1996).

Schmidt, Rüdiger, »›Rote Fahnen gegen weiße Kerzen‹: Die DDR-Machteliten in den Bezirken Magdeburg und Halle und der Herbst 1989«, in: *Das Ende des Kommunismus: Die Überwindung der Diktaturen in Europa und ihre Folgen*, herausgegeben von Thomas Großbölting, Essen: Klartext, 2010, 133-49.

Schmole, Angela, »Heimlich, still und leise: Die Grenzschleusen und ›Grenz-IM‹ des MfS«, in: *Zeitschrift des Forschungsverbundes* 35 (2014), 80-90.

Schneider, Peter, *Der Mauerspringer*, Darmstadt: Luchterhand, 1982.

–, *Der Mauerspringer*, Reinbek bei Hamburg: Rowohlt, 1995.

Schnell, Rainer, Paul B. Hill und Elke Esser, *Methoden der empirischen Sozialforschung*, 6., völlig überarb. u. erw. Aufl., München u. a.: Oldenbourg, 1999.

Schnurre, Wolfdietrich, *Berlin – eine Stadt wird geteilt*, Olten und Freiburg i. Br.: Walter, 1962.

–, *Die Mauer des 13. August*, Berlin: Ernst Staneck Verlag, 1962.

Scholz, Michael F., »Innerdeutsche Grenze und Berliner Mauer im Spiegel der DDR-Comics«, in: *Deutschland Archiv* 42/6 (2009), 1011-22.

Schöne, Jens (Hrsg.), »Von der Resignation zur Revolution: Die DDR im Jahr 1989«, in: *Revolution: Die DDR im Jahr 1989*, Berlin: LStU Berlin, 2010, 5-18.

Schönhoven, Klaus, »Aufbruch in die sozialliberale Ära: Zur Bedeutung der 60er Jahre in der Geschichte des Bundesrepublik«, in: *Geschichte und Gesellschaft* 25/1 (1999), 123-45.

Schrag, Peter, *Not Fit for Our Society: Nativism and Immigration*, Berkeley: University of California Press, 2010.

Schrage, Dominik, »Von der Präsenzmasse zur statistischen Masse. Affekte und deskriptive Aspekte eines modernen Konzepts«, in: *Die Macht der Menge. Über die Aktualität einer Denkfigur Spinozas*, herausgegeben von Gunnar Hindrichs, Heidelberg: Winter, 2006, 93-112.

Schreiber, Lorenz, »Der stumme Kreis in Jena«, in: *Menschenrechte* (September 1983), 19.

Schröder, Dieter, »Die völkerrechtliche Wirkung des ›Gesetzes über die

Staatsbürgerschaft der DDR««, in: *Recht in Ost und West* 11/6 (1967), 233-9.

Schröder, Richard, »Geschichte des DDR-Rechts: Straf- und Verwaltungsrecht«, in: *forum historiae juris* (6. April 2004).

Schroeder, Friedrich-Christian, »Zur Strafbarkeit der Fluchthilfe: Unter besonderer Berücksichtigung der Notwehrprobleme«, in: *Juristenzeitung* 29/4 (1974), 113-7.

Schroeder, Klaus, *Der SED-Staat: Geschichte und Strukturen der DDR, 1949-1990*, 3., vollständig überarb. und stark erw. Neuausgabe, Köln, Weimar: Böhlau, 2013.

Schult, Reinhard. »Gewogen und für zu leicht befunden: Versuch einer Einschätzung der Januarereignisse«, in: *Friedrichsfelder Extrablatt* (April 1988).

Schulz, Marianne, »Neues Forum«, in: *Von der Illegalität ins Parlament: Werdegang und Konzepte der neuen Bürgerbewegungen*, herausgegeben von Helmut Müller-Enbergs, Marianne Schulz und Jan Wiehlgohls, Berlin: Ch. Links, 1992, 11-104.

Schulz, Purple, *Sehnsucht bleibt*, Köln: editionfredebold, 2015.

Schulz, Winfried und Klaus Kindelmann, »Die Entwicklung der Images von Kohl und Lafontaine im Wahljahr 1990: Ein Vergleich der Wählerurteile mit den Urteilen ausgewählter Leitmedien«, in: *Die Massenmedien im Wahlkampf: Untersuchungen aus dem Wahljahr 1990*, herausgegeben von Christina Holtz-Bacha und Lynda Lee Kaid, Opladen: Westdeutscher Verlag, 1993, 10-45.

Schumacher, Wolf-Axel und Burkhard Kramp, »Wiederaufbau und Normalisierung des Klinikbetriebes unter Walter Hesse von 1946-1961«, in: *100 Jahre Universitäts-HNO-Klinik und Poliklinik Rostock: Die erste HNO-Fachklinik im gesamtdeutschen und nordeuropäischen Raum*, herausgegeben von Burkhard Kramp, Rostock: Oehmke, 1999, 97-111.

Schumann, Karl (Hrsg.), *Private Wege der Wiedervereinigung: Die deutsche Ost-West-Migration vor der Wende*, Weinheim: Deutscher Studien-Verlag, 1996.

Schunka, Alexander, »Migration in the German Lands: An Introduction«, in: *Migrations in the German Lands, 1500-2000*, herausgegeben von Jason Coy, Jared Poley und Alexander Schunka, New York, Oxford: Berghahn Books, 2016, 1-34.

Schütz, Wilhelm Wolfgang und Kuratorium Unteilbares Deutschland (Hrsg.), *Macht das Tor auf!*, Bonn: Kuratorium Unteilbares Deutschland, 1958.

Schwabe, Uwe und Rainer Eckert (Hrsg.), *Von Deutschland Ost nach Deutschland West: Oppositionelle oder Verräter?*, Leipzig: Forum, 2003.

Schwartz, Michael, *Vertriebene und »Umsiedlerpolitik«: Integrationskonflikte* in den deutschen Nachkriegs-Gesellschaften und die Assimilationsstrategien in der SBZ/DDR 1945-1961, München: Oldenbourg, 2004.

Schwartze, Dieter, *Die Staatsangehörigkeit der Deutschen: Eine Untersuchung über den staatsangehörigkeitsrechtlichen Status der in der BRD und in der DDR lebenden deutschen Staatsangehörigen unter Einbeziehung der Bewohner Berlins*, Marburg: Univ. Diss., 1975.

»Schwere Verstöße gegen die Menschenrechte: Telegrammwechsel zwischen dem Internationalen Bund Freier Gewerkschaften und dem Bundeskanzler«, in: *Bulletin des Presse- und Informationsamtes der Bundesregierung* 153 (18. August 1961), 1477.

»Schwierige Familienzusammenführung«, in: *FAZ* (24. Juni 1961), 3.

Sciortino, Giuseppe, »Between Phantoms and Necessary Evils: Some Critical Points in the Study of Irregular Migrations to Western Europe«, in: *IMIS-Beiträge* 24 (2004), 17-44.

»Selbstbestimmung auch in ganz Europa: Kuratorium ›Unteilbares Deutschland‹ an die Konferenz der blockfreien Staaten«, in: *Bulletin des Presse- und Informationsamtes der Bundesregierung* 164 (2. September 1961), 1572.

Sheffer, Edith, *Burned Bridge: How East and West Germans Made the Iron Curtain*, Oxford u. a.: Oxford University Press, 2011.

Shell-Weiss, Melanie, *Coming to Miami: A Social History*, Gainesville: University Press of Florida, 2009.

Siebold, Angela, *ZwischenGrenzen: Die Geschichte des Schengen-Raums aus deutschen, französischen und polnischen Perspektiven*, Paderborn: Verlag Ferdinand Schöningh, 2014.

Simmel, Georg, »How Is Society Possible?«, in: *American Journal of Sociology* 16 (1911), 372-91.

Skriver, Ansgar, »Ein alter Brief«, in: *Deutschland Archiv* 7 (2005), 758 f.

Snow, David A., Sarah Anne Soule und Hanspeter Kriesi (Hrsg.), *The Blackwell Companion to Social Movements*, Malden, Oxford, Victoria: Blackwell, 2004.

Snyder, Richard und James Mahoney, »The Missing Variable: Institutions and the Study of Regime Change«, in: *Comparative Politics* 32/1 (1999), 103-22.

Snyder, Sarah B., *Human Rights Activism and the End of the Cold War: A Transnational History of the Helsinki Network*, New York: Cambridge University Press, 2011.

Soch, Konstanze, »›Päckchen von drüben‹: Der Päckchen- und Paketverkehr als trennendes und verbindendes innerdeutsches Phänomen«, in: *Deutschland Archiv* (20. März 2017).

–, *Eine große Freude? Der innerdeutsche Paketverkehr im Kalten Krieg (1949-1989)*, Frankfurt/M., New York: Campus, 2018.

»Soldaten an die Grenzen««, in: *Der Spiegel* 37 (9. September 1991).

»Solidarität der Wirtschaft mit Berlin«, in: *Bulletin des Presse- und Informationsamtes der Bundesregierung* 178 (22. September 1961), 1694.

Solschenizyn, Alexander, »Der Westen hat den Mut verloren«, in: *Hilferufe von drüben* 1/2 (1978), 4.

Staadt, Jochen, Tobias Voigt und Stefan Wolle, *Feind-Bild Springer: Ein Verlag und seine Gegner*, Göttingen: Vandenhoeck & Ruprecht, 2009.

Staatliche Zentralverwaltung für Statistik (Hrsg.), *Statistisches Jahrbuch der Deutschen Demokratischen Republik*, Berlin (Ost): Staatsverlag der Deutschen Demokratischen Republik, 1963.

Staatsbibliothek zu Berlin (Hrsg.), *DDR-Presse*, 2014, online verfügbar unter: ⟨http://sbb.berlin/ddrpresse⟩ (Stand März 2019).

Stach, Sabine, *Vermächtnispolitik: Jan Palach und Oskar Brüsewitz als politische Märtyrer*, Göttingen: Wallstein, 2016.

Stadelmann-Wenz, Elke, *Widerständiges Verhalten und Herrschaftspraxis in der DDR: Vom Mauerbau bis zum Ende der Ulbricht-Ära*, Paderborn u. a.: Schöningh, 2009.

Stadtland, Helke und Jürgen Mittag (Hrsg.), *Theoretische Ansätze und Konzepte der Forschung über soziale Bewegungen in den Geschichtswissenschaften*, Essen: Klartext, 2014.

Stahr, Gerhard, »Die Entwicklungen des Filmgewerbes in Berlin nach 1945«, in: *Wirtschaft im geteilten Berlin, 1945-1990: Forschungsansätze und Zeitzeugen*, herausgegeben von Wolfram Fischer und Johannes Bähr, Berlin, Boston: De Gruyter Saur, 1994, 317-32.

Stangel, Matthias, *Die Neue Linke und die nationale Frage: Deutschlandpolitische Konzeptionen und Tendenzen in der Außerparlamentarischen Opposition (APO)*, Baden-Baden: Nomos, 2013.

»Stasi-Chef Mielke in einer Geheimrede: Feindzentrale in Lippstadt«, in: *Hilferufe von drüben* 3/13 (1981), 1.

Statistisches Amt der DDR (Hrsg.), *Statistisches Jahrbuch der Deutschen Demokratischen Republik*, Bd. 35, Berlin (Ost): Rudolf Haufe Verlag Berlin, 1990.

Statistisches Bundesamt (Hrsg.), *Statistisches Jahrbuch für die Bundesrepublik Deutschland*, Stuttgart, Mainz: Kohlhammer; verwendete Jahrgänge: 1961-1989.

Statistisches Bundesamt (Hrsg.), *Statistisches Jahrbuch für die Bundesrepublik Deutschland*, Stuttgart: Metzler-Poeschel; verwendete Jahrgänge: 1990-2001.

Stehle, Hansjakob, »Zur Fastenzeit an den Rhein«, in: *Die Zeit* (30. Dezember 1988).

Steinbach, Matthias und Michael Ploenus (Hrsg.), *Universitätserfahrung Ost: DDR-Hochschullehrer im Gespräch*, Jena: Bussert & Stadeler, 2005.

Steinhaus, Kurt, »Bemerkungen zu den ›Materialien zum Bericht der Lage der Nation 1971‹«, in: *Marxistische Blätter* 9/3 (1971), 59-64.

Steinmetz, Rüdiger, »9. November 1989«, in: *In geteilter Sicht: Fernsehgeschichte als Zeitgeschichte, Zeitgeschichte als Fernsehgeschichte: Dokumentation eines Symposiums*, herausgegeben von Deutsches Rundfunkarchiv, Potsdam: Verlag für Berlin-Brandenburg, 2004, 67-79.

Steinmetz, Willibald (Hrsg.), *Political Languages in the Age of Extremes*, Oxford u.a.: Oxford University Press, 2011.

Stern, Carola, *Ulbricht: Eine politische Biographie*, Köln: Kiepenheuer & Witsch, 1964.

»Stoiber: ›DDR‹-Kredit hat sich schon gelohnt«, in: *Hilferufe von drüben* 6/23 (1983), 2.

Stola, Dariusz, »Das kommunistische Polen als Auswanderungsland«, in: *Zeithistorische Forschungen/Studies in Contemporary History* 2/3 (2005), online verfügbar unter: ⟨http://www.zeithistorische-forschungen. de/16126041-Stola-3-2005⟩ (Stand März 2019).

–, *Kraj bez wyjścia? Migracje z Polski 1949-1989*, Warschau: Instytut Pamięci Narodowej, Komisja Ścigania Zbrodni przeciwko Narodowi Polskiemu, 2012.

Stolleis, Michael, *Geschichte des öffentlichen Rechts in Deutschland*, Bd. 4: *Staats- und Verwaltungsrechtswissenschaft in West und Ost 1945-1990*, München: C. H. Beck, 2012.

Storbeck, Dietrich, »Flucht oder Wanderung? Eine Rückschau auf Motive, Folgen und Beurteilungen der Bevölkerungsabwanderung aus Mitteldeutschland seit dem Kriege«, in: *Soziale Welt* 14/2 (1963), 153-71.

Stöver, Bernd, *Die Befreiung vom Kommunismus: Amerikanische Liberation Policy im Kalten Krieg 1947-1991*, Köln, Weimar: Böhlau, 2002.

–, *Zuflucht DDR: Spione und andere Übersiedler*, München: C. H. Beck, 2009.

–, »Politik der Befreiung? Private Organisationen des Kalten Krieges. Das Beispiel der Kampfgruppe gegen Unmenschlichkeit (KgU)«, in: *»Geistige Gefahr« und »Immunisierung der Gesellschaft«: Antikommunismus und politische Kultur in der frühen Bundesrepublik*, herausgegeben von Stefan Creuzberger und Dierk Hoffmann, München: Oldenbourg, 2014, 215-28.

Strauß, Franz Josef, »Politik der Territion: Der permanente Krieg gegen die freie Welt«, in: *Bulletin des Presse- und Informationsamtes der Bundesregierung* 193 (Oktober 1961), 1817-9.

»Streit um Kind in der ›DDR‹ wird schärfer«, in: *Berliner Morgenpost* (14. August 1985).

Stude, Sebastian, *Die friedliche Revolution 1989/90 in Halle/Saale: Ereignisse, Akteure und Hintergründe*, Frankfurt/M. u.a.: Lang, 2009.

»Studenten im Dschungel des Menschenhandels«, in: *Neues Deutschland* (19. Januar 1962), 2.

Sturm, Daniel Friedrich, *Uneinig in die Einheit: Die Sozialdemokratie und die Vereinigung Deutschlands 1989/90*, Bonn: Dietz, 2006.

»Sturmflut der Bilder: Junge Malerei in Deutschland auf der Erfolgswelle und im Meinungsstreit«, in: *Der Spiegel* 22 (31. Mai 1982), 172-82.

Suckut, Siegfried (Hrsg.), *Volkes Stimmen: »ehrlich, aber deutlich«: Privatbriefe an die DDR-Regierung*, München: DTV, 2016.

Sujo, Glenn, *Legacies of Silence: The Visual Arts and Holocaust Memory*, London: Imperial War Museum, 2001.

Süß, Sonja, *Politisch mißbraucht? Psychiatrie und Staatssicherheit in der DDR*, Berlin: Ch. Links, 1998.

Süß, Walter, »Perestrojka oder Ausreise: Abwehrpolitik der SED und gesellschaftliche Frustration«, in: *Deutschland Archiv* 22/3 (1989), 286-301.

–, »Politische Taktik und institutioneller Zerfall: MfS und SED in der Schlußphase des Regimes«, in: *Staatspartei und Staatssicherheit: Zum Verhältnis von SED und MfS*, herausgegeben von Siegfried Suckut und Walter Süß, Berlin Ch. Links, 1997, 249-70.

–, *Staatssicherheit am Ende: Warum es den Mächtigen nicht gelang, 1989 eine Revolution zu verhindern*, 2., durchges. Aufl., Berlin: Ch. Links, 1999.

–, *Die Staatssicherheit im letzten Jahrzehnt der DDR (MfS Handbuch)*, Berlin: BStU, 2009.

»Systematischer Psychiatriemißbrauch in der Diktatur, (versuchte) Psychiatrisierungen im Rechtsstaat – Altes und Neues«, in: *Rundbrief Psychiatrie und Ethik* 2 (2008), 2-10.

Szabó, Máté, »Zwischen Reform und Revolution: Ungarns Weg aus dem Staatssozialismus – wohin?«, in: *Das Ende des Kommunismus: Die Überwindung der Diktaturen in Europa und ihre Folgen*, herausgegeben von Thomas Großbölting, Essen: Klartext, 2010, 177-94.

Tantzscher, Monika, *Die verlängerte Mauer: Die Zusammenarbeit der Sicherheitsdienste der Warschauer-Pakt-Staaten bei der Verhinderung von »Republikflucht«*, Berlin: BUSt, Abteilung Bildung und Forschung, 2001.

–, *Hauptabteilung VI: Grenzkontrollen, Reise- und Touristenverkehr*, Berlin: BStU, 2005.

Tatsch, Olaf und Manfred Schulz, »Haftzeugen: Gezielte Menschenvernichtung«, in: *Hilferufe von drüben* 5/18 (1982), 1.

Taylor, Charles, *Negative Freiheit? Zur Kritik des neuzeitlichen Individualismus*, 3. Aufl., Frankfurt/M.: Suhrkamp, 1999.

Taylor, Fred, *The Berlin Wall: 13 August 1961-9 November 1989*, London: Bloomsbury, 2006.

–, *Die Mauer: 13. August 1961 bis 9. November 1989*, München: Pantheon, 2011.

Teichert, Olav, *Die Sozialistische Einheitspartei Westberlins: Untersuchung der Steuerung der SEW durch die SED*, Kassel: Kassel University Press, 2011.

Tempel, Sylke, »Eine Überzeugungstäterin – Die Schriftstellerin Brigitte Klump verhalf 4.000 Menschen zur Ausreise aus der DDR«, in: *Wochenpost* (30. März 1995).

Templin, Wolfgang, »›Aufbruch und Abwicklung‹: Kein Problem mit Denkverboten«, in: *Der Tagesspiegel* (10. Februar 2001).

–, »Die osteuropäischen Befreiungsbewegungen – Voraussetzungen für eine erfolgreiche friedliche Revolution 1989«, in: *Die demokratische Revolution 1989 in der DDR*, herausgegeben von Eckart Conze, Katharina Gajdukowa und Sigrid Koch-Baumgarten, Köln: Böhlau, 2009, 92-102.

–, »›Ein demokratisches Russland zu erleben, wäre ein Traum‹«, Wolfgang Templin im Gespräch mit Birgit Wentzien, Deutschlandfunk (31. August 2017), online verfügbar unter: ⟨http://www.deutschlandfunk. de/wolfgang-templin-ein-demokratisches-russland-zu-erleben.1295. de.html?dram:article_id=394757⟩ (Stand März 2019).

Templin, Wolfgang und Reinhard Weißhuhn, »Die Initiative Frieden und Menschenrechte«, in: *Opposition in der DDR von den 70er Jahren bis zum Zusammenbruch der SED-Herrschaft*, herausgegeben von Eberhard Kuhrt, Opladen: Leske + Budrich, 1999, 171-212.

Test, Max, »Sondersitzung, 15. August 1961«, in: *Die Kabinettsprotokolle der Bundesregierung 1961*, herausgegeben von Bundesarchiv und Hartmut Weber, München: Oldenbourg, 2004, 234.

Thedieck, Franz, »Sowjetzone größte Gefahr für den Frieden«, in: *Bulletin des Presse- und Informationsamtes der Bundesregierung* 195 (17. Oktober 1961), 1837.

–, »Spiegelfechtereien und Täuschungsmanöver«, in: *Bulletin des Presse- und Informationsamtes der Bundesregierung* 208 (7. November 1961), 1953 f.

–, »Die Sowjetzone ein Hort des Stalinismus«, in: *Bulletin des Presse- und Informationsamtes der Bundesregierung* 213 (14. November 1961), 1993 f.

–, »Ulbricht will keine Entspannung«, in: *Bulletin des Presse- und Informationsamtes der Bundesregierung* 227 (Dezember 1961), 2133 f.

–, »Werdet nicht zu Mördern an Deutschen!«, in: *Bulletin des Presse- und Informationsamtes der Bundesregierung* 236 (Dezember 1961), 2223 f.

–, »Dokumentation des brutalen Terrors«, in: *Bulletin des Presse- und Informationsamtes der Bundesregierung* 237 (Dezember 1961), 2229 f.

Ther, Philipp, *Die Außenseiter: Flucht, Flüchtlinge und Integration im modernen Europa*, Berlin: Suhrkamp, 2017.

Thiel, Monika, »Nein, in diesen Westen fahren wir nicht: Werktätige wenden sich gegen Fahrten in Adenauers Unrechtsstaat«, in: *Neues Deutschland* (17. August 1961), 3.

Thies, Heinrich, *Weit ist der Weg nach Zicherie: Die Geschichte eines geteilten Dorfes an der deutsch-deutschen Grenze*, Bergisch Gladbach: Bastei Lübbe, 2007.

Thomas, Daniel C., *The Helsinki Effect: International Norms, Human Rights, and the Demise of Communism*, Princeton: Princeton University Press, 2001.

Thomas, Merylin, »»Aggression in Felt Slippers«: Normalisation and Ideological Struggle in the Context of Détente and Ostpolitik«, in: *Power and Society in the GDR, 1961-1979: The »Normalisation of Rule«?*, herausgegeben von Mary Fulbrook, New York: Berghahn Books, 2013, 33-51.

Thompson, Edward P., *Die Entstehung der englischen Arbeiterklasse*, Bd. 1, Frankfurt/M.: Suhrkamp, 1987.

Thoß, Hendrik, *Gesichert in den Untergang: Die Geschichte der DDR-Westgrenze*, Berlin: Dietz, 2004.

Thümmler, Marc, *Radfahrer, Bonusfilm: Gespräch mit Harald Hauswald*, DVD, Bonn: BpB, 2008.

Thym, Daniel, »Migrationsfolgenrecht«, in: *Veröffentlichung der Vereinigung der deutschen Staatsrechtslehrer* 76 (2017), 169-218.

Tiggemann, Anselm, *CDU/CSU und die Ost- und Deutschlandpolitik 1969-1972: Zur »Innenpolitik der Aussenpolitik« der ersten Regierung Brandt/Scheel*, Frankfurt/M., New York: Lang, 1998.

Tilly, Charles, »Migration in Modern European History«, in: *Human Migration. Patterns and Policies*, herausgegeben von William H. McNeill und Ruth S. Adams, Bloomington: Indiana University Press, 1978, 48-72.

Torpey, John, *The Invention of the Passport: Surveillance, Citizenship and the State*, Cambridge u. a.: Cambridge University Press, 2000.

Transit Migration Forschungsgruppe (Hrsg.), *Turbulente Ränder: Neue Perspektiven auf Migration an den Grenzen Europas*, Bielefeld: transcript, 2007.

»Übel mitgespielt«, in: *Der Spiegel* 31 (1980), 26-8.

»Über die Trennung von Familien empört«, in: *FAZ* (21. Dezember 1961), 3.

»Übersiedler – die neuen Türken?«, in: *Der Spiegel* 9 (26. Februar 1990), 36-48.

Uhl, Matthias, *Krieg um Berlin? Die sowjetische Militär- und Sicherheitspolitik in der zweiten Berlin-Krise 1958 bis 1962*, München: Oldenbourg, 2008.

Uhl, Matthias und Armin Wagner, »Einleitung: Ulbricht, Chruschtschow und die Mauer«, in: *Ulbricht, Chruschtschow und die Mauer: Eine Dokumentation*, herausgegeben von Matthias Uhl und Armin Wagner, München: Oldenbourg, 2010, 9-58.

–, (Hrsg.), *Ulbricht, Chruschtschow und die Mauer: Eine Dokumentation*, München: Oldenbourg, 2010.

Ulbricht, Walter, »Nutzen wir die große Chance für den Friedensvertrag und die Wiedervereinigung«, in: *Neues Deutschland* (16. Juni 1961), 1, 3.

–, »Ansprache des Vorsitzenden des Staatsrates der Deutschen Demokratischen Republik, Walter Ulbricht, im Fernsehen und Rundfunk«, in: *Neues Deutschland* (19. August 1961), 1 f.

–, »An alle Bürger der Deutschen Demokratischen Republik! An die ganze deutsche Nation!«, in: *Neues Deutschland* (28. März 1962), 3 f.

Urry, John, *Sociology Beyond Societies: Mobilities for the Twenty-First Century*, London: Routledge, 2000.

–, *Mobilities*, New York: Wiley, 2007.

Veen, Hans-Joachim (Hrsg.), *Lexikon Opposition und Widerstand in der SED-Diktatur*, Berlin: Propyläen, 2000.

»Verordnung über Reisen von Bürgern der Deutschen Demokratischen Republik nach dem Ausland. Vom 30. November 1988«, in: *Gbl der DDR I* 25 (13. Dezember 1988), 271-4.

»Verordnung zur Regelung von Fragen der Familienzusammenführung und der Eheschließung zwischen Bürgern der Deutschen Demokratischen Republik und Ausländern vom 15. September 1983«, in: *Gbl DDR I* 26 (15. September 1983), 254 f.

Vielain, Heinz, »30 Jahre ›DDR‹: 30 Jahre lang Justiz-Terror«, in: *Hilferufe von drüben* 2/5 (1979), 1 f.

Vogel, Rahel Marie, *Auf dem Weg zum neuen Menschen: Umerziehung zur »sozialistischen Persönlichkeit« in den Jugendwerkhöfen Hummelshain und Wolfersdorf (1961-1989)*, Frankfurt/M.: Peter Lang, 2010.

Voigt, Jutta, *Westbesuch: Vom Leben in den Zeiten der Sehnsucht*, Berlin: Aufbau, 2011.

Voigt, Stefan, »Leserbrief«, in: *Nürnberger Nachrichten* (2. April 1977).

Volkov, Shulamit, »Antisemitismus als kultureller Code«, in: *Jüdisches Leben und Antisemitismus im 19. und 20. Jahrhundert*, München: C. H. Beck, 1990, 13-26.

Voltmer, Erich, »Von Saarländer zu Saarländer«, in: *Die Zeit* (4. März 1977).

Vollnhals, Clemens und Jürgen Weber (Hrsg.), *Der Schein der Normalität: Alltag und Herrschaft in der SED-Diktatur*, München: Olzog, 2002.

Vowinckel, Annette, Marcus M. Payk und Thomas Lindenberger (Hrsg.), *Cold War Cultures: Perspectives on Eastern and Western European Societies*, New York, Oxford: Berghahn Books, 2012.

W., C., »Politik der Diktatoren«, in: *Bulletin des Presse- und Informationsamtes der Bundesregierung* 154 (19. August 1961), 1489 f.

Wagner, Richard, *Ausreiseantrag. Eine Erzählung*, Darmstadt: Luchterhand, 1988.

Waldenburg, Hermann, *Berliner Mauerbilder*, Berlin: Nicolai, 1993.

Wallem, Gesine, »The Name and the Nation: Banal Nationalism and Name Change Practices in the Context of Co-ethnic Migration to Germany«, in: *Everyday Nationhood: Theorising Culture, Identity and Belonging after Banal Nationalism*, herausgegeben von Michael Skey und Marco Antonsich, London: Palgrave Macmillan, 2017, 77-96.

Walther, Joachim und Gesine von Prittwitz, *Sicherungsbereich Literatur: Schriftsteller und Staatssicherheit in der Deutschen Demokratischen Republik*, Berlin: Ch. Links, 1996.

Warnecke, Marie-Luise, *Zwangsadoptionen in der DDR*, Berlin: Berliner Wissenschafts-Verlag, 2009.

»Warnschüsse mißachtet«, in: *Neues Deutschland* (25. August 1961), 2.

»Warnschüsse mißachtet«, in: *Berliner Zeitung* (25. August 1961), 2.

»Warnschüsse mißachtet«, in: *Neue Zeit* (25. August 1961), 2.

Warum Mauer – wie lange Mauer?, Berlin (Ost), 1963.

»Warum zählt unsere Arbeit in Bonn so wenig? Jahresbericht 1983 des Vorstandes von ›Hilferufe von drüben‹«, in: *Hilferufe von drüben* 7/24 (1982), 4.

Was ich von der Mauer wissen muss: Merkblatt für Berlin-Besucher [Berlin Ost], 1964.

»Was ist normal, was Wahnsinn?«, in: *Berliner Zeitung* (22. Juni 1962), 3.

Weber, Hermann und Andreas Herbst, »Albert Kuntz«, in: *Deutsche Kommunisten: Biographisches Handbuch 1918 bis 1945*, 2. Aufl., Berlin: Dietz, 2008.

Weber, Hermann und Gerda Weber, *Leben nach dem »Prinzip links«: Erinnerungen aus fünf Jahrzehnten*, Berlin: Ch. Links, 2006.

Weber, Max, »Die Typen der Herrschaft«, in: *Wirtschaft und Gesellschaft*, Tübingen: J. C. B. Mohr, 1972, 122-76.

–, »Soziologische Grundbegriffe«, in: *Wirtschaft und Gesellschaft*, Tübingen: J. C. B. Mohr, 1972, 1-30.

Wegge, Simone A., »Chain Migration and Information Networks: Evidence from Nineteenth-Century Hesse-Cassel«, in: *Journal of Economic History* 58/4 (1998), 957-86.

Wehler, Hans-Ulrich, *Deutsche Gesellschaftsgeschichte*, Bd. 5: *Bundesrepublik und DDR 1949-1990*, München: C. H. Beck, 2008.

»Wehrdienst mit Achtzehn«, in: *Die Zeit* (30. April 1965).

»Wehrpflichtsgesetz in der Fassung vom 14. Mai 1965«, in: *BGBl* 20 (20. Mai 1965), 391-405.

Weinlich, Edgar (Hrsg.), *Der Limes als antike Grenze des Imperium Romanum: Grenzen im Laufe der Jahrhunderte*, Würzburg: Ergon, 2014.

Weiß, Peter Ulrich, *Kulturarbeit als diplomatischer Zankapfel: Die kulturellen Auslandsbeziehungen im Dreiecksverhältnis der beiden deutschen Staaten und Rumäniens von 1950 bis 1972*, München: Oldenbourg, 2010.

Weißbach, Thomas, *Schwerer Weg: Übersiedlung aus der Bundesrepublik Deutschland und West-Berlin in die DDR 1961-1989*, Hamburg: Kovač, 2011.

Welskopp, Thomas, »Klasse als Befindlichkeit? Vergleichende Arbeitergeschichte als kulturhistorische Herausforderung«, in: *Archiv für Sozialgeschichte* 38 (1998), 301-36.

–, »Die Sozialgeschichte der Väter. Grenzen und Perspektiven der Historischen Sozialwissenschaft«, in: *Geschichte und Gesellschaft* 24/2 (1998), 173-98.

–, »Die Dualität von Struktur und Handeln. Anthony Giddens' Strukturierungstheorie als ›praxeologischer‹ Ansatz in der Geschichtswissenschaft«, in: *Struktur und Ereignis*, herausgegeben von Andreas Suter und Manfred Hettling, Göttingen: Vandenhoeck & Ruprecht, 2001, 99-119.

–, *Amerikas große Ernüchterung. Eine Kulturgeschichte der Prohibition*, Paderborn: Ferdinand Schöningh, 2010.

Wendt, Gerd und Roland Curth, *Fluchtziel Berlin: Die Geschichte des Notaufnahmelagers Berlin-Marienfelde*, Berlin: Erinnerungsstätte Notaufnahmelager Marienfelde, 2000.

Wendt, Hartmut, »Die deutsch-deutschen Wanderungen: Bilanz einer 40jährigen Geschichte von Flucht und Ausreise«, in: *Deutschland Archiv* 24/4 (1991), 386-95.

Wengst, Udo und Hermann Wentker (Hrsg.), *Das doppelte Deutschland: 40 Jahre Systemkonkurrenz*, Berlin: Ch. Links, 2008.

Wentker, Hermann, *Außenpolitik in engen Grenzen: Die DDR im internationalen System; 1949-1989*, München: Oldenbourg, 2007.

–, »Antikommunismus in der frühen Bonner Republik: Dimensionen eines zentralen Elements politischer Kultur im Ost-West-Konflikt«, in: *»Geistige Gefahr« und »Immunisierung der Gesellschaft«: Antikommunismus und politische Kultur in der frühen Bundesrepublik*, herausgegeben von Stefan Creuzberger und Dierk Hoffmann, München: Oldenbourg, 2014, 355-69.

Wenzke, Rüdiger, »Die Nationale Volksarmee (1956-1990)«, in: *Im Dienste der Partei: Handbuch der bewaffneten Organe der DDR*, herausgegeben von Torsten Diedrich, Hans Ehlert und Rüdiger Wenzke, Berlin: Ch. Links, 2000, 423-537.

»›Wer haßerfüllt die Hand hebt‹: Aus einer Geheimrede Erich Mielkes«, in: *Der Spiegel* 9 (26. Februar 1979), 30f.

»West-Berliner Folgerungen«, in: *Bulletin des Presse- und Informationsamtes der Bundesregierung* 159 (26. August 1961), 1530.

Westphal, Manuela, »Die fremden Deutschen: Einwanderung und Eingliederung von Aussiedlern in Niedersachsen«, in: *Fremde im Land: Zuwanderung und Eingliederung im Raum Niedersachsen seit dem Zweiten Weltkrieg*, herausgegeben von Klaus J. Bade, Osnabrück: Rasch, 1997, 167-212.

Wettig, Gerhard, *Chruschtschows Berlin-Krise 1958 bis 1963: Drohpolitik und Mauerbau*, München: Oldenbourg, 2006.

–, (Hrsg.), »Gespräch Chruschtschow mit dem Ersten Sekretär des ZK der SED, Walter Ulbricht, am 2. November 1961«, in: *Chruschtschows Westpolitik 1955-1964: Gespräche, Aufzeichnungen und Stellungnahmen*, Bd. 3: *Kulmination der Berlin-Krise (Herbst 1960 bis Herbst 1962)*, München: Oldenbourg, 2011, 471-88.

–, (Hrsg.), »Gespräch Chruschtschow mit dem Botschafter der Bundesrepublik Deutschland, Hans Kroll, am 9. November 1961«, in: *Chruschtschows Westpolitik 1955-1964: Gespräche, Aufzeichnungen und Stellungnahmen*, Bd. 3: *Kulmination der Berlin-Krise (Herbst 1960 bis Herbst 1962)*, München: Oldenbourg, 2011, 489-503.

Wettig, Gerhard und Manfred Wilke, »Der lange Weg zur Berliner Mauer 1952/53-1958/59-1961«, in: *Gedenkstätte Berliner Mauer*, 2015, 1-47.

Wick, Regina, *Die Mauer muss weg – die DDR soll bleiben: Die Deutschlandpolitik der Grünen von 1979 bis 1990*, Stuttgart: Kohlhammer, 2012.

»Wie wird das Wetter«, in: *Neues Deutschland* (15. November 1961), 6.

Wiedmann, Roland, *Die Organisationsstruktur des Ministeriums für Staatssicherheit 1989 (MfS-Handbuch)*, Berlin: BStU, 2010.

–, *Die Diensteinheiten des MfS 1950-1989: Eine organisatorische Übersicht*, Berlin: BStU, 2012.

Wieland, Lothar, *Das Bundesministerium für Vertriebene, Flüchtlinge und Kriegsgeschädigte*, Frankfurt/M.: Athenäum, 1968.

Wiemers, Gerald, »20 Jahre Friedliche Revolution und Deutsche Einheit«, in: *Freiheit und Recht* 3/4 (2010), 4.

Wierling, Dorothee, *Geboren im Jahr Eins: Der Jahrgang 1949 in der DDR: Versuch einer Kollektivbiographie*, Berlin: Ch. Links, 2002.

»Wieso kommen die noch?«, in: *Der Spiegel* 8 (1990), 29-32.

Wildenthal, Lora, *The Language of Human Rights in West Germany*, Philadelphia: University of Pennsylvania Press, 2013.

–, »The Reincarnations of the German League for Human Rights in Occupied and West Germany«, in: *Human Rights Leagues in Europe (1898-2016)*, herausgegeben von Wolfgang Schmale und Christopher Treiblmayr, Stuttgart: Franz Steiner Verlag, 2017, 94-121.

Wildt, Michael, »Rez.: Ulrich Herbert: Geschichte Deutschlands im 20. Jahrhundert«, H-Soz-Kult (22. September 2014), online verfügbar unter: ⟨http://www.hsozkult.de/publicationreview/id/rezbuecher-22096⟩ (Stand März 2019).

Wilke, Manfred, *Der Weg zur Mauer: Stationen der Teilungsgeschichte*, Berlin: Ch. Links, 2011.

Wilkerson, Isabel, *The Warmth of Other Suns: The Epic Story of America's Great Migration*, Reprint, New York: Vintage, 2011.

»Willkommen in der Bundesrepublik?«, in: *Die Zeit* (3. August 1962), 4.

»Willkür in Jena«, in: *Die Zeit* (9. September 1983).

Wimmer, Andreas und Nina Glick Schiller, »Methodological Nationalism and Beyond: Nation-State Building, Migration and the Social Sciences«, in: *Global Networks* 2/4 (2002), 301-34.

Winckler, Stefan, *Gerhard Löwenthal: Ein Beitrag zur politischen Publizistik der Bundesrepublik Deutschland*, Berlin: be.bra verlag, 2011.

Winkels, Martin, *Die Deutschlandpolitik der ersten Großen Koalition in der Bundesrepublik Deutschland (1966-1969)*, Bonn: Univ. Diss., 2009.

»›Wir bitten nicht – wir fordern‹: Wie sich Flüchtlinge über Bonns Budapest-Botschaft beschweren«, in: *Der Spiegel* 33 (13. August 1989), 24.

»›Wir brennen mehr Zement für die Verteidigung unserer Republik‹«, in: *Neues Deutschland* (6. Oktober 1961), 1.

»›Wir haben es geschafft‹«, in: *Hilferufe von drüben* 2/10 (1980), 4.

»Wird Lafontaine Kanzler?«, in: *Der Spiegel* 6 (5. Februar 1990), 38-47.

Wirsching, Andreas, *Deutsche Geschichte im 20. Jahrhundert*, 3. Aufl., München: C. H. Beck, 2011.

»›Woche der Versklavten Nationen‹: Ein eindrucksvoller Appell an die Öffentlichkeit der freien Welt«, in: *Bulletin des Presse- und Informationsamtes der Bundesregierung* 139 (29. Juli 1961), 1357 f.

Wölbern, Jan Philipp, *Der Häftlingsfreikauf aus der DDR 1962/63-1989: Zwischen Menschenhandel und humanitären Aktionen*, Göttingen: Vandenhoeck & Ruprecht, 2014.

Wolff, Franca, *Glasnost erst kurz vor Sendeschluss: Die letzten Jahre des DDR-Fernsehens (1985-1989/90)*. Köln, Weimar: Böhlau, 2002.

Wolff, Frank, *Neue Welten in der Neuen Welt: Die transnationale Geschichte des Allgemeinen Jüdischen Arbeiterbundes 1897-1947*, Köln, Weimar, Wien: Böhlau, 2014.

–, »Kollektive Identität als praktizierte Verheißung. Selbstzuschreibung und Gruppenkonstitution in der transnationalen sozialen Bewegung ›Allgemeiner Jüdischer Arbeiterbund‹«, in: *Theoretische Ansätze und Konzepte der Forschung über soziale Bewegungen in den Geschichtswissenschaften*, herausgegeben von Helke Stadtland und Jürgen Mittag, Essen: Klartext, 2014, 139-67.

–, »Global Walls and Global Movement: New Destinations in Jewish Migration, 1918-1939«, in: *East European Jewish Affairs* 44/3 (2014), 187-204.

–, »Deutsch-deutsche Migrationsverhältnisse: Strategien staatlicher Regulierung 1945-1989«, in: *Handbuch Staat und Migration in Deutschland seit dem 17. Jahrhundert*, herausgegeben von Jochen Oltmer, Berlin, Boston: De Gruyter, 2016, 773-814.

–, »Gangster, Sozialisten und Life Writing: Die Zentralität der Ränder in der amerikanischen Geschichte«, in: *Autobiographie zwischen Quelle und Text*, herausgegeben von Volker Depkat und Wolfram Pyta, Berlin: Duncker & Humblot, 2017, 105-21.

–, »Revolutionary Fundraising and Global Networks: A Micro-Economic Approach to the Social Meaning of Money and Mobilization before the Second World War«, in: *History* 102/351 (2017), 450-78.

–, »Zugehörigkeit als Kampfmittel im Kalten Krieg: Die Staatsbürgerschaft der DDR«, in: *Kritische Justiz*, 2018.

–, »Rechtsgeschichte als Gesellschaftsgeschichte? Die Staatsbürgerschaft der DDR als Kampfmittel im Kalten Krieg«, in: *Kritische Justiz* 51/4 (2018), 413-30.

–, »In der Teilung vereint: Neue Ansätze der deutsch-deutschen Zeitgeschichte«, in: *Archiv für Sozialgeschichte* 58 (2018), 353-91.

Wolff, Frank und Gleb Albert, »Neue Perspektiven auf die Russischen Revolutionen und die Frage der agency«, in: *Archiv für Sozialgeschichte* 52 (2012), 825-58.

Wolfrum, Edgar, *Die Mauer: Geschichte einer Teilung*, München: C. H. Beck, 2009.

–, »Die Mauer«, in: *Deutsche Erinnerungsorte*, Bd. 1, herausgegeben von Etienne François und Hagen Schulze, München: C. H. Beck, 2009, 552-69.

Wolfrum, Edgar und Günther R. Mittler, »Zwei Bücher, eine Idee. Christoph Kleßmanns Versuch der einen deutschen Nachkriegsgeschichte«, in: *50 Klassiker der Zeitgeschichte*, herausgegeben von Jürgen Danyel, Jan-Holger Kirsch und Martin Sabrow, Göttingen: Vandenhoeck & Ruprecht, 2007, 162-5.

Wolle, Stefan, »Flucht als Widerstand?«, in: *Widerstand und Opposition in der DDR*, herausgegeben von Klaus-Dietmar Henke, Peter Steinbach und Johannes Tuchel, Köln: Böhlau, 1999, 309-26.

–, *Aufbruch in die Stagnation: Die DDR in den Sechzigerjahren*, Bonn: BpB, 2005.

Wolter, Heike, »*Ich harre aus im Land und geh' ihm fremd«: Die Geschichte des Tourismus in der DDR*, Frankfurt/M., New York: Campus, 2009.

Worbs, Susanne, Eva Bund, Martin Kohls und Christian Babka von Gostomski, *(Spät-)Aussiedler in Deutschland: Eine Analyse aktueller Daten und Forschungsergebnisse*, [Nürnberg:] Bundesamt für Migration und Flüchtlinge, 2013.

Wunder, Bernd, *Geschichte der Bürokratie in Deutschland*, 1. Aufl., Frankfurt/M.: Suhrkamp, 1986.

Wunderlich, Heinz, »Gerhard Kappner 80 Jahre alt«, in: *Quatember* (1995), 50 f.

Wunnicke, Christoph, *Wandel, Stagnation, Aufbruch: Ost-Berlin im Jahr 1988*, Berlin: LStU Berlin, 2008.

Wunschik, Tobias, »Migrationspolitische Hypertrophien: Aufnahme und Überwachung von Zuwanderern aus der Bundesrepublik Deutschland in der DDR«, in: *IMIS-Beiträge* 32 (2007), 33-60.

–, *Hauptabteilung VII: Ministerium des Innern, Deutsche Volkspolizei*, Berlin: BStU, 2009.

–, »Rez: Schmalfuß, Karl-Heinz: Innenansichten«, H-Soz-u-Kult (25. November 2009), online verfügbar unter: ⟨http://hsozkult.geschichte.hu-berlin.de/rezensionen/2009-4-175⟩ (Stand März 2019).

Wüst, Jürgen, »Die Internationale Gesellschaft für Menschenrechte (IGFM) im Visier von Antifa und Staatssicherheit«, in: *Jahrbuch Extremismus und Demokratie* 8 (1996), 37-53.

–, *Menschenrechtsarbeit im Zwielicht: Zwischen Staatssicherheit und Antifaschismus*, Bonn: Bouvier, 1999.

Wyman, David S., *Paper Walls: America and the Refugee Crisis 1938-1941*, [Amherst:] University of Massachusetts Press, 1968.

Zarate-Hoyos, German A., »Remittances and Livelyhoods in Central America: Towards a New International Regime for Orderly Movements of People (NIROMP)«, in: *Transfers from International Migration: A Strategy of Economic and Social Stabilization at National and Household Level*, herausgegeben von Béatrice Knerr, Kassel: Kassel University Press, 2012, 161-84.

Zehn Jahre Deutschlandpolitik: Die Entwicklung der Beziehungen zwischen der Bundesrepublik Deutschland und der Deutschen Demokratischen Republik 1969-1979, Bericht und Dokumentation, Bonn: Bundesminister für Innerdeutsche Beziehungen, 1980.

Zeller, Josef, »Lügen aufgetischt! Das ist eine Schande!«, in: *Hilferufe von drüben* 2/10 (1980), 2.

Zentrum für Zeithistorische Forschung (Hrsg.), »Transportpolizei/Abschnitt Berlin/Abschnittsleiter: Verhinderter Grenzdurchbruch an der Staatsgrenze unter Anwendung der Schusswaffe, 24. August 1961«, in: *Chronik der Mauer* (o. J.), online verfügbar unter: ⟨http://www.chronik-der-mauer.de/system/files/dokument_pdf/58850_cdm-610824-Litfin1.pdf⟩ (Stand März 2019).

Ziegenhain, Erich, »»Das Maß ist voll! Du hast die DDR beleidigt!‹«, in: *Der Spiegel* 2 (11. Januar 1982), 58 f.

Zieger, Gottfried, *Das Staatsbürgerschaftsgesetz der DDR: Seine Auswirkungen auf die Rechtsordnung der Bundesrepublik*, Frankfurt/M.: Metzner, 1969.

–, *Die Haltung von SED und DDR zur Einheit Deutschlands 1949-1987*, Köln: Verlag Wissenschaft und Politik, 1988.

Zimmermann, Verena, »*Den neuen Menschen schaffen*«: *Die Umerziehung von schwererziehbaren und straffälligen Jugendlichen in der DDR (1945-1990)*, Köln: Böhlau, 2004.

Zolberg, Aristide R., »The Formation of New States as a Refugee-Generating Process«, in: *The Annals of the American Academy of Political and Social Science* 467/1 (1983), 24-38.

–, »Global Movements, Global Walls: Responses to Migration, 1885-1925«, in: *Global History and Migrations*, herausgegeben von Gungwu Wang, Boulder: Westview Press, 1997, 279-307.

–, »Matters of State: Theorizing Immigration Policy«, in: *The Handbook of International Migration: The American Experience*, herausgegeben von Charles Hirschman, New York: Russell Sage Foundation, 1999, 71-93.

–, »The Archeology of Remote Control«, in: *Migration Control in the North Atlantic World: The Evolution of State Practices in Europe and the United States from the French Revolution to the Inter-War Period*, herausgegeben von Andreas Fahrmeir, Olivier Faron und Patrick Weil, New York: Berghahn Books, 2003, 195-222.

–, »The Great Wall Against China: Responses to the First Immigration Crisis, 1885-1925«, in: *Migration, Migration History, History. Old Paradigms and New Perspectives*, herausgegeben von Jan Lucassen und Leo Lucassen, Bern: Peter Lang, 2005, 291-315.

–, *A Nation by Design: Immigration Policy in the Fashioning of America*, Cambridge: Harvard University Press, 2006.

»Zonenrandförderung: Schatten über den Mauerblümchen«, in: *Die Zeit* (11. Mai 1990).

Zschaler, Frank, *Öffentliche Finanzen und Finanzpolitik in Berlin, 1945-1961: Eine vergleichende Untersuchung von Ost- und West-Berlin*, Berlin: De Gruyter, 1995.

»Zweites Gesetz zur Änderung des Wehrpflichtgesetzes, 22. März 1962«, in: *BGBl* 10 (28. März 1962), 169-72.

Zytur, Cordula, »Machen Köpfe schon ein Programm? Politische Magazine bei ARD und ZDF«, in: *Funk-Korrespondenz* 24 (14. Juni 1973).

Namenregister

Ausführliches Inhaltsverzeichnis

III. Teil: Menschenrechte (1975-1989)

Politische Theorie
im Suhrkamp Verlag
Eine Auswahl

Hauke Brunkhorst. Solidarität. Von der Bürgerfreundschaft zur globalen Rechtsgenossenschaft. stw 1560. 247 Seiten

Hauke Brunkhorst (Hg.). Demokratischer Experimentalismus. Politik in der komplexen Gesellschaft. stw 1369. 397 Seiten

Hauke Brunkhorst/Wolfgang R. Köhler/Matthias Lutz-Bachmann (Hg.). Recht auf Menschenrechte. Menschenrechte, Demokratie und internationale Politik. stw 1441. 352 Seiten

Hauke Brunkhorst/Peter Niesen (Hg.). Das Recht der Republik. stw 1392. 403 Seiten

Judith Butler
- Antigones Verlangen: Verwandtschaft zwischen Leben und Tod. Übersetzt von Reiner Ansén. es 2187. 160 Seiten
- Gefährdetes Leben. Politische Essays. Übersetzt von Karin Wördemann. es 2393. 179 Seiten
- Haß spricht. Zur politischen Performation. es 2414. 263 Seiten
- Körper von Gewicht. Die diskursiven Grenzen des Geschlechts. Übersetzt von Karin Wördemann. es 1737. 400 Seiten
- Kritik der ethischen Gewalt. Übersetzt von Reiner Ansén. Adorno-Vorlesungen 2002. stw 1792. 180 Seiten
- Psyche der Macht. Das Subjekt der Unterwerfung. Übersetzt von Reiner Ansén. es 1744. 260 Seiten
- Das Unbehagen der Geschlechter. Übersetzt von Kathrina Menke. es 1722. 240 Seiten

Christine Chwaszcza/Wolfgang Kersting (Hg.). Politische Philosophie der internationalen Beziehungen. stw 1365. 604 Seiten

Iris Därmann. Figuren des Politischen. stw 1911. 304 Seiten

Nicole Deitelhoff. Überzeugung in der Politik. Grundzüge einer Diskurstheorie internationalen Regierens. stw 1821. 347 Seiten

Jacques Derrida
- Das andere Kap. Die vertagte Demokratie. Zwei Essays zu Europa. Übersetzt von Alexander García Düttmann. es 1769. 97 Seiten
- Schurken. Übersetzt von Horst Brühmann. 224 Seiten. Gebunden. stw 1778. 219 Seiten

Andreas Folkers/Thomas Lemke (Hg.). Biopolitik. Ein Reader. stw 2080. 526 Seiten

Michel Foucault
- Geschichte der Gouvernementalität. Band 1: Sicherheit, Territorium, Bevölkerung. stw 1808. 600 Seiten. Band 2: Die Geburt der Biopolitik. stw 1809. 517 Seiten
- Die Regierung der Lebenden. Vorlesungen am Collège de France 1979-1980. Übersetzt von Andrea Hemminger. 496 Seiten. Gebunden

Dieter Gosewinkel. Schutz und Freiheit? Staatsbürgerschaft in Europa im 20. und 21. Jahrhundert. stw 2167. 772 Seiten

Armin Grunwald. Technik und Politikberatung. Philosophische Perspektiven. stw 1901. 403 Seiten

Marion Heinz/Sidonie Kellerer (Hg.). Martin Heideggers »Schwarze Hefte«. Eine philosophisch-politische Debatte. stw 2178. 445 Seiten

Rahel Jaeggi/Daniel Loick. Nach Marx. Philosophie, Kritik, Praxis. stw 2066. 518 Seiten

Hans Joas/Martin Kohli (Hg.). Der Zusammenbruch der DDR. es 1777. 325 Seiten

Matthias Kettner (Hg.). Angewandte Ethik als Politikum. stw 1458. 416 Seiten

Ekkehart Krippendorff
- Kritik der Außenpolitik. es 2139. 240 Seiten
- Staat und Krieg. Die historische Logik politischer Unvernunft. es 1305. 436 Seiten

Thomas Khurana/Dirk Quadflieg/Francesca Raimondi/ Juliane Rebentisch/Dirk Setton (Hg.). Negativität. Kunst, Recht, Politik. stw 2267. 487 Seiten.

Skadi Siiri Krause. Eine neue Politische Wissenschaft für eine neue Welt. Alexis de Tocqueville im Spiegel seiner Zeit. stw 2227. 595 Seiten

Geoffroy de Lagasnerie. Die Kunst der Revolte. Snowden, Assange, Manning. Übersetzt von Jürgen Schröder. Gebunden. 158 Seiten

Ernst-Joachim Lampe (Hg.). Zur Entwicklung von Rechtsbewußtsein. stw 1315. 520 Seiten

Niklas Luhmann. Die Wirtschaft der Gesellschaft. stw 1152. 356 Seiten

Avishai Margalit
- Politik der Würde. Über Achtung und Verachtung. Übersetzt von Gunnar Schmidt und Anne Vonderstein. stw 2041. 277 Seiten
- Über Kompromisse – und faule Kompromisse. Übersetzt von Michael Bischoff. 251 Seiten. Gebunden

Ingeborg Maus
- Justiz als gesellschaftliches Über-Ich. Zur Position der Rechtsprechung in der Demokratie. stw 2229. 266 Seiten
- Menschenrechte, Demokratie und Frieden. Perspektiven globaler Organisation. stw 2113. 238 Seiten

Ulrich Menzel/Dieter Senghaas. Europas Entwicklung und die Dritte Welt. Eine Bestandsaufnahme. es 1393. 295 Seiten

Ulrich Menzel u. a. (Hg.). Die Neue Weltwirtschaft. Entstofflichung und Entgrenzung der Ökonomie. es 1983. 336 Seiten

Gabriele Metzler. Der Staat der Historiker. Staatsvorstellungen deutscher Historiker seit 1945. stw 2269. 371 Seiten

David Miller. Fremde in unserer Mitte. Politische Philosophie der Einwanderung. Übersetzt von Frank Lachmann. stw 2291. 330 Seiten

Jan-Werner Müller. Das demokratische Zeitalter. Eine politische Ideengeschichte Europas im 20. Jahrhundert. Übersetzt von Michael Adrian. stw 2243. 509 Seiten

Thomas Nagel. Eine Abhandlung über Gleichheit und Parteilichkeit. Übersetzt von Michael Gebauer. stw 2166. 243 Seiten

Julian Nida-Rümelin. Demokratie als Kooperation. stw 1430. 224 Seiten

Peter Niesen/Benjamin Herborth (Hg). Anarchie der kommunikativen Freiheit. Jürgen Habermas und die Theorie der internationalen Politik. stw 1820. 464 Seiten

Martha C. Nussbaum. Politische Emotionen. Warum Liebe für Gerechtigkeit wichtig ist. Übersetzt von Ilse Utz. stw 2172. 623 Seiten

Claus Offe. Selbstbetrachtung aus der Ferne. Tocqueville, Weber und Adorno in den Vereinigten Staaten. Kartoniert. 144 Seiten

Bernhard Peters. Der Sinn von Öffentlichkeit. Herausgegeben von Hartmut Weßler. Mit einem Vorwort von Jürgen Habermas. stw 1836. 410 Seiten

Karl Polanyi. The Great Transformation. Politische und ökonomische Ursprünge von Gesellschaften und Wirtschaftssystemen. Übersetzt von Heinrich Jelinek. stw 260. 394 Seiten

John Rawls
- Gerechtigkeit als Fairneß. Ein Neuentwurf. stw 1804. 316 Seiten
- Geschichte der politischen Philosophie. Herausgegeben von Samuel Freeman. Übersetzt von Joachim Schulte. stw 2022. 671 Seiten

Hartmut Rosa. Beschleunigung. Die Veränderung der Zeitstrukturen in der Moderne. stw 1760. 537 Seiten

Pierre Rosanvallon. Die Gesellschaft der Gleichen. Übersetzt von Michael Halfbrodt. stw 2239. 384 Seiten

Dieter Senghaas
- Friedensprojekt Europa. es 1717. 226 Seiten
- Konfliktformationen im internationalen System. Weltpolitische Betrachtungen. es 1509. 230 Seiten
- Weltwirtschaftsordnung und Enwicklungspolitik. Plädoyer für Dissoziation. es 856. 358 Seiten

Dieter Senghaas (Hg.). Frieden machen. es 2000.
592 Seiten

Quentin Skinner. Freiheit und Pflicht. Thomas Hobbes'
politische Theorie. Frankfurter Adorno-Vorlesungen 2005.
Institut für Sozialforschung an der Johann Wolfgang Goethe-
Universität, Frankfurt am Main. Aus dem Englischen von
Karin Wördemann. Broschur. 141 Seiten

Horst Steinmann/Andreas Georg Scherer (Hg.).
Zwischen Universalismus und Relativismus. Philosophische
Grundlagenprobleme des interkulturellen Managements.
stw 1380. 424 Seiten

Wolfgang Streeck. Gekaufte Zeit. Die vertagte Krise des
demokratischen Kapitalismus. 271 Seiten. Gebunden

Cass. R. Sunstein. Gesetze der Angst. Jenseits des Vorsorge-
prinzips. Aus dem Amerikanischen von Robin Celikates und
Eva Engels. Gebunden. 344 Seiten

Dieter Thomä. Puer robustus. Eine Philosophie des Stören-
frieds. stw 2275. 783 Seiten

Helmut Willke. Dezentrierte Demokratie. Prolegomena zur
Revision politischer Steuerung. stw 2182. 207 Seiten

Soziologie
im Suhrkamp Verlag
Eine Auswahl

Dirk Baecker
- Beobachter unter sich. Eine Kulturtheorie. Gebunden. 309 Seiten
- Form und Formen der Kommunikation. stw 1828. 285 Seiten
- Neurosoziologie. Ein Versuch. eu 52. 262 Seiten
- Organisation und Management. stw 1614. 348 Seiten
- Organisation und Störung. stw 2012. 336 Seiten
- Studien zur nächsten Gesellschaft. stw 1856. 229 Seiten
- Womit handeln Banken? stw 946. 207 Seiten
- Wozu Theorie? stw 2177. 292 Seiten

Ulrich Beck
- Nachrichten aus der Weltinnenpolitik. es 2619. 150 Seiten
- Reflexive Modernisierung. Eine Kontroverse. Zusammen mit Anthony Giddens und Scott Lash. es 1705. 368 Seiten
- Risikogesellschaft. es 1365. 396 Seiten
- Weltrisikogesellschaft. Auf der Suche nach der verlorenen Sicherheit. st 4038. 439 Seiten

Herbert Blumer. Symbolischer Interaktionismus. Aufsätze zu einer Wissenschaft der Interpretation. Herausgegeben von Heinz Bude und Michael Dellwing. stw 2069. 187 Seiten

Pierre Bourdieu
- Entwurf einer Theorie der Praxis. stw 291. 493 Seiten
- Die feinen Unterschiede. Kritik der gesellschaftlichen Urteilskraft. stw 659. 912 Seiten
- Homo academicus. stw 1002. 455 Seiten
- Die männliche Herrschaft. stw 2031. 211 Seiten

- Manet. Eine symbolische Revolution. Gebunden. 921 Seiten
- Sozialer Sinn. Kritik der theoretischen Vernunft. stw 1066.
  512 Seiten
- Über den Staat. Gebunden. 722 Seiten

Ulrich Bröckling. Das unternehmerische Selbst. Soziologie
einer Subjektivierungsform. stw 1832. 327 Seiten

Eva Illouz
- Die Errettung der modernen Seele. Therapien, Gefühle und
  die Kultur der Selbsthilfe. stw 1997. 412 Seiten
- Gefühle in Zeiten des Kapitalismus. stw 1857. 170 Seiten
- Israel. Soziologische Essays. es 2683. 229 Seiten
- Der Konsum der Romantik. Liebe und die kulturellen Wi-
  dersprüche des Kapitalismus. stw 1858. 343 Seiten
- Warum Liebe weh tut. stw 2057. 467 Seiten

Stefan Kühl. Ganz normale Organisationen. Zur Soziologie
des Holocaust. stw 2130. 411 Seiten

Jörn Lamla. Verbraucherdemokratie. Politische Soziologie
der Konsumgesellschaft. stw 2072. 507 Seiten

Bruno Latour
- Eine neue Soziologie für eine neue Gesellschaft. stw 1967.
  488 Seiten
- Existenzweisen. Eine Anthropologie der Modernen. Gebun-
  den. 665 Seiten
- Die Hoffnung der Pandora. Untersuchungen zur Wirklich-
  keit der Wissenschaft. stw 1595. 386 Seiten
- Jubilieren. Über religiöse Rede. stw 2186. 247 Seiten
- Die Ökonomie als Wissenschaft der leidenschaftlichen Inte-
  ressen. Eine Einführung in die ökonomische Anthropologie
  Gabriel Tardes. Zusammen mit Vincent Lépinay. Broschur.
  120 Seiten

- Das Parlament der Dinge. Für eine politische Ökologie. stw 1954. 364 Seiten
- Wir sind nie modern gewesen. Versuch einer symmetrischen Anthropologie. stw 1861. 205 Seiten

Martina Löw
- Prostitution. Herstellungsweisen einer anderen Welt. Zusammen mit Renate Ruhne. es 2632. 215 Seiten
- Raumsoziologie. stw 1506. 320 Seiten
- Soziologie der Städte. stw 1976. 289 Seiten

Niklas Luhmann
- Die Gesellschaft der Gesellschaft. stw 1360. 1164 Seiten
- Kontingenz und Recht. Gebunden. 348 Seiten
- Die Kunst der Gesellschaft. stw 1303. 517 Seiten
- Liebe als Passion. stw 1124. 231 Seiten
- Liebe. Eine Übung. Gebunden. 94 Seiten
- Macht im System. stw 2089. 156 Seiten
- Die Moral der Gesellschaft. stw 1871. 402 Seiten
- Der neue Chef. Gebunden. 120 Seiten
- Politische Soziologie. stw 2068. 499 Seiten
- Das Recht der Gesellschaft. stw 1183. 598 Seiten
- Soziale Systeme. Grundriß einer allgemeinen Theorie. stw 666. 675 Seiten
- Die Wirtschaft der Gesellschaft. stw 1152. 360 Seiten

Hans-Peter Müller. Pierre Bourdieu. Eine systematische Einführung. stw 2110. 372 Seiten

Armin Nassehi
- Geschlossenheit und Offenheit. Studien zur Theorie der modernen Gesellschaft. stw 1636. 352 Seiten
- Gesellschaft der Gegenwarten. Studien zur Theorie der modernen Gesellschaft II. stw 1996. 362 Seiten
- Der soziologische Diskurs der Moderne. stw 1922. 481 Seiten

Andreas Reckwitz. Die Erfindung der Kreativität. Zum Prozess gesellschaftlicher Ästhetisierung. stw 1995. 408 Seiten

Hartmut Rosa
- Beschleunigung. Die Veränderung der Zeitstrukturen in der Moderne. stw 1760. 537 Seiten
- Beschleunigung und Entfremdung. Entwurf einer kritischen Theorie spätmoderner Zeitlichkeit. Broschur. 145 Seiten
- Resonanz. Gebunden. 816 Seiten
- Weltbeziehungen im Zeitalter der Beschleunigung. Umrisse einer neuen Gesellschaftskritik. stw 1977. 446 Seiten

Robert Schmidt. Soziologie der Praktiken. Konzeptionelle Studien und empirische Analysen. stw 2030. 288 Seiten

Georg Simmel. Gesamtausgabe in 24 Bänden. Gebunden oder Broschur.

Silke Steets. Der sinnhafte Aufbau der gebauten Welt. Eine Architektursoziologie. stw 2139. 274 Seiten

Rudolf Stichweh
- Der Fremde. Studien zu Soziologie und Sozialgeschichte. stw 1924. 213 Seiten
- Die Weltgesellschaft. Soziologische Analysen. stw 1500. 274 Seiten

Wolfgang Streeck. Gekaufte Zeit. Die vertagte Krise des demokratischen Kapitalismus. stw 2133. 351 Seiten

Gabriel Tarde
- Die Gesetze der Nachahmung. stw 1883. 400 Seiten
- Monadologie und Soziologie. stw 1884. 153 Seiten

Gunter Weidenhaus. Soziale Raumzeit. stw 2138. 240 Seiten